二十世纪华北农村调查记录

第二卷

主编 魏宏运 三谷孝

社会科学文献出版社
SOCIAL SCIENCES ACADEMIC PRESS (CHINA)

南开大学“211工程”重点建设项目
——“中国社会历史与文化”

“十一五”国家重点出版规划项目

总　序

魏宏运

这部前三卷本的《二十世纪华北农村调查记录》，是中日学者学术合作的结晶。

1990 年 8 月，经原国家教育委员会国际合作司的认可和批准，由我牵头的南开大学历史系中国近现代史专业部分教师和日本一桥大学社会学部三谷孝教授牵头的数校教师共同组成的“华北农村调查团”，先后到北京市房山县吴村店、顺义县沙井村，天津市静海县冯家村，河北省栾城县寺北柴村及山东省平原县后夏家寨村考察访问，这一学术调查活动从 1990 年 8 月开始到 1995 年 9 月为止，持续长达 5 年。由于调查团成员均是高等学校的教师，平时有教学任务，不可能集中一段时间专门调查，因此调查活动多安排在每年学校寒暑假期间进行。

我们之所以选择上述几个村为调查访问的对象，并不是其在华北区域农村中具有特殊的典型性，而是因为此前 1930 ~ 1940 年代日本“满洲铁路株式会社”在上述村庄实施了旨在为侵华战争提供资料准备的调查。抛开这些调查的宗旨，其所保留下来的华北区域农村经济与社会的调查访问纪录，现在已成为蜚声中外学界的华北农村研究的重要资料。在此基础上进行追踪式的调查访问，接续这些村庄在 1940 - 1990 年代间的发展与变化状况，可以形成对这些村庄近百年历史变迁轮廓的个案认识。譬如“满铁”调查中关于村中保甲制度、人口数量、宗族状态、耕种面积、工具使用、生活习俗都有较为具体的记载。半个多世纪后的今天，其状况又是如何呢？1949 年后当代中国社会变迁中，诸如“土改”、“大跃进”、“四清”、“文化大革命”及改革开放时期，这些乡村的变化是什么？透过这些村庄的资料，可以较完整地洞悉近百年来中国社会从传统向现代转变间的时代脉络，也可以看出历经数个朝代不同政治体制下华北乡村社会与国家层面间的关系，体认农民如何因应动荡时代的深刻影响，见证 20 世纪华北乡村社会的变与不变的发展特征。或许，这些想法可以称为我们进行华北农村调查活动的“问题意识”吧。

我们的调查活动取得了圆满的成果，日本学者先后出版了汇集吴店村调查访问记录的《农民口述的中国现代史》（三谷孝主编，日本内山书店 1993 年 3 月）；1999 年 2 月，又以《中国农村变革和家族·村落·国家——华北农村调查记录》（第 1 卷，日本汲古书院版）为书名，出版了我们在寺北柴村及沙井村的调查访问记录；2000 年 2 月，以同书名第 2 卷的形式，由汲古书院出版了后夏家寨和冯家村的访谈录。两卷调查记录都由三谷孝主编，我在每一册前写了序言。这三本调查记录的陆续问世，以口述资料的形式展现了中国近现代农村社会发展的历史画卷，在日本学界引起了巨大反响。有人称之为是继 1930 年代“满铁调查”资料编辑而成的《中国农村惯行调查》之后的又一项重大学术工程，通过中日学者的调查展现了 1930 年代以来华北农村的社会变动。1994 年我在欧洲几个国家讲学时，丹麦哥本哈根大学和德国特立尔大学都主动让我讲华北农村调查的方法和结果。

日文版调查记录的出版，带动了日本对华北农村研究的热潮，也引起了中国学术界要求出版中文版的呼声。2005 年以后，我即带领几位博士生，着手整理调查记录中文版的编辑工作。内子王黎协助我，根据访问时的中文录音记录，参照日文版资料，对人名、时间和话语作了补充、核实和订正工作并完成了初稿。这一调查记录的编辑与出版工作，在南开大学历史学院刘泽华和张国刚、李治安教授的呼吁下，纳入了南开大学“211”工程项目，并商定由社会科学文献出版社出版。第 1 卷内容是当时在寺北柴村的调查访问纪录，第 2 卷是当时对沙井村和吴店村的调查记录，第 3 卷是当时在后夏家寨村和冯家村的调查访问记录，此外还有第 4 卷，侯家营村档案文献资料选辑及对其的初步解说。可以这样说，中文版比日文版内容更丰满，也更准确一些。

中日学者联合对华北农村进行调查访问的学术活动，是改革开放政策实施后的新鲜事物，也是中国学术走向国际化的标志性事件之一。有的部门对我们的学术考察不理解，他们说了不负责任的外行话。我则认为，农村调查是一件好事。20 世纪中国农村发生了巨大变革，在中国历史上是空前的，将其记录下来，具有重要的历史意义和现实价值。这种学术寻求和文化积累，是理解中国近现代历史的重要视角之一，也是中华民族的精神和思想财富。正是出于学者的使命感，我们是满腔热情地参与这一工作并和日本学者合作的。日本学者严谨的治学态度和细腻的工作方法，是我们应该学习的。人的知识总是有限的，向他人学习，吸收国外学者的长处，融合到自己的研究工作中，这是中国学术前进所必需的。

调查之初，左志远、张洪祥、王黎和我四处奔走，和有关方面多次联系，获得了各方面朋友不少的帮助，所调查地区的县、乡、村各级政府也给予了大力支持和帮助，使此次农村调查活动得以获准并顺利完成。

进村之前，我们预先熟悉各个地区乡村的情况，查看了相关地图及旧县志。日本学者还印刷了当年“满铁”人员调查上述村庄的概况，包括谱系、住宅方位等极具体的材料，准备工作十分周到细致。及至我们进入县境，各级政府有关人员介绍该县的历史和现状，给予我们很多帮助。这是我们认识上述村庄自然地理、民众生活和社会现实的前提。我们以小学生的态度认真听取和记录。调查资料的根据：一是县档案馆的档案文献；二是县、乡、村政府领导的情况介绍和历次运动积累的材料；三是社会各领域人物的谈话记录。

我们所作的是历史人类学的考察，寻找记忆，寻找过去，将村民的经历和见闻如实记录下来。从 1940 年代“满铁调查”结束的抗日战争时期开始到 1990 年代初农村联产承包责任制的实施，时间跨度达半个多世纪。这期间，华北人民经历了日本的血腥侵略和残暴统治，这一事实根深蒂固地印在我们民族的记忆中。日本投降后又经历了国共内战、土地改革、集体化道路、“大跃进”、人民公社、三年困难时期、“四清”运动、“文化大革命”，改革开放后的联产承包到包产到户，现在正在接近小康生活的标准。从土地所有制来讲，土地改革是一次重大变革，将土地分配给农民，消灭了几千年来存在的地主阶级；集体化是另一次重大变革，将农民的土地所有权收回，重新转变为集体所有制。现在农村的土地仍是集体所有制，是以家庭生产为主的集体所有制，这和以往是不同的。从经济制度发展来看，1950－1980 年代间，中国农村的经济生产被纳入了长期的计划经济体制，有成功之处，也有失败之处。现在则进入了市场经济体制，一切都发生了变化。我们观察的视点是，在这几次生产资料所有制的大变革中，政府政策是怎样影响基层农民的生产、生活的？农民的意识是怎样转变的？其生产和生活的起伏变化又是如何？在大量的访谈记录中，档案文件中无法看到的真实的农民心态，逐渐丰富和立体化起来了。

我们的调查内容极为广泛，包括各村的地理环境、人口政策的执行和人口状况、计划生育政策的执行、村政权理念，农业生产类包括种植面积、种植的品种、肥料、水利、农具、农产品的价格等，副业生产，销售渠道，家族延续和沉浮，婚姻状况，妇女在家庭和社会中的地位，中小学教育，人口流动，道德风俗习惯，以及村民生活等。用现在最普通的术语，是一种全方位的调查，而不是单一问题的调查，这样的调查可以构成一个村全面完整的历史画面。在采访中，如谈话投机，常常激起被调查者沉睡的回忆，他们的回答常常多于所提出的问题。我们多次发现农民手中保存着世代相传下来的地契、借贷契约之类，这是意想不到的收获。如在寺北柴村，我和滨口允子访问一位老农，他打开了床头陈旧的小匣子，取出一张用布包裹的乾隆时期的地契；其他调查成员也看到了不少地契，其中有雍正年代的地契。吴店村村民保存有1936年6月河北省财政厅颁发的土地税执照和中华人民共和国成立后兄弟分家的证书。这些契约文书，对研究农村各个时代的经济、社会状况而言，都是非常珍贵的资料。

在村庄里，调查是挨家串户的，面对面的问答，被访者的叙述意识至关重要。我们总是预先告诉我们的来意、采访目的和内容，让他们心中有数。日本学者每到一村访问时，总是先讲道歉的话："日本过去侵略过中国，真对不起。"这么一句饱含真诚的话，拉近了双方的距离，为访谈扫清了障碍。在顺义县，我们访问一位曾在战时做过中学教师的老人，他因战争而对日本人极有成见。得知访问者有日本学者后，他说："怎么日本人又来了"，并拒绝接待。后来经过左志远耐心解释，老人心里的坚冰被打破，他不仅热情接待，双方谈得还很融洽。

村民们是否说了真话、心里话，要由大家判断。根据我们的接触，他们对过去所发生的事有清醒的认识，并且能够用一条叙述线索将其连贯起来，论人论事，直言不讳，毫不掩饰自己的观点和看法，对重大的历史事件也有着深刻的反思。

村民在涉及自己生存和生活相关的问题上，从不躲躲闪闪。譬如谈到1950年代的集体化时期，村民们都认为开始时大家满腔热血，很积极，产量增加了，生活改善了，对前途抱着强烈的期望。但到了公社化时期，社会上弥漫着说谎话、说大话、搞浮夸，报刊整天宣传"人民公社是天堂"，"人有多大胆，地有多大产"，搅浑了人们的意识，人们都被强制性地去大炼钢铁，烧焦煤，挖水库。青壮劳力的精力消磨殆尽，只有老弱妇女留守村庄，成熟的粮食扔在地里，无力收割，只能任其腐烂，结果弄得物质极度短缺，出现了严重灾荒。人们以瓜菜充饥，尚且不足，各村都出现了饿死人的现象，精神上备受痛苦。当时又被迫三缄其口，没法说的话，只能在心里翻滚着。他们回忆这一段历史时，心情是很沉重的，应该说也是真实的。1979年后，中共中央推动改革开放政策。中央连续颁布了有关农村改革5个"一号文件"，农村的生产方式发生变化，农民的收入逐年提高，思想和心态也在逐步变化中。

我们如实记录了这些年各村的变化实态，有的发展得快，有的慢一些，但相继都冲破了旧的束缚。任何运动总是有一部分人先行动起来，有一部分人则在等待观望，等时机完全成熟时才开始行动。1984年人民公社解体后，以农业生产为主导，出现了经营各异的个体户。譬如1990年访问沙井村时，该村两户农民承包全部土地，农闲时搞运输，收入大幅度增加。村中出现了一家私人医院和药铺，还有个人经营的涂料厂，原来的供销社也由私人经营了，80%的妇女都到设在该村的服装加工厂工作，服装销售至欧美和日本等国，生意兴旺。村中还设有汽车修配厂，专为北京市的中央民政部门做汽修配件。1994 年重访该村时我们发现，村里耕地面积减少了，出现了由福建商人组成的“福建村”，全是经营木材的，出租土地成为村中的一大收入。村中盖起了村政府大楼和宽敞的幼儿园，开始实行养老保险金制度。

山东平原县后夏家寨村，距离大城市较远，原来村民生活较苦。几家农民做饭烧锅时所拉的风箱，还是几十年前我在农村见到的那样。农村新政策出台后，人们恢复了传统的手工业，用柳条编织筐笼之类和用麦秸秆编草帽，由天津外贸公司收购，运销海内外。贩运牲口特别是耕牛，也是该村的特长，不少农家又经营起这行业。我们还到附近的牲口市上去实地考察了一次。村中还种植茄子之类蔬菜远销日本，它是一种全新的植物种植技术，茄子大小均匀，全部采用人畜粪便施肥，减少了工业化肥的污染，农民们在掌握技术的同时，也对环保有了新认识。

栾城县寺北柴村的农业在河北省是很出名的，他们有一项稳定的收入，就是供应华北制药厂做原料用的玉米。1980 年代后，该村大部分农户除了耕种土地外，还开展多种经营，有的经商，有的搞副业，有的搞服装加工，出现了养殖、种植、养鸡等专业户。搞运输在“文化大革命”时被视为投机的“二道贩子”，现在成为人们向往的行业。该村部分农户由山西运煤，制作煤球或蜂窝煤出售。蛋品销路广，河南客户定期收购。乡政府为了发展养鸡业，还请北京的农业专家来讲养鸡技术，各村居民从四面八方涌向乡政府所在地去听课，我们亲眼看到了这种场面。

我们访问时，各村均有民办公助小学。发动社会力量办学，这是办学的一种方法。小学教育是国民教育的根基和基础，有的村小学面貌整洁，教师精干，从表面上看，文化气氛是很浓的。寺北柴村的教室则是危房，参加访问的日本学者捐赠了 2000 元人民币，希望能够帮助他们改变一下学校环境。

村民可以公开议论村干部，何人好，为村里办实事，就得到尊敬；何人私心重，作风不好，群众中微词就颇多。不敢说话的时代已成为过去。

在调查中，我们发现各村都在根据自己的地理、经济条件扩大生产，创造财富，改善生活。农民的生产积极性被调动起来了，人的活力被挖掘出来了，社会各行业也充满了活力。这就是华北农村社会与经济变动的生动情景。

当然，在追求财富及美好生活的同时，华北各农村也出现了一些值得思考的现象。

一些商人，直言他们卖东西时，短斤短两，他们认为这没有什么大惊小怪的，不知道诚信败坏的巨大恶果。

在一些村，农民开始出现贫富的差距，富户拥有运输汽车和拖拉机。1994 年寺北柴村就有各种拖拉机 100 多辆。富户还盖了新房，有的盖的是楼房。而穷户则仍然住在落败的旧房中。

人们的观念发生了变化。现在似乎一切都在以财富论英雄：看其农副产品在市场上销售量如何，拥有几台拖拉机。耕牛和骡马，不再作为财富的象征。现在人们都很注意信息，看哪一行能赚到钱，就趋向哪一行。

农村中重男轻女的现象还是比较普遍。他们愿意生男孩，一是传宗接代，二是增加家中劳力。计划生育政策的执行是很严格的，但有的农民宁愿接受罚款，也要多生一个孩子。妇女怀孕，生育儿女是重要的事情，生男孩受到家庭的尊重，否则就被看不起。从这一点上看，几千年的传统观念短期内很难转变。

一些不良风俗习惯又泛滥起来，如敬鬼神，迷信风水等。婚丧嫁娶也很铺张，村民讲，现在没有几万元给孩子是成不了亲的，必须盖新房，买电视机、洗衣机，家里还得有沙发之类摆设。

中国农村数十年来走过了曲折多艰的道路，农民贫穷痛苦的生活令人扼腕长叹，访谈中展现的种种场景，在每个调查者心中留下深深的烙印。农民讲出了实实在在的心声，反映了历史和时代的特点。这部书是记录性的，没有抽象的概括，没有理论的阐述，没有文学家的描写，没有华丽的辞藻，语言朴实无华，反映的正是普通村民的生活足迹，是华北地区农村历史沿革的缩影和农民生活与生产变化的实态，散发着浓重的乡村气息，也依稀可见乡村社会变革的历史脉络。

从社会发展的角度看，一切事件和人物都是历史的、暂时的，而历史的进程则是永恒的运动。我们的调查访问结束后的10年间，上述各村又有了许多新变化。如顺义县改为北京市属区，沙井村被纳入了市区，村中已无耕地，“福建村”面积扩大至200多亩，占该村土地1/6，村中的面貌已城市化。原在服装厂打工的村民已不再去了，现在工厂的六七百人多是外地和外村的。天津市静海县冯家村也和1993年我们访问时大不一样。那时村民除种地以外，还给天津市一个工厂做配件，现在大部分青壮年到附近一个日资企业打工，月薪1000多元。留在村中的农民则种蔬菜供应天津，如茄子、西红柿、芹菜之类，秋冬都是大棚菜，用机井灌溉，村里有信息员，时刻掌握着天津的市场行情。我们最后一次去山东省平原县后夏家寨是1994年8月，如今也发生了诸多变化。原有的编织副业基本上没有了，几个木匠在村中创办了家具作坊，年产量约2000多件，获利在2万元以上。恩城镇的牲畜市场，比过去大得多，牲畜上市量在千头左右。后夏家寨村民有几百户养牛，繁殖小牛，每头可卖千元。有的用300多元买个小牛或驴、骡、马，喂一年长大了再卖，可以得到1000～1200元。村中增加了十多眼机井，85%的农田得以灌溉，小麦、玉米亩产量约在800～1000斤间。30%农户有了拖拉机，村民盖新房的多了，都是砖石结构。约50%的青年男女外出，到北京、天津、青岛等城市打工，月收入在800～1200元之间。

由于机械化的使用导致对劳动力依赖的减轻，养育孩子的负担日重，加上城市文化的影响等因素，农村的出生率开始降低了，各村小学校的孩子少了，如今几个村合并办一个小学校，学校的教学质量也有了很大的提高。

值得深思的是，各村村民“向钱看”的倾向较以前更加严重了，数十年来培养和形成的集体观念淡薄了，公德意识没有大的提高，很少有人再讲为集体和他人的奉献精神，这对建设社会主义新农村是非常不利的。

历史是一面镜子，可以鉴古知今，也可以启示未来。关于研究华北农村的著作，市场上已有不少，这部书则有自己独特的学术价值与文化形态，是认识、了解华北农村最好的素材，也会成为研究者心目中有价值的资料，可引起更多的思考，推动华北农村社会研究向前发展。今日中国农村的进步是付出了巨大代价而取得的，应该珍惜今日，使新农村建设迅速完成。不管中国社会的现代化进程如何延伸，只有农村获得革命性变革和农民生活得到彻底的改善及提高，中国才配得上现代强国的地位。

2006年8月

目　录

总　序 …………………………………………………………………………………… 魏宏运／1

第二部　沙井村编

一　顺义县、城关镇、沙井村概况 ……………………………………………………… 3
（一）顺义县概况 ……………………………………………………………………… 3
（二）城关（顺义）镇情况 …………………………………………………………… 6
（三）沙井村概况 ……………………………………………………………………… 8

二　沙井村访谈记录 …………………………………………………………………… 24
（一）1990年8月 ……………………………………………………………………… 24
（二）1994年8月 ……………………………………………………………………… 134

三　沙井村相关资料 …………………………………………………………………… 592
（一）沙井村住宅略图 ………………………………………………………………… 592
（二）沙井村家庭调查分析 ……………………………………………… 中生胜美／592
1. 调查始末 ……………………………………………………………………………… 592
2. 家庭形态 ……………………………………………………………………………… 592
3. 结婚 …………………………………………………………………………………… 593
（三）顺义县沙井村外来人口调查表 ………………………………………………… 596
（四）女性的生活和意识问卷调查 …………………………………………………… 601
（五）性别问题调查 …………………………………………………………………… 604
（六）顺义县暂住人口管理规定 ……………………………………………………… 608
（七）沙井村经济统计资料 …………………………………………………………… 609
（八）故去村民记录 …………………………………………………………………… 615
（九）河北省顺义县沙井村概况 ……………………………………………………… 625

第三部　吴店村编

一　序论 …… 631
（一）调查计划及调查原委 …… 三谷　孝／631
（二）房山区吴店村的历史概况 …… 笠原十九司／633
1. 历史地理的位置 …… 633
2. 良乡县城与吴店村 …… 634
3. 卢沟桥事件和良乡县、房山县 …… 635
4. 抗日战争时期的房山区、吴店村 …… 635
5. 根据地“扫荡”作战与房山区、吴店村 …… 636
6. 房山区的解放 …… 637
7. 吴店村的农村变革——从土地改革至今 …… 637
（三）房山区吴店村概况 …… 三谷　孝／638
1. 房山区概况 …… 638
2. 吴店村概况 …… 640
（四）吴店村调查概况 …… 642
1. 经济（1） …… 内山雅生／642
2. 经济（2） …… 顾　琳／644
3. 社会 …… 末次玲子／645
4. 政治 …… 浜口允子／648
5. 从研究史的角度看吴店村 …… 顾　琳／650
6. 吴店村访问调查说明 …… 651

二　吴店村访谈记录（1990年8月） …… 652

三　吴店村相关资料 …… 798
（一）吴店村住宅配置图 …… 798
（二）问卷调查结果 …… 799
1. 对各个家庭年龄结构调查的分析 …… 799
2. 关于女性生活和意识的问卷调查 …… 803
3. 已婚女性生活和意识的问卷调查 …… 803
（三）主要姓氏系谱图 …… 807
（四）贫农家史 …… 812
1. 辛酸的过去 …… 812
2. 永志不忘——贫农朱凤莲家史 …… 817
3. 出了苦海见青天——贫农张启华家史 …… 823

（五）房山区土地改革相关文献资料 …… 829
1. 房山县的土地改革概述 …… 829
2. 河北省房山县的土地改革是如何进行的 …… 831
3. 良乡县半解放区的土地改革情况（含新解放区土地改革情况） …… 835
4. 良乡1区西王佐的土地调整 …… 837
5. 新解放区土地改革情况 …… 839
6. 解放区土地改革问题 …… 839
（六）1949年底房山县关于土地改革的规定 …… 840
1. 土地改革工作情况 …… 840
2. 在老解放区、半解放区、新解放区，需要完成土地改革的村有204个，参照土地改革政策的贯彻程度分为两类：一类是在老解放区、半解放区已经完成了土地改革和尚未完全完成土地改革的村子；一类是在经历了土地改革的新解放区中，那些仍残留许多旧有问题的村子 …… 840
3. 新解放区土地改革工作 …… 841
4. 土地改革指导问题 …… 841
5. 土地改革完成后的收尾工作 …… 842
（七）附表 …… 842
（八）民国时期契约文书 …… 846
（九）河北省良乡县吴店村概况 …… 849

本卷后记 …… 三谷 孝 / 852

访谈记录细目

一　沙井村访谈记录细目

（一）1990 年 8 月

张　昆　张　荣 …………………………………… 24

家庭基本情况，24/外出打工，24/教育，25/土地状况，25/结婚，25/日本驻军、抓民工，26/满铁调查，27/战争，28/八路军，28

张　昆　张　荣 …………………………………… 29

八路军，29/日本投降，29/先天道，29/惩治汉奸，30/解放时状况，30/灾荒，31

张　荣 …………………………………… 32

过节风俗，32/土地改革，32/互助组，33/农民协会，33/合作社，33/识字运动，34/合作社，34/人民公社，34

杨庆余 …………………………………… 35

家庭成员，35/战争，35/教育，35/医疗，37/迷信，37/日军，38/学徒，38/日军，39

杨庆余 …………………………………… 40

日本投降，40/一贯道，40/回乡，40/土地改革，40/解放后生活变化，41/婚姻，41/教师，42/对历史人物评价，42/教师，42

邢永利 …………………………………… 43

个人经历，43/"土改"前的土地状况，44/土地改革、成分划分，44/互助组、合作社，45/公共食堂、集体劳动，46/大炼钢铁，46/1963 年灾荒及度荒，47/"文革"中遭批斗、强迫劳动，47/近年家庭状况，48

杜　江 …………………………………… 48

家庭成员，48/村干部与村政机构，49/村办企业，50/村干部工资发放，50/土地占用，51/农村就业，51/婚姻，53/个人历史，53/家庭，54/教育，54/婚姻，54

杜　江 …………………………………… 55

教育，55/公社，55/经商，55/土地承包，56/村干部，56/计划生育，57

刘振海 …………………………………… 58

个人经历，58/村干部，58/家庭、婚姻，60/乡镇企业，60/福利事业，61/工作去向，62/婚姻，63

张麟炳 …………………………………… 63

土地改革，63/八路军，64/地主划分，64/土地改革、农会，64

张麟友 …………………………………… 66

农场生产经营，66/家庭，69/满铁调查，69/农场经营，70/看青，70/搭套，70/庙宇，70/家庭，71

张树德 …………………………………… 71

看青，71/打更，73/搭套，74

张树德 …………………………………… 75

参加解放军，75/结婚，75/农村治安，75/"四清"运动，76/村办企业，77/土地承包，77/村政，77/家庭，77/抗美援朝，78

张长清 …………………………………… 78

农场生产计划，78/看青，78/农场生产经营，79/农场粮食销售，79/结算、分配，79/农场负责人，79/个人经历，80/农具，80/经营状况，80/个人情况，82

李广明 …………………………………… 82

过继风俗，82/家族辈份，83/"先天道"，83/祖坟，83/族内称呼、辈份，83/上坟风俗，84/礼节风俗，84/过节风俗，86/过年风俗，87

何　权 …………………………………… 88

满铁调查，88/解放前教书先生的教育工作情况，89/解放初期教师的家庭和工作情况，

91/满铁调查资料，91/日本殖民时期的教育，92/学校教育，92/学生特点，93/自然灾害，93/日本投降，93/满铁调查，93/区小队，95/学校教育，95/青苗会，95/日本殖民下的伪政权，96/国民党统治，96

周永兴 …… 96

解放前的小学教育，96/日本殖民时期学校教育，97/教师对国共两党的认识，98/解放初期的学校教育，98/进修教师，98/识字班、破除迷信，98/教师待遇，99

周永兴 …… 99

小学教育，99/“三反”“五反”运动，99/教师调动，99/教育事业的变化，99

周永兴 杨庆忠 …… 99

家庭成员，99/解放前的小学教育，100/满铁调查，102/解放前的私塾，102/农民对八路军和保安队的反应，102/解放前后小学教育变化，103/破除迷信，103

杨庆忠 …… 103

巫医，103/“先天道”，103/小学教育，104

杜存新 …… 104

丧葬风俗，105/街坊辈分，110

杜存新 …… 110

农民生活，110/分家风俗，111/解放后的农民家庭生活，111

李广明 …… 112

看青，112/教育，113/“天天照”会门，113/看青，114/搭套，114

李广明 …… 115

看青，115/打更，115/李树原，115/“先天道”，116/看青，116/搭套，117

郭素兰 …… 117

妇女起名，117/结婚礼俗，118/缠足，118/妇女工作，118/婚姻法，119/“三反”“五反”运动，119/妇女参加劳动，119/识字班，120/妇女干部，120/生活感受，121/幼儿看护，121/生育风俗，121

董玉荣 …… 122

妇女受教育状况，122/妇女交往禁忌，122/婚姻礼俗，122

董玉荣 史庆芬 …… 123

婚姻法，123/“大跃进”，123/土地改革，123/生活变化，124/家务分工，124/起名，124/教育，125/人民公社干部，125/法制宣传，126/妇女工作，126/生育观念转变，126/文化教育，127/婚姻礼俗，127

史庆芬 杜爱军 …… 128

镇办企业，128/农村教育，129

杨艳玲 …… 131

家庭成员，131/妇女教育，132/婚姻礼仪，132/子女教育、生育风俗，133

（二）1994年8月

杨 福 …… 134

家族，134/打工，134/满铁调查员、日军，135/八路军，135/土地改革，135/互助组、初级社，137/高级社、人民公社，137/公共食堂，138/家庭成员，138/困难时期，139/“四清”运动、“文化大革命”，139/教育，140/解放前的庙会，140/上坟、清明会，140/“先天道”，141/村党组织，143/“林彪事件”、“批林批孔”运动、毛泽东逝世，143/生产责任制以后的生活，143/村干部和将来，145/村民和新闻、报纸，145/结婚，146/生活感受、经历，146

张 荣 …… 147

家族，147/少年时代，148/蜜供，148/日军，151/满铁调查，151/“先天道”，152/八路军和解放，153/“土地改革”，154/互助组，156/神汉，156/人民公社，156/“文化大革命”中的地主、富农，157/生活感受，157

张麟云 …… 158

父亲、少年时代，158/日军、满铁调查，158/“新民会”，159/结婚和子女，159/现实生活、门卫，160/田营村土地改革，160/长工，161/沙井村土地改革，161/合作化运动、“四清”运动，162/“文化大革命”，163/生产责任制，164

张麟富 …… 164

家族、少年时代，164/长工，165/兄弟姊妹，165/日军暴行，166/满铁调查，166/结婚，167/国民党军、八路军，167/土地改革，167/互助组、初级社、高级社，168/困难时期，169/“四清”运动，170/“文化大革命”，170/地主，171/毛主席逝世、唐山大地震，171/现时生活，171

张守俊 …………………………………… 173
"先天道"，173/日军与"先天道"，174/八路军与"先天道"，175/风水先生、婚丧礼俗，176/"土地改革"，176/阶级划分，177/工作组，178/村民开会，179
张树德 …………………………………… 179
家族，179/"先天道"，180/解放战争、"抗美援朝"战争，181/转业，182/结婚，182/生活感受，182
邢永利 …………………………………… 183
个人身世，183/学徒，183/"先天道"，183/日军、国民党军，184/"土地改革"，185/外来户，186/"看青"，186/工作组，186/破除迷信、神汉，187/子女，188/结婚，188/现在的生活，189
杜　江 …………………………………… 190
村干部，190/民兵，192/书记、队长，193/队长、社员、工分，195/改革开放以后的村干部，196/村干部的报酬，197
史庆芬 …………………………………… 198
村干部，198/村干部构成，199/畜牧业，200/副业观，201/生产队长的选举，202/妇女队长，203/大队的干部和生产队的干部，203/妇女干部，204/年轻妇女思想观，205/世界妇女大会，205/妇代会，205/好媳妇、好婆婆，206/妇女干部，208
刘振海 …………………………………… 208
"四清"运动时的干部，208/小"四清"运动，209/大"四清"运动，210/"文化大革命"，211/"红卫兵"运动，212/村革命委员会，213/干部的难题，215/支部书记，216/支部书记和副书记，217/20世纪80年代的村干部，218/生产队的解体，219
张麟炳 …………………………………… 219
农业合作社，220/"联盟"高级社，220/高级合作社，223/人民公社，223/"大跃进"运动，224/密植，224/困难时期，225/"四清"运动，226/干部和群众，226
刘士元 …………………………………… 227
个人经历，227/人民公社解体，228/农场制，230/现在诸问题，232
张树德 …………………………………… 232
干部经历，232/"文化大革命"，233/幸福院，234/"文化大革命"的组织，234/"文化大革命"运动，235/"红卫兵"和"卫东造反军"，235/生产队间的差别，236/生产队长，237/增加产量，237/生产队间差异，238/外来人口，239/公益事业经费，241/义务劳动，241/村政，241/困难时期，242/土地改革，242
李德英　孙桂芹 …………………………………… 242
出生，242/上学，243/识字班，243/婚姻，244/结婚仪式，244/婚姻法，245/土地改革，245/妇女主任，245/男女平等，246/女性状况，247
李景春 …………………………………… 247
家庭与个人，248/生产队概况，248/"文化大革命"，248/生产队的权力，249/"四清"，250/运动与生产，251/乡镇企业，251/村子的发展，252
张麟书 …………………………………… 252
家庭与个人，252/回忆抗战，253/北平解放，253/土改与扫盲，253/互助组，254/初级社与高级社，254/村干部，254/畜牧业，256/跑运输，257/搞承包，257/开小卖部，257/村里的发展，258
刘振海 …………………………………… 258
村劳动力就业状况，258/外来劳动力工作生活状况、临时户口，259/道路建设、居民迁移，260/蔬菜、木材市场，260/耕地减少，261/农业生产税，261/农业管理、村干部，261/都市化农业，261/村财政负担，262/本村与其他村比较，262/村财政支出，263/村办公楼建设，263/村设备、财产、人工费，263/计划生育预算，264/临时户口的管理，264/村公积金，264/建筑计划，264/村、县的联营企业·利害关系，265
刘振海 …………………………………… 266
村经济顾问委员会，266/村营企业、配件工厂，267/户籍制度、户口流动，268/临时户口与本村人的关系，268/女性户口，269/都市化倾向、村政管理，269/配件工厂，269/村营企业、涂料工厂，270/扒鸡厂的失败，270/村发展计划，271/村民建房，271/富户，272/贫困户，272/个体企业，272/改革与分田，273/都市化，274/"文化大革命"，275/

人民公社，276
杨艳玲 …………………………………… 277
家族与少女时代，277/结婚，277/会计的记录，278/人口统计、人口变化，279/耕地面积，279/粮食价格变化，280/村收入，280/人均收入，280/困难户，281/干部的收入与待遇，281/人民公社的工分，282/消费的变化，283/会计培训，283/教育孩子，283/大队解散，284/劳务工，284/公粮、奖励粮，284/养猪与粮食，285/1960 年农业生产，285
杨艳玲 …………………………………… 285
统计表的说明，285/个人收入计算方法，286/账目管理，286/信用社和村会计，286/80 年代的蔬菜栽培，287/统计项目的说明，287/农作物的调查，288/农场的统计报告，288/劳力就业，289/干部的收入，289/户籍与分配，290/户籍相关问题，290
卢长海 …………………………………… 291
镇政府与乡镇企业管理，291/企业的税金，292/企业的承包制，292/企业的所有权，293/乡镇企业的劳动条件和保护，294/劳动市场和失业，294/流动人口和计划生育，295/都市、农村的计划生育，295/顺义镇计划生育指标，296
冯瑞芬 …………………………………… 296
家族、少女时代，296/结婚，297/婚约，298/结婚仪式，298/沙井村服装工厂，300/孩子出生，300/子女命名，301/生育二胎的罚金，301/计划生育干部，301/沙井村计划生育指标，302/计划生育、重点户，302/重点户的管理，303/离婚，303/避孕法，303/性教育，304/新生儿性别比例，304/流动人口和计划生育，304/计划生育的宣传，305/治安状况，305/临时住户，306/房屋出租，307/澡堂，307/外来户与村民，307/外来户管理，308/村民联系，308/村组织，309/电影放映，309/幼儿园，309/计划生育经费，309
史庆芬 …………………………………… 310
1960 年代、70 年代经济状况，310/1969 年的一队、二队，311/工分值的变化，311/70 年代队营企业和副业，311/70 年代的运输业，312/70 年代的生活水平，313/结婚礼仪，313/盖房，313/借贷，314/1960 年代的信用社，314/人民公社的医疗，314/人民公社时的外出务工，314/大队解体和农村经济，315/女性工分的提高，315/承包制，315/1984 年决定大队解体，316/土地分配，316/土地分配与集体经营，317/副业，317/农活，317/村干部，318/1977 年担任村支书，318/1977 年“割资本主义尾巴”，319/工作队，320/工作队和农业生产，321/县干部包村制，321/村营企业的业绩和问题，322/大队解体、生产状况，322/农场成立，323/蔬菜栽培，324
杨庆余 …………………………………… 324
高级社的工分计算，324/粮食的分配与奖励，325/解放初的运输队，325/高级社的成立，326/搭套、互助组、小社、高级社，326/家畜作价，327/互助组的“齐工等价”，327/小社、大社、粮食分配，327/“大跃进”，328/60 年代的副业，328/工分计算，328/1960 年代的家计，329/女性的手工，329/人民公社管理区，329/“四清”运动，330/国民党军，330/家族与学校，331/知青下放，332/“四清”运动，332/解放后的阶级关系，333/解放前学徒，334/30 年代村学校，334/“文化大革命”、阶级成分，335/解放前的县城买卖，335/解放前家庭状况，335/批判对象，336
张长清 …………………………………… 336
农场面积的减少，337/农场的劳动，337/年收入，337/生产作物，337/收获物的买卖，337/外村的暂住人口，338/治安员，338/仓库看管，338/新企业的技术者，339/仓库看管，339
张麟友 …………………………………… 339
镇农场，339/村农场，339/家族，339/少年时代，340/张瑞与农业合作化，340/“四清”运动，340/“文化大革命”运动，340/人民公社的缺点，340/解放时的张瑞，340/兄弟姐妹，340/蜜供，341/杨源和李注源，341/人民公社时代的看青，341/互相帮忙，341/外村暂住人口，342/养狗，342/房屋出租，342/富农张瑞，342
张树德 …………………………………… 342

解放后的看青护秋，342/民兵保卫，343/公共食堂，344/饥饿和看青，344/搭套，344/互相帮助和互助组，344/外村暂住人口，345

李广明 …… 345

外村暂住人口，345/护秋，345/民兵巡逻，345/搭套，346/搭套和互助组，346/初级社、高级社和人民公社，346/治保，347/关于张瑞，347/解放时的情况，347/土地改革，347/三榜公布，347/四类分子，348

马玉兰 …… 348

乡级承包责任制，348/农场制，348/农场的生产条件，349/粮食，349/城关乡的农场，349/农场职务分担，350

张守俊 …… 350

家庭成员介绍，350/做香手艺，350/李注源、看青，350/青苗会，351/打更，351/满铁调查，351/“先天道”，351/搭套，351/解放军，352/土地改革，352/农民协会，352/逃亡户，352/八路军，353/互助组和搭套，353/叔伯兄弟张守仁、张守义，353/初级社，353/高级社，353/公共食堂，354/困难时期，354/“四清”运动，354/“文化大革命”运动，354/蜜供，354

杨 福 …… 355

看青，355/李注源，355/民兵保卫，355/搭套，355/互相帮忙，356/互助组、初级社，356/满铁调查，357/解放时的情况，357/逃亡户，357/土地改革，357/地主，357/划分阶级的标准，357/“新民会”，358/破除迷信，358

姜国安 …… 358

农业现状，358/农场和农业生产的变化，358/都市近郊农村的面貌，359

杨庆余 …… 360

“新民会”，360/杨源和张瑞，360/打更，361/看青，361/李注源看青，362/搭套、互助组，362/初级合作社，363

张麟炳 …… 363

抗美援朝战争后，363/合作化，363/蜜供，363/打更，365/搭套和互助组，365/李注源，365

靳茂恒 …… 366

家族，366/涂料工厂的经营，366

王加齐 …… 367

工厂的经营，368

张运祐 …… 368

家族，368/木材生意，369/工作经历，369/木材的经营，369

史庆芬 …… 370

农场的经营，370/村干部，371

张长清 …… 371

农场的经营，371

李宗平 …… 373

家族，373/豆芽制造与贩卖，373

周永兴 …… 375

“反右”运动，375/“大跃进”运动，377/困难时期，377/“文化大革命”运动、“黑五类”，377/恢复名誉，378/恢复工作，378/退休，378/代课教师，378/村工场的门卫，379/治安巡逻员，379/望泉寺中心小学，379/沙井村的教师，380/初级中学，380/高级中学，380/沙井村的幼儿园，381/个人经历，381/土地改革，381/互助组，381/“土改”领导人，382/合作社与人民公社，382/解放前的农村教育，382/解放后的农村教育，383/教师地位的变化，383/“反右”斗争和民办教师，383/“文化大革命”和农村教育，384/改革开放以后的农村教育，384/40年间农村教育的变化，384

李凤鸣 …… 385

个人介绍，385/幼儿园教师的资格，385/沙井村幼儿园的前身，386/初期的幼儿园，386/外来户，387/幼儿园的扩大，387/幼儿园教育的改善，387/幼儿园学费，388/村委会和幼儿园，388/新幼儿园的建设，389/幼儿园的学期和假期，390/幼儿园班级划分，390/幼儿园学前班，391/出身、家庭，391/小学教育，392/学前班今昔对比，392/“文化大革命”时的小学教育，392/劳动教育，392/下放教师，393/初级中学，393/高级中学，393/乡镇企业的女工，394

何 权 …… 394

满铁调查员，394/冀东防共自治政府时的师范学校，395/解放前沙井村的小学授课，395/教师水平，396/家长对教师的态度，396/教师工资，396/解放前后的教育变化，

396/刘月勤和“新民会”，397/顺义县“新民会”，397/解放时的沙井村小学，398/解放前后教育的变化，398/教师的思想改造，398/土地改革，399/家庭成员，399/扫盲（识字）运动，400/破除迷信，400/劳动教育，400/教师经历，401/顺义县教育状况，401/50年代的农村教育，401/“反右”运动，402/“大跃进”时代的农村教育，403/“大跃进”和困难时期，403/“肃反”运动，404/“文革”遗留问题，404/“肃反”运动，405/满铁调查员，405/“文化大革命”，406/农村教师社会地位的变化，406/培养的学生，406/教师生活的感受，407/现在的农村教育，407

程文忠 …… 408

顺义镇学校的概况，408/高级中学，409/外来户学生，409/小学教师男女比例，409/职业中等专门学校，409/顺义镇中心小学，409/教师和经费，410/校办工厂，410/教师和职员，410/学费，410/干部经历，410/顺义镇教育委员会，411/教育委员会和党的关系，411/中心、完全、联合小学，411/教育投资，412/民办教师、代课教师，412/幼儿园，412/障碍儿童入学，413/统一考试，413/教育局和镇教育委员会，413/高级中学，413/现在教育改革，413

张麟炳 …… 413

1936年沙井村小学，413/沙井村小学的授课，414/学费，414/学徒，415/满铁调查员，415/“新民会”，415/“卢沟桥事变”和沙井村，416/日军掠夺，416/日军虐杀冯家营村民，416/驻北京日军、参加抗美援朝战争，416/日军投降，417/国民党军的进驻，417/土地改革，417/土地改革时的干部，418/最初的党员，418/新区“土改”，419/互助组，419

闫永旺 …… 420

教育指导机关，420/文教部副部长的任务，420/县教育局和成人教育局，420/教育行政两个系统，421/县中学概况，421/县小学概况，422/县教师总数，422/教师的管理，422/教师培养与教师进修学校，423/九年制义务教育，424/中学教师来源，424/小学教师来源，424/教育经费分级管理，425/个人经历，425

高继福 …… 426

小学校长，426/顺义镇中心小学历史，426/学校辖区，426/学校管理，427/党支部，427/教师，427/代课教师，428/学生数，428/初级中学入学，428/高级中学入学，428/上级领导机关，428/学校和村委员会，429/家长会，429/统一考试，429/沙井村的学生与家长，430/学校经费，430/个人经历，431

史庆芬 …… 431

1970年的沙井村小学，431/小学合并，431/校舍，432/小学合并，432/望泉寺联合村小学，432/初级、高级中学升学，433/大、中专学校升学，433/中心小学和村委员会，434/学校委员会，434/教师节，434/家长会，434/学校教育和村民，435/幼儿家长学校，435/教育思考，436/婚姻，436/幼儿园建设，436/文化娱乐活动，437/村干部选举，438/家庭成员，438/子女上学经历，438/孩子教育，439/子女上学经历，439/孩子教育投资，439

杜　忠 …… 440

同族，440/家族关系，440/农业，441/邻居，441/满铁调查员，441/外来户，441/分家，442/日军、八路军，442/日军投降、劳工，443/国民党军、八路军，443/解放，443/国民党抓兵，443/脱离国民党军，444/土地改革，445

杨　起 …… 445

宗族，445/满铁调查，446/宗族关系，446/个人经历，446/分家，446/兄弟姐妹，447/“土地改革”，447/解放初期的村干部，447/邻村的土地，448/互助组，448/初级社，449/人民公社、公共食堂，450/困难时期，450/生活变化、电灯，451/火葬、葬仪，451

李广明 …… 452

个人经历，452/借房，452/家族，453/外来户，453/外来户的辈，454/街坊辈份变更，455/村外婚，455/宗族辈份，456/亲戚，456/亲族称呼，456/亲戚辈份，457/宗族土地，457/外村人土地的处理，458/外来者的辈，458/分家，458/盖新房，459/盖房风俗，459

杨庆忠 …… 459
写家谱的动机，459/祖先祭祀，460/过继，460/商人亲戚，460/苗族入赘，461/兄弟，461/杨润的经历，461/杨瑞的职务，462/父辈分家，462/土地买卖，462/沙井村的农地，462/土地改革、土地证，463/农村文化人，463/满铁调查，463

张麟友 …… 464
张瑞的葬礼，464/张瑞的亲戚，464/孝衣，465/家庭成员、婚姻，465/张瑞的劳动改造，465/张麟友的经历，466/结婚，466/写真，467/街坊辈份，467/平辈，467/生活习惯，468/村地理位置，468/盖房与租房，468

杨　珍 …… 469
个人经历，469/子女，470/北京学徒时代，470/下放，470/父亲去世、丧俗，471/墓地，471/“文化大革命”，471/分家，472/家谱，472/过年习俗，472/满铁调查，473/集市，473/日军，473/八路军，473/日本投降，473/满铁调查员，473/姓名与号，473/外号，474/小名，474

李广明 …… 474
家庭状况，475/李姓同族，475/沙井村的族姓，476/解放前家庭状况，476/土地改革、互助组，477/满铁调查，478/土地改革、合作社，478/清明节、坟地，478/葬式、火葬，480/祖先供养，481/家谱，481/生产队，482/村庙的破坏，483/家庭关系，484/外来人口，484/义务工，484/“红卫兵”、“文化大革命”，485

李广明 …… 485
婚姻、嫁娶，485/卖菜、纳税，486/儿子的工作经历，487/老人与儿女关系，488/家族成员，488/刻骨头花手艺，490/李姓家族，490/满铁调查员，493

李广明 …… 493
清明节集体上坟，493/庙会，493/看青、村公所，494/农村借贷，494/分家，495/卖地，495/保长，496/国民党与共产党，496/日军统治，497/共产党，497/婚丧礼俗，497/互助组、交公粮，497/红白喜事，498/粮食分配，498/红白喜事、火葬，498/现在生活观念，499

张守俊 …… 499
张姓坟地，499/土地改革，499/插花地，500/坟地，500/家族，500/清明会，502/族内矛盾调停，503/日本调查人员，503/婚丧礼俗，503/火葬，504/节日习俗，505/治安工作，506/尊老观念，506/贫农协会和阶级划分，506

刘士环 …… 507
家庭成员，507/牌位、家谱、包袱，507/过继子，508/刘姓同族，508/坟地，509/清明节、丧葬，510/拜年，511/家庭矛盾调停，511/短工、合作化，511/土地改革，512

马淑敏 …… 512
个人经历、家族，512/养子，513/户口迁移，514/外来户，514/对待养子与计划生育政策，515/节日礼俗、红白喜事，516/妇女主任、出纳员、服装厂，517/计划生育，518/外来户的管理，519/妇女主任，519

张柏枝 …… 520
小学教育，520/幼儿教育，522/妇联工作，523/妇女权益，524/经济发展和农村妇女，525/家庭问题，525/教育孩子，526

杨庆余 …… 527
家庭、经历，527/插套、搭套，529/互助组，532/干部的动员和组织，533/初级社，534/高级社，534/人民公社，535

张麟炳 …… 536
承包后的土地收回，536/家庭、劳动力，536/粘蜜供、正明斋，538/八路军、日军、国民党军、跑青年，539/搭套，539/土地减少、大水灾，540/与张瑞家搭套，540/“倒菜缸”，541/搭套作业的方法，541/上学、劳动力、富人，543/与李广庆搭套，543/解放后经历与政见，545

张麟炳 …… 545
村民个人史，545/搭套关系，546/搭套维持时间，552

张麟玉 …… 554
家庭，554/初级社、高级社，556/灌溉、机械化、肥料，557/农场经营，560

李广明 …… 562
解放前的家庭生计，562/“跑青年”，563/搭套、换工、亲戚帮忙，564/伙种、长工，

566/搭套和互助组，570
杨宝森 …………………………………… 572
家族介绍（问话省略），572/解放前的生计、长工，573/搭套，576/解放后的生活，579
张荣 杨福 ……………………………… 580
张荣的家庭史自述，580/家族内互助，580/搭套，581/“倒菜缸”，587/搭套细节，588/搭套分合，590

二　吴店村访谈记录细目

（一）1990年8月

杨　桐 …………………………………… 652
家庭状况，652/婚姻、家庭，653/劳工，653/八路军，653/长工，653/土地改革，654/合作化、公共食堂，654/大炼钢铁，655/子女教育、“文化大革命”，655/近年来生活变化，655
赵凤崐　张文英 ………………………… 656
家庭成员，656/私塾、教育，656/学徒，657/日军暴行，657/1943年旱灾，657/新民会，657/土匪，658/保长，658/婚姻、家庭，658/土地改革，659/保长，659/土地改革，660/族氏分支，660/破除迷信，660/婚姻，660/土地证，660/合作化运动，661/历史对生活的影响，661/“文化大革命”、红卫兵，661
裴　如　张淑敏 ………………………… 662
家庭成员，662/教育，662/分家，662/学徒，663/日军进村，663/个体商贩，663/满铁调查、劳工，664/八路军、国民党，664/婚姻、家庭，664/土地改革，665/互助组，665/合作社、公共食堂，665/大炼钢铁，666/工分办法，666/家庭、婚姻，666
禹国深 …………………………………… 667
家庭成员与个人经历，667/参加新民会，668/加入国民党，668/土地改革，669/历史问题影响，669/人民公社，669/结婚，669/日常交往，670/扫墓，670/民间信仰、迷信，670
郭仲安 …………………………………… 671
家庭成员，671/日本投降，671/国民党统治，671/土地改革，672/农具、耕畜，672/互助组，672/合作社，673/工作组，674/入党、参加劳动，675/婚姻礼仪，676/家庭成员，677/造反兵团、支左，678/红卫兵、批斗会，679/村办企业，680/经济，681
禹国英 …………………………………… 681
家庭成员，681/劳工，682/家庭成员，682/教育，682/家庭、婚姻，682/日军暴行，683/灾害，683/新民会，683/土地改革，684/政治运动，684/会道门，684/合作化、大跃进运动，685/反右派、“文化大革命”，685/“文革”后状况，686/五保户，686/初级社、村干部，686
宋维华 …………………………………… 687
家庭成员，687/日军暴行，687/土地改革，688/家庭状况，688/互助组、初级社，688/民间信仰，688/高级社、大跃进，688/自然灾害，689/除“四害”，689/“文化大革命”，689/土地承包，689
徐　祥 …………………………………… 689
家庭成员，689/解放前的私塾，690/学徒，690/私塾教师，690/婚姻、家庭，691/卢沟桥事变与日军侵华罪行，691/新民会，692/解放前的小学教师，692/日军投降，692/国民党军，693/战后的教师和小学教育，693/人民革命大学，693/土地改革，693/农村变化，694
贾　瑞 …………………………………… 694
家庭成员，694/解放前的小学教育，695/打短工，695/婚姻和家庭，695/日军罪行，696/1943年自然灾害，696/日本投降，697/国民党军，697/土地改革，697/会道门组织，698/庙宇，698/丧葬上坟风俗，698/姓氏与村名，699/识字运动，699/互助组，699/初级社，699/除“四害”运动，699/人民公社和集体食堂，699
田　山 …………………………………… 700
解放前的小学教育，700/国民党军，700/解放时的解放军，700/青年军，700/土匪，701/土地改革，701/各种运动，701/“四清”运动，701/农业学大寨，702/“文化大革命”，702/农民生活感受，702
禹文贵 …………………………………… 702
保长、甲长，702/解放前的小学，703/日军，

703/国民党统治，703/土地改革，704/扫盲运动、破除迷信，704/互助组，704/合作社，704/家庭成员，704/反右运动，705/合作社、人民公社，705/大跃进运动，705/除“四害”运动，705/“四清”、文革，705/生活感受，705

刘金城 …… 705

家庭成员，705/解放前的小学教育，706/学徒生活，706/日军暴行，707/短工市场，708/日本投降，708/八路军，708/国民党军，708/家庭、婚姻，708/土地改革，709/生活感受，709

王德林 …… 710

家庭成员，710/上学、做长工，710/满铁调查、新民会，710/日军罪行，710/八路军，711/日本投降，711/国民党统治、二五减租，711/解放，711/土地改革，712/结婚、入党、斗地主，712/各种运动，712/互助组，712/看青，713/做工，713/60年代自然灾害，713/“四清”运动，713/知青下乡，713/做工，713/农业学大寨，714/“文革”遭批斗、红卫兵，714/“三中全会”后生活变化，714/解放前的长工与短工，714/土改时成份划分，714/生产合作社，715/自留地，715/村办企业，715/社会治安，715

田世奎 …… 716

家庭成员，716/个人经历，716/日军暴行，716/国共内战，716/土地改革、批斗大会，717/破除迷信，718/一贯道、九宫道，718/互助组，718/公共食堂，718/五保户，718/人民公社，719/“四清”运动，719/红卫兵、破“四旧”，719/“三中全会”后生活变化，719/家庭，719/看青，720/日军暴行，721

郭永志 …… 721

家庭状况，721/教育，722/日占时期，722/新民会，722/八路军，723/日本投降，723/土地改革，723/入党、参加工作，724/大跃进时的车站，724/铁路工人，724/“文革”时期的铁路，725/“文革”遭批斗，725/退休，725/家庭，725/看青，726/打更，726/看庙，727/一贯道，727

郭仲江 …… 727

家庭成员，727/日军暴行，727/满铁调查、新民会，727/日本投降，727/国民党统治，727/土地改革，728/识字运动，728/合作社、大跃进，728/结婚，728/会道门，728/“文革”中的造反派，728/家庭，728/打短工，729/看青、打更，729

杨　茂 …… 729

家庭状况，729/日军暴行，729/解放与土地改革，730/合作化、大跃进运动，730/灾害，730/“四清”运动，730/“文化大革命”运动，731/生产责任制，731/家庭成员，731

赵凤鸣　李凤琴 …… 731

日军暴行，731/国民党统治，732/解放，732/童年经历，732/结婚，733/生育风俗，733/婚姻法，妇女党员，734/妇女干部，734/婚姻仪式变化，734/土改和村干部，735/抗美援朝，735/合作化，735

赵凤鸣　李凤琴　秦国明 …… 736

土地改革，736/土改后的妇女活动，736/土改中的富农，736/孩子看管、大跃进中的妇女，737/乡长的工作，737

彭书田 …… 737

家庭概况，737/日军暴行，738/婚姻礼俗，738/日本投降，739/解放前灾害，739/生育风俗，739/工作经历，740/土地改革与妇女工作，740/婚姻法，741/人民公社、大跃进，741/工分制度，741/土地承包、计划生育，742

杨秀明 …… 743

成长历程，743/公共食堂，744/“文革”时期，744/家庭生活，745/支部副书记、村长，745

张淑琴 …… 746

成长历程，746/土地改革、集体化，747/婚后生活，748/新旧女性，749

郭仲奎 …… 750

满铁调查，750/家庭成员，750/上私塾，750/家庭、婚姻，750/七七事变，751/日军暴行，751/日军训练村民，751/日军暴行，752/八路军，752/满铁调查，752/日军经济统制政策，752/“皇协军”，753/租种土地，753/外出做工，754/土地改革，754/土地证，754/农会、批斗会，754/合作化运动，754

郭仲奎 …… 755

分家，755/结婚陪嫁，755/婚姻法与妇女地位变化，756/农村干部，756/人民公社，756/除“四害”，757/水利建设，757/解放前后灾害，757/公共食堂，757/五保户，758/集市贸易，758/四世同堂，758/火葬、坟地，758/“大跃进”、浮夸风，758/近年生活变化，759/电灯、自来水，760/家庭副业、集市贸易，760/电视机、电影、戏剧，760/看青，761/打更，761/信仰，761
赵风竹 …… 762
抗日战争和日本军队，762/国共内战，763/土地改革，763/婚姻法和结婚，764/现在的生活，764/集体化，764
张启华 …… 765
计划生育，765/家庭成员，765/满铁调查，766/土地改革、农会、批斗会，766/“四清”运动，766/“文革”后土地分配，767/“文革”、造反派、批斗会，768/村干部，769
郭　连 …… 769
家庭成员，769/日军暴行，770/会道门，771/日军，771/八路军，771/学艺、做工，771/土地改革，772
郭　连 …… 774
日军罪行，774/困难时期，775/公共食堂，776/“四清”运动，776/农业学大寨，776/大炼钢铁，776/生活困难的原因，777/侵华日军罪行，777/游击战，778/改革开放后农村变化，778/民兵工作，778/镇压反革命运动，778
禹　桐 …… 779
解放前的家庭状况，779/解放前后生活变化，780
郭仲杰 …… 781
外蒙谋生，781/解放前的农村私塾，781/日军罪行，782/解放后的乡村干部，783/解放后的婚姻风俗，783/丧葬风俗，784/土地改革，784/大炼钢铁运动，785
贺庆清 …… 785
家庭、婚姻，785/经历，786/婚姻，786/逃荒，786/近年生活变化，786
郭仲连 …… 787
做工，787/上学，787/土地情况，787/家庭，787/新民会青年团，788/打工，789/土地改革、划成份，789/婚姻家庭，790/合作化，790/自然灾害，790/除“四害”，791/村干部，791/生活感受，791/“文化大革命”，791/家庭，792
赵风鸣 …… 792
家庭成员，792/街坊辈分，792/会道门，793/共产党员，794/街坊辈分，794/干亲风俗，794
贾　瑞 …… 795
家庭成员，795/教育，795/家庭状况，795/日军、满铁调查，796/灾害、迷信，796/斗富农，796/会道门、迷信，797/识字运动，797

第二部

·沙 井 村 编·

一

顺义县、城关镇、沙井村概况

（一）顺义县概况

1990 年 8 月 20 日上午

顺义县副县长李宝祥

概况 顺义县是位于北京东北郊的一个县，总面积 1016 平方公里，人口 52 万，由 11 个镇、17 个乡、434 个村组成。

1978 年的十一届三中全会以来，顺义县经济发展非常显著。全县 75% 的劳动力从事工业劳动，10% 从事粮食生产，15% 从事养殖业（养猪、养鸡等）。去年农民的年均收入达到了 1394 元（1978 年是 114 元），人均储蓄额为 1100 元，95% 的农民在最近五年内新盖了房屋。

农业 耕地的总面积是 86 万亩，其中有 63 万亩用于粮食生产。一年种植小麦和玉米两茬作物，基本实现了机械化。每亩的机械力接近 100.7 马力的国家标准。水利化达到了 100%，其中 80% 是在使用喷灌装置，节约了水资源和土地。现在每亩的粮食产量是 745 公斤（新中国成立初期是 84.5 公斤，1978 年为 401.5 公斤）。农业方式以集体农场为主，全县共有 193 个农场。在农场里每个人承包 30 亩土地，由于全部实行了机械化，所以个人的负担非常小。实际上个人所承担的责任就是浇灌田地和晾干收获物，其他的全是集体进行耕作、播种、收获，预防病虫害也全部使用飞机进行。

耕地每亩纯收入在 150 ~ 200 元间，30 亩地的收入至少达 4000 余元。因此，承包土地的农民年收入达 3000 ~ 5000 元。今年全国提升了农产品的收购价格，小麦每公斤价格达到了 1.02 元。顺义县耕地每亩平均产小麦 800 余斤。

今年小麦平均每亩收入是 400 元，除去支出和缴纳给集体的部分，有 100 ~ 150 元左右（的纯收入），这是一般情况。

关于粮食的情况大体如上所述。

养殖业在最近几年里有了急速的发展，顺义县成为了北京重要的副食品基地。北京市市民吃的猪肉、鱼、西瓜、鸡蛋、水果、蔬菜中，有很多是顺义县供给的。

养猪业以集体经营为主，集体养猪场有 355 个。去年农民生产的商品猪是 50 万头，相当于平均一人一头。其中 90% 是瘦肉型猪，现在农民也喜欢吃瘦肉。

现在北京市民吃鸡蛋的问题已经解决了，没有必要从外地运入。

淡水养鱼也有了发展，顺义县现有四万亩的养鱼场，去年向北京市场供给了 833 万公斤。

全县的蔬菜栽培面积是 6 万亩，去年的生产量是 3 亿公斤。

水果去年的生产量是 1500 万公斤，主要是苹果、梨、桃和葡萄。

去年生产了食肉用鸡 385 万只、鸭子 265 万只。出产的鸭子占北京鸭子市场的 65%。

西瓜种植是 3 万亩，今年的产量是 1 亿公斤。

工业 顺义县最近最大的变化是乡村工业的迅速发展，现在有 2100 个工厂。有 17 万农民在乡镇工厂上班。全县有 23 万劳动力，其中（17 万人以外的）有 2 万人从事粮食生产，3 万人从事养殖业。

工业中主要有服装、纺织、印刷、电子、机械加工、食品加工、建筑材料等部门。中外合资企业有 11 家，外向型企业有 153 家。去年出口额为 4.9 亿人民币。出口的商品主要是纺织品、服装、工艺品。

服装出口到包括日本在内的六十余个国家。1990 年北京亚运会时中国代表团的服装就是由顺义县的顺美服装有限公司制作的。

去年乡村工业的生产额是 22.16 亿元，是 1978 年 7330 万元的三倍。

乡村工业是农民致富的主要来源，也是农村经济的主要支柱。

三中全会以前，是“以粮为纲”，农民只是从事农业生产，现在因为允许发展工业，经济也有了发展，农民的生活水平也提高了。

在发展的初期，是从城市招聘技术人员的，可是现在顺义县拥有了自己的技术力量。在最近几年里，有 200 余名工厂厂长及技术人员到国外视察、学习，电子经济也有了发展。

教育、文化 在县城里新建了文化馆、图书馆、少年宫、工人俱乐部、艺院、游泳馆、体育馆等。1985 年以前，县城里只有很少的几座楼房，现在已建有 200 余座大楼。1982 年时县城的住宅楼只有两栋，现在有 158 栋。居民们都已使用煤气做饭。

顺义县建设了三所公园（共计 130 亩），最近又新建了一所占地 300 亩的公园。

教育事业的发展也很快，在整个县城里新建了 59 栋校舍。县城里有 5 所中学、3 所小学、3 个幼稚园，全都是新建的大楼。

1950 年全县只有一所中学，可是现在有 46 所中学（包含初级中学）。

所有儿童都享受到了九年制义务教育，高级中学和中专的入学率达到了 50%，其他的适龄青年也经过职业教育找到了工作。

教师的收入也提高了，现在教师的平均月收入超过了 200 元，在全县各行业中位居第一。全县有 7000 名教师，现在正去北戴河进行三天的旅行。

另外还建了四栋教师住宅楼，去年顺义县被评选为全国教育先进县、全国幼儿教育先进县、全国体育先进县。

城关第一中学的教师月工资平均是 287 元。去年全国教师的月工资提高了 30 元。县里给学校发补助金，去年县和乡里支付了 271 万元作为教师的补助工资，另外给每个教师发放了 500 元的福利。“教师之家”眼看就要完成了，有 5300 平方米。

人民生活 农民的平均寿命，50 年代时是 40 岁，到 1988 年已经到了 74 岁，农民们以前祖祖辈辈都是饮用井水，现在都喝上了自来水。传染病的发病率大为下降了。

广大人民对党的政策非常满意，拥护四项基本原则。

农场经营 顺义县1986年开始集体经营农场。原本是让每个家庭及个人承包，可是75%的农民到工厂去了，如果再度分配土地的话，他们在承包的土地上不能进行认真的农业耕作，产量下降，甚至可能因为不进行耕作而使土地荒芜的情况出现，因此，有必要实施专业化耕作。

因此，在顺义县已经开始了专业化的方式。养猪的人养猪，承包土地的人从事农业耕作，在工厂上班的人只在工厂工作。这种方式是经过上级批准的，也是基于大众的要求。李鹏总理也来视察过。中央认为由于中国各地的情况差别大，如果条件成熟的话也可以采取这种方式，北京近郊地区经济相对比较发达，属于这种状况。

实践证明，从1986年开始的规模经营发挥了集体经济的作用，效果是很显著的。

设立农场最开始是由县人民政府提议的，在农民的粮食问题上规定了一定数量的平价粮（公定价格的粮食），例如500斤或400斤等，除此之外的粮食要卖的话，大多都比这价钱高，因此称为“改价粮”。

顺义县订了十二个字方针，叫做“品种自定、够吃有余、价格合理”。

现在顺义县的粮食是非常丰富的，国家的定购任务是每年1.1亿公斤，农民夏季都已经缴够了，所以到秋收的时候就可以不用缴纳了。

集体经营和人民公社相比最大的优点，可以说是集体经营和个人承包的相结合。人民公社时候的机械化水平很低，现在提高了，能够发挥集体经营的作用了。在人民公社时期，一个生产队只有两辆马车、一台拖拉机。就凭这些要耕作数千亩土地是不能做好的。现在机械化水平上升了，生产力水平也提高了。

初期县和乡都给了农场以资金援助，可是从去年开始就不需要了。最开始购入机械的时候，由于资金不足，所以县和乡给予了支援。乡里支援的一部分资金可以不用还，但其他部分属于借款。如果想买一台1056型的联合收割机的话，需要11万元，县里补助两万，乡里再补助两万，以刺激农场购买机械的积极性。不买的话就没有资金援助。

顺义县最近的人口普查中，男性占51%，女性占49%，男女比例没有太大的差别。女性大部分在从事劳动。由于幼稚园的普及，女性没有了看护幼儿的麻烦。想参加农场劳动的人自己报名，经过集体讨论来批准。选择的基本原则是，一定要有农业生产的技术和经验。因此农场中以中年劳动力为多。

顺义县注重消除贫富差距。使从事农业的人和在工厂工作的人之间不要产生大的收入差别。从事养殖业的人和在农场从事劳动的人以及在工厂上班的人的收入大致取得均衡。而且，要让从事农业劳动的人的收入比其他人的还要好一点，因为农业劳动相对比较累。

顺义县打破了原来的生产大队，在434个村中，有139个农场，其中包括跨村农场。顺义县最小的村只有二十几户，没有买联合收割机的必要，因为可以使用邻村的收割机。这样一来就打破了村的界限。

一个农场平均有3000～5000亩，沙井村的农场属于比较小的。全县有60万亩的耕地，因此平均起来每个农场有2000亩。农场之下还分作业组。

计划生育 大多数村民是自觉实行计划生育的。顺义县奖励实行计划生育，为了使农民无后顾之忧，采取了设立养老基金会的办法。具体地说，就是假如23岁结婚，结婚后只生一个孩子，就能储蓄300元。个人出100元，集体负担200元，由县里集中起来存入银行。到了60岁的时候，按现在的利率来算，就能每个月在银行领取148元的利息。这样就能够解决后顾之忧了，因为退休后每个月还能领148元。生两个孩子的情况就要受到批评，领不到钱。

农场 现在的农场必须具备两个条件。第一是农村的分工分业。劳动力转移的条件已经具备了，因为这里的工厂解决了很多农民的就业问题。在河北省等其他地方乡村工业非常少，这个问题就不能解决，农民一旦失去了土地做什么好呢？第二是服务体系比较完备，即机械化的水平要高。只有具备了这两个条件才能实现农场化。首先最开始要实现的是第一个条件，即农村劳动力向乡村工业的转移，这已经能够实现了。所以，顺义县没有失业者。不仅没有失业者，现在还有三万外地（外省市）的劳动力在这里工作。

机械化也是非常重要的。例如现在一个人承包30亩，如果没有联合收割机而用镰刀割的话，就算一天割一亩，收割需要一个月的时间。现在使用联合收割机，全县60万亩土地在二、三天内就能收割完毕。个人承包和机械化相结合这一点和人民公社是不同的。

奖励工业、企业的发展，必须保证农业发展，必须在保证粮食的基础上发展工业。

现在劳动力也流动化了，例如由于县工厂的发展非常快，工业劳动力不足，许多从外地来的人能够到这里工作，这样一来这个问题就解决了。

顺义县工厂发展很快，所以该县能够援助发展落后的地区。去年，顺义县在河北建设了二十余座工厂。

农场的某些场所是农民个人的，土地是属于国家的，可是财产权和所有权归集体所有。

县里制定并下达统一的生产计划，在完成了这些生产任务后，农民自己也能够决定种植什么作物。

县城附近的农场都是小规模的，这是因为耕地比较少。例如沙井村的规模就很小，可是也有大的。就像先前所说的，一个农场平均有3000～5000亩的土地，5000亩以上的也有。因此全县平均每人有两亩土地，沙井村恐怕只有一亩。

农场场长并不是村长，村长处理行政事务，即在文化、卫生、教育、治安、计划生育、保卫等方面负有责任。农场场长负责土地的经营。

全县95%的农场场长是大学、大专毕业生。1988年顺义县和北京农业大学达成了协议，委托北京农业大学对农场场长进行两年半的脱产培训（离开生产现场的训练、培训），现在他们已经达到了大学、大专的水平。半脱产的主要是在冬季、农闲期集中进行学习，农忙期回来指挥生产，经过两年的学习后毕业。北京农业大学属全国名牌大学，所以农场场长的素质提高了。他们有一部分是青年人，但大部分都是中年，是四十余岁的人。

农场的劳动者的收入比工厂的劳动者还要高。

农场制定了退休制度，乡村工业中也都有退休办法。

一个农场平均有100～200人。

（二）城关（顺义）镇情况

1990年8月19日上午

城关镇镇长刘士元

沙井村村政府

顺义镇以前叫城关镇，北京市政府决定从1990年2月份起改称顺义镇。平各庄乡和城关乡合并成为顺义镇。

顺义镇的耕地面积是3.4万亩，总人口3.6万余人，总户是1.1万户。

今年顺义镇的工业总生产额预计在4.5亿元。其中预计工业是4亿元，农业是5千万元。包含孩子在内的人均年收入是1780元。在城关乡，收获、耕作、播种、除草、灌溉等都实现了机械化，平各庄乡还有一部分没有实现机械化。

原来的平各庄乡由11个村组成，其中有些村子尚未实现农场化和机械化，去年和今年正在努力实现当中。现在的经营方式有农场和个人承包两种类型。个人经营土地的收获、耕作、灌溉由集体组织进行，并且因为机械化的发展，个人要做的工作并不多。

顺义镇在1990年全部实现了农场化。现在的农业单产平均是750公斤。

镇营的工厂有41个，村营工厂有152个。其中有和新加坡合办的，也有和日本合办的，和三菱合办的顺美服装厂就是在几天前落成的。

教育方面，这个镇有三所中心小学和一所中学。最近两年教育方面的投资是600万元，有一所学校即将落成。镇政府有决心发展这个地区的经济，提高人民的生活水平。

在3万余人的总人口中90%是劳动者，大部分女性从事农村劳动，男性在村营企业、镇营企业中上班。以上的人口中不包含非农业人口，全部是农业人口。在工厂上班的人中也有顺义县以外来的，技术人员很少，大部分是体力劳动者，外地来的人属于暂住人口。在顺美服装厂等合资企业中也有大学毕业生在工作。最大的工厂有400~500名工人。

农民退休工作也开始了，退休人员的数量不十分清楚。各村的状况不一样，经济条件好的村子在做，经济条件不好的村子还没有展开。

顺义镇有27个村。能源方面是国营的，1962年安装了在农村照明用的电灯，村里到处都有自来水管道。因为接受了联合国的援助，所以最近有视察团来检查了。

农场机械的所有权归集体，即属镇或村所有，不属于个人。在村里的投资方面，例如买10万元的机械的话，村里投资60%，镇里补助40%。城关镇有1万亩的土地，向国家交纳100万斤的粮食。除平各庄乡，城关镇去年上缴了税金1070万元。

小学的入学率是100%，初中也普及了。

我国提倡计划生育，一对夫妇只生一个孩子。以前农民因为文化程度低，难以理解这个政策。最近一、二年情况有了好转，在人口普查中也反映了出来。在顺义镇超生情况是比较少的，经济发展状况及地理位置和计划生育有密切的关系。经济水平越高越容易理解，经济水平低的地方因为有养儿防老的观念所以不容易接受。特别是在农村都担心老了以后的赡养问题。因为这里经济水平相当高，设立了两所养老院，条件很好。两天前《人民日报》的一位八十来岁的老编辑也住到了这里，每个月缴纳生活费。

因为生活水平高，镇政府一般并不主张在生完一个孩子后必须做绝育手术之类的，也认为独生子如果有病的话还可以再生一个孩子。有两个以上的孩子被认为是超生。

现在有两所养老院，可是都是60年代建设的。

（三）沙井村概况

1990 年 8 月 19 日上午
沙井村书记刘振海

沙井村总户数 213 户，人口 635 人，粮食田 400 余亩，蔬菜田 100 余亩。

耕地主要是由集体农场经营，全部过程都实现了机械化，农场中有 11 个人在工作。粮食总产量有 60 万斤（30 万公斤），相当于亩产 1500 斤，农场工人的人均年收入 6000 元。去年大队的工农业总产值是 230 余万元，村民人均年收入 1000 元。十一届三中全会以后农民的生活水平在不断提高。电视机的普及率达到了 100%，彩电、冰箱的保有率是 30%。

沙井村从 1983 年开始使用自来水。去年修铺了 1 公里的道路，今年投资 100 余万元新建了汽车修理厂，开业以后每年应该有 30 余万的收益。

沙井村的经济还没有发展好。

当前面临的课题是要解决老人的退休问题。对这个问题的处理，依据每个地区的经济发展条件而有差别。在农村，农民年轻的时候从事农业劳动或在村里的企业上班，上了年纪后主要是靠子女供养生活。政府准备在老人退休以后也在生活方面给予保障，可能不久就会实现。

在顺义镇的 27 个村中，沙井村在经济方面属于落后的村子。现在是刚刚起步，二、三年后日本友人再来的时候应该会有很大的变化吧。

沙井村有 11 个人从事农业经营，其他的人在村营企业、乡营企业上班。这个地区不存在待业问题，大家都有工作做。

菜地是个人承包的，要支付一定的管理费，没有自留地。在大收、麦收、秋收的时候干部们都参加。因为实现了机械化，所以 11 个人就能解决问题。在农场工作的人有男性也有女性。1987 年设立农场，向顺义县申请实行三优化组合。

（村里的人口）630 人中女性占 60%，男性占 40%。

土地减少的原因是各种各样的，建设工厂、企业占了一部分土地。说到有关村里的学校的状况的话，小学校的校舍在石门村，是本村和石门村联合办的学校，学童的数量相当少，是四年制的初级小学。

不久要在乡里成立比较高级的中心小学校，10 月 1 日新建学校开校后要迁移到那里，校舍及设施都很气派。

沙井村参观
场所　沙井村服装工厂办公室
应答者　张瑞、李广志、刘振海、女性干部（〈〉内是应答者的姓氏或身份）

张瑞的经历

问：现在您家里有几口人？

答：〈张〉五人。

问：是和儿子一起住吗？

答：〈张〉有儿子、孙子、孙女。

问：您解放前是会首吧？

答：〈张〉……〈李〉是保长。

〈张〉是的，保长，我从二十几岁到五十六岁一直当保长。

〈李〉村子的干部，是副村长。

问：那么解放后也当干部吗？

答：〈张〉解放后也当了一些年，上了年纪就不当了。

问：在 1940 年……

答：〈张〉哪一年的话不清楚，我记得在我多大年纪的时候有什么、做了什么。

问：今年高寿了？

答：〈张〉88 岁。

关于旗田氏的回忆

问：日本人旗田先生来的时候，您是保长吧？

答：〈张〉嗯。

问：旗田君召开了运动会吧，在哪里进行的？

答：〈张〉大庙。

〈李〉是学校吧。旗田来过。

问：还记得除了旗田还有多少人来吗？

答：〈张〉记不太清了，因为旗田是他们的领导吧（笑）。当时的学生应该知道。

问：那么当时旗田先生和大家的关系非常好吗？

答：〈张〉啊。〈李〉非常好，和旗田先生的关系最好。伐杨树用于修铁道的时候。〈张〉在大爷要拿走土地的时候旗田先生帮我们说了一下，后来宝三要夺取香火地的时候又是旗田先生来帮了我们。

问：也就是说在有人想要拿走村里的土地的时候旗田先生做了调停？

答：〈张、李〉是的。〈张〉白世仁也已经死了，是顺义县城隍庙人。（以下两个人同时开始聊，谈话不能回到原题了，他们讲的是宝三的事）

问：解放后旗田先生留在北京的时候是谁拿了面粉去看他的呢？

答：〈李〉杨源。沙井村的杨源和石门的李有宫（？）。〈张〉石门的保长。

问：到北京去拜访旗田先生的事，是不是说明你们和旗田先生的关系非常好呢？

答：〈李〉说什么时候都好也是不可能的。我们中国和日本也一样，不能不明白这个道理。

村子的概况

问：旗田先生来的时候，沙井村是 70 户吧？

答：〈李〉七十几户。

问：土地改革的时候是多少户？

答：〈李〉101 户。

问：现在是多少？

答：〈李〉现在是160户。

问：人口？

答：〈李〉500人。

问：还记得解放前土地是多少亩吗？

答：〈张〉1300亩。

土地

问：土地改革时这里有地主吗？

答：〈李〉有。二个。邢永利、赵立民。

问：他们当时是住在县城里还是住在沙井村呢？

答：〈李〉邢永利住在县城，赵立民住在沙井村。

问：有富农吗？

答：〈李〉三个。

问：叫什么名字呢？

答：〈李〉这儿就有，（指着张瑞，笑）杨源、任振刚。

问：您在土地改革的时候有多少土地呢？

答：〈张〉130亩。

问：这是老亩还是市亩？

答：〈张〉老亩。

问：一老亩合多少市亩？

答：〈张〉不能决定，要由生产量决定。〈李〉好的土地稍微多一点，劣等土地少，合理的负担，如果是好的土地的话不用很多。

问：〈外事科〉过去的亩和现在的亩一样吗？

答：〈李〉亩是一样的，可是负担的量不一样。

问：那么老亩是多少步？

答：〈张〉60方丈。〈李〉步……用弓尺的话是240弓。

问：当时的一市亩是360弓吧？

答：〈李〉240弓。

问：老亩是？

答：〈李〉是一样的。

问：杨源在土地改革的时候有多少亩地？

答：〈李、张〉不到50亩。

问：任振刚呢？

答：〈李〉……20多亩。

解放前的保长和甲长

问：解放前的保长有几个人？

答：〈李〉二人。

问：甲长几个人？

答：〈李〉有几个人？有多少户呢？10户是一甲，当时有六甲。

问：保长是怎么选出来？

答：〈李〉公选。

问：保长的报酬？

答：〈李〉没有报酬。

问：甲长呢？

答：〈李〉更没有了，后来有几个月有。〈张〉一个月十几元，我没有。

问：另一个保长是？

答：〈张〉杨振。〈李〉杨源的弟弟。

问：他们当保长有多长时间？

答：〈李〉几年时间。

问：甲长是以什么基准选出来的？

答：〈李〉保长决定的。

问：当时保长和甲长的工作是？

答：〈李〉纳税给县、乡。

问：当时有看青吗？

答：〈李〉有，工作的时候有报酬，不工作的时候没有报酬。

问：以前的甲长、保长都是识字的吗？

答：〈李〉是识字的。〈张〉不识字的人成不了（甲长、保长）。

看青

问：雇看青的时候，和在周边的范围内的邻村石门村、望泉村、南法信商量吗？

答：〈李〉划分好了土地区划，如果决定了是沙井村的土地的话就看着，没有越界（其他村的土地）的事。

问：什么时候协定的呢？

答：〈李〉以前就是这样，沙井村的土地由沙井村看着。

问：李注源是看青吗？

答：〈李、张〉是的。

问：他在旗田先生来了以后做什么呢？

答：〈李〉种田，种植西瓜。已经早就死了。

问：什么时候死的呢？

答：〈李〉七、八年前。

问：李注源后来一直住在沙井村吗？

答：〈李〉一直是一个人生活。

问：他的夫人？

答：〈李〉娶了媳妇，不过老早就死了。

问：什么样的人会成为看青呢？没有劳动能力的吗？

答：〈李〉首先人品正直，其次是要胆子大。因为胆子不大的话就不能捕获盗贼。（笑）

问：是像流氓那样的人吗？

答：（笑）〈李〉不是，是好人变的。

土地纷争

问：解放前有土地纷争吗？记得周树堂和李注源、李广恩、文有之间有诉讼吗？

答：〈李〉有。

问：当时是拜托旗田先生调解的吗？

答：〈李〉是那时候的事（笑）。那不是耕地，是作业场，围着四角形土地的四家发生了争执。李注源在西南角、李广恩在东南角。因为李注源要卖掉西南角的土地，这样李广恩就没有了通道，就不能出来了。西南角没有了的话怎么走好呢，这边那边都是“阴地”（墓地），这不是就不能出去了吗，因为这件事而开始了争执。后来李注源买回了通道，李注源向文有用50元买了（买回了）通道。

问：解放前屡次有这种土地纷争吗？

答：〈李〉没有，很少。

沙井村的解放

问：沙井村是哪一年解放的？

答：〈张〉1949年。

问：1949年几月？

答：〈张〉一月。〈李〉春节。

问：沙井村有革命英雄吗？参加八路军的人呢？

答：〈李〉没有。

问：革命前和八路军有关系的人呢？援助粮食和金钱什么的？

答：〈李〉这有两个方面，一方面是相关的，另一方面是不得不有关联的（国民党和八路军）。两者都有。（笑）

八路军

问：八路军最初到沙井村来是什么时候？旗田先生来的时候八路军来了吗？

答：〈张、李〉没有，没有。〈张〉西边有，还很远呢。

问：旗田先生来这里的时候没有八路军吗？

答：〈李〉在很远的地方有。

问：旗田先生来这儿的时候没有住在这里吗？

答：〈李〉没有。〈张〉回了县城。

问：据旗田先生说，当时从沙井村到县城的路上有土匪出没是很危险的。

答：〈张、李〉那个时候（治安）非常乱。

关于满铁调查的回忆

问：旗田先生来的时候是一个人来的，还是带了别人来的？

答：〈李〉带人来的，刚来的时候是带人来的，后来就不带了。〈张〉山本常一个人来。〈李〉一个人来的。（笑）

问：旗田先生来的时候，大家款待了吧，请吃饭什么的？

答：〈李〉吃过一次饭，在沙井村。

问：只一次吗？

答：〈李〉就一次，后来就没有吃，说是因为民众太苦了。(笑)

问：旗田先生来调查的时候你们领取了酬金吗？

答：〈李〉都给了大家，我并没有领。

问：调查结束后一起吃了饭吗？

答：〈李〉去了顾问室，县城里有顾问。

先天道

问：听说过先天道的事情吗？

答：〈李〉有。

问：沙井村有信徒吗？

答：〈李〉有，但没有领导者“道头”，只是普通的信徒。

问：另外有总部吗？他们去拜哪儿的庙呢？

答：〈李〉那边的杜各庄。

问：距这里有多远？

答：〈张〉四里。(等于两公里)

八路军

问：旗田先生来的时候这个村有参加抗日运动的人吗？联络员什么的？

答：〈李〉没有，谁都没那么做。(笑)

问：解放时八路军是从哪个方向来的？从县城方向吗？

答：〈张〉从东边（县城的方位）来的。〈李〉八路军来的时候，这里一个人都没有，大家都逃了（笑）。

问：1949 年春节的时候八路军过来，大家都逃走了吗？

答：〈李〉是的。

问：逃到哪儿了呢？

答：〈李〉也不知道是哪儿，就是逃了。

问：后来大家都回来了吗？

答：〈张〉也有走了一年的，也有半年或三个月的。

问：1949 年的春节没有过吗？

答：〈李〉没过。

农会

问：回来后组织了农会吗？

答：〈李〉是的，最开始是农会。在那之前是解放国庆。

问：农会的主任是谁？

答：〈李〉张守俊。

问：他是贫农吗？

答：〈李〉是贫农。

问：他不是看青吧？

答：〈李〉不是看青。

问：他成为农会主任的时候大概多少岁？

答：〈李〉不到40岁。

问：土地改革的时候大概有多少亩地？

答：〈李〉1000亩左右。

问：现在也有千亩吗？

答：〈李〉现在不到了。

问：张守俊现在还健在吗？

答：〈李〉在北京看大门。

问：除了刚才提到的邢永利、赵立明外，还有地主吗？

答：〈李〉这件事是这样的，是不是划为地主取决于有没有榨取，纯粹的榨取是地主（不劳动的人），不是那样的话就是富农（自己也劳动的人）。

李广志的家庭状况

问：您家里在土改的时候有几口人？

答：〈李〉还没分家，也有弟弟，人很多。

问：家里有长工吗？

答：〈李〉有两个长工。

问：您家里的长工是本村人吗？

答：〈李〉是本村人。

问：叫什么名字？

答：〈李〉已经死了。李广玉、孙小孩。

杨源的经历

问：杨源家有人吗？

答：〈李〉没有，女儿已经嫁出去了。〈张〉没有儿子。

问：女儿们全都嫁到其他村去了？

答：〈李〉是的。

问：杨源解放后做什么？

答：〈李〉解放后还是务农吧。

（〈内山〉他是过去的村长吧？〈浜口〉三个富农之中有一个是杨源吧？说了是富农可是不到50亩地。〈三谷〉有45亩。）

问：杨源以前是庄长吧？

答：〈张〉是庄长。

问：旗田来的时候，他有40亩地，土地改革的时候是50亩地吧？

答：〈李〉是的。

问：这样说来，后来又买了地？

答：〈李〉是的，是这样的。

问：杨源的弟弟还健在吗？

答：〈张〉他弟弟已经去世了，有侄子，他弟弟的孩子。

问：1949 年八路军来了以后他也逃了吗？

答：〈李〉是的。

土地改革

问：这里是哪一年开始土地改革的呢？

答：〈李〉1950 年。

问：解放一年以后吗？

答：〈李〉过了一年后。

问：那个时候大家都参加了吗？

答：〈李〉都参加了。

问：张瑞先生也参加了吗？

答：〈张〉嗯。

问：富农也能参加吗？

答：〈李〉富农、地主不能参加。

问：从外边来了工作队吗？

答：〈李〉工作队来了。

问：多少人的工作队？

答：〈李〉土地改革（的时候）吧，只有一个人。

问：只一个人？

答：〈李〉周围几个村都是一个人。

问：那么工作量很大吧？是 1950 年春开始的呢？还是冬天呢？

答：〈李〉是冬天。

问：土地改革的等级是如何决定的？

答：〈李〉好的土地一亩按 2.5 亩，不好的土地按 0.5 亩计算的。

问：这是本村人算的吗？还是外边来的工作队决定的？

答：〈李〉这件事是这样的，评议，农会的评议决定的。

问：（〈三谷〉农会的领导者是村里人吗?）农会的负责人张守俊是本村人吗？

答：〈李〉是本村人。在那边（日本）也叫村人做“村族”吧。

问：他的父亲叫什么名字？

答：〈李〉他是户主。

女性的作用

问：在旗田的调查中为什么没有女性回答呢？

答：〈李〉都调查了，女性不参加（调查），因为（女性）有旧观念吧。〈李〉如果是现在的话会参加吧。

问：解放前干农活的只是男性吧？

答：〈李〉是的。

问：女性不干农活吧？

答：〈李〉比方说户主死了，家里有孩子的情况，长子如果是女孩的话，这个孩子就干农活。

问：那这里有这样的女性干农活的例子吗？

答：〈李〉有。

问：她们是贫农还是中农？

答：〈李〉两者都有，也有中农。

问：如果家庭富裕的话就雇长工吧？

答：〈李〉如果家里谁都没有，也有雇人（雇工）的。

问：寡妇的土地情况？

答：〈李〉她不雇长工，没有雇长工的钱啊。种几亩地，不管怎样能生活就行了。

问：那么在土地改革的时候，有这样的人被划为地主的吗？家里没有劳动力就将土地佃租出去或是雇长工的人如何决定成分呢？

答：〈李〉土改的时候吧，家里没有劳动力不看做是地主。〈张〉不看成是榨取。

答：〈李〉坐着等吃（等着吃）的看做是榨取。

问：现在女性也从事农业劳动，是和解放前不同的吧？

答：〈李〉解放前一般是男性从事农业劳动，女性做的也有。

问：可是不像现在这样吧？

答：〈李〉不像现在这样。

问：从什么时候开始女性从事农业劳动的呢？您记得吗？

答：〈李〉……

问：50年代初期的互助组的时候？

答：〈李〉互助组的时候（女性）参加了。

问：从什么时候开始了初级社？

答：〈李〉1953年。

人民公社

问：1958年“大跃进”的时候？

答：〈张〉人民公社。

问：人民公社的时候有大食堂吗？

答：〈张〉有。〈李〉那个时候这个村有一所食堂。

问：那个时候女性都参加农业劳动了吧？

答：〈李〉嗯，参加了。

问：人民公社化的时候女性完全参加农业了吗？

答：〈张〉嗯。

问：在这里1949年解放的时候除农会外还组织了妇联、民兵组织吧？

答：〈李〉嗯。

问：那个时候妇联的干部是谁？

答：〈李〉张林荣。已经死了。

问：当时妇联的活动？

答：〈李〉组织女性进行农业劳动。

问：这里有小学校吧？

答：〈李〉嗯，从前就有。

问：一般上了年纪的女性是文盲吧？您夫人的年代识字的人多吗？

答：〈李〉非常少，男文盲也不少。

上坟的习惯

问：在这里什么时候是上坟的“鬼节”？

答：〈张〉清明节。还有七月十五。〈李〉是阴历。

问：十月一日呢？

答：〈李〉在这里不是。

问：那么在上坟的时候女性也可以参加吗？

答：〈李〉可以。

（〈浜口〉一般情况下每年都去上坟吗？）

问：是全家都去上坟还是一个人作为代表去呢？

答：〈李〉作为代表的一个人去。

问：代表是家长吗？孩子也可以吗？

答：〈李〉一般是有劳动力的人，因为要往坟上填土。

问：女性也可以吗？

答：〈李〉如果家里没有别人的话，能填土的话也可以。

问：这里什么时候进行了“平坟墓”（把坟丘弄平）的呢？

答：……

问：现在有坟丘吗？

答：〈李〉现在没有，北边机关的土地上有墓地，一般没有坟丘。

问：那儿有吗？

答：〈李〉在机关的土地上，一般的没有。（稍微有点慌张的感觉）东边有。

分家

问：发生纠纷和分家是很麻烦的吧？

答：〈李〉发生纠纷的时候就分家，不那样的话就不分家。因为发生纠纷的原因就是为了分家，分了的话就没那样的事了。（财产）不分开的话总是有纠纷。

问：有分家的调停人来吗？

答：〈李〉有。

问：村长什么的？

答：〈李〉村长。

问：“舅”（母亲的兄弟）什么的？

答：〈李〉是的，“舅”来。

问：这些人称为“分家人”吗？

答：〈李〉叫“当家叔叔”。

族长

问：解放前有族长吗？

答：〈李〉有。

问：他是“辈”最大的人吗？

答：〈李〉是的。

问：现在还有族长吗？

答：〈女性干部〉有，长辈的老人。

问：您是族长吗？

答：〈李〉是的，不过正确地说不对，我上边还有哥哥，是“当家子”。

问：是您的亲兄弟吗？

答：〈李〉不是亲兄弟。

问：（〈浜口〉哥哥的名字是?）哥哥的名字是？

答：〈李〉李广瑞。

问：族长在宗族中起什么样的作用呢？有新年向族长叩头之类的习惯吗？

答：〈李〉有。俗话说“穷了不讲理，富了讲理”，穷的话就不怎么重视习惯。要说（族长的）作用的话，主要是分家时的调停（说和）之类的。

农作物

问：现在种植的是小麦、玉米、高粱吗？

答：〈李〉是的。

问：这些农作物的种类和解放前一样吗？

答：〈李〉基本上一样。

（〈胜木〉在那些地里高粱和玉米交叉种植，到底是怎么回事呢?）

问：为什么现在高粱和玉米交叉种植呢？

答：〈李〉那样的地很少，如果是种植玉米的话就全部是玉米。在小麦之间播上玉米种子。

问：可是现在他在外面看到了这样的地。

答：〈张〉那是高的还是低的？

问：〈胜木〉高的。

答：〈李〉是非常高吗？〈女性干部〉是为了防灾的“边上防涝”，因为耐水所以种了高粱。

问：水利的问题吗？

答：〈女性干部〉是的，实际上高粱很少。〈李〉高粱很少。

问：现在都不吃高粱吧，因为不好吃吧？

答：〈李〉难吃。

食品

问：也不吃玉米吗？

答：〈李〉也不吃玉米，（笑）因为生活变好了（所以不吃）。

问：那么现在玉米做什么用呢？

答：〈女性干部〉玉米作饲料用，是猪还有鸡的饲料。

问：还卖（玉米）吗？

答：〈女性干部〉也有卖的。

问：在哪里卖？自由市场之类的吗？

答：〈女性干部〉因为土地少，喂猪和狗什么的就用完了，几乎不卖。

问：鸡、鸭、猪卖吗？

答：〈女性干部〉个人卖。

问：卖给国家吗？

答：〈女性干部〉卖给国家。

问：不能在市场上卖吗？

答：〈女性干部〉不行，团体收不上。

问：有集市吗？

答：〈李〉有。

问：开市的日子和解放前一样吗？

答：〈李〉集市上卖菜的很多，（误解了问题）家畜很少。

小学校

问：这里有小学校吗？

答：〈女性干部〉现在在石门村，邻村。现今因为农村的工业化人口少了。

问：原来有吗？

答：〈女性干部〉原来有。

问：那是什么时候变成这样的呢？

答：〈女性干部〉从 1976 年开始。

问：解放前也合并小学校吗？

答：〈李〉解放前每个村都有小学校。后来人少了，变成了 10 个人一个年级。〈女性干部〉一学年只有 10 个孩子。

问：40 年代的小学校的先生是从别的地方来的吧，还记得吗？

答：他不是沙井村人。

年中仪式

问：“五会”是一年中要摆五次宴会吗？

答：〈李〉“五会”是说正月十五、二月初一、七月三十、六月二十四、五月十九，还有三月初八。〈张〉四月初八。〈李〉四月初八，大佛的生日。四月初八有关帝。这些日子里要拜佛，“五会”是说念佛经时的声调。

沙井村现状

书记：刘振海

沙井村的土地概况

问：请您给我们介绍一下沙井村的人口、土地、经济概况等。

答：600 人，106 户。

问：土地？

答：600 亩。

问：一共是 600 亩吗？

答：全部的。

问：其中耕地有多少？

答：粮食地 400 亩，蔬菜地 200 亩。

问：住宅用地？

答：大概是 100 亩，住宅和道路加起来 100 多亩。

问：全部加起来是 700 亩吗？

答：是的。

问：解放前是 1000 亩吧？

答：是的。

问：什么时候减少的呢？

答：〈女性干部〉1978 年。

问：那是为什么呢？

答：因为建了农场。

问：您的名字？

答：刘振海。

问：年龄？

答：44 岁。

问：现在的职位？

答：副书记。

问：（〈内山〉父亲?）您父亲的名字？

答：刘担林。（〈三谷〉［一边查看《惯行调查》］有的，在这儿，家庭编号是 23，1940 年有家庭成员 6 人，有 4 亩地）

问：从什么时候开始从事现在的工作的呢？

答：1967 年。

问：以前的干部是？

答：李继清。

经济状况

问：现在沙井村的经济状况，副业只有服装工厂吗？

答：主要是服装工厂一个。

问：去年每个人的平均收入是？
答：1000余元。
问：沙井村去年的总生产值是？
答：59万（元）。
问：其中农业收入？
答：19万。
问：副业呢？
答：包含自营的在内是40余万。
问：专业户也包含在内吗？
答：是的。
问：服装工厂呢？
答：12万。
问：（十一届）三中全会以前的收入？
答：1983年以前是400元，1983年是500元，1984年是800元。
问：这个集体公益金"集体提留"是？
答：30万。
问：向国家提供的粮食一年是？
答：蔬菜比较多。（因为飞机的声音难以听清）
问：人均土地？
答：一亩。
问：比较大型的机械，像拖拉机之类的？
答：有两台车，一台是拖拉机，一台是人货两用的，脱谷机。
问：这里有特别的福利事业吗？例如铺设自来水管道等。
答：有自来水管道。
问：什么时候建的？
答：1983年。
问：那么现在各家都有自来水了？
答：有。
问：投资了多少？
答：2万元。
问：文化设施呢？
答：没有。

干部的经历

问：（〈三谷〉他前任的父亲的名字）以前的干部李继清的父亲的名字是？
答：他不是本村人，是山东人。
问：是什么时候来的？
答：1959年。

问：那么是养老女婿吗？

答：是的（笑）。

问：他是从军队转业到这里的吗？

答：是的。

问：是到这里来以后和这里的女性结婚才住下来的吗？

答：是的。定居在这里了，“落户”。

问：他的前任是谁？

答：张麟炳。

问：他是土地改革以后的干部吗？

答：前面还有。

问：他的前任是？

答：杜作新。

问：还有前任吗？

答：李祥林。

问：他们都是贫农吗？

答：是。

问：（〈三谷〉杜作新和杜得新之间）杜作新和杜得新是什么关系？

答：叔辈。

问：是同一宗族的“一大家”吗？

答：是的。

问：不是亲兄弟吗？

答：不是。是叔辈的。（同一辈分）

灾害

问：解放后有灾害吗？

答：解放后没有。

问：没有虫害、水害、干旱等吗？

答：自从1958年修了水库以来那样的灾害就很少了。

问：解放前没有旱灾吗？

答：解放后也有，1982年就遭受了旱灾。

问：刚才说到这个村主要的农产品是蔬菜，卖到哪儿呢？顺义还是北京？

答：主要是北京。

问：有去北京的人吗？

答：有。

问：有供销社吗？

答：乡里有，村里也有。

问：现在，还有做米糠的人吗？

答：没有。

土地改革

（三谷孝问：土地改革的事，如何进行土地分配的等）

问：土地改革的时候一个人分几亩地?

答：〈张〉一亩。〈李〉那个时候地主和贫农、富农大体相同。中农们大体相同。

问：中农的土地没有变动吗?

答：〈李〉中农（的土地）不动。

问：富农的土地动吗?

答：〈李〉动。

问：贫农和地主的土地一起计算的吗?

答：〈李〉都拿来分了。

问：一个人平均?

答：〈李〉半亩地。

问：怎么决定出身阶级的呢?

答：一个人做了表格，写出每户拥有的土地的数量，大家评议正确与否。

问：沙井村以外的土地也一起计算的吗?

答：〈李〉是的。

问：那么好的土地和坏的土地如何计算呢?

答：〈李〉好的土地多算。好的土地按2.5倍计算。

问：解放前有“黑地”吧?

答：〈刘〉“黑地”呀，（笑）这里是没有的。〈李〉没有。〈张〉是村外的吧。〈李〉脱税的不法土地。

问：（〈三谷〉村里是没有地主的吧）

答：〈刘〉现在没有。

地籍

问：解放前有像土地登记簿那样的东西吗?

答：〈刘〉没有。〈李〉解放前有，是“地籍”。土地改革中在发行土地证的时候都烧掉了。

摊派

问：解放前“摊款”的负担重吗?

答：〈李〉“摊派”的事。〈大家〉是摊派税的事。〈李〉有。

问：还有表格吗?

答：〈李〉有。

问：那和“地籍”一样吗?

答：〈李〉不一样。

问：旗田先生见过那种表吗?

答：〈张〉地主（持有）。〈李〉地主的孙子在年末拿来，有地图、村图。

二

沙井村访谈记录

（一）1990年8月

张　昆　张　荣

时　　间：1990年8月19日

访 问 者：三谷　笠原　中生胜美

【家庭基本情况】

问：你属什么？

答：（张昆）我属鸡的，宣统一年或二年出生的。

问：你叫什么？

答：（张荣）我今年80岁，民国元年生。

问：请你介绍一下“七·七”事变时的事，当时你们在沙井村吗？

答：在。

问：干什么？

答：种地。大伙都是种地。

问：冬天你们去北京吧？

答：对。去做泥瓦工。

问：你父亲叫什么？

答：张永仁。

问：想请你帮忙一下，想一想，你几岁上的学？

答：10岁时上学，那时最小上学也要八九岁。

问：在哪儿上？

答：就在沙井。这村在先，昌黎在以后，这有一个小学，是总的。以后搬到王圈，王圈搬到石门，石门又搬回沙井。

问：你上学时，你父亲种多少地？

答：我记事时人多地少，我父亲常给别人干活。

问：你有亲兄弟吗？

答：没有，就我一个。

问：有姐妹吗？

答：有姐姐，有两个姐姐。

问：比你大多少？

答：大姐比我大10岁，二姐比我大8岁。

问：你什么时候娶老婆？

答：17岁结婚。

问：你老婆的娘家在哪儿？

答：在海洪村。

问：你姐姐嫁到哪儿去了？

答：大姐嫁到了冯家营，二姐嫁在北伐信。

问：你娶老婆时干什么呀？

答：种地。

问：当时有多少地呀？

答：记不清了。这么多年谁记这个呀。

问：地是谁的，自己的，还是租的？

答：租的。不对，自己的。

【外出打工】

问：你年轻时去北京工作吗？

答：对。夏天在家里做活，冬天去北京。

问：在北京干什么？

答：做泥工。

问：当时去北京做泥工有多少人？

答：大部分都是沙井村的，如果有 50 人，沙井就有 30 人，其他村都零散。

问：干活的一般都是多大年纪？

答：学徒一般十几岁到二十几岁，不学不会呀。岁数大了也得学，学会了算你一个工。

问：是不是有年岁大的人也去呀？

答：有去的。你们是拿笔的，我们是拿铁锨的。干什么的没有啊！如去运东西，也是运什么东西的都有。

问：你们是做“蜜供”还是卖？

答：做。卖，是单有人去，我们只干活。“蜜供”一天做多少，每天都一样。做多少，看他有多少料，再看用多少时间能完成，还得算计他能卖出去，这样才行。回来“蜜供”做出来了，没有人买，怎么办呢？

问：你们只管做？

答：对。不管别的，他们办的货都进来了，各种材料都齐了，咱们就做，做出来，由他去卖。卖多少钱，赚多少钱，咱们都不管，咱们去一天，就给咱们一天的工钱。

问：从你老一辈就去北京做吗？

答：不只是这儿老一辈去做，以前哪儿的人都有。许多厂大小不一样，用工人数也不一样，有用几十人的，有 100 多人的。各地来的人大伙都在一起干活。做蜜供的地方不少，卖这个东西的地方也不少。不是说哪家就他独一份。代卖蜜供的也有。给我们打点进料的那个人自己也做了卖，他做 100 斤面的，要卖一个礼拜，我们要做 100 斤面，也就一天、半天就卖完了，同样的料，他做不了那么好。

问：你的老一辈去过北京做“蜜供”吗？

答：我大爷去过。

问：从什么时候开始去北京做“蜜供”的？

答：我大爷去过，爷爷过去卖过“蜜供”，再往上记不清了。

【教育】

问：你民国元年出生，上了几年学？

答：挺寒碜的，念冬三月，其实只有一个月，然后就去做“蜜供”了。能吃饭再挣点钱也就行了。上三个月还跑了两个月。

问：当时多大岁数？

答：12 岁了。

问：那时学生有多少？

答：当时念私塾，念《百家姓》什么的，也就二三十人吧。

问：学校有名字吗？还记得吗？

答：私人教的，没有牌子，没有名字，就是一个人教，3 间房做教室。

【土地状况】

问：小时候，你记得有没有什么印象特别深的事情？你记得特别清楚的？

答：没什么事。这个村没有好房，人们冬天去给人家干活，家里没剩多少。这村劳动力给外边干活，给别人卖长活、短活的多。这村没好地。

问：咱们这村地不太好是不是？

答：要说地呀，咱这村全占了，什么地都有，宝、碱、沙、洼地都有，有沙子，村西大沙滩，为什么叫宝、碱、沙、洼呢？这村西有条小河，河边有土盐，家家熬盐，就不用买盐吃了。碱呢？得过那条小河西边那条小河。这边出盐，那边出碱，扫盐就跟那种熬硝的盐差不多。这地方什么土都有。不像别的村一块地。

【结婚】

问：你几岁娶老婆？

答：19 岁。

问：你老婆娘家是在哪儿？

答：西边水坡村。

问：你老婆比你大不大？

答：一样大。

【日本驻军、抓民工】

问：你当过保长？

答：没当过。张瑞当过。那时我们过日子，我给他家干活，他在外面当保长，他才不干活呢。

问：第一次见日本军队是什么时候，记得吗？

答：记不清了。日本到咱这儿来，就是那阵在咱村打方振武时（编者注：1933 年 9、10 月），日本人过来的。人还没到这儿，炮就跟着过来了，大概有 58 年了。

问：日本军队来时，这附近有没有土匪？

答：那个短不了。这丢什么，那丢什么，大事没怎么着，这小偷小摸断不了。

问：有没有大土匪？

答：这儿有。每家都是给别人卖力气的，这村有 50 户壮劳力户，得有 40 户给别人干活，那几户也没有什么人了，这不是谣言，这是事实。

问：你过去经常见到日本军队吗？在战争时候。

答：没见过，没到眼前去看。没到日本人那儿干过事。

问：咱这没有驻过日本军队呀？

答：咱这学校后面有一部分，东边驻一部分。

问：他们驻了多长时间？

答：10 多年吧。

问：你记不记得见日本军队时害怕吗？

答：害怕还短得了。他们随便拿人，派出所拿人，出来见到了就拿，不管跛子瞎子，全往那儿哄，有一个算一个，哄那儿去一关门，不管了，你爱什么时候放就什么时候放，你干活该干什么就干什么。

问：那时候日本人给你们工资吗？

答：工资看你要了，要就给工资，不要就不给。跟哪要他就不管了，跟他要的是民工，要多少民工就给多少民工，干完活他就不管了。下班你走你的，他不要了。工作一段时间后就回来了。

问：是不是工作一段就回来了？

答：好比一天日本人要 10 人，派出所就去村中要，来 10 个人啊，交给他们就不管了。晚上就回家，明天要人再找他（可能指张瑞）要。

问：你干过活吗？

答：我干过，哪有那么巧一回不干的，干过几回。

问：你老先生（张昆）干过吗？

答：干过。他怎么能不干呢？干完活，天也晚了，连饭都不管。

问：日本人打过你们没有？

答：打到没打。被打的一瞅那边就害怕，去了该干什么就干什么。有管的，有什么事，你说。管事的就让你走，看管的给站岗的一说就让走了，这人就给择出来了。家里有别的事。家里人找来了，一说去吧，就走了。

问：驻扎的日本军队有多少在这儿？

答：也很多，有 100 多吧。

问：你被日本人抓去都干什么活？

答：不是有零活吗，需要运东西的，就干这个。运什么什么的，没有人，给弄去，这来人赶紧给弄去。

问：农忙时是不是也抓人呀？

答：甭管忙不忙，你忙还有他忙。什么时候他有事，就找派出所，你有什么事也得先去干。

问：咱们被抓去的有没有反抗的？

答：那极少数了。哪有那号到那儿反抗，那不捣乱吗？找病去吗？到那儿还敢反抗去，要是反抗，那还出得了屋吗？

问：刚才你说上了 3 个月的学，以后为什么不上了？

答：干活去了，家里穷，就上了 3 个月学。

问：那你能写字吗？

答：一共一个月，有两个月还病了。

问：自己的名字（写起来）没问题吧？

答：名字差不多。

【满铁调查】

问：日本满铁他们调查员做过调查，您还记得吗？

答：叫召正，两个，另一个记不清了。

问：那时满铁来时有日本军队吗？

答：有。以后他们老去北京，这才没有的。

问：那个人叫什么名字？

答：吉田威。

问：另一个叫什么？

答：叫召正。

问：他们几时到这儿来的？

答：他们每天七点半就来了，门口有岗，不让进去，来了坐这儿，凡是沙井人没胆，你也不敢看。

问：有没有叫内田的？

答：记不清了。召正个不高、单薄。

问：召正名字写出来你认得吗？

答：不行。

问：张瑞是不是跟他们总在一块调查？

答：总在一块呀，离了他搞不了啊，他们全一块来。

问：你们两位参加过他们的调查吗？

答：没有多少活，参加过。（张昆来参加过）

问：廊坊县有个佛山，他们吉田，满铁的人，隔壁村中庙的人占了一些土地，叫张瑞给调解调解？你记不记得？

答：就是石门庙，官产庙，他说他不清楚，让他们给调整一下子，才弄清楚分界。石门人托这村人给满铁说说，叫他们想想办法。顺义县城隍庙这边当和尚的，全是石门的。满铁叫他们用标杆插好了，石门人不认，让满铁想办法，我们村的地干吗给他们呀，后来让他们怎么插上的，怎么拔下去。

问：那时候这个土地归沙井还是归石门？

答：这个是这么回事，这个方块有个界线。这一半是沙井，这一半是石门的。石门说都是石门的。说全是他们的干吗？这是沙井的，说全是石门的，沙井不认，看庙老头姓阎，他说呀。

问：这种纠纷常有吗？

答：这种纠纷就那一阵子。

问：最后这块地归谁了？

答：以后都给石门了。

问：满铁调查员来干什么，知道吗？

答：在顺义县住过（听不清）。沙井村没这个，临近别的村有这个。

问：他们来调查时，咱们是讨厌他们还是与他们合作呢？

答：不讨厌。没有讨厌，觉得新鲜，简直觉得了不起，到这儿，知道沙井好。沙井到底好坏跟县城有关，沙井没坏过。

问：你参加了调查会，你愿意参加吗？

答：那会不干，我就是傻受累了。

问：给你们钱吗？

答：给钱，一天几毛钱。

问：当时是不是觉得挺多呢？

答：那时几毛钱相当于现在几块钱。

问：调查时有没有调查完了。税会增加或有别的情况？

答：没有。从北京来了，都挺高兴的。没有找苦恼的。这不有一个牙门村的吗。牙门村有唱戏的，他们开车来接我们去听戏的。

咱们到那么有情有利、有吃有喝（笑）。

问：他们带戏班子了？

答：不是带戏班子，别人唱戏，他们包地方来这接我们去。他们拿这车没当别的事，全村老的、小的都去。

问：当时他们问你们，说的都是实话吗？

答：说瞎话那不捣乱吗？还不如不说呢？有什么就说什么。

问：他们来时有没有带伪政府的人来？

答：没有来。

【战争】

问：你记不记得这村子附近打过仗？八路军、新四军、国民党？

答：就是方振武，日本人还没到这村呢，方振武就打，日本人炮就来了。

问：方振武跟日本人打的吗？

答：不是。跟商震的部队打的。

问：日本军队占领期间村子附近打过仗吗？

答：没有。在早先顺义县东边打过一次。是民国党军与冯玉祥的队伍打那么一次。(1923年)。

问：那次调查时沙井村有400人，这里的人有没有在战场上被打死的？

答：没有。有一个壮丁，逼他干活，被用枪杆打死的。

问：是日本时期吗？

答：不是，是国民党时候。

问：这个村没有参加国民党队伍的？

答：少数。有几个也不回来了。

问：拉夫和抓壮丁的，日本人来前和以后有什么不同吗？国民党也干吗？

答：那简直是哄弄人。

问：日本人来之前也挺多？

答：也挺严重。

问：日本人来之后也多？

答：日本人来以后，要人，派出所见什么人抓了就去。

问：挖过战壕吗？

答：哪个部队让去也不敢不去。

问：这附近挖过吗？

答：这村跟前就挖过，这样找好地方挖呢。

问：通过你们的地吗？不管你们是不是耕地？

答：唉。这房子碍事，他也不动，绕过去，一块一块的。

问：挖战壕把地占了是不是给钱呀？

答：还给钱？不给钱。

【八路军】

问：八路军来过这个村吗？

答：也说不准来，抽个冷子送个条子让你们把东西送到哪。

问：你们在这打过仗吗？

答：没有。这村没打过。就是解放那阵，从这跑过去。

问：大概是什么时候呀？

答：大概是9日、10日时候吧。那时北京还未解放呢。

问：满铁来时，有没有八路军在这？

答：那阵没有。那阵还未有名呢。那时叫共产党。

问：八路军来时他们给你们东西吗？

答：什么也不给。

问：不是有个条子吗？条子上写什么？

答：条子没敢打开，让你送哪你就送哪。八路军的区小队来送，送给村中××人，再让这个人找谁谁。

问：八路军偷偷来，大概有多少人一起来？

答：也就三五个。

问：都是区小队的？

答：对。来了也站不住步，因为这离县里太近。

问：八路军来时，村里人是高兴还是害怕？

答：八路军偷偷来，奔既定目标，老百姓不知道。一般都是夜里来夜里走，不声张。

问：老百姓喜欢八路军还是国民党军？

答：你说不喜欢，谁还跟他们烦恼。

张　昆　张　荣（二次访谈）

时　　间：1990 年 8 月 19 日

访 问 者：三谷　笠原　中生胜美

【八路军】

问：他们来了找谁呀？是堡垒户还是村部呀？

答：也找村干部，有什么事就说。

问：村干部是傀儡啊，还是共产党干部？

答：谁来为谁干，两面都管。谁敢把谁得罪了？

问：过去材料上写，白天村干部是给日本人干，晚上给八路军干，是吗？

答：那时反正没大事，要人反正怎么要，怎么去，都得配合。

问：谁管八路军？

答：谁管？

问：白天是不是张瑞？

答：这个是这样，这有看庙的，叫找谁看庙的就找谁。

问：是杨有材吗？

答：对。是杨有才。

问：八路军夜里来，当时你们知道吗？

答：当时哪知道，以后才知道的，谁干什么。

【日本投降】

问：日本军走时有什么影响？有什么感想？

答：走时没有了威风劲了。也没有什么感觉，无所谓。没人敢出头露面去，谁知以后会有什么事情呢？

问：日本走时知不知道他们投降了？

答：以后才知道的，当时哪知道啊。

问：日本人在这时，是不是向村里要粮食？

答：不要，壮丁队要，什么都要。

问：你们恨壮丁队吗？恨汉奸吗？

答：恨，心里恨，没办法，没人敢说。

问：这个村有没有挖过地道？

答：挖过。但是不行，这村都是沙，一挖都塌了。

【先天道】

问：你知道过去这个村有没有先天道啊？

答：有一个，他是个小头。

问：那时有多少人参加？

答：一共没几个。

问：大概有多少人你记得吗？

答：五六个。

问：你还记得这几个人中的头目吗？

答：姓杨。杨元的叔伯兄弟干这个。

问：先天道都有什么活动？

答：有句俗话叫“拍桌子吓唬猫”，你不知道他有什么权，背后有什么支持的。

问：他是杨源的兄弟啊？

答：杨源的兄弟，叫杨润。他搬到北京鼓楼那儿住了。

问：先天道都有什么活动？

答：每人一把大鬼头刀，一把大花枪，头上包上布，到处走动，游荡。

问：练武术吗？

答：练。说实在的，这是蒙人的。

问：有点气功是吗？

答：对。

问：青包头？

答：对。显得勇敢，真正有什么目的，也不好说，就要这股威风劲。人一多，也就劲大。

问：刚才你不是说人不多吗？

答：聚一起人就多了，望泉寺村，再往前新沿，这几个村人多。北河是先天道总部，那参加的人也多。这村几个，那村几个，北河一个村几百个。

问：参加先天道有什么好处吗？

答：一点好处也没有。什么事也不管，人就信这个。石门有个先天道，姓李，把人家的耳朵弄掉了，给弄去劳工了。

问：解放以前还是以后呀？

答：解放以后了。

问：杨润家还有人在这住吗？

答：房契都给人了，什么人也没有了。

问：他什么时候去北京住的？

答：先天道一过去他就去了。

问：解放前解放后去的？

答：解放前就去了。

【惩治汉奸】

问：日本投降后，张瑞干什么？

答：干不了别的，八路军一来，他也不去了。

问：日本投降时，张瑞是当村长，还是村副？

答：就他们俩人。

问：谁是正的？

答：张瑞，他是村长。

问：日本投降后张瑞干什么？

答：干不了别的。他那一身肉坠着，夏天天热，他胖呆不住。去北京了。

问：去北京了？

答：在北京过不了3个月就回家干活了，当农民了。因为跟日本人有关系，就不让当村长了。他也当不了，身体胖，热的出汗，坐那动不了。

问：他跟日本人有关系，以后没整他啊？

答：他跟大家一样，日本人来时，我们跟一家人一样，谁也不忌讳谁，谁也不说谁。干嘛在沙井这村。别的村不去，村大的也有，村小的也有。

问：他没有受到什么批判？

答：不只是批判，成分划高了一点，成分高一点，就显得不把他当一般农民看了。

问：他什么成分？

答：富农。原也是富农。最初没分家，以后分的家。

问：日本投降后有没有惩治汉奸？

答：这村没有汉奸，这村大户全在村里，别的村里有没有咱不知道。在外面一五一十就这点事，大伙都知道，没有汉奸。

【解放时状况】

问：日本投降后，共产党、八路军什么时候来这村的？

答：没有来这村。由西北过来奔东西，以后慢慢过来了。日本投降以后，我们进城了，就不知道有什么事了。

问：咱们县什么时候成立政府的？

答：一解放就有了。有人给安置好了。我一点不懂，为什么工作，有什么事。

问：日本投降后，县城建政府是不是在国民党以后啊？

答：这以后，一解放零碎人全走了，这跟空城计一样，因为他这全走了，他这该安排什么就安排什么。

问：几十年您一直没离开过？

答：压根就没有离开过。

问：别的地方去过吗？

答：北京。

问：还有别的地方吗？

答：京西。

问：还有远的吗？

答：没有。没事干什么去呀？干点什么事兴许跑外面转一圈，西南到京西海淀玉泉山。

问：去海淀干什么？

答：干活。最远到海淀。

问：别的地方没去过？

答：没有。

问：这村哪年解放的？

答：不是（比 1949 年）早一年就是晚一年，咱这得晚一年，因为北京没解放，北京安置好了，咱这解放了。

问：大概是什么时候？

答：10 月份。

问：那时候你们紧张吗？

答：怎么不紧张呀？

问：有没有人跑到北京去呀？

答：有，是这没法子呆了。今找你明找你，今拿一点明找你要这个，你有吗？有那么多吗？日子长了谁都来。

问：有地的人去北京了吗？

答：这村没有。

问：张瑞去北京了吗？

答：没去，但会在城里住几个月，他不是比咱们有朋友吗。我们为了节省哪也没去。我们村有一个去北京，压根没回来，就他。

【灾荒】

问：解放前，你记得有大的灾荒吗？

答：有。

问：大灾荒？

答：大灾荒，民国 28 年，发大水，好几丈水出来，成《聊斋》了。水到电线杆高了，就我们门口外晾台那，大水搞的大坑，把那大秆秸连根拔扔进去都看不见，就那么大的坑。

问：村中好多房子都倒塌？

答：东倒西歪有的是，百分九十九都倒了。这村总共没几家瓦房，土房都倒了。那阵困难就不必多说了。

问：有没有具体的灾害？

答：东倒西歪，没剩几家了。

问：还记得别的灾难吗？

答：民国 15 年，没这么大，也是水灾，那阵西沟没这么那高，地河差不多，一下大雨连河带地一起泡了。种地不打粮食，挣钱挣不来，再不打粮食，那不受灾严重。

问：沙井村有没有旱灾？

答：沙井就不怕旱，就怕下大雨，离这五里旱得不行了。我们这好，为什么不旱？地矮，河道水多，一下雨就淹了。没下雨，地里全是水，没有走水的地方，全泡，就怕涝。

问：1939 年发大水，房子倒了，是不是都逃荒了？

答：没有。哪去呀？

问：东西没有了，吃什么呀？

答：慢慢待着去，有亲戚先就和着点，不能离开这地方呀。这地里万一要收点呢？收点不还得点，不收就没得说了。西边有条朝着河，西边有岸，有河、消水、卸水才能打粮食，沙井现在不敢种玉米。要种高粱、稗子，不怕泡。豆子开始挺好，一泡就黄了，不打粮食了。稗子不怕泡，高粱好歹也结个穗。

张 荣

时 间：1990 年 8 月 19 日下午

访 问 者：笠原十九司

【过节风俗】

问：解放前咱们村里有没有一些大的活动？比如说过节啦，过中秋节啦，都怎么预备？大概有什么节？春节肯定是有啦？

答：春节，八月十五。

问：还有什么呢？

答：五月初三，初五，两日行场，不像八月节那么风光，就是比平常风光点儿，有两天休息，不干活休息两天，天又热。顺义县有唱戏、舞会，谁也不干活。

问：还有什么节、秋天有吗？

答：行场有这两回。立秋，这两天风光风光，弄点儿吃的，这好像是个标准日子，风光风光，吃东西比平常强一点儿。

问：春节咱们这儿都怎么过？

答：二十九就不干活了，三十、初一、初二，那时迷信接灶王。

问：咱们这儿过清明节吧？

答：原先清明节，老祖坟这儿预备一顿饭，大家都去吃饭。一顿饭吃不了多少。

问：是不是上坟？

答：是，老的带小的去上坟。谁种这地就去谁家去吃饭。

问：中秋节怎么过？

答：有钱的多买点月饼，没钱的少买点。在外边摆上几桌，白天务农，晌午喝酒，吃饭，晚上上供，供品有苹果、粱、月饼等。

问：白天没有什么活动吗？

答：没有。那时大伙都很忙，收割庄稼。春节、五月节歇一下。春节大家欢天喜地，去拜个年。

问：有没有给小孩过什么节？

答：没有。儿童节只是一名目。

问：给小孩过生日吗？

答：孩子是宝贝，有钱就做满月等，没钱的连大人还顾不上。

问：有钱人满月都怎么过？

答：有钱的买好点儿的衣服。没钱的就买差点儿的。

问：没有人送吗？

答：没有，都自己买。

问：挂了锁是什么意思？

答：上面有字“长命百岁”。

问：您家里给孩子过吗？

答：没有。

问：您小时候都玩些什么？

答：没什么玩的，玩胶皮球，寸半的小锣玩，可不像现在小孩玩的多。

【土地改革】

问：“土改”情况你还记得吗？“土改”时你是分到土地还是被收了土地？

答：够数的不给分，不够数的就给分。按人口。我差一点，没给我。

问：你还记得负责土改的人吗？

答：李祥林。

问：外村的还是这村的？

答：本村的。

问：咱村划成分时，有地主吗？受到批判了吗？

答：有两户地主，没什么东西。比别村的轻，就是开会数落数落。

问：你还记得两个地主的名字吗？

答：赵立民，邢永利。姓邢的是外来户，在县城里开一买卖。

问：你也参加过斗争会吗？

答：一通知开会就得去，不去不成。

问：斗争会在哪儿开？

答：在西边大队。

问：现在是不是村民委员会？

答：是。

问：谁领导斗地主？

答：李祥林，他是个能人，劳模。

问：有没有外村里领导斗地主的？

答：区里派小队来。

问：在会上，只斗争这两个地主呢，还是有其他人呢？

答：富农跟着。

问：有几个富农？

答：两户。

问：记得他们的名字吗？

答：都是熟人，张锐，杨源两人。

问：斗争他们后都让他们干什么？

答：罚他们。扫街，掏大粪。

问：这儿没有枪毙的吧？

答：没有。

问：罚地主，富农他们的劳动一样吗？

答：一样，没有分别。

问："土改"时分到地的有多少户？

答：没有多少地。这两个地主就是雇长工给干点儿活，一共 20 多亩地。

问："土改"时你恨地主？

答：只是一名目，水过地皮开的行动，你说不是地主吧，他支使人，是地主吧，没有那么多财产、势力，才 3 间房。姓邢的有 3 间房，没有土匪。

【互助组】

问："土改"后咱们这儿成立初级社了吗？

答：有。

问：你参加互助组吗？

答：不入就显得思想不好。没有多少东西，土地都给忘，人呢只能挣点儿死钱，只是年终的分点儿，不入呢还能 3 天、5 天挣点儿零花，入也得入，不入也得入。

问：那时有几户？

答：6 个组。

问：你记得互助组是什么时候成立的吗？

答：一解放，把地都弄一块了，分给你哪儿就在哪儿劳动。

问：领导搞互助组的是谁？

答：就那劳模，他是党员。

问：他是村长吗？

答：村长是他，领导开会什么的。

问：李祥林搞"土改"、合作社时有多大年纪？

答：40 多岁，属马的，比我大。

问：除了李祥林，村里还有党员吗？

答：后来又进去几个。

答：村里的。

问：李祥林的后辈还在这村里吗？几个儿子？

答：一个儿子，李秀琴，幼儿园的老师。

【农民协会】

问：土改时有没有农民协会？

答：有农会。杜江的爸爸，杜广新。

问：什么时候成立的？

答：一解放。

问：村里的人都参加农会吗？

答：对。

问：农会是不是管互助组的事？

答：全管，几个组有什么事就找农会。

问：农会会长和李祥林，谁的权力大？

答：李祥林。

问：初级社是怎么搞的？

答：还是分段。

【合作社】

问：几个初级社？

答：就一个。

问：就没有互助组了？

答：没有了。分成两个队。

问：土地就都搞合作社了，个人一点儿也没了？

答：一点儿都没了。

问：你愿不愿意把土地交给初级社？

答：我只干活，什么也不管。

问：参加互助组，初级社后生活有没有变化？

答：没有。几口人领多少粮食。

问：你还记得社教运动吗？

答：不知道。

【识字运动】

问：解放后咱们这儿有没有识字运动，普及教育？

答：让学。

问：谁管识字这事？

答：单有教师，劳模让文化高的教。

问：李祥林上过学吗？

答：没念过书。

问：他让别人学自己也得学吧？

答：对，他记性好。

问：你参加过吗？

答：参加过，岁数一大就不行了。

问：识字运动大概有多长时间？

答：几个月，不到一年。

【合作社】

问：参加合作社后你干什么活儿？

答：种菜，管园子。

问：你觉得参加合作社后比参加前干活轻多了？

答：干活儿一样干。

问：干活费神吗？

答：不在乎。

问：初级社后是高级社吧，又是怎么变的？

答：只是变名目，没什么不一样。

问：你一直种菜吗？

答：对。掌握谁干什么谁干什么。

【人民公社】

问：完了就是人民公社了，咱们这儿什么公社？

答：城关公社。

问：人民公社时是不是吃食堂啊？

答：是。

问：在什么地方？

答：好几个地方。

问：有几个食堂？

答：就一个。地方变来变去。

问：高级社改为人民公社时生活有变化吗？

答：外村都到这儿吃，因为那阵儿都有粮票，也有好时，也有坏时。1960 年不能喝稀的。

问：好的时候比过去好些什么呢？

答：一高户，一交公粮，就没有什么正经粮食了，搭某什么的。

问：人民公社后产量就高了吧？

答：后来产量才上去。这地能打 500 斤，原来打 800 斤。

问：你记得“三反”“五反”运动吧？那时的社长是谁？

答：杜作新。

问：与杜广新有亲戚关系吗？

答：一个家族。

问：他当社长时也是支部书记吧，谁是书记？

答：就是杜作新。

问：那时大队长是谁？

答：李祥林。

杨庆余

时　　间：1990 年 8 月 21 日上午

访 问 者：三谷孝　笠原十九司

【家庭成员】

问：你的父亲是谁呀？

答：叫杨正。杨源是我大爷。

问：您看得清吗？60 多了吧？

答：66 了。

问：您是哪年生？

答：推吧，我也记不得了。今年是 67，90 刨去 66，1924 年。

问：杨源是你大爷？你父亲哥儿几个？

答：哥仨儿，还有杨哲。

问：您哥儿几个呀？

答：我哥两个。

问：有姐妹吗？

答：有 1 个妹妹。

问：你哥俩儿是有 1 个哥哥，还是弟弟？

答：我有 1 个弟弟。

问：你弟弟叫什么？

答：弟弟叫杨庆良。

问：妹妹叫什么？

答：妹妹叫杨慧兰。

【战争】

问：您小的时候记得有什么大事吗？印象最深的。附近发生的一些大的灾害、战争什么的？

答：我记得战争就是打方振武，民国二十三年。我那阵儿不到 10 岁，刚开始记事儿。

问：你看见过打仗吗？

答：我不到 10 岁，只记得那事儿。

问：还记得当时有什么印象比较深的事吗？记得比较清楚的？

答：直奉战争时，张作霖打冯玉祥那阵儿，也只是听说，我人小。

【教育】

问：您上过学吗？

答：上过几年，上过四五年。

问：您上学的时候记得几岁吗？

答：10 岁。

问：那时是私塾还是学校？

答：是学校。

问：您上学以前是不是在家里帮着干干活？

答：我小时候在家没干过活儿，家里挺富裕，我也挺娇的。

问：你父亲划成分的时候划的是什么成分？

答：划的中农。因为我父亲也能劳动。

问：那时候你记得家里有多少地吗？你父亲那时候？

答：不到 50 亩地，40 多亩。

问：你父亲什么时候去世的？

答：地震那年，1976 年。

问：你上学的时候学校里有几个老师？

答：头年上学时就 1 个老师。

问：你还记得老师的名字吗？

答：就这个村里的，吴殿臣。

问：您还记得小时候一块儿玩的小朋友的名字吗？

答：反正差不了一两岁，都是这村的。李广明、张麟炳、杨兵和我岁数差不离，赵顺一、杜存新，照相的那两口子，咱们去过。

问：那时候都玩些什么？

答：那阵儿没什么可玩的，也就是摔个跤，跑着玩，也没有什么玩具。

问：不玩扑克什么吗？

答：那阵儿没有。

问：学校的校址在什么地方？

答：望泉寺，我头一年的时候在望泉寺。

问：后两年在哪儿？

答：就在这村。

问：为什么一、二年级在那儿上，三、四年级在这儿上？

答：后来望泉寺学校成立，一独立，这村也得有学校了。

问：您还记得您上学的时候，哪门课最好？

答：哪门课都一般，肯干，但不聪明。

问：您记得您在沙井村的时候学生有多少？

答：那时候有仨村的，在石门村、梅河营，仨村也就是有50多个。念书的我们村也就10个、8个。因为那时3个村成立1个学校，现在好像是4个村1个学校，后来大了，学生多了，各村就单成了。

问：那时候跟你一块儿上学的大概有多少人？跟你差不多年龄的？

答：这个村也就是有10个左右。

问：不能上学的有多少？

答：家里困难的就上不了。

问：反正比上学的多得多？

答：相距差不离。

问：没上学的跟上学的差不多？

答：真困难的也有不上学的。

问：您上学的时候跟同学照过相吗？

答：没有。那阵儿没有。

问：当时学校有几个教室？

答：就是3间连成1个教室，一至四年级全在一个教室。四五十人。

问：这3间吧？

答：比这大点儿。

问：那时每门课都有教书吧？

答：有。

问：那时候交学费大概是多少？

答：不交学费。

问：上学从什么时候不交学费的？

答：反正我一到望泉寺上学就没交过，老师工资由县里发。村里就筹一些桌子、椅子，房坏了整理呀，这都由村里干。

问：当时在沙井村学校里大概有50个学生吧？女生大概有多少？

答：女生没有多少，女生家里一般不愿意让念书。我念书时也有三四个，有我2个妹妹，一般人都不念，妇女都不爱念。

问：是在沙井吗？

答：就是沙井，望泉寺根本没有女的（念书）。沙井村念书的就是四姑奶奶和我三姑奶奶，还有我妹妹，没几个人。

问：您觉得上学对您有哪些帮助？

答：那阵儿主要是学数学、学文化。没有什么思想目的。一、二、三、四年级也没学什么。

问：从学校里出来的人和没上过学的人在村里是不是大家都看着一样，还是觉得上学的人比较受尊重？

答：那阵儿一样，没有什么感觉。因为上几年学，有什么受尊重的？4年学就得了，到北京找个学徒的地方。

问：如果那样的话，不上学也无所谓，是吧？

答：嗯，家里困难饭都吃不上，怎么上起学呢？

问：上过学的人能写字，是不是在村里也受到尊重？

答：对。念过几年书，写字也不怎么熟，写信都是后面锻炼的。念几年书，能写什么。现在念三四年书什么也不会写。

问：从村小学毕业以后就上高小了吧？

答：城小，可以考到顺义县那儿。

问：考到那儿的多吗？

答：不多。解放前沙井村就考了2个，一个张树彬，一个周永兴。连我都没有，我到15岁时，我就学徒了。

问：有上中学的吗？

答：上中学的解放前就周永兴一人，要不怎么能当老师呢？张树彬毕业也就上中山学徒去了，念几年书也就找了事儿到外边儿学徒。

问：城关小学？

答：就城关小学。

问：您刚才说上高小的两个人叫什么名字？

答：周永兴、张树彬。

问：张树彬上过中学？

答：他上的小学。周永兴上的中学。

问：这两人都在？

答：都在。都比我小，有60岁。

问：周永兴也住在这个村吗？

答：对。

问：周永兴的父亲是谁？

答：周宴。周树堂、周德甫的孙子。名叫德甫，号叫树堂。

【医疗】

问：你记得你小时候这村里有过大病没有？

答：我小时候没有，没有得过流行感染的，只是听说。有一年闹洪灾，60多户人家死了40多户，我父亲是劳累过度，张度也是累死的，他们仨是尖子最能干，仨人都是那年死的，白天黑夜干。

问：您家里有得过什么病的吗？

答：没有。

问：如果村里有人得了重病怎么办呢？

答：那时一般人得病也就请个中医大夫，也不仔细检查，什么病谁也不知道。中医瞧不好就是痨病，也没什么依据，不像现在有仪器检查，那阵儿查不出来。

问：咱们村有中医吗？

答：他爷爷就是中医。

问：你叫什么名字？

答：叫刘长春。

问：你爷爷活着吗？

答：活着呢。

问：100年前是商人？

答：我老太爷是商人。

问：你还有个大爷吧？

答：有个二爷，刘长贵。

问：老人在哪儿学的医术，怎么学的？

答：跟这村老李，李汇元，李广志爷爷，死时都76了。

【迷信】

问：日本农村有重病时有一些迷信活动，为了使病人康复，咱们村里有没有？

答：得癔症的人请个观音，主要还是找医者。

问：日本农村如果有人偷了东西，干了坏事，就会受到惩罚，得大病，那种病就得求神了，咱们这儿是不是也有？

答：只是有个宣传，尽量不让人干坏事儿。

问：是不是有时也吓唬小孩别干坏事。如果干坏事儿的话，神会发怒，会得病啊。

答：那阵儿是有，家家还供老佛爷呢。没钱哪怕烧一遍香呢，有老佛爷、财神，起码得有灶王爷，没有房子到别人家住也得要一灶王爷，那阵儿都得祭灶。

问：日本人也讲有神明，触动他们……

答：中国也这样。哪个国家都是教育人学好。

问：解放前家里都供着这个神像吧？

答：反正家家都有，这家贫寒，也有。起码得有灶王爷。就是没有房到别人家住着，到一家就得要一个灶王爷。

问：咱们供神像是不是觉得有好处？

答：那是，由老的就宣传下来的，一时半会儿改不了，就是解放后多少年都供着。

解放后宣传说是假的都不行，也得供。

问：什么时候开始不供的？

答：六几年开始。

问：文革左右？

答：不，是1958年之后，庙、神像都拉了。说谁家有就是谁家思想不对头。

问：五几年你们那阵儿念书时就拉泥像了？

答：把神像扣了。

答：那阵儿不让赔，可是那会儿谁都赔。

问：庙什么时候拆的？

答：1956年、1957年、1958年之后，成立食堂之后，拆的前头儿，成立望泉寺学校。

问：庙都拆了是什么时候？

答：1960年以后，把后面儿也拆了。

问：那什么人把这庙拆了？

答：统一调动的。1958年这农村公产属于国家财产。东山党拆了，就剩下西山党，西厢房。

问：木头儿弄出来干什么用？

答：修电站。

问：咱们村有几个人上大学？

答：这就10个了。

【日军】

问：您在日本占领时见过军队吗？

答：见过。我就回家一回，就和山本，一个郭翻译在一起吃饭，我们就见过一回，其他的不知道。郭翻译比我大几岁，那年我比，他是19。他给山本当翻译。

问：郭翻译是中国人吗？

答：是中国人。

问：那你见日本人不是在村里是在外边儿见的了。

答：军队，是在外边见的。

问：这个村里没住过日本军队吧。

答：住过一阵子。县里有5个队。

问：你见到傀儡政府的军队吗？保安队、警卫队一类的？

答：也见着，哪儿都有。

问：在村里也见过吧！

答：有时也来。

问：他们是为什么来的？

答：有事来。日伪时期，解放前不太了解，我是解放后回来，解放前在北京。

【学徒】

问：你在北京待了多长时间？从出去到回来。

答：也回来过，又去上到10年，我15岁出去的，25岁回来。

问：你在北京干什么活儿？

答：学徒，学买卖。

问：你记得在什么店里学的吗？

答：前门外的天倍洋行。卖犁耙器具，镶牙，牙科材料，都是洋货。

问：为什么到北京去学徒啊？

答：念完书，那阵儿的习惯，念念书，学种手艺，做点儿买卖也能挣钱。

问：你是怎么去的洋行，是通过人介绍吗？

答：是介绍去的，得有保人。

问：介绍人是你们村的吗？

答：是个亲戚。

问：那你在家是老大吗？

答：是老大。

问：那你只在外面，在家里不干活吗？

答：我父亲在家里干活种地。

问：你去北京是走着去吗？

答：那阵儿有汽车了，西街就有汽车到北京前门外。

问：杨源是你的大爷，解放后是在北京还是从北京回来了？

答：没有。解放前在顺义，是西街开一个首饰店打银首饰的。

问：他家里的人现在在这儿还是在县城里？

答：我大爷没有儿子都是闺女，闺女都出嫁了。

问：杨源，杨润，杨哲都是你的叔叔了？

答：杨润是我叔叔，杨源是我大爷，杨哲也是我叔叔。

问：那他们的后代还有没有在这个村里住的？

答：杨润也没儿子，我大爷也没有，只有杨哲有我们哥俩儿，我弟弟杨庆良在大连，他是北京师范大学毕业的，现在教书。

问：她们没有人在这个村里住？

答：对，都是闺女，都出嫁走了。

问：那个谁的儿子在县里教书吗？

答：在十里铺，就南瓦倍中学。

问：你教书的这个兄弟叫什么名字？

答：杨庆忠。

【日军】

问：日本占领时期，有时你也到村里来，有没有被日本人抓过或抢过东西。

答：没有。

问：跟你年龄差不多的人还有要去城里做学徒做工的吗？

答：有。全在北京找一事干，干的不想干了就回来了。

问：就是有一部分吧。

答：对。一部分学买卖，一部分学手艺，没念过书的学手艺，念过书的学买卖。

问：咱们这儿除了上北京学徒，还有去其他地方的吗？

答：大部分都去北京，因为离得近，去其他地方的特别少。

问：您在北京的时候，有没有出去看一看？拿现在的话儿说就是旅游。

答：没有。

问：解放以后你干什么？

答：在家种地。

问：也没有到外边去？

答：没有。

问：你去过长城吗？

答：没有。

问：你在北京学徒时有没有听过日本军队干坏事的？

答：没有。学徒的什么都不能打听，不允许打听。也不允许管那事。尤其在天倍的时候。冬天 12 点上门，夏天 5 点捺电铃让你起，睡觉的时候谁也不能响，谁也听不见，整天给你安排事儿。

问：你在哪儿见到日本军队？

答：北京尽有日本军，顺义县也有日本军。

问：你见到日本军后有什么想法？有什么感受什么心情？

答：也没有什么心情，日本军没来的时候我学徒的那个店儿与日本人就有勾搭，天倍洋行掌柜的跟一个日本人越是正走就有来往。

问：他们都知道日本军队在中国干了不少坏事，杀人放火有不少罪行，他们就是想了解这些暴行。通过访问向日本人民反映这个情况，为了以后防止这种战争发生，所以你不要有什么顾虑，把见到的听说的都可以讲。

答：我对日本人没什么感想。我学徒那阵儿，要把我介绍到倍义洋药房里，是日本人开的，考试时掌柜的急着让学别的，考就考几十个字母。可是有几个错的，所以没考上。所以把我留在天倍，我不愿干，干了四年就回来了。

问：你还记得原天倍洋行你亲戚的名

字吗？

答：姓龚，叫龚书林，号龚文卿。

问：你知道顺义县住着多少日本军吗？

答：我说不清，那阵儿又小。

问：你回来时看见你叔叔和山本在一块儿，大爷？

答：是我大爷，我大爷和山本、郭翻译在一起吃饭，我也跟着吃。

问：你知道他们当时为什么来调查吗？

答：不知道。

问：你就见过山本，还见过别的调查员吗？

答：听说有个田龟，小昭正。

问：只是听别人念叨没见过。听说是大连生的人，中国话说得很好。

杨庆余（二次访谈）

时　　间：1990年8月21日下午

访 问 者：三谷孝　笠原十九司

【日本投降】

问：日本投降的时候你正好在北京吧？

答：对。

问：你当时是种什么心情？

答：挺高兴。

问：日本投降以后，天倍洋行的情况你还知道吗？

答：日本投降以后，天倍洋行也弄了个日本资本，后来查账本没有，因为当时是欠日本钱来着，可后来都还清了。开买卖的时候是日本人给的钱，刚开时不容易。

【一贯道】

问：封建这种东西除了××道，还有什么？

答：一贯道，迷信组织很多，说不清。我那时也没入。只是跟着受人管着，没有资格入那个。

问：您记忆非常好，很正确。解放军赴村的时候您在吗？

答：没有。在北京呢。我1949年4月份回来，那时北京早解放好几个月了。

【回乡】

问：你为什么要从北京回来？

答：解放前我就把事儿辞了，辞了我自个儿又做小买卖，家里人都去北京，解放后又都回村里接茬种地。成天是黑夜八路军找，白天是国民党找，你不给八路军办事儿不行，你给八路军办事，国民党找你，我父亲被国民党抓去，我就把工作辞了。

问：解放后干什么？

答：平反了。

问：回来以后干什么？

答：种地，种园子。有车又买一骡子，拉脚儿，能劳动。

问：你在天倍洋行时，做的买卖是不是与药有关系？

答：与药没关系，完全是牙科材料，理发器具。

问：那你从那儿回来以后做什么买卖？

答：炸开花儿豆。把蚕豆泡了，炸了，给人送去。

【土地改革】

问：你回来以后马上就“土改”了吧？

答：1950年“土改”。

问：你还记得“土改”时的情况吗？

答：都同意了。解放一年都认投了。

问：你当时家里有五六十亩地吧？

答：解放前的50亩地还剩30亩。

问：还卖了10来亩？

答：对。

问：土改划成分咱们村有几家地主和富农？

答：二家地主，二家富农。

问：富农的名字还记得吗？

答：张统、杨元、任振刚。

【解放后生活变化】

问：解放后就一直在地里干活儿，小买卖不做了？

答：回家来了。

问：你觉得解放前解放后生活变化最大的是什么？

答：我家有地，生活不太困难。解放后也不困难，能劳动。只要能劳动，挣工分，生活就不困难。

问：你干活都是从你父亲，大爷那儿学来的吧？

答：我是解放后学的，农活好学，只要有劲儿就行。小时候光瞅见，怎么干活儿就知道，从北京回来就能干。

问：干活主要是从家里学的？

答：在家里学的。

问：你有几个孩子？

答：4 个孩子。

问：你有几个男孩，几个女孩？

答：2 个男孩，2 个女孩。

问：你的 2 个男孩现在都干什么？

答：老的是焊工。

问：是工人？

答：在城镇企业，大的是电工。

问：都是在这个村的工厂干吗？

答：都是在顺义镇的。

问：你的两个女儿结婚了吧？

答：结婚了。

问：都嫁哪儿去了？

答：都在这村儿。

问：大女儿嫁谁了。

答：就在这边儿住姓关的。

问：你的二女儿呢？

答：也是外地的，在北京铁路上工作。

问：家也在这儿？

答：在这儿。

问：姓什么？

答：二姑爷姓蒋。

【婚姻】

问：你结婚的时候多大年龄了？

答：我结婚 14 岁。

问：那你老伴是哪个村的？

答：刘家河的。

问：你结婚时你老伴的年龄？

答：比我小 3 岁。

问：老伴叫什么名字？

答：解放后改名叫刘玉英。

问：你们结婚是什么形式的，人家介绍还是父母之命。

答：父母之命，那时 14 岁没有主见。

问：你结婚以前对老伴的情况一点儿都不知道？见过吗？

答：谁也不认识谁。

问：你工作时老伴在北京还是在这儿？

答：在这儿。

问：跟你父亲一起生活？

答：是。

问：你结婚时还上学吗？

答：上学呢。

问：你在北京上学徒时，赚钱多吗？

答：那能给多少，是人家买卖，挣多少钱，赏给你多少是多少。刚去时一个月一块半钱，就不错了，管饭。

问：你钱这么少还得养家糊口？

答：家里养着，我那阵儿没负担。

【教师】

问： 吴殿臣是过去的老师还是现在的老师？

答： 他是念私塾出身的，他也在顺义县念过成小。一般念过私塾，再上两年成小就可以当老师。

问： 吴殿臣是哪个村的。

答： 这村儿的。

问： 他还有后代在村里吗？

答： 他没有儿子，他的后代就是吴柱和，不是亲儿子，是吴殿扬的儿子，给他养老送终了。

问： 你上了4年学都跟他学的吗？

答： 他就教我一年，经过考试他就不合格了，光是文学不行，得有数学。

问： 你跟他学了1年，一年级还是二年级？

答： 一年级。

问： 以后跟谁学？

答： 二年级跟一个姓李的，李振锋老师。

问： 这老师是哪村的？

答： 板桥的。

问： 吴殿臣教你们的时候多大岁数？

答： 活着就93了，那阵43岁，不，30多岁。

问： 吴殿臣不教书以后干什么？

答： 后来一个村把他请去，因为他有一定的文学程度，花钱雇他。

问： 你对吴殿臣的印象怎么样？

答： 这就看你干什么了。要想去做买卖，就是他教得好，要提升学，他就不行了。他字写得好。你学买卖，人家首先得让你拿楷书什么的，写得好才能要你呢，写不好人家不要你，像现在的中学生，人家一瞅你这字，不要你，今后没发展。跟他学出来今后就可以瞅。现在念几年书写不好，没人专门指导写不好。

问： 那时是村长的威望高，还是吴殿臣的威望高？

答： 吴殿臣是知识分子的威望，村长是权力的威望。村长也不敢小瞧。

【对历史人物评价】

问： 吴殿臣是不是作为有文化的人最受尊敬的？中国历史上从古到今的大人物，政治家你最尊重谁？

答： 哪个人都不差，蒋介石也不差。不过蒋介石比起毛泽东来差的，总的来说还是毛泽东行。

问： 包括已经逝世的毛泽东、周总理、朱德这一些人，还有活着的邓小平、江泽民、李鹏这些人你最喜欢谁？

答： 谁也比不上毛主席。当然一个人也都有一定的缺点。毛泽东的缺点最主要的是×××（听不清楚），像老农民打这点粮食，就拿这点钱混，不怕受苦。现在邓小平一改革一开放，人民生活就提高了。毛泽东那阵儿就得苦干，没有万元户。毛主席那阵儿过日子就跟我们家里一样，几亩地打的粮食，过日子万事不求人，农民交出公粮就行了。这是我的权力谁也不求。

【教师】

问： 你对李振锋老师的印象怎么样？

答： 李振锋就教一年，后来就读了别的老师了。

问： 那个老师叫什么名字？哪儿毕业的？

答： 都是顺义县师范毕业的。他是前届，在来的傅老师前，顺义县师范毕业。吴也是小学毕业。

问： 咱们村里的人也都知道这个李振锋吧？

答： 不多，没几个。

问：他们一般认为是吴老师好还是李老师好？

答：吴老师。

问：你讲的这些都很有启发，讲得很好。

答：我也没文化，瞎说。

问：你上了几年学，做了几年生意，底子很厚。我们采访的有些人上了年纪，讲不清楚。没念过书，不识字。

邢永利

时　　间：1990年8月22日上午

访 问 者：浜口允子

访问场所：沙井村

【个人经历】

问：您今年多大岁数了？

答：68。

问：哪年生人？

答：我忘了。

问：您今年68，是虚岁吧？那就是1923年生人，您是在这儿生的吗？

答：不，我生在密云。

问：您什么时候到这儿来的？

答：我5岁时。

问：当时您父母是做什么的？

答：我父亲经商，母亲做家务。

问：做些什么生意？

答：现在的副食商店，那时是杂货铺。

问：一般卖些什么？

答：什么都卖，煤油、火柴、碱面，杂货铺嘛，就跟现在的副食商店一样。

问：为什么您父亲从密云到这儿来了呢？

答：我父亲来这儿找工作，我父亲先给人当雇工，后来当经理。

问：在密云时你父亲做什么？

答：我父亲十几岁就出来了。

问：你5岁来这儿，您父亲多大岁数？

答：四五十岁了。

问：您上小学时几岁了？石门的小学吗？

答：我在这里的小学上了2年，后来到顺义城里念书。

问：学了几年？

答：4年。

问：过了4年就毕业了吗？

答：我高小毕业，没上过中学。

问：你上小学最喜欢语文还是算数？

答：爱好体育。

问：您毕业后干什么？

答：到通州（通县）当学徒。

问：跟什么人当学徒？学什么？

答：在纸店卖纸、卖文具。

问：您工作累吗？

答：不算累。

问：您在哪儿和您太太结婚的？

答：就在这个村儿。

问：从通县回来结婚的？

答：去之前就结婚了，我结婚早。

问：你多大岁数结婚？

答：13岁，虚岁。

问：您太太多大岁数？

答：她比我大4岁。

问：您跟太太一起去通县的吗？

答：没有，我一个人去的。

问：您在通县时您太太一个人在家干家务？

答：是的。

问：您什么时候从通县回来的？

答：21岁。

问：然后您就一直待在沙井，没出去？

答：没出去。

问：那时大概是1944年，还没解放？

答：没有。

【“土改”前的土地状况】

问：您从通县回来时家里有多少地？40多亩？

答：42亩。

问：当时您父亲还在吧？是他的地？

您当时家里有多少人？

答：父母和孩子俩闺女俩儿，8口人，是8口人。

问：父亲叫什么？

答：邢润斋。

问：您爱人姓什么？

答：刘金鲜。

问：从哪儿来？

答：南边望泉寺，隔条马路，离这儿一里地。

问：您儿子叫什么？

答：二儿子邢贵田，大儿子死了。

问：您家8口人，42亩地够不够？

答：够了。

问：田地的活都谁干？您父亲干吗？

答：我父亲不干。雇人干。

问：您雇工几个人？

答：1个。

问：1个人种42亩地行吗？

答：我跟着干点儿。

问：就等于您俩人经营这42亩地。地里种些什么？

答：那时就种麦子、玉米、红薯。

问：你的收成自己吃还是卖了？

答：富余的就卖。

问：一般您卖百分之多少？

答：好年景就多卖，坏年景就少卖。

【土地改革、成分划分】

问：您还记得土改时的事情吗？当时您雇人劳动就成了问题吧？

答：可不，我划为地主。

问：你只有42亩地还划成地主吗？

答：划成地主了。

问：您什么时候被人划成地主呢？

答：刚解放，1951年。

问：那您自己怎么知道自己被划成地主，是工作组公布的？当时告示贴在哪儿？

答：大队部，那时叫村公所。

问：在没公布之前您还不知道自己是地主，当您得知自己是地主，您是怎么想的呢？

答：我没想法，不知地主是怎么回事。

问：在公布地主成分时，农会进行过很多调查，每家有多少地等，您知道农会进行调查这些事情吧？

答：知道，我还跟着做来着。

问：您是农会会员吗？

答：不是。

问：等于你是帮着农会做事？

答：帮着农会记录。

问：因为您有文化。帮着做了这些事也不知您要被划为地主？

答：不知道，也不知地主是怎么回事。

问：当时农会有几个人？有十来个人吗？

答：也就五六个人。

问：您还记得农会都有谁吗？

答：记得，张守俊、李广志，是农协主席，李祥林、孙百伶。

问：有张村炳吗？

答：没有。

问：这些人里谁是头头？

答：李广志。

问：您在被划为地主后又发生了些什么事？

答：没什么事。

问：您当时把房子和地分出去了，土地您拿出去多少亩呢？

答：30亩。

问：30 亩？您一共 42 亩，拿出 30 亩，还剩 12 亩，房屋呢？

答：11 间房，剩 5 间，拿出 6 间。

问：您的 42 亩地是在一起的还是分成各块的？

答：各块的。

问：您那 30 亩分给谁了？

答：分给好几家了。

问：您还记得当时都有谁吗？

答：杨明、孙百伶。

问：还有吗？

答：太早了，记不清了。

问：房子是怎么分出去的，房子在一院，别人住进来了？

答：对，就跟现在一样。

问：您当时房子很大？您本来住在这儿吗？

答：不是。

问：您是怎么分的，您住哪儿？

答：住上房 5 间。

问：把西边的厢房给人了？

答：对。

问：您记得谁跟您住在一起？

答：李自高。

问：还有呢？

答：李广财。

问：您跟他们两家的关系怎样，特别是您太太同他们的关系？

答：一般。

问：没什么不满？

答：没有。

问：心里肯定不满，但表面上要和睦相处，对吗？

答：对。

问：在分房分地之前，全村开什么大会了吗？

答：记不清了，那时经常开会。

问：那时有没有因为您是地主就逼着您干些什么事情？

答：那时没有。

问：文革的时候闹得很凶，土改时倒没挨批。土改后您就靠这 12 亩地生活。您的父亲是什么时候去世的？

答：解放第 2 年，1950 年吧。

问：没赶上土改？

答：没有。

问：您母亲呢？

答：1971 年。

问：土改后您家有 7 口人，12 亩地够吗？

答：不够。

问：只好凑合吧？

答：平均 1 个人 2 亩。

问：那您地不够，还要靠别的吧？

答：凑合着过。

【互助组、合作社】

问：生活很苦？1953 年是不是成立了互助组，您参加了吗？您能告诉我们互助组的情况吗？

答：就是几家自愿结合，假如他有牲口，我也有牲口，我们就结合。

问：您还记得当时和哪几家结成互助组吗？

答：杨明、李广详、李广明。

问：您成立互助组后比单干强些吗？

答：也不强。

问：然后到了初级合作社，那时强点儿吗？

答：稍微强一点。

问：初级合作社同合作社有什么区别？

答：我没入过初级合作社。

问：高级合作社呢？

答：那就是人民公社。

问：那就是村里是有合作社的，可您没

有参加，也就是说初级合作社是自愿的？

答： 像我们这样的人还不要呢。

问： 啊，地主不要。没入社的还有谁，还有谁没入？

答： 地主富农都没入。

问： 那您不能入社，会被贫下中农瞧不起吗？

答： 不是瞧不起，是有区别。

问： 买东西，开会同贫下中农有区别吗？

答： 没有。

问： 孩子在外面玩儿被别的孩子说吗？

答： 没有。

问： 非常感谢您告诉我这么多情况，后来加入人民公社了？

答： 人民公社是全往里轰，不入也得入。

【公共食堂、集体劳动】

问： 成立人民公社后，这个村有什么变化吗？

答： 吃喝好点儿了。人民公社随便吃，吃食堂。

问： 食堂在哪儿？

答： 在大队，在庙那儿，大伙都到那儿吃，我还当过管理员呢。

问： 那您当管理员都干什么？

答： 就管伙房那儿人。

问： 三餐饭都在那儿吃吗？不在家吃吗？

答： 先前可以在那儿吃，后来粮食一紧张就不让拿家去了，说是拿家吃浪费。

问： 您就不用做饭了，当时觉得轻松吧？大家挺喜欢吃大锅饭，味道比在家里怎么样？

答： 一样，那阵吃食堂不错，就是家里没闲人了，都得出去劳动。

问： 除了食堂，有大伙一起干的事吗？

答： 有哇，挖河、修渠道，活是最多不过呀，平整土地，那阵儿没闲人。

问： 多少人一起干，全村的人吗？

答： 都得干去。

问： 那时村里大体有多少人干活，有几百吗？

答： 没有，那时村子人少，大小老少才400口人，干活的除了老的、小的，没那么多人。

问： 那您家里出几个劳动力？

答： 都去，除去两个学生，我们夫妇都去。

问： 孩子放学也去，那时您的孩子多大？

答： 十五六岁。

问： 您的一个孩子初中毕业。女儿也干活吗？

答： 闺女小。

问： 到人民公社时就没有私有土地了，都交出去了，那您把自己的土地献出去是不是心里不情愿？

答： 政策那样，不交不行。

问： 中国的农民太爱土地，也太爱国，也不反对上边的政策。

答： 反对也没力量。

问： 如果政策允许您自由选择，您是参加还是不参加人民公社？

答： 大概不参加。

问： 那您觉得成立人民公社，除了吃大锅饭还有什么好处呢？

答： 什么也不用操心了。

【大炼钢铁】

问： 大跃进时村里发生了什么事？大炼钢铁。

答： 对，炼钢铁，锅碗瓢盆都献出去炼钢铁。

问： 交到哪儿呢？

答： 大队。

问： 是自愿交的吗？

答： 都得交出去。

问：大炼钢铁把什么都交给村里炼？

答：不，拉出去，村里炼不了，都拉到外面去炼。

问：那您把锅等用具都交出去后，很不方便吧？

答：当然不方便。起码自己得烧点儿水。

问：那时食堂停伙了吗？

答：还吃食堂。

问：您吃了几年食堂？3 年？

答：从 1960 年到 1962 年一共 2 年多吧。

【1963 年灾荒及度荒】

问：1963 年发生了自然灾害，1960 年代发生了天灾。

答：那时食堂就散了。

问：您是怎样度过自然灾害的。

答：挖野菜吃。上北京买点儿淀粉，放到菜里一搅，煮着吃。

【"文革"中遭批斗、强迫劳动】

问：后又来了"文革"，"文革"时您的日子一定是最不好过的，能把文革的事情说一说吗？

答：咱这个村还不错，没出过人命。

问：您当时是不是被批斗了？

答：是的，地、富、反、坏、右都被批判。

问：这个村里地、富、反、坏多吗？

答：七八家或八九家。

问：可以问您具体情况吗？这几户的名字您能说上来吗？

答：我是一个，赵立民、张瑞、张坤、任振刚、杨源（过去的村长）、周永兴（右派）、刘贵林（坏分子）。

问：为什么说他是坏分子？

答：当过伪职，当过中队长。

问：谁批判你们，村里的人？

答：贫下中农，造反派。

问：乡里的乡亲也不认你了。批判大会在那儿？大队部？大会开多长时间？

答：一小时，刘贵林挨批判最多。地主富农只是跟着，这种情况一直持续到文革结束。即到 1976 年，地震那年，也就是毛主席逝世那时候。

问：10 年中这个村一直搞运动，10 年里哪会儿最难熬？

答：1976 年，强迫扫大街去。

问：是四人帮的时候？

答：嗯。

问：扫村里的道？有 1 年吗？

答：反正有 1 年没闲着，扫大街，大队建猪场去给垒墙，干这些活是晚上收工的时候。

问：这就等于是除了白天劳动以后再干的？

答：对，加班加点。

问：扫大街垒院墙只是您自己去吗？

答：都去，太太也去。

问：孩子在吗？

答：不。

问：1976 年被强迫劳动，以往只是被批判没有强迫劳动？

答：也有，几天扫一次大街。

问：你下工后只是扫大街，没干别的？加班加点，很累吧？

答：那时我觉得很好，因为身体没毛病，现在不劳动了，体格不如从前了，有一年还挖过防空洞。

问：在哪儿挖过防空洞？

答：村里。

问：村里挖了好多，您家里有吗？

答：没有，在地里挖，给我们这几家还单立了一个防空洞。

问：防空洞有多大？有这么大吗？

答：没有，就掏个洞，能钻进去几个人。

现在没有防空洞，已经填满了。文革以后，就平等了。1977 年就不怎么歧视了。1978 年我没事儿了，我儿子就当队长了。生产队长。

【近年家庭状况】

问：现在您儿子做什么工作？

答：构件厂，构件厂厂长。

问：儿子结婚了吗？

答：结婚了，这是孙女。

问：现在家里几口人？

答：连她 6 口，我们俩、俩孩子、他们的父母。

问：闺女都出嫁了，你多大了？

答：10 岁，三年级，石门小学。

问：喜欢做什么？

答：喜欢手工。

问：你有个姐姐，上几年级了？

答：五年级。

问：您现在做什么？

答：什么也做不了。

问：回顾一下几十年的历史，现在是不是最好？

答：是的，起码吃穿不发愁了。

问：现在家里的收入是你儿子的？那您自己没有收入吧？

答：没有。

问：现在村里的土地都是农场的，您每天吃的菜从哪儿来？买的？

答：家有一亩园子，在西边，从大队里包来的。

问：这活谁干？

答：她妈下。

问：园子里的菜卖不卖？

答：有富裕卖点儿。

问：都种点什么菜？

答：什么都种，西红柿、黄瓜、豆角、菜花、洋白菜。

问：菜可自己种，粮食要买吧？

答：要买。

问：您这新房子真是挺漂亮，您每天在家收拾，最爱干的事是什么？

答：瞧电视。

问：您还最爱干什么？

答：没什么，聊聊天，下下棋。

问：打扰您这么半天，一定很累，不好意思问你了。

杜　江

时　　间：1990 年 8 月 21 日上午

访 问 者：顾　琳　浜口允子

【家庭成员】

问：吃饭在一起吗？

答：在一起，头了是我弟弟盖的。

问：几个孩子？

答：2 个。大的 12 岁，小学四年级，小的 6 岁，还没上小学。

问：跟父母在一块儿？

答：父亲去年死了，食道癌，75 岁。

问：你弟兄几个？

答：弟兄 2 个。前面那个是我弟弟。

问：你弟兄两个，你行大？

答：对。

问：前面的那个大房子吧？

答：弟弟的房子好，是去年盖的。就咱们前天去的，油得挺好的，刚才咱们去的两院。我弟弟在拔丝厂，乡镇企业。把铁丝拉细了。

问：你的爱人在哪儿工作？

答：我爱人就在村里包了点儿地，2 亩，园地，种地。

问：您今年多大岁数了？

答：64 岁了。

【村干部与村政机构】

问：你当村长当几年了？

答：3年。由1988年3月开始。

问：现在有副村长吗？

答：没有。

问：在你周围有没有协助你工作的？

答：村长不是独立的，是一个群体，由几个人组成。村长下面设村委会。

问：多少人？

答：3个人，包括我。有村委会委员，治保主任。有管妇联的妇联主任。

问：治保主任是谁？

答：就是刚才去的那个个儿高的张树德。

问：是选举的还是由上面指定的？

答：每4年换届选举，从社员中选代表，再产生村长。

问：选举权是每个人都有吗？

答：对。18岁以上的都有。

问：在日本想当村长要报名，这里有什么宣传运动吗？

答：这里边没有。一个是群众选，可也不是很放开的选，上边的党委得大概齐定出3个人，再选，由乡里指定。

问：选举的时候除了你们2个人还有谁？

答：当时被提名的就我一个和刚才提到的那2个。去年4月份选的，我是首村长，那个村长辞职不干了，这段时间还没选，就这么先工作着，等工作了一年才选举的。

问：以前的村长是女的？

答：女的，叫刘淑香。

问：她为什么不干了？

答：她农转非了。

问：她还住在沙井吗？

答：在沙井。

问：她的爱人是谁？

答：她的爱人叫杜连芳。

问：她的爱人是做什么工作的？

答：在门头沟王坪村煤矿，是矿工。

问：他的爱人跟你是一家人吗？

答：不是。他是杜亲贤的后代。

问：女村长多吗？

答：就她一个。之前也是个男村长。

问：现在你的工作主要是做些什么呢？

答：最大的是管计划生育。管卫生、治安、规划，（谁的房在哪儿盖），交通安全，（自行车挂件，机动车该验车了），民事调解，谁家打架。

问：一对夫妻吵架，也管？

答：两个人吵着架，就去。

问：你挺忙的？

答：一天到晚总有事干。

问：光管这些事，其他的事呢？

答：协助书记搞搞党务。

问：你是专职的？

答：是。还有协助农场，收秋的时候开拖拉机去。

问：你也是农场里11人里的吗？

答：我不算，到忙的时候得帮忙。

问：你管交通等问题，你处理这些问题时跟谁商量呢？

答：不是非常重大的就自己办了。比较重大的就这几个连书记，管政干的一起商量。

问：4年一次的选举制是什么时候实行的？

答：在1980年以前没有村委会一说，就没有村长一说。1980年以后，改革后才设的。过去叫管委会。

问：管委会的主任叫什么？

答：那阵儿党政不分，书记说了算，那段儿我也不太清楚。涉及上级的政策。那时管地的叫大队长，生产队下设队长。

问：沙井村那时是个生产队吗？下设几个小队？

答：有两个生产队。上面叫大队，下面叫生产队。下设第一队，第二队。

问：那时是怎么分的？前后、左右？

答：大概前半条街是一队，后半条街二队。

问：沙井大队和沙井村是一样的吗？

答：一样。生产队有两个班子，现在就一个。管理的人员下来了。

问：当初是叫沙井大队长是吗？

答：是，大队长，小队长。

问：大队长是谁呀？

答：没有固定的，每年都要换，一直到解体是吴仲海。1984 年生产队就解体了，两个成了一个。

问：没有一个人是长期当大队长吗？

答：没有。农村干部没有长期一干多少年的，老在调整。即使愿意当也不行，上级也要你进行调整。四五年或五六年。

【村办企业】

问：村里要办事钱从哪儿来？

答：公共的事主要靠队办企业，工厂得上缴利润，用利润办事儿。

问：他们上缴利润的百分之几？

答：得看怎么定了，也不一样，有的40%，得把国家那部分刨出来，然后上缴村委员，根据企业发展不发展了。有的企业得留出来点儿再发展，上缴多少是活的。今年交这么多，明年交那么多，没有具体定下来多少。

问：农村也要交一些，和企业一样吗？个人一点儿也不交吗？

答：不交，村里整线路、办路灯、修马路这些都是企业交的钱。

问：是一层一层的吗？比如镇从村，乡从县？

答：不是。村委员不往里交，镇里的企业要扶植村里的，它的钱得给村里，这级是最基层。就说农场买拖拉机，村里出一半钱，顺义县给补助。

问：村委会和村办企业是什么关系？企业的领导人要向村委会报告吗？

答：隶属关系是企业归村委会领导，可是作为企业，是厂长负责制，他有管理权限。一些重大问题请示，平常的工作不请示。

问：是村委员会选举厂长吗？

答：一个企业的厂长轻易不换，有的是招标的，我们这个企业就是这么个规模，这样的设备，我一年问你要多少利润，属于招标的。有的是上级指定的。

问：你们现在有几个村办企业？

答：有 2 个，汽车配件厂，涂料厂。有 1 个企业是跟人家联营了。有 1 个服装厂跟县服装公司联营了。

问：村里每年也有预算吗？

答：大概有一个预算，企业上缴我多少钱，我今年要干什么，有一个。今年定明年的。干什么要看经济，经济决定你干什么。

【村干部工资发放】

问：村委员下管的会计、办事员有几个人？

答：书记、妇联主任、治保主任、出纳会计，也就这 4 个人。从书记到值班的一共才有 10 个人。2 个老师管幼儿教育，1 个警卫，1 个电工。

问：这些人有薪水吗？

答：有。工资按顺义县的规定平常工作有个百分赛。你哪项工作做得好给你多少分，到年终领工资时按分儿给。

问：你们的工资是镇里给吗？

答：不，是从村里，村里发钱，镇里批复，两级管理。村里给你两块钱，得镇里批，不批，就甭拿。

问： 从 1980 年以后这样的吗？

答： 1980 年前，因为生产队时也是这样。

问： 人民公社时咱们的机构与生产队时也差不多？

答： 对。生产队。

问： 什么时候成立人民公社？

答： 在 1957、1958 年这段，具体的我也不知道，还是个小孩子。

问： 那时的负责人还在吗？

答： 在，叫张连炳。

问： 他以后是谁呢？

答： 农村的管理干部老换，他以后是杜作新、李祥林、张林淑、李景春都干过，换得相当频繁，三五年一换，史庆芬是政干的副书记。

【土地占用】

问： 近年咱们的土地减少了，是哪一部分，能不能看看地图讲讲？

答： 小钟河这块儿还有一块，不一定那么多了。现在的土地，成立人民公社后都割出了，过去弯弯曲曲，都改直了，小钟河这边儿还都在呢，这不是村委会吗，这边的地没了，南边的地没了，北边儿的地也没了，东边儿还有一点儿，往这边儿也没了，因为你们这上面没有这条路，还有一条京顺路。这儿加东边的地都盖成楼房了，这儿是石门的，南边儿都盖上民房了，主要是西边的了，叫七分干。

问： 人民公社时就划给他们了吗？

答： 人民公社时划给了一点儿，一个是建民房，咱们在的这儿以前都是园地，这是一个消耗。还有就是国家征地建工厂。人民公社时把土地割方，以前是茬看村的，我在这村住，也有石门的地，也有在望泉寺的地。

答： 这个房子不大，这样是 16.5 米，这样 4.4 米。

问： 人民公社成立时，沙井有多少土地？

答： 不太清楚。

问： 老人知道吗？

答： 也得是当干部的知道，成立公社后，社员只是去干活。

问： 那这儿的土地就有可能调到那儿，给钱吗？

答： 规划那阵儿，这村到那村都不给钱，费用只有国家征地给点青苗损失费，费用很低，不像现在有一个就业安置费。你占我们村的 1 亩地要 2 万、3 万也好，农民是地为主的。把地占了后，存在一个就业问题，干什么去？办工厂得需要钱。

问： 占地后给招工名额吗？

答： 在这个地区没有，以后也没准儿。老占地就得带走人，将来就得有。

问： 你们的土地给出去，外村给你们土地吗？

答： 人们公社时有。这张图里人名就有其他村的，这些都不认识。这上面的望、石，就有交我们村的，我们村的也有交他们的。

问： 这条到县城的路是什么时候修的？

答： 1950 年代，过去是石子路，相当难走。这条就叫京顺路。

【农村就业】

问： 人民公社时沙井的人在工厂工作的多吗？

答： 在顺义县相对来说务农的多，工作的不多。

问： 沙井村现在一大批人在工厂或你们村办企业里，是吗？

答： 因为这儿离顺义县城比较近，顺义县有市属企业，全民所有制的，也有县属的，还有镇属的，还有村办、街道办的。居委会现在不是叫街道办事处么，还有他们办的，各级里都有。

问：比方说工厂里有名额你们怎么决定报名？

答：向农村招收工人是在七几年，我1971年初中毕业，1971～1976年间国家向农村招收一部分，那时有生产队，择优录取。青年在生产队表现不错可以往工厂里送，不好的不送。1976年后国家没有再招收。

问：有几个到工厂里工作？

答：十二三个，没多少。

问：到工厂以后能得到城市户口吗？

答：是。

问：他们住在这儿吗？

答：有的住这儿，有的就不是。一到工厂由爱人决定住那儿，爱人是居民，国家分给楼房，爱人是农村的还得住这儿。

问：县办的工厂是怎样？

答：也是面向农村招工，主要是居民为主。镇办的是农村的。

问：在沙井初中毕业后怎么找工作？

答：有的找工厂，有的在镇办企业。前几天成立一个儿童玩具厂，通过村委会跟初中的说，愿去的可以。有的找的工作比这好，就去好的地方。

问：这边算是村委会的一个工作？

答：也算一项。

问：现在年轻人不能承包土地，是不是？

答：因为在顺义县这儿土地都是集体种着，个人手里一分一厘也没有，多少人也分不了。生产出粮食自己掏钱买。

问：年轻要是想种地就没法子吗？

答：种地也可以，加入农场，农场也有了人员饱和问题，都种地也不成，人员11个就把400亩地种了，没有必要要十五六个，人越多，效率低，工资也少。年轻人想要种地要等到农场的人不想干了，想干的补充。年轻人也不爱种地，愿去工厂。种地季节性强，比较累。厂里怎么累八小时就完了。种地的忙的时候得十五六个小时，相当于两天。

问：现在种地的人老不老，接班人怎么样呢？

答：老一个补一个。

问：可也需要技术，是不是？

答：没什么技术，一般都是机械，手工是个辅助性劳动，一般人都会，小麦喷溉，喷肥，把肥放到喷肥箱里就喷到地里了，都不用手扬了，以前得手工撒。机械收割，割下来，晾晾粒，人辅助。粒收下来是湿的，搁一场地，晾干了攒起来，灌上。种也是机械种。苗，是播种机的粒相当精确，也不用间苗，跟着就是管理，完了收棒子，还是机械收，重要的技术，像我开拖拉机的是少数的，11个人能开的是3个人，其他人是辅助的，有劲就行了。

问：年轻人不愿意干农活，到40岁他们老了以后也不愿意干，谁来接班呢？

答：还是愿意干。经济管着的，种地的比在工厂的收入要高一些。活比较累，收入多一些。

问：村办企业里都是你们沙井村的人吗？

答：多半是，也有少数别村。

问：怎么决定的？

答：这个地区失业的问题还不存在，只是职业好与坏的问题。我干了一个职业好一点，干净轻闲，工资高，有的干活累点儿，工资低点儿。有个职业好坏问题。

问：有好些农村，不是在北京郊区，就业问题很大？

答：山区存在没事干的问题，这个地区没有。

问：村里的人初中毕业了，是不是男的、女的都去找工作？

答：对。初中一毕业，还有初中没毕业就找好了，一毕业就工作。

问：年轻人工作后一般跟父母住在一起，是不是？

答：对。

问：他们拿到工资是谁管理？交父母吗？

答：刚开始工作是个学习的阶段，工资低，还得依赖父母，一直到结婚。结婚为一段落，结婚就分出去了，独立了，向父母交点儿钱。

问：他们没结婚时一般就把工资给父母管了？

答：对。结婚后分开，独立了。

问：你们村办企业有一部分人不是你们沙井人？

答：对。

问：村长或村委员要不要管他们？

答：管理范围，户口，计划生育归户口所有地管，工厂里的事厂方管，村委员不管。

问：有没有别的村的人把户口迁到你们这儿？

答：太有了，因为这儿离县城比较近，就业好。别的地区往这儿迁户口，可也相当不好迁，上面也加以限制。

问：要迁到这儿，需办什么手续？

答：得县级批准，然后镇里、村委会批准。

问：你当村长以后，有吗？

答：有。

问：可以不可以举个例子，什么人从哪里来，干什么来的？

答：汽车配件厂的厂长就是顺义县沙岭的。

问：他全家来了吗？

答：他迁到这村来。

问：是请他来的吗？

答：是，帮着这个村办企业。

问：工厂旁边比较漂亮的家是他的吗？

答：不是，是涂料厂的。那有一部分正在盖，道东边的。

问：把他们家的户口就迁到这儿，这个没有问题？

答：没有。

【婚姻】

问：听说中国要人晚婚，是吗？

答：提倡晚婚。婚姻法是八几年要求是 22 岁。男的 22 岁就可以，女的 20 岁。

问：过去结婚时女的比男的年纪大的也不少吧，现在没这样的吗？

答：女的大的得到年纪七十多岁的人了，男的小，十二三岁，女的十七八岁，现在没有了。

问：那阵儿需要劳力，需要人工作，是不是？

答：对。

问：沙井村办婚事时，村长也要出面吗？

答：办喜事时，村子也就是跟邻里随份子，贺贺喜，不一定都去，有往来的去，没往来的不去。

问：方式一样吗？

答：一样。

问：你是恋爱结婚的吗？

答：不是，是介绍的。

问：谁介绍的？

答：我姐姐，我爱人是我姐姐村里的邻居。

问：咱们这儿一般都还是介绍吧？

答：自由恋爱的不多。

问：日本也是介绍的多，40% 以上吧。

答：这也是。有时两人是自由恋爱，要结婚了，才找一介绍人。

【个人历史】

问：36 岁的村长比较年轻吧，年老的人听你的话吗？

答：年老的也得听，得分什么事。有好些事，行政上的事不听也不成，有些属于我的长辈，也得听，职务就在这儿的，有权就得有威。

问：村长有最大的权力？

答：也不是最大的权力。有的村以书记为主，管经济属书记管，我当村长只是管一些行政，日常工作，是分开的。

【家庭】

问：给我介绍一下你 36 年的历史好吗？可以从你父母开始。

答：我父亲大半生都是干农业，我一记事他就务农。没念过书，不识字，我母亲也不识字。从 21 岁结婚到这村，就一直务农。

问：你有哥哥、弟弟？

答：我有一个弟弟，没有姐妹。

问：你刚才说的姐？

答：是我们本族的姐姐，堂姐。

【教育】

问：你小时候，你和你弟弟都上学吗？

答：对。

问：到初中毕业了？

答：我是 8 岁到 18 岁都上学。

问：你是高中毕业？

答：初中赶上“文革”，“文革”给耽误了，我是 1955 年生的。

问：8 岁的时候是 1963 年吧！学了没几年就“文化大革命”了，小学三年级就“文化大革命”了，你还记得吗？

答：“文化大革命”还记点儿，上层的事儿就不知道了，在学生那会儿，红袖标一戴，上街宣传。

问：你那阵儿在石门吗？

答：石门，在望泉寺，后来到县城。

问：小学时代你喜欢哪个科目？算术？

答：最喜欢算术，数学，到中学也是这个。像语文这个我不喜欢。

问：文革中有没有一两年不上学？

答：最长的有 1 年，后来有几个月的。当时教学条件也不好，谁想来就来，想走就走，老师在前边讲着呢，没准儿学生就从后面走了，学校纪律也不那么严格，要开什么批判会。

问：批判谁？

答：批判所谓的走资派，当今来说就不是了。

问：那时你弟弟已经上学了吗？

答：我比我弟弟大 8 岁，我上学时他没上学呢。

问：小学毕业是几几年？

答：1968 年，6 年制。

问：那时上学时跟石门村的小孩在一起吗？

答：对。

问：沙井村孩子与石门的孩子是一起玩吗？还是分开玩的？

答：在一块儿玩，这两个村分不清楚，很近。

问：你在石门村还有朋友吗？

答：有。

问：有来往吗？

答：就是见面打招呼。

问：小学同学办喜事的时候，请你们去吗？

答：来往是互相的，你不上我这儿来我也不上你那儿去。

【婚姻】

问：石门跟沙井结婚的人多不多？

答：不多。也有一两个。

问：都是从远点儿的地方来吗？

答：近几年外地的姑娘来这儿的比较多。

问：外地的，就说不是顺义县的？

答：河北，河南省来的。

问：他们怎么介绍到这儿来的？

答：来的都是在这儿工作的，在这儿工作就在这儿找对象了。

杜　江（二次访谈）

时　　间：1990 年 8 月 21 日上午

访 问 者：顾　琳　浜口允子

【教育】

答：初中在县城里上，走着去，走着回来，得走二十多分钟。

问：跟你小学一块儿毕业的人里头有没有上初中的？

答：有的，正好十年文化大革命，国家对教育不重视，学生也不重视，受大环境的影响。你念多少年的书也不重视，不念了就干活去。

问：中学哪一年毕业？

答：1972 年。

【公社】

问：那时还有公社吗？

答：是，一毕业就上生产队了，参加劳动。

问：那时年轻的男的工分是多少？

答：工分很高，一天九、十分，可一合钱没多少，一天五六毛钱。

问：那时的一个工分是两毛钱吗？

答：一天十分工分，就合五六毛钱，七八毛钱。每年一结算合多少钱，一天就七八毛，后来就好起来了。

问：你在生产队种地一直到什么时候？

答：由 1972 年一直到 1975 年。

问：那以后做什么呢？

答：1975 年到 1981 年，当了 6 年大队会计，1981 年到 1983 年当了两年治保主任，民兵连长，1983 年到 1984 年当了西平生产队长，1984 年到 1988 年，我们这儿成立了贸易货栈，在那儿干，当了 3 年经理。由 1988 年到现在当村长。

【经商】

问：你们货栈是干什么的？

答：卖点儿东西。从别处弄点儿东西到这个地区卖。

问：现在沙井还有吗？

答：没有了。我那年一当村长就没有了。

问：是赚钱赚得不太多。

答：经济效益不太好，经商的特别多，水平也不行。

问：那时货栈除了你外，还有几个人？

答：一共 9 个人。

问：都是男的？

答：女的占一半，9 个人。

问：进货从哪儿进？

答：从本县进。

问：你们在沙井开了个小铺子吗？

答：没有。现在那个位置是拖拉机厂。

问：谁想出来的建这种货栈？

答：三中全会以后，农村经济政策开放，要搞活，受大环境的影响，村村要办商店，和顺义镇的农工商联合公司一起。

问：你们货栈里有没有过去经营商业的人呢？

答：有。

问：什么样的人？

答：从国营商店里退休下来的。

问：谁呀？

答：老头，现在已经不在了。

问：过去在供销社里的？

答：刘永利现在可能还在。按过去的脑瓜考虑现在的事情。

问：这也是村办的，赚钱上交？赚了钱了吗？

答：赚了点儿，不太多。

【土地承包】

问：这儿什么时候开始承包土地？

答：从1980年开始。

问：差不多都承包了土地吗？

答：承包到小组，园地、种地都包给几个人。

问：每户承包土地有吗？

答：后来村里的口粮田是给一户一户的。

问：什么时候？

答：分口粮地在1985、1986、1987年，1987年以后归集体成了大农场的了。

问：包了土地后经济效益怎么样？

答：不一样。有的有工作，对种地不重视，当时产量相当低。收了一茬小麦，玉米整个都不弄了，地里尽长草了。

问：那时你也承包了吗？

答：我也承包了。

问：承包了多少？

答：我家4亩多，近5亩地。

问：是按家庭的人口给吗？

答：是。

问：标准是怎样的？

答：一口人八分地，我家五口人，弟弟还没结婚，一人八分多点儿。麦子和棒子套种。麦子就够吃了，交余粮卖点儿。玉米，自己吃一点，卖一点儿。

问：那时你家谁种地？

答：个人种一半，集体种一半。播种是集体给播。

问：那时你是货栈的经理吧，得到薪水吧？

答：对，是业余时间种。

问：那时地是个长方块吗？

答：横向有灌区，排水的。种地比买小麦吃便宜得多。

问：现在要从农场买吗？

答：从农场买。

问：不允许你自己再种地吗？

答：不允许了，我觉得还是自己种点儿好，从个人角度考虑，从社会效益讲是低的。

问：你当生产队长已承包到小组？

答：是。

问：自己负责任你就不用太管了吧，听说人民公社时，队长要安排干什么？

答：也有一部分是这么办的。1983、1984年时，小组的人小组安排，没有分到小组的是队长派遣。

【村干部】

问：当队长是很麻烦的吗？

答：对。200多人的吃和睡都得管，吃的粮食，喝的水。那时比较困难，住房一到雨季，队长也得管，人口不多，队长权力不大，管事不少。

问：你当生产队长时，村长是谁？

答：那时还没有村，体制还没有改革。有村长是1980年往后。当时的大队长是张玉江。

问：你当治保主任，民兵连长时，大队长是谁？

答：可能是吴仲海。

问：你们负责工作也得到工分吗？

答：是得工分。

问：一边工作一边种地？

答：对。没有什么事时就得去生产队劳动。

问：生产队有办公室吗？

答：有。现在没了，1984年生产队解体就没了。咱们刚去的那个厂就是生产队的场院。晒粮食，搁麦子，堆棒子。

问：我对村里的干部感兴趣，你 20 岁后一直当干部吗？这是什么原因？你的能力还是出身好？

答：我的父母都不识字，一直务农。父母没有给我当干部创造什么条件，我不是一参加劳动就当干部了，有 3 年的过程。毕业后到这单位到那单位，得选拔。我那时是选拔当大队会计，在当会计中有意地培养。按邓小平的理论，得一个台阶一个台阶的。

问：那等于现在当干部也主要看能力，你相当有能力？

答：这个村比较小，大的村子也不一定行。

问：村长是 4 年选一次，有没有连任的？

答：可以。

问：村长晚上的工作多吗？

答：没什么，一般有打架的才管，有人来找，防止矛盾激化。

问：你怎么说道理啊？

答：不管采取什么手段，说什么平静下来就行。比我辈小的，没准儿要骂。我的长辈就不好语言粗鲁了。

【计划生育】

问：这一年里你感到最棘手的事是什么呢？

答：最不好干的是计划生育。每个家庭都惦记要两个孩，国家只许要一个，这是矛盾。江泽民不是说计划生育是国策吗。对我们基层来说没有国法，现在无章可循。要生还不让生，还要把思想工作做通了，这个工作最不好做。

问：现在是不是生了一个女孩，4 年后还可以生一个？

答：不行。这个地区不管生男生女就一个。

问：大伙儿都想要男孩是吗？

答：对，大多数。

问：父母跟女儿关系很密切，感情很好吧！

答：对。农村还认为男孩好，这是几千年来留下的重男轻女的想法。当今女孩也能养老送终。男女权力这一带是一样的。生的是女孩，也得把父母养老。几十年前不行，我这辈不行。必须是男的养父母，女的必须结婚到其他村。这以后肯定得改革了。

问：是年轻男的要多生孩子还是他们的父母要多生？

答：多种因素。一家有一家的想法。一般有个女孩就想再要一个男孩，觉得两个好。一个上医院，出点儿什么事，医疗条件虽然好多了，可免不了孩子中途就死亡了。独生子死了父母又没有生育能力，就怕这个。怕老了没人管。

问：听说有的地方生了第二个孩子要罚款？

答：也有，给你做工作，做不通也得罚款。

问：罚多少？

答：6000。

问：有没有被罚的？

答：有，罚也要生。

问：这样的人多吗？

答：不多。现在人们已逐渐认识计划生育了。不像以前，现在比较自觉了。

问：觉得女孩不是自己家人吗？

答：这是遗留下来的封建意识，非得要男孩。

问：把村民全部集中起来开会吗？

答：不容易。人都在具体单位。

问：那要征求大家意见怎么办？

答：开广播会，贴布告，干部换家事。

问：从什么时候有大喇叭？

答：我小时候有，没有现在重要。那时有集体呢，派活儿的时候开会就说了。广播提到第一任是1984年以后，生产队解体，组织起人来不容易。

问：据日本人调查，每一户派一个人开会有没有？

答：没有。

问：妇女会有吗？

答：有。

问：青年会呢？

答：没有。

问：青年团呢？

答：有。

问：全部的妇女，没有会吗？

答：属于上户通知。

刘振海（书记）

时　　间：1990年8月

访 问 者：顾　琳　浜口允子

【个人经历】

问：种植计划是在农场决定的吗？

答：乡党委下达指标。比如种多少小麦，怎样种，一般我们种两茬，一茬小麦，一茬玉米，采用平播，机器收割，9月20多号就开始收了，用机器，收完后就播冬小麦，机械化没几年从1987年才开始。佳木斯收割机厂的产品顺义县包了，它生产多少我们要多少。

问：你45岁吗？

答：48岁。

问：想问问你这些年的历史，你是这个村出生的吗？

答：是。

问：你父亲干什么的？

答：庄稼人，农民，母亲也是。

问：你出生时有多少地？

答：9亩，我1943年出生，土改后又分给我家3亩，当时人均4亩地。

问：你什么时候上学？

答：9岁、10岁，我家困难，两岁时父亲去世，上有两个姐姐，母亲拉扯3个孩子不容易，我上学晚。

问：你父亲叫什么？

答：刘坦林。

上学挺费劲，中途失学，念不起了，上学免交学费，初中有助学金。

问：你上哪个小学？

答：在村里念到四年级。后来到城关，1963年在城关一中初中毕业。

问：上学时是什么样的学生？

答：中等，喜欢体育。

问：还记得上小学时教你些什么吗？

答：时间太长了，想不起来了，反正是共产党毛主席解放全中国，对毛主席感情特别深。

问：什么时候入的党？

答：1965年7月1日。

问：怎么入的党？

答：在“四清”工作中。

问：还记得四清运动是怎么搞的吗？

答：发动群众，那时我是生产队的会计。四清时我没干什么，1963年我是积极分子，1964年我就是对象了。

问：你什么时候结婚？

答：1969年，26岁时。

问：你爱人是哪儿的人？

答：杨房的，叫张全文。

问：经人介绍的吗？谁介绍的？

答：李强林介绍的。

【村干部】

问：你做会计时大队长是谁？

答：杜作新。

问：大队长干多长时间？

答：一般 3 年，可以连任。

问：沙井当干部最长的是谁？

答：我最长，快 20 年了。

问：杜作新干到哪年？

答：他 1968 年死了。

问：他死后谁当队长？

答：张林书。

问：大队长怎么产生？

答：投票选举。

问：可以自荐吗？

答：没有那样。

问：有没有不愿当队长的？

答：很多人不愿干，不多挣，伤人，操心，挨骂。

问：大队长一定是党员吗？

答：群众也可以，只要有能力，懂农业。

问：张村书干了多长时间？

答：到 1970 年。后来是吴仲海。

问：你是书记吗？

答：我从 1968 年就当书记。

问：你在外边工作也能当这里的书记吗？

答：不能，那时一个叫李景春的当书记。

问：你从什么时候到外面工作？

答：从 1978 年起到公社工作。1983 年回来的。

问：这期间是谁当书记？

答：1978 年起是李景春，1981、1982 年是张麟炳。

问：吴仲海干了几年？

答：从 1970 年干到 1978 年，记不太清，1978 年换了张麟炳。

问：你接替的谁？

答：我接张麟炳当支记。

问：生产队什么时候结束？

答：1984 年秋。

问：那时大队长是谁？

答：吴仲海。

问：大队长经常换是因为不愿当吗？

答：是。

问：人民公社时大队长和书记怎么分工？

答：大队长管生产，书记抓党务工作，不过事情得书记点头。

问：这个村有多少党员？

答：20 多人。

问：入党有条件吗？

答：有，党章规定了要求，不是想入就入的，基本上一年能发展一个。

问：入党后终生都是吗？

答：只要不犯什么错误。

问：过去搞运动，开会农民都要参加，现在还那样？

答：现在会不好开，基本上靠广播。

问：群众有意见怎么向上反映？

答：直接找你或托别人说。

问：干部会还有吗？

答：村里有什么事都得通过干部会决定。

问：有多少干部？

答：6 个，我、村长、副书记、治保主任、妇联主任、会计都是兼职的，妇联主任兼会计，治保主任兼民调主任。

问：干部会一个月开几次？

答：根据情况，我们在一起办公，小事一说就得了，大事专门研究研究。

问：村委会和干部会不一样吗？

答：村委会主要管民事纠纷等，干部全由支部召开。

问：6 名干部全是党员吗？

答：不全是。

问：除了村里开会外，外面也有吧？

答：经常召开，分部门，如计划生育的

事，妇联主任就去。

问：每天特别忙吗？

答：天天有事。

问：有人要出去，介绍信是谁开的？你还是村长。

答：分什么事，大事要书记同意。

问：糜和碾子从什么时候开始不用了？

答：1960年代。

问：从什么时候起不自己做衣服鞋了？

答：1986年。

【家庭、婚姻】

问：你两个儿子干什么？

答：大儿子在木器厂，经营木材。小儿子在驾驶学校学开车。

问：他们多大了？

答：大的22岁，小的20岁。

问：大的订婚了吗？

答：订了。

问：老二进驾驶学校是自愿的吗？你和儿子分歧很大的时候有吗？

答：没有。

问：为儿子结婚你们准备了什么？

答：主要是房子。

问：听说中国农村结婚要很多钱？

答：男方准备房子，女方陪嫁多，冰箱、彩电、录音机、沙发等。

问：他的对象是本村人吗？

答：不是，她是河东的，现在城关服装厂工作。

问：是自由恋爱吗？

答：经人介绍的。

问：介绍结婚是怎么保留下来的？不是可以自己搞吗？

答：介绍的还是很多的，介绍人了解双方情况。

问：本村人找不到对象是不是在家里帮忙？

答：这个村没有，因为比较富裕，老早就搞上对象了。

……

【乡镇企业】

问：您有多少房间？

答：5间，这是3间，南边还有10间，给俩孩子预备的。

问：书记的工作内容是什么？

答：十一届三中全会后，开始抓经济，原来主要抓党务。

问：管理经济方面你做什么？

答：配合他们抓管理。

问：你是这村的最高负责人？

答：是的，具体工作由他们做，如工厂有厂长。

问：你经常同他们商量吗？

答：是的。

问：你什么时候起当的书记？

答：从1968年。

问：从1968年到现在？

答：中途到公社5年，管企业，抓城关服装厂。

问：是顺义县的吗？

答：是城关镇的。

问：你从哪年到哪年在那儿当书记？

答：1980年至1983年。

问：什么时候回来的。

答：1983年回来的，停薪留职。

问：刚开始建沙井服装厂是在什么时候，资金从哪儿来？

答：1983年建厂，主要靠贷款。

问：记不记得贷款多少？

答：第一年没多少钱，买了十几台机子，上了二十几个人。我过去就搞服装，外面有点关系，工厂之间，上下级之间比较熟悉，他们比较支持我们，头一年利润就达到 20000 元。

问：以后逐年扩大吗？

答：1984 年就建了那边的厂子，生产出口服装需要验收，小厂不行，就建了那边的厂子。

问：哪年？

答：1984 年建厂房，1985 年迁过去了。

问：1987 年联营了，为什么由村办到联营？

答：联营有两个方案，现在那个厂叫建新服装厂，前身是部队家属办的厂，经营不了交给了地方，交给顺义县后从兵营里搬出来，需要场地。

问：现在他们的工人有沙井村的，也有部队的和从外地招来的，现在有 200 人，听说要扩大到 450 人。

答：对。

问：你们村也得到一部分利润，怎么用？

答：用于村里的建设。

问：比如做水泥路什么的？

答：修路、投资。

问：每年能得七、八万左右？

答：差不多。

问：能不能介绍一下其他的工厂？

答：还有涂料厂，小厂，每年向村里交一二万块钱。

问：这个厂是从什么时候开始的？

答：1986 年。

问：也是你建的吗？

答：外村的一个人经营的，我们村给他取执照提供场地，他经营，交利润。

问：厂长不是沙井人吗？

答：现在把户口迁我们这儿来了，以前是石各庄的，也是我们乡。

问：你们村里有几个人在那儿工作？

答：厂里一共十几个人，这村的有三四个。

问：你们另外还有什么企业？

答：新建的厂规模比较大，你们已经看了。

问：也是联营的吗？

答：是联营的，有一部分设备是北京汽车厂的。

问：你们村投了多少？

答：四五十万元。

问：他们投了多少？

答：将近一百万，油压机是他们的，比较贵。

问：利润怎样分成？

答：我们拿 60%。

问：他们投资多，你们利润大？

答：因为主要靠我们经营，场地、工人都是我们的。

问：估计完成时你们可得多少？

答：还说不准，明年才投产，电还是问题。今年没多大效益，只够工资。

问：你们沙井投资的四五十万元是从其他企业积累起来的吗？

答：是的。

问：村里有村社收税吗？

答：村里没有。

问：以前村里的钱从哪儿来？

答：主要靠农业，外加一些副业，没有企业。

【福利事业】

问：听说你当上书记后就给村里装上了自来水？

答：那是我 1983 年回来后办的第一件事。

问：还修了路，装了路灯，将来你准备干什么？

答：解决老人退休问题。

问：你们打算怎么办？

答：照国家标准，男的60岁以上，女的55岁以上退休，给一部分钱，从企业利润中出。现在的大队部是1975年盖的，已经破旧，准备翻新。另外还有幼儿教育，我们村的幼儿教育在全县是比较优秀的。

问：你们沙井的幼儿都送幼儿园吗？如果他们母亲工作，上幼儿园之前怎么办？

答：太小的自己带，雇人或者老人看等。一般是老人看，幼儿园条件虽不太好，但教师很负责任。我的计划就是把大队部和幼儿园建好。

问：幼儿园收费吗？

答：大班也就是上课的每月4元，小班收2元钱，我们给孩子都入了保险。

【工作去向】

问：我们想了解沙井村的变化，你们有材料吗？

答：现在没有。反正变化比较大。

问：从1978年开始变化的？

答：我们这儿承包比较晚。

问：和北京市的政策有关系？

答：也不完全是，我思想解放比较晚。

问：解体的时候村里的二十多辆车和几十头牲口怎么办？

答：成立委员会，把那些东西作价，谁买给谁，收入归集体。承包还是不错，原来200多人都在地里，还不准干别的，现在十几个人把地里的活儿就干了。解体后两年，人们不重视农业，找活挣钱，土地撂荒。县里开始搞适度经营。

问：沙井的人从什么时起在工厂工作？

答：1985年。政策一开放，大量的人到厂子工作。

问：工作是你找的吗？

答：不是，主要是自谋出路，解体后，每家四五亩地，都到外面去工作。

问：这里找工作难吗？

答：不难。离县城又近，县里、乡里都办厂。

问：你们有待业青年吗？

答：没有。

问：沙井青年到外面工作的多吗？

答：劳力的80%。村里只有农场的11人，大队10人，还有几个经营农田的，其他都在外边，大队这儿除了我们几个干部，还有两个幼儿教师，一个电工，一个看大队的，一共10个人。

问：除去老小，这个村还有多少人？

答：说不好。

问：现在年轻人对农业不感兴趣吧？

答：不怎么感兴趣。农场的几个人中大部分是中年人，不过搞农业还是不错的，去年他们分了6000多块钱，比我都高。

问：开始搞的时候，想没到有这么高的收入？

答：没想到，我这儿对他们比较宽，搞农业很辛苦，去年交20000元。

问：农场投资要靠自己积累吗？

答：我给投资，去年投资13万元。

问：为了什么，买机器吗？

答：机器。玉米收割机，拖拉机，今年又投入40000元。

问：沙井的农场是比较小的？

答：对。

问：准备同邻村一起办大的吗？

答：我们由镇统一管理，镇管27个村，分成3个农场。北边这十几个村整个有一个场长，由镇里派，机器统一调动，我们村的机器可以调到别处使用。我们十几个村上面有一个农场场长、农业技术员、和管农机的，统一调动这片的机械。我们村没有的机器可以从别处调，镇里鼓励村里买机械，它补贴40%。秋天使别人的机械要交费。所以各村都愿意自己买机械。

【婚姻】

问：谈一谈婚姻情况。

答：六七十年代都不行，比较晚。

沙井村这儿跟外面的结婚的不少，好多都是外面的。

只要没有大毛病，一般都能找着对象，不管老的，小的。女的到二十四五岁不好找了。

结婚年龄一般是男的二十二三岁，女的20 岁。

现在结婚较严，要有身份证、户籍证明。民政办管，男女双方带照片、身份证、户籍证明，婚前检查后到乡政府领结婚证。

对后代负责，优生优育。

各年龄层的妇女关系都还可以，没有什么摩擦。

问：做书记最高兴、最不高兴的事是什么？

答：作为书记最高兴的事情是为老百姓办成事。最困难的是前阵经济困难，穷家难当。最费劲的时期是 1986 年，经济上比较紧张。有钱好办，办企业等都要钱。

1986 年的困难，联营企业不干书记了，干别的，缓解缓解。

张麟炳

时　　间：1990 年 8 月 19 日下午

访 问 者：顾　琳　浜口允子　内山雅生

【土地改革】

问：我想问为什么要土地改革？你们沙井村的经济变化，是我们已经看到的 1940 年的调查，可是 1940 年以后就不知道你们村子的变化是怎样的了。我希望你们每个人都可以告诉我们一两方面自己的情况，比如那时候是十几岁？做什么事？家庭是怎么样的？

答：先谈个人的。就是解放前什么样，解放后个人怎么样，“土改”以前“土改”以后，就是解放前后，我们就这么说。我们离县城很近，要谈个人解放前的经历，解放那年我大约 23 岁。我在读书的时候，就得由这说，往前就不知道了。读书时，我们家庭有30 多亩土地，后来就不到了，解放“土改”时还剩 20 亩左右。土地没有了，咱那时由于家庭老人多，接一二年去世一口，那时生活上就更提不上了。几亩地为什么没了呢？因为老人死了发丧，没钱，地就卖了，地少了。我哥仨，我在二。

问：你父亲叫什么名字？

答：我的父亲叫张环，上午提到的张瑞，这都是叔伯哥们。上午来的 82 岁的张昆，这是我叔叔。这个时间也就算我家破产了，我给人家在解放前扛活打长工。

问：你是长工吗？

答：是我。我打过 3 年长工，这就解放了，解放前的这段就算了。

问：你当长工的时候是在哪里？是在本村吗？给谁家？给谁当长工？

答：是我的亲本家，就是张瑞他们家。然后说在“土改”的时候我的家庭。我的哥在解放前就死了。全家 7 口人，在“土改”的时候地就重分，我们家按村里一个人平均起来 3 亩多点地，我们家的地就够用了，也没有多分，也没拿出。因为我是贫农，分土地只分地主富农的多余的土地，按国家政策他们多余的拿出来分给贫雇农。

问：你们什么也没有得到吧？

答：我没有。这是我个人解放前的简单的情况。他们需要问什么，就来问。

【八路军】

问：“土改”时八路军来这里是哪年？

答：1949 年，那是解放，要说来的早，很早就来了，当天来当天走，就是不长住，解放以前不长住，常来。

问：抗战的时候也来吗？

答：来。

问：胜利以前也来吗？

答：常来常往。八路来的时候，这里的人逃走了，在外面待了一年，长的二年，短的一年。不光张瑞。

问：别人有吗？

答：别的人也有走的。你说的当时的情况，一二年，走的户？解放前当时不知道成分，没学习过，解放后才知道，反正大部分都是中农富农地主，这部分人走的比较多，贫农很少。

【地主划分】

问：这个村子划为地主的有吗？

答：有，这个村小，过去穷。

问：名字叫什么？

答：一个叫赵立民，一个刑永利，实际上不够人家别的村子地主标准。赵立民不在了，刑永利活着，刚 68 岁。他年轻，土改的时候只有 20 多岁。他父亲是地主，他也享受过。

问：他们有多少土地？

答：地并不多，那时候算经济账，算他们的剥削，剥削别人，让别人给种地，让雇工种，家里人不劳动。地主剥削的比例数大，富农就少些，比如说：地主占 90% 剥削，富农占 70% ~80% 这个原则。做这个工作的时候，我也算跟着做，也算没跟着做，大体上能说出来，太清楚了说不上。

问：“土改”以后，从很多人那里听说每个人有 3 亩左右的土地。地主富农不一样，那个地是谁的？

答：这个土地，“土改”时人人都分地，地主富农的地不全拿出来，我刚说的数是全村的平均数。听说在土改时，给不够这么多。地主富农拿出土地补偿地少的。差点的就不补，不是每个人都补。单独把好土地原来多占的让出来，少占，那时没有这个，好坏一样。好坏就在交农业税上，好的多交，次的少交。

【土地改革、农会】

问：你能不能说明一下“土改”是怎么开始的？农会是怎么办的？

答：反正是农会领导的吧。

问：开始怎么发动群众？土地怎么分配，土地准备定给谁，给他以后有什么条件延期？

答：我们“土改”时有土地大纲，土改有政策，可咱们不会用，经上级政府集中，一个村一两个人选去先学习，集中起来学习土改政策，领会上面的政策。

问：这个村有多少人？

答：一个村去一两个，我们村就去我一个人。

问：人集中去哪里？

答：昌平顺义算一个县，昌顺第十区。

问：第十区在什么地方呢？

答：南边有个天竹，天竹这个村较大，集中在这学习。

问：那时你在村里是什么？什么身份参加学习的呢？

答：那时咱文化程度低，我就上过二年小学，集中到昌顺，学习 40 天，那时老师就是上级政府，昌顺第十区两县领导“土改”的工作就是这样的。学了以后回来召开全村贫下中农还是学习，大伙也要知道，也得懂。

问： 你回来以后把学习的内容讲一下。再告诉大伙，那时农会是以什么名义组织的？你召集他们贫下中农来，你是用何名义？你是农会会员，你去学习是农会领导，还是以农会身份来组织？

答： 那时简单，反正一召集大伙就去了，一喊开会要搞土改，贫农都来，积极性高。

问： 这是什么时候的事？

答： 1950 年冬天，夏天要种地，冬闲的时候，也算运动，当时的“土改”运动，就得农闲时搞，以后运动都这样，冬闲不影响农时。

问： 你是要讲上面的政策，讲什么内容呢？我们想了解一下当时的土改政策。

答： 就是当时的学习内容，口头对他们讲，内容就是解放前穷人怎么受剥削，受压迫，吃不上饭，穿不上衣，解放后共产党领导……这是一种发动群众。他们受剥削受压迫。

问： 那时村里有党员吗？

答： 解放前没有。

问： 你是什么时候入党的？

答： 1951 年，解放后就是，“土改”时入的党，一开始就我们俩，另一人是李祥林，这个人已经故去。当时我们俩人一起加入。

问： 所以你们两个人参加这个组织，你们分土地以前，开会很多，写上分土地？

答： 不是，大家都把政策学得比较懂了。因为“土改”是大家的工作，不是一两人的工作。

问： 比方说成分，地主富农也参加会了？

答： 刚才我说了，谁是地主富农不知道，就得调查现了解，谁家占地多少，几口人，收入多少，也挺细致，这是新区跟老区“土改”不一样的地方。老区“土改”我不知道，这新区“土改”经过学习。我是否地主富农不知道，就是我家地是多少，有其他收入吗，雇工有没有，有几口人，几人参加劳动，来回算几笔账，才确定下来，还得经上级批准。

问： 谁做调查？干部吗？

答： 就是本村人，拿我比，我是这村人，当然也不是我一人，还有组织，农会组织的。

问： 几个人组成的？几个农会会员？

答： 村与村不一样，反正是单数。

问： 为什么是单数？

答： 单数就是为了某一事情表决时能进行。

问： 这个村有多少人？农会会员几人？都是谁？

答： 七个人，是谁现在忘了，好多死了。所以村的土地关系也说不清。

问：“土改”前谁是地主富农知道吗？

答： 不知道。知道你土地多少，但是不是地主不知道。

问： 那有谁来确定地主呢？

答： 刚才不是说了吗？几个简单问题，一是土地打多少粮食，收入是多少，第二雇工，雇工的剥削是多少，雇工剥削量是按国家规定，超过 30% 就够地主，富农是 25% 这是剥削。

问： 您的父亲叫张环吧？

答： 我七岁父亲就死了。

问： 你小时跟谁生活？

答： 有母亲，有祖父，祖父张文衡和上午说的张文通是哥俩。

问： 1986 年访问了张瑞，当时说的“土改”时的会长是不是你？共产党农会叫主席，当时以你为中心吗？

答： 倒不是我一个，好几个人。

问： 以你为中心？

答： 我学习回来，主要领导人也不是我，原来这个人现在也死了，姓荆名贵。

问： 是上级派来的？

答： 不是，也是这村人，他就是在解放前几个月工作。

问：刚才说的地主富农有几户？

答：三户。张瑞、杨源、任振刚，地主富农一共三户。

问：地主富农有发牢骚的吗？

答：在那时没有，他不是不发，是不敢，回家发牢骚。大村子的地主富农也有不老实的，我们村的这几个人老实。

问：那些村子里面，特别是老解放区，斗争地主很厉害。

答：对地主的斗争非常厉害。我们这是新区。

问：你们的地主也不大，村里地主的土地不算多。

答：就是他们吃了亏，划为地主因为剥削量大，主要是雇工，土地并不多。土地再多，不雇工，自己家种算不上地主，只能算中农。贫农是被剥削，地主富农是剥削的。

问："土改"时杨源有多少地？你记得有多少？我看了好像他的字据比较多。

答：那阵要说土地多，就张瑞这户多点，他还是个富农，他才占百亩地。再说赵立民才25亩地，还没我多，划成分不是根据土地的多少，根据剥削量。

问：你那时做蜜供，是当长工吗？

答：我会，就是不都会，会案上的活，账目活不会。

问：除了你，干的人与雇主关系处的好不好？

答：过去都给人当佣人挣饭吃。我和张瑞，不是都干这个，大家一起干关系就不好了。

问：都搞这个怎么会发生矛盾？因为土改呀？

答：蜜供，那都在这一个屋里，关系没什么冲突。说一个故事，有一回跟雇主冲突，就因腊八，农历十二月初八那天我们过节，早晨吃粥，其实每天早晨吃，那天不一样，就有一次因这发生冲突。

问：你吃过腊八粥吗？吃过没有？

答：花生、豆子、枣子这样的东西，早饭仆人不吃，都看了看不吃了。

问：我想问，你们村土改时的关系，村里的关系有没有很大的矛盾，有的农村土改时矛盾很大，包括斗争，是否蜜供的关系，土改的时候斗争不高。

答：那说不上，一个村人，不干这。吴家不错。张瑞也没有，我们是近支，我的爷爷他们是亲哥们，他们都会，他们七八十岁都会。以这个压那个没有。张瑞、我爷爷都叫蜜供头。我的叔叔、爷爷、父亲都当头，就是到我们这一辈没有当头的，这是因为没有才华。

问：是习惯改变了？这行当就没有了？

答：蜜供确实做出来了，拿起来了，最高的五尺，三尺五寸，是在佛前上供。

问：为什么叫蜜供？

答：上供，5个为一桌，大小都一样，解放前两年就没有了，不做了，也就没这个了，一直到现在，这种点心就没有了。

张麟友

时　　间：1990年8月20日下午

访 问 者：内山雅生

【农场生产经营】

问：现在是农闲期吗？

答：这两天农场没活干。

问：农场是哪年开始的？

答：1986年开始。

问：为什么以前个人承包现在改为集体农场？这是根据上级的指示？

答：我们村没个人承包，当初生产队没散时给发口粮，没把土地包给个人。

问：建集体农场前个人经营土地吗？

答：没有，没归过个人。

问：交给你种吗？

答：交给种的只不过就是给二分地够口粮的，整个土地没有给。

问：除了种过二分地其他时间干什么？

答：生产队没散在队上干，生产队给口粮田，就跟自留地性质差不多，一样够吃的。

问：1987 年前没进农场跟其他人一起干吗？

答：进农场的头一年，在顺义毛纺厂干，生产队散了后，我装汽车，上代销点干了一年，跟着上了毛纺厂。

问：就是在这干代销点吗？

答：对，就这村。在东北角。

问：进农场是经过朋友推荐的？

答：本村的厂子要人，我在毛纺厂的工资不多，一个月 100 出头，就不干了，家里农场正要人，我就回家了。

问：现在农场干活的多少人？

答：11 人。

问：你们 11 人经营多少亩土地？

答：400 多亩，除去全村的菜地，剩下的地全归我们种。

问：400 多亩，不包括自留地吗？种什么？

答：主要种小麦和玉米。

问：高粱不种吗？

答：就马路上那一点。

问：你们想种什么是你们商量还是政府指定你们种什么？

答：有时听政府指定，让种小麦就种，小麦收完了种玉米。

问：你们听上级的？

答：对，听上级的。

问：还考虑过种别的吗？

答：有黄豆，不多。

问：自己考虑种的？

答：对。

问：你种了自己吃？

答：对，自己吃。

问：你们 11 人经营 400 多亩，人力肯定不够，肯定用机械了。

答：对，用了机械。

问：是政府给的，还是自己凑钱买？

答：属于大队。

问：不属于你们 11 人吗？

答：不属。

问：买的机械不属于大队？

答：买的机械就是属于大队。

问：政府给你们援助吗？

答：有，大队买机械，城关镇补贴 50%。

问：这种补贴要还吗？

答：不还了。像我们收割的，我们这一片的管理人调机械给你村，你这村活多把别的村的机械调你村，等你村活完了再把你的机械调到别的村。

问：你们买机械是否政府出了一部分钱？

答：买机械的钱全由大队出，买回来后补 50%。

问：这些钱还不还？

答：不还了。

问：你们 11 人，除你以外其他人的名字你知道吗？

答：知道。

问：把他的名字写下好吗？这其中有女的吗？

答：有两个。

问：他们的年龄跟你差不多吧？

答：年龄悬殊，我算老三。

问：最大的多大？

答：50 多岁了。

问：最年轻的？

答：30岁左右。

问：当时买机械个人出钱吗？

答：没有。

问：和承包土地有关系吗？

答：有关系。村里11人经营土地。

问：村里的人对买机械援助吗？

答：买机械是大队花钱，是沙井买机械。

问：说明还是共同花钱援助了你们一部分。镇里援助了，村里也援助了？

答：对。

问：你们11人中有负责的人没有？年龄最大的负责吗？

答：有，他是场长。

问：他因为什么当头，选举的？

答：在他进农场干活的第二年，前任厂长不干了，又找的他。

问：现任场长是退下来的？农场是11人吗？

答：头年人多，我干时18人。

问：1985年大约18人是吗？

答：你算，我干3年，头一年是18人。

问：1987年进农场吗？

答：我已干了3年。

问：1985年时有多少人？

答：不知道。

问：你们农场是从1986年开张还是哪年开始？

答：我不知道，我进农场的前一年就已经开始了。

问：在你进农场的第一年是18人，1988年走了多少人？

答：1988年时只有11人，现在仍11人。

问：为何减7人？什么原因？那7个人干什么去了？

答：干别的。

问：大致干什么？

答：种园子的。

问：什么地方？

答：家有园子的，装汽车的，也有不干待着的。

问：你们从18人减少11人，劳动力不够所以买机械补充劳动力。

答：我们平常人员差不多，麦收季节人手不够，我们就一家带一个人，再加上大队来12个人。

问：帮忙的是村子安排吗？

答：不是，我们带了家属，大队还派人，大队这几个人也去，家里有人也可带。人员不够别人去也行。

问：大队派的？

答：不是，有自己找的，是自己要求来的。

问：需要人时由大队安排的？

答：大队不管安排人，农场要人自己定。但大队也要管农场。

问：你给他去过信吗？

答：去过。农村发生了变化，最大变化就是你们有了农场经费，搞活了。

问：和人民公社相比起来，不同在哪？

答：现在还是搞集体化。那时劳动没钱，现在劳动有相应的报酬，生活比那时好多了，人民的生活水平提高了，那时买什么都没钱，现在虽然东西贵了，人民有钱买了，工资多了。

问：人民公社时城关镇沙井村怎么称呼？

答：城关人民公社沙井大队。乡是后来叫的。

问：小麦玉米何时种，产量如何？

答：小麦播在10月份，头年种，次年阳历6月中旬收割。玉米是割完小麦种，玉米10月份收获，一茬接一茬循环。

问：种小麦插种别的吗？

答：不插种别的。

问：以前一直是用手工劳动，后来农场

用机械有好处，高兴吧，使用机械难吧？

答：难是不难。用机械可以减轻人的体力劳动。生产队用机械，我们体力消耗少了。搞收割没机械得耗上 20 多天，用机械一周就完。

问：你在进农场前，机械操作的技术知道吗？

答：不知道。

问：是在你之前进农场的人教你吗？

答：不是，机械有专人干。

问：他们在哪学习过？

答：有本子。

问：去年买了机械了吗？

答：买了铁牛 55 型拖拉机。

问：村长称呼什么？称会首吗？

答：不是。一开始叫村公所，我父亲可能是村长。会手是过去社团的称呼。

【家庭】

问：你们弟兄几个？

答：我哥仨，我在三。住在村东北角的，叫张麟友。

问：你在这个村里？

答：对。

问：你父亲跟你一起住？

答：对。我记事时就跟我。

问：你哥和你父亲分开过？

答：我大哥早死了，我们哥俩分开了，我养着父母。

问：你哥也是从事农业吗？

答：对。现在上了年纪不干了。

问：今年多大？

答：60 多岁了。

问：你是哪年生的？

答：1945 年吧！47 岁。比你大 4 岁。

问：你父亲死时你多大？

答：他已死了 3 周年了，今年第 4 年。

问：生你时你父亲多大？

答：他在 45 岁时生的我。

问：在你记事时，他给你印象怎么样？性格如何？

答：我父亲不错，为人正直。

【满铁调查】

问：从四十年代调查看，你父母是个好人。采访的张麟炳，也是你的亲戚吗？

答：都是，不远。

问：新中国成立后，他们都商量让你父亲当负责人吗？

答：不知道，刚解放时我还年纪小。

问：“文化大革命”时的事记得吗？你父亲受牵连了吗？

答：我父亲没民愤，关系都不错，没受什么牵连。

问：在村里没发生什么事。

答：没挨过打，没民愤。

问：李广治你认识吗？

答：他现在生病了，上回调查有他，他们 4 年前很健康。现在住在服装厂南边。

问：你父亲也很健康？

答：我父亲血压高，如不血压高，按现在的生活条件还能活几年，身体没毛病。

问：你父亲活着时，村里的活动他参加吗？

答：他那时年岁大了，从早晨起来就开始看电视，一直到吃中午饭，吃完饭睡午觉，睡完觉又看电视，吃完晚饭接着看，等电视没了睡觉。年岁大了，看看家。

问：4 年前还有印度的人采访过的你记得吗？

答：记得。

问：来过几次？

答：就一次。他是印度的（编者注：杜赞奇），加入美国籍，学中文。

问：那时他问话，你父亲能回答吗？

答：他以后来的。

问：他来时你父亲活着吗？

答：可能外出没在家，我接待的，在他以前有个黄宗智，他可能是来第二次，他还在我这吃午饭。

因为我父亲人品好，他一人来的。

【农场经营】

问：进了农场生活变好了，宽裕了，有感受吗？你和你的伙伴是怎么样经营农场的？

答：农场现在是我们11人把土地承包了，到年初没钱，年终打下粮食，除了开支分完了，春天管理小麦施肥，收割费用，先集资买化肥，剩下钱买管理玉米的东西。就这么管理。

问：你们11人是否想过要把周围的人都弄来，扩大规模？

答：没有，有上级来考虑，咱们是干活的。

【看青】

问：滦城就是河北省，我们4年前来访问后去了滦城，当地人有看青的说法，你们这里有吗？

答：看青属于保护庄稼，我们这里也一样，跟看管似的，防止糟蹋。

问：现在还使用吗？

答：基本上不使用了，过去叫看青，现在叫去看一看，有没糟蹋。瓜棚也属这种情况，看西瓜。

问：你们农场有看护人吗？

答：主要是玉米成熟时，抽空去看，防止牲畜吃，防人偷。

问：有没有盖一间小房子，晚上看着？

答：没有，就抽空去看。

【搭套】

问：很早以前，你父亲就知道搭套、看夜？

答：不清楚。这属于帮助，你有牲畜，我有人力，互相帮助，合起来种地叫搭套。

问：你父亲从事农业，人民公社时搭套，人民互相帮助，有没有？

答：互助组基本上没赶上，初级社赶上了，那是属互助组，互相搭套。

问：以后建立人民公社？

答：初级社、高级社、人民公社。

问：不管怎么变，都是以这个村为中心的？

答：对，以村子为中心。

问：你们村不同姓不同家族的人也互相帮助吗？家族互相帮助，邻居有事也帮助？

答：有了事找邻居帮助。互相帮。

【庙宇】

问：以前的庙变成幼儿园了吗？原来大队知道吗？

答：大队不知道。

问：现在村里的庙是否成了幼儿园？

答：大队，幼儿园，农场都在庙上。整个是庙，前头还有庙。

问：你们农场有庙吗？

答：场部原来有庙。

问：过去很多的村子有土地庙，这个村有吗？

答：庙过去是三大殿，头里是关公，中间是菩萨，最后大殿是如来佛。

问：跟土地庙差不多？

答：不是，土地庙太小，这都够气派的。

问：庙里的情况记得吗？

答：我大体记得，这西厢房，有耳房，建筑基本上是这样。前殿有南门，还有石头砌的旗杆座，现在这些全没有了。

问：从什么时候没的？

答：记不清了。

问："文化大革命"？

答：在"文化大革命"前。

问：四清时？

答：在破迷信时，哪一年记不清了，那时这庙属望泉寺乡，那时就把这里改了。

问：四清运动在你们这怎么样？

答：农村没有什么事，农家要钱没钱。

【家庭】

问：现在有几个孩子？

答：我就俩，女孩大，17 岁。

问：上学还是上班？

答：毕业了还没分配，初中毕业。

问：小孩多大了？

答：13 岁。

问：小孩想长大了以后干父亲这一行？

答：我的闺女、小孩、孩子妈属于非农业户口，将来等通知，没考上学就等国家给找工作。

问：夫人是干什么的？

答：工人，火车站旁边的毛衫厂。

问：属顺义县？

答：对。

问：现在上班吗？

答：她 6 点下班。

问：蜜供在北京挺有名的，你父亲经常讲蜜供吗？

答：不，北京恢复了老字号了。

问：按日本人说法你父亲上了年纪过得比较平淡。

答：是的。

张树德

时　　间：1990 年 8 月 20 日上午

访 问 者：内山雅生

【看青】

问：当过看青的一些人的名字你能记起来吗？

答：记得。解放以前，民国那阵儿看青的有两个：一个叫李注原，一个叫李广德。

问：他们在一块儿干是吧，谁是头儿？

答：头儿，得说李注原是头儿。

问：在你的印象里，他是一个什么样的人？

答：什么样的人？就说脸盘什么的？

问：就是说长相。

答：长相，这人得说是四方大脸。

问：个儿高吗？

答：个头起码得到 1 米 75，个儿不矮。

问：你个子也挺高嘛。

答：我现在有 1 米 8。

问：胖不胖？

答：身块儿挺好。

问：力气很大吧，他曾经抓过这儿的赖皮。

答：这没有。

问：他有没有抓过其他村来这儿的？

答：你意思是抓偷棒子没有，在地上看着一个人掰个棒子留下他的短，是不是？

问：有吧？

答：有。

问：把当时的情况能不能讲一讲？

答：当时的情况，就说他逮住一个偷棒子的，过去要是逮着一个偷棒子的，罚是罚不了什么东西，也就给全村一个警惕，逮住以后，现在咱们叫答对，解放前叫"会公"。

问："会"什么，怎么写？

答："会"就是开会的会。公，是哪个公呢，反正音就是这个音。

问：到这儿地方呢，有个挺大的钟，村村都有，不只是我们这地方有，咣咣一敲钟，群众就都来了，看他看地的时候，谁偷了两个棒子，意思是说，他偷棒子被我逮住了，你们就别偷了。

问：当时被抓住的人是种什么情景？

答：就是想，偷人东西好看吗？不好看。

问：害羞了，是吧？

答：对。

问：被抓住的人一般是你们村里的人，还是外村的？

答：不是我们村的。这个村的人比较老实，至今也同样，偷偷摸摸的少。

问：是很近的邻村的人？

答：也就是附近村的。过去种地不像现在，现在种地分块儿。沙井大队分块儿地就归我们了，从前，别个村的地能到沙井种，沙井的人也能到那个村种，花茬地。这样偷不就方便多了么。他到他那地来了，冷不防在你未看到他时，掰一棒子装走了。

问：其他村的人？

答：大的没有。

问：石门村过来的比较多，是不是？石门村在你们旁边？

答：石门村，望泉寺。地在过去都是茬花地，没有说一个村的地挨着一个村的。

问：就是说李注原那阵儿看青，是一年四季干这个，还是农闲的时候干？

答：按季度，麦秋他得看着，大秋他得看着。大秋完后，先在地里掰完棒子，棒秸都松碎了，过去都是由根儿底下。

问：拔起来？

答：割，刨，晒干了。晒干以后等冬天地里柴禾没有了，他才轻闲了。他也得说是一年，为什么说等于是一年呢？他两季看青，大伙给他攒点儿粮食，就够他一年吃。

问：把那个结束以后，他冬天就可以休息一段？

答：对，冬天没事了。

问：他看青以后一年有一部分收入吧。也是根据收完玉米给他一部分，是吗？

答：是。

问：当时让他看青的是你们村公所？

答：对。

问：村公所的头儿安排李注原今天应该看哪儿，怎么看？是吗？

答：对，也得有了组织。看青的过去属于村公所领导，要是没有一个领导，谁能派他去呢？

问：关于李广德，也是看青的吗？

答：李广德？是。

问：那他们俩比起来呢？

答：他们俩差不多。李广德的个子比李柱原要高大一点儿。他们俩看地都在一块儿。

问：是李柱原跟他说，然后他们在一块儿看？

答：对。

问：他们对种地内行吗？

答：也都内行，都是庄稼人。

问：除了看青，他们还劳动，种地吗？

答：有地，个人有地，都不多。

问：他们当时具体有多少地，你记得吗？

答：当时，他们每户不超过 4 亩地。

问：他属于贫穷的农民，是吧？

答：对，是贫穷的农民。这两个还都是贫农。

问：像李注原，李广德稍微有一部分土地，基本上属于没有多少土地看青。但是，假如有很多土地的人，他们看不看青？

答：不看，看青这种活属于较辛苦的，

夜里得到地里。

问：他们一般是晚上看得多，那白天他们干什么？

答：那就得在家睡会儿觉了。

问：有关看青一些有意思的事儿，你还记得吗？能不能说一下？

答：有意思的事儿？

问：就是当时抓住什么人了，还有当时其他一些事？

答：过去也没有什么突出的事儿，都挺穷，有时他掰一棒子，你有什么办法。也就拉到村公所寒碜寒碜，警告别人别掰棒子。你掰棒子可要敲钟让人看，也就这种办法。

问：当时抓住的人，是稍微训斥训斥，还是揍他们？不揍吧？

答：不打。

【打更】

问：打更你知道吗？

答：知道。

问：这是一种什么事情？干什么的？

答：打更，就是过去村里边儿夜里小偷小摸比较活跃。过去有鸡笼，等晚上上锅以后，得把鸡笼端到屋里。鸡笼拿进来，得把屋门插上。要搁外边时间长不了，小偷就把鸡笼整个端走。过去说小偷小摸，偷钱的倒没有。过去旧社会哪儿有钱呢，就是卖二斗粮食才卖几毛钱，偷什么偷，当时卖当时就花了。但是有端鸡笼的，拉牲口的，把你家的骡子、马给拉走，过去尽这事儿。所以村里雇一个打更的，拿一个梆子晚上满街敲。

问：满街敲？

答：敲梆子的目的，一个是轰那小偷，二个是一敲梆子，睡着的人们，这下就醒了，听听外面有什么动静。

问：谁作过打更的，你记得吗？

答：不记得了。

问：李注原没干过这个？

答：没有。

问：打更，过去人们用来计算时间。打更人打更时带什么武器吗？

答：也就带个棍。

问：一般是什么人来偷人家的鸡，拉牲口？

答：过去穷人挺多，都偷吗？也不是。偷的属于吃不上穿不上的个别人。但是过去吃不上穿不上的多了，都偷吗？也不是，也属于个别人，现在不也是嘛，过去也同样。

问：村里的还是外村的？

答：都是外村的，本村没有。

问：打更的人一般是村里的什么人才让他干呢？

答：一般手脚干净，不能打更的时候他倒偷东西，年岁得大，青年人干不了，胆小。都是老头儿，五六十岁的老头儿。

问：看青和打更是不是完全不一样？

答：不一样。打更是在村里，看青得在外边地里。

问：在你记忆里，打更的人有没有抓住来偷鸡拉牲口的？

答：没有。打更要想抓小偷抓不着，为什么说抓不着呢。他敲梆子，不是秘密的，挨胡同串走，他一敲梆子就是有小偷也跑了。他敲梆子的时候，人家藏起来了，等他过去再偷。

问：看青和打更，一个在庄稼地里，一个在村里，一般都是分开的，是吗？

答：是。

问：他怎么发现就是小偷来了？看青的怎么能发现小偷？

答：看青的夜里在地里蹲着，在道口蹲着，有时要发现村里人手脚不干净，爱拿人家东西，看青的就可能在这家门口蹲着。等人来以后，拿着棒子就给抓住了。要是村里没有这种人就到哪个道口蹲着，在棒子地里蹲着。瞅着哪个人过去，他就偷偷跟着，如果掰棒子，他就把人逮住了。

问：假如看青时在路口写上个大牌子，不要偷棒子什么的，这种情况有吗？

答：这种标语牌没有。

问：看青、打更持续到什么时候？

答：看青，由春天……

问：不是，就是一直到哪一年，大部分是解放以后结束的，是吧？

答：看青要说结束也就最近这几年，解放后也有。

问：打更的就没有了？

答：打更的解放以后就没有了。

问：你说说是什么时候？人民公社时有吗？

答：有。

问：人民公社时看青的是怎么回事儿？

答：那就是生产队长派。

问：做法也是一样？

答：一样。这个村分两个队，一队、二队。有人民公社以后，土地不都归集体了吗，个别人也是挺讨厌的，棒子长得了，说想吃个烧棒子都吃不着，甚至吃个煮棒子也吃不着。也有讨厌的，走在地边掰个棒子，掖腰里拿回家了，看青也防止这个。如果丢的少，一个队派一个，如果丢的多，一个队派俩儿，四个以下……

问：你在队里人民公社时看过青没有？

答：我没有。

问：你掰过玉米棒子没有？

答：没有。这只是个别人。掰棒子不是拿家里就干了，没熟以前不是挺嫩吗，现在在城市里卖，那时是掰两个给孩子烧着吃或煮着吃，没有一掰掰多少的。

问：看青一直持续到什么时候？不是近几年才结束的么，是不是有人民公社结束以后？

答：对，人民公社后就没有了。

问：那为什么那阵儿以后就没了？小偷不偷了？

答：拿当前生活来说，人民生活比较富裕，这种情况下到队里掰个棒子让人家逮住，多寒碜。过去生活跟不上，给孩子掰个棒子可以原谅。

问：现在不是改成农场了么，农场里也有偷的吗？

答：没有。甭说这没有，就是到大秋，地里粮食多着呢，大棒子多着呢，都堆在地里边，门前也是，没人拾。

【搭套】

问：搭套你知道吧？

答：什么意思？

问：是不是各生产队里互相帮助？

答：知道也是大概。搭套就是刚一解放人民公社初级时，得说互助组的时候。

问：尽你所知互助组的情况，搭套，能不能讲一讲？

答：搭套，那一段我也只是听说，那阵儿我还在军队呢。搭套是在互助组一开始，人民公社以前，没有生产队以前，互助组就叫搭套。搭套，那意思就是有的户没有牲口，生产工具都没有。有的主儿有生产工具，可是劳力少，所以就互相搭套。我出工具，你出人。他家没有牲口，我们家有一牲口没人使，你用我的牲口就把我们家的地也种上。种完我的地，大家互相搭套。

问：一般是什么人互相塔套？是不是兄弟，朋友，村里的人？

答：这还不是家里的关系。那阵儿就是在村里互相配合一下。一开始，一个村分四个组，在没有生产队以前。这四个组里互相搭套，他家有牲口，他家没牲口，他家有劳力，他家没劳力，（通过搭套）一个组的地互相都种上。

问：当时，已有你们姓张搭套？

答：姓张、姓吴、姓李的都可以，搭套实际的名词就叫互助组。

张树德（二次访谈）

时　　间：1990 年 8 月 20 日下午

访 问 者：内山雅生

【参加解放军】

问：关于你当解放军的那段经历能不能讲一讲？包括解放军。您的父亲叫什么？

答：张征。

问：张守俊，你知道吗？

答：知道，是我的叔叔。他现在在北京酒仙桥。他大儿子在北京教学，教学出身。

问：您十六岁当兵是去的哪儿？

答：十六岁主要在东北。

问：东北的哪一带？

答：在东三省，辽宁、吉林、黑龙江。

问：最初在哪儿，刚去的时候？

答：刚去是在辽宁省，锦州的外围，那阵儿还没有解放呢。

问：是去那儿劳动吗？

答：不是，是去当兵。

问：打仗？

答：对，1947 年那阵儿运动战就开始了。

问：1947 年当的兵？

答：对。

问：是在什么部队？干什么事？

答：第四野战军。

问：有名的野战军部队，干什么？打仗？他听说过，很有名，打仗很厉害。也打枪啊。你 1962 年返回来，是不是别人都认为你是第四野战军的，那么厉害？是不是那样的眼光看你？

答：第四野战军在中国来说是出名的，国民党是最怕第四野战军。第四野战军走到哪儿胜到哪儿。

问：第四野战军从东北打到南边，上海也是第四野战军解放的，是吧？

答：不是，第四野战军解放的东北、华北一带包括傅作义起义，天津是第四野战军打的，东北结束以后，紧接着进关，解放天津，天津解放以后，包围北京城。北京城傅作义部队起义以后，大兵南下，南下到汉口，由汉口打到湖北、湖南、广东、广西。

问：15 年以后你又回到你的家乡，当时家乡是一种什么情况？

答：当时的情况啊？1962 年我到这儿，回来以后那阵儿变化还不是太大。

【结婚】

问：你是回来以后在这儿结的婚？

答：对。

问：你的夫人是这的人吗？

答：是。是当地的。

问：名字叫什么？您爱人的名字叫什么？

答：杨淑兰。

问：你爱人的父亲叫什么名字？

答：叫杨荣春。

【农村治安】

问：你从部队回来，当了你们生产队的队长？

答：我那阵儿当过队长。

问：你当队长时正赶上什么时候？干了些什么？

答：我当队长那阵儿，七几年吧。

问：从 1962 年你回来到你当生产队长以前你就一直在队里劳动，是吧。

答：我 1962 年回家，回到李村 18 天，后来就有当地派出所找我，叫我当治保主任。

问：就是治安保护吧。

答：对，就是治安保护。村里治安有了组织，我就干这个，一直干到1973年，后来当队长。队长不干以后，至今这个职务没撂。

问：现在还是治安队长？当队长当了几年？从1973年到何时？

答：一直到1975年。

问：那阵儿叫你当治安保护队长，是什么？派出所吗？

答：对。

问：从1962年你回到村里后，村里发生了一些巨大的事情，是吧。

答：也有。

问：你能不能给介绍几段？

答：最大的事情是……

问：村里肯定发生了不少。

答：得说在1962年，代销店有两个女孩子在夜里被强奸了，这可说是最大的事情。

问：这事发生以后，是不是就把坏人抓住了？

答：后来，这小子两年后又到别处去搞坏事，让人家给抓住了。但那小子又跑了。通过顺义县公安局侦察把这小子给逮住了。后来通过法院，把他枪决了。

问：他不是这个村里的人吧？

答：不是。这小子是十里铺的，姓江，叫江注奇。

问：你们治安队有武器吧？

答：没武器。

问：在你手下干治安的还有谁呢？你不是治安主任么，在你手下的还有几个人？

答：两个人。

问：哪两人，你知道名字吗？

答：一个是史庆芬，我们的支部副书记，一个杜江，他们俩属于委员，他们是委员，我是治保主任。

问：你是什么时候入党的？

答：我是1949年入党的，我入党比较早，41年了。

【“四清”运动】

问：你1962年回来后，四清运动，“文化大革命”，你当时干什么？

答：我回来几天就开始“四清”。1962年就开始了。

问：“四清”时，这个村里是怎么回事儿？

答：“四清”，即反贪污、浪费、个人私吞，是吗？反对小偷小摸，个人必须清白，过去你偷过摸过没有？你当干部贪污没有？当干部去不去劳动？你坐办公室成天呆着，社员去劳动，人家生产的粮食你吃，光说也不算数。

问：具体到你们这个村子里呢？

答：这个村子还是挺太平的。这村还行，农村能有什么呢？

问：那反正也得整顿整顿吧？

答：动是动，整个都动了，哪能不动呢？我们生产队长以上的，生产队长、书记都得集中到一个地方，全公社比较大，有64个村，集中到牛山一中，64个大队的干部都集中到那儿去，在那儿学习一个多月，在那儿就干这个。首先由上而下，当时的社长是安冷，由他坦白，大家给他提。

问：你们这儿叫什么公社？

答：城关公社。

问：先从他坦白，是吗？

答：是。中国以前发动运动都是从上而下，没有说先进行社员，先是当官的挨整。

问：你们村里怎么样？

答：当时村里还比较稳定。

问：你们村里当时的队长是谁？

答：刘翔、杜勤贤。两个队长。

问：他们也交代？

答：也交代，也没有什么。

问：“文化大革命”时，你们村也比较稳定吗？

答：比较稳定。没有打人、骂人的。

【村办企业】

问：三中全会以后你们这个村就发生了变化吗？

答：是。

问：发生了什么变化，能不能讲一讲？你们这儿承包呀什么的？

答：第一件事是建立了一个友谊服装厂，建了一个贸易货栈，这还有了涂料厂，那也是大队的，是个人承包的。1990 年又建了一个汽车配件厂。1989 年就修了马路。

【土地承包】

问：他想问一下，1978 年十一届三中全会以后，承包、土地制度能不能讲一讲？

答：这村崛起，就是从没有生产队那天就叫崛起，比较晚。由 1984 年崛起。1984 年以前还有生产队；地就首先分给各户了。1985 年各户种一年，1986 年成立一个农场，就归农场了。土地承包就一年。农场里一共十一二个人。他们本身报酬比较高。按平均劳动值，他们干一天活，每天平均 30 块钱。在农场里干活一年出勤七个月，最多不超过七个月。一冬天没有事做。大秋完后，再干活得到过年三月份了。冬天几个月没事，去年他们的报酬，男女社员一个人 6000 元，当组长的给 7000 元。

【村政】

问：张常青，这个人是干什么的？

答：他是场长。

问：成为场长必须是共产党员，是不是？

答：也不是。

问：必须是懂农业的，是吧？

答：对。

问：农场，村里的那么多工厂，负责的都是像你这样的共产党员，是吗？

答：也不见得。因人而异，干得了的就干。有许多共产党员，年老体弱；也有的以前入党，没念过书，大老粗，他能干什么呢？

问：年轻人里共产党员不多吧？

答：当前来说，不多。近几年来发展比较缓慢。

问：成为村长必须是共产党员，是不是？

答：对。

问：这儿的干部经常开会吗？

答：经常开。

问：你也经常开吗？

答：经常开。有什么运动，有什么事儿首先村里的干部就得学习，然后对广大群众宣传。群众提出一件事儿，你说对了，有的还不相信呢，胡说，人家就更不相信了。首先自己得清楚。

【家庭】

问：你现在家里几口人？

答：6 口人。

问：你和你夫人？

答：我有儿子、孙子。

问：几个孙子？

答：一个。

问：男孩，女孩？

答：女孩。还有一个老闺女。

问：儿子多大了？

答：今年 28。

问：你女儿呢？

答：26。这是老闺女，这以上还有两个闺女。

问：是在你儿子的上边儿？

答：是。

问：你的那两个女儿都有孩子了吧？

答：有了，都挺大了。大闺女 33，二闺女 30。

问：她们都出嫁到哪儿了？

答：出嫁都不远。大的就是石门，这村儿的北边。二女儿嫁到梅河营。

问：你的儿子现在干什么呢？

答：我家自家买了手扶拖拉机，他给乡里拉垃圾。顺义县街道不是几户倒一堆儿么，他拉这个。

问：你的儿媳妇也劳动，是吗？

答：儿媳妇一个在服装厂，一个在顺美。

问：孙子多大了？

答：4 岁。

问：很可爱啊。

答：4 岁，个儿挺高。

问：在幼儿园吗？

答：没有，在家。太小，自己解手不会擦屁股，人家不要。

【抗美援朝】

问：你去朝鲜什么地方？记得吗？

答：平安北道、平安南，然后过青川江、大同江，过江以后到中县，三麦县北，在那儿待了两年多，后来通过板门店谈判，谈了三年没有达成协议。后来美国从朝鲜西海岸登陆，我们就撤到西海岸，素川，朝鲜最大的一个火车站。

问：中国有名的将军是彭德怀吧？

答：在朝鲜的总指挥是彭德怀。

问：你跟美国军队打过仗吗？美国军厉害不厉害？

答：一开始咱们三个半换一个，咱们死三个半他们死一个。到最后战役变过来以后，他们死亡三个半。怎么不厉害？他们有飞机，咱们去时没有坑道，他们飞机厉害。咱们完全是晚上行动，白天不敢行动，飞机一来就是几十架。

问：在朝鲜，你打了不少仗吧？见过金日成吗？

答：打了。没有见过金日成。

问：你有打过仗这个经历，干治安维持方面还是很有经验的。因为有了你，小偷、坏人就不敢来了？

答：是。

张长清

时　　间：1990 年 8 月 22 日上午

访 问 者：内山雅生

【农场生产计划】

问：你们农场的计划一般由你制定是吗？

答：一般由我和支部的几个人协商制定。征求他们 10 个人的意见，综合他们的意见，再和支部的几个人协商，就是说怎么搞哇，怎么定条例呀，怎么管理等方面，我们都是共同商量。

问：他 40 年代在这里搞过调查关于这里的材料看过不少，关于“看青”你知道吗？

答：什么？

【看青】

问：“看青”。

答：“看青”？

问：你听说过没有？

答：我没听说过。

问：就是在庄稼地看守庄稼，不用这个词了，就说这种情况。农场现在晚上有没有看守农作物的？没有吧？

答：没有，没有。

【农场生产经营】

问：作为农场的负责人最费心的事情是？

答：农业要按时种，按时收，这个时候最费心，什么时候浇水、施肥，这时最费心。

问：一般用机器播种？

答：对。

问：一般用机器播种，肥料也是用机器撒的？

答：对。

问：从播种到施肥到收割，忙的时候人手不足就从其他地方抽调一部分？

答：因为机械化程度高，一般用不了多少人，只能说让大队来几个人给我们帮帮忙就算行了。

问：就是说你们村里的干部帮一帮？

答：对，对。

问：你们 11 人的家属帮一帮？

答：对，在两秋的时候。

问：他们帮忙的话，包括刘占海在内还有他们的家属，都给他们一点相应的报酬吧？

答：也给一点儿，并不多。

问：稍微表示一下是不是？

答：对。

【农场粮食销售】

问：一般在农作物收割完付给工人工资？

答：收割完以后，就是说产下粮食后卖给国家后发工资，上缴利润。

问：你们把粮食交给镇里吗？

答：直接交给粮库。

问：给钱不通过镇里，你们谁卖就给谁？

答：对。

问：就是说你们直接接受这笔钱。

答：对。

问：一般什么人去卖？

答：都是我们去。

问：一般是卖给国家吧？你们顺义有粮库。像粮食局，你卖完了它就给你钱，然后你们经过计算就根据劳动多少（分配）？

答：嗯、嗯。

【结算、分配】

问：你们卖小麦是一个季节，卖玉米又是一个季节，一般在年底结算，计算也是很费事的，在人民公社的时候是根据劳动的天数按工分计算的，现在你们怎么计算？

答：现在也是按这个计算，就是根据出多少天勤，到年终看开支多少，收入多少，收入减去支出，剩下多少，我们这些人按工分分配。

问：一般劳动的类型不一样，有的劳动付出得多些，有的付出得少些，这样的情况下都分开给他们计算吧？

答：按镇里的要求，开机械的要比劳动的高出百分之一、二。

问：大致上是按劳动时间来计算的？

答：对。

问：假如你们这 11 个人有人生病了，什么也干不成了，让他的家属顶替可以吗？

答：可以。

问：他退休以后能得一部分退职金吗？

答：这个没有。

问：在日本农场职工病了一般由农场照料，你们这儿呢？

答：我们这儿不管这些，因为干农场事情复杂，病了可以让家里（照料），按劳取酬。

问：你的意思是镇里的人、周围的人在他生病时照料他也给记工吧？

答：对。

【农场负责人】

问：您给写一下行吗？

答：张麟炳。

问：你是哪一年成为这个农场负责人的？

答：1989 年春。

问：农场的负责人是经过怎样一个程序才能当的？

答：经过大队支部商定的。

【个人经历】

问：张瑞的儿子也在你们农场，从他那儿知道了你们农场的名单，知道你还很年轻，三十多岁。大队决定你当农场的负责人应该觉得你有这方面的能力，想问一下你小的时候的情况可以吗？

答：可以。我只能从我上学时说起。我是在 1973 年初中毕业。

问：哪个学校毕业？

答：城关中学。

问：毕业以后呢？

答：毕业以后修过一段沙通铁路，那时实铁路名称保密，其实就是沙通铁路。干了两年。

问：到了 1975 年，在那之后呢？

答：在那之后就回村了，种了一年园田。

问：那时是人民公社吧？还没实行承包呢。

答：对对，后来我就干电工，干了一年电工，后来又到了拖拉机站，开了三年车。

问：是不是给公社开的拖拉机？

答：对，回来之后还是干电工。从 1989 年也就是去年起，负责农场这事。

问：为什么把你这个电工弄到农场来？

答：我是他们的兵。

问：那时你是支部委员吗？

答：那时我不是，农场的活需要年轻的。

问：是不是因为你开过拖拉机，所以也懂得机器的使用，这是个重要的理由？

答：对，因为我懂电、懂机械，所以种地比别人方便。

【农具】

问：现在你们农场还有哪些拖拉机之类的农具？

答：现在我们的农具隔几年就更换。

问：今年你们那儿有什么？

答：我们那儿有 55 型拖拉机一台，802 铲车（可以推土、耕地）一台，手扶拖拉机两台，收割机暂时还没有，因为我们地少。农具配套由公社统一支配，它决定你这个村应有哪样机器，它就给你分配。

问：现在不叫公社叫乡了吧？

答：现在叫顺义镇。

问：农具不是经常放在那儿，需要才购置？

答：55 和 802 可以出去干活，如推土，运输，主要还是用于农业。

【经营状况】

问：你当了一年负责人了，能不能把这段时间你们这儿的情况介绍一下？

答：从 1989 年，我当负责人之后，我们村共有 400 亩地，我们 11 个人经营这 400 亩地，主要靠机械，产量在这个村达到历史最高水平，亩产在 1500 斤左右。

问：只是小麦吗？

答：是一年的总产，包括玉米。

问：种小麦和玉米付出的劳动差不多吧？

答：玉米比小麦多用工。

问：农忙期要别人帮忙吗？

答：两秋时稍雇几个人就行了。

问：您一年的收入有多少？两万？

答：不到，一万多一点。

问：因为你是负责人所以多吧？

答：是。因为我管的事也多，我要开机器，又要算账。我们队员去年的工资 6000 多一点。

问：你们早晨几点下农场？

答：现在是 7 点半。

问：到几点？

答：11 点。

问：中间休息吗？

答：休息 30 分钟。

问：下午再继续？

答：下午 3 点到 7 点，回来吃完饭就睡觉了。

问：喝酒吗？

答：这要看个人的爱好，你想喝就喝呗。

问：你喝吗？

答：我喝点儿，可酒量并不大。

问：你们这么多的收入，要付出许多劳动吧？

答：从顺义镇到顺义县，机械化程度很高，我们主要靠机械。

问：你们一年要付出 7 万元工资对不对？

答：对。

问：你们农场的收入要超过 7 万，大约有多少呢？

答：一年总收入 20 万左右。

问：你怎么分配？

答：农场是单独核算，我要上交大队 2 万，就是给村里，除去工资，就是农场的流动资金。

问：上多少税？

答：今年是 4370 元。是土地税，剩下的买化肥农药、付机耕费。

问：机耕费是怎么回事？

答：我们有机械，但两秋时由镇里统一支配，镇里可把我们的机械调出，到别处干活。

问：你们买新的机械不用自己掏钱？

答：我们不用，镇里掏一半儿钱，村里掏一半。

问：你们沙井村不算大？

答：我们是个小村。

问：你们不想扩大农场吗？

答：现在镇里和县里搞适度规模经营，实行集体种植，上面直接管哪块地种玉米，哪块地种豆子，肥料、农药都管。

问：和人民公社比起来差别在什么地方？

答：差别是现在比那时计划程度高，对农业重视，产量不断提高，适度经营有前途。

问：你们农场从 18 人减少到 11 个人，减少的 7 个人怎么不干了？

答：农业部门的人员流动性大，今年干，明年可能干别的，现在干农业还是比较赚钱。

问：那为什么他们不干了？

答：有时是由于领导的更换，或是个人关系，我有时可能不愿跟你干，农民就是自由吗！

问：四年前来过这个地方，四年的变化使人感到惊奇。第一个变化是乡镇企业，第二是农场的出现。参加农场劳动的人的年龄在 30～50 岁左右。年轻人怎么样？

答：我这 11 个人里，开机械的有，电工有，农业上的人才就全具备了。

问：年轻人主要从事些什么？

答：年轻人开机械、干电工，农业上的活比较复杂，不只专干一件。

问：你们 11 人中几年后有的老了，不干了，肯定有年轻人接替吧？

答：对。

问：你们的成员同领导不和就不干了，发生过重要的纠纷吗？

答：没有。

问：因为你各方面都关照到了？

答：做领导的在开始时定好制度，管理方式说清楚，就不会出特别的事。

问：你作为农场负责人经常参加村里的一些什么会议吗？

答：主要是负责农业部门的事。

问：你是党员吗？

答：不是。

问：当电工时经常开会吗？是不是只是与电工有关系的会才参加？

答：是。

问：你们农场有什么计划，还想生产一些什么东西？

答：农场专门搞农业，别的根据村支部和镇里制订方案，由他们说怎么搞。

【个人情况】

问：关于你的事情，你父亲叫张灵典，你爷爷叫什么？

答：我不知他叫什么，我爷爷死得早。

问：你父亲干什么？

答：他有高血压病，在家休息。

问：你父亲多大岁数？

答：65岁。

问：你中学毕业时“文化大革命”已经结束了，学校对你们要求严格吧？

答：挺严格的。

问：你在学校就喜欢电工吗？

答：不，我们干什么都是由村里安排，与学校没关系。

问：在学校喜欢学什么？

答：就是数、理、化、农，学生不愿学也不行，学校还是很严格的。

问：就你自身来说你喜欢什么？

答：我喜欢语文。

问：读了些什么书？

答：我从小学到初中，我学了国家规定的那些东西。

问：你后来又学了电工，开拖拉机，理科不错吧？

答：也行吧。

问：你驾驶55型拖拉机，在哪儿学过？

答：在公社的拖拉机站，3年。现在买进新机器，有些机器你不用去学习，一般就能使用。

问：你们农场还有10个人，他们每天都干些什么？

答：我的农场的人没有固定的职业。

李广明

时　　间：1990年8月22日上午

访 问 者：中生胜美

【过继风俗】

问：我叫中生胜美，我找你是因为你家是大户，李广志是你哥哥？

答：他是我五伯的儿子。

问：他身体不好？

答：他半身不遂了。

问：你多大岁数了？

答：65。

问：母亲叫什么？

答：母亲没有名，叫李孙氏。

问：哪儿的人？

答：秀子营。

问：离这儿不远？

答：东南方向，离这儿15里。

问：没有兄弟？

答：没有，只有一个姐姐，一个妹妹，姐姐没有名字，妹妹叫李广荣，都嫁到离这儿12里的河南村。姐姐已去世了。

问：你大爷过继给邻村，改姓张了？

答：那是我老叔。

问：为什么过继？

答：我姑爷家没儿子，要抱养一个。

问：沙井把孩子给异姓的多吗？

答：不多。

问：张家还有人吗？

答：没了，他的两个孩子就是我这两哥哥，又回来了。

问：回来时有什么表示吗？有什么手续吗？

答：我们是亲戚，用不着什么。

问：不是亲戚需要吗？

答：需要，兄弟间也需要，弟弟可以没儿子，兄长没儿子要抱养一个。

问：家庭内部过继的事有吗？

答：没有。

问：你父亲什么时候死的？

答：20 多年前，84 岁时。

问：葬礼是怎么办的？

答：我是亲儿子，一切由我办，他的侄儿、侄媳都要来，我准备饭，那时还是土葬。

【家族辈份】

问：你们讲五服吗？

答：讲，五服内是近的，五服以外是远的。

问：你知道李发元和李深元吗？

答：那是我爷爷，这几位是我大爷：会元、探元、如元是我大爷。

问：他们去望泉寺了？

答：他们都不在了。

问：你小时他们已不在沙井村吧？

答：都在沙井村。

问：你认不认识他们的后代？

答：认的，不过也死了。

问：他们的孙子呢？

答：也认识，住在望泉寺。

问：他们什么时候到的望泉寺？

答：很早以前。

问：什么原因？

答：搬到那儿去住。

问：他们干什么？

答：记不清，我大爷种地。

【“先天道”】

问：望泉寺是不是“先天道”很多的地方？

答：我大爷他去那儿，是在有“先天道”之前。

问：这里的名单上有参加“先天道”的吗？

答：没有。

【祖坟】

问：李家的坟墓在哪里？

答：服装厂中间扒鸡厂的地方。

李广泉一家在北京，不常来，他的地方让他侄盖上房子了。

【族内称呼、辈份】

问：他的父亲叫什么名字？

答：是我老大爷，这里我爷爷，这是我大爷，这是振杰，是我二爷，这是振纲，我三爷。

问：李真怎么叫？

答：叫老祖宗。

问：你管你父亲叫爸爸？还有别的称呼吗？

答：叫父亲也可以，但都叫爸爸。

问：叫他什么？

答：大爷。

问：那这个大爷和这个大爷有什么区别？

答：大爷和大爷发音不一样，意思不一样，我父亲的哥哥我都叫大爷，比我爸小的我叫叔叔。

问：大爷的对象你叫什么？

答：叫大奶，老二的叫二奶。

问：大爷的对象叫什么？

答：大伯母，大妈。

问：本着母亲的年龄区分吗？

答：不，本着我父亲，即使我大爷的对象比我母亲年龄小，也叫大妈，因为她是我爸爸哥哥的对象，比我爸小的人的对象叫婶子。

问：你管同辈的叫什么？

答：比我大的叫哥哥，比我小的叫弟弟。

问：有比你年轻的长辈吗，就是说有没有年龄大辈分小的？

答：我哥哥的儿子即使年龄比我大也得管我叫叔叔。

问：过年过节时讲究辈分吗？

答：如果我比你辈分小，我过年要到你家，去拜年。

问：如果在街上遇到，要称呼吗？

答：要。

问：吃饭时有讲究吗？

答：当然要尊重老的。

问：你的年龄比晚辈小，吃饭谁坐上席。

答：还是以辈分来定。

问：酒席的位子什么时候讲究？

答：平时无所谓，过年节老人坐上边。

问：办红白事时呢？

答：什么时候都得尊重老人。

【上坟风俗】

问：你们有清明会吗？

答：我们老李家没有，大家一起去，拿上锹，填填新坟。

问：全家都去吗？

答：在家的去。

问：你结婚时李家多少户？

答：解放时七八户。

问：一家去一个人上坟？

答：去一个人就行了。

问：一起去吗？要不要排队？

答：不用排队，从老祖宗的坟上起，往下一辈辈去。

问：你们沙井同石门早就有关系吧？

答：同石门紧挨着。

问：听说过沙井同石门之间的土地纠纷吗？

答：听说点。

问：你家的地？

答：在这头。

问：有多少地？

答：17 亩。

【礼节风俗】

问：我想了解中国的礼节，像大爷、奶奶之类的称呼，不同姓也这样叫吗？

答：一样，是奶奶辈的就叫奶奶，尊重老人嘛！

问：知道张瑞吗？你管他叫什么？

答：我叫他叔叔。

问：叫杜春什么？

答：我管他叫哥，他比我父亲小一辈。

问：杜春管你叫弟弟，还是叫你名字？

答：叫名字。

问：张瑞叫你什么？

答：我是他侄子，他叫我名字。

问：张瑞和杜春怎么称呼？

答：也一样，住在一起，跟家人一样，礼节是一样的。

问：你认识杜存新吗？

答：杜存新管杜春叫大爷，也就是伯父。他是杜春弟弟的儿子。

问：你叫他什么？

答：这就乱了，杜存新的妈是本村的，由他妈身上算，他妈是张瑞的姐，我叫姑，她的儿子也就是杜存新，我叫哥，杜春是杜存新的大爷。杜祥是他爸。

张立有是张瑞的儿子。

问：张瑞是你上辈？

答：是的。

问：这些是你同辈，是你哥哥？

答：比我小的叫弟弟。

张瑞是杜存新的舅舅。

问：如果他们有亲戚关系，称谓是不是就乱了，有没有这样的例子？

答：像我刚才说的，杜存新的妈妈是本村的，由他妈这算我应管他叫哥，由他爸那算就不是了。他妈是我姑，随他妈叫，我管他叫哥。如果随他爸叫，因我管他爸叫哥，所以他应管我叫叔叔。

问：由母亲一方算吗？

答：因他母亲是这村的娘家，这样算亲近，如果他妈不是本村的娘家就不这样算了。

问：你的儿子叫他？

答：叫大爷。

问：每个人都不一样吧？

答：对，农村很乱。不过家族内部不乱。

问：平时打招呼是叫哥哥还是叫叔叔？

答：本族内按规矩叫，乡亲们之间就复杂了。

问：是街坊之辈还是家族之辈重要？

答：家族之辈不能变，街坊之辈是活的，由母亲算这么叫，由父亲算那么叫。

问：沙井村叫石门村的人也按辈分叫吗？

答：是的。

问：望泉寺呢？

答：这么说吧，如果咱们离得远，你年龄比我父亲大，就叫你大爷，如果你比我父亲小，我就叫你叔叔，是一种尊敬，不讲辈分。

问：辈分在生活中也有作用吗，比如拜年时？

答：也讲，礼节不变。街坊也拜年。

问：红白事街坊也帮忙吗？

答：找谁是谁。

问：娶亲街坊之辈就乱了？

答：也按辈分说。

问：解放前沙井娘家的妇女比较少吧？

答：山本来时，这村 60 户，现在大多了。

问：现在街坊辈分乱了？

答：是的。

问：很麻烦吧？

答：不麻烦，从哪方算就一直排下去了。

问：过继时讲辈分吗？

答：有区别。

问：能不能把自己的孩子给晚辈？如你和张林平是同辈，如果他没孩子，你可以给他吗？

答：不行，不符合礼节，应先从张林生、张林有他们家族内部找，实在没有，再向外姓人抱养。

问：那时讲不讲究辈分？

答：讲。

问：这是认干亲吗？

答：有。

问：什么时候找干亲。

答：比如说张林生、张林有，他孩子多，而有的没有，他可以让他孩子认干爹、干妈。

问：一家人可以吗？

答：不可以，要外姓的。

问：外村的也行吗？

答：行。

问：干爸爸、干妈妈讲辈分吗？

答：讲。你叫哥哥的人不能认干爸爸。

看老人的意愿。

问：你儿子可以认张瑞作干爸吗？

答：不可以，错了辈份，平辈可以。

问：姨兄弟可以吗？

答：可以。

问：你有姨兄弟吗？

答：没有。

问：怎么找姨兄弟呢？

答：姨兄弟不是我的，我姨的孩子就是我的姨兄弟。

问：如果你有好朋友，不是姨兄弟吧？

答：不是，我母亲姐妹的孩子是我的姨兄弟。

问：有没有把兄弟？

答：如果俩人不错，可以拜干哥们，就是拜干兄弟。

问：你知道这样的例子吗？

答：干兄弟比不错近一层。

问：有没有字据？

答：没有。

问：别人都知道吗？

答：都知道。

问：红白事怎么样？

答：哪头有事跟儿子一样，没什么区别，过去（孝）帽子上有布条，侄儿有蓝布条，儿子没有。

干兄弟有本村的，也有外村的。

问：一家不论干兄弟吧？

答：一家有本族的称谓。

问：街坊之辈跟干兄弟有没有关系。

答：也按辈分。

问：还有族谱吗？

答：现在没有了。

问：你认识杜祥吗？

答：他是杜春的兄弟。

问：你管他叫什么？

答：我管他叫哥哥，我不是跟你说了吗，这儿就乱了，我管他儿子辈的杜存新也叫哥哥，因为是从他妈那儿算的。杜祥的对象是杜张氏，杜李氏是她嫂子。

【过节风俗】

问：再问一下过年过节的习惯，什么时候准备过年？

答：腊月二十二。

过去有钱人从腊月二十就准备，没钱人二十七八才开始准备。

问：什么时候祭灶王爷？

答：腊月二十三。

问：怎么给灶王爷上贡？

答：捏几个饺子，上上贡，烧上香。

问：谁管这些事？

答：一般是老太太。

问：什么时间？

答：晚上七八点钟？

问：有没有什么特别的说法？

答：老灶王爷本姓张，一碗凉水三枝香，明年收什么你给多带点来。

问：放鞭炮吗？

答：不放。

问：什么时候买灶王爷？

答：年底有卖的。

问：在哪儿买？

答：街上有卖的。

问：是说请还是说买？

答：当然是说请。

问：二十三以后到三十之间有什么活动？

答：买点肉，做豆腐，准备吃的。

问：要打扫屋子吗？什么时候？

答：腊月初就扫。

问：有白事的就不能扫吧？

答：不能扫。

问：年三十有没有什么特别的仪式，还上坟吗？

答：不上坟，清明上过了，把馒头和肉供上，放上牌位把（死去的）老人请来，过了午夜再送走。

问：牌位上写着字吗？

答：写着，就这么写……

问：没儿子就没人写吧？

答：那就没人了。

问：几点钟请祖先的灵来？

答：中午 12 点。

问：怎样请呢？

答：写上名字往这儿一放，中间放上供

品，前面烧上香就行了，晚上 12 点送走。

问：怎么送走？

答：有一个锣（?）按辈份排好了，字朝外点着了，站起来就算走了。

问：烧了吗？

答：烧了。

【过年风俗】

问：晚上 12 点除了饺子还有什么菜？

答：那时不讲鲜果，有一方肉，还有些肠。

问：你也要向祖先贡献吗？

答：全家都要，以示对祖先的尊敬。

问：晚上什么时候吃饭？

答：送祖宗之前。

问：年三十晚上能不能睡觉？

答：把祖先送走就睡。

问：初一有什么仪式？

答：没有。

问：放不放鞭炮？

答：有牲口的拉出去转转弯，然后放点爆竹。

问：灶王爷送去后什么时候请回？

答：年三十。

问：什么时候贴对联？

答：腊月二十七八。

问：什么时开始拜年？

答：初一。

问：初一时到哪儿去？

答：村里老乡家串串。

问：开始时先找谁？一家子还是外姓的？

答：先把本族转完了，再看乡亲。

问：拜年带什么东西吗？

答：不用。

问：拜年要不要鞠躬、磕头？

答：是的。先给老佛爷磕头。

问：拜年要喝酒吗？

答：就喝点水。

问：待多长时间？

答：一会儿就走。因为这家去完还得上那家，没多少时间。

问：大爷死了，大奶还活着，要不要给她拜年？

答：要的。

问：同辈拜不拜年？

答：也要提，如见哥哥，说一声：“哥哥，我给你拜年了。”

问：晚辈呢？

答：晚辈给长辈拜年。

问：乡亲们一年中可能有些分歧，你不理我，我也不理你，怎么解决呢？

答：过年时，我到你家待会儿，比如你还记恨我，我到你家去了，你会感到不好意思，这样两家就和好了。

问：拜年时也讲街坊之辈呢？

答：也讲，同辈就不用磕头了。

问：初二有什么仪式？

答：初二祭财神。

问：什么时间？

答：晚上七八点钟。

问：用什么？

答：馒头，有只鸡。

问：谁负责？

答：老太太，家庭妇女。

问：初三、初四、初五干什么？

答：没事儿。

问：什么时候赶集？

答：初六以后。

问：初八怎么回事？

答：初八没分别。

问：元宵节呢？

答：元宵节在正月十五。

问：外村什么时候来拜年？

答：一般初二、初三以后外村的亲戚来拜年。

问：闺女什么时候回娘家？

答：不定准。

问：元宵节怎么过？

答：吃元宵，逛庙会。

问：哪儿的庙会？

答：顺义城里。

问：有没有灯笼、放花？

答：庙会晚上放。

问：村里没有吧？

答：没有。

问：正月十六呢？

答：过了正月十五，就该干活。

问：正月十六不祭财神？

答：正月初二祭财神。

问：二月二呢？

答：二月二龙抬头，为什么二月二龙抬头呢，据说它以前躺着，这天才把头抬起来。

问：农民不烧纸什么的吗？

答：不烧。

问：二月十九呢？

答：迎观音。

问：然后是清明，清明前一天是寒食，寒食这一天干什么？

答：没事。

问：什么时候填坟？

答：有区别，新坟清明前填，老坟也可以当天填，前两天也行。

问：寒食的时候不能做饭吧？

答：没区别。

何　权

时　　间：1990 年 8 月 20 日上午

访 问 者：笠原十九司

【满铁调查】

问：原来沙井村在日本的时候有一个满铁调查团，调查什么呢？

答：原来是调查农业的，帮工，搭套，小作土地面积。

问：为什么叫经济调查团呢？

答：研究历史的，当时满铁调查团有非常完整的资料，当时沙井村人的名字，各家各户人的名字，家有多少人，家有多少地都很清楚，他们一个想再印证一下过去的记录，再看这四十年的发展变化。

问：你拿来我看看就知道。这有你的名字、学校、校长。你参加了他们的调查了。沙井村小学教员，这什么名字？

答：何权。

问：您的名字，您是沙井村小学教员，当时他来调查的时候，您也参加了他们调查了？他们问你问题了？

答：那个时候，我们在那教书，我给说一说，你翻一翻。

问：他能说中国话吗？你告诉他那阵有两个教员，1950 年他看这村教材的时候，您对当时情况非常了解，记忆特别好，所以觉得这个材料不错，他岁数不大，他来过吗？

答：没有，这资料是当时的资料，最熟悉的是山本斌，可能没有了，岁数不小了，可能不在世了。山本斌的儿子去年来的。

问：他儿子来了？另一个人的名字记得吗？

答：早川保。

问：这个人是不是个子矮？

答：不，个子挺高的，山本先生和我个子差不多，是标准日本人，大高个子。

问：山本的儿子是看看您，还是带着问题来？

答：他也是到沙井去，他没待住，他说以后还来，以后没来。

【解放前教书先生的教育工作情况】

问：想请您简单地把您从小到现在的情况简单地介绍一下，生日、以后家庭、工作、您哪年生的。

答：我今年 74 岁了，哪年生人，是 1918 年吧！

问：您就生在沙井吗？

答：我就这村，在沙井村教书。

问：咱们现在的村您出生的时候叫什么？

答：仁和镇南街。如果山本先生在，他就知道，我在哪住，顺义县仁和镇。

问：您小学是在哪上的？

答：小学就在这儿，那阵叫四义高小。高中小学。

问：您还记得您多大入的学吗？多大毕业吗？

答：我小学十几岁呢，我 1937 年毕业，顺义师范毕业，最早在是刘家河，四义县刘家河。

问：您 1937 年从师范毕业，你小学时是几岁上，几岁毕业呢？

答：再往前推 4 年，1933 年小学毕业，小学 6 年，再去 6 年，1927 年上的学。

问：您是 1918 年生，9 岁上的学，就是顺义师范吧？

答：叫顺义师范。

问：那时候正好是北洋军阀和南京国民党政府交替的时代，1927 年蒋介石在南京建立南京政府。1927 年正好那年建立国民党政府，您还记得有什么变化？南京政府在民国十七年，北伐成功。还有印象吗？当时周围情况，学校的情况？

答：那时小，刚上学，对当时的情况不了解，到师范的时候，与中学时候差不多。

问：您上小学的时候最怀念的是什么？印象最深的是什么？

答：那时没什么印象最深，只是学习，就是围绕着吃饭学习，也没有什么大事件，有大事件也不知道，也过去好几十年了，哪知道。

问：你还记得上小学时哪门功课最好？

答：哪门最好，算术。

问：您是搞中国教育的，师范毕业后马上就教书了吗？

答：是，马上就教书了，一直教书。

问：您毕业后先在哪教书？

答：头一回 1937 年刘家河。

问：这个地方远吗？

答：西边 8 里地。

问：您为什么到那个地方教书，是政府分配的？学校分吗？

答：政府分配的，那时也有教育科，政府分配的，县里也有教育科。

问：您在那里住，还是每天往返？

答：每天住。

问：那时正好是“卢沟桥事变”，您还有什么印象吗？

笠原先生是日本进步的史学家，反对日本侵略，他有两个研究方向，一个是中国的教育，一个是日本侵华史，他写了好多书和文章揭露日本侵华战争，南京大屠杀，所以调查日本在中国的侵略活动。他问您在师范时是很轻松还是很紧张？

答：学习挺严格，大致过去的学校都是很严格的。

问：您记得师范学校大致有多少学生？

答：学生不多，50 多人。一班一招，解放后发达了。

问：师范上 6 年吗？

答：简易师范 4 年，6 年是后来的，随县有个师范，北京有师范，他们都 6 年。

问：您在刘家河当老师时，学校有多少老师？

答：就一个。教复式班，一至四年级。

问：您也是校长了？

答：那阵甭说中国了，日本可能也是复式制。

问：那叫什么班？

答：复式班，账目不是单式复式吗？就是复式班。

问：学生大致有多少？

答：学生有50多人，5年级到6年级算高小文化了。

问：您教的一至四年级的是叫初小吗？

答：是初级小学。

问：您在这个学校教了几年？

答：一年。

问：您刚毕业教了一年工作怎么样，满意吗？

答：就算行。

问：以后又去哪教学？

答：在海虹。

问：那个学校有多少教师？

答：也一个，两村兼着。

问：您在两个学校都是一个人教书，那么学生没有管理员，一个人不得了？

答：什么事都自己管，周末都没有。

问：那个学校有多少学生？

答：40多人，三个村的学校。

问：一到四年级教的课不一样，怎么教，一起教还是分开教？

答：教有教的办法，一年级跟三年级同时上，一班半小时，半小时复习，二、四年级下一时间上，那很忙，没时间休息，那两个班一年级跟三年级上，另两个班复习留作业。但秩序得良好，越是几班在一起，越得秩序良好，有一点声音都不行。

问：您在海虹工作了几年？

答：一年。

问：您为什么从刘家河转到海虹，调动，也是政府教育科调吗？那海虹完了您又去哪？

答：就是沙井。

问：沙井多少老师？

答：2人，那是4个村建立的，可能那资料都得有，如果把那些都带回去，可能都有，那阵调查班差不多都是大学教授。当时有一个材料，当做秘密材料保存下来了，战后日本又接收了，现在基本都公开了。

问：您的两个老师，怎么分配教学任务？

答：二年级，四年级是刘老师，刘月勤。资料上都有。

问：那您教一、三年级了？

答：对，一年级、三年级。

问：学生大致有多少人？

答：80多人，4个村：沙井，石门、望镇寺、梅沟营。

问：80多学生中，男生女生各占多少？

答：那记不起来了，女生大致20多人，男生60多人。海虹有女生，刘家河没有。

问：海虹大概有几个？

答：5个。现在顶小都60多岁了。

问：他（笠原十九司）可能对沙井的情况还要问得详细。一会儿再问。“七·七事变”后日本进来了，北京成立了伪政权，教育制度有变化吗？

答：没有。

问：您在沙井村工作了多少年？

答：1939年到1948年。

问：您在别的学校待了一年，在沙井村待了这么长时间，是不是沙井村人认为您是好老师，长时间留下您啊？

答：共9年。

问：沙井村的人对您都挺好吗？

答：是的。

问：以后又去哪了？

答：1948年10月份解放了，1949年被人民政府派往东丰乐。

【解放初期教师的家庭和工作情况】

问：东丰乐也是小学吗？

答：是小学。

问：这个学校的老师有多少？学生有多少？

答：老师有 2 个。学生有 90 多人，解放以后大龄的孩子也上学了。不分男女，也都念书。都学习了，还有 20 多岁妇女也学习，不学习赶不上形势，彻底解放了。那教起来很困难了，有很小的，也有很大的。

问：您什么时候结婚？

答：18 岁，1936 年。

问：那时您在师范吧？在念书呢？

答：上师范，还没毕业，还差 2 年。

问：那您爱人从什么地方嫁到这个村的，您的岳父是哪个村的？

答：我的老伴，她是顺义县河北村的。

问：那时您爱人的年龄多大？

答：一样大，那时还不自由，父母之命，父母主持。

问：那以后生活得还不错吧？

答：结婚以前谁也不认识谁，结婚时才认识。

问：那结婚以后生活得挺好的？

答：按现在说什么好不好，无所谓。

问：您有几个孩子？

答：5 个。

问：现在他们都在这儿住吗？

答：跟我住的有两个，都在这城里城外。

问：他们身体都挺好吗？

答：一个 50 多，一个 40 多。

问：那您在东丰乐工作了几年？

答：两年。

问：那您桃李满天下，至少满顺义吧。解放后教育制度肯定有新变化，解放后突然发展了。学生多了，那阵教学变化大，年龄差得大，不好教吧？

答：教师也多了。

问：您在这工作两年后又到哪去了？

答：下佰屯。

问：这也是个小学吧？

答：是。

问：有多少老师和学生？

答：2 老师，一个叫孙蕴朴，学生大概有 70 多人。

问：您多大年纪退休，不干教师了？

答：我还没有退休，按说我是 1937 年生，离休都过头了，可现在什么也没有，实事求是吗？

问：哪年回来的？

答：1959 年因病回来的，他们说自动退职，他不说不办，也不说办，搁着。日本人一般 60 岁退休，是 60 岁退休，我不工作了，早就不工作了。

问：再问沙井村的事，沙井村的小学校舍在哪儿？

答：没有了，农村盖房子了。以前是庙里，日本人有一个地图，当时村里的地图。

【满铁调查资料】

问：赵文友的家离你家近吗？这资料什么时候搞的？

答：1942 年或 1943 年的，还有一个田地图，日本占领的时候是个模范村，所以调查的时候到这个村来了。这个村环境比较好，调查完了以后，留下一个完整的资料，他们没有别的依据，别的地方没这个基础。

问：这一个村里的土地图有没有？

答：还有他没带来。他们是三谷孝团长。怪不得三谷孝那么感兴趣，我听他说好长时间计划想来。形势有变化，原来是他的调查班。沙井的人老人都没了，前几年还有一两个。

问：那你属于历史见证人了。您在沙井教学的时候，见过日本军队吗？

答：没有，那阵儿没有。

问：八年抗战一直没见吗，在教书时也没见吗？

答：军队在顺义县城里，不在村里，离村3里地，见了日本人就是满铁调查班，大概是学术团体借着满铁的名。

【日本殖民时期的教育】

问：您在沙井村教书的时候，日本军队是否向学校发布命令？

答：政府有调令、任命状，派你到哪里有个证明。

问：任命书有什么内容？

答：调××为沙井小学教员此令。

问：日本军队向学校发命令吗？

答：不，干涉不到。名义上还是慈善帮助，不说侵略，实际是侵略，主要内政也干涉了，表面上不管。还派有顾问，每个县有顾问，冀东时期，殷汝耕。

问：您好像也学过日语？

答：学过全忘了，师范有个老师，叫金田樱俟。

问：日本人教书的时候，还在“七·七事变”前吧？

答：不是，事变后，抗战前来的。

问：您是哪年毕业的？

答：1937年毕业的。

问：这个人是1937年前还是1937年后来的？

答：1937年前，大概1935年。

问：您当时学日语，也教学生日语吗？

答：乡村没教。

问：您为什么学日语？

答：每一天得上一节日语课，不学不行。

问：沙井村有几间校舍？

答：6间。

问：那就是4个年级，6间教室，教室还比较宽裕？

答：不富裕，不是每一间单独，也许好几间连在一起，庙有东西厢房，上房有神像。解放后才没了。

问：东西厢房都当教室？

答：两个，一个东厢房，一个西厢房，每边3间房子。

【学校教育】

问：日本的学校都有通讯录，学校的学生毕业到哪里去，几年几班，老师是谁，都有通讯录，咱们沙井村有没有通讯录？

答：通讯录，小学没有，中学有，大学有，初中都没有通讯录。学生上学为了学写字、看看书、学写毛笔字，各科都有，算术语文、地理全有。小学就是自然，植物、动物、地理全有了，一到中学各科都有了体育、音乐、图画、手工。

问：那您也教音乐？

答：也没琴，有什么歌大伙唱一唱，也教体育。

问：您歌唱得不错吧？解放后学校多，班次多了，比如现在有20~30个班，1000多人，您当老师的时候是严厉是和蔼？

答：对学生严厉，不会可以教你，淘气不行。也有笨的，一遍两遍甚至20遍地教他。淘气可不行。

问：当时沙井村上学的小孩比例是多少，入学率？

答：40%左右。除了这40%，没上学的就不能看书写字了。

问：干活的话，能写字吗？

答：不能，没上学怎么写字，不像现在自学成才，教他还不行呢。

问：沙井村的学生上学交学费吗？

答：交学费。

问：大致有多少？

答：一个学期可能是一元钱。村里只有40%的人上学。

问：60%的人为什么不上学？

答：有的家庭困难，需要帮助家里干点活，或者有的念书也念，不过最多四年，或者学手艺，或学买卖。

问：那就是说是因为干活，不是因为交不起学费？

答：也有交不起学费的。

问：一年几个学期？

答：一个学年两个学期。

问：那学期和现在一样吗？从几月到几月？

答：时间不一样，中学寒暑假，农村农忙假，麦秋，年节，地区还不一样，现在也不一样，西北地区寒假长，暑假短，因为那里冷，不适应。寒暑也有关系。

问：新学年从什么时候开始？就您沙井村。

答：以一年新年开始为一年，下一年为第二年，寒假开始。城市放寒暑假，农村放农忙假，春秋，大秋，年节放假。新学年从寒假开始。

问：您多大岁数？

答：74岁了。

【学生特点】

问：您对沙井村学生的印象怎么样？对他们有什么看法？用功不用功啊？聪明不聪明啊？

答：一部分聪明。这4个村的并不聪明，最大的优点是都刻苦学习。

【自然灾害】

问：这不是有4个村吗，想知道沙井村学生的特点。1939年（民国1928年）咱们这儿发大水，闹水灾，您还记得吗？

答：沙井那儿倒不妨碍，只是挨河的两岸。沙井村的西边有一条小钟河，现在还有。

【日本投降】

问：1945年日本战败，您当时是什么心情？

答：心情？太喜悦了。

问：当时有什么庆祝活动吗？

答：咱们这儿没有，北京市有。过去调查的虽都是朋友，可是敌对的。那时说话不像现在畅所欲言，心中有隔阂，你跟我怎么好也不一样。那时只谈学术，不谈政治，双方都不谈，都有避讳。

【满铁调查】

问：您当时想到了吗？当时的调查结果会起到一些坏的作用？

答：那时说是学术调查，倒是无所谓。

问：您当时接受过一个叫田的采访？

答：田？

问：一个调查员？

答：田？什么时候？

问：他一时找不到记录了，你不是认识山本和早川吗？

答：我与山本最熟。

问：他也调查过您吗？

答：他与我谈话，他也会中国话。

问：他是咱们县城的一个小队长吗？

答：对了。

问：噢，是军人啊。

答：不是，山本彬也是满铁调查班的，不是咱们这儿的。

问：不记得田这个人了吗？

答：田，我真忘记了。他什么样儿？小

矮个吗？

问： 中等个，比较瘦。

答： 他在什么时候？

问： 也在那时候，有吗？汇总这个调查资料的就是田，由他负责？

答： 我怎么想不起他来了呢？

问： 田，他不是负责汇总资料的么，他在这里写了，他们满铁调查员去沙井村的时候，与沙井村的人都处得很好，关系很密切，他问真实情况是不是那样儿？

答： 是那样儿。

问： 接受他们调查的时候，咱们是不是讲的情况也没有隐瞒，有什么讲什么？

答： 那倒是有什么讲什么。可是他们调查的时候主要在农村。跟我们两个老师只是面熟，我们上我们的课，他们调查他们的。据说来的是教授，只是谈谈，认识认识，但是其他的不谈，因为没有必要跟他们谈谈，和山本熟了，山本比较忠诚，可是也不谈别的。双方都有知道，双方多少都有些顾虑。

问： 他们来的时候，只是调查员来，有没有军队跟着来呀？

答： 没有，只有当地保护他们的保安队，有五六个人，保护他们。他们熟了以后，去谁家去，几个人就待在办公地点，随便上谁家，他们不跟看去，来回来去跟着。

问： 都是中国人啊！属保安队一类的？

答： 嗯，没有日本人。

问： 估计可能是 1942 年 3 月份的时候，你接受过田的采访。咱们村里的人接受日本调查员采访时，有没有一些不愿回答或不能回答的问题，你知道不知道？或对他提的问题比较讨厌，不愿意回答的？

答： 不愿意回答的问题？有时他们调查的时候不跟咱在一块儿，一屋子人。只是休息的时候在一起谈谈，说点儿学术交流，或随便说点儿闲话。

问： 日本调查员是不是有时在村里的路上边进行谈话，作此记录啊？

答： 他们有时记录，有时不记录。因为咱们除了在那儿能看见他们。他们到各户去调查，不跟他们在一起，不大知道。

问： 日本调查员只说进行学术调查，你知不知道是什么样的学术调查？

答： 始终是个谜。就像你们现在调查，为什么调查，什么目的，以前就没有明确过，所以我们怀疑就怀疑这儿，那阵儿也不能做，那阵儿不像现在咱们都是朋友了，敢问这些问题，那阵儿不敢问。我们心里实际的一般老少也好，什么也好，都有着一种戒心。

问： 他们的调查是纯粹的学术调查。他们有个研究方向对乡村的发展比较感兴趣。日本人一般不了解中国乡村的情况。他们想通过这次调查，把中国农村的情况介绍到日本。

答： 噢，这就是调查的目的。那为什么以前所调查这些项与我们前些年，解放后改革合作社情况一样，他们原来还有互助组，帮工什么的，但我们现在互助组，高级社普遍都改了，设农场了。可是日本的情况是什么样儿，我们不知道。

问： 日本农村的变化也跟咱们差不多，过去是非常贫困的，现在变化也非常大。日本现在城乡差别比较小了，已基本现代化了。

（翻译）调查是纯粹学术目的，所以您讲的话对他们调查很有帮助。日本调查员来调查时，都调查的什么人，是不是跟村里人不一样？

答： 不，都是一般老百姓。

问： 咱们村里人接受满铁调查班采访时，心里比较愿意，比较高兴呢，还是因为当时是日本占领时期，他们是上边下来的人，所以不得不接受这种调查，是被动的心情，还是比较愉快？

答：开始时是马马虎虎应酬。后来熟悉了，情况也说了，双方没有隔阂了，才把详细情况告诉他们了。

问：满铁这个资料，不光日本人有，现在中国、美国都有这个资料。

答：美国也有这个资料，是吧。上次他们来时，说要开始调查，结果没来。隔现在好几年了。

问：您见过山本的儿子吗？

答：山本的儿子？看见过一回，也不熟。那时他不大，原来见就不认识了，那哪能认得呢？

问：您这两年见过日本的学者吗？

答：没有。

问：他那个儿子年龄也挺大的了。

答：55 岁了。

问：那时调查的时候也带着小孩来了？

答：他们有的在北京住。

问：那您怎么认识他的小孩呢？

答：上山本家去过。

问：您在沙井村当老师的时候，八路军有没有到过村里边？

答：没有。那阵儿离得还挺远，还在冀东呢。

【区小队】

问：昨天我们调查的时候，有个老人说，八路军有时在晚上，区小队什么的进村送条子。

答：什么时候？

问：就是说日本占领的时候，沙井村有时晚上有八路军来，就来几个人，给村长送条子，可能让他办什么事儿，晚上偷偷的。

答：那阵儿还没有呢。

问：他们说是区小队的人。

答：那阵儿没有。1945 年以后八路军才在这一带活动。

问：1945 年以前还没有？

答：那他是瞎说呢。

问：沙井村学校里有没有什么庆祝活动？比如说，每年开什么运动会啦或组织什么活动，每年那时都组织什么活动？

答：村里组织。他们不是有什么青苗会吗，秋办一回。办完一回，可以收一些钱。赶大秋完了以后办一回，办这么两回会。

问：这些活动是学校办，还是村里办？

答：村里边儿办。

【学校教育】

问：学校没有什么活动？

答：没有。

问：什么也没有？

答：一个老师忙不了那么多。

问：在日本一般的学校都有一种习惯，到了春天或什么时候，到外地去旅游，反正也不太远，去附近的山里去爬爬山，去河边去玩玩水，这些活动学校里有没有？

答：小学校里那阵儿没有。只以念书为主，玩儿不行。

问：从私塾刚过来？

答：不像现在又旅游什么的，不像大学生随便到哪儿去。

问：日本有这么一种习惯，不管小学中学，每年都有一次，班里老师和同学一起，有钱的话去远点儿，没钱的去附近的山上野游呀，野炊呀。

答：过去一个人带好多人。

【青苗会】

问：刚才您说的什么青苗会。

答：是在大秋，麦秋时。

问：青苗会呀？就是树苗的苗么？

答：庄稼苗的苗儿。

问：是这个青苗会么？

答：对。

问： 秋天一次，夏天一次？

答： 麦秋一次，完了大秋。

问： 就是秋收前一次，秋收后一次？

答： 都是秋后。六月份，庆祝丰收的时候。

问： 开这个会，老师和学生也参加吗？

答： 开这个会的时候，他们也就是陪着吃一顿，什么也不管，就和他们随便请客似的。

【日本殖民下的伪政权】

问： 日本侵占这儿以后，成立了傀儡政府，县里有没有伪政府，学校里的老师是不是也特别讨厌伪政府？

答： 那肯定的。

问： 比如说，你亲自体验的事情有没有啊？你亲自经历过的，特别讨厌的？

答： 特别厌恶的？没有。那阵儿只是表面现象。跟他们也没有什么接触，所以一般也不知道，但是听说那个伪政权是汉奸组织，所以日本人是侵略者，就这样看。

问： 您在村里有没有见到伪政权的军队抓壮丁的情景？抓劳工？

答： 有的是。拿车，拿人，抓青年。

问： 您在村里也看见吗？

答： 没看见过，尽听说随便抓人，有的是，层出不穷。

问： 您在村里没看见过？

答： 没有。不接触，那是个据点。

问： 您知道不知道住在城里的日本军队有多少？

答： 不知道。日本宪兵队，住在高墙里边儿。

问： 以前的那些建筑现在都没了吧？

答： 没了，都盖大楼了。

答： 我们村还有个翻译，叶翻译被镇压了。公柱是特务，给日本人做饭，抓人什么的，还有两上叔叔，他现在还活着呢！民愤大着呢，他们俩人。

问： 解放后，日本投降后，有没有因为当汉奸被镇压了的？

答： 没有，当时没有。就是公柱他们过些日子又被放回来了。公柱被逮走三年，老婆守活寡。

问： 这个人是沙井村的？

答： 就是沙井村的。

【国民党统治】

问： 日本投降以后，1945 年到 1948 年 10 月是国民党在这儿统治，好像是傅作义吧。国民党统治时期，教育跟 1945 年以前比有没有变化？

答： 可说没两样。

周永兴

时　　间：1990 年 8 月 22 日上午及下午

访 问 者：笠原十九司

【解放前的小学教育】

问： 上午在这儿是您孩子吗？

答： 对，在中学念书。

问： 说说您家里的情况行吗？

答： 我父亲种地，有 30 亩地，中农、自己种地也没雇人。

我 19 岁结婚，正上中学，1945 年后半年，老伴是城里宋村的，叫冯淑清。

吴老师是老教书的，我上学时他在外边教书、他家大部分人都是念书的，他爷爷是秀才，他家在这村算文化程度比较高的，他做小学老师以前教过私塾，在简易师范学校进修过。

我跟他接触很少，他比我大很多。

他写字写得好，在村里有威望，人品好，他哪儿都挺好。

我上一年级时，有四个老师，轮班上课。

1943 年我开始上五年级，1945 年小学毕业。

1946 年、1947 年、1948 年上中学。

村里小学是一到四年级，4 个老师 40 来个学生，不是一个村的，有这村和望乡寺、梅沟营等 4 个村的，4 个村组织了一个学校。

问：到四年级毕业时，都能上五年级吗？

答：一般都能。

到四年级毕业时，不一定能达到四年级的程度，这时就结业了。

五六年级算高小，这村跟我一块去的还有张树彬，别人念不起，都干活去了。

那时上学小孩比例就 50% ~60%，很多上不起，文盲多。

我上学时有女生，很少，除了家里有在外边做工的、有钱的才上，一般上不起。

上小学时主要是语文、数学，1949 年时有社会常识，以后就叫常识，音乐之类的只是老师会才教，还有体育。

我喜欢数学。

问：小学怎么上课？

答：一般分组，一、三年级一组，二、四年一组，上算术时，先给一个年级讲，其余的做题，一、二年级做在石板上，三、四年级做在本子上，完了以后再给另一个年级上，其余的做题。数学课都在一节上，上语文则不然。

一、三讲课，二、四写大字，二、四语文，一、三写字，就这么交叉着上。

一、二年级课程轻。三、四年级重，课文长，耽误时间，讲的时候先给低年级讲，讲完课留点作业让他们去做，剩下就给高年级讲。

高小时不是这样，那会儿一个年级一个班。

上五年级曹飞羽教我，六年级也是他。

高小和低小差别最大的是老师，那里老师质量高，水平高。

问：上完中学，在哪儿？

答：县城里，那学校以外是师范学校，后来停了，搬到牛山。日本侵略的时候开了一个农知招中学班，1946 年我们的下一班又改回师范，后来我们班定为师范学校初中班。

农知就是农业知识学校，就招了一个班，后来再招就是初中了，到我下一班。初中和师范都招。

我在时，上一班有初中，也有农知，下一班有中学，也有师范，所以说我们是师范初中班。

师范学校是日本人投降后才恢复的，我是 1946 年才考上，1946 年又加一班。

1946 年，我 18 岁结婚，是父母之命，结婚前没见过老伴、解放前大部分人都这样，解放后也一样，就是最近几年才自由恋爱。

【日本殖民时期学校教育】

上学时，正是抗日战争，到处是日本人县城上学的那个学校，旁边就是日本驻军，在左边。

那时可能有一个连左右日本兵，叫守备队，控制这个地方，可能还不到一个连，都分散开了。

上中学时比较穷，不住校，跑家，住那里学生都是有钱的。

在县里经常有日本人杀人，这里国民党很远，没有集体被杀的。从 1943、1944 年开始，才听说所谓的共产党领导的八路军，其实他们那时在河东，离这里二十多里地，早就有了，那边杀人多。

学生对日本人尊重，给敬礼，不敬礼就不让过去。

上中学时，日本投降了，那年正好8月15日本投降，乱哄哄的，也没上几天。

问：你学过日语吗？

答：学过。

【教师对国共两党的认识】

中学毕业是1948年，12月28日，这里解放，在家种了几天地，后来就在村里教书，我们村除吴老师外没念过初中的，是老师还办私塾，那时正在师范学校培训，1949年6月我当老师。

从旧社会到新社会过渡期我当老师，那时国民党腐败，对共产党又不理解，因为小学时期受日本人奴化教育，后来三年国民党又杀人又抢东西，对他们印象不好，受国民党宣传影响，说共产党"共产共妻"，也不理解。

问：当时你怎么当的老师？

答：村里推荐。

刚解放号召建立学校，让村里自己找人，没那么多师资，各村就自己找人，办理学校。

我当老师时校址还在，这个大海。我教书时还是"复式班"。教书的没什么抱负。对八路军队伍不怕，他们和气，对共产党有点认识了，一解放接着就是"土改"。

【解放初期的学校教育】

那时没有教科书，刚解放我们铁路西归昌顺县，边区属第十区。

没教科书，只能先念"百家姓"。那时什么也没有，桌子、板凳都没有，就是有公家办事时的桌子，凳子，凑合着用，后来县里有新华书店了，才去买课本。

刚上学时有十几个人，往后人多了，从一年级到四年级都有。

那时区划还不一样，沙井村那时属冀东，十字军分区（顺义县）这边是昌顺，区变化到1950年。以后划归顺义县。原来属昌顺县，那会儿好几个县比如昌平、逆怀平合一块儿，解放前苏区都这样，刚解放还沿用，1950年才划回去。

我在这村教到1957年。

教育从1950年、1951年才开始正规，调整学校，换掉那些根本教不了的老师，调整之后，老师没增加，学生增加了，师范毕业的把那些不认真的人换了。

那时我一人教，人多的时候有六七十人，超龄生多，18、19、20的才上一年级、二年级，所以好像人挺多，实际上超龄生一过去，人就不多了。

1949年师范学生毕业了一批，开始教书，没上我们村的，那时一班40来人，分不到这里。就找一个。

1950年、1951年，女孩子上学的多了。

问：什么时候村里的孩子能全上学？

答：1952、1953年一般都能上学，因为老百姓都分了地，吃饭问题解决了，一般谁也希望孩子上学。

【进修教师】

凡不是初中毕业的老师，没上过中学的都到师范学校进修，有进修二年的，有进修一年的。

我没进修过师范，前几年跟着中专进修了六七年，1979年师范改中师了，组织小学老师去进修，时间很长，主要进修语文、数学、历史、地理、物理、化学、心理学、教育学，分科进行，这几年都学过了，这是在职进修，我们是最早进修的。

【识字班、破除迷信】

问：解放初，除教书外，还搞过什么？

答：搞过宣传，教识字班学习，还有几个村联合搞宣传，有什么运动宣传什么，非常麻烦，那时也任劳任怨，跟现在不一样，有时候忙不过来，还得找吴老师帮忙，后来好点了。

问：破除迷信，记得吗？

答：那时也搞宣传，这庙里那时还有泥台，学生、老师、村干部拉泥台。

我不是领导，只管宣传，也参加过拉泥台，识字运动 1951 年到 1953 年最热闹，那会儿文盲多，村里又没老师，就学校老师教，后来 1951、1952 年，区里训练了一批专门教识字班的，1949、1950 年主要我们教，上午教学生，中午吃完饭后教识字班，下午又教学生。

那时参加识字班的有 30 多个，简单字能认识几个，后来专职教师来了，时间长了，好的也能认几个字。

问：你上学时交学费吗？

答：不交，学校负担由政府给，花多少钱到学年底一算，4 个村分摊。

【教师待遇】

我刚当小学老师时给工资、给小米，跟解放前一样，1952 年开始给钱，由学校开工资，中级小学或政府给开工资，开始正式了。

我当老师时，村民们都帮忙，做了些桌椅板凳。附近村解放后都建立学校了。后来学生多了，东西厢房各一屋。

周永兴（二次访谈）

时　　间：1990 年 8 月 22 日上、下午

访 问 者：笠原十九司

【小学教育】

问：什么时候这村的小学生都能升到五年级？

答：后来我不在村了，不太清楚，可能也有升不上去的。

到六几年，解放好几年了，人们都知道念书好，那时大一点儿的村子都有五年级了。

【“三反”“五反”运动】

问：这里搞过“三反”“五反”吗？

答：学校基本没搞，主要在工商局，那时贪污的也少。

“反右”时我不在这村，在别村，那不是村里搞的，是整个教育局搞、“三反”“五反”基本没涉及教育界，“反右”则不然，村里后来没搞。

【教师调动】

1957 年我到了平庄、杨家营那一带，当教师是上边调动的。

那时由中小，一个乡一个中小（中心小学）管，在它管辖范围内随便调整老师。

【教育事业的变化】

解放后，除“文化大革命”和解放初，学校都还好，尤其是 1979 年后，教育事业发展得很快。

我觉得教书这工作挺好。

周永兴　杨庆忠

时　　间：1990 年 8 月 22 日上午、下午

访 问 者：笠原十九司　三谷孝

【家庭成员】

问：我是宁都大学教授，研究中国现代史，1942 年满铁调查团来这个村进行过调查，看过保存下来的材料，想了解一下几十年这个村所发生的变化。

答：对这个村只能谈谈表面情况，具体数字说不清楚。

问：请介绍农村教育的情况，你的名字怎么写，多大年纪？

答：62 周岁。

问：哪年生人？

答：1928 年。

问：当时调查了你祖辈的情况，周德福是你祖父？

答：对。

问：在村里担任过什么职务吗？

答：没担任过什么职务，有什么大事小情给调解调解，担任职务的是强瑞、杨原。

问：1942 年的调查上写民国五年以前好像担任过什么职务。1916 年以前吧？

答：我不知道，听说他以前跟着县长办点事。比如您到这儿来，写个上下函什么的。

问：你父亲叫什么？

答：周宴。

问：你兄弟几人？

答：两个。

问：你行几？

答：老二。

问：你兄长叫什么？

答：周复兴。

问：你哥做什么？

答：已去世。

问：以前干什么？

答：县交通局会计。

问：有姐妹吗？

答：一个姐姐，一个妹妹，姐姐已经死了。

问：姐姐叫什么名字？

答：周淑敏。

问：妹妹叫什么？

答：周淑珍。

问：你姐姐嫁到什么地方？

答：潮白河以东的葛代子村。

问：你妹妹呢？

答：嫁到湖北。

【解放前的小学教育】

问：你什么时候上的学？

答：1937 年，9 岁。

问：你上学时印象最深的是什么？

答：我就在这个村上的学，那时山本先生正在这儿，我还是学生，不知他们调查什么。

问：你小学上了几年？

答：我小学上了好几年，一直上到四五年级，我那时笨跟不上，六年级时已 18 岁了。

问：咱村的小学只到四年级吧？

答：是的，念五年级得到县里的城小去。所以那阵村里上五年级的非常少，等家里知道能升五年级的时候，我都 16 了（虚岁）。

问：山本来时你见过吗？

答：见过，下课时他们休息，还有一个叫小藤的，翻译姓郭。

问：你知道他们来干什么吗？

答：不知道，也可能来了解历史，找过我祖父、杨润他们。

问：调查上写着调查团成员同村里的小学生开过运动会。

答：是的。时间太久了，房子都变了。

问：你小学时这个村的小学叫什么？

答：沙井村初级小学。

问：小学有几个教师？

答：有时一个，有时两个，最初有四个，教一个班，据说是师范的实习生。

问：实习生待了多长时间？

答：一年左右。

问：还记得小学老师的名字吗？

答：姚客儒、石习昌。

问：你认识何权吗？

答：认识，我上五年级时。

问：这两个老师有个是实习的吧？正式老师是谁？

答：还有丁保安、张宝于，不知谁是正式的。

问：这几个老师从哪儿来？

答：姚客儒是从城关赵左营来的，石习昌是大东庄的，丁保安和张宝于就说不好了。

问：你知道吴殿臣老师吗？

答：他是教私塾的。

（引见另外一个人）

问：你叫什么名字？

答：杨庆忠。

问：你就是这个村的吗？

答：是的。

问：原来的材料上有杨泽。

答：杨泽就是我父亲，满铁经济调查团的情况，我了解一些。

问：你是顺义师范毕业的吗？

答：不，是北京师范。

问：你在哪儿工作。

答：南堡乡十里铺中学教物理。

问：你今年多大？

答：51。

问：你在哪儿上小学？

答：开始在这个村儿，那时很乱。西边是半解放区，这边是国民党占领区，老师害怕，就搬到石门，四七年、四八年，在那儿两年。1948 年底这儿解放，又回到这个村，这儿只有初小，高小在城关，初中到北京念的。

问：你在北京上学时每天往返还是住校？

答：住校。

问：这个村的小学什么时候迁走的？

答：已迁走十多年了。

问：你上小学一年级的老师是谁？

答：何权。

问：几岁入学？

答：7 周岁。

问：还有别的老师吗？

答：就何权一个人。

问：校址在什么地方？

答：大队部那儿。

问：上学时是解放前还是解放后？

答：解放前。

问：小学有多少人？

答：有 40 多人。

问：这个村的有多少人？

答：有一半。

问：上学的和不上学的比例怎么样？

答：女的很少，只记得有一个。

问：男的都上学吗？

答：很多只上一、两年，坚持下来的很少。

问：你是怎么上课的？

答：我对低年级印象较深。一年级先教几个阿拉伯数码，再教几个字，领着念一念，然后就坐在那儿写，时间很短也就几分钟。二年级的稍微复杂一点儿，四年级花的时间最多，反正一个老师，一节课 4 个年级都得照顾到，这儿说完了，叫你自己写，他去讲那个。

问：都在一个教室里？

答：是的，直到初小毕业全这样。

问：有没有全校一起上的课？

答：那时就语文、算术、写毛笔字，没有体育，唱歌能一块儿学。

问：有没有家庭通知书？

答：有。

问：你的学习一定不错？

答：开始也不怎么样，初中以后才好起来。

问：你对何权老师的印象怎样？

答：印象不错，他是我的启蒙老师，我很尊敬他，但他教的只是人、手、足，一、二、三、四、五等内容，只教了一年就走了。

问：他在这儿只教了一年？

答：不，他只教了我一年，还有一个姓郑的教我，只教了半年多，快解放了，老师害怕不敢来了，我们就散了，后来我又念了一个私塾。

问：上小学时有书吧？

答：有书。

问：上学一般从几点到几点？

答：那时时间观念不强，早晨吃完饭就去，中午回家吃饭，下午再去，差不多晚上就放学了，真正时间老师掌握，就一个人，他讲完就下课。

问：中午饭回家吃？

答：是的。

问：晚上很晚才放学吗？

答：不，比较早，一到晚上南垡那边八路军就开始活动了，老师害怕，早早就回去。

问：那时上学交学费吗？

答：不交。

问：教科书怎么办？

答：自己买。

问：你在小学印象最深的是什么？

答：那时升国旗，唱国歌，我只是随着唱。老师重视体育，挖沙坑，他好像倾向国民党，很害怕。他打过人，自己做午饭，我给他送过炊帚。一、二年级的事，记不太清。

【满铁调查】

问：小时听到过日本军队的事吗？

答：1957 年以前这儿被占领了，那以前有个协定，这儿叫中立区，对日本知道一些，有些好的印象，像满铁调查团，都是搞研究工作的，跟士兵不一样，现在看来目的是一样的，只是采取不同手段，比较文明。我小时候第一张照片就是日本人给拍的。坏的印象（不多），这儿没打过仗，日本人在这儿是守备队，正规军比较少，守备队也要些粮草，对农村的税收比以前轻些。最不好的印象是我目睹一个日本兵押着一辆车要谷草，我父亲给装，因语言不通，我父亲给装一些，可能嫌少，拿些磨杆就打，我那时小，三四岁，直接记忆就这些。后来听说的就更多了。后来沙井村作为一个调查点儿，有一个要求，不许虐待。相对来讲，对沙井村好些，但后来有把各家铁锹拿走的事。

问：你说满铁调查团是另一种形式的侵略，是你自己的看法还是看了姓黄的书才有的？

答：早就有。

【解放前的私塾】

问：你是一、二年级在这儿上的？

答：一年级在这儿，二年级在那儿，上了一个月私塾，三年级就解放了。

问：五年级的老师是谁？

答：就是这位周（永兴）老师。

【农民对八路军和保安队的反应】

问：石门处在国统区和解放区之间，你听说过打仗的事吗？

答：那时已临近解放，反正白天八路军不来，晚上保安队不来。

问：顺义县这个大范围有没有战斗？

答：打牛栏山是一次大战斗，其他有些游击战国民党保安队只到河东，主要是控制铁路沿线，八路军白天不来，夜间随便。这儿是分界。

问：1949 年解放时有什么印象？

答：1948 年解放，当时我十岁（虚岁），以前对八路军有所了解，支援八路军的东西集中到我家，让别人送去。对国民党比较反感，他们要钱要粮，经常来，随便要，有些组织，如镇乡所，保安队，头儿开个条就要，能攒多少要多少，柴禾随便要。记得一个下午要了 14 次，这个村富户都逃了，保安队任意进各家拿东西，腐败到了极点。对八路军印象较好。有一年灾年，没吃的，还在扭秧歌，心情比较好，真心欢迎共产党。国民党要柴要粮征兵，开枪打死人，让人反感。

【解放前后小学教育变化】

问：学校变化最大的是什么？

答：一、二级在动乱中过来了，解放后广泛动员女孩上学，逾龄的女孩有十六七岁的也上了学，当时叫“劝学运动”，各村都有了小学，但我们村这个小学还是比过去人多了。

问：解放后校舍还是原来的吗？

答：是。

问：教学方式还是一样吗？

答：还是一样。

问：教学内容变了吗？

答：语文变得比较大，增加歌颂好的，反对迷信，反对地主的内容。

【破除迷信】

问：反迷信是不是全村都搞？

答：语文课上有个拉泥胎的故事，村里把庙里的泥胎破坏了，全村都参加了。

问：破除迷信除把佛像弄倒，还有什么举动？

答：各家都有佛龛，财神爷、土地爷等，从那时开始逐渐弄掉了，但不是统一的。这是从形式上，后来又对一些迷信的说法进行了批判，思想上的转变是个渐进的过程，年轻人容易接受，老人现在也不一定转变，有些事慢慢为人接受了，如过去认为刮风下雨有神灵，现在有了天气预报，人们也就明白了。

问：当时领导破除迷信的是谁？

答：书记是李祥林。

问：有没有组织？

答：没什么组织，不仅这个村，整个社会都这样，开始拉泥胎，后来巫婆、神汉也受到打击。

杨庆忠

时　　间：1990 年 8 月 22 日上午

访 问 者：笠原十九司　三谷孝

【巫医】

问：这个村有巫婆吗？

答：有神汉。

问：这个村的还是别处来的？

答：这个村的。

问：记得他的名字吗？

答：赵文有。

问：神汉是不是也以干农活为主？

答：是的。

问：破除迷信后，巫婆、神汉生活上怎么办？

答：还是靠种田，只是没了原来那些好处了。

【“先天道”】

问：这个村有个组织叫“先天道”，你见过他们活动吗？能不能介绍一下。

答：我只是听说一些，见过他们，但我当时很小，这个村的先天道的头儿叫王小之，北河村人，开始我也不知道他们的宗旨，听说，共产党想利用这支力量，给老百姓的印象是反日的，后来发现头头是亲日的，共产党就对他们不客气了。组织发展很快，强迫加入，这个村很多年轻人都参加了，不参加不行，让你站道口，惩罚性的。他们一人一个大刀，寄上黑绸子，每天练功，用刀背破肚子，自称刀枪不入。垮台前，我父亲也入了，因我三伯是头儿，反过来跟八路军发生了冲突，被打垮了，随之解散了，对这儿震动很大，但大家对他们没什么好印象。

问：穿的衣服跟平常人一样吗？

答：一样。

问：你大伯是杨润吗？就是那个镖长？

答：是的。

问：他还是热心于这项活动。

答：是。

问：同八路军打仗了吗？

答：他没去。

问：杨源是你什么人？

答：我大伯，他做买卖。

问：他是什么时候到城里去的？

答：他就一个人去，家还在这儿。

【小学教育】

问：你上高小时一个年级有多少人？

答：200 多人。

问：这个村有几人跟你到高小上学？

答：就我们俩，另一个叫李逢春，十多年前死于肺结核。

问：作为学生你觉得周永兴老师怎么样？

答：以前比较乱，解放后我第一个遇到的老师是周老师，他初中毕业，比我大十几岁。家里也是中农，白天教课，晚上教珠算，也没报酬，反映不错。教我们 3 个人，另一个因母亲生病，影响了学业，李逢春我们两个上了高小，石门的老师没法比，他是教私塾的，不会数学。给我的印象教学质量不错。尤其是数学，我学习不用功，时间很短，一、二年级说是两年，念一年半，因为乱。后来念的私塾，高小念一年半，原来城里是暑假毕业制，顺义属河北省，是寒假毕业制，不一样，所以差半年。在政治上周老师宣传解放不错，教学质量也可以，但周老师字不好。教我一年级的何权字就不好。我小时挺佩服周老师，写的标语对联，觉得挺不错。

问：你几个孩子？

答：3 个，最大的 20 岁，老二 18 岁，老三 15 岁。

问：这个村的小孩到哪儿上小学？

答：有上望泉寺的，有上石门的，现在望泉寺盖了教学楼，可能除一、二年级全集中到那儿。

问：石门学校从一年级到几年级？

答：一到四年级，暑假后可能就剩一、二年级了。

问：望泉寺小学招高年级学生？

答：三年级以上的，是乡办小学，不是村办。

问：为什么不设高年级？

答：目的是为提高教学质量，因为师资有限，集中起来让水平较高的教高年级，两个村的学生比较少，各个年级都设不够编制。都集中到望泉寺有交通问题，上学靠自己走，学生太小不合适，所以一、二年级还在村里。

问：石门的学校比较小？

答：是的。

问：这个村有多少学生？

答：约五六十人，每年出生 10 个左右孩子，孩子到年龄都上学。

问：升初中的比例是多少？

答：全部。弱智的除外，现在还没有弱智学校。

杜存新

时　　间：1990 年 8 月 21 日

访 问 者：中生胜美

【丧葬风俗】

问：你的父亲是杜湘？

答：是杜湘。

问：老爷爷呢？

答：那就不知道了。老爷爷故去的早。

问：不是杜王？

答：不太清楚。杜祥、杜春是叔伯，哥俩儿。

问：你哥哥他没有孩子？

答：有一个小孩小时就死了，有闺女已结婚了，闺女在和平里那儿大学当教师，毕业就留校了。

问：杜守天也是你们一家子？

答：是我二叔。

问：杜福新也是你的叔叔？

答：是哥们儿。

问：你哪一年出生的？

答：我今年 68。

问：满铁调查时记得清楚吗？

答：我不在家，在北京。

问：能讲讲你的经历吗？

答：我小时候家里困难，10 岁上学，上了 3 年小学。

问：沙井的小学吗？

答：就我们村的。

问：12 岁就不上了？

答：14 岁我就出去学徒了。

问：到哪儿？

答：哈德门（崇文门）外织布厂学了 8 个月，日本就进中国了，禁止童工。回家后又找了个事，在前门大街文一号学了两年徒，因为自己犯脾气不干了。18 岁时，就没再干什么，和二流子一样在家里晃悠。1949 年解放，要钱，赌博这些嗜好也没有了。我家有辆马车就入大车队了，于是我就赶马车了。每天拉小脚。

问：你的哥哥呢？

答：在家种地，冬天去北京当民工，后来一解放让他当社长。

问：你当过社长吗？

答：我没当过。

问：你几岁结婚？

答：17 岁。

问：你一个儿，一个闺女，谁是老大？

答：闺女是老大，快 40 岁。

问：你几岁时有了这个老大？

答：解放后，我 28 岁时。我小儿子也是解放后生的。

问：你儿子多大岁数？你儿子就在这儿？

答：没分家，在一起。他工作了。34 岁了。

问：属什么的？

答：属鸡的。就这俩孙女，都是女孩。

问：杜湘是什么时候去世的？

答：1962 年 80 多岁时，当时是困难时期。

问：那时丧葬白事跟现在不一样吧？

答：不一样，跟解放前也不一样。现在死一个花几十块钱送火葬场就行了。解放前，有钱的 42 大杠，和尚、喇嘛什么的。

问：你在时你祖父就没有了？

答：没有了，就我父亲一个人，我家四辈单传。

问：解放前你跟你哥哥分家了吗？

答：没分家。

问：你家那时几口人？

答：7 口人。

问：你知道解放前白事的习惯吗？

答：老人一死，搁床上，蒙上，烧香，化纸，有棺材后就入殓。

问：棺材是什么时候准备的？

答：早准备了。有钱人也许是柏木的、松木的，没钱的就是大伙现抓，钉一下就行了。还有用匣子的，太穷了就用薄木板一钉。接三，糊点儿纸事，富人糊得多，穷人糊得少，掀掀咧咧亲朋好友都得哭，接到外头一烧。出殡，有搁三天的有搁五天的；吹鼓手吹吹喇叭，敲小鼓，和尚老道也来念经。有钱的人家死了人，外头搭一灵棚，把棺材一停，摆十桌，亲戚朋友、老街坊来随礼。请家里懂的做的知事客。

问：念经哪里的道士来？

答：没准儿，有可能去老远的地方接去。

问：人死时什么时候穿衣服？死前还是死后。

答：家人看着就赶快换，叫装裹衣。

问：自己做还是外面买？

答：有做的，有买的。

问：男女都一样吧？

答：一样。去买也有好的，有坏的。

问：有帽子吗？

答：有。

问：还有别的衣服穿在里面吗？

答：没有。完全都得干净。

问：弄干净的是闺女、嫂子？

答：谁都可以。

问：帮忙的人也可以吗？

答：也可以。都是近人，自己的儿女，把头发剃了。

问：人死前还是死后做好？

答：死以前。死以后换上就行了。

问：有的老人快死了，还没死，换了衣服又没死，怎么办？

答：也得穿。

问：人死时把他搁哪儿？

答：就搁炕上。

问：头的方向？

答：把头洗了，剃了头。不讲方向。哪边儿都行，就是别冲东。

问：是不是把快死的人放在木板上？

答：是，单有死人用的，摘下门也行。

问：什么时候入殓？

答：没了的时候。外面准备好了，就入殓，把棺材一停，搭上灵棚，摆上供桌，香火烧着，干鲜果品供在上边。亲戚朋友哭。儿女在棺材旁跪着陪灵。到亲戚朋友家报丧，亲戚朋友多让街坊邻居帮忙通知。

问：什么时候报丧？

答：什么时候都行，死以后就行。

问：去报丧的是什么亲戚？

答：不是亲戚也成。

问：老大娘死了用不用通知她的娘家？

答：找个老街坊去报丧就成。

问：一家子全来吗？

答：对，一家子全来。

问：用不用通知一家的族长？

答：给家里人说就行。

问：人死了晚上怎么办？

答：旁边有人看着。

问：几个人？

答：三两人。饿了吃点儿点心，喝点儿酒。

问：她的儿子、闺女什么时候穿孝衣？

答：死了就得穿。

问：陪灵的人是孝子还是帮忙的人？

答：谁都成，帮忙的也都是一家子。

问：什么时候请和尚？

答：出殡的前一天就有办三天事的，有两天的。把和尚、老道请来。

问：你父亲死时有念经的吗？

答：没有，正在困难时期，正“四清”。我哥哥当社长，干部在门口瞅着，亲戚朋友都不让来，就一个棺材，几个人抬坟地去了。

问：解放前，人死后等两天做什么？

答：报丧，出殡时亲戚朋友来。自家闺女可以来。

问：小孩死没有那样吧？

答：没有。

问：到多大年龄才有那样的丧葬？

答：到二十岁就行，十六七岁也行，得分条件。有条件的十多岁就用棺材，但不像老人那样办，简单得多。小孩子用小匣子，穷的用席子一卷。现在没有听说死什么小孩，过去春天尽死小孩。

问：亲戚朋友都是第一天来吧？

答：出殡那天来。

问：报丧呢？

答：一死就报丧，订好几时出殡，几时接三。

问：晚辈都来吗？

答：分情况了。

问：叔叔大爷都来吗？

答：家里来一个就行，男女都可以。也许一个女的带个小孩，不规定必须谁来。

问：自己的孩子死了，你的哥哥就不来了吧？

答：不来。小孩死了，不办事。听说小孩死了亲戚朋友来打听打听。

问：怎么决定出殡？

答：自己决定。

问：是不是得找阴阳先生？

答：阴阳先生得找坟地，把先生接来。假如我死了得埋在时娘下首，定方向，打好坑，不管真算假算，就出殡吧。

问：什么时候挖坟墓？出殡时已弄好了吧？

答：是。

问：是什么样的人挖坑？

答：劳动力就成。

问：孝子不管吧？

答：不管这事。家里人不管，由邻居帮忙，亲戚来不干活，在屋里待着，在外边大棚吃饭。

问：帮忙的人去找阴阳先生决定坟墓的位置？

答：对，决定什么时候出殡好。

问：风水先生是沙井村的人吗？还是外村的。？

答：外村的，这村没有。一个村好几个呢，想用谁就请谁。

问：沙井村有懂风水的吗？

答：乔二斋先生就懂，不在了。小王村史二先生，还有一姓张的，那时请大仙，两人一念咒，大仙就附体。一问他就写两字。我家的坟地就是他们给瞧的。解放前我十多岁，西边杜家有块大坟地，在东边有块坟地，看了三年说这风水最好，解放后就平了，没有了。

问：是“土地改革”时平的吗？

答：改革后平的。1949 年解放，1950 年就平坟了。1949 年冬天分地，一年后入互助组，十户、八户一组，人多力量大，牲口也多，一起干，一年后就又入社了，给记工分。

问：出殡的时候很多人排队吗？

答：叫出堂。在灵堂把大杠、小杠绑好了，十多个人抬出去，往大杠上一撂，上好大棺罩，三十二个人抬。亲戚朋友都得在灵堂前哭；不哭也得跪着。然后出去。哭出殡的人都得在大杠前跪着，搁个小丧盆。大儿子撑幅，有孙子的也打幡，孝子都穿白布做的大孝服。有钱的一百多身大孝服，有货的，有买布的。老街坊的小孩来。三十二遍幡伞，四、六，一拨儿 8 个，一拨一拨的，和尚一拨，吹鼓手一拨。亲戚朋友都在外圈看着。把哭的人拉到坟地，道也尽是站着的人。合人像好不好，人缘好，跟这家好，跟死人也好。棺材抬起来了，走得很慢。抗呢一人一小棍有上供的支上。走得这儿了，摆上八仙桌，放上点心，烧上香，全家都磕磕头，然后散，把点心给小孩们一吃，就再走。说不定几份，三五份或十份八份，都放在街上。

哪家跟我们家关系好跟死人关系也好，就准备好，摆上桌子，供上，然后干鲜果品，烧上香，家里几个人磕头，再把点心给孩子们一吃，就又抬着走。人缘好的是这样，人缘不好的也没有。

问：有指路吗？

答：不用带路，都是出村不远。

问：出殡时向土地爷报告吗？

答：没有。

问：土地爷管人名吧？

答：不管。

问：亲戚朋友来送点心钱或东西吧？

答：拿供品，闺女、姑爷得挂幛子，买块灰布什么的，上面写上词句。

问：妇女死了，自己的家人得来吧？

答：必须来。

问：比如说婆媳关系很复杂，媳妇自杀了，媳妇的娘家很厉害吧？

答：娘家不答应，得打官司。我给你说这么一件事。枯柳树有这么一个人，跟我父亲是朋友，那时他是地主，要强奸他儿媳妇，儿媳妇就上吊了，娘家人来了跟他打官司，让公公打幡，婆婆把罐，出大殡。情况不一样，得分为什么自杀的。家里有父母亲的，哥哥嫂嫂的，全得管。这种情况很少，大部分家都比较和美。

问：你听说过媳妇自杀的吗？

答：没有。这里曾经有个妇女因为岁数大，又孤身一人，被病折磨的，跳河了。

问：什么时候？

答：解放后，自己没孩子。

问：出殡后回来请帮忙的人吃饭吗？

答：吃。中午、晚上没事了都请来，准备几桌。

问：请人挖墓，请人吃饭花不少钱吧？

答：棺材得花钱买。请先生不花钱，但得请吃饭。沏茶做细饭，吃完了饭陪着，挑好风水后还得陪伴着到晚上送回去。出殡时再请来，办完了丧事再送点礼。

问：出殡后第二天有什么事？

答：第二天就没事了。

问：第三天呢？

答：也没事，就是讲究三七、五七。像姑娘什么的来烧烧纸，烧烧香。三天后圆坟，用秫秸在坟头上搭个棚。

问：早上还是晚上？

答：早晨。

问：孝子、闺女都得去吗？

答：圆坟就孝子去俩就行了，三七、五七妇女去，闺女、儿媳妇去坟墓那儿哭。

问：上坟除烧纸外还有其他东西？

答：三七、五七只烧纸。出殡时，如果有钱，车、马、人、牛、童男童女、杠行等纸糊的，还有开路鬼、打饿鬼。

问：谁做这些东西？

答：有专门人做，有金山、银山、喷钱下面糊一大人，底下有一木头车，里头站一人，搁着纸钱往外喷钱。楼库，像大佛爷龛。全是纸糊的。

问：到哪儿烧掉？

答：坟地。

问：圆坟时带吃的东西吗？

答：供上点儿。

问：什么时候上坟？

答：清明。

问：过年时？

答：没有。

问：七月十五呢？

答：不上坟了，只在家上供。供包子，用纸糊糊包子，用点儿纸钱装里边，用纸写上祖先之灵，一烧。七月十五是供祖宗。

问：你父亲死时比解放前简单多了吧？

答：简单多了。

问：从什么时候开始简单的？不用棺

材了？

答：“四清”时，那时还有偷偷埋的。再过些年再埋就要罚你，扒出来也得火葬。实际上火葬更干净更好。修机场时，扒坟地时跑出好多蛇。可是在坟地里干活的人现在还是好好的，什么都有。火葬就干净了。

问：什么时候有火葬场？

答：六几年就有了。

答：你父亲死时还没有？

答：没有。

问：“四清”时有了？

答：有了。

问：家里的坟地，“土地改革”时就没了吧？

答：没了，就平了。

问：解放前很讲究坟地？

答：很讲究。我家的坟地就让南线的两个先生看了三年。

问：你家的坟地在哪儿？

答：庙的东边，改革时就拢一块了，没名了插一牌子，谁的就谁的，刚种一年就归生产队了。有名就是东大街的庙，两大街一百多亩。

问：小孩死了埋在家里的坟墓吗？

答：不。不能入坟地。

问：埋到哪儿？

答：随便埋哪儿，到村外挖个沟。

问：是沙井的公共坟地吗？

答：不是，哪儿都行。

问：那块地的主人很生气吗？

答：到坡坡、沟沟埋一深坑就行。

问：这有没有阴冢？死的男人和死的女人结婚。

答：没结婚的不能入坟地。

问：上坟时有清明会吧？

答：有，但很少，到清明这天，全家的男劳力都来了，买上供品、鞭炮，到坟地上上土，把供品一放，鞭炮一放。清明会那时有 10 亩地，谁种谁预备饭。

问：杜权山种这个土地吧？

答：对。

问：清明会经费的来源呢？

答：他种地，卖粮食就有钱了，但他的生活也有些困难，大伙就不让他花钱，要是不困难的就多买点菜，多打些酒，吃吃喝喝闹一天。那时有十家，石门还有两家，现在还有八家，好多家都没人了。像我家四辈单传，我哥哥 50 多岁就故去，就有一个女孩子，在北京教学。他没有小子，我们也没有。

问：杜家从哪儿来的？

答：好像是从山西迁来的。

问：石门的早还是你们早？

答：不知道了。

问：你们和石门村姓杜的有来往吗？

答：有来往。

问：起名时一样排辈吗？

答：不排了。

问：坟墓呢？

答：那时有在一个坟头。

问：也有石门村姓杜的坟墓吗？

答：有，在村西边。

问：你家的老坟跟他们的不一样吗？

答：不一样。各人有各人坟地。大坟地在房庄。

问：清明会时姓杜的都来？

答：对。

问：石门村姓杜的也来吗？

答：来。

问：在北京姓杜的也来吗？

答：来。每家去一男的，化纸，上供品。不为吃喝，是这么一个理。

问：有过继的吗？有从石门村来的吗？

答：没有。本村没有过继的。

问：没有儿子怎么办呢？

答：石门有一家就抱了一个，在车站

干活。

问： 人死后一定有坟墓吧？

答： 有。

问： 还有牌位吗？

答： 有的有，也有的没有。

问： 家里没有儿子，只有闺女，嫁给别人了，怎么办呢？

答： 那就算绝后了，由旁人代替。

问： 解放前谁上坟，谁管牌位是很重要的吧？

答： 不是，自己顾自己家。比方我父亲埋下坟了，上辈的都得管着，大伙儿都同样。

【街坊辈分】

问： 街坊有辈吗？

答： 有。

问： 你跟张锐是什么辈？

答： 张锐是我舅舅。我姥爷在本村。他是我母亲的兄弟。调查时我舅舅当保长。杨源家没人了，张锐家还有人。

问： 李广志呢？

答： 瘫了，跟傻子一样。

问： 李广志是你的亲戚吗？

答： 不是。我们论哥们儿。

问： 他叫你什么？

答： 叫我兄弟，叫我名字。

问： 有没有岁数小，但是爷爷辈的？

答： 没有。我们家辈大。孩子生得晚，别人家有的十七八岁就抱儿子了。我哥哥 13 岁结婚，没儿子。

问： 姓赵的有没有跟你辈一样的？

答： 有一个在北京，跟我差不多岁数。

问： 街坊的辈跟一家子的辈不一样吧？

答： 一样。

问： 叫法一样吗？

答： 一样。

问： 你有大爷吧，姓张的有没有叫你大爷那样的？

答： 都叫我老爷，孙子辈的叫老爷。兄弟都叫老哥。

问： 你的侄儿叫你什么？

答： 叫叔爸爸。

问： 杜村长叫你什么？

答： 叫叔叔，远着呢。十服都出去了。

杜存新（二次访谈）

时　　间：1990 年 8 月 21 日

访 问 者：中生胜美

【农民生活】

问： 那时家里的生活？

答： 在那儿吃得白胖白胖的，回家一晒脱层皮，待上三天不行，又托人给找个事。前门外有文一号，干鲜果品海货店，又去那儿了。刚去，织布厂又让我去，我没去。吃得好，最赖是土菜就米饭，织布厂只吃馒头。到家就吃不惯了。

问： 那时是吃磨的面吧？

答： 用牲口拉磨。吃麦子推都推不起。我们家有两头牲口，先套一头牲口推然后再换那头，一天能推几十斤麦子，那时，人饭量也大，每人最少半斤面。我家有七八口人。

问： 磨子、碾子 1950 年代后就没有了吧？

答： 有 20 多年没碾子。公社开加工厂，老农民都推着到那儿换。后来各村也都成立，用车拉着换面，一点点进化。

问： 日本军占领中国，刚解放，“大跃进”时，“四清”运动时，十一届三中全会后哪个变动最大？

答： 就是一解放，毛主席让“土地改革”，打倒资产阶级，地主、富农被斗争，这以后变化比较大。分土地一二年也就入社了，劳力都在一起干活，由生产队长管。

【分家风俗】

问：分家的多吗？

答：多了。那时沙井不到一百户，房子都是土的，只有几家是瓦房，解放后农民有点钱就都盖了房子。

问：高级社以后分家的就少了吧？

答：对。

问：“土地改革”时多还是现在多？

答：现在多。那时有几十亩地，把父母送终后，哥俩儿和美的就在一起，不好就分地、分房子。

问：解放前的分家和现在的分家一样吗？

答：不一样，现在好分。那阵儿分家就麻烦了，请好几个人，哥仨要分好了。互相商量。

问：管分家的什么样的人？

答：街坊能办调解的。

问：是中保人吗？

答：连当保人，分完了立一字据。

问：是舅舅吗？

答：最好找亲舅舅来。那阵人少，地方多，才一百多口人。那时，赵家是财主，杨家是财主，李家是财主，老杜家是财主。有的有七百多亩地，有的三百多亩，我们有一百多亩。

问：解放前为什么原因要分家？

答：没有原因。哥们好，姐们儿不好，就分。分开了，有心气，又能干，东西也当东西了。

问：闹分家纠纷最大的是谁家？

答：没有。

问：一般比较麻烦吧？

答：事儿多，家产多，就麻烦。

问：张昆、张锐分家了吗？

答：没什么事，就 100 多亩地，张昆、张锐是叔伯哥们儿，不是亲的。没老人了，才分的家。

问：这有四世同堂的吗？

答：没有。三世的都没有。

问：娶媳妇就分了吗？

答：张昆、张锐是等我姥姥死后才分的。

问：姥爷在的时候没分吗？

答：没分，也不敢分，老爷子压得住。

问：怎么分房、分地呢？

答：假如说，这儿有 30，那儿有草场地 20，好赖搭配。

问：得到自己喜欢的土地，还是中保人分？

答：分家时编排好，他房子好，少给点地。他房子少，多给点儿地。

问：分家时有特别的仪式吗？有没有像请灶王爷那样的？

答：没有。只请请保人。

问：分家后做饭就分开了？

答：分家后吃散伙饭，请保人。

问：分家前借了钱那怎么办？

答：均摊。如果一个人还，多给几亩地。

问：房子、地都写下来吗？

答：都立字据。写字、画押，保人盖上印。一人一份，都写一样，分什么写什么。

问：这叫什么？

答：叫地契文书。

【解放后的农民家庭生活】

问：什么时候不做鞋、做袜？

答：一入土地社，1950 年后就不做了，没时间，得去生产队劳动。不去罚你。那时不像现在机械化，现在有五百多亩八十来个人就行。那时麦秋一个月也完不了。麦子割下来，拉家里，晾场上，套上牲口再压场，要赶上雨麻烦着呢，那时靠天吃饭。雨水好就打得好。

问：现在村里还有养牲口的吗？

答：没有，我以前有两头骡子和车，孩子搞运输去了，现在坏了，骡子借给我外甥了。

问：解放前你们做布鞋吗？

答：布鞋、布袜，袜底用针衲上边挺厚。

问：解放后要布票吧？

答：有布票，吃粮食也定量了，现在没有了。

答：布料容不容易买？

答：用布票买。

问：够不够用？

答：不够用，那时正是过渡时期，正给苏联还债，火车成天装粮食，哪天都得走几趟，粮食够吃就是这几年。以前一人就给三百多斤，农民饭量大，又喂猪、喂狗。那阵儿口粮太紧张了。现在来了十口八口也没问题。那时我姥老爷来，就给一小窝头，也挺美。那时就中午吃一顿。

问：这里没饿死的人吧？

答：没有。有到北京吃得撑死的老人。

问：现在很幸福了？

答：现在是幸福，那时一般都是小土房，孩子说要喷漆，我说，老农民这样就不错了，知足常乐。

问：姑娘来给带点什么东西？

答：五箱白酒、啤酒。

李广明

时　　间：1990 年 8 月 22 日下午

访 问 者：三谷孝　内山雅生

【看青】

问：您叫什么名字？

答：李广明。

问：您父亲叫什么名字？

答：李庆元。

问：李庆言是？

答：是我家叔叔。

问：过去搞过“看青”吗？

答：对。

问：关于这方面的情况您给介绍一下？

答：好的。他雇一个人，一般就他一个人。

问：你记得谁帮过他“看青”？

答：那一阵子就他一个人，还没找过别人。

问：还有一个李广德，他也有过看青。

答：对，他也看过，他属于负责的。

问：李广言看时手里拿武器吗？

答：旧社会看青，就拿着水火棍。

问：他看了青以后就得到什么钱呀、收入呀？

答：工资到公所来拿。

问：庄稼收获以后怎么办？

答：收割后，一亩地可以赚两把柴火。

问：一茬看青到什么时候？

答：种子收完以后就完了。

问：你看见过李庆言看青吗？

答：看着，名义上是看青，实际上谁偷？没什么人偷。偷的话就掰两斤棒子。咱们村子东家的种，有人偷，撞着了，罚他两三毛就行了。

问：他一直到哪一年结束的？

答：咱记不清了。

问：解放以后还有看的吗？

答：没有了。由人民公社来代替看了。

问：那时偷人民公社的什么东西？

答：也很少有人偷。也没有多少人晚上去看。

问：打更您知道吗？

答：打更在这儿隔一更打一次，三夜打

三更。

问：不管打更也好，看青也好，就是在你们村子路口那儿有什么标志没有？

答：没有。

问：村里的人都知道今天有看青、打更吗？

答：都知道。比如看青吧，村里雇人，经常留意，大家都知道。

问：解放前有看青，解放后就没有了，是吧？

答：对。

问：解放前看青的很有力气，解放后就搞村里的治安啊什么的，是吧？

答：对。

问：当时李庆言和他妈妈住在一起，是吗？

答：我奶奶早就去世，解放前就去世了。

问：他结过婚没有？

答：结过婚，有一个孩子也死了，就他一个人。

问：他的夫人呢？大约哪一年？

答：比我奶奶死得还早。哪一年我记不得了。

问：你父亲是李庆元，他帮助过李庆言看青吗？

答：那不用他帮。

问：你叔叔当时担任过队什么重要职务没有？

答：没有，生产队给他一点小零活。

问：因为他解放前看过青，解放后没有追究他是吧？

答：没追究他，没什么。

【教育】

问：您今年多大了？您父亲高寿。

答：我65岁。

问：您上过学没有？

答：上过小学。在山北小学。

问：你还记得山北吗？

答：还小。记不清了。当时几岁时，没有烧油灯和“洋火”。

【“天天照”会门】

问：有“天天照”的组织吗？

答：城里有。南边的杜葛庄的“主持人”在北京，那儿有很多参加这个。

问：这个村子有人参加吗？

答：记不清，但这儿有一个谱子。

问：“天天照”举行过什么活动吗？

答：活动就是三道口，村子口有道口，在那儿集会，不入的话，什么活也别干。

问：这个村大体上有多少人参加这个组织？

答：刚开始有三个。

问：名字您记得吗？

答：他们叫杜锁贤，杨仍，已经死了，还有张史供，他在北京。

问：当时“天天照”有什么特别训练？

答：没有。

问：加入有什么好处呢？

答：在国民党时期，要粮食不给，要男人不给，加入就不用给粮食。

问：当时把人们聚集在路口，劝他们入道，劝的人是本地人还是外地人？

答：外村来的人。

问：他们带着特别的帽子、刀子之类的？

答：戴一块青包，刀子一般得有。但已有镖枪。

问：“天天照”的组织形式在解放以后有什么变化？

答：因为解放后搞“四清”，就没有了，也是通过“低头认罪”。

问：杨仍呢？

答：在解放以前就走了，干一些不务正业的事。

问：有一个叫杨源的人？

答：他是上头村的村长，和张瑞是正、副村长。他以前在顺义村里开一个首饰铺，做首饰和小孩们戴的玩具。

问：他干了几年以后回来了？

答：对。在这个村去世，有十来年了。

问：日本人打过来，他和日本人交涉，后来没有被追究，是吗？

答：稍微问了一下，“文化大革命”被打成贫农，没有他的亲属（没后代了）。

【看青】

问：李庆言看青，黄昏时几点出发，藏在何地？

答：他不让你知道。

问：看青有没有在地里盖一座小屋子？

答：没有，他的行踪谁也不知道。

问：一般他站在什么地方？

答：分圈。

问：这个范围和村子的地差不多？

答：也不完全是，你们村也有我们的地，我们村也有你们村的地，所以看青也有跑到你们村去的。

问：外村的人也求李庆言来看青吗？

答：两个村的地接地之处，两个村的地都看。

问：当时像邻村如石门村也有看青的吗？

答：也是。

问：你见过他们吗？

答：见是见过。

问：邻村的看青有什么感觉？

答：性质都是一样。石门村的个子不高，嘴唇很厚，叫卢万春还是卢万成的。很有力气。

问：像李庆方、卢万春都参加“天天照”？

答：他们岁数都大，没加入。

问：他们多大？

答：也六十几岁了，都上岁数了。他们差不多。

问：李庆言除了看青，还要参加收税等活动吗？

答：不，收税村里有“青苗会”。

问：李庆言除了看青，还干些什么？

答：什么也不干了。

问：看青晚上看，白天看吗？

答：白天晚上都看。

问：那他没有睡觉时间吗？

答：那你不知道，他有睡觉时间。

问：村里的人知道他藏在哪里？

答：人与人不同，木与木不同。人有小气的，也有大方的，谁的品行怎么样谁知道，就要看骨气。

问：除了李庆言看青，还有什么人干？

答：没有。你想晚上不睡觉，蚊子咬，谁愿意看青？

问：假如一些人没有劳动力，没有依靠，来看青，行吗？

答：那不行。

问：看青的人很受大伙信赖？

答：嗯，人很细腻。

【搭套】

问：您知道“搭套”？

答：解放以后的，那叫互助组，你的地我也干，我的地你也干，解放以前也有。

问：你自己帮过别人吗？

答：有过。

问：一般你帮过谁？

答：谁找我啦，我就帮。

问：“搭套”持续到几年？

答：在解放前和互助组一样，互助组时就没有了。

李广明

时　　间：1990 年 8 月 22 日下午

访 问 者：内山雅生　三谷孝

【看青】

问：您的名字？

答：李广明。

问：您的父亲？

答：李庆原。

问：李树原呢？

答：他是我家叔。

问：过去看过青吧？介绍一些这方面情况。

答：麦子长高后，去看着，防止别人偷。

问：就自己一个人看还是有别人？

答：一个人看不过来，就去找别人。

问：记得谁帮过他？

答：就他一人看。

问：李广德也看过吗？

答：看过，他是我叔伯哥哥。

问：当时李树原看青时拿什么武器？

答：就一根棍子。

问：看青给什么报酬？

答：工资由会上也就是村公所给，庄稼收获后给他留点柴火，他收了去卖。

问：他看青看到什么时候？

答：到庄稼收完时。

问：看到过他抓住小偷吗？

答：没什么人偷。偶尔有人偷几个青玉米就撞钟，由保长来解决。

问：看青到哪一年结束？

答：解放以后就没了。以后生产队派人轮流照看。

问：人民公社时呢？

答：那时没有贫富差别，都没什么人偷。

【打更】

问：你知道打更吗？

答：过去更夫拿梆子，一夜敲三回，小偷小摸闻声而去。

问：看青也好，打更也好，在路口有无标志？

答：没有，村里人都知道是谁。

【李树原】

问：李树原解放后不看青了，他以什么为生呢？

答：到生产四队劳动。

问：他很有力气的，为什么不让他负责村里治安？

答：他岁数大了。

问：他跟母亲住在一起吗？

答：解放前我奶奶就去世了。

问：他结过婚吗？

答：结过，有一个孩子也死了。

问：他夫人呢？

答：我婶子比我奶奶死的还早。

问：你父亲帮他看过青吗？

答：不用帮。

问：李树原在村里任过要职吗？

答：没有，他岁数大了，队里给他点零活。

问：解放前村公所安排他看青，解放后没追究过他吧？

答：没什么可追究的。

问：你今年多大了？

答：65 岁。

问：你上过学吗？

答：我上过小学，山本来时我正念书。

问：你还记得山本吗？

答：记得。

问：印象如何？

答：我还小。他一年来几回。给这村送煤油和洋火。

【“先天道”】

问：这个村有先天道吗？

答：这村也有，主要是在南边杜各庄。

问：这村有参加先天道的，举行过什么活动？

答：让你看道口，迫使你加入先天道，你若不入，家里活儿就干不成。

问：这个村大体上有多少人入？

答：开始时有仨，杜钦贤、杨润、张守俊这些人都去了。

问：他们进行过什么特别的训练？

答：没有。

问：参加先天道有什么好处呢？

答：要粮不给，要青年也不去。

问：动员入道的是外村人吗？

答：外村的管这事。

问：他们当时带帽子和刀之类的吗？

答：没有，每人有个蓝包袱，杜各庄那边有刀和矛之类的东西。

问：先天道解放后有什么变化？

答：“四清”后就没了，让他们低头认罪。

问：杨润解放后住在这儿吗？

答：解放前就去北京了。

问：为什么去呢？

答：他三闺女在北京。他不务正业，家当光了后就去女儿那儿了。

问：还有个叫杨源的吧？

答：他是我们村的村长，从山东来时同张瑞一正一副。

问：他后来也去了吗？

答：没有，一直在这里，他在顺义城里开了个首饰铺。

问：后来又搬回来了？

答：解放后回村的。

问：他在这个村去世的，约在什么时候？

答：大约十来年了。

问：日本人打过来时，杨源同日本人打交道，后来没受共产党追查吗？

答：问了一下，主要是因成分关系，他被划为富农。

问：家属有吗？

答：他没儿子，只有女儿。

【看青】

问：李树原看青几点出发，藏在什么地方？

答：没准，不知什么时候出去。

问：地里有小屋子什么的吗？

答：没有，也不知他什么时候出去，在什么地方。

问：一般在哪一带？

答：分圈，也就是他管的范围。

问：这个范围是不是指村里的地？

答：我们这儿的地乱插花，我的村有他们村的地，他们村有我们村的地，在他们村的就由他们村看。

问：外村在你们村的地他管看吗？

答：管，互相交换。

问：邻村像望泉寺、石门也有看青的吗？

答：都有。

问：邻村看青的人你见过吗？

答：见过。

问：见邻村看青的有什么印象？

答：石门村的名叫刘万成，外号“厚嘴唇”，个子不高。

问：看上去很有力气吧？

答：对。

问：刘万成加入先天道了吗？

答：年龄已大，约 60 岁了。

问：李树原比较年轻吗？

答：差不多。

问：看青的管收税吗？

答：不管，村里有青苗会。

问：除看青还干什么？

答：不干什么，年轻时种过瓜。

问：看青是在晚上，白天干什么？

答：白天也看。

问：没时间睡觉了？

答：他睡觉，你不知什么时候。

问：村里人怎么知道他在哪儿看青？

答：人与人不同，木与木不同，有小气的，有大度的，专看那些小气的就行了。

问：这个村还有其他人想看青吗？

答：没什么人愿去，晚上在地里挨蚊子叮，再说这村也没什么闲人。

问：无依无靠的人来这儿看青可以吗？

答：不行。

【搭套】

问：还有搭套你知道吗？

答：一个牲口不够用，互相帮忙。

问：你给人帮忙吗？

答：赶上雨天，庄稼拉不回来，我就去帮，谁找我我帮谁，只要我有时间。

问：搭套持续多长时间？

答：解放前跟互助组差不多，个人单干，没牲畜，有人，以工换畜，你地里的活儿我帮你干，我地里的粪你帮着送。人民公社时期就没了。

郭素兰

时　　间：1990 年 8 月 19 日

访 问 者：末次玲子

翻　　译：密　萍

同 席 者：史庆芬（村党支部副书记兼妇女主任）　张树林

【妇女起名】

问：问一下这家的家长的名字？

答：张树林，商淑兰。

问：想问一些问题，你丈夫的名字？

答：没在家，牺牲了。李广山，他是烈属——战争年代牺牲的。

问：您知道您丈夫的父亲的名字吗？

答：我知道我的父亲，他的父亲不知道，我一来就死了，压根没提过名。

问：想问您年轻时的事。

答：年轻时就种地，念不起书，压根让念书念不起，我爸 5 个闺女，念不起书，就种地。

那时年轻，解放时去大队照相，我们每个人都照相。

问：相片吗？

答：对。

问：您过去的名字？出生以后起的名，起了吗？

答：有小名，叫桔子。

问：结婚后叫什么名字？

答：郭素兰。

问：你什么时候起名？

答：以后登记叫什么名字就起了，解放后，成立中华人民共和国，成立生产队，取消了张氏、李氏，说起名就起了。日本人在时就起了。

问：是日本占领时起的名？

答：对。男的有大名，妇女也起名。

问：是什么军队？在哪？是共产党的军队？

答：对，共产党来的时候，天津解放时，从湖南来的证明，当时困难，大队照顾种地。来信说是第四野战军。

问：司令员是谁？

答：四野是林彪。

问：中国过去妇女没学名，结婚后叫氏之类，您的学名是这样起的。问您娘家情况，您是哪年生的？娘家是哪村的？

答：大营村，北边顺义县马坡乡大营村。

问：离这里远吗？

答：8 里地。

问：您父亲也是农民吗？

答：也是。

问：你们姐妹 5 个？

答：姐妹 5 个，有一个弟弟。共 6 个。

问：你母亲也干农活吗？

答：对，那时没文化，全种地。

问：在家受到什么家教？

答：教种地，去田里干活，做点针线活，做衣服。

问：从很小时就干活吗？

答：干活，5 个姑娘都下去，我最大，12 岁跟着拔苗去。

问：过去男的女的不说话？

答：那时不像现在想怎么样都行，生活困难全干活，不像有钱人不出屋。

【结婚礼俗】

问：您和您大丈夫怎么认识的？

答：有说媒的，媒人一说，拿一小贴写上字，你上了贴再说不给就不行了。

问：结婚前两个人见过面吗？

答：没见面，给你好赖都算着。

问：没照相吗？

答：没有。

问：拜天地吗？

答：跟电视上似的，有轿子，坐过轿子，就是一拜天地，二拜高堂。

问：坐轿子和现在不一样吗？

答：对。

问：也拜天地吗？

答：拜天地，拜祖宗，拜佛。

问：闹洞房吗？

答：那阵没闹洞房。

问：你结婚时公婆在吗？

答：没公公有婆婆。

问：你们是住在一起吗？

答：婚后住一起。

问：一般都和公婆在一起吗？

答：对，那时不许可分家。现在的家庭都小。

【缠足】

问：那时缠足吗？

答：对，缠足。

问：什么时候不缠足了？

答：解放后，下地干活，当干部到处开会。

【妇女工作】

问：当队长是何时？

答：解放后。

问：那时忙吧？怎么组织妇女活动？

答：当妇女队长，一队一个，领着干活。一村两个生产队。

问：妇女全参加？

答：妇女全是妇女队长管，有小组长分配活。

问：有多少人有小组长管？是否住一起？

答：不住一起，干活去队上。

问：组长管多少？分几个组？

答：班组不固定，人员不定，队长组长固定。

问：为什么？

答：组员 50 ~ 60 人，活杂，工种多，没法固定。

问：那时最麻烦的活是什么？

答：最难的是扬场，那时没扬场机，有的会，有的不会，不会的干别的。

问：没扬场机吗？

答：全靠人干。

【婚姻法】

问：解放后颁布了《婚姻法》记得吗？有什么活动？

答：五十年代大张旗鼓地宣传《婚姻法》，婚姻自主。过去都包办。我正赶上提倡自由，反对包办。

问：是小组宣传吗？

答：大队没广播，有一个人在村子里开会说，站在高处，说婚姻自由好，在黑板上宣传。

问：这以后有何活动？

答：就是广播，写板报开会讲，党团组织讲，讲《婚姻法》的好处，当时挺受妇女欢迎的，大家高兴。结婚前不认识，对方有缺点也不能离婚，新的《婚姻法》自由结婚。

问：那时可离婚吗？

答：可以，《婚姻法》一颁布离婚的不少。

问：这个村当时有离婚的吗？

答：咱们村没有，国家干部和当工人的离婚多，地位相差悬殊，男的是干部或工人有文化的，家里媳妇没文化，这种离婚的比较多。农民就少，沙井村没文化的多。

问：您结婚是什么时候？还是日本侵略时？

答：我 19 岁结婚。那时抗日战争结束了，国民党时代了。

（翻译）**问：**她主要研究中国妇女问题，书上资料很少了，想问《婚姻法》的事，1950 年颁布的，1953 年贯彻活动，您说宣传《婚姻法》是 1953 年吗？不记得了。您住城里吗？

答：没有，“土地改革”后婚姻法贯彻发展得挺快的，因为有了《婚姻法》，离婚就出现了，土地革命和解放同步进行，1949 年解放了，国家颁布《婚姻法》、《土地法》，1950 年代进行了“镇压反革命运动”和“三反”“五反”。

【“三反”“五反”运动】

问：“三反”“五反”您也当干部吗？

答：这以后不当了。

问：农村“三反”“五反”怎么展开的，还是宣传吗？

答：就得实际行动，以前干过伪事的，投靠敌伪的，肃清反革命这方面比较厉害。“三反”反贪污，反浪费，反官僚主义。

问：那时地主富农都被镇压下去吗？

答：地主富农还是那样，还一样参加生产队劳动，罪大恶极的地富被镇压了，这个村没有。

问：这些地方一般都搞宣传吗？

答：对。

【妇女参加劳动】

问：“土地改革”后，农村主要的变化是 1952 年互助组，1954 年初级社，1955 年高级社，1958 年人民公社，以后是不是农村妇女参加劳动的就多了？

答：对，有了互助组妇女就从家庭走出来参加劳动了，1954 年成立初级社后大部分都出来参加劳动。

问：那个时候当干部的一定很累吧？

答：对，那时共产党的干部真是脚踏实地，那时组织干部到每个村，每个村都有，宣传成立合作社，宣传走合作化的好处，像我没在这村，我在我妈那村，我挺小时，就在我们家开会，我印象相当清楚，我 1952 年上的学，县里干部到村宣传去，宣传走合作社的好处，将来电灯电话、楼上楼下，现在都实现了。人们自由。

问：那时妇女参加劳动吗？

答：妇女参加劳动多了，青年妇女活动挺活跃的，妇女走出家门，成立秧歌队，妇女扭秧歌，刚解放心情舒畅，街道、村自动组织，搞宣传。

问：心情是否高兴？

答：高兴。

问：那时您也扭秧歌，参加宣传活动吗？

答：对，我那时上学了，学校组织。

问：您是这村生的吗？

答：不是，离这不远，15 里张文庄乡马各庄村。

问：明天随时想来问一问您？

答：可以。

问：您也扭秧歌吗？

答：没有，妇女不扭，男的打扮出来扭。

【识字班】

问：那妇女干什么？

答：妇女识字班学习，学文化扫盲。

问：在庙里学习吗？

答：在大队庙里学习。

问：那个时候女的上学的很少吗？

答：那时没文化，念识字班，小学老师教我们，业余时间扫盲，全让识字，忙干活识不了几个字，时间长了就扔了，白天干活晚上学习。学文化就记住“厕”字。

问：那时教你们的是何权吗？

答：不是，就这村的姓周，周永兴，何权也教过。

问：他那时很年轻吗？

答：现在 50 多了。

问：现在还在吗？

答：在。

问：这家在哪？

答：过去在那边，现在那地方大儿子住着，现在是二儿子住着，以前的地方也是亲戚或家属住着，搬别的地方住。搬地方是个人申请，大队批准，原来的地方还是自己家的。

问：您家在这里吗？

答：在这，他们住这，前面是孙子，旁边是儿子，原来他们的房地没动，都是他们老李家。

【妇女干部】

问：您和孙子在一起一定很幸福吧？您在村里当队长干到什么时候？一直到多大年纪？

答：一解放就干，生产队有时还干。多大年纪不干，记不清，20 多年了。

我来这村就不干了，1969 年我来的这村，就不干了。那时是丰秀英当队长，那就改了。

问：1950 ~ 1960 年代您干了十多年，反正解放后就干，丰秀英前就是您吧？

答：我干完了就他们，属我在先。跟李相林同时，解放后一直是老劳模，李相林那时是老干部，1952 年入社到 1964 年。“四清”之前，劳模让我入党。

问：您赶上“小四清”没有？到牛栏山去开会没有？

答：景春接手了，那时我就下来了，1964 年就下来。劳模找我让我干，我说有他们干我就不干了，1964 年丰秀英完了还有一个，邹淑云，这个人不在去世了，李德英第四位。

问：再下是你吗？

答：我没干过妇女队长，一直在大队。

问：“大跃进”时您还干吗？

答：对。我们干那时最累，南征北伐，全晚上干，满子营修大渠，搞水利工程，十字堡修大桥。全去过，堤台都我们修，就那时累。

问：孩子还很小吗？

答：是，永春 10 多岁，正念书，同现在当书记的同岁。

问：您几个孩子？

答：两个，一男一女，大的闺女嫁出去了。

问：那时都带头吗？

答：对，带头。

【生活感受】

问：最值得您回忆的是什么？

答：是吃的充足。

问：因为累生病的人有吗？

答：没有病。因为总干活。

问：别的人有病吗？

答：吃的不充足，没有饿死的。

问：出去的人有吗？

答：没有，比较来说全国这地方还可以，全国不少人死了，国家最紧张，这个村没死人挺幸运的。

【幼儿看护】

问：那个时候干活，孩子有托儿所吗？

答：有，动不了的老人看孩子，大伙把孩子全搁在这。

问：现在这个村有托儿所吗？

答：叫幼儿园。

问：有多少人？

答：40 多人。从三周岁到学龄前的。

问：当时有多少小孩让老人看着？

答：家里有老人的不用放，没人的找老人看。

【生育风俗】

问：是不是女的生完小孩，男的不让进？

答：对，那时不让进。

问：现在可以了？

答：现在不论这个，上医院生去，现在在医院男的总看着。

问：有多少天让进？

答：有的满月，也不一样，有老人的不用，没老人的也得进去。

问：为什么？

答：老人事多，儿子在外面上班，不让进。

问：为什么？

答：主要是运气。

问：怕对老人健康不好？

答：不是。妇女生孩子男的进去不好，我的几个孩子我都没进去。

问：对男的不好？

答：对，冲运气，在外做事不好。

问：到什么时候有这个习惯？现在还这样吗？

答：解放以后就没有了，破迷信，解放思想。

问：是不是因为解放后宣传？

答：是的。

问：是不是 3 天后洗澡？

答：给小孩，对。第 3 天洗澡，小孩有味，洗干净就没味了。

问：现在生下来马上就洗？

答：对，现在在医院，不在家里。

问：医院在哪？

答：就在县城，挺近的。

问：以前在村里有接生婆，现在还有吗？

答：没了。

问：生男孩子女孩子时送什么东西庆贺是不是一样？

答：现在一样。

问：以前重男轻女，有大喜小喜之分吗？

答：现在一样。

问：一般人生了孩子一村都庆贺吗？

答：不全去，经常交往不错的，月子里

都去看去，要是满月，想办事，这村都贺去。

问：您累吗？

答：不累。

董玉荣

时　　间：1990年8月19日

访 问 者：末次玲子

【妇女受教育状况】

问：你叫什么名字？

答：董玉荣。

问：你丈夫的名字？

答：杜广新，没了。

问：他是杜春的孩子？

答：对。

问：娘家是哪人？

答：东丰乐。

问：姐姐几个？

答：就姐俩。

问：没弟弟吗？

答：没有。

问：就一个姐姐？

答：不，就一个妹妹。

问：你去过学校吗？上学吗？

答：没有，家里穷上不起学。

问：这个村有学校吗？

答：有学校。

问：当时东丰乐有学校吗？

答：有。有钱的上学，穷的上不起学，没钱上学。

问：那个学校有女的上学吗？

答：有。

问：过去受到许多家教？你接受过什么家教？

答：穷人受有钱的人的支配。穷人家有什么，打麻绳，做针线什么的。

我爸在我17岁时去世了。我妹4岁，我妈拉扯我们过。

【妇女交往禁忌】

问：比方你家来客人是男的？也接待吗？

答：没有，穷人没亲戚，我的老家近，只一里多地，我舅来了到这不吃饭，就走了。

问：你也可以见吗？

答：舅来了哪能不见。

问：如不认识的男人怎么接待？不认识的？

答：不认识的也没有，家里没有男的，其他男的不能上人家串门子。

问：如果你父亲在的时候？

答：父亲在外做木匠活，县城有木匠铺，那时总死人，做棺材。

问：你家没男的，男的也不许来？

答：对。

【婚姻礼俗】

问：你什么时候结婚？

答：21岁结婚。

问：多少年？

答：1947年。

问：解放后吗？

答：没有解放。

问：抗日战争结束了吧？

答：对。

问：你结婚和丈夫怎么认识的？

答：有人介绍，以前不认识，他跟我沾亲。

问：您记得介绍人吗？

答：记得，死了。

问：给您介绍的是和您一个村吗？

答：不是，姑或姨介绍，比如说姑姑说给你找婆家，还有街坊的。

问：你不是 21 岁结婚吗？这个时候都这么大？

答：一般 17 ~ 18 岁结婚，我是大的，那时都小。17、19、21 岁，21 岁是最大的。

问：因为你妹的缘故吗？

答：我妹 22 结婚。

问：你妹解放后了？

答：对，她解放后，我比她大 13 岁。

问：你结婚前和母亲、妹妹在一起吗？

答：对，17 那年准备结婚。爹死了，晚点结婚吧。

问：你丈夫也干农活吗？

答：干农活，扛长工打短工挣钱，那时累活都他干，一辈子干活的命。受累。

问：打长工是在外住还是回家住？

答：有的近回家住，扛长活不在家，整天扛长活，管点事，人家干什么叫他去，他就走了。家里一概不顾。

问：你丈夫打长工去，你在家干活吗？

答：在家干活，那时没多少地，就是干菜园子，他上外面干去，家里就 3 口人。

董玉荣　史庆芬

时　　间：1990 年 8 月 20 日下午

访 问 者：末次玲子

【婚姻法】

问：结婚后在这个村参加过妇女活动吗？

答：没有。

问：1949 年解放后，您孩子是不是挺小的？哪年？1949 年前有孩子了吗？

答：大孩子叫杜江，我那年 25 岁。

问：你有几个孩子？

答：两个。

问：第一个孩子是男是女？

答：是男的。

问：也在这村？

答：在拔丝厂。

问：您还记得解放后颁布《婚姻法》的情况吗？

答：没有，不记得，那还没赶上。

问：您赶上了，就刚解放，《婚姻法》颁布了又搞宣传又扭秧歌？

答：那我没去，老头子去过。

问：昨天郭大娘说这个村的全是男的没有女的扭秧歌，学校里女生怎么样？

答：没赶上这个。

【“大跃进”】

问：“大跃进”时您还记得吗？

答：那时干活，累活，那时扛铁锹挖地，杜江在后面跟着我跑，那时不去不给饭吃，不干活不给饭吃。

问：修密云水库您参加了吗？

答：没去。我老头子去过。他去了我家没人，我就看孩子。

问：那个时候没有人给你看孩子？

答：没有，一天挣 7 分，看一天给人家 2 分，孩子在外边跑。

【土地改革】

问：那时不是“土改”吗？分到土地您也挺高兴吗？

答：高兴，有的家有地，有的没地，分点地就喜欢。

问：分了多少亩？

答：没多少，人少有 2 亩够了，还要地的话人家给，人多多给，少了少给。

问：你家 2 亩地，那时有孩子吗？

答：那时没孩子。

问：就 2 亩地，您生活还可以吗？

答：怎么算可以，凑合着，有菜园子，

就卖菜买点粮食吃，那时也行。

【生活变化】

问：那时像豆腐是自己村做，还是买？

答：买粮食，豆腐，有卖的，也有用粮食换的。

问：您买吗？

答：没有就不买。

问：这个村自己做的？

答：对。

问：以前做豆腐吗？你们是用豆子换回豆腐？

答：那时买不起好豆腐，就买豆腐渣，豆腐渣没人买，什么叫豆腐，人家送盒豆腐渣吃。

问：您吃豆腐是用豆子换还是买着吃？

答：用豆子换着吃，哪有钱买。

问：和现在生活水平没法比了？

答：对，真没法比。

问：生活变好了是什么时候？

答：孩子也大了，挣的也多了，粮食也丰收，多打粮食，钱也是多了。

问：十几年前还是二十几年前生活就开始好了？

答：一年比一年强。

问：觉得是十几年前还是二十几年前？

答：还是 20 年前。

问：生活好了，不再吃豆腐渣了？

答：不吃豆腐渣了，我那大儿子还念书了，甭提那时候事，豆腐渣吃一顿是一顿，就吃豆腐渣，吃一顿，炒一顿，这刷锅水都比那时炒菜油多。

问：自来水是从 1960 年代开始的吗？

答：刚安的，自来水不长。

问：打水很困难吗？

答：挑水吃。

问：有井挑水吃？远不远？

答：东边有一个大坑。

【家务分工】

问：您又干活又干家务吗？

答：农活家务活全干，白天上农业社干活，中午吃完饭不睡觉，就干家务活。

问：男的不干家务活？

答：干，他也干，看孩子，没熟饭，在家也干，做饭，光指望我一个人不行，他也干。

问：光女的干男的不干？

答：没有，咱这没这个习惯，男的也干，女的也干，家家都干。也不一样，他比别人强，家里就我一个，他帮我，都得干活去。

问：她夸你丈夫干家务活。

答：真干，昨日我说养了两盆花，长了小虫，给熬药，熬点药放了一锅汤，熬完药用炊帚刷那锅去，那锅还要炊帚刷去。我俩坐着都比他们生活好，只要吃他们就得熬，起来遛弯去，回来吃饭。

问：现在生活很好了吧？

答：对。

【起名】

问：你丈夫很好，不用你参加运动，有孩子在家看孩子，想问问你，你爱人的名字？

答：杜怀。

问：有兄妹几个？

答：有弟弟妹妹。

问：您上过学了？解放后的，解放前的？那您也有小名？

答：小时叫玉荣，跟我大名一样，这是街坊有一个奶奶给起的。县城的姐姐叫玉兰。这个名字上学以后起了，小时候叫，上学也叫，一大了，14 岁后父母就不叫了，一上学老师叫学名。

问：进学校后有一段时间叫玉荣？

答：不，就父母叫。

问：您女儿还起小名吗？

答：小名和学名一样，都叫爱军。

问：就说生下以后就起了学名？

答：直接生下以后叫爱军，上学以后叫杜爱军，没起别的名字。

问：您的名字学名是谁起的？

答：老师给起的。

【教育】

问：您是 14 ~ 15 岁进学校吗？

答：不，我是 8 岁。

问：那时候男女都在一个学校？

答：对，都在一个学校。

问：都在东马各庄？

答：对。

问：你们村比较大吗？

答：这个村大，有学校，一直到四年级毕业。

问：你以后进过中学吗？

答：进过，在张喜庄念初中，五、六年级一直到初中毕业都在张喜庄念的。张喜庄乡，离我们近。

问：这个庄很大？

答：对，很大。

问：就住在这儿还是回家住？

答：回家住。

问：你上学时参加什么活动，有没有印象最深的？

答：印象最深的是一到四年级，参加全国“三反”宣传教育活动，写黑板报广播，那时我挺小的，我印象挺深。升国旗，学校活动开展得比较好，同学们做游戏。之后六年级到初中，寄食寄宿，在学校吃住。

问：1958 年“大跃进”那时能回家吗？

答：不能。

问：运动时干什么？

答：在学校读书。

问：您没干过农活吗？

答：干过，上初一时建中学，同学们去离张喜庄五六里的水波村窑上搬砖建学校，自力更生，勤工俭学。我是第二批应届毕业生，那时没中学，我上面还有一届。以前张喜庄没中学，我们搬砖建的学校，就有中学了。

问：女生干吗？

答：女生男生都干。

问：想起来以前的事挺愉快的？

答：对，挺有意思，现在回忆起来还留恋学生时代。

【人民公社干部】

问：你中学毕业后干什么？

答：干农活了，回村以后参加生产队劳动，不过我毕业没两月，到大队，东马各庄大队当会计。

问：当会计非常忙哪？

答：那也抽时间劳动。

问：那时是人民公社吗？

答：对，是人民公社。

问：是记工分的吗？

答：我不是生产队的会计，是大队的会计，大队有五个生产队，我是大队，当时开会作记录，会计方面报表，公社要的报表，统计，大队花钱到队上要去，我去队上收钱。

问：记工分是生产队的事？

答：是。

问：结婚前一直在大队吗？

答：对。

问：生产队是不是觉得挺有意思？

答：对，当团支部书记青年活动组织得挺活跃的。青年活动挺多的，100 多个青年，业余时间组织俱乐部，搞文艺演出，写黑板报，成立学习毛泽东思想小组，学习毛主席著作。

【法制宣传】

问：那时有婚姻自由，离婚的多吗？

答：那时没有。

问：现在有吗？

答：有，现在宣传《婚姻法》，宣传九法一例，农村搞法制教育，九法一例。

问：九法就是咱们国家的宪法、刑法、婚姻法、刑事诉讼法，民事诉讼法，兵役法等。民法通则也算一个。有没有关于妇女儿童的？

答：北京市有关保护妇女儿童合法权益的决议。那也算一项，不算这里，那也学习，也普及了，保护妇女儿童。

问：民事法，经济合同法，治安管理处罚条例，是什么时候？

答：1989 年的 7 月份。

【妇女工作】

问：想问妇联的情况。什么时候到什么时候能记得吗？她管妇女工作的时间？

答：这记不清了，她当那时我还没到这村来了。

问：从什么时候记得清楚，从 1979 年到什么时候？

答：从 1979 年到 1980 年这一年。她从 1980 年到 1984 年。1982 年底生产队就解体了。

问：生产队解体你就当了？

答：生产队没解体时我从 1979 年就当妇女主任，这是她接我这妇女主任，我就去服装厂了。我想起来了，1968 年结的婚，1969 年当的。

问：她 1985 年干到 1989 年，她没当村长吗？

答：1985 年到 1989 年 3 月份，等于干到 1989 年 3 月份，1988 年当村长，妇联主任兼村长，1989 年就不干了，因为户口，爱人在煤矿，她转成非农业了，也就安排了别的工作了，不是农业户口了。

问：她现在还住这个村吗？

答：住这个村，上班去县里的企业。以后就是马淑云当了。

问：她农转非以后，1989 年到现在，你是副书记？

答：对。

问：你是什么时候当副书记的？

答：1974 年，老干部了。

问：如果这个村的女同志去干工作容易干，你从外村嫁来的干工作挺难的？你觉得什么最难？

答：现在时间长了，打开局面了，以前刚开始来，开展工作挺难的，首先过好家庭关，公婆不支持你也干不好，首先做好公婆的思想工作，当时我在村里就入党了，在东马各庄。做好家庭工作，得到家庭的支持，才能做好工作，从社会上要处理社员之间、干部之间的关系，另外要起表率作用，干活时争取干在前头，吃苦在先，享受在后。

问：你跟公婆做工作很容易吗？

答：我婆婆思想开化、进步，能接受新鲜事物，我公公思想守旧，对儿媳管的不多。

问：过去一般公公和儿媳不在一个屋子里，现在不那样了吗？

答：一起吃饭。

问：这个村开展过“批林批孔”运动吗？

答：开展过，全国性的。

问：怎么开展？

答：开会，召开社员大会。

【生育观念转变】

问：那时候旧的遗俗消除了，对妇女有什么好处？国家政治上强大了，现在计划生育怎么搞？

答：从党中央号召一对夫妇只生一个孩子，党中央号召传达文件，党团员干部带头只生一个孩子，然后深入到户做思想工作，以思想教育为主。

问：男的积极还是女的积极？

答：女的积极。

问：为什么？

答：妇女带孩子负担重，男的不太赞成一个孩子，思想难做一些。现在一般都女的当家，他也算了，多数男的听女的。

问：从 1984 年沙井村计划生育搞得挺好的，现在怎么样？

答：可以。

问：如有理由的可生两个吗？

答：对，特殊情况，医院证明，如先天性疾病父母有残疾的，就可以照顾再生一个。

问：3 个孩子渐渐多了？

答：3 个孩子没有，绝对没有，很多年了没有第三胎。

问：计划生育最困难的是什么？

答：有思想工作难做的，一次不行两次三次，反复做工作。

问：刚结婚的，她们比较积极吧？

答：对，现在年轻的不愿多要孩子，多了负担重，现在生活水平提高了，一个孩子，生活水平高，有这么多钱，供给孩子。现在一般自己盖房子，不和父母住在一起，在离父母比较近的地方盖房。

问：一般不和父母住是什么时候？

答：从结婚时开始。

问：这种现象从什么时候开始？

答：1978 年后生活提高了，有条件了，盖房单住，没条件了和父母同住。

问：从 1978 年开始这十年来。盖房一般多少钱？

答：现在用钱多了，和 10 年前没法比，盖好房子得两万多，七、八年前有八九千就够了。

问：花钱多了，生活好过还是难过？

答：好过，虽说用钱多，他还是盖的起。

问：这个村有超生的吗？

答：没有。

问：罚款？

答：对。

问：多少钱？

答：3000 元，那是早的，今年去年都没有，1988 年以前有。

【文化教育】

问：现在这个村有文盲吗？

答：不多，村里的老人没念过书的主要是 50 岁以上的，年轻的智力低下，上学学不会，除这些外没文盲。

问：这个村的教员生活水平挺高的。解放后变化很大？

答：对。

【婚姻礼俗】

问：你丈夫杜怀在总后勤部工作，部队上？

答：对，部队职工变电新。

问：结婚时在哪？

答：当兵，在山东部队当兵。

问：他一直是军人吗？

答：1962 年参军，1969 年复员的。

问：怎么认识的？

答：经人介绍认识的，杜怀的姑姑是东马各庄的。

问：结婚前见过面吗？

答：见过，见过三次面，见过了以后觉得可以结婚了。见面后从外观上看还可以，挺老实的，交往通信，通过通信了解一些情况。

问：自由结婚的？

答：对，自由。

问：像你这种情况还少见吗？

答：不很多。

问：像这种自由结婚的挺多的，结婚仪式和杨燕玲一样吗？

答：比较简单，提倡新事新办。

问：问一下新事新办情况？

答：比较简单，因为党员干部，从易风易俗方面带头，娘家没陪送什么嫁妆，没给钱，给我也不要。我们家那时挺困难的，比较简单，骑自行车来的，他们家都没去接，我没让接，就说那天约定好了，1968 年 10 月 22 号，因为当兵休探亲假，家里比较忙，家里有事有几个人，你忙就别来了，我自己来吧。就我叔、妈陪我来的。

问：和过去不一样坐轿子了？

答：对。结婚仪式也独特，我们比杨燕岭事多，因为那时有毛主席像，向毛主席像鞠躬，唱毛主席语录歌，“领导我们事业的核心力量是中国共产党”。

问：像你们这种形式的是第一个吗？

答：对，第一个。

问：你那时公婆都健在吗？

答：都健在。50 多岁挺硬朗的。欢迎这样的仪式。

问：他是利用探亲假结的婚，结婚后就回去了吧？

答：在家住 36 天，28 号就回去了。

问：他不久就转业了吗？

答：对，1969 年 3 月份回来了。

问：来到这以后就当了妇女主任？

答：1968 年结完婚他走了，我就回去了，他复员我才迁过来，当团支部书记，当大队会计，事挺多的，挺紧张的。

问：1969 年 3 月份过来接了大队会计兼妇女主任。你什么时候有孩子？

答：1970 年 12 月份。

问：你一直又当会计又当妇女主任吗？

答：1974 年我当副书记，不当会计了，兼妇女主任。

问：你丈夫从部队回来了，在家里帮你干家务活吗？

答：帮我干，家务活都干，和公婆一直住一起，直到 1987 年去世，一直在一起过。

史庆芬　杜爱军

时　　间：1990 年 8 月 22 日下午

访 问 者：末次玲子

【镇办企业】

问：现在这个村在服装厂上班的女性有多少？

答：将近 20 人。

问：在集体农场上班的是两个女的吧？

答：是的。

问：为什么这两个女的在农场上班，她们的丈夫干别的工作吗？

答：她们的丈夫在县镇厂子上班。

问：另外在镇办企业工作的也不少吧？

答：不少，大部分在镇办企业上班，咱们村大约有 100 人在镇办企业上班。

问：一般都干什么工作？

答：服装厂、拔丝厂、木材厂、汽车队，司机。

问：在服装厂上班的人大约工作多少时间？

答：一般工作 9 个小时，出口时活忙，有时加班够 12 个小时。

问：工资如何？

答：180 元以上，加班时 240 元左右，最低的也要 150 元。

问：一般在镇办企业也是这么长时间吗？

答：是的。

问：星期日休息吗？

答：时间紧就不休息了，加班时就不休息了。

问：女工在例假时工厂怎么办？

答：不让干重体力活。

问：在集体农场上班相对来说比较轻松吧？

答：对，不累，坐在那儿，是机器操作。

问：现在有没有纯家庭妇女？

答：也有，很少。有的家里没有老人，需要自己看孩子。

问：有多少人？

答：年轻的当家庭主妇的大约有 5 ~ 6 人，孩子大了，能上幼儿园了，就找地方上班了。

【农村教育】

问：你叫什么名字？

答：杜爱军。

问：多大了？

答：19 岁。

问：是在沙井村上的小学吗？

答：是的。

问：你在这个村上到几年级？

答：一、二年级在沙井村，三、四年级在石门村，五、六年级在望泉寺村。

问：上到二年级，这个村就没有小学了吗？

答：对。

问：小学六年，比以前长了？

答：是的。

问：上小学时交学费吗？只是书本费，还是另外有学费？

答：交、很少。如果家里有困难可以免，有条件的就交。

问：一般交多少钱？

答：一学期一元钱。

问：在哪儿上的初中？

答：城关二中。

问：在沙井村上学时，男女比例如何？

答：男生少。

问：男生少是否是因为男生很早就参加劳动？

答：也不是，这个村小，女的比男的多。

问：石门村如何？

答：还是女生多。

问：望泉寺呢？

答：也一样。

问：后来的学校就大了吧？望泉寺在这几个学校中是最大的吧？

答：是的。

问：中学男女比例如何？

答：差不多。

问：在哪儿上的高中？

答：还是在城关二中。

问：男女比例还是差不多吗？

答：是的。

问：你上学之前，在家里受过什么家教吗？

答：没有。

问：上小学之前，是在幼儿园吗？

答：那时，不是正规的幼儿园，就是学龄前儿童聚在一起，有个人管着，教教歌什么的。

问：你母亲工作很忙，一般是你奶奶看你，还是有另外的办法？

答：有一个人管，她是队上派的，管一群小孩，很小时，由奶奶管着。

问：你妹妹叫什么名字？

答：杜爱红。

问：她多大？

答：16 岁。

问：现在上高中吗？

答：上高一。

问：和你小时候相比，村子变化大吗？

答：是的。

问：有什么变化？

答：现在新盖的房子，新修的路什么的，以前路不好走。

问：这大约是几年的工夫？

答：五六年吧。

问：村里一般家庭都有电视吗？

答：是的。

问：你家电视是什么时候买的？

答：1984年。

问：北京市和沙井村没有多大差别？

答：是的，差别不算大，离得比较近。

问：沙井村男女地位，比方说你们家你父母的权力谁大些？

答：差不多，男女基本上是平等的，有些大事主要是男的决定。

问：小事主要是你母亲决定的吧？

答：是的，大事也商量。

问：在学校里，一般男生和女生当干部一样吗？

答：一样。

问：是选举吗？

答：小学时是老师指定，中学是选举。

问：学校有活动小组、俱乐部之类的吗？

答：有学雷锋小组之类的。

问：主要干什么？

答：主要为孤寡老人干活，打扫院子等。

问：你也参加这个小组吗？

答：参加。

问：有什么学习音乐等别的小组？

答：我们学校没有，如果喜欢音乐，就让去少年宫。

问：少年宫在县城里吗？

答：是的。

问：你报的哪个大学？

答：北京税务学校。

问：在哪儿？

答：在丰台。

问：这个村有没有在那儿上学的？

答：没有。这个村比较小，考出去的人很少，上学的人就很少。

问：是你自己报的学校吗？

答：是的。

问：你父亲户口不在这个村吧？

答：是的。

问：你将来准备干税务工作？

答：对。

问：在哪儿干？

答：一般哪儿考出去的回哪儿干。

问：你在家里有没有受到"应该干这个，不应该干那个"这之类的教育？

答：好像没有。

问：你指使你妹妹干活吗？

答：一般不指使，让她干她也不干，越让她干她偏不干。

问：你妹妹喜欢干什么？

答：喜欢玩。

问：这个村的人平常怎么玩？

答：打羽毛球、打牌。

问：打麻将吗？

答：小孩不打。

问：村里人打吗？

答：打，但是禁止打。

问：这个村男孩和女孩一起玩是很平常的事吗？

答：是的。

问：这个村的人和城市的有没有不同？比方说，你看到城市的人觉得"还是有不同啊！"有这种感觉吗？

答：有。有北京亲戚来，穿得比较干净，农村的不太注意，不太干净，还是人家干净，穿得比较好一些。

问：如果你进了丰台的北京税务学校，想留在丰台工作的话，难不难？

答：一般不行，一般人从哪里来回哪里。

问：是因为是中专吗？

答：是的。

问：你想不想住在北京、上海这样的大城市？

答：当然想。

问：星期天，你去北京玩过吗？

答：放假时去过。

问：你想没想结婚这方面的事？

答：没有。

问：小学一、二年级时，你有多少同学？

答：十几个人。

问：都是沙井村的人吗？

答：是的。

问：现在这个村里同龄人有多少？比如都是 3 岁的小孩有多少人？

答：十几人。

问：现在你这十几个同学一般都工作了吗？

答：有的工作了，有的在上学。

问：和你一起一直上到高中的有多少人？

答：算我共有 3 人，女的 2 人。

问：上到初中的有多少？

答：6 人，3 个男生，3 个女生。

问：考上高中的有 3 人，那另外三个干什么去了？

答：他们初中毕业就工作了。

问：他们有没有考上大学？

答：有一个和我一样今年考，另一个去年考上了北京体育师范大学。

问：男的吗？

答：女的。

问：叫什么？

答：叫杨凯英。

问：她父亲叫什么名字？

答：杨庆忠。

问：另一个今年能考上吗？

答：他考的是理科，理科今年分数高，他才考了 300 多分，可能考不上。

问：是不是你去年就该考大学？

答：是的。

问：在日本经常有失败了还考，多次考的人，沙井村的女孩也可以这样吗？

答：可以，想复习就可以。

问：你对你母亲的生活、工作有什么感想？

答：干工作不容易。以前，不知道钱是怎么来的，花钱也不在乎，这次放了假，前些天我去纸箱厂干过，特累，没干多长时间，觉得很辛苦。

问：你一直上学，工厂的事不太了解，今后是不是也想进工厂干？

答：前些天干过，觉得挺累的，还是上学好。

杨艳玲

时　　间：1990 年 8 月 22 日上午

访 问 者：末次玲子

【家庭成员】

问：你叫什么？

答：杨艳玲。

问：你父亲叫什么？

答：杨汇。

问：你什么时候出生？

答：1957 年 9 月 18 日。

问：父亲健在吧？

答：是的。

问：你爱人叫什么？

答：孙德勇。

问：他是这个村的？

答：他是北京插队青年。

【妇女教育】

问：你上过学吗？在什么地方？

答：一到三年级在这个村上的。四到五年级在望泉寺小学。

问：沙井村的男女生在一起上学，记不记得女同学有多少？

答：女同学比男同学多。

问：是不是因为这个村的男孩儿少？

答：因为我们那时生活困难，所以男孩不去学校。13岁开始可以到生产队干活挣工分。男孩淘气不愿念书。

问：那时上学也要交钱吧？

答：书、本就是一笔开支。

问：一年要多少钱？

答：都是由父亲交，大概一年不超过10元钱。

问：女孩到13岁也要去干活吗？

答：是的。

问：13岁在生产队干一天活能挣多少？

答：3分。

问：上学时给你印象最深的事是什么？

答：在望泉寺上小学时，因病缺了三天课，老师给补课，只讲了一会儿我就明白了，我觉得那时我挺聪明的。

问：你上过初中吧？

答：在城关一中，初中、高中都是在那儿念的。

问：望泉寺的男女比例怎样？

答：差不多，几个村的学生在一起，沙井村男孩少，别的村多些。

问：城关一中的男女比例？

答：我觉得还是女同学多一点儿。

问：中学时你参加过什么活动？

答：我爱好体育，参加了学校长跑队。

问：中学时参加劳动吗？

答：初中时学工、学农、学军，男孩女孩全去。

问：一般一星期学多长时间？

答：学时的三分之一。

问：你觉得苦吗？

答：我们有个学农基地，离家20多里地，我们要脱土坯，26块，每块合10多斤，要用家里的单轮车推到学农基地，还要走四五里地的树林子，村子里都是沙子。

问：家里的活你帮忙吗？

答：干点。

问：你高中毕业时多大了？

答：19。

问：你高中毕业后干什么？

答：到生产队干活，开始时管记工。

问：那时生产队男女的工分一样吗？

答：不一样。最多的男的10分，女的8分。

问：直到生产队结束你一直干这个吗？

答：我后来一边记工，一边当保管。

问：现在不在生产队工作了？

答：在大队当会计。

【婚姻礼仪】

问：你什么时候同你爱人认识？

答：他是1969年来的。1977、1978年我毕业后同他恋爱。是自由恋爱。

问：没人反对吗？

答：我妈开始时反对，因为他家兄妹9人。

问：他是在北京上的学吗？

答：上到小学五年级。

问：结婚后你母亲不反对了吧？

答：反对已没辙了，吃糠咽菜我也跟他。

问：你父亲支持？

答：我父亲脾气好，什么气也不生，什么事也不管，他是退休工人，在北京东城房管所。

问：你父亲思想很进步？

答：他18岁就出来了，一直在外面工作，管人事。

问：那时要不要见面礼？

答：我妈嘱我不许什么都要。

问：你爱人父母健在吗？

答：他母亲还在。

问：谈谈你们结婚时的情景好吗？

答：我们也没什么仪式，他家的亲戚来后，把结婚证当众一念，被子一放就完事了。

问：那时像你这么简单的结婚仪式也有吧？像你这样自由恋爱的还有谁？

答：赵秀琴、张玉霞、杜河。

问：最近结婚仪式怎么样？

答：把结婚证一念，吃过饭就完事了。

问：拜天地吗？

答：不拜。

问：听说送礼的事很多，这个村怎么样？

答：见面礼还是有的，不是女方要，男方到女家去，总要带点东西，多少分时候，第一次去女方家、领结婚证、结婚三个坎儿。

问：领结婚证时给多少钱？

答：分家庭，阔的上千，穷的最低也得五百，结婚时不给钱。女到男方家，被叫什么的男方亲戚给5～10块钱。

问：女方的亲戚不给钱吗？

答：也给，10块、50块的随礼。

问：这些钱都由女的自己支配吗？

答：自己用。

问：你们那时仪式上吃饭吗？

答：也吃，现在隆重些。

【子女教育、生育风俗】

问：你有几个孩子？

答：一个男孩。

问：你有独生子女证，都有什么待遇？

答：国家给独生子女费，上幼儿园比不享受独生子女待遇的少拿钱。

问：上小学和中学是不是也这样？

答：我不清楚，我孩子5岁，还没上学。

问：你做节育手术了吗？

答：没有。

问：你是共产党员吗？

答：是。

问：你结婚后又当干部一定很忙，都有些什么活动？

答：什么事都要管，除了本职工作，社员存钱取钱，计划生育宣传，人口普查等政府号召的事，公社分派下来的事。

问：大队会计每天要干什么？

答：20号以后就该忙了。

问：那孩子怎么办？

答：送幼儿园。

问：孩子都可以放在那儿吗？

答：3周岁以后才能放。

问：现在幼儿园男孩多还是女孩儿多？

答：女孩多，今年上小学的12个孩子就一个男孩儿，明年也不多。

问：你爱人在哪儿工作？

答：在远东服装厂。

问：在沙井村吗？

答：县办的。

问：你对孩子上学有什么考虑？

答：你能上我就供。

问：你想让你孩子将来干什么？

答：他自己说要念好多书，长大开汽车，开火车，造个大房子，给妈妈做一个会做饭、会看小孩的机器人。

问：你的孩子是在医院生的吧？

答：县医院。

问：生病是到县医院还是在村里让人看？

答：一般到县里。

问：你孩子没生过病吧？

答：大病没得过，只得过腮腺炎。

（二）1994年8月

杨 福（73岁）

时　　间：1994年8月22日上午

访 问 者：三谷孝　田原史起

翻　　译：王健娆

访问场所：杨福家

【家族】

问：你的名字叫什么？

答：杨福。

问：今年多大岁数？

答：73岁。

问：你属什么？

答：属狗。

问：你父亲叫什么名字？

答：杨永林。

问：这上面都有，都记着呢。50年前日本有人调查过，当时你父亲49岁，这上边有记录。当时你家里3口人。

答：我加上我老伴，还有我爸爸。

问：是现在你的妻子吗？

答：对。她比我大。

问：你和你妻子？不可能唉！

答：我和我妻子还有我爸，3口人。

问：是吗？你妈妈那时去世啦？

答：没在一块，她与我哥在一起。

问：你有几个兄弟姐妹？

答：一个妹妹，一个哥哥。

问：你哥哥叫什么名字？

答：杨胜。

问：还住在这个村吗？

答：去世啦！

问：你妹妹在这个村吗？

答：不在这村，嫁前进村啦。

问：现在还活着吗？

答：活着呢。

问：你妻子叫什么名字？

答：刘桂英。

问：刚才开门的是你妻子吗？

答：儿媳妇。

问：你妻子比你大，是吗？

答：大3岁，76岁。

问：现在还健康吗？

答：她现在有病，不会说话。

【打工】

问：你上过这村的学校吗？

答：上过。

问：上了多少年？

答：小学毕业。

问：小学毕业后帮你父亲干活？

答：种地。

问：搞副业或到外地打工吗？

答：当过工人，做糖、糖球。

问：是白砂糖吗？

答：是。做成块。

问：在哪儿做的？

答：就在顺义。

问：顺义县吗？

答：对。

问：这是什么时候的事？

答：新中国成立后做过，日本人在中国的时候也做过。

问：你是怎么找到这份工作的？

答：我们村有个姓王的会做，跟他做的。

问：就是说你是怎么找到这份工作的？

答：是他来请我，是我们村的。

问：他叫王什么？

答：王月。

问：王月也生活在这个村吗？

答：是。

问：他说以前北京人都做蜜供这个工作，你知道吗？

答：知道。

问：你做过吗？

答：没做过。

问：你除了加工糖以外，还有吗？

答：别的没搞过。

【满铁调查员、日军】

问：50年前日本人来这儿调查过，你记得吗？

答：记得，哪年就不知道了。

问：你不记得那些日本人在这个村子里都做过什么吗？

答：村里的情况乱七八糟的。

问：那些日本人到你父亲那儿做过调查？

答：那些老人都死啦！

问：你见过日本人吗？

答：见过。

问：是在什么场合见到日本人的？

答：我岁数不大。

问：是什么场合呀？

答：不记得。

问：以前日本人来时有没有打过人，抢过东西什么的，你记得吗？

答：不记得。

问：是不知道还是不记得？

答：记得。没有，我才13岁。

问：在你亲戚中受过迫害的有吗？

答：没有。

问：日本军来向你们买东西的事有吗？

答：公买公卖，买什么给钱。

问：那时候使用什么样的货币？

答：大龙牌，金龙，大被窝票。

问：你还记得日本战败的事吗？

答：知道。

问：那时你是什么样的心情啊？

答：那时还不算很大。日本来中国8年，也没什么记忆。

【八路军】

问：八路军是什么时候来这村的？

答：我们这儿是1949年解放的。

问：解放后才来的？

答：咱们这儿1949年解放的。

问：日本人走后，不是国民党来了吗，共产党与国民党作战，那时候你们有没有受到伤害？

答：我们这儿没有战争，天津、上海有。

问：这一带没有？

答：没有。

【土地改革】

问："土地改革"是什么时候？

答：1950年。

问："土改"时这村的领导是谁？

答：张守俊。

问：是农会主任吗？

答：是农会主任。

问：你是什么成分？

答：下中农，没分到土地，也没得到土地，我们家土地刚够，一个人3亩地，平均也3亩。

问：那时你家几口人？

答：6口人。

问：有你父亲，你妈妈，还有谁？

答：我妈妈没在，就我爸，我们两口，加我儿子和闺女。

问：你有两个女儿？

答：两个男孩，两个女孩。

问：那你们7口呀？

答：小的还没生呢，他小哇！

问："土改"前，你家有多少土地？

答：18亩土地。

问：这么说"土改"也没给你家带来变化吗？

答：是。

问：你的土地是从“土改”时一直下来的吗？都是18亩？

答：是。18亩地。

问：现在也是？

答：现在是农场啦！

问：“土改”前和“土改”后你家都是18亩地，这18亩地有什么不同？还是“土改”时又分给你家18亩哇？

答：“土改”后都入社。这18亩地前后是一样的。

问：“土地改革”在这个村是怎么进行的？

答：我们村算和平解放，没打过仗，就是“土改”时把地分分，一人3亩地，土地多的，像地主、富农地多的，就分下一点去。

问：“土地改革”时工作队来过吗？

答：来过区小队。

问：来了多少人？

答：就一个人。

问：是学生，还是什么人？

答：普通人。

问：还记得名字吗？

答：不记得了。

问：那时候就是工作队的这个人与张守俊在一起搞“土地改革”的吗？

答：对。

问：这个村有地主吗？

答：有。地主也穷，20亩地，就是有点剥削。

问：是谁？

答：赵立民，也死了。

问：这个人土地虽然很少，他雇人是吗？

答：是。

问：地主只有一个吗？

答：还有邢永利，他是地主，40亩地。

问：还有个富农是吗？

答：是，叫张瑞，130亩地。富农还有一个叫任振钢。

问：种了多少亩地？

答：20亩。还有一个富农叫杨源，他40多亩地。

问：杨源是你的亲戚吗？

答：本家，他姓杨我也姓杨。

问：“土改”时来了工作队，召集大家开过会吗？

答：开会，传达政策。

问：开过多少次会？

答：就开一次会。

问：一般都集中在哪里开会？

答：都集中在大队，当时叫村公所，还没有大队。

问：当时传达政策，还记得讲的什么吗？

答：记不住了。

问：是大家集中在村公所，大家互相协商做的吗？

答：协商做。

问：出现过反对意见吗？

答：没有，人人都得到点儿地，大家都欢喜。

问：比如说有的人想多得地，有的人不想把自己的地分出去，那样的事情有吧？

答：不敢说，不敢那样做。

问：你记得是1950年的几月份吗？

答：冬天啦！大概11月份，阳历12月。反正冷的时候。

问：你的哥哥为什么与你分开住，不在一起呢？

答：分家啦，哥俩分家啦！

问：看这份材料你的长兄在十年前与家里人不合，吵闹、打架，然后离家，是什么理由与你爸爸吵架？

答：我妈和我爸单过。

问：是因为这个吗？

答：因为他，我们两个早就分了。

问：就因为你爸爸、妈妈单过，你与你哥哥在家里吵架了吗？

答：对。

问：你父母分居有什么理由吗？

答：没什么。

问：以后你哥哥就与你妈妈在一起是吗？

答：我哥与我妈一块；我与我爸一块过。

问：当时你有过什么分家单？

答：没有。

问：“土地改革”他干什么？

答：他是村长。

问：比如他的立场，是共产党的书记什么的？

答：没入党。

问：你做过村长，是吗？那是 1950 年左右，是吗？

答：是，解放以后，1949 ~ 1950 年的时候。

问：那时你哥做什么工作？

答：他也是种地。

问：村长的工作是做什么的？

答：就是一个村的当家人一样，老百姓都归他管。

问：“土地改革”是什么时候结束的？

答：就在 1950 年。冬天完了就没事啦。

问：不是冬天结束吧？

答：是春天。

【互助组、初级社】

问：互助组是在什么时候？

答：1953 年。

问：互助组做什么呢？

答：就三四家搁一块堆，搭伙，你有小驴，他有小车，你帮助他种，他帮助你种。

问：你还记得住互助组的那些人吗？

答：我们这个组 3 家，都没人啦。有杜维新、张书代。

问：你们 3 家组成的？

答：是。

问：那时的生活情况怎么样呀？

答：也还行，生活可以，跟打短工一样。

问：初级社你知道什么？

答：初级社俺村有两个，东社、西社。

问：你还记得那时候的事吗？

答：1955 年。

问：在初级社有什么做法呢？

答：初级社就是大伙的地归一堆，入社种完了，打完粮食，你干多少工，按工分粮食。

【高级社、人民公社】

问：高级社是什么样的？

答：高级社就是几个村联成一个社。

问：初级社是一个村吗？

答：初级社是一个村。

问：沙井村就一个初级社，是吗？

答：是。

问：你还记得人民公社时的事吗？

答：人民公社是六几年，1959 年、1960 年吧。

问：在这个村都做了什么？

答：上边来了个干部指挥怎么种，是公社来人。

问：你去过什么地方做过工吗？

答：在村里当队长。

问：是生产队长？

答：对。

问：生产队长的工作是什么？

答：也干活，指挥人，你干什么去，他干什么去。

问：去什么地方没有？

答：没有，就在这个村子里。

问：土法炼铁，你知道这事吗？就是大炼钢铁的时候。

答：砸锅炼铁，浪费钱不少。家里的锅砸了。“大跃进”的时候，整个糟践了不少东西。

问：这个村子干过？

答：没做过，都是公社做。

问：这个村所属的公社叫什么？

答：公社就叫人民公社。

问：没有具体的名字啊？

答：没有。顺义县城关镇人民公社。

问：那时候在这个村做领导的是您吧？还是另有一个？

答：人家是大队，我是小队队长。有大队长、书记。

问：那时书记是谁？

答：那时的书记都换啦，有李祥林、张麟炳。

问：这两个都是书记呀？

答：都是书记。

问：你从什么时候到什么时候做生产队长？

答：干了 20 年，解散就不干了，到 1984 年解散就不干了，生产队没啦。

问：从什么时候开始？

答：1962 年。

问：到 1984 年？

答：对。

问：根据有人调查，这个村有一个很大的庙，这个庙被毁坏了，你知道是什么时候毁坏的吗？

答：1958 年。

问：毁坏庙的那件事，是有什么政府指示做的吗？

答：没人指示，瞎干，那阵子四通八达。

问：四通八达？

答：是，你家的锅砸了，门楼也拆了，大庙也拆啦。

问：没有政府的什么指示？

答：什么指示都没有。

问：那时有没有不想让他们搞破坏，发一些牢骚的人呀？

答：反对也反对不了，有政府规定。

【公共食堂】

问：人民公社时搞大锅饭，是从什么时间到什么时间？

答：1958 年、1959 年、1960 年，就在这时候吃大锅饭。

问：人们在哪儿吃饭？

答：大庙，打饭吃。

问：1958 年不是把庙破坏了吗？

答：前边扒了，后边还留着，就现在大队这地方。

问：那时候早、中、晚都不在自己家里吃，都到那里去吃吗？

答：都打到家吃去，家里没有做饭的。大家拿着盆到那儿打去。

问：那时你怎么样啊？

答：都到那儿吃去。

【家庭成员】

问：你父亲还健在吗？

答：早没啦！

问：那是什么时候？

答：20 多年啦。

问：大批判的时候你家里几口人呀？

答：还是 6 口人。

问：你二儿子还没有？

答：是。

问：想知道你大儿子的名字？

答：杨洪全。

问：现在多大啦？

答：50 岁啦。

问：在村工作吗？

答：砖厂。

问：砖厂？

答：是，烧砖。

问：他自己住在家里吗？

答：住家。

问：你第二个儿子叫什么名字？

答：杨洪义。

问：多大啦？

答：30 岁。

问：在这村工作吗？

答：没工作，自己有个手扶拖拉机，拉脚。

问：这些都是你长子的吗？

答：这是我老儿子的。

问：你与你二儿子住在这里，是吗？

答：是大儿子。

问：次子不在这儿？

答：不在。

问：你女儿叫什么？

答：大的叫杨玉珍。

问：多大啦？

答：48 岁。

问：她嫁到哪去啦？

答：张庄公社后曲河村。

问：你二女儿叫什么名字？

答：杨玉玲。

问：多大啦？

答：35 岁。

问：她嫁到哪去啦？

答：在北京首钢工作。

【困难时期】

问：1962 年的时候，人们生活很苦，你那时的情况怎么样？

答：那时吃不饱。

问：这个村有没有得病死掉的呀？

答：没有。那时粮食少，不够吃。

问：我来这里之前到山东省考察，在困难的时候那里有闯关东的，这里有吗？

答：这里没有。

问：食物很少的时间大约是在什么时候？

答：就 1960 年。

问：这里的地很低，有水灾吧？

答：有水灾，主要是瞎指挥！你怎么种，他说不行，来的人让小垄密植，密了他不长啊，打粮食少，人们吃不饱。又有点水灾。

问：那时候也有日本人来中国，听说中国种得很密，然后获得了很好、很好的收成，他们回去还宣传过。

答：也有。就修南边这条马路，水都下去啦。

问：1961 年以后生活逐渐变好一点，是吗？

答：是。1962 年计划开始下放到生产队，打粮食都增加了，口粮增加了。

问：1962 年你们生产的东西可以拿回家去，“文化大革命”开始后又被禁止了吗？

答：“文化大革命”时也是人民公社。

问：也能拿回家去？

答：都没拿回去。

问：那是在“四清”运动的时候吧？

答：1964 年“四清”。

【“四清”运动、“文化大革命”】

问：“四清”运动时你正好是干部，没有受到迫害吧？

答：一不贪污，二不偷拿。

问：这个村有什么人受到迫害吗？

答：我村没有。

问：这个村子“文化大革命”是什么时间开始的？

答：1966 年。

问：村里是谁发动的？

答：群众大伙起来的。

问：有“红卫兵”吗？

答：有啊，现在的书记就是“红卫兵”的头。

问：刘振海是吗？我在别的村子听说一个村的“红卫兵”分成几个派别，然后互相打架，这个村有吗？

答：我们村没有打架的。

问：有派别斗争吗？

答：我们村没有。就是地主、富农，斗他们。

问：一般让地主们干些什么呀？

答：扫街，扫大街，掏茅房。

问：张瑞做过吗？

答：他做过。

问：他的家属也做吗？

答：也做，也扫地。

问：子女做吗？只是他妻子做？

答：子女不做，妻子做。

问：在别的村子有过自杀或挨打的情况，你们村有吗？

答：没有。

问：从别的村来的“红卫兵”有吗？

答：没有。本村的。

问：“文化大革命”在这个村从什么时间到什么时间？

答：1966 年到 1967 年。

问：从 1966 年夏天开始？

答：是夏天。1967 年春天结束。

问：“文化大革命”时你们干了些什么？

答：我什么也没干。

问：听说在“文化大革命”中，生产比较混乱，生活也下降了，这个村怎么样？

答：生活没下降。

【教育】

问：现在我们接着上午的，再问你一些问题。问几个解放前的事情。

你小的时候，有没有在一起玩的朋友？

答：没有。

问：还记得学校老师的名字吗？

答：当时教我的老师是张宝谦，还有一位叫刘殿臣，就这个村的。

问：你还认识谁上学吗？

答：少，极少。有钱的人（上学）多。

【解放前的庙会】

问：你们这儿不是有座庙吗？你们一般什么时候去呀？

答：一般就上午去。

问：每天都去吗？

答：夏天每天去，在里边歇着睡觉，里边凉快。

问：有没有庙会呀，一年几次？

答：顺义县有庙会，四月二十八庙会。正月十五，总会唱戏。

问：总会是什么东西呀？

答：高跷会，小车会，有戏台。

问：是在这个村子里进行吗？

答：在顺义县里。

问：关帝庙里有什么庙会吗？

答：没有。城隍庙有。

问：关帝庙里没有庆典什么的？

答：没有。

问：解放前这个庙里有什么？

答：有神仙，城隍爷。

【上坟、清明会】

问：你们给祖宗上坟吗？

答：上，清明上坟。现在没有了，没坟头啦！

问：现在没有坟了，你们就不上坟了是吗？

答：也烧纸，把纸剪成钱，也烧纸。

问：是到埋的地方去吗？

答：在埋的地方有石碑，上面写着哪年哪月死的。

问：解放前你们一起上坟的时候，兄弟之间在一起吃什么东西吗？

答：过去有清明会，中午在一块吃顿饭。

问：叫什么？清什么会？

答：清明会。都是当家子，老祖宗的坟三辈或四辈坟地在一块，一块归一家，有点地，他种着，清明节在他们家吃顿饭。

问：在清明节的时候去是吗？

答：是。

问：都吃些什么？馒头什么的？

答：馒头，米饭。

问：我们在山东省农村考察的时候，那里有个风俗，如婚嫁或葬礼的时候，大家就在一起吃饭，碗不够，他们有一个叫碗社的组织，你们这里有吗？

答：没有。

问：那你们在婚嫁或葬礼的时候，碗和食具不够怎么办呀？

答：向人家借。大庙里有碗、筷子，这是解放前的时候。

问：也向别人家借，是吗？

答：对。

问：庙里有很多这类东西？

答：有碗，板凳。

问：碗和筷子？

答：是。

问：（用）这些东西作为致谢还付钱吗？

答：不付。

问：那时候如婚嫁或葬礼的时候会请做饭比较好的人吗？

答：有厨子，做饭的。

问：那些人都是靠做饭为生的吗？

答：是啊，也给钱。

问：叫什么名字？

答：杨俊，他是厨师。

问：他死了吗？

答：死了。

【“先天道”】

问：我看到一些资料，说这个村有“先天道”，你知道吗？

答：有。

问：是什么样的组织？

答：是一种会道门。

问：有很多人参加这个组织吗？

答：不多，有 10 来个人。

问：16 个人是吗？

答：10 来个人，超不过这个数。

问：进那个组织有什么利益吗？

答：那时没什么利益，说能避枪炮，就是枪打不入，刀砍不动，吓唬日本人。后来也失败了，八路军也破除他们。

问：“先天道”有没有仪式呀？

答：有仪式，就是开始入的时候，写一张纸条，不知写的什么，把它烧了，喝点凉水把它咽下去，然后过刀，拿着大刀往屁股上打。

问：喝点凉水，然后再咽下去？

答：喝符似的，喝点凉水。

问：纸条上写什么字呀？

答：不知道写的什么。

问：然后呢？第二个呢？

答：然后过刀，往肚子上砍 3 刀。

问：会不会砍坏呀？

答：砍不坏，就砍出点血印。

问：这 10 个人中有领导吗？

答：有个班长。

问：叫什么？

答：杨润，也死啦。

问：他和你也是亲戚吗？

答：本家，当家子。他也姓杨，我也姓杨。

问：这个与“红枪会”很相似吗？

答：相似，但不一样。

问：参加“先天道”的人现在还有健在的吗？

答：有1个。我也入了3天。

问：你是自己入的吗？

答：被迫的，强迫的。

问：你如果不参加这个组织，是有人威胁你吗？

答：是，威胁，不参加得黑夜、白天地站岗去。

问：“先天道”的领导人有工资什么的报酬吗？

答：没有。

问：比方说“先天道”的人有没有穿特殊的服装，如头上戴什么东西呀？

答：青布。用青布缠头，有一把长刀，花枪似的，木头上按着一个尖。尖儿，一个尖儿按在木头上，叫花枪。

问：这花枪有多长？

答：一庹多长。

问：什么？

答：这叫一庹（成人两臂伸直的长度），比这长点。

问：拿着这种武器做一些军事训练之类的吗？

答：排排队，做做操。

问：那10个人里有不太热心的吧？

答：大部分都是抵抗的，谁也不愿入，强迫的。

问：杨润也是被迫的吗？

答：他可能是自愿的，我就是被他威胁去的。

问：别的村子里有没有“先天道”的朋友们来呢？

答：有，好几个村子的呢。

问：都是哪个村子的？

答：石门村、杜各庄。

问：与别的村子的人一块练习吗？

答：在一块开会。

问：“先天道”是为威吓日本人成立的，有没有对日本人的具体措施呀？

答：没有具体措施，就是避枪炮，用枪打不死，吓唬人，实际没这回事。我入3天就退啦，因为我这头上给砍啦。

问：杨润吗？

答：不是他，是另外一个人，是个头。已被八路军砍啦！

问：是这一带的头吗？

答：就我们这儿十多里地，北河村的，叫什么名字我忘了。

问：不是吓唬日本人的吗，用刀砍砍不伤，用枪打打不进去。

答：没那么回事。

问：那种信仰除“先天道”以外，还有什么组织吗？

答：没有。

问：“先天道”不是被八路军破坏了吗，是什么时候的事呀？

答：解放前的时候，当时我刚20多岁。

问：是在日本战败之后吗？

答：不是，中间些。

问：是在中日战争中间的时候，是吗？

答：是。

问：是1942年、1943年的事吧？

答：对。

问：“先天道”与八路军在这里打仗了吗？

答：没打。八路军为什么杀他？因为八路军两个人过他的地，他弄死一个，然后把枪卡啦。与八路军作对，八路军就把他砍了，从此他失败啦。

问：他是与八路军作对是吗？

答：对。

问：“先天道”这个组织彻底消失是在什么时候？

答：连一年都没到。

问：杨润在“先天道”这个组织失败后怎么样啦？

答：他跑到北京去啦。

问：他的孩子们住在这儿吗？

答：没人啦，没在村。

【村党组织】

问：还问你关于“文化大革命”的事，接上午的谈。

在“文化大革命”中被追究的除地主和富农，其他的还有吗？

答：有“走资派”、“当权派”。那时候正抓走资本主义道路的当权派。压根没这种人。

问：你是共产党员吗？

答：是。

问：什么时候入党的？

答：“四清”以后，1965 年。

问：那时候入党需要别人介绍或还有什么条件吗？

答：有介绍人，也有条件。有政治头脑，没干过伪事，历史清白。

问：入党还要读一些马克思主义和毛泽东思想的著作吗？

答：给发呀，读。

问：是组织发得吗？

答：是。交党费，一个月交一次党费。

问：多少钱呀？

答：一年一块钱。

问：一定要读《人民日报》什么的吗？有这种规定吗？

答：现在有了，胶版的。

问：规定你们一定要读吗？

答：自己瞧瞧。一、三、五，一个礼拜三张，到大队那儿领。

问：这个村的干部都是共产党员吗？

答：村支部书记、副书记、村长、治保主任、会计都是党员。

问：治保是干什么的？

答：谁家打架斗殴，说合说合。

问：治保主任是吗？

答：是。

问：入党以后一周要开一次会吗？

答：有时候二三个月开一次会。

【“林彪事件”、“批林批孔”运动、毛泽东逝世】

问：1976 年发生了很多大事，如周恩来总理逝世呀，毛泽东主席逝世，还有唐山大地震，还有“四人帮”下台，发生了这么多大事，当时你有什么想法？

答：那时候有点怨恨“四人帮”的。

问：毛主席逝世时你是什么心情？

答：大家都在掉眼泪，大家都哭了。开追悼会我去了。

问：“批林批孔”运动在这个村进行过吗？

答：进行过。

问：都有什么活动？

答：开会批判。

问：是批判林彪和孔子吗？

答：批判孔子。

问：林彪做了很多坏事，这些坏事大家都记住了，进行批判，是这样吗？

答：大家都有点怨恨，林彪一心要当主席，原来他是接班人，要当主席，太着急了，后来坐飞机逃往苏联，在那儿被打下来啦！

问：在“林彪事件”中林彪是怎么死的你知道吗？

答：飞机被打下来啦，到边界了，飞机爆炸了。

【生产责任制以后的生活】

问：这个村改革开放，生产责任制是什么时候开始的？

答：改革开放是头四五年，1987 年、1988 年那会儿。

问：以前不是人民公社吗，后来承包把土地分到个人，这是什么时候？

答：今年是第四年，土地分到个人。现在又不许分了，归大队，归农场。

问：归农场啊！现在你家里就你和你老伴，有没有承包土地呢？

答：没有，都没有。

问：生活收入靠什么？

答：靠孩子挣钱。

问：你的长子和次子为了你们的生活到外边去挣钱，是吗？

答：对。

问：给你们援助对吗？

答：对，管吃、管穿。

问：住在这大院子里的有你夫妇俩，还有你次子的夫妇俩，是吗？

答：是。

问：是你二儿子，是吗？

答：大的。

问：这个房间是谁的？

答：二孙子的。

问：是长子的儿子吗？

答：是。

问：你孙子工作了吗？

答：工作啦。

问：你长子有几个孩子？

答：三个儿子，共三个孩子。

问：那些孩子做什么呢？

答：大的开四轮，二的在顺义县益原（音）工作。

问：是医院吗？

答：不是，是一个工厂。地址在顺义县城里。第三个在服装厂，大队的服装厂，就马路边那个。

问：你这一家收入很多呀，这么大院子。

答：还有房租钱呢，外边来人租房给钱，那边的房也是我们的。

问：房租钱一个月收入多少？

答：一间房 40 元。

问：共出租多少？

答：一个月 300 元钱。

问：地都是你种吗？

答：大儿媳种。

问：你每天没有什么事，就自由自在地过，是吗？

答：是，没事。

问：你当干部的时候有没有收入？

答：一个月给二十几元钱，大队给 21 元生活费。

问：你夫人的病怎么样？不太好吧？

答：其实没病，就是不能说话，谁问她，她都不言语，也能吃，就是不能动。

问：你还记得 1989 年的学生运动吗？

答：北京天安门前的暴动，不是谁说了吗？学生暴动。这几年一到那时候都警惕。

问：你知道学生们都做了哪些事情？

答：绝食，不吃饭。

问：你怎么评价学生运动呢？

答：没有什么评价。

问：你孙子们刚到学习的时候。在你的生活中最成问题的是什么？有没有问题呢？

答：没什么问题。

问：你觉得没有任何不便利的问题，是吗？

答：是。

问：你每天都怎么生活？比如早晨起来干些什么？

答：我早晨起来也没什么好干的，扫扫地，扫扫院子，侍候侍候老伴。她动不了哇，我整天看着她。

问：看电视，读报纸什么的吗？

答：（音不清）。

问：在日本是这样做事的，在他们的收入中要扣除一部分税金，是非常烦恼的事情，你们的收入有没有税金或摊派什么的？

答：没有。

问：有没有摊派什么的？

答：没有。

问：比如说建立幼儿园或其他服务性建筑，这笔费用是从农民中收取吗？

答：不收。小孩入园的时候一人 20 元钱。

【村干部和将来】

问：你做了那么多年的干部，现在干部做的一些事情，你有什么想法吗？

答：我们做的时候什么都没有，现在比我们那时候钱多啦！

问：现在的干部有很多工资，是吗？

答：对。比我们钱多啦，我们那时候什么都没有，只挣工分。

问：你对村干部的管理方法有什么想法吗？

答：有时候开开党员会，提提意见。现在干部们做得不错，也没什么可提的。

问：你的儿子入党了吗？

答：没有。

问：解放以后村里有很多干部啦，你认为比较有能力的是谁呀？

答：能干的大致都差不多，都带头干。

问：与你最合得来的干部是谁呀？

答：我们与刘振海他们都是一起的，书记、村长杜江都合得来，都一起干。

问：你认为这个村的未来怎么样？

答：没多大发展。

问：为什么呢？

答：弄不起来，没那样人才，弄着弄着反啦，弄不起来，没那样人。

【村民和新闻、报纸】

问：“土地改革”的时候，是不是读些报纸，了解政策？

答：那时没有。

问：那时候这个村子里识字的人有多少？

答：不少。

问：有一半吗？

答：占不了，有 1/3。

问：解放前后时的报纸是到村公所去拿吗？

答：解放后这几年才给报纸。

问：刚才你说一、三、五可以拿报纸，那是什么时候的事？

答：有二三年啦。

问：大约是什么时候？

答：1990 年。

问：现在这个村子里有没有订报纸的党员啊？

答：没有个人订的，都是大队订。那时党员干部每人一份。现在群众没有了，只给党员啦。

问：你不是说党员干部不读报纸吗？

答：要订报那钱也不少呢。经济不足啊。我们村就这点好，吃自来水不花钱，别的地方都要钱，吃水就我们村不要钱。

问：你们一周三次去拿报，都是什么报呢？

答：都是郊区报。

问：是《人民日报》吗？

答：就是《郊区报》，那上边写着“郊区报”，都是农村的事，哪儿有好人好事，哪儿种地好。

问：哪儿发行的呢？

答：北京发行的，《北京日报》的。

问：不是《人民日报》，是《北京日报》，是吗？

答：登的都是农村的事。

问：“土地改革”时这里有有线广播吗？

答：没有。

问：从什么时候开始有的？

答：人民公社，1958 年以前。1956 年吧，现在有广播。

问：一般广播些什么内容呢？

答：就是哪村搞得好，有什么先进的经验，先进集体和个人。

问：在什么时间广播？

答：早晨晚上。早晨六七点钟，晚上五六点钟，有时中午也有。

问：有些喇叭也接到家里吗？

答：有。现在有。

问：以前没有呀？

答：开始的时候，有一年，大伙都不重视，一家一个喇叭，最后全搞没啦，大队弄成一个大喇叭了。

问：每个家庭都安吗？

答：家家都安。

问：每家都安是人民公社发的命令吗？

答：是，人民公社。

问：喇叭自己可以开关吗？

答：不行。

问：你早晨睡觉的时候，它响啦。

答：他不播不会响，他播的时候才响。

问：早晨你们还睡的时候已开始广播啦？

答：是。

【结婚】

问：你女儿出嫁的时候花了很多钱吧？

答：给了点嫁妆，给了点东西，花了些钱。

问：花了多少钱？

答：记不清了。

问：在天津市郊区访问时，那里农村人结婚时，男方必须盖新房子，买电视、电冰箱，还有一套音响设备，或者收音机呀，如果没有这些设备，新娘子不会来，这里是吗？

答：我们这儿没有，这些都是娘家陪送的，都是娘家给。

问：这村的新娘都是从附近的村来的吗？

答：是。

问：是有中间人介绍吗？

答：有中间人。是赵奎的老伴（96 岁）和张荣（80 余岁）。

【生活感受、经历】

问：你 73 岁啦！你生活最艰苦的是什么时候？

答：最艰苦的时候是解放前啦。

问：在什么地方比较痛苦呢？

答：就我学徒的那时候，制糖的时候。

问：你学徒没一点工资吧？

答：没有。

问：你父亲只做农业？

答：是干农业。

问：别的村拉人力车的人很多，干别的工作的也多？

答：别的村有，这村没有。

问：在这一生中最快乐的是什么时候？

答：要说我们家这就不错，自个能保证自个。18 亩地，一人合 3 亩地，打粮食少不了吃，6 口人。现在改革开放，这几年不错，吃白面、大米，这几年也可以。

问：你一直住在这个村子里，去的最远的地方是哪儿？

答：天津，古北口。北边几百里，修铁道。

问：你也修过铁道？那是什么时候？

答：日本的时候，修古北口铁道。

问：是日本军在中国的时候吗？

答：就是日本在中国修的。由顺义往北，好几百里。

问：经常去北京吗？

答：经常去。

问：去买东西吗？

答：我闺女在北京住。

问：知道这个村历史最多的人，你知道是谁？

答：一般六七十岁的人都知道。

问：请你把他们的名字告诉我们一下。尤其是那些记忆力比较好的老人，或对村子的情况知道比较全面的人是谁？

答：不知道。

张　荣（85 岁）

时　　间：1994 年 8 月 23 日上午

访 问 者：三谷孝　田原史起

翻　　译：王健娆

访问场所：沙井村村委会办公室

【家族】

问：4 年前他们来过，你还记得吗？

答：记得。

问：你身体怎么样？

答：身体没事。身体没事也是岁数大啦，头一个月之前把腰抻了，这就要好了。

问：访问一下你这 80 多年来的事情，对你这一生来所经历的事情是很感兴趣的。你今年多大岁数啦？

答：85 岁。

问：你属什么？

答：属猪。

问：你父亲叫什么？

答：张永仁。

问：你父亲什么时候去世的？

答：1945 年，离北京解放四五年。

问：你母亲的名字叫什么？

答：我们这儿妇女的名字叫什么什么氏，如我们姓张，娘家不姓张，姓庞，叫张庞氏。

问：你母亲是什么时候去世的？

答：我父亲死后 12 年就去世了。

问：你有几个兄弟姐妹？

答：一个姐姐，一个兄弟。

问：一个弟弟是吗？

答：我们兄弟 3 个，一个哥哥，一个弟弟。

问：50 年前日本有人访问过你们家，当时你家的人口是 13 个人，当时都有谁呀？

答：分家以后我弟弟他们一份，我哥哥他们一份，加上我一份，这不就 3 份了吗，加起来 13 口人。

问：是结婚以后分的家吗？

答：解放前两三年。都结婚后才分的家。

问：你是什么时候结婚的？

答：民国十九年。

问：你妻子的名字？

答：我姓张，她家姓陈，张陈氏。

问：她是哪年出生的？

答：她与我一样大。是西边水波（或坡）人。

问：你妻子还健在吗？

答：不在了，已死 13 年了。

问：你有几个孩子？

答：3 个。

问：儿子还是女儿？

答：都是儿子。

问：他们的名字？

答：大的叫张秀峰，今年 61 岁；二儿子叫张兰峰，58 岁；三儿子叫张春峰，38 岁。

问：他们都在这村里工作吗？

答：没有。大的在门头沟，二儿子在家里干活，老三也在村里干活。

问：你与谁在一起生活？

答：三儿子。

问：你的父亲以前干什么？

答：农业，在农村干活。

问：没有什么副业吗？

答：没有。

【少年时代】

问：你小时上过学吗？

答：没有。13 岁就学徒去啦！

问：你学什么？

答：在北京糕点行业学打饽饽。

问：吃的东西是吗？

答：是，吃的东西。北京大栅栏东边是菜市口，菜市口东边、南边、北边都是糕点铺。

问：你小的时候给你父亲干活吗？

答：干活。像你这么大的时候，耠地时跟着拔草什么的，干小活。那时有句话说，小人做小活。

问：你帮助父母做活，是吗？

答：不干活不行啊，那时候不想干别的，地一定种。不想念书，念书没有本，这个得花本钱啊！念书就得光吃饭，不像家里有闲人，卖点菜什么的，那阵没有啊！那时家里有粮食什么的，不是马上有米、面吃。那阵是棒子、高粱、白薯，不是想吃什么就有什么，而是有什么吃什么。

问：你 13 岁时就去学做糕点了吧？

答：是。3 个人都是，一个一行，什么行呢，做供。上供的供，冬天冷的时候去，天暖和了就回来，去几个月。

问：你冬天在那儿住多少月呢？

答：3 个多月，有 4 个月的。

问：你住在他们店里吗？

答：住在厂里。吃饭也跟着，住也跟着住。

问：能拿多少工资呀？

答：学徒两三个月三块钱。

问：三个月合起来呀？

答：是，那时的钱值钱。那时澡堂子、剃头的都不挣钱。

【蜜供】

问：你的工作主要是做什么？累吗？

答：冬天穿单衣衫，不累。

问：做什么呢？

答：做供啊，上供的供品，这是迷信的时候。袁大脑袋（可能是指袁世凯时），1 家上供。

问：是供给神的供品吗？

答：对。供完了吃，甜的。

问：这种供叫蜜供，是吗？

答：是。蜜供，单独一间房做的。我们这个屋单做这个，跟别的不一样。糖就不一样，是从香港来的供糖，不是咱们吃的糖，是冰花糖，是供糖。香港来的糖，特别好，特别甜。

问：你们加工的是香港来的糖吗？

答：是，打大包来的。

问：你也去卖吗？

答：不卖，管做不管卖。

问：是谁介绍你去做蜜供的？

答：张昆。他家带着我去的，这村去的不少呢。

问：你用两三个月在那儿做蜜供，挣来二三元钱，然后回来做农活，是吗？

答：是。那时做农活也不冻了，天气暖和了，就到地里去种。

问：那时候三块钱对维持你们一家的生活，很有意义吗？

答：对。二三年以后给钱就多了。

问：对家里呢？

答：家里有自己的粮食，主要靠种粮食。

问：你们辛辛苦苦干了那么长时间，可是东西不能成为自己的，就跟付学费一样，是吗？

答：以后钱就多啦，开始去的人干不了

别的活，扫地呀，吃完饭擦擦呀。

问：一般冬天什么时间去，是 12 月份吗？

答：不。9 月 19 日我去的。

问：什么时候回来的？

答：正月初二的时候多。

问：你们是为过年回来的吗？

答：不管年。在那儿过完年，在厂里过年。

问：过年时老板给你们礼物吗？

答：过年吃啊。还有比我们晚回来的，还有二月才回来的。初一、初二、初三、初四、初五、初六，这几天去北京各剧院听戏去。

问：不要钱吗？

答：要钱。这会儿的票难买，必须前几天，初二、初三、初四，初十一到就不行啦，为什么呢？卖的票这个月够演了。

问：过年时吃东西是老板请客吗？

答：全准备好了。早晨大圆桌，10 个人一桌都摆好了吃。鲜的先上，柿子、桔子、苹果、香蕉、菠萝，先吃这个，再上。吃不完的东西装口袋。

问：那时候你们坐马车去北京吧？

答：坐呀，来的时候坐马车，坐火车赶不上。

问：也有坐火车的？

答：有啊！

问：你坐什么车呀？去的时候？

答：去的时候赶着坐火车啊。

问：这个村有几个人结伴一起走，一起回来吗？

答：是结伴。

问：你与谁在一起结伴走？

答：乍去的时候人不多，先去的拾掇屋。

问：我问你的意思是，你还知道与你一起走的人的名字吗？

答：一起走的有我，我哥哥，旁边村的，这个村有三、四个人。

问：这些人还有活着的吗？

答：没有啦！

答：做了 32 年，从 13 岁开始，到解放后。解放后又干了二三年。

问：解放以后又做了是吗？

答：不让做了，因为是迷信。

问：除了做蜜供之外，你还做过别的吗？做过工吗？

答：没啦。在村里入队啦。

问：做蜜供里什么是最艰苦？

答：做蜜供，做大坐和做小坐不一样。好比 100 人，能选出 20 人能做的，其余的傻眼了，弄这个弄那个，有的全弄不了。

问：你说做大什么？

答：做大供，大供就是与我一样高的。

问：做大供是不是从 100 人中选出 20 个人？

答：选不了，选十几个人。

问：这位老师问你做蜜供的时候，什么是最艰苦的？

答：难受哇！我做的时候出汗。我做的与别人做的不一样，怎么不一样呢，我做的报纸上都登出来了。

问：报纸上有，为什么？

答：因为我做的这个，别人做不了。

问：你技术比较好，是吗？

答：对啦。

问：做蜜供是做成一个神像的样子吗？

答：高哇，做几个，这家买了吧，好比说这是供的老佛爷，搁个东西摆上这供。天津市有一家卖。

问：你们做的供是吃的还是神像呀？

答：吃的，摆给神仙的。

问：你们做的大供是神像那么高吗？

答：5 尺高。

问：如果那个神仙很有名的话，供就做

的高吗？

答：根据家庭供神情况，能用就买大的。

问：5 尺高是吗？

答：5 尺高。

问：5 尺高是最高的吗？

答：最高的。

问：最小的呢？

答：最小一尺。

问：现在上蜜供的东西是不是没有啦？

答：没有啦！想蒙人就有，蒙人的不是那东西啦，现代也有弄成这样的东西，这不就叫蒙人吗？油，是好香油。

问：什么油？

答：香油，芝麻做的。

问：我问你现在蜜供这东西还有吗？

答：没有啦！

问：你给画一下，蜜供是什么样子？

答：我给你说一说吧：这不是大供吗，这是面吧，这是和的面，和好了，把面擀这么厚，全擀这么厚；因为没有模子，拉成条；这是一条，一条一寸二，还要切，拧成麻花，再翻过去。共切成 200 个，称一斤，多了不行，少了也不行。少了没人要，多了赔钱。

问：这就是蜜供吗？

答：做好了。

问：你们怎么把它垒这么高哇？

答：垒呀。

问：垒起来就完了吗？

答：垒起来还得切，放在那儿去炸，先炸小个的，这小个的把糖拌上，往起码（即垒起来）这就行了。

问：200 个 1 斤对吗？

答：对。

问：人们把供品供给神以后自己吃吗？

答：自己吃。谁买了谁吃，天津有一家姓齐的买。

问：张文通你认识吗？

答：那是我们的领导，已死了。

问：现在的领导吗？

答：我学徒时的领导。

问：是你的师傅吗？

答：师傅呀。有这么句话：学不学在个人，看人家怎么弄，你怎么弄，学好学不好，师傅不管。

问：他是你师傅吗？

答：他是领导，也干活。

问：他带你们干活？

答：是。

问：你们给他什么礼物吗？

答：不给。

问：当时要成为你们这个村的领导要有什么条件吗？

答：没什么条件。

问：比如说会照顾大家啊，头脑比较机灵的人啊，或者说公正的人，是这样的人是不是？

答：对待人都不错。

问：当时供在家里的神都有什么神呀？

答：没有神。

问：没有神仙买蜜供干什么？

答：那时候不都很迷信吗，买年纸，年下用的。

问：年纸？

答：对，叫年纸。

问：是年画吗？

答：不是年画。年画是年画，年纸是年纸。

问：当时供的神你还记得吗？

答：那个供啊，嘿！就是迷信。什么迷信呢？供门爷呀！财神！佛爷！

问：还有别的吗？

答：就这个。

问：有没有灶王爷？

答：没有。

问：你家里也没有灶王爷吗？

答：没有。

问：当时有吗？

答：那时有哇，灶王爷。还有圈神，就是养猪的圈。

问：你第一个孩子是什么时候出生的？

答：我 23 岁时。

问：在日本军来之前是吗？

答：对。

【日军】

问：你还记得“七七事变”时的事吗？

答：说不清楚。

问：你看到过日本军的样子吗？

答：看到过。

问：他们什么时候到村子里来的？

答：有一年要冷的时候。

问：是 1937 年吗？

答：可能是。顺义县这儿有个仓库，他们要弄仓库的东西，失败啦，让别的队伍弄走啦！

问：日本军来时，村民们有没有到别处避难的？

答：没有。

问：这个村有没有人被日本军抢过东西或被打的事？

答：没有。

问：在别的村子里有的农民作为劳动力被日本军抓走的，你们这个村有吗？

答：没有。

问：有没有日本军付给你们钱，去为他们做工的？

答：有的人给日本军干活呀。顺义县有个守护队，是日本的，哪里一要人，有人专管这个，日本向他们要。

问：是向守护队要吗？

答：不是。

问：给日本人干活，他们付给你们钱吗？

答：不跟我们直接要。全跟那儿要。

问：不跟你们村要人？

答：他交代下任务来啦，如需要多少、多少人，跟专管的人要，不直接跟我们要。

问：不跟你们村要？

答：不要。

问：日本军有没有向你们买过什么东西呀？

答：没有什么东西可卖呀，没有买的。

问：日本军与八路军打仗需要挖壕沟，挖沟的时候需要你们去吗？

答：去呀，比如说跟派出所要 10 个人，要什么东西，跟他们说话，不直接跟百姓说话。

【满铁调查】

问：50 年前日本人来这儿调查过，你知道吗？

答：调查来过好多次了。50 年前我在北京住着呢。

问：你还知道他们的名字吗？

答：一个叫沼正。

问：还有一个你记得吗？

答：还有一个叫山本。

问：是他们两个人来的还是与军人一起来的？

答：好儿个人呢，四五个人，那些人的名字就记不清了。

问：一起来的有军人吗？

答：叫满铁。

问：是与军人一起来的吗？

答：他们是一拨儿，都穿便衣。

问：那四个人都是日本人吗？

答：全是日本人。

问：有没有拿枪来的？

答：没有。全拿皮包。

问：除沼正外，你还记得别的名字吗？

答：记不得。

问：他们做什么来啦？

答：也问各种事，这个村的事都问，写下来带走啦。好几个月呀！

问：当时你看到日本人来调查，你有什么想法吗？

答：没想法。当时我父亲一起去，跟着开会。

问：跟日本人在一起吗？

答：对。

问：你给日本人干活吗？

答：干活啊。

问：你先找厨子，厨子再给你们介绍是吗？

答：厨子有个朋友，他在那儿干活，问你来啦，去干活不去。

问：50年前日本人来的时候，你也用这种形式交谈过吗？被访问过吗？

答：没有。

问：你的父亲代表你们全家跟他们接触？

答：对。

问：日本人来访过你爸爸，他们采访后有没有给你们什么礼物呢？

答：没什么。

问：日本人从什么时候到什么时候来的？

答：方振武在这儿的时候。

问：想问日本人来访问是什么时候？

答：时间记不得了。他们来之前，挨个儿庄都准备好，他们所用的东西都安排好了，他们在这个村、那个村一点点地问，这就是访问的事。访问了30天，一个月。

问：你还记得日本战败时候的事吗？

答：我说不清了。不知道的事说不清。

问：日本军逃走之后，国民党来了吗？

答：国民党没有来，有一部分叫治安或保安队，与日本在一起。

【“先天道”】

问：你还记得“先天道”的事情吗？

答：“先天道”就是日本在这儿“正冲”的时候的事。

问：这个村有多少人参加过“先天道”？

答：十来个人。

问：他们是什么目的参加这个组织的？

答：宗旨就是它要当领导，当时有这么一句话：“先天道”，瞎胡闹，蒙日本，避枪炮。说他们带的武器硬，枪炮都打不了。就这么“蒙”。

问：这是本村人编出来的顺口溜吗？

答：人们起哄。

问：就村里这十几个人，是吗？谁参加了“先天道”，村里人都知道吗？

答：知道不知道，那时没人敢惹。

问：你知道吗？

答：知道。

问：“先天道”与日本人有过冲突吗？

答：有冲突，日本人开车顺马路走，他们在头里迎着不让走。

问：和日本军队打过仗吗？

答：“先天道”光吹，吓唬人，看着他们瞪眼似的，没有那个胆量，来真的，他们避得了枪炮吗？

问：他们没有真的打过仗吗？

答：打仗不打仗，吓唬他。日本都打不了，他都不怕，民众还敢跟他什么，别惹祸。

问：参加“先天道”有什么好处？

答：好好，一起跟村这部分人，时不时地这群人让绑这个人去，就干这种事。

问：是狐假虎威的意思吗？

答：狐假虎威？他什么也没有哇，空手攥白拳，吃喝先他占用啊，一吃一喝他什么也没有哇，谁家有吃的，就去弄，向人家要多少多少斤粮食，他们就这么办。

问：有没有人强迫你加入“先天道”？

答：没有。哪个村有什么样的人，有什么样的事。这几个人全知道，就叫人把他弄到这儿来，又给开会，又是受审，叫他拿出多少多少钱，供他们吃、用啦，如吃用不完，再从这儿向上转，往上交哇，他们的上边还卡着他呢！

问：“先天道”组织的那些人，有没有到哪块集合做一些仪式呢？

答：有哇，开会。

问：有开会的地点？

答：有。

问：在谁家开呀？

答：就在这地方。在这开会呀，只要他在这地方谁也不许进去。

问：他愿意在哪儿开就在哪儿开吗？

答：这个地方，就像归他们管的一样。哪个村来人了，叫他们开会去，这时他们才去。

问：他们有固定开会的地方吗？

答：固定就在这个地方。

问：就在这里？就在我们现在待的地方？

答：对。那阵儿这儿是庙。

问：在晚上还是白天开会？

答：整天没有别的事，随便开，想开就开，不想开就回去。

问：那些人集合起来在庙里开会，是吗？

答：他们单占着一个庙，有那个庙他还不占？

问：他占一个庙是吗？

答：对。他们没有那么多人。

问：他们占的是什么庙呀？

答：佛爷庙就这一个，就这地方。原先的庙就这地方，这建筑都是新盖的。

问：“先天道”的人也经常拿着枪、红缨枪之类的东西吓唬人吗？

答：花枪，大刀。

问：经常拿着这些东西吓唬人吗？

答：不吓唬。他们背着，拿着武器让你瞧着这样儿，像挺勇敢的样儿。

问：你有没有被“先天道”的人抢过东西或者征过钱呀？

答：没有。

问：“先天道”是什么时候结束的？

答：日本战败的时候。

问：八路军与“先天道”有没有对立的事情？听说过吗？

答：没听说过。

【八路军和解放】

问：八路军是什么时候进这个村子的？

答：解放的时候。

问：解放以后吗？

答：解放前，他们黑夜来一部分人，告诉明天干什么、什么，在哪儿开会，明日白天就到那儿开去。

问：他们晚上来是吗？

答：黑夜，就是晚上。

问：八路军来后到谁家去呢？

答：他哪儿有地点，他说来，直接就奔这儿来啦。

问：八路军来住在哪儿？

答：八路军不是住一个地方，把队长找来，再布置到哪家。有来人的，十个八个人的。有重要的事来十个八个人，没有重要的事来两三个人。

问：八路军在这个村挖过地道吗？

答：没有。这村挖不了地道，地下是沙子，一挖就塌啦。

问：你还记得解放的事吗？

答：什么事呀？

问：比如说你在广播里有没有听到毛泽东的讲话呀？

答：那时候听不到。

问：没有广播？

问：我是说你听到过毛泽东主席的讲话吗？

答：也听得到。

问：是在小收音机里吗？

答：家里有收音机可以听。

问：这个村子是什么时间解放的？

答：比北京稍前点，在北京解放前两天。

问：八路军来过这村子吗？

答：这儿解放了，解放军已到别处去了，这才传达的。

问：八路军来了是吗？

答：解放军冲了哪儿去了，先不传达，事先不敢说他到这里来。

问：八路军来的时候你们以为要发生战争，然后要到哪儿避难去呢？

答：投亲靠友，投亲戚，亲戚哪儿都有。

问：村里大约有多少人投亲戚？有一半或1/3吗？1/2吗？

答：我投到北京东便门外头。

问：这个村有加入八路军的人吗？

答：有。

问：是谁？还记得吗？

答：杜忠的哥哥，不记得他的名字了。

问：这个人还活着吗？

答：不在啦。张林云的哥哥也参加过八路军。

问：张林云还活着吗？

答：他还活着，他哥哥不在了。

问：张林云是这个村的人吗？

答：是。以前从朝鲜回来。

问：朝鲜？

答：从朝鲜回来的。

【“土地改革”】

问：再问问你“土地改革”。你的阶级成分是什么？

答：中农，以后又给我改成下中农啦。

问：“土改”时你家几口人？

答：4口人。

问：“土改”前你家有多少土地？

答：50亩地。

问：“土改”以后呢？

答：分家以后分成4份。两老人1份，我们兄弟3人每人1份。1份10多亩地。

问：当时你们家是4口人吗？

答：对。

问：当时你家里有你和你的妻子和两个孩子，是吗？

答：是4口人，两个孩子和我们俩。

问：一个人3亩多地是吗？

答：是。地不成地样，人家都不要，就这号地。

问：地不好是吗？

答：地不好，易涝，涝地。

问：你是中农，后来又改成下中农，这是谁决定的？

答：谁决定咱也不打听，贴的榜，榜上有。

问：是贴着一张纸，上边写着：张荣，中农，是这样子的吗？

答：对。贴榜不成，因为地数不够，还欠了几分地。

问：“土改”是谁领导干起来的？领导人叫什么？

答：是队长领导干的，他叫李祥林。

问：有外边来的工作队吗？

答：有。

问：来了几个人？

答：好几个人呢，你来他走的。

问：你的中农成份是在你完全不知情的情况下，工作队领导决定的？

答：决定好了才贴榜呢，贴出榜来不对，

我还差 3 分地呢，还得补，但没法补，3 分地太少。

问：差 3 分地是你提出来的吗？

答：我不提。人家决定好了。

问：你不是说差 3 分地吗？是你提出来的，还是他们提出来的？

答：得合计呀，差 3 分地没法拨。

问：你还记得地主和富农的名字吗？

答：有两个，一个叫赵立民，一个叫邢永利。

问：富农呢？

答：一个叫杨元，一个叫张瑞，张昆的哥哥叫张瑞。

问：赵立民有多少土地？

答：18 亩地。

问：18 亩地为什么叫他地主呢？

答：他没有人干活，找人干活。

问：邢永利呢？他有多少地？

答：地也不多。他挣钱就依靠他爸爸当掌柜的。他爸爸在顺义县开着买卖，卖杂货，在那儿当掌柜的，家里没有人干活，找人干。

问：他有多少土地？

答：30 多亩。

问：你认为他们地很少，又当了地主，可怜吗？

答：可怜。地主、富农干活掏大粪去。可怜，当时瞧着可怜，没提出来，他棋走错了不是。

问：你刚才说，你有 50 亩地，是“土改”时的还是“土改”后的土地？

答：分家前的事，先分的家，后“土改”，是“土改”之前的事。

问：“土改”以后你家的土地有变化吗？

答：没变化，就跟卖豆腐似的，就这几块。村里开会时，谁家多少地，多少人，都上榜啦。

问：“土改”时在一起开过会吗？

答：开好几回呢！哪个地方不合格还给大伙说呢，念叨念叨！

问：开了多少回？

答：不记得了。有时候正吃着饭就开会，吃完饭跟着就开会。

问：开会时农民会提意见吗？

答：几个当官的都定好了，你说哪点不对，你指出来呀。

问：领导是把大家召集到一起说他的政策，是吗？

答：外村有工作队。

问：是工作队宣传政策呀？

答：工作队都订好了再来开会。

问：来了多少工作队？是来一个走一个吗？

答：对。

问：工作队给你们留下了什么印象？

答：工作队平常不跟咱们说话，直接找干部。他们一来就跟大队干部说话去，跟咱们不说话。

问：工作队在普通老百姓家住吗？

答：不住，那时还没解放呢，来了就走。以后解放了。

问：他们是从县城来吗？

答：他们不住顺义县城，在涿县那儿，来回挪动，不固定在哪个地方。

问：工作队的人有多大年岁？

答：50 多岁的，30 多岁的，不一样。

问：阶级成分贴在榜上，那榜贴在哪里？

答：在重要的地方，人多的地方。

问：在这个村有没有固定的地方？

答：有。在大队的屋里，这墙上，那时在大队吃饭，开伙房。

问：不是在庙里吗？

答：庙就是伙房。

问：是大队的办公室吗？

答：对。

问：你刚才说解放的时候，你们可以听到毛主席的讲话，那时有收音机吗？

答：有耳机子。也有有收音机的，没有的很多。

问：你能认字吗？

答：不认字。

问：从解放以后到现在你认为最大的事件是什么？

答：我说不清，因为我不出门。

问：你知道破除迷信的运动吗？

答：没有。

问：“土改”以后你一直在这个村里做农活吗？

答：我 20 多年做农活。

【互助组】

问：你知道互助组的事吗？

答：互助组时有杨明，已死了，还有杨起。

问：就你们 3 户呀？

答：多，10 来户呢。

问：就你们这个组？

答：我们这个组 10 来户呢。

问：是不是关系好的组成一个互助组呢？

答：不是。这一个村有多少户，分成多少组。

问：是被人安排好的吗？

答：是队上安排。

问：你参加过合作社吗？你参加过初级社吗？

答：我说不成这事。

【神汉】

问：你认识赵文有吗？

答：认识。

问：他都做过什么事？

答：在农业队干活。

问：他还活着？

答：没有了。他有儿子。

问：你认识他儿子吗？

答：认识。

问：叫什么？

答：赵文富。

问：这是他儿子吗？怎么很像他父亲的名字？

答：是叫赵文富。

问：他在这个村子吗？

答：大门口这位就是他。

问：你懂神汉吗？

答：赵文富的父亲会瞧病什么的。

问：看相吗？

答：不看相，看病，有什么疾病他能治。

问：中医吗？

答：不是。迷信。

问：解放后赵文有也做神汉吗？

答：解放后他什么活都干。

问：他还做神汉吗？

答：他不做了，做不了啦，连农活都不做了。

问：是身体不好吗？

答：岁数大了。

【人民公社】

问：人民公社的事你知道吗？

答：顺义县有。

问：那时候你们有没有把锅、盆都砸了大炼钢铁？

答：没有。这村子没走到那儿。

问：你们有没有受人民公社的命令修过运河或其他工程？

答：没有。

问：1960 年自然灾害的事你知道吗？

答：想不起来。

【“文化大革命”中的地主、富农】

问：“文化大革命”时追究地主富农的事，你知道吗？

答：地主、富农得听令啊，叫他干什么他就干什么。

问：让他们都干什么呀？

答：让他干活。赶车的活不让他们干，让他们扫厕所，起粪积肥。

问：让他们做了多久？

答：干到生产队解散，队解散了，没有事啦，全回家啦，个人回家干活去了。

问：是不是一直到生产责任的时候？

答：一直到散队呀，到生产队散的时候。

问：有十年左右。张瑞也做这事了吗？

答：他也掏大粪。

问：你和张瑞是朋友，你觉得张瑞做这事可怜吗？

答：可怜也不能说可怜，谁不能干呀，他干也一样。心疼心疼他，我替他干哪？

问：有没有让张昆干呀？

答：张昆呀，他们家没干这个，从开始一起干活就跟干活的一块吃，一块喝，一块干活去。

问：有没有让他做过脏活累活？

答：那时张昆什么活都干，家里的活，地里的活，什么活都干。

问：强迫他干过吗？

答：没有强迫他干过。就他们 4 个人：杨源、张瑞、赵立民、邢永利。让他们积肥。

问：让你做过掏大粪吗？

答：我也做过。

问：是被迫的。

答：我没有。我还愿意干这个，为什么脏还愿意干呢？那活没人管着。我还与杜忠干了几年呢。

【生活感受】

问：你现在有收入吗？

答：没有。

问：你还干农活吗？

答：我干不了啦！

问：儿子抚养你老吗？

答：是，儿子抚养。

问：第三个儿子对吗？

答：对。

问：你生病的时候去哪儿治疗？

答：大医院。

问：是村的医院吗？

答：不是。顺义县医院。我没少住院。

问：解放后村里比较有能力的干部是谁？

答：要说能干，谁不能干呀，谁都能干。能干的不干，干着干着就……

问：毛主席逝世的时候你是什么心情？

答：我听说，就哭啦，咱们的队长搀着我，让我到后边去坐。

问：毛主席逝世的时候村里开过追悼会吗？

答：开过，我没去。就在这儿开的会。

问：你这一生中觉得最痛苦的是什么时候？

答：痛苦要属我去北京的时候，家里只有一个小孩看家。

问：那是什么时候的事呀？

答：解放前。

问：是你在北京当学徒的时候吗？

答：不是那会儿。

问：那你为什么到北京去呀？是为外出挣钱吗？

答：不是挣钱。解放前去北京，是家里留不了啦，就留下我们二小子一个人看家。

问：你感到最快乐的是什么时候？

答：嘿！高兴，解放的时候，我们家里的（指妻子）就从北京回家来啦。我也回家来啦。我回家后就去了担架队，把我累坏了。

问：你什么时候高兴啦？

答：高兴！嘿！这一解放高兴啦。

问：你知道最了解这个村情况的人是谁吗？你若知道请告诉他的名字好吗？

答：张守俊。

问：还有别的人吗？

答：杨福也行。

问：就这些人是吧？

答：解放前后直到现在的事都在他们心里呢，你们找我这古董干什么用？

张麟云（64岁）

时　　间：1994年8月23日下午

访 问 者：三谷孝　田原史起

翻　　译：王健娆

访问场所：张麟云家

【父亲、少年时代】

问：你正式的名字叫什么？

答：张麟云。

问：今年多大岁数啦？

答：64岁。

问：你父亲的名字叫什么？

答：张发。

问：你母亲呢？

答：张袁氏。

问：上过学吗？

答：没上过学。

问：你父亲在这个村干农活吗？

答：干农活。给人家扛活，就是做长工。

问：给地主干活？

答：对。

问：你自己家里没有地吗？

答：没有地。

问：雇你父亲的是这个村的人吗？

答：也有在这个村的时候，也有给别的村的人干的时候。

问：别的村是哪个村？

答：不知道。

问：这个村是谁呀？

答：姓杜。

问：杜什么？

答：叫什么不知道，那时我才几岁。

问：你去过学校吗？

答：没有。

问：在孩子的时候你就帮助家里干活，是吗？

答：是。

问：你去外边做过工吗？

答：也给人家扛活。

问：在什么地方？

答：田营。我没上过学，不知道怎么写。

问：那是什么时候的事？

答：我12岁时，当时日本还在这里。

问：从12岁到什么时候？

答：12岁到20岁，共8年。

问：你父亲除种地之外，有没有打过工啊？

答：没有。那时候还没有打工的，旧社会。

【日军、满铁调查】

问：你还记得日本军来的时候的事情吗？

答：记得。

问：日军来过这个村吗？

答：来过。那时经常来，也搞经济调查。

问：来调查是吗？

答：一个叫山本的。

问：另外还来过几个人你知道吗？

答：不知道，这儿离县城才三里地，顺义县城里有守护队。也就知道这一个人叫山本，他们来五六个人呢。

问：除山本以外，别人的名字你还记得吗？

答：来的人不知道是谁了。

问：山本来这里搞些什么你知道吗？

答：就是搞这经济调查。

问：也到你父亲的地方问过吗？

答：也上家里来问。这村有个庙，经常在庙里问。

问：山本来时你还是孩子吧？

答：才十几岁，小孩。

问：这个本子上记录着，50 多年前日本人来访问过的事情，而且记录着召开过运动会，你还记得吗？

答：不记得啦。

问：你见过日本军队吗？

答：见过。

问：是在这村里吗？

答：在这村我就不知道了，12 岁我就到田营去啦，田营离这儿 30 里地。

问：日军到顺义县城来过吗？

答：来过，我知道。他们在顺义县城里住着。

问：你知不知道日本军在这个村有没有强迫劳动的事呀？

答：强迫劳动那不是日本来，自卫队来抓人。

问：他们是中国人吗？

答：中国人。

【“新民会”】

问：你知不知道有关“新民会”的事呀？

答：有“新民会”。也在顺义县城里。

问：“新民会”是干什么的？

答：说不清是干什么的，他们也到村里来要东西。

问：拿东西吧？

答：不拿，摊派。如这村摊多少，来要。

问：这个村有没有受到日军的伤害？

答：日军不常到这儿来。这村也伤过一个人，在日军在的时期。

问：是日军伤害的吗？

答：不是日军。

【结婚和子女】

问：你什么时候结婚的？

答：30 岁。解放以后。

问：有介绍人介绍吗？

答：有人介绍。

问：你夫人叫什么名字？从哪个村来的？

答：叫胡景英，是三淀村人。

问：她多大岁数？

答：与我一样大。

问：你有几个孩子？

答：4 个。

问：男孩女孩呀？

答：各两个。

问：他们的名字和岁数。

答：长女张淑凤。

问：多大啦？

答：38 岁。

问：你 30 岁结婚，她怎么 38 岁？二的呢？

答：叫张长明。

问：多大岁数？

答：我不知道，得问他妈。

问：三的？

答：张淑蓉。

问：四的？

答：张长方。

问：把你妻子请来好吗？

答：大的张淑凤 38 岁，二的张长明 33 岁，三的 31 岁，老四 29 岁。

问：你的长子做什么？

答：汽车修理工。

问：大的是女孩？

答：大的是女孩，二的是男孩。

问：在这个村的汽车队？

答：不是。在临海车队。

问：你的大孩子和三孩子是女孩吗？

答：对。

问：你的次子是干什么的？

答：在农场干活。

问：你的两个女儿都出嫁了吧？

答：是。

问：你的长女嫁到哪儿？

答：小东庄。

问：次女呢？

答：军营。

问：你这大院里住着你和你妻子，还有儿子吗？

答：还有我的小儿子。

问：这些孩子都是他的孩子吗？

答：不是。他就一个小孩，上学了。这是我大儿子的。

问：你的长子也住在附近吗？

答：附近，刚进村的那儿。南边一进村的那边。

【现实生活、门卫】

问：你在哪儿工作？

答：大东庄。

问：做什么呀？

答：看门。

问：你在哪儿看门？在工厂还是商店？

答：一个私人工厂，部件厂。

问：一周去几次？

答：天天去。

问：从5:00到几点？

答：从5:00到第二天的3:00点。

问：等于从今天的5:00到第二天的2:30，然后5:30再去是吗？

答：对。

问：下午2:30吧？

答：对。

问：很辛苦啊。

答：时间长点。

问：在那儿的时间你可以睡觉吗？

答：可以。

问：有休息日吗？

答：没有。

问：一年365天都得干哪？

答：是。他是私人的。黑夜白天就我一个人。

问：一个月拿多少工资？

答：240元。

问：你家里还种地吗？

答：没有地。这村的地都归农场了。

问：你和你妻子的生活全靠你的工资是吗？

答：我有两个儿子，轮着住，这边住一年，那边住一年。大儿子那边住一年，二儿子那边住一年，住在谁家谁管饭。

问：吃饭都在一起吗？

答：在一起吃。我挣的钱，供我和妻子及孙子和孙女零花，吃饭归他们管。

【田营村土地改革】

问：到土地改革，你一直受别人雇用，给别人干活吗？

答：“土改”前一直给别人干活。

问：“土改”时你的成分是什么？

答：贫农。

问：那时家里有几口人？

答：在这个地方“土改”时就我一个人。

问：你父母呢？

答：都死啦。我10岁我爸死了，12岁我妈死了。

问：都是病吗？

答：对，病。我爹妈死的时候我们有哥仨，还不是我一个人，我哥哥给我姑姑干活去啦，我是老二，我弟弟给别人家了，给人家做儿子去啦。

问：你姑姑雇你哥哥了吗？

答：当时没人管啦，就到我姑姑家去啦。

问：你有几个姐妹？

答：一个哥哥一个弟弟。

问：你哥哥叫什么？

答：张麟辉。

问：你弟弟叫什么？

答：不太清楚。

问：你是共产党员吗？

答：不是。

问：你当过村的干部吗？

答：当过生产队长。从初级社到高级社到人民公社。

问：做了多久？

答：10多年。

问：从1950年到“大跃进”的时候是吗？

答：从1957年开始到“文化大革命”的时候。

问：“土改”时你分了多少地？

答：“土改”时我没在这个村，在田营分的地，分了三亩半。那个村一个人三亩半。

问：你是怎么被划分为贫农的？

答：因为什么都没有。我在那个村扛长活没回来，就在那个村分了地。在那个村什么都没有。

问：田营村是工作组来了之后搞的土地改革吗？

答：有工作组。

问：田营村比这个村大吗？

答：大。

问：离这儿近吗？

答：不近，离这儿30里地。15公里。

问：田营村的“土改”是和平的呢，还是有过斗争？

答：和平的，这地方都是和平“土改”的。

【长工】

问：雇你的人是地主吗？

答：是地主。

问：有多少土地？

答：120亩。

问：有什么关系被介绍到那儿做长工的？

答：有一个表姐姐，我姑姑的一个闺女。

问：你当时被雇用有什么条件吗？如付给你多少工钱等等。

答：当时我才12岁，我家里没人，我姐姐让我到那儿去了，只管饭，什么都不给。

问：是长工吧？

答：算长工吧。

问：周月也不给假吗？

答：什么都不给，去了以后也不回来，总跟着他。

问：工作很苦吧？

答：是啊，很苦。

问：从早到晚都在田里干活吗？

答：是。

【沙井村土地改革】

问：你什么时候回到这个村的？

答：1952年。我去了8年，到20岁。

问：是什么理由回到这个村的？

答：我有一个本家婶子找我回来的。这个村也分地分房，我这儿有3间房，所以我就回来啦。

问：这个村也是土地改革吗？

答：田营是先土地改革，这村后分的地。

问：回这儿有什么利益才回来的？

答：我这里有一个当家子（即本家）婶子。

问：什么是当家子？

答：叔叔的妻子是婶子。

问：在这个村你分多少土地？

答：我来的时候这里已分完了，就因为房子才回来。我回村一年多就入社了。

问：你为了房子才回来的，是吗？

答：我一走地就归公家了。地是公家的，归你使用。

问：当时划分成分你被划为贫农，那时有没有雇农？

答：有。雇农什么都没有，没有房，我不是还有房吗。

问：你给地主当长工，地主的态度是什么样的？

答：态度是一般的，因为他与我表姐多少有点亲戚关系。

问：没有打你的时候？

答：没有。

问：田营“土改”时是开会进行的吗？

答：是。

问：开了多少次会？

答：多啦，总开会。

问：你在旧社会算是很低的阶层，那时候是不是很积极地参加土地改革运动呢？

答：那阵都得参加。

问：你们这个阶层是不是更积极呀？

答：对。

问：你刚才说有工作组，他们有没有住在农民家里呢？

答：有。工作组都住在农民家里。

问：田营的工作组来了几个人？

答：经常五六个人。当时也划分区。

问：工作组的人一般都住在什么人家里？

答：贫农家里。

问：住在家里他们都做些什么？

答：跟咱们一般老百姓一样。

问：也在家里做工作，是吗？

答：是。家里有什么活，他们也做。他们五六个人是区里的干部，经常召开会议。

问：他们在哪儿吃饭？在贫农家吗？

答：是。

问：可贫农家里不是很穷吗？

答：他们有饭票制，他们用饭票付钱。

问：有没有工作组来你家住？

答：没有。就我一个人，得有人做饭呀！

【合作化运动、“四清”运动】

问：你回到这个村之后就参加初级社吗？

答：对。

问：初级社大约持续了多长时间？

答：两年左右吧。

问：初级社是个什么样的组织呀？

答：大伙的地放在一块种，就这么个组织。

问：什么时间又转成高级社啦？

答：1956 年。

问：你是从那时候成为生产队长的吗？

答：1959 年开始。

问：你哥哥参加过八路军吗？

答：刚开始是国民党，后来解放了，就参加了八路军。

问：你哥哥在军队里待了几年又参加解放军？

答：不到一年就南下啦，参加淮海战役。

问：你哥哥有家属吗？

答：没有结婚。

问：你还知道“大跃进”的事情吧？

答：知道。

问：在这个村里都搞了些什么运动？

答：“三反”、“五反”、“四清”、“文化大革命”。

问：这个村有没有被批判的干部？

答：这事怎么说呢，比如我，凡是干部都被审查。“四清”的时候，看干部有贪污的没有，没有就算了。

问：有没有挨批斗的干部？

答：一般的都挨过，不挨斗你不说呀，没有就算啦。这村贪污的没有。运动都得经过这些。

问：有没有被迫停止工作的？

答：没有，这村没有贪污的呀。

问：一般追究的是什么样的干部呢？

答：凡当过干部的都得追究。如队长，大队书记，正、副书记，大队正、副队长，都得追究。

问：谁负责追究？

答：有群众，上边也来工作组掌握着。

问：你是追究的还是被追究的？

答：被追究的。凡当干部的都不让你参加。

问：你是怎样被追究的？

答：如你干了这一年，你用没用队里的钱。

问：工作组是从县里来的吗？

答：都是从北京市来的。

问：来了多少人？

答：五六个人。

问：审查结果后如没什么问题还保留原职位吗？

答：基本不变。

问：你当生产队长一直到“文化大革命”，是吗？

答：对。

问：到1976年吗？

答：“文化大革命”后还干着呢，当了12年。

问：“文化大革命”后还干什么？

答：当队长。

问：队长干什么？

答：种地。农村就是种地。

问：从1959年干到什么时候呢？

答：到生产队散的时候，大概八几年吧。

问：生产队散时不干啦，还是在这之前？

答：生产队散的前一年。

【“文化大革命”】

问：“文化大革命”时这个村搞过什么运动？

答：当时分一派一派的，也有“红卫兵”组织，自己起名叫什么名字。

问：派别之间有打架的吗？

答：没有。这个村有个挨斗的，是一个当过伪保长的。

问：是“红卫兵”斗他吗？

答：两个人。剩下的就是地主、富农啦。

问：你说村里分了派别，都是什么派别，你记得吗？

答：一个叫“红卫兵”，另一个叫什么记不住了。这个村分两大派。

问：另一个组织也是年轻人组织的吗？

答：都是年轻人。

问：“红卫兵”有什么主张？

答：他们的主张，伪保长当时对老百姓不太好，“红卫兵”主张批判他。

问：哪一派呢？

答：这个村当时分两派，这一派斗伪保长，那一派斗一个伪军中队长。

问：他们的立场差不多吗？

答：差不多。

问：这个伪保长叫什么？

答：赵亭福。

问：那个中队长叫什么？

答：刘桂林。想起来了，一个叫“红卫兵”，一个叫“造反派”。

问：“红卫兵”的领导是谁呀？

答：刘振海。

问：“造反派”的领导？

答：李景春。

问：“红卫兵”是这个村的人组成的吗？

答：都是这个村的人。

问：有没有从外村来的学生啊？

答：没有。

问：过去的地主、富农也受到追究吗？

答：受追究。伪保长开始挨斗的时候，他们俩也跟着。

问：他们采用什么办法追究他？

答：当保长的时候村里的钱，当时说摊钱，你这儿摊多少钱，他那儿摊多少钱，问他这些钱交上去了没有。

问：还有别的方式吗？就是审问的方式吗？

答：就审问的方式。

问：在北京有戴三角帽游街的，这里有吗？

答：有。带着大牌子，有时也戴帽子游街。

问：你当过干部，也被追究了吧？

答：追究，不带牌子。

问：毛泽东逝世时你是什么心情？

答：都比较悲哀。

问：你认为毛泽东是什么样的人？

答：我认为是好人。

【生产责任制】

问：生产队解散后，你不当队长了，干什么呀？

答：生产队解散后村里有园子地，谁愿要多少给多少，我就要了点园子。

问：那时自已随便要地是吗？

答：地不能随便要，种菜的园子可以要。

问：变成农场化是什么时候？

答：生产队散了以后，城关镇每个村划成一个农场，这个村的农场就成立了。

问：你现在的工作是从什么时候开始的？

答：还不到两年，我要的那园子被公家的木厂子占了。现在那里又要盖楼房。

问：谁介绍你守门？

答：我们村的人办的厂子，他让我去的。

问：认识？

答：是。一个村的。

问：那个工厂是从别的工厂承包的吗？

答：原来是公社的厂。

问：现在是个人的吗？

答：个人的，他承包了，一年交给社一定的利润。

问：离这儿近吗？

答：也不近，10 里地。

问：骑自行车去吗？

答：是。

张麟富（71 岁）

时　　间：1994 年 8 月 26 日上午

访 问 者：三谷孝　田原史起

翻　　译：王健娆

访问场所：张麟富家

【家族、少年时代】

问：你叫什么？

答：张麟富。

问：今年多大岁数啦？

答：71 岁。

问：哪年出生？

答：记不清了。

问：你属什么的？

答：属鼠的。

问：你父亲叫什么？

答：张深。

问：你父亲还活着吗？

答：早死了，死很多年啦，在我 9 岁时死的。

问：你母亲叫什么？

答：张刘氏。

问：你母亲何时去世？

答：73 岁死的，属猪的。死 20 多年了。

问：你父亲是干什么工作的？

答：种地。

问：干过其他事吗？

答：没有，就种地。

问：你父亲有多少土地？

答：两亩地。

【长工】

问：2 亩地不能维持生活吧？

答：不能，得给别人干活去，扛活当长工。

问：是长工？

答：是。我也去当长工，15 岁就当长工。

问：在本村还是外村？

答：到外村去，有时也在本村。

问：是在附近的村子吗？

答：我父亲在这个村，我在别的村。

问：你还知道你父亲工作的村子吗？

答：我不知道，我父亲死时我才 9 岁。

问：你父亲去过北京干活吗？

答：没去过北京，就在本村干活。

问：你上过学吗？

答：没有。

问：不识字吗？

答：不认字，没念过书。

问：你从小就为家人干活维持生活吗？

答：是，十几岁就干活维持生活。

问：你 15 岁在谁家做长工？

答：离这儿十几里地，雇主叫朝吉俊。

问：做长工给你多少钱？

答：一年一个变化，给钱有时 10 块钱，有时三五块。

问：一年呐？

答：一年。

问：做长工时是日军来的时候吗？

答：日军来的前后我都干长工，长期干。一直为别人卖力。

问：你一直给一家做长工吗？

答：不是。好几家。在石门时给刘万祥做长工，给我叔叔张继伍也做过。

问：给你叔叔做也给钱吗？

答：也给钱。

问：刘万祥家是地主吗？

答：说不上地主，是富农。

【兄弟姊妹】

问：你有几个兄弟姐妹？

答：一个弟弟，一个姐姐，一个妹妹。

问：他们叫什么名字？

答：那时没念过书，没有大名。他们结婚后叫王张氏或刘张氏什么的。

问：你怎么叫张麟富？

答：我们这是兄弟几个排下来的。

问：你弟弟叫什么？

答：张麟春。

问：你姐姐和妹妹都嫁到哪里去啦？

答：都不在本村，在外村。我姐嫁到塔河，妹妹是金营。

问：你弟弟在这个村吗？

答：是。

问：搞农业吗？

答：不是，他是解放军。

问：现在呢？

答：退休在家。

问：他参加的解放军吗？

答：对。

【日军暴行】

问：你记不记得日军侵略中国的事情？

答：记得，那气受的太多了，事太多了。

问：日军来过这个村吗？

答：来过。

问：他们都干过什么？

答：什么都干！见什么拿什么，见什么抢什么。人也逮，像我这个岁数的老是跑，罪受大啦！

问：你的亲友中有没有受到迫害的？

答：没有。

问：你有没有被他们强迫为他们干活呀？

答：有哇！在城区里边抓人干活，气受大啦！挖壕沟，什么都干。

问：你们当壮工付给你们钱吗？

答：没有！抓住你就跟他们走吧！

问：是日军抓你们，还是村里人替日军人抓？

答：日军抓你，给你换身衣服就跟着他走吧，家里人还不知道呢。过去人都没地方藏躲，只有庄稼长高了，藏在庄稼地里，黑夜、白日睡在地里。

问：日军抓你们在这个村干活，还是到别处去？

答：哪儿都去。他们到哪儿就得跟他们到哪儿，最远到过北边的山沟里。

问：北边的山沟是什么地方，你还记得吗？

答：曹良口。

问：在这个村子里被日军杀死或被日军打的人你还记得吗？

答：也有打死的。我们村的人在地里干活时就被打死啦！这个人叫刘真，肠子、肚子都被打出来啦！

问：这是战争开始还是快结束的时候？

答：蒋介石队伍的时候。

问：是共产党跟国民党打仗的时候？

答：对。

问：那时日军还在呀？

答：在。

问：是国民党的军队和共产党的军队打仗，日军还有一部分留下来的时候，是吗？

答：对呀。这就是住顺义县城里，远的地方他们不敢去，就在邻近的村里，老百姓受他们的气大啦！

问：你说的是日本军队吗？

答：不是。蒋介石的队伍。

问：刘真是被日军杀死的吗？

答：不是。被蒋介石的军队杀的。

【满铁调查】

问：日本人 50 年前来中国访问的事，你记得吗？

答：那时调查的有山本，在这村调查过。

问：他们来了几个人？

答：好几个人。他们来时也像我们似的，十几个人都追他，他与我们关系很好，他给糖吃，给这个吃，那个吃的，我们都追他，小孩们对他很好。

问：他们在村里做了些什么？

答：看看这家，瞧瞧那家，这看看那看看，看到不合理的地方，也提出该怎么办怎么办。他调查村里闹纠纷什么的。

问：你还记得把孩子们集合起来开运动会的事吗？

答：有这么回事。

问：你当时参加了吗？

答：我没参加，我整天忙着干活去呢。

问：你还记不记得一个叫旗田维的人呐？

答：不记得，年头太多了。

问：你记得一个翻译叫郭文山的人吗？

答：不记得，老一辈的人可能记得。

问：还活着吗？

答：早死啦。

问：你为什么只记得山本呀？

答：因为他都找我们村里几个老人，挺受欢迎。山本是主要的人物，负责的。

问：山本是日本人吗？是来调查的？

答：是啊。那时他年年来，山本还活着吧？

问：山本他们调查过的人是谁，你记得吗？

答：都死了。有杨元、杨正、杨泽、张继伍。他们都 90 多岁了，与山本是同辈人，我们这一辈的人还知道点影子，再往下都不知道了。

问：张瑞呢？

答：张瑞 85 岁啦，还活着。张昆可能知道。

问：你记得“新民会”的事吗？

答：我长期不在家。

【结婚】

问：你是他的妻子吗？（问张妻）

答：老伴。

问：叫什么？

答：张秀兰。

问：你多大岁数？

答：虚岁 66。

问：你原来是什么村的？

答：北京的。来这个村好几十年啦，我 15 岁来的。

问：你们两个结婚是中间人介绍的吗？

答：是。

问：是媒婆吗？

答：都是双方的亲戚介绍的，都死啦！

问：名字叫什么？

答：这边的叫王诚，那边的名字已不记得了。

问：王诚是这个村的吗？

答：不是。是西星村的。

问：你们给介绍人礼物吗？

答：没有。过去不像现在，都拿不起。

问：你结婚的时候也坐轿子吗？

答：坐呀。就在这个村坐的轿。北京离这里远，先从北京到这个村的某一家，再坐轿到他们家，这叫借娶，我是借娶的。还使一顶轿子呢。

问：你有几个孩子？

答：没有孩子，是我侄子过继来的。

问：这个孩子与你们什么关系？

答：都一个姓，当家子的侄子。

问：是过继给你们吗？

答：过继的时候已有一个不满 3 岁的孩子了，这个在我们这儿生的。

问：这孩子叫你们什么？

答：叫爷爷奶奶。

【国民党军、八路军】

问：日军战败后立即就是国民党与共产党的战斗吗？

答：战争一到我们这儿就没有了。因为两条线，顺义县城是国民党，我们这儿是八路军。

问：在这个村打过仗吗？

答：没打过。一到这儿就算胜了。没对打过，就这边向那边放两枪，那边向这边放两枪。

【土地改革】

问：“土改”时就你两个人？

答：是。

问：什么成分？

答：贫农。“土改”时还有老太太呢，共 6 口人。

问：6口人都是谁呀？

答：我们两人，他们小两口，我们还抱了一个孩子已死啦，还有老太太共6口人。

问：分家以后老太太跟你们过吗？

答：老太太跟我们过，“土改”后就分家了。

问：刚才你说，“土改”时你们家分到4亩地，共6口人，分的4亩地够不够？

答：4亩地两个人都不够吃。这个地方过去打粮食少，常有涝灾，庄稼都淹了。

问：4亩土地分给3个人的吗？

答：6口人的，一个人就一亩多地。

问：一亩多地3个人不就4亩地吗？6口人应该8亩地吧？

答：他们已分出去啦。4亩地是3个人的。

问：“土改”时来过工作队吗？

答：有。

问：多少人？

答：一拨一拨的，好几拨呢！

问：待了多久？

答：开始的时候工作队好几拨呢！老陶他们一拨，老张一拨，四五拨呢。都分下来住在各户，每次都有四五个人。

问：他们是从哪里来的？

答：北京各工厂的人。也是调查。

问：他们调查什么事情？

答：初级社一拨工作队，高级社一拨工作队，人民公社又一拨，所以说好几拨呢。调查各户，与你们这差不多。

分土地之后就成立互助组啦，三五家帮助弄，你有个驴，我有个车，他有人呀，放在一起弄，弄完你的地，弄我的地，弄完我的地弄他的地，都弄完。这叫互助组。互助组之后就成立了初级社，马、车、地全入社啦。

问：“土改”是哪年？

答：1951年。

问：1951年几月？

答：一年搞清就不错了，几个月不行。

问：开过会吗？

答：开过。

问：开过几次会？

答：开过好多次。

问：一周一次吗？

答：有。当时会特多。

问：讨论什么问题？

答：经大家讨论都同意了才能做。一个事大家讨论都一致了。如买这碗，必须大家都同意了才能买，如果我说我用钱，不跟大家商量自己买，这不行，得讲理，必须统一了，个人想买什么就买什么不行。我虽当干部了，想买什么东西，必须开会决定了才买，大伙不同意，我有权力个人决定买？不行！各队都有队委会，集体决定。

问：那时候提意见吗？

答：对。那时一个事召集大伙都来研究，说明生产队需要这个，我是正职也不敢自己做主买去，也得经过队委会这级组织，大家商量统一了再买。

【互助组、初级社、高级社】

问：互助组你与谁一个组？

答：景德福、李秀芳、李祥林和我4家。

问：这个村共有多少互助组？

答：三五家、五六家、十几家的都有，记不清了。

问：你们几家组成一个组是因为关系好，还是住在一起？

答：自己找的，我找的这几家是因为我这有头驴，他有车没有驴，还有的是只有人，在一起种地。

问：互助组是解放前就有吗？

答：“土改”完了之后才有的互助组。

问：互助组之后什么时候又加入了初级社？

答：两年之后。

问：初级社有什么特点吗？

答：当时好几个队，自愿入哪个队都行。

问：是生产队联合劳动吗？

答：对。这几家都到一块劳动去。

问：村里有几个生产队，还记得吗？

答：4 个队。

问：劳动工具比如骡子、马都入到队里吗？

答：都得入到队里。所有的农具、牲畜、土地连人都入进去。

问：那时候的村干部是谁？

答：李祥林、张麟富。

问：什么时候转成高级社的？

答：初级社之后又过了两年组成高级社啦。

问：高级社有什么特点？

答：更集中了，由四个队变为两个队。全村的人员土地都分好，两个队差不多。

问：你在哪个队？

答：开始在一队，后来又到二队去啦。

问：第一生产队和第二生产队实力差不多，那你为什么由第一队转到第二队去啦？

答：我在一队当队长搞得好一点，后来又选队长，二队又让我去，两个队争我一个人。后来我到二队去啦，原来二队的生产上不去。

问：你到二队去还当队长吗？

答：是。

问：你在哪些方面做得比较好，两个队都争你？

答：关键是我从小就搞生产，地里的活我知道怎么干，懂得它的规律，种地心里有谱，该种什么种什么，哪块地种什么都有谱，所以两个队都争我。

问：在生产队里一定有与你意见不同的人，在这种情况下，你也能协调好与他们的关系吗？

答：有意见不同的人，意见不合理在我脑瓜里过不去，我不管你是谁，对集体没有利，从我这儿就过不去。我一个字不认识。

问：你做生产队长从什么时候到什么时候？

答：大头我也干，小头我也干，大、小干部没有离开过我。

问：从什么时间到什么时间？

答：从成立人民公社就当干部。

问：到现在吗？

答：一直干到生产队解散。现在我自己愿干点什么就干点什么。

问：你也做过除生产队长之外的工作吧？

答：生产队长也干，副队长也干，组长也干，社员还干。管园田的事我也干。干到生产队解散，我一行一垄都不要，自己搞自力更生了。

问：你是党员吗？

答：是。

问：哪年入党？

答：1964 年工作队在的时候。

问：1964 年的工作队是从哪儿来的？

答：北京来的“四清”工作队。

【困难时期】

问：1961 年正赶上自然灾害，生活困难，这个村怎么样？

答：我们村受饿时间不算长，我们从山里买了许多白萝卜储存起来了，用萝卜换粮食，就沾了这么点光，比别的村的生活强点。

问：没有吃的，有到北京或外地干工作的吗？

答：当小工，这儿待两天，那儿待两天。

问：别人也去过吗？

答：别人也去过，挖过煤，挣点钱，买粮食吃。

问：去了多少外出干活的人？

答：好多。时间不长。

【“四清”运动】

问：“四清”运动时工作组来都干了什么？

答：整整干部，让干部靠边，不过有的正确，有的不正确。我的脑瓜不灵活，我与他是对立的，有的地方我觉得不正确。你不正确在我这儿就不行，我不信服他。干部都弄到别处去了，控制起来了。

问：在这个村有被批判的干部吗？

答：干部没有被批判，批判的是地主、富农。干部该解放的就得解放。

问：批判地主、富农时是用嘴批判，还是打他们？

答：不打，用嘴批判，前边挂着牌子。

【“文化大革命”】

问：“文化大革命”时村里怎么运动的？

答：开始出现了两派。

问：两派领导人的名字叫什么？

答：一派是“造反军”，领导人是李景春、孙继伍，另一派也是什么军，领导是赵忠田。

问：现在的书记刘振海当时干什么？

答：他当时还上学念书呢。

问：这两派有什么区别吗？

答：没什么区别，也没有斗争。

问：这村有“红卫兵”吗？

答：没有“红卫兵”。

问：那时候被批判的是什么人？

答：地主、富农。

问：有“右派”分子吗？

答：有“右派”分子。

问：“右派”分子叫什么？

答：周永兴。

问：有伪军和伪保长吗？

答：有。伪军有刘桂林，伪保长叫赵亭福。

问：你们怎么进行批判？

答：伪保长与政府对抗，他给国民党办事，当保长，可是他不承认给国民党办事，他说自己给共产党办事。不过那时候是给两方面办事。他只承认给共产党办事。

问：怎么批判他呀？

答：用嘴批判他，也有证据。只是教训他，没戴高帽子什么的。

问：你是说他既为共产党办事，也为国民党办事吗？

答：不过他只承认给共产党办事，不承认给国民党办事。“红卫兵”这边说只给国民党当保长。他不承认，为这斗争他，后来也斗服了。

问：没让他扫大街、淘厕所呀？

答：做了。

问：做了多长时间？

答：一年多。

问：被批判的人中还有活着的吗？

答：有。邢永利，两口子都活着。

问：还有谁？

答：张昆，岁数大了。还有叫赵什么的，记不住名字了。

问：张昆也被批判吗？

答：当时没事一溜站着。地主就剩下邢永利了。

问：邢永利也不是有很多钱的人，为什么总批判他？

答：因为他是地主。周永兴也陪斗，他是“右派”。

问：邢永利没有多少钱，总批判他，你们不觉得可怜吗？

答：他是剥削者，谁可怜他！他的地都是大伙给他种。

【地主】

问：地主的家属大家是否看不起他？

答：谁也不理他，都不跟他接触，因为他有短处呀。

问：地主的孩子上学和升学受歧视吗？

答：对学生不歧视。

问：是受牵连的也就只有他本人和他的妻子？

答：对。

问：他的亲属呢？

答：亲属中有的受牵连，有的也牵连不上。

问：邢永利的孩子多大啦？

答：40 多岁了。现在 40 多岁，他父亲已 73 岁。

问：邢永利的孩子到了结婚的年龄能结婚吗？

答：他的孩子结婚晚，受到了当时形势的影响。一般都 40 多岁才结婚。

问：他有几个孩子？

答：两男、两女。

问：他的孩子一般大多岁数才结婚？

答：大的没结婚，30 多岁得了癌症死啦！两个女儿都出嫁了。老二已结婚，有两个孩子。

问：他什么时候结婚的？

答：二十七八岁结的婚，已十多年啦。

【毛主席逝世、唐山大地震】

问：毛主席逝世的时候，你是什么心情？

答：毛主席和周总理那就甭说啦，大家没有不哭的。

问：你觉得毛主席哪儿伟大？

答：毛主席是为无产阶级死的。无产阶级就是穷人，他救了多少穷人呀！

问：唐山地震时这个村有没有受影响？

答：有影响，就连这房子都有感觉，塌了些房，没有死人。

问：伤着人了吗？

答：没有。破房子塌了些。

问：是你睡觉的时候感到有地震吗？

答：我还没有睡觉，正下雨，感到房子晃动，我们跑到院内，站都站不住，可厉害啦！树都动摇。我到生产队去啦！看了看，猪圈塌了，牲口棚也塌了。没有砸着牲口。南边那家的房子破，我们把人救出来，房倒了没受伤。

问：哪儿有伤着或被伤害的地方？

答：那次地震我们一个人也没伤害。

问：坏的房子在哪个地方？

答：房坏了，人没伤。过去的老房都没有了，都盖上新房啦。地点就在这儿，街口东边。

问：在日本发生地震的时候，人们都抱着竹竿，很结实，避免砸伤，或跑到很宽广的地方。当时你们有没有跑出去或采取必要的措施呀？

答：地震刚过，家家有地震棚，没有在屋里住的，谁也不敢进屋，有两三个月的时间。

问：这是你 70 多岁的生涯中最大的一次地震吧？

答：是呀，以前没有经历过。

【现时生活】

问：你现在的生活靠什么收入呀？

答：做点买卖或为别人干点工，做点零碎活，一天给几元钱。没有长期上班。

问：你给他们干什么呢？修理什么呀？

答：打扫地，拎水等杂七杂八的。

问：你不为别人修理东西？

答：不修，干零碎活。

问：你做过很长时间的干部，有退休金吗？

答：没有。

问：现在你一个月有多少收入？

答：这不刚卖菜回来呀，卖点菜能收入多少就收入多少。总收入若都算上能赚四五百元一个月。6口人两个孩子上学，够用。

问：6口人都有谁？

答：两个孙女，侄子和侄媳，加我们两个。

问：你侄子叫什么名字？

答：张长深。

问：他在哪里工作？

答：就在本村农场。

问：你建这新房子花了多少钱？

答：5000元。

问：都是用自己的钱吗？

答：也借了点。从亲戚家借的。

问：你自己的钱和借的钱各占多少比例？

答：借了3000元。已八九年啦，现在3000元不叫钱啦。

问：这新房子是用了2000还是借了2000？

答：用了5000，借了2000。

问：这么大的房子共住了6口人。是你和你的侄子共同出钱盖的吧？

答：对。共同出钱。

问：快完成了吧？

答：就差安玻璃了。

问：你怎么找人借的钱？

答：这是这孩子的父亲的钱，小孩的姥爷的。

问：与你没有关系吧？

答：没有。

问：租房的人怎么知道你们有房啊？

答：还没出租呢。如果他没有住处，就直接找房子来啦，一个月付多少钱。有自己找的，也有介绍的。

问：你们没有广告之类的东西吗？

答：也有门口写着“出租”的，我们没写。

问：完成之后也写“出租”的广告吗？

答：没房的人经人介绍不更快点吗？

问：租房的人是外地人吗？

答：都是外地人，也有搬迁的人租的。本村的人租就不要钱啦，人家盖上就走了。

问：现在一点农活都不干了吧？

答：现在没有农活啦，都自己找上班的地方。有卖菜的，干什么的都有。我这儿媳妇在服装厂上班，一个月200多元钱。好几口人，他爷有病上不了班啦，要不三个人上班。200元钱维持不了生活。6口人哪！要卖菜去，多少也进点。

问：你卖菜不上班啦？

答：不上班啦，卖菜。

问：菜是从哪儿进的？

答：批发市场，这儿有个菜市场，出这个口就是，很近。

问：去哪儿卖？

答：咱们这儿有上班的厂子，他们下了班才买。一个月交60元的税，不能白卖。

问：你一个月能卖多少钱？

答：最好的时候一个月300元，一天10元。比上班强，上班才240元。

问：平常一个月多少？

答：平常也有一天挣不到10元的时候，但也比上班挣钱多。

问：到底挣多少啊？

答：没准。有时七八元，有时十来元，弄好了20元，平均300元。

问：最少呢？

答：最少的时候还亏本呢。比如10元进的菜，只卖了9元，还欠1元。

问：最普通的时候挣多少？

答：300 元。

问：你们俩合起来挣 500 元？

答：他有病，不出去，以后挣钱就仗着他们两个年轻人啦。一般工人退休有退休金，咱这个干不了就靠儿女啦。我在生产队干了十几年，生产队一散，自己干一天挣一天的钱，干不了什么也没有。我这一有病就更挣不了啦！全靠儿女了。

问：物价上涨，你的生活困难吗？

答：凑合。还想吃肉，吃点油就不错。比上不足，比下有余，不能比，一家一个情况，人家有几个人工作，我们就靠他们两个，不能比。

张守俊（80 岁）

时　　间：1994 年 8 月 26 日下午

访 问 者：三谷孝　田原史起

翻　　译：王健娆

访问场所：张守俊家

【“先天道”】

问：打扰你了。听说你知道很多从前的事，所以我们想了解你解放前的事。

答：有些地方知道，有些地方不知道。

问：这个村里解放前有没有一个农民组织？

答：组织没有，有一个全县的“先天道”，还不是这个村里的。

问：势力很大吗？

答：那时势力不小。突然组织的，哪村都有，不入不行。

问：大约持续了多久？

答：不长，由麦秋到过大秋就完了。

问：几个月的时间呀？

答：不长。

问：还记得具体时间吗？

答：新苗这么高。

问：哪年？

答：哪年就不记得了，日本进中国四五年后的事，哪年已记不得了。

问：持续了四五个月吗？

答：大秋一完就没啦，他们的头儿被打死了就完啦。

问：“先天道”是不是原来有一个什么组织，战争爆发了，以这个组织为基础组成的？

答：不准。真不知道。这个名由顺义县南边的北河发起的，后来发展到全县。

问：那时北河是“先天道”的中心地址吗？

答：闹不清。北河有个头儿。

问：那头儿叫什么？

答：姓王吧，叫王笑三的。

问：那个人有什么特别的能力？有什么法术吗？

答：嘿！没法术，他说什么刀枪不入。

问：看到什么状况？

答：村里有劳力的 90% 的都参加了，不参加的，你也过不了。

问：我知道。那个头儿有没有特殊的法术呀？

答：说不清。有什么法术？就是信迷信似的。

问：那个人不是说自己有法术吗？他会干什么？

答：一人一把刀片背着，头上裹着青布。一个是刀枪不入，也没什么法术，就是黑夜、白天的干。

问：他说自己会什么？

答：不说。一般的人也见不到他。

问：这个村也有加入“先天道”的人吗？

答：有！我就加入过几天呀，不是说 90% 的劳力都参加吗！

问：只是男的吗？

答：只是男的，没有女的。

问：这个村有五六十个人加入吗？

答：对，有几十个人，以后保、甲长也参加了。

问：这时候的保、甲长是谁？

答：张瑞、杨源。

问：“先天道”在这个村的头儿是谁？

答：杨润。已死。这个村小，说不上头儿，只是班长，管不了大事。

问：一般都是强迫加入的吗？

答：都是强迫的，自己谁入？不入就得黑夜、白日地站岗去，入了还种点庄稼。

问：是别的村的人强迫这个村的人参加吗？

答：就是本村人。你不入就叫你黑夜、白天地站岗。

问：有外村的人来吗？

答：北河的人来。

问：本村有主动参加“先天道”的吗？

答：没有。参加这个又不挣什么，家里又吃不上、喝不上的，孩子、大人都不能说，连对媳妇都不能说，谁愿入哇！

问：杨润是班长，也是强迫加入的吗？

答：南边来的人是他的亲戚跟他说的，咱就不知道了。

问：“先天道”有仪式吗？

答：开大会，说的挺好，“替天行道”，行什么啦？

问：具体有什么仪式？

答：入后到北河过刀去，砍你三刀，就算入会了。

问：你去过吗？

答：去过。

问：你也被砍吗？

答：砍。挺着胸脯，挺着肚子，还烧着香，直着砍。没事，不能锯，锯就不行啦。

问：是真刀吗？

答：是不是真的，也很亮，砍不死。那回坑人不少，村村有。一吃饭更砍人，吃什么？都没有了，吃饭的时候就跑了，就像给日本当劳工似的，一个人连窝端把饭就给你拿走啦！

问：吃饭的时候你们就偷着跑了是吗？

答：是。北河一失败，全垮了。

【日军与“先天道”】

问：日军来时有很多人被带去当劳工，是吗？

答：当劳工的是少数，这个村没有，石门有一个，叫李保华，被日军带走当劳工了。

问：日本与“先天道”是什么关系呀？

答：又反对、又不反对，你说反对谁也不碰谁，你说不反对，谁也不欢迎谁。

问：你说不反对表现在哪些方面呀？

答：谁也反对不了。日本有站岗的，先天道背着大刀也没事，日本也不打你。

问：那时日军不准种高粱那么高的作物，“先天道”主张种，有这事吗？

答：有。这个村没有，通县那边有。路两旁 50 米不让种高秆作物。

问：“先天道”反对是吗？

答：他反对也阻止不了呀！日军为了“治安”，50 米不让种高秆植物，这样，地里有人就能看见。

问：你加入“先天道”是什么时候的事？

答：年限不清了，一共两三个月的事，大庄稼正长着的时候，割了庄稼“先天道”就完了。

问：是麦秋到大秋这段时间？

答：对。

问：麦秋是种庄稼的时候吗？还是收小麦的时候？

答：是收小麦的时候。

问：那你不是说长高庄稼的时候吗？

答：那阵是间作，现在是平作，麦秋时早庄稼已长高了，收了麦子，玉米就长高了。如是平种，收完麦子什么都没有啦。

问：你加入时玉米就这么高了？

答：对。

问：你加入后干了什么？

答：没干什么，在村里值班打更。

问：你从“先天道”退出来受到“先天道”的欺负吗？

答：没有。日军在时这个村是模范村，不招灾惹祸。

问：你说这个村是模范村，不是“先天道”的模范吧？

答：不是。日军进到这里来建的模范村。

问：是日本给的？

答：是。山本就不断到这个村来。

问：“先天道”是不是以北河为中心，在各村建立支部呀？

答：哪有支部？又不是党。哪个村都有班长，通知开会什么的。

问：在这个村开过会吗？

答：开会就是班长安排谁值班，不干别的。

问：“红枪会”你知道吗？如果政府要征税，“红枪会”就代表农民反抗，“先天道”做过这样的事吗？

答：没有。“红枪会”咱这里没见过，就一个“先天道”组织。

【八路军与“先天道”】

问：“先天道”与八路军的关系怎么样？

答：说是没搞好，内情说不清。把北河就给打了，这里就散了。

问：让八路军打啦？

答：对。

问：为什么关系不好？

答：内情说不清。这是个组织，那也是个组织，八路军不也有回民支队什么的，说不清他们怎么弄翻了。他们就没联合好。

问：被八路军进攻之后，“先天道”的组织就没有了是吗？

答：是。打完北河就没了，村里就弃会退道啦。“先天道”就没啦，也没人追究。

问：弃会退道是八路军宣传的吗？

答：八路军没宣传这个。

问：谁宣传的呢？

答：北面的农民一看这个组织不行啦，就完了。

问：加入“先天道”什么好处都没有吗？

答：没有。只有坏处，没有好处。

问：“先天道”有没有在会员中收钱呀？

答：一个会员5块钱，入时交，那把刀就把钱花完啦。

问：是大刀吗？

答：这么长。

问：是在北河做的吗？

答：对。

问：你那大刀还有吗？

答：嘿！敢留着！交政府啦，不能留。政府就收刀啦。

问：交给共产党政府了吗？

答：那阵共产党还没有呢，交给县里了。

问：伪政府是吗？

答：是，也有日军，不知道是哪个政府，也有中国人。以政府的名义收刀，谁敢不交呀！留祸根干什么。

问：“先天道”只有大刀，还有红缨枪吗？

答：对。只有大刀，大刀在后面背着，红缨枪有杆，没法拿。

问：怎么使用刀、武术什么的？县里有人教吗？

答：没人教，就失败啦。

问：他们的服装是用青布裹在头上，肚子上有东西裹着吗？

答：没有，也没有服装，就是一个青包袱在脑瓜上一箍。

问：青包袱是长条的还是四方的？

答：四方的。

问：用青色布包头有什么意义？

答：不知道。

问：你在北河的时候有没有受伤啊？

答：没有。

问：有仪式吗？

答：排队、站队、开会，上边讲点话。训练耽误功夫，因为都是农民，他们有好多活干呢，还有好多没吃的呢，干不了这个，可不干又不行。

问：除了排队讲话什么的，别的没有？

答：没有，就是讲刀多少多少钱，交钱，以后也不去了。一般也见不到，干什么去。

问：上边给你们讲的什么话？

答：讲点治安，替天行道。咱都不知道"先天道"的道是怎么个行法。

【风水先生、婚丧礼俗】

问：解放前这个村有风水先生吗？

答：没有。

问：建房不用看风水吗？

答：没有。我小的时候有请外村人看的，这个村里没有，现在也不瞧啦。

问：建这房时没找风水先生？

答：没有。这房，这一溜是地，那边是大坑，我垫的，用土垫的，还找风水先生？这年头在哪儿盖都行，自己管。没有，公共坟都没有。

问：结婚时都要选良辰吉日吗？这风俗还有吗？

答：没有。一解放这种风俗就没有了。破除迷信就没有啦。连阴、阳宅都没有了。结婚选个日子，什么礼拜日、礼拜六、"五一"节。

【"土地改革"】

问：你在"土改"时任过什么职吗？

答：农会副主席。

问：哪一年"土改"？

答：1949年。1949年成立农会。我不认字，穷孩子，为什么还任职呢？北京一解放我们就修路、修桥、抬担架去。北京打过一回，我与其他人抬担架过了白潮河，两天两夜没吃饭。我们走的时候还是保长、甲长呢，他让我们去。我们回来时北京和平解放啦，这时选的人民政府，保长、甲长也换了，专区和小区都来了干部，闹土地翻身。"土改"时选出财粮、行政的人，这才进行"土改"。"土改"时先做动员工作，谁家多少地，多少剥削，算剥削量，算好了，贴榜公布，叫三榜定案。头一榜贴出来让大家看，地主、富农也让他看。看有没有意见，没意见才算呢，有意见尽管提。叫自认公议。这里是和平解放，地主、富农的东西一概不动，农具也不动。富余的地和房拿出来，分给贫下中农，农具不动。后来有点困难，就是以后号召成立互助组，互助组七八家在一起，比如你有车我有驴，他有劳力，实行互助。互助组成立二三年后就成立了初级社。

划成分从1949年冬到1950年春才完成。我们这几个人不会划分，是生手，一边划一边还得开群众会。专区有人在这里负责。划完阶级再评定土地，这块地在哪儿，那块地在哪儿，谁种谁的怎么分。贫农与地主一样，中农不动两头平，中农随富农，中农3亩地，也给富农留3亩多地，贫农2亩多地，也给地主留2亩多地。

【阶级划分】

问：划分阶级成分有什么标准？

答：算剥削量。地主的地让别人种，或自己的地不种，也让别人种，到时候自己吃粮食，伙种的也叫剥削。剥削量不超过 25% 的归中农，达到 30% 的为富农，30% 以上的为地主。不好划的是中农与富农，往高一点就是富农了。

问：你怎么知道一个家的剥削量呀？

答：如雇别人种地，或我有地出租，这剥削量大，或与人家伙种，或放高利贷。

问：与别人伙种是什么意思呢？

答：劳力得 4 成，地得 6 成。

问：就这各种方法，是吗？

答：对。各种方法。一个村里贫农占 70%。

问：这剥削量是怎么计算出来的？

答：划成分有一本书，工作组掌握着，这完全是工作组掌握政策。书上写着呢。

问：是根据劳动的多少吧？

答：对。

问：剥削量是自己报吗？

答：自己也报，上边也计算。明明吃租，剥削量好计算。放高利贷也是明摆着的。如与他人合种，他出劳力，对方出土地，他只能收收成的 40%，对方收 60%。还有雇工，雇农民给自己干活，自己不种。还有一种自己不干活也不雇别人干活，把土地出租出去收租金。地主有劳动力不用，富农有劳动力参加附带劳动，也就是辅助劳动，土地也不出租，雇人劳动，这就是富农。

问：有说谎的吗？

答：没有。他也说不了谎，因为地大家都知道，一个村住着，谁家什么样瞒不了。再说那阵儿村长、农会、治安员、儿童团、妇联各种组织都健全了，他不敢说谎。

问：阶级成分中有没有小土地出租者？

答：有。我们这儿有一户 18 亩地 4 口人，划成了地主。

问：小土地出租者是什么意思？

答：出租都是剥削量。

问：他有土地没有劳动力，比如寡妇，把土地出租给别人种，这种不叫地主，叫小土地出租者。

答：当时还有一个框框，就是三年以内，三年以外有个说法。

问：比如有个寡妇，自己没有劳动力，她把土地租出去，这也算地主吗？

答：不算。因为她丧失了劳力。看 3 年以内，3 年以外。

问：这是什么意思？

答：剥削 3 年或划为中农或划为富裕中农。（3 年即“土改”前 3 年以内的剥削量）这连富农都划不上。因为她丧失了劳力，她没有劳力呀。

问：这个村有这种情况吗？

答：刚我说的 18 亩地的那户，他不出劳力，在大乡里当事务员，有文化，就把他划为地主。

问：你们有上边说的那种寡妇吗？

答：有寡妇，但没出租土地。她或与他人搭伙，或靠亲戚帮忙，以工换工，没人种地她可以干别的。刚解放还没有互助组，那时叫搭套，没劳力、有牲口，她丈夫死了，她有工具。这种人很少，一个村也只有一两户。

问：这个村只有 4 个地主、富农？

答：一个村的成份分三等级：地主、富农，贫下中农，中农、上中农。贫农有上贫农、下贫农，下边还有雇农。

问：这个村有雇农吗？

答：有几家。他们既没房、又没地，叫雇农。这村一姓赵的是雇农，赵文启。还有重刚也是雇农。

问：张麟云也是雇农吗？

答：他是贫农。李广财也是雇农。他又分了房又分了地。地和房其中有一种就是贫农。

问：这个村有几户地主？

答：两家地主，三家富农。赵立民是地主，邢永利也是地主。富农有：杨源、张瑞、任振刚。

问：赵立民为什么是地主？

答：他有 18 亩地租出去了，自己不种，剥削量大。他有劳力，在伪乡里当事务员。

问：邢永利呢？

答：他雇活。邢有齐在乡里开杂货铺，邢有齐是邢永利的父亲。

问：他出租土地？

答：出租土地兼放高利贷。

问：有多少土地？

答：50 多亩。

问：杨源为什么是富农？

答：他不劳动，在顺义县开首饰楼，雇长工。

问：应该是地主呀，为什么是富农？与邢永利不同？

答：邢永利他父子俩开买卖，杨源的剥削量比邢永利小一些。

问：他出租多少地？

答：他不出租地，只是雇人。

问：张瑞呢？

答：他在这个村是尖子，他拿出的土地最多，拿出了六间房，分给别人啦。土地拿出了一半。

问：自己住房呢？

答：给他留着呢。算这个全部经过咱们的手，掌握这个的是工作组。

【工作组】

问：从北京来了 3 个人，是工作组？

答：北京 3 个，顺义县 1 个。

问：他们在这个村多久？

答：春耕完了就走啦。

问：他们住在农民家里吗？

答：是。

问：住在农民家里也干农活？

答：土地没弄好呢，哪儿来的农活呀！只管分阶级，分土地，调土地，土地确定之后才有活呢。比如，顺义县城根底下的地被我村人种着，还得去信联络，了解他是什么成分。如是地、富，这土地要不出去，中农的地还得给他。中农的地不动，谁种谁收，耕者有其田。工作组在这村半年。

问：你每天都得跟着他们？

答：每天跟着，家里的活都得搁下。那时烧炕打柴禾，这是点收入，别的活儿干不了，正闹土地呢。事情不完，安置不了民众。必须黑天白日的干，不干不行，要春耕啦。当干部什么也没给，白干，真正的革命到底，没有什么享受。不抓紧干，春耕没法种，上级不答应。一冬一春干这个，专讨论这事。分完了分好了，三榜定案之后，还得到地里打桩划界。

问："土改"时为了宣传政策，是出黑板报吗？

答：不出黑板报，在一本书上印着，有一本书。

问：现在还有吗？

答：没有。咱买不到，专区的人管着，工作组带来的。

问：书的内容？

答：剥削量多大，百分之几，贫农、中农各有百分之几，余的地主、富农，打击面只有 5%，打击少数。一个村 100 户，4~5 户地主、富农，20 户中农，余下的是贫农、雇农。

问：这本书是发给农民看还是谁……

答：不发。工作组掌握，农民不知道。

农民听他们念，知道就行了。这里是和平解放，不分浮财，上边有政策。老解放区地主、富农扫地出门，东西不是你的了。

【村民开会】

问：农民的信息是从读政策的时候得到的，是吗？

答：对。开会呀。学习什么先开会。

问：那本书只分给农会吧？

答：不分。工作队只有一本书。

问：开会很多吗？

答：一两天就开一次，头天的事，今天就开会宣布下去，听听有没有问题，再开第二次。

问：你们开会时是怎么集合农民的？

答：喇叭上喊呀！

问：开会的是户主吗？

答：是。户主不在家别人开也行。大家都愿听这会，好知道自己的成分。

问：妇女也去？

答：妇女开会的时候多。

问：你现在主要靠什么收入？

答：劳动。我什么都不干了，靠子女。

问：你的孩子收入一定很多？

答：收入不是冒尖的，一般收入。北京那个5口人，4口人在教育部门，教育部门收入还大吗？这两年还好点。

问：你的孩子呢？

答：我的大儿子在北京。我儿子、儿媳、孙子、孙媳都在教育部门，当老师，当校长。

张树德（63岁）

时　　间：1994年8月27日下午

访 问 者：三谷孝　田原史起

翻　　译：王健娆

访问场所：张树德家

【家族】

问：你父亲叫什么？

答：张珍。

问：你父亲何时去世？

答：1949年。

问：你父亲干农业吗？

答：干农业。在本村种地。

问：做过长工吗？

答：他从十几岁到40岁当厨师，在国民党时期。40岁以后从北京回到我们村。我们家地不少，涝地多，不长庄稼，把地都卖了，后来给别人当长工。

问：你父亲是在这个村做长工吗？

答：不是。在大人庄当长工。1938年回到本村当长工，到1947年。

问：这是50年前日本人做的调查，这份材料上写着，当时你爷爷还健在，你记得你爷爷的情况吗？

答：我出生前我爷爷就死了。我父亲两三岁时我爷爷就没有了。

问：你是哪年出生的？

答：1931年出生，今年64岁。

问：你母亲叫什么名字？

答：张赵氏。那个时候我母亲没有名字，我母亲的娘家姓赵，我们姓张，所以叫张赵氏。

问：你母亲什么时候逝世的？

答：1946年7月。

问：你上过学吗？

答：没念过书，因为家里穷，念不起书。

问：你一直在家干农活吗？

答：不是，我1947年当了八路军。我一开始被国民党从这个村抓走了。

问：你不是加入的八路军吗？

答：对呀，1947年8月，把我抓走了，

1947 年 11 月我就跑到八路军去啦。是东北抚顺国民党的 207 师远东青年军把我抓走的。

问：你有几个兄弟姐妹？

答：有 4 个哥哥，都没活，有三四岁死的，有七八岁死的，也有二十几岁死的。我的四哥也是当八路军死的，他是 1945 年去的，比较早。

问：还有姐妹吗？

答：有个姐姐，1946 年结婚，丈夫也是八路军。国民党找我姐夫没找到，找到我姐姐，被国民党糟蹋死了。从此我对国民党就没有好印象，所以国民党抓我当兵后，我跑到八路军中去啦。1947 年 11 月投奔了八路军。

问：有妹妹吗？

答：没有，哥儿五个就剩下我一个人。我哥哥 1945 年参加八路军牺牲了。

问：你当兵之前一直在这个村子吗？

答：对。被国民党抓去之前我给人家扛活，当长工。

问：在这个村给人家当长工吗？

答：不是。在西城外一个饭铺。

问：西城外是指顺义县城吗？

答：对。西城外就是顺义县城墙外面，西边。

问：当长工每月多少钱？

答：不多，折合人民币 80 元。当时不给钱，给了 200 斤玉米粒，一年。

【“先天道”】

问：你小的时候，你知道不知道这一带有“先天道”？

答：知道，我当时 13 岁时闹“先天道”。

问：“先天道”活动了多久？

答：就一年。1943 ~ 1944 年，就一年，相当厉害，杀人可厉害啦。

问：一点也没干好事吗？

答：“先天道”没干一点好事。现在中日是朋友，当时对“先天道”日本人也反对他，国民党也反对他，八路军也反对他。日本在中国打他，国民党打他，八路军也打他，就是他们。

问：这个村在“先天道”的人你知道吗？有多少人加入？

答：加入“先天道”的人这个村起码也有 30 ~ 40 人。“先天道”让你在路口给他们站岗，黑天白日地给他站岗，他打你欺负你，我也不得已为他们干，在他们逼迫下，受气。

问：“先天道”为什么灭亡？

答：这个地区有个八路军 13 团，13 团有两个侦察员到北河，北河有个王孝凡（王笑三），是“先天道”的总会长，管全县的先天道。13 团的两个侦察员到北河侦察，两边说差了，两个侦察员就出来啦，让“先天道”围上啦，并打死了其中的一个，跑回 13 团一个，向团长报告后，团长指示必须包围北河，消灭“先天道”。就这样八路军 13 团包围了北河，攻打了“先天道”，“先天道”死的人不少。

问：就这样灭亡的吗？

答：道长王孝凡当场就被枪毙了。

问：“先天道”的头头被杀了，受到惩罚，他的队员受到什么惩罚了吗？

答：八路军包围了北河，“先天道”不是说避枪炮吗，可是八路军的枪把他们之中的 80% 都打伤或打死了。

问：一般成员呢？

答：“先天道”叫道徒。从道长到道徒都被打死了。在北河打死的不少。由那儿以后，顺义县的“先天道”不光八路军打，日本人也打。我们村的“先天道”也散了。因为日本人到这个村后，就缴这个村的大刀，这个村的“先天道”都跑到南边一个大苇坑里去了。这个村的“先天道”日本军也打。那时候顺义县各村都成立了“先天道”，哪个村都有。北河的失败，全县的“先天道”整个垮了。这大概是 1944 年的 10 月份。

问：听说这个村“先天道”的头儿叫杨润，杨润也逃到那儿去了吗？

答：杨润是标（?）长。

问：他是这个村的头儿吗？

答：对。

问：他当时也逃跑了吗？

答：这个村有个姓刘的，在日本时期在日本守护队当中队长。这个村托日本守护队的中队长刘桂林向日本讲和，把他们都叫回来啦。

问：等于他们也逃走啦？

答：逃走了，逃到南边去啦，藏了好几天。

问：刚才咱们说这个村参加“先天道”的三、四十人都逃跑了吗？

答：都逃跑了，当时日本人逮他们。

问：参加“先天道”的人，解放以后受到批判了吗？

答：解放以后，十一届三中全会以前，共产党执政，“先天道”也算是个反动组织。也是被共产党打击的一个组织，因为他对共产党没有好处。

问：在“四清”等运动中受惩罚了吗？

答：还是一样对待。但是每次开会都讲“先天道”“一贯道”，对他们都要加强控制，只是在思想上批判，绝不能形成组织。

问：他们受到批判了吗，参加“先天道”的人？

答：没有批判。

【解放战争、“抗美援朝”战争】

问：你 1947 年 11 月加入八路军后都在哪儿活动？

答：在东北。经过锦州战役。我在四野林彪的部队。参加了东北战役、天津战役，包围北京，傅作义起义，后来大军南下，包围长沙国民党 21 兵团，程潜起义。这些我都经过了。国民党 21 兵团程潜、陈明仁起义。陈明仁是国民党第一兵团司令员。程潜是国民党 21 兵团司令员。这两个兵团起义，我都经过了。

问：程潜，还有陈什么？

答：程潜、陈明仁。他们与共产党军顽抗，被包围了 28 天，后来起义了，没有打。

问：你接着讲吧。

答：陈明仁起义后，我们驻守在湖南进行剿匪，我们走了 18 个县，在湖南剿匪。

问：以后呢？

答：1950 年又进驻广州。

问：在那儿干什么？

答：国民党在台湾不是要反攻大陆吗？我们就到了广东的海陆丰，就住下啦。

问：往后呢？

答：1950 年 6 月 25 日朝鲜战争爆发，李承晚打北朝鲜，我又去朝鲜啦。

问：你什么时候去的朝鲜？

答：1951 年 11 月初。朝鲜战场有三个战役，我那时去的。

问：你那个部队与美军作战吗？

答：与美军作战。我们是 38 军第五独立团，我原本是四野部队 46 军，从我们军给 38 军抽出一个独立团来。我们这个团到了朝鲜，配合 38 军，成为 38 军独立第五团。

问：你原来也是野战军 46 军吗？

答：对。

问：你当时是做士兵还是干什么？

答：我当时当兵，是班长。

问：38 军的军长是谁？

答：年头儿太长了，记不得了。

问：你在朝鲜待到什么时候？

答：1955 年，朝鲜战场结束后，又帮助朝鲜重建家园，房子被飞机炸毁的又都重新盖起来。又修铁路、修马路后才回来。

问：1955 年你回到顺义县了吗？

答：没有。从朝鲜回来后在东北成立了要塞师。中国有两个师，一个是辽东半岛的，一个是在山东半岛的。驻岛部队，驻在海岛。

问：你们住在那儿，是吗？

答：对。住在辽宁省长海县长山岛。

【转业】

问：然后呢？

答：在长山岛驻了之后，当时我当排长。1957 年我就转业啦。

问：你 1957 年转到顺义县了吗？

答：没有。我转到了化学通业公司，化学工业部。

问：在哪个省了，是在北京吗？

答：在辽宁省锦西化工机械厂，不在北京。

问：在那儿工作了几年？

答：1957 年转业就转到那里啦，到 1962 年。1962 年初到了顺义县，那阵我腿肿，我吃不饱，发定量，相当挨饿，我受不了，我就要求回来啦。

【结婚】

问：你是什么时候结婚的？

答：1957 年从军队转业回来，我那年 27 岁。

问：你妻子是东北人吗？

答：不是，是当地的。

问：她叫什么名字？

答：杨淑兰。

问：你老伴是哪个村的？

答：是赵全营公社赵全营大队的。在这个村西北 20 里路。

问：有人介绍吗？

答：对，有人介绍。那时候还不许搞对象。

【生活感受】

问：你参加过好多战斗，受过伤吗？

答：受过伤。

问：你的战友死的很多吗？

答：死了很多，那是生死战斗。战友比父母还亲呢，非常怀念他们，当时相当团结。

问：你参加的战争中，哪个是最苦的战斗？

答：营口战役最苦。

问：是在国共战争中吗？

答：对。

问：你是在林彪部队吗？

答：对。

问：你认为林彪这个人怎么样？

答：我认为在打仗和用兵方面可以说是够得上一个军的干部。

问：你这一生有很多经历，你认为什么时候最苦？

答：我一生中最苦的是到湖南，正赶上青黄不接，带的口粮供不上，工作队到前边去搞粮食，到老百姓家搞粮食，粮食搞到以后还没运到我们部队，就被土匪抢走了，我们半个多月没吃上饭。

问：青黄不接是指种的粮食还没有收下来？

答：没有菜，也没有粮食，老百姓的稻子还没有熟，还不能吃，就在这一段。

问：你这一生中最快乐的是什么时候？

答：从当工人回来之后，回到本村到三中全会之前这一段时间最快乐，各家都开着门睡觉。

邢永利（71 岁）

时　　间：1994 年 8 月 28 日上午
访 问 者：三谷孝　田原史起
翻　　译：王健娆
访问场所：邢永利家

【个人身世】

问：对不起，你还记得 4 年前日本的浜口先生来这儿调查的事吗？

答：知道。

问：过了 4 年，我们又来向你调查了。这是你的什么人？

答：我的孙女。

问：过去 4 年了，现在你们的生活怎样呀？

答：强了。

问：你从 1946 年开始就在这个村吗？

答：1946 年？我早就在这儿呀。我从小就在这儿。

问：什么时候？

答：5 岁。

问：是哪年？

答：记不清了。民国十六年。

问：你知道日军来的时候的事吗？

答：还记得点。

问：日军进这个村了吗？

答：没有。

问：你从 5 岁开始一直住在这个村？

答：是。

问：你父亲曾做过买卖，在什么地方？

答：县城里。

问：你父亲经常去店里，有时回家吗？

答：回家。离得近。

问：你有几个兄弟姐妹？

答：就我自己。

【学徒】

问：你上过小学是吗？小学毕业后在村干活吗？

答：上过。小学毕业后到通县学过徒。

问：你学的什么？

答：文具店。

问：你做了几年？

答：6 年。

问：你学徒时有工资吗？

答：有。

问：那是从什么时候到什么时候？

答：我 16 岁。

问：在中日战争的时候吗？

答：当时是冀东政府。

问：是伪政府吗？

答：是。

问：从青少年时代你印象最深的是什么？

答：说不清。

问：没有是吗？

答：对。

问：50 年前有日本人到这里调查，你知道吗？

答：不详细，那年我出去了。知道有这么回事。

问：你在文具店学什么？

答：学做买卖。

问：学会计、记账什么的吗？

答：是。

【“先天道”】

问：中日战争时期有个“先天道”你记得吗？

答：记得。

问：“先天道”正盛行的时候你在这个村吗？

答：在。

问：“先天道”是个什么样的组织呀？

答：这村有个小组织，大组织在河东呢。有标长，这村有班长，两个村一个标。

问：你会写标长的标吗？

答：不会。

问：这个组织的宗旨是什么？

答：宗旨就是反共。

问：他们都进行了什么活动？

答：有花枪、大炮，说能避枪炮。

问：从别的村来过“先天道”的人吗？

答：来过。

问：外村的人来干什么？

答：他们互相勾结，共同反共。

问：你知道“先天道”的具体做法，如有什么仪式，摆手势之类的，你会做吗？

答：我不会。

问：比如说有些人（砍），用刀砍自己的肚子，你看到过吗？

答：没看过。入道的时候那样干，不入道的不让看。

问：这村“先天道”的领导是谁？

答：景贵、杨润。

问：这个村的“先天道”开会在景贵家集合吗？

答：不，在村的大庙里。像村公所一样。大庙是公家的房。

问：过去这个大庙是村里最辉煌的建筑吧？

答：是相当不错的。

问：“先天道”是什么时候灭亡的？

答：(听不清)

问：在它势力最强大的时候有没有几万人哪？

答：有。

问：在它势力最强大的时候，以河东为中心各个村集合起来能达到多少人呢？

答：别的省也有。光这个县有几千人。总头目在北京。

问：你知道在北京什么地方？

答：不知道。

问：加入过“先天道”的人在这个村受歧视吗？

答：在“文化大革命”时受歧视。

问：谁受过歧视？

答：加入的都有，都算有污点。

问：这村十几个人都受到批判了是吗？

答：没受批判。舆论打击。

问：具体说怎么样？冷眼看他们吗？

答：不信任他们。

问：像杨福，他参加过“先天道”，后来又成了村的干部，他们也受歧视吗？

答：当时都有那么一点。

问：有没有靠边站这类的事？

答：没有。

问：周围的邻居不愿与他们说话的事，有吗？

答：没有。

【日军、国民党军】

问：你听没听说过日军来时这个村有谁被打，或被抢东西的事呀？

答：没有。

问：你知道“新民会”的事吗？

答：听说过。

问：你认为它是什么样的组织？

答：与日本人差不多。

问：他们都做了些什么？

答：不知道。

问：“新民会”是日本人的组织吗？还是中国人参加的？

答：中国人参加的。

问：有日本人吗？

答：没有。

问：你知道日军战败投降的事吗？

答：不记得。

问：日军在顺义县待了多久？

答：好几年，到日本投降。

问：日军投降后国民党来了吗？

答：来啦。

问：是国民党谁的军队？

答：不知道。

问：国民党的军队来这个村了吗？

答：没有。在顺义县城。

问：是他的军队吗？傅作义。

答：不管是不是他的部队都归傅作义管。

问：傅作义的部队没在这个村停留过吗？

答：没有。

问：国民党的军队在这个村干过什么坏事？

答：他们要东西，抓壮丁。

问：他们不付钱吗？

答：不付钱。

问：抓壮丁是吧？

答：是。

问：他们是从顺义县城来吗？

答：是。他们来要粮要柴，哪个军不要粮啊。

问：他们付钱吗？

答：不给钱。

【“土地改革”】

问：你在这个村种庄稼吗？

答：种。

问：你当时的生活情况如何？

答：那时不好。

问：主要是因为家里人多，收成不好，是吗？

答：是。

问：几口人？

答：8口人。

问：都有谁？

答：父母亲，两个闺女，两个儿子和我俩。

问：你当时有多少土地？

答：42.5亩。

问：听说“土改”时你是地主，把土地都分了？

答：对。

问：你当时有8口人，地又不很多，为什么被划成地主了呢？

答：（听不清）

问：是因为你父亲在店里雇了别的人吗？

答：在店里这买卖不是我们干的，我父亲就像当总管一样，拿钱的主人不在那儿。

问：那为什么被划为地主呢？

答：那时我小，在家里雇了个人帮助种地。

问：雇了多少人？

答：就一个人。

问：是本村人吗？

答：对。已死了。

问：叫什么？

答：杨老四。大名叫杨永瑞。

问：你当时有牲口吗？

答：有，有一头骡子。

问：你的房子很大吗？

答：正房5间，厢房东、西各3间，共11间。

问：是用你父亲的收入建的吗？

答：对。

问：你父亲替人管理店，当时的月收入是多少？

答：不记得。

问：“土改”时有没有人告诉你是什么理由被划为地主的？

答：没有。

问：没人告诉你，是榜上写着你是地主吗？

答：对。

问：这个村还有谁是地主？

答：赵立民。

问：还有别人吗？

答：没有。

问：谁是富农？

答：张瑞、任振刚、杨源。

问：听说张瑞家有很多土地，为什么是富农呢？

答：人家是老户，我们是外来户。

【外来户】

问：你是什么时候搬到这里来的？

答：我5岁时。

问：从哪里搬来的？

答：密云县。

问：是由人介绍来这个村定居的吗？

答：因为我父亲在这里开买卖，家里离这儿远，这离的近。

问：你到这来的时候是买的土地吗？

答：先搬来的，后买的地。土地和房都是后买的。

问：你迁到这个村得得到村公所的同意吧？

答：那社会没有开证明经谁允可的事，不像现在，不要任何人同意，搬来就行了。

问：你突然搬到这个村来，这个村的村民与你们交往吗？

答：住长了就交往啦。

问：过了多长时间？

答：这个村小，住户不多，好交往。

问：在日本迁到一个新村，需要三代人才能与他们交往，这里没有这个习俗吧？

答：没有。

问：有没有过三年五年吗？

答：不用。原来这个村才几十家，村小。

问：你知道这个村有什么义务吗？

答：没有，我们不知道。

问：解放前有没有摊派到你们身上？

答：有。

问：以什么名义摊派呢？

答：样样都有。

问：有名义吗？

答：没有。

【“看青”】

问：你知道“看青”吗？

答：有“看青”的，看地的。

问：这个村谁干这活？

答：李清源。

问：他为什么成为“看青”的人呀？

答：为了挣钱。

问：他不种地呀？

答：是。

问：李清源个子高，有劲吧？

答：是。

问：他没有土地呀？

答：有三四亩地，种园子。

问：这个村只有他一个人看青吗？

答：就他一人。

【工作组】

问：“土改”时来了几个人？

答：好几拨。

问：是从北京来的还是顺义县城来的？

答：顺义县城。

问：大概来了多少回？

答：（听不清）

问：工作组的人是年轻人吗？

答：不知道，记不清了。

问：最初来的工作组大约有几人？

答：三四个人。

问：他们是传达政策之类的内容吗？

答：不知道。

问：他们来时先到干部那儿去吧？

答：他们接触干部。

问：不与普通民众接触？

答：是。

问：这就是说村民只知道有工作组来这回事，但不知道他们来干什么对吗？

答：对。

问："土改"时划分阶级成分，一般老百姓知道吗？

答：村公所知道。

问：村里有工会吗？是农会吧？

答：农会。

问：是一般人不知道，还是你不知道？

答：我不知道。

问：你当时是地主，当时有没有强迫你做些别的事情？

答："土改"时没有，"文化大革命"时有。

问：工作组来时晚上住在这里还是住在县里？

答：工作组住在这里，"号房"。就是指定住在谁家。

问：他们住在谁家？

答：贫下中农家里。

问：住了几天？

答：时间不少。

问：工作组与村里人一起劳动过吗？

答：劳动。

问：工作组住在贫下中农家里时，他们付生活费的钱吗？

答：付钱。

问：吃饭与贫下中农在一起吗？

答：同吃、同住、同劳动。

问：你与工作组通过话吗？

答：没有。"文化大革命"时有。

问："土改"时你40多亩土地是出租还是自己种？

答：自己种，抓壮丁时租出去啦。

问：你那时候到顺义县城去啦，就把土地租出去了是吗？

答：是。

问：你说的是"土改"前吗？

答：是。

问：是国共内战的时候吗？

答：对。

问：你不是雇了一个人为你干活吗？这是租地前的事还是租地以后的事？

答：租地以后的事。

问：你不是把地租给别人了吗？为什么回来又雇人呢？

答：土地又收回来了，租地才一年。

问：定为地主与你是外边来的人有关系吗？

答：有关系。

问：与你的邻居有交往吗？

答：有交往。"土改"时没有。

问：就是说你与周围的邻居在"土改"时有交往吗？

答：有。

问：你父亲在商店的收入和土地的收入哪个大？

答：买卖收入大。

【破除迷信、神汉】

问：你记不记得破除迷信？

答：不记得。

问：你知道赵文有吗？

答：知道。

问：听说赵文有受过批判，为什么呢？

答：他搞迷信活动。

问：他在什么事情上搞迷信活动？

答：他看病，如小孩有病，拿着香，拿着供品，去求他，他把烧的香灰给小孩喝。

问：就喝那东西呀？

答：他说那是药——香灰。

问：根本就治不好吧？

答：治不好。

问：赵文有就是在“文化大革命”中受批判的吗？

答：对。

【子女】

问：你的孩子哪个在？

答：两个女儿一个儿子都在。

问：他们都活着吗？

答：都活着。

问：刚才见到的是你的儿子吗？

答：是。

问：他叫什么名字？

答：邢贵田。

问：他多大啦？

答：属猪的，49 岁。

问：他做什么工作？

答：水泥构件厂。

问：他是厂长吗？

答：是厂长。

问：厂子在这个村吗？

答：顺义县城的东边，汽车站旁边。

问：你儿子上过什么学？

答：高小，上了六年。

问：上完六年后就到工厂去了吗？

答：先劳动，后进工厂，进厂才十几年。

问：哪年进工厂？

答：1982 年或 1983 年。可能是 1983 年。

问：你儿子有几个孩子？

答：两个。都是孙女。

问：现在都在上学吗？

答：是

问：刚才那个孩子上中学吗？

答：都上中学。

问：在哪个学校？

答：二中。顺义县二中。

问：他们的成绩很好吗？

答：很好。

问：你的孙女中学毕业后还想上大学吧？

答：上。

问：你女儿出嫁了吧？

答：出嫁了。

问：你女儿出嫁的时候，你们家是地主成份，有没有受到歧视呀？

答：没有。

【结婚】

问：她们什么时候结婚的呀？

答：我大女儿在日本占领时期就结婚啦。

问：她多大岁数结的婚？

答：17 岁。

问：你二女儿呢？

答：27 岁或 28 岁。因为地主的女儿都不敢要，所以 27 岁才结婚。

问：她嫁谁啦？也是地主吗？

答：贫下中农。

问：你们两个什么时候结婚的？（问邢妻）

答：我们结婚早，我 17 岁，他 13 岁。民国二十四年。

问：你比他大吗？

答：大。过去的老人都喜欢娶大儿媳妇，好使唤儿媳妇，现在不同了。

问：你们的婚礼比一般人的婚礼好些吗？

答：好一些。我们当时兴坐轿，是坐轿结婚的。

问：你娘家也是干农活的吗？

答：是，种庄稼。

问：家里也有很多土地吗？

答：是。

问：就在附近的村吗？

答：在望泉寺。

问：有多少土地？

答：100 亩。

问：是坐轿从望泉寺来的吗？

答：是。都坐轿，那时没汽车。

问：刚看到的家具是从娘家陪嫁来的吗？

答：是。

问：是在大爷家摆宴席吗？

答：是。

问：你们是经人介绍的吧？

答：当时有媒人。

问：你这头有媒人，那头有个媒人吗？

答：就一个媒人，向两头说。

问：那媒人与你是什么关系？

答：普通关系，两边都认识。

问：是这个村的人吗？

答：是。

问：叫什么名字？

答：李广明的父亲。

问：李广明的父亲叫什么？

答：李清源。

问：给媒人礼物吗？

答：买点点心，谢谢人家，没花钱。

问：现在你夫妻两个都不工作了吧？

答：生产队解散了，没事干，再说我们岁数大了。

【现在的生活】

问：4年前浜口老师访问你们时，你们有一亩多菜园，现在菜园还有吗？

答：有。

问：没归生产队吗？

答：没有。

问：种菜自己吃吗？

答：自己吃。园子也不到一亩了，修路占了一块。

问：现在谁种呀？

答：儿媳种。

问：你们靠儿子生活吗？

答：对。

问：你儿子收入很多吧？

答：好几口人，两个上学的，这还有两个吃闲饭的，这么多人花钱。

问：你们6口人？

答：6口。

问：就你儿子一个人的收入？

答：对。

问：你的两个女儿不给你们吗？

答：每年给点钱，买点东西。

问：你女儿住在哪里？

答：大女儿在北京市。二女儿住大东庄。

问：过年时你的女儿都从外地来过年？

答：春节来。

问：这个院里种的花和草都是你们两个人侍候的吗？

答：是。

问：后边还有院子吧？

答：有。

问：你们的生活现在有为难的事吗？

答：没有。

问：现在你们还有像“文化大革命”时期被歧视吗？

答：大家都一样，都平等了。

问：你们两个有没有出去旅行啊？

答：北京去过，其他地方不去。

问：现在家里做饭打扫院子的事你们两个做吗？

答：做。

问：刚才骑自行车回来的是你的儿媳吗？

答：是。

问：这个电视是从顺义县买来的吗？

答：从北京市买来的。

问：冰箱之类的都是从北京市买的？

答：是。

问：你买时是店里送来的，还是自己搬的？

答：自己搬回来的。

问：在日本买大件的东西都是送到家。

答：这是匈牙利的产品。

问：效果怎么样？

答：看的不太清楚，调不好。

问：两台电视？

答：那屋是黑白的。

问：为什么不在顺义县买而在北京市买？

答：北京市东西多，好挑选，顺义县东西少。

问：自行车也从北京买的？

答：不是。

问：你现在有存款吗？

答：没有，一个人养着好几口人，花钱的人多，还有存款？

杜　江（村民委员会主任）

时　　间：1994年8月22日上午

访 问 者：浜口允子

翻　　译：齐秀茹

访问场所：沙井村村委会办公室

【村干部】

问：1990年我们在这个村访问时，这个村干部的情况基本了解啦！关于您的经历也基本知道了，这次想了解1974年以后的干部情况。您1975年当会计是吗？

答：对。

问：您当会计时谁是书记？

答：史庆芬是书记。就是刚才那位，我们现在的副书记。

问：这是支部书记，这是副书记，这是大队长，这是会计，就是您吧？1975年会计就是您？（指表格）

答：对。

问：另外还有什么干部？小队长有几个？

答：1975年的副书记有卢振海、李景春。

问：这个吗？

答：对。

问：他那个时候是书记？

答：是书记，后来又调换了。因为农村的干部来回调换。这几年是这几位当书记，那几年是那几位当书记。

问：那就从这里开始吧？书记是史庆芬？

答：对。还有李景春，这都是副书记。

问：大队长是谁？

答：1975年的编制。

问：副书记两位？

答：管生产的副书记和管政治的副书记。那时是这么分的，下边没有生产队，就是小队。

问：小队有几个？

答：两个。1975年的生产队长，二队是杨福，一队是谁呢？生产队有一个管政治的副队长，还有一个管生产的。这个和这个是管政治的，这两个是管生产的。党员是管政治的生产队长，非党员也可以任管生产的队长。

问：这两位的关系是？管政治的是正队长？

答：对。管政治的一般身体、年龄都比较大，相对来说比较软一点，管生产相对年龄小一点，得下地干活去。1968～1975年“文化大革命”对政治比较敏感，批判会，批判专栏，早请示晚汇报比较多。后来到八几年以来，1984年生产队解体了。1980年到1983年管政治的这块相对来说比较弱了，不过还是有。

问：1975年的大队长是谁？

答：当时没有大队长，就是管生产的副书记。1978年吧，公社改乡。由人民公社改成乡，可能是1978年，这时候下边有大队长。

问：公社的时候没有大队长吗？

答：职责有，可是不叫这名，叫管生产的副书记，不是大队长。原来的图章不叫这个名，现在用的是沙井村村民委员会的图章。原来是管理委员会的图章，管理委员会之前叫革命委员会。大队长往管理委员会这边来有大队长，管理委员会以前革命委员会的时候叫管理生产的副书记跟管政治的副书记。

问：1975年的革命委员会的机构是什么样的机构？书记、副书记？

答：1975年可能是管理委员会啦，还往那去就是革命委员会啦！

问：还是革命委员会吧？

答：是吗？反正那段我的记忆力不太好。

问：那时也有书记？

答：有书记，“文化大革命”时还不叫书记呢！叫革命委员会主任。由革命委员会改书记就不知道是哪年了，我记不清楚了。那些年老变。

问：那时候史庆芬不是书记，是革命委员会主任？

答：是书记，不是革命委员会主任。1966年、1967年、1968年是革命委员会。史庆芬的书记是1975年、1976年、1977年、1978年、1979年、1980年就是李景春啦，1981、1982、1983就换谁啦，这个顺序是对的。这段正是“文化大革命”，体制变得比较乱。

问：您是会计吧？

答：是会计。

问：有民兵队长？

答：有民兵队长。原来的民兵连长就是我兼着呢。

问：妇女主任、治保主任？

答：对，是他。治保主任那段（时间）也是李季青。那段（时间）李季青是治保主任。

问：另外还有其他什么干部？

答：其他的那时有妇联主任、民兵连长、治保主任、会计。

问：有大队长吧？

答：没有。那时不叫这个名，还有团支部书记。

问：是谁？

答：也兼着，我兼着。

问：您什么时候开始兼着？

答：就在这会儿。

问：都是在这会儿？

答：对。

问：为什么1975年这样改变？

答：原来这个编制都有。“文化大革命”的时候团支部书记、民兵连长都有，都没变，领导班子调整以后，整个人员也调整了。这个村的编制都没变，“文化大革命”时组织机构无论怎么变，民兵始终没有变，团支部也没变。

问：那时候您当民兵队长吧？

答：是。

问：以前是谁？

答：以前换的比较频繁，李秀鑫干过，杜槐也干过，张长青也干过。

问：您是从什么时候干的？

答：我就在这段时间，一直干，现在当村长，民兵这块我还管着。从1975年到现在一直我干。团支部这块有人干了，现在的团支部书记叫李凤明，从1988年他一直干。

问：团支部的团员从14岁到……

答：团员从14岁到28岁。现在有治保，还有民调——即管民事调解的。

问：是谁？从哪年有的？

答：从1984年生产队解体。

问：张树德？

答：张树德兼治保主任。

问：会计？

答：会计是杨艳玲。

问：他从什么时候干的？您原来一直是会计吗？

答：1975～1981 年我任会计，1982 年换成赵秀玲啦。

问：男的？

答：女的。赵秀玲干了一年。到 1983 年就是杨艳玲，直到现在。

问：也是女的吗？

答：对。

问：治保主任？

答：我兼了两年，1983 年我就到生产队啦。

问：民兵连长？

答：民兵连长一直由我兼着，1983 年这段不是。

问：1982～1988 年这段空啦？

答：这段不是我，是谁我就不知道了。

问：1982～1983 年您兼着？

答：当会计时我兼着，不当会计之后到生产队就不兼啦。1984 年生产队解体，张长青还兼过一段。

问：张长青是干什么的？

答：现在农场的场长。

问：农场场长是村长吗？

答：不是。

问：大农场是 1986 年开始？

答：对，1986 年。1984 年生产队解体啦，地分到社员户种了，种了两年，后来又收回来归集体，1986 年收回来的。1986 年、1987 年是吴仲海，1988 年就是张长青了，直到现在。

【民兵】

问：您一直兼民兵连长？

答：对，一直兼着，当村长一直兼民兵连长。现在没有专职的民兵连长。

问：民兵连长主要干什么？

答：国家在战争期间，民兵连是保卫当地的治安武装；还有输送兵源的任务，管征兵，每年的征兵民兵连长管。

问：这个村每年有多少人参军？

答：每年不到一个。1993 年走了一个兵，这几年都不走了。从我 1988 年当村长就去年走了一个兵。

问：是自愿还是说服他？

答：自愿。真正的自愿。

问：没有也没关系？

答：对，没有也没关系，因为现在征的比较少，要求去的多，有选择的余地，十个人挑一个，有时十个多挑一个。

问：为什么呢？

答：国家要的兵少，相对来说中国这个年龄段的人口又比较多。

问：年轻的人想去？

答：想去。

问：解放军？

答：对。

问：有什么条件？

答：首先身体得健康，没什么疾病，政治条件得符合。父母、兄弟姐妹当中没有政治上不合适的，比如说 1989 年参加过暴乱，就绝对不行。

问：过去的地主、富农，等等？

答：现在没啦！现在政治上主要是对现实的要求。

问：如新中国成立的时候他祖父是地主，这也行吗？

答：行。没关系，只要本人愿意去都可以。主要是现实的，比如说现行犯罪，偷、抢劫、流氓都不行。

问：您当村长之后只有一个当兵的？

答：对。

问：年轻人里头，从心里很想当兵可去不了的有吗？

答：有。在这个期间，也有很多人要求去，愿意去，但某种条件下，他不合格就去不了。

问：文化程度要求？

答：初中以上。

问：他们去后过几年回来？

答：有三年，四年，五年的。

问：回村以后就当干部吗？

答：不一定当干部。一般情况下分兵种，有的三年，有的四年，也有五年的。复员之后，县里给安排。比如说立了一次一等功，县里负责安排工作，没有立过功的镇里安排工作，村里不安排工作。

问：当民兵队长没有什么难的问题？

答：没有什么难的问题。

问：村里有枪什么的吗？

答：没有。"文化大革命"的时候都收回去了。

问：有防窃什么的？

答：没有。枪都由县武装部管。顺义县有武装部，他那里管着，枪在下边总丢。

问：每个家完全没有枪？

答：没有。

问：有什么武器？

答：家里什么武器都没有。

问：您家呢？

答：我家也没有。

问：谁的家都没有？

答：都没有。

问：晚上村里有巡逻的吗？

答：有时有，有时没有，不定期的巡逻检查，不是天天有。

问：什么时候有？

答：比如重大节日和重大节日之前有。不定期的，有些时候不是节日也有，没有时间限制，经常到下边检查。

问：地里种的东西有人看护吗？现在还有"看青"的吗？

答：现在也有，就几天。

问：还是民兵？

答：由农场派一二个人去，他那边管，这边不管，大多数没有。治安在这个地区基本上差不多了，基本上挺好，不能说很好。

问：现在民兵队有多少人？

答：在册的60人，18～35岁的算普通民兵，18～28岁这个年龄段的再挑出十来个基干民兵来。这属于编制问题。

问：您是连长还是队长？

答：连长。民兵连连长。

问：有训练吗？

答：没有。

问：不是让他们"看青"吧？

答：不是。

【书记、队长】

问：您说有两个生产队，这个机构到哪年？

答：到1984年。

问：队长一直是他们？

答：不是。

问：有什么变化？

答：1984年生产队解体。

问：一个队有两个队长吧？

答：对。

问：他们4个变了吗？

答：几乎每年都在变。生产队长变化比较频繁。

问：选举吗？

答：也不完全选举，农村生产队是最基层的组织，比较艰苦，比较累，人不愿干，每年都在变。有的时候也选举，有时书记派，指定。

问：命令？

答：有时命令也不行，还得做思想工作。

这级干部经常换。

问：那是很难办、很累的、很辛苦的工作吧？

答：对。

问：那一定是很能干的、有能力的人干吧？

答：对。

问：每年都换给生产带来影响吧？

答：那不会，每年都在冬季改换，农事一般都结束了。

问：每年完全都不一样吗？

答：这不一样，如果经过做工作，有的就继续干啦！可思想工作每年都得做。有的不想干，做做思想工作就干了。

问：在许多干部中小队长是最辛苦、最难办的事情吧？

答：对。

问：不是会计和书记、副书记，为什么？

答：4 个小队长是最基层的，他们接触村民是最实质性的。首先来说吃。1984 年以前中国的粮食是统购统销，生产队生产出的粮食，一是交国家征购，剩下的部分生产队辖区的人得吃，还得组织他们生产活动，而且干部还要带头干，身先士卒，他们得带头去干。管的事多，干的活累，拿的报酬并不多，没人爱干。这 4 个人是最辛苦的啦！

问：1975 年书记的报酬是多少？

答：1984 年以前，书记、生产队长的报酬基本上是持平的，一样的。

问：书记也一样辛苦吧？

答：书记管的事情不像生产队那样千头万绪，书记管的就是两个生产队长，有什么事把他们叫到这里来面授，具体干什么他并不接触。

问：现在情况一样吗？

答：现在不一样了。1984 年以后生产队就没啦！

问：书记给队长下命令就行啦？

答：对，就行啦。书记不直接参加生产活动，忙的时候如麦收、秋收他也下地，但平时生产队的事都是生产队长管。1983 ~ 1984 年我还当过二队的队长呢，正队长。

问：有两个队长吧？

答：对。

问：您和谁？

答：张洪峰。他是副队长。

问：一队呢？

答：1983 年是吴仲海，他是正的，孙连友是副队长。1984 年是张玉江，他是正的。

问：您讲讲他们怎样辛苦？

答：1983 年生产队，一个队有 400 多亩地，有 100 亩园田，种青菜，200 多亩地种粮食。生产队长组织社员从事生产活动，种菜、种粮。当时生产队还养着牲畜，牛、驴、马。人要吃粮食，生产队还要搞点副业，毛泽东时代是以副养农，还要从事点副业，这些都要生产队长组织实施，比较辛苦。

问：每天吗？

答：每天到生产队，集合这些人，分配他们工作，指挥他们。生产队有园田，设了 10 个小组长，园田组种菜，生产队长还要为园田组服务，他要化肥、农药、劳动力，种黄瓜要竹竿、马莲等，生产队长要供给他们用。组织生产队 200 多口人从事生产活动。

问：200 多个人？

答：200 多个人包括老人、小孩。有 100 多个劳动力，50% 的人在地里干活。1983 年我当队长时夜里睡不着觉，拿出笔记本来写明天干什么，经常失眠。

问：为什么 1984 年您不干了？

答：1984 年顺义县就没生产队了，解体了，中央有政策。我一直干到生产队解体，就不干了，就干别的去啦。

问：您 1984 年就……

答：直到现在。在这段每年都在换。

【队长、社员、工分】

问：您当生产队长的时候下边有意见吗？

答：有。

问：有什么样的意见？

答：也没有实质性的东西，比如我派的活比较脏，比较累，他对我有意见，怎么派我去，不派他去？没有实质性的意见，干部当时接近群众，是非常廉政的，没有贪污，吃、拿、占没有，都是工作上的意见，不可能让你们俩都干脏的，也不可能让你们都干轻松的，那么多人，必然有干轻或重，干净或脏的，他就为这个有意见。这没事，谁干都存在这个问题。退一步说，干脏活有意见的人过后也都能理解，都不干脏活儿谁干呢？

问：您当队长有没有政治上的问题？

答：没有。

问：生产队的社员向队长提意见，生产队长怎样说服他？还是用思想工作说服他？

答：有的说服，有的说了还不服就该强制了，您去也得去，您不去也得去。换句话说，您要干就跟着去，您要不干就……

问：那他们……

答：要不然就扣分，生产队时是记工分制。100 多个劳动力不可能都说服。

问：您有没有别的办法？如这活又脏、又累，分值就高点；这活比较轻，分值低点？

答：那办法也有，不可能掌握得那么具体。

问：那时候是固定每个人的工分呢？还是根据活的轻重记工分呢？

答：像我每天 10 分，生产队有记分员，到干活的现场评分，如果大伙干的活的速度、质量都一样，大家坐在一起评分，我这个 10 分，就记 10 分，你跟我干的一样的活，你仍然是 8 分。

问：这不就不同工同酬了？

答：在一些太具体的地方就是这样，一般的各有所长，我能干的活，您就干不了。

问：男的是 10 分，女的是 8 分或 9 分，可有时女的干的细致活，男的干不了，女的还是 8 分，男的还是 10 分吗？

答：是。仍然是男 10 分，女 8 分或 9 分。

问：男女不就同工不同酬了吗？

答：对。在忙的时候包工割小麦，您一垄，我一垄，这就同工同酬了。这一垄麦子割完了给 30 分，我割完了是 30 分，您割完了也是 30 分，这时候是同工同酬的。有的时候就不。

问：那是人民公社的时候吗？

答：对。您做这件事一天要 10 分，他来做要两天。

问：提意见不做这工作，那怎么办？

答：不给工分。

问：工作是工作，他不好好干怎么办？

答：生产队这么较真儿也不行，差不多也就完了，他今天干的不怎么样，明天他干的又好了，这就算啦！

问：谁定工分的分值？

答：大家坐下来评。

问：不是每天每天评？

答：不是。生产队 100 多个劳动力，分二三个组，赶上雨天，不能干活，大家坐下来评，张三几分，几等，他几等，是这么弄出来的。

问：1975 年至今，您一直干团支部的工作？

答：不是。1984 ~ 1985 年以后就不是我了。

问：谁？

答：不清楚。

【改革开放以后的村干部】

问：1978年以后没有革委会吧？

答：革命委员会在这段就没有了。

问：没有了，那么应该有大队长吧？

答：在1975年我当会计时还是管政工、管生产的副书记呢，没有大队长。

问：1984年也没有？

答：我记不清哪年改的大队长。

问：第一次当大队长的是谁？

答：那要看什么时候啦，要说第一次这会儿就是大队长。后来这段不叫大队长啦，只有管生产的副书记。管生产的副书记与大队长行使的是同一工作，都是管生产的，组织两个生产队从事生产活动，就是换个名，叫大队长或管生产的副书记，只有名称的不同，实际上都是管两个队的生产。

问：离现在最近的是不是吴仲海当大队长？

答：对。吴仲海是离现在最近的大队长。

问：从1984年刘书香？

答：那是村长啦。

问：最早的村长是刘书香啊？

答：对。

问：他为什么当村长？

答：生产队解体以后，大部分人属于老干部，没出去的安排工作，当时也有这个组织机构，实际上村长与大队长的职责是不一样的。村长是管行政事务的，大队长是组织生产的。

问：1984年以后只有一个村长，没有生产队了，大队长也没有吧？行政最高的是村长一个人吧？

答：对。生产队解体后有一段时间也有大队长。大队长是张树德，老治保主任。1984~1986年这几年是张树德，管生产这块。1987年是吴仲海，这是农场啦。生产队解体后社员们种了两年地。吴仲海是农场场长，实际上也是组织这些地的生产，不管社员的园田。1984~1987年这几年最乱啦，生产队刚解体这段行政最乱啦。

问：行政最乱？

答：因为生产队解体，人员不稳定，都出去干了，不在这里干了，个人都种个人的地去了，所以这块比较乱。

问：为什么在最乱的时候刘书香来当村长？

答：1984年以前他一直是干部，在大队兼出纳、会计，兼村长。

问：不是还有一个会计吗？

答：这是主管会计，他是村长兼出纳、会计。

问：一直是两个人吗？

答：一直是两个人，生产队时还是有3个会计呢！在过去体制中，主管会计是管委会干部，出纳会计不算干部。

问：叫保管吧？

答：生产队管现金的出纳、管物、管账3个人承担。有管物的，比如粮食叫保管员，有管现金的叫出纳员，还有会计。

问：刘书香是出纳？

答：他是出纳、会计兼村长。

问：应该是村长兼出纳吧？

答：叫村长兼出纳也可以。因为他最早当出纳，后来当村长，所以叫出纳兼村长，有个顺序的问题。

问：1984~1987年，这时候村长有实权吗？

答：他就是管行政这块，行政有什么实权呀！中国是以经济为基础，管经济的有实权，不管经济的就没有实权。

问：现在管经济的不是村长吗？

答：现在经济是书记管，还有一个经济合作社呢！现在的编制是一个村有三套班子，一套人马。第一个是党支部，第二个是村民委员会，第三个是经济合作社。

问：这三套班子都是这些人？

答：对，都是这些人。

问：谁是书记？

答：对。党支部书记是刘振海，村委会主任是我，经济合作社社长是刘振海。

问：你也是党支部的？

答：我是支委，支部委员。

问：委员多少？

答：3 个。书记、我，还有史庆芬。史是副书记。

问：村民委员会呢？

答：村民委员会下设治保、妇联，3 个人。

问：治保谁管？

答：张树德。

问：妇联谁管？

答：马淑敏。

问：经济合作社呢？

答：社长就是书记，副社长就是我和副书记。

问：这是三套班子一套人？

答：对。

问：有多少干部？能称为干部的。

答：农村不很清楚。团支部书记、民兵连长、治保主任、妇联主任，这些人笼统地说都算干部。说具体的干工作的都是。

问：给补贴的有多少？

答：过去生产队拿补助分的，园田组长都拿。

问：刘书记、史庆芬和您是专职干部吗？

答：对。

问：不做别的事？

答：是。

问：其他人呢？如治保、妇联。

答：也是专职的，现在的妇联主任兼着出纳、会计。

问：他们不干生产？

答：是，不干。

问：你们 5 个人专职吧？

答：现在不只这 5 个人，还有一个专门管计划生育的呢。

问：谁呀？

答：冯瑞芬，女的。

【村干部的报酬】

问：你们这 6 个专职的，村里给工资吗？

答：对，就这里发给工资。

问：可不可以问都有多少工资？

答：可以。工资由镇里批，根据村里考核书记各项工作完成得怎么样。打分，给各项工作打分，最后镇里批准书记拿多少工资。一年拿 5000 ~ 6000 元。

问：副书记和你呢？

答：差不多，都拿这些。

问：现在叫村委会主任？

答：对。全名叫村民委员会主任。

问：妇联呢？

答：妇联少点，也就拿 4000 ~ 5000 元。

问：为什么有 5000 ~ 6000 元的规定？

答：每年都要考核，按您完成各项任务的情况考核。今年批给您拿 5000 元就拿 5000 元，拿多了算贪污。

问：与你们村的收入有关吗？

答：是综合的。与村里企业的收入、治保、计划生育、农业的粮食产量都有关系，综合考虑。

问：治保主任与您差不多吗？

答：3000 ~ 4000 元。

问：您是专职吧？

答：对。

问：村长是 5000 ~ 6000 元，如果您开始做企业的话，收入更多吧？

答：对。

问：那么您愿意不愿意当村委会主任？您满足不满足？

答：人对事业没有满足的，只能说往上。是开拓也好，是奋进也好，永远是向上，永远不会停留在一个水平上，如果老满足在这个水平上，什么事情都没有发展了，您这干部最终会被大家淘汰。当村长也好，当书记也好，你在村干一年是这样，再干一年还是这样，没什么发展，人家就淘汰你了。人干什么事情也不会满足。三年前你们来时，没有这些房，三年以后有了。明年还干什么，更向前进步一点。

问：您干这工作挣这么点钱，如果干别的，你会挣更多的钱，你是不是想干别的工作？

答：并不是说您想干什么就干什么，有个组织上安排的问题。当然管企业可能比这个收入多点，可有时也不一定，因为企业受销售、原材料的制约。管行政这块工资相对来说稳定，拿5000元也好，6000元也好，到时候必定拿来；企业得跟厂的经济效益挂钩，厂子效益好，当然厂长拿的就多，企业不好拿的就少。对于我来说都差不多，各有利弊，管企业费神，管行政省点心。费神的多拿点，省心的就少拿点。退一步说，有的企业经济效益不好，还不一定有我拿的多。

问：您说有两个生产队，这个机制到哪年？

答：到1984年。

问：队长一直是他们？

答：不是。

问：有什么变化？

答：1985年生产队解体。

问：两个队，每队有两个队长吧？

答：对。

问：他们4个变了吗？

答：几乎每年都在变。生产队长变化比较频繁。

问：在人民公社时，人们都说为人民服务，您当村主任，对这种观念您怎么想？

答：作为共产党的干部，过去这么提，我们村级干部现在仍然这么提。我当村委会主任，就为我的村民服务。地方官得为您的县、区的老百姓办事，当点家，做点主，谁家有困难就帮助他解决，仍然是为人民服务，说的小点，我当村主任，就为我的村民服务。

问：您当村主任这段为村民办了哪些好事？

答：当村主任为村民办好事，得与村支部一块说，村主任管行政，村委会与村支部是分不开的。去年发放了60岁以上老人的养老金，还有对独生子女家长组织养老基金会，给独生子女的家长进行体格检查。村里修马路，装路灯，我们村都有路灯，相当不错。困难户、老干部给补助，死了人给补助，都属于我们为村民办的事。村里谁打架，民调主任和村长出来给调解，都是直接对老百姓干的好事，基层的事。我们这几个干部的一举一动，都反映出干部的素质，另外也反映村民的素质。

史庆芬（党支部副书记）

时　　间：1994年8月22日下午

访 问 者：浜口允子

翻　　译：齐秀茹

访问场所：沙井村居委会办公室

【村干部】

问：您是老干部是不是？1974后在村当干部？

答：实际上我从1969年就开始干，任大队会计兼妇女主任，1974年就开始任书记了。

问：上午跟村主任杜江谈了村的机构。您 1969 年当会计，然后当什么？1975 年您当什么？

答：1975 年我是书记，到 1977 年。

问：1978 年干什么？

答：1978 年是副书记，一直到现在都是副书记。

问：妇女主任这方面的情况？

答：我 1969～1974 年当妇女主任，1975 年我当书记时的妇女主任是孙桂芹，她干的时间不长，共 3 年。

问：然后谁当，您当副书记时？

答：我当副书记时兼着呢！妇女主任还是我。不是他们，他们没当过妇女主任，都是我。他们都是生产队的妇女队长。妇女主任我又干到 1984 年，都是我。

问：表格上这两位是干什么工作的？（指村干部图表）

答：妇女队长。妇女主任还是我，我干到 1984 年底。1985 年我兼服装厂厂长，妇女主任就是刘书星当了。

问：服装厂干什么？

答：副厂长，1985～1987 年。

问：谁当妇女主任？

答：刘书星。

问：刘书星干到什么时候？

答：刘书星干到 1987 年。1988 年就是马淑敏了。

问：你以前谁当妇女主任？

答：我 1968 年结婚后才到这个村来，以前的事不太了解。以前有这个机构，好像有其名无其实。后来上级指定我参加会议。原来有个妇女大队长叫王秀兰。

【村干部构成】

问：你当会计兼妇女主任时谁当书记？

答：刘振海是书记。

问：副书记？

答：当时的机构就是书记、大队长。

问：是这个人吗？（指图表）

答：对。

问：1970 年呢？

答：不对，不是他。是李继清当大队长，他已去世了。

问：一直是他？

答：他当了两年。

问：以后是按这个表格上变化的吗？

答：不对，张树德没当过大队长，他是治保主任。（指表格中另一人）他也干过治保主任，（看表）他又是生产队的政治队长。

问：是第一生产队的吗？

答：对。

问：这不是？（指表格）

答：对。他是张麟炳。张麟炳是大队长，这个表对。由 1975 年开始当大队长，到这儿。

问：“文化大革命”末期，这时候还是大队吗？

答：叫大队。

问：这个地方叫什么大队？

答：沙井大队。当时是公社制，城关公社沙井大队，公社还没解体。

问：当时城关公社的社长是谁？

答：由哪年开始？

问：您来的时候。

答：我来时是宋兴，他是公社的党委书记。

问：他现在？

答：现在不太清楚了。当时公社有 60 多个大队，沙井大队是其中的一个。

问：副书记不清楚吗？您当副书记以前？

答：当时的副书记？我当副书记之前是李景春。

问：他从 1968 年开始？

答：对。

问： 1975年开始当民兵队长？杜江？

答： 对，刘振海是副书记，李景春是生产队的政治队长啦！1975年我两个调了个个儿，刘振海的副书记。

问： 李景春是生产队的队长？

答： 李景春是二队的政治队长。

问： 上午杜江说是他。

答： 他不太清楚，当时杜江年岁还小。他是大队会计。

问： 其他的对吗？

答： 1977年、1978年、1979年、1980年，对的。1981年、1982年以后的都对。

问： 村长？

答： 1987年我兼了一年村长。

问： 那时还叫村长吗？

答： 叫村长，刚刚恢复村长制。

问： 大队就叫大队长？

答： 大队长与村长不一样。大队长管生产，村长管村政权。书记、党委分离出来，管村里具体事务。大队长光管这个村里的生产，其他方面不管。

问： 谁管行政方面？

答： 原来党、政不分，一元化领导。

问： 1984年以前都是书记、副书记、大队长？

答： 对。

问： 1979年是大队长吧？

答： 1979年就恢复村长制了。恢复后我是第一任。

问： 最后的大队长是张玉江？

答： 张玉江是生产队长，没有当过大队长。他在大队管过畜牧，1975年、1976年、1977年这三年管过畜牧，畜牧大队长。当时有两个大队长，张麟炳是管生产的大队长，张玉江是管畜牧的大队长，专门发展畜牧的。

问： 当时有生产大队长，有管畜牧的大队长，还有大队长吗？

答： 就这两个，没有其他的了。

【畜牧业】

问： 以前有畜牧大队长吧？

答： 没有。

问： 1975～1977年为什么有？

答： 当时发展畜牧业，各村加强畜牧生产，专门有一个干部管畜牧，村里建有猪场，把畜牧业抓上去。他专门干这个，别的他不管。

问： 以前也有养鸡、养鸭的，为什么不设专门人管？现在为什么设专人管？

答： 当时强调抓这个，可能是当时畜牧业不行，集体养猪赔钱。

问： 是因为地处城郊的原因吗？供应城市蛋、肉。

答： 对，与这有关系。

问： 上面有指示抓畜牧业吗？

答： 对。上面有指示。

问： 不是村里发起的吗？只是接受上面的指示？

答： 当时上级领导有要求，这是一方面，另一方面自己想搞什么也有自己的规划。

问： 不是上面有指示要发展村里的畜牧业吗？当时村里有什么有利条件？

答： 有畜牧大队长后，建起了集体猪场。

问： 我是说上级为什么让您村发展？你们这里有什么特殊条件？还是每个大队都要发展？

答： 上面要求各村都发展，但有的村不服从。根据自己村的情况，我认为当时应该把畜牧业抓上去，就设了一个畜牧大队长。其他村如果书记不重视，就不设了。

问： 您当时是书记，设这个专职干部是怎么想的？

答： 因为养猪老赔钱，我想设个专人抓养猪生产，·个是要基建投资，建猪圈，建养猪场，他抓就会减少这方面的投资，有人抓有人管，如花100元，20元就拿下来啦，减少投入。如果没有专人抓，随便派个不负责的人抓就可能花1000元，他要抓就可能花500元。专人负责，责任心强。这个人很能干，他都亲自动手。

问：资金哪里来？

答：两个生产队的提留，上级给一部分公积金，现在叫固定资产。

【副业观】

问：为什么搞了3年就停了，不设畜牧大队长了？

答：1978年以后，党的十一届三中全会以后，李景春就回来了，他的想法是狠抓副业生产。在这之前，1974年，这个村有个纸垫厂，厂长是张秀荣。他回来以后，张玉江就上去了，就狠抓纸垫厂，又增加了人力，又办了其他副业。

问：畜牧业就完啦？

答：不完，以生产队为主了，大队的取消了。

问：规模小啦？

答：也不小，已建成了，有基础啦！

问：他（张玉江）不做了？

答：对，他不做了。

问：他跟李景春的看法不一样？

答：李景春原来在公社，我下去的时候把他叫回来的。我不当书记了，我的孩子小，有困难，所以不干了，把他叫回来了。他俩的看法不一样。

问：张玉江与李景春的看法不一样？

答：对。

问：当时您是副书记吧？您同意李景春的看法吗？

答：我是副书记，同意他的看法。

问：您让张玉江做，这很好，后来又不让他做了，你与他怎样商量？

答：上边公社有个精神，以生产队为主抓畜牧业，大队集中精力抓副业，增加收入，我们商量这么办。

问：他干别的啦？

答：张玉江可能出去了几年，到水库去了。

问：是派出去的吗？

答：派出去的。

问：还负责一定的工作？

答：对。

问：以后他回来了吗？

答：回来了。

问：他现在做什么事？

答：司机。1983年、1984年他是生产队长，现在是司机。一队的生产队长，正队长。1985年、1986年、1987我们这里有一个副业，贸易货站，杜江和张玉江负责这项工作。

问：这两年都是张玉江，没有吴仲海？

答：对。两年都是张玉江。他早点，他是1981～1982年。我想起来了，我当书记时，副书记吴仲海当了一年，后来去公社了。1977年走的。

问：1976年，是他（吴仲海）吗？

答：1975年是，1976年就是副书记啦！生产队长是张麟云。

问：张树德干过一段政治队长。

答：对，他一直当。

问：张树德在这之前？

答：对，在他们之前。政治队长是张树德，生产队长是张麟云。

问：二队李景春是队长吗？您当书记的时候他们当队长？

答：是。李景春不对，他后来就出去啦！1976年杨福是二队队长。

【生产队长的选举】

问：生产队长每年都是他做，不是一直做下去吧？

答：不是一直都做，每年都通过选举。

问：变化吗？每年都是他吗？

答：不一定。但变化也不算太大。有工作能力、群众中有威信，可以连选、连任。

问：这工作比较辛苦吧？

答：比较辛苦，大伙都不愿干，得做工作，党支部这群人管。冬天做工作，每年生产队都年终分配，12 月份决算分配，分完红以后，生产队长不干了，当时小麦已播上了，不影响生产。到明年开春之前才有人干呢，得做工作。

问：改选第二年的干部？

答：对。

问：什么时候才能把班子定下来？

答：可难啦！

问：怎么个难法？

答：生产队长不干之后，我们大队的支委分工：这两个人找一队，那两个人找二队，他管一队的班子，他管二队的班子，白天、晚上，夜里一坐坐半宿，一说不干总找你。

问：选举生产队长的时间？

答：春节以前。

问：谁来选举？社员们吗？都参加吗？

答：都参加。

问：孩子们呢？

答：孩子们不参加，参加劳动的男女劳动力。

问：有没有候选人？

答：有。

问：谁来决定候选人？

答：当干部的和党支部。

问：几个人当候选人？

答：两个。工作基本做成熟了，没有意见通过，有意见的再提。

问：投票吗？

答：不投票，劳动力集中在一起通过。

问：候选人在场吗？

答：在场。

问：有意见当着面也不好说吧？

答：当时有说话的。选举是大队班子做生产队长的工作，他同意了，大家再选举，如他不同意，等来年开春二三月份生产忙啦，把大家都召集在一起，以无记名投票方式硬选，选上啦，他就得干。打个比方吧，如果他不干，工作做不通，召开社员大会，无记名投票，群众中已有一定基础啦，都让他干，说明群众信任，他只好干吧。这工作也比较活，因人而定。

问：那时候思想工作的内容是怎么样的？

答：可复杂啦！

问：比方说应该为人民服务，为村民服务，这样说吗？

答：对，应该这样说。一为人民服务，当时生产单位为一个生产队，为村民服务，这是思想工作。再者阻力比较多，他也愿意为人民服务，但有阻力，一个来自家属，因为他当生产队长，家里什么事都管不了，也有个别群众给出难题。只要干工作就会伤点人，也挨骂。当生产队长本身累，特别累。一个队 100 多个劳力，每天都得分配工作，这片活应该干完，但有的没干完，有个别人出工不出力，队长就得说他，他就不满意，为此得罪一部分人，所以说他不愿意。为人民服务他是勤勤恳恳的，干也是实心实意地，踏踏实实地想把自己这生产队搞好，把生产搞上去，收入上去，可是相当难，当时的生产条件副业又相当少，以粮食生产为主，收入低，很难很难的。

问：您也当过生产队长？

答：我没当过生产队长。

问：多半是男的？

答：也有妇女队长。妇女队长在生产队长的领导之下。

问：生产队长一定是男的？

答：也有女的当生产队长，这个村没有，其他村有。

【妇女队长】

问：妇女队长做什么工作？

答：妇女队长带着妇女干活，男队长就不操心了。另外妇女的生理现象女的了解，如怀孕、经期，在劳动时妇女队长能够照顾。

问：男的生产队长不管妇女？

答：也管，在他的领导之下，都在一个班子里。生产队也有班子，组成一个领导机构，有正队长、政治队长、妇女队长，组成一个机构，有什么事在一起研究，只不过干活时她与妇女在一起干。

问：这两个人（冯秀英、刘书星）是妇女队长吧？

答：对。这两个都是二队的。一队的妇女队长是孙桂芹。

问：她一直干吗？

答：冯秀英干的还早，1968 ~ 1969 年干了二年。刘书星也干过妇女队长。冯秀英一直是二队的。1983 ~ 1984 年刘书星是二队的妇女队长，她就不干了。

【大队的干部和生产队的干部】

问：总的来说大队的干部有书记、副书记、大队长、会计，大队的干部和生产队的干部，哪个难干？

答：要说辛苦还是生产队的干部辛苦。

问：他们都愿意当大队的干部？

答：他们也不愿意当，有个服从组织安排的问题，因为都是党员。党支部有党员选举的过程，谁想当书记到大队来也不行，党支部选举才能组成这个班子。

问：在干部中最难办的是什么？

答：大队干部最难办的是生产队的班子。

问：生产队的工作都是生产队长来干？

答：有些事大队不能脱离生产队，在一起研究。大队班子参加生产队的队委会，大队有事把两个生产队长叫来研究两个队共同的事，吸收生产队长和政治队长参加，生产队的疑难问题支委包队，如我是副书记，就到二队去做平时难做的工作，协助生产队长做。

问：选举冬天做，那么春天、夏天、秋天有没有什么特别困难的事？

答：总有事，总有难办的事。

问：举个例子，举哪一年都可以，春天有什么？夏天有什么？

答：1975 年我经手的两个队吧，两个队的地块这是一队的，种大田作物，这是一队，这是二队，地都交叉在一起，我认为这种地的耕作方式不好，应该便于管理，我把两个队的地进行了调整，亩数还保持原来的亩数，每队都是 400 亩，地的位置变动一下，我这样，这儿地都归一队，这儿都归二队，整个调整了，便于管理了。这是 70 亩，这是 30 亩（划图）这工作就比较难做。

问：您这样改变了吧？为什么以前的刘振海书记不改变？

答：因为很难，我刚上来，比较年轻，新上来就要有个新的耕作方式，对社员有利。

问：您这样想？

答：对。

问：您跟谁一起做？

答：也跟他们商量啦，都同意了，生产队长也同意了。

问：都同意了，为什么还难呀？

答：社员有意见。生产队长还有个服从大局的问题，个人利益服从整体利益，一个队的利益服从整体的利益，不为本队着想，以大局为重。

问：您属于一队？

答：我属于二队。但作为我就不能倾向哪个队，两个队一样看待，哪个队搞不好都与我有关系，我有责任。我在二队，也不能偏向二队，做事不公，以后就没有人信任啦。当时二队不同意，对我不满，因为好地给一队了。

问：那怎样解决？

答：最后还是领导说了算，生产队长同意了就行啦，有意见也白搭。

问：您挨了批评？

答：也没挨批评。社员当时不理解，后来也就理解了，矛盾也就解决了。他们一看到好处，意见就没了，就转化了。

【妇女干部】

史庆芬：我们顺义县重视妇女工作。北京市重视提高妇女的地位，现在又宣传妇女权益保障法，支持妇女工作，比较民主。妇女本身也要自立、自重、自爱，也要提高自己的能力和水平。没有能力，群众不信任，也当不了干部。

问：当时妇女当书记，工作上有没有困难？

答：妇女当书记比男的难当。

问：怎么难？

答：妇女本身有孩子，家庭支持还可以，我的婆婆还不错，她支持我工作，我就能干，有的不支持，就干不了。婆婆不支持，丈夫不支持干不了。我们家都支持，所以我能出来干，也有这个机遇。

问：你当书记时，家务没做？

答：家务就算没做，都由婆婆做了，带孩子做饭都是婆婆。

问：婆婆理解吗？一起生活吗？

答：一块过。

问：第一个问题是孩子、家务，等等，第二个困难是什么？

答：社会上的困难。社会上有个别人重男轻女，少数的。

问：村子里也有吗？

答：对，村子里也有。

问：不愿意妇女当干部？

答：不是不愿意，看不起妇女。只有自己的工作做出成绩来，他才服气呢！

问：是岁数大的，还是年轻的？

答：年轻的少。年轻的重男轻女的少。不过体力上还是男的强。由于生理上的原因，体力上不如男同志。比如说：前些日子下大雨，存了很深的水，男同志出去蹚水，查看情况，我也出去蹚水就比较困难。妇女担任书记要比男的当书记付出的要多得多。

问：那第三个呢？

答：第三个可以说女的比男的干的要劳累的多。

问：您从60年代末就当干部直到现在，重男轻女的思想有变化吗？

答：没有变化。要自强，转变群众的一些看法。他看着你行啦，就打消了他的看法。

问：您1974年当书记，后来又一直当副书记，重男轻女的情况有改变吗？

答：有所改变。

问：什么时间改变的？

答：随着时间的推移，就改变了，没有一个具体从哪天到哪天的概念。

问：这几年发展很快，这与改变重男轻女的看法有关系吗？

答：不完全是，有点关系。

问：从过去到现在，哪个时期对妇女有好的条件？

答：对妇女好的条件？在新中国一直是提高妇女的地位。人民公社也好，现在也好，对妇女的工作一直比较重视。

问：从你的角度看，年轻的妇女有决心改变妇女的地位吗？

答：年轻人挺满足。

问：你对自己所处的地位满意吗？

答：满意。因为我干了这么多年妇女工作，当了这么多年干部，为妇女争得了地位。我当干部，是妇女中的代表，感到挺荣幸的。

【年轻妇女思想观】

问：现在年轻女性努力的情况怎样？你满意她们努力的情况吗？

答：我不满意她们，她们依赖性特别强，因为条件好啦，缺乏奋发向上的精神。

问：这是什么原因呢？是教育的问题或是每个家庭父母的观念？

答：一个是教育问题，一个是社会问题。

问：社会问题是怎么样的？

答：社会问题就是条件问题，环境问题。

问：具体说社会问题是哪些问题？

答：这不能排在第一位，环境是第一位的。我认为环境造就人，如战争年代为我们国家争得自由而努力战斗，个人不怕牺牲，付出一定的努力，为过上自由幸福的生活。环境好了，解放以后妇女翻身做主人，解放啦，大家都特别高兴，劳动生产都努力地干。毛主席提出“妇女是半边天”，挺努力向上的。所以我说环境造就人。

问：毛泽东时代比现在还好吧？

答：我挺佩服，挺怀念的。

问：毛泽东时代从解放后到什么时候？

答：“文化大革命”。

问：“文化大革命”到动乱，妇女的地位和现在比还可以吧？

答：差不多，没觉得高到哪儿去。

问：年轻妇女的观念还不够好？年轻妇女与以前的妇女不一样吧？

答：不一样。努力程度不同。年轻妇女想少干点，多享受点。现在年轻的付出要少，报酬还要多，这与社会有关系。现在重点是抓经济工作，以经济为主，人们的概念与过去不同。抓经济也对，但两个文明建设也需要进一步加强，我们国家正在抓。廉政建设也在抓，不抓不行，人的思想工作要做。

问：主动性比较少吧？依赖男的？

答：不完全是依靠，在家里女的不完全依靠男的，女的自立精神还是挺强的。现在女的当家的多，在家庭里女的说了算。

问：在家庭里女的地位比较高，那好啊。

答：我们村家庭中女的说了算的多，都这样，男女平等。

问：村里有女的接班人吗？

答：有。

问：是谁？

答：还正在培养。

【世界妇女大会】

问：您知不知道 1994 年在北京有世界妇女大会？

答：知道。

问：这个村里有什么准备工作？

答：有。为迎接世界妇女大会，从今年初就宣传世界妇女大会在北京举行，妇女怎样为大会做出贡献。一是双学双比：学技术，学知识；比贡献，比谁对国家的贡献大。妇女在一个厂子里如何做出成绩来，可以说对世界妇女大会也是一个贡献。个体户养鸡、养猪的能手，企业厂长是女同志的要多创造效益，为世界妇女大会做贡献，提高妇女地位。

【妇代会】

问：这个村里为迎接妇女大会做过准备吗？

答：宣传过。

问：有妇女代表吗？

答：没有。有专门做妇女工作的干部。

问：为迎接世界妇女大会，召开过大会吗？

答：开大会。

问：开大会干什么？

答：开得比较早，三月份开的大会，让妇女们都知道世界妇女大会在北京举行。

问：都是什么人出席大会？

答：我们是广播宣传，没有集合在一块。

问：有没有从外村来你村工厂工作的妇女？

答：有。

问：她们参加你村的妇女组织吗？

答：不参加。但村里也管理她们。

问：这个村里没有妇女组织？

答：有妇女组织。

问：有什么样的组织？

答：妇代会。妇女主任是专门管妇女工作的。以自然村为单位，有本村户口的。

问：没有另外的组织？

答：没有。

问：比方说您是外村的，你结婚以后就是这个村的成员啦，不再履行什么手续？

答：是。

问：管理是管理，但是她们不参加妇女组织？

答：是。

问：本村的妇女组织叫什么？共青团和工会都有参加时的表格，妇女有吗？

答：有。妇联会也有工作。

问：不是这个意思，如共青团和工会，要加入时必须申请，批准参加，妇联有吗？

答：没有。妇女自然是妇联的成员。

问：她们做什么事情？

答：妇女们该做什么做什么，该在哪里上班就到哪里上班去，没有什么额外的组织起来干什么。妇女出现问题啦，妇女组织管。如在家庭里受到歧视、虐待，或离婚时财产分配不公，妇女主任或副主任等领导给妇女做主，向上级组织反映，给她争得权益。

问：离婚的时候，主要是妇女主任帮助处理？

答：副书记帮助处理。

问：您也管？主要是因为您是副书记？

答：副书记的权限一是协助书记做工作，另外抓部门的工作。

问：部门指什么？

答：如共青团、妇联、治安，治安工作都是部门工作。还有具体的党务工作。

问：那是因为你是副书记，不是因为你是女的？

答：不是女的也得管，如男的副书记也得管。

【好媳妇、好婆婆】

问：请问你，有好媳妇、好婆婆的表扬吗？

答：有，五好家庭。好媳妇、好婆婆。

问：每年有一次？

答：每年都有。

问：一次还是两次？

答：一次。

问：五好家庭、好媳妇有多少？

答：10%。

问：人口的？

答：户的10%。

问：好媳妇？

答：好媳妇比较多，占50%。

问：一半都是好媳妇？

答：这是村里的，特殊好的就没这么多了。

问：命名为好媳妇的有多少？

答：很少，5%。本村认为不错的，这些

不命名。

问：评选50%，两个中就一个呀？好媳妇太多啦？

答：对。好媳妇就是多，差的特别少。不孝敬公婆的特别少。50%这部分不命名，只上报镇。

问：镇命名的？

答：镇命名的只有3%～5%。

问：每年都这么多？

答：不是绝对的，有的时候特别少，上边给的名额特别少，也就一两个。

问：每年都一样吗？

答：不一样。

问：被选的人有变化吗？

答：有。可能有比这更好的。

问：本村谁来评选？

答：妇女主任找群众座谈，也就是找一般妇女座谈。

问：一次座谈有多少人？

答：每次评选座谈三次，每次5～6人。

问：这谁定？

答：由我们决定找谁，都是比较不错的。

问：集合表现好的吗？

答：对。

问：怎样是好媳妇？

答：做改革的带头人。

问：好媳妇也有带头人？

答：对。

问：你是好媳妇吗？

答：我婆婆在时我是，较突出一点，有孝敬不孝敬老人，我婆婆不在了，我也不是好媳妇了。改革的带头人就是致富的带头人，又孝敬公婆。

问：这是儒家思想吗？

答：不是儒家思想。新的道德风尚，国家提倡文明礼貌，是应该的。尊老爱幼，公共道德。

问：这是好媳妇的条件，好婆婆怎样？与这一样吗？

答：好婆婆是勤俭致富，支持子女参加社会工作，热爱共产党，思想进步的。

问：好婆婆几个？

答：3个。

问：这是镇的？

答：对。也有出席县的。好媳妇有，丈夫里也评选。

问：县命名的和镇命名的有两种吗？

答：对。都命名了，镇里好的，在县里也算优秀的。各个村的好媳妇，如十个都集中上来，再选拔几个好的。

问：给什么证件？

答：奖状和纪念品，有时给床单、毛巾之类的东西，还有枕巾；有时给五好家庭的镜框，一个大奖状。个人的有荣誉证书。

问：女的有，男的有什么样的？

答：妇女开展工作时评选过好丈夫，从妇女的角度看谁家的丈夫好。

问：怎样挑选？

答：在家庭中男女平等，支持妇女参加工作，在家中分担家务要多。

问：怎样分担家务？怎么选好丈夫呀？

答：大家公认座谈，找些人座谈，大家公认他好，在妇女当中评选。

问：每年？

答：每年评选一次。

问：所有妇女都参加？

答：不都参加，一部分人参加。

问：怎么样的一部分？

答：找几个座谈，选举好丈夫。

问：书记是当然的？

答：书记没有。村长当过好丈夫，书记长期主持村的工作，在村的工作量比村长大得多，没有条件做家务工作，村长有时间替媳妇做家务。如果女的没有时间做饭，他就做饭、洗碗。

问： 年轻的多，还是年老的多？

答： 年轻的多。

问： 一年有多少好丈夫？

答： 二三个。

问： 是村评吧？

答： 村里评的。

问： 镇里有吗？

答： 可能也给一般的奖励吧。

问： 是村子里决定？他们高兴吗？

答： 是村里评的，他们高兴。

【妇女干部】

问： 村里有多少干部？其中有几个女的？

答： 10 个干部。其中妇女主任、团支部书记都是女的，10 个干部中有 5 个是女的，占 1/2。

问： 你们在开会时发言多吗？

答： 发言多，我们提的意见对，书记就听。

问： 干部们团结吗？

答： 团结。我们大队班子团结，没有大的矛盾。

问： 其他人是多大岁数？您现在是 45 岁？

答： 不对，我 49 岁，属鸡的，1945 年出生的。马淑兰 42 岁，李凤明 31 岁。

问： 李凤明是党员兼团支部书记呀？

答： 对。会计 39 岁，管计划生育的专职干部冯瑞芬 35 岁。

问： 你们村妇女的地位提高了，其他村也是这样的吗？

答： 其他村也是这样的，都是这样的。

刘振海（党支部书记）

时　　间：1994 年 8 月 23 日上午

访 问 者：魏宏运　浜口允子

翻　　译：齐秀茹

访问场所：沙井村村民委员会办公室

【“四清”运动时的干部】

问： 今天我想问你一些 60 年代的新情况。我知道你 1968 年当支部书记。

答： 对。

问： 那以前您做什么工作？

答： 我 1963 年初中毕业。毕业后担任团支部书记，因为那时农村有文化的人不算太多。1963 年小“四清”，我是积极分子，帮助查账。小“四清”过后我担任会计，在生产队兼任会计，第一小队兼任主管会计。团支部书记兼任一队的生产队会计。

问： 那时候有两个生产队？

答： 两个生产队。我是一队，还有二队。

问： 那时候这个村叫什么大队？

答： 就叫沙井大队。

问： 什么时候叫沙井大队的？

答： 成立人民公社时，1958 年。

问： 大队下设两个小队？一队、二队？

答： 对。

问： 一队的生产队长是谁？

答： 刘祥。已死了。

问： 生产队有队长、会计，还有什么？

答： 有副队长、妇女队长。副队长是孙继贤，妇女队长的名字想不起来了。

问： 另外还有谁？

答： 队的编制还有主管会计、出纳会计、保管员。大体上就是这么个机构。

问： 二队的队长是谁？

答： 二队的队长是杜钦贤。

问： 副队长？

答： 好像是杨福。

问： 一、二队怎么分的？是按住的地方还是土地？

答： 不完全按住的地方。从初级社时自然形成的组织。最早是互助组，由此演变成的。再详细的情况我就弄不太清了，因为我当时还在念书。

问：是按片吧？

答：不是。因为两队的人都交错着呢，不是按居住情况划分的。生产队是由互助组演变来的。原来成立互助组的时候就有两个，一个是都比较穷的户组在一块，还有一个是有农具的、家境比较好的组成为一个组，相当于中农。我印象中18家组成一个大组。当时我还念书，晚上开会到家里去。

问：一队和二队的经济条件不一样？

答：起步应该一样，土地在划分生产队时好坏搭配都差不多，人口基本上相同，后来发展，一队人口发展比较快，最后差二三十口人。

问：一队发展快的原因是什么？

答：人口发展快了，经济上差不多。

问：那时您当主管会计吧？

答：我当了。

问：那时候您是最年轻的干部？

答：对。

问：您那么年轻为什么选你呢？

答：当时人很少。当时讲成份，我成份好，贫下中农掌权嘛！

问：当时大队的机构是什么样的情况？

答：大队有书记，书记是张麟炳，有大队长。

问：副书记？

答：李祥林，已死。大队长是杜钦贤，也死了。会计是杨庆余，他还在。

问：另外？

答：还有妇女主任。还有一个出纳会计，想不起名字了。

【小“四清”运动】

问：1960～1963年的自然灾害？

答：1960～1963年没有遭灾。

问：小“四清”在村里是怎么进行的？

答：学习文件，查查账。

问：小“四清”是上边下来的人，还是怎么搞的？

答：从上边下来的，在这里搞试点，北京市的试点。没有多长时间，好像8月份到年底，几个月就结束了。1964年“大部队”出发，搞“四清”。

问：小“四清”学习文件是光干部学吗？

答：老百姓也学。

问：开大会布置吗？

答：开大会学习，也讨论，以生产队为单位。干部也分别进行。

问：人民公社来人吗？

答：公社不来人，县里抽的人，有工作组。工作组有三个人。大约三四个人。

问：你入党了？

答：那时还没入，我是1965年入党的。

问：1965年有多少党员？

答：1965年没有多少党员，十多名党员。

问：“四清”完后村里的干部有什么变化吗？

答：没有多大变化，还是那些干部。我接替了一个会计，让他下去了。原来的会计家庭成分高点，中农，他父亲当过伪保长。

问：六几年？

答：1964年。1963年我从小队走啦，还是一队的会计。

问：这是一队的时候？

答：对。

问：以前的会计挨批评了吗？

答：没有。就让他下来啦！

问：为什么让他下来？

答：成分问题。

问：他自动？

答：组织上让他下去的。组织决定的。

问：从那以后你一直当会计？

答：没有。大“四清”，1964 年是大“四清”，我当了一年以后又换回去啦。

问：还是原来那个会计？

答：对。

问：为什么又换回去？

答：那就不清楚了，让我当出纳去了。大“四清”完了我就下去了，换成出纳员的位置了。

问：原来的出纳员呢？

答：下去啦。

问：为什么大“四清”完了你又换回去了？

答：大“四清”后期，整顿班子的时候。

【大“四清”运动】

问：大“四清”从什么时候开始？

答：1964 年春天。

问：您能把 1964 年大“四清”的情况详细给我们讲讲吗？

答：可以。组织干部学习，组织清账组，我成了对象。我当时什么都不会，哪有什么贪污？

问：为什么？

答：我当会计呀。扣我的工分，我干了 20 天，他们算我 10 天，说我多占工分，扣 10 天的。

问：扣了多少工分？

答：370 分。后来落实政策时又给我了。

问：工作队来了吗？

答：来了，来了十多个人。

问：住在这个村吗？

答：住在这个村。分散住，一家住两个或三个人。

问：这十多个人从什么地方来的？

答：北京的多。

问：是公社派来的还是县派的？

答：北京市直接派人下来。有北京机电学校的党委书记，当队长。部队的也有。

问：这个公社的每个村全部都有工作组吗？

答：全部来啦，都铺开了。

问：你这个村来了几个人？

答：10 个人。男的女的，分系统，管青年的、管政法的、管查账的，也有管干部的，他们分摊儿管，好多人。

问：他们来到这里都干哪些工作？

答：发动群众，做群众工作。

问：开群众大会了吗？怎么开？

答：开群众大会。由干部组织，他们在大会上讲话，宣传文件。

问：群众大会让干部参加吗？

答：有的干部发动群众，有的干部交代问题。开完大会后让你交代问题。

问：这 10 个人在村里怎么住？

答：住了好些家。

问：住了多长时间？

答：住了一年的时间，运动结束才走。1964 年秋收完了来的，1965 年才走。要不就是 1963 年春到年底，反正有段时间。他们不是来了就走，也可能是 1963 年来，到 1964 年四五月份走啦！确切时间我记不住了。

问：工作队是 1964 年秋后来的？

答：好像是第二拨儿，第一拨也有工作队，第一拨是 1963 年秋后来的。

问：大“四清”一年每天学习，开大会？

答：不天天开会，他们也调查了解，与老百姓座谈，发动群众。

问：你那时候呢？是会计？

答：对，会计。

问：你不是小“四清”的时候改的吗？

答：我刚说的换过来，也是大“四清”完了之后换过来的。不是小“四清”，是大“四清”后换过来的。

问：大“四清”开始时你是小队会计？

答：对。我是主管会计。

问：作为会计你了解很多事情？

答：我当时对会计的事情还不太懂，正在学习，边学边干，也没培养，还不会呢！

问：那为什么被批判？

答：没批判，查我，说我多报了工分。会计都靠边站，会计上要对账。

问：那年生产怎样？

答：生产还可以，没影响生产，社员该下地下地。

问：是白天劳动，晚上开会吗？

答：白天生产，几乎每天晚上都有事。群众和干部都是晚上开会。

问：大“四清”1965 年结束？

答：1965 年结束，但具体什么时间记不清了。

问：你 1965 年入党，“四清”以后哇？

答：我入党批下来是 1965 年 7 月。

问：大约什么时间能推出来吗？

答：大约 1965 年春夏，6 ~ 7 月份。

问：大“四清”完后，村里的干部有变化吗？会计有变化？

答：对，是有一个变化。书记张麟炳下来了。

问：谁当书记呀？

答：李继清。

问：副书记没变化？

答：没变化。

问：其他的没有变化？大队长还是杜钦贤？

答：大队长换了赵仲田，他当了一年多。

问：为什么书记和大队长都下台了？

答：书记留党察看。

问：为什么？

答：阶级路线不清。

问：下台的与大“四清”有关系？

答：对。

问：过去的书记阶级路线不清？

答：对。给他处分了。

问：您还是当……

答：团支部书记，出纳员。

【“文化大革命”】

问：这个村搞“文化大革命”了吗？

答：搞了。比较稳，斗地主、富农。没走入社会，红卫兵组织我负责。

问：你自己组织红卫兵？

答：对。我是团支部书记，肯定卷入这里去。

问：这是什么时候的事？

答：1966 年。“四清”结束以后，“文化大革命”开始了。炮打司令部的时候，上边布置“文化大革命”，我是团支部书记，得宣传呐，团支部书记肯定是先锋。开始抄地主家。

问：据说农村“文化大革命”没怎么搞，这儿离北京近，怎么搞的？您说一说。

答：这里比较稳当，周围的村比我们村热闹，这村的人属保守型的，社会都没有走入。外边的人也没少找我，我的同学是杜各庄的，找我帮助他们，我也没去，镇里也有好多派，我们没有参加进去。

问：这个村里没有搞什么大的集会呀？

答：会是开啦！批判地主，没斗干部。只斗了地主。也斗了那位会计的爸爸，他爸爸是伪保长。为什么斗他？因为“四清”他是积极分子。在“四清”中利用矛盾解决矛盾，他让工作队整干部。“文化大革命”开始后，我把工作队找来了，从北京党校揪回来了。

问：为什么到党校去啦？

答：中央把这伙人保护起来了。“四清”时肯定错伤了一些人，“文化大革命”起来肯定找他们。我们找他们了，有很多地方都找工作队。我把“四清”工作队找来了。让他们检查，他（指伪保长）跳出来了。

问：找来几个人？

答：把队长找来了，还有一个小队长。在大会上做检查。

问：为什么把他们叫回来了？

答：目的是为了弄他，找导火索。

问：伪保长很积极地搞大“四清”？

答：工作队利用他，让他坐在前面主席台上。

问：主要是为弄伪保长？

答：对，让工作队检查，为的让他蹦起来。工作队一作检查，他就蹦，跳出来了，就把他弄了。

问：批判伪保长？

答：对。

问：批判工作队？

答：没有。就让他们检查。

问：过去的工作队审查伪保长？

答：不是。审查是为了利用他们的矛盾。为什么用他？我们对工作队是很客气的，就让他检查，别的不涉及，不打也不骂，我们把他们保护起来，天天给好饭吃，还有人保卫，怕有人打他们，几个人巡逻。达到目的就把他们送回去了，送回北京。

问：在这里待了多少天？

答：六七天。每天晚上都巡逻值班，怕有人打他们。就起那么个作用，把伪保长弄出来。

问：主要为的是解决“四清”的情况吧？

答：因为他（指伪保长）利用那拨儿人整的村干部。

【“红卫兵”运动】

问：“红卫兵”是个什么样的组织？头儿是谁？有多少人？

答：都是小青年，开始 20 多个，后来人又多了，岁数大的人也参加了。后来发展成几个组织，又把我推荐为“文化大革命”主任，村的“文化大革命”主任。

问：您当“革命委员会”的主任？

答：对。

问：当时你多大岁数？

答：20 多岁。23 岁当“文化大革命”主任。

问：您说以后参加“红卫兵”的多了，多了多少？

答：都是贫下中农。

问：“红卫兵”不都是年轻的吗？

答：岁数大的也有。

问：“红卫兵”组织叫什么名字？

答：就叫“红卫兵”。

问：有没有贫农协会的组织？

答：当时没有了，都乱了，都参加“红卫兵”了。

问：贫农都参加了吗？

答：参加的不少。有个组织叫“卫东造反军”，幕后策划者是李景春。我们是同龄人。

问：“红卫兵”与“卫东造反军”有什么关系？

答：没什么关系。

问：为什么不成立一个组织？

答：他看到别人成立，他也就成立组织了。

问：他为什么不出面？

答：我们是同龄人，我是团支部书记，他是团支部委员。我们开会时他没参加，“红卫兵”里没有他。

问：为什么没有他？

答：他没有参加会，没有报名参加，他有点意见，所以他又成立了一个组织。

问：哪个组织大？

答：还是我们这个组织大，后来差不多了。

问：当时村里有两个群众组织，参加这个与参加那个有什么区别？

答：没什么区别，有人愿意参加这个，有人愿意参加那个。

问：两边一样吗？

答：不一样。不过这两边矛盾不算大，矛头都对准他（指伪保长）。

问：那为什么那位团支部委员又转到这边来？

答：后来形势的发展，我也说不清楚。他有什么想法我就不太清楚了。

问：这两个组织之间有没有什么斗争？

答：没有。

问：后来合作啦？

答：后来合作啦。

问："文化大革命"一开始，这边是保皇派的，那边是造反派的，这两派不一样。

答：不是，这个村最早起来的就是造反派。没瞎干。

问："卫东造反军"认为"红卫兵"组织保守吧？

答："文化大革命"是一摊儿，这是"文化大革命"派，还有一摊儿是"造反派"。

问："红卫兵"有点保皇，"造反军"是造反派，是吗？

答：有点那种意思，李继清是党支部书记，我是团支部书记，他们下边可能认为我保李继清。

问：红卫兵保书记，他们批评书记？

答：他们也没有批评起来，目标奔向那一个人啦，就没啦！直到结束。

问：李景春为什么组织新的组织？

答：我分析，他可能是这么想的：我们两个岁数一样大，都在共青团组织里，我成立时没跟他商量，你来一个，我也来一个，我想他可能是这么想的，实际上我俩没有多大矛盾。

问：参加这个组织或参加那个组织，跟过去的一、二队有关系吗？

答：没有。

问：有家族问题吗？

答：没有。队与队之间的人都交错着呢。没有队的区分。

问："卫东造反军"与外村有联系吗？

答：它也没有。

问：这两个组织都是村里的事？

答：对。都是村里的事。自始至终这个村的组织与外村没有联系。有个别人打出一个某某组织的名声来，实际上只有两三个人，代表不了多数，对村里也没影响。

问：年轻人和贫下中农参加红卫兵组织了，那老干部做什么？

答：在家待着，该种地种地，没他们的事了。

问：他们不管？

答：管不了。不过这个村该种地种地去，说开会开会去，地照种不误。

问：村里谁有权力？是您？

答：我有权力呗！

问：老干部们？

答：我们有事还在一块，与干部矛盾不大，目标都是那个人。

问：没有矛盾，工作是您主持的，过去的老干部都没有事，是吗？

答：不是。1967年就大联合啦，成立了"文化大革命"委员会，我是主任。

问："卫东造反军"与您的"红卫兵"都联合起来了？

答：联合了。抓革命，促生产。

【村革命委员会】

问："革命委员会"哪年成立？

答：1967年，大联合时成立的，好像6月份以后。

问：1966年就成立了？

答：1966年六七月份“文化大革命”开始，1967年1月风暴之后成立的。1966年秋后成立的造反组织。1967年大联合，成立“革命委员会”。

问：您当“革委会”主任是在大联合前还是在大联合后？

答：大联合后。

问：大联合除这两个组织之外，还有别的组织进来吗？

答：几乎没有，有的只有两三个人，主要是这俩组织。

问：20个人参加？

答：以后就多了，到70~80人。

问：20人中有没有现任的干部？您是一个。

答：20人中没有。有的招工走啦！有的结婚走啦！我们这儿干部中同龄人没有，副书记是外村的，其他几个也是外村的。都到外边去啦！

问：大联合以后您当“革委会”主任，以后又当书记了？

答：对。1968年上边来人让我代理书记。

问：1967年是主任？

答：对。1968年以后是“革委会”主任代理书记。

问：为什么要做代理书记？

答：党员应该按期转正，那时我还没有办转正手续。我入党是1965年，可“文化大革命”没人管啦。1975年才转的正，应该按期转，我没能按时转，正赶上运动。转正就是转为正式党员。

问：你1965年入党？

答：对。因为搞“文化大革命”，组织生活不正常了，正常应该·年转为正式党员。1965年入党，1966年就应转为正式党员，可当时没人管这事，转不了正，就放下了，所以做代理书记。上边让代理，因为是预备党员，隔了一年，1969年就是正式党员了。

问：您做代理书记期间，谁做“革委会”主任？

答：我也兼主任。

问：1968年、1969年这村“文化大革命”基本结束？

答：对。实际上大联合就基本平息。斗伪保长，也不斗了，他起不来了，嘴斜啦！原来嘴就歪。1967年村里就没事了，基本上完啦！

问：大联合是要这么做，还是上边要求？

答：上边要求。大联合是毛主席提出来的，全国性的。大联合时我是公社大联合组织的农代会主任。

问：1967年？

答：对。农民代表会的代表。村里没有几个，他要表现好的。

问：是乡里的？

答：对。属于结合性质的，把我结合进去了。

问：在那里做什么事？

答：开会什么的。

问：实际上不是代表，而是那个机构的一员？

答：对。

问：“文化大革命”结束了？

答：对，结束了。

问：“文化大革命”没带来什么影响？

答：没有。因为派与派之间没有斗争。一开始斗地主、富农，别的没有斗。组织之间没斗，当权派没斗。

问：1969年成立新的组织啦？

答：对。1969年党支部恢复了，开始整党、建党。

问：“革命委员会”还有吗？

答：“革命委员会”保留了好几年。

问：与“文化大革命”以前的组织不一样吧？

答：不一样。

问：干部都变了？

答：对，干部都变了。大队班子里我是书记，张麟书是大队长。

问：还是有大队？

答：有，组织机构没变，李景春是副书记，他管政治，张管生产。

【干部的难题】

问：生产队的干部变了吗？

答：没有多大变化。生产队长可能换个人，刘祥和杜钦贤都变了，不是他们了。刘祥 1977 年去世。

问：杜钦贤还在？

答：还在。

问：他还当？

答：不是。是杨生。

问：他不当的原因是“文化大革命”吗？

答：不是。因为“文化大革命”没涉及干部。批斗、检查都没有。好像是根本体制，杨生当队长了。刘祥因岁数大，身体有病，干别的去了。二队好像是杨福。

问：能当大队和小队干部的条件？他们的性格是什么？

答：做大队干部特别强调办事要公道，对两个生产队办事得公平，这是主要的；对工作得认真负责。大队大部分是服务于生产队，为生产队做服务工作，协调，有些事得协调。重大事情在一起研究。如村里打眼井，怎么办，怎么用工，得研究。

问：你当书记，干部里头如有矛盾，最后您来决定？

答：对，书记说了算，村里书记是最大的“官”了，村长也不行，就得找书记。什么重大事都得书记解决。

问：对村里的重大事情出现反对意见时，最后由谁决定？是书记吗？

答：是。

问：其他的干部不同意，最后由您决定了，请举个例子说明。

答：这村有个最大的事情是宅基地。

问：什么时间？

答：好像在 1969 ~ 1970 年，通过“革委会”，设常委会，常委会中包括生产队长，大队的干部都参加了。这两个干部算常委，有重大事情都讨论。宅基地有了问题，土地是一队的，居民却是二队的。

问：什么情况？

答：想要地盖房的是二队的，地是一队的。为什么一队的地要给二队的人去盖房呢？就是原来二队的宅基地在一队的地块里，他想拆，像规划似的，盖到这排里去，可地是一队的。这么个情况。

问：也就是把这地的房拆了后归一队使，自然应该给一队。

答：从我主观讲，已安排好了，后来开会研究时，引起很大矛盾。

问：一队也没有损失地吗？

答：实际没有损失。

问：那还有什么？

答：一队的队长起哄，地也留的不错，一队也有人想在那儿盖房，可给二队的人盖啦，这不就有矛盾了，这样一队的人就起来了。

问：这是一队的土地，这是二队的。（画图）

答：我给您画，这是瓦房，这是地，一条道，这都是地。原来这户的房在这儿，原来这户的房拆掉了，这块地周围都是一队的。宅基地要占这么长，因为这儿有走道。我想给他调到这上来，这是一队的地，这样调上来，一队的地好种啊！土地差不多。是这么个想法，这就矛盾啦，这块地是一队的，这儿也是一队的，矛盾就这样产生了。这块地的位置不错，一队的人也想在这儿盖房子，所以给二队的人，就有意见了，他们并没考虑地怎么种。

问： 一队的人有意见？

答： 对，意见大啦！一直告我，到县委，到北京。

问： 这是什么人呀？您是二队的？

答： 我是一队的。

问： 您是一队的还告您，这样还好处理点？

答： 也不好处理。我是一队的人，干的这事……

问： 一队的人为二队的人办事，这叫胳膊肘往外扭。

答： 一队说我向着二队啦。其实咱们想的是地好种点。这里边有人散点风，开过几次会，不好办呀！

问： 最后怎么解决的？

答： 最后召开全村大会，征求全村人的意见，广泛发动群众。二队并不管这事，但是我不能不这样做。

问： 会上大多数干部同意你吗？

答： 有意见的人会上不提，会上是同意的，实施时就难了。个别人有意见。

问： 一队的人有多少同意您的，多少不同意您的？

答： 当时会上没有反对意见。

问： 会上同意，会下反对？

答： 对。杨春兰的队长，他掺和，开会时他表态也是很好的，他与盖房的这家也表示同意，可又在下边与人讲这事，就闹起来了。

答： 再有，比较困难的是选生产队的队长，每年都比较困难的。每年经生产队、社员分配完了，队长就不干了，大队干部一直做他们的工作，到春耕忙了，才做好。

【支部书记】

问： 您 1967 年当革命委员会主任，1968 年当……

答： 书记。

问： 一直到这儿？

答： 一直当正书记。

问： 为什么这个时候换您当副书记？

答： 我不想干了。

问： 为什么？这是 1974 年？

答： 对，1974 年。不想干也有点背景。那时我家庭比较困难。七几年时，家里就我和母亲我们两个人。

问： 还没结婚？

答： 我 1969 年结婚。1970 年我的房子下大雨塌了，因为原来的房子是土的，比较差。心里有点不平衡。另外 1971 年我母亲住院。房塌了，照样住院，花了好几百元，我爱人正好怀着我的第二个孩子，太困难了。房子塌，没地方住，心里难过。您说：人家打架，有人瞧，可我当书记的没人理，我不想干了。主要是这个原因。原本没想不干，从那以后不想干了。

问： 党支部书记是党员选举的？

答： 选举的。

问： 书记是大家选的，您自己不干行吗？

答： 当然不行。书记不想干，工作就倒霉了，那时我把什么都耽误了。当时党委决定我是破格提拔的党委副书记，因为那时我是党委常委委员，党委找我，我不去，实际是党委要提拔我当副书记，我当时不知道。所以没有提拔我。

问： 您不干？

答： 我不干。找我谈话不去，写信也不去。

问：您就不干了？

答：当时没下来，选举还是我主持，我当时还是书记，我就诚心推举他，支委有三个人。第一次报的没批，第二次才批了。

【支部书记和副书记】

问：书记和副书记，还是以书记为主？

答：对。副书记就轻松多啦！还是书记说了算呀，大事找书记。书记是扛大梁的，与不扛大梁的不一样。

问：书记和副书记对外工作呢？

答：对内、对外都找正书记。书记是负责全面的，副书记负责一部分。比如负责组织，管具体工作。

问：全面的里头，最难的是哪个方面？

答：改革开放以后计划生育比较难。

问：过去呢？

答：过去还是生产队的班子难办。改革开放以来，计划生育这块不好办。1990年以前比较困难，现在好多了，比较稳了。1990年以前对村民管不着了，他不在你这儿生，不好办。

问：那您1975年轻松多了吧？

答：1975年、1976年、1977年这三年。1975年、1976年张麟炳管生产，1977年我管生产。

问：1978年？

答：1978年就调我去公社了。李景春回来当书记，他这会儿在外边干企业。

问：李景春这时候当副书记？

答：这时他走了，他到乡里去了。1969～1971年他不在家。可能到1971年，具体的我记不起来了。1978年他从乡里回来的。

问：他为什么回来？

答：1978年主要是工作队。1978年整党、建党，有工作队。他们要他回来。

问：哪儿来的工作队？

答：北京铁路上的干部。

问：叫什么工作队？

答：1978年整党。

问：村里也整党？

答：上边的部署。

问：没有变化？

答：整党以后让李景春当书记，我就调出去了，我在村里已不可能了，因为一直“顶牛”。

问：谁让您出去的？

答：党委。党委和工作队找我谈时，说谁到你村当书记去了，他们来后就宣布了。把干部们找到一起，宣布某某当书记，某某当什么干部，都任命了。当时我提了几条合理的建议。意思是说：我原来当书记时定下来的事，不许推翻，还有几件事我也提出来了，他们说那哪儿成啊。

问：工作队来之后？

答：工作队来宣布的班子。宣布完了我提的。

问：宣布完了，您还提了几条意见？

答：对。

问：是在党内提的？

答：是党内，党内宣布完了我提的。

问：都任命的什么？

答：书记、副书记，任命我为副书记，史庆芬的副书记，李景春为书记。史庆芬管政治。

问：为什么这么任命？

答：不清楚。主要是工作队的意思。昨天史庆芬我们俩谈，她也不知道怎么回事，她想不到。

问：她想不到？

答：对。我为什么要提那几条呢？因为我当书记，很多重大问题都是我决定的，他们想把我这些事推翻，所以我提几条意见。

提也没用。

问：提的什么内容，可以说吗？

答：如某某事是我决定的，不准推翻，就这意思，已记不起来了。

问：您反对改变？

答：什么？我办的事。

问：您对李景春当书记有意见？

答：没有。不是有意见，作为我来说也不大舒服。不是不想干事，还想干事，这么一来，我心里不愿意。

问：那为什么您成了副书记？

答：上边定的。

问：你提意见了？

答：我后提的意见，他先宣布的。

问：结果呢？

答：后来他们把我调出了，5月份调出的。也就是1个月后把我调出了。

问：您到哪儿？

答：到乡里去了。

问：这与您提意见有关系吗？

答：也应该与提意见有关。书记也有想法，也得让我出去，我也算有点市场的人，有点影响。书记本身也想让我出去。

问：李景春这个人是个什么样的人？当干部您认为怎样？

答：他当了两年，他不干了，又回去了，到乡里去了。

问：他当干部怎样？

答：当干部也行，不过现在他也没上去。他原来在公社的拔丝厂，后来提升为乡党委副书记，现在退出政界，在汽车配件厂工作。

问：有工作能力？

答：也行。

【20世纪80年代的村干部】

问：以后改选的张麟炳？

答：对。1981～1982年他干了两年。

问：这个变动是选举的吗？

答：不是。是人员调动，李景春干几年有规定。如我，规定我三年回去。我三年没回去，再回去也没我的位置，服装厂我也不愿去。原来我是服装厂的书记，厂是我发展起来的。开始时自己带缝纫机，是我弄的。我1983年回来的，我回来也有点原因。厂子为什么后来发展起来了，业务关系全是我的，原来管企业的那个死啦！

问：乡里管企业的那个人？

答：对。管乡办企业的那个人死了，他把我提上去的。也就是在我村蹲点的那个人，他在乡管企业，他来到乡第一个上我们村，了解村干部的情况，把我提上去了。他死了，安排我当副书记，我不同意，原来我是正书记。副书记管业务，我不干。最后我找了市服装公司，市服装公司找乡长，找党委，让我当厂长。可后来有人挤兑我，下边的人都排好啦！我想在这里待着没意思啦，当好了是人家的，当不好谁管呀，我干不成，想回来。

问：张麟炳1963年、1964年是书记吧？

答：对。

问：然后他当大队长？

答：对。

问：他很能干，书记当了多久？

答：他现在还是副书记，他算老干部了，他很能干。

问：当干部，如书记呀，大队长呀，有什么条件？

答：没什么条件。

问：张麟炳当大队长可以，当书记呢？

答：可以，当时没人，他当了。

问：张麟炳当大队长时，史庆芬当书记，他俩有矛盾吗？

答：村里没有什么大事，庆芬当书记，下边人也尊敬她，没什么问题。

问：1983年以后的干部，是史庆芬和杜江。

答：是。

问：您当书记时民兵连长是谁？

答：1983～1987年。这几年民兵工作不太明显。

问：没有民兵连长？

答：有。一年也不一定开一次会。可能是崇春江。现在会议也不太多。

问：他是团支部书记？

答：对。

问：民事调解一直是张树德？

答：对。

问：1984年生产队解体是不是？

答：史庆芬是代理村长，副书记。张玉江没当过村长，当过大队长。

问：从1984年开始有村长？

答：1984年张玉江是生产队长。1984年春天，他到生产队当队长，大队长是吴仲海。

问：那时大队没有啦？

答：有。大队仍没解体。

【生产队的解体】

问：什么时候大队长没有了？

答：1987年成立农场后大队长就没有了。大队长改为农场场长。

问：那刘书香？

答：刘书香当村长。

问：那么，给我讲讲1983年、1984年、1985年、1986年，生产队解体，但还没有成立大农场时的变化。

答：我1983年回来，5月回到村，8月份建立了服装厂，生产队还存在。1984年为什么解体呢？周围的村都解体了，成大气候了，都差不多了，人心也散啦！当时也有点副业，如到车站卸车，让他回来收麦，他不干，当时还割麦子、垛麦子，又怕长芽，坏粮食。看当时的情况不分开不行了，这样就决定分了。

问：生产队解体后是不是马上就承包了？

答：对。生产队解体是1984年秋收完的事，小麦全部播种完了。

问：种麦子是生产队种的吗？

答：对。

问：种完麦才分的？

答：对。分了以后，村里还管，还有管生产的，也组织浇水。解体的时候，地都分到各户了，但管理的时候，上边还让大队去管，该浇水啦！该施肥啦！大队还组织。

问：承包了，但生产队还得管理？

答：得督促、检查他们浇水、施肥。

问：生产队解体后怎样承包的？

答：承包按人分的土地。原来这个村吃返销粮，是菜农。解体后菜也没办法种了，还有一部分人种菜。没有上交粮食的任务，只是交钱。

问：好地坏地怎么分？

答：差点的地多一点，如一人一亩地，差地给一亩二。

问：好、坏地搭配分吗？是怎么个分法？

答：抓号。

问：有同样土质的地，有10户，这10户都分？

答：对。分的时候打破了队的界限。

问：您同样土质的地怎么分，是抽签还是商量？

答：抽签。

问：他们没有意见？

答：当时没有。

张麟炳（70岁）

时　　间：1994年8月23日下午

访 问 者：浜口允子
翻　　译：齐秀茹
访问场所：张麟炳家

【农业合作社】

问：您从什么时候当干部的？

答：1956 年。

问：是初级社、高级社成立的时候？

答：1956 年以前我参军了，没在家。1955 年回来，1956 年就有了高级社。

问：哪年参军的？

答：时间很短，3 年就回来了。1952 年参军，我是志愿军。

问：那是 5 年？

答：不够 5 年，我是 1952 年去的。

问：您回来高级社成立了吗？

答：初级社已经有了，高级社从 1956 年开始成立。

问：您回来后就参加初级社啦？

答：1954 年成立的初级社，回来后我听说的，实际也是那样。我回来时家里已参加了。

问：您家有多少人？都有谁参加了？

答：有我老婆，有个侄子，他们哥儿俩，还有个闺女。

问：连您共 6 口？

答：我回来后又过了几个月转入高级社了。

问：当时您家几亩地？

答：5 亩地。

问：5 亩地够吗？

答：我们哥儿 3 个分家了，地少了。

问：“土改”时您分的家吗？

答：没有。这村地不多。

问：你家 5 口人，您参军也算，共 6 口人，5 亩地够吃呀？

答：够吃，我们哥儿 3 个分家后每家都有五六亩地。我三弟 7 亩地，我 5 亩，我哥哥已死了，有嫂子和侄子，侄子读书，与我们在一起，两家的地在一起，人口又不多，就够了。

问：两家十二三亩地，你弟弟家呢？

答：他当时多少口人记不清。他现在是五男二女。五个儿子两个闺女。我弟弟比我人口多。“土改”时我家人口没那么多，“土改”时我在家。“土改”之后我才参军。

问：当时您孩子还小，赶上“土改”了吗？

答：就一个赶上啦。他今年 48 岁。3 个人 5 亩地。

问：由低级社很快就转成高级社了吗？

答：对。高级社我当副社长了。

问：社长是谁？

答：6 个村一个高级社。

问：6 个村还是 6 个组？

答：6 个村。石门、沙井、望泉寺、军营、梅沟营、沙坨这 6 个村。

问：社长不是这个村的人？

答：不是，是梅沟营的，叫许长海。

【“联盟”高级社】

问：叫什么高级社？

答：“联盟”高级社。

问：沙井还有生产队吗？

答：有。

问：联盟高级社下属 6 个村，是 6 个大队吗？

答：是。一个村为一个大队，大队下边还有小队。

问：这个村几个小队？

答：3 个。

问：小队还有名称吗？

答：就叫一、二、三队。

问：沙井大队？

答： 那时不叫大队，就叫沙井生产队。大队一词是人民公社时才叫的。

问： 您是高级社的副社长，在沙井生产队您是什么职务？

答： 没有。我当 6 个村的高级社的副社长，好几个副社长。副社长有分工。我负责农业，种地。还有管副业的、管大事的。

问： 您管 6 个村的生产？

答： 对。

问： 这个村的生产队长是谁？

答： 李祥林。

问： 这村 3 个小队的队长是谁？

答： 有杨福、张麟书，另外一个想不起来了。是不是杨明？已死了。

问： 其他两人还在？

答： 杨福 73 岁了，比我还大。

问： 这村的人都积极参加高级社吗？

答： 都参加了。低级社有没参加的，多少户我记不清了。

问： 都高高兴兴地参加了吗？有不让参加的吗？

答： 低级社是那样，高级合作化就没这个问题啦！都参加了。

问： 高级社时是不是把土地都交出去？

答： 是。

问： 好容易“土改”分得了土地，又交出去，人们同意吗？

答： 也有想不通的，不通也就随大家了。我当时刚回来，一边做一边学，对国家政策还不怎么精通呢。土地国有化。讲为什么一起搞生产；讲它有很多好处；一家一户的害处。现在是家家有地了，过去也一家一户的种地，有什么害处呢？有几亩地，养一头小驴，小驴死了，就是半个家底。就这么一比，大家都醒悟了，都参加了。

问： 低级社时土地还是自己的，高级社把土地都拿出去，按劳分配了？

答： 对。按劳分配。低级社按劳按地，地几劳几，高级社都按劳了。

问： 只按劳分配，地得不到什么东西了，大家高兴吗？

答： 怎么叫思想通呢。刚才说的，利害对比，大家觉得还是集体好。吃粮有保证。

问： 农具、牲口等不都入社了吗？

答： 对，这些计价。

问： 给个人都分钱吗？

答： 当时不给钱，哪有钱呀？有什么，先投进来。

问： 作价干什么呢？

答： 等有钱时再还给您。买卖性质的。

问： 作价后还了吗？

答： 一点一点地还了。只有土地国有化，土地白拿出来了。

问： 农具、牛、马和什么东西作价？

答： 还有大车、马、牛、骡、驴。

问： 还有吗？

答： 打粮食用的筛子、簸箕、口袋谁愿拿出来也可以作价。

问： 以后都还给他们了？

答： 还给了。

问： 谁定了价呀？

答： 入社时大家选出代表，代表们定价。

问： 怎么选代表？在什么地方选代表？

答： 在本村选本村人。

问： 是一个小队一个小队的选，还是一个大队选？

答： 可能是有百分比，如 100 口人，选几个男的，几个女的。

问： 百分之几？

答： 3%、5%、7%，不许双数，双数不好表决。

问： 代表们把高级社所有人的东西都作价啦？

答： 高级社评的价。

问： 您的投入也评价啦？

答： 谁拿出的东西都可评价。

问： 是6个村的代表在一起评6个村的，还是评一个村的？

答： 本村评本村。这些财产各村还归各村，不拿一起去。

问： 作价时，大家有没有不满意的？

答： 有。哪儿能作的那么合适呀，他自己不满意可能是作的高了或低了。有评议员，这事也挺麻烦的。拿马来说，您这马评了200元，我的评了250元，为什么有这区分？马个儿大小、口齿牙口、老少（都有不同），都很麻烦。高级社的工作难搞，工作量特别大。这是全村的，小队里也不是一个人评，这些具体人具体事记不清了。

问： 这个村谁负责？

答： 李祥林、杜作新他们两个，还有一个李广志。第三个小队。

问： 这不是村里的吗？三个小队不也有人吗？

答： 高级社社长不能直接召集小队队长去开会，得召各村的。对了，想起来了，村叫队，队下边叫组。年头太长了，记得不清，几十年了。

问： 作价花了多长时间？

答： 春天一个季度，6个村有快有慢。

问： 这个村呢？

答： 这个村小，进度快的就是沙坨和这个村。用了3个月时间。作好价后张榜公布，大家看。三榜落实，第一次，第二次，第三次。

问： 为什么要3次。

答： 为了公正。

问： 第一、二次有意见，都可纠正？

答： 对。有的不满意，找了这些代表，贴三次就决定了。

问： 这是个好办法。

答： 解放了，是个民主国家，工作不能强迫。都得达到自愿，您心里虽然有点疙瘩，可您入进去了，也算自愿。不能强迫，任何工作都一样。工作难就难在这里了。

问： 您是副社长，6个村都要关照？

答： 每个村都有副社长，6个村6个，只有一个正社长，为的是联系工作。副社长回到村里去了解工作进度如何，回去再向正社长汇报研究。

问： 主要负责这个村，也要看别的村？

答： 对。

问： 联盟高级社的社址在什么地方？

答： 望泉寺。

问： 您每天都去吗？

答： 每天都去，夜里十一二点，甚至一点才回来。

问： 您每天都去，那家里的农活就干不了啦？

答： 是，想参加，很少。有时再到各村看看，很少参加生产劳动。

问： 您与生产队长李祥林他们是什么关系？

答： 他们管3个组的生产。一级一级的，与乡的政府一样。

问： 那时有书记吗？

答： 有。

问： 这村谁是？

答： 李祥林。

问： 是书记兼队长吗？

答： 李祥林不是队长。我刚才说的李祥林、杜作新、李广志，李广志是会计，杜作新是队长，李祥林是书记。

问： 那时沙井队的生产怎样？

答： 1956年那年比个体种的好。那年气候也好。这个村比那5个村都强。人在于教育，经常解扣，思想通了，干活才起劲。

问： 1957年生产怎么样？

答：1957 年说起来又麻烦了。高级社 1957 年就分办了，各村回各村了。

问：叫沙井社啦？

答：“联盟”取消了，叫某某村啦！原因是这些人水平低，没搞过，管理不了。本村管本村还没有经验呢，6 个村更管不了。

【高级合作社】

问：您回村啦？

答：我回村啦。回来后我当书记了，李祥林就不是了。他是队长，我是书记，杜作新是副队长。

问：叫什么高级社？

答：沙井高级社。

问：1957 年这个村的生产怎样？

答：也不错。那两年是靠天吃饭，雨水，气候都好。1957 年冬天就跨入人民公社了。1958 年“大跃进”，1957 年第四季度架子已支起来了，一步一步转入人民公社了。

问：1957 年搞“反右”了吗？

答：搞了。

问：你们这里怎么搞的？

答：农村没有打“右派”，嚷嚷一阵就过去了。机关、学校、厂矿搞。主要是机关、学校“反右”，文化教育界多。

问：这村怎么搞的？

答：宣传开会，农民好多不识字，哪有兴趣？

问：大家都去开会吗？

答：都去。

问：您主持这些会啦？都讲些什么？

答：听上边的，上边讲什么，回来就讲什么。

问：您都领着人们在哪儿开会？1957 年“反右”，是乡里领导的吧？

答：对。有乡，乡还没撤。成立人民公社才撤了乡。“政社合一”是 1958 年。

问：1957 年夏天开始“反右”的？

答：对。这村有个小“右派”。

问：是什么人？

答：这个人还在呢！你们来时可能没碰上，戴一个胳膊箍，在街上遛弯呢。

问：叫什么？

答：周永兴。他是小学教师。那年在平张村犯的错误，他不算大“右派”。

问：村里开会批评他？

答：他是从外边送回来的。

问：他不是这村的？

答：不是。他是小学教师，在教育部门，已给他定成“右派”了，被送到家来啦！当时我在，队址在大庙里，也就是大队这儿，中午左右，我发现是他，不知何故。因为我知道他教学，送他的人给我一交代，方知他是小“右派”。

问：不让他教学啦？

答：是。送他回家生产劳动。定为“右派”回的家。

问：村里没怎么搞？

答：村里对他实行管制，跟大伙劳动，不许他乱说乱动，只有好好劳动改造。

问：只有一个？

答：对。这也是一次运动，以后运动多了。

【人民公社】

问：1957 年成立公社了，这个村叫什么公社？

答：“城关公社”。

问：这村叫什么？

答：沙井大队，组变成小队了。还是 3 个小队。

问：后来这个村是两个小队？

答：后来检查数不符合编制，就成两个小队了。30 户左右才能成立一个小队，这个村户数少，只能是两个。当时 60 多户。到 100 户可以成立 3 个小队。

问：您还是书记？

答：对。我从 1957 年一直当。

问：1958 年大队长是谁？

答：他们两个人轮流换，不是李祥林，就是杜作新。大队长有正、副两个。

问：为什么换？

答：干部经常调整。

问：怎么调整？

答：两个人换换位置。

问：是你要换还是社员要求？

答：几年一改选，一年一改选，生产队也是一年一改选，不是谁让干就干，都是大伙选举。

问：他两个都选上了，谁原来当正的还当正的吧？

答：选上后有分工，得征求他俩的意见，民主国家做事太难，就在这个地方。

【“大跃进”运动】

问：“大跃进”的时候是什么情况？

答：进入公社后，劳动就大干啦，白天晚上地干，睡觉的时候少，劳动时间长。

问：人民公社时有的村成立了穆桂英队、小老虎队，这村成立了什么？

答：公社的书记、社长让成立什么就成立什么。有穆桂英队。

问：另外还有什么？有小老虎队吗？

答：没有。

问：为什么成立穆桂英队呢？

答：突击队。青年突击队。

问：有几个人？

答：想不起来了。几十年啦，我记忆力不行了，得过脑血栓。我说话也变了。1990 年你们来时我不是这样，1991 年 8 月份住过医院，现在变了。

问：保重身体。

答：我脑子迟钝了，因为这些事说过多次了，还能想起来。病重时说不出话来，恢复得还不错。

问：“大跃进”后这村有什么影响？

答：这村的生产逐年上升，因为这个村的村民都爱劳动，为人正直、团结、勤劳。拿一棵苗当一棵苗，拿一粒粮当一粒粮。

问：“大跃进”时搞大炼钢铁了吗？

答：村里没有，县乡两级搞了。

问：怎么出劳力？

答：上边要几个出几个。

【密植】

问：当时这个村是怎样搞密植的？

答：1957 年秋后种麦。我当时主观啦，种了一小块小垄密植麦子。我当然是从南方学来的，人家有水井。1957 年在村南安装了一台涡轮机浇水用，搞试验。没种好，人们对我有意见，粮食没打好。1958 年没有密植。

问：结果怎样啊？

答：产量不太高。因为地不平，水浇不好。我自己事情多，又不能直接管，让别人管，他思想又不通，没管好。收麦子时，麦秧没怎么黄，原因是只浇了两次水，又缺肥，当时还没化肥。

问：第二年是放弃啦，不同意您这么做了？

答：不同意了。“大跃进”以后土地连片了，就小垄密植。上边让这么干。

问：你试验不行，上边让这么干，群众通吗？

答：不通。做工作吧。还搞试验，拿 100 亩地实验，让大家看。老百姓见到实惠才相信呢，不见东西不相信。您要失败了他埋怨，成功了就不言语。就这两种态度。

问：试验的结果成功了吗？

答：成功了。那年化肥多，1957 年冬修了灌水大渠、小渠，1958 年又搞深翻，秋后种麦，成功了。

问：1959 年又密植了。

答：对。大垄密植，机播。

问：那怎么样？

答：后又改为小垄了。因为大垄有埂堵水。大垄因垄宽，得下三回种子；小垄种一次，埂上种玉米，这是春播，麦子收完后又套种高粱或玉米。这就是三种三收。

问：三种三收是大垄密植时，丰收了吗？

答：丰收了。为什么？土地利用面大了，埂上也种上庄稼了。

问：这是 1959 年吧？

答：对。为什么以后又改为小垄密植了，都有原因。像三种三收，雨水一多，产粮就少了，甚至不长，老下雨涝啦，所以改为小垄密植。一个垄改为两垄。

问：小垄密植不一样涝吗？

答：不一样，大垄中间加个埂，就成小垄了，埂上种玉米，三种三收就取消了。少种点麦子，秋粮多了，夏粮少点。这样既保小麦浇水高产，也保证秋粮玉米不涝多打。

问：这样做为什么不涝，那样做为什么涝呢？

答：问题就在埂上，这么高的埂。

问：1959 年大垄密植，什么时间改为小垄了？

答：当时讲科学种田，1960 年改的。

【困难时期】

问：这村 1960 年有自然灾害吗？全国处于困难时期？

答：是还苏联债嘛。

问：对。内灾外挤，1960 年造成国家的困难。国内认为当时“大跃进”造成的浪费和苏联要债造成了困难时期。这村那期间没什么自然灾害？

答：有星星点点的灾。这块地收，那块地不收。少产粮食的时候没有，总是每年增。建密云水库的那年，我种了 130 亩萝卜。

问：哪一年？

答：就在困难时期，具体年份想不起来。那年粮食少，瓜菜代。人民公社食堂化了。

问：1958 年、1959 年？食堂化的时候种的萝卜？

答：对。为了吃菜。10 月 1 日就把萝卜启了。不应该启。为什么呢？全拉北京市去了。据说北京市过国庆没菜，就把萝卜拔了。困难，那时候什么都困难，是解放后最苦的年头，大家渡过了，国家既还内债，又还外债。总理宣布内、外债都没有了，是哪年我也忘了。也就在六几年。

问：困难时期结束才没有了吧？因为还完啦。

答：对。

问：什么时候困难渡过去了？变好了？

答：所谓变好就是不吃三熟面了。

问：什么叫三熟面？

答：就是蒸窝窝头经过三个熟，开水和面，就是烫面，叫三熟面。我记得棒子糊磨成浆，用这面和后，蒸，蒸熟以后再粉碎，放点菜再蒸，特别难吃。

齐：我们那地方叫三合面：有红薯面、棒子面，还有一种面和在一起，不像白面好做。

答：还有白薯蔓也磨成浆。

问：什么时候吃这个？

答：中午，早晚喝粥。

问：什么时候就不吃了？

答：（插话）两年吧。我都赶上吃了，吃了好几年，中午吃玉米面饼，晚上吃玉米面粥。

问：那不是困难时期？那是因为小麦少。

您不记得困难时期，您多大啦？

答：20 多岁。

齐：您说的是家常便饭，不是困难时期。我现在还想吃杂粮呢！那是两码事。还得听大爷说。我上初中的时候是困难时期，两三年就过去了。

【“四清”运动】

问：您当书记到什么时候？

答：第二次“四清”。第二次“四清”比第一次“四清”厉害点。第二次“四清”我没“下来楼”。

问：为什么没有“下来楼”？

答：大伙意见多了。检查一次大伙不通过，又检查一次大伙还不愿意，再解释也不行。让坦白交代。最后大伙还是不放过。

问：群众不同意，还是工作队不同意？

答：那时说是群众吧，也有工作队的意思，都不同意。

问：都是什么问题，不同意？

答：农村有什么呀，就是对执行工作不满意。村里的干部和乡里的干部都是执行上边的，你非要执行中央的精神时，群众有意见。他的意见就是正确，也得服从中央，能听他的吗？服从公社的，服从政府的，政社合一。管得严了，运动来了就……那年都有运动。第一次“四清”村支部书记主持。第二次“四清”工作队进村，人多啦！就把村里所有的大队、小队干部的权夺了。我的书记权也夺了，大队长也夺了，会计的也夺了，小队长也夺了，全夺。全部换成他们，找几个村里比较积极的、敢说话的人出来。

问：他们干？

答：不是干，只是支应着。一个人，我管他叫哥。我们俩同岁，他还支应着大伙干点活。

问：他当什么？

答：什么都不当，他就是普通的共产党员。冬天的生产就是弄点土垫圈，当肥。也就是造肥运肥，没有其他的活。冬三月运动，每年都是冬三月运动。一年四季春、夏、秋、冬，搞运动总利用冬。那三个季节正是农忙的时候，不能用，得搞生产；当时是生产、运动两不误。运动搞完了，搞生产；生产搞完了，搞运动。

问：“四清”什么时完啦？

答：第二年春忙。

问：你不是没有“下楼”吗？没有聘任啦？

答：一直不同意我“下楼”。群众不同意，上级不同意。拿我这些事到公社批，村的工作队批不了，我留党察看两年。

问：那么严重？为什么？

答：因为对我有意见。群众意见多，我解释不清。因为种地要执行党的政策，群众就不大满意，工作中多多少少也有点错。

问：什么时候取消处分了？

答：过了两年，第三年就恢复了。接着还是书记。

【干部和群众】

问：对过去的那些事有什么说法吗？

答：没有说法。看我这两年劳动表现如何？干活咱没问题，我从小就种地干活，力气也有，干活样样会干，表现过得去。咱也没有怨言。群众有意见，我少做两年党的工作，我就这种想法，没有别的想法。

问：群众对您哪些地方不满意？

答：有些是生产上的，有些是生活上的，刚才说的吃粮问题，当时是统购统销。

问：您多吃啦？

答：我多吃不了，都上交啊。

问：那为什么呢？

答：说谁家人口能吃，多吃了。

问：那还是工作上的事呀？

答：都是工作上的事。工作不及时，没有真正了解他多吃没有，那时人也有说瞎话的。他没吃说吃了。

问：是困难时期吧？

答：统购统销工作长年做。粮食打下来，公粮、余粮全交了，向上的工作好做。分给大伙的粮定下数来了，一年平均口粮多少，孩子多少，成年人多少，老人多少，都定下来了。有的户确实不够吃。有的户吃得少。

问：“下楼”？

答：“下楼”是通过了，没“下楼”是没通过。那时叫“上楼”、“下楼”，不是现在这真正的楼。

问：其他干部“下楼”了吗？

答：都下楼了。村里的事好像都是我一个人说了算，最后都是我一个人的事，我负责。

问：不公平吧？

答：不是。当时运动中有这么句话：打击面要小，实际上就是教育往正道上走，不要转向。

问：教育什么？

答：教育干部。

问：辛苦了，特别辛苦。

答：在那时也没有什么怨言，认为还是对的。

问：您干了那么多事，就您一个人没“下楼”，你不生气吗？

答：那时可不像现在，不生气。那时一心想把国家集体搞好，都是一个目标。当干部同社员要同心同德，对事业要兢兢业业。上级要考虑群众意见大的干部，群众不同意的，就待两年吧，好像是缓一缓吧，过两年再提上来，革命也不晚。普遍都这样。

刘士元（48岁镇长）

时　　间：1994年8月25日晚

访 问 者：浜口允子

翻　　译：齐秀茹

访问场所：顺义宾馆

【个人经历】

问：介绍一下村的情况吧。

答：以往乡镇企业几乎没有，唯一一个钢丝厂，只拔钢丝，别的企业都没有。到1994年，这14年的时间发展非常快。1980年农村人民公社社员分配水平，一年也就是100多元，一百七八十元，现在是2700多元；今年准备人均收入达到3200元。与日本比我们差得很远，与自己比速度比较快。我们这里农业工人的收入村与村不一样，富裕的达到4000多元了，与个体户就没法比了。南方发展得早，北方晚，现在几十万、几百万的都有。农村这几年发展得比较快，沙井就是一个例子。1990年你们来时，大队还是小平房，这次翻盖了，而且还买了轿车，汽车好几部，都发展了。

问：听说你的父亲是沙井的，是吗？

答：我老家就是沙井的。我在那里长大。

问：您父亲叫什么名字？

答：叫刘祥。

问：现在多大岁数？

答：1976年去世了。

问：您母亲呢？

答：我小的时候母亲就去世了，在我4周岁时去世的。

问：您现在多大岁数？

答：差1年50岁，1946年出生。我们说虚岁，周岁48岁。我们国家说周岁、虚岁，大生日、小生日。

问：您母亲在时，您记得的事是什么？

答：我不知道。我小的时候，4 岁就到我姥姥家去了。

问：你姥姥家在哪里？

答：王家场。

问：离这儿（多远）？

答：离这儿 20 里。上中学时才回到沙井村。在沙井村住了三年又当兵去了。

问：哪年上中学？

答：1962 ~ 1965 年。中学毕业，从学校参军。

问：哪年回来的？

答：1978 年回来的。13 年在解放军部队。

问：在解放军中做什么？

答：通讯。

问：在哪个地方？

答：河南省南阳，是豫西。当了 13 年的兵。

问：您自愿去的？

答：自愿的。

问：为什么回来？

答：家里有负担。父亲岁数大，没有母亲，也没有人照顾他。我申请回来了。

问：有兄弟姐妹吗？

答：有一个姐姐，没有兄弟。我父亲身体不太好，所以我回来了。

问：您参军时，您父亲一直在沙井？

答：对，在家。我申请回来，还没等回来，我父亲就逝世了。1976 年去世，1978 年我才回来。1974 年我就申请回来，没有批准，隔了好几年才回来，我父亲死时都没见到面。

问：请你谈谈你回来后对沙井村的了解。

答：1978 年回来后，沙井村没有我的亲人了，我没有去，就直接分配工作了。我从部队回来直接到张喜庄报到了，在张喜庄公社工作了。

问：为什么去那里了？

答：县里分配的。我还没回来，我的工作就安排好了，回来就到那里报到了。

问：那时还有人民公社？

答：有。

问：做什么工作？

答：做组织工作，当组织干事，管党的建设工作。

问：你是党员？

答：是。

问：什么时候入党？

答：1971 年。

问：在解放军入党。

答：对。

问：在张喜庄公社（做）到什么时候？

答：1980 年“五一”在这上的班。

问：1980 年还有人民公社吧？

答：1980 年还叫人民公社。到这边来我还做组织委员。

问：公社的名称？

答：“城关人民公社”。

【人民公社解体】

问：城关人民公社的机构，请给我讲讲吧！

答：党委。那时党、政没分开，党委统一领导，什么都管，农业、工业这些都管。1981 或 1982 年又成立了管委会，都在党的领导下。1983 年党、政、企业正式分开了。党委、政府和企业都分开了，分成三摊。

问：分开以前城关人民公社有哪些干部？

答：书记、管委会主任（叫生产管理委员会主任）。

问：管委会有几个？

答：有主任、副主任。

问：还有吗？

答：其他没有了。管委会抓经济的这一摊，有畜牧组、生产组，专门管生产。

问：就这两个主任吗？有管委会委员吗？

答：下边组织起来的，部门分工。

问：管委会只有两个人吗？下边还有什么干部？

答：有管委会委员。

问：共有多少人？

答：具体的想不起来了。委员多少没有标准。

问：您那时做什么？

答：我是组织委员，做组织工作。

问：属党委？

答：对。

问：上边有人民公社，下边还有大队吗？

答：有大队，大队下边设有生产小队。

问：人民公社与各大队是什么样的关系？

答：领导与被领导的关系。生产管理。

问：由管委会管吧？

答：是。

问：党的方面是党委领导支部？

答：对。

问：人民公社与大队之间没有其他组织？

答：没有，直接领导。

问：怎么领导？

答：实际上都是党领导，一个是生产领导。农村的农业生产，直接下达怎么干。

问：公社下边这么多大队，怎么下达指标呀？具体怎么领导？

答：直接下达任务，特别是种植方面。那时管得比较死，种多少小麦，种多少玉米都下达指标。人民公社定指标种什么。蔬菜种植不规定，主要是大田作物，蔬菜谁愿种什么种什么。鸡蛋，这都不管。但有任务指标，一年完成多少任务。

问：每个大队的自然条件是不一样的？

答：对，不一样。自然村有大有小，土地面积有大有小，任务指标也就不一样了。

问：人民公社的干部，考虑每个大队的条件后就决定？

答：对。分析他在能完成的情况下定的指标。完不成也不能瞎定。

问：1981 年、1982 年管委会还存在？

答：对，存在。

问：什么时候成立的管委会？

答：1981 年。

问：1983 年变了？

答：都变了，中国的人民公社取消了，党、政、企分开了。党委抓党的建设，行政部门抓行政管理工作，政府抓经济。

问：1980 ~ 1983 年沙井村的情况是怎样的？

答：那时沙井村收入较少，企业一个也没有，只种地。

问：人民公社下边有几个大队？

答：18 个大队。

问：在 18 个大队中，沙井村处于怎样的地位？

答：中等偏下。

问：有什么样的特点？

答：以农业为主，没什么特点。

问：那时的干部您认识吗？

答：认识。

问：张麟炳？

答：他那阵儿没当书记，我记得他是副的。那时是李景春。

问：李景春您认识？他是书记？

答：认识，在刘振海之前，他是书记。

问：他是怎么样的书记？

答：农村那时的支部书记一切事全抓。现在农村也分开了。支部、经济合作社主任（专门抓生产，队办企业），还有个村委会主任，也是三条线。

问：副书记是谁？

答：史庆芬。

问：大队长是谁？

答：想不起来了。

问：刘振海呢？

答： 在乡服装厂。

问： 生产队已经解体，但还没有成立农场？

答： 生产队解体一年多。

问： 人民公社解体以后，怎样抓农业生产？

答： 人民公社解体以后，还保留着生产队。过了一段以后，国家号召承包，承包之后，生产队就解体了。生产队解体后，咱们这地区经济比较发达，老百姓不愿意解体，一家一户地劳动累，机械化都用不上了。一家半亩地，一条一条的。我说一个笑话，也是真实的情况。生产队解体之后，承包给个人了，有的人不知道他的地在哪儿呢，集体给他种上了，他都不去看他家的庄稼长得怎么样。有的人麦收时用剪刀剪麦穗！所以他们不愿意分。

问： 经济发展了，他们为什么不愿意承包？

答： 这个地区的老百姓不愿分给个人。

问： 沙井村也一样？

答： 一样。

问： 其他的也一样？

答： 对。

问： 全国其他的地区大都喜欢分，生产搞起来，这是一般的情况吧？

答： 对。地理位置不同，生活条件不一样。像咱们这地区的老百姓不愿分，分完之后，一家一户的劳动强度大了。

问： 另一个原因是不能使用机器？

答： 对。机器使用不上，自己去割，劳动强度大，不愿意分到各家各户自己种，愿意集体种。

问： 不愿意怎么办？

答： 一年多一点又集中起来了。

问： 分开以后收入怎样？

答： 收入多不了，增加不了多少收入。咱这地区过去雇人割麦子，一亩地给15元都没人割。

问： 为什么？

答： 体力劳动比较累，不愿干。

问： 以前是机器收割？

答： 对。现在不管小麦还是大田作物，一亩地一年只用五六个劳动日。一个人承包一亩地，妇女承包的多，一个人可以承包10亩、20亩，甚至100亩，一年用五六个劳动日一亩地就下来了，都是机械化。收割使（用）机器，播种使（用）机器，锄草使化学药品，浇地喷灌，根本就不是吃力的体力活。

问： 70年代末期已经有那么多机器？

答： 有。我们叫它小北京，就使用这个。还有从苏联进的大联合收割机。

问： 谁搞农业呢？

答： 顺义县是规模农场呀！

问： 人民公社撤后，生产队还保留，谁组织生产？

答： 还是生产队统一管理。

问： 既然大家不愿分，为什么还要分？

答： 刚开始国家要求分下去。

【农场制】

问： 顺义镇都是农场吗？

答： 都是。规模农场有几百亩地，找几个人，张三包50亩，李四包50亩，个人管个人的地段，简单地管理管理，喷灌，机井，开龙头就喷了。收割集体收，按产量计算报酬。就这么办。

问： 成立农场是村里决定的还是乡里、县里决定的？

答： 根据群众的要求，乡里决定的。根据多数群众的要求决定的。

问： 您什么时候当的镇长？

答： 1983年。取消人民公社，成立乡开始，直到现在。

问：先是乡长?

答：对。

问：您决定成立农场?

答：对。分开以后，我骑车到地里看看，有的人对我似认识、又不认识，我从那里一过，有几个妇女就说："以后还得生儿子!"其实是说给我听呢!

问：他们认识您吗?

答：不认识。他们知道我是乡长，但很少来往。在地里干活的一群妇女碰上就说："以后还得生儿子，不生儿子没法干。这活都没法干。"这是分开的那段时间。

问：你了解了这些情况以后，是您自己决定的吗?

答：同大家商量。县里也知道这种情况，我们平原地区比偏僻的山区经济生活好点，人不愿干重体力活。这样县里做出决定，整个县成立规模农场。

问：干部中有不同意恢复农场的吗?

答：都同意。

问：其他县怎么样?

答：也不一样，愿意个人承包的还承包。有个别的，整个乡搞个人承包的没有。

问：你们乡有个人承包的吗?

答：没有。

问：那时候国家要求承包吗?

答：对。我们国家边远山区的温饱还没有解决，采取个人承包温饱问题能解决，我们这地区不一样，怕繁重的体力劳动。

问：如果你们的意见与上边不一样，有勇气提意见吗?

答：可以，可以争论。因为是试验，不存在执行的问题。

问：上边批准你们才能这样干吗?

答：县里也了解下边的情况，不一刀切，如果愿意个人承包也可以。1989 年还有个人承包的呢，不一样。

问：是你的乡吗?

答：我的乡。不是一刀切，愿意集体种也行，个人承包也行。个人承包的还得用机器给他收割去，适当地交点费用。

问：成立农场后收成好了?

答：那当然，能保证施足底肥呀。个人是短期行为，投入不那么多。集体的，锄草、施肥，优良品种，舍得投资。

问：在与人民公社时同一个面积上，用 11～18 个人就耕作了，那其他的人干什么?

答：其他人在镇办企业工作，队里、村里有工人，还有一部分搞个体经营。自己在不违背政策的情况下干什么都可以。

问：现在有很多乡办企业、队办企业，20 世纪 80 年代没有时怎么办?

答：收入上不去就在这儿，一个馒头一个人能吃饱，一个馒头 8 个人吃就吃不饱了。

问：现在有这么多企业，没企业的时候人们都干什么?

答：都在生产队天天干活。

问：不都是机器了吗?

答：1980 年时机械化程度还不那么高。都到生产队干活。

问：那为什么还不愿分呢?不都是干活吗?

答：累呀!现在一个妇女包 50 亩地，她没什么事干，年底收入也很高，浇水靠喷灌。

问：喷灌是何时建的?

答：农场以后。

问：那时还没有农场为什么就不愿承包?

答：现在浇地简单多了，把机井打开就浇了，劳动强度小一点。刚才我说的笑话。咱们这地区的人懒点，外地打工的多。现在就咱们这地区，在地里干活的都是四川来的。村里种地的有很多是四川的、安徽的，本地人都去做工。

问：沙井也是农场?

答：也是。他们没有多少土地。

【现在诸问题】

问：您当乡长以来，感到最头痛的是什么事？

答：一开始是计划生育和死人火化。

问：为什么？

答：刚开始工作不太好做。我们国家1982年才实行计划生育，人们从思想上还没认识到生一个孩子的好处，优生优育的好处。以后才好做了。死人火化也很难做，我们国家没有这一风俗。后来也好做了。现在已走上正轨了，火化率100%，都自觉地火化。

问：您当乡长对沙井村最难办的是什么？

答：咱们村现在发展企业不太快，办工厂不多。

问：今后有什么打算？

答：扶植他们办企业。现在我们的中心工作是把经济搞上去。这十几年变化很大，再过十来年要翻两番。

问：您对办企业和工作的信心怎样？

答：没问题。我信心很足。

问：您自己家有厂吗？

答：自己没有。

问：什么都没有？

答：对。

问：为什么？

答：我办工厂就得辞职，办工厂去。

问：不允许吗？

答：做行政工作不允许办工厂。

问：工作上不允许办企业？

答：对。办企业、经商都不允许。

问：村的干部怎么样？

答：也不允许。

问：有级别限制吧？

答：咱们这里都不允许，不让干。不然，把注意力都放在自己的企业上了！耽误集体的事情。

问：个人投资可以吗？

答：也不行。个人投资买股票都不行。

张树德（63岁）

时　　间：1994年8月26日上午

访 问 者：浜口允子

翻　　译：齐秀茹

访问场所：沙井村村委会办公室

【干部经历】

问：您在村里多年当干部，是吗？

答：从1962年至今都在村里当干部。

问：都当什么干部？

答：1962年开始，担任过村党支部书记，时间不长，当过大队长、团支部书记、民兵连长，现在干治保工作。

问：1962年当什么干部？

答：1962年担任党支部书记，共3年。

问：书记兼大队长吗？

答：对。1962年到“文化大革命”，“文化大革命”期间就不干了。

问：1962～1964年吧？

答：到1966年，共5年。

问：“四清”时您当书记？

答：对，是啊。由1962年“四清”开始。第一次是小“四清”。

问：“四清”晚吧？

答：“四清”是1962年，第一次“四清”。还有第二次“四清”。（1962年为社会主义教育运动。整理者注）

问：你当书记是在“四清”以后吧？

答：第一次“四清”当中。原来的老书记下来了。

问：原来的老书记是谁呀？

答：张麟炳。他下去以后就是我。

问：为什么换啦？他在“四清”中被批判了？

答：对，被批判了。

问：是 1962 年吗？

答：对，1962 年。

问：“文化大革命”以前都是你当书记？

答：“文化大革命”以前我还当过大队长。

问：第一次“四清”换上您了，第二次“四清”还是您？

答：第二次“四清”我是大队长，书记是李继清。先是我当书记，他当大队长，后来我的书记让给他了，他的大队长让给我了。他是当兵出身，对地里的生产不熟。后来他让我当大队长，他当书记，调了个个儿。

问：大队长可以换，书记得选呀？

答：李继清是党员。

问：改选啦？

答：对。通过“四清”工作队批准，都是“四清”工作队管支部。

问：第二次“四清”您俩换的？

答：是第二次“四清”。

问：“文化大革命”的时候您是大队长，李继清是书记吧？

答：对。

问：“文化大革命”的情况请您说一说。

答：1967 年以后我就搞治保工作了。

【“文化大革命”】

问：“文化大革命”在这村是怎么开始的？成立的什么组织？这些情况您还记得吗？

答：记得。这村在“文化大革命”期间基本上是稳定的，打骂，这村没有。“文化大革命”期间我就是治保主任了。“红卫兵”年龄小不懂事，对地、富、反、坏、右这五类分子也实行了揪斗，但是有些政策由我掌握，打骂没有，批斗期间低头这类事有。

问：这村有什么组织？

答：“红卫兵”。还有一个“卫东造反军”。

问：谁是头？

答：“红卫兵”有程启、孙继贤、刘振海。“卫东造反军”有孙继武、李景春。还有一个组织叫“星火兵团”。这个组织人不多，共 3 个人，有赵仲田、张长和、赵继这 3 个人。

问：都是男的？

答：对，都是男的。这几个组织的头儿都是男的，没有女的。就这 3 个组织。“星火兵团”只有 3 个人，也想发展，按当时的形势它方向不怎么正确，没人参加。

问：怎么不正确？

答：因某某某个人的表现问题，他们的组织没有发展起来，后来也就不了了之啦！

问：“红卫兵”和“造反军”谁成立得早？

答：最早是“红卫兵”。

问：叫什么“红卫兵”？

答：就叫“红卫兵”，没有别的名。

问：有“红卫兵”，为什么“卫东造反军”也成立了？

答：刘振海、孙继贤、程启他们成立了“红卫兵”，没过几天孙继武他们又成立了“造反军”。但在这两派当中还没发生过大的冲突。有的村几个组织之间干仗，这个村的组织没发生什么冲突。这两个组织都是为了对地、富、反、坏、右加强管制，批斗也是在一起，都是联合起来。

问：既然都是对准“黑五类”，为什么还成立两个组织？

答：那就不清楚了。“红卫兵”先成立的。那边也多多少少有点看法，若没有看法，就统一在一个组织里了，没有必要成立两个组织。

【幸福院】

问：刘振海在村里当党支部书记，李景春也在乡里干企业，其他人干什么？如程启。

答：程启在外边厂子里干呢。他会钳工。

问：孙继贤呢？

答：到幸福院去了。他家有个闺女。在幸福院享福去了。幸福院也叫光荣院。

问：他岁数多大啦？

答：今年72岁。

问：他在光荣院之前干什么？

答：1984年以来孙继贤就没干活。

问：“文化大革命”以后他干什么？

答：在大队的园田担任园头，到1984年解体，年头不少。去年他到光荣院去了。光荣院不是任何人去都行，因为他当过八路军，属于有功人员，不是有功人员去不了。各地不是有敬老院吗，人老了，没有儿女，受到国家照顾，都到敬老院去。他因为对党有功就到光荣院去了。都是当过兵的。

问：光荣院在什么地方？

答：离这里二里路，南法信公社。在西边。

问：属于哪个乡？

答：南法信乡。离这儿不远。光荣院是顺义县办的。

问：光荣院里都是党员呀？

答：不完全是党员，必须是当过兵的，有功的，在1949年以前的，或参加过1950年抗美援朝的这部分老战士，老了，干不了啦，可以申请到光荣院去。

【“文化大革命”的组织】

问：“红卫兵”中都是党员团员吗？

答：也不是。“红卫兵”是群众组织。都是群众自己组成的。

问：“卫东造反军”我们知道了。孙继武现在干什么？

答：孙继武在家，什么也没干。

问：他多大了。

答：51~52岁。

问：他没当干部？

答：没有。

问：“红卫兵”里当干部的都有谁？

答：孙继贤当过干部，他管菜园，连刘振海两个。

问：程启在村当过干部吗？

答：没有。

问：“文化大革命”中您是大队长，李景春是书记，对吗？

答：李景春当书记在以后，李继清下去后，李景春是书记。

问：“文化大革命”中你是大队长，李继清是书记？

答：对。

问：大队长和书记都干什么？

答：李继清是“卫东造反军”，与李景春一派，我任何组织都没参加。

问：李继清是支持他们，还是参加了？

答：他参加了，成立的那一天就参加了。按当时的情况说，有一点分歧。刘振海、程启、孙继贤都是第一生产队，一队成立的“红卫兵”，好像二队成立的“卫东造反军”。我观察，“卫东造反军”大部分是二队的，红卫兵大部分是一队的。我是一队的，任何组织没参加。因为当时对两边有不同的看法，心里有点过意不去（俗语，不好意思）似的。

问：为什么？

答：我当治保主任，揪这个、弄那个的，我参加其中一个好像有点不平衡，所以我哪个组织也不参加。

问：当时两派群众组织打击村里的干部了吗？

答：对村干部也提意见，“红卫兵”对我有 100 多条意见。

问：挨斗了吗？

答：没有。有时候也检查，向“红卫兵”检查。

问：不是全村的人？

答：不是，就向“红卫兵”组织。

【“文化大革命”运动】

问：开过全村人批判大会吗？

答：没有。对我没有，因为我当这么多年干部一贯正确，没有什么。

问：对你没开，对别人开过大会吗？

答：对地、富、反、坏、右经常开。开大会主要批斗他们过去欺压百姓。

问：这村主要斗谁了？你们村有几个地、富、反、坏？

答：这村大地主没有。有两户地主：一户是邢永利；一户是赵利民。他们地都不多，但剥削量大，按阶级分析，定他们为地主。有几户富农：杨元、任振刚等几户。还有张昆、张继武。

问：开这些大会都什么人出席？您参加吗？

答：我也参加。全村的人差不多都来，可以说“上至 99，下至开步走”，都来。

问：谁主持？

答：几个头。如“红卫兵”召开大会，三个头都来；如“卫东造反军”召开，李景春、孙继武他们主持。

问：“红卫兵”组织召开，“卫东造反军”来吗？

答：来。有时单独召开，有时组织起来召开。

问：书记当时起什么作用？

答：书记也得服从群众组织的头儿。

问：村里的生产由几个头儿管吗？

答：大部分都是晚上开大会，生产队长还是队长。生产队长带着抓生产，白天到地里干活，批地、富、反、坏完全占晚上时间。

问：白天生产，“红卫兵”和“卫东造反军”的人也参加吗？

答：参加。

问：他们听生产队长的支配吗？

答：对，听生产队长支配。几个头儿在家安排他们组织的工作，不参加劳动。其他人都服从生产队参加劳动。这个村“文化大革命”对生产没有影响，该“抓生产”的“抓生产”，该“造反”的“造反”。

问：“文化大革命”中权掌握在谁手中？

答：有一段村里的权掌握在“红卫兵”和“卫东造反军”手中。

问：两个组织怎么办？

答：在农村除了抓生产还有什么？当时主要是抓产量，其次才造反。他们不管生产，生产有队长。那时特别单纯。

问：书记在“卫东造反军”吗？权他们多点吗？

答：书记随着“卫东造反军”，说怎么办就怎么办。

【“红卫兵”和“卫东造反军”】

问：这两个组织谁权大？

答：差不多。这两个组织没有对立和摩擦。

问：哪个人数多？

答：“红卫兵”。

问：有多少人？

答：“红卫兵”50 多人，“卫东造反军”也差不多。当时除地、富、反、坏、右之外，都参加“红卫兵”或“卫东造反军”了。

问：“星火兵团”的 3 个人是哪个队的？

答：他们在村里没有实行开，他们不敢在村里，参加其他村的组织去了。在村里他们没有地位。

问： 后来"星火兵团"怎么样了？

答： 最后不了了之啦！存在的时间很短，一年多的时间就没有了。

问： 他们3个人呢？

答： 回村了。

问： 他们参加了村里的两个大组织吗？

答： 不参加。"红卫兵"和"卫东造反军"瞧不起他们，反对他们的组织，在村里没有地位。

问："红卫兵"和"卫东造反军"与外边有关系吗？

答： 遇上公社广播站和县的广播站的活动，"星火兵团"都参加了。

问："红卫兵"参加了吗？

答： 没有。"红卫兵"和"卫东造反军"没有出村。与外村的组织没有联系。这村比较稳。有的村有把人活埋的，这村没有。

问： 有二队参加红卫兵，一队参加"造反兵团"的吗？

答： 没有。

问： 我是二队的，不愿参加"造反军"，愿参加"红卫兵"不行吗？

答： 一开始成立"红卫兵"，差不多都参加了"红卫兵"。后来二队的李景春、孙继武他们成立"卫东造反军"。由"红卫兵"退出来参加"卫东造反军"，或由"卫东造反军"退出参加"红卫兵"的都没有。

问："红卫兵"先成立的，二队没有人参加的？

答： 有。

问： 后来"卫东造反军"成立后，又退出了吗？

答： 没有。

问： 一队没有参加"造反军"的？

答： 有。两队穿插的有，人数不多。

问： 穿插参加人的名字，您记得吗？

答： 记不清了。年头太长了。

问： 两个组织的形成与两个队有关吗？

答： 对。就是按队参加的。

【生产队间的差别】

问： 两个队是按片划分的吗？

答： 南边，一队的人比较多，北边，二队的人比较多。由地区划成两个队。按片划分的队，不是按观点划分。北部和东部二队的比较多，整个西部和由此向南一队的比较多。一、二队穿插的也有。

问： 怎么还有穿插？

答： 有的社员与队长有矛盾，就跳队了。所以一、二队有花插着的，但不多。

问： 两个队的户数一样吗？

答： 不一样，一队比二队多28口人。

问： 地也多吗？

答： 地一样多，地始终没有拨过来。

问： 60年代就这样吗？

答： 分队的时候就这样了。

问： 一队比二队多28人是现在吗？

答： 在1984年解体前多28人。

问： 分队时人是一样的吧？

答： 我1962年回到村之后，一队人口就比二队多。还有这么个关系，1962年以前一队在工厂工作的人比较多，1962年下放回来了十多口人。

问： 地没有重新分呀？

答： 没有。

问： 两队的生活情况，哪个队好？

答： 多少有点区别，二队比一队好点，因为他少28口人。每年一队比二队多拿出1万多斤粮。

问： 按人口拿，不按地拿呀？

答： 是按地拿。同样分的地，产的粮，拿出来分配，一队就多，因为人口多，库存就少了。

问：一队比二队库存少多少？

答：一万多斤。那些年一年每人平均 420 斤，28 口人就分一万多斤口粮。多拿出这么多粮食，年终钱也就少了。

问：怎么少了？

答：年终分配呀。人家劳值 1 角钱，您就合 9 分多。因为粮食少了，没有库存呀，库存也是当年产量。

问：一、二队的生产怎样？

答：解放以来到 1973 年以前，二队产量每年超一队 3 万斤粮食。

问：为什么？

答：因为开始分地时，二队的地比一队稍强一点。

问：为什么分的不均呀？

答：因为二队的人当村干部的多，解放以后在二队的人在大队当干部的多。

问：谁是村的干部？举个例子。

答：到 1973 年一队的分值太低了，一个工 0.55 元，队长分配不下去，队长不干了。

问：二队是多少？

答：二队 0.7 元，一个整劳力一天所得。我当时没在家，1970 年公社抽我到门头沟修水库，我没在家。去了 3 年。1973 年 4 月还没有队长。我 1972 年底结束，1973 年公社叫我担任一队的队长。

【生产队长】

问：1973 年前一队的队长是谁？

答：孙继贤、张麟云、李秀忠。

问：三个都是男的？

答：对。

问：1973 年他们都不干了？

答：都不干了。因生产队太穷，分配完之后，生产队一分钱都没有，只有几头老牛。所以几个生产队长都不干了，没有办法干了。

问：穷的原因？谁负责任？

答：那年产量低。

问：二队那年怎样？

答：也不太好，但比一队强。

问：二队的队长还干吗？

答：二队的队长没动。二队的队长有杨福、杜钦贤。

问：他们一直做二队队长呀？

答：对。一队三个队长，二队两个队长。

问：二队队长当了多久？

答：这两个队长解放以来，初级社、高级社时他俩就当队长，他们当的时间比较长，特别杨福时间更长，杜钦贤有一段下去了。

问：一队一直当队长的是谁？

答：杨生和孙继贤。

问：困难时期也是他俩吗？

答：是。

问：这两个人没提不干吗？

答：也提出过。过去他们不挣钱，跟社员一样的干活，分配也一样，操心费力，所以他们也提出不干。头几年每到秋后就不想干了，大队干部就得给他们开炕头会，做工作，说服他们。当时当队长一分钱不挣，当队长分那么多，不当队长也分那么多，是绝对平均主义，谁愿干呀，可不干谁干呀。

问：二队收入比一队高呀，二队的干部比一队强吗？

答：一队的干部也有点毛病，不是没毛病。如 1973 年我担任队长，当年我就超产二队 6 万斤。过去每年二队超产一队 3 万斤，我当年实际多收 9 万斤。上季小麦每队 300 亩，我每亩小麦超他 300 斤。由北京到这里我们一队的小麦是最好的。

【增加产量】

问：你采取什么措施了？

答：第一个是管，一肥二管三干。当干部绝对得吃苦耐劳。春季开始管小麦时，现在有化肥，那时没有，那时只压点青草肥，用点猪圈肥，春天买点氨水。我买化肥现贷款，生产队一分钱都没有。

问：从银行贷款？

答：是。

问：以您的名义？

答：不是，以生产队的名义。

问：那能给呀？您队里那么穷。

答：从农业银行贷款，给贷，不贷怎么办，不贷小麦没点肥，牲口有六七个老黄牛，连把草都没有，不得饿死？那年贷了三四千元。

问：二队贷款吗？

答：不贷。他们有副业，有钱。

问：他们也用氨水？

答：是。氨水很便宜，我用了16吨氨水，往麦沟里倒，然后再把沟弄平。结果当年小麦超过500斤。

问：多少亩地使那么多化肥？

答：300亩。

问：一亩产多少小麦？

答：亩产500斤，平均亩产500斤。

问：1972年以前亩产多少？

答：平均亩产300斤小麦。

问：二队亩产多少？

答：400斤。麦秋超产的粮都卖了，是议价粮。秋季又超产3万斤，全年共超产6万斤。

问：您当一队队长几年？

答：两年。两年我就不干了，太累。干部必须带头干。浇小麦渠不平，一放水，高的地方浇不上，我当队长时凡浇不上的地方都下沟掏沟水。春天下沟掏水，这地方扎个大口子，到秋天都没好。那年我掏了好几十万瓢水。

问：您一个人去掏呀？

答：对。社员不去呀，我让社员们浇地，哪个地方浇不上水我去掏。就我一个人。当干部不带头干哪行。解放以来一队超二队小麦3万，是头一回，第一年我就把形势转变过来了。第一年的劳动值是0.9元，社员拥护。

问：二队呢？

答：二队不行，二队0.7元。我干了两年，买了1辆手扶拖拉机，3辆大平板车，6匹大马。两年当中整个把生产队翻过来了。

问：在两年中就买这么多？

答：两年。在两年中叫我把生产扭转过来了。

问：贷款还上了吗？

答：当年就还上了。

问：您队的社员对你？

答：当然拥护！

问：干了两年，您下去行吗？

答：公社书记都不同意我下来。把一队的穷队面貌转变过来就行了，谁再当都行。

问：社员还选您怎么办？

答：到公社去办学习班。一期20天，因为我不想再当队长又增加了20天，共40天。到最后我也没当。

问：最后还是没当？

答：没当。

问：谁当啦？

答：张麟书。

问：后来当什么啦？

答：还是治保。

问：当生产队长时没当治保主任？

答：从1962年到现在我不当治保主任的年头不多，我出去后有人当，我回来还是我当。我当队长时的治保主任是李继清。

【生产队间差异】

问：一开始二队生产就好吗？是不是地也不一样啊？

答：我已说了，二队的地是比一队的地

强点。

问：开始分时谁的地归谁呀？

答：不是。土地是按片划的。我们村的土地外村的还不少呢，有石门的、望泉寺的。按片划分，走向集体时土地规划，这片地归石门，这片地归望泉寺。是这样规划的，原来有插花地。

问：分配时没考虑这块地好，那块地坏吗？

答：是搭配了。土地问题纠纷比较多，“文化大革命”前也有土地纠纷。

问：为什么二队的地比一队强呢？

答：我不是说过了，二队的干部多，在村里当干部的多。

问：那时干部不是一碗水要端平吗？这地是什么时候划分的？

答：由初级社时开始。

问：初级社时不是土地归还个人吗？那还是与原来有关吧？

答：不是。原来是插花地。

问：应该是公社时划分的吧？

答：是，公社。一开始两个互助组，到初级社土地就有规划了，高级社后就公社，先有生产队，后走向人民公社。

问：与原来土地好坏有关？

答：有吧。

问：与一、二队干部有关系吧？

答：应该说有。

问：那时候一、二队的干部都有谁？

答：分地时二队有李广志、杜作新、杨庆余。一队有李祥林。分地时二队占 3 个，一队 1 个。

问：什么时候分的地？

答：初级社时。

问：您当时干什么？

答：我没在家，我是 1962 年回来的。

问：你在哪里？

答：我在东北锦西工厂。化学工业部机械厂。

问：分队有没有家族的关系？

答：没有。

问：这个村家族不太强？

答：没有。在分地当中，杨庆余是大队的会计。杜作新是大队长，李广志在财政部门，专门管经济的，可能是大队的“财政部”。李祥林的书记。他们 3 个人，他 1 个人。

问：那时书记的权最大？

答：书记和大队长。由于那时特别单纯，大队长比书记的权也不小。

【外来人口】

问：想问问您现在的工作，可以吗？

答：行。

问：您这治保主任主要管什么事呀？

答：现在主要是综合治理。

问：具体是什么事？

答：当前主要是对外来人口加强管理。

问：这村有外来人口吗？

答：有。大概有 150 ~ 160 人。连本县到这村租房的，外来人口差不多达到 230 人。

问：都从哪里来的？您刚才不是说外来人口一百五、六十吗？

答：那是指不是本市的外省人口。算上本市到这村做买卖的达到了 230 人。

问：包括北京市的？

答：北京市几个县的人也到这里做买卖，包括这些人，230 人。外地一百五六十。北京市的算本地的。

问：这两部分人有什么区别？

答：有区别，我让你们看看这个。这叫临时户口，这叫常住户口。

问：临时户口都是外地来的，您在村里也变成临时户口啦？

答：不是。本村都是长期户口，哪有临时户口。

问：临时来的只办临时证，不办身份证，是吗？

答：是。身份证是他当地办的，身份证必须是常住户口才能办，外地姑娘嫁到这村，户口转来也能办。

问：外村的姑娘嫁到您村了，得办手续吧？

答：一个是对方得有介绍信，如是本地区的，拿着当地介绍信到这村之后，两个人办理结婚证，户口通过乡里办准迁证，通过他们乡，取来之后，落在城关镇派出所就行。户口就是我们村的了。

问：外村人搬到这村住，不是结婚的户口能落吗？

答：如是外村人搬到这村来住了，是常住，跟结婚的办法一样。

问：那行吗？您村的地不就少了吗？

答：得有准迁证，同意了才行。我们村最近几年起码进了30户，都是别的村迁来的。

问：那不增加了您村的负担吗？

答：上边他有人呐。最近这二三年进了30户。

问：都是什么户呀？

答：都是农业户。公社、县里有人。

问：为什么搬到你村来呢？

答：这村比他们村生活好一些。

问：您这村在公社算什么村？

答：我们村算强村，因为我们村没有贷款。

问：其他村的人，还有要想到你们村来呢？

答：我们村不要。有个别的户我们村也不同意他进来，但是从上边走下来了，迁来了，能不要吗？按村里来说不同意。

问：是后门吗？

答：就是后门。他有关系，上边有人。

问：怎么个后门？您好讲就讲，不好讲就算啦。

答：上边有关系。比如我托您办事，“我想搬沙井去”。“行，我给您办吧”。由上边找我们村书记，讲是他的亲戚，想搬沙井去，县里的人与书记又不错，书记哪好意思说不要呢。这就通过他把户口转到城关公社，再由城关公社迁到沙井来了。

问：交钱吗？

答：不交钱。

问：这30户都有关系？

答：对，都有关系，能不让进来吗？

问：一般社员行吗？

答：得经书记同意，与大伙商量商量，同意就行。

问：参加讨论的都有谁？

答：书记、村长商量商量。

问：您呢？

答：有我。

问：您有意见怎么办？

答：我不会有意见，支部同意了就行。迁个十口、八口人能怎么的。

问：改革开放以后，影响不大了吧？

答：对，影响不大。

问：你有意见不敢提？

答：没有意见。影响不大。

问：前几年不行吧？

答：前几年牵涉土地问题，没有。

问：村里人有意见怎么办？是不敢提，还是不能提？

答：没人提，当前不牵涉社员的利益问题。

问：有口粮问题吗？

答：土地归农场了。1984年生产队解体后，分给个人种二年。

问：有菜园子吗？

答：没有。一点地都没有了，统统归农场。

问： 口粮怎么办？

答： 从农场买面和米。菜也买。

【公益事业经费】

问： 村里修公路等设施的钱哪里来？

答： 大队出钱。

问： 大队钱是从哪里来的？

答： 从厂里来的。

问： 没有工作的人怎么办？

答： 各户不拿钱。村里只有给社员补助，社员没有给村拿钱的。修河，大队拿钱雇人修。

问： 社员出工吗？

答： 社员要出工，一天给他 20 元，大队开支。

【义务劳动】

问： 有义务工吗？

答： 没有义务工。

问： 修水利、修路不都要义务工吗？为什么没有？

答： 没有。因为出义务工也得分析情况，本村能负担社员这一小部分的，尽量不让社员摊钱。如电费，每年大队给社员包 3 万元。

问： 电费也不交呀？

答： 交很少量的。吃水用两眼机井，整天供水，让社员方便。社员一分钱都不拿，照顾社员。

【村政】

问： 谁管修路、修电、修水的事？

答： 如水泵坏了，大队出钱找人马上修，或买新的。路坏了，大队干部包括几个女会计，都下去清整道路。坏了修理，大队拿钱修。

问： 谁决定修？

答： 如道路不能走了，大队干部互相提醒，向书记建议，书记决定。大队拿钱。

问： 建小学、幼儿园这么大的事情谁决定？

答： 幼儿园和办公楼是一块建的。大队这几个人决定的。

问： 哪几个人？

答： 正、副书记、村长和我。大队办公室的房不行了，根据当前形势需要盖楼房了。书记画的图，幼儿园也是书记画的图，找人盖的，盖了一年。

问： 也不开会？

答： 不用开会，先盖，盖好了该给多少钱给多少钱。

问： 几个人提出来，书记拍板就行了？

答： 书记也得干，书记跑料，整天出去。书记、村长和一位电工整天跑料，走了几个省买材料。我们村的干部都干活，没有摆架子的。

问： 你们村好几辆车，桑塔纳是比较高级的，谁决定买车？

答： 书记说了算。

问： 也不与别人商量？

答： 不用商量。队里有钱就买吧，大家也没意见。

问： 修路谁提呀？

答： 谁提都行。

问： 你们几个人？

答： 4 个人。大队 4 个人：正、副书记，村长和我。有时一说，书记拍板就办啦。

问： 有意见怎么办？

答： 也没有意见，不摊派任何钱。比如修路社员都欢迎，以前泥路不好走，现在修了柏油路，他们不欢迎吗？

问： 与社员都没有利害关系啦？说干就干，也是为村民服务？

答： 对，为社员服务呀。比如修路不摊钱，自来水不收钱，男社员 60 岁，女社员 55 岁，每月补助 15 元。

问：村里有钱了，要20元怎么办？

答：也不用要，村里如果有钱了，20元、30元、50元都行。村里再富了给他们长20元；如果再富了，也可以长30元。村里富裕了都是社员的。

问：给年轻人吗？

答：不给年轻人，是退休金。

问：书记、村长退休多给吗？

答：公社给解决，村里不解决。说了半天，村里还不是很富裕，富了还多给社员。

问：您干了那么多年干部，什么事您感到不满意？

答：我干了32年，时间长了，社员给面子。第二个我们村的社员比较听话，犯错误的人很少。

问：1973年您不感到困难吗？迁到了穷队。

答：那就慢慢克服吧。那的确困难。

【困难时期】

问：1962年你们是不是过了一个困难时期？

答：对。

问：这个村最困难的时候是那些年？

答：困难时期这个村平平常常地就过来了。这村那时还是比较过得去。如果过不去，我们全家绝对不回这儿。我们全家是东北来的。

问：您原来是这儿的？

答：原来是这儿的，我当兵在东北。我1947年参军。

问：您将来算离休干部吧？

答：不算。因为我是回来的。

问：回来的也算呀？

答：十一届三中全会后东北的厂子给我来信啦，给我办的算退休，一个月给几十块钱。困难时期，我按“上山下乡”办的。

问：应该转业呀？

答：转业。

问：您哪年出生？

答：1937年。我16周岁就当兵了，今年64。

问：1947年内战的时候参军？

答：对。

问：哪年退伍？

答：1957年。

问：1957～1962年在东北？

答：对。当兵我也在东北，东北地区我特别熟。

【土地改革】

问：“土地改革”您清楚吗？

答：不清楚。1962年以前的事不清楚。

问：你们村谁了解“土改”那段的事？

答：李广民清楚。他当时在村里。

问：他今年多大岁数？

答：69岁。他已来这里好多年了。

李德英（第二队妇女主任）
孙桂芹（第一队妇女主任）

时　　间：1994年8月26日下午
访 问 者：浜口允子
翻　　译：齐秀茹
同 席 者：同席有史庆芬和李德英丈夫赵春田
访问场所：李德英家

【出生】

问：你今年多大年纪？是哪个村的人？

答：我今年60岁，1934年出生。老家在机场附近的天竺公社薛大人庄，我叫李德英。

问：你父母怎么称呼？

问：父亲叫李世忠，母亲姓白，没有名字，叫李白氏。

问：你父亲干什么工作？

答：农民，全家都种地。

问：现在干什么活？

答：父亲早已去世，母亲也不在世了，活到88岁。

问：那时家里有多少地？

答：有20多亩地，弟兄4人。

【上学】

问：你上过学吗？

答：上到二年级。当时家里还有比我小的，而且家里条件不好，后来就回家哄孩子了。

问：上学时多大岁数？

答：八九岁吧。我父亲跟校长认识，他们商议说上学的都是男孩，找几个女孩让一起上吧，我们几个女生就去了。

问：上学时正是日本侵略时，是在1941、1942年的时候，学校的事还记得吗？

答：我那时小，不记得了，只记得班里有四五个女孩子，后来有七八个。上了不到两年。我爷爷奶奶去世早，我弟弟没人哄，所以我就回家带孩子了。我父亲不识字，他说："我不识字，就要让我闺女念书。"所以我才上的学。

问：你是老大？

答：我是老大，有4个兄弟，死了俩，现在就剩两个弟弟。

问：弟弟后来都上学了吗？

答：都上学了，八九岁上的，全是小学毕业。我二兄弟初中毕业，我大兄弟因为父亲去世早，家里没人，就在家里干活种地。但大兄弟也上过学。

【识字班】

问：你后来还上过学吗？

答：刚解放时上过识字班。但也没上几天，因为很快就暑假了。

问：在什么地方上识字班？

答：在本村。

问：参加识字班都是什么样的人？

答：都是女的，有结婚的，也有没结婚的。

问：那识字班是提倡妇女解放呢，还是提倡男女平等？

答：提倡妇女解放，提倡男女平等是之后的事。

问：那是哪一年啊？

答：1948年。

问：识字班都是女的，男的不识字怎么办？

答：之后说给男的办识字班，但他们没人去，也就没成。女的吃完中午饭，到那学习一中午。

问：参加妇女识字班的有多少人？

答：不少，有40多人。因为村庄不小。

问：学习什么内容？

答：一开始，老师教识字，什么针、线、纸、布、寸、升、斗，等等，都是女同志经常用的字。

问：有课本吗？

答：没有，写到黑板上，自己有个本，每天学几个字，刚开始一天学5个字，因为都是家庭妇女，学不了那么多。等把这几个字学会后，再学习别的字。

问：有老师吗？叫什么名字？

答：教师是本村的，叫周世明。

问：学了多长时间啊？

答：时间挺长的，前前后后有一年左右。麦秋时，学的时间少，冬天夏天学的时间长。

问：学习以后能看书读报吗？

答：有的字看着熟悉，但整个句子就不太明白。不过，简单的还是能凑合着看一些。

【婚姻】

问：你什么时候结婚的？

答：解放第三年结的婚，是1950年吧。

问：怎么嫁到这村的？

答：我们9岁订的亲，是我姥爷给做的主。

问：为什么结婚那么早？

答：那时都早，都是十七八就结婚了，20岁没结婚就是少数人了，成大姑娘了。

问：为什么订婚那么早呢？

答：因为我姥爷认识我丈夫的爷爷，所以他们之间一说合，就定亲了。

问：结婚以前，你认识你老伴吗？

答：没有见过面。我父亲和他父亲经常有来往，有什么红白喜事他们就凑到一起了。

问：什么时候才见面的？

答：结婚前一年见的面，男方到我家来商定婚事，父母包办，双方父母都在场。

问：双方见面时，别人在场吗？

答：我姥爷在场。

问：婚事怎么订下来的？

答：双方见面后，没有意见，就同意了。虽然解放了，但那时思想上还是很封建的。

【结婚仪式】

问：你能讲讲结婚时的情况吗？

答：可以。那是我刚18岁，结婚那一天，我是坐轿子来到这村的，我记得早晨8点多就到婆家了。先拜天地，再拜公婆。

问：你穿的什么衣服？

答：我穿的旗袍，头上梳的鬏，戴的手镯，我进新房以后，旁边有个布袋，我得登上去还有块蓝布，叫“步步登高”。蓝布有讲究的，说是拦住媳妇的眼睛，才能步步登高。

问：轿子是几个人抬？

答：在村内是8个人抬，叫八抬大轿，出了村，4个人抬，8个人分两班，轮换抬。

问：你结婚还是传统老式的吗？

答：是传统老式的。由于我婆家是从外地迁来的，所以三天回门啊，两天回门啊都取消了，不然我还得回娘家去磕头。

问：下轿后还有些什么仪式啊？

答：结婚时有送亲的，也有迎亲的。下轿后，到新房内和新郎官坐好，由新郎官把我头上的红盖头揭去。一般情况下，这块红布之后会被男的坐在屁股下面，说是压压女方的性气。但我结婚时是我姑姑送我过去的，我姑姑厉害，不让坐，说我没有脾气。当时说是压性子，其实就是压制女人。

问：拿铜照妖镜吗？

答：拿。坐在轿内，把大铜照妖镜别在腰里，主要是怕在路上出事。到了村内听到鼓响、鞭炮声，就把照妖镜翻过来，意思是到安全的地方了。镜子的作用是避邪。

问：下轿以后，就把头上布揭去吗？

答：不是。下轿以后，先拜天地、抹黄，下轿时左搭丝、右搭麻，迎亲的一方给新娘脸上抹上红黄黑白蓝等五彩颜料，这时盖头仍不能揭下。新娘下轿时脚不能沾地，给铺红毡子，同时旁边有人伴唱。这时，男的拿着弓箭，对着新娘子比划着射箭，意思是害怕新娘子是妖精变的。入新房以后，才揭去头上的盖头。讲究的人家，下轿后还要唱喜歌，才进屋。

问：所有人结婚仪式都是这样的吗？

答：不一定。我们就比较简单，下轿后，要跨过“马鞍”，意思步步平安。另外新娘子还要跨过火盆，意思是除晦气。

赵春田补充：结婚前一天，先“亮轿”。当时轿子在我家，有红、绿轿子各一，我先坐红轿子，出去街上转一圈，绿轿子跟在后面，意思是压压轿子。第二天，由迎亲的人坐着红轿子去娶亲，绿轿子留在家里不动。

去娶亲时有一个小孩提着茶壶、两个小孩打着灯笼，一起去迎亲。提茶壶的小孩届时从新娘子家的井里打一壶水，回来后用这水煮饺子。

问：这样的结婚仪式到什么时候结束的？

答：一直持续到 1953 年以后，宣布《婚姻法》后，就不搞了。到 1956 年后。轿子都没有了，大家都入了社，骑马娶亲。就是搞旧结婚仪式的，也是极个别的。到 1962、1963 年后，一个村也就一两个搞旧式结婚仪式的。因为解放后，政府宣传“小二黑结婚，一把锄头一把镐”，大家都按照这个方式结婚。后来结婚都是新事新办。

【婚姻法】

问：《婚姻法》公布后，村内是怎样贯彻的？

答：村内召开社员大会，由大队副书记刘玉英、劳模李香玲给大家念具体内容。

问：实行婚姻法以后，村内有什么变化？

答：结婚的有使车的了，骑驴、用马车。找对象时，有找本村的，也有找外村的，父母包办的少了，自由恋爱、自由结婚的多了。

问：自由恋爱是怎样进行的？

答：就是自己找对象，婚姻大事由自己做主。

问：《婚姻法》公布后，本村有婚姻自主的吗？

答：有，本村王孝仙的女儿王秀兰就是自由恋爱结婚的。有好几对，有的是本村的自由恋爱，有些是与外村人自由恋爱。有的家里父母也不同意，嫌给家里丢人，为此有打孩子的。

【土地改革】

问：“土改”情况还记得吗？你家有多少地？

答：（赵春田）有 12 亩地，8 口人，我们家地虽少，但我们家同时也经商。领导土改的是张守俊，1950 年开始土改。

问：土改是怎样进行的？

答：这个村比较穷苦，没有地主，有两户富农。有一户算地主，但他没有地，是放高利贷的。还有 10 多家中农，剩下的全是贫农，土改情况，张守俊最清楚。

问：初级社的情况你知道吗？

答：我（赵春田）一直在外边工作，没有在家。

【妇女主任】

问：你（李德英）是什么时候当的妇女队长？

答：1959 年，那时村内养猪的时候，我当猪场场长。当时刘玉英当妇女主任。1962 年我被选为本村二队妇女队长，一直干到 1965 年。然后从 1967 年到 1970 年又是我当妇女主任。

答：你（孙桂芹）什么时候担任妇女主任的？

答：我是一队妇女主任，从 1970 年干到 1972 年，再从 1974 年一直干到 1982 年，中间秦淑英干过一段时间。第一段是 1970 年到 1972 年，第二段是 1974 年到 1982 年。

问：1983 年到 1984 年谁当妇女主任？

答：李淑芹。

问：妇女主任主要任务是什么？

答：带领妇女下地干活，地里有关妇女的活，由我分配、管理、干活质量，也由我来管。

问：那男人的活怎么办？

答：男人的活，由男队长分配，有些活，如浇地，男女混着干，由男队长负责。

问：只由妇女干的活有哪些？

答：豁地等。农忙时，什么活都干，同男人一样干活。

问：挣的工分一样吗?

答：开始不一样，在60年代，干同样活，男工是10分，女工只给8分，我们意见很大，反映多次，不解决问题。70年代以后，我们提出干同样活，差2分太多，1分我们可以接受。后来同男工比赛，结果妇女赢了，男的服气了，大队同意将女的工分提高到9分。

问：妇女要求同男工比赛，家内男人支持吗?

答：不支持也不行，妇女很团结，反映更强烈。

问：是在什么情况下，提出要提高妇女工分的?

答：1963年以后，大部分男工都外出修密云水库去了，地里活都落在我们妇女身上，大部分农活是我们妇女完成的。

问：你们两个妇女队长能干，那其他妇女怎么样呢?

答：人家也能干，你干到哪，人家追到哪。也有干得不好，追不上的，因此她的工分就低一些。

问：你们要干地里活，家里活谁干?

答：妇女们很辛苦，白天下地干活，早晚干家务活，给小孩缝补衣服、洗衣服、挑水做饭，都抽早晚时间干。

问：这样是否就是男女平等了?

答：现在没有歧视妇女的现象，基本是男女平等了。我们争工分的结果，从8分提高到9分，比男工只差1分，我们也就满足了，毕竟劲头没有男的大。

问：男女平等，家务活男的现在干不干?

答：忙的时候也得干，干多干少各家不一样。

问：从什么时候就开始男女平等了?

答：什么时候说不好，但现在没有歧视妇女的现象了。

问：妇女主任除了领导干活，有关妇女切身利益，或者教育子女、计划生育等管不管?

答：(史庆芬)计划生育工作，大队有专人负责，有时了解情况，让妇女主任作些汇报，具体工作由大队负责。妇女主任主要管妇女参加劳动，1978年实现了妇女同工同酬。有些地里活，适合女的干，比如收割玉米、小麦，往往女的比男的干得快，有些男的工分挣得没有女的多。女的有耐力，男的容易撒气。有活的时候，女的就拼死拼活要把活干完。

问：在工分不合理时，你们是怎样统一意见向上反映的?

答：大家有意见的时候，一般是向我说，因为她们不好向队长说。我就把大家的意见记下，到一定的时候，就去队部，把大家的意见向队长一摆。但队长把我们的意见给搁置下来，不给妇女改。后来我们用劳动比赛的事实说服他们，才答应了我们的要求。我们家有两个女儿，也就是说三个女劳力，工分不合理，我们体会最深。

【男女平等】

问：你们家男女平等吗?男的干家务活吗?

答：(孙桂芹)我们家基本是我丈夫说了算，他的脾气大，我压不住他，我不爱吵架，所以就按他的意思办。但他也通情达理，有时发生争吵后，和他摆道理，他也接受意见。

问：你(李德英)们家男女平等吗?

答：我们家男女平等，从来没有吵过嘴，有事共同商量，有分歧时，谁说的对，听谁的。

问：这个村女强人太多了，所以做到了男女平等，是非常不容易的事。但是作为妇女的要求，还有哪些事不足的呢?或者说有哪些事应该解决的？

答：没有不满意的，吃的不短，喝的不短。大部分都是妇女当家，女的掌握财权。如果说有什么不满意的事，就是遇见婚丧嫁娶，都是男的先吃，女的后吃。但这个也不一定，像我们家就改成女的先吃，然后伺候男的吃。平常在家里面，因为女的要做饭，所以一般是男的先吃。但出门在外或走亲戚时，就是男女一起吃了，不分先后。在家里女的给男的做饭，伺候他们，感觉是应该的。在家里很少见男的做饭，女的先吃，这种情况很少。

问：你们从当干部退下来以后，有什么优待和照顾吗？

答：（史庆芬）有，按规定男的 60 岁，女的 55 岁，工作满 5 年以上的，书记和大队长或生产队长，每月村内发给生活补助费 21 元，副书记、副队长、妇女主任是 19 元，一般党员 17 元，一般社员 15 元。现在上面重视男女平等，给女干部也买一些卫生用品，如洁尔阴。刚开始只买一箱，给大家分，一人一片。后来大家说一箱怎么够，就提议多买一些。

问：听了你们介绍本村妇女情况，真好，真痛快，你们的合法权益是争来的。

答：我们妇女主任担子不轻，不比生产队副队长担子轻。

【女性状况】

问：沙井村妇女情况是这样的，周围其他村的妇女情况怎样？

答：其他村的妇女情况，我们了解不多，但是有一点，男女平等大体都是一样。

问：大跃进那时村内情况怎样？

答：那时劳动非常紧张，深翻土地，男女老少都到地里干活，不回家吃饭，把饭送到地里去吃。孩子送托儿所，使妇女能到地里干活。由团员带头，组织青年突击队，其中包括女青年。一般有孩子的妇女不参加，她们除了下地干活外，还要做饭，照管孩子。

问：你现在有几个孩子？都多大年纪？

答：（李德英）有三个女儿，一个儿子。大儿子 40 岁，大女儿今年 37 岁，住在南边杨家营，二女儿 34 岁，三女儿 31 岁。他们全有孩子。有两个住本村，一个在外村。

问：这几个孩子都是怎样搞的对象？

答：大女儿是自己搞的。老二、老三是别人给介绍的。

问：找对象或介绍人介绍，是否考虑“门当户对”？

答：反正要考虑各方面条件是否合适，主要考虑人是否聪明、肯干，是否忠厚、老实，等等。我们几个女儿找对象，都把人品放在前面，不考虑对方家内是否穷，是否有钱。我也是这么说的：人好，有本事，今后什么都有；人不好，再有钱，今后什么也没有。

问：大儿子 40 岁了，那时找对象，是否考虑成分，什么地主，等等？

答：那时是考虑的。有句俗话：宁给高郎，不给高房。

问：你（孙桂芹）有几个孩子？

答：有两个孩子，一男一女。女儿 26 岁，已结婚，有一个孩子。儿子，23 岁，还没结婚。

问：对找对象、结婚的观点都一样吗？

答：都一样。我女儿是农业户口，女婿是非农业户口，但是他俩都愿意，我们也就同意了。

李景春

时　　间：1994 年 8 月 27 日上午

访 问 者：浜口允子

翻　　译：齐秀茹

访问场所：顺义宾馆

【家庭与个人】

问：你在村里常年当干部，想向你了解一下村里的情况。你是哪年出生的？

答：1943 年出生，属羊的。

问：你父母叫什么名字？

答：父亲叫李广善，母亲叫郭淑兰，都是农民。

问：你父亲还有吗？

答：我 5 岁时父亲就没了。

问：你母亲身体好吗？

答：母亲身体还可以，现在和孙女在村里一起生活。

问：你父亲是怎么死的？

答：父亲是在部队里失踪的，不知道死没死。1959 年给了烈属证，因为国家有规定，10 年找不到就发烈属证。

问：你哥几个？

答：哥一个，有一个姐姐。

问：你姐姐在哪？

答：在南房乡刁各庄。

问：你上过学吗？

答：上过学。

问：上过几年学？

答：初中毕业，后来一直在村里当干部。

问：哪年上学？

答：8 岁上学，在沙井小学、城关小学、城关中学。

问：哪年毕业的？

答：1960 年毕业。毕业以后在大队当了 7 年会计 5 年团支部书记。

【生产队概况】

问：你毕业以后回村当干部，赶上自然灾害没有？

答：赶上了。

问：生活怎么样？

答：沙井没受什么灾，因为那时大队里全种萝卜，北京都有名，拿萝卜换粮食。

问：有几个生产队？

答：有两个队。

问：什么时候开始有两个队？

答：1960 年时就有两个队。

问：你们是几队？

答：我们是二队。

问：你哪年当的生产队长？

答：1966 年。

问：你当会计时，谁是书记？谁是大队长？

答：书记是杜作新，大队长是李祥林。

问：张麟炳当过书记吗？

答：张麟炳 1964 年当过一年书记，后来犯错误了，就由李继清当书记。

问：李继清和你是什么关系？

答：和我没关系，他是部队转业来的，是山东人。李广志是我大爷。

【“文化大革命”】

问：“文化大革命”时你一直在村里，那时村里有什么组织？

答：1966 年开始时，刘振海那边成立了“红卫兵”组织，他是“红卫兵”头；以后我们这边成立了“卫东造反派”，都是年纪大的老人，没有年轻人参加，就是我比较年轻。成年人，能干活的一般参加“卫东派”，“红卫兵”一般都是年轻的。

问：谁先提出成立“卫东造反派”的？

答：我和张麟书先提的。

问：当时张麟书多大岁数？

答：他比我大十几岁，当时也是队长。

问：你们两个为什么要提出成立造反派？

答：就是怕把农活耽误了，主要是把能干活的都集中起来。孩子们爱怎么闹就怎么闹，咱们该干什么，还得干什么。那时候还没有什么“革命、生产两不误”的口号，农民就得种地，不干活吃什么。我们属于保守派。

问：红卫兵组织搞生产吗？

答：他们都是孩子娃，十五、六岁的孩子。

问：村里还有什么组织？

答：有“星火战斗队”、“环球战斗队”，每个队也就二、三个人。人最多的是“卫东造反派”，头都是队长。

问：“红卫兵”组织是一队人多还是二队人多？

答：一队人多，年轻的多。

问：你们这个派，是一队人多还是二队人多？

答：都差不多。

问：具体地说，“卫东派”有多少人？

答：至少有 100 ~ 120 多人。

问：每天都搞什么活动？

答：主要写大字报：写张迁福（伪保长），还写杨源、邢永利的。

问：除了写大字报还有什么活动？

答：造反派就是种地。一开始红卫兵搞打、砸、抢，抄家，抄地主、富农的，把他们的衣服拿到大队，最后处理了。那时候成分不好有海外关系就拉出去斗，钟永兴说是“反革命”，也挨斗了。

问：你是什么看法？

答：上岁数的人都不参加，说他们瞎闹。

问：你想没想参加“红卫兵”？

答：我始终没想参加。

问：“卫东造反派”和其他社、队组织有没有联系。

答：和外边没有联系，和“环球”、“星火”有联系，“红卫兵”和石门有联系，石门斗伪保长时“红卫兵”去了。

问：村里开斗争会了吗？

答：开始时没开斗争会，只是“红卫兵”抄家。后来才开斗争会。

问：你们组织成立后开会吗？

答：就是几个头开会，成立时在二队队场门口开了个大会，有 100 多人参加，每人发下一个红色袖标，黄字，写上“卫东造反军”。

问：为什么叫“卫东”？

答：意思是捍卫毛泽东。

问：热闹时你去过北京吗？村里有人去吗？

答：我没去过，“红卫兵”也没去串联，只是在村里活动。

问：袖标是开会时带吗？

答：平时也带。

问：你们这组织有女的参加吗？

答：有女的，我妈也参加卫东了。

问：“卫东”组织有小孩吗？

答：没有小孩。

问：“红卫兵”组织写什么？

答：写“红卫兵”。

问：“卫东造反派”袖标上的字是谁写的？

答：字是我写的，也有别人写的，用黄油漆写的。

问：有没有参加“红卫兵”的后来又参加“卫东”的？

答：有，我记不清是谁。

问：这两个组织持续了多长时间？

答：从 1966 年到 1967 年底，有一年半左右时间。

问：“卫东造反军”有几个头？

答：有我、杨福、张麟书。

问：“造反军”谁是一把手？

答：当时什么也没有，也没有队部，就是两个队，有时到这个队，有时到那个队。

【生产队的权力】

问：当时大权谁掌握？

答：生产队队长掌权，大队书记李继清、大队长杜作新也都参加了卫东造反派。

问：由谁决定？

答：我和张麟书商量决定，我们俩是头，也找李继清商量，他是保皇派。

问：你们和“红卫兵”组织商量吗？

答：斗争赵迁福时商量过，两个组织意见一致，抄家，我们这边不参加。其他没什么事商量。

问：最后两个组织有什么结果？

答：1967 年成立革委会时，两个组织解散了。

问：革委会谁是领导？

答：主任刘振海，副主任张麟书、李景春，委员李继清、杜作新。

问：为什么李继清、杜作新不当主任？

答：那时候都不愿当头，当头事多，有什么事都找你。

问：为什么要选刘振海？

答：因为他年轻，有闯劲。

问：成立革委会以后，1967～1969 年村里怎么样？

答：村里没有什么大事。

问：生产怎么样？

答：那时我是二队队长，1969 年我调出去一年，到胜利村太平村当工作队，清队整党。1970～1971 年是大队长兼生产队长。进村后对各阶级进行分类排队，地主、富农、贫下中农各有多少，犯错误的，当伪保长的都要排队。

问：有改成分的吗？

答：有改高的。对当过特务的，也要清出来。

问：沙井村谁来清队整党？

答：沙井村没有在第一批搞清队、整党，因为是先清比较乱的村。

问：和“四清”一样吗？

答：不一样，“四清”主要是对干部；清队是每个人都要过一过。

问：怎么搞？

答：调查、制表、写材料。调查后，写材料报上边批。胜利村有个巩振铎，国共合作时期在山东当过县长（就是演苦菜花的那个县）。怎么暴露的呢？当时他当县长时，手下的人在国外转来的资料，通过他了解国共时期的情况。

问：1969 年一年你都在工作队吗？是上级决定你去的吗？

答：对，是公社党委决定的。

问：你是党员吗？什么时候入党？

答：是党员，1965 年加入的。

【“四清”】

问：你们“四清”是怎么搞的？

答：开始也是斗地、富、反、坏。第一次小“四清”是搞的张麟炳，留党察看。第二次先斗地、富、反、坏，然后又斗张麟炳、张树荣。

问：为什么斗他们？

答：张树荣贪污，改发货票。

问：他是会计吗？

答：他是出纳员。

问：最后给他们什么评价？

答：张麟炳给了党内处分，没有评价；张树荣的问题查的没有结果，最后也就不了了之。

问：谁主持批评他们的？

答：当时工作队主持组织一个贫下中农委员会，对他们进行批评帮助。

问：工作队长叫什么名字？

答：好像叫路士浩，那时我已靠边站了，1963、1964 年都靠边了，“上楼”了。“上楼”就是到牛栏山去学习，在一所中学里学习政策、交代问题，有什么问题，都要往外“吐”。

问：到牛栏山学习的有多少人？

答：多啦，各村头头脑脑都去了，全公社 23 个村的干部都去了。回来时，已经 1965 年了。

问：那时政治运动很多吗？

答：很多，困难时期刚过，就传达清队整党。

【运动与生产】

问：搞运动对生产有影响吗？

答：没有什么影响，因为搞运动，一般都在冬季。农忙时，工作队也下地干活。搞运动好坏，首先看是否把生产搞上去。

问：第二看什么？

答：第二看运动是否拉得深入，搞得怎么样，搞出问题没有？

问：第三呢？

答：看领导班子是否革命化。

问：从生产角度看，哪个队好些？

答：二队比一队强。

问：为什么？

答：一队班子不团结，贫下中农多，好闹事，贫下中农有优点，也有自身的缺点，眼光不远，有点事就好反映，容易闹起来。

问：二队土地是比一队好吗？

答：一队原来闹土地少，经过一次丈量，不比二队少，是一样的；农具、牲口也都差不多。主要是一队社员看问题太窄，比如在生产管理方面保守，不科学。又如有一年修电站，上面给三千元，一队不愿意承担，我带二队修理了，得了三千元，那年分红我队比一队一个劳力多三毛钱，那时三毛钱也很顶事，买斤白菜才二分钱。

问：这是哪年的事？

答：1967 年。

【乡镇企业】

问：请讲讲你当书记时的情况？

答：我是 1978 年回村的，那时都不愿当干部。我回去后，先抓了一下生产，抓了一下副业。

问：什么副业？

答：搞了一个纸垫厂、一个纸绳厂。

问：为什么先搞这两个厂？

答：因为投资少，大队没有钱，而且这两厂挣钱来得快，设备也很简单，有几副架子和简陋的厂房就行。

问：厂长是谁？同你的关系是什么？

答：这两个厂厂长叫李广才，我是书记。

问：这两个厂效益如何？

答：年收入 10 万元左右。投资，两个厂不超过 1 万。

问：产品是什么？

答：生产石棉垫。

问：有多少工人？

答：纸垫厂开始用了 10 个老太太，纸绳厂用了 14～15 个女工。

问：每天工作时间多长？

答：实行三班倒，每天工作 8 小时。

问：10 万元是产值，还是利润？

答：是利润。

问：是村办厂，还是队办厂？

答：是村办厂。

问：怎么分配？

答：那时 10 万元没有全分掉。因为在全公社，沙井村分配在第二位。

问：留下的钱干什么呢？

答：买了一台拖拉机（1978 年冬），买了两辆汽车，生产和运输都方便。那时，拥有两辆汽车的村不多。另外，对两个队各拨 3 万元给社员分配；凡是在生产队劳动 10 年以上或当过干部的，每人发给 15 元，另外，干部 78 年分配是 3500 元，1979 年是 4000 元，1980 年也是 4000 元，这个标准，在县内、公社都挂上号了。1979、1980 年纸垫、纸绳厂收入仍在 10 万元左右，但增加了拖拉机和汽车运输的收入，拖拉机出工一天，收入是 80 元。

问：农业产量情况怎样？

答：1977年粮食产量是30万斤，1978年达到59万斤，1979年上升到87万斤，年年增加。

问：什么原因年年上升的？

答：副业收入多了，对农业投资也多了，比如增加化肥。

问：粮食是什么品种？

答：主要是玉米、小麦。

问：你当书记到哪年？

答：到1980年底、1981年初，公社把我调上来了，把我调到一个拨丝厂工作，因为那个厂要倒闭。我1981年来后，改善经营管理，1982年以后拨丝厂每年向县内交纳税利1000万元。

问：你是怎么把拨丝厂搞起来的？

答：调动职工积极性，过去工资只有200元，我给400元，所以都愿到拨丝厂工作。几年来利用拨丝厂的财力扩大生产，建立了一个钢丝厂，一个车队，一个养鸡厂，一个农场，还并入一个钢铁厂。那时我已担任公社副书记，兼公司副总经理，上缴年税利1500万元。1989年，我调到农机厂担任副厂长管理行政，因为我年岁大了，已不适合担任公社一级的领导工作了。

【村子的发展】

问：请你从领导的角度，谈谈对沙井村的评价。

答：我调走后，张麟炳接我的工作，他干了4年，又换了刘振海当书记，他搞的扒鸡厂没有搞好。现在我看来，沙井村的主要问题，是生产力不高。虽然目前分配不低，但主要是靠卖地，那不是长久之计，关键是搞几个厂，把生产搞上去。前几年搞的扒鸡厂和汽车修配厂都不挣钱，地也越来越少。

问：怎样才能发展起来？

答：扒鸡厂应该搞起来，优势很多；汽车修配厂应该从私人手里买过来。我认为将来还是发展集体事业，个体办得再好，是少数人受益；集体事业办好了，是多数人受益。

问：沙井村目前发展不利的地方是什么？

答：这群人不行，眼光短浅，有钱先盖办公楼不考虑先发展生产力。应该考虑如何办工业，办商业，把路子走对；如果路子走不对，是发展不起来的。沙井村紧靠大马路，如果盖个商业楼，是很挣钱的。关键是把资金投到什么地方，搞工业、商业，发展起来有后劲。挣到的钱，一是要增加社员分配，改善生活；二是要考虑今后发展，用到实处。当干部的，虽然只干几年，但要为后人，为大伙谋福利，做好事，这样下台以后大家会记住你的功绩，否则大家认为你没有做什么好事。

问：你是沙井村出来的人，能不能出出主意？

答：给他们提过意见，没有效果。现在的领导班子，都是我过去共过事的，同年人，我愿意出出点子。沙井村原有的服装厂不应该丢，现在已交给县里了，这是一个损失，那个厂如果不丢，全村即使没有土地，剩余劳动力，都可以转到厂内去。

张麟书

时　　间：1994年8月28日上午

访 问 者：浜口允子

翻　　译：齐秀茹

访问场所：张麟书家

【家庭与个人】

问：你哪年出生？

答：我今年66岁。

问：你父亲叫什么名字？

答：叫张环，母亲张梁氏。

问：解放前你家有多少地？

答：解放前有10~20亩地。

问：是你父亲那时候的地吗？

答：我父亲去世早，这 10～20 亩地是指我们哥三个的时候。

问：你上过学吗？

答：上过 3 年学，在沙井村上学，没去过别处。

问：毕业后干什么？

答：干农活。

【回忆抗战】

问：抗日战争时的事你还记得吗？

答：我那时还小，我念书时才 9～12 岁，记得我那时候还学过日语。

问：谁教你们？

答：老师教我们。

问：你记得那时候有日本人来调查过吗？

答：有过，叫山本。我们念书时，他光做游戏，搞运动会，把眼睛捂上，让你摸；两个人把腿绑在一起走、跑，谁跑到前边就给笔和本子。

问：山本来学校几次？

答：经常来。我记得张瑞那里有一张小学时的照片，是山本给照的。

问：见过其他日本人吗？

答：其他日本人都在县城，是日本兵，没见过，山本是工作人员。

【北平解放】

问：北京解放的情况你还记得吗？

答：我那时还小。

问：你怎么知道解放的？开会吗？你家住军队了吗？

答：没开会，我家也没住过军队。我记得当时就是交公粮，送劈柴。

问：国民党改编的有没有？

答：我们家没住，改编的村里可能有。

问：你记得他们住在谁家？

答：老人都没有了，年轻人也不清楚。记得可能住在张荣家，这个人也没有了。

问：当时改编的住咱村多吗？你和他们说过话没有？

答：住的不多，我没说过话，因为那时我还小。

问：住了多长时间？

答：也就一个礼拜。

问：他们穿什么颜色的衣服？

答：穿绿色军装。

【土改与扫盲】

问：1949 年成立中华人民共和国时，村里有什么活动？

答：那时候就听广播，没有什么活动。

问：听什么广播？

答：对了，那时候还没有广播，就是听宣传，没有庆祝活动。

问：“土地改革”记得吗？

答：那时候就知道地主，富农把土地拿出来，别的我也不知道。

问：你家是什么成分？分到土地没有？

答：我家是贫农，没分土地，因为哥俩有 10 几亩地够了。当时父母早已去世，大哥也去世了，剩下大嫂和一个侄子，加上我们两口，二哥两口，共 6 口人。

问：你们村是怎么扫盲的？

答：把不识字的人都集中起来，一起学习。当时我教过他们拼音，那时候不识字的人比较多，我教时有 40～50 人学习。

问：男女都有吗？

答：都有，女的多，男的占 1/3。

问：教什么书？

答：那时也没什么书，就是县教育局编的拼音字母。

问：学了多长时间？学完后能读报吗？

答：学了好几年。有的能读报。

问：你哥哥参军了，你参过军吗？

答：我没参军，一直在家。

【互助组】

问：互助组时，你和谁一个组？

答：我和张廷福、张坤、张麟如、杨升一个组，我哥哥也和我们在一起。

问：为什么你们5户在一个组？

答：有的有牲畜，有的有农具，这几户都能合得来。

问：你们这几户经济条件怎么样？

答：都差不多。

问：你们怎样互相帮忙？

答：也就是在一起种地、秋收、管理。

问：互助组以后，生产情况怎么样？

答：互助组以后，牲畜不用发愁了，生产自然也就提高了。

问：你们这5户有多少牲口？

答：有两头驴，一辆车，有一些农具。互助组时间不长，就建立初级社了。

【初级社与高级社】

问：你们这个初级社有几家？

答：我们这个初级社有十几户，社长是李祥林。后来又成立了第二个社，他们这个社是比我们富裕点的户，都是中农以上的户，社长是杜作新，他们社有20多户。

问：还有其他社吗？

答：没有，就这两个社，有些户没有参加。

问:初级社持续多长时间？

答：有两年吧。

问：两个初级社，哪个社生产搞得好？

答：两个社都差不多。按条件来说，他们那个社比我们这个社条件好，他们社牲畜多，这边牲畜少，比较困难点。

问：初级社时,地这一块那一块,分开种吗？

答：分开种。

问：初级社时，你哥哥还在部队吗？

答：在部队。

问：什么时候成立的高级社？

答：就是我哥哥从朝鲜回来时，他当过副社长，哪年我记不清了。

问：你哥哥是副社长，社长是谁？

答：社长是冼长海。

问：这个村的人都参加高级社了吗？

答：都参加了。

问：都是自愿参加的吗？

答：实行机械化了，都自愿参加。

问：成立高级社时，农具、牲畜是不是给折价？

答：初级社时就折价了。

问：初级社没折价时，如果分红，有农具牲畜的和没有的，分红不一样吧？

答：可能是那样，我记不清是初级社还是高级社，我记得是折价了。

问：你入初级社也好，高级社也好，都有些什么农具？

答：那时我没有牲畜，也没车，摊的钱。

问：你哪时哪来的钱？

答：我没往外拿钱，就是我没有生产基金了。

问：就你一户什么也没有？

答：其他户也有没有的。

【村干部】

问：你在村里当过干部吗？

答：当过生产队长，生产大队长。

问：哪年当队长？

答：我记不清，就是修水库那年。

问：干了几年大队长？

答：干了四、五年，是在“文革”时当大队长的。

问：在你之前是谁？

答：在我之前，没有大队长。

问：你哪年当小队长？

答：高级社时，我当生产小队长，我哥哥当副社长。

问：那时候一个大队分几个小队？

答：分3个小队，我是一队，还有二队、三队。

问：二队、三队队长是谁？

答：二队是杨福，三队是杨明。

问：什么时候改成两个队？

答：我记不清，脑子不好。

问：三个队持续多长时间？

答：有3年。

问：后来分成两个队，怎么分的？

答：把三队取消了，往一队、二队中分，根据户住的地方分。

问：这两个队谁是队长？

答：一队长我和张麟云，二队长杨福和杜忠。

问：干了多少年？“大跃进”时你当队长吗？

答：当队长，我一直干到改革换年轻的时，才不当队长了。

问：困难时期你当什么干部？

答：当队长。

问：副队长是谁？

答：我记不清，不是张麟云就是杜忠。

问：你觉得大队长和小队长哪个难干？

答：那时候都难干，生产队长最难干。

问：大队长管的面宽，为什么生产队长倒难干了？

答：生产队长每天和群众接近，大队长跟群众仅仅是传达指示，大队长有事可以找生产队长。

问：你直接接触群众有没有什么摩擦？

答：有啊！比方分配活时，有脏活、干净活；有轻活、也有重活，就有矛盾了。

问：遇到这种情况怎么处理？

答：今天你干轻活，明天你干重活，就这样处理。

问：具体说，生产队的脏活、难干活都有什么活？

答：主要是养猪、起猪圈。

问：还有什么难干的活？

答：比方用牛耕地，妇女得牵牛去，有时妇女怕牛不愿去，不愿去也得去，这样的话比较难干。

问：生产队最累、最重的活是什么？

答：锄地最累，起猪圈又累又脏，只有年轻的男的干，割麦子也累。

问：你干什么活最难？

答：队长什么活都得干，别人干什么，队长就得跟着干。

问：当了那么多年队长，你愿意干吗？

答：大伙选你，不愿干也得干，都是投票选举不干不行。

问：每年都选吗？

答：每年一次。

问：怎么选举法？提候选人吗？

答：投票选。大家都写票，不会写就找别人帮着写，不提候选人。

问：大家在一起商量吗？

答：不商量，开会就发票。因为到年底收割完必须得选。

问：第一次就选你吗？

答：根据选票，谁多选谁。

问：每次有多少个人参加选举？

答：两个队得有70~80口人。

问：你有多少选票？

答：每次都是多半以上。

问：你不超过半数，选不上怎么办？

答：社里来人工作。

问：你什么时候入的党？

答：1955年入党。

问：你怎么入的党？

答：我那时候是第一任团支部书记。

问：你当团支部书记时，谁当党支部书记？

答：党支部书记是李祥林。

问：谁是你的入党介绍人？

答：李祥林和乡长杜志山介绍我入党的。

问：李祥林什么时候不当书记的？是你哥哥回来时吗？

答：我哥哥当书记；他就不当了，因为他岁数大了。

问：你当队长一直到1966年？

答：对。

问：一队和二队，哪个队生产好？

答：一队生产好，比二队产量高点。他们吃粮比我们低点，因为他们产量低。

问：一队人多，还是二队人多？

答：一队人多点。

问：地哪个队多？

答：地一样多，我们的产量比他们多几千斤。

问：为什么你们的产量比他们高呢？

答：因为那时我对科学种田较有认识，密植方面……（录音不清）也都来找我。

问：1973年你不干生产队长，换了张树德，你是不是到大队当队长了？

答：我去大队当队长时，生产队长有李秀琴、李秀忠、张麟云，都干过正队长，也干过副队长。

问：张树德干了几年生产队长？那时你干什么呢？

答：他干了两年生产队长，那时我上大队了。

问：张树德来是因为一队队长不想干了，是吗？他来之前口粮低点，他来以后贷款了吗？

答：他当队长时，我在大队，还管过一段畜牧业，养猪。

问：张树德当两年队长以后不干了，是你当队长吗？

答：不是，是张麟云、李秀琴、吴忠海当一队队长。成立革委会时我上大队，一直在大队当队长。

问：以后没当生产队长？

答：没有，后来我就去管畜牧业，养猪了。

问：那时不当大队长，换年轻的了？

答：不当了，换吴忠海了。

问：你哥哥当过大队长吗？

答：他没有。

【畜牧业】

问：你为什么要搞畜牧业？

答：国家有任务，每年交国家多少头猪。

问：当时主要是养猪吗？

答：就养猪。牛、马由生产队管。

问：养的猪都卖吗？

答：那时生产队3人合一头母猪，一窝猪产几个小猪，就交给国家多少。

问：是生产队养猪，还是大队养猪？

答：都养猪，大队是大队的，小队是小队的。

问：一共有几个猪场？

答：3个猪场，大队1个，两个生产队各1个。一队猪场，就在前边盖房子的那个地方，二队猪场也盖房子了。

问：你在大队吗？

答：大队小队都管，负责整个养猪事业。

问：大队有多少头？

答：大队有50～60头母猪，生产队各有20多头母猪。

问：大队有几个人管理？

答：每个猪场两个人。

问：50头两个人管，20头也两个人管，不合理吧？

答：我说的都是母猪，还有肥猪，生产队肥猪多，实际都差不多。

问：大队有肥猪吗？

答：大队没有肥猪，都是母猪。

问：养猪收益怎么样？

答：不怎么样，因为产殖率少，吃粮多。

问：别的地方养猪赔本吗？

答：也有地方赔本。那时候管理上没有现在好，现在设备好，饲料好，那时喂树叶子。

问：后来怎么样？

答：后来就都不养了，生产队也解体了。

问："文革"时李景春当过一段书记，那时还有畜牧业吗？

答：有，就是他当书记时我管畜牧业，是他安排我去的。

问：张玉江管过畜牧业吗？

答：管过，他在解体前当过一年或两年大队长。

问：你什么时候不干的？

答：他是大队长,兼管畜牧业,我就不干了。

【跑运输】

问：后来你干什么？

答：我回生产队搞运输，赶大车；农闲时，牛也有，马也有，是胶皮大车。

问：都运什么？

答：运砖、运煤。

问：你搞运输是自己的吗？

答：是生产队的。

问：二队搞吗？

答：二队也搞。

问：往哪运？

答：就在县火车站，哪用就给哪运，也给建筑部门运料。

问：收益怎么样？

答：一辆车大体上每天能收20元钱，不交钱，由会计去算账。

问：一块儿去的都是一个队的吗？给你什么报酬？

答：都是一个队的，每天给点补助。

问：比方说你一天挣30元，是不是给生产队20元，给你10元？

答：是按5%给个人。

问：牲畜、饲料是不是由生产队出？

答：是由生产队出。

问：你是不是就靠这个补助？

答：我没有补助，补助是给赶车的，我不赶车，是给他们找活。

问：通过搞运输，生产队受益不少吧？

答：对，收益不少。

问：一队有几辆车？

答：有4辆车。

问：除了运输以外，还有什么副业？

答：没有。

【搞承包】

问：搞承包吗？

答：那时没有承包。成立农场才有承包。

问：是不是把地分下去，就承包了？

答：分了三四年，就承包了。

问：你分了多少地？

答：分了六七亩地。

问：种什么？

答：种玉米、小麦。

问：与生产队相比，收成怎么样？

答：我感觉差不多，个人收成也没计算过。

问：你感到生产队和个人生产责任制，怎么好呢？

答：还是大伙一块儿干好。

问：人民公社好，还是现在农场好呢？

答：公社是大锅饭，农场是归个人，现在是机械化，化肥多，现在产量很高，那时到不了。

【开小卖部】

问：你现在干什么？

答：我开了个小卖部，就在前面，姑娘自己管理。

问：谁给她投的资？

答：我给她投的资，那时花了2000元。

问：开了几年了？

答：刚两年，收入还可以，她是残废人，一天能收多少钱，没计算过，连本钱在内，一天能卖 200 元。

问：从什么地方进货？

答：从县城进货。

问：你去帮忙吗？

答：她体格不好，我去帮帮忙。

问：谁给她运货。

答：她自己运货，有时我帮着蹬三轮，不是每天都进，有时隔一、两天。

问：你们村有几个这样的店？是不是上边批准？

答：有 3 个，都是经上边批准的。

问：怎么才算批准？

答：有营业执照、卫生执照、税务登记，三个牌子都挂在外边。

问：怎样交税？

答：工商税每月 40 元，税务 60 元，合起来 100 元。残废人应免交，我们也交了。

问：村里还有人想开吗？

答：没听说。

问：村里给投资吗？

答：不给。

问：你们给村里钱吗？

答：不给。

问：还打算扩大吗？

答：没有资金，怎么扩大？我们这个店，地点不错，前边是批发市场，村里人买油、盐、酱、醋都很方便。

问：市场是县里建的吗？

答：是县里建的。

【村里的发展】

问：对村里的发展，您有什么看法？要求有什么改变？

答：村里都挺好，都有活干，干部也都年轻，要改变主要是多搞副业。

问：发展什么样的副业好呢？

答：发展大厂子比较合适，销路很重要。

问：村里办公楼很漂亮，你们是什么看法？

答：村里经常和外商联系，没有个好楼不行。

问：和你哥经常交谈吗？

答：没有时间和他谈，我得帮姑娘取货。

刘振海（沙井村支部书记）

时　　间：1994 年 8 月 22 日上午

访 问 者：顾　琳　张利民

访问场所：沙井村村办公室

【村劳动力就业状况】

问：你是书记，有很多人想访问你，我们抢在头里了，是第一个。我们有很多课题，有搞教育的，搞妇女问题的，搞乡、镇企业的，有搞村、镇经济的，各有不同的题目，所以访问你的也不一样。你是书记大家都想访问，你比较忙。

我们想了解农村经济，你们村的发展从开始到现在的情况。你已介绍了基本情况，我们还想了解具体的。

现在 50 个人在工厂工作，搞农业的几个人？

答：搞农业的 8 个人，原来 11 个人，现在地少了。

问：8 个人搞农业，另外的都是？

答：另外的人搞其他的，干什么的都有，有在村镇企业的，有在镇县企业的，也有自己经商的。这地方没有待业的，基本上都有工作。

问：是你派他们的工作吗？

答：不是派，人还可以流动，哪儿钱多，就可以到哪儿去，随便。

问：户口还在村吗？

答：户口在这儿，在村。

问：过去村里有整劳力，现在还有吗？

答：现在估个数吧。

问：600 人中有多少整劳力？有 1/3 吗？

答：有 1/3 人，还有小孩、老人。

问：妇女算整劳力吗？

答：50 以下 18 岁以上的妇女也算整劳力，1/3 强点。

【外来劳动力工作生活状况、临时户口】

问：也有外地人在这里吗？

答：外地人可多啦。

问：是临时户口吗？

答：有户口啊。

问：有多少？

答：这里有个木材批发市场，还有其他企业，外地来的有 200 多个人。

问：他们是向农民借的房子？

答：哪儿的都有，河南省、河北省、承德市。户口也控制着。掌握着这些情况，牵涉好多政策性的东西，大队也得抓计划生育这块，临时户口这块事非常多，治安、办暂住证。

问：临时户口都是镇之外，村之外，包括外县的人吧？

答：外县的、外省的人多。在这儿打工的有在建筑行业的，也有做买卖的。

问：做买卖的住在这儿？

答：住在这儿。

问：不在村里吗？

答：在马路上摆摊算村里的。

问：村办的企业，也有外地人工作吗？

答：有。涂料厂就有外地人工作，1990 年刚投产的。

问：他一个人来的，还是一家人来？

答：有一个人来的，也有一家人来的。如做买卖的，一家人就来了。

问：一个人来的多半是男的吗？

答：男的。

问：你们过一段就统计吗？

答：对。这是一项制度，该怎么管理，宣传的形式主要是广播，入户的有专人管理。

问：住在村里各家的吗？

答：对。

问：他们的活动范围有多大？在村办企业，在马路上摆摊，建筑行业呢？

答：建筑行业没有固定的地方，有可能去城里，去外村。

问：有到外省的吗？

答：没有。最远的到县。

问：他们怎么住房？怎么来这个村的？

答：租房。他们是互相介绍来的。来了一个又介绍其他人。同乡关系多，如河南省的、四川省的、承德市的，只一个人的很少。

问：1990 年我们来考察时没这么多吧？

答：没有。有也很少，一两个人。

问：什么时候多起来？

答：近两年。尤其是去年，顺义县政府从西街搬过来了，修了一条马路，迁出了两户，建立了两个市场，人就多了。

问：他们住在这里与本村人交往多不多？

答：不多。

问：他们算这村的人吗？

答：不算，但管理与本村人一样，享受本村人的待遇，如吃水、用电、卫生，住在这里垃圾不许随便倒。我们找他们收水电费。本村人吃水不要钱，外地人就得要钱。

问：另外向他们收什么费呀？

答：别的费用不收啦。这个村比较富裕了，房子多，住不了租出去，生活也提高了，一间房一个月 40 元、50 元。都是砖房，一个月 50 元，一年 600 元，收入不就高了吗，村民都愿租出去。老百姓看出这个苗头来了，他们想办法还盖房，专门出租，在他自己院里盖，咱也不能管，增加收入啦。

【道路建设、居民迁移】

问：这村有两个市场？

答：石门大队一个，我们村一个。

问：石门好像与这村连在一起了？

答：对，那不是马路吗，马路北边是石门，那边也有我们村 20 户，马路以北有我 20 多户。

问：修马路的时候他们也迁了吗？

答：迁了 20 多户，给了 300 元钱，大队提供点方便盖了点房。

问：拆了多少户？

答：拆了 14 户。拆房的 14 户，拆墙的不算。

问：顺义县政府给搬迁费？

答：对，搬迁费，共 20 多万元，根据房的质量论价。

问：顺义县政府花了 20 多万元？

答：镇政府花了 20 多万元。

问：村里赞助了吗？

答：村里给地，还有青苗费，水电都是村里投资办的。

问：他们搬到哪里啦？

答：村东边，占用的耕地。

问：共用了多少亩地？

答：20 多亩。

问：你们村北边也有吗？

答：马路北 20 户。马路两边都有。

问：这个对你们村有没有不方便呀？

答：没有。

【蔬菜、木材市场】

问：批发市场有一个是石门的，有一个是你们的？

答：对，道那边是石门的，道这边是我们的。市场在道路两侧。两个市场，木材是我们的，蔬菜是石门的。县里规划一个木材，一个钢材，放在我这里。钢材还没开业。

问：是什么时候开始的？

答：去年计划，我们拿出 40 亩地办市场，是木材场。原来在村东，因为属于规划之外的，所以从去年开始把市场挪到东面了。

问：用了多少土地？

答：120 ~ 130 亩。

问：是村办的市场吗？

答：租赁的方式。地权是这个村的，管理是顺义县工商所管，他给我租地费。本来我想搞，收入高哇！我打了几次报告，他们不同意。

问：是你租给他们土地？多少钱？

答：对。一亩一年 1500 元。我原来想自己搞，肯定赚钱，自己的地，盖上房子。

问：现在有房吗？

答：有。工商盖的，好像又出了个村一样。四周都垒起来了，里边 40 多家，我们提供的水、电。

问：收费吗？

答：收费。

问：本村的在那里工作优惠吗？

答：优惠，不过我们村的人不多，大部分是南方的，都是福建省人。

问：木材是从南边运来的？

答：也有南方的，也有北方的，他们都是大款。村里只有一户，叫张远佑。

问：他也在那里经商吗？

答：是。收入还可以。

问：他还住在这里吗？

答：住在这里，他家里有房。他也雇工，雇从南方来的，雇三两个人。当地的人不雇，他雇人给他看木头板子。

问：真正的老板不住在这儿？

答：也住在这里，主要是经营者住。他们好多带家属来。

【耕地减少】

问：木材市场用地 120 亩，迁房地 20 亩左右。减少共 300 亩，其他的土地呢？

答：原来村东 46 亩，现在不能种了，盖房子用啦。

问：是耕地吗？

答：原来是耕地，现在不能用了，空着。

问：是顺义县规划的地吗？

答：是。我们村是顺义县城规划村。地还属我们。

问：现在你不管啦？

答：管呀，不管谁占用，都属我村的，种农作物不行啦！

问：还有 200 亩呢？

答：有工厂占地。

问：是村办工厂占用吗？

答：有村占的，也有顺义县占的。县里占地不算耕地指标，实际也没有那么多耕地了。

问：这村的耕地还是 600 亩吗？

答：还是 600 亩的耕地指标。北京市有个政策可能给减一点，还没有批下来。耕地指标不变，公粮照交。

【农业生产税】

问：那粮食不够怎么办？

答：差不多，我们打 18 万斤麦子，交 4 万多斤。粮食价格一放开，农民都自己买农场的粮食，谁吃谁买。

问：农场完全是市场经济？

答：对。价格与市场一样。

问：公粮不算吗？

答：公粮有，夏粮 4 万多斤，这是 1994 年的数。

问：征购的粮食大概合多少钱？

答：农业税钱多。粮食没有市场价格那么高，不是议价的，每斤比市场价格低四五分钱，这是公粮。农业税交五六千元，比去年高，具体数字我不清楚。

问：国家征收的税，公粮，加上水利、教育。村里管还是农场管？

答：村里管，都按人头摊。农场管农业税，粮食上交。其他的如教育费、水利费等大队里管。

问：大队专门有管统计的？

答：有。

问：大队会计叫什么名字？

答：杨艳玲。

【农业管理、村干部】

问：大队管理方面，农业税和公粮不管，工业部门分给你们管？

答：农业也管，但具体的农场管。现在种什么，上边抓关键人物，还是书记，说该怎么着啦！上边找我们，我再找场长。

问：现在的管理是建议性的还是指令性的？

答：还有点指令性，必须种多少亩小麦，上边有指示。玉米不好卖，现在人不吃玉米。玉米主要是猪饲料，卖不上价钱去，所以顺义县里希望多种麦子。可是小麦产量低，还有个粮食产量问题，一茬麦子打得少很多了，上边也不干。

【都市化农业】

问：这是北京地区的？

答：顺义县里的事。还是一个粮食产量的问题，粮食没人种了，怎么办？

问：还有园田吗？

答：没有，吃菜靠买。有的人在院里种菜，村里有几家种菜园子，大部分没有。第一次你们来时还有呢，现在基本上没有了。都是买菜吃。

问：粮食也买？

答：对。

问：有人养牲口和猪吗？

答：没有。牲畜一头也没有，前两年有的还养点猪，现在也没人养了。

问：有人养鸡吗？

答：养鸡的也是少数了，基本上没有，城市化了。现在有狗。现在猪肉紧张。这地方养猪的没有了，地多的地方还养，这里院子小没办法养。一个院子才二分半地，包括住宅，房子也小，15×11 米。

问：老房子大一点吗？

答：老房大，人的观念变了，都想大一点。村里控制用地。

【村财政负担】

问：耕地面积减少了，公粮一直没减？

答：没有。也统计过，但没减。我 1983 年回来的，到现在没减过，已 10 年了。

问：对村里不也是个负担吗？

答：也算负担。

问：农业税公粮按亩收？

答：农业税绝对按亩。

问：水利也按亩？

答：水利按人。

问：其他按人吧？

答：教育基金、水利基金、卫生保健都按人。

问：有抚恤金吗？

答：没有。有个一人一元的保险。

问：农业有保险吗？

答：有。乡里统一搞，按土地保险，农场给。

问：村管的加上税、加上费用，还有别的吗？不算工业企业。

答：没有啦。

问：河工有吗？

答：有，根据情况，潮白河、碱河防洪。不是年年有。

问：这与水利基金不是一回事？

答：不是一回事。水利基金从农民手中也收不上来，都是村里交。

问：河工也村里出？

答：村里出。有时候工程量不大，人不够雇点人，还有大队人干，大队干部全干活。上次修庙都是大队的人去的。

问：有机器吗？

答：没有。有铲车，修潮白河，沙子多。农场有铲车，所有权是大队的。

问：有义务工吗？

答：河工算义务吧！

问：河工给钱吗？

答：分配的任务，没人的出钱。分土方，如全村 700 人，分给多少土方，大队派人去挖，实际上大队干部管理人员去挖，还不够时花钱雇人。有时情况也变，如今年，乡里还补点，过去不补。

问：真正不给钱的义务工没有吧？

答：没有。这个乡还算经济比较发达的乡。

【本村与其他村比较】

问：这村在乡里属于什么水平？

答：中上等，不算最好的。最好的人均收入 2000 多元。

问：最低的能收入 1000 元吗？

答：有。也没有很低的。

问：这个乡（镇）在顺义县里属高的？

答：最高的。是全国百颗星之一，明星镇。

问：是镇吗？

答：顺义镇。它在顺义县里是最好的。它离县城近，原来这个乡比较大，叫城关乡。

问：这个村离镇多远？

答：二里路，在县边上。县再发展就没有了，肯定是城市。

问：这个村都是农业人口？

答：对。

【村财政支出】

问：村里各项支出知道了，收入是怎么来的？

答：各企业交钱。

问：一年交多少？

答：40 多万元。

问：村里就靠这 40 万元开支？

答：对。不算富裕。

问：你们怎么用呀？

答：这不是逐渐建设吗！干什么事情都得用钱，投资比较大。你们看到了，这楼房是去年盖的，幼儿园也是。收上来不都花了，还得用着，幼儿园开支特别大。

问：你们贷款吗？

答：没贷款，用村里的钱，盖这个。我们的干部付出了很大代价。

问：大队干部多少人？

答：全部算上 18 个人。包括幼儿园、治安人员、会计、保管。

问：都拿工资吗？

答：是。

问：一年要多少钱的工资？

答：五六万元。还有对外的应酬费，一年一两万元。

问：应酬费一年多少钱？

答：1 ~ 2 万元。像我这楼在乡里算一流的。

问：我们看了，不如这一间房子好啊。

答：都一样。空调装了两个屋。

【村办公楼建设】

问：干部每天都工作？

答：每天都到这里来，必须的。我这房省了好多钱，这房现在没有 50 万元盖不下来。我们用了三四十万元。因为大队干部在里边干了很多活。都是村长开着车，我坐车引路到外地采购去，拉壁纸一捆 16 元，我们这里市场一捆 26 元，一捆就省 10 元。从天津四塑拉来的，这陶瓷是从唐山拉来的，这就省了，连电器都是我们这几个人安装的。我这房子省钱啦，如要大包工，包给建筑队，钱就花多啦，我这个班子还是可以，一般的活都是自己干。

【村设备、财产、人工费】

问：大队有多少部车？

答：一辆桑塔纳，一辆 212，一辆加长三菱。一辆上海桑塔纳车价 20 万，连上牌。212 北京吉普 5 万元，三菱货车 4 万元。

问：车是什么时间买的？

答：最近这几年买的。桑塔纳去年买的，212 是今年买的。

问：212 吉普现在还出这样的？

答：这种车适合农村用，检查生产，下雨很大时别的车就出不去了，不全都是马路呀，也用它。

问：这是大队的车，不包括工厂？

答：对，大队的车。工厂自己有车，农场没有。

问：除幼儿园以外，用于办教育的钱多少？

答：幼儿园二三万元，退休老人这块一万元。

问：他们退休后就彻底不干活了吗？

答：不一定。干活也给。

问：一人工资多少？

答：一般的每月 15 元。基数不能太高，随着经济发展，逐步提高。太高了，没钱啦，就给不起了，必须保证给他们，取信于民。每月 15 元，有很多还能干活呢，比原来的钱挣得还多。退休后有劳动能力的都干，有的 60 多岁还棒着呢，巡逻的人就赚一部分钱。

问：巡逻的算大队的人？

答：是。发工资。

【计划生育预算】

问：大队支出的还有吗？

答：计划生育也得几万元，一是独生子女费，每人每月 5 元，一年 60 元；二是做绝育手术需要部分钱；另外还有独生子女父母养老保险，也有一部分钱。这是为了解决村民的后顾之忧，所以从 1990 年至今计划外生育一个没有。

问：第一个生了女孩，隔几年不允许生第二胎吗？

答：这里不行，只能生一个。一是宣传《北京市计划生育条例》，二是有专职干部做工作，三是落实各项计划生育政策，就是靠这些。三无政策：无计划外生育，无二胎，无大月份的流产（怀孕六七个月的）。这几年已落实了三无政策。上边抓的也紧，1989 年罚了一万多元，超生一个孩子罚五千。生了五个，少报了二个，罚了一万五千元。这是罚大队。

问：现在有吗？

答：现在没有。

问：这钱全部由大队出？

答：对。另外还考核干部，考核书记，村里有计划外的扣书记的钱。扣我的，我工资基数高。所以扣得就多了。抓这项工作的也扣，都受影响。

问：你们定期检查吗？

答：每季度检查一次，村里有专门干计划生育的人。

问：有专职医生吗？

答：上边发下的药，再发下去。孕检的时候也发给点东西。

问：发什么？

答：发毛巾，不然他不来。

问：你这是城市化的管理，因为离城近。

答：上边要求对流动人口像旅店式的管理。人来了先办暂住证，登记好，走时再退。现在还不太完善，正朝着这个方向做。

【临时户口的管理】

问：临时户口也报吗？

答：报，报镇派出所。我这里签字盖章，给他发暂住证。这是对外来的人。外来人有好几百。

【村公积金】

问：为了下一步大规模的建设，你们要攒钱吗？也就是公积金留成。

答：现在还不多，正在发展，还没有比例。这个村办公的地方条件有了，老年人退休有了，村政建设像马路、路灯、自来水基本上都解决了。还有幼儿园，再发展就是科、工、贸一体化，目的是为了发展经济。再有钱就是盖楼，通上水、电，我们将来向这方面发展。现在老百姓都烧煤气，没有柴火，秸秆还田啦！小麦秆和玉米秆都打碎烧了放在地里。房子问题，我要有 100 万元就盖起来了。

【建筑计划】

问：盖房子，农民的房都拆呀？

答：不拆，先在别处盖，盖好后再拆迁。盖好后给厂里一部分，他们得给我钱呀，我拿着钱就好办了。我算了一下，现在要建起来，连室内设施，每平方米 800 ~ 900 元，卖 1400 ~ 1500 元，一座房就弄百八十万元。有这钱就好办了。我想的是这个路子。

问：现在大队积累有三四十万？

答：不敢动呀！这远远不够哇！

问：也不想贷款？

答：不贷款。想弄点自有资金。

问：这种情况贷款，信用社给吗？

答：我不想再贷款，也不一定给。这里有个复兴村（音），跟台湾联合，拆迁盖房，然后卖。他们办的早。

问：从大款中集资，借他们点钱？

答：我们与房产公司不同，房产公司得买地，地皮贵，他再卖房不更贵吗？我这不用买地，我有地皮。我考虑过房子改造。农村肯定向这方向发展，因为接近城市。通县有几个村搞过，我这是设想。

问：村里还有什么大项目支出？有没有摊派？

答：摊派没有。

问：水利、教育有摊吗？

答：教育有。

问：一年平均多少？

答：3万元。大队负担。

问：征你们的地给钱了吗？

答：不给钱，顺义县里公家的不给钱，顺义县哪来的钱呀！凡是公家的都不给钱，私人的给钱。修路也不给钱，因为修路给你这地区的经济带来发展啦。

【村、县的联营企业·利害关系】

问：你们办的第一个企业就是服装厂吗？

答：对。

问：还是与县联合的吧？

答：对，还是联合的。在顺义县里建立了服装公司。

问：你们有股份什么的？

答：他一年给我多少钱。

问：村里投一部分资？

答：对。他们占大部分。

问：原来村投资多少？

答：40万元。他们也投资40多元。

问：现在多大规模？

答：500多人。原来两个厂放在一起才100多人。

问：是什么时候？

答：联合以后慢慢发展起来了。你们1990年来的时候还不行呢。1991～1992年以后发展起来的。办公楼、车间都是新建的。你们来的那年还在小平房里，现在有办公楼。

问：现在固定资金多少？

答：几百万元。厂房、机器在内。

问：你们跟他们怎么结算？

答：他们每年给我们几万元钱。

问：也没细分？

答：没细分，总的给4万元。当初可能是1990年搞的协议。

问：现在收入增加了给这么多，以前也是这样吗？

答：对，没有变。当时还没发展这么大呀！就近3年发展得快，咱怎么好意思要求增加呀！合同定的是3年的，合同规定给我们4万，按合同办，不能因物价变，就变合同。

问：当时给的4万元能占利润的50%吗？

答：占不到。当时刚起步，也在发展。

问：一年20万元的利润有吗？

答：最多20万元。

问：现在多少？

答：咱们没人，估计不到。当时有合同，赔了也得给我们4万元，现在赚得多了，不能要求增加。

问：合同什么时候到期？

答：3年。1991年订的，明年到期。他有他的想法，他们想把我们的投资买过去，我没有上新的项目，也不要卖。如果我们有新的项目，原来的投资可以卖，因需要钱。没有项目我不愿卖，不然哪里来几万元呀！

问：土地是你们的？

答：有一部分是我们的，其他他们都买了。因为他们不买地不敢建厂，不敢投资。他们怕一翻脸，地全部是我的，他们必然要把地买过去，买过去才敢建呀！

问：你们也不愿卖呀？

答：这不一样，如果他们不买地，等于纯投资者，这边连地带投资一年给4万元。买了地情况就不同了。

问：现在他们能赚200万元？

答：没有200万元、300万元。这个数我不清楚。

问：每年结算他们报告你们吗？

答：不报告。协议没有，我们人没有参加。

问：你是股东呀？

答：不参加人，不行，必须参加人。现在的合资企业外方也来人，得掌握情况。我们现在不掌握情况，人家500万元的利润，告诉你150万元。你掌握不了。还有一个情况，顺义县是上级单位，就像爸爸跟儿子似的，爸爸需要我给啦，儿子就得给，你跟他怎么讲理！我们当时与他联合时，背景是原来这儿的党委书记当了县的副县长啦，找我，乡里的书记是我的上级，当副县长了，找我要求跟我们联合办厂，我只好同意，你说县里能吃亏吗?！明知道咱们吃亏，可谁也不找他，没办法，认也得认，不认也得认。有个人情问题。

问：你们村有多少人在那里工作？

答：有20～30个人。

问：顺义县和你们办的企业只有一个？

答：就这一个。

问：与镇联合的有吗？

答：没有。

问：生产的东西出口吗？

答：出口。什么都做，全出口。

刘振海（第二次访谈）

时　　间：1994年8月22日下午

【村经济顾问委员会】

问：请的不是本地人，是外地人吗？

答：有本地人。

问：他们做什么？

答：什么人才都有。有搞自动化研究的，有搞化工的，有搞仪表的，有搞机械的，各种人才都有。其中有一部分人已退休了，也有没退休的。

问：到你们工厂吗？

答：对。

问：他们按期来吗？或半年什么的。

答：按期来。星期日，休息时间。

问：具体指导吗？

答：对。开始筹建，基本有眉目了，人多。本来这星期日召集他们来，见见面，因为他们不是来自一个方面，想讲讲对他们的政策、想法。

问：他们来到你们工厂……

答：他们是退休的，只给我们提供信息，提供情况，让他们在这里踏踏实实地干点事。退休就没事了，他们到这里，我们给他们提供点条件，如住房、办公条件，提供点资金。

问：这是他们……

答：我给他们提供，让他们搞点新的项目研究。

问：这就是你今天说的那个科技中心？

答：对。

问：那是什么时候开始的？

答：现在刚有个眉目，基本筹划完毕。人员构成、用多少资金、营业执照，基本上成功了。

问：现在共几个人？

答：9个人。

问：本村人有吗？

答：有本村人，有一位50年代的老牌大学生，他是这个村的。

问：叫什么名字？

答：杨国良。

问：他什么专业毕业？

答：自动化专业。他原来在湖南仪表厂工作，他退休了。农村这块，人才少，没有文化。我考虑要想发展没有人才不行，所以想把他先请来，以后再扩大。

问：他现在哪里？

答：他的家属都在南方，他马上就要退下来。在他退之前我们就与他联系过，讨论过村里今后如何发展的问题。

问：他现在还没来吗？

答：他正在休息，在北京开会，到家里来了。

问：他来之后搞什么项目？

答：他来之后我们想办投资少、见效快的项目。逐渐发展，想法是这样的。

问：他的父亲叫什么？

答：他父亲叫杨印深，他爷爷叫杨深，死的比较早。

问：他家里还有谁吗？

答：他母亲还在。刚谈到科技中心的问题。

问：他们 9 个人，一个是本村人，大学毕业的。

答：他正在办退休，还没退下来。他是搞自动化的，湖南仪表厂技术处处长。今年年底要退下来。我们考虑村的企业要向深层发展，从管理方面看没有人才不好办。

问：另外 8 个人都是本村人吗？

答：哪里的人都有。

问：请介绍一下他们的名字。

答：有北京市人，也有顺义县的。

问：他们都是什么专业？

答：都是有专业的，都是 50 ~ 60 岁的人。都是 50 年代毕业的。现在刚开始还形不成什么气候呢，我想慢慢会有个发展。我这里给他们提供点条件，办公条件，生活条件，再提供点资金。

问：另外 8 个人是怎么联系的？

答：都是通过同学之间的联系。

问：都是通过他？

答：对。

问：他们合起来共同办新的项目？

答：对。本来想这个星期天召他们开个会，谈谈我们的想法、政策，将来的打算。你们过来了咱们有事，所以推到下星期，到我这里来，全集中。这些人退休后愿意干点事，不只是为挣钱，也想给社会干点事。他们还不算老，我估计明年得有点发展，见点成效。

【村营企业、配件工厂】

问：服装厂是第一个，第二个是什么？

答：第二个是配件厂。

问：这是什么时候开始的？

答：1989 年，1990 年你们来时刚刚开始。

问：也是联合办的吗？

答：联合办的，是个人与集体合办的。原来这个人不是这个村的人，是河东沙岭乡焦各庄村人。

问：1990 年听说这个厂是与北京联办？

答：对，跟北京北方汽车改装厂有业务联系，给北京加工汽车配件。

问：你们提供的场地？

答：我提供的厂房、场地。当时投资 30 万元，建筑方面就 30 万元。

问：你们有股吗？

答：是股份性的。我提供的厂房、场地，家具都是我办的，他只经营。相当于承包性质的，一年交我多少钱。

问：你们有协议吗？

答：有。我能要多少钱，不参加管理。一年给 6 万元、5 万元。

问：协议也是 3 年的？

答：一年一订。离村近，关系更密切，他来我给他提供住房、户口。他的户口转这里来啦，原来是那边的户口。我这是城区户口，是县城区，不是非农，发展趋势是非农。一般人不让进，进的人多的，是经济比较发达的地区。

问：本村人上班的多吗？

答：有，本村人有到那里上班的。

问：协议时有给本村人工作上的方便的条件吗？

答：有。根据需要，能用本村的人就用本村人。我们也要求这样，厂子是我们村的，有这种关系。但年轻人不愿在队办企业中干，愿在乡、县企业中干，名声好听点，工资不一定比这里高。

问：他们有多少工人？

答：20多人，不到30人。本村人有五六人。厂长的户口和原来厂的人的户口都到我这里来了。

问：他们与临时户口一样吗？

答：他们不是临时户口，他的户口已入这个地区了，是正式户口。

问：也把他们看做本村人吗？

答：一样对待，如退休的问题，一样对待。

【户籍制度、户口流动】

问：上边管户口吗？

答：管呀，派出所和乡政府管，咱们的户口派出所所长直接管。

问：进来多少这样的人？

答：20多口人。是来办企业的。

问：村里有统计吗？

答：有。都在村长那儿，村长管户口。上边批户口更难，咱们是管理户口。

问：临时户口与这类户口有什么界限？

答：入户的对这个村有贡献，没有贡献的不能入。

问：村委会研究吧？

答：研究，村委会商量。

问：进来的不少呀？

答：这村算少的，北边邻村进的多啦，一个村进好儿百人。石各庄比他村的人还多，他村才200人，进了400人。

问：县管吗？

答：管。他们进的人不一定都有贡献，有关系，石各庄那次进人是因为村里资金紧张，一个人拿多少钱给你进一个户口，搞过这么一年，那一次进了好几十人。如你拿10000元，5年不给利息，5年后钱还归自己，迁来了好多人。给利息的可以进几个人的户口，不给利息的可以给几个户口，这么搞了一年。

问：为什么到这儿来那么多人？

答：这地区经济发展呀，边远地区贫困。

问：来的都是什么人呀？

答：都有点门路，一般老百姓谁都不认识，也来不了。

问：都是北京地区的？

答：对。外地户口进不来，需要北京市批。来的人都是本县的，外省市来不了。不增加北京市的人口。边远地区光靠种地，没有企业，粮食价格再涨也不行。没有企业农民富不了。

问：乡里人往外跑的有吗？

答：不多。我看，北京地区的人都想当老板，当个头儿，不想垒墙去。真干活的都是外地人，建筑工人、打工的都是外地人，当头儿的都是本地人。会计、保管等管理人员都是本地人。吃苦的劲头比不了外地人，也比不了过去。

【临时户口与本村人的关系】

问：有临时户口的有与本村人结婚的吗？

答：不多。迁入本村户口的人有。当地小伙子不愁找对象，20多岁都找对象了，大点的姑娘不好找对象。小伙好找对象是因为本地姑娘找他们，边远地区的姑娘也想到这里来。另外，外地的也有到这里来的。本地姑娘不愿向外走，所以25岁的姑娘不好找对象。小伙子不愁找。有的姑娘结婚了，这里已没她的户口，也不愿走，姑爷到这里来住，条件这里比外地强。

问：她丈夫不算这村的人？

答：不算，但算是顺义县的人，河北省的人也有，少。

问：有与福建省人结婚的吗？

答：没有。临时户口的人流动性大，在这里住了二年挣钱不多，就又到别的地方去啦！所以与这村里人的关系不多。

问：他的家属在这里，小孩能不能上学？

答：幼儿园80多人，有他们一部分。也有左邻右舍的其他村的。

问：这村从1990年到现在增加多少人？

答：1990年500~600人。现在780多口人。外边入进来的起码在100人以上。迁出的不多。

【女性户口】

问：姑娘嫁出去没迁走的有多少人？

答：这部分人中有招女婿的，有嫁出去户口没办走的，还有居民户口的，在这个村已盖房了，我们给的房基地，没有详细统计这个数，反正不少。

问：实际在这村生活的人有2000人吗？

答：包括临时户口的有1100多人，有的姑娘结婚了，但她生活在这里，这部分人有100人。本村人780人，临时户口的几百人。

问：姑娘出嫁没走，生的小孩的户口也上在这里？

答：对，小孩随母亲。

【都市化倾向、村政管理】

问：管理城市化了吧？

答：对临时户口的管理我们专门有几个人，因为涉及治安。政策好了，人口流动带来一些不利因素，有一部分安分守己，在这里做工。也有不赚钱的，没有本领，又不爱劳动，有的就偷点，带来了社会的不安定。

问：你们的干部增加与这有关系吧？

答：原来没有18个人。幼儿园增加了，保卫人员原来1人，现在2人，计划生育2人，也增加了，原来1人。治安6人，增加了2人。他们不是专职，也有职业，退休的1个。电工增加了2人，原来1人。

问：这与流动人口有关？

答：对。到时候得检查户口，办临时户口证，摸情况。

问：临时户口的人与本村人有矛盾吗？

答：还没发现。他们做买卖一般遵守本地的纪律、制度。

问：外来人文化水平较高吗？

答：不一定，什么样的都有。

【配件工厂】

问：汽车配件。

答：汽车配件每年上交我6万元。一年一订，去年交5万元，今年6万元。刚开始时2万元、3万元，那时少。根据发展，一年一订，基本上能完成。不参加管理，承包给他了。有些事也同我商量，大事商量，如买设备、盖房，其他平时管理不参加。

问：这个厂有多少人？

答：不足30人。

问：一个厂每年有多少利润？

答：现在李厂长那里不行了，原来靠地，他不行了。

问：他生产什么？

答：汽车靠垫，加工，汽车所有的压件都归他。车门子，车棚子，用油压机压。原来车的底盘以上都在这里做。北方厂在这里。

问：北方厂做什么？

答：天坛面包。这是个福利厂，是北京市民政部的。

问：他现在也不好搞？

答：汽车行业也不好弄，档次上不去，现在给河南省洛阳市搞点农用车。从江苏省雇了点人，装配车。

问：这样的联系你也帮忙吗？

答：不用我。具体业务他们管，有的我也跟他们联系，赚了钱也有我的份嘛！除大事外我都不管。

问：财务向你们报账吗？

答：财务报账，我也要个数，要统计，不是根据数要钱，根据协议要钱，多少产值我不管，这样他们会实报。

问：收税不通过你们吗？

答：不通过，他们自己交。这几个厂子都是这个模式。

【村营企业、涂料工厂】

问：第三个厂子是？

答：涂料厂。这个厂跟配件厂的性质是一样的。他的人也不是当地的。

问：他是哪里人？

答：石各庄人。

问：叫什么名字？

答：靳茂桓。

问：他的户口也……？

答：也迁进来了。

问：他也是你们村办吗？

答：他动手比较早。他原来生产队这儿有点房，他在生产队这儿干。

问：个体？

答：集体。

问：他给你多少？

答：一年交2万元。

问：工人多少？

答：十多个人。连做带施工。他基本上自由发展，我没给他投资。给他地皮。现在的厂房都是他盖的，但都算我集体的，因为一年没向他要钱，所以盖的房子是集体的，财产算我的。我什么都不管，一年交2万元钱。

问：算集体的收入吗？

答：差不多。集体营业执照是我们起的，当时什么都没有，就几间破房。

【扒鸡厂的失败】

问：第4个是什么？

答：扒鸡厂，今年停了。

问：扒鸡厂什么时候建的？

答：1991年建的。

问：这也是同样的方式吗？

答：这不是。这是大队投资的，共50万元。车间、冷库都有。只屠宰，不加工熟，即白条鸡，也就是宰完之后，去内藏，冷冻。

问：屠宰也在这里？

答：是。今年停产了，因为鸡源不足，鸡价高，市场竞争也厉害。北京正大和华都两大国营单位占领市场，另外山东也打入北京，所以我将我的厂关闭了，许多厂都关闭了。马庄的乡镇企业，还有县里的食品厂，三里屯有个屠宰鸡的都不行了，竞争不过人家。正大公司是合资的，华都公司也是合资的，这两个公司从养到屠宰，系列化了，我们这小厂就不行了。我们过春节后就停了，没有效益。

问：也发展过一段吗？

答：1991年发展一段，后来饲料也涨价，鸡源少。主要是肉鸡，一般在50天左右就养成了。

问：厂里的主要管理人员是谁？

答：开始是刘振生。他办得不太好，后来换了个人，也不行。请了个外村人承包，也不行。

问：最好的时候工人多少？

答：20多人。

问：最好的时候加工多少鸡？

答：一年处理一百几十万只鸡。

问：现在你们想怎么办？

答：两个想法：一是改产，一是联系搞合资，因为有冷库。如果实在不行，利用科技开发改产，也把厂房利用起来。不用再盖厂房，可用来做实验基地。可惜的是冷库，冷库投资十几万元，所以我们想搞合资，有搞食品的国营单位也行，谈了几个，没谈成。可能我要的钱多一点。我们有好几十间房呢。

问：你们投资50万元，赚来了多少？

答：没有多少。

问：赔了吗？

答：赔了，赔了20～30万元。食品行业不好搞，市场信息不灵，销售渠道不通不行。也受养鸡政策的制约，老百姓挣钱就干，不挣钱就不养了，一家养几百只鸡我们收购过来加工才行，他不养了我们就不行啦。农场这块也行，一亩地交50元。

问：按多少土地算的？

答：按实际亩数，有的时候最高交四五万元，再加上财产折旧，8%的综合折旧。是这么定的，但也得根据年景好坏而定，经常变化。

【村发展计划】

问：今年雨水如何呢？

答：今年还不错，小麦亩产量700多斤，玉米长势好，在乡里排在前列。乡里抓农业很紧，去年冬书记开过好几次会，我们都亲自参加，前几年很少找书记，一般找农场场长，今年找的多。

问：村里就4个工厂和一个农场？

答：对。还有一个批发市场。批发市场最少一年交我十五六万元，我100多亩地。

问：这是按亩算吗？

答：按亩算，一亩地1500元，今年是按半年，上半年批发市场在那一块，40多亩地，交半年的，搬到这边来之后也交半年的，明年就多了。

问：谁给你钱？

答：工商局工商所。他们赚多少钱我们不知道，他按亩给我算。

问：估计这个市场有发展吗？

答：县里打算发展到500亩，包括北边的市场，现在300亩地。沙井也得发展。听说市里有个规划，规划路如果不修，市场还得要占。市里有条放射路，在市场的西边，放射路要搞到300米，100米的高速路，200米的岔道，究竟什么时候搞就不知道了。如果不搞，市场还要发展。

问：你们的西边有地？

答：我的地大部分在西边。市里要建路，市场就不往西扩了。要服从市的规划，不修路，市场还要扩展。我这儿的市场主要是钢材和木材，那边是蔬菜和水果。这么说来比种地强了，种地才交50元，这一亩1500元。

问：村里人盖房补贴吗？

答：不补贴。现在不让盖房了，从前两年开始。县里规定。要向楼房瓦房发展。不让盖房，新结婚的怎么办？实际都盖，特别是城关地区。上午咱们说的拆迁占了20亩地，这里就有不是拆迁的户。确实困难的能怎么办？

【村民建房】

问：一般村民盖房资金不困难吧？

答：一般房都需要3～4万元，5间。讲究的房3万元盖不上，四五万，六七万元不等，3万元的房屋是最差的了。

问：花三五万元盖房没问题吧？

答：没问题，有的户不需要盖房了，可他又盖5间出租，村民都富裕。

问：分家的多吗？儿子与父母。

答：一般都分，分开有积极性，我的二儿子结婚马上就分家。1990年大的刚定婚，现在小的也定婚了。

问：你与你老伴一起过？

答：还与老二一起过，因为大的已有一个孩子了。老二刚结婚，过一段时间就与他们分开住。

【富户】

问：你估计你们村最富的有多少钱？

答：没有太富的。有几户有点钱，大概四五户。汽车配件厂厂长、涂料厂厂长，另外在外也有有企业的，在外边有做汽车配件、做买卖的，都有点钱，这个村有在外边买楼房的，这楼肯定在十多万元以上。这个村有几户买楼的，有三四户。

问：90平方米？

答：有60平方米，得花十几万元。

问：有几户？

答：最少4户买了楼房。

问：他们还住在这里吗？

答：住在这里。

问：房子空着呀？

答：有时候在这里住。

问：在顺义县里买的吗？

答：对。涂料厂厂长在乡政府旁边买的楼房。配件厂厂长也买了房子，另外还有几家。

问：在批发市场做买卖的怎么样？

答：那是外地人。

问：你说在这里有个人姓张吗？

答：他没有。他刚起步，还没有钱，他去年经营了一年，盖了5间房。一共盖了10间房，没钱怎么盖呀！10间房最少10万。

问：这里盖房都不借钱？

答：没钱得借，他本身没有钱，又需要房，就得借钱。像他是有钱盖房出租，挣钱。

【贫困户】

问：穷的也有吗？

答：还不太多，现在政策活，做什么买卖都行，再没能耐弄点菜卖，这里有市场，智力差点的也有，现在人口素质不成。每年春节我都到老党员、老贫农、老干部家拜年，这是每年必到的，送点钱，这是一个大节日，我搞了七八年啦。这也算困难户吧，有的不困难，也体现咱们的关心，是父母官呀！送100~200元，过年了，让他们买点肉吃。我1968年到的村，1978年调到公社，在企业干了5年，1987年又回村当书记，一直干到现在，20多年了。

问：村里人口增加等有统计数字吗？

答：在会计那里，人口增加多少，生产情况都在会计那里。

问：明天我们去看看，我印象这个村不是很富的。

答：可以看看这几年的数字，这村现在也不算很富。

问：村里都是10万元的户吧？

答：也不都是这样，反正房子能盖。

问：农村都是农场吗？

答：城关都是农场。

问：企业也是这样的吗？

答：不一定，有村里直接管企业的，我这里不直接管。

【个体企业】

问：个体企业也有吗？

答：有。这个村没有大的好的个体企业，石门那里有几个好的个体企业。这村开拓型的人物少，守规矩。我说的五户里有两户是外地的，有两三个年轻的，40 岁以内，再大的就没有了，没有胆量。

问：在外边做买卖的多大？

答：40 来岁。像在外搞汽车配件的那个人，李迎春，30 多岁。你们找他，他不露富，他不说，也不在家，他有楼房。还有一个叫邢贵田的，他在外边搞了个建筑队，承包了构件厂。石门有几户。这村不行，这个村我还算开拓的，1983 年我回来什么都没有，但是现在还是不行。我们比较保守，分田比较晚。

【改革与分田】

问：是 1984 年分田的吗？

答：对。我们分田时把土改时的账都找来啦，把干部都找来，开会研究，成立小组，多慎重啊！一般的村弄了就完啦，我比较慎重。

问：那时有部分人不愿分呀？

答：不愿分，可是是大势所趋，形势所逼呀，左邻右舍都分了，村民也得考虑，不分不行，迫使你分。尽管当时没有多少钱，但分的时候也造成一定损失，好几十辆大车都分了，房也拆了，猪圈也扒啦。不那么改也没有今天，不走这路也不行，改了迫使人想办法发展。

问：1984 年分的，什么时候又集中啦？

答：1987 年集中的。

问：集中时也有人反对吗？

答：没有。那时有的人把地当回事，有的人不把地当回事，也不种。

问：一个人一亩地吗？

答：差不多，他不种，地都荒了。上边要求施肥、浇水，要我们干，我们又不好管，那两年贴给他钱，他都不干。白给化肥，他都不要，因为他不种啊，收的时候我们组织几班人，给他提供方便，种时还给他种上，他自己收，等于半集体的，大队有机器。

问：分地时地没分成小块？

答：分成小块了，折垄。搞了两年。

问：分地之前生产情况怎样？

答：这个村两个生产队，一、二队。

问：当时年产量好不好？

答：不行。从产量上看，1983 年以前有 800 多亩粮食作物，打 50 万斤很费劲，现在 600 亩地打 50 万斤很省劲，这是我的亲身体会。800 亩地打 40 万斤，还多种积肥，很费工。我们前年 500 多亩打了 50 万斤，不够 600 亩。

问：今年夏粮 40 万斤？

答：80 万斤，今年小麦不错，产量不低。生产队时渠道占地很多，排水沟也多。现在不用了，全部种小麦。过去 50 米一条大渠。

问：现在浇地怎么浇？

答：喷灌，机器喷灌，没有渠，小麦地全部是平的。地下有铁管，向上喷，施肥也是喷，省水、省人力。小麦追肥用尿素喷，耕地也用机器，全部机器化了。

问：这机器都是你们大队的？

答：大队买的，大队所有。

问：哪年买的？

答：1988 ~ 1889 年买的，两套。收完麦子之后种棒子，浇地一搬闸，水就出来了。不受地的低洼限制，那时候 50 米必须有渠，不然解决不了地势高低的问题。现在的耕地面积亩数是实实在在的了，因为没有渠沟占地。所以产量就上去了。

问：现在的肥料使的很多吗？

答：多。现在肥料价钱太高了，二氨都是进口的，一千三四百元。

问：二氨是底肥吗？

答： 底肥。

问： 一亩地用多少？

答： 几十斤。我说不太清楚了。现在都施汰氨了，它属于气体的，另外施复合肥，价钱都太高。

问： 估计农场的利润不会太高。他们工人的工资？

答： 平均4000～5000元。去年我给他们定不能低于3500元，实际突破了这个数。

问： 工厂以后盖的多，是不是土地少了就没有农场啦？

答： 将来有可能没有农场。我们现在也想办法搞点企业，找点事干，尽管这样说，这地区待业的不多，周围企业多，但还是自己有企业好，一旦外的企业不行了，可回到村里来干。

今后的发展趋势是转非不转工。今后没地啦，都转成非农业户口了，但不安排工作。安排工作的都是哪些人呢？比如说上学的学生，他们升学跟居民户口今后就一样了，现在不一样，好像是照顾居民户口。

问： 转非不转工？

答： 农业户口转成非农业户口，但不安排工作，这些人还成立居民委员会，但与城市的居委会不一样，城市的居委会安排工作，这个不安排。所以我考虑，一旦出现这种情况，就得多上点企业，解决居民的工作问题。汽车配件厂那边的路一修，地就没啦。

【都市化】

问： 建路占你们多少亩地？

答： 土地就没啦。

问： 是建市级的高速公路吗？

答： 对，高速公路。好像是北京市的外四环路也是最后一条了，这样我的地正好处在这地方，一建我就没地了，也快。

问： 知道是什么时候吗？

答： 市里的规划，我们也不知道。原来说秋季开始。

问： 对你们来说是非常重要的？

答： 对，我们真的要考虑怎么办了。

问： 他们要占你们的土地要给一部分钱吗？

答： 是可能的，给一部分钱。

问： 乡用土地不给钱，县办的给钱？

答： 他们要办企业用地给钱，乡用地不给钱。

问： 市修路给钱？

答： 对。他们给点钱，一花就没啦，我要用钱办点事，钱才能升值。没土地了，书记不好当了，不如现在好当，有些人没事干，总找你，怎么办？

问： 城市居委会没有户口问题，没有吃饭生活问题，没有工作问题。

答： 现在顺义县，也是我们乡，一个是大林庄，一个是赵各营，这两个村，在潮白河这边，属两不管啦，被大龙开发公司收购去了，乡里不管他了。可房子不能马上都拆了，地也没办法种了，村里出了一个副总经理，又没权，他们找上边，上边也没人管，乡里也不管。

问： 上边的政策是转非不转工，这方面还有别的吗？

答： 别的没有。

问： 过去听说，离土不离乡，还有什么？

答： 离土不离乡已成了，因为现在种地的是少数啊，就几个人种地，基本上是离土啦。

问： 还有进厂不进城。国家提倡这个，怕城市太大。

答： 那进自己的工厂呗。

问： 你们村委会讨论这样的问题？

答： 得考虑这样的问题呀，上边政策下来，具体政策上边就不管了。高速公路一建就开始了。

问：做这样的事情农民不反对吗？在日本要建高速公路农民不干。

答：咱们这儿干，咱们是中国。

问：日本有一年建机场，农民不干，搞游击战，有好几年机场有很大的保卫团，一直保卫它。刚要开工时，农民和学生两次进行破坏，最后死了几个人，比较厉害。中国有这样的事情吗？

答：中国没有。

【“文化大革命”】

问：你1968年当书记的吗？

答：对。

问：当时还是“文化大革命”时期吗？

答：“文化大革命”后期。

问：沙井村的“文化大革命”是怎样的？

答：比较稳当，没有发生大事。

问：有“红卫兵”吗？

答：有。

问：你也是吗？

答：是。我那时是团支部书记。那个场面都是。后来我是“革委会”主任。实际上“革委会”主任也管不了什么，人家才不听你的呢，有好几个小组织，谁也管不了。

问：生产管得了吗？

答：生产也管不了。这个村的人比较稳妥，该种地的还种地。这个村搞“文化大革命”没有走向社会，在本村搞。县、乡找我好几次，要砸广播站，我都没去，其他村有我的同学找我去到某某地方声援，我没有去。我当时是头。我们没有走入社会，就在本村斗地主啊，干这些。

问：当时的大队长和书记什么的？

答：书记没斗，嚷嚷一下就过去啦，就是斗地主，书记没挨斗。

问：有外地的“红卫兵”来这里吗？

答：来的人不多，没人引来。大学生都是当地人引进来的，这村里没有人引。

问：过去有日本人来做调查的，“文化大革命”中有没有？

答：没有涉及。那时的矛头是伪保长。他有点不得人心，“四清”时他弄了点乱子。

问：他怎么弄出乱子来的呢？

答：他利用一班人搞了一下干部，这是大“四清”时，他原来是伪保长，平常他不得人心，所以“文化大革命”时弄开他了。另外还有地主挨斗，别人没事。

问：保长还在吗？

答：已死了。

问：他叫什么名字？

答：赵庭福。“四清”的时候他利用一部分人整干部。“四清”的时候我们刚毕业，我1963年毕业，我是积极分子，这是第一次“四清”。第二次“四清”就成革命对象了，当时我当会计，1964年我22岁，就“上楼”了，也罚工分，比如会计，10天干会计业务，20天干活去。我10天怎么干完！？这实际是用此法罚工分。

问：罚的工分是不是还了？

答：后来又退给我了。共扣了我370多工分，合300多元钱。当时这300多元可了不得呀！

问：何保长是哪年死的？

答：已六七年了，现在活着70多岁吧。

问：1987年吧？

答：差不多。

问：“文化大革命”的时候斗的他？

答：“文化大革命”时先斗的地主，他成分不高，不好抓他的茬。他是中农。“文化大革命”时把“四清”工作队叫来啦，“四清”工作队正在北京市委党校学习，让工作队写检查，他成了导火索，他蹦起来啦。头一天检查了半天，下午就蹦起来了，骂起来啦！

其实就想让他蹦呢！让他检查，说“四清”利用谁，是怎么回事，他坐不住了，蹦起来了。

问：“四清”工作队是北京市的？

答：电机学校的校长，当过书记，老干部，也是部队干部，也没多少文化。

问：是1964年吗？

答：对。

问：“蹦”是什么意思？

答：“蹦”就是闹。“四清”时何保长给工作组提供了很多情况，因此，“文化大革命”开始后让工作队写检查时涉及他，他坐不住了，就闹起来。

【人民公社】

问：当干部经常换吗？

答：那阵儿当干部不愿干，每年都要做工作，大队的干部给生产队的干部做工作。大队干部都是党员，不干不行，可队长们不一定都是党员呀。每年冬天都给小队干部做工作，一直做到春耕大忙才行。都不愿干。我们一般不想换，得稳定。

问：大队干部换的多吗？

答：大队干部换的不多，基层换。村民看着，干不好他骂你，平时管得严了也骂你，不好干，大队这方面的情况少点，管得不那么具体。当时大队的工作也不好做，因为没有经济实力，也不集中在这里办公，分配到生产队，也不好干，有时也说三道四。工作得干好，活不干也不行。大队干部换得不太频繁，上来下去就这么几个人。

问：1968年你当书记时谁当大队长？

答：张麟炳当大队长，管生产。

问：他从什么时候到什么时候当大队长？

答：1968～1970年左右。他没有当多长时间。

问：他之后是谁？

答：他之后是李景春。书记还是我。

问：他当了多久？

答：年头也不多。1975年我不当书记了，是副书记，史书记当了书记。那年我也不干了，撂挑子不干啦！换了史庆芬。1975年、1976年、1977年她干了3年。

李景春也在这（段）时间不干了。史庆芬当书记时张麟炳管生产，1975年、1976年他是大队长。1977年我管生产啦。我是大队长兼副书记。1978年李景春又从公社回来了，这之前李景春在公社。李景春当了3年正书记，我到乡里的企业中当书记去了。

问：李景春之后是谁？

答：张麟炳又干了一段。上边不愿让他干，看不上他。上边愿让史庆芬干，史庆芬干了几年，也不愿干了，这时我回来了，从1983年到现在我一直干。

问：那时你也是大队长吗？

答：我不是大队长，是专职书记。当时史庆芬是副书记。

问：大队长是谁？1987年。

答：可能是张麟炳，史庆芬清楚，你问问她吧。因为我不在家，我不清楚。

问：1983年你是书记，谁是队长？

答：张玉江是大队长，1983年底到1984年张玉江到生产队去了，换上了吴仲海，1984～1987年。1987年他就不干了。他组织村民种地。1988年又换了张长清，当了农场场长，实际上就是大队长，吴仲海就走了。

问：到什么时候就没有大队长了？

答：现在叫农场场长，不叫生产大队长了。1987年农场成立后就叫农场场长了。

问：什么时候有村长？

答：村长年头多了，1983年就有。第一位村长是史庆芬，后来是刘书香，当了二年，1987～1989年。她转非了，她爱人去煤矿，随她丈夫走了。之后杜江当村长，直到现在。

史庆芬 1969 年在大队当会计，1975 年当了书记。

问：现在有多少党员？

答：30 人。

问：年轻人多吗？

答：平均年龄 56 岁，年轻人不多。党委要汇报时，提到过这个问题。他不在你这里干，怎么找他？我想召开年轻人的会，像中学毕业，想找点人，培养接班人，但是不好办，想发展，他毕业后就走了。目前还没有对象，问题也不算大，再不发展年轻人就是问题了。年轻人都想考出去，这是好事。有的想考大学，有的想考中专，实在考不上的还想学技术，不想在家干。这么下去也不是好事，后继无人。我们想实在不行就把他养起来，培养他，没有这个办法人才出不来。

问：这里的工资不比企业少点吗？你一个月多少工资？

答：我一年 5000 多元。从经济上还不能吸引他。这里杂事多，收入不多。现在普遍存在这个问题，不光我这个村。

杨艳玲（村会计 37 岁）

时　　间：1994 年 8 月 23 日上下午

访 问 者：顾　琳　张利民

与 会 者：史庆芬偶有参加

访问场所：沙井村村委会办公室

【家族与少女时代】

问：你哪年生人？

答：1957 年。

问：在本村吗？

答：是。

问：你父亲叫什么名字？

答：杨汇。

问：你几岁开始上学？

答：9 岁。

问：在哪儿？

答：在本村。

问：上了几年？

答：上了 3 年。

问：以后呢？

答：又念了 7 年。高中毕业。

问：在哪儿上高中？

答：城关一中。

问：这个村上高中的多吗？

答：不多。

问：女同学多吗？

答：像我这么大岁数的上高中的五六个人。

问：你是哪年毕业的？

答：1976 年。毕业后就回村了。

问：参加工作时先干什么？

答：在生产队干活，当记工员。以后当保管员。

问：什么时候当会计的？

答：1986 年。保管员之后就当会计。

问：记工员和保管员都是生产队的？

答：对。

【结婚】

问：你结婚了吗？

答：结婚了。

问：哪年？

答：1982 年。

问：你爱人的名字？

答：孙德永。

问：他是哪年生的？

答：1955 年。

问：是哪里人？

答：北京人。北京市北新桥人，他是落户的。

问：他插队落户来的吗？

答：是。他是1969年来这里的。当时的口号是“不在城里吃闲饭”。他们全家都来到这村。

问：是北京市让他们来的吗？

答：是。

问：他现在干什么工作？

答：在县远东服装厂当工人。

问：中学是在这里上的？

答：小学五年级他来这里的。六年级、初中都在这里上的。

问：你们恋爱结婚是经人介绍的吗？

答：自己找的。

问：你们是同学吗？

答：不是。他比我大两岁。我们住前后院。

问：那时候自己恋爱结婚的多吗？

答：我们村像我们这样的有几个。大部分经人介绍。像我们自己搞的，还要走走形式，找媒人给说。本村人离得近自己搞，外村的离得远就得别人介绍啦！

问：你们有几个孩子？

答：一个。叫孙东阳，1984年生。

问：现在是10岁？

答：虚岁11。

问：上学吗？

答：上学了。在顺义镇中心小学。9月1日开始上四年级。

问：你单过还是与家人合过？

答：自己过。

问：你爱人每天回来吗？

答：回来。

问：你们的家务谁干？

答：都上班，谁回来的早谁做，如做饭，一般的都是我做，他不会做。洗衣服、买菜、搞卫生他都干。

问：孩子干吗？

答：不干。

【会计的记录】

问：我们想了解解放前后的情况，如“土改”、合作化前、“文化大革命”前、“四清”、“文化大革命”后各阶段的发展变化，尤其是“文化大革命”后到三中全会，三中全会到1982年分田，1982年到1987年又合在一起各阶段的情况，通过各阶段的生产看这个村的发展变化。看哪个阶段发展得快，哪个阶段发展得慢。如总产、单产、人均收入、牲畜情况、耕地面积、复种面积等。

昨天我们找了书记，他说要具体数得找您。你有很多表，可以看一下表。

答：行。

问：人口。1949年到现今的？

答：我把表拿来，要哪年查哪年。我只能提供我上来之后的事，在这之前我不清楚。

问：以前的大队会计是谁？

答：刘宗云。

问：她还在吗？

答：在。她转成非农业户口了，还在这里住。她按退休办的。

问：她当会计时间长吗？

答：她在生产队就当会计，后来在大队当会计，两三年就走了。我是1986年当的，她是1983~1985年当的。50岁退休。

问：在她之前是谁？

答：可能是赵秀玲。会计女的多。

问：她岁数大了吧？

答：32~33岁。

问：她当时多大？

答：姑娘的时候，后来她爸爸给她搞成了合同制，在商业批发部门。

问：是非农业人员？

答：她没转，每天去上班。

【人口统计、人口变化】

1986年　人口：674人　粮食总产量：49.2万斤
　户数：212户
1987年　人口：676人　粮食总产量：50万斤
　户数：213户
1988年　人口：681人　粮食总产量：51万斤
　户数：214户
1989年　人口：687人　粮食总产量：51万斤
　户数：225户
1990年　人口：690人　粮食总产量：51.3万斤
　户数：228户
1991年　人口：693人　粮食总产量：51.7万斤
1992年　人口：700人　粮食总产量：52万斤
　户数：233户
1993年　人口：725人　粮食总产量：52万斤
　户数：252户
1994年:人口：780人

1991年以后人口增加了，主要是外来户。

本村生育的很少，因为是计划生育，有指标，不许随便生。

问：如果结婚了，允许他们明年生孩子，可今年怀孕了，怎么办？

答：这种情况很少，万一有，让他们做流产。

问：对身体不是有影响吗？

答：那没办法。这种情况很少，他们都有避孕办法。

问：小孩到几岁上户口呀？

答：生下来就上户口。妇联有这个数，我没有。

【耕地面积】

问：耕地？

答：从我上任到现在都是427亩。

问：这是实际数吗？

答：是实际数。

问：你向上报的是600亩？

答：对，向上报是600亩。

问：做表还是600亩？

答：向上做表还是600亩。

问：600亩有什么用？

答：做表都分着，粮食作物427亩。别的地方占的地北京市没有批示，所以也按600亩说。

问：这是种粮食的地？

答：427亩是种粮食的，厂子占地和鱼池占地国家没有减指标，所以总数还是600亩。

问：交公粮、农业税按多少？

答：按死数，死规定的数。这个数怎么来的，我不知道，因为我上的时候就是这个数。可能还是按600亩交。

问：复种面积多少？

答：427亩乘2就是复种面积，两茬，麦子收了，全部种玉米。

问：你当会计后就种两种东西吗？别的不种？

答：没有。

问：复种的亩数都那么多，麦子这么多，玉米也这么多？

答：这427亩全种麦子，麦子收后又全部种棒子。所以产量高。耕种的品种也这两种。

问：棉花什么的呢？你小的时候种别的东西吗？

答：种棉花、白薯，有时还套种豆子，还有大麦、还有稻子，我小的时候的事还有印象。

问：你知道从什么时候就种两种了？

答：不知。

问：历年的单产？

答：农业这块单有会计。我的报表中是总数。麦子和棒子都有。先说总产量。（数字在上述年份中）粮食收入要吗？

问：什么？

答：卖粮食的钱叫粮食收入［表略，见沙井村经济资料统计（第三部 资料篇）］。

【粮食价格变化】

问：那时粮食的价格不变吗？

答：不好说，看总产粮食价格有变化。今年的麦子卖给社员 0.54 元一斤，交公粮 0.6 元。公粮价格高。

问：我以为公粮比卖出去的价格低。

答：原来低，今年高。卖给农民 0.54 元是我们大队规定的数，卖 0.6 元也行，可我们没那么做。卖 0.6 元是国家统一的价格。

问：你们大队是从农场买进来的？

答：不是。社员自己从农场买，与大队没关系，大队只规定价格。

问：社员从农场买粮为了吃吧？

答：对，口粮。这是大队给农民的福利。农场自己吃点亏。

问：留下来的农场还可以卖吗？

答：他们留足种子以后就可以卖。交够国家的数，剩下的就可以卖了。

问：优先本村人买吗？

答：对。先给本村的农民买，剩下的可到别处卖。

问：卖给国家的议价粮多少钱？

答：0.6 元。与公粮一个价。去年有几个价钱。

问：麦子够本村人吃吗？

答：够。

【村收入】

问：有其他收入吗？如企业收入。

答：农场啊，农场的收入都少啦，他们有铲车，哪儿需要修路铺道的话，就去干。

问：村里的收入呢？

答：村里有企业收入，村办企业收入。企业叫工业总产值，农业叫农业总产值，也叫总收入。

问：等于工业、农业加到一起就是村的总收入？

答：对。先从 1986 年说吧。

1986 年：	49.2 万元
1987 年：	50.1 万元
1988 年：	57.2 万元
1989 年：	59 万元
1990 年：	610 万元

因为我们建厂了。1990 年以前只有服装厂，从 1990 年开始又建了涂料厂、汽车配件厂。1991 年上缴 1627 元，1992 年是 1829.3 元，1993 年是 1997.9 元。

问：工业生产增长率没算吧？

答：没算过。

问：国家生产总值增长 10%，最多 14%，你们这里不止这个数。

答：建厂的时候多，今年建一个厂，过了年又建一个厂，总在建厂。

【人均收入】

问：人均收入？

答：人均收入：

1986 年：	660 元
1987 年：	700 元
1988 年：	760 元
1989 年：	800 元
1990 年：	1010 元
1991 年：	1021 元
1992 年：	1170 元
1993 年：	1600 元

问：这个算法就是把农业总产值和工业总产值放在一起，按人口算吗？

答：工业、农业连大队各厂的上缴利润加到一起，总收入减去总开支，减去税金和积累就是农民所得。

问：这与很多工人在工厂得到的收入一

样吗？

答：不一样。

问：有整劳力吗？

答：表上有。

问：这村有780人，其中有小孩、老人不是整劳力，这1600元就是按这些人都平均起来。如工、农场的每个人的收入只是能干活的人所得，还有不能干活的呢，所以不一样。比方说一个人一年挣5000元，可他们家里的婆婆、公公、小孩挣不了钱，这5000元大家平分所得为人均收入。

问：总开支包括什么？

答：折旧费、管理费、工资、税收、积累都包括在内。

问：积累多少？

答：20%。总收入的20%。还有大队汽车的开支，如买油、修理车、办公用品等所有的开支都得减去。这也包括在总开支中，叫“其他支出”。

问：总收入减去总开支等于纯收入，是吧？

答：总收入减去总支出等于纯收入，纯收入中减去税金、积累。

问：税金包括经营税吗？

答：税金包括农业税、农业特产税、工厂营业税。总开支还有文教、卫生、幼儿园、社会福利、行政管理费。就是这样的：总收入减去总支出，再减去积累、税金等于农民所得。表内有一栏是“农民所得”。农民所得除以全村人数等于人均收入。

问：这与人们手中有多少钱不完全是一回事。你们有办法估计人们手中有多少钱吗？

答：如一个人办一个厂子，他的收入就没法说了。我们村有一户自己办了个厂子，小卧车有两辆，家中有楼房，电话等都有，没法估计他有多少钱。

问：有两部车的？

答：有一辆202的，现在还有一辆小红车，跟桑塔纳差不多，紫色的。他家产的数不好说。有的还真穷。

【困难户】

问：困难户有吗？

答：困难户有吃、有喝，这村残疾人两个，儿媳妇、公公弄个三轮车在蔬菜批发市场弄点菜卖。原来有园子，在园子里种菜卖，现在没啦。家里几口人就靠这么点生意。

问：几口人？

答：5口人。他大脑迟钝。

问：都有谁？

答：公公、儿子、儿媳，两个孙女。儿子是残疾人。儿媳和公公卖菜。他本人在王家亭干，现在干不干我不太清楚。过去在工厂看门，或在菜地里种菜。

问：两个孩子念书？

答：大的已结婚了，从远处招赘一个男人。二孩子上班了，可能有点收入。二孩子还没结婚。

问：他家收入能有1600元吗？

答：可能到不了。婆婆死了。

问：他儿子一个月能拿100元？

答：他家具体怎么样我没去过，反正比较困难。每家的收入水平不好说，只能看一些表面现象。在外边办工厂，有两部车的主儿，谁知道他挣多少钱呀。我们只能从账面上说，有的收入比1600元高好几倍呢，一般的都高。像我们家庭来说，3口人，一个孩子两个大人都工作，收入比平均数高。

问：一般的工资有多少？

答：一般的工资300~400元，一年4000多元。

【干部的收入与待遇】

问：大队干部呢？像你。

答：我去年4800元，书记5000多元，什么都在内。我们没有奖金。

问：几点上班？

答：上午7∶30～11∶00、下午3∶00～6∶30。星期六、星期日有事请假，记工。请假扣钱，没有星期六和星期日休假。春节休10天还值3天班。我们挺严。镇里有星期六、星期日，我们村里没有，天天来这儿。

问：每天有事办吗？

答：不一定，像我当会计，25号以后才有事呢，结账。管计划生育的随时都有事。

问：下边的账报到你这儿，你每月都报？

答：每月都报。

【人民公社的工分】

问：咱们看看单产和整劳力吧。史书记当过会计。

答：对。她生产队那段也知道，我不知道，我时间短。看看表吧！

这是天数，全年315天半，上月加起来得这个数，这是大队的，我当时在生产队。

问：这是每个人每天得的分，当时最高是多少？

答：最高的10分。

问：这个是大队总起来的吗？

答：不清楚。

问：这名字是普通社员吗？

答：不清楚。

这是1976～1980年的，哪年都有。1983年、1989年还没找到，这些都是分表。这是1983年的。

问：每个人都有工分吗？是生产队会计填的？

答：这个是大队的。小队的，比如说一个人出勤30天，一天挣8分，三八二百四，一个月240分，一个月一个月地加起来，这是一年的分，每一天合2元或1元，再用分乘钱。如他得3000元，这是一年挣的钱，再扣除他分的200斤麦子、200斤玉米，还有分的柴火和菜、豆子的钱，余下的现金或200元或300元，就是这个人全年的现金收入。

问：他工作的天数是检查还是自己汇报？

答：有记工分的。如地里有10个人干活，用本写上他们的名字，再记他们每个人劳动的时间，或是半天，或是整天，我给他记上。月底每个人拿着自己的本与生产队的总本对，看是否相符。

问：每个人有一本记分本，生产队也有一本？

答：对。我发的本，一个生产队有200个人，就发200个本，一个人一本，到月底张三干28天李四干30天我就写上。我发给他个条，对了就算了，错了再找我，我们再查，本上都有每天干什么活，干与没干都有记录。

问：记不清也有小矛盾是不是？

答：对。

问：口粮是收成后就分吗？

答：对。

问：每个人分的一样吗？

答：不一样。按工分分粮，除此还按猪饲料分粮。如卖了猪的，按猪的斤数发给饲料片，再按片给粮食。有好几种算法分粮食。分粮食不是当时给钱，年终从应得钱中扣。

问：现在先看看，有什么不明白的下午再问杨会计。这里的变化很大，按什么计算的都有。你们经常到县里开会吗？

答：对，老开会，老有事。有些数对不上。这是最基本的数：人均收入、人均口粮、亩产单产这些数对不上，尤其乡镇企业收入这块特别乱。原来有农机数，现在没有了。

问：水浇地有吗？统计表上有吗？

答：没有。从去年开始没有了，以前有，电机，多少瓦，用了多少电都有。原来连手表数、电扇数都有。

【消费的变化】

问：消费品，如村子里有几台电视呀，有吗？

答：有。

问：每户都有电视吗？

答：家家都有，有的家每屋都有，都是彩色的，电扇家家都有。

问：电冰箱有吗？

答：有，很少。洗衣机也有。

问：我们刚从山东省平原县来，那里农村人均收入才590元，还不到1986年这里的数字呢。电扇不多，冰箱没有。

答：这里电风扇家家有，电视家家有，空调也有，就是少，十多家有。

问：农村之间差别很大。

这里不认字的人有吗？

答：看什么岁数了。

问：就像咱们这岁数，有吗？

答：很少，1%。

问：刚才你说他的媳妇是从外地招来的？

答：不是。他家招的女婿。

问：为什么招？

答：她嫁的这主儿显得挺阔气的样子。

问：男的不是脑子有问题吗？

答：他也能干活，不是特别傻。他有残疾人证。

问：不是从外乡来的？

答：不是。

问：他岁数挺大的？

答：50岁。这是大队的汇总表［表略，见沙井村经济资料统计（第三部　资料篇）］。

问：什么时候不养猪了？

答：生产队解散的时候，集体就不养了。个人现在还有养的，全村超不过十户养猪。

【会计培训】

问：为什么选你当会计？

答：这我不好说。我们几个乡，有我们乡，龙官屯乡的会计都到顺义县考试过。其中只有两个女的，还都在40岁以上。我们城关都是女的，岁数还小，男的只有三四个。按我来说挨着县城边上，就业方便，挺容易的，男的都挣大钱去啦，或有特殊的手艺，修理工、电工、开车，都有本子，像我们女的没有专门的技术，或到服装厂，或当会计。

问：会计也需要技术？

答：学习完了也得有证书，也考试。

问：考会计课吧？

答：对。

问：你家离这儿近，工作也比较方便吧？

答：对。主要是离家近。

【教育孩子】

问：小孩放在哪里啦？

答：我自己带的，带到两周岁零三个月，一半由我带，一半由我母亲带。她也是这个村的。两周岁三个月之后就送幼儿园啦。我天天接送。

问：在日本最大的问题是小孩有病不能请假，这里怎么样？

答：工厂里请假扣钱，这里也是这样。

问：改革开放以后发展得很快。

你以前也当过会计吗？

答：当过。

问：当了多少年？

答：结婚前我在我娘家那村就当会计。结婚后在这村当会计。

问：都是女的当会计？

答：我的前任是男的，我是第一个女会计，我之后都是女的了。男的也干过一段。

问：女的都比较细吗？

答： 都一样。别的村男的多。大队主管会计男、女都行，只要能胜任这工作。

问： 会计多半是初中、高中毕业吧？

答： 初中以上，最低初中毕业。

【大队解散】

问： 1984 年大队表面上存在，实际上不存在吗？

答： 有。大队还有。

问： 1984 年就分土地吗？

答： 对。1984 年底分到各户了。

问： 你们说话比北京市人说话好听，纯北京人什么都带儿。你是哪里人？

答： 天津人，但我不说天津话。

问： 天津市去过吗？

答： 去过，到天津大邱庄玩去啦，有香港一条街。

看 1979 年的分配表［表略，见沙井村经济资料统计（第三部　资料篇）］。

问： 口粮 490 斤，能吃这么多吗？

答： 能吃。多少年都是 217 斤。

问： 每年吃返销粮吗？

答： 是，返销粮。

【劳务工】

问： 劳务是出工还是什么意思？

答： 外出打小工吧？

问： 包括不包括出河工？

答： 不知道。

问： 加工业，1980 年 5500 元收入，1970 年还没有。

史庆芬答： 劳务是拉着大车运输，还有拖拉机运输，劳务纯属于出劳动力去挣钱。当时主要是运煤，由村民干的，这算劳务。

问： 这里是计工分吗？

史： 记工分。钱归大队。当时是综合的，实际上是两个生产队加起来的。

张： 总产量 80 万元？最高了。

史： 对，最高了，后来没有这么高。当时丰产，亩产 1000 多斤（1185 斤）。

【公粮、奖励粮】

问： 缴公粮，加上奖励粮是什么数？

史： 有奖励粮，为了养猪，每户养猪奖励多少粮食，鼓励养猪。

问： 不是交粮交得多奖励的？

史： 不是，交公粮不是集体交了嘛，交了以后粮食有富裕，有富裕奖励社员一部分粮食。当时粮食按口粮分配，都不太足，因为养猪，粮食吃的多，所以奖励，鼓励农民养猪。饲料粮是饲料粮，口粮是口粮，是分开的。

问： 现在普通人家吃多少？

史： 口粮为什么有的人家不够吃呢？口粮是二八开，或者是三七开。如人均 400 斤，不是如实地给 400 斤，得扣，按 80% 给本人，另 20%，按工分多少给；孩子也要划成等级，也吃不到平均数。

问： 按什么标准？

史： 全家有工分数，20% 由工分来分这部分粮食。全队按总工分数计算，算出每工分应得数。多劳多得。

问： 普通的家庭都够吃吗？

史： 1980 年只有极少数不够吃（指饭量大的人），不太足的也就有三四户。

问： 介绍一下为什么不够吃？

史： 如两个男孩，两口子都是劳动力，两个男孩子都在长，十几岁，正能吃的时候，这样，他们两口子都参加生产队劳动，但分回来的粮食不够吃。

另外，也不养猪，没有奖励粮；那时卖猪，国家还给饲料粮食。养猪为什么能节约粮食，上地里拔野菜喂猪，能节约点粮食。

问：不够吃的怎么办？

史：借一借粮食。一年两次粮食分配，头麦收借一部分粮食，在玉米下来之前又接不上，别人能接到10月份，他吃到8月份就没有了。差两个月就去借，到分粮食时扣下来，恶性循环，到明年他还是不够，再借，再还。越有越有，越没有越亏。

【养猪与粮食】

史：养猪多就好。养猪是副业，养猪不占劳力，照常出工，业余养。

不够吃的，都没有养猪，因为家里条件也不行。收入不好，买猪没有钱，另外还得垫猪圈，一系列的。孩子多能吃，男孩也吃的多。孩子多也不多给粮食。4口人都是劳力，工分还能抢回粮，他又没有工分，孩子还能吃。

拿细粮换粗粮，那时细粮也少，一年也没有多少细粮。

口粮最低360斤，上了纲有420斤。

现在行了，副食好，那时不行。

【1960年农业生产】

史：1960年左右，根据统计出生的少，1960年困难时期，生活不好，生育的少。1962年、1963年有一年丰收。小“四清”受影响，大“四清”还好一点。“文化大革命”时没有受到影响。最低40多万斤，是1974年、1975年。原因是气候不好。有一段两个队小麦25万斤，秋粮也不行，那时种植方式也不行，三种三熟，地力、人力跟不上。套种，互相有影响，晚玉米更不行。

问：三种三熟是上面下来的吗？

史：是的，种了二年。1976年又改回来。

杨艳玲（第二次访谈）

时　　间：1994年8月26日上午

访 问 者：顾　琳　张利民

访问场所：沙井村村委会办公室

【统计表的说明】

问：1986年以前有个账内收入、账外收入，怎么这么叫？

答：账内收入就是我们大队本身的收入，好企业上交给大队的利润。大队的企业挣的钱记在大队账上了，这就叫账内收入。账外收入，比方说，社员种一亩地交8元钱，水电费就属于账外收入。跟工业总收入没关系。1986年以前的就是这样。

问：农民拿水、电费什么的？

答：上交电力局。

问：水费上交给水利局？

答：对。

问：你们只通过一下是吗？

答：对。就是走下账。有账内收入，也有账内支出。

问：为了方便村民，一个一个地交，不知道应该往哪里交。我明白了。

答：我说的数与表上的数不一样，你们肯定问我，我说的数就不要算了，就按表上的说吧。

问：我们就发现了这两个问题，所以问问你。工业部分还在总表上吗？

答：有。我报的表，蔬菜月报表，牲畜我也管。

问：现在没有牲畜？

答：社员户有。比如我们家养了10头猪，每个月卖几头猪。又养了10只鸡，一个月下了10斤蛋，我吃了5斤，卖5斤，这就是商品量5斤，总产蛋量10斤，这些每月都报。还有企业投资，服装厂、汽车配件厂、叉车厂，这几个厂每月都要报月报表。他们上报给我，我汇总后上报。

【个人收入计算方法】

问：鸡和猪不都是个人的吗？

答：是。他们要个数。我根据一只鸡一天吃二两，它吃的量再合成钱，什么人工啊，进行推理计算。

问：你们考查每户养多少鸡吗？

答：差不多。都有底子，像抽样调查似的进行。

问：你也做这项工作吗？

答：对。我什么都管。

问：你知道哪家有鸡？

答：对。

问：现在鸡、猪多不多？

答：猪不多，超不过10户。都是暂住户养。

问：猪圈怎么办？

答：在院里弄。

问：不是租房吗？院并不是他的？

答：多收钱吧。有连房带院都出租的，如250元、350元等等。如一家两所房，就可以出租一所，等于这家独门独院啦。房东定价，乐意住就住，不住也行。

问：养猪什么的是长期住在这里的户？

答：对。外来户多，60多户，临时住房的。

【账目管理】

问：账过完了吗？

答：账还没给我呢。

问：一个出纳和你，与你对座的是谁？

答：一个出纳一个会计，那位是企业会计。还有一个计划生育要办。这个屋4个人。我们这兼职多。现金会计兼妇联主任；管计划生育的兼管屋子，登记暂住人口住房的流动人口；企业会计管两个企业的账，我管大队会计和社员存款。去存款不是要去远地方吗，社员存款在我这儿，像国家代办。

【信用社和村会计】

问：社员的钱存到你这儿，你再存到信用社去吗？

答：我这儿多了，就存到信用社的一个账号上去，钱少了再取去，是国家的代办。利息一样。

问：村里有“打会”的吗？社员的钱放在一起。

答：没有，头一次听说。

问：什么是“打会”呢？就是十几个人每人拿出十几元来，这个月归我用，下个月归他用。咱们这里没有？

答：没有。大家都有钱。

问：存钱你是为了方便他们呀？

答：对。方便社员，像老人走远路有困难。

问：一年存多少？

答：余额41万元。这都是老人和家里没有人的，在这里存方便，有人的绝大部分存到街上去啦。存票与银行不同的是，丢了由我签字，有我的章，别人取不出去。如在街上存，丢了谁都可以取，在我这里存的，家里其他人来取我都问。方便得跟银行一样。

问：社员在哪里存的多？

答：大部分在外边存，在我这里存的人少，也就是老人。我这里跟国家存款一样，保密，家里人来问，我都不告诉，绝对不能告诉其他人。

问：全村人在银行存款你们有没有估计？

答：没有。

问：没有要求农民平均存多少钱吗？

答：没有。这里悬殊太大，一个叫邢贵田的，车都有；还有一个叫李迎春，买了楼房，最少花十三四万，还有一家有小车，家里有房。咱没办法估计，他弟弟家里什么都有，两口子，男的骑一辆大摩托车，女的骑一辆小摩托车。村里存款最少的也有五六千元。最低的好估计，最高的不好估计。

问：几十万元户有吗？

答：有。

问：百万元的？

答：怎么说呢？估计也有，但我也不敢说，几十万的有。

【80年代的蔬菜栽培】

问：以前种菜也在农场吗？1987年以后吃菜可能是大棚的了吧！

答：有大棚，中棚，陆地。

问：是个人管理还是大队或是农场管理？

答：个人，有种菜专业大户。

问：以后农场还有大棚吗？

答：没有。菜地被占啦！可我们还得报，可能是北京市什么地方，批了六个村为蔬菜基地。头几年有煤票的时候，我们还发煤票，因为柴火没啦！跟居民一样，按人口发平价煤，后来煤票没啦！菜的价格上不去，有的厂子需要地，他们占了，菜园子就少啦，后来也没人种啦。菜也常丢，小商贩下马路就偷，谁到那么远看着去！这以后园子一点点地没了。但上边不承认，所以还得报。有些事我们没办法说。

问：从1987年开始？

答：大队收益情况表：

收入总额1986年……以下略。

问：林业就是果树吗？

答：不是果树。我们种的树，长大了，砍了，卖了，这是林业收入。

问：不种果树？

答：果树没有，挨着我们的村有。

【统计项目的说明】

问：管理费很高，是吗？

答：管理费实际是办公费，不高，每年都差不多。买个本，买个笔，这是大队的，不算企业的，企业的都在工业开支中。

问：为什么增加这么多税收？

答：一年一个政策，这是大队农场的，第二年企业的也放在这里头。

问：你们真正的税金不是增加。这里有企业加税金？

张：原来企业的税算到利润之外了吧？

答：不是。算到工业开支里了。公社投入分配及奖金9000元，另2.027万元。

问：这是什么开支？

答：这是我们买一个大拖拉机的钱，公社根据拖拉机的钱按百分之几给补贴。这是农机补贴。

问：这里的账内所得跟那个差得很多。

答：账内收入减去账内支出等于账内所得。这一年有这么个问题，收入多，原来是78万元，1987年153万元，等于收入增加一倍。开支增加也特别多，纯收入没有增加多少。账内开支大，工业费用增加的多，增加了3倍，农业费用没动，粮食也没动。可能是工业购买机器的费用很多，用了96万元。

问：1987年没有呀？因为农场没有承包吗？

答：承包方应上交金额，不是农场，是社员户种园田和大田的水、电费，大队收的水、电费，列入这一项。

问：这里的户数和人口是怎么回事？

答：这是根据派出所的户数和人口填的表，以他们的为准。我们每年11月份跟他对户口。

问：这里只有化肥数量，其他什么都没有。

答：有的表有，有的表没有。

问：1985 年机耕、机播、灌溉都没问题吧？

答：没有。

问：能反映农业现代化水平的是化肥数量、农药数量、塑料薄膜，还有什么反映现代化水平的？

答：就这个，全部机种。化肥 18850 公斤。

问：化肥按什么计算？

答：按公斤算。塑料薄膜 607 公斤，这是大棚的，这就可以了，反映现代化水平的就这三项。落后农村不是这些问题，机耕不行，机播没有，不是全部水浇地。这里都是喷灌，机割，玉米都是机收。

【农作物的调查】

问：1987 年夏、秋是两季的吧？

答：两季的，有小麦和玉米的，在两个表上。1987 年玉米 400 斤，这是推算，总产量 77000 斤，玉米单产 963.5 斤。我们填这表还画图搞推算呢！

问：这是抽样画？

答：抽样。

问：谁弄的？

答：我弄的。

问：产量预算也是你弄的？

答：对。根据抽样调查，我们几个人到地里数棒子，量一米有多少棵，横多少棵，竖多少棵，一锹多少行，多少棒子都记下来。那个也是量一尺放在一起，数，数多少棵，多少穗，多少粒。大家画图算。

问：最后与产量再对一下？

答：对。差不了多少，还挺准。

问：现在还搞吗？

答：现在是实割实测，这是大队的，像那时都是户里的，不可能挨家问多少斤。所以要搞那样的测算。

问：测几次？

答：两次，夏粮一次，秋粮一次。快熟的时候测数大棒子粒。

问：这个算法是分土地到户的时候？

答：是。只有几年。

问：这时人均口粮没有了？

答：没有啦，人家愿到哪儿买就到哪儿买，比方我们村卖 0.54 元一斤，别处卖 0.4 元，人家就买 0.4 元的了。所以没有口粮之说了。

问：那时候分田到户，对征购怎么算的？

答：开始各种一半，农场种一半，社员种一半，农场的交征购粮，社员自己家吃了。

问：1984 年分土地的时候，还留一部分是集体的吗？

答：没有留地，土地全分下去啦，到 1987 年又收上来一半。全村共 400 亩，收上来 200 亩，剩下的 200 亩归社员自己种。土地全部分到户里时是怎么交的不清楚，我是 1986 年上来的。

问：1986 年是怎样算的？

答：1986 年社员种一半，集体种一半。1988 年就全都归集体种了。

问：1984 年、1985 年是社员种，1986 年各占 50%。1984 年、1985 年的征购情况他们才知道？

答：对。

问：只有夏粮小麦，没有秋季玉米？

答：有。我都找出来了。

问：1988 年全部放在农场？

答：对。1988 年小麦播种 400 亩。这里有这么个问题，劳动收益分配表上有劳动力数，这个劳动力数跟那上头不一样。

【农场的统计报告】

问：1988 年以后只有几个人搞农场，另外的人到别的单位工作，这劳动力……

答：这表上的劳动力是户口册上劳动力的数字。是按年龄算的。

问：普通说整劳力从几岁到几岁？

答：表上有，女的是 18 ~ 45 岁，男的 18 ~ 50 岁为整劳力，全国是统一的。

问：你们也填这个数吗？

答：填，整劳力，半劳力，男女数都有。

问：现在不怎么用，因为没有口粮问题。

答：没有用，很多表没用，过去的项目没有改，上边还要，可能作为研究用，其实也不准，很多都是虚的，考虑主项，十年八年不变，没考虑实际的变化。

【劳力就业】

问：现在的劳动力多半在工厂，你们统计哪个单位有多少人吗？

答：统计过，上边要我们就统计。

问：资源构成情况，这个很有意思。看看现在的资源总数 4.7 元。资源是什么意思？是人口吧？

答：对。401 人都干什么。

问：不在这里？

答：在。它是 401 的其中数，这是总和。401 就是干农业的司机、服务员、干商业的等，也就是这 401 人干什么工作。

劳动力的分法不一样，第一项按年龄分，第二项按性别分，第三项按级别分。

问：按级别分，乡镇级实用 285 人，这是？

答：这是在乡镇村办企业。乡镇级实用是，我们是属于顺义镇，其他地方是乡，乡与镇是一个单位，叫法不同。在镇里办的厂里工作的有 285 人。

问：村级以下办是 62 人。

答：这是在村办的企业中干活的。其中合同工 10 人，这是外边到这里来干活的。

这些都是劳动力数，按行业分的。

农、林、牧、副、渔实用劳动力 28 个。这都是干大田的，种园田的。

问：这是 1992 年的，是最近开始这样做的吗？原来有吗？

答：原来也有，我接手的时候就有。再以前有没有不清楚。

问：第三项卫生体育和社会福利 1 个，文化教育 2 个。金融 2 个，管理人员 33 个。

答：管理人员没有。其他人员 33 个。

问：我们要最早的 1986 年的，隔几年向后要，看一看变化情况，不要算农业的，以前农业人口占的多。1987 年的。

答：1987 年的有。这又改了，农业经济收支分配统计基础表，这是 1989 年的。原来是经济分配表。1988 年统计 228902 元，1989 年 285006.35 元。

问：这放在蔬菜里啦？

答：1989 年的，填错行啦，没有蔬菜，是粮食，上边也没审出来，其他收入没有，工业也没有。1989 年农场算企业啦。这是大队本身的表，不包括工业企业。这个对，不会没有工业。

其他增减项目相比款项 86486.15 元。

【干部的收入】

问：这是什么？

答：上交大队的利润或由公社补贴，买农机的补贴款。

“干部所得”，1500 元、1800 元。

问：干部所得是工资吗？

答：全村干部的工资，不是书记一个人的，这是 6 个人的。

问：干部的工资是上边定吗？

答：对。

问：不是你们自己定的？

答：不能自己定，该 2500 元就 2500 元，多一分也不行。

【户籍与分配】

问： 在这里有没有户口区别不大？与原来有粮票时不一样？

答： 现在又有煤票了，从去年开始使用煤啦。我觉着都一样，有的正式工还没有老农民干活挣得多呢，我们吃的米、面、油都是买的，居民户口也是买，只不过从今年开始他们买煤是平价的。除煤以外，都一样。

问： 参加工作的机会也一样吗？

答： 我觉得一样。县城国泰大厦与西单的那个，农业户口的多着呢。

问： 他们有劳保吗？

答： 合同工与正式工一样，临时工不一样。在我们这里居民户口与农村户口没有区别，也没什么用。因为都一样，农业户口比居民户口的人挣钱还多，正式工人的工资就定的低，农业户口的人，有选厂的自由，这个厂工资低就到别的厂去干。城市户口的工人不敢这样，辞了工作再到别处去，人家也不愿要。居民户口与我们这户口没什么区别，东西都是买的。

问： 价钱也一样，都到市场去买？

答： 对。

【户籍相关问题】

问： 现在村里人没有一定要求把户口转向非农户口吧？

答： 没有。这地区没有用钱买户口的。我们每年都到派出所对户口，我们没有用钱买的，都是通过国家政策转的。

问： 比如说大学毕业生？

答： 有大学毕业生，还有教了二三十年书的教师，还有电话局的，通过政策也转啦，在煤矿干工作多年后转啦，都是这么转的，没有用钱买户口的。听说广西那里有买户口的。

问： 1980年代中期我在上海调查时，他们都想办法把户口转入非农业，那时候有粮票、粮本、油票。

答： 我是在本乡农转非的人，还没有用钱买户口的，这里有钱的人也有，没有人买。

问： 你爱人是非农业户口，现在还是？

答： 对。

问： 你婆婆也是农业户口？

答： 他们到这里来就改为非农业户口啦。通过政策变啦，返城的回去了，他们兄弟四个，两个大的在城里工作，原来的房又给了，他的两个大哥用，我们在这里安家有房了，也没要。

问： 你爱人是非农业户口吧？

答： 对。他们1969年来这里变为农业户口了，后来政策一变，又可以返城了，户口也变为城市户口了，但他没有走，户口是城市户口，在这里住。

问： 什么时间？

答： 1980年时。他哥哥和他姐姐他们改的早。

问： 1969年来这个村的还有像他们那样的吗？

答： 两家，另一家人口少。像我们这都结婚了，怎么返城啊！他能去，我和孩子不能去。户口是同一户口哇，怎么上去，他大哥当时49岁，没有下来。他弟弟和我们都跟着他父母。他弟弟和他是城市户口，我和我的孩子，他弟媳和他的孩子都是农业户口，所以都没上去。

问： 他弟弟也在这个村？

答： 是。他弟弟是居民户口，分配工作在银行，他已分楼房啦，明年开春就可搬进楼房住了，他家的住房就可以卖啦。像我们这就不行了。本来他们哥儿俩都分配在银行，开始去挣72元，挣钱少，他就托人调出来了，到厂里去了，厂里挣钱多，这又调坏啦！现在人家已分房啦！不过住楼房也没什么意思。我住平房把门一插就住一家，在院里我愿怎么住怎么住，洗澡穿衣愿怎么着怎么着。我姨他们住楼房，自行车子都扛上去。

问：你爱人从银行出来是错误的？

答：他 1982 年出来，太早。现在工厂又不挣钱了。命运不好。他 1980 年进的银行，进的比较晚，那时我们家没有人办理，要有人找像我和儿子都能转出去。不过我觉得在这个地区无所谓，1980 年那阵还行。民政局都写上我的名字了，但没人找。现在他挣钱还没我多呢！

问：1969 年从北京市到这里来的有几户？

答：两户。那一户人口少，孩子小，都回北京市了。我婆家 12 口人，9 个孩子，他父母和姥姥。我们大排行是第七，下边有一个弟弟、一个妹妹。

问：北京市分来的人与那个村完全没有关系吗？

答：走的那家跟村里没有关系，他爸爸是这个村的人，十几岁就到北京市学徒。被分到怀柔或密云县，当然不如这里啦，他爸要求回老家，这叫回乡务农。所以转成农业户口了。

问：那一家与村里没有关系？

答：对。那时有一个政策，叫“人人都有两只手，不在城里吃闲饭”。是那么来的，当时挺光荣的。

问：给了点安家费？

答：给了。他大哥和二姐给了他们一部分钱，大队出了点钱，三个地方给的钱，盖的房。

问：12 口人中有几个还在这里呀？

答：两个人，就我和他的弟弟。他们两个都是居民户口，老七和老八。其他都回去了，城里有六个，县城有两个。

卢长海（顺义镇乡镇企业管理负责人）

时　　间：1994 年 8 月 25 日

访 问 者：顾　琳　张利民

访问场所：顺义镇政府办公室

【镇政府与乡镇企业管理】

问：想了解镇的乡镇企业状况，目的是想了解沙井村的乡镇企业在镇的范围内是个什么水平，其经营方式、租赁方式与镇是不是一致。另外还想了解妇女就业和计划生育。

答：你说的沙井村的乡镇企业，纳入了我们镇的规划。沙井村的情况我就不介绍了。它也算纳入我们镇队办企业的规划。目前我们的队办企业，按照上边的规定，不能管得过于死。因为像我们这 22 个自然村经济基础的发展情况不一样，有的原来的经济基础比较雄厚。我们在这块发展各有特色，不能一刀切，不能一刀齐，提倡根据自己的经济实力，量力发展。镇里经济发展宏观的这一块，如果说立什么项目，归我们总公司这一块，他们去审查、审核，需要办什么手续我们总公司管。

问：总公司叫镇的什么？

答：名称叫“队办企业公司”。队就是生产队的队。负责从宏观上协调、疏导，根据厂子的规模情况、生产力情况和设备情况，下达一定的指标。县办每年都给队办这一块一定的指标，我们下放到各队，根据各队的情况，如一年 8 万元的利润，包括税金。税金县里给我们也有指标。这样根据企业的生产规模情况给一定的指标。

沙井村总的情况你们都知道，它属于不太发达的地方，属于中上流，乡镇企业这块不太理想。原来有个厂，亏了 30 万元。亏的主要原因是管理不善。

问：他们告诉我们是市场问题呀？

答：他们原来搞的不错，后来是管理不善，进行了调整，不干这项目了。他们如果继续再搞还得亏损，他们进行调整准备上其他项目。总之，沙井村有很大发展，你们看他们的大队部，你们那年来大队部很简陋，下雨还漏呢，现在大队部盖了两层楼，还有一个幼儿园，盖得都不错，他们在上升。他们村的企业在爬坡，正在艰难的阶段，没有什么适当的好项目，正在寻找机遇。就这么个情况。

问：这村的大队企业，一个是化肥厂，是他们办的，其他都承包给个人了。承包给个人的在你们乡多不多？

答：农村这一块承包给个人的不少，比如说，这个人有能力，能把企业运转开，而且能把村里的剩余劳动力吸收到厂里来，也有产品的销售能力，有经营头脑，能盈利，有威信，大队领导和群众信得过的人，让他个人承包。

问：沙井村承包的都是外来的，不是本乡的人？

答：也有这种情况，因为要竞争。本村人承包上交的利润多少，可是人家超标，外村人承包可以高出本村人的两倍，甚至三倍，那就可能让外村的人来当厂长。既有纵向，又有横向，这是允许的。因为现在要打破村与村的格局，乡与乡的格局。不能说外村的村民到我这个村不能承包，不存在这个问题，只要有能力，有才能，外村人就可以到我村来承包。现在是市场经济嘛！看谁能把企业搞活，谁有能力谁干。

【企业的税金】

问：收税有指标吗？利润高是不是收税多？

答：按利润收税，按生产的能力。

问：不按指标？

答：按生产能力向国家交纳税金。

问：他们是外来户办的厂，并不是原来有厂承包给他了？

答：也有这种情况。因为它处于顺义城的边缘，人员流动比较大，边远乡、镇的村民也可以把户口迁到这里来，他自己想办企业，我们允许，因为多种经济并存嘛！队办企业这种情况还不少，只要为集体经济创造财富，可以给他立户，可以给他优惠政策，扶植他，比方说他占用地，可以给他，厂房可以帮他建。

【企业的承包制】

问：有合同吗？

答：有合同。

问：他的合同是按股份吗？

答：有股份的，咱们现在大部分是股份制，你拿一部分资金来。

问：他这个村没有股份制。这里有个大厂的书记到顺义县里去了。

答：谁？

问：办服装厂的那个人，1990 年办的，办的不太理想，以后就与顺义县联办了，发展得很快。最初投资占 40%，现在少了，每年给他们 3 万～5 万元，就这么订的。为什么订这样的协议，他们自己也不太清楚。是根据股份、还是土地，他们说不清楚。

答：厂长不清楚？

问：村里的干部和群众也不清楚。

答：干部也不清楚？哪个干部？

问：书记、村长。

答：村长不是抓这个的。

问：我们问的是书记。这里有特殊情况，有人际关系。除了这个厂，涂料厂也是这个办法，没有合同。

答：没合同不行，有承包期呀。

问：他说有合同，但怎么订的不清楚。

答：他可能不愿说，契约合同都得有，不然对方要翻车。我说的翻车是原来给你3万元，到时候又不给你3万元了，怎么办？没有制约啦！必须有协议，有合同。

问：协议、合同到你们这里登记吗？

答：要有公证，法律公证。没有公证不生效，将来发生矛盾没人给你处理。再傻的厂长也不能不考虑这个。有些地方出现过经济纠纷。

问：从你的角度看，个人承包和大队自己办，哪种方式比较好？

答：要按我看，个人承包好，调动他的积极性。他承包，每年给你多少利润，余下的除给工人工资、奖金，扣除利税、原材料等，就全部归个人啦！这有利于调动他的积极性。他担的风险比较大，成功了可以赚点钱，失败了就赔点钱，对他的压力比较大，有紧迫感，比大队里派一个干部去干好，因为干好干不好由大队集体承担责任，跟个人承担责任不一样。

问：化肥厂是大队自己办的，其他厂是个人承包的。他们讲，有市场问题，像你讲的管理问题还是大队承包的问题。

答：他们这个统称管理机制跟不上。

问：工人的工作条件你们也管吗？

答：工人的工作条件有制度。劳动保护，有关的福利待遇、奖金、工资都由企业管，各个企业不同。个人承包的有个情况是我盈利，奖金多一点。队办企业这一块，一般同志不是这么办的，跟镇办企业不一样，镇办企业都是任务指标，各种制度都是镇里制定的，有总公司。

问：镇办企业？

答：镇办企业不是国营的，是乡办企业，是集体企业，不纳入国家企业的计划。

问：村支部书记讲，他们想办科工贸一体企业，想请原来由本村出去的大学毕业、退休人员回村？

答：这是个路子。

问：镇上有没有个人承包、厂内工人入股的企业？

答：有。

问：这种情况多吗？

答：镇办企业十四五个，股份制这块我没有抓，专门有个总公司，赵经理抓，他负责。估计有十五六家股份制企业。

【企业的所有权】

问：企业的所有权不太清楚，个人有很大管理权，因是个人承包，可土地又是村里的。实际上是国家的？

答：所有权很明确，就是集体的。土地占的国家的土地；有些房屋是大队投资建的，有些设备是大队投资买的，所以所有权是集体的。厂长换了，厂子不能卖，你没有权利。承包是让你管理，有管理权，创造价值是你的权力。生产权、管理权、销售权，都是你的。但必须上交国家税金，必须向大队交利润，承包协议规定交多少，就得交多少。

问：如承包人死了，他的儿子或亲戚有权继续办吗？

答：看情况，看你儿子的能力，因为所有权是集体的，不是个人的，不能世袭，没有这个制度。如果老子死了，儿子有这个才能，胜过他爸爸，可以让他儿子承包。我们现在还没有发生过这种情况。

问：承包人如果不愿承包了，转给别人行吗？

答：不能随便转让。在你承包期内干不了了，解除契约，然后再找出新的承包人。固定资产的购置也得经大队同意，从这方面也对他限制。如你本身投资那么多钱，贷款大队得控制，如不控制，有的厂长粗放经营，贷很多款，将来亏了，他又走了，大队必须控制。

问：他们的管理权有一部分自由，但不完全自由？

答：对，可以这么说，不能完全放开，宏观上控制，微观上放开。贷款必须由总公司批，总公司不担保，银行不贷给你。

问：我们发现有些工厂，股份制不多的话，这个厂很容易救不活啦！

答：对。目前，私人办的厂，就在本人住宅里，除了税金由工商部分协调管理外，镇里不太管，可以扶植。

问：个人办的大队管营业执照，集体办的得批准注册？

答：对。

【乡镇企业的劳动条件和保护】

问：你每年检查这类工厂吗？

答：由队办检查审核，队办企业办公室即“队办”。固定资产的清查、财务检查、安全、劳动保护都由队办企业来检查、监督。

问：劳务纠纷多吗？

答：咱们这边目前还没有。

问：主要是劳动力不够？

答：也不是不够，劳动力还行，村里可以进一部分劳动力，社会上也有劳动力。这地方有四川省、湖南省、陕西省、河北省、河南省的。劳务市场都有。

问：这对工作条件有没有影响？我在河北省调查多次了，他们那里的工厂有污染问题，工人得到工资外，其他都没有。生病啦，工伤啦，工厂都不管，也没有退休金。

答：北京市有个16号文件，1993年劳动部的文件，关于农转工这块，有关于工资的定法。工资按参加工作时间定，多少级不低于多少钱，都有规定。按参加农业劳动时间算起，定工资。还有副食补贴、劳动保险、退休金、农业户转非农业户的，都有明确规定。现在，农村这块经济条件好的也可参照。北京市劳动局也有这方面的规定，不管是合同工、协议工也好，工资不能低于多少，看病问题也有规定。有的地方可以参照，但也不能一刀齐。有的有，有的没有。队办这块一般产假都有。还有妇女的劳动保护，在经期干轻活，都有适当的照顾。一般工人有病，有的厂给报销，按工龄和技术等级。比如有的技术等级比较高，贡献大就可能报80%，工龄短，贡献小的可能报20%。还有的工伤住院都得管，一般小毛病就自己吃点药，不管啦！花不了多少钱。我经手过几起工伤、车祸，全部报销医疗费。

问：你们乡的工资最低不能低于多少？

答：最低工资一天不能低于5元人民币，不算奖金。5元本地人都不干，都是外地人，从很远的地方来的，要维持他的生活，本地区的人生活条件比较高，不能低于10元。

问：有这个规定，本地人10元，外地人5元？

答：不是说这个规定。如果低于这个数，没人去你的企业。这边经济比较发达，到广州市那边10元都没人去。

【劳动市场和失业】

问：你们乡待业青年有吗？

答：农业户没有待业青年一说。

问：非农户有吗？

答：可能有。因为高中毕业大学没考上，必须在家等待劳动局分配。有的分配了不去，嫌工作不好，等着。非农业户有这种情况。

问：农村剩余劳动力有吗？

答：农村剩余劳动力不多，农村的人一般都勤劳朴实，都想干点事，不像城市的人。现在有镇办企业、县办企业、市属企业、村办企业，一般都想找工作干，而且现在的年轻人，没有一定规模的企业还不去。有一定规模的厂他去，像顺北服装厂、顺义合营的货箱厂。除此之外，个体养殖业，还有一部分个体商业户，县城小年轻的包一个大冰柜，一夏天赚七八千元，卖冷食。

问：一个人呐？

答：一个人。有人专门送货，他是定点的，有冷藏车给他送。

问：一个人一夏赚七八千？

答：对。看是一个大冰柜，但不单是卖冷饮，还卖烟、小食品，一年七八千不多。

城市有待业的，农村很少，除了有病的、呆傻者不好找工作，农村不存在待业问题，有的找点临时工，一天也能拿点钱。

【流动人口和计划生育】

问：你们镇有很多临时户口，你们管理他们吗？

答：对。我们也得管，凡是外地的都得登记，暂住。

问：沙井村有 200 多户，每个村都是这样的？

答：对。我们全镇流动人口有 12000，截止到 1994 年 6 月底的统计。

问：你们怎么管理他们？除了登记之外。

答：暂住人口登记证到地方派出所办理，也就是公安部门办理这个。

关于流动人员顺义镇有 12000 人。最近几年随着市场经济发展，是个好现象，证明我们这个地方经济发展了，有吸引力。这个地方缺乏劳动力是个补充，对知识人才是个交流，是个知识、人才、文化的大交流，对发展经济起促进作用，这也是好事。但也有不利因素，本地区人口膨胀带来了新的问题，如果管理不当会出现许多问题。首先是人口问题，牵涉到计划生育问题，到这里来经商的好多拉家带口，计划生育怎么管？我们根据情况，首先对这部分人采取建卡登记制。根据这些人的谋生手段，根据他们的年龄结构，根据他们的婚育状况，分三类管理：放心户——单身汉、有一个孩子就绝育了；关心户——是指他们采取了一定的避孕措施，如放环、吃药等，对他们要经常关心，采取点措施，杜绝多生危险；还有重点户——一般的只有一个女孩，他们地区比较贫穷落后，他还想要儿子，也没采取什么措施，只说吃药了。而且年龄正处于生育高峰。根据这三种类型，对关心户和重点户每季度进行孕检——验尿，能检查出怀没怀孕。对每季度检查的情况进行登记，发现问题，采取措施，这是第一点。第二点，建立强有力的制度，使计划生育规范化。流动人口来了，雇工单位和驻地单位两级负责制，用工单位每季度检查一次，驻地单位，房东要给他们讲计划生育的优越性，人口若控制不住，资源紧缺，也影响你本人致富。还要对他讲计划生育是国策，不是你一个人的事。国家经济发展不上去。住户有义务向他们宣传这些。另外，办暂住证的时候要收他的婚姻证明，生过几个孩子要当地的证明，才能办暂住证，否则不行。我们镇里设有计划生育办公室，就根据单位用工情况向他原籍发信，了解他的生育情况，以组织的名义向当地组织调查了解情况，取得证明。第三点，工商、税务、司法、民政部门，协调共管流动人口这块。不计划生育超计划的怎么办？工商部门知道怀孕了让做去，不做的没收其执照；公安负责收暂住证，出租房户也不同意你住了。从各个部门卡住了，流动人口的计划生育也就顺理成章了。

【都市、农村的计划生育】

问：我听说有的地方是这样的，如果第一个生的女孩，到一定年龄还允许他生第二胎，北京地区只许生一个孩子，如果他家是安徽省，要生第二个孩子，你们怎么办？

答：要当地证明。如属于少数民族，按着国家的规定可以。

问：如果都是在这里结婚的，可以生吗？

答：可以，叫准生证。户口上在原籍。我们为什么要与当地取得联系呢？如男方24周岁，或25周岁，女方23周岁，结婚啦，单位给他生育指标了，有证明就允许人家生。

问：生育指标在原籍拿？

答：对。如果原籍没拿，原籍出证明这里也给。按计划生育，该生的给生，不该生的不给生。

问：这里没有出现什么大的矛盾吗？

答：没有。北京地区出台了一个《计划生育条例》，有规定。

问：大城市比农村管得严是吗？

答：这个地区与北京市一个标准。山区怀柔、密云那儿就不一样了，允许生第二个孩子。北京有的也允许生第二个孩子，如第一个孩子有病的，允许要第二个。

问：第一个是女孩不行吧？

答：不行。女、男都一样，我有两个女孩，再要个男孩就不行了。那时还允许要两个呢，后来只允许要一个。

【顺义镇计划生育指标】

问：你们镇的生育指标今年是多少？

答：317个。市里给县里，县里给我们的。

问：是报上去的吗？

答：是报的，也是给的。今年完不成任务，生不了317个。

问：没那么多人生孩子？

答：农村有很多复杂情况，全镇育龄妇女9234人，我们完不成的原因是，有许多年轻人结婚后不马上生小孩，等几年以后再要孩子，怕有了孩子拖累他们，他们想多过几年清闲日子，或多积点钱。有老人的想早要，给他们看孩子，情况也不一样。

问：完不成也没多大问题？

答：完不成也不行，必须按计划生，今年少生，明年多生不行，多生不行，少生也不行，这叫有计划地生育。

问：刚结婚的要等4年以后再生给指标吗？

答：1994年给你指标，你不生，最好今年生。今年不生以后生也行，反正指标只给一个。按理说给你指标就应该生，但你不愿生也行。也有不怀孕的，有病怎么办。

冯瑞芬（35岁）

时　　间：1994年8月26日下午

访 问 者：顾　琳　张利民

访问场所：沙井村村委会办公室

【家族、少女时代】

问：你是哪年出生的？

答：1959年8月24日，阴历，刚过完生日。

问：你是本村的吗？

答：不是。

问：出生在什么地方？

答：后沙峪公社枯柳树村。

问：离这儿多远？

答：10里地，在这个村正西。

问：你娘家有几口人？

答：7个孩子。我排行老五，大排行。

问：你父亲是务农吗？

答：务农。我们小的时候他去北京上班，家里孩子多，困难，就回来啦！

问：这大约在什么时候？

答：1959 年以后，或在这之前。1959 年又让工人下乡，1960 年左右，因家庭困难，回到村里来啦！

问：你妈妈和孩子们都在村里？

答：是。

问：你几岁开始上学？

答：9 岁开始上学，上到高中，18 岁毕业。

问：是村里的高中吗？

答：不是，这个乡的高中。

问：那时候喜欢哪门功课？

答：数学。

问：毕业后回家？

答：在生产队干活。

问：干会计什么的？

答：干农活。

问：那时候高中毕业分配工作吗？

答：不分配。

问：在大队干活多少年？

答：五六年。

问：哪年毕业的？1959 年生。

答：1978 年毕业，1984 年结婚，那里有板房，我们搭的板房。

问：这个生产队吗？

答：不。我妈那儿。

问：这里不也有吗？

答：这有啊！我结婚不在这儿。

问：在那里是普通社员吗？记工分什么的？

答：对。

【结婚】

问：你怎么认识你爱人的？

答：经人介绍。

问：介绍人是谁？

答：我姑婆。

问：这边儿的吗？

答：对。

问：姑婆是？

答：爱人的大姑。男方的姑姑。

问：她怎么认识你们？

答：她嫁到我们村。

问：请介绍一下经过，恋爱经过。

答：先在我公婆家见了一面，再到我们家去看看，相互都看看，跟他娘见个面，双方没意见之后，相互来往，或通信。

问：这么近还通过邮局寄信？

答：通信。主要是来往。

问：第一次你与他见面的印象怎样？他高中毕业？

答：不是。初中。

问：他在这个村干活？

答：在农场，不是咱村的农场，在公社农场。

问：哪年呀？

答：1984 年。

问：他叫什么名字？

答：张长学。

问：他是哪年生的？

答：1960 年。比我小一岁。

问：从第一次见面到结婚几年？

答：一年多。

问：何时订婚？

答：结婚前的两个月。

问：你们订婚前见过好多次吗？

答：对。见过好多次了。过年他到我们家来住，在一起待会儿。

问：你们两个是不是上街看电影？

答：看过电影。

问：你们两谁最先提出结婚的？

答：这边。男方这边主动提出的。

【婚约】

问：订婚之前你到他们家看看是怎么样的吗？

答：先看他的房子、人口，我们家来几个人，看看小伙子怎么样呀，提点意见，都没意见了再来往。再向村里打听打听，人好不好。

问：你们结婚时交换小礼物吗？

答：我们结婚时，他们这头儿拿六盒，里边有茶叶、肉、面、酒、匣子之类的东西。

问：原来就有的匣子？

答：匣子是装点心的，是点心匣子。

问：是他送给你们的？

答：对。

问：你给他什么呀？

答：还给他们两盒就行了，这是风俗。

问：订婚的时候给你钱吗？

答：给我钱。

问：是为了结婚吗？

答：不是，就是订婚钱。现在见面还给钱呢！那阵没有。

问：都是男方给女方？

答：对。

问：有订婚戒指吗？

答：那时没有，现在有了。

问：订婚钱是你自己用，还是给你父母？

答：一般都是自己用。自己所有。

问：订婚后就准备结婚吗？

答：两个月后结的婚。

问：订婚的时候房子盖好啦？

答：盖好啦。那时特别重视房子，没有房子也不同意呀。第一人品，第二房子。

问：这是他父母给你们盖的？

答：对，他父母给他儿子盖的。

问：盖了几间？

答：五间。

问：娘家陪嫁什么？

答：我们家孩子多，能陪嫁什么呀！有大衣柜，高低柜，写字台。家具都是女方陪。缝纫机、自行车、手表是订婚时给的。

问：被子也带吗？

答：陪了我四铺四盖，娘家给被褥。

问：这是你们家的钱吗？

答：对。这么多年了，我干了这么多年活啦，也表示表示吧！

问：被子也是陪过来的？各地不一样，南方是这样的，天津市不是这样，被子和家具都是男方的。

答：对。河北省也是男方准备。我们这里女方陪，有条件的彩电、冰箱都是女方给。男方就准备好房子，两铺两盖，剩下的都是女方给。常说“女儿结婚一场空，儿子娶妻一大屋”。女儿结婚人走啦，东西也拉走了，不是一场空吗。男方结婚一大屋呀！女方条件好的还陪土暖气、煤气罐。

【结婚仪式】

问：1984 年比较朴素简单的？

答：对。那时还骑自行车呢。

问：他去接你吗？

答：骑自行车接的，还没有汽车，1983 年汽车还少。

问：你也是骑自行车来的吗？

答：对。

问：是不是系红绸什么的？

答：没有。也没叠花，什么都没有，特别简单。

问：穿红衣服吗？

答：穿红的。

问：婚礼是什么方式？

答：来这儿是上午到的，来这儿之后先换身衣服，双方互相介绍，举行结婚典礼。

问：拜天地吗？

答：那阵儿没有。只是双方介绍，向亲

友介绍，向亲友们点头，人家还给钱呢。

问：是那时改口吗？叫爸、妈。

答：订婚时就改口了。订婚前不叫公婆、爸爸、妈妈，订婚后才叫呢。订婚时长辈拿点钱，就改口了。

问：订婚的时候是双方商量结婚的事吗？

答：不用商量。女方头一天办，男方第二天办，举行结婚仪式。也就是结婚的前一天女方请女方的亲戚到家吃饭，规模小，亲朋多的请的多。

问：你结婚时请了多少人？

答：20 来桌。一桌 8 个人。普通家庭办事都得 20 多桌，因为以前别人家办事，请咱去，自己办事也得请人家。

问：有同学？

答：有几个同年人。

问：也吃、也喝什么的？

答：对，买点纪念品。

问：他们带礼物吗？

答：带。送钱，送被面。

问：一般送多少钱？

答：多的 20 元，亲近的给 20 元，不那么近的没有那么多。随份子的都是 5 元。

问：放在红包里？

答：对。

问：在你家里办的？

答：在家，上午办的。

问：不是晚上人多吗？

答：一天都有人，中午人最多，晚上也有几个，第二天还有事，他们把我送走。尤其是亲近的人晚上陪着我，第二天送到男方家。

问：你结婚的头天晚上睡着觉吗？

答：在他老家办的事。有两处房，我们是住新房。

问：不是结婚的那天，说是头一天晚上？

答：想法多啦，没怎么睡好觉。

问：离开家是不是哭啦？

答：哭啦！饭都没有吃下去。

问：他来接你，是不是有人陪你们去？

答：对。

问：什么人陪你们去？

答：我们家陪我到这来的是我哥、嫂、姐夫，男女都有。

问：几个人？

答：两男、两女，成双结对，男女都有。姐姐、嫂子。

问：跟他们见面，然后吃饭？

答：对。我们先吃，因为是近亲，是第一桌。

问：请了多少桌？

答：十五六桌。与我们家差不多。张家在我们村是大户。

问：白天请人吃饭，晚上也请人吃饭吗？

答：晚上也得三四桌，当家子亲近的在一起吃。

问：你哥、嫂？

答：他们都回去了，都是张家人，也好几桌呢。

问：晚上是不是年轻的朋友闹洞房？

答：没有。

问：第二天？

答：第二天就正常啦，该干什么干什么去，就成为家庭的成员啦，该尽什么义务尽什么义务。我们在新房住，起床烧火做饭，收拾屋子，履行做儿媳的职务。

问：没分家？

答：没有。刚结婚与我二哥嫂他们在一起呢。我们没结婚时他们在一起过，我们结婚一个多月就分家了。

问：一个多月就在新房开伙做饭了吗？

答：是。

问：他家有多少人呀？

答：他父、母、哥、嫂。我们婚后几天二嫂他们生了一个小孩。

问：你结婚时你二嫂有身孕，参加了你们的婚礼吗？

答：按风俗是不行。

问：为什么？

答：老风俗，不知道为什么。好像说大人有两只眼肚里的小孩也有两只眼，四只眼好像看了不好，对新人不好。她在我们婚后几天就生孩子了。我们腊月二十六结的婚，她正月初四生的孩子，小孩满月后就行了。差几天，她没有参加我们的婚礼。他大嫂接的我们。

【沙井村服装工厂】

问：你结婚后是不是不马上参加工作？

答：一个月。正月十三我就到大队服装厂去了，还不到一个月。

问：几天的工夫就联系好到厂里去啦？

答：是，结婚以后没有多久就去了。在村服装厂。

问：在那里工作了多长时间？

答：一直到1992年，共8年。

问：做衣服还是在办公室？

答：做衣服、验活都干过，工人、验活、记工都干过。

问：多少工资？

答：70～80元，1985年那阵儿，还算不少呢。工人的工资70～90元，那时就不少了。

问：1992年到这里来之前，工资多少？

答：有时300多，也有400的时候。

【孩子出生】

问：你有小孩吗？

答：有。1985年1月23日出生的，一个小男孩。

问：叫什么名字？

答：张鹏。

问：他上学吗？

答：上学，开学上三年级了。

问：那时是计划生育吗？

答：是。

问：要生育证明吗？

答：那时没有。

问：以后就不能随便生了？

答：那时生第二胎罚点钱也能生。当时罚的少。

问：生孩子以前一直工作吗？

答：1月17日是预产期，我18号还加夜班呢。当时我们做西德的裤子，18号做了一夜。那时还有印象，就在大队这里。17号是预产期可没什么反应。18号加夜班，第二天早晨才睡。

问：生在家里吗？

答：在医院生的。加完班后，让我吃完包子再走，可我吃完包子又不好意思走了，所以又干了一夜。23生的，在这儿吃的包子，撑着呢。

问：生完小孩产假给多久？

答：40多天。

问：孩子怎么办？

答：我婆婆看着。

问：产假给工资吗？

答：不给。

问：你婆婆多大岁数？

答：50多岁。

问：可以回家喂奶吗？

答：中午回去喂奶，中间也可以回去喂奶。

问：你爱人回家帮忙做家务吗？他还在农场吗？

答：在公社农场。

问：他给孩子洗衣服吗？

答：少。

问：他每天8小时上班，中午回来吗？

答：回来。8 小时的班。

问：孩子生后马上立户口吗？

答：生后半年办的，连我的户口，是我办的。

问：你的户口在你娘家呀？

答：在这里。

问：中国有没有法律规定生了几天之后立户口？

答：没有明文规定。自己愿意什么时间办都行。

问：小孩过满月吗？

答：过。男孩子向前提一天，如这个月 30 天，向前提一天过满月。

问：怎么过。

答：像办喜事一样，亲友都来，像大人结婚似的，亲友、邻居都随份子，送东西，大吃大喝一顿。

问：你们请了多少桌？

答：也 20 多桌。

问：你娘家的人也来吗？

答：来。

问：生了一个男孩子很高兴吧？

答：是，挺高兴的。

【子女命名】

问：谁给孩子起的名字？

答：是我起的，叫张奇。

问：起名字时还没报户口吗？

答：报啦。后来改为张鹏，具体时间记不得了。

问：张家的名字后边也就没辈了？

答：他爸爸是三个字，他这辈该两个字了。叫什么随便。

问：为什么改名字？

答：因为“奇”不理想。

问：他小的时候你很忙吧？

答：还行，我家的婆婆非常心疼儿女，我下班时她把饭已做好了。

问：你们不是自己过了吗？

答：我婚后一个月分家后，老太太搬我们这边来啦，跟我们过了。我们都上班，这样家庭负担就小了。

问：你公公呢？

答：也跟着我们过。

问：张家哥儿几个？

答：哥儿 3 个，我们最小。老大尽义务多，老二玩闹的多，最小的父母疼爱的多。每个家庭都这样。

问：你们是五口之家？

答：1989 年我二哥家有个二胎，又把老太太接到他家去了。

【生育二胎的罚金】

问：1989 年得罚款吧？

答：罚了 3000 元。第一个胎是个儿子，第二胎是个女孩，他们愿意要个女孩。那年我们村超生了 5 个，公社要罚 15000 元，我们罚他们每人 3000 元。1989 年全公社各村都有超生，不光我们这个村。公社向大队要 15000 元，大队向各户要 3000 元，也交上去。15000 元是公社罚大队的。这么算起来每个孩子不止罚 3000 元。

问：这些钱也没法下账啊？

答：收完了用于计划生育费。

【计划生育干部】

问：现在你们三口人吗？

答：对。

问：你 1992 年来到大队工作吗？

答：1992 年 3 月。

问：是调过来的还是自愿来的？

答：调过来的。

问：你感到这项工作难办吗？

答：有上边书记他们的支持，也不算太难，反正也不易。

问：你开始做这项工作时到上边培训吗？

答：没有。

问：到上边开会吗？

答：到公社开会。

问：一年去几次？

答：不一定。1992 年去得多，去了四五次。

问：乡里下来的多吗？是文件多，还是人下来的多？

答：人下来的多，要查育龄青年，经常到村来对。

问：管理计划生育，你都管哪些事情呢？

答：多啦！结婚的、怀孕的、生育的、孕检的、使用避孕工具的，所有育龄妇女的事都得管。没结婚的只要他们领结婚证，我们都得户口登记，发给他们一个一胎生育证。一胎必须是计划生育，不按计划的，算计划外怀孕。

问：刚结婚就可以拿吗？

答：只要拿到结婚证啦，符合法定结婚年龄的，都发给他们证。

【沙井村计划生育指标】

问：现在你们村有几个育龄妇女？

答：170 多人，结婚育龄的。

问：计划指标有几个？

答：七八个吧。

问：需要生的人比这多吗？

答：差不多，生的人比这计划数字少，因为刚结婚的人不一定当年生小孩。还有特殊情况不生的。

问：如有计划外生育的，从书记到你这儿都得负责任？

答：是。

问：结婚时他们都得到卡吗？给一胎出生证吗？

答：对。我们负责给他们送一张。

问：什么样子的？

答：有父母姓名，出生年、月、日，哪年结婚，计划何时生。内容就包括这些。上户口时看到这个，符合一胎的可以上户口，不然不给上。

问：接生医院也要看这个？

答：对，医院看，派出所报户口也看，单位不用看。

问：昨天我们访问卢镇长，他说把他们分三类：有放心户、关心户、危险户。你们村分吗？

答：分啦。

【计划生育、重点户】

问：怎么分？

答：没采用长效措施的，或者再婚已有两个孩子的，大姑娘不许生，这都是重点户。或者结婚没到生育年龄的都是。不到晚婚晚育的年龄的，不是不到结婚的年龄。我们这是女 20 岁，男 22 岁可以领结婚证，有的结婚太早的，不给他一胎出生证。这都是重点户。如果男方已结过婚，有两个孩子，又娶一个大姑娘，这就不许他要孩子啦。这也是重点户。我们经常给他送药，做动员工作，这就不好弄。有的再婚许可要，但两个孩子间隔不够 4 年，或女方不够 28 周岁这也是重点户，她等到够 28 岁了再生。给她领规划证来了，再生。这也是重点户。

问：重点户有多少？

答：没采取避孕措施的，没放环的可能有十来户。

问：这里边哪种类型的多？

答：没采取避孕措施的多，再婚的是少数，个别的，只有两三户。

【重点户的管理】

问：按照规定他们不许生？

答：对。现在离婚率高，也不好管，如他们离婚后，走了，又跟别人结婚了，这种情况也不好管，这里有五六个呢。比如他们离婚了，有一个孩子，孩子不管归谁，他再要一个呢？不也不好办吗？我们总得追着。

问：他不在这里怎么追呀？

答：跟他单位联系呀。让他们一个季度交一次孕检，或回家来孕检。

问：从人的感情来说有点可怜。

答：可是不行啊！尤其是大姑娘第一次结婚，谁不希望有个孩子呀，我们也同情，可法律上不允许呀。1991年9月1号颁布了一项条例，挺严的。

问：如果他们计划外生了，是罚款还是怎么办？

答：不能让他们生，我们这里一个季度做一次孕检，见不到他们就找我，避免他们怀孕久不能挽救。7月刚做完孕检，10月份还做，对重点户，一两个月就做一次孕检。我们买了两箱洁尔阴，按已婚妇女170多人，买了180瓶，一人发一瓶，连孕检一起发。

问：不要钱吗？

答：不要，不然没人来，若到医院去做，得花好几元钱，到这里不花钱白做都没人来，所以我们发点东西，吸引她们。

问：一般发现的多吗？

答：不多，本村的少。流动人口没给做孕检，外地住房的发现过。第二天再带着她做人流去。

问：问题主要出现在流动人口身上，本村基本没有？

答：对。本村基本没有。

问：你说的已婚的、再婚的是本村人吗？

答：是。

【离婚】

问：现在离婚的多不多？

答：多，这两年挺多，前几年少，这一两年有四五个了。

问：多大岁龄？

答：20～40岁之间。

问：是感情不好吗？

答：多种因素。岁数小的，不稳定，岁数大的是感情不好。

问：这里现在离婚也不是不好意思了吧？

答：不是不好意思了。

问：离婚也可再婚吧？

答：可以。

问：过去离婚不是这样的？

答：过去离婚被认为不好。这两年离婚多了，我们村长和治保主任尽量调解，离婚得到村里开介绍信，调解无效才给开信呢。

问：调解好了几个？

答：经调解能保持一年，可后来还是不行。张维新他们我们调解后稳定了一段，可还不行。

问：你调解吗？

答：村长、治保主任。

问：孩子归哪方？

答：情况不同，按妇女权利保护法讲，女方不放弃就归女方。女方不要可归男方。

【避孕法】

问：现在最普通的避孕方法是什么？

答：宫内放环，因为省事，绝大多数用这个方法，也有用避孕套和服药的。

问：绝育的不多？

答：两个孩子的绝育的多，一个孩子的我们也不号召。村里有17个绝育的。两个孩子的必须绝育。

问：有男的绝育的吗？

答：没有。咱们这边还是重男轻女。

问：全世界好像都是这样的。外国也是这样，男的绝育的不多。用什么套？

答：避孕套。

问：外国为防艾滋病都用避孕套，这边……

答：这边没有。自愿用。

【性教育】

问：女孩子的性教育几岁开始？

答：这边还没开展。

问：学校有吗？

答：没有。中学有生理课，但不是专门的性教育。北京市有。

问：婚前检查有吧？

答：有。大夫检查，放录像。如果女孩子快结婚了，到公社看录像去，就是婚前教育。在乡计划生育办公室看，必须得看。

问：去几次？

答：一次，男女双方都得去看。

问：是什么内容？

答：从生理到入洞房的过程。我没去看过，小青年在那儿看，我们到那儿是去办公。

问：没结婚的人的性知识水平怎么样？

答：现在电视、书介绍这方面的知识不少，都差不多，不像过去了。

问：新结婚的你给他们卡片，之后是不是跟他们宣传？

答：对，多少给他们介绍一点知识，他们领结婚证时也给他们一本书，《新婚必读》，也有《新婚之夜》。我们结婚时给过。

问：美国有检查，看一看有没有性病，日本没有。

答：男女婚前都化验血，看有没有肝炎或遗传病。检查项目很多，血、尿、血压等。属不属于近亲结婚之类的。

问：普通结婚一两年后就生一个孩子吗？

答：两年之内一般都生一个小孩。

【新生儿性别比例】

问：男女新生儿比例？

答：差不多，1991 年女孩多点，1992 年男孩多点，基本上差不多。

问：1991 年女孩几个？

答：记不清了，1991 年生了 8 个孩子。1992 年 7 个，1993 年 8 个，今年刚出生 2 个，计划 6 个。生了 3 个，死了 1 个还有 2 个。7 月 23 日生的，8 月 4 日死的，小孩有病。死在医院了，刚生下来时肺炎。吐血、尿血。

问：死了以后还有计划吗？

答：有。

【流动人口和计划生育】

问：对流动户口怎么检查？

答：一两个月入户检查一遍。见到大肚子检查他们的结婚证、规划证，看他们有没有不符合规定的，让他们做人流。他从哪儿领的生育证就到哪儿生去，不能在我们村生，如果在这里生了，对我们村影响不好。比如第二胎，北京地区只能生一个孩子，不许生第二个。大别山那里隔 4 年可以生第二胎，还有的地方，第一胎只要是女孩，就可以生第二胎，所以我们不许外地人在这村生。有结婚证、规划证、生育卡，许可在这里生，符合条件，或刚结婚的，证件都有的也许可。

问：他占你们村的指标吗？

答：不占。北京市有个《暂住人口条例》。

问：你对他们的管理是检查吗？

答：对。

问：外来人口中有几个女的有孕？

答：有 30 多人是育龄妇女。单身汉多，探亲的多。

问：这 30 多人是固定的吗？

答：不完全固定，有的住两个月就走了，又登记新来的人。我们有一本流动人口账，谁迁来啦，谁迁走啦，随时记录。老登记去，一个月登一次。

问：你们与户口在一起？

答：对。我们一块连户口在一起。

问：她们来后就登记户口吗？

答：有时候有人钻空子，觉悟不那么高。

问：这些女的是从哪里来的？

答：四面八方都有，最远广西省。河北省、肃宁县、香河县很多地方的。

问：香河县很富，为什么到这边来？

答：她们也是种地的，那儿也比这边不差，三河县也有。

问：避孕的工具给她们吗？

答：给。没有上环的让她们上环去，还有不上环的给她们药物什么的，不要她们的钱。

问：重点户也有吗？危险户？

答：没有什么危险户。如果她怀孕了，说当地有证明，就让她回当地去，不让她在这里生。如果在这里住就得把肚里的孩子做掉。

问：这样的情况多吗？

答：这村去年有两例，今年还没发现。

问：这样做她个人和她家庭不是反对吗？

答：反对就不要在这里住哇！

问：本村人也有这种事吗？

答：本村没有。

问：本村没有怀孕生第二胎的？

答：本村没有。

问：是你开始做这项工作就没有了吗？

答：对。

【计划生育的宣传】

问：是宣传的效果？

答：对。从1990年到现在没有。平常在喇叭上宣传，办板报，入户发宣传文件和《孕妇须知》、《知识问答》等书。宣传中央文件，在喇叭中经常放录音，各户都能听到。

问：每月一次？

答：一个月放一回。春节放的更多，因为春节探亲回家的多，休假，所以计划生育部门抓得紧。

问：流产的多吗？

答：不多。一年有一两个。

问：本地人还是外来的？

答：外来的。本地人一个没有。本地人生完小孩后就放环，就避免了。或生完小孩过一个月我们就给她送药去，或督促他们采取措施避免她怀孕。

【治安状况】

问：外来户除计划生育以外，还有什么问题？

答：别的问题，我们村有个治安组，管理比较好。

问：本地人与外来的有矛盾吗？

答：少，没有。

问：风俗习惯不一样呀。

答：一般的服从这边的风俗，入乡随俗嘛。

问：比如男的比较多？

答：没有，特别“横”的没有。偷的现象有。

问：偷什么啦？

答：被偷的。是家里没人的，白天被撬了，丢钱了，有一户丢了2000多元。去年发生一起，夏天不关窗，是纱窗，结果被撬。

问：这个人逮着了吗？

答：没有。

问：现在家家锁门？

答：对。有养狗的不怕，没有狗的必须锁门，不然小偷容易作案。

问：有多少户养狗？

答：80% 的户养狗，基本上家家都养。一来防贼，二来家里有剩饭不养猪、不养鸡，养狗吃剩饭。都上班家里有狗安全。

问：是这两三年的事？

答：对，这两年。这村有个批发市场，流动人口特别多。这个村 270 人，60 多户，还不包括一院住五六户的流动人口。

【临时住户】

问：有没有本地人与流动人员结婚的？

答：没有。

问：本村的年轻人与外地人来往吗？

答：没有。像福建省来的带着家属，装卸工是装汽车的，又脏又黑，本地姑娘谁跟他们交往？做买卖的一般都带着家属，他们有钱，可以租房，可以供养家属，光棍汉养不起家。

问：光棍汉是一个人租一间房，还是几个人一间房？

答：几个人一间房，有住四五个人的。

问：装汽车是装什么？

答：拉粮食，拉麦子，他们装卸，就是装卸工，或在建筑队工作的。

问：有七八个人住一间屋的？

答：有。他们住的那间大，一间等于二间房大，为了省钱。

问：他们开伙吗？

答：不开伙，在厂里吃。也有几个人一起吃的，有一家住着 4 个 20 多岁的小伙子，他们的面条放着一桌子，他们能吃呀，都是这么宽的面条，像片似的。他们自己起伙。看着也可怜。他们是建筑队的。

问：住在一起的都是同乡吗？

答：一般是一个地方来的，一个村的同乡。

问：这些人闹事的多吧？

答：去年四川省有个装卸工，白天不干活，晚上偷，最后把他赶走了。后来又把他逮起来啦！

问：谁把他们赶走啦？

答：镇派出所。

问：在本村偷吗？

答：在哪儿都偷，别的地方也偷。偷完了，用汽车拉走，到别处销赃去。

问：是有组织的吗？

答：好像是。

问：这些情况村里不知道？

答：如果查他们，村里知道他在住哪，协助派出所。

问：他们来的时候有介绍信吗？

答：来的时候有身份证，登记住房，检查身份证，在住家办理暂住证，不要乡队的证明。

问：他们的年龄结构是怎样的？

答：在 20 ~ 40 岁之间。岁数大的很少，有一个送煤的岁数大点，绝大部分在 40 岁以内。

问：你们村与他们联系的可能就你和村长最多。

答：对，还有老治保。我和老治保联系的多，今年张树德联系的多。管计划生育，总登门入户。

问：他们的生活条件，那年轻的人……

答：他们好像差点，吃的面条挺不像样，因为小伙子不会做饭。就一个锅，还能做什么细致的饭呀，凑合着吃。

问：他们做饭用煤吗？

答：用木材，这村木柴多。

问：他们租的房子里也是空的，没有什么家具吗？

答：一般没有什么家具。也就人住在这里，家具太少了。当地户口的，就在顺义县，他都有家具，好像在这里生活似的，什么都有。冰箱、彩电、柜什么的都有。他在当地工作，在这里住，也算流动人口，我们也管。外地住户没有家具，最多有台电视。多数只有床。

问：床是自己买的吗？

答：自己的。做饭的餐具也是自备的。

问：住的房子有卫生间吗？

答：没有。他们租的就是做饭的地方和睡觉的地方，都在一间屋内。一间房四五十元，为了省钱租一间房连住带吃饭。租多了花钱多。被子也是他们自己的。

问：一家人都在这里，有冰箱有彩电的户多吗？

答：有四五户。这是顺义县户口的。他在县某单位工作，还没有分到房，这种情况的，把家都搬到这里，有房了再搬走。

问：这里的房子与别的地方的房子价都一样吗？

答：标准都差不多。房租如提高了人家都搬到别处住去了，价都差不多，互相通信息呢！

问：给他们安排什么活动吗？

答：没有。他们做买卖很忙，夜里 9 点钟都回不来，我们上门登记有扑空的时候，卖菜、卖水果很晚才能回来。批发菜的早晨三四点钟就去了，所以组织不了。

问：春节回老家吗？

答：秋天和收麦时都回去，收秋、收麦，过年也回去。

问：房子是退了还是接着租？

答：不打算来的或没什么活的都退了，第二年来了再找别的家。

【房屋出租】

问：有多少家出租房子？

答：60 多户。270 人是流动人口，60 多人是本地的，余下的都是外地的。60 多户出租的，一家住五六户人呢。

问：他们自己住在哪里？

答：一处房租出去，他们自己住在另一处房。厢房正房都租出去，一户一户的都住满啦。

问：你们家有吗？

答：有一户，本地人。是煤建的，搬迁户。

问：你家没住外地人吗？

答：没有。

问：外来人的卫生条件怎么样？

答：差好多啦！

问：比方洗澡什么的？

答：洗澡，他们自己弄点水擦擦。到哪儿洗去呀?！人多的用太阳能的也不能洗，住在我们家的，是用太阳能洗。

问：厕所呢？

答：与房东共同使用一个。住的多的他们自己使一个。建个澡堂就好了，在几个村的边界处，投资也不大，冬天本村人洗澡的也多。

【澡堂】

问：这里没有澡堂？

答：有。顺义县里就有，收费高，人又多。洗澡，卡拉 OK，歌厅。不要弄大的，大的弄不好赔了，专为流动人口弄个得啦。澡堂子赔不了，还可养五六个人，烧煤的、卖票的、管理的都有了。

问：投资 10 万元够吗？

答：10 万元。买点设备，有挂衣钩，有衣柜。

【外来户与村民】

问：村里外来户有多少？户口进来的。

答：20 来户。

问：平均每户三五个人？

答：到不了。

问：这种人如果把户口迁到这里，能不能在这里盖房子？

答：有盖的。

问：村里提供土地？

答：对。这就算本村的人了。

问：他们与村里人来往多吗？

答：也不多。因为他们没来之前就在各厂上班，来这儿之后还是在厂集体生活，普通村民见不到他们的人。盖完房该在哪儿上班还在哪儿上班。住在这儿，人不在这儿。

问：也有人户口在这里，住不在这里的？

答：也有。

问：他不住在这里，他在顺义县里有房子？

答：比如说河东的，他那边还有房子，但户口在这里。

问：他们要到这里来是因为离顺义县城很近？

答：对。家在这儿，好比说将来可以转非呀，为了这个。

问：他们盖房用地要钱吗？

答：收点费。

问：一平方米的标准？

答：二分半宅地（0.25 亩）。他是万元户，对这个村什么贡献都没有，所以收 5000 元。如果是本村土生土长的就不同了，还花 5000 元买一块宅基地？

问：本村人孩子要结婚盖房子用地怎么办？

答：分给他地，不收钱。

问：有外来户与本地人结婚的吗？

答：没有，很少。原来有一个谈对象的，后来也吹啦。

问：外来户他们自己把自己看得比别人低吗？还是你们把他们看得比别人低？

答：不这样看，一个村的人都认识，与外来户不认识。这个村小，一看就知道谁是外来户。外来户不认识我们。

【外来户管理】

问：你们对外来户怎么管理？

答：检查身份证，结婚证明，治安这块儿发暂住证。

问：他不是已办完户口，搬到咱这里住了吗？

答：那也得查。

问：这块儿好管理吗？

答：户口在人不在的不好管，户口在人也在的好管。

问：占你们的生育指标吧？

答：对。结婚得到这里开介绍信，我们见面，见面时一次把事情都交代清楚啦。我们利用这个机会向他们交代清楚。如领一胎证，向他们讲怀了孩子采取什么措施。我们给流动人口育龄妇女发信。

问：不是流动人口的，把户口迁到这里来的外来户怎么办呢？

答：户口迁来的外来户，村里人也不认为他们是本村人，他们自己认为是本村人。因为村里人不知道他们的情况，像我就知道他们是沙井村的人。

问：过去常常开会，都认识，现在怎么样？

答：集体活动也有，我们青年组织的青年联欢晚会。我们“五·四”青年节召开舞会，“六一”儿童节举办庆祝活动，请家长来，增加相互了解，开会时用喇叭宣传，传达中央文件，书记经常宣传。

【村民联系】

问：村民联系现在差了？

答：对。过去一个生产队在一起干活，平时还有训练。现在都各有单位，像我用休息时间，晚上或早上，谈完了赶快上班，别误了，各厂都有规章制度，早退、迟到、旷工都影响经济收入，我得抽空。都忙起来了，不像过去了。人家做小买卖，赚钱多了，耽误人家一天少收入很多钱。现在在厂子里工作与以前不一样。

【村组织】

问：村里除党的组织以外还有什么组织？

答：共青团、妇联。

问：妇联做什么？

答：妇联有妇联主任。

问：妇联有什么活动吗？

答：有活动。

问：看出咱们这里已忙起来了，民兵有吗？

答：有。

【电影放映】

问：也没什么活动吗？

答：对。

问：年轻的人还没有结婚的人？

答：对。他们都在各厂子，厂里组织什么活动，他们都参加这个去，都在厂里上班了。

问：放电影吗？

答：放。不定期的，经常放，看的人特别少，夏天怕蚊子咬，冬天怕冷，就是几个小青年在一起热闹热闹。

问：那不赔了吗？

答：赔也得放。看电影的孩子多。放多少电影是上边派下来的任务。顺义县放映队来村里放。1992年来这边放，没几个人，冷冷清清的，我给人家倒点水什么的，后来人家走了。

问：给他们钱吗？

答：给呀，一场100元，两场200元。这不像室内夏天有空调，冬天有暖气，干嘛挨咬挨冻啊！

【幼儿园】

问：大人都上班了，老人和小孩呢？

答：小孩小的在幼儿班，大的在幼儿园，解决后顾之忧，大人好上班去。

问：幼儿园也没有寒、暑假？

答：没有。

问：幼儿园老师的钱大队出？

答：对。本村的20元，外村的40元，赔钱的事，这都是为人民服务的事。水什么的用起来多方便。

问：下水道有吗？

答：有。村里没有，大队和幼儿园有。

问：县里有吗？

答：顺义县里有。

问：幼儿园的下水跟顺义县里的接起来？

答：对。花了部分钱建的。

【计划生育经费】

问：你们村计划生育的经费有多少？

答：也不少，给独生子女费。独生子女父母养老基金会，出生一个人一个，到55岁就可以领一笔钱，等于退休钱，都是大队给出。现在是300元，到55退休，多少钱呀！放环的还给20元补助。

问：只生一个孩子的给300元钱，每年都给300元？

答：不，就这一年给300元，入养老基金会。女的到55岁拿着证领，好像存款似的领，一月一领。

问：一月多少钱？

答：按年龄算，六七十岁，七八十岁。如20岁入的，领的钱就多，这笔钱好像存起来，利息的钱就可观了。岁数越小入养老基金会得的钱越多。只生一个孩子的村里就拿出300元给她入基金会，她就不许生二胎了。

问：是一次性的？

答：对。独生子女费一个月 5 元，一年 60 元，给到孩子 14 周岁。这是父母都在村里的。一方在村里的给 30 元。

问：你刚才说的放环给钱？

答：给 20 元。如果是今年放环，今年就给 20 元，以后就不给了，放环的钱也报销。

问：绝育的？

答：绝育的给 500 元。避孕药品、避孕工具全部免费。这是公社出钱。

问：一年多少？

答：3 万元左右。幼儿园、为老人办的机构都赔钱。

问：人工流产给钱吗？

答：因为我们抓紧工作，一般不出现流产的情况，极个别的，我们不给钱。因为流产是自己的责任，我们给你送药，你不使，不用，所以我们不管。计划生育现在绝大部分人能接受。我们再给点优惠政策，一般能接受。

问：1990 年以前行吗？

答：困难多，书记都去做工作。现在老人有保证了，妇女有保证了，要二胎的想法就少了。村里重视，如果村里什么都不管，要什么都不给，有的人认罚款也得要第二胎。现在老人一领退休金，他就说：有几个儿子管什么呀，花他们的钱还知情呢，这花国家的钱，到时候发给我，我还不知情，到时候抬下腿就领钱啦。有这种想法，有一个孩子也就得了。

问：什么钱？

答：退休老人退休金。

史庆芬（村党支部副书记）

时　　间：1994 年 8 月 27 日下午

访 问 者：顾　琳　张利民

访问场所：沙井村村委会办公室

【1960 年代、70 年代经济状况】

问：你当会计的时候村的经济情况是怎样的？你是 1969 年当会计的，结婚了，来这儿了？

答：对。来这儿当会计了。

问：那时候的经济收入怎样？

答：那会儿的收入可不行。我是 1969 年 3 月份过来开始当会计，我过来就接会计啦，大队会计。

问：你在原来那儿也当会计了？

答：对，我原来在那边就当会计，也是大队会计。这里原来有个大队会计不干啦，正好没人，我的组织关系过来啦，当时已是党员，大队书记说，你赶快迁过来，好接任，要不还得过些日子才迁呢。当时经济上不太好，全村的地都算上 920 多亩，包括苇塘。园田有点，还不多，粮食作物多。两个队核算总收入共收粮食 40 万斤，两个队合在一起。那会儿粮食不值钱，收入低，一毛零几一斤，一毛零四，总收入两个队共 5 万元。

问：这是 1969 年？40 万斤粮食，有没有返销粮？

答：是 1969 年。不吃返销粮。

问：前进村的党支部书记邱坚说，1976 年他们村还吃返销粮呢。

答：对，他们村吃返销粮。他们村地少。

问：一人一亩地，共 1000 多亩地，1000 多口人。

答：他们村有多少地我不清楚。

问：这里一直没吃返销粮吗？

答：这村一直没吃返销粮。

问：那时工分的价值？

答：1969 年我来的那年工分值才 5 毛多钱，5 毛零 8 厘，这是一天的工分值，一个劳动日，10 分。

问： 你第一年得到多少钱？记得吗？

答： 40元。

问： 你一个人吗？

答： 不是一个人。当时我们家人还多呢。有公公、婆婆、小姑子、小叔子。弟弟妹妹都上学，共6口人，分得40元。

【1969年的一队、二队】

问： 我们听说当时二队的收入好？

答： 后来好了，开始时二队不行。我刚来时二队收入低，不好。

问： 那是什么时候调过来的？

答： 1978年以后。

问： 二队上来啦！

答： 对。

问： 差别是什么？

答： 收入差一万多元二万来元。

问： 一、二队的土地一样多吗？

答： 一样多。一队比二队人口多一点，人均分配也低点。

问： 那时有没有二队换到一队，一队换到二队的？

答： 没有。

问： 不行吗？

答： 不是不行，人的传统，自己家再不好，也是自己的家，一个队虽然说搞的不太景气，他也不愿跳别的队。就与村和村似的，这个村富，那个村穷，穷村的人也愿到这个村来。传统观念就这儿好，所以说没有跳队的。

问： 这是汇总表吗？

答： 光是企业的。

问： 你们家是哪个队的？

答： 二队。

问： 二队是在村的西边？

答： 就现在这个队址，这个地方。

问： 一队在哪儿？

答： 从测绘办公楼往南，道东，汽车配件厂那儿是一队。

【工分值的变化】

问： 1969年工分值是0.508元，后来生产是上来啦，分值一直都这样？

答： 后来就升一点啦。

问： 哪年开始？

答： 1969年开始。1970年就将近7毛啦，可能是0.68元，以后每年都一点点地增，最后到3.2元，一队是3元，这是到生产队解体的时候。

问： 这是哪年？

答： 1984年生产队解体的时候。

问： 工分按队算吗？

答： 按队算。

问： 收入都是按队算吗？

答： 对。按队算。

问： 从1969年一直上升的原因在哪里？

答： 上来的原因，当时一个队400多亩地，还有点经济作物，如棉花、芝麻，还种点农副产品，如白薯、苇塘，卖点钱，当时这些收入都不太高，后来搞点副业上来了。

【70年代队营企业和副业】

问： 刚开始时搞什么副业？

答： 1974年大队成立个纸垫厂。

问： 制什么东西？

答： 机器模盒之间搁个纸垫。

问： 是怎么开始这个厂啊？

答： 是大队的企业。当时这个企业也不太景气，不太好。

问： 它的规模？

答： 当时规模不大，开始的时候只有两三个人，后来增加到十来个人。

问： 大队投资吗？

答：对。大队投资。

问：你记得投资多少？

答：投资不多，就买点剪子，买点锤子，三四百元就够啦。

问：建在什么地方？

答：大队前边，幼儿园那个地方。

【70年代的运输业】

问：公社给你们帮忙吗？

答：1974年自己建的。1974年以后搞点副业，在没建纸垫厂之前，1969年我们村搞点劳务收入，出卖劳动力，给人家运煤。1973年、1974年以后两个队用大车拉运输，搞副业，挣点钱。

问：用拖拉机吗？

答：大马车。不是拖拉机。一个队两辆车，全村4辆车。跟交通局联系，有活就给我们，到时候拿单子去，挣了点钱，收入也稍增加点。

问：搞运输的记工分吗？

答：记工分，收入归集体，给队里。赶车的把式都记工分，有副业提成，一天补助0.5元、0.8元或者1元。

问：劳务也是记工分吗？

答：记工分。

问：在顺义县城里还是去北京市？

答：在顺义县城里。

问：多数是男的吗？年轻人？

答：不一定，岁数大的会赶车就行。多半是男的。

问：做这样的工作一天能得到10分吗？

答：能得10分。还有1元的补助。

问：他们都愿干吗？

答：都愿干。

问：比方说有很多人愿意干，怎么能得到这个机会？

答：如都愿干，得由队长分配，派谁去谁去。当时强有力的马车不多，可以到外边搞运输的一个队只有2辆到3辆，队上还有农活。

问：他们的收入比一般人收入高点？

答：高一点，也辛苦。高不了多少钱，就多补助的1元。

问：除运输劳务和纸垫厂以外，后来又增加什么了？

答：以后从1980年开始种点园子，上边下达的任务，种200亩园田。另外也有副业收入。1978年，党的十一届三中全会以后，可以搞点副业了。生产队有糊纸袋子的，给别的工厂加工纸袋子。还做九花砖，铺地的水泥制品。

问：都是大队组织的吗？

答：纸袋子和九花砖是生产队的。

问：哪个队？

答：两个队都有。

问：1980年左右，劳力多半还是放在农业吗？

答：对。1978年进了纸绳机，纺纸绳子。大队搞的，没有多少收入，没有赚钱，干了半年就把机器卖了。

问：卖给另外一个地方？

答：对。

问：亏了吗？

答：没亏。没赔也没赚，机器买时多少钱又卖了多少钱。亏了点账，从别处要了点纸来。别处欠我们的钱，他给不起，就给了我们点纸顶了。

问：70年代后期，你们队一直搞这样的副业？

答：70年代后期有，因为光种粮食不行，粮食价格低，社员们挣工分，整天在地里劳作，没有其他收入不行。当时收入太低了，一年收入200元的户就算大户啦，最好的户了。就是说一家4口都是劳力才挣200元，一般的户只有几十元钱。

【70 年代的生活水平】

问：那时的生活水平怎样？比如普通家庭。

答：普通家里，从吃上说，6 月份麦收，从 7 月 1 号到 10 月 1 号，给 3 个月的细粮——小麦，按人劳力和工分几方面分，多的时候一人 120 斤，平均 1 口 120 斤小麦，小麦再磨成面，这就是全年吃的细粮啦！剩下的都是玉米——粗粮。有的户还吃不饱。平时副食也不行，一般的家，自己养两只鸡，还吃点鸡蛋，平时基本上不买菜。

问：园子里不也种点蔬菜？

答：园子里有青菜，社员不吃，到麦收秋收大忙时才买呢。其实当时的菜是很便宜的，1 元钱可买好多豆角、西红柿，5 分钱一斤都舍不得吃。大麦老秋体力劳动较重卖点菜，社员买点吃，平时不卖，社员也不买，社员到地里干活休息的时候在地里拔点野菜，回来做着吃。

问：那时候吃油、肉吗？

答：吃得很少，像我来了之后，在 1970 年左右，都比较困难（1970～1976 年），没钱买油，就是蓖麻籽剥了皮轧成油吃馅。春天吃秋天晾干的小白菜，我们叫干白菜，春天吃。肉很少，五月节、八月节、春节才吃点肉，正月十五都不单买，吃春节剩下的。

问：那时在家做饭还烧柴火吗？

答：烧柴火，我们家还拉过风箱呢，把煤放上，拉风箱就着火了。

问：衣服呢？

答：衣服也不行，都能穿得上，就是没有好衣裳穿，有时穿打补丁的，旧了洗洗补补再穿。

问：有穿土布的吗？

答：有穿土布的，但不像现在五彩缤纷的，艳丽的，挺好看的。当时受“文化大革命”的影响，灰的、绿的、兰的，都是这个，花衣服少。

【结婚礼仪】

问：你结婚的时候带衣服来了吗？

答：带来了。

问：带了多少？

答：连我们家自己做的共两身棉衣裳，这边给一身，我们家有一身，共两身，单衣三套。

问：结婚时请客吗？

答：请客。

问：吃糖什么的吗？

答：吃糖，吃饭。

问：听说有的地方“文化大革命”时结婚不请客、送糖？

答：我们就是“文化大革命”时结婚的，我们是 1968 年，还是坐席啦！当时“破四旧、立四新”，可还是请了亲戚、朋友。

【盖房】

问：那时你们 6 口人，房子是怎样的？

答：5 间房，厢房有两间棚子，5 间正房，不是瓦的，是土房。

问：什么时候改了？

答：1970 年挂上瓦了，到 1978 年就翻盖成新房了！

问：1977 年、1978 年有很多人盖房吗？

答：有很多人盖房。过去的房子太陈旧，漏雨，没法住就新盖了。

问：地震时有问题吗？

答：地震时有的户比较重，有两户房倒啦！没有人员伤亡。像那特别旧的三间小土房，一震就震塌啦！人没伤着。

问：集体的时候要盖房子，大队补贴吗？

答：不补贴。借钱，各户帮助，找亲戚、

朋友借。

【借贷】

问： 这里有“打会”吗？

答： 什么叫“打会”？

问： 要盖房没钱，有很多户把钱凑到一起，今年我用，明年他用。

答： 没有那种情况。

问： 你向朋友借钱，用什么方式？是不是请他们来吃顿饭？

答： 不用。我到人家去把自己要盖房的情况说一下，看他有没有钱，有钱借几十元。当时钱多的人也没有。50 元、80 元，最多100 元。

问： 什么时间还钱？

答： 自己有钱了就还，比如年终分红时有钱啦就还。家里困难的先还，人家等钱用。另一家生活宽裕点的后还。没有利息，也没有字据，都是互相信任的。

问： 过去不是这样的？

答： 解放前借钱记账的也太少啦。祖祖辈辈都生长在这里，互相都了解，没有必要写借据。

问： 向你的亲戚借？

答： 有的是亲戚，也有村里人，我认为他有钱，并且可以借出来，关系不错的才去借，有钱的自己认为借不出来的也不去借。

【1960 年代的信用社】

问： 那时不把钱存入银行吗？

答： 也存，存的很少。我来时，1969 年吧，大队会计兼着信用社会计，信用社在我们这儿有一点业务。有钱的很少，一户存几十元，多者存 20 元、30 元的。一年全村存款3000～4000 元。储蓄余额不高，到 1974 年我交账的时候，储蓄余额才 10000 多元。存的少，取的多，到第二年分红前就都取出去了，花啦。

【人民公社的医疗】

问： 如果病了大队包医疗费吗？还是个人交？

答： 大队包一点医疗费，有合作医疗，报 1/3。年终时一人扣 1 元的医疗费，即合作医疗费。钱少的时候一人扣 5 毛，入合作医疗组织，有病时可报销 1/3 药费。

问： 另外的 2/3 自己拿？

答： 对。当时去医院看病的人特别少。村里有合作医疗，有医生，小病都在村里看了！除大病住医院，一般的病不出村。当时有病的人也少。人们都到地里干活，身体素质都特别好，不爱生病，不像现在病人这么多。现在生活好了，条件好了，病就来了！

这里有全村人口，男劳力多大岁数，女劳力多大岁数，男半劳力、女半劳力的岁数都算着呢。男的 18～50 岁，女的 18～45 岁；男半劳力 57～60 岁，女半劳力 16～17 岁、46～50 岁。外出劳动力就是出镇、乡政府的劳动力，不是出县的。

【人民公社时的外出务工】

问： 从哪年开始有很多人到村外去工作？

答： 时间比较早，七几年就有，生产队控制人员外流。后来公社要成立一个厂子，分任务，要沙井出几个人，到时候向沙井生产队返钱。比方说，公社要组织一个水利队，水利队的人员由各村调集，去的人的工资由公社发，到时候返还给生产队，生产队给他还记工分。一个人两个月 90 元，给生产队，作为生产队的收入。一天 1.5 元，比较高。

问： 每个人得不到钱，而得到工分？

答： 对。钱不经个人手，由集体转过来。

问： 有拖拉机什么的吗？

答： 当时大队统一的有两台手扶拖拉机。

问：养殖业发达吗？

答：养鸡，养猪，户户都养一两头猪。

问：大牲口有吗？

答：没有。

问：这表上 1976 年有。

答：大队集体有，不是 1976 年，是 1986 年。1986 年生产队解体，队里的牲口卖下去。牛、马、驴生产队卖给户里养。这表上统计的是那个。1976 年绝对没有养牲畜的。

【大队解体和农村经济】

问：你可以给我们介绍一下大队解体是怎么办的吗？你们比较晚吧？

答：比较晚。大队解体时，大队的书记、村长（张麟炳）、生产队的队长，各支委，张玉江、杜江都在呢。我们一块研究的，还有吴仲海，我们研究怎么办。把一些干的时间长的老干部请上来，成立了一个小组，作价。以贫协为主，马值多少钱，驴值多少钱，大车值多少钱，由小组作价。当时比较慎重，当干部的都不愿解体，是形式所迫，十一届三中全会后，都是责任到人，生产队都是承包，干活都承包。没解体时就承包了，男女同工同酬。1978 年以后大的形势是其他村都不记工分了，都承包了。这一亩是多少分，一垄麦子多少分，岗位责任制。

问：你们这里？

答：岗位责任制我们这里实行得晚，老跟着人家后头走。也实行责任制，可还是工分的形式。责任制就是一垄地推粪，男的也好，女的也好，给 30 分，都给 30 分，男女都一样。如割一垄麦子男的多少分，女的也多少分，都一样，比以前强了，以前男、女不同工同酬。1970 年左右，都出一样的工，男的 10 分，女的 8 分。妇女队长就争，为什么不同工同酬？男队长说，你们扛得了大麻袋吗？一麻袋 200 斤。女方说，一年才扛几次麻袋呀？交公粮的时候扛麻袋，分粮食的时候都不用扛麻袋。那样男队长也不同意。后来我们一队的妇女队长很有办法。

【女性工分的提高】

问：后来女的工分提高了吗？

答：后来有一次一队的粮食都往里装，男的一队，女的一队，看谁先装满，结果女的先完成了。女的想了个办法，使小口袋，男的都用大麻袋，个儿大，重，搭的跳板，男的扛得重，费劲，晃悠，他害怕。女的袋小，扛得快。后来男队长服气了，妇女提高了 1 分，得 9 分啦！当时生产队干活时基本上都一样，男的哪儿使劲干呐！拔苗男的都不去，蹲着嫌腰累得慌，他们不干，都女的干，砍棒秧男女都一样。割麦子一样，有的男的还没有女的棒呢！一队队长宋桂琴，割麦子棒着呢，比男的强，有一年一队的最高分是妇女队长。

问：她出工多吧？

答：出工多，不是承包了吗？她割麦子也多，她割二垄，男的只割一垄半，不一样吧。等于他挣 1 分，她挣 2 分；他挣 2 分，她挣 4 分。

【承包制】

问：那时候你们实行承包制还记工分？

答：对。

问：为什么？

答：整个形势如此，人家都分了。

问：你们为什么没有分下去，而采取这种方式呢？

答：当时总是不愿分，因为副业有点基础，2 分又向上涨，两块多钱啦！就觉得可以啦，比以前强多啦，生活有所好转，奖励也多了，如养猪奖励粮，吃饭的口粮比以前也充裕点了。以前很多不够吃的，借生产队的粮，要分了就不能借了，因为养猪有奖励粮，卖猪奖励票，奖励粮票、饲料票。这样，粮食也多点了。还是懒惰思想，村民也有依赖思想，干什么都有人指挥着。

问：那时候干部也不愿意分吗？

答：干部也不愿意分，认为苦心经营好容易搞了几项副业。

问：公社有命令让分吗？

答：公社总来找，做工作，没强迫命令，说，你们必须分，没有命令。

【1984 年决定大队解体】

问：1984 年有命令吗？

答：到 1984 年最后是我接的电话，说让开会去，我说没有功夫开去呀！我们正总工分呢，后来他们说全县就剩你们一个村按工分分配啦，人家其他村都不挣工分啦，都承包下去了，地都分下去了，个人种，说你们还像老牛似的。说我们跟形势跟的慢，后来开会也点我们的名，不分不行了，形势所迫不得不分吧！

问：分了两年多，1987 年又合到一块去了？

答：对。1984 年、1985 年、1986 年农场收上一半来，1987 年整个收上来了。

【土地分配】

问：你们分土地的时候是不是全村开会？

答：开会。开社员大会，把全村人都集中到一起说明党的方针政策，做动员工作，宣传党的农村政策，对经济发展，对村民都有利，做分下去的思想工作。有的个别户，如岁数大的、老的，我们想低价卖给他粮食，可我们想错了。重点是张灵福，他们老两口没有子女，就不分给他地了，可他对我们有意见啦！他说：为什么都有地，没有我的地？他是老党员，老干部，他岁数大了，一直当生产队的副队长，没有劳力。生产队解体后，怕他们没有人干活，吃粮怕他有困难，就给他找点出路，当时大队成立服装厂了，让他到服装厂去挣钱，地可以不给你。他还愿意要地，认为都有地，我为什么没有？后来就给他了。农民有块地觉得安稳。我们想让他拿钱买粮食，所以表现我们当时转弯不快。我们干部当时走得慢点。

问：分土地的时候怎么决定哪块给哪家？

答：把地分成块，抓阄。一队的土地有多少，多少口人，二队有多少地，多少人口，加在一起除开就是一户的地。

问：一户的地都在一起吗？

答：在两个地方，有好地，有差地。

问：不是一队的地分给一队的人？是放在一起吗？

答：后来都打破了，放在一起了，大集中啦，全村的地放在一起了！

问：孩子也能得到土地吗？

答：能得到。

问：老人呢？

答：也有地。一样的，地是一样多的。

问：人口多的地多，人口少的得到的地少？

答：对。一个人 7 分地，我们家 3 口人，2 亩多地。俩孩子加在一起二亩一。二亩一还分两个地方种，一块地一点，垄要长就没法儿分，就一垄怎么分呀，后来横着分。垄很长，一垄几百米，一亩地不好分，也不好种，后来就按横向，横着分。

问：地远他也不愿意呀？

答：抓阄。得两边抓，这边抓一次，那边抓一下。小东河以东的抓一次，小东河以西的又抓一次。

问：抓完之后有没有人换？

答：换地的没有。绝对没有，分的哪儿就是哪儿。

问：有远的地方？

答：远就远。习惯上远地也种，也习惯了。

【土地分配与集体经营】

问：分土地后种什么东西有计划吗？

答：种什么都是统一的，因为集体种，不是个人爱怎么种就怎么种。

问：集体种？是分田到户了。

答：小麦集体种，只有一年，1985年是集体种的。就是小麦都种上啦，间作，套种玉米是自己种的，机耕机播小麦，都是集体种。

问：一个人、一个人的地中间有界限？

答：没有。

问：那怎么能分清是谁的土地呢？

答：使个记号就行了。不是绝对的，看不出来特别明显的界线。这地不是横着种吗，俺俩中间分，地也没有隔棱，地到中间啦搁块石头，那就是界线。老百姓之间的关系都特别融洽，谁多掰两棵少掰两棵呀没人计较，像我掰玉米时候都多给他们留两棵，互相谦让，没有打架的。

问：集体耕，集体播，收是集体吗？

答：小麦是用镰刀自己割的，玉米也是自己收的。

问：集体的时候也是镰刀割吗？

答：对。没有使过机器。

问：浇水怎么样？

答：浇水好浇，自己浇自己的。大队统一管理。这不是渠吗，从这儿来水，先浇这边，这边浇完了再浇这排，浇完这排浇那排。户也是挨着浇，一户一户地挨着排着浇。该浇地了自己就去看看，是不是轮到我了，到我了我就浇，浇完再向下放。浇水打架的也少。

问：分土地以后，干农活用的时间多吗？

答：不多，没有几天，像我和书记都在服装厂当厂长呢，村里没有别的副业，就抓服装厂。

【副业】

问：服装厂没有分？

答：没分。1983年建的，1985年就搬到那边去了，工厂扩大了。

问：工人都是本村的吗？

答：从全县招聘来的。

问：你在那里当厂长，也可以回去浇地？

答：对。因为农活不多，机耕机播问题解决了。平常的管理就是撒点农药。我爱人休假的时候也能帮助干。谁家有工人，就礼拜天干活。地也少，才7分地。

问：没分地生产队的时候农活多吗？

答：我们吗？

问：社员们整天干活吗？

答：整天干。

【农活】

问：就那么点地，哪有那么多活？

答：地里老有活干，一年到头地里的活多着呢。像准备大秋，把粪推进去。收麦子时，把粪就推到地里去了，这活又脏又累，棒子又长起来了，使小推车才能推进去。像积肥，一年到头没有没活的时候，干都干不过来。除草灭蝗，有的是活。

问：分了地就没那么多活了？

答：分了地怎么就没那么多活儿啦?！积极性是高了，发挥了当工人的积极性，全家老少的积极性，男女老少齐上阵。过去村里那么多劳力，工人干嘛呀，这分开以后当工人的全去干活，老的、小的跟着收玉米，几天干完就完啦。分地以后干活，秋收特别快，效果还好。分的时候我们不愿分，觉得辛辛苦苦这么多年啦，当时有句顺口溜：一步一步向后退。可分完之后，发挥全体社员的积极性，工人的积极性，又是大家着急了，不光是干部着急了，干活的事少操心啦，干部说：不错，不错。过去有任务，要求三天完，三天没完，干部们着急，社员不管，反正干一天有一天的工分。

问：分田以前不干活没有工分？

答：对。社员天天来，下雨了没有地里的活，也到地里去。只要一来就划一道，给2分。

问：没分地之前，你们二队每天早晨到哪儿去？

答：就在这道口集中，由队长派活，男同志男队长派，女同志女队长派。女劳力比男劳力多，当然出去还是男的多，女的出去少，家庭妇女也多。社员出去以后，男队长向女队长说一声，今天干什么活，然后男队长派男社员，女队长派女社员，就到地里干活了。有上园子去的，这儿去三个，那儿去两个。

问：以后队长是不是去看看？

答：副的男、女队长都跟着干活，就是正队长（男）不跟拨，忙的时候他也跟着干，一样。派完活就跟着干活去。像我和书记过去都得干活去，跟拨干，有什么干什么。不干活的少，因为村小，一般干部们都干活。不是派完活，队长就待着去了。有必要的干部得转一转，看哪儿需要收，哪儿需要干，他觉得没问题了，就跟着干了！

【村干部】

问：你是1975～1977年当的书记？

答：是。

问：那时候工作多不多？

答：多，可累啦！

问：当时你的孩子也小。

答：是，孩子也小。

问：你过来就是党员？

答：对。

问：当时有多少党员？

答：这个村90多名，93或94名。

问：都是老的？

答：也不都是老的，年轻的也有哇！

问：你过来就当大队会计，就因为你是党员？

答：是党员，这个村的会计正好不干了！又没有现成的会计，我在那个村又有基础，就让我当会计了！

问：有什么基础呢？

答：当过会计呀，那不就有基础吗？不用学习就会。所以我接了。1969年我担任会计时，与书记平时有接触，他们认为我还可以，工作能力还可以，1974年选举，我1974年当的副书记。1975年当书记了。他们都不愿干，怕在村里伤人，怕得罪人。

【1977年担任村支书】

问：你1977年是支书？

答：公社办党员学习班，解决领导班子，说让我干。有人提名，我不知道谁提的名，党委也同意。当时村支部10多个人，有十四五个人吧，到公社办学习班去，连队长带党员全去，说让我当书记，我就不干，不干就天天去办学习班，我们办了17天，他们天天陪着我，我都不好意思了，就这样我就接了。他们都认为我有点魄力。我从那边过来时文化程度等各方面有点基础，一直想让我干。当时老一点的，像李景春、刘振海的岁数比我大不了多少，大一两岁，都知道当书记的苦衷，不愿干。他们想利用我头里伤人去，有什么事让我说去，他们想干合适的工作。开始他们出主意，我还听，我后来都没按他们的办。所以，谁当书记就得依着谁，按自己的路子走，一般外边来的人当书记的少。我干的时候，把两队的差距调啦。原来一、二队的地都混在一起，为了便于耕作，把一、二队的地都调成大块啦！这队长都同意，他们说，就是你，刘书记他们都怕伤人，怕得罪人。我说我不怕。后来把地都调了。1977 年上边强行割麦子是“车不进，人不踩，割了麦子扛出来”，这根本不合理，当时把割的麦子都用人扛到地头上去，把麦子都糟践啦！

问：车不进去那么大堆麦子？

答：是啊，县里准知道这段历史。车不进，人不踩，割了麦子扛出来。扛出来后，地头上像打场一样。先前是种三茬，抢麦子，麦子后头种棒子，都糟蹋啦！有时候麦子先不割，先栽高粱，栽三茬。就是三种三收，县里提倡的。第一年得着啦，第二年就没有得着。就是说 1976 年收成好，1977 年没有得着。1976 年是老天爷帮忙，得天时，没赶上雨。大雨要来早了，种什么也不行，栽的小苗一泡就不行啦，三种三收根本就不行。

【1977 年“割资本主义尾巴”】

问：这是上边的命令？

答：上边的强行命令！还有“割资本主义尾巴”呢。1977 年正“割资本主义尾巴”呢，我干的时候不准搞副业，不准社员到市场卖东西，并且饲养户养猪不让拔草。老百姓养猪，不让拔草吃什么呀！不让人拔草，就是不让人进地。另外，谁家养羊挨了批斗，开批斗会。我们公社有个点——庄头村有一户养羊，把羊的皮剥了，在大会上批斗，称这是“资本主义尾巴”。

问：今天邱局长也说这事了，他说庄头村，不知是哪年，他说可能是 1978 年。

答：1978 年不对。1975 年或 1976 年吧。我体会到这工作不好干，孩子又小。二孩子是 1974 年出生的，我不干了，我说家里有困难，向党委申请，要求李景春回来，或李国忠，后来，不，要的是李秀忠和李柏杨。我认为李景春当书记还够条件，他挺有能力的，我不敢直接要他，怕得罪他，要的是李秀忠和李柏杨，我想公社不会让他俩当书记，因为他俩能力不行。后来李景春回来了，回来后对我挺有意见，说，你不愿干了，就让我回来了，要不然我在公社挺轻松的，一个月还挣 30 元钱。当时在公社干一个月 36 元，比生产队强，他说你何必让我回来呀？我说，我不是要的你，我要的李秀忠。李秀忠说话有点口吃。李秀忠说我学的滑着呢。后来就一块干，我当副书记。

问：今天上午我们找了李景春，与他谈了。

答：他挺有能力的。

问：当时这个村子也“割资本主义尾巴”？

答：都得执行上边的指示。马玉兰你们见到了吧，她是宣委，镇里的马玉兰。1976 年她从城关一中毕业，她在学校入的党，毕业后就分配在公社了。她包村，作为联络员管我们这个村。九月份该收玉米了，她不让掰，让整个砍下来搁在地头，先耠麦子，棒子后掰，结果都让老鼠吃了，整个棒子坏了。这就是上边的指示。她特别认真，有这么段历史，现在我们见了面还开玩笑呢。她是刚毕业的学生，意思是我代表党委来的，你就得执行党委的命令。我就把队长找来开会，在地头上，有马宣委，两个队的队长，我说我也是党员，也得执行党委的命令，上边怎么说，我们就怎么做。不执行不行，从组织上说，下级服从上级。同时我又小声对妇女队长说，你们快把棒子掰了，掰完了再打秋。我告诉他们快掰，我们这儿开会。会开了半天，结果掰完啦。马宣委一看掰完了，这着急呀，与我吵闹。她说，老开会，这棒子都掰了！特认真，可见当时的人僵化到什么程度啦！她刚从学校出来，也要执行党委的命令。回忆起来挺有意思。其实这样少受点损失，如果把棒子放在渠埂上，一个它会长芽子，一个是耗子也得吃。所以说当时的工作不好做，上边的指示不能不听，下边也得尊重点事实，实事求是，不能给大家造成损失。

问：这是毛主席去世之后吗？

答：去世啦，1976 年已去世啦。1976 年前后还很“左”。

问：这不合理的命令与“左”有什么关系？

答：“左”的要求，“左”的路线。要求在某个村搞个试点，只干了一年，就认为他们干得好，要在全县推广。可他才干了一年，而且工作组在时干了一年，可能在经济方面、组织方面都抓得紧，这一年这个村可能上去了，他就觉得可以在全县推广了！可能是这样。不知道是谁的点，市、县都不知道谁的点，他们不深入基层。

【工作队】

问：哪样的工作队来过沙井村？

答：1977 年上边派来过工作队，也是协助村里工作。当时正是我干着来着。都是北京铁路分局的，不知道是叫什么工作队。

问：毛泽东去世之前？

答：之后。1977 年有工作队，干了一年。1977 年 2 月份来的，到 1978 年三四月份走的。

问：县里的？

答：北京市里的点。他们是北京铁路分局的。

问：那时没有什么运动，是什么工作队呀？

答：有工作队。

问：反右倾翻案风，还早点。

答：那早。那是 1973 年、1974 年。1970 年“一打三反”，我们这也来了工作队。

问：“一打三反”？

答：反贪污，反浪费，反官僚主义，不是，那是纯反经济的。“一打三反”是个大的运动，没有成效。“一打三反”过“左”，在村里全面开花，谁有毛病就批谁，作用不好。

问：那时的工作队是长期的还是短期的？

答：时间不短，一年多。撤的时候都出不去，都偷着走的。住在这个村，吃饭也在这个村。偷着走是因为得罪人太多了，打击面太宽了，不好收场了。

问：所以他们偷偷走了？

答：对。上边有指示让他们撤。

问：他们走了之后人与人的关系破坏了吗？

答：破坏啦，在群众与干部之间造成很多矛盾。不但没有解决矛盾，反而加深矛盾啦。背对背地提意见，不是当面提意见。“一打三反”张守德深有体会。当时还是唯成分论呢，为了一句话不知谁报工作队啦，谁说坏话来着，反对社会的言行。老揪这个，纠缠不休，不是从生产上、经济上怎么抓。

问：工作队不管生产吗？

答：也管，开会呀，动员什么的，也说抓生产，可在实际工作中老抓乱七八糟的事。

问：这些工作队一般都是从北京市派来的干部？

答：市里派来的干部。

问：他们不懂生产？

答：不懂生产。

问：他们来这个村没起什么好作用？

答：对，没起什么好作用，生产没有上去，人与人之间的关系更紧张啦！

问：1977 年、1978 年的工作队来干什么？几个人？

答：四五个人。

问：住在农民家里吗？

答：是住农民家里，单住。我记得工作队队长叫韩素云，是个女的，男的叫李海丰，还有丰台站的老李，有五六个人。还有一位姓陈的。

【工作队和农业生产】

问：这儿的工作队与山东的不一样，山东的工作队管生产。

答：这个工作队管生产。帮助管生产，以生产为主，1978年来的这个。

问：我们在山东省也是了解他们的经济发展，我们了解到1978年的产量突然高上去了，原因就是工作队去了，抓生产抓上去的，一是抓生产，一是给了点化肥。

答：他们也抓，1977年来的工作队帮助整顿了一年，1978年比较理顺啦。从路线上，有工作队与没有工作队就是不一样。从生产上说，他们到地里真干活去呢，看小麦该不该松土，真实际管，管生产，不牵涉运动上的事。

问：他们是工人吗？

答：工人，是工会的干部。

问：他们了解农活吗？

答：也了解，有的不了解，学呀。

问：我们在山东访问一个是1964年小“四清”那年，工作队待了一年，生产上去了。1978年也是工作队在，生产上去了，大队就这两年生产产量高，工作队的作用。

答：1978年三四月份他们走了，1978年麦收他们又返回来，支援三夏。他们在这儿待得不错，带了几十个人帮助麦收来，夏收、夏种。这也是抓革命、促生产性质的工作组，没有什么政治运动。可李景春对他们印象不太好，他1977年帮助我干，后来我不是不干了吗，他回来了，他认为要不是他们，他不至于回来，回家来。现在回忆起来，那些人还是不错的，挺实在的。真帮助解决实际问题，对上边有什么问题，起传达作用，有困难帮助解决。

问：以后呢，工作队来过吗？

答：没来过。

问：1978年是最后一次了？

答：对。

【县干部包村制】

问：县干部包村的还有吗？

答：现在还有。包村的人常有，不是常年有，是季节性的。以前到公社来的新人，得先到基层锻炼，包一个村，有什么情况，经常通通情报，完了事还回公社。这是基层锻炼。

问：这是干部锻炼？

答：是。干部先到基层锻炼，现在是季节性的。秋收忙了，派一个人来包村，有什么事协助商量，帮助解决。牵扯到公社的那部分，如涉及调动问题什么的，他就帮助办了。现在也常来。

问：不是住在这里？

答：不住在这儿，每天中午回去，不在这儿吃，不在这儿住，上班的时候才来。

问：每天？

答：每天上班的时候来，直接到地里去，离镇近，到吃饭的时候回去。

问：是年轻的干部？

答：年轻的，也有岁数大的，不一样。

问：他来干什么？

答：他来就是看看，看看进度，如小麦收多少亩了，种子预备了没有，化肥用没用，就这个。

问：主要是培养干部，不是为了帮助村？

答：主要是帮助村的，因为那是从各科抽的人，如文体科，政府办公室。从各科抽的人是兼职性的，就秋收这一段管，管完了还回去。我们干什么他干什么，还是为村着想的。

问：这是临时的？

答：对。

问：不是每天来？

答：不是正式上班。直接到地里，每天都来，有时打听他来了没来，我们说来了。他怕领导上说他没来，好像干什么别的去了。

问：办企业副业什么的也帮忙吗？

答：那是两码事，企业副业专有人管。镇里有村办企业办公室，专管企业。他也有联络员。

问：这也是包村吗？

答：他经常到这儿来看看，不是长期来。镇里没什么事，如有什么新项目，他了解后向镇里汇报，召集书记汇报时，与书记一起汇报，这是一致的，证明他管这事了。村里有什么事需要镇里协助的，他给跑跑。

问：比方说，你们现在要上新项目，这个人也帮忙吗？

答：也帮了点忙，他帮不了什么大忙，有很多手续自己得跑去。像我们最近成立的工贸一体的这个科技开发中心，我们开始汇报的时候，镇里管乡办企业的那位说，这项目属于科委，他就与科委联系了。联系之后，科委支持我们的工作，我们到那儿之后，他告诉我们手续怎么办，他就跟我们说了。只能起联络的作用。因为乍开始我们不知道找谁，有些手续不知道，他知道，指点指点，有什么需要镇里帮忙的，他就一定帮忙。没有什么报酬，机关干部就是为基层服务的。他也乐意帮忙，都愿意村里发展起来，因为他本身就干的这项工作。

【村营企业的业绩和问题】

问：县镇企业这块了解的多了，现在看看他们怎么管理，怎么帮忙啊？

答：有一定的关系，还不是直接的领导与被领导的关系。

问：咱村的发展水平在乡里属什么水平？

答：中上等。

问：企业呢？

答：企业属中等。

问：扒鸡厂恢复了没有？

答：还没有恢复，停业整顿，要改产，不太景气。

问：那个冷库怎么样？

答：能用。有些事还没有解决，解决之后还要发挥冷库的作用，不能让它浪费了，投资比较大，不能轻易把它毁掉。速冻、冷却都是现成的。

【大队解体、生产状况】

问：1976 年以前的产量情况，大概能回忆吗？

答：1969～1976 年这段？

问：刚才你说这段时间不吃返销粮，还能向国家交点。

答：只有四五十万斤粮的总产量。当时人口不多，500 多人，够吃，交粮也够了，有点富裕，有储备粮。

问：工分值？

答：三七开，二八开的给点，奖励粮开始没有。

问：我看 80 万斤那一年有点奖励粮。

答：有。

问：3 万多斤。

答：就那点，以前不许有奖励粮。

问：为什么？

答：奖励粮，多交粮有奖励粮。那时我们胆大了点，那年粮食也多，多交了。多交后弄点奖励粮。上边知道了，不让你弄，不让给。是通过养猪积肥给点，积了多少方肥给多少粮食，从中多给社员点口粮。

问：1969～1976 年最高口粮能到多少？

答：最高到 400 斤吧，最低的时候一天 8 两，最高的时候 1 斤 2 两。

问：上纲吗？上纲要。

答：当时的说法是上纲要，农业发展纲要。420～450 斤。

问：基本上纲要吧？

答：是基本上上纲要，420 斤。

问：收入呢？工分值？1976 年以前。

答：最高一元三四，一个整工。

问：那时公社没有限制？比如工分最多不能超过多少？

答：工分没有限制。

问：我下乡访问的时候收入多的地方工分值有限制。如 0.2 元一个工分，10 个工分 2 元钱，你这个队 2 元，别的队没有 2 元钱，就限制你必须到 1.8 元。

答：我记得当时一个队批下来一年 1.8 万～2万多一点。1.8 万元，240 人平均收入。1.8 万元除以 230 人就等于当时的人均收入。这时的人均收入是准的，现在的人均收入不准。如大队说 1600 元，但没有办法算出来，因为他在外边工作。开始 1.8 万元、2 万元、2.3 万元，逐年好一点，这是“文化大革命”前的水平。

问：你村比石门怎么样？

答：比石门好一点。

问：你们邻村哪个村最好？你们是最高的？

答：也说不上最高，可也数得上。当时 64 个大队，后来变成 32 个大队，我们还是先进的，前几名，32 个大队的前几名。

40 多万斤粮食不算少，1985 年也是 40 万斤，最高 50 万斤，后来才 80 多万斤。不过那时地多，管理怎么也没有现在先进，肥料也差，那时是氨水，现在是复合肥。

问：那时地比现在多得多？

答：最少多 1/3，现在 600 亩，那时 900 亩。现在小公坟那儿建工厂的地方差不多都是沙井的地，东边还有不少呢。那时最少 40 万斤，有时 50 万斤、60 万斤，两个队加起来。一个队平均 25 万斤、26 万斤、27 万斤。那时我做报表，小麦还有大麦最好了，那时还种大麦，喂牲口，一队比二队强，最好的产量 13 万斤，二队 11 万斤、12 万斤，1970 年。玉米也差不多，20 多万斤，两队 50 多万斤。小麦亩产 300 多斤。那阵麦子就是不行。现在都是平播，现在报的亩数，种满种齐的程度不同了，过去渠占了好多地，横渠竖渠占了好多地，现在都平了，地亩数就出来了，这也有关系，1250 万斤怎么来的？是这么来的。

问：平地是从什么时候平的？

答：是平地还是平渠？平地年年平。为什么老百姓总有活呢，生产队的时候劳力老紧张啊，就是耕完地啦，不是就势耠上麦子，先平，平完之后还得耠。现在基本上平啦，也不怎么平啦。机耕耕作水平也提高啦。那阵耕出好多大沟，现在机手的技术水平也提高了。

【农场成立】

问：成立农场的时候有人反对吗？

答：反对的人少，不同意的少，有个别不同意的，自己种不用买粮食，都归大队了，我还得买粮食去，家里又有劳力，自己愿意种。也有不愿种的，还有打荒的呢，如沿马路边上，市里县里检查生产，一看路边上的地荒着，草很多，这户做买卖去啦。如你们访问的李东平就做买卖，把地不当回事，宁可出钱买粮食，也不种地收庄稼。收庄稼累。我做买卖一天 10 元来了，种庄稼还得雇人割麦子，雇人的钱就够买麦子了。做买卖赚钱的人不愿种，不能做买卖又有劳力的人就愿种，种点就够吃了。也有这样的。

【蔬菜栽培】

问：菜地还有吗？有200亩？

答：菜地200亩，解体的时候还有，后来一点点的没了。

问：合起来时大田农场干，园田呢？

答：园田分到户里去啦。园田集体干不了。

问：200亩都分下去了？

答：没200亩，实际没有200亩，有100多亩。

问：园田收入高吧？

答：对。有的户还是愿种。

问：农场的时候，园田也收回来了？

答：没有收，分到各家了。

问：以后用土地盖工厂什么的，园田有影响吗？

答：后来种园子的越来越少了，就业门路也宽了，上班也能挣钱，种园子也辛苦，地又远还丢菜，有的就不愿种了，就收回来了。

问：哪年收回的？

答：1987年。

问：大队管？

答：有的种粮食，有的不种，荒地，就收回来了。

问：还有人种？

答：东边60亩地还有人种。种地人都是本村的。谁愿种谁种，有的互相之间个人调剂，如今年你种了二亩，明年种不了那么多了，给我一亩，就调剂啦。

问：承包的钱给大队一点？

答：一亩地开始给40元，后来给80元。

问：一亩地能赚多少？

答：一亩地闹好了挣1000多元。

问：愿种吧？

答：后来愿意种了。种的不多，自己吃菜，吃不了卖去。有10户种，还不少。

问：种植业一个是农场，还有一部分是园田种植？

答：那边一段机井不好使，就不种了。

问：浇园田用哪儿的水？

答：有机井，大田和园田都有机井。

问：现在浇地是喷灌？

答：喷灌。还是喷灌好。

问：机井是地下水？

答：从地下抽上来，用管子。

问：水没有什么问题？

答：没有。

问：上边有密云水库，用水没问题。

答：用不着水库。自流灌溉，大水漫灌不行，大水漫灌，洼地就积水啦，因为水往低处流，存水，高处就浇不上，没有喷灌匀。

问：喷灌费用大点，用电？

答：成本是高点，设备投资高一点。无息贷款4万元。我想起来啦，喷灌就是1988年开始用的，农业得用水，园子浇不了。

杨庆余

时　　间：1994年8月28日上午

访 问 者：顾　琳　张利民

访问场所：杨庆余家

【高级社的工分计算】

问：你什么时候当会计？

答：成立小社时，不是1955年吗？从1956年开始6个村庄成立了一个高级社。

问：都是什么村？

答：石门、沙井、望泉寺、李营、军营、沙坨。

问：那时你是他们的会计吗？

答：不是，我是这个村的，公社有会计。我是本村的会计，分什么东西，向上报报表，主要做会计资料。那时 6 个村为一个核算单位，社里做大表。

问：那时沙井有多少口人？

答：1956 年大约有 300 人，准确数字记不清了。

问：那时的收入怎么算呀？

答：集体劳动，劳动收入根据上级政策，大伙分，根据工分，以 10 分为标准，有的 10 分，有的 9 分，有的 8 分，根据你出勤多少定分，全年每人劳动多少分，这 6 个村全年劳动多少分，劳动收入多少钱，应当分多少钱，然后再分给大家。连农业带副业都算在一起。6 个村一起算。

问：那时吃的粮食？

答：吃的口粮，上级有政策，该分多少分多少。

【粮食的分配与奖励】

问：以生产定口粮？

答：多生产可以多吃，少生产的少吃。有奖励，不奖励不行。如你的合作社定 10 万斤，你打 11 万斤，有 50% 的奖励，可以多留 5000 斤。到时候各村统计后再按人口分。

问：你从 1957 年到哪年当会计？

答：从 1957 年到 1964 年就不当了，小“四清”的时候。因为我出身不好，那时候干这工作的应是贫下中农，我家庭成分高。后来就换了一个年轻人，我就去劳动了。

问：你以后一直不当会计了？

答：对，我一直劳动。因为我过去赶过车，有赶马车的技术，就在队上赶车。干农活我也行，我是种地出身，小时候就在家劳动，后来到北京市学徒。我有劳动基础，就是在大队当会计时，该我干的活，我也去干。

【解放初的运输队】

问：高级社的时候把牲口什么的都集中在一起吗？

答：对，都集中在一起，6 个村的牲口、大车全弄到一块，各村还有种地的牲口。就是把富余的牲口、大车组织在一起搞副业，牲口、大车搞运输，6 个村组织的。车站有要运的煤，往煤建公司拉，他们给钱。

问：那时也有劳动收入？

答：刚解放，车站什么东西都有，都需要运。没入社的时候，我自己有车，长期去拉脚。

问：是个人的？

答：是个人的，也有个组织，有个运输队。

问：公家组织的还是个人组织的？

答：个人组织的。后来入社了，干运输的还是这些人，收入由煤建公司结账后归社里。

问：原来是归个人？

答：运输队有队长，也有会计。100 多辆车呢，车站运输量不少，拉煤、拉粮、拉木头，长期有事干。

问：100 多辆车，多少人呢？

答：100 多个人。胶皮轱辘和铁轮的都在内 100 多辆，自己赶自己的车。运输队有队长、会计，到时候算账，该给谁多少给多少。

问：装卸谁干？

答：车把式不干，我们把煤拉到各村，他们找劳力，把煤堆成垛，垛得很高哇！那活得单找人，车把式给他们钱。实际是从我们的收入中提，提出来付给他们。提出来后余的钱车把式再分。

问：是 1956 年以前吗？

答：不是。1950 ~ 1953 年。1955 年就入初级社了，社里成立了运输队。1955 年以前都是个人的。顺义县有个机关叫转运站，现在是交通局，把粮食、木材、煤向各地运。

问：1956 年开始合作化的时候？

答：1956年、1957年，到人民公社的时候也有大车拉脚的，生产队也有赶大车的。我当会计下去以后，也赶大车拉这些东西。1956年我赶大车时也有一个机关算账，拉完了打个条，交通局专门有个机构办这事。取钱必须有公章，没有公章个人取不到钱。我们个人拉车的时候，钱就分给我们个人。

问：那时收入多少？

答：也根据你个人拉多少而定的，价钱由上级规定的，拉什么、拉多少，给多少钱，按吨、公里算，有什么超载呀、笨重呀、飘外呀，都有规格，上级规定价格。

问：一般你拉多少钱？

答：我是木轮车，一个月100多元，每天三四元。有时不挣钱，自家地里活忙呢。挣得不少。1956年一个月100元钱就很知足了。为什么那时有人找我去北京我不去呢，他才给我300斤米，才合40元钱。我赶大车，家里还可种地，比那强啊。

问：100辆车是多少个村的？有六七个村？

答：有。周围七八个村的。

【高级社的成立】

问：高级社是1956年什么时候组织起来的？

答：1955年秋后就开始组织了，1956年搞了一年。1956年秋又分，因为社太大，领导能力、领导经验也少，分成一个村一个社了。

问：人们愿意入社吗？

答：有愿意的，有不愿意的。像我拉脚就很好，不愿入社。有的就几亩地，没有别的收入就愿意。总的来说我还是愿意入社了，大家劳动，大家吃饭就很好，说真的我愿入社。

问：当时你家里几口人？

答：8口人。上有老、下有小。

问：劳动力呢？

答：我、我父母和我妻子都劳动，4个劳力。其中一个人得留在家里做饭，所以长期劳动的只有3个人，忙时4个人。

问：种多少亩地？

答：入社前20多亩地。我在外边赶车，就我父亲在家种地。那时妇女参加劳动少，我妈和我老伴不常下地，在家干家务，打扫场院，春天拔点苗。忙的时候我也下地干。

问：你家的生活在村里算好的，是头一家吗？

答：不能说头一家，算中等以上的，比我高的还有。因为我没有特殊技能，生活在村里一般。我父亲也是种田能手。我8口人20多亩地，所以愿意入到社里来。

问：你家的车入社了吧？给钱了吗？

答：入社了，没给钱，作钱啦，作价了。牲口、车、农具都作价。

问：什么叫作价？

答：这些东西值多少钱，作价成了集体所有，就是把大家的东西集中到一起，大家劳动用，集体就靠这个。

问：土地不作价？

答：土地不作价，就是牲口，车、农具，头一年种子都作价。小社的时候除土地不作价以外，其他入社的东西都作价，高级社就都入了。

【搭套、互助组、小社、高级社】

问：小社是互助组吗？

答：不是。

问：小社是不是根据你投入的多少分配？

答：搭套、互助组、小社、高级社都不一样，一个阶段有一个阶段的不同情况。搭套，咱们两家都不错，你有地我有地，你有牲口，我没牲口，咱们一块干，谁吃点亏占点便宜没关系。谁家的种子，谁家的肥料，谁利用，到时候收了粮食谁家打的就弄到家去，过完秋就散了。合作得好，明年再在一起干。没有你多我少的争执，不计较吃亏还是占便宜。

互助组就不同了。互助组都记着账，你的种子你的肥料都施在你的地里，粮食还收你家去。

问：就是有牲口的吃点亏？

答：互助组有牲口也不吃亏，牲口干一天活给一天钱。比如你家没人，没人地也种喽，可秋后一算账，你家的地用多少工，你没出那么多工，你拿不了那么多钱，该拿多少钱拿多少钱，这就是互助组。

合作社与互助组和搭套又不同。肥料、种子都集中了，牲畜也集中了，种什么大伙种上。初级社时一亩地得多少，劳动一天应该拿多少，地也参加分红。

高级社就更不一样了，高级社时，地都集中在一起，完全按劳动力分红了。初级社时地参加分红。

问：牲口参加分红吗？

答：牲口不行，牲口全集中了，集中喂。

【家畜作价】

问：家畜作价干什么？

答：作价是为了今后有了钱，富裕了还给你牲口钱。实际上价等于白作。

问：土地多的可以多分点吗？

答：初级社时如果我土地多，我可以多分点钱，牲口没有。高级社土地也不分给钱啦。

问：初级社只有一年？

答：一年，1955 年一年，1956 年就没有了。

问：那时候是工作队来这里成立的吗？

答：互助组成立时，是上边来的领导加村的干部。各户在一起自愿干的时候叫搭套。有领导有组织的到上边开会，在村里组织了一个互助组，都是上级决定的。群众哪知道，也没那种主意，只有领导想出来。有上级干部来检查，组成了互助组，齐工等价。

【互助组的“齐工等价”】

问：齐工什么意思？

答：年终找齐，简称齐工。就是劳力和牲口的出工数除收入数，就是等价分配。那时候也是分，如你的牲口好，10 分，我的牲口弱，8 分；人也按强弱分成 10 分、9 分、7 分不等。到时候把全组的分加起来，再把各家地的用工加起来，经计算找齐，该得多少得多少。

问：1955 年你还不当会计？

答：这个村两个小社都有会计，1956 年我才开始干。

【小社、大社、粮食分配】

问：小社和大社时的人均口粮是多少？

答：人均口粮国家有规定。1953 年国家就搞粮、油统购统销。

问：不按收入多少吗？

答：收入多有奖励，入了合作社也这样。规定你这个村产多少粮食，超了给奖。完不成任务的社员少吃。如我们村有两个小社，你这个队超了，社员可以多吃，亏了，社员少吃。

问：从 1953 年就有统购统销政策？

答：从 1953 年到人民公社时，国家规定的统一政策，也给你定产量。但谁产量多也不多吃，产量少也不少吃，那谁还积极干呀！总要促使人有积极性，应该多产了就多吃，少产了就少吃。

问：1964 年以前最高的人均几百斤口粮？

答：人均 400 多斤口粮。

【“大跃进”】

问：平时家里一点粮食都没有？

答：都到食堂打饭，食堂都做好了。

问：家里的灶拆了吗？

答：我们得烧炕，冬天不烧炕凉啊。分点柴禾。

问：大炼钢铁这村没怎么搞？

答：党的号召，当时都“左”，极“左”，都在搞。其实上边怎样要求也搞不清楚，有时上边不一定要求这样，下边搞的没边啦！就像密云水库似的，规定任务黑天白日的干，周总理一去，干8个小时。周总理不能长期在那儿呀！周总理一走，头儿与头儿争第一，你干4小时，我干6小时，你干6小时，我干得还多。瞎干，都为了出风头，真正干活的人够呛。生产也一样，你说亩产1000斤，我说亩产10000斤，浮夸风太厉害，谁要反对，不是反革命，就是右派。我们管理区有位书记叫杜庆荣，在礼堂开会，火大啦！心情不愉快，叫我进来：“进来！”“给我出去！”每次开会骑自行车回来，气冲着呢。女会计说：“他今天怎么啦？”其实他就是对当时不满，又没法说。报产量时乱说，你说1万，他说2万，我说10万、8万、60万，报的越多越好。

问：咱们这里报多少？

答：也乱说！当时公社报亩产60万斤，这是对外，对内还多呢，当时谁敢说呀。都是胡说八道。60万斤得多少东西呀！可是公社书记也不敢实说，说了就是反革命！

问：这个村报了多少？

答：报少了不行，报少了他给改呀。我就实事求是，该多少报多少。

问：他们给改了吗？

答：不改不行，要向上级报。其实他也知道没那么多，可他是国家干部，怕闹个反革命。谁都知道，就是你吹、我也吹，中央也知道。彭德怀不是顶着来吗？也没有用，这是社会潮流，谁也顶不住。

问：1961年自留地的产量是不是高一点？

答：也不怎么高，我们村的生产没什么变化，比较稳定。上升、下降的幅度都不大，自留地的生产管得精一点，上点好肥，管理还是这些人管理，能好多少？

【60年代的副业】

问：那时有副业吗？

答：有。有大车给煤建公司起煤垛。

问：从哪年开始？

答：六几年就开始了，把煤垛成山似的。1960年前后开始的。

问：副业收入占大队收入的多少？

答：占不到1/3，10万元占不了3万元。副业收入实惠，买把铁锹就能把钱挣回来。农业开支大，粮食价格低，国家规定价。

问：那时有工分制吗？

答：有。

【工分计算】

问：你当会计的时候一个工能得多少？

答：一个工有几毛钱的时候。最好的那年1.1～1.2元。1976年0.8元，最低的时候几角钱。1961～1962年，尤其是1958年，哪儿生产啦，也分配啦，就几角钱，七八角钱。说是几角钱，实际还见不到现金，分粮食算钱，分玉米秆也算钱，减去这些还有多少钱，有的户甚至还亏钱，欠生产队的钱。一家人一年能得100元就不错了。最多的分三四百元，但必须是壮劳力，人口整齐，五六口人都能劳动，像杜忠他们4口人，都是强劳力，分300多元，就了不起啦。

问：300元左右的家庭多吗？

答：没有多少，也就一两家。

问：你家算好的了吧？

答： 我家一般，大儿子、大女儿能劳动，小儿子和二闺女还在上学。后来我二闺女能劳动了，可我父母又差了。有老有小，总有吃闲饭的。所以我们分 100 多元钱，8 口人 100 元。我当时还垛煤，每天三五角钱，一个月弄 10 元、20 元。我赶车也有提成，如提成 1 角钱，我得 6 角就吃了。

问： 这提成就等于那顿饭？

答： 得在外边吃饭呀。

问： 这提成与大队分？

答： 那时是生产队，以生产队为核算单位。

问： 这等于一天的劳务补助，不算年终分配，垛一天煤给一天钱。

答： 100 元提 10 元，你今天挣了 2 元给你提成 0.2 元。当时很累，煤弄得浑身很黑，中午饭回家吃。拉脚的大部分在外边吃，不能回家吃，补助高一点，1 天 1 元钱。在外边吃 2 元都不多，这样给家里剩一点。

【1960 年代的家计】

问： 那时你家里最需要钱的地方是什么？

答： 没什么大的开支，干活吃饭，我还有点提成。老人有病，出门入户，探亲访友也得花点，不像现在这么大方，有亲友的子女结婚送礼，也花点钱。

问： 盖房子呢？

答： 盖房得一点点攒。挣俩钱还不能乱花，有儿子得娶媳妇，有闺女得找丈夫，也得给点，几年的工夫才攒一百二百的。那阵挣钱不容易，可那时钱也值钱。不管怎么的也得弄几身衣服，弄个箱子，买辆自行车。在我来说儿女结婚是第一位的，是最大的开支。

问： 第二位是盖房吧？

答： 破房翻盖了，1964 年办的。

问： 用了多少钱？

答： 分红几百元，借点，旧房有点底，买点砖，房子盖大了点。

【女性的手工】

问： 当时的衣服是自己纺线织的吗？

答： 买布自己做的，这边没有织布的。

问： 你小时候有织布的吗？

答： 没有。香河县、宝坻县那边有，解放后还织布呢。我们这边不织布，鞋和衣服都是自己做的。像我好几个兄弟姊妹，我妈做着活就睡着了。我睡了一觉袜子已做好了。家庭妇女不下地，家务也不轻松，做衣、做饭、洗衣、养猪都是我母亲干。我父亲还反问我母亲干什么来着，其实白天、晚上不停地干。

问： 解放后还穿自己做的鞋？

答： 穿，生产队以后很晚还穿呢。都是妇女做的，怕不结实，鞋帮、鞋底都一针一针地钉（衲）。家庭妇女干的活，男人应付不了。

问： 什么时候就不穿自己做的鞋啦？

答： 六几年就不穿了，妇女下地干活，没有时间做啦。“四清”以前做鞋、袜的不多了，衣服还做。

【人民公社管理区】

问： 请你介绍一下 60 年代人民公社管理区。

答： 当时全县 8 个公社，一个公社管 80 多个村。我们城关公社管辖到河东那边啦。公社下设管理区，一个公社有五六个管理区，一个管理区管十几个村。我们管理区当时管理大、小东庄，赵家营等十几个村。

问： 他的中心在什么地方？

答： 在顺义县城里有一个管理区机关。

问： 不在公社？

答： 公社大，80 多个村。

问：公社的中心在哪里？

答：也在顺义县城里，叫城关公社。

问：管理区有名字吗？

答：按号排的，一、二、三、四、五。

问：管理区是什么时候成立的？又什么时候取消的？

答：1958年人民公社成立就有管理区。大公社改小公社时管理区就没有了。大公社改小公社是“文化大革命”前改的。

问：你当会计的时候还有管理区？

答：有。

问：是第一管理区和第二管理区合并成立的小公社吗？

答：是。改小公社时也不是按管理区改的，城关公社改成马坡公社、平庄公社、南发公社、南海公社（公社的名称均为同音。整理者注）。

问：谁决定分的？

答：大公社决定的。

问：你们这个公社叫马坡？

答：是。以后又分了，几年一改，最后为城关公社。

问：你当会计时的账还有吗？

答：早没啦，“文化大革命”就没有了。

【“四清”运动】

问：1964年的账有吗？

答：我不干的时候封起来了，后来又查，打开，我就交了，账交公社啦，我被夺权了。清完之后说明我没事。

问：那时大队会计多吃、多占有吗？

答：那时说差我1800工分，后来又都补了。

问：1800个工也不少了？

答：当会计一年多少工，算算账，一年没干活，其实我没干活也没有待着，那时就那么给你算！扣完了分，又给我补上了。

问：扣分不扣钱？

答：分也等于钱。

问：是工作队来了吗？哪里来的？

答：有工作队。从北京市来的，有厂子的，说不准，头儿是北京电子管厂的干部。1963年北京来人啦，有一个粮食局的姓田的，还有一个姓石的，也是干部。这次来叫社会主义教育运动。1964年“四清”。

问：解放初期你在这里吗？

答：在北京市。解放之后，1949年4月份我回村来了。当时解放啦，解放前我在北京市做买卖，解放了就回来了。觉得在北京没有什么根底，不像在家里，我能劳动，在家种点地。在家做点小买卖省心。我出身农民，种地我又懂。

【国民党军】

问：国民党部队整编时，你在家吗？

答：没有。1949年1月，北京正被围呢，我没在家。国民党军开出北京我听说了，在张喜庄那边改编啦。我回来时有两个兵在我们家住着，跟我父亲他们聊，他们已换成八路军的鞋啦，我见到了两个小伙子，这是改编后。我们村当兵的大部分是国民党军改编过来的，也有少数不是的。张树德也是。他是被国民党抓兵抓去的，在东北打仗。1947～1948年。我没在家。

问：你跑出去啦，不然也被抓走啦。

答：那时村里没法待，日本时期也要我，我到北京学买卖去了。日本时期也要兵，你是青年，你不去?! 所以我总在北京学买卖，在粮店里，在家里不行，别人也咬你呀，某某为什么不去呀。解放之后回家种地，我很知足。

问：这个村被抓的多吗？

答：我们村跟我岁数差不多的，没抓着的，就张麟炳、张麟富，其余的都抓去啦。

问：张福当过兵吗？

答：张福当时在北京。

问：张荣呢？

答：他岁数大，现在已 80 多了。国民党时期他留着胡子，一看有胡子，这老头谁要哇！

问：这村躲当兵的几个人？

答：最明显的就是我和李伯阳。

问：被抓当兵的也有吗？

答：李广善、杜华、张麟辉这三个人没回来，解放后死在外边了。被国民党抓走后，由八路军改编为解放军了，他们有的是军烈属。张麟辉的父母都死了，有个弟弟，不算。当时的烈属有李广善，杜华有个弟弟杜忠，也不算。

问：被抓走之后由解放军改编啦，大部分都回家啦？

答：对。

问：他们当兵时间很短吗？

答：有的抓到北京，北京一围城，没有多少日子就改编了，如张永庆，现在已退休了。改编时有的不干就回家了，像杜忠、李广财，不愿干就回家，愿意干就留部队。李广善、杜华、张麟辉改编后又接着干，一改编他家就成军属啦！

问：不愿干回家的给遣返费吗？

答：给点，不多。远地方的给路费，改编后留去自由。不愿回来的都有军属证。有的有军属证的也没回来，肯定是过江的时候死了，国民党的飞机、大炮不是吃素的。

问：南下死了几个人？

答：说不清。

【家族与学校】

问：杜华是村长的哥哥？

答：对，是史书记他婆家的哥哥。

问：史书记与杜家是亲属？

答：史书记是杜家的媳妇。史庆芬是杜槐的媳妇。

问：杜槐与杜华是什么关系？

答：他们是叔伯兄弟。杜华是杜槐的叔伯哥哥。

问：现在的主任是杜江，杜江与杜华的关系？

答：也是叔伯哥哥，是杜华的叔伯弟弟，杜江也是。

问：杜槐与杜江不是一个父亲？

答：不是，杜江的父亲是大爷，杜江是杜华老叔的儿子。他们的父辈都是亲兄弟。杜福新、杜德新、杜红新、杜广新哥儿四个是亲兄弟。

问：杜存新还活着？

答：他们是本家的家族，不是亲兄弟。

问：在这个村杜家是大户还是张家是大户？

答：张家人多，张家是大户。

问：姓杨的多吗？

答：也不少。我们杨家好像没怎么增加。我父亲、我叔叔和我大爷三支，现在还是三支。我弟弟还没在家，我弟弟在大连，家里还有个兄弟，在这村里就我们两支。我有个弟弟毕业后分配到大连了。杜家也没增加，张家是大户。

问：刘书记呢？

答：他们来这村也就是 100 多年。原来就一家，后来分成了两家，现在还是他们两家，另一家绝了。

问：他们就剩一支了？

答：还有刘振海、刘振声。他们是叔伯兄弟，两个人的爸爸是亲兄弟，现在还剩他们两支了。

问：当干部的就杜家、刘家，张家没有。

答：张家有当厂长的，张麟炳的儿子张长青。其他就是杜家，杜江他们，那边有张守德，还有女的马俊敏、杨彦玲。

问：杨彦玲是谁家的？

答：她是我们老杨家的，她与姓孙的结婚了，这村有个姓孙的。

问：姓孙的是新来的吗？是不是没别人啦？

答：他不是新来的，还有老七和老八，老哥儿俩。兄弟七八个。其他都在北京。他们是下放的。从前他爸爸在北京，下放来的。

【知青下放】

问：“文化大革命”时下放到这里来的多吗？

答：我知道有下放的，都回去啦。

问：下放到这村来的知青是上边派下来的，还是有亲戚？

答：上边派下来的没有，多少都有点关系。近郊都愿来，比黑龙江强啊。我听说都是有关系的。这村有个姓赵的，儿子的未婚妻下放到这里来了。

问：儿子过来了吗？

答：儿子没来。未来的儿媳妇在这里劳动，还是习惯北京干的，劳动也不行。劳动了些日子，政策一改就回去了。还有一个姓南的，王文先家有关系，是王文先大爷的外孙女，下放到她舅舅这里劳动了，后来也回去了。

问：他们干活吗？是不是只有户口在这里，人回北京市啦？

答：干活。年轻人响应号召，刚来时还挺高兴呢，青年人思想单纯，有的爹妈不同意，也不需要他下放，他们还主动要求下放呢。我在北京时，到我妹妹家去，他家孩子的同学，家中只有他一个儿子，他要求一定要去，不用做动员。他父母都是中学教师，他母亲说他不吃猪肉，他自己说吃咸菜也行。并批评他母亲是资产阶级思想。他母亲也不敢拦他，拦了就是破坏知识青年上山下乡，弄不好还受批判，只好去吧。去了可回不来啦。有一次我又碰上他了，他与我一个内侄女回家探亲，他们有探亲假。那年到北京开会，他积极拥护，是经过市委彭真同意的。杜各庄一个姓李的书记接见了彭真，是农村的干部，他支持，是他让李凯去的。见到彭真、刘仁，其实彭真都同意，他不同意，他回来说，开会回头上报（?）到北京开会。咔，坏了！你们6个村闹得欢，这回顶你们6个村他到北京参加开会，他知道不行，可彭真说再考虑考虑。刘仁说，你考虑什么？这些农村的干部、书记都来了，都说成，你有书记了解下边情况吗？彭真没辙了，这怎么办呀，是不是太猛了。刘仁说，老彭你比村里的书记看的还准，群众的劲已上去啦，怎么你还这样！多大官呀，他说话我能说别的吗？所以说“好”，越大越好，其实回来才掌握呢。

问：你当时任会计，当时老百姓有个想法也想不通。想不通他也不说。

答：后来一闹起来，上山下乡闹得太大。人的思想都有“私”字，一家人都不该分家的就分家，历史上中国就有一个九世同居的，十世同居的都没有啊。几千年来都是这样，同吃、同住是不可能的。人们都有想法都不说。

问：各家在家里说吗？

答：在家叨叨，亲友之间瞎叨叨，公共场合根本不敢说。

【“四清”运动】

问：“四清”的时候有没有因为这事挨整的？

答：“四清”没人说这个。

问：1959～1960年说了怪话挨整了没有？

答：我挨整，不知道别的。

问：整你主要是为会计？

答：对。

问：每个村的会计都被整？

答：会计是重点挨整的对象，是大队干部之一。我当会计，对钱上坚决要清要紧，我心里有谱。那年扣我1800分时，有400元找不到了，整的人中有个姓张的直劝我，说我诚实，他说："就像你这事我也经过，你再想想。"我说："我如果真有400元的贪污，你们来我也想着，你不来我也想着，这不用想。"我根本没有400元贪污，当时我说不出理由来，说不出理由就是悬案。我说你也不用动员我，也不要让我想，真正我要拿起400元来，想也是假的，我想都没想过。我账目最清楚，我在私商里干过，账不清楚行吗？当时结账时总差一分，我都记着。我到街上买东西，口袋里什么时候也不装私人钱，怕公、私分不清。我买东西必须用自己的钱，回来必须记账，有时从家里拿来补上。

管财经的必须有规矩，不能乱来，就说那400元钱，是五几年上级给的订金钱，买花秸，北京市给的订金钱，花秸就是麦秸秆。共600～700多元钱，交了一部分花秸，可又差人家钱，又给了他差的那钱，他们打了收据，花秸部分没有给收据，付钱给花秸是应该的再说西门外一姓孔的会计代管的，还挺费事，一两个月，我心里有数，账是转了，可没有正式手续，后来这笔账是我们村的杜广新给办了，他不懂手续，要是我就好了，我不这么办。后来我又找了他两趟，就把手续扔在那里了，得有正式手续呀，就这样闹来闹去又交给杨会计了。这事好几年啦，怎么也想不起来了。后来我就翻我的日记本，翻着翻着忽然我想起来了。之后我找到工作组，让他们跟着我去找孔会计，孔会计当时也在挨整。我让工作队的人跟我一起去，工作队的人说他要不承认怎么办？我对他讲，他要不承认我也不承认，该怎么办怎么办。我们去了之后找到他，他说是有这回事，到采购站去找账。当然他也有活页账，活页账用完之后捆起来，是代办的，还要纳税呢。我们就找呀找，采购站又是新会计，三年以内的账保留着，三年之外的账可以销毁，已过三年了人家要废了呢，有规定啊。经过一番查找，找到了，孔会计看到了他捆的包，跟我转账的数对上了，这件事算是了结了。

问：你不当会计主要是因为出身的问题吗？

答：对。

【解放后的阶级关系】

问：你什么出身？

答：我出身应该是中农，解放后过继给我大爷了，所以算我富农，按政策我不是富农，可他们整的时候就划我为富农了。我父亲又是伪保长。

问：你生身父亲吗？

答：对，冲我生身父亲也不行啊。当时会计必须是贫下中农。当时整我，问题没有啦，没问题还有出身问题，不允许当会计。后来小队又叫我当保管，又当了二年保管，到"文化大革命"就不当了，到队里参加劳动。

问：你一直填写富农？后来没改？

答：是呀，一直填富农，到"四清"时才改为中农。因为算成分是算1946年、1947年、1948年3年，这几年我是中农，没跟他（指他大爷）一起生活。那阵村里文化人少。

问：你上的什么学校？

答：上了几年小学。也念过几年私塾，后来又上小学，我大爷是校长。那时都不愿念洋书，可我大爷是校长，不念又不行。

问：你大爷也是住这个村？

答：在。在我们家住，一个院。

问：哪个学校的校长？

答：在石门村，那个时候望泉寺等4个村成立的这个学校。就有几十个学生，一个村只有十几个学生，我还算个"秀才"呢。因为念书的少，我这还算念书最多的呢，念了四五年。包括私塾。

问：办小学的钱都是你大爷出的?

答：不是，村里的钱办的，4个村拿的钱。办私塾是个人的钱。

问：上私塾是你大爷的钱?

答：不是，是我父亲的。分家了，不分家是大家的。

问：私塾背什么?

答：《百家姓》、《三字经》、《千字文》，先念这些，后来上《论语》、《孟子》、《大学》、《中庸》，根据你的才华再加念。

问：你念到这种程度了吗?

答：我没念到，我念到《大学》，还没开讲呢。我学的《百家姓》《三字经》《千字文》，《七言杂字》《名贤集》。头一句是：但行好事，莫问前程，于人方便，自己方便，凡人要求，借而敬之。都是让人学好，别偷别抢，安分守己。但行好事就是一定要做好事，还不要讲价钱，不要说我做好事啦。莫问前程，不要说我做好事了给我什么。

问：你几岁上的私塾?

答：9岁。上了两年，以后就上小学了，我上小学直接上二年级。

问：学算术和珠算吗?

答：珠算小学不上，以后跟我父亲学的。后来学买卖又学了。

问：算术学?

答：学。算术就是学四则应用题，加、减、乘、除，我数学不行。

问：当会计不是跟数打交道吗?

答：是啊，那时在北京当先生不也跟数打交道啊。

【解放前学徒】

问：你在北京当先生?

答：在北京粮店帮助管账先生，也学习，主要是人家干。交给我还干不了，100多个户头都在脑子里记着，不像现在有账签，那时没有，全凭脑子记，脑子不好干不了。

问：那时粮店的账叫四柱清册?

答：四柱账：存、收、支……我当时主要是快手急干，就像现在的期初余额，本月收方，本月付方，本月余额。那时叫旧管、新收、开支、实在。这就叫四柱账。

问：你父亲也有文化?

答：那时候就想种地，把地种好，念书是次要的。

问：你父亲会算盘?

答：对。认字，也念过四五年私塾。

【30年代村学校】

问：你上私塾时是哪年?三几年吧?

答：日本来的时候。日本没来的时候，我们村有个姓吴的老师教私塾，(日本一来)白天教洋书，晚上教私塾。老师是私塾底，他父亲是秀才。他讲四书背着念，不像现在有课本，那时没有，合着眼也能教。他问你《大学》学到多少章了?小批他都能背下来。没有这个教不了书，不像现在得有课本，备好讲义才能教，那时他都在脑子里装着呢。十几个人，你念这个，他念那个，没有年级。你也许念《大学》，他也许念《中庸》。你轻松，他不轻松。后来加《杂志》，不让你轻松，聪明点的学生也很紧张，老师不让你轻松，每天要背、要写，今天加一行，明天加一行，学生累得够呛。

问：每天写大字?

答：每天写大小字，老师也天天写。现在的老师没有毛笔字，老师都写不好。那时老师也爱写，我的一个弟弟大学毕业也不如他写得好。虽然不是名牌大学，也是大学毕业呀，字写得不好，他写的我瞧不起。我们家的人毅力也不行，几个兄弟，一个名牌大学都没考上。我的两个姨弟是名牌大学。我二姨家的是天津南开大学毕业的。

【“文化大革命”、阶级成分】

问：什么时候毕业的？

答：“文化大革命”那阵。

问：你妈也是本地人吗？

答：是本地人。

问：你妈成分高吗？

答：我们家亲戚成分低的少。“文化大革命”时挨整。

问：你妈妈是上中农或富农？

答：我妈到我们这儿，算中农，娘家是中农，我姨家是地主。

问：你姨家的孩子上大学，肯定成分高，有基础啊？

答：他们上大学时还不怎么讲成分呢，讲才华。可我的孩子们赶上啦，他爷爷是伪保长。

问：他爷爷辈，不是你这一辈？

答：什么辈都不行，只要挂上这衔，亲戚都不行，当兵都不要。李伯阳的大儿子当兵都不要，他二儿子当兵就要。

问：李伯阳当过几年兵吧？

答：李伯阳没当过兵，他是买卖人出身。李伯阳大儿的姥姥家是地主，所以当兵不行。

问：这边地主多少土地？

答：土地不多，几十亩地，这村穷，那时规定5%，100户就得有5户地主、富农，有指标。

问：“土改”时你没在村？

答：“土改”时我是逃亡户，逃亡北京市啦。我对“土改”方面不太了解。

问：这村什么时间“土改”？

答：1950年。我们村划了两户地主，三户富农，全村不到100户。

问：那时你大爷活着吗？

答：活着，当时50来岁。我大爷地也不多，有40多亩。我大爷自己不直接生产，顺义县里有买卖。

【解放前的县城买卖】

问：开的买卖不小吧？

答：在顺义县卖首饰，他得在那儿干，所以家里雇着工。我们家不同，我们家我爸爸干活，没雇过工，忙了找短工，所以划为中农。我大爷没有儿子，我过继给他。

问：他雇了几个长工？

答：雇了一个，忙了雇短工。我们家农忙只雇短工，我要在家就是中农啦。我为长子，分家时分两份，自己家一份，大爷家一份。我解放前没在家，大爷在顺义县有小买卖，他的劳动没法比。他学徒学的手艺，学打金银首饰，干农活不行啊。就像你们似的，上完学再劳动就不行了，尤其是他学打首饰，再干活干不了。

问：你老爷爷死的早吧？

答：我老爷爷死的晚，我爷爷40多岁就死了，我都没见过，我老爷爷活到80多岁。都是解放前死的，日本在中国时。我只见到我老爷子。

问：那时的家境你知道吗？

答：家境不错。我小时候家里有300多亩地，分家之后，我爸爸与二爷叔侄分家，一家分100多亩地。

【解放前家庭状况】

问：怎么叫二爷呢？

答：我有一个二爷，我小的时候跟我二爷一块生活，因为我老爷子活着，还有我老太爷呢。

问：二爷是你大爷吗？

答：不是。二爷跟我爷爷一辈，是兄弟。

问：二爷的儿子是你大爷吗？

答：不是，我叔叔搬北京市去啦。我二爷只有1个儿子，我爷爷3个儿子。我们这支3个儿子。可分家的时候都得分出去，一个儿子也分出去，哥弟兄分家。

问：等于你爷爷辈3个人，二爷、大爷和你爷爷？

答：我老爷爷那时就不叫分，留养老地。自己留的够吃够用的，儿子们还得好好养活着，不好好养活着不行。老爷子每天得吃好的，起码得有点心。我老爷爷有30多亩养老地，你们对我不好，30多亩地我就自己吃啦，就等于我爷爷他们哥儿俩，我爷爷行大，有三个儿子，我二爷只有一个儿子。我父亲他们兄弟三个。我伯伯和我三叔都没儿子，实际上我父亲是亲哥儿俩，杨庆忠是我堂叔的儿子。我亲兄弟在大连呢，他毕业之后分配去的。我们这一辈是三支。

我小的时候我们家300多亩地，后来分家，每家只有几十亩啦。

问：以后没有买地？

答：我老爷爷过日子喜欢维持，开支也大，用人也多，谱也大。我三叔100多亩地弄没啦，破产了，分家十多年穷啦。

问：你爸爸什么时间过世的？

答：1976年，就地震那年。我们家人稀，老保持着，我小的时候300多亩地，我老爷爷上辈也是单传，只有一个儿子，传到我老爷爷这儿，我爷爷有哥儿俩，两个儿子分家，一个人100多亩地。到我们这儿100多亩地分给哥儿仨，一个人只有几十亩了。没有买地，也没卖地。分家以后这边的地留下来啦，我叔叔破产了。我叔叔没儿子，他想儿子，说盖了房可以得儿子，所以扒了盖吧。扒了盖还没儿子，为了求儿子把100多亩地卖啦，儿子也没求来，产业也没啦。那阵迷信，找风水先生，都不灵，还是没儿子，只有3个女儿。一个女儿在北京市，他就跟着女儿住北京市。在古楼东北角。

【批判对象】

问：你爸爸是伪保长，在“文化大革命”中对你没影响？

答：没有。我爸爸是伪保长，不算“黑五类”。

问：甲长是？

答：甲长也不是，伪保、甲长都不是。乡长就不行了，乡长挨斗，低着脑袋。保长必须老老实实地劳动，乱闹不行。保长就不能让干大队的会计、保管，在场里打场头也不行，上级有政策不允许。场头就是看青一类性质的。入小社的时候不让入，伪保长不许入，只要贫下中农。不过都知道我爸爸是生产能手。我们分家之后，100多亩地都归我爸爸一个人管，我叔叔小，我伯伯在县里做买卖，二十几岁我爸爸就管100多亩地，种庄稼。有几十年的管理经验。集体的时候管几百亩地，他没问题。我爸爸又死心眼，好伤人，后来我不让他管事啦。他什么事都不服，干活往黑夜里干，我说，你行啊！你到家就吃饭，别人行吗？你该收工就收工啊，妇女回家还得做饭呀。他不考虑这些。

问：七几年实际上他还在管生产，但不给他队长的名。1976年他多大年龄？

答：77岁。后来十来年不干了，我身体不好，他就在家啦。我妈还希望他去，总比闲着强，我不让他去。他性格不好，在家里对我妈想骂就骂，性子暴，现在外边是集体生产，后来就不让他干了。

张长清

时　　间：1994年8月22日上午

访 问 者：内山雅生

翻　　译：祁建民

访问场所：沙井村村委会办公室

【农场面积的减少】

问： 听过刘书记介绍，过去咱村耕地面积 600 亩，现在 300 亩。这 300 亩地由农场耕种，这个数字准确吗？

答： 准确。

问： 1990 年来时，咱们农场 11 个人，现在多少人？

答： 现在也是 11 个人。

问： 以前 600 亩地，现在 300 亩地，11 个人干活，和以前有什么变化？

答： 现在人员还是那些人，机械也还是那些，活也干得不少，没有什么变化。

问： 600 亩变成 300 亩，活还那么忙吗？

答： 不那么忙了，还可以干些其他事。

问： 咱们村工厂、企业发展这么快，是不是也有农场的人在工厂里干活？

答： 没有，干农业的就在农场上干活。

【农场的劳动】

问： 农场的人还干农业之外的活吗？

答： 也干。现在是企业管理，像农机这部分，也可搞点副业，搞运输，赚点钱。

问： 搞运输 11 个人都去吗？

答： 不都去，11 个人有分工，有开车的，有干农活的，有看场的，铲车则可以干些平道、清理垃圾、运输之类的活。

问： 管机械的几个人？

答： 5 个人。咱这里的机械闲着时，也可以到外边找点活干，农业活拖拉机也能干。

问： 5 个人管理机械，其他 6 个人搞农业，收入一样不？

答： 干农活的比开机械的收入稍微低点，因为开机械的不天天开，干农活的也不天天干，闲时都可以干别的。

【年收入】

问： 咱们农场收入怎么样？

答： 咱们农场的收入在全站居中上游，人均年收入 4700 ~ 4800 元。

问： 您是农场负责人，收入是不是比一般人高点？

答： 我的工资是职工的 1.5 倍。

问： 1990 年访问您时，您的工资收入是 8000 ~ 10000 元？

答： 是的。

【生产作物】

问： 咱们农场主要生产什么？

答： 小麦、玉米，就这两样。

问： 和 1990 年比，有什么变化？

答： 农作物没有什么变化，因为我们这每年种什么由站里指示。过去曾改过，但种别的产量低，今年又改过来，还是种小麦和玉米。

【收获物的买卖】

问： 收成以后，麦子和玉米去哪儿卖？

答： 不固定，谁给的价格高，就卖给谁。征购粮固定。

问： 征购粮怎么征购？

答： 根据地亩、按国家数额进行分配。前几年种菜，收成不怎么好，就改成种粮了。比方说征 10 万斤，5 万斤，交 4 万斤就行。

问： 买粮食的是来农场买还是去各家买？

答： 哪儿有粮食，就到哪儿买。有到农场买的，也有到各家买的。

问： 农场工人的粮食是分给还是自己买？

答： 本场工人也买粮，本场人或者村里人来买粮便宜，外边的人买粮是议价。

问： 外边来买粮的人多，还是村里买粮的多？

答： 外边来买粮的多。

问：农场以外，村里还有地吗？

答：没有，土地都在农场。

问：吃菜怎么办？

答：去市场买，咱这里新建了一个市场。

问：哪里经营的菜场？

答：顺义县。

问：咱村里吃菜都从市场买吗？

答：有的户院子大，自己也可以种菜。

【外村的暂住人口】

问：1990 年来时，有几户县里人借住村内，现在还有吗？

答：现在还有不少人呢，因为顺义县城正在建设，民房全扒了，许多人暂时到城外住，咱这里正好是城边。另外也有的是在顺义县城打工，到这来租房住。

问：大概有多少人住在咱村？

答：有 200 多人。

问：外边来人住，对咱们村有什么影响？

答：他们只是租房子住，别的没什么。

问：外边来人住，是不是给村里带来麻烦？

答：来了这么多人，确实给大队增加了一些麻烦和负担。派出所查户口，工商部门管，治安员也增加了，现在有 5 个治安员，还得收水电费。对外来的人也不知他们都是干什么的，有没有偷鸡摸狗的，很是费心。总的来说，治安基本还可以。

【治安员】

问：1990 年有治安员吗？

答：那时也有巡逻的。但现在的治安员是村里和派出所联营的，也穿警服，是正规化的。

问：1990 年负责巡逻的叫什么名字？现在还是他吗？

答：叫周永兴，现在还是他。他原来是小学教师，有 50 多岁了。

问：内山先生主要是研究农村互助、看青、打更，他问现在的巡逻员是不是类似打更的？

答：现在的治安员是协助派出所工作的，比方派出所查户口，他们也跟着去，晚上也出去巡逻，主要是维护村里的治安工作。

【仓库看管】

问：1990 年我们来时，农场不需要看青的、看仓库的，现在有吗？是秋收时看吗？

答：现在有看仓库的，是常年看管。

问：看仓库的人是您决定的吗？他的工资比别人高吗？

答：是指定人看仓库，专管看仓库。他的工资收入比别人低点，年岁也比较大。今年看仓库的叫张林玉，明年也许换了，看仓库的人不固定。

问：前院有看场的吗？

答：有，但都不愿意看场，因为时间长。比方说打麦子时，他白天、黑夜都得看着。

问：看场的工资收入多少？

答：不固定。一般的看场的都是没有劳动能力的，一天也就七八元钱。今年这个人有劳动能力，兼做保管，也管院里拔草，所以他的年收入在 4500 元左右。

问：张林玉以前看仓库的是谁？

答：张春田，年龄比较大，他县里的家在咱村。

问：现在农场 11 个人中还有他吗？

答：没有了，因为他岁数大了。

问：张春田退了以后，又来的人是他的亲戚吗？

答：不是。

问：农场进人，是不是由您决定？

答：谁愿意来农场，先申请，我同意您来，您方能来；我不同意，就来不了。

问：您在发展中遇到的困难是什么？

答：主要是缺少资金。1990年你来时，我们这里刚起步，那时还没有这个楼房。刚才湖南来电话，就是有个项目，但咱这里缺少资金。公家的事，弄不好就砸锅。

问：上次来时，您不是党员，现在是不是？

答：不是党员。

问：咱这入党是不是比较严格？

答：是比较严的，咱的条件也不够。

【新企业的技术者】

问：您参加村里新企业的管理吗？

答：我不参与，专管农场。但有时也参与点，不多。

问：您是大学毕业吗？

答：我是初中毕业，咱村最高文化是高中，一般的都考出去了。

问：听刘书记介绍，咱村要招聘9位工程师，是咱村的吗？

答：这些事情一般都是支委会研究决定，我真没听说。

【仓库看管】

问：咱这看仓库是防外边人，还是防本村人？

答：全防。

问：抓住过吗？

答：没抓住过。大的事件没有，有也就是偷地里、井里的电线，损失1000多元。

问：外边在咱村租房多少钱？

答：每间房月租50~70元。

张麟友

时　　间：1994年8月22日下午

访 问 者：内山雅生

翻　　译：祁建民

访问场所：张麟友家

【镇农场】

问：您为什么在镇上干活？

答：他们找我去的。

问：那边条件好吗？

答：那边设备好，全是机械化。

问：您每天去镇上农场，要多少时间？

答：骑自行车，快骑20分钟，慢骑半个钟头。

问：镇农场土地面积有多少？有多少人？工资多少？

答：有800亩地，共有17人，工资每年5000元。

问：农场种什么？

答：主要种粮食作物，玉米和小麦。今年在地边上种点黄豆。

问：在镇农场干是不是比在村农场干收入高？

答：都差不多。

【村农场】

问：我1990年来时，村农场11个人，这次来还是11个人，为什么？

答：人员流动。有走的，也有来的，人员常换。

问：村农场人员调动，是不是场长决定？

答：对。

【家族】

问：您的女儿今年多大了？

答：23岁，已结婚了，嫁到顺义县城里去了。

问：（指身边的小孩）他念书吗？

答：初中毕业了，明天去石家庄市司机

学校学习去。

【少年时代】

问：你小时候在哪儿念书？

答：我小时候在石门村小学校念了四年，五年级时到顺义县城小学去念，念了两年，初中又念了两年，没毕业。

问：您出学校后干什么了？

答：我回村时是1961年，已经是人民公社，三级所有制。

【张瑞与农业合作化】

问：您父亲张瑞当时是富农，进入人民公社没有？

答：也参加互助组、初级社、人民公社。

问：互助组时，是不是富农不参加？

答：互助组时也参加了。

问：调查山东时，那个地方是富农不参加互助组？

答：我那时比较小。我记得是由互助组到初级社，到人民公社。

问：你家是参加哪个互助组？

答：我不记得了。

【“四清”运动】

问：“四清”运动时，村干部有什么变化？

答：“四清”时，我在村里劳动。当时顺义县里来了工作队，宣传毛主席语录，进行政治学习，半夜12点也上街游行。当时村干部没有什么大变化。

问：您家那时成分高，是否让您父亲扫马路了？

答：干过。

问：都什么时间扫马路？

答：每天早晨出工前一个小时扫马路。

问：当时村里有几个人扫马路？

答：全村有六七个人扫马路。

【“文化大革命”运动】

问：“文化大革命”时，您父亲受冲击了吗？

答：我们家人和气，没有民愤，这几次运动都没受什么大的冲击。

【人民公社的缺点】

问：解放前您父亲一直是村领导，如果在世，看到现在村里的变化，他的愿望也实现了。现在咱村领导农业生产制度有很大变化，您看人民公社时的主要缺点是什么？

答：现在实现了农业机械化，减轻了农民劳动负担，产量也提高了。人民公社时，机械不行，科学种田不行，水也保证不了。

问：管理体制方面有哪些问题？

答：我那时就知道干活，对体制方面不了解，咱也说不好。

【解放时的张瑞】

问：解放时您父亲是村领导吗？解放后村里有什么事，干部找他商量吗？

答：我那时候还小，不知道。我今年51岁，解放时我才几岁，弄不清。

问：1986年我来时，见过您父亲，说解放后他在北京市住过一段时间，在北京干什么？

答：我记得他没去过北京市。

【兄弟姐妹】

问：你有几个亲姐姐？叫什么名字？

答：我母亲生的有两个姐姐、一个妹妹，我父亲前妻生的不算。我只记得二姐的名字叫张麟珍，她住在通县。我大姐住在花梨坎，她的名字不记得了。

问：您母亲叫什么名？

答：叫张吕氏。

问：您父亲前妻的名字？

答：我不记得，听说早就去世了。

问：您妹妹叫什么名字？住哪儿？

答：叫张麟琴，住望泉寺。

问：您同父异母的两个哥哥，叫什么名字？

答：大哥叫张麟祥，二哥叫张麟泉。

问：你父亲晚年身体怎么样？住您这儿吗？

答：我父亲晚年身体很好，就是血压高，在我这儿住，每天喜欢看电视。

【蜜供】

问：您知道“蜜供”这个词吗？

答：“蜜供”是一种点心。原来我父亲就在北京市老字号“正明斋”做蜜供，解放前我父亲每年都带村里人去干活。

问：您父亲带去干活的人是亲戚吗？都多大年纪？

答：亲戚也有，主要是村里人多。都是和我父亲年龄差不多，那时他 40 岁左右。

【杨源和李注源】

问：您知道杨源吗？他和你们有亲戚关系吗？

答：杨源也是村里人，和我们没有亲戚关系。

问：杨源解放前当过村长吗？

答：听说和我父亲一块儿干过，具体什么职务不清楚。

问：李注源的名字您知道吗？他看过青吗？

答：知道，是贫农。我们和他没有亲戚关系，听说他解放前是看青的。

【人民公社时代的看青】

问：解放后有打更、看青的吗？

答：打更的没有，看青的生产队时有，这两年没有了。

问：人民公社时有吗？

答：有。

问：1961 年您回村务农时的情况，还记得吗？

答：具体哪年，记不清了。

问：人民公社时怎么看青？

答：生产队派人晚上遛弯，一个队每晚上一个人，有时两个人，也就是秋收时看秋。

问：咱村那时几个生产队？每队多少户？

答：两个生产队。我们是一队，有 60 户，二队有 50 多户。

问：看青每晚上一队一个人，是两个人一块儿看吗？

答：两个人搭伴看。

问：看青是防什么样的人？主要是防外村的小偷吗？

答：很难说防谁，小孩也有弄棒子的，那时困难没粮食吃，也许有人到地里弄两个棒子。

问：当时看青主要看什么？

答：全管，主要看玉米、菜地。

问：当时偷棒子卖吗？

答：就自己吃。

【互相帮忙】

问：解放后除互助组外，还有什么互相帮忙的吗？

答：有大事自己干不了，就找街坊帮忙，比方农村盖房子、红白喜事，都需要帮忙，您有事，我去帮助，我有事，您来帮助。

问：帮忙给工钱吗？

答：什么也不给，就是干完活了，吃顿饭。

问：帮忙是找亲戚，还是找朋友？

答：一般都找街坊邻居。亲戚离得近行，如果离 10 里、20 里，怎么去找！

问：您在农场干活，互相帮助吗？

答：有事也互相帮忙，帮忙也就是卖力气活。

【外村暂住人口】

问：有 200 多人租住咱村，他们给咱村带来什么变化？

答：他们也就是做买卖，租房子住，带不来什么变化。

问：咱村有 4 个治安员吗？

答：每天有一个人转，因为外边人多，比较乱。

问：是叫巡街吗？

答：叫治安员也行，叫巡街也行。每天在街上转转。

问：咱们这几年，发生过什么大事件没有？

答：大的事件没有发生过。

【养狗】

问：养狗是为了防小偷吗？

答：对，也就是这个意思，咱这养的都是看家狗。

问：从什么时候开始养狗？是不是一种是看家的，一种是观赏的狗？

答：多少年来，一直养狗。主要是看家的，观赏的少。

问：你的狗是从哪儿来的？

答：我们家的狗是我姐姐给要的。

【房屋出租】

问：有的盖房，是不是专门为了出租？

答：自己房子够住了，盖点房子出租也有。一种是为出租，另外一种盖房子为了将来盖楼房时，拆迁费就少拿了。

问：如果盖楼房，旧房子怎么办？

答：旧房拆了，给您作价，叫您搬到别处住。用你的地方，旧房就得扒，旧房扒不扒，就看发展。比方说，新修这条马路，当时还有几家住着，说要修路，你的房子就得扒了，给你作价 2 万元或者 3 万元。

【富农张瑞】

问：您父亲定为富农，当时对您有哪些影响？现在还有影响吗？

答：我没受影响，当时也没受影响。搞运动时，我记录、抄大字报，什么都干，对我毫无影响。

张树德（63 岁）

时　　间：1994 年 8 月 23 日上午

访 问 者：内山雅生

翻　　译：祁建民

访问场所：张树德家

【解放后的看青护秋】

问：我们 1990 年曾访问过您，今天接着访问，请谈一下您今年多大年纪了？

答：我今年 64 岁，周岁 63 岁。

问：上次您介绍了解放前看青、打更情况，这次想问问解放后的一些情况。解放后队里看青是派的吗？

答：解放后一直有，叫护秋，从 1955 年初级社到生产责任制一直都有，叫护秋员。

问：从解放到 1955 年没有吗？

答：从 1949 年到 1955 年也有，也叫护秋。

问：从解放前到 1955 年，咱村护秋的是不是叫李注源？

答：是李注源。

问：李注源爱人叫什么名字？孩子叫什

么名字？

答：李注源爱人的名字不记得，我记得他没有孩子。他结过两次婚，都是在解放前。

问：李注源 1955 年以后还护秋吗？

答：他一直干到 1966 年。

问：解放后咱村有两个生产队，都是李注源护秋吗？

答：两个生产队有两个护秋的，一队是李注源，二队是李广德。

问：李注源一直是护秋，李广德是不是也一直护秋？

答：李广德也一直是护秋的。

问：李广德家庭是什么成分？有多少地？

答：李广德解放前有三四亩地，他在河东杜各庄扛活。

问：李广德比李注源岁数小吗？

答：小三四岁。

问：1966 年他们两个人是不是都不当护秋员了？

答：他们两个人 1966 年岁数大了，生产队派他们干些轻活，在村头看菜园，也就是护鸡。护秋又派别人了。

问：是因为岁数大，换人了？

答：就为他们老了，干不了，才换人。他们都没有后代，最后就成了五保户了。

问：又派谁护秋了？由谁决定的？

答：由生产队派的，比他俩都年轻。

问：新换的人是轮换吗？

答：一队是赵纪，一直从 1966 年看到 1984 年；二队是赵种田，也是从 1966 年看到 1984 年。

问：1984 年以后咱这农场化了，是不是就不护秋了？

答：对，有农场就不用护秋了。

问：赵纪、赵种田还都在世吗？

答：都在世，没在村里，都在北京市。

问：这两个人都多大岁数？

答：赵纪 56 周岁，赵种田现在也是 56 周岁。

【民兵保卫】

问：解放后咱村有打更的吗？

答：没有打更了。有民兵组织，但没有民兵保卫活动，因为那时村里很安静。改革开放以前，民兵、保卫都没有。

问：抗美援朝时，您当过民兵负责人吗？

答：抗美援朝时，我在朝鲜，我是回来以后从 1962 ~ 1975 年当民兵队长。

问：那时候民兵主要干什么？

答：主要抓生产，把生产搞上去。

问：您当民兵队长时，到年节是不是出去溜达（巡逻）？

答：春节时，从旧历十二月三十日到正月十五日，在大队轮流值班。每天晚上整个大队 4 个人值班，住在大队，叫春节保卫。

问：四个值班的都一起出去吗？

答：两个人出去，两个人在大队办公室，两个小时换班出去。每班 15 ~ 16 个小时，从晚 6 点到早 8 点。

问：您抗美援朝时不在，村里成立互助组、合作社的情况您知道吗？

答：不在。也知道一些。

问：咱村互助组、初级社是怎么成立的？

答：咱村一共有两个互助组，村南一个组，村北一个组，每个组有十几家，全村都参加互助组了。

问：哪年建的互助组？

答：1953 ~ 1954 年是互助组，又改为两个生产队，1955 年高级社。

问：每个初级社有多少户？

答：共有两个初级社，一社有 20 来户，二社也有 20 来户。

问：高级社哪年建的？

答：1955 年。

问：高级社有不愿参加的没有？

答：没有不愿参加的，都参加了。有极少数个别的不愿参加，李伯洋是上中农，入高级社时他把初级社的骡子拉走了，他生产条件好，不愿参加。后来乡干部找他宣传高级社的好处，最后他也参加了。

问：李伯洋还健在吗？

答：在，今年75岁。

问：和他谈话还行吗？

答：够呛！

【公共食堂】

问：人民公社时，咱村建食堂没有？

答：1958年成立食堂，1961年散的，全村就一个大食堂。

问：当时食堂建在哪儿？

答：就是这个位置。

问：您看看咱村解放时的图，村大队在哪儿？

答：解放前大队就在这儿。

【饥饿和看青】

问：您是哪年回村的？

答：1962年回村。

问：您回村时，困难时期已经过去了吧？

答：刚刚过去，因为1962年以前吃食堂，1962年以后生活逐步好起来。

问：1962年产量怎么样？

答：那时产量不行，1962年亩产最好的产量500斤，到1984年以前变化不大，1984年产量稍有好转，600斤。

问：1962年困难时期，粮食都归集体，老百姓生活不大好，有偷棒子的吧？这时看青是不是主要防备这些？

答：看青不一定是防备本村的，这个村挨饿，也没有到地里偷棒子的，看青是防外村的。

问：咱村看青抓住过小偷没有？

答：困难时期也有丢棒子的，不是在地头丢棒子，是在地中间丢的，丢了300～500个棒子，这样的情况也有。

【搭套】

问：大爷，搭套您听说过没有？

答：搭套是在旧社会没有互助组以前，您家有个驴，我家有个驴，个人耕地，耕不动，就两家合起来，用两个驴耕地，给您家耕完，再给我家耕，这样叫搭套。

问：搭套一般都是两头牲口吧？

答：是。不一定是两头牲口，您家有车，我家有牲口，也可以搭套。

【互相帮助和互助组】

问：互相帮助，咱这叫什么？

答：就叫互相帮助。比方，您家棒子熟了，我去帮您家收棒子；我家棒子熟了，您再帮我，这叫互相帮助。

问：互助组成立后，还有互相帮助吗？

答：没有了。因为有了互助组，都连在一起了，就没有了。

问：搭套是一帮一帮干活，互助组规模就大了，干活有没有区别？

答：没有什么区别。互助组有正、副组长，每天干活由正、副组长派活，到时候上班，到时候下班。

问：互助组的意思是不是更大的互相帮忙？

答：也就这个意思。

问：互助组是不是党员和干部作用就大了？

答：互助组有正、副组长，党领导得好，人民的思想也比较好。大家对互助组都有个共同的认识“人多力量大”。

问：初级社时，农民互相闹意见，怎么解决？

答：个别人也有，就看什么情况，要有为个人问题闹矛盾，由治保会解决；如果为生产问题闹矛盾，由队长解决。

问：我 1990 年来时，看到农民思想都很纯朴。这次来看到农村经济发生很大变化，人的思想有什么变化？您是怎样看的？

答：人的思想跟着形势走，改革开放以来，农民的生活比过去强多了。当前不管是谁，都是千方百计想办法多赚钱，过去有个目标，就是毛主席所说的必须坚持社会主义，现在农民就是想多赚钱。

【外村暂住人口】

问：听说外边有 200 多人在咱村租房住？

答：因为这个地区比别的地区发展都快，变化较大，一些南方人，有 10 多个省的人住这，除台湾外。这个地方比较富裕，都在这做买卖。

问：您家有外地人租房子住吗？

答：我家没有。

问：为什么不外租？

答：我家有空房，不想外租，不方便，夏天天热，有外人不方便。

问：我 1990 年来时，在村子里转了转，照了外景；今天也想转转，可以吗？

答：可以。

李广明

时　　间：1994 年 8 月 23 日下午

访 问 者：内山雅生　祁建民

翻　　译：祁建民

访问场所：沙井村村委会办公室

【外村暂住人口】

问：据上午张树德介绍，目前本村治安出现一些问题，请您谈谈？

答：治安不那么稳定，我已经向上面提出了，主要是外来户太多。前段时间本村放了几场电影，在大队广场，看的人本村人很少，几乎都是外地人，经商的、打工的。

问：本村人看的少，是不是家家有电视，在家看就行了？

答：外来户也有电视。电影和电视所起的作用不一样，电影放的片子是宣传好人好事爱国主义的教育片。外地人晚上没事，看电影的多，加上外地人年轻人多。

【护秋】

问：孙伯龄是否也是护秋的？

答：是护秋的，死了好几年了。他护秋是在“文化大革命”以后。

问：1949 年刚解放，村内护秋情况你知道吗？

答：解放后到责任制以前，护秋人第一队是孙伯龄，第二队是李广德，他们都是贫农，生活水平一般。

【民兵巡逻】

问：解放后，村内还一直有打更的？

答：没有，有民兵，就是巡逻队。

问：民兵巡逻是经常的吗？

答：不经常，有护秋任务和节假日时才巡逻。

问：民兵是夜间巡逻吗？

答：整个冬天，全队民兵有 20 多人都集中住在庙里后殿，夜间巡逻。

问：咱这民兵是中队吗？每天晚上民兵来几个？

答：咱这不够民兵中队，就叫民兵队。每天晚上都来。

问：大爷您参加过巡逻吗？

答：我那个时候当治保，叫治安员。

问：晚上几点开始巡逻？

答：吃完晚饭就都来，4个人为一组，轮着回来休息，早晨回家吃饭。

问：农民巡逻有补助没有？

答：没有补助，是民兵任务。

问：民兵巡逻，手里拿什么？

答：就拿个棍子，没有武器。

问：看青手里拿什么？

答：看青手里拿勾杆和镰刀。

问：勾杆有多长？

答：有4尺长。

问：民兵拿的棍子有多长？

答：有二尺五长。

【搭套】

问：您知道搭套吗？

答：搭套就是您有牲口，我有车，或者我有农具，咱们俩一块儿干，就是用人力换牲畜、换农具。

问：搭套是亲戚、朋友搭套吗？

答：是本村的人就行。

问：解放前您和谁搭套？

答：杜钦贤、杜世贤、赵文生。我们4家一个互助组，解放前没有搭套。

问：您四个人搭套，是互助组之前，还是互助组之后？

答：就是互助组。

问：刚解放时分了土地，您4个人就想搭套了？

答：没有。

问：刚解放到互助组时，您这4个人有没有搭过套？

答：也有，那时是自由的，忙了就合伙干。

【搭套和互助组】

问：互助组时是自由组织吗？

答：是自由组织的互助组。

问：您这4家都是什么成分？

答：都是贫农。

问：有没有贫农和贫农，中农和中农成立一个互助组的？

答：没有，主要是能合得来，就成立一个互助组。

问：建立互助组的是不是首先是贫农？

答：不一定，贫农、中农都有。

问：最早的互助组是哪个？

答：我们这个互助组是最早成立的。

问：您这个互助组有党员吗？

答：没有党员。他和我是干部，他是民政，我是治保。

问：您后来入党没有？

答：没有。

问：互助组是不是都是干部带头成立的？

答：有的组有干部，也有没有干部的。

问：是不是你们带头成立互助组，其余的就都成立了？

答：也有互助组成立，有了互助组，才有合作社。

【初级社、高级社和人民公社】

问：成立初级社时，互助组是不是都参加了？

答：当时互助组没有了，全村成立两个初级社，所有的互助组都一次性地分别参加初级社，还有少数户没有参加初级社，搞单干。

问：当时少数户为什么没有参加初级社？

答：地主、富农，初级社不要；个别的贫下中农不参加，是思想问题。

问：贫下中农个别不参加社的，干部做思想工作吗？

答：不做工作。到年底交公粮时，粮库不收单干户的公粮，他就看到，还是参加社好。

问：高级社时还有不参加的吗？

答：一律都得参加，没有单干户。

问：初级社进高级社时，农民有什么想法吗？

答：没有什么想法。

问：研究中国历史时，发现高级社特别短，就到人民公社了，是这样吗？

答：咱这高级社也就三四年，就成立人民公社了。

问：变化这么快的原因是什么？

答：主要是政府号召。

问：几个村成立一个人民公社？农民有想法吗？

答：我们是6个村一个公社，农民没有想法。因为由社结算，比方说，每人200斤口粮，您把自己的口粮拉走，其余的社里留下。农民没有什么想法。

【治保】

问：您当过多少年治保？在您当治保期间抓住过坏人没有？民兵是不是由您指挥？

答：我从1955～1959年当治保，主要是管社会治安。民兵由我和民兵队长共同指挥，在我们工作这段时间，没抓住过坏人。

【关于张瑞】

问：1986年他来咱村时，见到张瑞，他解放前是村长，听说他解放后去北京市住了？

答：没有去北京市，一直在村里。

问：对他怎样对待？有什么特殊管理吗？

答：他也参加劳动，对他没有特殊对待，就是在“文化大革命”时有那么一段，以前没有。

【解放时的情况】

问：解放时的情况您还有印象吗？

答：解放军住咱村了，当时我没在家，在北京市。

问：了解解放前情况的，咱村还有谁？

答：张守俊比较了解，他做过土改工作。

问：您是哪年从北京市回来的？

答：我是1950年1月从北京市回来的。

问：您那时多大岁数？您是哪年出生的？

答：那时我24岁，我是民国十五年出生的。

【土地改革】

问：您回来时，土改完了吗？

答：还没“土改”。

问：“土改”您参加了吗？

答：首先看全村有多少地，当时每人平均2.7亩，算贫民；2.7～3亩是中农；4亩以上算富农。也不完全根据土地划成分，比方说自己也参加劳动，也雇长工的人，定为富农；自己不参加劳动，雇长工的定地主，主要看是否剥削。

问：2.7亩地是怎么算出来的？是先定成份，后分地；还是先分地，后定成分？

答：先定成分，后分地。贫农和富农的地两头平，富农的地和贫农的地相平，富农按人口把地留出来，剩余的地拿出来分给贫农，这是分土地的标准。中农不动，平两头，全国都是这个政策。

【三榜公布】

问：我1986年来时访问张瑞，说定完成分以后贴出来，有这事吗？

答：有，这叫三榜公布，就是一共公布三次，三榜公布以后，就定案了。富农分完土地以后，也是2.7亩地了。

问：当时咱村来工作队了吗？住这儿吗？

答：有工作队，是区上派来的，不住这儿，他们管这一片。

问：当时咱这叫什么区？

答：叫顺义县10区，后来又改成1区。

问：三榜公布时，大家有意见吗？

答：没人提意见。

问：张瑞为什么定富农？

答：因为他地多，他家有80多亩地。

问：张瑞当时雇长工吗？

答：每年雇4个长工，还雇短工。

问：当时定成分，主要是根据土地，根据剥削量，还有其他像伪政权之类的事吗？

答：主要是根据剥削量，其次伪政权也有，看以前干什么事了。

问：张瑞是不是和他当村长有关系？

答：他主要是剥削。

【四类分子】

问：张瑞在“文化大革命”时期是不是受批判了？

答：主要批判他当保长，那时候他是四类分子。

问：“文化大革命”中受批判的四类分子，除张瑞以外，还有谁？

答：有正保长杨源，地主赵立民、周永兴。周永兴曾在乡里当户籍，管户口，后来在小学当老师，收听敌台被打成“右派”。还有曾在国民党时任县中队长的刘桂林、担任保长的赵廷福，赵廷福说他是地下党，可后来说他不是。整个村里的四类分子就这些。

问：咱村有叫张麟泉的吗？

答：他是张瑞的儿子，不爱劳动，国民党时也干过伪事，划在四类分子里边，“文化大革命”中被批判了。这个人现在还在，半身不遂，动不了，也不能说话。

马玉兰

时　　间：1994年8月25日晚

访 问 者：内山雅生　祁建民

翻　　译：祁建民

访问场所：顺义县宾馆

【乡级承包责任制】

问：我们是研究农业方面问题的教授，请您谈谈实行承包责任制的问题？

答：1983~1985年我在北京农学院进修，1985年回来在城关乡工作。城关乡的承包责任制相对说要晚些，在全国来说，北京市动得比较晚。顺义县当时按照北京市的布置，搞的是年产承包，责任到劳的做法。

问：各村是同时联产承包，还是有先有后？

答：我是1985年6月份回来的，当时城关乡还处于总结阶段，我分析是同时进行的。

问：联产后，农民种植有没有变化？

答：是统一种植，都是种小麦、玉米。按顺义县统一规划种植，从种到管、到收，都自已管。种子统一供给，自已花钱买，比方边边沿沿的地方，也可种些别的。

【农场制】

问：生产责任制是不是1986年实行的？

答：1986年秋天。主要根据生产发展状况，乡镇企业发展了，集体经济积累多了，就有资金购买农业机械，就可投资一部分用于农业上了。这样劳动生产力的水平提高了，用一家一户管理生产已经不适应了，迫使农业生产上进行改革。

问：以前的生产队和现在的农场制有什么区别？

答：以前生产队是队长一个人操心，那时是队长说了算。不联产，就不连心，联产以后责任心加强了。农场经营是自负盈亏，独立核算，这样就变成农场职工人人操心，人人负责，农场效益好坏都跟自己连着，不再是一个人操心，而是大伙操心。

问：生产队规模和农场规模是不是一样？

答：不一样。

问：区别在哪儿？

答：生产队那时候劳力比较多，工业不发达，劳力都在生产队干活。现在劳动力都转向工厂了，农场人员少。过去生产队200亩地，得七八十人管，现在一个人就能管160亩地。

【农场的生产条件】

问：土地面积怎样？

答：在土地面积不减少的情况下，人员减少很多。

问：农场人员是怎样组成的？

答：基本上是自己自愿报名来农场，经场长批准决定。人员组成有会计、保管、科技场长。一般都是农村妇女，上有老，下有小，走不出去，又有劳动能力，愿意留在农场干活。

问：农场是两个大队吗？

答：农场以村为单位，是一个大队。

问：农场使用的农具是过去生产大队使用的农具吗？

答：完全不是。农场完全机械化，从播种到收成都是机械化。

问：当时农场化的资金来源？

答：一部分是生产队，一部分是拨款。

【粮食】

问：农场收成粮食后怎样分配？

答：一部分交公粮，国家有任务；一部分给全村农业户口人；剩下一部分农场自己到集市上卖商品粮。

问：到集市上卖粮是由乡统一计划吗？

答：帮助提供信息，提供服务。

【城关乡的农场】

问：全乡农场有哪些变化？

答：1993年全镇一个劳动力平均种田166亩，平均产量达17万公斤，创产值达12万元，这是第一个，效益明显提高。第二个是职工主人翁责任心增强了。过去生产队是队长一个人操心，现在人人都是主人，劳动积极性提高了。

问：1990年的耕地面积和总产量？

答：这不太清楚，因为我不具体管。

问：全县种植作物有什么变化？

答：全县范围种植以粮食为主，咱们还种菜，所产蔬菜除满足社员需要外，还到本县市场销售。

问：粮价放开后，对咱们有没有影响？

答：没有什么影响，交公粮后，可到市场上卖，农场对此并不反感。

问：咱们顺义县种粮食是一年几季？

答：一年两季收成。比方说今年9月份种小麦，明年6月份收割完了，接着种玉米，到9月份收完，一年两季。

问：听说有一年三作，不知您听说没有？

答：没听说。

问：三河县搞蔬菜专业村，咱这有没有这个规划？

答：没有这个规划。今年提倡过，如一个村有300亩地，可拿出150亩搞蔬菜专业村，有的乡已经搞了。

问：现在是不是还搞统一种植？

答：以粮为主，小杂粮很少。我们还是以粮田为主，蔬菜有蔬菜基地。

问：公粮计划是定到乡，还是定到村呢？

答：国家计划到镇，然后再到村。

【农场职务分担】

问：农场会计、保管是不是女的多？

答：农场场长都是男的，其他男女各占一半。

问：固定工是怎么来的？

答：招聘来的。一般都是外省市来的，都是自己来找的，没人介绍。

问：农场制时，北京市有没有反对的？

答：没有。农民花钱不依赖土地，上边没有什么看法。

张守俊（80岁）

时　　间：1994年8月26日上午

访 问 者：内山雅生　祁建民

翻　　译：祁建民

访问场所：张守俊家

【家庭成员介绍】

问：大爷，您哪年出生的？您是本村出生的吗？

答：1914年出生，属兔，80岁。我是本村出生的，是老户。

问：您父亲、母亲的名字记得吗？

答：父亲叫张书贤，母亲叫张杨氏。

问：大爷，解放前满铁在咱村调查，您还记得吗？

答：我说不清，因为我是普通农民，会里的事说不清。

问：您兄弟几个？姐妹几个？叫什么名字？

答：兄弟两个，我是老大，弟弟叫张守清。3个妹妹，没有姐姐，3个妹妹没有名字。

问：您是哪年结婚的？老伴名字叫什么？

答：我是19岁结的婚，老伴叫张周氏。

问：您几个孩子？都多大了？叫什么名字？

答：大儿子叫张树春，58岁；二儿子张树松，54岁；女儿张树香，47岁。一共两个儿子一个女儿。

问：都在咱村住吗？

答：二儿子张树松在村里住。

问：大儿子在哪儿住？

答：大儿子在北京市工作，女儿在顺义县曹家屯。

问：大儿子在北京市做什么工作？

答：教书。

问：二儿子做什么？

答：在内燃机厂工作，家在这里，每天回家来，这个厂是北京分厂。

问：女儿干什么工作？

答：农民，在村农场干活。

【做香手艺】

问：您念过小学吗？念过几年？在哪个小学念的？

答：念过，念过三年，在望泉寺小学校。毕业后，我会手艺，就去通县南门外做香，烧香用的香，那时我已经二十七八岁了。

问：做香是用什么原料？

答：用榆树皮、香树皮磨成面，用水调了，压压凉干，做成香。

问：您卖香一般上哪儿卖？价钱多少？

答：就在附近农村卖，那时候一般活香30根，2个铜子。

问：您除做香外，还干农活吗？

答：干农活。

【李注源、看青】

问：有看青的吗？

答：看青、打更的都有。

问：李注源看过青吗？他是个什么样

的人？

答：李注源看过青，他开始看青时，就老两口，没孩子。后来老伴去世，剩他一个人了，就还让他看青。

问：他家有多少土地？他会武艺吗？身体好吗？

答：他家是中农，有五六亩地，不会武艺。

问：李注源长得是不是很高大？

答：比一般人高不多少，长得比较魁实。

问：解放前您见过李注源抓小偷吗？

答：李注源看青，白天睡觉，夜间去地里，我没见过他抓小偷。

问：抓住小偷怎么惩罚？

答：小偷也就是偷个棒子，抓住后交青苗会解决，也不一定罚钱。看青的不管。

【青苗会】

问：解放前青苗会和青工会是一回事吗？

答：不是一回事。

问：有青苗会，还有青工会吗？青苗会干部是村干部吗？

答：有。青苗会是管看青的，会干部也是保、甲长担任。

问：青苗会会长的名字还记得吗？

答：我记得都是保、甲长担任，保长是张瑞、杨源，甲长有孙凤、李秀芳。

问：我是研究中国农村社会经济的，您是村里的老人，了解的情况最多，所以来向您了解情况。

答：我虽然是村里老人，但我没用，也不参加会，知道的事情不多，只是个农民，种点地。

【打更】

问：咱这解放前有打更的吗？

答：解放前我 20 来岁时，有个姓丁的夜间打更，名字我记不清了。

问：您打过更吗？

答：没有。

【满铁调查】

问：当年日本军进村的情况，您还记得吗？

答：日本军来过，但没住过。记得有个叫山本的，是搞文学的，来调查过。也只是听说过，没在一起呆过。

问：山本来咱村干什么？

答：山本来了有一个月，也是到农民家里座谈，有时也在会里。

问：当时会在哪儿？

答：在庙里。庙的后殿是佛爷，中殿是菩萨，前殿是老爷。

【“先天道”】

问：您知道“先天道”吗？

答：知道。谁也不知道是谁成立的，各村都有，都得加入，不入不行。

问：参加“先天道”都干什么？那时你多大岁数？头头是不是在咱村？

答：参加后也就是站岗、放哨。那时候我 30 岁，总头不在咱村，咱村有个小头头，我们管他叫班长。

【搭套】

问：搭套您知道吗？

答：解放前就有搭套。解放后成立互助组，也有搭套。就是您家有个驴，我家有个驴，一起干。您没有农具，有人，也可以搭套。有农具，人少，也可搭套。

问：您解放前搭过套没有？和谁搭套？什么关系？

答：临时搭套，在春耕和秋收时，和张永仁搭过套。他和我们都姓张，是当家，我叫他二爷，也有亲戚关系，他家里的是我二姑。

【解放军】

问：日本人投降的情况，你知道吗？

答：听说投降了，什么也没看见。国民党投降知道。解放军从西边过来，还没到顺义县国民党就跑了。那时候我看见解放军的队伍了。

问：解放军进村后，杨源、张瑞怎么办？

答：解放军来村时，还是他们两人负责，抬担架、修桥，还是他们负责。成立农会，建立人民政权后，他们两人才退了。以前还有两个保长叫杨正、周燕，也有杨源和张瑞。解放后成立农民协会后，他们就都下台了。

【土地改革】

问：什么时候土改？

答：1949 年冬天到 1950 年春天土改，利用农闲时搞，不误农活。这一阶段特别忙，成立人民政权，选村长、财粮、民政、治保、农会。这些人产生以后，搞土改，先动员，自报公议，三榜定案，没有意见了，划阶级成分。

【农民协会】

问：农会干部是选的吗？

答：是通县专区来的工作组，还有顺义小区工作组来了之后选出的，张榜公布。

问：干部是工作组的吗？

答：是贫农协会选举的。

问：您是农民协会的领导吗？

答：我是农民协会副主任。

问：那时叫农民协会还是叫贫农协会？

答：叫农民协会。

问：财粮、民政是谁？

答：财粮叫李广志，民政是杜庆贤，治保杜存新，农会李广泰，村长李祥林。农会下边有贫农团。妇联是李俊清。

【逃亡户】

问："土改"时杨源、张瑞是不是跑北京市去了？

答："土改"之前，杨源、张瑞都在顺义县城。

问：他们两个人在顺义县城住了多长时间？

答：住了一二年。

问："土改"时，逃亡户回来没有？

答：回来了。不回来不给分土地。

问：他们是自动回来，还是派人去找回来的？

答：自己回来的，不回来就没有土地。咱们是和平"土改"，和平解放，浮产一概不动，谁的土地多，就拿出来分。

问：咱村"土改"时，开批斗会没有？

答：咱这没开过批斗会。

问：逃亡户除杨源、张瑞外，还有谁？

答：还有周宴、李秀芳、李广瑞、任振刚等。

问：这些人解放前是不是都是保、甲长？

答：都在保、甲长之内。

问：他们为什么跑了？

答：日本投降后，他们家就都搬到顺义县城住了，白天还回来办公，晚上在顺义县城住。

问：这些人在顺义县城有房产吗？

答：没有，都是租房子住。

问：1945 年日本投降到 1949 年解放，这些年他们都住顺义县城吗？

答：都住在顺义县城。

【八路军】

问：当时是不是晚上解放军来了，这些人不敢在村里待？

答：那时候白天国民党从东边来要粮、要财，八路军晚上来，他们不跑也躲起来。

问：八路军来干什么？

答：也是要点东西，那时缺盐，缺这、缺那。

问：您那时和八路军有联系吗？咱村有没有和八路军联系的？

答：没有。

问：当时咱村有没有对“土改”不满的？

答：没有。

【互助组和搭套】

问：咱村是怎么建立互助组的？

答：互助组必须走搭套这条路，互相帮助。不然自己没农具，缺这缺那，没法生产。

问：当时您和谁搭套？

答：和后院叔伯哥哥，他们哥儿俩有地没人种，我们哥儿俩、我侄子一起搭套。

问：当时您有多少土地？有什么农具？

答：我有27亩土地，有条小驴。后院我哥哥也有条小驴，他在外边。我们两人买了车，买了农具，“土改”时我们没分农具，都是自己买的。

问：您“土改”前有多少地？

答：“土改”前没有地，都是租地种。我分的地“土改”前就种，“土改”后就分给我了。

问：地主叫什么名字？

答：我的地是租的张云、张宝、童恭这三家的，他们都是地主。

问：您弟弟“土改”时分多少地？

答：我们哥俩在一起过。

【叔伯兄弟张守仁、张守义】

问：您叔伯哥哥分多少地？

答：我大哥是中农，没分地，他自己有15亩地，二哥分了5亩地。

问：两个哥哥土地为什么不一样？

答：早已分家了。

问：您两个哥哥都叫什么名字？

答：大哥叫张守仁，二哥叫张守义，他们是亲哥儿俩。

问：张守仁过去是干什么的？

答：他在牛栏山德顺栈干活。

问：张守仁当过会首吗？

答：没当过。他15岁就在牛栏山做买卖，70岁回来的。

问：土改时张守仁回村了吗？

答：没回村。

问：你们和张守仁搭套时，都是谁干活？

答：他们哥儿俩，张守义早死了。

问：那时干农活就你们哥儿俩干？

答：那时我弟弟才16岁，就是我和侄媳妇干活。

问：当时你们这个互助组就是你们哥儿几个？

答：是的。

【初级社】

问：从互助组到初级社，是怎么建立的？

答：上级号召由互助组到初级社，这个组织比原来先进了。

问：建立初级社，是不是关系比较好的先组成一个社？

答：那时咱村建立两个初级社，是上级领导决定的。我参加西边社。

【高级社】

问：初级社转高级社时，农具都归公了，农民有意见吗？

答：农具没动。当时社长去开了会，回

来就宣布成立高级社，土地都拿出来，牲畜、农具都没动。当时我是听说的，因为顺义县和怀柔水库订了合同，抽1000人去水库干活，去三年零一个月，所以建高级社时，我在外干活，没在家。

问：初级社转高级社时，老百姓是不是认为没有什么区别了？

答：初级社时东西归社员，高级社就都吃集体食堂了。高级社是上级定的，反映也没用。

【公共食堂】

问：咱村的大食堂是什么时候建的？

答：建食堂时，我没在家，可能是成立高级社时建的。

问：人民公社时，还有食堂吗？

答：我说的就是人民公社食堂，1958年高级社很快就发展到人民公社，这都是一年的事。

【困难时期】

问：1960年困难时期的情况您知道吗？

答：我没在家，在怀柔水库呢。

问：你从水库回来时，村里有什么变化？

答：我是1961年6月回来的，那时已经没有食堂了。粮食在大队，大队把粮食分给农民。

【“四清”运动】

问：“四清”时村里有什么活动没有？

答：“四清”工作队来了以后，发现坏事，就把村里老干部打下去了，都批判了。

问：“二十三条”发表以后又怎么样？工作组从哪儿派来的？

答：前十条、后十条斗争很激烈，“二十三条”以后，工作组又向干部道歉。工作组是从北京市派来的。

问：工作组开始就批判干部，等于批判错了，是不是？

答：是。

问：“四清”时批判的有杨源、张瑞没有？

答：让他们老老实实当农民，没有批判。

【“文化大革命”运动】

问：“文化大革命”时让他们扫马路了吧？

答：“文化大革命”时候扫过马路。

问：“文化大革命”前批判地主、富农没有？

答：没有。

问：解放后找杨源、张瑞商量事没有？

答：我说不清，我没有找过。三榜定案时定成分，有人问他们认可不认可，那时找过。

问：把张瑞定为富农，他提意见没有？

答：没有，拿出点房子，拿出点地。

【蜜供】

问：“蜜供”您知道吗？

答：知道，做“蜜供”就是出外赚钱去。我从十几岁时，就去北京做“蜜供”。到冬天全村找不到劳力，有90%的劳力都去北京做“蜜供”，干一个冬天等于扛一年活。北京市有两个站，一个是东正明斋，一个是西正明斋。张瑞在东正明斋，西正明斋是张瑞的叔叔。“蜜供”有一人高，烧香、念佛用，是供品。

问：“蜜供”有多高？

答：“蜜供”有5尺高，也有3尺高的。就像雍和宫里的供品，就是个小麻花，炸完了，用糖炒，粘出来是个圆的。有四个角的，也有八个角的，一层一层堆放，底下大。

问：粘的时候放糖不？

答：热时放糖，是脆的，粘时不放糖。

这是整供的，也有碎供的。

问：谁会做？

答：张麟炳会做，他在东正明斋干过活。他是老干部，他当过民兵连长，以后参军了。

杨　福

时　　间：1994 年 8 月 26 日下午

访 问 者：内山雅生　祁建民

翻　　译：祁建民

访问场所：沙井村村委会办公室

【看青】

问：我主要研究农村农民互助合作问题，特别研究解放前看青、打更问题。咱村有没有看青、打更的？

答：有。

问：首先请您介绍一下看青情况？

答：解放前后一直是雇李注源看青，村里给他钱，村民给柴火。

问：解放前看青就李注源，还有别人吗？

答：别人不记得了。

问：大爷，解放前咱这有青苗会吗？是干什么的？

答：有青苗会。旧历六月二十四日，各户出一个人在庙会吃一顿饭，村长给开个会。青苗会是热天成立的，由村长和副村长管。

问：看青人是不是由青苗会决定的？

答：由村长决定。

问：青苗会是不是有会首或是香头？

答：青苗会的头儿就叫香头，香头由村长担任。

问：香头有几个人？

答：两个人，正村长、副村长担任。

问：会首这个词您知道吗？

答：没听说过。

【李注源】

问：您在解放前看过李注源看青没有？

答：白天晚间都在地里遛弯。

问：解放后他还遛吗？

答：解放后就没有了。

问：李注源看青，是不是也盖个小房子住呢？

答：在家住。

问：李注源看青，手里拿什么？

答：拿个棍子，有六尺多长。

问：如果李注源抓住小偷，怎么处理？

答：抓住小偷交村公所。

问：村公所怎么处理？

答：罚钱。一般的就不罚。

问：您记得解放前抓住过小偷吗？

答：抓住过，是外村的，都是吃不上饭的穷人。

问：如果他特别穷，没钱，怎么办？

答：就不罚了，教育教育。

问：解放前有打更的没有？解放后有打更的没有？

答：解放前、后都没有打更的。

【民兵保卫】

问：解放后有民兵保卫吗？

答：有民兵保卫。从 1949 ~ 1962 年都有民兵巡逻，一年四季都有，民兵每天三四个人轮班，都住在庙里。

问：民兵轮班由谁决定？

答：由大队民兵连长决定。

【搭套】

问：解放前咱村有搭套吗？搭套是怎么回事？

答：搭套就是我家有几亩地，您家有几亩地；我家有牲口，您家有农具，一起种地，一起耕地，一起收割。

问：您解放前和谁搭套？

答：我和邻居张书代搭套。

问：您搭套时，您出什么工具？他出什么工具？

答：我出一辆车，一个耠子；他出一头驴，一个锄。

问：解放后您跟张书代搭过套没有？

答：解放后和张书代、杜维新3家搭套，开始叫搭套，后来叫互助组了。

问：杜维新又拿出什么了？

答：他有个驴。

问：3家搭套，两头驴干活就更方便了吧？

答：是的。

问：3家搭套，农活怎么安排？

答：3家主要是耠地、收割，一般零活自己干。

问：您这3户搭套，如果有红白喜事、盖房子等，都来吗？

答：都来，别人也来帮忙。

问：除这3家外，别人来帮忙的，是亲戚吗？

答：有亲戚，也有邻居。

【互相帮忙】

问：互相帮忙这个词，您知道吗？

答：知道。您有事，我去了；我有事，您来了，这就是互相帮忙。

问：互相帮忙和搭套有区别没有？

答：有区别。互相帮忙是临时有事帮忙，搭套是长期的。

问：合伙这个词知道吗？

答：就是干什么事一起干。

问：解放前除了搭套，互相帮忙外，还有什么其他形式吗？

答：还有就是红白喜事，帮忙叫劳忙。

问：劳忙是亲戚去吗？

答：有亲戚，也有邻居。

问：还有别的帮忙的词吗？

答：没有了。

问：解放后，您和张书代、杜维新都有多少地？

答：我18亩地，张书代10亩，杜维新9亩地。

问：您3家都是什么成分？

答：都是贫农。

问：当时搭套，是不是贫农和贫农搭套最多？

答：是的。

问：解放前有没有富人家和穷人家搭套的？

答：没有。

【互助组、初级社】

问：一般互助组，是不是先从搭套开始的？

答：是的。

问：您这个互助组，过去曾一起搭套。您记得还有别人这样吗？

答：记不清了。

问：您还记得成立初级社时，互助组是不是都进初级社了？

答：是。

问：富农、地主没参加互助组，怎么进的初级社？

答：1956年建高级社时，都进去了。

问：没参加初级社的有多少户？都是什么成分？

答：有10户，大部分是地主、富农，也有一部分中农和贫农。

问：地主、富农不参加可以理解，中农、贫农为什么也有不参加的？

答：因为初级社是自愿参加，有的对社不理解，没提出来，就没有参加。

问：没入社的，干部是不是去动员了？

答：入大社时动员了，初级社时没动员。

【满铁调查】

问：您记得抗日战争时，日本人来本村调查吗？

答：听说日本来了，没接触过。

问：日本投降时，国民党入村时的情况，您还记得吗？

答：什么军队也没进村住。

【解放时的情况】

问：咱这儿 1948 年解放时的情况怎样？

答：咱这儿 1947 年解放，先进来的是八路军，后来进来的是国民党投降军，当时教育他们，跟八路军一块干也行。

【逃亡户】

问：日本投降到全国解放，正村长、副村长在哪儿呢？

答：日本投降时，他们在村里。1946 年解放战争时，他们都到顺义县城住，一直到全国解放才回村。

问：当时他们为什么又返回村了？

答：因为全国都解放了，他们在外边是租房子住，家里有房，就回来了。

【土地改革】

问："土改"时，咱村是怎么搞的？

答：区里来了工作组，一个人，来了后，找农民协会、村干部，召集农民开会，宣传土改政策，组织农民土改，平分土地，检查地主、富农的地。除给他们每人留 3 亩地外，其余的都拿出来分给大家，当时全村人口平均每人 3 亩地。

问：定成分时是三榜公布吗？

答：是，谁是贫农，谁是中农，谁是地主、富农都公布出来。

问：当时定成分时，有没有不满意的或是反对的？

答：没有。

问："土改"时咱村斗争地主没有？

答：咱村没有斗地主，因为是和平解放，地主对贫农也没有什么恶情，别的地方有斗争的。潮白河东有斗地主的，因为那儿是老区。

【地主】

问："土改"时，地主是谁？

答：地主叫赵立民、邢永利，富农有张瑞、杨源、任振刚。

问："土改"前他们都有多少地？

答：赵立民有 20 多亩地，邢永利有 40 亩地，张瑞 130 亩，杨源 40 亩，任振刚 20 亩。

问：赵立民 20 亩地，为什么定为地主？

答：因为国民党时期，赵立民在外边做伪事，不参加劳动。邢永利有 40 亩地，全是雇人种，他在顺义县城开了个大商店，他是掌柜的。

【划分阶级的标准】

问：张瑞有 130 亩地，为什么没定为地主？定成分的区别是什么？

答：关键是家里有没有劳动力。赵立民家里土地活全雇人干，定为地主；张瑞有劳动力参加干活，定的是富农。

问：三榜公布时，这些人在村里没有？公布时他们看榜了没有？

答：都在村里，他们没去看榜。

问：您去看榜了吗？

答：看过。

【“新民会”】

问：日本时期“新民会”是干什么的？

答：咱村没有“新民会”，具体干什么不清楚。

【破除迷信】

问：解放后，咱这儿开展打破迷信运动没有？

答：解放初期1957年开展破除迷信。

问：怎么搞的？

答：主要是宣传，不准追先，不准跳大神。

问：庙扒了没有？

答：庙没扒，破除迷信时，庙里就没有东西了，在这以前，庙里东西就全扒了，殿也扒了。

问：咱村解放前有跳大神的没有？咱们管她叫什么？

答：咱村有，管她叫神婆，她是烧香给人看病的。破除迷信前，她就已经死了。

问：神婆叫什么名字？

答：不知道叫什么，她不是咱村人，是在女儿家住。

问：女儿是嫁给谁家？叫什么名字？

答：女儿叫张氏，嫁给咱村张森。都死了。

问：咱村人民公社时期，在哪儿建的食堂？

答：就在庙里建的。庙里有三个殿，扒了两个只剩下一个殿，就在那个殿里建的食堂。

问：殿是什么样子？

答：像瓦房那样高大。

问：有几根柱子？

答：5间房子，6根柱子。

姜国安（顺义县人民政府农林办公室副主任　高级农艺师）

时　　间：1994年8月27日上午

访 问 者：内山雅生　祁建民

翻　　译：祁建民

访问场所：顺义县宾馆

【农业现状】

问：首先请您谈一下农业的特点？

答：顺义县土地总面积86万亩，农村粮田面积69万亩，全县总人口54.8万人，其中农村人口46万人。全县有27个乡镇，430个村，全县农业总劳动力22万人，这是农村概况。我们顺义县的农业特点，一个是规模经营，全县是农场规模承包责任制，全县共有324个农场，全县22万劳动力中，分布在农业上的劳动力才6万人，剩下的劳动力都在乡镇企业；第二个是专业生产，种菜、种粮、养鱼、种瓜、养鸡，都是专业。

【农场和农业生产的变化】

问：1990年我们来过，那时农场就是规模经营，具体来说，现在的生产指标是个什么样？

答：我们从1986年实行规模经营，承包责任制以后，乡镇企业发生劳动力转移；规模经营以后，生产机械化，乡民生活得到改善。

问：1986～1994年产量指标怎样？

答：1978年以前是人民公社，从1978年顺义县粮食总产量5.8亿斤，亩产803斤。经过改革，土地分到农民手里，全部实现责任承包。1984年总产量8亿4千2百斤，亩产1167斤。1985年总产量8亿5千3百斤，亩产1202斤。1986年总产量8亿6千3百斤，亩产1230斤。1987年总产量9亿3千8百斤，亩产 1318 斤。1988 年总产量 10 亿零 2 百斤，亩产 1400 斤。1990 年总产量 11 亿零 4 百斤，亩产 1594 斤。1991 年总产量 11 亿零 4 百斤，亩产 1659 斤。1992 年总产量 11 亿 5 千 9 百斤，亩产 1677 斤。1993 年总产量 11 亿 6 千斤，亩产达 1680 斤。1993 年遇上百年不遇的大旱。全县农业劳动力 22 万一直没变。1982 年乡镇企业 4 万 8 千人，余者是农业劳动力。1984 年乡镇企业劳力 12 万人，1986 年乡镇企业劳力 15 万人，1987 年乡镇企业 16 万人，1990 年乡镇企业 17 万人。

问：实行农场制是不是为了提高产量？

答：实行规模经营，发展农业机械化，这就改进了农业科学技术。原来乡镇企业中有一部分人是干农业能手，干企业不行，就把这些人利用起来种田。

问：发展农场一个是为了提高粮食产量，另一个是为了解决一部分劳动力，让他们到农业上来，是不是？

答：是。

问：现在农场种植是不是以玉米、小麦为主？

答：农场和生产队不一样，生产队可以多种经营，农场不一样，现在农场是专业农场，种粮就是种粮，种菜就是种菜，搞专业化。

问：农场每年种植物由谁分配？

答：过去农村就是种粮和养猪，以种粮为纲。现在不同了，现在是怎样让农民富起来，可以多种经营，可以种菜、养鸡、养猪。从 1986 年开始，我们顺义县里搞了个规划，因地制宜发展农业，我们的口号是：区域化种田，规范化管理，专业化生产。并进行了逐步调整。我们的菜场丰产专业基地有 14 个乡；果产专业基地有 8 个乡；西瓜专业基地有 9 个乡；养鱼专业基地有 14 个乡；养猪专业基地有 38 个乡。全是规模化、工厂化，仅养鸡、养鸭厂就有 29 个。这都是由县里和乡里统一研究，统一规划的，如洼地、河边改成养鱼池。经济来源采取贷款或者补充的办法，北京市里也给拨一部分钱，与顺义县里是一比一，县里对乡也是这样。乡里对村，则各乡不一样，富裕的乡，如村里建猪场，就给些砖。

问：农场的农业人员劳力，到外边干活，如何管理？

答：过去生产劳动力不能随便出去，从 1978 年改革以后，如果我有手艺，就可以不参加农业劳动。农场场长可以选择懂农业的人，干农活不行的可以去干保管、看门。今天在这个村干，明天也可以在那个村干，我们这儿还有外地人在农场干活，劳动力可以流动。

问：农场选人，是否选择本村的劳动力？

答：选择人就是选择本村的，因为低头不见抬头见。全县农村人均收入情况，1982 年 272 元，1982 年以后 613 元，1984 年 843 元，1985 年 907 元，1986 年 962 元，1990 年 1508 元，1993 年 2538 元。主要来源不是农业，只占 20%，其他来源是乡镇企业，占 80%。个别村没有乡镇企业，也有种瓜、种菜的。

【都市近郊农村的面貌】

问：前天我到顺义镇访问，那个地方城市化比较突出，全县都这样吗？

答：顺义镇是我县最大的镇。全县共有 27 个乡镇，其中顺义镇是北京市重点镇，规模较大的石沙峪镇、牛栏山镇、杨镇则是北京市的中心镇。我们县从 1962 年到现在已扩大了 5 倍，是国务院农村、农业改革实验中心之一，将来农村都要像顺义县的农业机械化这样。

问：重点镇和中心镇的区别是什么？

答：重点镇是县城外在镇，由县里加强领导和规划，是文化中心。中心镇也就是卫星城，将来北京市第二、三产业工厂往下迁，就迁到中心镇。

问：内山先生看到农村盖房子出租，是不是农民收入就多了呢？

答：我们对现在盖房子有个规划，镇上不允许盖平房，要盖就盖楼房。我们从1992年开始控制盖平房，您申请盖平房，不批，动员您集资盖楼房。

问：盖楼房的资金来源？

答：乡村盖房，县里不管。盖房的主要资金来源一个是乡，向乡财政部门借贷；另一个是农民集资。

问：建筑队是固定的吗？

答：固定的，也给北京市盖房。

问：建筑队给本县盖房是不是便宜点？

答：这都是招标，县建筑工程总公司管县建筑队，县建筑工程集团公司管乡、镇建筑队。本县和中外合资企业450家，占乡镇企业生产值的70%。1993年工农业总产值106亿元，乡办工业72亿元，县办工业20.8亿元，农业12.8亿元，农业粮食占8亿元。

问：从上边看粮食收入少了，将来全县如果粮食不能供给，有什么办法？

答：我们已经制定了《农业保护法》《农田保护条例》，设立了农业保护区。全县粮食不仅要保证自给，而且要保证交国家，我们还要保证北京粮食供应。我们本县保证40万亩粮田，10万亩菜田，我们每年向国家交7亿斤，包括国家定购的和议购的。

杨庆余

时　　间：1994年8月27日下午

访 问 者：内山雅生　祁建民

翻　　译：祁建民

访问场所：杨庆余家

【“新民会”】

问：我主要研究中国农村社会农民互助合作，看青、打更等方面的问题和您谈一谈。解放前咱村有“新民会”吗？

答：顺义县有“新民会”组织，咱村没有。

问：“新民会”主要有哪些活动？

答：研究农业技术，种洋西瓜、种棉花、种白薯，还宣传新民精神，贴标语、口号，写“中日和好”。详细的写什么，我记不清，那时我还小。“新民会”只有一个日本人，是顾问，其他成员都是中国人。有杨源，是新民会议员，张瑞没参加，他是保长。这些我是听说的，具体张瑞参加没有，我也不清楚。

问：“新民会”来咱村活动没有？杨源是不是村长？

答：日本进来之前，杨源是正村长，张瑞是副村长。日本人进来之后就改了，当时不叫村长，叫保甲，张瑞是正保甲，李广志是副保甲，杨源就当小学校长了。由4个村组织一个小学。后来改为保长制，张瑞是正保长，李广志是副保长。李广志解放后在咱村当干部。

问：“新民会”在咱村有什么活动没有？

答：没有。

问：杨源参加“新民会”时已经是校长了吧？

答：他那时已经是校长了。

【杨源和张瑞】

问：1990年已经访问过您，现在有几个问题不明白，想再问一问。日本人进村时，当时村干部是不是为维护村里利益，才协助日本人工作的？

答：那个时候日本人通过县城干部，然后通过乡干部，召集村保长开会，有什么政策，保长向村传达。比方他们向村里要粮，也是听听上边怎么说，下边就怎么做。杨源和张瑞他们俩，国民党来时，他们是给国民党办事，日本人来了是给日本人干事。

问：日本人投降后，打内战时，杨源、张瑞是不是都跑到北京市去了？

答：都跑了，都跑到顺义县城去了。

问：为什么不住在村内，而跑到县城住呢？

答：国民党来了，又怕给国民党干工作，很为难，所以不回村里住。

问：听说本村是和平“土改”，没有批斗地主，是什么原因？是不是村干部曾为八路军干过事，态度比较好的原因？

答：村内干部在解放前，实际上两边要的东西都给，八路军要东西，他们也给。有一次八路军让村里出一名青年参军，张瑞用自己的 10 亩地去交换，雇了一个外地青年去当八路军。

问：国民党进村要东西，也给吗？

答：也给，要粮、要柴草、修炮楼、要土块等，保、甲长就想办法给他们送去。

【打更】

问：解放前村内看青、打更，您知道这个事吗？

答：打更是各户轮流，每天晚上两三个人。开始住在村里杨黄氏家的一间空房里，后来又住庙里，夜间出去遛儿圈。

问：打更人钱怎么办？

答：各家轮流打更，就是夜间打更不给钱。

问：提供房子的村里给钱吗？

答：没听说给钱。闲房子，没人用。

问：打更有什么本子没有？

答：没有，轮到哪个甲，由甲长去叫。

问：管打更的人，是不是叫“地方”？

答：解放前，打更的都由村长或保长叫，没有保长时，有个看庙的叫杨永财，由他来支配，以后有了保长就由保长管。

问：看庙的杨永财是什么样的人？

答：杨永财是村里雇着看庙的，村里给他 10 亩地，他家住在村里，他本人住在庙里。

问：解放后打更的还有吗？

答：解放后由民兵管。

【看青】

问：看青是怎么看的？

答：雇的人看一个片，别的村也有看青的，各看各的片，到时候按片收钱。由青苗会管收钱。收多少钱，雇谁，都由青苗会决定。看这一片地，不一定是一个村的，也有别的村的地，别的村也给钱。

问：解放前咱村看青的是不是叫李注源？

答：是。

问：为什么每年都选他看青？

答：李注源身体很好，就是不愿干活，看青时间短，就是麦子熟了，或者秋收时看，比干农活钱不少拿。看青一般人看不了，今天睡这儿，明天睡那儿，他胆子大。

问：解放前各村土地有的就掺在一起了，“土改”以后土地怎么办呢？从什么时候各村土地归各村的？

答：“土地改革”是各村分各村的地。从人民公社起，6 个村的土地集中联片划分。

问：人民公社土地划片，是不是和解放前看青的片差不多？

答：不一定，公社划片是一个样，看青的又是另一个样。

问：各村土地是不是根据李注源看青的划分？

答：不是。是依据马路确定范围，由各村商量确定。

问："青圈"这个词你听说过没有？

答：没听说过青圈。有开圈，意思是擗高粱叶子。

问：您听说过"开叶子"吗？

答：没听说过。

问：看青范围？

答：有石门、望海寺、刘家河、南法信，已经确定，每年都是这样看青。

问：这些村看青的名字知道吗？

答：年年换人，记不住名字，都有外号，如南法信村看青的外号叫"隋四"，李注源外号叫"李敢干"，北法信看青的叫"大别扭"。

【李注源看青】

问：看青的人是不是都是游手好闲的人？不干看青就去地里偷棒子？

答：这些人都比较穷，不愿干活，他们倒不一定不干看青就去偷棒子。

问：李注源如不让他看青，能好好干活吗？

答：高兴了就干，要干起活来，谁也比不上。他干活很棒。

问：李注源是不是大光头？

答：是，他总剃头，个子有1.7米高。

问：村里每年征税金，是不是也让李注源跟着？

答：解放前后每年征税两次，李注源没事也跟着去。

问：解放后李注源还在咱村看青吗？

答：解放后他一直在村里看青，到年纪老了，就不看了。

问：互助组、合作社以后为什么还是李注源看青？

答：村里总得有人管，别人都不愿看青，所以他就干。

问：解放后，李注源遇上小偷小摸的，是不是就不管了？

答：在地头掰两个棒子，一般就不管了。大面积的不行，看青主要看大面积的。

问：解放后李注源看青怎么给钱？

答：记工分。建社前，个人种地时，给粮食。

问：李注源给队里看青时，给多少工分？

答：给头等工分。

问：是不是和干部一样的头等工分？

答：干部一般也是头等工分。

问：李注源之后，选的看青的年轻人是不是也是头等工分？

答：也是头等工分。

【搭套、互助组】

问：搭套是怎么回事，你知道吗？

答：搭套就是几家一块儿干，解放前我和我哥儿们一块儿干过。

问：解放以后你还搭套吗？

答：还搭。

问：合作社时还搭吗？

答：参加合作社，有先入的，后入的，我是后入的。

问：您是直接入的高级社吗？

答：先入了一个小社。我爸爸入社晚，但村干部认为他有生产能力，生产方面有一定的经验，所以也吸收他入社了。保长周宴都入社了，我爸爸自然也入社了。我大爷他们也都入社了。

问：您大爷叫什么名字？

答：大爷叫杨源，父亲叫杨正，叔叔叫杨泽。

问：您父亲哥儿仨参加的互助组，有别人吗？

答：有，互助组人多，有李祥林，是互助组组长；还有一个叫杜伯金，也是组长。有10多户，是村内最大的互助组。

问：互助组为什么有大有小？

答：自由入组，谁愿意入就入，得有人组织。

问：你们组为什么人数多呢？

答：主要是李祥林有组织能力，有他的力量，组织我们开会。

【初级合作社】

问：你们入初级社顺利吗？

答：初级社时，不要杨源，我爸爸是村干部，让留下，他才入了社。村内有两个社，东社和西社，我们互助组的人有入东社的，也有入西社的。周宴入了东社，后来被清洗出去。我爸爸是好人，所以留在合作社，要不也会被清洗出去。那时入社要贫下中农，地主、富农不要。

问：高级社时，他们都参加了吗？

答：都参加了。

问：初级社到高级社，又到人民公社，是不是快了些？如果变化慢些，是否生产发展更好些？您的看法怎样？

答：这是国家政治问题，我说不清。我的看法是合作社时是很好的，大家一起劳动，都有饭吃。后来人们总有一点资产阶级思想，“私”字作怪，都想少干些，就搞坏了。如果大家齐心协力，都想把社搞好，共同劳动，都有饭吃，挺好。总之要有制度，城内的人都有制度，才管理得好。

张麟炳

时　　间：1994 年 8 月 28 日上午

访 问 者：内山雅生　祁建民

翻　　译：祁建民

访问场所：张麟炳家

【抗美援朝战争后】

问：我想重点研究解放前、解放初期的情况，请问解放前村里的情况？您去抗美援朝，什么时间从朝鲜回来的？

答：我是停战以后，1955 年 7 月在朝鲜复员后，经河北省邢台回来的。当时河北有些兵，从干部到战士都学习，学习地方政策，学习兵役法。

问：您回来后，哪年当的书记？

答：从 1957 年当书记，到大“四清”1966 年下来。“文化大革命”后 1975 年又当书记，一直到 1983 年。

问：“文化大革命”时期的书记是谁？

答：李继清、杜作新两人当书记，合起来有一年左右。

【合作化】

问：咱村的互助组是什么时间成立的？

答：我是 1953 年参的军，咱村的互助组是 1951 年成立的，当时我是互助组组长。

问：咱村的高级社是什么时间成立的？

答：1956 年由 6 个村联合建立的，社名叫“联盟”。

问：听说有两个高级社？

答：咱们这是 6 个村，一个高级社。

【蜜供】

问：我看解放前满铁调查资料上登着咱们村在北京正明斋做蜜供。您在那做过，请您介绍一下蜜供是怎样做的？

答：原料总的就是油、糖、面粉。蜜供是春节过年上供用的，油必须是香油，别的油不能上供，因为是吃素的。

问：蜜供炸出来，是不是码得很高？是不是和麻花一样？

答：长有这么长，宽有这么宽，就像你划得那么长，叫麻花。（表演）面一翻个，用刀切放到油锅里，油炸，炸完凉了，上糖，有白糖，小糖是用红米做的，稀的，和冰糖一起熬，熬好了倒出来，定供。

问：叫定供吗？

答：叫定供。

问：底座是不是越码越高？

答：最高五尺，就像你这样一样粗。（表演）

问：蜜供是圆的，还是一层一层摞起来的？

答：是方的（表演怎么做）。五尺的供，是天津、北京用，天津市也来北京做，是庙里用。定完的供，是脆的，酥脆好吃；定不好供，就坏了。

问：上下一样粗吗？

答：上下一样粗，方底，中间空的。

问：是这样吗？（表演）

答：最顶上剩一个麻花了。

问：您去正明斋做蜜供，一般几月份去？几月份回来？

答：农业活完了就去，每年阴历十月到腊月。

问：工资怎么结算？

答：这行是技术活，案子上刀会切、会定供，赚钱都比较多。

问：您是师傅吗？

答：我是师傅，会定供、会切刀，每天赚两毛五六，徒弟一天也就几分钱。徒弟也不都一样，来年头多的年年给涨钱；头一年去的，也就最后给几块钱，因为刚去，什么也不会。

问：从以前资料上看，每年都是张瑞带大家去北京做蜜供，是张瑞开的店还是张瑞在那儿干活？

答：最早一开始，我爷爷是蜜供头。我爷爷叫张文恒，我最早学徒是跟我爷爷学的，爷爷是在西正明斋；张瑞是我叔爷爷的儿子，我叔爷爷叫张文通，他是在东正明斋，我们个人干个人的。

问：张文通和张文恒是亲兄弟吗？

答：是亲兄弟。

问：店主是谁？

答：姓伍。

问：张瑞是蜜供头？

答：是，我后来也去东正明斋干了。

问：我以前看材料上介绍蜜供，什么东正明、西正明，越看越糊涂，今天听您介绍清楚了。当时店里只有一个蜜供头，还是一个店一个头？

答：店里就一个蜜供头。开始是张文通支配干活，后来他岁数大了，就让儿子张瑞支配了，他也去，累了就躺一会儿。

问：蜜供头怎样找人？

答：每年农闲时，蜜供头先去店里商量，根据活多少选人，灶上用多少人，切刀、定供、和面、压饼各用多少人，炸的、炒的又用多少人。

问：这些人每年固定吗？

答：一般差不多。灶上的人，工资最高的基本上是这些人。

问：您是做什么活？

答：干定供。

问：当师傅是根据年头多少，还是根据技术？

答：根据技术。

问：咱村做蜜供是从哪年开始？到哪年没有的？

答：从什么时候开始我说不好，是在1947～1948年没有的。

问：为什么没有了？

答：买卖还是开，但因为社会乱，店主怕摊子大了，八路军抓。其实他是不懂毛泽东的政策，上供是迷信。所以只做一般点心卖。

问：当时做蜜供，你们村里是不是以你们一家子为主？

答：那时候，咱村凡是男的，谁愿意去，都可以找来。当时村里除去老年人外，年轻的都去过。也不都是去正明斋，那时北京做蜜供的店不少。

问：您知道北京有多少店？

答：北京的点心铺差不多都卖这种点心。有一个蜜供头，也姓张，是二十里堡的，他三个月能做四五家店。买卖小，一家卖不了那么多。

问：碎供是给人吃的吗？当点心卖吗？

答：通县有个大顺斋、二顺斋，现在大顺斋还做蜜供，做碎供，每年阴历十月份做。大顺斋的火烧最好吃。

问：请把您母亲的名字、兄弟几个的名字说一说？

答：母亲张梁氏，哥哥叫张麟荣，弟弟叫张麟书，我是老二。

问：哥哥干什么工作？

答：26岁就去世了。

问：您弟弟多大岁数？

答：弟弟66岁。

问：您几个孩子？

答：我3个孩子。大儿子张长海，48岁；二儿子张长林，44岁；三儿子张长青。张长海在本村卖豆腐，张长林在北京工作，张长青在农场工作。

【打更】

问：解放前咱村有打更的吗？

答：有。那时候雇一个人，叫杨永瑞，是杨成的父亲。

问：咱村解放前打更，是不是一直是杨永瑞？

答：打更也不一定是一个人，也换过，记不清是谁了。打更的人不会做蜜供，就打更。

问：打更敲梆子，是为了保卫村子敲，还是到点就敲？

答：过了12点以后敲，一更天，1时；二更天，3时；三更天，5时，敲梆子。大约两个小时敲一次。

问：为什么不叫李注源敲梆子？

答：李注源做蜜供去了。

【搭套和互助组】

问：解放前咱村有搭套吗？

答：搭套种地有。

问：解放前搭套和解放后有变化没有？

答：解放前牲畜搭套，解放后叫互助组。名词变化，内容没变。1952年以后变了，互助组时是一起干活，互相帮忙，比较简单。1952年以后，一起干活，地六人四，拿二找齐。

问：是不是互助组成立不久，就出现地六人四这种分法？

答：1951年成立的互助组。

【李注源】

问：问一下李注源的情况，当时为什么让李注源看青呢？

答：他自己没地，也不给别人打长工，就看青。

问：根据我看的材料，说李注源身体很强壮，不爱干活，爱溜达，是吗？他为什么冬天做蜜供去了？

答：因为这个活和地里活不一样，地里活累，他一个人过日子，忙一天回家自己还得做饭，所以他不愿干地里的活。做蜜供都在一个屋，大家说说笑笑，晚上没事大伙一起出去玩。他喜欢喝酒，爱吃面、米，爱吃点心，不爱吃粗饭，不爱吃差的。

问：他在北京市，晚上喜欢到哪儿玩去？

答：到天桥戏园子、热闹街道去。

问：李注源对搞政治活动、搞革命、当干部的活动不太关心吧？

答：他岁数比较大，也没找他安排；再一个他在日本时期当过几个月的代理保长，代理张瑞。

问：李注源解放前看青，工分比较高吗？

答：是这样。

问：为什么给他那么高的工分？

答：因为他看青比较熟悉，哪个角落玉米熟没熟，他都知道；附近村子也都知道他看青，哪块地粮食丢没丢，他都有数；他也愿意干，给工分高是因为他工作辛苦。

靳茂恒（涂料厂厂长）

时　　间：1994 年 8 月 22 日上午

访 问 者：佐藤宏　张洪祥

访问场所：靳茂恒家

【家族】

问：我想了解你办厂的情况和将来的发展计划。首先想问问你家几口人？你爱人在哪儿工作？

答：一家 3 口人，我爱人、孩子和我。我爱人叫苏彩云，是沙河人，在县印刷厂工作。小孩 5 岁，是男孩。

问：你父亲叫什么名字，有兄弟吗？

答：靳侦祥，78 岁。我有两个哥哥，一个弟弟，我是老三。大哥靳茂森，在县企业局工作。二哥叫靳茂林，在通县北京日化二厂工作。弟弟叫靳茂桐，在县啤酒厂，车间主任，专门生产“燕京”啤酒。这个厂效益好，没有合资，其中饮料部分准备合资，现在叫企业集团。老母亲已过世了，父亲跟弟弟过。

【涂料工厂的经营】

问：你什么时候中学毕业的？毕业后干什么工作？

答：1969 年城关一中毕业。在县财政局管工商税收，干了 7 年。后调到城关公社政治组放映队工作（“文化大革命”期间）。其后又调到城关第一建筑公司搞财务供销工作。搞涂料厂今年已经 9 年了（1986 年建的），是北京工程研究院姓徐的工程师帮助搞起来的，涂料是从香港、日本购进的，我们负责喷涂内墙和外墙工程。

问：你怎么认识徐工程师的？

答：他现在已经退休了。早在我在建筑公司工作时，工作有联系，就认识了。开始投资不大，贷款一万二万元开始，但困难很多。

问：建厂时有多少工人？大队怎么帮助的？

答：六七个人。大队给地，有几间房。1 亩地，8 间房（原牲口棚）。每年贷款 1.9 万，从信用社贷的，贷款用途主要购进涂料。

问：厂子发展在哪一年？

答：在第四个年头。

问：你是城市户口吗？

答：我是农业户口，我爱人是非农业户口。

问：请介绍一下你们厂同大队的关系？

答：开始每年交大队 1 万元，最近几年工厂建厂房，不交大队钱，但建好的厂房归大队所有，等于我厂每年上交了 3 万多元。

问：现在厂内有多少工人？承担什么活？

答：有 21 人，包括工人、会计、司机和厂长在内。我兼本厂的技术员。厂子以承担浮雕涂料喷外墙为主，业务范围主要在县内。

问：你有没有关系密切的客户？

答：本厂没有推销员，主要靠我们涂料质量取胜。另外，我们工作认真，所以很多客户是主动找上门来的。

问：涂料原料是自己生产的吗？

答：不是，是从国家指定的涂料原料工厂买来的，主要从天津市和通县买来的。我厂是把原料变成涂料，利润是30%。每种涂料需要17~18种原料配成。

问：涂料是否在门市上卖？

答：我们不代销，是客户从我这里买走，然后由门市上去卖。我厂没有固定的门市点。

问：你是怎样学会配料的？

答：我在北京建筑工程研究院学习了半年，就学会了。现在盖房用涂料很普遍，在日本等国60年代就普通使用了。我们用的原料丙基酸，目前在国内是最好的涂料，不怕晒，不怕水。

问：你们承担大的工程吗？

答：我们一般承担的都是楼房，喷涂外墙。去年在白沟承担一万多平方米的任务，都是我厂去人完成的。现在我有厂房6间，厢房一片，占2亩多地。

问：你们盖厂房要经过县内批准吗？

答：经过顺义县土地局批准才盖的。手续由大队去办。

问：厂内有机器？固定资金多少？

答：有碾磨机，大约20万元。还有1040卡车，4万多元。固定资金有70万元。小车一辆。

问：去年收入有多少？

答：52万元，利润达到20万元。我们收入主要用于再生产、建厂房、购设备和添置原料。我的工资大队不管，我是承包的。工人工资由我发放，每人每月工资400多元。司机500元，技术工人有470元。

问：厂内有什么税？

答：每年上交3~4万元税，主要是增值税，还有营业税等。

问：队上还有什么工厂？

答：有扒鸡厂、服装厂（是服装公司同大队联营）。汽车配件厂已转给私人的了。扒鸡厂已停止营业，一年亏损30万元。

问：涂料厂工人都是本村的吗？

答：本村3人，包括我，其他是外村和外地打工的。有的在厂内干了五六年了。外地工是内蒙古的。厂内有伙房，外地和本村工人待遇一样。

问：你去年工资收入多少？

答：我一直没有开过工资，因为我是承包的，没有必要开工资。我厂总账大队管，本厂设有会计，是我雇的，管管一般财务，管现金。

问：今后怎样发展？

答：目前厂房已不够用，需扩大；另外涂料打算引进新品种，同外商合资搞，把业务扩大些。

问：涂料颜色由谁确定？

答：由用户确定，我们把各种颜色的涂料给用户，让其选择。

问：参观厂子可以吗？

答：可以。

王加齐（顺义县沙井村汽车配件厂厂长）

时　　间：1994年8月23日上午

访 问 者：佐藤宏　张洪祥

访问场所：工厂事务所

说明：王加齐，沙岭焦各庄人，不是沙井村本地人。全家13口人，有4个孩子，二男二女。大儿子在本县毛纺厂工作，二儿子在北京陶瓷厂工作（合资企业），大女儿在县顺美服装厂工作，二女儿也在顺美服装厂工作。

王家齐原在北京市邮电通讯设备厂工作，是搞电子行业的。1963 年精减下放，回到本县农具厂工作，1980 年退休。就在这一年，集资 1 万元，搞起了汽车修配行业。开始在焦各庄办厂，1986 年贷款 8 万元，扩大厂房设备，一年全部返还。1990 年 5 月迁到沙井村办福利厂，由民政局所属的北方汽车厂提供两台大型液压机，使工厂发展起来。

王厂长的副手叫杜连顺，本县人，原皮鞋厂工人出身，现任本厂生产科长。

【工厂的经营】

问：请你介绍你加工厂的情况？

答：我原来办的这个厂，叫福利汽车修配厂，归民政部门管，主要想解决残疾人就业问题。后来因为汽车行业属于重体力劳动，不适合使用残疾人，民政部门就不管了。民政部门管，可以免税。不管了就得纳税。1992 年改为北方汽车修配厂，成为我私人办的企业，我这个厂不是承包的，现在整个企业都是我的。

问：你和大队是什么关系呢？

答：土地是大队的，工厂厂房有一部分是大队的，按规定我每年上交大队 6 ~ 8 万元，等于我把工厂买下来了。人事权、管理权、财务权大队不管，都由我负责管理。工人好的我就聘用，不好的我就辞退掉。现在工厂生产竞争很厉害。

问：你的工厂和国营有什么不同？

答：国营工厂有大礼拜（指双周六休息一天），我这里没有。但我有灵活性，生产任务忙时，工人多干些，干完了，完成任务，我随时宣布放假。

问：目前生产情况怎样？

答：现在生产形势不太好，竞争得很厉害。我原来搞改装车的，现在汽车很多，日本进口大型车，国内新轿车生产也越来越多，要改装车的单位和个人越来越少，我的生意就清淡了。我现在准备搞农用小汽车。

问：怎样生产农用车？

答：来料加工，发动机是从洛阳市工厂搞来的，我这里生产大梁、车斗、车箱等，在我这里组装。

问：一辆车市场价格多少？

答：双排座一辆是 25000 元，每辆车纯赚 3000 元。现在看来，我每月能生产 30 ~ 40 台，需要 20 多工人和技术人员，但收入是可观的。

张运祐（木材经营部经理 57 岁）

时　　间：1994 年 8 月 23 日下午

访 问 者：佐藤宏

访问场所：张运祐办公室

【家族】

问：1990 年我们来过，现在变化很大，今天请你介绍一下近年来木材经营情况。首先请介绍你本人和家庭情况。

答：我今年 57 岁，家里有我爱人和 3 个儿子、2 个女儿。我住的这座房是 5 间，又盖了新房 5 间，共 10 间房。我大儿子那边还有 8 间房，还盖了 7 间房。

问：3 个孩子都多大年纪？

答：老大 31 岁，老二 29 岁，老三 20 岁。大女儿、二女儿都出嫁了，大女在吴家园，属于一个乡，二女在北京。

问：你是什么时候回到本村干木材经营的？

答：1992 年底从城关镇京成木材厂转回来的，1993 年正式开始经营木材生意。大儿子原来是汽车修理工，在城关镇京成车辆厂工作，1992 年转做木材生意。老二原来在县冷饮厂工作，后来也参加搞木材生意，老三也参加，全家经营木材。

【木材生意】

问：为什么全家都做木材生意？

答：我们根据市场需要，感到做木材生意有效益，国家政策也允许。

问：你什么时候搞木材工作的？在这以前干什么工作？

答：我原籍湖北省圻春县人，离武汉市300 里地，1955 年左右参军去朝鲜。1956 年回国到顺义县 516 部队服役，1959 年转业到北京炼油厂工作。1961 年下放到本村，同年，我同我爱人结婚，她是本村人，我就在这个村落户了。开始在大队当木工，一直干到1985 年。

【工作经历】

问：你是怎么学会木工活的？

答：跟师傅学的，另外我老家父亲也是木匠，我二哥是木工，同家传也有关系。

问：生产队时，你挣工分吗？怎么计算？

答：我在生产队干木工活时，队内按最高工分给计算，一天 10 个工分；有时我到外地干木工活时，按规定给队上交钱，队内照常给我计工分。

问：当木工，主要在队内干，还是到外地干活？

答：主要在外地干活多，我参加乡内组织的建筑队，给各村和县内各单位修缮房屋。后来解散了，有了建筑包工队。

问：你每年用在农业上有多少工？

答：主要是麦收和秋收，每次 20 多天忙于农业，平时主要在外地干活。

问：你是怎么进入京成木材厂的？工资多少？

答：木材厂的书记是我同行、好朋友，经他介绍，我到厂内工作，每月工资 400 元。这个厂开始没有资金和设备，有工人 300多人。

问：木材厂主要生产什么东西？效益怎样？

答：主要做家具、包装箱等。1985 年到1990 年这段时间效益好，我们做的家具质量好，买家具的人也多。后来做家具的人多了，买的人少了，生意就不好做了。

【木材的经营】

问：下面请介绍一下木材市场的情况，怎么建立和采购木材的？

答：建立市场，首先了解当地需要哪些木材，如建筑房屋用的木料、木板，等等。然后派人去东北三省、内蒙古的木材产地去采购。

问：你去采购吗？

答：我不去，派其他人去采购。

问：采购木材你是怎么建立关系的？有认识的人吗？

答：我在京成木材厂工作时，认识很多做木材生意的人，也认识木材产地的人。

问：木材销路有什么问题？

答：竞争比较厉害，做这项买卖的人多了。另外，就是用户往往没有现金，把木材买去了，欠账，使我们资金周转发生困难。现在外边欠我们的账达 40 万元。可是你不卖给这些用户，有人愿意卖，欠账也卖，所以竞争厉害。我们资金周转只好靠向银行贷款。

问：贷款好贷吗？

答：过去好贷，只要有厂家作保，就能贷到钱。现在不容易贷到款，因为需要贷款的太多了。

问：别的地方有农民互助资金会，可以调剂资金，本地有吗？

答：本地没有，我是很赞成搞的。

问：本村住了很多外地人，是哪一年多起来的？

答：1985年以前就不少，有来做生意的、批发的、打工的等，近几年多起来了。

问：你雇工没有？

答：雇临时工，没有固定。老大、老二也都雇一个。

问：你们经营部怎么开工资？

答：我的工资每月600元，别人是300元。

问：你有什么固定资产？

答：有房屋、小车，没有其他设备。

问：经营部内是怎么分工的？

答：老大跑业务，老二、老三干活，女儿记账，我管全面。

问：经营部是合股的，合股人是谁？

答：叫张春长，本村人。

史庆芬（沙井村党支部副书记）

时　　间：1994年8月26日上午

访 问 者：佐藤宏　张洪祥

访问场所：沙井村农场办公室

【农场的经营】

问：请介绍一下农场经营情况？

答：农场原有土地527亩，现有耕地320多亩，其他土地被顺义县木材市场占了。

问：土地减少了，农村劳动力怎么办？

答：一部分进工厂劳动，一部分搞个体专业户，都有工作。实在有困难的，由大队安排，找点活干，主要是老弱的、残疾人，也要让他们解决生活问题。大队为村民服务，希望大家都富起来。

问：村内干部工资是怎么定的，是统一标准吗？

答：不是，村干部工资是根据其工作成绩和村内效益而定。每年镇上对各村考核，给村支书定工资标准，例如好的村支书每年工资可拿到1万多元，差的6000元、5000元不等。然后各村其他干部的工资，是本村支书工资的80%。我们去年书记工资是5600元。工资标准是镇上给定的，钱由村财政支出。

问：村内每年支付电费多少钱？水费多少钱？

答：电费是大项，每年支付达48000多元；水费不用交，村内自己有机井，村民用水免费，对外地住户收电费和水费。

问：村内还有什么特别支出？

答：全县在农村已实行养老保险金，我村每年都支出一大笔钱。如果夫妇户口在本村，又是本村人，大队给支付养老保险金，每户300元。从1990年就开始了。到60岁以后，村民每户都可享受养老保险金。

问：1990年以来粮食产量情况怎样？

答：1990年小麦产量30.6万斤，玉米23万斤。1991年小麦产量28.4万斤，玉米28万斤。1992年小麦产量31.7万斤，玉米30.2万斤。1993年小麦产量25.8万斤，玉米21.5万斤。1993年产量减少，原因是耕地面积缩小了。

问：每年粮食平均每亩产量多少？

答：平均亩产量：1990年1250斤，1991年1444斤，1992年1450斤，1993年1450斤，同往年差不多。

问：每年向国家交售的粮食有多少？

答：1990年国家征购4万斤，1991～1993年每年为5万斤。卖给社员的数量，1990年为10万斤，1991年9万斤，1992年7万斤，1993年（录音不清）。其余粮食卖给国家。征购价格比卖给国家价格要低。

问：农场流动资金怎么解决？是否是实

行了股份制？

答： 股份制还没有实行，正在朝着这个方向努力。例如今年春天，买化肥没有资金，农场没有借钱，也没有去贷款，而是发动农场内部十几位职工集资，很快解决了这个问题。

问： 村内汽车修配厂同大队是什么关系？

答： 厂房和土地是大队的，设备是外边借来的。现在已变为私人企业，规定每年向大队交钱，工厂财务和人事权大队不管，由厂长全面负责。

问： 村内涂料厂同大队关系怎样？

答： 涂料厂是大队办的企业，实行个人承包，该厂人事和财务权都由大队负责。

问： 服装厂同大队是什么关系？

答： 大队同县内联营性质，因为有部分厂房、设备以及土地都是大队的，折合人民币25万元。

【村干部】

问： 木材市场各经营部资金不足时，是否可以向国家贷款？

答： 不行，老板都是外地的，以福建人为多，当地老板只有一家，叫张运祐。国家不向私人贷款，他们需要资金时，都是向亲戚朋友或村内关系比较不错的人借，利息一般高于国家银行利息，所以能够借到。在我们这里，向私人借个三万元、五万元不成问题。

问： 如果群众对大队干部有意见，通过什么样的渠道反映解决？

答： 大队党支部依靠党员，尤其依靠退休老党员到群众中征求意见，及时反映上来，大队干部认真研究解决。另外，群众可直接找大队干部反映情况，这样的情况比较多。

问： 大队有定期征求群众意见的会议吗？

答： 没有，主要靠平时征求意见，解决问题。因为村子小，所有人都认识，有什么问题一说就解决了。

张长清（沙井农场场长）

时　　间：1994年8月26日下午

访 问 者：佐藤宏

【农场的经营】

问： 现在农场有多少职工？

答： 有12人，其中场长1人，4名拖拉机手，其他均为农业工人。

问： 农忙时还雇人吗？

答： 到麦收、大秋农忙时雇人。因为耕地少，雇人不多，一般由农场工人自己去雇，每人最少雇一人，工资由农场发给。

问： 农场职工工资标准是多少？

答： 几年前镇上就有具体规定，农场工人工资可以稍高于企业工人工资。1992年工资定为每人每年3500元。这是镇上定的标准，而我们实际发的工资，每人每年为4800～5000元。最高的一年是1989年，平均工资达到6000元，因为那一年，化肥、农药比较便宜，粮价也合理，所以职工工资收入就增加了。

问： 1993年工资收入多少？

答： 拖拉机手的工资5100～5200元，一般工人工资为4700～4800元。

问： 场长每年工资是多少？

答： 按上级文件规定，场长工资是普通工人工资的1.5～1.8倍。我在农场还兼现金会计技术员电工，我原来就是大队电工。

问： 你是怎么到农场工作的呢？

答： 原来我在顺义县内学习时，分配到乡镇企业工作。后来顺义县搞大规模经营，办农场，大队推荐我当场长，现在已整整6年了。

问：1993年农场总收入情况怎样？

答：总收入20万元左右。

问：还有其他副业收入吗？

答：搞点运输业，因为我场有铲车和75马力的带斗拖拉机，可以用于运输和建筑业，每年可收入1万~2万元。

问：农场归大队管还是归镇上管？

答：双重领导。生产计划、农业技术是镇上管，经常开会给布置任务；行政、财务等具体事情是大队管，主管农场工作的是大队副书记史庆芬。

问：听说别的农场搞运输，每年占收入的比例很大，为什么咱们这儿比例少呢？

答：各村情况不一样，有些农场地少，但农业机械很充足，所以以搞副业为主了。如咱村北边的前进村农场，有铲车、拖拉机、汽车好几辆，所以运输业搞得比较好，收入也多，场长都开车到外边挣钱。我们农场机器少，没有大卡车，没有人家那样的条件。1989年时，我们只有几台小农具，没有铲车和大拖拉机，现在的大型农机都是最近几年才买进的。每买一台农业机械，镇上贴补一半，自己拿一半钱。主要鼓励投入农业。

问：去年上交农业税多少？

答：去年上交农业税是4600元，教育附加税是588元。教育附加是按村内原土地亩数588亩，每亩上交1元。今年7月11日一次收全年农业税为7370元，教育附加仍为588元。

问：今年粮价是不是也高了呢？

答：提高了一些，今年小麦价格，卖给社员的是每斤0.54元，卖给国家的是每斤0.58元，卖给大队社员是平价，卖给国家是议价。

问：去年小麦价格多少？

答：小麦价格是每斤0.4元，国家收购价只有每斤0.38元。

问：现在耕地减少了，大型农机闲的时候多，是否考虑往运输转呢？

答：是这么想的，但实际困难多。一是各村都有几台农机，要想找活干，竞争很厉害。二是目前派车出去也不合算，如派铲车出去，出工一天能挣180元，但铲车每月要用一吨柴油，现在价格一吨柴油是2300元，除去油价、机械损耗、司机工资等，每天所得到的很少，白忙活，所以我们出去干活的不多。如果在干活中机械损坏了，大修一次，则赔钱了，不如在农场闲着。如果大型农机出外干活，国家则每天征收8%的使用费，用于农业或者闲在农场，不征收使用费。

问：不派车出去干活，司机收入少是否不愿意？

答：问题不大，司机是技术活，工资高。另外农场总是有活干，不影响他们的收入。

问：镇内有农机站吗？

答：有。过去镇农机站也赔钱，咱农场一直同镇农机站有联系，因为机器出了大毛病，就得送到他们那里修理。

问：镇农机站主要任务是什么？

答：了解、统计各村农机使用情况，训练农机人员，等等。

问：本村农机一年四季都有活干吗？

答：每年2~3月是农闲时候，8月份也是农闲。

问：今年农场扩大经营有什么打算？

答：农业收入少，资金缺乏，搞大项目不行，过去上级也不让农场搞副业，现在可以了。我们现在也想搞点副业，如养鱼啦！农场有个鱼塘，但是估计收入有限，因为大队关系户多，很多人来就是钓鱼的，所以我们积极性也不高。现在上级条条框框多，也影响农场职工积极性的发挥。

问： 搞点种菜是否可行？

答： 过去搞过，投资大，费人工。另外种菜有个销路问题，现在种菜的很多，竞争很厉害，太担风险，不如种粮食保险。刚才你们问今后有何打算，不好说，因为现在地越来越少，听说北京市通往密云的新公路要经过我们这里，已测量过了，如果一旦动工，我们就没有地可种了；另外大队主要收入不靠农场，去年拨出200多亩给木材市场，每亩地每年上交给大队1500元，这比农场上交大队的钱要多得多。从这个形势看，我们现有300多亩地，究竟能保留多久说不好。我们农场一年才挣多少钱，每年上交大队也不过5万多元，而木材市场来钱快，每年上交大队30万元，所以大队近几年变化都大，办公楼建立起来，有3辆车，小车是桑塔纳，北京吉普，还有230双排车一辆，主要是工厂企业的收入。大队重视工厂企业也是很自然的。

问： 农场在近几年之内不会有多大变化吧？

答： 很难说，北京市要兴修五环，路线就在木材市场西边，正是我们农场的耕地。

问： 养鱼为什么不行呢？

答： 养鱼如果投放市场，当然对农场有好处。但事实上，农场要投入资金、劳力，大队是欢迎那些投资单位、关系户，每到假期来钓鱼，好处是大队的，对农场没有多少价值。

问： 养鸡不行吗？现在鸡蛋价格上涨了。

答： 农场搞，不行，投资、劳力需要量都大，风险很大。农场对面的扒鸡厂倒闭了，亏了几十万，就是个例子。搞好了，也赚不了多少钱。

问： 农场今后远景规划怎样打算呢？

答： 首先看上面政策是否继续放宽，像县内的马坡乡搞得比较活，划出很大一片土地建立高尔夫球场和跑马场，经济效益比较好，也解决了农业劳力的出路问题；第二，国家应给予优惠贷款，现在我们想干什么都干不成，由于资金不足，如果有了资金，我们就可以搞食品加工工业，北京市这么大，销路是没有问题的。

李宗平（32岁）

时　　间：1994年8月22日下午

访 问 者：佐藤宏　张洪祥

访问场所：李宗平家

【家族】

问： 你家几口人？你爱人叫什么名字？

答： 3口人，我、我爱人和小孩。我爱人叫吴爱莲，湖南零陵地区人，男孩10岁，我今年32岁。

问： 你父亲叫什么名字？

答： 我父亲叫李桐春，爷爷叫李广志。我有个弟弟，也是3口人。父亲住在我这儿，母亲住弟弟那儿。

问： 你和你爱人是怎么认识的？

答： 是亲戚介绍的。

问： 弟弟干什么工作？

答： 开车的，开奥迪小轿车，叫李宗安。个体开车。

【豆芽制造与贩卖】

问： 你干发豆芽工作有多少年了？生意怎样？

答： 有4年了，开始赔钱。开始投资1万多元，盖房、买设备、买原料。

问： 投资怎么解决的？

答： 自己解决的。

问： 现在销路怎样？

答： 销路还可以，主要通过批发市场

（在马路西边）销售。

问：你雇人帮忙吗？

答：去年雇一位，今年雇了还没有来，过了大秋可能来。

问：你生产最忙的季节是什么时候？

答：从十月份到来年的五月份。

问：批发市场是谁建立的？

答：顺义县工商所建立的，是全县的大市场。

问：每天提供市场多少豆芽？

答：600 斤，最多时达到 1400 ~ 1500 斤。

问：在市场有固定点吗？

答：由工商所临时安排，安排哪是哪儿。

问：管理费怎么收？

答：一个月 150 元，税钱每月 240 元。

问：进料情况怎样？

答：今年还没有进料，原料还是去年进的。

问：豆芽批发价格怎样？

答：现在是 0.45 ~ 0.5 元 1 斤。

问：除批发外，还零售吗？

答：不零售，没有功夫卖。

问：有关系户直接来拉货吗？

答：没有，全部通过市场卖。

问：去年进原料的价格是多少？

答：1.6 元。今年估计 1.8 ~ 2 元 1 斤。

问：原料怎样进来？

答：有车送来的，也有自己直接到产地去拉的。

问：豆芽生长期有多长？

答：一般 7 天左右就可投放市场。

问：有运输工具吗？

答：有。买了个三轮车。

问：本村还有发豆芽的专业户吗？

答：本村没有，顺义县内有。我的有利条件一是豆芽质量好，有信誉；二是离市场近，减少了运输费。

问：你怎么想起发豆芽的呢？

答：我开始在市场卖菜，因为卖菜的太多，生意不好做，所以才想到发豆芽卖。

问：有师傅指导吗？

答：有。叫朱广学。

朱答：我 1986 年在我们家乡山东省泰安学的泡豆芽技术。后来到顺义县，我是第一家泡豆芽的。我们是在一个菜市场卖菜认识的。

问：你同村内大队是什么关系？交钱吗？

答：同村内没有关系，不用交钱。

问：村内每年打下粮食，还分给你们吗？

答：不分，需花钱买。大队没有地了，全归农场了，社员大部分都进工厂了。要买粮，在大队买也行，上粮库买也行。

问：你现在住的房屋是新盖的吗？还是原来的老房？

答：老房已给了我老叔（我父亲哥儿三个），我们后来都是盖的新房，大队给指定的地方。

问：村内盖 5 间房需要多少钱？

答：没有谱，讲究些要 5 万元，不太讲究有 3 万元就行。

问：你上过学吗？

答：上到初中，没有毕业，在城关中学上的学。

问：后来干什么？

答：在村内种地。1984 年结的婚，1985 年种地，1986 年开始做买卖。

问：你需要流动资金时到哪儿贷款？

答：个体户银行不给贷款，主要向私人借款。借私人钱，利息给高些，不使人家吃亏。月利 3 分，如借 1 万元，每月给 300 元利息，比银行高。但是私人借钱主要靠关系，不熟的人借不到钱。向银行贷款很费事，要找 3 个保人，少了也不贷。

问：你去年向谁贷的款？

答：向一个表哥贷的款。亲戚、朋友不好要利息，就说给别人贷的。贷来的款，主要买原料，扩大再生产。

问：买你豆芽的，都是顺义县内的吗？

答：哪儿都有，有朝阳区的，有天竹的，也有顺义县内的、昌平县的、密云县的、怀柔县的。每天早 5 点到 8 点去市场一趟，就办完了。

问：买你的货有关系户吗？有优惠价格吗？

答：有比较熟悉的客户，但价格没有优惠，按市场价格。现在市场价格达到 0.8 元 1 斤，这是蔬菜淡季价格。到冬天价格就下来了，有时只能卖到 0.2 元 1 斤，就赔钱了。0.25 元刚够成本。

问：利润怎样？

答：每斤豆，纯收入达 1.5 元左右。外地人还到不了 1.5 元，因为我在大队，水不用钱，电费也便宜。外地人要租房子，水、电都要钱。

问：现在泡豆芽是否有用药促长的？

答：不是药，是豆芽促长素，是国家许可的，对人没有危害。

问：卫生部门检查吗？

答：从生产环节到市场，卫生部门都要检查。泡豆芽要求卫生条件很严格。干这项活很苦，每晚起来要看几遍，车间温度很高。

问：今后扩大生产有计划吗？

答：今年已扩大 2 间房，再扩大就要雇人。

问：雇一个人要给多少钱？

答：每月 200 元，管吃、管住，走时给旅费，买点东西。

问：本村还有什么专业户？

答：有做豆腐的专业户、磨香油的专业户。我是全村第一个做买卖的。因家内比较穷，负担重，逼得做买卖。

问：原来的批发市场在哪儿？是什么时候建立的？

答：原来市场在村东头，后来修马路，才迁到村西头的新市场。老市场是 1990 年建立的。1990 年我刚做豆芽生意时，没有经验，赔了 5000 元。后来朱师傅帮助我，我们关系不错，主要从技术上帮助，才翻了身。

问：你生产的品种有什么？

答：泡绿豆芽、黄豆芽和蚕豆芽。

问：我想参观生产车间，可以吗？

答：可以。

问：你买原料到什么地方去买？

答：河北省献县。

问：你生产豆芽，使用暖气不行吗？

答：不行，温度达不到。暖气最高温度为 26 度，我发豆芽的温度需要 40 度。到三九天，要 45 度，只能靠生火炉解决。

周永兴

时　　间：1994 年 8 月 22 日上下午

访 问 者：笠原十九司　左志远

访问场所：周永兴家

【“反右”运动】

问：今天，我再次访问您，请介绍以后教师的经历，50 年代以后的经历。

1957 年“反右”的时候，您在哪个学校？

答：正在平各庄小学。

问：这个小学离这儿多远？

答：离这里 10 里路。

问：这个学校的规模？

答：就是个大庙。

问：有多少老师？

答：4 位老师。

问：学生有多少？

答：共约 80 多人。

问：“反右”对你学校有什么影响？

答：刚开始没有什么影响。到了 1957 年冬天寒假时，接着放寒假了。

问：当时您还在平各庄小学吗？

答：1958 年集中“反右”活动，开会。

问：那时您还在平各庄？

答：那时小学就停课了。老师集中起来进行“反右”。我们漕北河以西，河东还有一批。一个县分成两片。

问：河西区集中在什么地方？

答：集中在县城的一个城关小学。

问：4 位老师都集中吗？

答：都去集中。

问：集中起来干什么？

答：有时候，领导作报告，有时进行讨论，个人发表意见，或是开批判会。

问：批判的目标主要是对领导还是对老师？

答：找出几个有“言论”的，大家进行批判。如各单位有谁说过什么，大家就根据这个进行批判。

问：您自己受到批评了没有？

答：受了，我是最末一期，已是 1958 年 4 月了。在我们这地区，我是最后一批了。

问：被批评的具体内容是什么？

答：讨论粮食够不够吃，布够不够穿，咱们以自己的思想，本着实事求是的精神，我说（当时有定量），钱多的必然够吃，他副食多，可增加副食；而穷的，他买不起副食，还得搭着野菜吃，别的也能凑合吃。具体到小学教师，在粮食问题上，您说吃的是野菜，又嫌寒碜，您说花钱买副食吃，又没有那么多钱。对我说这个问题，就给予上纲，是反对社会主义。

问：还有思想上的问题有没有挨批的？

答：主要就是这个。

问：有没有关于教育方面的问题受批判？

答：咱是老师，一般左右不了教育方面的问题，主要是认识问题。

问：1958 年到什么时候？

答：到 1958 年 4 月，我被划成“右派”。

问：我知道周老师解放后一直在农村从事教育，很好的，批评是不合理的。

答：一个时代，政治谁也扭转不了。

问：什么时候摘帽子的？

答：1980 年平反。1975 年通知我，要我整理整理材料，要平反，后来邓老（指邓小平）又下去，结果没有搞成。到 1980 年下（指年底）摘掉帽子，整整 20 年。

问：“反右派”运动是批评知识分子的运动，在农村就是老师。

答：就是对有文化的人，除老师还有卫生、文化部门。

问：这个村还有其他的人吗？

答：沙井村没有，那时教学人员很少，找不着，沙井村就我一个人。

问：1958 年 4 月以后您到什么地方去了？

答：被撤掉，不能当老师，被送回农村劳动改造，4 月 20 日左右回到村的。

问：你参加什么劳动？

答：农业劳动。

问：那时是人民公社时代吗？

答：1958 年就快到人民公社了。

问：人民公社时代，您参加的劳动内容是什么？

答：参加农业劳动，起大粪，当时起大粪的都是黑五类。

问：您那时还集中吗？

答：已回到家里，没有集中。

问：这时您吃饭都在家里吗？

答：在家里。1958 年以后还吃过食堂，到六几年停了，记不太清具体哪一年变的。

【“大跃进”运动】

问：那时也是“大跃进”运动的时代？

答：是的。

问：那时你对“大跃进”有什么看法？

答：当时听之任之，不过有些人看出不对的地方，比如到秋后栽白薯，它能长吗?!但老百姓都不敢说，我们就更不敢说了。

问：有没有大炼钢铁？

答：有小高炉，顺义县有，村里没有，但要将废铁集中送去。

【困难时期】

问：这个地方困难时期从什么时候开始？

答：六几年的时候更困难些，1958年还好。

问：困难时候，你家的生活怎样？

答：能维持生活。

问：困难时有没有饿死人？

答：没有，采取办法，一人八大两粮食。

问：你们这里比山东平原要好。

答：这个村没有饿死人的。

问：60年代，“四清”运动？

答：因整的是村里的干部，咱就不太清楚了。

【“文化大革命”运动、“黑五类”】

问：1966年开始“文化大革命”，一个目标是批“黑五类”？

答：主要还不是“黑五类”，那已是定性了的，主要是指向县、局一级的所谓走资派，北京市市长彭真。“文化大革命”揭发的人更多，市、县级都有。

问：“文化大革命”中有没有“红卫兵”运动？

答：有。

问：领导人是谁？

答：头儿太多。他们的活动不叫咱们，反正当时起的名字很多，也弄不清，我们只是去干活，不能参与。

问：您当时扫路？

答：扫街。这是普遍的。

问：和你一起的还有什么人？

答：地、富、反、坏都去，有10多人。

问：10多人的名字还记得吗？

答：记得。有以下人：

划地主，有22亩地就划成地主。

赵张氏（地主），丈夫已去世了；任万氏（富农）；张瑞（富农），已去世了；杨源（富农）；张林泉（富农）；王朝顺，女（富农）；邢永利（地主），他的媳妇姓什么不知道，叫刘氏；刘桂林（反革命）；还有一个是地主，嫁到这儿还是地主，姓什么不知道，她丈夫是贫农，叫李广才，她丈夫死后，她没有法又嫁给别人；还有我。

问：这些人还活着的有谁？

答：邢永利。张瑞死了，杨源不在了，任万氏不在了，邢永利还在，他的媳妇也在，张林泉两口子也在，刘桂林不在了。

问：“文化大革命”有的地方开了斗争会，黑五类要陪着，那样的场面有吗？

答：也有。

问：那时“坐飞机”、戴高帽子？

答：有。这个村还比较好，形式上在做，但没有打。

问：“文化大革命”从1966年开始，这个村最厉害在什么时候？

答：开始的1966年、1967年、1968年，扫街是正常的事，后来各派大联合，没有互相打，没有武斗。

问：这个村和其他村比较稳定的原因？

答：我们村有史以来，就不希望你争我斗，不好打架，有的是被迫，不得已。

问：“文化大革命”中您的生活有什么变化？

答：当时在生产、分配上都差不多。一般比贫下中农是差，义务劳动不计分、扣分，当然您就少了。人家挣 10 分，我们只能拿 9 分，为什么差些呢？因为到年终要扣你的义务劳动。比困难时期要强。

问：到 70 年代，这个村的“文化大革命”怎么样？

答：生产必须干，义务劳动还继续干，斗争就少了。

【恢复名誉】

问：哪一年您的劳动（扫街）停止？

答：想不起来，1979 年平反。

问：1976 年以后您还要劳动吗？

答：平反以后，纠正了过去的错误。

问：那时 20 多岁？

答：30 岁。

问：是人生最好的时期？

答：那时凡是别人不愿去的，如修堤、挖河，贫下中农不愿干的，最脏、最苦的活由我们去干。

【恢复工作】

问：平反以后干什么？

答：恢复学校工作，由教育局通知原来在哪个学校，由哪个学校找。

问：到原来那个学校吗？

答：有了变化，原来学校属城关的，回去后属河南村中心小学分校，任教师。

问：河南村在顺义县什么地方？

答：在顺义县东南。

问：分校有多少老师？

答：那时有 5 位。

问：几个年级？

答：一至四年级。

问：您恢复后的感觉是什么？

答：认倒霉吧。平反，上级不费劲，顺义县不好弄。平反工作，成立平反办公室，2～3 个月，当时打算平一部分留一部分，结果上级说不行，才全部解决。

问：那时您的工资？

答：44.5 元。

问：您是公办老师？

答：是。

问：1979 年多少？

答：还是这些钱。后来工资改革，才多一点。刚恢复还是那些钱，在职的教师也还没有动，那时都革命嘛！

【退休】

问：教到哪年？

答：1988 年我退休。我没有出过那个中心小学，但到过杜各庄、塔河，都属河南村中心小学领导。

问：然后您还到过什么学校？

答：没有，到 1988 年退休。

问：退休时您是小教几级？

答：忘了。行政级数越多钱越少。

问：您当时多少钱？

答：44.5 元，退时 110 元，加上其他共 140 多元。

问：现在拿多少钱？

答：现在每月退休金 330 元，去年补了个 30 元，拿多了的原因是退休末尾评了个高级。

问：反右时，您的上级机关是什么机关？

答：是教育局领导和中心小学领导人组成的整风领导小组，下设办公室。

【代课教师】

问：退休后您在家干什么工作？

答：1988 年以后，1989 年又在学校代一年课，因为缺人。

问：什么学校？

答：后来我不是在塔河吗，后来杜各庄、

杨家营这几个村建立完全小学。1987年修建这个教学楼，好几个村修这么个教学楼，等我退休就搬到教学楼，我在教学楼代一年课。

问：是不是中心小学？

答：不是，中心小学在河南村，这里算完全小学。

问：这楼在什么地方？

答：现在叫吴家营小学。我代了一年课，又分来新毕业老师，我就不代了。

问：您是代课老师吗？

答：代课老师。

问：代课老师的工资？

答：每月58元。

【村工场的门卫】

问：以后呢？

答：给人家看了一年门，村里的小厂。

问：什么小厂？

答：现在没有了，当时顺义县食品厂在这里有一个珐琅厂，即景泰蓝小厂。

问：看门的工作是什么？

答：就是黑天给看看（黑天即晚上）。

问：有什么事情发生吗？

答：没有。

问：这个景泰蓝小厂是谁办的？

答：是乡里的食品站，有好几个，其中有一个景泰蓝厂。后来又到了京成木材厂，去了两年，也是看门。

问：你看门一个月多少工资？

答：120元。两个厂都是每月120元。

【治安巡逻员】

答：1991年下半年就回村。

问：回村以后干什么工作？

答：在这个村巡逻。

问：白天还是晚上？

答：白天，在村的范围。

问：巡逻队的任务是什么？

答：有没有敲钟的，爬墙头的。如果被发现，他也就跑了。

问：巡逻还有其他人吗？

答：就我一个人，因村子很小。

问：您发现小偷怎么办？

答：他跑就跑了，我一叫嚷，他就跑了。

问：您的职务叫什么？

答：治安巡逻员。

问：治安巡逻员是不是在村委会领导下？

答：在村治保委员领导下。

问：有什么报酬？

答：第一年给1600元，1993年给2000元。

问：这期间有没有发生问题？

答：这几年有四五户人家被盗。

问：您没有发现？

答：没有发现，后来才发现。

问：您现在还是巡逻员吗？

答：还是巡逻员。每月相当于120元。

问：您每天去上班？

答：是，每天早饭后，午饭前，下午也去，到5点半左右。大部分上班人回家时，我也就下班了。

问：您走好多路？

答：也就这个村的范围，他要见到您有人，一般他也就不敢下手了。或者您发现可疑，在这里多留一会儿，他也就跑了。他见您看得紧，这个村也就少来了。

问：这个村也有农场？

答：农场他自己看，我不看。

【望泉寺中心小学】

问：现在我想问一下教育的情况。

答：我离开好多年了。

问：那没有关系。现在有一个什么小学？

答：有望泉寺小学（完小）。

问：沙井小学没有吗？

答：原来各村都有，现在不是集中吗！几个村，石门、沙井、望泉寺、军营、沟营、庄头、城关，还有一部分农业户口的小孩集中起来办学。

问：城关指什么地方？

答：顺义县城关，现在的顺义镇。后来有城关小学的一部分，另一部分仍在城关小学上学。

问：望泉寺小学离这里多远？

答：3 里。庄头离这儿比较远，有 6 里。

问：6 里，对一年级的学生说比较远呀！

答：庄头一、二、三年级的学生到城里城关小学上学，因庄头离城里近。

问：除庄头外还有吗？

答：其他的都到望泉寺中心小学上学。

问：望泉寺小学的规模是比较大的吧？

答：1987 年搞教学楼，将学生集中，教师也集中，好一点，否则分散，三二人在一村。

问：什么时候建的？

答：一般 1987 年开始，快的 1988 年后半年就搬进去了。一部分后来搬进去的。

【沙井村的教师】

问：这个村里的人有没有在望泉寺小学当老师？

答：没有。

问：上次我们访问的杨庆忠老师？

答：他在十里铺教中学。

问：望泉寺没有，在其他的小学里有没有你们村里的人在那儿当教师的？

答：最近新毕业的姓郭的在北法信小学，不是，是在海洪当教师。他是山东省人。

问：他有多大岁数？

答：二十二三岁。（插话：他孩子多大了，怎么二十二三）

问：去年新毕业的，杨庆忠老师的两个女儿现在教小学，名字说不出来，后来在沿河乡教书。最近新教书的比较多。

问：刘月勤老师已去世了吧？

答：去世了，哪一年说不清，可能是 1980 年以后，刘原来在这个村教过书。

问：还有高级小学教书的张树彬？

答：他去年已去世了。

问：和您是同班同学？

答：在小学五年级时是同班同学。

问：还有你们这个村，同您差不多年龄的在这个村当老师的还有吗？

答：有一个姓吴的吴老师，也死了。

问：吴老师是吴殿臣吧？

答：是的。

问：还有吗？

答：那就是今年刚毕业的，像我这么大的没有了。解放后，找初中毕业的，这个村没有，就我初中毕业，其他没有。当然，现在有大学毕业的。

【初级中学】

问：望泉寺小学毕业了，到什么地方去上中学？

答：上初中到二中，就在这路东边，顺义县二中。农业户口的上一中、三中得有人才行，否则农业户口的孩子只能到二中上，到一中、三中得有人，没有关系是去不了的。一中在体委的东边。

问：就三个中学？

答：除一、二、三中，还有个四中，我就说不好在哪里了。三中顺这条街，过医院路北就是，一中在南边那条街。

【高级中学】

问：高中在哪里？

答：二中也有高中，一到高中限制就

小了。

问：望泉寺小学毕业后升二中的比例？

答：占 80% 以上。有功课好的可考牛栏山重点中学，那是极个别的。农业户口的得是尖子。

问：牛栏山离这里多远？

答：20 里。

问：初中毕业升高中的比例？

答：说不好。咱也听不到。

问：现在村里有上大专的吗？

答：上高中的有，上大学的不清楚。

（插话）听说史庆芬的二姑娘现在海淀大专学习。

【沙井村的幼儿园】

问：幼儿园里老师您清楚吗？

答：幼儿园的领导可能叫李凤鸣，还有个韩老师，前年结的婚。一共有 3 个人。这个村的幼儿园不错。

问：咱们村管教育的有文教委员吗？

答：书记我知道，有没有文教委员我就不知道了，有治保委员。

【个人经历】

问：以前您的经历？

答：1948 年毕业于顺义县师范。那个学校变化很大，我毕业的时候叫顺义农业职业学校，到我开始有初中班，我还没有毕业又改成师范了（初级师范），等于师范的附属中学。后来中学就没有了，初级师范也没了，改成中级师范，1980 年以后改成中师。

问：您毕业时叫什么？

答：我毕业时叫师范附属的初中班，上面是农业职业学校，到我考初中，日本投降后开始有师范班了，很乱！

问：您毕业后当教师了吗？

答：1948 年毕业回到家里。1948 年解放，组织学校，1949 年我当上小学教师，学校叫沙井小学。

【土地改革】

问：这个村“土改”是什么时候进行的？

答：1949 年、1950 年进行的，反正在解放后，1948 年底解放，跟着就“土改”了。

问：“土改”时你家土地有没有变化？

答：我家划的中农，土地没有变化。

问：“土改”运动中谁是领导？

答：领导有的死了，有孙百令、刘禄，现在活着的农会主任张守俊，还有李祥林，他又是村长又是书记，“土改”他都参加了。

【互助组】

问：“土改”后互助组运动？

答：解放以后，不是 1952 年就是 1953 年开始，不是，最初 1950 年开始。

问：互助组是哪些人？

答：就是李祥林他们。

问：合作化？

答：互助组后叫初级生产合作社，再到高级合作社，再到人民公社。当时进度很快，乡里还组织农场。实际还那些领导，就是改成人民公社的生产队了。

问：具体的情况您知道吗？

答：互助组是几家搭伙，随后就是初级生产合作社，过渡到高级社，随后过渡到全民生产大队、小队，一直到生产队解散，都是这么个组织形式。

问：您家是不是参加了互助组？

答：参加了。

问：有多少户？

答：有 10 多户。最初有的参加，有的不参加。

问：你们的互助组是怎么组织起来的？

答： 在号召下，有领导组织，个人愿意的。有的人家愿意，有的人家不愿意，愿意在一起的组织在一块，有的人家有牲口，有工具，人家愿意要，没有的人家不愿意要。

问： 你们互助组领导人是谁？

答： 有杜作新。

问： 他和杜喜村长有关系吗？

答： 一个家族。还有李祥林。

问： 您参加互助组后感觉有什么好处？

答： 那时互助组谁出工记工，一亩出多少工都记工，记工完了，谁出的工多，谁出的工少，如一亩地是5个工，你才出4个工，你得拿粮食，谁多出了工给别人补上。劳力、土地、工具和牲口都计算。

问： 请问您，您参加互助组后有什么好处？

答： 参加互助组后，就不需要雇人了，有时没有劳力也去雇人，雇人也给你记工，比个人种方便。个人农具不齐备，种地就麻烦。

【“土改”领导人】

问：“土改”时领导人张守俊是农会的主任，（叫农会主席），还有李祥林村长、支部书记刘禄。

答： 农会叫农会主席，刘禄在农会里，不知他干什么。

【合作社与人民公社】

问： 高级合作社时，村领导人是谁？

答： 就是李祥林。

问： 高级合作社时，你原来的土地都加入进去？

答： 土地都加入进去。

问： 与初级社有什么区别？

答： 到高级社时就按劳记分了，土地就没有了。初级社土地还参加分红，给的比例很小。高级社牲口、土地低价就卖了，也没有给钱。

问： 那时农民都愿意吗？

答： 您不参加，剩下你一块地，您也没有法弄，浇水、浇地都成问题呀！那时人也听话，叫高级社就去吧。那形势您不加入也没有办法，大部分（人）地少，地多觉得吃亏，您不参加也没法弄，用拖拉机怎么办？反正干活记分，到时候分粮食、分菜，棉花也分，到年终分点钱。

问： 人民公社时，你们沙井村属（什么）人民公社？

答： 属城关人民公社。一般一个乡一个公社。

问： 你们村是一个大队？

答： 是一个大队，叫沙井大队，以村名命名。

问： 沙井大队的队长是谁？

答： 那时是杜作新和李祥林，杜是队长，书记是李祥林。

问： 人民公社的社长是谁？

答： 书记很多，姓孙的，名字记不清了，那时一般是公社书记兼社长，是不是分开咱还弄不清。原来书记叫孙慕林。

问： 他是什么地方人？

答： 他是什么地方人还弄不清，这个人的领导能力很强。

【解放前的农村教育】

问： 请问这个地区农村教育的简单历史情况。

解放前这个村的教育情况？

答： 那时，石门、沙井、望泉寺、梅沟营四个村，在这个村，有时在望泉寺建立一个学校，就四个班（一至四年级在一个屋子）一班十几个人，叫复式班。

问： 那时教的课程？

答：国语、算术、社会、自然，后来自然改成常识，常识包括社会、自然，还有体育，做做游戏。解放初1950年以前，看日出上学、日落下学，没有钟表观念。

问：您现在看，对解放前教育和内容有什么看法？

答：知识面比较广，如一个教室里放4个年级，一个老师，讲的时间短，但学生复习的时间长，您给二年级上课，其他人也在听，他要爱听也就记着一点，所以他到二年级就不费劲了。那时作业多，现在老师讲的多，做的少。

问：老师的力量？

答：不行。初中毕业的有我，刘月琴初级师范毕业，解放后人也老了。解放初教师水平就不齐了，当时找不着人。有教私塾的，有小学毕业的，有稍认识些字的也来，也有高中毕业，水平参差不齐。

问：您上小学的时候，老师力量怎么样？

答：我那时老师都是初师毕业，后来小学念完再念三年初师，现在初中毕业再考师范叫中师。那时初师就算不错了。

【解放后的农村教育】

问：解放后的教育情况？

答：1953年以后，光认字就不行了，一般是新毕业补充来的合格教师，高中、初中和师范毕业来的老师，水平比较高了一点，当然和现在比还差。1985年以后，到小学当老师，就得中师毕业。

问：解放前后工资的变化？

答：解放前拿多少不太清楚，在钱还值钱的时候，10多块钱（银元），后来联合票就不值钱。到国民党时小学也很乱，那时能拿买200来斤玉米的钱。

解放初期，我拿小米140多斤，也有130斤、150斤的。50年代工资改革，不拿小米了。改革是1954年，从29元~39元拿到45.5元。以后很长时间没有变，直到“文化大革命”。打倒“四人帮”以后才有变化，我调到110元（1988年）。基本工资，其他补贴不在内。

【教师地位的变化】

问：小学老师的社会地位有什么变化？

答：可这么说，在政府和党的领导下，解放后说得都很高，但在群众中以工资来衡量，他们对小学教师就看得很低。当然，在领导上还是重视的。

问：社会地位不仅表现在工资方面，别的还有什么表现？

答：给老师撑腰。有的家长，为了孩子，无理取闹，此时，政府（各级领导）还是为老师坚持正义，为老师撑腰，保护老师。

问：从领导来讲，重视小学教育是从什么时候开始变化的？

答：从解放以后，“文化大革命”以后比较突出，“文化大革命”当中那就不用说了。

【“反右”斗争和民办教师】

问：我的看法，在50年代中期，对小学教育很重视，但到1957年“反右”以后，有了变化。

答：1957~1958年我就离开教育界了，我被划为“右派”，只能在家里从事劳动改造，人家也不愿意接触我，我也不想接触别人，因为人家害怕，我也不要给人家添麻烦。如果两个人的场合，也许还能说上两句，有第三人在就不能这样。后来老师不足，吸收了一些民办老师，由生产队推荐老师，由村里记工。给生产队拨一笔钱，来充实学校的教师。那时我没赶上，听说这情况，民办教师充实了不少。看起来，也不是不重视，否则教师不够就不想办法了，凑合教吧！

问：现在看来受打击的都是文化水平比较高的，有教师也有干部，这以后教师少了，所以才不得不从民办老师中解决。

答：是这样的情况。那时撤职一部分人，据说不是10%就是15%，所以说，领导也不是想把教师都打成“右派”。当时有数字，有任务的。“右派”占教师总数的10%～15%。先找出身成分不好的，找刺头（指遇事刁难，不好对付的人），找你的碴儿，好说风凉话的，都在打击之内。

问：1957年以后，教育内容有什么变化？

答：主要强调劳动，甚至烧砖的、种地的。

问：这种变化有什么特点？

答：在那样的情况，叫我带学生烧砖去，我就去烧砖。据我观察，老师是“叫我干什么就干什么”。文化课也上，但更多注重的是劳动。文化课受到影响。

我怕牵连人家，我也不问学校的情况了。

【“文化大革命”和农村教育】

问：我想“文化大革命”对整个教育造成了破坏，尤其是对基础教育，因此这是一个很大问题，您认为这个看法怎样？

答：确实受到影响，不过站在革命立场上来说，锻炼了一批革命派。

问：但是，现在来看呢？

答：是耽误了课，耽误了不少学生学知识，所以后来说是初中毕业，实际是什么不会，是损失不小。为什么说老三届比较好呢？就是以后的文化素质不如他们。

我回到学校以后，将学生往回找，也是费了很大的劲呀！

【改革开放以后的农村教育】

问：1979年你恢复当教师，80年代农村教育的面貌有什么新的气象？

答：学生的家长很重视对孩子的知识培养，不是“知识无用”了。

在教育内容上，重视文化基础教育，当然劳动也有。领导上提倡开展语文、数学竞赛，甚至讲演比赛，看重科技在教学中推广。如航天模型。当然劳动也有，但不是偏重。

问：从你恢复教师到退休，农村教育有什么变化？

答：在普及和认识上，群众普遍要求孩子们认真去念书。以现在来说，上学花费虽高，家长也愿意让孩子念书，舍得智力投资。“文化大革命”刚结束时，还认识不到，现在知道没有本领就无法在这个社会上生活，自己省吃也得供孩子念书。初中毕业考职业学校，一年将花4000元，两年8000元，那也愿意花。现在紧一点，给孩子一生的生活能力。

不仅领导重视，家长也普通重视。现在都得学一门技术，所以不惜牺牲一切，供孩子念书。

【40年间农村教育的变化】

问：在50年代“反右”之前，“反右”之后，一直到现在，几个阶段的变化，对孩子们学习的情况，您有什么看法？

答：50年代，教育不能普及，有的就上不了，因为农村刚解放，还穷，有的家长很困难，攒点钱为小孩上学，学生也好领导。“反右”以后，我对学校就不太了解了。

“文化大革命”，学生就没法领导。直到改革开放，师资的水平高了，学生学习热情不齐，有的贪玩，有的很努力学习。从家长来说普遍重视学习，从学校来说，工作也是挺紧。不过在教育方法上，从北京市到乡下，都采取爸爸教语文，妈妈教数学，留了作业，晚上叫孩子们做，由父母签字。这个办法，有人认为都叫家长教了，你学校干什么，应当采取措施，在学校里把他教好。现在都是这样，城里也是这样。农村与城市比不了，城市里，父母下班了，他们的文化水平比较高可以教，农村的父母不一定认识字，所以发生一些偏差。学校没有好的办法，看人家怎么办，咱也就怎么办。北京城这么办，咱们也这么办。应该是在堂上学会，一天的作业做好。

现在办补习班，领导上不叫办。三年级要毕业了，可补习，其他就没有必要了。放假了叫你休息，你不休息。小学也是这样。

乡村教育，孩子们六周岁七周岁上学，现在恨不得四周岁就开始，小班、中班、大班就念了两年多，到学校一开学，一年级一招生，那些功课都念完了。我纳闷、糊涂，非得把这一年级的课提前二年？这不符合教学大纲的规定。

李凤鸣（31 岁）

时　　间：1994 年 8 月 23 日上午

访 问 者：笠原十九司　左志远

访问场所：沙井村幼儿园职员室

【个人介绍】

问：今天我想请您谈谈幼儿园的情况。请您写下名字。

答：李凤鸣。

问：我想对年轻的人问年龄，是不礼貌的，但为了访问，了解情况，还是这样做了。

答：没有关系。

问：今年多大岁数？

答：31 岁。

问：哪一年出生？

答：1963 年。

问：您是本村人吗？

答：不是，我是马坡乡衙门村人。

问：本地人和本村人不一样吧？

答：本地人范围大一点，本村人就指一个村。衙门村，离这里 6.7 公里。

问：您什么时候到这个村？

答：1986 年 1 月 6 日。

问：为了工作？

答：是结婚，嫁到这里来的。

问：请问您丈夫的名字？

答：叫杜海。

问：他干什么工作？

答：干个体运输。

问：那您丈夫的工作比较忙？

答：是的。

【幼儿园教师的资格】

问：您从哪一年在幼儿园工作？

答：1986 年 7 月 19 日，我参加幼儿工作。当时我是高中毕业生，对幼儿工作并不懂。后来第二年，国家教委北京幼师学校在广播中开始培训，发了教材，我跟着自学，就是电教函授。学习一年半，1988 年拿下教法合格证 4 门。共 6 门，由于音、体、美只考一门（自选一门），我选了体育，考了 4 门，拿下了教法合格证。教材、教法合格了，然后再进行能力考核，达标了再发教法合格证。

取得教法合格证，就有资格当一名幼儿老师，否则就没有资格从事幼儿教育。

问：哪年取得教法合格证？

答：1988 年。1989 年我取得专业合格证，学的是心理学、教育学和卫生学。后来北京幼师又来人，一个星期讲一次课或两次课，是他们办的一个大专班，又用了一年半的时间，到 1991 年又拿下大专合格证。

问：现在您是什么资格呢？

答：在本部门是大专资格，出了本部门就不行了。

问：现在您的职称？

答：是幼儿三级。我们只赶上一次评职称，应两年评一次。我们最低的是三级，还有一、二级和高级。

是我考完教法那一年，尚未取得专业合格证1988年评的，有教法就能评上三级，如有专业合格证，就能评上二级。

【沙井村幼儿园的前身】

问：请介绍幼儿园的概况。

答：从1970年开始就有幼儿园，只有一个班，两位老师。当时农村的劳力都在地里干活，为了解决家长的后顾之忧，办了这个幼儿班，出两个劳力（妇女）看孩子，不是正式。当时起到照顾孩子的作用就足够了。

问：那时幼儿班在什么地方？

答：在大队后面的三间小房，现在没有了。一年一年延续下来，直到1984年，在一个生产队的仓库里面办起了幼儿园。那时的教师就有所改观了，当时人们对只看孩子已不满足了，而要求能进行教育。所以，村里请了小学快要退休的老教师作为我们的代理教师。

问：您知道她是谁？

答：她叫张效珍。当时她尚未退休，但在学校已不担任正课教育，所以，学校也愿意派一些老师到各村进行学前教育，这样就将学前班与学校连起来了。

张老师实际进行的是学前班教育。

问：张老师是本村人吗？

答：她也是本地人，她是马坡乡马券村人。

问：只有她一个人？

答：还有一个人，咱们生产队再给她派一个老师，协助她教育。

问：另一位老师叫什么名字？

答：她叫郭凤苹。

问：张老师当时的年龄？

答：53岁。

问：郭凤苹？

答：25~26岁。

问：她是本村人吗？

答：她是本地人，是顺义县李隋乡李隋村人。

问：为什么从外地找，而不是本村人呢？

答：都是结了婚的媳妇，有了孩子走不了，这样就不担心您走。如果用本村的姑娘，结婚后就跑了。1970~1984年，那时都用的本村人，后来用外村嫁到这个村的人，吸取了过去的教训。

郭凤苹和张效珍老师一直干到1986年。1986年我开始接，当时我接的是郭凤苹，张效珍还和我在一起。

问：郭凤苹为什么不干呢？

答：那时经济落后，干我们这一行每月才拿60元，所以她不愿意干了。同时人们也不重视幼儿教育，当时工厂平均收入120~130元，所以她不愿当幼儿教师。

问：您和您的爱人是怎么认识的？

答：通过媒人介绍。

【初期的幼儿园】

问：您初来时（1986年）幼儿园是怎样情况？

答：由生产队的仓库搬到后来倒闭的一个服装厂，这个厂前面院子还租出去一半，共12间房，租出去10间，幼儿园只有2间。

问：您来时在仓库里吗？

答：我来时已搬到倒闭的服装厂，就在现在的这个地方，现在的幼儿园是在服装厂的旧址上翻新的。

服装厂的房子一直用到1993年8月。这个房子是去年11月搬进来的。

问：那时幼儿园有多少孩子？

答：我接手时十二三个孩子。

问：是几岁到几岁的孩子？

答：三岁到六岁半。

问：当时两位老师？

答：是两位老师。那租出的房子住着外来户，和我们共用一个厕所，院子里特别脏。我来以后，和张老师一起将院子里整理了一遍，反正不断地整修，使院子像个院子。

问：那时您教育的方法已学好了吗？

答：没有呢。1986 年的情况：当时院子里很脏、很乱，连个围墙也没有，孩子说跑出就跑出了。也没有玩具，孩子们只能玩泥玩水，满地砖头、烂袋子、垃圾堆。我来了以后，开始也不了解情况，待了一段时间，就觉得这不像样子，就督促领导砌起了墙，修厕所，整理院子。那时经济条件特别差，出不起劳力，请人就要花钱，当时院内垃圾有 10 多筐。后来有人建议说您找大队给出钱，但要等到年底才能给，劳动一天给 5 元。我家里有个侄子，叫他来和我们一起干，将垃圾抬走，发动孩子将砖头捡起来，将玻璃片捡了，砌成水沟，这样整理了有一年多时间，又栽上花草，才像个院子，房客走后，我们又不断整理，环境才好起来。有房客在，怎么也搞不好。房客是外来户，在这儿打工。

还有 5 间厢房，也租出去 3 间，也是住着外来户。

1987 年 7 月，外来客户都走了。我们喜欢厢房那三间，因为比较新，向大队提出要求，这样房子就有 5 间；同时，大队又搬了回来。

【外来户】

问：那时外来户干什么？

答：打工，在西边修鱼池 10 多人，还有 3 户上班打工。

问：外来户有多少？

答：那时没有现在这么多，那时他们只是在顺义县城上班，没有地方住，到我们这里租房。上面说的那 3 户是非农业户，在顺义县城分不到房子，是从顺义县城来的。

问：您知道外来户是从什么地方来的？

答：1986 年，修鱼池是江苏来的，那 3 户是顺义县的非农业户口。现在的外来户全国各地都有：东北的、河南的、安徽的、福建的，还有河北省唐山的。

【幼儿园的扩大】

问：1987 年以后？

答：1987 年以后，我们拥有 5 间房，分成大班和中班，我们两个教师，很重视幼儿教育，我们都是高中毕业生。

1987 年 7 月，张效珍走了，换来韩茹华，也是大队挑的高中毕业生。

问：她是什么地方人？

答：她是顺义县龙湾屯乡焦庄户村人。她也是结婚到这个村来的。她当时 24 岁。

问：1987 年以后你们重视教育。

答：我们重视教育，孩子也越来越多，一开学招了三十六七个，比过去多了两倍。

问：1986 年时的孩子占全村孩子的比例？

答：约 30%，到 1987 年占适龄儿童 90%。

【幼儿园教育的改善】

问：你们重视教育采取什么措施？

答：我们开始对大、中班分班，分班后各负其责。我主动让韩老师挑课程，并主动给她讲一遍，包括教学内容、要求，再由她挑能胜任的课，愿讲什么课就讲什么课。她挑了常识、语言、美术，剩下来的就是我的，音乐、算术、体育。共同担任教学。

后来，我们对大班、学前班分开讲课，在不担任课的时候，去教中班，中班可随意的，对学前班必须认真对待，好让他们升入小学。我已经学过教法，（韩老师）一边跟我学，一边进行教学。通过认真地学习，准备教案、笔记，按书本准备教具，准备不了的找代替，要画娃娃，就到小朋友家去借，飞机、火车都是借来的。

问：那时没有经费吗？

答：没有。当时重点抓学前班，中班是一面教，一面调理。培养德育方面的习惯，如友好相处，对长辈要尊敬，要爱劳动。

当时没有橡皮泥，就用泥土的泥，让孩子动手动脑。用面盆装泥，由老师和好，让孩子们玩。玩水（只能在夏天）。没有玩具，用玉米皮编成小猫、小花篮。带他们到田野，观看大自然的美，以农村的特点，因地制宜，告诉他们季节的变化。捉蟋蟀，顶好玩的，回来后，让他们讲体会，可以谈心。

问：那时您的工资从什么地方领？

答：我来时还是60元，到1987年90元。工资从大队里领，大队本想给原来的老师工资高一点，后来的老师工资低一点，但我考虑大家付出的劳动力都是一样的，强度也一样，工资如果一样，后来的人就不会产生消极因素，大家干起来有积极性。这样，大队也就同意了。

问：1986～1987年，您一面工作，一面自学？

答：我当时有一个孩子，才一岁。到家特别累，一面教课，还一面利用业余时间自学。孩子特别小，麻烦特别多。虽有婆婆，可晚上孩子就给我了，到孩子睡了觉，我才能干别的事。当时顶苦，但学习劲头很足。

问：您学习要不要学费？

答：不要。参加大专学习才要学费，500元，一年半交500元。

问：您这样很不容易，没有毅力是学不下来的。

答：那时有人组织，否则很难坚持。有时我们没有时间听课，有别人帮助录下来，我们再听，现在还保留着磁带。

问：您是自己奋斗的呀？

答：我曾考过大学，那时不知道用功，所以，这回应该学好，我想把幼儿教育搞好，苦一点也愿意。

韩老师来时，我向她说，咱们不管拿多少钱，就是拿2分钱，只要您在这儿干一天，就得对孩子负责，咱们不是看鸡的养鸡户，干一天就不能误人子弟。我干一天对得起孩子，我明天不干，这一天也要对得起孩子。这是责任，不能耽误下一代。责任感要特别强，你的一举一动，小孩记得特别深，老师的积极和消极，对他们的成长有很大影响。

问：1987年7月以后还有什么变化？

答：就是改革教育，边进修边教学。1987年开始进修，提高自己的同时提高幼儿教育质量。

【幼儿园学费】

问：现在小孩要不要交学费？

答：要交，本村小孩一个月20元，外村40元。

问：你们有假期吗？

答：没有。

问：从哪一年开始收钱？

答：从1988年开始。因为大队没有经费，我们建议一个孩子交2元，作为幼儿园的经费。从新幼儿园落成（1993年7月），每月收费20元。以前由2元，上升到5元，后来10元、15元。

【村委会和幼儿园】

问：那时村委员中有人来负责吗？

答：乡有一个文教组，村有个村委会，没有专门组，乡的文教组没有幼儿科。

问：村里和你们是什么关系？

答：是领导关系。村里史庆芬负责，她是副书记，主管政工，现在由书记刘振海管。

问：现在你们的工资？

答：现在多了，去年每月350元，今年还没有发。今年不会低于去年。

问：你们工厂里的工人平均工资是多少？

答：工厂的工人平均工资和我们差不多。

问：你们的工资从村里经费开支？

答：老师定级以后县里给补贴，三级的教师一个月才补7元，这7元在350元以外。

问：哪一年幼儿园搬过来的？

答：1986年搬过来，现在这个幼儿园是在服装厂旧址翻新的。1990年你们访问时，我们不好带你们来，中生胜美先生访问我时，将他带到我家里。

问：1990年时，老师还是你们两位？

答：是我和韩茹华。

问：一直到现在吗？

答：不是，又增加了一名新教师，现有3人。人员这一段时间没有变化，只是翻新后又来了一位，那是去年（1993年）。这一时期班级也没有变化。我们是不断地考试，取得大专合格证，我们两人是一起取得的，韩老师也取得了，这一段，我们都在自修。

【新幼儿园的建设】

问：请您介绍新幼儿园的规划从什么时候开始？

答：书记给我说，他们提议，在盖村办公楼时，盖一个新幼儿园。1990年你们访问时，村里就有三个设想：一是把幼儿园办好；二是要把街道整理好；三是办好老人退休场所。现在三个愿望都已实现了。

他说了以后，我就开始构思了，最初我只想要五间房子，因为村里没有钱，后来不断的改善计划，根据本大队的条件。办公楼建好后，书记问我，您把幼儿园设计好，盖好楼就盖你们幼儿园。我们就画图纸，方案是我们搞的。搞后，书记又审查了一遍，当初我设计的是平房，书记按照仿古的样子给改了一下，变成这个样子。现在有17间房子。办公楼和幼儿园共花了60万元。

问：60万元数字比较大，由村里村民集资，还是大队就有这样的能力？

答：大队有这样的能力，大队的企业，租地皮，搞了不少钱。木材市场地皮是咱们大队的，租出去有收入，还有些合资企业。外边想在我们这里办厂，如北方发电厂（录音不清）、涂料厂，承包以后都给了资助。

问：村民家中有没有负担？

答：没有。现在我们的水费、电费都由大队负担，没有要村民的。照明费要一点也不多，国家规定每度电0.5元，大队只收村民0.25元。

北京大学国务院政策研究办公室到这里调查，说他们家乡（湖南）的水利费、教育资金都要从农民身上出，问我们这里有没有？我们都不知道，书记说我们（指村委会）都给交了，没有增加农民负担。

问：什么时候开始建造这个房子？

答：1993年8月破土动工，到10月底完成，11月迁来的。

问：太快了！

答：是平房。8月份破土动工时，我们还在这儿，我们看到拆房子，才搬家。

问：建筑队是哪里来的？

答：建筑队是个体的，他们是顺义县南法信乡的南法信村。他那个领导是很懂建筑的，他用了一些工具，出力不多，但干活很快，他们一共才10多人，还帮助我们搬家。是承包给他们，他曾在大建筑队工作过，他们上柁用滑轮。

问：有没有村民提供劳动？

答：没有，只是我们大队职工有些劳动，帮助做些小活。

问：刚才讲增加的新老师是哪一年来的？

答：去年（1993年）11月。

问：叫什么名字？

答：叫王学军，1969年出生。

问：她多大岁数？

答：25岁。

问：她是哪里人？

答：顺义县沙岭村人（沙岭乡）。

问：她也是结婚到这里来的？

答：是的。

问：她的学历也是高中？

答：她是幼教职业中学，在杜各庄幼师学校毕业，学的这个专业。

问：这个学校哪一年有的？

答：不知道。

【幼儿园的学期和假期】

问：你们现在幼儿园的内容很丰富。现在有多少孩子？

答：每年从4～8月，将要毕业的时候，正是旺季，是孩子最多的时候。因为9月份要走一个班，新生上来很少。农村招班不是定时招班，都是谁够岁数谁就来，陆续到4月份开始多，到8月份最高峰，有84人。

问：孩子们随便入园？

答：随便入园，这是农村的特点。够岁数的，标准是3周岁。父母希望送孩子来幼儿园，自己好上班，爷爷、奶奶也愿意。这个规定很受村民欢迎。

问：现在幼儿园的新学期什么时候开始？

答：和学校一样，分两个学期。9月到第二年1月。放寒假时，我们不放，做一些灵活机动的教育，不像小学那样正规，春节和机关一样，放10天。第二学期我们上班从3月1日开始到7月中旬。7月到8月是灵活机动。大孩子到8月份，学校招一个预备班，作为过渡，把孩子送过去，我们就省一点心，现在大班就不来了。现在是最淡的季节。

问：现在是暑假？

答：也算暑假，应该是暑期。幼儿园没有暑假和寒假，他的第一个目的是培养德、智、体全面发展的人，第二个目的是为了解决家长的后顾之忧，解放家长的劳动力，所以，根据这个目的就不允许有寒、暑假。当然，在这期间，没有教材规定的课程，所以，老师可做一些调节，哪些方面差的，可弥补一下，自己进行调节。当然在寒暑假期间，家长有空，也可带着孩子去玩，实在没有时间，孩子还是要送来。

第三个目的，为孩子入小学打基础。

现在是大、中、小3个班，一人带一个班。

【幼儿园班级划分】

问：怎么划分大、中、小三个班？

答：小班是3岁到4岁半；中班是4岁半到5岁半；大班是5岁半到6岁半。

上小学是6岁半，城市是6岁。城市比农村提前半年，实际上我们6岁也可以，我们不喜欢6岁再上一年，因为他已上了一年，基本上已够上小学一年级的资格。

问：今年的小班有多少孩子？

答：共7个孩子。男孩4个，女孩3个。

问：小班的老师？

答：原来是韩老师，新学期调来王学军。

问：从小班开始。小班是多少？

答：小班是15人，男9人，女6人，老师王学军。

问：是不是每个学期都要换人？

答：不是，根据本人的长处。因为王老师是新来的。她体会了半年，适合带小班。带小班人必须细心，不能离开孩子。

问：中班？

答：23人，男11人，女12人，老师是韩茹华。

问：大班？

答：27人，男16人，女11人，老师是我本人。

问：有外村的孩子吗？

答：有。小班中有5人，中班中有10人，大班中有10人。

问：外地是外村？

答：外村的少，主要是外来户的孩子，不是本地人。他们带来了家属，小孩也带来了。

问：木材批发市场是外来户吗？

答：有好多外地来的。

问：你们幼儿园很好。

答：我们本来要安装电扇，但怕小孩去摸，去插，所以没有安装电扇。

【幼儿园学前班】

问：小学中有幼儿班，你们叫做学前班，小学的和你们的教育有什么区别？

答：小学没有学前班。原来国家规定不许办，原来他办过，后来不准办。

区别：幼儿园学前班是幼儿园性质的，以实物为主进行教学，要用生动、具体的幼儿教学法，以适合孩子的心理特点，教育孩子容易接受，并以玩为主。

学校办的学前班是以教学为主。小学的教学方法特别死板、生硬，孩子不易接受，而且没有玩的时间，对孩子的身心健康没有好处，所以国家规定不要办学前班。在学校主要是教师口述为讲解的方法；我们办学前班，以实物、模拟法、口述法、讲解法、寻找法，我们比较生动形象。没有实物，也要有图纸。挂图呀，图片呀，引起孩子的注意；上小学的孩子精力不集中，他们集中精力只有20分钟，可他们一进小学学习每节课就得40分钟，不适合其年龄特点。

现在幼儿师范学校教他们老师的时候，也要求他们教低年级应该用幼儿教学法。

现在小学没有学前班，而放到我们这里来了。

问：1990年访问时还有学前班，现在没有了吧？

答：没有了。如果您设学前班，就得按幼儿教学法进行教育。

问：我后来想，幼儿园原来的目的和学前班的目的不一样。您讲的正是我的想法，要根据年龄的特点进行教学。

答：我们学的幼儿卫生学就有这方面内容，小学也应该懂得，可是小学领导人为了搞活经济，赚点钱，他们也想搞了，可家长并不明了这一条，家长以孩子能否学到东西，老师教得多，他就愿意来。他认为您幼儿园尽是玩，不愿送。其实他们搞的学前班，有一个后果。就是易于产生厌学。而我们是培养他兴趣，培养他们的思维能力。

问：我完全可以理解。

答：现在虽然小学没有学前班，但家长总是希望我们这里多给孩子上点课。因此，我们还要向家长做解释。我们在不断地完善，开一些家长会，向他们发一些学习材料，为他们订婴儿家庭报，大队订61份，一个月2期，免费送给他们。

【出身、家庭】

问：我问一问您的经历。1963年出生？

答：是的。

问：出生于马坡乡衙门村？

答：是的。

问：你的父亲叫什么？

答：叫李荫生。

问：现在还在吗？

答：在，53 岁。

问：干什么工作？

答：大队的会计，当了一辈子会计。

问：你的母亲？

答：家务劳动。她叫李玉香。

问：她娘家在什么地方？

答：沙井村。

问：您母亲的父亲是谁？

答：李广志，1990 年你们访问过，已去世 3 年了。

问：您有几个兄弟姐妹？

答：我是姐姐，还有个弟弟。

问：弟弟叫什么？

答：李永国。

问：现在多大？

答：29 岁。他没有具体工作，在家劳动。

【小学教育】

问：您上小学时？

答：1970 年上学，7 岁。

问：什么小学？

答：衙门村小学。

问：有多少老师？

答：两个班，到四年级三个班。整个学校有 15 位老师，是中心小学。

问：你上的是一至六年级？

答：那时是五年制，没有六年级，当时是十年一贯制。我有一段是寒假升学，而不是暑假。我也上过学前班，这样我从 1970 年到 1975 年底小学毕业，1976 年上中学。学前班也是村里找一个人，当时是实验性的。学前班只招了一个班，后招的没有，二者加以比较，学过学前班的比没有上过学前班的要好。从此，陆续的全县普及学前班。

【学前班今昔对比】

问：您上过学前班，和你们现在的学前班有什么不同？你比较一下。

答：那时学前班是小学教育方式，还没有教材，靠老师自己印教材，画的都是最简单的一年级的课程，如汉语拼音，毛主席万岁！共产党万岁！20 以内的加、减法。那时我们都坐着上课，规规矩矩，谁要回头，老师就敲脑袋。我们现在要敲脑袋，家长就不答应了，孩子再淘气，我们也不敢打。当时我们手背在后面，顶不了 40 分钟。老师是家庭妇女。上了一年，经常挨打，我从小性格特别开朗，我喜欢玩，经常迟到，马马虎虎，作业完不成，经常挨批评。

当时老师教我们学“数学”，要我们找 100 根树棍，我不知道在哪里折树枝，手也小，折不动，我不折了，没有折到 100 个，只折 20 个，我要用手指头数，老师说我聪明。当时父母下地劳动，也照顾不了我们，我像个小野孩，想什么时候去就去。现在是家长送、接，教学方法也不一样，以正面教学为主，不能讽刺、体罚。过去是一节 40 分钟，现在大班最多 30 分钟。以玩为主，在玩的过程中教他们。

【“文化大革命”时的小学教育】

问：聪明的孩子小时好玩。1970 年还有“文化大革命”的影响？

答：当时正是“文化大革命”当中。我记不清高年级他们干什么，我们学写字，写毛主席万岁！中国共产党万岁！不是从偏旁开始学写字。后来到一年级，教我们背“老三篇”。

问：你们都背下来了吗？

答：都背下来了。

【劳动教育】

问：还有什么劳动教育？

答：当时劳动课安排特别多，一个星期两次劳动，拔草卖钱，勤工俭学，将草卖了好少交一些学费。我们到五年级、初一、初二时，都编草帽辫。勤工俭学，学校搞一些砖厂，我们下学后去搬砖，修河也去。我们还算好一点，高年级同学都去军训，到农场去劳动，带着被褥去。

三年级时，我赶上学黄帅（黄帅是一个小学生，“文化大革命”中树的标兵），那年运动特别激烈，让我们给老师提意见，写成大字报贴在外边。大字报多极了！是 1973 ~ 1974 年，谁写的大字报多就得到表扬。没有写的，我们也使劲地想。哪个班写不出来，校长批评老师。老师中搞的整顿，我们就不知道了。当时所谓“批邓”。

我们小的时候跟着跑，看他们拿着刘少奇、王光美的画像进行批斗，在街里转，我们跟着跑。

我上中学是马券中学，正好遇上城里出身不好的老师下放到我们马券中学。有一个很出色的小提琴手，是资本家出身，还有一些也顶有学问，平反时都走了。当时教育质量特别好，因为老师都很有名。

【下放教师】

问：你们对下放的老师印象没有不好吧？

答：没有不好，都很喜欢。有一个在我们这里办了一个乐队，顶活跃的，在学生中威信很高。我没有赶上，我初一是 1976 年，他被调别的学校去了。

我在四、五年级时乐队还有，为我们伴奏。

我 1976 年上初中，小学是 1970 年，1976 年他们才走的。1974 年在那儿办乐队，1976 年调走的。是毛主席逝世以后，他们就走了。对他们印象很深。

问：一般学生中出身不好的，思想品德不好，都受到冲击吧？

答：有冲击。特别歧视他们。他们怕提自己出身或者缺陷。“红卫兵”和“红小兵”不要他们，对他们要特别考察。一旦入了“红卫兵”和“红小兵”，就非常满意。没有加入，思想压力很大。我们村有一个，她母亲是地主，又是大学毕业，下放在我们村劳动。她有一个姥爷是地主，入“红卫兵”就这一条不够。后来她责问老师，为什么不让我加入“红卫兵”？老师说您成分不好。她就讲毛主席的出身，周恩来的出身，我为什么不能，我参加革命，与家庭脱离关系，我就应该入“红卫兵”，后来批准了她入“红卫兵”。

【初级中学】

问：1976 年您进马券中学，有高中吗？

答：有高中，我没有在那里上，我只上了初中三年。

问：入中学要考试吗？

答：没有，初中是普及。

问：你们小学毕业的学生上马券中学的比例是多少？

答：没有特殊情况，全部都可以上，只要全及格的都可以升入初中，不及格的再上一年。

问：有没有上不了的？

答：没有，那时又不收学费，当时小学只收 2 元，中学收 4 元，所以都能上。有困难的，还可以申请免费。

问：在马券中学您上了几年？

答：3 年，1978 年夏毕业。

【高级中学】

问：高中呢？

答：高中时，合并了，集中一下，不在每个中学都设高中。只能在中心地方设高中。

到秦武姚（秦武姚是三个村，即秦券、武券、姚券。三个村合并一个村）上高中，高中是二年。

问：那时有入学考试吗？

答：有，初中升高中的升学率就不高了，大约占60%。

问：高中时有什么特别的集会吗？

答：就是青年团会议。我是初二（1977年）时入团的。

问：您现在是党员？

答：是党员，1992年入党。

问：青年团活动的内容？

答：有时看看电影，开一些会议，讨论吸收新团员。这时会议已减少了，注重学习了，已恢复高考。高中以前活动多，搞一些文体活动，在初中以下，老师教我们舞蹈，跳舞。

问：你有天才当幼儿园的老师？

答：干这行我不发愁。

【乡镇企业的女工】

问：高中是哪一年毕业的？

答：1981年。考大学差40分，我就回家参加劳动。后又到乡镇企业毛织厂工作，1981～1986年。

问：在企业是工人？

答：是工人。

问：你当时的感受？

答：应该上学，很后悔。因为我们同届的同学，有重新念的，我没有重新念，有的分数比我低、重新念也考上了，所以很后悔。我有一个毛病，我上学时特别爱睡觉。有一种人上午有精神，有一种人下午有精神，我就是属后一种，晚上精神大呢。到了自觉学习阶段我很努力。

问：你结婚才到这个村的吧？

答：是的。

问：您信不信天命？

答：也信也不太信，我认为运气也是有的，还要靠自己的努力，运气来了，没有那个水平也不行。

访问者：谢谢！知道了整个幼儿园的情况，看到你们的发展，我是很受感动的，您是很好的老师。

何　权（76岁）

时　　间：1994年8月23日下午至26日下午

访 问 者：笠原十九司　左志远

访问场所：何权家

【满铁调查员】

问：上次（1990年）曾访问过您，今天再继续。当时您是教师，请讲讲您对调查员的想法。

答：我在沙井村、石门、望泉寺、梅沟营这4个村合为一个小学里教书，叫望泉寺小学。

那时，日本来了，他们是满铁经济调查所，那些都是教授和专家，来沙井村调查，我们跟他们有3个年头，所以都很熟悉。那时满铁一个调查办在北京，我们也经常到那边去。这可能在1942年的时候，当时有一个翻译叫郭文山。

郭文山现在在美国。在日本投降的时候把他弄走到美国。现在据说在美国很好。上一次好多年前，日本国有一个叫山本斌的，他的儿子到这儿来，特意找过我，因为我和山本斌是最好的朋友，他要活着有八十四五岁了。

问：他已去世了。

答：他的儿子已不小了。当时他的家庭也在北京市。当时还认识日本大使馆二等书记官，叫津田英俊。他文化极好，是红学研究家，他买了好些老舍的著作，他和我们俩最好。他在日本投降的时候回国了。最后建交，他又到大使馆，他们在解放前都走了（1945 年）。

我说的郭文山他岁数小，现在有 70 岁了，他是东北人。这个时候，他们 1944 年就回国了，郭文山也去了，跟着去了美国，现在还在美国。

问：他是不是当时的翻译？

答：是翻译。岁数顶小，他也就 20 岁，我当时 20 多岁。

上一次山本斌儿子来时，可能他们还通信呢。上次有一个研究生（宋志勇）跟着您来的。

问：郭文山在美国还活着？

答：不知他死了没有。这一说已 10 多年了，在中日建交后。他（指山本的儿子）来算这回已两次了。

刚才村委会告诉我，还是上次来的，叫什么名字我知道，上次也有名片，上次是助教，现在已是教授。

问：上次山本的儿子访问您，问您什么问题？

答：那次也就是关于中国的经济，关于他父亲在这儿调查的事，他也拿着这些资料，熟悉一下。我问过他，他也是做学问的，念书的人。中日建交以后两三年来的，来得很早。

【冀东防共自治政府时的师范学校】

问：我这一次想问一问农村教育的情况。你毕业于顺义师范学校，是 1937 年，对吗？

答：对。

问：当时你在师范学校学习有什么特点？

答：当时还是根据旧中国的教育制度，仍然没有改，不过加进日语。日语教员叫津田英俊。那时的教育基本上是没有改。那时他统治着，不过津田英俊他只懂日本话，教育他不懂。那时我才 10 多岁，他 20 多岁。当时每一县要安排那么一个人，县里有日本顾问，在教育也排上这么一个人，虽然他不懂教育。他每周到北京去一趟，他所有的薪金，在那边给一份，中国也给一份，他花得精光。不过，他不干涉行政，可是最后校长请假到那儿去时他也管事。他是起监督的作用。

问：增加了日语？

答：每周有 3 ~ 4 次，别的课还得上。我学了 1 ~ 2 年，不说全忘了，原来能够会话，现在全忘了。已 40 多年，快 50 年了。上次那位翻译说的我也懂，我告诉他，你那么说不对，应该怎么怎么说。这都是学术研究，所以解放前后，我一点问题也没有，跟政治不接触。你需要问什么问我。

【解放前沙井村的小学授课】

问：1939 ~ 1948 年你在沙井村当小学教员？

答：是的。

问：请你讲讲在当小学教师时沙井村小学教育的情况。

答：最早两位老师，差不离一个村子一个老师。当时叫复式班教学，一、二、三、四年级全在一个屋子里，怎么教呢？一、四年级同时上课，先用不到半个钟头给一年级说，还有 40 分钟给四年级讲，那两个班也在屋子里，给他们适当的作业。赶到第二个钟点，给二、三年级讲授。课目有算术、语文（国语）、自然，是体育也有，图画也有，这个老师全得会，全得拿得起来。解放后分科了。

在解放以前，1937 ~ 1946 年，我在那儿总是这么教。

【教师水平】

问：那时沙井村的小学生学习成绩如何？

答：水平就在师资怎么样，师资水平好，要求严格，学生的水平就好；师资水平低，教的学生不好。一般离城近，这儿只3里地，教师都是师范毕业的，所以不论教单式或复式都有一定的水平，当时学生水平好。离县城远，10里、20里、几十里以外的，学习就差点，因师资水平差了。

还有，解放前10年，教科书的内容基本没有什么改变，还是沿袭旧的。

解放以后，一开始还是那情况，以后就改了，内容也改了。

【家长对教师的态度】

问：那时沙井村的学生家长对教师的态度如何？

答：这取决于老师好坏，老师水平高，联系情况好，对学生要求严格，他们都佩服、拥护；如果不好，他就不拥护。教不好的，也蹲不了几年。

当时，每年要聘任一次。如这个村不愿意这位老师走，在第二学年开始前申请，上县教育局申请，然后教育局派人来，所以，我在这儿蹲了10多年。不过，实事求是地说，他们每年聘请，是制度得这样做，所以取决于教师本人。不过，我的水平也平常。

【教师工资】

问：那时你一个月的工资多少？

答：我大约是16元（纸币）。在日本占领之前就改了。1936年国民党币制改革。

问：拿16元能维持你家里的生活吗？

答：那时维持个人差不离，养活不了家里人。赶到最后又挣多了。日本时候，又改为准备银行的票子，从前是中南银行、中国银行、交通银行的票子，后来改为准备银行的票子，就不值钱了，物资也缺乏。

问：这是什么时代？

答：就是王克敏时代，他没有眼睛，戴个墨镜，即华北政务委员会。王克敏后是不是蒋朝中，记不清了。虽然他们当政，但老百姓不认识他们。日本投降以后，挣的是粮食，最后挣450斤粮食。解放后，挣170斤米（小米），1948年底解放。没有以前多，可是最后改成给线，挣10多元、20多元，到1956年挣50元，维持多年以后又涨了，现在我如果还当教师，就得拿好几百元。

日本时候，国民党时代，共产党时代，我总是当教员。解放后教员改称老师，人民教师。我是一直当教师。

【解放前后的教育变化】

问：日本时代和国民党时代，沙井村的教育有什么变化吗？

答：根本上，基本没有变化，如有变化只是文字上改一改，内容改一改，但也没有大的变化，因为教育不牵涉政治嘛。

解放以后突然变了，教育行政、教育目标也都改变了。旧中国时代也好，日本时代也好，国民党时代也好，可以说是为资产阶级服务，解放以后，彻底为无产阶级服务，这是一个大的转折点。在教育上也是一个转折点，（过去）虽然重视，但不同于现在。那时中学念不起，而师范管饭，也没有学费，如德州师范，但出来必须教书，教3年以后，才能再考大学。由于家庭状况不允许（指经济条件），也就算了。和我一起毕业的也好，或前后班的同学也好，他们都改行了。或国民党时改的行，或教了几年书后改行，有的解放以后改行了。我一直没有改，为什么？说实话，家有几亩地，个人挣点薪金，凑合维持生活，不参加什么政治。国民党的时候，在城郊没法教书，但也得去呀！不过离城近一点好一点，远处就根本不行。解放以后好了，安定了，原来是两方面，变为一方面了。在日本时候也是这样。共产党在国民党来之前也就有了，最早在冀东，南方也是这样，但不显著，到日本投降之前，咱这里就显著了。后来国民党投降，南北方为什么解放这么快呢？因为南北民众全起来了，整个都改变了。这就是人心所向。

建国以后，这几年最好，也安定了。农村各方面，尤其是种地的，粮食年年增长。那几年有什么朝鲜战争，都没影响，就在“文化大革命”倒退了，以后改革开放又有了很大变化。“文化大革命”时期，农村困难着呢，现在内地极贫困地区也好了。就拿我们县说，改革开放以来好得多了，人们思想有进步了，这和安定团结有关系。这个地方离北京近，地方也好，离沿海近的地方也好，已经奔向小康水平，变化大了。尤其现在，咱不说政治，实际情况摆着呢，实事求是地摆着。不是谁能领导，谁不能领导，这是公正摆着呢，放在那儿。你说哪方面也好，教育也好。这是说的闲话，还问什么？

【刘月勤和“新民会”】

问：你在沙井村时，有一位刘月勤老师，请你介绍介绍他的情况？

答：他是师范毕业，他比我早毕业4年。

问：他是沙井村人吗？

答：他是望泉寺的。

问：他的具体情况？

答：和我基本上是一样，都是师范毕业，都是从事教育，这是一个；另一个，他教一、四年级，我教二、三年级。我去二年级以后，他就不教书了，他上“新民会”了，他就改行了，不在教育界了。“新民会”是日本一个组织，北京、各县都有“新民会”，他到县里去，我自然当教员。

你记得那些资料，写的中国的谚语，如“小花碗真不离（音），个个都是九江瓷”。是他和我编的，一小原本，可能市面上还有。九江瓷是最好的瓷器，小茶碗虽薄，但拿着不烫手。这小册子我们合写，由郭文山翻译。

问：他为什么去参加“新民会”，你知道吗？

答：工资挣得多，这是一个；他的思想不一样，新一点，我守旧。什么都取决于思想，这是片面的认识。

问：改行？

答：就是不当教师了。

这个人也是极诚实，写一笔好字，比我写得好，也比我聪明。但是，我保守。解放后有机会到别处去，到别的岗位，但我也不去。好些朋友，他们过江学习去了，都走了，我依然还干这个，到现在，不但默默无闻，也是一事无成。

【顺义县“新民会”】

问：那时“新民会”的活动情况？

答：“新民会”是日本人来时一个姓刘的，就如一个党团组织，据咱们是这么想。

“新民会”的宗旨不了解，咱又没有。“新民会”也有个青年团。国民党有国民党的组织关系，“新民会”是日本时的组织。“新民会”可能是一个组织，不过它们宗旨是什么？现在忘了。

问：“新民会”在顺义县的组织是什么？

答：叫顺义县“新民会”，北平叫“北平市新民会”。

问：顺义县的“新民会”领导人是日本人吗？

答：不是，是中国人。当时日本只是在县政府有一个顾问，县长是中国人。他不是要建“大东亚共荣圈”？他是扶持中国，跟满洲国不一样，东北实际是日本统治着，溥仪不就是儿皇帝吗。华北实际是这样，但名义上还不是……

问：刘月勤就是参加顺义县的"新民会"吧？

答：是的。

问：他有什么活动？

答：什么活动也没有，其他就不知道了。里面有他个名字，什么活动不知道。他当一个职员。

问：沙井村群众有没有加入"新民会"的？

答：可能没有。

问：日本投降后，刘月勤是不是被当作汉奸？

答：不是，他不算。日本投降后，他没有干事。"新民会"，在县里一个小职员不算。

解放前，日本投降后，他就没有教书，在家里种地。

问：他什么时候去世的？

答：大约死了十多年了，他是八几年死了，他患食道癌死的。解放以后，他就务农了。

【解放时的沙井村小学】

问：你是什么时候到东丰乐小学的？

答：你们怎么知道这个？是解放以后。

问：1948 年，你在沙井小学吗？

答：在沙井村小学，一直到解放后开学。开始停了，后来恢复，又去教书了，1949 年我到东丰乐小学。

问：小学停了一段，多长时间？

答：1948 年解放，一开始小学停些日子，到 1949 年恢复，停了一二个月。

解放军先抓治安，接着推行政治，推行政治教育不就上去了嘛！全面推行嘛！

所以说发展快也在这个地方，有关系。

【解放前后教育的变化】

问：东丰乐小学的教育情况？后来到下坡屯小学，你认为此时有哪些变化？

答：解放前，在沙井村教书是惊慌失措的，可是解放后到东丰乐和下坡屯小学，人数多了，入学率空前高涨，因而稳定了。

另外，学生人数突然猛增，如一个村原来 30 人，现在就有 50 人、60 人。

课本的内容也改变了，过去一年级是人、手、足、刀、尺，现在是人民、中国共产党、毛主席，如何解放等。

五六十年代，教历史不好教了，假如你教错了不就麻烦了吗。人的思想是循序变的，慢慢地进步，不可能一下变了。解放是大众所望，但教育和思想变的不是那样快，思想得慢慢来。

【教师的思想改造】

问：你的意思是不是这个时候思想改变得太快了？

答：我的意思是思想不可能一下变了，得慢慢来，循序渐进。

问：我同意你的意见。

答：毛泽东同志说改造思想慢慢地改，一下转不过来，要慢慢地靠拢，一时的转变不是那样简单。尤其是知识分子改造，自我改造也好，相当困难，得慢慢来，起初多少得有旧思想。这是我个人的认为，我不是拣好听的说。

解放前，在日本时代也接受一部分思想，但是在解放后慢慢地改嘛，我不能说那时自己思想先进，"需要你，你怎么不走呀"，我说实际的。

问：1949 年以后，新政府重视思想改造，你们改造的具体情况？

答：起初有些紧张，最后不但大胆接受

了，自己来彻底改造自己了。思想为什么改造比较快呢？因为我们始终教书，和政治比较远，自己无所求，为了个人的家庭生活，自己所学的不要丢了，没有政治思想，所以改造得快。我个人也是这样。我不能承认刚一解放，我思想是先进的。

问：那时为了改造思想，县政府有没有开会？

答：开会以后，接受新鲜思想，这不就是改造思想吗。在县里开会，刚解放，全县教师才二三百人，后来才多的，到七八百人、一千多人。两个村原来一个教师，后来一个村两三个老师了。

问：你们思想改造，集中到县里吗？

答：集中到县里学习，一般学习一个月。

问：那时有没有老师改不了的？

答：没有，思想顽固的也不敢顽固了。不改也不行呀！思想上也不敢顽抗，否则以卵击石呀！

【土地改革】

问："土改"时，你家有没有变化？

答：没有什么变化，因为我是中农，后来改为富裕中农，后来没有了，仍是中农。我个人成分始终是教师，教师不也是属无产阶级一员吗。

问："土改"时的具体情况？

答：当时城关区土改，基本上老师没有参加，就是划一划成分，到1949年划成分，分地主、富农、中农、贫农、雇农，而这个地区雇农很少，没有土地的极少，大多数都有三亩五亩土地。"土改"时，房屋不动，地主和贫农给一样的土地，如贫农二亩，地主也给二亩，不过中农多些，原来有二亩多或三亩，也就不动了，保护中农嘛。当时是"中间不动两头平"。地是动，房屋不动，你住在什么地方也不动，当时土改，地主的房子也不动，保护工商业，发展生产。这次"土改"是和平"土改"，不像过去河东，《土地法大纲》是流血斗争，这里解放后进行"土改"就不同于河东了。

问：你家有多少土地？

答：有30亩土地。为什么没有动呢？因为有教师一名，参加劳动。

当时，我家有祖母、妹妹，父母亲，我和我媳妇，还有两个儿子，共8口人。

问：前进村就是和平土改。有没有斗争会？

答：没有。

问：那时前进村有多少地主？

答：当时"土改"有多少地主不知道，贴榜咱也没瞧，这在乡里有底，有资料。当时叫城关区人和镇。

问：东丰乐村"土改"时，你们小学参加不参加土改？

答：开会时去听听，听动员报告，是县委书记崔旭东作的，说"土改"是什么事情。崔已离休了。别的都没有参加，因为是和平土改，讲清政策就完了。

【家庭成员】

问：你父亲叫什么名字？

答：叫何振谦。

问：干什么工作？

答：务农。

问：你的母亲叫什么？

答：没有名字，我两个母亲，生母是何梁氏，继母是何刘氏。继母如活到现在95岁，生母有100岁了。我已77岁。

问：你有多少兄弟姐妹？

答：就我一人。

问：继母没有孩子吗？

答：都没有了。就我一人，写社会关系都好写。我老伴家也是农民，我的朋友有师范毕业，有大学毕业，现在市里还有，比我大的都没了，我最小都77岁了。

【扫盲（识字）运动】

问：解放初扫盲运动你参加了吗？

答：不是刚一解放，而是三四年以后，最好的是解放后七八年时。我们参加了扫盲。

当时教他们识字，老师不可能天天去，而是训练稍有文化的人，由他们再去扫盲。我们起一个辅导的作用，在晚上进行。

后来在扫盲中有一位教师发明了速成法，搞的声势很大，全国推广，是1955年。

问：你们是不是白天在学校里上课，晚上去扫盲？

答：村里也有有文化的人，我们是训练有文化的人，再由他们去扫盲。

问：每周有几个晚上？

答：可能是4个晚上。

问：扫盲运动有什么成绩？

答：扫盲的对象学习都很积极，但要有一个巩固阶段。当时村里接受扫盲的有80%，除了特殊情况来不了，都得参加。

问：扫盲有什么问题？

答：一般说没有问题，年轻的妇女有困难，主要是有小孩、家务，而老年妇女学不进去，她装不进去。从前念大学的极少数，因没有钱。

问：扫盲的效果？

答：起初不太理想，经过一个学习时期，需要巩固，否则他又忘了。巩固阶段顶难，只要能巩固也就行了。

问：你估计一下，能巩固下来的占多大比例？

答：大约60%～70%。

问：你们参加扫盲有没有报酬？

答：没有，是义务的。

【破除迷信】

问：解放后不是要破除迷信？你参加了吗？

答：没有参加，所有教员都没有参加，因为政治和学术上没有什么。破除迷信，可以说念书的人对迷信有些看法。推行的是有目的，而一般人越是有文化越不相信迷信。不是说解放后解放前，日本人时，迷信的也是没有文化的，或有文化的利用迷信做其他活动，一般人可以说有文化的他不迷信。那时迷信是极少数的，不过解放后是彻底了吧，迷信解除了，但据说现在还有迷信。

问：由谁来负责搞破除迷信呢？

答：由当政的负责。

问：那时小学的课程里有没有破除迷信的内容？

答：没有，根本没有迷信的色彩。为什么没有呢？因为所作的文章是风花雪月，理论上根本没有。那时书里有风花雪月的东西，没有迷信这些。如“夜来风雨声，花落知多少”。基本上没有政治色彩，现在就不一样了，学术界论文答解，绝不会写风花雪月的文章，而是写理性方面的内容，尤其是文科。

【劳动教育】

问：解放后，教育改革劳动教育有什么内容？

答：刚解放时，还是沿袭旧的教育制度，到建国以后，教育方针、政策有了改变。

当时的劳动教育，也没有什么内容，只能说这个劳动是理论上根本没有，建国以后才推行。

农村的学生，在农忙时都去劳动，不回城市。刚解放，农村无所谓星期天，后来才改的。学费1953年以后才有，原先任何费都没有。

【教师经历】

问：你从东丰乐村小学哪一年到下坡屯小学的？

答：1951 年在下坡屯。

问：当到什么时候？

答：到 1951 年底。又到通县雷庄小学当小学教员，当到 1952 年下半年，后又调到通县康家营小学当教师。还费这事干嘛！你怎么知道到下坡屯的？是不是有我的档案？

问：不是，上次访问过你。上次访问我谈到下坡屯，以后就没有谈。

答：哦！我告诉你，可以通过县委到档案局看我的档案。

问：不是，不是，不光对你，对所有访问的人都要问一问经历、工作的情况，不要误会。

答：不是别的，咱们谈都是学术问题，他们放心你来，你是国际友人。

问：我们每次访问。都要了解被访人的经历，都是这么问的。

答：他们对我也放心，一般县委都认识我，知道我。他们不放心不会叫你们两位来，我们谈的是学术问题，我们说的档案在那里，当然档案里没有情况，我不是说是政治问题。

问：你是中国农村的模范教师，一辈子从事农村小学教育，所以，我希望了解你的情况，我没有机会看你的档案。能见到你是很难得。

答：你们存的过去的资料，里面不都是经济和教育的事吗，所以那次来大都是教授，一部分是经济，大部分是学术交流。

问：今天我们谈到这，但还想访问你。到 26 日下午到你家来访问你。

答：好。

【顺义县教育状况】

问：我两次访问你，目的是为了研究中国农村的教育。关于农村教育的文字材料很少，特别是关于老师方面材料更少。

答：由于农村与城市不一样，这儿接近小城市，但同大城市不一样。按郊区这个县文化还比较好，比较普及，不仅是现在，在多少年以前，这个县教育就好。

在我小的时候，这儿叫私立高等小学，校长是杨贵三，其他老师就不说了，都多。高等小学是一至六年级，只有顺义县这么一个。

中国农村的教育，老师在这方面很努力的，但是由于我们在一些问题上“左”的东西影响我们教育的发展。

问：1952 年下半年，你在通县康家营教书？

答：是的，在康家营小学。

【50 年代的农村教育】

问：请你介绍 50 年代农村教育有什么特色？

答：在建国初期是发展教育，但是还是旧的，不太正规。到 1950 年以后，教育就有些发展了。这时期，农村和城市，年龄大的都入学了，如还有 20 多岁的姑娘，她也从一年级学起。这是一个大发展，这是解放后教育的一个历史转折点。自发地上学的学生多，年龄很大，如上二、三年级，应是 8 周岁以上的小孩，现在 20 多岁的也来学习了。等于初步扫盲，那真是彻底解放了。

这个阶段，刚一个起头，是一个转折点，可以说是高峰。那时行政村有学校，后来发展为自然村也有学校了。如顺义县从前叫城小，有 20 多个老师，最后能发展到 60 多位老师，学生由 300 多人到 1000 多人。到六几年，老师有 100 人，学生有 2000 人。就是边远地区学生也增多了，从前，边远地区也就二三十学生，突如其来地有百八十人上学。

问：还有什么特色？

答：老师的素质也提高了。办各种师范，无论是初师、高师都普遍成立。原来师范几年才招收一班，后来来了好多学生，师资不足就进行师资训练。可一般校舍仍因陋就简，到六几年时就改观了。到了“文化大革命”，乱极了！不论小学、中学、大学都一样，改革开放又发展了。

问：教育内容有什么变化？

答：和解放前不一样。和资产阶级发展那个教育根本不一样了，那时转变了，无产阶级思想教育，什么诗、词、歌、赋。后来中学也好，做文章得理论性的，有政治色彩的，有理论的，结合共产党推行的政策。教育的方针、政策就改变了。

【“反右”运动】

问：50年代“反右”运动时，你在哪儿？

答：我在顺义县，又回家来了，在南法信小学，北法信是中心小学。

问：在南法信小学有什么“反右”活动？

答：“反右”，在顺义县里开会，或反动也好，或旧思想也好，来一个大批判。不但学校做，所有的政府机关、教育、财务都做，是全国性的。

问：在小学里呢？

答：在小学是老师，学生不搞，中学也是老师。老师集中到县里学习，顺义县有2000多人参加学习，“右派”按4%～5%。

问：你参加顺义县里开会吗？

答：参加了。

问：请你谈谈开会的情况？

答：先学习，学习完，自查，然后揭发。“右派”，就是言论，动作没有法考察。

问：南法信小学老师中有没有“右派”？

答：69位老师，一个也没有。

问：4%～5%呢？

答：不是普遍的。1966年不是开始“文化大革命”了嘛，到了七几年就结束了。

“文化大革命”，老师都集中学习，在放暑假的时候。和1957年“反右”比，只是星星点点了。“文化大革命”时，谁有什么思想，得存起来（意思是不敢公开讲，吸取“反右”的经验了）。

那时“右派”有是有，不过是言论，有些是过激的，有些过“右”的，后来，“四人帮”粉碎后，不是平反了嘛，1980年后开始平反。“右派”开始恢复工作，历史反革命也翻过来了，颠倒的历史，再翻回来。世界也好，中国也好，要尊重历史，昨天的事情，就是历史了。历史好比一面镜子，不可粉饰，人都要尊重历史。

问：1957年“反右”，当时搞自查，揭发，有的被打成“右派”，后来平反了，你现在来看如何看待“反右派”？

答：我个人的认识，那只是有点政见不和的意思，你说怎么说呢，那主要是领导不放心知识分子也好，或其他也好，不放心所有人的思想跟他不一致。比如说，你根据什么定他“右派”，他说两句错话，也应给以改造的机会，他说错了给他改造不就得了嘛，何必定他“右派”呢?!我认为他不放心，以他的思想来查一查别人的思想。

思想这个东西，无形的，看不见的，摸不到的。如说你这人思想不好，不好在哪里呢，他得有表现呀！思想在他脑子里存着呢，他不说出来你怎么知道，也有的说出来的是自己违心的。这是我片面的认识，当然，我说话我负责。也不是在批评他那领导，实际情况也就是这么一回事。

问：我想“反右派”运动是专门批评知识分子的，但在农村的知识分子就是老师，许多老师受到了批评和迫害。你认为对吗？

答：对！对！农村不就是老师嘛。要批判的领域是上层阶级，大学，教育行政部门，中学、小学的老师。

中国有一个马寅初，不也是被打成“右派”，而他早就提出计划生育，要与生产相结合，可是那时说他是“右派”言论，是反动的。

【“大跃进”时代的农村教育】

问：“大跃进”对农村的教育有什么影响？

答：“大跃进”对农村教育影响不大，当时深挖地，广积粮（这是“文化大革命”中的事，应为浮夸风，整理者注），导致1960年、1961年的自然灾害，和其连带有关系。

问：“大跃进”时你在什么地方当教师？

答：在南法信小学。

问：你们1958年跃进时，有没有大炼钢铁？

答：小学没有。农村、工厂、行政人员搞大炼钢铁，教育上没有受到影响，不过也灌输这种思想。

问：你的学生如何参加“大跃进”运动？

答：在农村小孩，深翻地、炼钢铁没有他们。但年龄大的，中学生，搞土高炉，也没有弄好。可以说，教育没有进步，但没有受到影响。

说“大跃进”弄糟了，就怕说这句话。彭德怀上诉，结果被罢了官嘛！

【“大跃进”和困难时期】

问：你刚才讲“大跃进”与后来自然灾害困难时期的关系怎么样？

答：那时，困难不单农村，在深翻的时候，所有的地不但没有种上麦子，而且将冷土（指生土）都翻上来了，粮食没有收就开始翻了，这是一个主要的原因，粮食被糟蹋了。那年年成很好，可粮食却被糟蹋了，根本不考虑当时的形势，能不能办到。这个地方都成立了食堂，最后也没有食物了，困难着呢。实际饿死人也有，不过是少数。

1961年以后，1962年就转变了。

所谓影响，就是：深翻土地；大炼钢铁；和苏联有关系，越是困难，他们越向我们要钱，还撤了专家。

问：1960年开始困难时期，你这时还在这个学校？

答：自然在南法信小学。

问：困难时期，对小学教育有什么影响？

答：肯定有影响，老师教书没得吃，学生念书没得吃。有粮吃他好去念书，没吃的饿肚子他怎么去念书。老师也是吃上一顿没有下一顿的。大家都没有饭吃，可是我们也过来了，到1962年就好了。

问：困难时期对你的生活有什么影响？

答：我生活也困难。我们家庭、我个人都困难，所有人都困难。当时一个鸡蛋卖0.5元，小干菜从前都没有人要，现在也得吃，所有的钱都买吃的。自留地，开荒地，弄点粮食吃。

问：你家里和亲戚朋友有没有饿死的？

答：我们村，有一个人吃得多，他吃不饱，饿死了。主要问题是，本来有点病，加上没有吃，再染上一些病，那就坏了。当时不一定是饿死的，但饿了有病，如有吃的，虽生病，也不一定饿死，这一地区饿死的是少数。

问：困难时期，你就在这个村吗？

答：是的，就在这个村。

问：你的孩子有没有受到影响？

答：不能说没有影响，大人吃得少，小孩也吃得少，大人一天8两粮食。有的一个劳动力一天能吃一斤多二斤，只好以野菜充饥，但比别的地方好一点。

【“肃反”运动】

问：“文化大革命”开始时，你在哪里？

答：我在家。五几年“肃反”，1955年“肃反”，我正在南法信小学，到河南村开会。一个暑假，弄好多“反革命”，有的在“肃反”办公室，也被弄出来，是什么中统、军统，比“右派”厉害，历史上有问题。老师中，什么人都有，经过“肃反”教育界有了档案，那时归县里管，自己将材料写好交上去。

【“文革”遗留问题】

问：1966年你在哪里？

答：我在家，没有教书。我是1959年停薪，后因病停职，当时经过医院证明才能休息。我将证明给他们了，后来到“文化大革命”，到哪里去找它，直到今日也没有解决，还挂着呢！不过，档案还有，经了解全部属实。现在无所谓了，我心里还是不平。我对他们教育部门说过，在我有生之年，你们应该解决这个问题。

问：现在没有给你退休费吗？

答：没有，什么也没有，要是他们给解决，我就离休了。我是从1937年始终当教员，一度还脱产呢。工龄在档案里有，他们彻底查了。

1980年时，平“右派”的反，平“反革命”的反，他们戴着帽子都平，我什么问题也没有。有了政策，我上访过国务院，国务院签署意见到教育部，教育部签到北京市教育局。我说他做不了。那里一位老头子是我的朋友，他叫我到市委。在系统上归北京市教育局，实际市委明白。市委过问此事，来信到县，但他们总说要调查，到现在已调查清楚了，就是办不办的问题。我还要向中央写信，孩子们说不用了，我们养活你就得了。孩子都是工人、干部。我既不是“右派”，也不是“反革命”，就这么马马虎虎下来。去找他们，说我自动离职，我有证明，那有存案呀！“文化大革命”时不问还好，问也不行。我个人历史清白，这么多年勤勤恳恳，教书育人，到现在弄成这么个结果，我不服气。县委60多岁的人，差不多我都认识，我说你们得有个结果，你们得说话呀！到现在也没有解决。有人叫我勤找他们，找他们话都说绝了。给马寅初平反时，中央记者访问马寅初。马的儿子对记者说，不要访问了，我父亲也不接见，反正他不平。记者写了清样，才平了反。

咱们这事，调查已清楚了，他们不办，市委下这样的指示：关于何权同志问题，希你们调查后，将情况详细报市委。

问：报了没有？

答：他老调查。现在还搁着，我也不找他了，朋友让我找他，我不找，儿子也不让我找，得了。

问：你当时是因病，什么病？

答：是神经官能症，脑子，还有胃溃疡，最后不能工作，在家蹲着。我这可办可不办，他们就不办。不过这个问题，我说只要中国有共产党，我死了以后也得办。我说的问题，你们向上反映，有谁说话。

“肃反”时就调查清楚了，不要说现在。我遗憾的就是这个，不在乎晚年他给钱不给钱，这算什么。我勤勤恳恳，到现在，你们调查，清楚不清楚。他们说是呀是呀，还是不解决。

问：你的病什么时候好的？

答：好处在于能劳动，从根本上说压根也没有好。我年轻时身体素质好，这么大岁数了，我这次又得这病。可是思维能力还不降低，固然身体素质是一方面，文化多多少少也有帮助。耳朵聋了，眼睛跟40多岁一样，这样小字不戴镜子，报上的小字也看得清楚，我见过。

答：他要活着，也就80多岁，比我大四五岁，他和普通兵一样，老实，有时他也很幽默、细心，说话慢。

还有个大个子，叫早川保。

问：我们在东京见过他，已去世了。

答：他活着现在70多岁。

问：1959年回家干什么？

答：在农业社劳动。

【“文化大革命”】

问：“文化大革命”在这个村有什么活动？

答：在村里搞斗争。

问：这个村有没有黑五类？

答：“文化大革命”主要对官员，原来针对走资派，后来把出身不好，有过历史问题或受过牵连的，我们叫四类分子。地、富、反、坏、右，后来是五类，地、富是一类。

当时北京闹得很厉害，顺义县好点，南边通县闹得厉害，打、砸、斗，扫街，挂牌子游行，挨打。

问：“文化大革命”对你们家有没有影响？

答：没有什么影响，我们属出身不好——富农，可是不是富农分子。我爷爷属富农分子，已经死了，我父亲从事教育，出身富农，这样，比黑五类要强，不过多受些株连。

问：“文化大革命”结束后，你的病是不是好了？

答：还是那样，没有好。“文化大革命”时跟着，他们开会时我跟着。搞这些运动，什么事也没有咱的。在农村，跟家庭历史上有关系，清白的老百姓没有什么问题。不过得跟着，他开会和批判谁，咱们跟着。你有时发言我同意，有时我不同意。一般人都是跟着走。历史有问题的人不行，如顺义县委李玉铭，斗得厉害。他说他在市里（指北京市）开会，在畅观楼，不要说见刘仁（当时北京市委副书记），吴晗也没有见到。说还有谁呢？李晓章（音），还有跟着他去的工委书记宋宝玉（音），说我们在畅观楼的底下，说我们是执行者，发布命令不是我们。就说他不说实话，这么斗。李晓章后来自杀，李玉铭彻底平反了。

【农村教师社会地位的变化】

问：农村教师在日本人统治时，国民党统治时，解放后，他们的地位有什么变化？

答：在日本统治时，思想说话全不自由，变相地限制，不敢畅所欲言；在国民党统治时，非常乱，青黄不接时期，农村教育暂时停顿，后来又慢慢恢复，教育仍沿袭旧制。

解放后，大变动，发展了，教师、学生人数多了。

问：老师的社会地位提高了吗？

答：提高了。有年工资，有半脱产的，政治地位也比较高。

【培养的学生】

问：你培养的学生中，比较有影响的、有名望的人有吗？

答：这怎么说。当教师的周复兴，他是退休的教师，还有顺义县计委主任马庆瑞，还有光明小学的书记刘树珍。

在台湾有一个学生，叫白立元，他可能是军人。去年来看我，带着他的太太，他太太是台湾人。我们见面寒暄一下，没有谈到他做什么职位，我才知道他是军人，他可能是校官以上，已66岁。他可能退休了，否则他来不了。他爱人也60多岁，跟着他呢，当她爱人出去时，我问他怎么把她带来的，他说她要来。大概有特殊的任务，咱也不敢问

程文忠（顺义镇副镇长）

时　　间：1994 年 8 月 24 日上午及 25 日夜

访 问 者：笠原十九司　左志远

访问场所：顺义镇中心小学校长室、顺义宾馆

【顺义镇学校的概况】

程：最近这所小学，投资建筑面积为 5400 平方米，“七五”期间（指“七五”规划）投资近 1000 万元，硬件建楼，加上购置一些器材、教具，投资接近 1000 万元。

1000 万元投资，镇里就得投资 700 万元，个人捐资 180 万元，县里投资 40 万元。八五期间（指八五规划），县里又投资一个城关小学，原来中心小学在那儿，盖了 4000 平方米，今年就投入使用。

我们现在筹备中学教学楼，盖一所完全中学，初中盖 24 个教学班，高中 22 个教学班，共 46 个教学班。建筑面积为 12000 平方米，其中初中部 6000 平方米，高中部 2300 平方米，再盖一实验楼和阶梯教室，老师的宿舍楼，学生的宿舍楼，再加上伙房，一共是 12000 平方米，现正在搞设计。

这几年，经济条件比较好，群众和领导都认识到教育的重要性，像现在社会的发展，没有知识是不行的，所以这几年将硬件（指教学楼）都做好，现在就是抓提高教学质量的问题。

我们在提高教学质量的基础上，提高教师的待遇，因为老师每天工作起码在 10 个小时。教师基本工资由财政发，镇里负责教师的结构工资和“三费”，即副食补贴、洗理费这些东西。每个教师去年是每月 178 元，今年提高到 220 元。去年镇负责老师这一块就得 70 ~ 80 万元，今年达到 96 万元。给老师，我们不心疼。不管财政怎么紧张，教师这一块到时兑现，我们一个季度发一次。现在教学桌椅这些也属于镇里负责，今年增加学生的桌椅 450 多套（包括中小学），由镇里拿。

学校维修加结构工资，这一年就得 140 ~ 150 万元，其中也包括教学设备。

由于乡管教育，我们这几个中心小学，还有村联办小学（完全小学），我们村里成立了教育委员会。一个学校有 5 个自然村，党支部书记是委员，所在地的书记是主任，这样学校一些教学情况和老师中存在的问题由教育委员会负责。镇里起个指导作用，到时开会，听取下面群众的意见，如教学质量等。由下面带上来，研究如何提高教学质量。从 1990 年开始，将联办教育，中心校，各村领导召集在一起，每年开两三次会议，听取下面群众有什么意见，对学校有什么要求，效果不错。我们的升学率都是 100%。我们地处县城，孩子也比较精，加之家长也认识到不学习不行，没有知识不行，否则到社会上吃不开。

基本情况，就是这些。

问：教师工资的解决？

程：基本工资由顺义县财政给，和镇里没有矛盾，县管基本工资，乡管结构工资和“三费”（指副食补贴、洗理费、书报费）。

今年的教育经费，没有 350 万元拿不下来。

问：这个数字占我们镇的总支出的百分之几？

答：今年就得一半，50%，镇里财政收入的一半用于教育。下面企业上交 700 万元，而教育就得拿出 350 万元。

问：镇里初级小学只有一个吗？

答：就是一个，因为它离中心小学比较远。1988 年有四个教学楼。

问：小学毕业后上初中的比例？

答：100%，现在我们这里初中升高中，

也基本上是100%。

【高级中学】

问： 这个镇有高中吗？

答： 没有，但咱准备建一所。现在上高中，就得到县里的一中、二中、三中。

问： 现在县里共有几所中学？

答： 现在有一中至六中是完全中学。

问： 您说的完全中学是什么意思？

答： 指一年级至六年级。

【外来户学生】

问： 你们接受不接受外来户口的孩子？

答： 接受。

问： 学费多少？

答： 标准一样，部队在此的孩子，市属企业职工的子弟，收费标准严格按照市里规定。每个季度查账，你要多拿课时费那可不行。

【小学教师男女比例】

问： 男女教师的比例？

答： 40%（男）60%（女），女多男少。女老师耐心。体育教师男的多。

问： 上高中的比例？

答： 100%，你考上重点中学，你上重点，普通高中，还有职业高中。

【职业中等专门学校】

问： 职业中专有哪些？

答： 有驾驶的，服装设计，烹饪，电子方面，医药（为北京向阳制药厂定向培养）。

问： 中专是几年级？

答： 有三年级，有四年级。医药要长一点，可能电子计算方面也要长一点。

（县外事李科长插话：中专基本上是定向，普通中学则不是定向。初中上高中基本上达到100%，在农村个别具体情况另当别论。）

问： 镇的人口？

答： 要是把城镇户口也加上，共38000人。

（刘镇长：原来镇这一块和我们合着的，都属我们顺义镇管，以后他们不愿意，县里同意分开，顺义这一块归街道办事处管）。

——下面是顺义镇中心小学校长吴森作介绍——

【顺义镇中心小学】

吴： 我们这样的小学，现在县里又成立一所，现共有5所，那4所都是县直属小学，由县教育局直接领导。我们这所小学，是由城关镇办的。

城关镇中心小学一共两所，这是中心校，还有一个本校。中心校的意思，这算学区，有的地方叫学区，在中心校下面附属有小学，那个小学就叫完小或村小。一个村的小学一至四年级叫村小，一至六年级叫完小。

我们这个中心小学，领导干部、教师的配备和设备都比较好，是几个小学老师进修的基地，各种活动的中心，这就叫中心校，领导班子，校长主任大部分的人在中心校里面，负责下面的学校，领导下面，这就叫中心校。

城关中心校共44个班，1600多名学生。从业务和行政上都是属于顺义县教育局的直接领导，思想领导或建设和财产方面由镇领导，是双重领导。实际上，我们盖这个楼，由镇里投资。

这所小学，在县委和镇领导之下，我们每年都被评为先进单位。教职员130多人，44个教学班。师资条件比较好，其中中年教师多，青年教师少。大专的占15%，其他都是中师或高中毕业。

当地的大队对学校特别支持，各村有教育委员会，定期研究学校的工作和存在的问题，予以解决。

镇有教委会，负责全镇的教育。

【教师和经费】

问：老师的男女比例？

答：女老师占绝对优势，男老师占25%。

问：小学的经费一年大约有多少？

答：经费按人头拨，一是由县财政给，一是由镇给。

问：县里只负责工资？

答：顺义县里主要负责基本工资，另外，办公用费、水电费也给一点。不够的由镇里负责。

问：有民办老师吗？

答：没有，都是公办的。咱顺义县都没有民办的。

【校办工厂】

问：有校办工厂吗？

答：也有，但规模很小。咱们这儿离县城比较远，房屋也比较少。因此，场地、设备，加上人力都有困难。比较小，与人家合着办的。

【教师和职员】

问：130多教职工，其中有多少老师？

答：我们除了工人以外，其他都是老师。老师有分工，教课的叫任课教师，不教课的就叫职员，如图书管理员，还有负责卫生、仪器室和警卫的，这就叫职员，他也是老师。

职员属于年岁大一点，身体不太好的。

老师有127人，6个工人。任课老师近100人。

问：你们的领导干部有校长、副校长，别的还有什么？

答：还有主任、副主任，主任内又分教导主任和总务主任。

【学费】

问：一个学期，学生要缴多少杂费和学费？

答：很低，一学期农业户口4元，非农业户口6元，可到这学期要涨一点。

问：农业户口和非农业户口为什么要有差别？

答：现在来看，农民的收入较少，还是比拿工资的收入少，加上他们人口多，平均收入还要少些。

问：你们学校百分之几是非农业的？

答：现在来说，农业户口占80%，因为大部学生是我们镇的，非农业户口占20%。

问：外来户口的有吗？

答：很少，是寄读。

问：他们的学费和本地人一样吗？

答：学费不多，一学期80元，是按照市里的规定。80元是寄读费，一套桌椅还需90元呢，因此学费算起来不贵。

问：星期天上课吗？

答：按现在作息制，小礼拜上五天半，大礼拜上五天，小礼拜周六下午不上课，大礼拜周六全天不上课。老师还上班，主要是小礼拜周五下午教员活动。

【干部经历】

问：你（指程文忠）多大岁数？

答：47岁，1947年9月27日生。

问：从哪一年到这个镇工作？

答：1986年到平各庄。1981～1986年7月到县委办公室工作。1986年7月到平各庄乡，任党委副书记、副总经理；1990年2月合并城关，成立顺义镇，任副镇长、党委委员。

【顺义镇教育委员会】

问：顺义镇的教委有多少人？

答：镇长，刘镇长是教育委员会主任，我是副主任。主任是刘士元（镇长），还有程文忠、直泉也是副主任。

委员：一个管成人教育，叫邹德明；一个管普教（小学～初中），叫直泉；两个管幼教，叫傅梦玉（女）、黄雅英（女）。

问：教委会每月开会？

答：不定期。幼儿教育这块就想如何提高小孩的质量。将来一年级入学，要进行社会上全面的教育。一去得先数数，以后就得进行爱国主义教育，集体主义教育，手工劳动都得有。他们不光学知识。一年级，按国家教委规定要正规地进行教育。

问：教育委员会的任务是什么？

答：任务：

1. 幼儿教育到初等教育这一块，成人教育这一块，硬件（指教学楼、教学设备）必须我们负责；请教师，如请农业大学的教授来授课或请经济大学的教授来授课，我们和北京农业大学都有关系，这是成人教育。

初等教育这一块，县办乡管。业务归市教育局，到县教育局，最后下达乡党委，你该办什么我办什么。镇里负责硬件，盖房、设备（电仪教学、投影仪、电子计算机）、老师结构工资这一块。不全靠社会，单由国家负责不行，和美国不一样。美国一年把 3000 多亿投入教育，中国还是发展中国家，不行。所以，需要大伙办教育。

幼儿教育这一块，由村里办了。你们在沙井村，他们幼儿教育办得不错，在办公楼前面的幼儿园。

2. 第二个任务，我们想提高教师的水平，不提高教师的水平不行。在这个大市场上，总是按原来的教育是不行的，眼界要开阔。小学、初中带到社会上看看，光说发展不错，怎么不错，不能光在书本上。

提高教师水平的渠道：送出去培养、进修，小学的在县里，中学到市里进修。费用集体负责，去进修三年、五年，由学校负责。

3. 管人事。现在进入商品经济，奖勤罚懒。调进顺义镇的教师我得考察，能不能教；听一听，好的聘用，不好的辞退。人事权虽在教育局，但他不经常下去，而我们经常了解情况，了解教师的情况。校长是聘任制，我要考核他，他的政绩、能力，我都有了解，三年聘任一次。考核时发卷子，看你是优、良、差我都有数；下面班子由校长负责考核。按学校的人数配备教师。

【教育委员会和党的关系】

问：镇教委会和共产党的关系？

答：共产党的领导，镇长是党委副书记，我是党委的委员。在共产党的领导下执行。

问：直泉先生呢？

答：他是党员，但不是党委委员。党委成员不多。

【中心、完全、联合小学】

问：你们有两个中心小学？

答：是的，一个是顺义县城关中心小学，一个是河南村中心小学，还有一个划出去了，不属于我们了。去年，大东庄小学是国际小学，联合国教科文投资，即划归县了。

问：还有 10 个完全小学？

答：现在老的城关小学，比咱们看的顺义镇规模要大，有 25 个班，咱们看的只有 19 个班。

还有一个吴家营小学，他是联办小学，也是教学楼，17 个班。

问：联办的意思？

答：几个村，5 个、3 个联办，镇里投一点，村里拿一点，县里给一点，就将这个楼盖起来了。

我刚才说的完全小学，不是中心小学。如吴家营小学，负责吴家营村、塔河村、杨家营、杜各庄 4 个村。这个村（指吴家营）的支部书记也就是教委主任。吴家营是一至六年级。

问：完全小学有 4 个？

答：城关镇一个；平各庄也是一至六年级，他就是一个大村，一切由他办；陶家坟，他是三个村（窑坡、米各庄）。

还有初级小学是塔河，因为考虑到他去吴家营村远，一至三年级学生就不去，塔河自己村盖了一所比较高标准的，一至三年级加幼儿园，1300 多平方米。将来四年级准备在本村念，到五年级、六年级到吴家营读。

问：望泉寺小学呢？

答：他那里包括军营、梅沟营、石门、沙井、沙坨，他就负责这几个村，五、六年级都上望泉寺。

从今年改，前进、太平、庄头、北兴和复兴村的五年级、六年级到老城小学，即城关小学念，靠近入学。

问：初级小学？

答：就是塔河小学。

问：中学呢？

答：平各村中学（暂定），现在正在搞设计。

问：毕业的小学生都要到平各庄中学吗？

答：不。河南村小学、吴家营小学、平各庄、杨家营小学，到平各庄中学；剩下的城（关）小学、望泉寺（小学）在县城中学，也是就近。

问：一般说，顺义县负责高中，乡、镇负责初中。

答：初中以上都是县里负责。一般硬件是镇里负责，其余都由县里负责。硬件，当然县和市也得拿一点钱，主要是镇，占 70%，县占 20%，市占 10%。

【教育投资】

问：镇的教育经费投资占总支出的比例？

答：每年投资不等，大体上，今年镇政府的收入 50% 用于教育，约 350 万元。每年都不一样，从 1988 年开始，对教育投入增多，河南村的教学楼、吴家营的教学楼，还有大东庄的教学楼、望泉寺和城关教学楼。塔河盖了一个初小，投入 50 ~ 60 万元，县里给 5 万元，镇里一平方米给 1200 元，约 24 万元，自己拿 30 万元。现在各方面都愿意拿，为了发展教育事业。

问：你们镇的企业有没有向教育投资？

答：有，在税内专列项目，属于税前列支，国家不收，专门拿出，拨给教育，即专项税款。

【民办教师、代课教师】

问：你们有民办教师？

答：一个没有，最低的学历在高中以上，基本是中师。大专学历在初级小学占 20%，中学占 80%。

问：有没有代课老师？

答：没有。幼儿教师也全是幼儿师范学校毕业，才能担任幼儿教师。

【幼儿园】

问：每个村有一个幼儿园？

答：是的，每个村有一个。

问：小学里没有幼儿班了吧？

答：没有，学前班有。因为教材新改，再有幼儿教学法和一年级不一样，所以就提前搞学前班，由小学搞，幼儿园不管。当然，目前还不普遍。

【障碍儿童入学】

程：还有弱智，有弱智班，就是河南村有。残疾人市里有。弱智要有医学鉴定。

问：有多少人？

答：10多人。先附属在河南村小学。

【统一考试】

问：镇有统一考试吗？

答：有统一考试。每课程统一考试。统一考试由教育局下达，业务归局管。

【教育局和镇教育委员会】

问：教育局和你们的关系？

答：和我们是平级。分工他抓业务。

问：教育局的任务？

答：教学，每个季度下达任务；老师的调动。

问：教育局有多少人？

答：不太清楚。有局长、副局长，下面设科，如中教科、小教科、干部科、人事科、办公室、计财科。

问：教委会和他们联合开会吗？

答：教育局不管教委，我们由县教委召开会议，业务由局管，叫我去开会，必须县政府召开的我才去呢。局和我是平行单位。

邹德明等是教育局的派出机构，到我镇政府来。镇教委真正负责的就是刘镇长（教委主任）和我（教委副主任），其他委员是局派来的。所以教育局开会我们得去，县教委开会我们才去呢。两个系统。

问：两个系统，会不会发生矛盾？

答：没有。派来的人得听咱们的，是上下级关系，目标是共同的。派出的叫文教组，上面叫教育局。

【高级中学】

问：初中毕业就升高中吗？

答：不一样，如今年，平各庄升中专的20名，重点高中5名，普通高中、职业学校，如次录取，初中毕业都能升入高中。

问：重点中学是谁？

答：城关（顺义）一中和牛山一中，其他是普通中学（二、三、四、五中学、杨镇中学，牛山二中）。录取时按分数高低次序录取。

【现在教育改革】

问：最近教育改革的成果？

答：原来对重视教育不怎么好理解，通过十一届三中全会，认识到教育的重要，没有知识不行，搞企业，搞个体也是如此，都想向高层次奔，促使学生去好好学习。

第二，现在去企业工作没有学历吃不开，高科技你不懂不行，就得学，这是导向，所以企业职工也都愿意去培训。讲究学历，中等学校毕业已不行，要看是否是大专。

笠原：谢谢你，了解到教育方面的很好条件。

张麟炳（70岁）

时　　间：1994年8月26日上午

访 问 者：笠原十九司　左志远

访问场所：张麟炳家

【1936年沙井村小学】

问：我研究日本人侵略军的问题，所以请你讲一讲抗日战争时的情况。

答：我当时还是小孩，我记得一些。

问：你出生于1924年？

答：是的。

问：你在沙井村上过学吗？

答：这个村我上过，那是12岁时，即

1936年。我念书时是小学，私塾我赶个尾巴。当时叫洋书，我开始念洋书。

问： 你还记得你上学时的老师吗？

答： 我们那学校，不是这一个村，有石门、望泉寺、梅沟营、军营、沙井5个村。

四个老师：一位姓张的张老师，一位石老师，一位孟老师，张老师教我们。年头太多了。

问： 有多少学生？

答： 4个班（一至四年级），还有一年级以前的班，没有课本，只是红模字，相当于现在的学前班。

问： 你知道吴殿臣老师吗？

答： 那时他个人教私塾，不是村的。在我上小学以前他就不教了，我哥哥跟他念过。

问： 刘月勤老师你知道吗？

答： 他是望泉寺的，他不在四位老师之内。

问： 你们年级大约有多少学生？

答： 一个班20多人。

问： 有多少女学生？

答： 没有女的。

问： 那时沙井村小学在村什么地方？

答： 就在庙房里，它有东、西房，我们在东厢房。

问： 请你画一画当时的房子情况。

答： 西厢房是老师的卧室。4个年级在东厢房。学生在空地玩。

问： 何权你认识吗？

答： 我没有跟他念过，但我也应是他的学生。他是前进村人。

问： 这个庙叫什么庙？

答： 就叫大庙、小庙，总称叫菩萨庙。头一殿叫老爷殿，后殿我说不清。

解放后，菩萨是我将他搞掉的。这个时间，可能在1950～1951年。当时我小，有人对此不高兴。

【沙井村小学的授课】

问： 沙井村小学上的什么课程？

答： 语文、常识、社会、自然、算术，还有《论语》，也不知怎么有这书的，这是在解放前。

问： 社会课讲什么？

答： 谁知道什么，照书念，老师也讲不明白，也不说有什么用，讲这个字怎么用，什么内容没有讲。讲自然，谁知道是什么，反正有这么一本书，是糊里糊涂，上几年学，认识几个字就完了。念完了，再念也念不起，就回家种地。

问： 对老师有什么印象？

答： 反正是自己的老师，如何老师，现在见了还是这么称呼，反正你是老师，我跟你学上几个字，也就是如此，其他也没有。

问： 在沙井村，当时上学，像你这样年龄的比例有多少？

答： 那时也就占50%，都是男孩。

【学费】

问： 那时你们要不要学杂费？

答： 只知道向家要钱买书、笔（石笔、毛笔、铅笔），毛笔有大、中、小楷。当时石老师一人管一个年级。到春节，正月开学呀，能请得起就请老师，请不起也就算了，

问： 老师的工资到哪儿领？

答： 跟村里要。

问： 村里钱是哪里来的？

答： 不知道。如你家有人念书，要你多少钱。

问： 张老师是沙井村人吗？

答： 他是赵古营村人。一句话可说三个村的，即大、小、赵，大（东庄）小（东庄）赵（古营）。

问： 石老师是什么地方人？

答： 不是本村人，孟老师也不是本村人，他们是本县的。刘月勤是望泉寺，何老师、张老师是什么村的我也不知道。那时也没有人问。

问： 你小学是什么时候毕业？

答： 我 15 岁毕业。

问： 毕业后干什么？

答： 种地了。

问： 种到哪一年？

答： 种到 1985 年。我也记不清，念完书到北京学过二年徒。除学二年徒，其余时间就在村里务农。

【学徒】

问： 学徒哪一年？

答： 可能是在十五六岁，也就是 1942、1943 年。学的糕点。

问： 是他人介绍还是自己找的？

答： 有介绍人，你托我，我托你，有人在北京工作，通过他介绍。

问： 这个村在北京学徒的多吗？

答： 有是有，不多。点心铺我本家的哥哥叫张麟祥的也去了，它的地点在前门外，离延寿寺街不远处的正明斋那儿，地址是三里河大街北桥湾胡同。

问： 你那个点心铺店的名字？

答： 叫永和益。

问： 学了二年徒回家种地，为什么？

答： 我不喜欢在外边干这个工作，喜欢务农。

【满铁调查员】

问： 1941 年、1942 年，日本满铁调查员你还记得吗？

答： 他们经常来，在庙的外院见面。那时我小，他不理睬我，我也不问。常找的人是张瑞、杨源、杨泽、杨永才（看庙的）、李会源呀。

问： 杨永才是？

答： 看庙的，他住在西厢房。

问： 日本调查人的名字你记得吗？

答： 一般孩子们不能接近，除了他找这些孩子玩才能接近。村里人也不接近。

问： 你对他们有没有反感？

答： 要提反感我就大了。他们不在这儿住，住在县城里，现在那地方变成了小学，原来二中在那儿，搬出来了。有一个胡同，东边那个院里很多房子，当时称守备队，日本人的部队就住在那儿。那胡同里断不了行人，从那儿过得给站岗的鞠躬，才能过去，你要不鞠躬，他要叫你过去，不是打嘴巴，就是用脚踢。

问： 这个部队是伪军还是日本军？

答： 是日本军，杂牌军不许住。

问： 满铁调查人来，有没有部队跟来？

答： 没有，他们也就是三五个人常来常去。调查这个，我根本不知道。听说民华山地区调查了 32 个村，这是听黄宗智（美籍华人）说的，他 1979 年来，我见过，他那本《小农经济与社会变迁》还寄一本给我，中、英文对照。

【“新民会”】

问： 顺义县城里有“新民会”？

答： “新民会”那就是地方的，是中国人。在顺义县门外对面有那么几间房。当时我们知道就像运动似的，其实是当地这组织那组织都在那儿，好像是青年组织。

问： 你还记得“新民会”的活动？

答： 不干好事，训练兵。好像就是个青年组织，叫青年去训练训练，也是老百姓怕的地方。老百姓就怕这机关找，一找就没有好处。那时伪政府有什么好处。提这地方，找杨庆余谈谈，可能比我知道的多些。

问：那时老百姓对“新民会”有什么感觉？

答：你们抽时间访问访问杨庆余，我真说不好这件事。

【“卢沟桥事变”和沙井村】

问：你上小学发生“七七卢沟桥事变”，日本入侵的情况？这个村有什么变化？

答：这个村没有什么变化，只不过这个村边的这条公路，那是日本修的，铁路也是日本人修的，这是比较大的的事件，村里没有什么变化。

开始来的时候，我小，就在我画的这个庙，前面不是有个门嘛，一路就由这上北京，日本人 8 点来，11 点回去，下午两三点又来，五六点钟或六七点钟又回去了。他们来办什么？咱们只是听翻译讲，日本人讲话听不懂，有骑驴的，有赶脚的。问你北京有什么军队；多还是少；这沿道哪里有，你要说不上来你就在那儿蹲着。他怀疑上你，说你知道不说，你大大的不是好人。他走了你才能走。

【日军掠夺】

问：这个地方有没有日本军抢掠过？

答：这个得这么说，实际上抢掠不是日本军队，烧杀可以说是他们，抢粮食也有，大部分是地方军队厉害，即中国的杂牌军。那时叫“讨伐”，说“日本要讨伐”了，日本在中国就由他说。杂牌军确实也不好。到村来，要我套了一辆车跟着去了，去河东。到天亮，去这个村弄小麦，这就是抢粮，杨树至后将我放了。

烧，没有，但真响了回枪，打伤一个人。我亲眼看见抬着一个人，也是热天，把他拉回来了。你说这麦子拉哪儿去了？放在什么地方？不知道，归他自己了。日本他不要这个？

问：你说的是杂牌军？

答：杂牌军来，日本人也跟着。其实日本他不自己抢粮，那些地方杂牌军的头头，他抢木头，抢粮。日本最恨的是八路军，想消灭八路军。那时有八路军，他是冲着八路军去的。“地方”有权呀，来要人、要东西，到村抢粮抢什么都是他们干。抢了半天弄哪儿去了，不是很清楚吗？日本在城的周围不干这事。

【日军虐杀冯家营村民】

问：那时你有没有听到过日本军的残暴行为？

答：这西边有一个冯家营，离机场很近。在日本时期，搞独立王国，买枪，能干的一人一支，请一个连长，不让别人进村。那时不是乱嘛，烧杀抢嘛，日本在，这个村就买枪炮，没有炮就用枪，什么大枪、机关枪、手枪，好像不是本地人，是外地人，一个连长，能指挥。有人报告了日本人，日本去了，想进去，真进不去，响了几枪，不行，只好调来小钢炮，能背着走的那种，向村里打。这样你再能指挥，也顶不住呀！冯家营离公路很近。

问：有多近？

答：也就半里，200 多公尺。日本军进去了，把人抓住了，拉到这个村旁边一个比较大的坟地，用机枪打死了。

问：有多少？

答：那不清楚，反正不少。别的村没有这种情况。因为他有武器反抗呀！在顺义县就是在冯家营这个地方出了这件事。

【驻北京日军、参加抗美援朝战争】

问：你在北京时看到过日本军吗？

答：日本军在中国看到过，军队拿枪的也看到过，相互像哑巴一样，你说话我不懂，我说话你不懂。北京那地方，各国人都有，很复杂的，美国人也有，日本人也有，别的国家就不知道国名了。

刚才说的日本军，朝鲜人不少，不完全都是日本人。因为日本在朝鲜蹲年头不少。我在朝鲜（抗美援朝时），那里大山中的山洞，说是当年日本人挖的，最大的洞叫南天岭，用小轱辘车推土。有好几个路，这叫北京路、那叫南京路、上海路，再这样走，你出不来了，路多了！什么物资走什么路。

我当过三年志愿军，1952年底，正式入伍是1953年1月1日，到1955年底回国。在朝鲜做宣传，复员回来后在老家，在邢台学习了几个月。正式在朝鲜2年多，加上学习共在部队3年。我那时岁数不大，参加志愿军不是27岁就是28岁。

【日军投降】

问：日本投降时（1945年），你在村里怎么知道的？

答：也是通过宣传，有人到城里听说，一传十，十传百。投降以后，日本军队也不活动了。

问：你知道消息后你的心情如何？

答：那一时期，谁胜谁败当时都有个表示，说："日本败了，投降了，日本该走了。"老百姓就知道这点，没有什么庆祝，也没有什么标语，没搞这些。

问：也没有开什么会吗？

答：连县里也没有什么表示，他表示咱也不知道，也就是村里有保、甲长，只能召集保长说说。

【国民党军的进驻】

问：1945年日本人投降，什么时候这个地方就解放了？

答：1945年日本投降，没有多少日本人，在此前他们走了，走了以后是国民党部队来了。

问：是傅作义的军队吗？

答：我不清楚他是什么军队，问上面的人，他们能知道。那时务农干活，不打听这个事。

问：国民党统治时，你们生活怎样？

答：老百姓的生活，和日本时一个样，该挨饿的还挨饿，该吃不上的还是吃不上。那三年（指日本投降后）这粮食更没法说了，今天要，明天要，后天抢，也是那样。日本抢粮，他（指国民党）也那样。1948年，我的玉米棒放在麻袋里，不是麻袋，是线织的口袋，给我抢跑了。没有几天就解放了。住的部队要吃，叫大家给推面，粮食早让傅作义的部队给全弄走了。那时的生活，今天吃上这口粮食，明天就没了。就这种状况，全村60多户，约占40%～50%。此时才知道是傅作义的部队，日本人走后是不是他的部队，不清楚。

【土地改革】

问：1948年10月份解放，"土改"是什么时候？

答：1950年。这一段我知道比较多了。学"土改"政策叫我去的。

当时，不叫顺义县，叫昌顺县（即昌平、顺义），"土改"时分开。我学的时候还没有分开，这地方的"区"在天竹，叫昌顺县第十区。

问：那时你家有多少土地？

答：我们哥儿仨，分家单过。我小时有地32亩，解放后，土改时还剩23亩，由于生活不好卖了些土地，有土房8间。

问：那是贫农？

答：是贫农。哥儿仨分开，土地就更少了，所以是贫农，所以不是雇农。

问："土改"时，这个村的地主是谁？

答：有邢永利，“土改”时他有40多亩；赵立民，当时按剥削量他也是属地主，土地有25亩。

富农3户：张瑞，他有80亩；杨源，有30多亩土地；任振刚，他有20多亩土地。

地富一共5户。

问：大地主没有吗？

答：这个村就是张瑞地最多，不过要算剥削量，土地虽不多，但剥削量超过，就是地主。规定剥削量超过30%为地主，达到25%为富农。

问：什么是和平“土改”？

答：是和平“土改”。

【土地改革时的干部】

问：“土改”什么时候结束？

答：我参加学习的时候，是1949年年底，那时运动都放在农闲时搞。

问：你学习多长时间？

答：不到一个月，20多天。

问：去天竹有多少人？

答：就我一个人。我当时什么也不是，就是民兵，年轻，认识几个字，又比较积极。

回来，组织宣传，给大家讲，明白了才能做这项工作。

问：你学习的地方是什么组织？由谁领导？

答：由专署来人讲的。

问：你什么时候当民兵的？

答：解放后，1949年初。这里是敌占区。

问：这个村“土改”的领导人还有吗？

答：我回来交给农会，我不是主任，主任是张守俊，我还是民兵。

问：还有其他人？

答：李祥林（已死）、杨明、景贵。

问：张守俊是贫农吗？

答：他们都是贫农。

问：农会搞什么工作？

答：搞“土改”。上面（小区）负责，小区指导这一片，他们来看看，了解进度，传达上面指示。

“土改”完成在1950年秋收或1951年初，不是秋播就是春播。

【最初的党员】

问：这个村入党最早的是谁？

答：李祥林和我，是1950年2月入党。没有预备期，也考验了一段。我们的介绍人是解放前参的军，他姓李叫李秀清，他因病回家休养，对我们爷儿俩说说，我们就同意了。

他说我一个人当你们介绍人不行呀，正在这时小区张志善（张家河人）来，他们两人介绍我们入的党。

问：“土改”前有党员吗？

答：我们参加时还没有党员，解放前那时不敢，不敢公开，解放以后才公开的，参加多的是到了1954年，我已不在家了。

我回来后，李祥林和我说，有我的兄弟，有李广志、李伯扬（正名叫李万春）、杜作新、杨福。

问：支部呢？

答：李祥林是支部书记。

问：支部是哪一年建立的？

答：发展了以后才能建立，3人只能成立小组。

李祥林是大老粗，当初我们入党只两人，他说他当支书，我当支委。我说什么支书支委，两人连一个小组都不够。

问：李祥林什么时候去世的？

答：他是“四清”运动时去世的。

问：他比你大？

答：大得多，他要活着90多了。

问：李祥林是什么样的人？

答：“土改”时正好他是村长。他是老农民。

【新区“土改”】

问：“土改”时你们村有斗争会吗？

答：不斗争，和平“土改”。

问：开会吗？

答：也给地富开会，也叫地富参加，让他们了解政策。这里不像老区，一斗争就不叫和平“土改”。

问：“土改”时上级谁来？

答：张志善（小区负责人）经常来，还有专区有一个姓孟的还是姓薛的（也可能姓葛），他们也常来，名字说不好。我们也没有留下什么记录。

问：“土改”时平均分多少土地？

答：好像每人平均 3 亩左右，当时我也不掌握这数字。解放初人口 420 人，土地共 1300 多亩。

问：“土改”后对老百姓有什么好处？

答：没有土地的分了土地，农民地少的增加了土地。多余房子拿出来，地富的土地、房屋进行分配，除给他们留下一份外，其余拿出来。浮财和农具不动，与当年老区不同，这里是新解放区的“土改”。

问：开大会在什么地方？

答：临时找，有时在后面。那时，哪有什么正式会场。在地主邢永利家开，当时叫他搬到别处住，开会时，屋内有人，屋外也有人；夏天就更好办，哪里凉快就到哪里开会。那时，也叫它村公所（指邢永利家）。

问：“土改”时庙还在吗？

答：还在。庙是在建立人民公社后，扩建学校时拆掉了。

问：当时村有小学吗？

答：有，没有五年级、六年级。

问：“土改”时，地富分子有没有戴高帽子？

答：没有，是和平“土改”。

问：他们也分了一份土地？

答：有，按平均数。

问：对地富批评是在“文化大革命”时？

答：批评？叫改造。“改造”在什么时候都可以说，不是运动，上面开会有什么精神，要对他们说说：你们只能安分守己，不准乱说乱动，将剥削的思想改掉。

“文化大革命”时，重要会不让他们参加。

【互助组】

问：互助组从什么时候开始？

答：1952 年就有了。我记得我参军前，我是一个互助组的组长，有三五户，按人记劳。就是说咱三人一互助组，土地不一样，我有五亩，你有六亩，他有三亩，土地划为几成，人划为几成，到时按你的出勤率，土地算 20%，人按 40%。有出勤率高有出勤率低，互相找工。

问：你是一个组长，有几户？

答：我们这个组有李秀清，记不清了，一般 3～5 户，多了不好办。李秀清因参军，有代耕性质。没有牲畜、工具的，他有劳力，互相可以互助，你缺这，我缺那，你有这，我有那，互相帮助，这样，农具、牲口就不要去借了，有劳力，没有男劳力也行了。

问：那时你领导这个村的互助运动吗？

答：这时互助组不多（1952 年），政府有一面红旗，我和石门争这面流动红旗，谁产量高就流到谁那儿，我们互助组产量高，所以红旗就在我们这儿。石门和区都承认我。先是汇报打多少粮食，然后评定。石门那个组也不错，只是差一点。那时土地分完了，就是让大伙把生产搞好。不是解放前挨饿吗，没地，没有粮食吃，现在有了地，就让大伙好好种，解决吃粮问题。就是发展生产。

闫永旺（顺义县文教部副部长 49 岁）

时　　间：1994 年 8 月 27 日上午

访 问 者：笠原十九司　左志远

访问场所：顺义宾馆

【教育指导机关】

问：顺义县的文教怎样？

答：我是负责政工的，因此有些数字可能说得不确切。我们的体制是文教办、文教部，我是文教部的。现在是两块牌子，部办合一。主要负责人是陈凤英，她既是部长又是主任。

问：陈凤英是文教部长？

答：她又是文教办的主任，又是部长。

问：文教部下面设什么机构？

答：下面有科，具体是：综合科、幼教科、教育科、体卫生科。

现在在编人员共 9 人，临时借 3 人，共 12 人。还有两位副主任。

问：文教办的机构呢？

答：两个牌子一套人马。将来要成立文教委员会。目前是过渡性质的。

北京市也没有改为教育委员会，乡镇已改了。为了和上面对口，所以也还是目前的体制。

问：从哪一年开始的？

答：成立文教办是 1988 年，以前叫文教部，1988 年开始部办合一。以前文教部属县委，政府没有，1988 年政府建立文教办，和文教部实际上合一。

【文教部副部长的任务】

问：现在称你文教部的部长？

答：副部长。

问：请介绍文教部的任务？

答：八个字：指导、协调、服务、监督。

指导——指导下属机构的工作，领导是顺义县委、顺义县政府。

协调——教育局和规划局之间是平行的，他们之间有了矛盾，不好解决，我们就出面协调，找县长和书记。乡政府和局之间，我们也可进行协调。

服务——好理解。

监督——关于方针政策你贯彻得怎么样。

【县教育局和成人教育局】

问：你们县有没有教育局？

答：有教育局有成教局。

教育局管基础教育这一块，俗称普教，包括幼儿教育和初等教育、中等教育。

成教局（成人教育局的简称），管已参加工作的人，现在包括两个任务：一是学历，我已参加工作，可是我还想继续提高我的文化素质，由谁负责，由成教负责；二是兼负一小部分的岗位培训，真正岗位培训应属劳动局。

问：成教局和劳动局的岗位培训有什么区别？

答：劳动局是负责真正的工人；成教局是属于干部。电工要上岗，这由劳动局负责，岗前要培训，否则操作不行，上劳动技校。成教局负责初中分流出的部分，即没有上高中和中专的人，这部分可变为成人高中、成人技校，由成教局负责；高中分流出来的可进成人大专班。如果都放在教育局承受不了。今年初中毕业生 7000 多人，上普高、重点高、中专、技校共 4000 多人，还有 2000 多人怎么办？那就成教局负责一部分的分流任务。

下面还有卫生局、文化局、广播局、体委。体委按说应属政府，可划口就属文教卫体口。

问： 教育局的机构？

答： 有这样一些机构：办公室（综合性）；中教科（中学教育科）；小教科（小学教育科）；幼教科（幼儿教育科）；人事科，负责教师的分配、调动、工资；干部科，中、小、幼领导干部的调配、任免、考检、培训；老干部科，由于教师队伍比较大，现有 8000 多人，包括离、退休的老师，退了以后也要有人管；政工科，负责教育口的政治思想工作；计财科，负责教育经费的使用，教师工资的发放（发至单位），基建；体卫科，中、小学的体育，教师的卫生保健；保卫科，负责安全；工会，叫教育工会，规格比较高，相当副局级，对口是县总工会；审计纪检科，负责财务上的审计和纪律检查；职教科（职业教育科的简称）。

现在 54 万多人口，27 个乡镇，教师队伍 8000 多人，牵涉我们县城 10160 平方米面积，面面都有学校，因此教育局设的科比较多，他们工作量也比较大。我们文教办也好，整顿都放在这儿，还有卫生，还有成教，但是我们得有一个侧重点。侧重点多注意点，其他不是不做，要有一个中心点。

从领导本身来讲，对教育也是非常重视的。市、县、中央教育工作会议开完了以后，把教育放在优先发展地位。从我们文教办来讲，主要工作也在此。

问： 你说的这些部门工作人员加在一起有多少？

答： 人员多少我还说不好，有些不是固定在局里的，暂借用，不算这 30 多人。不过具体情况我还说不准。

【教育行政两个系统】

问： 日本文部省，县有教育委员会，只有一个系统，你们有两个系统，这我很难理解。

答： 我们文教办是县委下的具体办事机构，教育局是行政系统的部分。我们有党和行政两个系统，文教部是党委派出的机构，它不是行政系统。按理说，从中央到基层都应该是教育委员会，由于体制上的问题，所以目前形成两套。

问： 国家教委系统是这个吗？

答： 国家教委就是管这个的。将来会从中央到省、市、县、乡教育委员会。北京市现在市委有一个教育工委，市政府有一个文教办，还有教育局、成教局、高教局，这个局就相当于我们刚才说的局。北京市改了以后，我们才能改。全国大体省、市、县都是如此。我们乡里有教委，有教委办公室，教委主任属于乡，镇长兼，办公室是教育口的人任办公室主任，有许多业务乡、镇长不一定懂。这个办公室和县教育局对口。现在中间这一层还没有改为一个系统。

问： 现在乡的教育委员会的上级不是有了两个了吗？

答： 是的，业务性的属教育局，如果牵涉到党和政府就归文教部（办）来协调。

问： 你们和教育局的关系？

答： 我们之间不是领导被领导，但我们可以指导、协调，我们只能代表顺义县委、顺义县政府发号施令。所以我们讲我们的工作方针是八个字，就这个道理。如果授权也可以。

【县中学概况】

问： 顺义县学校的概况？

答： 中学是 41 所，其中市重点中学 1 所，是牛栏山中学，但招生在顺义县内招生；两所县重点中学，一是城关一中，一是杨镇一中，以潮白河为界，以西 13 个乡镇，以东 14 个乡镇，城关一中招潮白河以西的，杨镇招潮白河以东的；还有几所完全中学，有初、高中，共6所（北务中学、木林中学、城关二中、城关三中、牛栏山二中、李桥中学）；初中升高中要考试。我再讲讲招生情况：

牛栏山一中、城关一中、杨镇一中，从初中角度说，牛栏山一中招两个初中重点班，面向全县，高中面向全县，招5个班，已达6个班；城关一中、杨镇一中，一向河西，一向河东，各招两个初一的重点班。上高中怎么办？下属27个乡镇，都有中学，上不了重点的学生，初一就在本乡镇念书，指只负责初等教育的。初三毕业以后，全市统一考试，好的被选走了，分数低一点的，进这两个，如果还选不上，就得上那六个中学的高中，即按分数高低分类进入不同学校。

27个乡镇里面，除了上述6个，还有21个乡镇都有中学，大的乡镇多一点，如北小营镇就有3个中学，有2万多人口。共有41所（包括上述9个），还有32所。顺义镇多一点。

问：完全中学？

答：是6年制的，其他没有高中。

【县小学概况】

问：小学？

答：小学，每个乡镇有一所中心小学，中心小学加县直的共35所。我现在具体讲一讲：

乡镇的一所中心小学，管联办小学，联办不是一个村办的学校，是好几个村联合办的小学。中心小学负责本乡镇和周边的一至六年级学生上学，同时把本乡镇一年级的学生集中在中心小学里面。中心小学都是楼房，条件好一点，有利于充分利用教学方面的资源。还有顺义县直小学，有东风小学、光明小学、建新小学、石园小学、五里屯小学，这都是县直属，顺义镇管辖不了的，属顺义县教育局直接管理，都是规模比较大的。东风是49个班，光明40多个班，建新40多个班，石园30多个班，大东庄20多个班。大东庄小学有一点区别，他是属大龙开发公司管辖的范围，所以特殊一点。

咱们连村小、完小、中心小全算上共320多所。

问：完全小学和联办小学的比例？

答：这个总数减去35所，一算就算出来了。

问：联办小学有多少？

答：这个数还不太清楚，大约也说不好。

【县教师总数】

问：顺义县老师共有8000人？

答：在第一线的有6000人，即在课堂讲课的，在岗的7000多人，加离、退休不在岗的8200多人（离休和退休的区别是：1949年10月1日以前参加工作的享受离休，工资100%，10月1日以后的享受退休，工资不拿100%，最多拿95%）。现在30年以上，中小学教师拿100%。全国不一样，有的地区仍然按95%或90%或80%或70%领取退休金。

【教师的管理】

答：上述政策是为了鼓励从事中小学教育的老师，他们是基础教育。假如教师队伍不稳，要想提高基础教育的水平是不可能的。

我们还要稳定骨干教师队伍，为此，顺义县里采取了下列措施：

在评先进表彰时，要侧重骨干教师，他们中有年长的、中年的，也有年轻的；

职称评定时，要向骨干教师倾斜；

住房优先；

奖励政策方面，一是奖励骨干，一是奖励边远的地方，山区边远，县城一带比边远地区条件要好，所以对边远地区的教师队伍有倾斜政策，从评先进、评职称和奖励上都给予照顾。

问：离、退休的老师可以代课吗？

答：可以。他们在业务上确实不错，咱们也已返聘，如我是校长，我校走了一个离、退休教师，业务教学不错，我给予返聘，按课时工作量付酬，即按劳付酬。

【教师培养与教师进修学校】

问：高等教育问题？

答：成人教育，办一些和市里大专院校合办的高等教育，即大专班。如成人教育学校，有一个职工中专；还有农民科学技术学校，与市里有关大专院校合办一个专业或两个专业，一个班两个班。有脱产和不脱产的。利用业余时间学习，一般 2 ~ 3 年。

还有一个电大分校。中央有一个广播电视大学，北京有广播电视大学，我们顺义县有一个分校。这也要纳入成人教育系列，不属普教范围，因而普教没有大专。

现在北京教育工作会议后，在普教和师范方面，想与大专院校联合办一个大专班，提高小学教师的文化水平。由我们师范学校和首都师范大学联合办，这是今年教育工作会议的精神。计划办，但尚未办。因为我们有一个要求，到 20 世纪末，小学老师文化水平要有 50% 达到大专，这就需要为他们的提高创造条件。

在我们顺义县内也有大专院校，但不属我们县管，如首都医学专科学校，在我们县，但属北京市里管。它就在顺义县城，为首都培养医务人员。还有建筑等，都是与北京市里联合办。原来还有北京师范学院分院，现在没有了，1991 年以前有，可能是 1979 ~ 1990 年建立，由当时的北京市委书记林胡加搞的。那也是在我们这个地方，我们管理，可教学计划、教学人员等都由他们（指师范学院）来负责。招生面向这几个郊县——平谷、怀柔、顺义等。当时教师缺，为培养中学老师。

问：校址原来在什么地方？

答：在我们顺义县城的北面，现在没有了。

我们现在还准备办一个层次比较高的职业高中学校，建筑面积 16000 平方米，投资 1300 多万元，有教学楼、办公楼、学生宿舍楼。9 月 1 日交付使用，这是属顺义县教育局管的。这个学校有些专业可以与市有关院校挂钩，办大专。这要根据当地所需人才，如建筑专业、计算机专业、英语专业。合办可收学费，按比例分配。

问：顺义县现在有培养教师的培训学校和进修学校吗？

答：有。一个是师范学校，属于为全县小学培养教师；还有一个教师进修学校，属于教师继续提高文化水平和业务水平的基地。

师范属于应届毕业生考上以后，毕业后分配到各学校，而在职的老师到进修学校。教师进修学校又分两部分：一是属于业务提高，如数学、化学等；一是负责学历方面的。

我们顺义县要说中心，有几个大的中心：成人教育中心、职教中心、教师培训中心、劳动技术教育培训中心。

问：关于小学老师学历的大概情况？

答：我很难说，没有确切的掌握。中学教师的学历和取得合格证书的已达到 70% ~80%。

问：合格率指什么？

答：一是学历上合格，另外拿到资格证书，拿到资格证书也叫合格，指大专。中学能达到 80% 多（这是去年的数字，今年不知道）。小学大约也是 80% 左右。

现在提出持证上岗，没有合格证不能上岗。不仅有学历，还要有教学法。

【九年制义务教育】

问：顺义县哪一年达到九年义务教育？

答：现在达到了，是1990年达到的。区分有一般标准、基本标准、较高标准，我们县属于基本达到，仍有一个提高的问题。

义务教育不是说我上9年的问题，它包括适龄儿童是否都上学了，我们已经100%；还有办学条件、设备（教室、仪器、各种图书资料、学生运动场地）都得达标，它是一个综合标准。

问：你们顺义县老师中有没有民办老师？

答：我们已取消了，只是还有个别代课老师。

【中学教师来源】

问：中学老师有哪些大学毕业来的？

答：有首都师范大学、北京师范大学，主要是首都师范大学的，过去叫师范学院。

问：考上首都师范大学是不容易的吧？

答：有的大学有培养师资的班，如北大、北师大都有。“文化大革命”前，有其他大学分到教育口来的，现在分来的就比较少了。一般都是归口，过去有的是钢铁学校、农学院的毕业生。

现在中学老师的主要来源是首都师范大学或北京师范大学以及其他大学办的师资班。清华大学也有办师资班的。

我们还有一个师资的来源，就是本县上外地如武汉大学、东北大学（应是东北师范大学——整理者注）招聘来的。连续几年招聘老师，我们拿点钱引进，外边来的水平较高，反映不错，听说是来北京也愿意来。老师成员的结构如是从一个地方来，有三代四代同堂，教学基本是一个模式；教师从不同地方来，有好处，见识广。过去是从不同的地方来的，全国各地，有中山大学，有复旦大学，从不同学校来的老师，在水平上各有千秋，可互相交流，对提高教学水平是有好处的。

招聘首先一个是住房问题，工资待遇是一样，住房我们可给予优惠，才吸引他们来。

还有对年轻教师，鼓励他们进修，脱产进修，到北京市里，教育学院、教育行政学院，前者培养教师，后者培养教育行政干部。

过去北师大分配来的不少，现在不多了。

【小学教师来源】

问：小学老师的来源？

答：有一个顺义县师范学校，每年培养300～400人，在汽车站东面。全国中专学校在这开过会，因办学条件比较好。小学教师主要是这里来的。

我们这几年每年高考考上的有1000多人，能回来700～800多人，从中出教师300多人。

从现在起到1998年，为入学的高峰期，去年我们初三毕业生5000多人，今年7000多人，到1995～1996年达8000余人；到1998年以后，将会逐步回落。

我们对师资抓得早，一个是鼓励高中毕业生上师范学校，还有一个是培养青年教师，充实教师队伍。另外，还有一个牛栏山一中办80人的高师预备班，这个班从初中里面招收学生，按师范学生招，但不放在师范，而放在牛栏山一中，上的高中课。毕业后报考首都师范大学或北师大，考完了定向，必须回顺义县任职，中学教员。这就叫哪里来哪里去。这是有诱惑力的，因为进入高师预备班，就可转入非农业户口，一般高中不能转。并且他们绝大多数都能考上大学。当然非农业户口的学生也可以报，达到分数线就可以录取，如你念完高中3年，还不够大学的分数线，然后给你补两三个月的教学法，可以教小学。如果你考上了，念大学。实际上全部能上大学。

问：什么时候开始的？

答：已3年了，1992年开始。这样师资来源有了保证，每年80～90人。推行的效果比较好。

今年北京市教育工作会议提出，要对上师范院校的学生提高生活费标准，这也是一个鼓励。

北京市教育工作会议就在顺义县召开的，召开完以后，再按系统召开，分普教、成教、高教，在顺义县开的是属于普教这部分。

【教育经费分级管理】

问：现在这个县去年一年的教育经费有多少？

答：4000多万元还是3000多万元，我没有主管这件事。

问：教育经费的来源？

答：顺义县财政收入。

问：老师的工资由国家给？有没有比例？

答：是国家给，顺义县财政就是属国家；另外还有属乡镇的，你到我这里来浮动一级工资。我们为了稳定教师队伍，除了国家给的工资外，乡镇根据你工作多少年，先进者给你浮动一级工资。这个钱由乡镇拿，如北石槽、尹家府、大孙各庄，有几个乡，他们是边远的地方，就浮动他们的工资。

现在是地方负责，分级管理。乡镇里的中小学地方负责。我们提出乡办、乡管，管办学条件，管教师调动，管上下关系。牵涉到办学条件，乡镇管，现在中小学几乎都是楼房，这就是乡镇管的。顺义县里起指导性投资，如盖房每平方米给100元，剩下来由乡镇拿。乡镇小学的老师的补贴部分，由乡镇管。

另外，人民教育资金每年有100多万元。按每人收入的比例，都要收，农村也要收，每年约四五万元，顺义县直收100多万元。

还有教育费附加，城市费附加，这属税务收，也用于教育。

问：企业有没有投资？

答：有，不是固定的。如燕京啤酒厂给东风小学盖了4000多平方米的房，肉联厂给我们盖了一栋楼。乡镇企业也有为学校购买一些器材，改善办学条件。现在完全由国家包起来不可能，因为我们国大人多，所以要发动社会捐资助学，这不仅初等教育，中等、大学教育都要这样。基础教育乡办、乡管，由乡财政拿钱。人人都有义务，提倡全民办教育。李岚清讲，我们国大人多，要办大教育由国家包下来，困难比较大，就得全社会来支持，改善办学条件。

问：顺义县的教育经费大约占全县财政收入的比例？

答：26%，这是去年。

【个人经历】

问：你哪一年出生？

答：1945年7月25日出生。我家在赵各庄。1960年小学毕业，1963年初中毕业，1966年高中毕业。初中毕业在赵各庄，高中毕业在杨镇。那时顺义县只有两所高中，一是牛栏山，一是杨镇。没有上大学，我是老三届的，完了回村务农，同时代课是1968年，到1970年转为国家正式教师。以后在乡镇里管文教工作。

问：你是哪一年入党？

答：我是1974年入党。

1985年底1986年初到顺义县政府，在文教部工作。在乡里从1979年开始自学进修中央广播电视大学，四年，最后拿到大专文凭，我学的是化学专业。由于我的基础好，学的还是轻松。我们170多人，最后毕业只有20多人。但我觉得还轻松，学习成绩名列前茅。

问：今天耽误了你的时间，谢谢！

高继福（顺义镇城关中心小学校长）

时　　间：1994 年 8 月 27 日下午

访 问 者：笠原十九司　左志远

访问场所：顺义镇中心小学校长办公室

【小学校长】

问：您叫什么名字？

答：我叫高继福。（插话：他负责顺义镇中心小学和城关中心小学，是这两个小学的校长，总部设在望泉寺，吴森是副校长，主管教学。）

问：高先生是两所中心小学的校长？

答：是的。原来 12 个村，村村都有小学，现在集中在两处，两个中心小学。

中心小学原来是五年级、六年级集中在中心小学里，今年由于那里办学条件不足，也盖上教学楼了，两边都有五年级、六年级。两边都是完全小学。

（插话：五年级、六年级这边有，那边也有，但是这边 19 个教学班，那边 25 个教学班，总部在这儿。）

问：望泉寺中心小学就是顺义镇中心小学，但是这附近的人叫望泉寺小学。

答：望泉寺是一个村，中心小学设在望泉寺，因此，一提望泉寺中心小学，人所共知，如果提顺义镇中心小学，有的人还不知道。

【顺义镇中心小学历史】

问：请介绍这个学校的简单历史？

答：这儿是 1991 年投入使用的，原来 12 个自然村都有小学，咱们前身就是城关中心小学。城关中心小学在顺义县完全小学里面历史是最早的，建于 1908 年。1949 年解放，接收过来叫城关中心小学。

问：原来叫什么学校？

答：1908 年叫文昌小学，那时有五六十个孩子，这个名字是 1949 年解放后改的。

由于入学的孩子越来越多，国家教委 1985 年号召分层办学，即基层办学，分级管理，开始各个乡镇办学，同时让其合理布局。咱们顺义镇盖的教学楼，那边原来是个文昌庙，改造成平房，条件不行，所以咱们顺义镇盖了这个楼。

望泉寺小学搬到这里来改为顺义镇中心小学。1991 年投入使用。如果查历史的话，还应该有顺义县城关中心小学，而没有顺义镇中心小学。1990 年改的顺义镇，1991 年小学搬过来，改为顺义镇中心小学。但公章没有改过来，仍然叫顺义县城关中心小学。

问：1991 年以前，沙井村有没有小学？

答：有，还是村小，1991 年合并了。解放后村村有小学，1985 年国家有一个文件，《教育体制改革》，咱们顺义县就开始改造小学，规模办学，提高教学质量，因为一个村有可能就只有一、二年级，这个老师既教一年级，也教二年级，复式班，这样音乐、算术、体育都没有保证，一规模办学，学校人数多了，班级多了，各方面的老师都有，能够提高教学质量，所以咱们集中在两处，将村里的小学都集中了。

【学校辖区】

问：每个中心小学包括哪几个村？

答：望泉寺中心小学包括：望泉寺、石门、沙井、沙坨、梅沟营、军营，共 6 个村。

问：最远的村？

答：沙坨，离此 3 里，沙井 2 里。

问：学生都是走读吗？

答：都是走读。按交通法规要求，12 周岁以下儿童不准骑车，只能步行。到了五年级、六年级，岁数在 12 周岁往上，可以骑车。

问：小学的领导有些什么人？

答：共 9 个人。望泉寺 6 个村，城关还有 6 个村，即前进村、西辛村、太平村、复兴村、北兴村、庄头村。其中西辛划出去，全部农转非，成立街道，但孩子还在这儿念书。

问：城关小学的地址？

答：在文昌庙，现在已改成楼了，在太平村。

问：城关小学离这儿有多远？

答：2.5 公里。

【学校管理】

问：你是两边跑？

答：我们这边有一个副校长，城关有一个副校长，叫马庆禄。

问：马副校长今年多大岁数？

答：今年 55 岁。

问：高校长你呢？

答：53 岁，都是虚岁。

问：这个学校除正、副校长外还有？

答：教导主任 1 人，在中心校。校领导人员：校长 1 人，副校长 2 人，教导主任 1 人，总务主任 1 人，教导副主任 4 人，共 9 人。

问：副主任分管两个学校？

答：是的。

【党支部】

问：学校有没有党支部？

答：有。我 1991 年来此当校长，原来的校长退居二线，先是支部书记，已经退休了。党支部书记由我们副校长兼任。管理上应该是顺义县党委，下面有一个文教办，成立党组织。咱们这儿是一个支部，现在正在改造。目前，我既是书记，又是校长，因原来的支书退休了，我暂时代理。

一般情况是这样，小学不单独设党支部书记，而是镇教委成立一个党总支，像顺义镇城关小学，就是我这儿，还有河南村中心小学，还有平各庄中学，三个学校建立一个党总支的三个分支。教委主任任党总支书记，我是党总支委员，任我这儿小学的党分支书记。

【教师】

问：这个小学有多少老师？

答：53 人，城关有 71 人，25 个班，这儿 19 个班。

问：有没有民办老师？

答：没有，都是公办。

问：男女的比例？

答：现在 44 个教学班，当班主任的就一位是男性，43 位是女老师。

问：老师的职称？

答：特级 1 名，高级 47 人，二级 5 人，余下来的是一级。

问：高级教师多呀？

答：是的，每年给我两三个指标，最多不超过 5 个，就因为原来的高级教师太多。我们这里的 5 个二级老师，实际上就是前年毕业的师范学生。去年来两位新毕业的，一个是大学本科，一个是大学专科，他们一定就定为一级，实际上相差一级。

今年又有点变化，今年有 4 位，有北小营（音）的，有杨镇的，还有大韩庄来的，北小营也是一个乡镇，叫北小营中心小学。是在那里出生，师范毕业分到我这里来的。

问：这个学校的老师，他们住哪儿？

答：我们有一个家属宿舍，有 23 户，还有一个有 7 户。23 户在石门，那 7 户在西辛村，其余的老师多数在顺义县城里分到楼房。我们顺义镇今年 5 月份分了 7 户，给 7 户老师解决了楼房，其余老师多数对方在其他单位工作，分了楼房，住在顺义县城里面，极个别是自己在村的范围里（家原就在这里）住，特殊的新调上来的个别两三户没有房子，自己租房住。

【代课教师】

问：你们学校有代课老师？

答：没有，我们学校按编制说是超编。因为是老学校，老师年龄偏高，有的有病上不了班。前一段分配新毕业的师范生，不向顺义县城分，都向下边边远地区分，应该照顾老同志调到县城来，年轻老师少。现在平均年龄也要达到45岁，年龄结构老化。

【学生数】

问：这学校有多少学生？

答：不太准。

一年级有160余人，二年级有160余人，三年级有120余人，四年级有120余人，五年级有95余人，六年级有130余人。不包括城关小学。

问：学前班有吗？

答：这儿没有，村里有。学前班聘咱们老师去，上不了第一线的，有点教学经验，村里聘去教学前班，收入归我们学校。

问：沙井村来这儿上学有多少人？

答：准确数说不清，可能60人左右，一个年级有10人左右，这个村比较小。

问：最大的是哪个村？

答：望泉寺，还有军营，其他都是小村。

问：有没有外来户的？

答：有，外埠到咱们这儿做工、经商，他们孩子来这儿上学。

问：有多少人？

答：据上学期统计，不足10人。

问：外来户的孩子学习成绩如何？

答：总体上说处于中下，个别的也有好的。

【初级中学入学】

问：从这个小学毕业上哪个中学？

答：多数是二中，即城关二中。小学100%都能升中学。

问：有没有考试？

答：有，自己出题考。1992年以前由顺义县统一出题考，现在我们出题考，完了将成绩报上去。

问：100%，等于不要考试了？

答：一般说，不要考试。现在不正在实现九年义务教育，初中三年级往下，都是义务教育，所以小学毕业都能升学。

问：毕业上二中，还有什么中学？

答：有五中，即顺义县五中，少数人。二中有高中，五中有职业高中。

【高级中学入学】

问：初中毕业上高中的比例？

答：怎么说呢，现在大概1/4～1/3。因为初中毕业就分流了，有相当一部分升入职业中专，像师范，或被其他一些专业招走了，还有一部分上职业高中，有一部分上高中。

问：请再说一遍。

答：上师范等中等专业学校，即中专，这都是转户口的，即农业户口转非农业户口，非农业户口可吃商品粮（为了培养中小学的教师，给予优惠待遇，即农转非，而上普通高中就没有这样的优惠。但该学生毕业后必须从事教师职业）。还有职业高中，还有一部分上普通高中。

【上级领导机关】

问：领导机关是什么单位？

答：顺义县教育局，乡镇是文教办公室。党组织是乡镇党委。

问：你们上级有两个系统？

答：对，党组织属乡镇党委管，行政属教育局管。

问：直接领导机构是什么？

答：顺义县教育局。

问：乡文教办呢？

答：它一般都是上边下达，由它管理的主要是办学条件，行政方面、教学工作都是教育局。

问：教育局有时是不是召集你们校长去开会？

答：多数是教育局小教科召集，它管学校业务，与其并排的还有中教科，管中学的业务。

问：经常去开会吗？

答：对，我去开会，除小教科的业务以外，还有人事、政工等其他方面的工作。

有时我们去开会是管业务的副校长，管德育工作，管教学的教导主任去，我们分管，有一位副教导主任管德育工作，对口去开会。

还有一个进修学校，主要负责教学科研，小教科负责正常的教学业务，进修学校是教育局的下属单位，负责教学研究，教学科学的研究。

还有一个教师进修提高，有学历和继续教育。

问：这个学校在哪里？

答：在顺义县城。现在搬家，将来这两个就在我城关中小前面，隔一条道。

问：你们全体校长会有吗？

答：有的，教育局召开。我们自己开会一般每周一次，在星期二。周六下午是教研活动。

问：每周二开会的内容？

答：干部的学习，学习理论和当前的方针政策，教育工作会议精神，有关教育局下达的指示；研究工作；彼此之间交流交流思想，互通情报和各方面的工作情况。

【学校和村委员会】

问：你们学校和村委会有什么关系？

答：我们和联村教育委员会发生关系。不是同每个村发生关系。联村教育委员会设一个主任，有事同他联系，由他召集有关村来开会，个别有什么需要和某村联系的，我们学校直接去。大事通过联村教委会。

问：联村教委会由几人组成？

答：6 人，每村一位。

问：现在主任是谁？

答：北边 6 人，这边 6 人，主任委员由望泉寺的党支部书记担任，那边是太平村的党支部书记担任。委员是各村的支部书记。每年至少开一次会，汇报工作，征求意见和对下个学年的工作意见。

问：联村教委会你参加吗？

答：参加。

【家长会】

问：家长会有吗？

答：有一个家教委员会和一个家长咨询学校。

问：任务是什么？

答：学生家长到学校来，探讨一下教育子女的方法，我们有人接待，解决学校教育与家庭教育结合的问题。

家教委员会和家长咨询学校是一回事，有的叫家教委员会，有的叫家长咨询学校。

问：由谁出面？

答：由学校出面。需要把家长请来，咱们将家长请来，有些什么事需要同家长讲，有些什么工作需要家长支持和协助。

【统一考试】

问：关于统一考试的情况？

答：一个是学科竞赛，或期末或学年末考试，由学校统一组织。

问： 规模？

答： 是本学校的。

问： 顺义县规模有统一考试吗？

答： 没有，但有学科竞赛，镇、县都有。

问： 学科竞赛是整个学校？

答： 是数学或语文。

问： 是全体学生还是代表？

答： 学校是全体的，也有部分的，参加顺义县里的，是学校选出优秀的代表。

问： 学科竞赛评审权？

答： 一般县里竞赛大约是技校负责，咱们学校由教导主任负责。

问： 这个学科竞赛有奖励吗？

答： 发荣誉证书，发点实物，书或计算器。参加市、县、学校竞赛获奖的，也要奖励。

问： 这个学校考试中有好的，老师得不得到奖励？

答： 我们一个学年修改一次设奖标准，一般的看一个班平均分的提高幅度，都是我们考虑奖励的内容。

【沙井村的学生与家长】

问： 学校考试中沙井村孩子的水平，与其他村比较？

答： 我们没有分村统计过，按一般学校评比，老师的反映，沙井属一般，中等水平。

问： 沙井村的家长对教委的态度如何？

答： 比较支持，对学校教学和工作是支持的。每年教师节对老师都有表示，由镇委统一开个会，我们开个会征求意见，他们都有所表示。

【学校经费】

问： 学校的经费？

答： 由顺义县财政拨款，镇政府、教委拨款。

问： 还从各村出吗？

答： 村里每年一次性的教师节慰问。另外，建校投资，村里也拿点钱。解决学校重大问题，联村教委开会解决；平时解决一些具体问题，如车棚子，望泉寺村解决了，又如水龙头不合理，望泉寺解决了，我们的暖气停火期，天气温度还比较低，拉点煤，派锅炉工给烧，各村都可以去做。

问： 望泉寺负担比较重？

答： 是的，其他村，咱们有事求到头上，也抱着积极的态度予以解决。教育的希望在此，全民办学。

问： 教育基金？

答： 每年要征收教育基金，村也拿钱。这是镇教委统一使用，是属于全民的，每个人都有这个义务，像我们教师也要拿。不管你拿工资的和不拿工资的都有这个义务。拿工资的按工资比例拿，村里按每人多少钱。

问： 去年的经费大约多少？

答： 大约 30 余万元。

问： 30 多万元中，一部分是顺义县政府，还有一部分是乡镇政府？

答： 县里面主要负担工资、经费。30 多万元包括工资。镇教委拿改革的补贴，还有书报费、洗理费、防暑费和取暖费。

问： 住房补贴呢？

答： 刚才我说了，5 月份给了 7 户住房，每户拿出 2.5 万元，教职工自己拿，房子价钱是 8 万，除去自己拿外，都由镇里拿。

问： 文化、体育、娱乐的器材由谁来解决？

答： 由顺义县里经费解决，再加学校本身的收入。

问： 学校本身收入指什么？

答： 搞点企业，校办企业。

问： 什么企业？

答： 目前有一个水电制冷设备安装部、

小卖部。

问：有学杂费吗？

答：有，学杂费补充经费的不足。

原来农业户口一个学期 6 元，非农业户口 10 元，困难可以免，外来户 80 元（一个学期）。新的学年有所提高，由市里统一规定。

【个人经历】

问：你个人的简单经历。

答：1963 年师范学校毕业，在顺义师范学校，毕业后在村小学里教书，木林村中心小学、蒋各庄村小学、茶棚村小学、孝德村小学、王泮村小学，马坊中学教导主任（1978 年）。

1981 年在龙湾屯中学任副校长，主持学校工作（没有校长）。

1985 年在龙湾屯乡任文教办的主任。

1991 年任城关中心小学校长。

1988 年，大专毕业，是通过市委党校学习，通过函授取得大专文凭。

问：你哪一年入党？

答：1971 年 7 月 9 日入党。

问：老家是什么地方？

答：王泮庄。

问：你的级别是哪一级？

答：小学高级，1988 年评上的。

问：高级工资多少钱？

答：每月 435 元。

问：一级呢？

答：从教的年限不一样，档次不一样。一级最高 280 元（这个数字可能有误，280 元可能是基本工资，没有加上其他补贴数字）。

史庆芬（沙井村党支部副书记 50 岁）

时　　间：1994 年 8 月 28 日上午

访 问 者：笠原十九司　左志远

访问场所：顺义宾馆

【1970 年的沙井村小学】

问：请介绍沙井村小学的历史情况。

答：我 1969 年来这个村，当时还有小学校，人数不多，一般是复式班，一位教师同时教一、二、三年级。

1971 年左右上学人数增加，老师也增加了，当时有三位老师，马志成，他是学校的负责人；孟志坤；还有位张老师，名字记不清。当时 3 个班，一个人一个班。

1972 年生产队又派来教师：杨淑琴、周丽君。1973 年选拔与推荐上大学，她们走了。都是师范大学，学历史和语文。

她们走后又换了两位，一位叫杨淑萍（女），一位叫张和平（女），是队派教师。

1975 年，马志成调走，来了邢福芝，当时孟老师还在，还有一个记不清名字。

问：1979 年张老师还在吗？

答：还在，孟老师，还有一位女老师，与邢老师年龄差不多，共 4 位老师。

1978 年，负责人是赵洪典，邢老师调城关小学，她是教英语的。

1980 年左右，队派教师安排到镇里工作，可杨淑萍没有去，因为公社企业需要。她担任一年妇女队长。张和平去了。

问：调到什么地方去？

答：调到城关构件厂。我记不太清楚是直接去的，还是后来去的，反正去了。杨淑萍后来在沙井队二队当妇女队长，后来她父亲退休，她接班顶替她父亲，当工人。在公路局机械队，离我们村不远。

【小学合并】

问：你记得 1980 年有什么老师？

答：1979 年，沙井村和石门小学合并，去石门，叫石门小学，沙井没有小学了。

问：为什么合并？

答：由于两个村学生都不多，师资也紧张，我们村房屋紧张，所以到石门。

问：你1969年到沙井村，是否有复式教学？

答：有。

问：你记得那时有什么老师？

答：当时是马志成和孟志坤老师。马老师20多岁，男的；孟老师40来岁，女的。

【校舍】

问：那时学校校址在什么地方？

答：就在现在的办公楼。

（史庆芬画当时学校的形状）

问：原来沙井村小学在庙里？

答：想起来了，还有位老师叫李玉玲（女）。她没有回去，因她转正了，是通过考试转正的。

问：请问当初小学不是在庙里面吗？

答：我说的是1969年，那是还要早呢。

问：庙还有？

答：庙拆了，我那时还没有来，解放初五几年。听老人说，1958年之前就拆了，我们队的位置就在庙的位置。庙很大，老百姓很不同意拆，因为是三层大殿。当时国家砖木紧张。

【小学合并】

问：还有10个村的联办小学？

答：1979年就是两个村。

问：1969年有没有？

答：1969年就是本村的。

问：那时他们是民办教师吗？

答：不都是，有国家派的，像马志成、孟老师。只有队派教师才是民办的，他们有的人手不够用，选两个，为队派教师。

问：什么叫队派教师？

答：生产队派去的教师，有的还适应不了呢，张麟炳的女儿原来被队里派去过，她头痛，喜欢劳动，不喜欢动脑子；有的愿意干，文化水平也比较高。

民办教师和队派教师不是一回事。

问：1969年小学有多少学生？

答：3个年级30多人。3个年级就有一个班，是复式班，一年级、二年级，三年级、四年级分着。

问：请介绍合并以后的情况。

答：合并以后，我们村领导有时候去看看，问问有什么问题。当时从钱上说不太多，只能用劳力，修修房子，冬天冷安装炉子，派劳动力去，其他就不管。

问：经费呢？

答：国家拨的。

问：文体器材？

答：原来就有，投资买的很少，要是买也得教育局拨下款来买，村里不拿钱。当时有一台琴，合并时我们没有让搬走，到现在还在幼儿园里。

问：石门后来……

答：石门小学由教育局拨款，国家办的。

【望泉寺联合村小学】

问：石门小学合并以后在望泉寺建立小学，是哪一年？

答：1990年建立的。

问：到望泉寺小学有哪些学校？

答：石门小学都搬过去了，还有城关小学拨一部分，望泉寺、梅沟营、军营、沙坨都到了望泉寺。

问：石门小学有几个年级？

答：一年级至三年级，四年级到望泉寺小学去上。在中心小学以前，望泉寺也有学校。当时在石门的负责人姓杨的当校长。

杨校长在1986年、1987年、1988年之前，村里补贴些钱，钱不多，因当时村里也困难。有时给50元或100元，在教师节时。

他们还派过一位张老师在幼儿园，李凤鸣老师刚上来的时候，当时我们幼儿园有一位老师叫郭凤萍，小学派一位张老师，小脚，后来就不用了。她是来搞学前班的。

问：为什么6个村决定在望泉寺建立中心小学，而没有在别的村？

答：望泉寺中心小学属于镇里办的，地处6个村的中心，其他村离沙坨、梅沟营或军营更远了。望泉寺村又大，靠京平路边上，离县城比较近，好些教师住在县城里。它离路南三个村近，离我们这儿也不远。

问：你们村干部当时是不是也要求建立这样的学校？

答：也有这要求，建立比较好，改善教学条件。镇里投资40多万元。

问：望泉寺小学比石门小学好些？

答：好得多了！石门当时也是土房子，和我们村小学差不多，比望泉寺差远了。当时学生轮流烧炉取暖，脏得很。

问：1969年你到村一直到现在，学生最多时在什么时候？

答：最多到过50多人，在1991年、1992年左右。一年级至六年级。1955年到1960年之间。

问：你说的老师中谁是沙井村人？

答：除队派的老师外，其他都不是本村人。

问：现在上小学的孩子在沙井村有多少人？

答：适龄儿童都上了小学，每年不一样，有10个人，也有11个人的，9个人的，每年出生9～10人，最多一年出生了13人，是1988年时，以后就10人左右。

还有弱智儿童1～2人。

问：你们村有没有外来户上学的？

答：外来户上小学的有8人。

问：外来户学生学习成绩如何？

答：不太清楚。他们有在望泉寺上的，也有在城里上的。

【初级、高级中学升学】

问：小学升初中有多少？

答：都上初中了。

问：上哪个中学？

答：大多数城关二中，一小部分城关三中，上一中的很少（原来有，近两年没有）。如杨起的儿子，大儿在二中念，考高中在城关一中念的；二儿子初中就考上了杨镇中学，今年毕业考上北京工业大学。大儿子考上中专，是西藏地质勘探，他没有去。

问：二中比三中水平要高吗？

答：差不多。个别学生上三中，前几年去过一个，他在东风小学上学，就近分在三中的。

问：现在上高中有多大比例？

答：能达到70%（比前几年高），包括分流的全部数字。现在招工一般都要高中毕业，所以学生也就努力，初中毕业没有用。

问：你们村上哪个高中？

答：城关二中、职业高中（财会），在顺义县，由成人教育局办的。还有师范（学校在县城），还有中专，什么地方都有，看你抱什么态度，我们这里有到昌平去念，北京市哪里都有。

【大、中专学校升学】

问：沙井村上大专有多少？

答：我的女儿叫杜爱红，在海淀区走读上大学，这是全国招生，成人教育，要求比较严。女儿住在她父亲处（丰台），读的是财会专业。

今年考上大学的有杨文杰（男），是杨庆

忠的孩子，考上哈尔滨电程工业大学（工程大学或工业大学——整理者注）。

问：每年平均能考上1～2名？

答：很少，一年也就一名，很少2名。

还有一名（去年考上的），叫刘立军（男），考上怀柔建筑专业方面的，属于分院。

【中心小学和村委员会】

问：望泉寺中心小学和你们村委会是什么关系？

答：望泉寺中心小学成立一个校委会，由顺义镇的文教组负责组织各村的村长或负责人成立校委会。如要开会，由学校通知，由学生带回。开会主要协调一些问题，如教师节，或有什么重大活动，住房问题。经费不足镇里拿一部分，望泉寺村多负责一点，如解决太阳能教师洗澡问题，有时拉点煤。不是大事他们也就不找咱们了。

原来说校委会负责人轮流，但没有执行，现在负责人是王宝林（望泉寺的书记）。有时有什么问题，对学校有什么意见，征求一下，家长有什么要求带上去。

【学校委员会】

问：你们对校委会提过什么意见？

答：我提过，有时教师态度不好。我村有一个学生叫李泽，教师的方式不对，打了这孩子，我们提了意见，学校加以解决。老师本人不敢打，他发动学生，一人打他一嘴巴。家长也找去了，老师哭了，他年龄小，新毕业，经验少。大多数老师是不错的，比较辛苦。还有学生学习成绩上不去，他也着急，因为竞争性很强，像望泉寺小学一年级有好几个班，他的学生学不好有压力，产生急躁情绪。还有孙东阳的事我们也提过意见，孙是本村小学生，1992年发生。老师要100根小木棍，而他家长有病，他未完成任务，老师批评了他，教师没有调查研究学生为什么未完成任务。

问：还有什么问题？

答：其他没有什么。有时校委会向我们汇报做了哪些工作，今后有什么打算，经费不足等，当然也不是向我们要钱，而是顺义镇要考虑。如住房问题，有一位模范教师，因住房解决不了，他爱人在县城商业部门，她那里分房，而教育部门几乎不出钱，本人要求调出。顺义镇研究，应该帮助解决住房问题，尤其是对优秀教师。我估计解决了。

问：校委会中有没有通知你们村小孩的学习成绩？

答：没有，他们通知学生家长。

【教师节】

问：教师节你们有什么活动？

答：1992年我们村拿1000元，也有的村比这多，也有的没有，也有的拿出水果。1991年我们村给了500元，以前的不清楚。1990年，按学生数，每人拿5元。

以上是校委会商量的，老师人家没有主动要。

问：村里拿的钱是从哪里来的？

答：从公益金中支付。现在科目都改了，叫福利资金。

问：每年教师节到来时，你们都要考虑这问题吧？

答：是的。

问：今年快要到了，你们有什么打算？

答：是的，今年还没有研究。

【家长会】

问：你们村家长会有吗？

答：有。由学校组织，如一年级或二年级通知家长开会，也有全校组织的，也有班组织的。这个会我不去，人家家长去。

今年啤酒节前夕，6月份学校组织一个山西英雄锣鼓，参加国庆节活动，镇里投资8万元，从山西请来的人教。今年45周年国庆，英雄锣数共120人，有统一的服装，特别壮观。我有一个外甥参加指挥。

问：一般讲家长会的主要内容？

答：说一下期末或期中考试的成绩，学生中存在什么问题，与家长通报一下，以便进一步加强学校与家长的联系，共同对孩子进行教育。还有作业完成情况，有时一个一个孩子地问，家长说。综合情况在全体家长会上讲，说完后，个别有问题的再留下个别谈。

问：这样的会，家长有向学校和老师提出意见的吗？

答：也有，如李泽他妈，直接找老师谈，没有关系，可直接说，联系很密切的。一、二、三年级的学生，有的家庭条件不错，上学校去接孩子，接孩子就与老师接触了，很方便。

【学校教育和村民】

问：学校的经费，村要负担吗？

答：不负担。

问：一般说农村学校要负担，你们不负担，不错。现在沙井村对中心小学一般说来有什么意见？

答：总的说来，家长对中心校的印象是不错的，觉得质量提高了，比原来强多了。人多，竞争力强，教师的质量也好，所以对学校满意。个别教师在教学中有个别问题，大的问题没有。有的还表扬，如作业完不成的，老师就留他在学校写，看着他写，老师陪着，有时中午学生不走，老师也陪着，比较辛苦，很负责任。所以家长从内心里感谢，评价不错。

问：沙井村的家长们对孩子的教育关心得怎么样？

答：对自己孩子的教育，可以说提高到一个新高度，社会上普遍很关注，因为都是独生子女。国家形势发展比较快，孩子要是学习不好，影响他的后半生，学习好对自己、对家庭都有好处，可成为国家的有用人才。所以，对孩子要求高。我们村搞了一个幼儿家长学校，定期将家长集中上来，上上课。凡入幼儿园的家长，定期开会，由我讲，我是校长。讲孩子有什么问题，老师有什么问题，印发一些幼儿方面的材料，让家长们学点心理学、幼儿卫生学、教育学，让家长们懂得一些幼儿教育的知识。有时有的家长由于望子成龙，超前教育，效果适得其反。有的刚三岁就要学五岁的东西，对孩子强灌。我们在学校开会，说一些具体例子，家长都愿意参加。有时上课由教师上课，心理学、卫生学，印发一些材料，同时大队免费为每位家长订了一份《婴幼儿家教报》，上面知识比较丰富。

问：那位老师叫李凤鸣？

答：是的。

【幼儿家长学校】

问：我对幼儿家长学校感兴趣，请介绍其情况。

答：幼儿家长学校是1988年建立的。刚成立时活动内容不太好，因为没有这方面经验。是我们自己成立的，上面也没有这要求。由于教学中出现一些问题，如何同家长结合，当时还不叫学校，只是叫家长来开开会，后来就形成这样的学校，上级也同意。其他村还没成立，我们成立比较早。

成立后，定期组织家长来学习幼儿方面的知识，教师、小朋友中存在什么问题，说一下。每年“六·一”前又都请家长搞园庆活动，今年是第四届，从1990年开始。家长都参加，幼儿小朋友进行汇报演出。

问：参加幼儿家长学校学习是免费吧？

答：免费，不用拿钱。都是业余时间，晚上一般是六点以后。每年开几次，最少四次，平时还有咨询性质。

教育方式很重要，像学前班，教小学的和教幼儿园的绝对不是一码事，幼儿的心理和上小学一、二年级的儿童心理不一样。原来大队和幼儿园建在一起，有时外边来人，孩子都围着看，我们叫他们快走，他们不走；老师方法好，看哪位小朋友跑得最快最好，他们一下跑了，这是方法问题。还有李珍小朋友，老师教她自己的事情自己做，回家后她爸爸叫她抓抓后背，孩子说自己的事情自己干，不管。很有意思。小朋友天真活泼可爱，有的特别聪明。有一次我们镇里搞绘画比赛，不给内容，一共有70个孩子，我们村派了9人，全部获奖，有一位是特等奖（全镇一名）。我们幼儿园老师的素质比较好，从全县看都不错。重点几个村抓的比较早。

日本的学生从小学一年级到大学的学费都是国家负责吧？

笠原：不是，大学的经费大部分是国家的。

史：上大学的多吧？

笠原：很多。

【教育思考】

史：因生活困难，没有念书，是终生遗憾！后来我自己学的比较多，各方面知识自己自学，我有决心让我两个孩子的学历要比我高。

问：你父亲什么时候去世的？

答：1956年去世的。我当时只有11岁，哥哥培养我上学，我不能再加重他负担，因为侄女多。我哥哥是国家干部，工资也比较低，人口多，所以就算了吧。其实当时一个月伙食费只有0.9元。

问：我想你是能干贤惠，要是现在的话，你可以。

答：是的。

问：你父亲什么缘故去世的？

答：因病。如果我家庭条件好，绝不在这地方蹲着的。没有机会，人的机遇很重要。我有几次招工、招干都没有去，村里工作需要，就放弃了。1962年初中毕业，回村在大队担任会计，担任团支部书记，有一次招工就没有去。

【婚姻】

问：上次末茨先生访问你，你的丈夫是杜怀，说你们的介绍人是杜怀父亲的姐姐，就是杜怀的姑母。

答：他的姑母和我娘家一个村，通过她介绍认识的。

问：他和现在的村长杜江有什么关系？

答：和村长也是一个姑。村长和我爱人是一个爷爷，即村长的父亲和杜怀的父亲是一个爸。

问：你们什么时候认识的？

答：1967年认识，1968年10月结的婚。当时我没有过来，因那边工作紧张。

问：你是哪个村的？

答：我是东马各庄的，属张喜庄乡，离这里有15里地。1969年3月才迁过来的。

杜怀在部队，他回来有20天假，我们结了婚。他假期到了，我又回来上班，当时手续交不了，没有人接，到1969年3月份迁过来。

【幼儿园建设】

问：你们幼儿园建得很漂亮，请介绍什么时候研究建这幼儿园的？

答：研究是1990年，就有这想法，村委会办公楼都在计划之中，可当时投资建厂了，扒鸡厂、涂料厂、农场都是 1989 年、1990 年投的资，先干这些了，村委会办公楼和幼儿园就放在后边了。村委会办公楼一建上，幼儿园也建成。1992 年下半年决定 1993 年必须盖成。

问：是谁提议要搞这个的？

答：是书记我们 3 人研究决定，村委会、党支部一起研究的。

1993 年 2 月份施工，先盖村委会办公楼，8 月份竣工，8 月 17 日搬进，接着盖幼儿园，10 月就竣工。

问：建筑的经费如何解决？

答：是本村的钱。

问：要多少钱？

答：一共近 60 万元，幼儿园占 10 万元，办公楼 50 万元。

问：经费很多，你们村有这么多钱？

答：有，没有向外借钱。桑塔纳车是建房后买的，共花 20 万元。

问：钱主要来源？

答：村里各厂和木材批发市场约进 40 万元，另外 1992 年结余的钱，还有青苗损失费 20 万元（是县办企业付的）。

问：你们建幼儿园有没有遇到什么困难？

答：没有感到什么困难，建时把旧的木料都用上，加上我们申请伐了一些树（国家规定，伐树要经过批准，否则不准伐。我们申请，有了批件后伐的），解决了木料。我们所有的大队人员都参加劳动，给一点补贴，一般参加 200 天劳动。

建筑队盖，我们购料，这就便宜，降低造价。如买的暖气片，是从山西拉回来的，壁纸是从天津厂家买来的。还有办公桌、沙发都是从外地购来，都是批发价格。我们村参加劳动有传统，过去修路等都没有少参加劳动。

问：为建幼儿园村民有没有参加劳动？

答：没有。

问：幼儿园由哪一个建筑队盖的？

答：是南法信乡南法信村的建筑队。

问：是个体吗？

答：是的。

问：有多少工人？

答：最多时 70 人，是从外地雇的人。

【文化娱乐活动】

问：现在村里有什么文化活动？

答：每年的春节搞联欢活动，有村民和镇的文体科。内容有：乐器合奏、跳舞唱歌、游戏。

问：在什么地方？

答：在村委会前面，有时也在广场。

还有“五四”青年节，跳交谊舞。还有“六一”儿童节。“五一”没有搞。国庆由于是农忙，秋收，也不搞。

问：“三八”妇女节呢？

答：有一些小型的活动，搞演讲比赛，看电影，开座谈会。

问：村民看报怎么办？

答：村民可自费订报，我们大队也订一部分免费给村民阅读的，如《北京日报·郊区版》，主要是农场职工，所有的党员、干部，后勤人员都免费供一份。有的村达到每户一份，我们尚未达到。每年需 2000 多元，包括杂志在内。

问：放在什么地方？

答：投递员直接送到门卫，由警卫保管，各自来取。还有订看电视报，都是自费订的。

问：还有什么体育比赛吗？

答：体育比赛都是在镇里，乒乓球、象棋、篮球、跳绳。由镇里组织，我们去参加。我们村象棋得过一个亚军。

问：现在村里看电影的活动还有吗？

答：有，一年要放几场电影，都是顺义县电影发行公司到村里放，每场100元。

问：每月平均放一次吗？

答：不到，一年也就放4场。有时是结合宣传教育，如市委宣传部直接下来的教育片。

问：在什么地方放？

答：在村委会办公楼前广场。

问：什么时期放？

答：主要是春、秋，有时冬季，但不能太冷。

问：村民政治学习？

答：有。主要通过广播宣传，内部组织干部、党、团员学习，有时一起，有时分开，有时印发的材料。

过去开大会，现在一广播家家都听到，而且现在上班不在一个地方，不便集中，所以用广播。

现在的宣传手段多了，广播、电视。过去没有这些，只能靠开会。

【村干部选举】

问：你们村委会的选举还搞吗？

答：搞。三年一次，由基层提名，村民小组提名，提的比较多，通过反复协商，三上三下。候选人是差额选举，选一人提出二人候选。村委会如三人组成，就得四位候选人。无记名投票，全体村民参加，在上班之前，早上，法定日期为3月28日投票，工作人员很早在路口等着，由大家来投票，还有老人走不动的，有流动投票箱。

问：几岁以上的人？

答：18周岁以上的人参加。

问：现在都可以写吧？

答：选票是由镇印好的，同意画“√”，不同意画“×”，无须写名字。

【家庭成员】

问：杜怀与杜嘉是什么关系？

答：他们是堂兄弟，他们的爷爷是一个，他们的父亲是亲兄弟。

问：爷爷叫什么？

答：叫杜祥。

问：杜怀的父亲叫什么？

答：叫杜林馨。

问：你两个女儿，老大叫什么？

答：叫杜爱军。

问：你丈夫多大岁数？

答：52岁。

问：现在还是军人吗？

答：他是军队的职工，已不是现役军人，在丰台总后勤部二管处。

问：丰台是“七七事变”发生的地方？

答：离卢沟桥很近。

问：他的工资有多少？

答：都算上有400元。

问：他现在住在丰台，每周回家吧？

答：两个星期回来一次，这周没有回来，如果有事也可回来。

问：爱军是哪年出生？

答：1970年。爱红是1974年。

【子女上学经历】

问：她们在石门小学上学？

答：1976年上学，在沙井村。

问：你知道她的老师是谁？

答：孟老师。

问：孟老师是一位什么样性格的人？

答：她年龄比较大，很有耐心，对学生挺负责的，教育方式挺多样，是一位很和蔼的老太太。

问：爱军同班同学有多少？

答：一年级是复式班，共20多人。

问：爱军在沙井村小学学了4年？

答：1976年已到石门，三年级去的。

问：教爱军的还有什么老师？

答：孟老师外，还有张老师、马老师都教过。

问：四年级去望泉寺？

答：她是五年级去望泉寺的。石门有四年级，后来才没有四年级。1981年去望泉寺小学。

问：沙井、石门、望泉寺三个小学，哪个教育条件比较好？

答：望泉寺。

问：爱军望泉寺小学毕业后？

答：上城关二中，考一中差半分。应该录取的分为167分，她考了166.5分。在城关二中学习总是名列前茅。

问：高中呢？

答：高中也是在二中。1988年毕业，当年没有考上，学校师资力量差些，去牛栏山又读了一年，1989年考上大专，经济分院，即北京经济学院分院，在密云县。毕业后工作，在顺义县城国泰大厦，当会计，在六层。

【孩子教育】

问：爱军在上沙井小学时，你是家长，对学校有什么意见？

答：从思想上讲，教育孩子的精力不足，因为当时（1970年）在大队上班，1975年当书记，没有时间管孩子，写作业都是自己自觉完成。大的学习特别刻苦，她写作业，二女儿也跟着写。当时家有奶奶，一放学就由奶奶管。我们那时不像现在的家长，如果像现在，我管，她们学习还会好些。我把孩子耽误了，否则考个本科没有问题，现在想起来是个欠缺。当时生产队很忙，还得干活去，起早，打夜班，精力不足。

对学校没有什么意见，我觉得教师都不错。当时环境比较艰苦，在那样的条件下，老师还一心一意为人民服务。

【子女上学经历】

问：爱红1974年（6岁）上什么小学？

答：石门小学。到四年级去望泉寺，念到六年级。

问：石门小学时爱红老师是谁？

答：杨校长教过，她班主任是她父亲的同学。

问：那时望泉寺还不是中心小学？

答：是的。

问：小学毕业后？

答：到城关二中。初中毕业到中国人民解放军总后办的职业高中，地方在后勤学院里，也是学的会计。原来准备上普通高中，后来她父亲说学点专业性质的，所以学了财会。毕业以后上了海淀区走读大学。

【孩子教育投资】

问：小学教育的情况有差别吗？

答：没有什么差别。对爱红的辅导与我对爱军的辅导是一样。后来她的父亲回来，他有时间，晚上帮助辅导辅导，他是老高中（杨镇）毕业，基础比较好。

问：你是农村老干部，现在的农村教育有什么问题？

答：从教育上说费用比较高，学生的负担也比较重。老师也抓得紧，留好多作业。

学习的费用增加。工、农有差别，在录取上，中等技术学校，非农业的可以，农业户口的不可以。以后可能逐渐取消。师范、中专没有这样的限制。

现在国家对教育重视，提高教师的待遇，全民办学。

问：现在有没有聘请家庭教师？

答：我们村没有，其他村有。我的侄儿在牛栏山乡龙王头村，他从小学就请家庭教师，到初中还请，他本村有在牛栏山中学教书的，业余时间辅导，一礼拜去两次。

问：两三年后，你们这里也有可能出现家庭教师？

答：有可能，因为大家都重视教育，愿意花这笔钱。

问：非常感谢你！

杜 忠（65 岁）

时　　间：1994 年 8 月 22 日上午

访 问 者：中生胜美

访问场所：杜忠家

【同族】

问：你是杜忠，今年多大岁数？

答：66 岁。

问：是周岁还是虚岁？

答：是虚岁。

问：你家有没有家谱？

答：没有。我也不识字。

问：你父亲叫什么名字？

答：我父亲叫杜复新（老大）。老二得新，老三林新，老四广新。（家族图略）

问：杜春和杜香是不是亲兄弟？

答：是叔伯的堂兄弟。杜香？哪有杜香？是杜祥，他们也出五服了。

问：杜守田呢？

答：杜守田我知道。杜守田的孩子叫杜士贤。

问：杜守田兄弟是不是叫杜守义呀？

答：说不清，我小。

问：杜守田的侄儿杜景全（音）？

答：叫杜金贤。

问：他有两个兄弟？

答：他哥儿俩。

问：老二叫什么名字？

答：他死了。小名叫小牛。

问：他还没起学名就死了？

答：对。

问：解放前就死了？

答：他 20 多岁死的。他不在家，到北京学徒。他死时我也就 10 多岁。

问：杜金贤的后代呢？

答：他哥儿俩。在北京，大哥死了，死在顺义。老二在北京。杜金贤的儿子有 3 个。

问：他的孩子都在北京？

答：在家。二儿叫杜元彬（音），三儿叫杜……

【家族关系】

问：解放前，旧社会你家的地很少吧？

答：我父亲有 40 多亩土地。

问：你 1929 年出生，是民国十八年是不是？

答：是。

问：你母亲叫什么名字？

答：我母亲叫杜殷氏。

问：她什么时候去世？

答：我不知道。她是 84 岁时死的，她死也就是四五年前的事。

问：她娘家在哪里？

答：在大屯庄。

问：你没有姐妹？

答：有姐妹，一个姐姐，一个妹妹。

问：你姐姐比你大多少岁数？

答：大两岁，70 多岁。

问：你大哥比你大多少？

答：大两岁。

问：老大是姐姐还是大哥？

答：都是排二，还有一个妹妹。

问：妹妹现在哪儿？

答：在赵各庄公社杨家营。

问：离这儿多远？

答：20里地。

问：你妹妹比你小多少？

答：她今年54岁。

问：她在哪儿？

答：在北法信。

问：你几岁上学？

答：我没有上过学，我们家人多，顾不过来。

问：你小的时候也在北京学徒？

答：我没有去，就是哥哥去，他那时12岁。

问：你大哥就是去北京呀？

答：是。

问：去北京干什么？

答：做工，拉洋车。

问：他也没有上过学？

答：上过学，上过几年，然后去北京。家里养不起，家里人口多，兄弟姐妹4个，加上我爷爷7口人，照顾不过来。

问：你没有上过学，由于小的时候家庭经济不好哇？

答：对。

【农业】

问：你父亲干什么工作？

答：我父亲就在家里种园田。

问：种园田，自己的地不够吧？

答：不够，上别人家去做活，分家时，一家分一亩半地，给人家干完，在自己地里干。靠这维持生活。

【邻居】

问：（种地时）过去你家的邻居叫什么名字？是不是杜崇起呀？

答：对，是的。

问：隔壁就是杜祥？

答：对，杜祥。我家在西边，他家在东边。

问：北面是不是靳童白（音）？

答：靳童白。

问：你家南边有马路了？

答：对。过了马路是杨源家。

问：杨源隔壁是不是杜得新？

答：对。老头分家没有地方住。

问：对了。那时也是在家种地吗？

答：对。

【满铁调查员】

问：你20岁时，日本人在这里搞考察，你还记得吗？

答：记是记得，脑子不行，记不清了。

问：听说过吗？

答：听说过。来的是山本，从顺义县到这儿来。

【外来户】

问：那时你家是不是世代在这村？

答：对。

问：家族的家长叫什么名字？

答：是杜祥爷爷他们那一辈。

问：听说杜祥他们那一家有外来户叫刘振廷。

答：他是外来户，叫刘振廷，日本时他是水暖工，他在他们家修房。我有一个妹先跟他，后死了。

问：什么时候死的？

答：日本人在的时候，那时8岁（是否指杜本人——整理者注）。

问：他原来是哪里人？

答：是二龙风（音）人，不是顺义县人，远呢！他叫刘振廷，水塔就是他们修的。

【分家】

问：你是几岁开始种地？

答：也就是他们修水塔的时候，也就是10来岁，还玩着呢，修火车站。

问：你家当时大约有多少亩土地？

答：我们家当时分家，就分了一亩半地，咱家这么些人就分了这么点土地。后来，我租了点地，租了几亩地。

问：你父亲5个兄弟？

答：4个兄弟。

问：什么时候分家？

答：就在杜得新有了房屋的时候，那几年分的家。分完家没有在这屋住过，拖了一两年。

问：分家的时候是不是有点问题？

答：哥儿们多，没有地方住。我父亲受累，拉洋车。

问：你父亲是老大。得新去北京拉洋车。在什么地方拉洋车？

答：我不知道，那时我小呢。

问：他没有结婚吗？

答：结了婚。

问：结婚就要分给他吧？

答：他们兄弟除了他都在家，人也多，还有姐儿仨。

问：杜春一共有多少亩土地？

答：在我记得，就那10来亩土地。他们哥儿们多，结婚就出了点地，结婚一个走一个，就这么没了。

问：他们是不是妯娌不和呀？

答：不和是哥儿们闹矛盾。刚才说，哥儿们多，拉洋车挣钱不交，白吃饭，怎么能不闹矛盾呢？

问：没老婆？

答：有老婆。

问：提分家的是老二吧？

答：是的，都有。老三在外当木匠，就我父亲在家。

问：你小的时候就分家了？

答：我五六岁时。

问：一分家地少了，没法种？

答：没有地，就剩五间房。

问：农具？有没有牲口呀？

答：都没有，都卖了。娶媳妇，拿一点地，再卖点东西，就这么没了。

【日军、八路军】

问：日本人在时，这边有没有特别的事件？

答：没有什么事件。

问：这边县城有日本军队吧？

答：是的。

问：日本军队在这儿时，这里有没有八路军？

答：有。白天日本军和县大队来，黑夜八路军来。

问：你接待过八路军没有？

答：接待过。

问：第一次接待大概是在什么时候？

答：还小，12岁时。

问：日本人考察时，这里就来了八路军呀？

答：是的。

问：你村八路军有多少人？

答：有三四十人。

问：那时，你对八路军的印象怎么样？

答：那时，老百姓，一个小孩子，不知道。

问：怕不怕？

答：怕怎的，白天他来，黑夜他来。惯了也就不怕了。

问：日本军队也来了吧？

答：也来。

问：一般日本军队都在县城呀，没有住

过这儿吧？

答：没有住过，从村这儿过。

问：这儿八路军住过没有？

答：住过。

问：住很长时间？

答：一两天就走了。住在这儿有打更的，打更的是老人、小孩。年轻人会引起注意，老人、小孩不引起注意。老人、小孩别人不觉察。

问：老百姓已习惯了，他们经常来？

答：习惯了。有的要了钱就走了，什么也没有，也没有办法。

问：一般八路军来时住哪里？住过你的家？

答：没有。

问：他们主要是住哪里呢？

答：主要住西半拉。

问：不是住在房子里？

答：住在村子外面。

【日军投降、劳工】

问：日本军投降（1945 年 8 月），你那时有什么印象？

答：没有什么特别印象。日本人投降那一年，我不在家，我在三间房那儿修飞机场。

问：做义务工？

答：做义务工。村里叫我去，小呀。我们在那儿知道日本人投降。

问：投了降就不要修了？

答：我们那年修飞机场，先修马路。当时修马路有人送饭，上午送饭，吃了饭，下午没有人管了，当时人们困就睡觉。我们想：今儿怎么没有人管呢？第二天人们就回来了，说你们都走吧，你们将东西全拉着。

问：当时沙井村去修马路的一共有多少人？

答：就我一个人，一个村一人。

问：那时有工资吗？

答：哪有什么工资。

问：回来以后，村里给你钱吧？

答：村里给点钱。

【国民党军、八路军】

问：日本军走后，八路军先来还是国民党先来？

答：国民党来。

问：他们来干什么？

答：日本人投降了，他来好威风！

问：当时很乱是吧？

答：是乱，村里还是那样。

问：八路军什么时候来？

答：八路军黑夜来的多。

问：晚上来，天黑就来？

答：和过去不一样，一天来几趟。

【解放】

问：哪一年解放？

答：1948 年 10 月。

问：解放比较晚。

答：对。腊月二十九日正式解放，里面国民党就全出来了。

【国民党抓兵】

问：1945～1948 年，国民党来的军队是怎么样的部队？

答：有 93 军、54 军，从承德方向来的。

问：这个村有没有当国民党兵的？

答：村里没有。

问：都是八路军？

答：是的。有国民党兵，很快就解放了。

问：你的二叔也是八路军？

答：不是。

问：是国民党？

答：不是，他是农民。

问：二叔就是拉车的杜得新呀，是不是当兵了？

答：不是，他没有当兵。被抓去，共有17人，剩下4人，其他被保回来。我去了一年。

问：你去哪里？

答：17岁时被抓到北京，住两宿就到东北沈阳，到抚顺那边去了一年。

问：去干什么？

答：当兵呀。

问：是国民党兵？

答：是国民党兵。

问：那时吃的好吗？

答：当兵在锦州过的年，吃大米。

问：比种地好，种地吃不上大米。

答：是的。在锦州西面过的年。

【脱离国民党军】

问：当兵回来是自己跑的吗？

答：跑的。

问：你跑时手里没有钱吧？

答：手里没有钱。

问：那怎么回来？

答：上解放区呀。

问：你又当了解放军？

答：解放军政策是你愿意干就干，不愿意的就往家走，我就往家走。

问：你们跑一共有几个人？

答：好多，都是南方人，江西人。

问：逃跑的原因是什么？

答：因打锦州，八路军包围，解放了。

问：你跑的时候带枪吗？

答：还带那干啥？太危险。什么也没带，皮带也不许拿。换了衣服到解放区。

问：换衣服怎么换？

答：跟农民换。三身换一身衣服。

问：然后你就回来了？

答：是的。

问：沈阳到北京很远呀，你是走路回来的吗？

答：乘火车回来，开的路条。

问：八路军给你开的路条？

答：是的。

问：回来差不多解放了？

答：还没有解放。

问：你回来干什么？

答：回来就在家劳动。

问：给人家种地了？

答：是的。我在家母亲出门。

问：大哥在吧？

答：大哥死了。

问：你当兵时他死了？

答：我当兵时他没有死，我回来后他死的。我不知当兵不好，否则我就不去，早就回来了。

问：你当兵回来你大哥在北京工作吧？

答：是的，他拉车。

问：你的大姐已经结婚了？

答：快结婚了。老妹子在家。

问：老妹子在殷家营，她大概是你种地的时候结婚了？

答：她早已结婚了，我小的时候，十几岁她就结婚了，她结婚早。

问：你回来时已经有了妹妹，你的父母和小妹妹，就3口人？

答：对。

问：你回来种地，收的粮食不够吃吧？

答：是的，所以卖青菜。

问：卖青菜得去县城赶集？

答：是赶集卖，不赶集在农村卖？整天

弄小园子，解放后村里搞园子，还叫我弄园子。解放后土地改革。

【土地改革】

问：土地改革是1949年开始？

答：是的。

问：现在你有没有保存土地改革时的土地证呀？

答：我没有。

问：你在土地改革结束时没有发土地证吗？

答：我没有。

问：那你父亲呢？

答：我父亲也没有。他是典租地，过去解放前头几年典呀，典那么几亩地，租了几亩地，土地改革就没有分我们家。

问：解放时从外面来的工作队吧，为了做土地改革？一共有多少人？

答：有。解放时没有什么工作队，就是村里分土地时来了。

问：你家是贫农吧？

答：我家是贫农。

问：这里有地主吗？

答：有。

问：有多少户？

答：就有这么二三户。

问：叫什么名字？

答：叫任振刚。

问：是你们村人？

答：是的。

问：他住哪里？

答：就在大队西边。

问：还有谁呀？

答：还有富农张瑞、邢永利。

问：解放前土改时地最多的是谁？

答：张瑞。

问：任振刚呢？

答：他20多亩土地。他没有儿。

问：张志如有多少土地？

答：有100多亩。

问：家里有多少人？

答：他家人不少。

问：还有一个富农——邢永利？

答：邢永利。

杨　起（60岁）

时　　间：1994年8月22日下午

访 问 者：中生胜美

访问场所：杨起家

【宗族】

问：今年多大年纪？

答：61岁。周岁60。

问：1934年出生？

答：对。

问：你识字吧？

答：我就念两年小学。

问：你家有没有家谱？

答：没有，早就没有了。

问：听说现在好多人在搞新的家谱？

答：没有。

问：给我写一个（指家族）。

答：我的父亲叫杨永元。

问：你们知道杨瑞的孩子？

答：杨瑞没有儿子，只有女孩子。

问：有没有过继呀？

答：没有。他什么东西都卖给人家了。杨元也没有男孩，只有一个闺女。就杨正有一个，叫杨庆余，老二叫杨庆良。

问：杨正和杨源是亲兄弟吧？

答：是的。

问：杨正有没有孩子？

答：有一个，叫杨庆忠（音）。

问：杨庆余有几个孩子？

答：3 个吧。大的叫杨文贵，老二叫杨文河。

问：杨庆良有多少孩子？

答：说不好，他念大学就没有回来。

问：杨庆忠有孩子吗？

答：有一个，名字说不好。

【满铁调查】

问：你 1934 年出生，日本军在顺义县的时候，你还记得吧？

答：记得。

问：当时日本人有调查员在这里搞调查，你知道吗？

答：我记得有，但说不清楚了。我刚十几岁。

【宗族关系】

问：你的母亲叫什么？

答：叫杨许氏。

问：她娘家在哪里？

答：在西马庄。离这里 15 里。

问：你的大哥比你大多少岁？

答：比我大 12 岁，今年 73 岁。

问：现在在哪里？

答：在北京，交道口。

问：杨珍呢？

答：我的二哥就在我住的头上，他比我大 9 岁。

问：他可能清楚吧？

答：对。

问：他记忆力好吧？

答：好，你可问问他。

【个人经历】

问：你几岁上学？

答：10 岁，上两年小学，以后就上不起了。

问：那就是 1943 年上学，日本人还在的时候？

答：对。

问：你上完了干什么？

答：完了就种地。

问：你种地时，日本人就不在了吧？

答：那我早就忘了，记不住了。

问：1948 年这里解放了？

答：是 1949 年解放。

问：不是腊月二十八？年底呀？

答：是年底就解放了。

问：你那时 15 岁，应记得了吧？

答：记得了，但家境贫穷，不是干这个就是干那个。

【分家】

问：你父亲有四兄弟，在什么时候分家？

答：他们什么时候分家，我就说不好了。很早就分家了。

问：你们三兄弟什么时候分家？

答：我们分家是六几年，在北京的，人家也不指望家里，我和哥哥，他在头上盖房子吗，就是你过你的，我过我的，也没有什么分家，有什么分的，就三间房。

问：解放以前分还是解放以后分？

答：解放以后分的，不是 1965 年就是“文化大革命”前分的。

问：“土改”时你家没有什么土地呀？

答：没有什么地。

问：有多少地？

答：就六七亩地，其余是租的，租五六亩，共 10 多亩。

问：“土地改革”是 1949 年吧？

答：不是 1952 年就 1953 年。

问：“土地改革”时，你的父母？

答： 我 5 岁时母亲就死了。刚解放就剩我们父子俩。

问： 你父亲还有你大哥、二哥？

答： 我大哥，没有解放人家就在北京（平）了，我二哥是 1961 年下放回来，一直到现在。

【兄弟姐妹】

问： 你大哥刚解放在北京干什么？

答： 开个小买卖，油盐店。

问： 在哪里？

答： 在交道口。

问： 现在他住在什么地方？

答： 宽街，门牌号我也忘了，现在没有什么来往。我现在岁数大，他那地方也狭小，我也就不愿去了。

问： 你二哥刚解放时是 20 多岁？

答： 他十几岁就在北京。

问： 你姐姐在“土地改革”时结婚了吧？

答： 早就结婚了。我大姐在昌上（音），就是顺义县火车站南边那个村，也叫五里昌。我姐姐比我大哥还大呢，她已 75 ~ 76 岁了。

问： 你对你大哥有没有印象？

答： 我小时候他就离家了。我母亲一死，我就到大姐家住去了，是大姐抚养我长大的。

【“土地改革”】

问： 解放后你也参加“土地改革”吧？

答： 是的。

问： 开始外面有工作队来吧？来几个人？

答： 来了 10 多人。

问： 工作队队长姓什么？

答： 从北京来的，姓什么想不起来。

问： “土改”时是 1949 年春天来还是冬天来？

答： 冬天来。

问： 一解放就来了吗？

答： “土改”不是 1951 年就是 1952 年，不是一解放就“土改”的。

问： “土改”前还是种人家田？

答： 是的。种了一年，第二年就土改。你家分多少，我家分多少。

问： 你是不是向地主交粮食要少一点？

答： 不交了。张瑞，他是地主，他有一顷二十亩地（一顷 = 100 亩）；杨源是地主；邢永利也是地主。

问： 邢永利有多少土地？

答： 他有 30 多亩地。

问： 杨源有多少土地？

答： 他有 50 亩土地。

问： 还有谁？

答： 还有任振刚。

问： 他有多少土地？

答： 30 多亩。

问： 地主就他们三个人？

答： 两个地主。任振刚和邢永利。杨源和张瑞是富农，还有赵立民。2 户地主，3 户富农，共 5 家。

问： 张瑞有多少土地？

答： 一顷 20 亩地。

问： 赵立民有多少土地？

答： 他有 30 亩土地。

问： 你们划成分是工作队决定还是你们自己决定？

答： 村里的村长、村委书记和工作组。

【解放初期的村干部】

问： 什么时候选村长和村委书记？

答： 一年选一次。

问： 是工作队来组织起来的吧？

答： 由公社组织选。

问： 村长叫什么名字？

答： 解放时，张麟炳当过村支部书记，还有李祥林，是村委会主任。

问：还有什么干部？

答：还有治保、贫下中农委员会（刘路）。还有妇女主任（邹福英），邹已死了。共五六人组成。

问：他们和工作队一起合作？

答：对。还有乡和县里人。

问：一个人三亩，一个人二亩半？

答：一个人三亩四。

问：这是公家分给你父亲？

答：是我们置的。

问：不是新买来的？

答：不是。

问：土地改革时，你们地不动吧？

答：我们地没动。

问：分给你们多少地？

答：没分，因为土改时就我们父子俩，我哥哥姐姐都出去了。有6亩地也差不多了，因我们村分土地时一人合3亩地，正好嘛！

问：杨瑞的土地有杨家的坟墓？

答：有，就在我们的东边。

【邻村的土地】

问：望泉寺、石门村的人在沙井有很多地吧？分不分他们的土地？

答：剩的地拿出来，谁家人多分给你。

问：我想问南边的刘桂泉是望泉寺的人，还有朱德富，他们地归沙井还是……

答：归沙井。由马路划线，这边归沙井，那边归望泉寺，你那插花地也归人家村了。

问：李兴元、袁华章他们的地也归沙井村？

答：也是归沙井村。马路南边归望泉寺，北面都归沙井村，再往北就归石门了。

问：张麟炳、李祥林、刘路他们还有活着的吗？

答：他们中就有张麟炳还活着。

问：张麟炳年纪大吗？

答：张麟炳也有74岁。

问：张麟炳大概知道情况吧？

答：是的。

问：过去你们在外村都有地吧？如望泉寺、石门，地被划归他们了吧？

答：一样，你有在人家村的地，人家就要了。你这边地、他那边地都成片后，拖拉机好耕，如果这里有你2亩，那里有他3亩，你拖拉机躲都不躲开！这样，就都统一由县里掌握着。

问：你不到20岁时就“土地改革”了？

答：是的。

问：两个人6亩地，够不够吃？

答：种粮食够吃。过去租种地，收成就给人家送回去了，怎够吃。

问：那时你们种粮食还是种蔬菜？

答：种粮食。

问：种什么？

答：种小麦和玉米、高粱。

问：6亩地还过得去呀？

答：凑合。

问：50年代什么时候发土地证？

答：不是1953年就是1954年。

问：1954年发土地证太晚了吧？

答：不晚，隔了二三年还发的，原来连房产证都有，不知放哪里去了。

【互助组】

问：1954年发土地证你正好20周岁？

答：对。完了以后就成立合作社，归集体种了。

问：指互助组？

答：是，互助组后就成立合作社，就归一块了。

问：你家没有分土地是中农吧？

答：是贫农。我老爷子虽有不少土地，但给人家扛活，扛了好几年活。

问：贫农有没有分牲口和农具？

答：什么也没有分，就我们两口人分什么。我们就拿点土地，别的什么也没有拿，6 间房，剩下来就没有什么了，拿出 6 间房，5 间给大队。

问：发土地证是冬天还是夏天？

答：是冬天发，是农闲时发的。

问：那时你家有没有牲口？有没有大的农具？

答：都没有。我爸分家那时分 30 多亩土地，一头大驴，一辆车，我爸都给输了，我母亲就是被我爸气死的。

问：互助组你参加了？有多少户？

答：我参加了互助组，有 23 户，他们一队 27 户，我们是二队。

问：互助组开始就称一队二队吗？

答：当时叫一组二组，后来叫一队二队。

问：互助组是不是二户三户一起合作呀？

答：那时就是说你愿意在这儿就归在这儿，你不愿归还可以单种，互助组没有一二年就变生产队了嘛！

问：互助组时有没有不愿意参加互助组的人？

答：有。

问：有多少？

答：不是说了嘛，二队 23 户，一队 27 户，剩下来的就是单种。

问：“土改”时沙井村有多少户？

答：60 多户。

【初级社】

问：初级社时你们 23 户，还有 5 户是地富，不让他们参加？

答：地富 5 户不让他们参加。还有 5 户是无劳力，没有人种。

问：没有劳动力的人干什么？

答：生产队拨给他点粮食，他有钱就给一点，没有钱就白给他吃，也得让他活着。

问：二队有多少牲口？

答：那时有 17 头牲口，他们一队也有 16～17 头。大牲口少。

问：二队的队长叫什么名字？

答：叫杨福。

问：一队呢？

答：叫刘祥，已死了。

问：互助组与初级社有没有区别？

答：互助组后就是初级社。

问：差不多 1955 年成立初级社？

答：是的，1955～1956 年。

问：初级社时你有什么意见？

答：那时有什么意见，就是干活吃饭。

问：初级社时比解放前生活要好吧？

答：那当然，不管怎么样，年年够吃够喝。

问：你家没有牲口种地怎么办？

答：牲口不都归生产队，这样不是都有了吗。生产队一年一年发展，又买点骡子，起来了。

问：土地改革前后你家有 6 亩地，没有牲口种地很困难吧？

答：求人家，再给人家干点活。

问：向谁借牲口？

答：向地主、富农人家有牲口的借，我们给人家帮帮忙。

问：哪一年建立人民公社？你父亲什么时候去世？

答：我父亲不是 1967 年就是 1968 年。

问：是“文化大革命”后死的？

答：不是，是 1972 年或 1973 年死的。

问：你结婚什么时候？

答：不是 1968 年就是 1967 年。

问：1967 年你 33 岁结婚，为什么这么晚？

答：因为家里没有什么，谁和你搞对象。

问：初级社时不是生活好了吗？

答：好也不行，你房子没有。

问：没有房子不能结婚呀？

答：那当然，你没有房子，跟哥儿们住，结婚你往哪住呀！后来3间房归我，才结了婚。

【人民公社、公共食堂】

问：初级社成立一二年就成立人民公社了？

答：对。

问：初级社与人民公社有什么区别？

答：都没有什么分别。

问：人民公社叫什么名字？

答：我们这儿叫城关人民公社，没有特别的名字。

问：那时有没有特别的活动？

答：没有。

问：扒掉庙了吧？

答：是的，就在大队那边。

问：那庙叫什么名字？

答：我还说不好，我只知道有三层殿，老爷殿、中殿、后殿，都有牌匾，叫什么名字忘记了。

问：大炼钢铁有吧？

答：我们这儿没有。

问：这里成立食堂吧？

答：吃了一年多（1960年）食堂。

问：有几个食堂？

答：就一个食堂，在原先大队东厢房。

问：你家锅没有了吧？

答：是呀！你要有锅做什么，到时你上哪儿去买去，到时发给你。你不干活到时也不卖给你。

问：这个食堂，公社的社长叫什么？

答：公社的社长换了有“860回”（860回指换的次数多的意思）！有张金德，后来到县里当书记。

问：你们吃食堂一两年？

答：一年多。

问：一年后就关了？

答：食堂关了以后，队里分给口粮，有320斤和420斤。

问：到食堂关的时候，将粮食分给户里？

答：是的。你有几口人，按定量，麦秋分一回，大秋分一回。你如不够吃，到生产队借去，明年扣。

问：分粮食什么时候？

答：大秋分一回，麦秋分一回。打下粮食分给你，剩下来的放起来。

问：你家没有锅怎么办？

答：锅是有的，吃食堂没有粮食分给你，你拿什么做，锅还是放在那儿呢。

【困难时期】

问：1960年是最艰苦的时候吧？

答：对。

问：那时你们吃什么？

答：有棒糊，将棒子泡了，放点菜，蒸菜窝窝头，那几年真够人呛的。

问：你最艰苦是1961年？

答：对，1960年、1961年。

问：那时有没有人去东北？

答：那一年我就没有在家，我上西北了。

问：去西北干什么？

答：内蒙古铁矿上，找铁矿。

问：一共去了几个人？

答：就我一个人。

问：1960年什么时候去的？

答：1960年9月去的，1961年3月回来。

问：有人给你介绍谁？

答：我的北京大哥那边有人。

问：1961年你二哥回来了？

答：是的。

问：你大哥干什么？

答：开油盐店。

问：他工作的关系，内蒙古有工作可以挣钱？

答：不是。他那边有他们一个街坊去了，说，你来吧，由劳动局登记，登记完就分配你去工作，就可以挣钱吃饭。

问：那时一个月多少工资？

答：45元。

问：到铁矿厂很多人吧？

答：300多口人。

问：都是北京去的吗？

答：北京只有10来个人，其余都是从外地去的。

问：最多的是河北省人吗？

答：哪里人都有，山东省、山西省、湖南省、湖北省都有。

问：当时全国生活都困难？

答：对。

问：那时你一天工作几个小时？

答：8个小时。

问：从内蒙回来。你二哥也回来了？

答：他1961年下放，不是8月就是9月回来。

问：他回来的原因？

答：就是下放，参加农业，大力支持农业。

问：一般就是回老家，不是去别的村吧？

答：是的。就是安家落户。

问：1961年回来共多少人？

答：我们村就他一人。

问：他也是二队？

答：对。

问：什么时候生活开始好转？

答：到1962年粮食就够吃了。

问：你看生活困难的原因是什么？

答：由于粮食没有打那么多，但他们多报，到时你该交多少就交多少，这样就没有吃的了。

问：自然灾害呢？

答：自然灾害是雨水多，全涝了。

问：管理也有问题吧？

答：是的，人也吃不饱，种地就没有劲头了。

问：你去内蒙古带户口去吗？

答：没有，什么也没有带。回来销户口（应为上户口），因为你经过生产队呀。

问：去内蒙古是从北京乘火车去吗？

答：是的。去“二连”那一趟，到朱子河（音）下车。

问：1960年、1961年去外地，沙井村共有多少人？

答：就我一人。

问：那时生活困难呀？

答：找吃饱的地方去。

问：是你大哥提出，不是你提出？

答：我到他那里去，他问我干啥，我说挖河又吃不饱，他说得了，我给你问问那里怎么样，一问行了，他给我来信我就去了。

问：那时允许去外地吗？

答：也不是不允许，只要你有人接受。

【生活变化、电灯】

问：1962年、1963年有没有特别的事？

答：没有。

问：1962有电灯呀？

答：电灯不是1968年就是1969年安装的。

【火葬、葬仪】

问：现在都是火葬吧？

答：是的。

问：农村一般火葬比较晚吧？

答：也不晚，有10多年了。

问：坟墓没有棺材？

答：没有，就是一个小盒子。

问：什么时候没有棺材的？

答：有十七八年了。

问：“文化大革命”时就不用棺材了？

答：那可不，就让火葬去了。

问：旧社会买棺材很贵的呀？

答：对。埋就得到乱岗子去埋，找没有用的地方，如大渠的边上。

问：是不是有义地？

答：原先小公河（音）东半边原先有点义地。

问：是不是小孩死后埋在义地呀？

答：大人也埋在那儿，挨着埋，也不分哪家的。

问：有没有阴亲？

答：过去有，现在没有。是合葬，如我父亲死了，后来母亲也死了，我找不到我父亲的坟头，就立一个砖，上面写着招魂，写我父亲的名字，连盒就放在我母亲骨灰盒的旁边，就这样合起来了（合葬）。

问：小伙子还没有结婚死了，是不是也找一个姑娘进行合葬呀？

答：不合葬，过去也不合葬。因为姑娘出去了不放入坟地。重男轻女。

问：过去这边有没有死人和死人结婚？

答：没有。你们是哪里人呀？

中生胜美：我是日本人。

李广明（68 岁）

时　　间：1994 年 8 月 23 日

访 问 者：中生胜美

访问场所：李广明家

【个人经历】

问：你父亲不到 80 岁？

答：80 多了。

问：他是谁？

答：是我哥，我们是哥儿们。

问：和李广志同辈，一个家族呀？

答：我们是一个家族。

问：今年 80 岁？

答：83 岁。

问：虚岁？

答：虚岁。

问：你民国初年出生呀？

答：我 69 岁。民国十五年。

问：1940 年，日本人搞调查你还在这里吧？

答：在这里。

问：你还记得吧？

答：山本、旗田。

问：你都认识？

答：都认识。

问：你当时 14 岁，你还上学吧？

答：上学。我上学就在庙的后殿。

问：那时你的父亲在哪里？

答：我和我父亲一起来顺义，他叫李清源。

问：你老房子在哪里？

答：在这儿，李广太那儿。

问：是不是邢润斋这个地方。

答：是的。

【借房】

问：那时你家没有房子，租的人家的吧？

答：没有，是白住。

问：当时你父母和你，还有谁？

答：还有妹妹，4 口人。

问：那时没有房子，你的房子是？

答：房主是邢润斋。

问： 叫副户（满铁调查注明为副户）？

答： 不是副户，因他不在家，所以我们住他的房子。

问： 这边人叫外来人副户。

答： 房子是他的，他是逃亡户。我们等于看他的房子。

问： 那时你家有多少亩土地？

答： 土地有17亩。

问： 4口人够不够吃？

答： 够吃。

问： 土地改革时你是中农呀？

答： 是贫农，我“土地改革”时家有7口人。

问： 为什么这么多？

答： 因我成家了，有了孩子。

问： 你妹妹已出嫁了吧？

答： “土改”时，我妹妹还没有走呢。

问： 你有几个孩子？

答： 两个孩子，都是女的。

问： 杜祥旁边的叫刘振廷，是外来的，修房的？

答： 是工人，修水塔的。

问： 对，对，他叫副户（见满铁调查，实际当地无此称谓）。

答： 那时不叫什么副户不副户，他是找房子住。

问： 邢润斋那时有多少房子？

答： 11间房子。

问： 他几口人？

答： 他人不多，4口人。

问： 他是不是富农？

答： 他是地主。

问： 11间，好多房子？

答： 其他房子空着。我们就占了他4间房。

【家族】

问： 解放前姓李的同村有多少户？

答： 姓李的那时户少，出五服不算，只有7户，不对，8户。

问： 最多的是姓杨的？

答： 我们姓李的也不少。后来有搬走的，也有到北京的。姓杨的不少，姓张的也不少。

问： 搬走的人到哪儿去？

答： 有到刘家河、望泉寺的。

问： 他们什么时候搬走的？

答： 在我小时就搬走了。

问： 他们为什么搬走？

答： 那边有房子。

问： 他们搬走时那边有没有他们的土地呀？

答： 我不记事。

问： 他们同族有没有来往？

答： 来往有。过去时，相互拜年。来往没有准时，有事就来。

问： 刘家河、望泉寺的规模比沙井村大吗？

答： 原来比这村大，户数比这儿多。

【外来户】

问： 你记不记得，小时候有外村搬到这儿来的？

答： 邢润斋就是外来户。

问： 他原来在什么地方？

答： 密云。

问： 什么时候？

答： 在我小的时候。

问： 他这边有很多地吧？

答： 他没有地。他来时，原在县城同顺永当掌柜的，他有家具嘛，他就找房。来了以后置地。

问： 他因当掌柜手里有钱？

答： 对，对。

问：你小时他来的？

答：我小时他来，来时没有多少人，3口人。

问：哪3口人？

答：他妻子和他母亲。

问：他还年轻没有孩子？

答：他孩子是在这儿生的。

问：他们住这儿的时候他有一个孩子，是男的吗？

答：是的，一个男孩。

问：现在还在吗？

答：还在。

问：一般外来户，需不需要介绍人，即中间人？

答：有这样的人，否则他找谁。他们是我父亲介绍来的，我父亲给他们做饭认识的。

问：邢润斋和你的父亲年龄差不多？

答：差不多。

问：你父亲和他的关系比较好，好像朋友样的？

答：是朋友之交。

问：你叫他爷爷？

答：我叫他大爷。他们俩是同辈。

【外来户的辈】

问：外来户怎么称辈数？

答：按年龄，大是哥哥，小是弟弟。

问：你父亲同杨源的辈数？

答：他是孙子辈，他叫我父亲爷爷。

问：他叫邢润斋也是叫爷爷？

答：他们叫什么，自己早就排定了。

问：杨源和你父亲的岁数差不多？

答：差不多大。我们年小辈数大。

问：外来户也有辈数？

答：外来户一来辈数就排定了，一般要向下降。

问：杨源叫邢润斋什么？

答：他们是哥儿们。岁数相平。

问：邢润斋和你父亲也是哥儿们？

答：是哥儿们。

问：按年龄排？

答：是的。

问：你父亲叫邢润斋大哥？

答：是的。

问：杨源叫邢润斋？

答：邢润斋要向下降，但因杨源他是村长，就称“村长”了。

问：李广志和你同辈，出了五服没有？

答：同辈，没有出五服。

问：李广志叫邢润斋什么？

答：这就乱了，按说李广志和我是哥儿们，他就不随我走了。

问：李广志叫他什么？

答：他和我差着辈。邢润斋，我管他叫五大爷。李广志的父亲是我的五大爷。

问：你父亲是老大？

答：我父亲排行第十。

问：李广志叫你的父亲？

答：叔叔，即十叔。

问：李广志叫杨源什么？

答：跟我一样，小辈，叫叔叔。

问：从年龄上说李广志小？

答：李广志大。这不管岁数。

问：杨源叫你？

答：也叫叔叔。

问：外来户按照什么称呼？

答：一是按照年龄，一是尊重，外来户辈数下降。

问：杨源当村长是不是要改？

答：不改。

问：村长是头，还有有钱的人，叫没有地位、岁数小的人叔叔、爷爷也有的吧？

答：那没有。

问：不、不。有钱的人是不是辈数越来

越提高？

答：不是。穷、富改不了辈数。

【街坊辈份变更】

问：什么时候会改？

答：什么时候也不会改。

问：有了亲戚关系可以改吧？

答：那要按亲戚关系改。有这样的情况，他们互相成为亲戚，会改。

问：你们这儿谁家有？

答：一般本族没有。

问：这边的闺女出嫁，她生了女孩，又回来有辈分吧？

答：那也没有。她生孩子又回老家来，那没有。

问：假如李广志有妹妹，与杨源的亲兄弟结婚，这不算同辈？

答：那就要改。

问：五服之内都要改吗？

答：按双方协议，只是小辈同老人之间要改，老人间不动。

问：你们亲兄弟要改呀？

答：也有这种情况。双方协议，都同意改那也可以，必须双方协议。

【村外婚】

问：过去沙井村的男的与沙井村的女的也有结婚的吧？

答：咱这儿没有。

问：为什么没有？

答：都是和外村的结婚。这是风俗习惯。

问：是不是娶本村的老婆比较麻烦？

答：大家都是这样。

问：解放后不一样？

答：解放后有男的到女方家的。

问：解放后本村男女之间结婚的越来越多吧？

答：本族人不行，本族以外的可以。

问：这样辈分就搞乱了？

答：这如同我上面说的那样。如女的到男的家去，女的辈高，男的辈低，那时就得改了。

问：改的时候他们亲兄弟要改了？

答：他们小辈要改了。老的，原来高，一认亲就低了，咱们双方协议不改，就不改，小的改就完了。

问：老的不改是多大的？

答：也可能老的也改，儿女成亲就都改了。

问：一般说本村的人结婚，改是比较复杂吧？

答：那当然是乱了。

问：现在是越来越乱了？

答：是的。

问：过去有这样的吗？即三个人，你叫我叔，我叫他叔，他又叫你叔，有这样的吗？

答：看你是一个什么形式，这种情况太稀少。

问：现在没有了？

答：没有了。

问：比如说，如杨瑞家，他比较乱呀？

答：是的。

问：因父亲辈是同辈，你叫杨瑞叔？

答：我叫大爷。

问：李广志叫他不是大爷吧？

答：他不是这样叫，他们是哥儿们，又乱了，这种现象是有，如人有钱就要高一点，我是外来的，就有这样情况。

问：一般外来户比较乱吧？

答：是的。

问：本村人不会太乱吧？

答：那是变不了的。

【宗族辈份】

问：听说杨源、杨珍、杨起和杨瑞是同家族的？

答：是同家族。杨源是杨珍的二弟，杨哲（音）是他三弟，他们亲兄弟仨。

问：杨瑞叫你叔叔，杨珍呢？

答：杨珍也叫叔叔。

问：杨哲呢？

答：也叫叔叔，他们四人是平辈。

问：这样就乱不了。杨庆忠与你同辈吧？

答：杨庆忠叫我爷爷。他是杨哲的儿子。杨哲叫我叔叔。总的说，一个村乱不了，主要是外来户。

【亲戚】

问：亲戚有表亲、姨亲、老亲，除这三种外还有吗？

答：也就是这三种。

问：一般白事来表亲？

答：都来。老亲也来。总的是变为表亲了，因为他们有了共同的孩子。

问：老亲是不是父亲的母亲的关系？

答：看照哪辈说话了。如我父亲的姥爷，到我这儿不就是两辈，到我这儿就变成了表亲，因他家也往下走了，都向表亲走。你没有听明白，是这样，我父亲姥爷家下面不是还有人呀，我们就变成表亲了。

问：我明白了。

答：我父亲改不了，再往下就变了。

问：你的大爷一共有10个，你父亲一共有几个兄弟？

答：哥儿三个。

【亲族称呼】

问：你的祖父母有多少？

答：祖父一个。

问：他没有亲兄弟？

答：他没有了。我父亲排行二。

问：有没有姑？

答：有，共两个。

问：你的爷爷就一个亲兄弟？

答：他们是5个。

问：最大的叫大爷爷？

答：最大的叫大爷爷。老二叫二爷。排儿就叫几爷。姑姑，也是按照排叫，即大姑奶、二姑奶……

问：男女分排？

答：男女分排。

问：你的孩子老大死了，下面怎么排？

答：老大死了，下面仍按排行排。

问：你的孩子几岁死的？

答：他4岁死的。

问：你有几个孩子？

答：我有8个孩子：7个女孩、1个男孩。

问：你大孩子4岁就死了？

答：我的大孩子是姑娘。

问：大女孩儿后，下面的孩子？

答：下面的孩子还是排着。

问：小娃娃死了就不算了吧？

答：那就不算。

问：活多大岁数的能排下来？

答：4岁，我们家也不算了，再有孩子他也是大的，可是老街坊就排下去了。

问：你父亲是老二，杨源叫你父亲爷爷，是不是叫二爷爷？

答：我父亲他们哥儿们12个，是大排行，我父亲排第十，所以叫他十爷。

问：你的堂兄弟叫你父亲也叫十爷爷？

答：就叫爷爷，因为近乎，是亲叔伯，就不排行。现在没有排行的了。这族是按排行叫的。

问：你爷爷辈，大爷就叫大爷，二爷是不是叫二大爷。

答：我就叫大爷、二爷、三爷。

问：外面人叫四爷怎么叫？
答：和我一样叫。
问：你爷爷辈很多人吧？
答：他们哥们 5 人。
问：他们是不是亲兄弟？
答：是的。
问：你的爷爷有没有堂兄弟？
答：我爷爷上一辈我叫老爷子。
问：老爷子有没有亲兄弟？
答：就他一个。
问：再上一辈？
答：再上一辈就是李文奎。
问：要是他还在，你叫他什么？
答：那我就得叫他老祖了。
问：大姑二姑在哪儿？
答：大姑在琉璃河；二姑在望泉寺。

【亲戚辈份】

问：有亲戚关系按辈份叫吧？
答：不论几服，随那边叫。
问：你大姑父叫什么？
答：姓赵。
问：他有多少亲兄弟？
答：哥儿俩。
问：没有姐妹？
答：不记得了。
问：姓赵的多吗？
答：他们姓赵的有几家。
问：你姑父有没有侄？
答：有。
问：有几个？
答：2 个。
问：姑父的父亲？
答：没见过。
问：如果他在的话，你叫他什么？
答：也是爷爷辈，叫爷爷，叫亲爷爷。
问：你叫姨父叫什么？
答：就叫姨父。
问：他兄弟叫什么？
答：亲兄弟叫大爷、叔叔。姑的爷，叫姨爷。
问：你爱人的亲兄弟你叫什么？
答：大的叫哥哥，小的叫弟弟。
问：爱人的父母叫什么？
答：叫岳父、岳母。现在实际叫爸爸、妈妈。
问：为什么改了？
答：不是男女平等吗。
问：你爱人的祖父母叫什么？
答：叫爷爷、奶奶，随女方叫。
问：岳母的父母叫什么？
答：叫姥爷、姥姥。
问：岳父的亲兄弟叫什么？
答：女方叫叔叔，按女方叫，她叫伯父，我也叫伯父。
问：岳母的亲兄弟也一样？
答：都随着女方叫。

【宗族土地】

问：你家有几亩地？
答：17 亩地。在本村有 6 亩，在外村 11 亩（望泉寺 3 亩，南法信 8 亩）。
问：“土地改革”后，你在外村的地没有了吧？
答：没有了。
问：“土改”时，沙井村给你地了吧？
答：“土改”时，我没有得。
问：“土改”时，你家 7 口人，一口人 3 亩地，应为 21 亩地？
答：我一共差一亩半地（按人口算），一个平均二亩多土地。
问：你刚说在外村的土地归了他们了吧？
答：“土改”时还没有，到联盟社才划归他们。

问："土改"时你家没有分？

答：算账差一亩半。张守君（音）问我，我说不要了。

问：他是什么？

答：他是贫协主任。当时叫贫农会。

问：什么时候土改？

答：解放后 1950 年土改。我的土地没动，望泉寺、南法信土地都没有动。

【外村人土地的处理】

问：张文通、刘先华（音）他们是望泉寺人？

答：是，土地改革时，土地还是归他种。联盟社时才划片。

问：你们村有很多在外村的土地？

答：是的，插花地多。

问：王明（音）他在县里干什么？

答：他做买卖。

问：那他不要地了？

答：他种地，也要地。种地他找人种。

问："土改"时他划成富农了？

答：说不清。

问：顺义县里做买卖，在这里买地叫人种地，在"土改"时如何处理？

答："土改"时，插花地，在那边就归那边。

问：做买卖的，"土地改革"时还保留他们土地吗？

答：不保留，他们也就不来。合作化前个人种，一合作化，个人就不种地了，归合作化了。

问：合作化是五几年？

答：1955 年。

问：沙井村地很多吧？

答：不太多。日本人来时，马路还在修着，以前是土道。

【外来者的辈】

问：外来的人，一般排辈要下降，对他们生活有没有影响？辈大的人犯错误，要不要向辈小的人道歉？

问：看谁。岁数大的你没理也不行，也就道歉一下就完了。谁叫我是你叔叔大爷呢，说了也就了了。

问：与外来户有无矛盾？

答：与外来户没有什么纠纷。

【分家】

问：兄弟分家怎么写？

答：兄弟都成家了，需要另过，现有房屋多少，财产多少……立个字据，立据人、公证人、代理人。

问：现在也有？

答：也有。

问：有没有专写单子的人？

答：就是我写的。村里一般老百姓都归我写。

问：有没有这几年写的？

答：也有。

问：是谁？

答：他们有。

问：土地买卖？

答：土地没有。房屋有买卖。也是我写的。

问：最近卖房的是谁？

答：杨洪斌。女的是我们村的，男的是外省市的，到这儿来结婚，户口没有来。

问：什么时候卖的？

答：去年。1993 年 12 月。

问：现在一间房多少钱？

答：一间房要看新旧。他那是 6000 元（三小间）。

问：一间房相当 2000 元，是新的还是旧的？

答：是新的。

问：旧的多少钱？

答：要看旧到什么程度。

问：有中间人？

答：有，是靳茂枢。

问：他怎么知道？

答：是通过张桂清的姐夫张炳荣（音），在一起谈起她妹妹没有房，杨洪斌的爱人说我们那房要卖。

问：都可以当中间人？

答：都可以，一般不收礼品，还要通过村里领导同意，没有户口是不许买卖。

【盖新房】

问：你家的房子是解放前盖的？

答：解放前盖的。

问：过去盖房子是不是沙井村人都帮忙？

答：是的。我盖的时候也是，别人盖房我也去帮忙。

问：现在帮忙的人少了吧？

答：现在花钱雇人，也有帮忙，但很少，都上班，不在家。一间房得花700～800元，将料准备好，有人专门干这个的。

问：这种变化从什么时候开始？

答：有了几年，从1984年开始。

问：人民公社时代是互相帮忙的吧？

答：是互相帮忙。

问：过去盖完房要请客吧？

答：不请客，盖完了就完了，管一顿饭。

【盖房风俗】

问：盖房有没有迷信活动？

答：现在没有，解放前有，叫八卦，在中间房的檩上，有这么长红布，将它系在上面。

问：就叫八卦呀？

答：写在上面。

问：是谁写？

答：解放前是风水先生。

问：到什么地方去找？

答：打听，哪里都有。

问：你们村有吗？

答：我们村没有，附近村有。找的老年人。

问：解放后不请了吧？

答：没有用，不允许，也没有用了。

问：现在有没有人相信风水？

答：谁相信呀！没信的。

问：盖房子、娶老婆看日子，是不是也要找风水先生？

答：过去有，现在没有了。现在批了这块地方就盖了。

杨庆忠

时　　间：1994年8月23日

访 问 者：中生胜美

访问场所：杨庆忠家

【写家谱的动机】

问：你什么时候有搞家谱想法的？

答：1985年。

问：你为什么想这样做呢？是什么动机？

答：过去我对先人的事知道一些，我过去对祖先的事早就知道，就是对以前这一段不知道，我是在这基础上把以前弄清楚的，有的地方我知道肯定是有一个人，但不知叫什么。

问：你自己决定做这个，还是有人找你？

答：过去我对数目学、人名、年代就很注意。

问：你怎么知道的？

答：听说杨春旺那里，他有到他爷爷辈的宗族的记载。我打听到，可能他有，是这样。这个人过去对祖宗比较重视。

我们原来是土葬，在西边。原来我们家的坟地在火车道那边（看图），1939年因发大水，将坟地又向东移，后来就移到这边。移到这里，1949年之后，每年到清明节去添坟。当时，我就发现杨春旺他有心。他已经死了。这些情况是传说的。

问：这好像是旗地？

答：对、对。军衔是什么，我说不清。姓杨的人性格比较耿直，估计被奸臣搞掉，按中国的说法，叫“解甲归田”，回来叫“圈地”到了这里，别的地方还有没有杨家，我们也不知道。

这家为什么地比较多，这是单传。

（下面看谱说，无法记）

杨丛标，就是我的祖父。到我父亲时，他们一人分了四五十亩地，我的二爷他一个儿子，自然他就100多亩土地。

问：算大地主吧？

答：不算。真正的地主，这个名词各国都有，对中国的地主来说，地主是阶级成分的表示，外国是土地的主人，意义不一样。在中国它是政治名词。

【祖先祭祀】

问：都在沙井村吗？

答：都在，他们智商要比我高。

问：有没有在过年的时候将他挂起来？

答：没有。现在都不是用的这种纸，过去也没有好纸，这种纸保存几十年它也不坏。这种纸就是原来糊窗户用的纸。

（下面看图说，没有孩子的就绝后）

【过继】

问：有没有过继的习惯？

答：有，但他没过继，不知为什么。这种人，可能好吃懒做，将钱很快用完了，也没有人肯跟他。在中国主要靠土地，有二三十亩土地，很多问题就能解决。

你看，这个人儿子这么多，下面也有，为什么这一代有儿子就少。这个人的后代，我就见过他的外甥女。杨永胜只生一女，嫁小甸村，姓蔡。

【商人亲戚】

问：这边有姓蔡的吗？

答：有。她又生一男一女，我见过，能言善辩。她总归是我们这个家族的外甥女，回到家里来，这里是她原来的祖先。

杨杰有两个儿子，杨文珍我没有见过，杨万珍的妻子我见过。她50年代死的。

问：什么时候见过，是清明节还是……

答：不是，她就住在附近。从关系来讲，他叫她婶子，因为她没有儿子，就允许他入的户。

问：你做家谱，找了很多人呀？

答：不是，也就在本村，别的地方我也查过，但不是专门为这事。

这一家，杨春旺有两个儿子，一叫杨俊生（音），一个叫杨佩生（音）。杨佩生是医生，他过去在哪个军阀那里当卫生员，因为过去医生很少，所以虽然他很低级，就显得他高了。他从军队下来以后，在顺义县开了一个西药店，在顺义地区会打针的，可能就他这么一个。

问：这是在50年代吗？

答：解放前就开了。

问：现在还在吗？

答：不在了，我们经常见。本来他本领不高，后来要求高了，他又没有什么进步，就到村里当名赤脚医生。后来60年代他去世，哪一年忘记了。他的儿子叫杨天良（音），智商高，他是中国最好的医科大学毕业，他现在在湖北攀枝花钢铁厂。他的女儿杨玉香在顺义县中医医院任副院长。

问：都是他们父亲的影响呀！

答：对。这是他大儿子、二儿子，他是会计。解放前在私营商店叫广丰永的当先生，现在叫会计，过去叫先生。

问：先生不是掌柜的？

答：先生就是会计，不是掌柜的。

问：他们卖什么？

答：是杂货店。解放后也当，50年代死了。他的儿子叫杨国良（音），比我大2岁，今年57岁。他是天津大学1961年毕业的。

这两个儿子在家务农。这几年也不种地了。

一个在建筑公司当保管员。

一个在社办企业当工人。

杨玉兰，他大女儿，原是顺义著名的中医，招收学员（徒弟）培养，通过考试就收两名，由于她政治上不错，很早就当上党支部书记。她爱人是军队的军官，跟着调走了，现在在北京，不知干什么。原来是顺义县医院党委负责人。

问：她早就入党了？

答：早就入党了。

他们在这儿后裔的情况，有一个叫杨盛旺，他已死，有两个女孩，没有男孩，抱了一个男孩。

这一支真正存在的，有一个叫杨少丰（音）的儿子，他现在得了脑血栓，有点傻了，成天地坐着，凑合着能自理，说话说不好了。他原来是瓦工，有一个儿子。

问：原来没问题？

答：是的，就是老了有病。他儿子现在是工人。杨艳玲（音）是大闺女。

这一家走了。

【苗族入赘】

问：杨艳芳？

答：也是这个村的，她爱人是少数民族（苗族），原来是铁道兵。这个村有两个苗族人。

问：苗族是云南的？

答：是云南的。因为那里是中国的落后地区，他也不愿意去。

问：什么时候结婚的？

答：已有七八年了。

问：一般外地户口迁到北京是比较难的吧？

答：他转业就转到这里，是铁道兵，当然也费些事。现在控制人口，否则不行，这个地区在控制。现在叫民工潮。

【兄弟】

问：行大、行二是什么意思？

答：行大就是老大，行二就是老二。我怎么能排出来的呢？用忠、孝、节、义，不管什么人家，叫“忠”的他必定是老大。中国人起名按忠孝顺下去。

问：老爷子要是他在的话，你叫他什么？

答：就叫老爷子，再向上叫太爷。太爷就四辈了，一般五辈的很少，因为20年一代人。中国历史上有一家五世同堂，100多口人。

这里面爷爷辈的都没有见过，这边只见过杨少忠，这边见得比较多。

【杨润的经历】

问：杨润是什么时候去世的？

答：他1949年以前，1948年走的。他性格很特殊，他分了100多亩土地，不会过日子，将地卖了，吃了，好交朋友，最后剩不多了。由于他没有儿子，也造成他这种思想，留下来无用。最后他剩下10多亩地，到了北京，做了小买卖，能维持生活。

这是我家，原来这个房不是我们家房，是典当的房。因为我父亲他们分家时，按中国习惯，土地平均分，但是房子以老大为主，所以我们家分了场地一点地，场地有小房。当时我们经济条件比别人家好一点，所以就典他家房，我们家小房就让他白住。

问：你的父亲什么时候去世？

答：1976 年，当时 70 岁。

问：会首？

答：在村里管点事。杨源是最高的头。

【杨瑞的职务】

问：杨瑞是会首？

答：那是弄错了，他不是。杨源是村长，1952 年还是，1953 年不当了。

问：不当的原因？

答：就是因为他是富农。由于经济地位对社会状况持不同的态度。我们都卖了一些地，而他买了一些地。他没有儿子，准备抱杨庆义做儿子。由于性格不一样，杨庆义虽然过去了，但不像解放前，我有多少地就能控制你，后来与杨庆义，发生矛盾，生活不到一起，又回去了。主要是没有经济权，控制不了。

【父辈分家】

问：你父亲他们三个亲兄弟，什么时候分家？

答：1932 年以后，哪一年我说不清。民国二十一年他（似指其叔父）死的，死后才分的家，分家时还没有我。唯有他（另一叔父）死的晚，活到 85 岁。

问：他没有死，他不准提分家的事吧？

答：说不清，有 30 亩地，归他为养老地。后来他将地卖了，当时不少钱。他死时，发丧，将钱都花了，规模相当大，当时请了几个人，专门花这笔钱。所以，在他死之前就分了。奶奶的事我就不知道了。

问：丧事太过分了吧？

答：太浪费了。原来两个儿子，分家时留出 30 亩地，就是给他用，所以他全花了。

我父亲最早 40 多亩地，后来卖了一些，还有 30 多亩地。

问：杨正呢？

答：他也那么多。杨源多一点，他后来买了一些地。

【土地买卖】

问：你家为什么卖地？

答：从我母亲来讲，生活比他们要求高一点，我父亲体力劳动并非很强，生活总的要求高一点。当时卖也没有卖多少，原来因盖房子卖的多，姐姐结婚卖的多。

问：典当呢？

答：典当的钱不是还要回去吗。后来因钱币贬值得厉害，主要以粮食为标准。我听母亲说，典这房子要 10 多石（一石 =150 斤，小麦 =160 斤，高粱 =140 斤）。

问：杨源在什么时候什么地方买地？

答：不知道。他买地都在本村。

【沙井村的农地】

问：你知道他的地在哪里吧？

答：大体知道（看图）。

1939 年以前，这一片地不打粮食，都是沙土地，潮白河、小东河，一到雨季，种什么都给泡了，只有种高粱，种玉米都不行。1939 年大水，地里污泥一尺多，从此地才肥起来。

这一片没有好地，只能种花生、白薯，1939 年以后才好起来，种小麦、玉米。

这地很多是混着的。

现在这些地差不多都盖房子了。

问：是不是“土地改革”时用这些地名？

答：是的。

问：什么时候名字变的？

答：说不清，合作化以后。

问：什么时候修的路？

答：这路早就有。

问：解放以前还是解放以后修的？

答：不是，是日本占领的时候。现在将弯路搞直了。

还有褡裢地，就是地两头高，中间低，就像布袋子搭起来。具体在哪里，我也不知道。

【土地改革、土地证】

问：你们有没有保存“土地改革”时的证？

答：分土地没有几年，合作化又收回去了，保存没有意义。就是一张纸，没有意义。就是有房基地证，我们家也没有保存。“土改”时，我才 11 岁。

“土地改革”时变化不大，当时划地主只有两户。当时掌握政策不准，有一户根本不够地主而划成地主，他没有什么土地，只是在国民党乡政府当过文书，抄抄写写。还有两个富农，一个是我大伯，一个我大姑奶奶的姑爷。姑奶奶没有儿子，财产归两个女儿，石门村有一户，这一村有一户，给一部分钱，放高利贷。解放后她就向债主要钱，是一个农会（当时叫贫协）负责人，这样正好你是高利贷者。其实家只有几亩地，一个小毛驴，连个车也没有。我大伯是富农，那是名副其实的。还有一家姓张，他和山本斌（满铁调查员）认识，张瑞是富农，其实他小时很穷，替人家扛长工，后来不知他怎么学会做点心，由此发起来。

一个地主，谈不上，10 多亩土地；还有一个地主是掌柜的。所以，这村不是富的。

当地有 5 穷，张金武（音）他父亲替人家扛长工，小时候在一起玩的，后来长大替他家扛长工，很快就变化了。我听说，他们孩子打架，当时地方官吏腐败，行贿一下，将他几百亩土地搞了，一下就垮下来，因为打架，打官司，先拿钱，一下就花了 300 亩地。否则就不给你解决。

过去比较好的长工，一年攒 10 袋面。即 1500 斤。有一个光棍，干了一辈子长工，只买了 8 亩地，最后也没有结婚。过去 8 亩地打不了多少粮食。

【农村文化人】

问：像你有知识、有文化的人，这村比较少呀？

答：这个村有 10 多人上大学。中专以上有杨庆良（音），他年纪比我小，现已大学，他智商比我高；大伯女儿杨玉瑞（音）也是中专毕业，职称是工程师。

【满铁调查】

杨源和当年日本调查员有联系。当时中国处于被动地位，是被侵略，但他们关系相当好，山本斌邀请他到日本去，他没有去。战争结束以后，等待处理，他还给他们送面粉，这说明他们的关系。当然，那些人觉悟不高，当时调查，无非是为军国主义服务的，搞“大东亚共荣圈”，他怎么治理，总要搞点材料，总的讲关系不错。山本到他家吃过饭，我的嫂子当时也在场。当时中国农村一个影响比较大的农民，也不会提高到那样认识高度。

问：听说山本斌的孩子来过沙井村？

答：日本在这个村没结下直接仇恨，是在华北地区搞两个调查，这是其中一个，没有受过日本人的虐待。我听说，他们愿意，因为一天给一块大洋，打短工才 2 角，共产党影响还没有到这儿，一般人，从封建社会过来，就是为了自己能生活，没有政治头脑。现在觉悟与过去不同。日本现在国内有一部分人，到靖国神社去参拜，8 月 15 是一个敏感的日期，别的时间无所谓，这一天就不一样了。我们胜利了，你们投降了，还去参拜。我们看法，日本走军国主义道路，不能说100%没有这可能性。但日本人有其特点，岛国，比较顽强，与世界各国比较，日本人的工作非常卖力，拼搏精神特别强，经济发展又快。当然也不完全是拼搏，军费开支少，侵朝战争，日本攒了很多钱。明治维新重视培养人才，搞实用；欧洲人搞基础，可不攒钱。

张麟友

时　　间：1994年8月26日

访 问 者：中生胜美

访问场所：张麟友家

【张瑞的葬礼】

问：张瑞家原来在什么地方？

答：在东边（看图说的），有个池塘。

问：他是1946年的地主呀？

答：也有张家坟地。原来有，现在一火化就完了。原来在东边，平整土地时没有了。

问：张瑞去世的时候有白事吧？

答：有。

问：那时人家送礼吧？

答：当时有送份子的，拿几块钱。

问：有没有写幛子的呀？

答：有挽联。

问：现在有吗？有没有像你爸爸时那种幛子呀？

答：那没有了，烧了。

问：做白事，亲戚朋友都来看他要送些钱吧？

答：这就叫份子，有5元的、7元的、10元的。

问：这个钱叫什么？

答：叫份子钱。

问：给份子钱，都写上名字和钱数吧？

答：是的。

问：这个叫什么？

答：叫账本。还有个盒子，就是点心盒，里面装点心。

问：有没有送布的？

答：那是自己家里给，是我们的亲戚，给晚辈一人一个，叫孝衣。

问：你爸爸的账本没有了？

答：有也放在棺材里面了。

问：谁有？

答：别人没有。

问：给我看看好吗？

答：就是一个本子，上面记着谁给多少、多少钱，也有盒。不知放哪里，要回去找。就是普通的本子。

【张瑞的亲戚】

问：我想知道你家亲戚关系，所以想看看这个本子。

张瑞有没有亲兄弟？

答：没有，有一个叔伯叔叔。

问：他有姐姐？

答：有。

问：姑住哪里？

答：原来在北京，已去世了。她婆家就在机场边上，冯家营。

问：你爷爷叫什么？

答：记不清。

问：你叔叔叫什么？

答：张琨。

问：他有几个亲兄弟？

答：他可能也有一个，他还活着。

问：他父亲叫什么？

答：我岁数大，记不清。

问：你姑姑有没有孩子？

答：有。

问：有几个？

答：记不清了。

问：张瑞办白事时，他没有来？

答：有来的，也有不来的。

问：你妈妈叫什么氏？

答：叫张吕氏。

问：你的母亲有几个亲兄弟？

答：我就记得有一个舅舅。

问：叫什么？

答：叫吕昆吧。

问：她娘家在哪里？

答：在大东庄，没有过潮白河的桥。

问：你舅舅家也来参加张瑞的白事吧？

答：来的是我的表弟。不是他来就是表哥、表嫂来。

问：你没有姐妹？

答：有。母亲我有二个，原来的母亲死后娶我生母。姐姐不知叫什么名字，兄弟仨，老大叫麟祥，老二叫麟泉。

问：他妈妈叫什么氏？

答：那就更不知道了。我大哥我都没有记忆了。

问：他们现住在哪儿？

答：张麟祥住东北角，原来和我在一个院子。我最原来也在这儿，后搬西北角了。

【孝衣】

问：你穿了孝衣了吗？

答：孝衣没有，现在就是戴一个黑纱，别的什么也没有。

问：与过去不一样了？

答：不一样，过去还有帽子、白衣裳、鞋，都有，即白衣、白帽、白鞋。

问：什么时候没有的？

答：我都没有穿过。

问：你的爷爷死时？

答：我都不知道，当时听说他死时挺隆重的。我是 40 年代生的，今年 51 岁。所以，我爷死我都不知道。

【家庭成员、婚姻】

问：你的爱人叫什么？

答：她叫郑赤红（音）。

问：她是 60 年代出生呀？

答：她今年 46 岁。

问：她有几个亲兄弟？

答：她们哥儿仨，姐四个。她是老二。

问：你们是 50 年代结婚的吗？你上过学没有？

答：上过学。

问：几岁上学？

答：那就不清楚了。

问：上了几年？

答：原来上学，考高小没有考上，上民办。家里没有钱，休学，末了又念到中学二年级，家庭困难又休学了。

问：中学不念，以后就种地了？

答：是的，那是 1961 年。当时就有我父亲和我母亲、还有妹妹，就靠父亲种地养着我们。我妹妹不能干活，我也没有法上学了，就开始务农。

问：吃大食堂的时候，你还念书吧？

答：那时念书。

问：那时你家是富农吧？

答：富农。

问：富农是有很多麻烦的事吧？

答：对我们家来说，也没有什么麻烦。

【张瑞的劳动改造】

问：那你父亲不是打扫厕所什么的？

答：那是扫过。对我父亲也没有什么影响，我父亲人和气，都合得来，没有民愤，所以也就没有什么乱七八糟的事。就是富农，种的地，主要是没有民愤，所以没有受到冲击，我就更不要提了。在“文化大革命”时，我还记录抄大字报呢。

【张麟友的经历】

问：你17岁就种地，是哪一个生产队？

答：我们是第一生产队。

问：队长是谁？

答：都忘了，脑子老化，生产队长经常换。

问：第一生产队有多少户？

答：第一队可能60多户，二队50多户。那时就是两个生产队，南边一队，北边一队。

问：现在修马路的是二队呀？

答：从大队后面一趟街一直通东边，原来不是东边有一趟道，地头上。

问：这是过去的地图，这是老地方吧？

答：老地方（看图）。

问：这个地名平时用不用，现在年轻人都不知道了吧？

答：不知道，赶上就知道，赶不上就不知道。现在叫河东、河西。

问：你上学时你家有多少地？

答：不记得，人民公社化前，地都归合作社。刚解放不久不是互助组吗，我都不记得。

【结婚】

问：你什么时候结婚？

答：我结婚晚，30岁。

问："文化大革命"以后结的婚？

答："文化大革命"时。

问：你一共有几个孩子？

答：共两个，一闺女、一儿子。老大叫张京利（女），老二叫张长松（男）。

问：老大现还念书？

答：不是，她已结婚走了。

问：她什么时候结婚？

答：头年，即去年，23岁。

问：你女婿叫什么名字？

答：叫崔军。他是太平人，即县城里人，他是城市户口，针织厂正式工人。我女儿是非农户口，我家4口人，就我一人是农村户口。儿子和女儿是随我们家里的（即随妻子），我爱人是北京知识青年。他们在火车站往北的居民区。

问：一般说，30岁结婚是比较晚的了。

答：是的，成分不好。

问：你姐姐结婚没有问题吧？

答：是的。

问：你姐夫的成分是什么？

答：他们是贫农。

问：你姐姐结婚后成分改了吧？

答：改了，是贫农。

问：富农就不能找对象？

答：在有成分论时，加上家里穷，所以不好找。我的老岳父他是北京人，他在顺义马车队，我们经常和他们在一起，他们拉煤，我们卸马车上的煤。

问：你老伴的成分是什么？

答：她也是贫农。老家是蓟县。

问：老伴的家在哪儿？

答：新火车站往正东道，毛纺厂。

问：原来是顺义县人？

答：他们老家是蓟县人。

问：岳父干什么？

答：原来我就知道他是马车队，现在叫交通局，运煤的，现在退休。

问：你们结婚，你的岳父、岳母反对吗？

答：没有。

问：你结婚几年有了孩子？

答：我没记得。

问：你结婚是大队集体结婚吗？

答：不是，都是个人，这里没有实现集体结婚仪式的。

问：介绍人是谁？

答：是岳父，村里也有一人。

问：一般岳父不做介绍人吧？

答：由于我们在一起干活，他见我不错。

问：老二多大岁数？

答：17岁，中学毕业，考上石家庄一所学校，什么学校叫不清。

问：现在你老伴干什么工作？

答：毛纺厂，我在城关镇农场工作。

问：今天是为了我们休息？

答：请的假。

【写真】

问：这是我们照的相片，送给你。

答：我们相片不少，还有山本斌和旗田巍的相片。

问：对你的爸爸有什么影响？

答：我爸爸不错，人家挽联上写着平易近人，和蔼可亲。是街坊人写的。我们家在村里辈分高，上我这里来随便，赶上吃就吃，赶上喝就喝，我爸爸没有什么脾气，没有什么毛病。

【街坊辈份】

问：李广志你叫他什么？

答：李广志我叫他哥哥。李广明，我也叫他哥哥。张荣他们是一支，我叫他也叫哥哥。

问：杨源你叫他什么？

答：我叫他哥哥。

问：杨正、杨起呢？

答：也叫哥哥。

问：杨润呢？

答：也叫哥哥。杨启明（音），他就叫我叔叔了。

问：杨文贵（音）？

答：他是孙子辈，叫我爷爷。

问：杜守义（音）他们呢？

答：杜守义和杜守祥他们是哥儿们。

问：杜廉昌、杜廉义（音）？

答：杜廉昌、杜廉义他们就称爷儿们了，叫我叔叔。他爸爸叫杜士贤，和我是哥儿们，他还活着。

问：杜景泉的父亲叫杜守义，是上一辈呀？

答：和我是哥儿们。

问：李广才叫杜廉成什么？

答：不知道，李广才和我是哥儿们。李广来和我们是亲戚关系。我叔叔的闺女嫁给李广来。

问：张麟生的闺女？

答：是李广来的儿媳妇。

问：这样辈就要改了？

答：他们还是同辈。原来李广来他们是哥儿们，现在不还是哥儿们。

【平辈】

问：村里结婚，街坊和亲戚会有矛盾吧？

答：有平辈也有不平辈。我哥儿们的闺女在前院就不是平辈的。他叫我爷爷，按现在的辈分叫叔叔。

问：原来叫爷爷，一结婚就叫叔叔了？

答：是的。

问：这样改称呼。李广志的外甥女叫李风鸣？

答：姓孙的。杨珍的儿媳妇。

问：他们原来辈分？

答：可能男的叫女的姑，不一样。

问：你说杨珍的姑辈是这个女的，是这个意思？

答：按现在他们俩结婚了，没结婚前按街坊她大一辈。

问：儿媳妇原来叫什么？杨珍叫她姑姑呀？

答：原来两口子结婚，例如你和我，你比我辈分大，一结婚咱俩不就平辈了吗。

问：平辈他们亲兄弟要改称呼吧？

答：就得改，父母也得改。

问：他们堂兄弟也要改吗？

答：直系亲属不就得改吗。

问：他们的大爷和叔叔也得改吗？

答：那可能也得改。五服之内也得改。现在你改不改不也是那么回事。

问：过去比较严格，现在比较随便吧？

答：是的。现在老乡们开玩笑，就不拿这当一回事了。

问：你刚才说你二哥的闺女，原来二哥的女婿叫你爷爷，他叫什么名字？

答：姓杨，本村。

问：你二哥哥叫什么？

答：叫麟祥。

问：他的闺女叫什么？

答：叫张华敏（音）。

问：他们什么时候结婚？

答：比我结婚早，她的姑爷与我一般大。

【生活习惯】

问：街坊都到你这里拜年吧？

答：现在都没有了，我小时候还赶上呢。当时都拜年，要磕头，给花生、瓜子的，还有拜年钱。

问：这种习惯什么时候没有的？你念书时还有这种习惯吧？

答：往后就没有，念中学就没有了，上小学时有。

问：你看这习惯没有是由于一种政治运动，还是你家的成分不好的原因？

答：都不是，就是风俗习惯，就像墓葬似的，现在改为火葬。

问：火葬是1980年代才开始的吧？

答：是的，人民公社时就有，没有到承包制就有了。不是重要事，稀里糊涂。

问：这个庙是死人时去上供献？

答：那院，我也记不清，原来有那么一堆子，墙上画的画，鬼呀！

问：你家的北面有几家？

答：可能是五六家呢。

问：你家到新修的马路第几条？

答：后面就一条，最后一条，后面就是大马路。

问：木柴厂？

答：在西南角。

【村地理位置】

问：你们农场在哪儿？

答：在村的西边，我在城关镇农场，在石各庄（音），我骑自行车去上班。城关镇有的村有农场，有的村没有农场。

问：村公所的位置？

答：原来在大庙，大庙分前、中、后三殿。后边是如来，中间是菩萨，前边是关公。

问：什么时候扒掉的？

答：“一平二调”的时候，不是“文化大革命”时候。

问：谁扒的？“一平二调”时怎么扒的？

答：吃食堂时可能还有。

问：食堂在什么地方？

答：就在大庙里面。

问：马路北面也有沙井村的地？

答：不太多，原来这趟道是这样，现在是这样的，直了。

【盖房与租房】

问：盖房一间需多少钱？

答：没有算，自己买的料，由建筑队盖。

问：这个楼房？

答：不算楼房，是平房。

问：盖一间房多少钱？

答：我们家不知道。

问：你们打算自己住，还是出租？

答：出租。

问：一间房租金多少？

答：还没有租过。

问：院子里有外来工人，你们是不是觉得不方便？

答：是不方便。没有外来人，你可穿个小裤衩，如果男的还可以，如果是女的，你就不好穿小裤衩，得穿大裤衩。说话也得有分寸。

问：租房还贴广告吗？

答：没人贴广告，就托人打听打听就行了。写广告，不还得花广告费吗？广告费得上万元，接待也是麻烦。我们这是有一搭无一搭，有人住就住，无人住就放东西。如果要搬迁，不就少花点钱吗。

问：你家一共有几间房？

答：新、旧共13间：南、北各5间，厢房3间。

问：你家有没有自来水？

答：有，安了十多年，办食堂，“文化大革命”时都没有，才十多年。

问：这个村北面很小，西边也有人家？

答：西边胡同有几家。木柴厂、农贸市场，搞批发，夜里二三点就来了。

问：现在带我去看看可以吗？

答：可以。

杨　珍（70岁）

时　　间：1994年8月26日午

访 问 者：中生胜美

访问场所：杨珍家

【个人经历】

问：您叫什么名字？

答：杨珍。

问：你70岁了吧？

答：70岁。

问：我访问了你弟弟。你上过学吧？

答：上了三年学。

问：几岁上学？

答：12岁上学，15岁就到北京学徒。

问：1946年？

答：国民党时，日本人投降，我正在那里。

问：你在北京什么地方学徒？

答：广安门报国寺义信隆饭馆。

问：学徒第一年大约给多少钱？

答：学徒时不给钱，只管饭，学三年出师。

问：那时主要客人是中国人吧？

答：中国人，掌柜的是山东省人。

问：山东省什么地方人？

答：那就不知道。

问：你父亲原来是住在这个地方吧（看图）？

答：原来就是这个地方。

问：就是杨瑞的地方？

答：对。因我大爷家没有人，就是大妈一个人，由我们养着，她已89岁了。

问：他是富农成分吧？

答：是的。

问：你家是贫下中农？

答：是贫下中农。

问：他家是贫下中农呀？

答：他是贫下中农。

问：你去北京学徒，有多少土地？

答：有二三十亩，都给人家扛活，我爸爸给杨永元家扛活。

问：你大哥叫杨恩？

答：他是我哥哥。

问：他去北京学徒？

答：他们在北京住着呢，他不在义信隆。

问：他现在在北京？

答：他们一家都在北京，住在宽街。

问：你娶老婆是在这儿还是在北京娶的？

答：在家娶的。

问：你老婆娘家在什么地方？

答：在河东葛袋子（音），她也是贫下中农。

问：你什么时候结婚？

答：解放后。

【子女】

问：你大儿子多大岁数？

答：39 岁，1956 年出生。

问：你结婚时有没有人民公社？

答：早有了。

问：你在北京工作，很少回沙井村吧？

答：经常回来。

问：土改没有给你土地吧？

答：只给自留地，其他没有我的。

问：1950 年代你是城市户口？

答：我是北京户口，回来就迁回来了。

问：你有两个孩子？

答：我有 4 个，2 男 2 女。

问：大闺女？

答：在许家营；二闺女在赵各园。

问：他（指杨恩）很少回来？

答：不回来，全在北京回来干什么。

问：有时间来看看你们吧？

答：就我爸爸死时回来一次。

问：他儿子叫什么？

答：叫杨洪昌。他有 4 个儿子，因大的在这儿生的，我知道，那几个在北京生的，我就不知道了。

【北京学徒时代】

问：你学徒一直到哪年？

答：我是 1964 年回家，是下放回家的。

问：北京解放时？

答：北京解放时我在安定门交道口天心全油盐店学徒。

问：这是国营的？

答：是私人的。

问：这个商店是不是归了国家？

答：解放后归了国家。

问：你一直在那工作？

答：解放后在丰盛胡同幼儿园，蹬车，拉小孩，现在我还有证明呢。

问：大闺女多大岁数？

答：也就 25 岁或 26 岁。

【下放】

问：你下放回来有几个孩子？

答：就两个，大小子和二小子。二闺女是回来之后生的。

问：回来时你父母都还在吧？

答：父亲在，母亲已去世了，母亲在我小时就死了。

问：你大哥回来吧？

答：他没有回来，杨起在。

问：你回来时他已成家了吗？

答：没有成家？

问：你回来干什么？

答：种地呀。我是二队的社员。

问：你愿意回来？

答：老开会，不回来，开会动员你回来，那时给我 1000 元，盖了 5 间房。

问：下放之前在哪个单位工作？

答：丰盛胡同里打墨水盖，我拉车给取送货。

问：那时你工资有多少元？

答：都忘了，可能五六十元。

问：除你回家外，还有多少人回老家的？

答：10 多个人，东、西、南、北都有。我头一个走。

问：你愿意留在北京？你户口在北京，

家里人呢？

答：我一个人户口在北京，其余家人他们在沙井村，我一个人养不过来，我看家走就家走吧。攒几个钱，我花还不够，家走吧，家里有两个劳动力。

问：你的家庭在沙井村，那时你经常回来吧？

答：对，我礼拜日回来。早来晚回。

问：你一个人在北京，家在农村，让你回去，开会是那样说吧？

答：开会，经常开会。

【父亲去世、丧俗】

问：你父亲什么时候去世？

答：是大涝那一年，在我40岁的时候，我父亲在生产队放羊。

问：1965年，是你从北京回来后几年他死了？

答：没有几年就死了。死时，我在生产队干活呢。

问：“文化大革命”结束时死的？

答：我已有两个大儿子了，有30多年了。

问：你父亲死时做白事吧？

答：亲家来了得管饭，做了三四桌。

问：你父亲死时还戴孝？

答：还戴孝，那时不叫埋，要火化。

问：你买了棺材？

答：买了棺材，现在没有了。

问：棺材很贵吗？

答：八九十元。当时木头便宜。

问：从当时来说是很贵的吧？

答：那可不，那时钱值钱。

问：有没有吹喇叭的？

答：有，我说不干，闺女说我们给钱，抬棺葬也是闺女给的钱，我没有钱，抬葬要5元。人要给饭吃。人由生产队派，队里出的车，不要钱。

问：你母亲死时也这样吗？

答：母亲死时我刚几岁，我们家共6个孩子，穷的很。

问：你妈妈死时也戴孝吧？

答：戴孝，穿孝衣，还有鞋子。我父亲死时就没有了，解放了。

问：你爸爸死时还没有火葬场吧？

答：没有。

【墓地】

问：你父亲的坟墓在什么地方？

答：都没有了，平了。现在骨灰盒埋了，不让有坟头。小东坟，现在都平了，三亩地也是埋死人的，现在也平了。

问：是杨家的老坟？

答：不是，是生产队的地，别的地方不准埋，不管你姓什么。现在早没有了，已种庄稼了。

问：你有没有当过干部？

答：没有，我是社员，我没有文化，还当什么？

【“文化大革命”】

问：“文化大革命”你在这个村吧？

答：在这个村。

问：“文化大革命”时有运动吧？

答：咱们不参加，咱们社员懂得嘛？不参加。什么运动也不参加。

问：那要受批评吧？

答：批评什么，你没有文化，不会说不会道，你参加什么？

问：参加的都有文化呀？

答：那当然，人家当干部，有文化，知道社会情况，咱就听人家讲。

问：“文化大革命”对你没有什么影响？

答：没有什么影响。

问：当时吃的不太好吧？

答：吃的行，棒子面，米、面，吃肉少。

问：一、二队的工分不一样吧？

答：归大队管，一样，有什么事，小队找大队，大队给你解决。

问："文化大革命"时一队干部叫什么名字？

答：好几个干部呢。

问：每年一换？

答：有一年，也有两年一换的，好就叫你干下去，不好就叫你下去。

问：为什么经常换？

答：你对社员不好，还不换，你对社员不好，社员干活就没有情绪了。与咱们家过日子一样，你当领导不好，就换你。

【分家】

问：你们什么时候分家？

答：早就忘了，有什么分的，共3间房。

问："文化大革命"以前就分家了吧？

答：没有。我回来后，他一人，我人多，他一人挣钱，我3口人吃饭，不是背着吗？所以分家，老爷跟我。我结婚，房子拆了，盖了厢房。3间房拆了给他，这房是我盖的。

问：分的时候，也给你大哥一点钱吗？

答：人家不要，在北京，什么都没要，我都没要，3间房给杨起了，他拆了又盖成4间。

问：有没有写分家单？

答：写什么分家单，房什么我也不要。什么东西也没有。

问：你的老大老二还没有分家呀？

答：分家了。有12年了。有分家单。

问：能不能给我看下？

答：不知他们放哪儿了，分家单是一人一张。大队盖的证明，没有这个不行。

问：过去的分家和现在的分家不一样吧？

答：不一样。过去得请人。

问：你父亲分家怎么分的？

答：不知道，早就分家了。

问：你父亲有5个兄弟？

答：兄弟4个，1个姑。

问：杨永瑞是你什么人？

答：他是我三大爷，最大是杨永才。二大爷是杨永林。我住的地方是杨永林的地方。

问：你爷爷是？

答：是两个字，记不清。

【家谱】

问：有家谱吧？

答：过去家家有家谱，那是细心人，不认字要它干嘛！

问：过去你看过你家家谱吗？

答：我父亲知道，我听说，没有看过。

问：你父亲识字吗？

答：识字，上过学校。

问：你二大爷、三大爷有没有保存下来家谱？

答：那我就不知道了。我是小时听说的。

问：你的老祖宗是从什么地方过来的？

答：不知道。

问：五服之内姓杨的有多少户？

答：12户。

【过年习俗】

问：过年拜年，街坊也是一样吗？

答：一样。

问：你们一般拜年是初一还是初二？

答：过去拜年，当家子嘛，小辈的都去，什么大爷、叔叔、婶婶、大妈，平常不去，拜年得去。一解放就不拜年了。

问：过去是初一上一家子？

答：初一初二到初五，当家的大爷、大妈，见个面，欢欢乐乐。

问：到亲戚家什么时候？

答：过了初五以后才能出门。到正月十五就完了，什么也没有了。

问：过去你们过年，在外面有没有挂灯的习惯？

答：有。踩岁，在正月十五。过去是过年才吃好的，现在你想什么时候吃就什么时候吃。

【满铁调查】

问：1940年代，你在时日本人来过没有？

答：我们村住过日本人，经常来访问。

问：调查的人你还知道吗？

答：不知道。以前经常来人，找那几个老头们，现在都死了。

【集市】

问：你上学在沙井村吧？

答：是的，沙井村离县城不远，二里地。

问：有赶集的吧？

答：有，是四、六的集。逢六是大集，逢四是小集，初六、十六、二十六，准是大集；初四、十四、二十四，是小集。我小时也去赶集，买卖粮食和蔬菜，什么东西都有。

问：除顺义县城外，别的地方还有没有集？

答：别的地方没去。

问：当时日本人占领吧？你们赶集要不要检查？

答：有日本兵驻着，赶集时要检查。要出了事，就得检查。先前不检查。

【日军】

问：日本兵多吧？

答：前楼炮楼上多着呢，顺义县是一个点。

问：你赶集时怕不怕？

答：不怕。我小时候日本人见了说：小孩、小孩，大饼的。后来就不行了，日本人认为中国人大大的坏了。

问：是不是戴眼镜的人？

答：是。一般中国人不戴眼镜。在大庙里看到的，就是后来大队那地方，大庙不是拆了吗。

问：有没有你认识的？

答：不认识。大庙那时是学校。

问：大庙以前有学校？

答：是的，我在那儿念过书。

【八路军】

问：晚上八路军来过没有？

答：没有，没解放前没来过，只听说过。

问：在什么地方听说？

答：在农村。不让说，说了要有危险。

问：那时候你们对八路军有什么感情？

答：咱胆小，不知道什么。一来就蹲在家里。

【日本投降】

问：日本人投降你知道？

答：知道。

问：当时你有什么特殊感觉？

答：咱们不懂得。

问：投降了，日本人就没了？

答：送走了，他们就回家了。我们在北京市，好多日本人在中国做事，干什么都有。

【满铁调查员】

问：杨源与日本人比较熟吧？

答：最好的有张志武（音），有周彦（音），他们三个人和日本人关系好。

【姓名与号】

问：张瑞也叫张志武？

答：对，对。张志武是号，张瑞是本名。

问：一般尊重他时用号吧?

答：不知道。

问：你有没有号。

答：我没有。

问：怎么样就有号?

答：有点名有号，有的就只有名无号。

问：你叫张志武什么?

答：叫叔。张志武是地主。

问：做蜜供在什么地方?

答：在三里河，那里有厂。

问：送蜜供是吃的还是干什么?

答：上供用的。是甜的，现在点心铺也有。在北京是出名的东西。

问：一般号是很少用呀?

答：对。

问：你父亲有没有号?

答：没有。

问：上北京工作的人有没有号?

答：那就不知道。

问：你大哥有号吗?

答：他有号，叫杨恩。他的号叫“旗”，现在他改杨恩。去北京学徒有号，在本村没有。

问：亲兄弟一般不叫号?

答：不知道。在北京做买卖，是掌柜给他起的。

【外号】

问：你有外号吧?

答：没有。

问：李哑巴是一种外号吧?

答：他就是哑巴，他不会说话，现在还在，是本村人，他没有名字。他现在有60岁。他父亲名字我不知道。他生下来就是哑巴。

问：有没有瞎子。

答：没有。

问：杨家当家的有没有外村的?

答：没有，我们都是本村的。

问：你大哥到北京，一家人去叫他大哥，大爷，叔叔吗?

答：还是那么叫。

【小名】

问：上辈叫名字吧?

答：叫名字，也有小名。凡人都有小名，爹、妈叫小名。上学由老师起名。

问：你小名叫什么?

答：我叫牛子，大哥叫马子，杨起叫屁子，我妈给他起的，他好放屁。我们家里是一套车，杨武（音）叫车，杨成（音）叫驴子，我大妈孩子叫套子。

问：男的起小名，女的也有吗?

答：女的也有。

问：一般谁起小名?

答：妈妈给起。

问：你的女孩小名叫什么?

答：叫二丫、大丫。

问：你妹妹的小名?

答：我都忘了。一生下来由妈妈起。

问：小名互相都知道吧?

答：一叫不就都知道了吗。

问：有了学名就不用小名了?

答：对。

问：到了四五十岁时，亲人能不能叫他小名?

答：能叫。

李广明（68岁）

时　　间：1994年8月22日上下午

访 问 者：小田则子

翻　　译：孙雪梅

访问场所：沙井村村民委员会办公室

【家庭状况】

问：您有兄弟姐妹吗？

答：有，一个姐姐，一个妹妹。

问：她们的名字？

答：过去她们都没有名，都叫什么氏。

问：出嫁后叫什么氏？

答：张李氏，我姐姐。那头姓张，我们姓李。

问：她结婚的婆家离这儿远吗？

答：12 里。

问：您妹妹呢？

答：也这么远，在同一个村。

问：叫什么村？

答：河南村。

问：您有孩子？

答：有，共 8 个孩子。7 个女儿，一个男孩。

问：您男孩的名字？

答：李新春。

问：女儿呢？

答：大女儿叫李玉英，二女儿李玉芝，三女儿李玉兰，四女儿李玉华，五女儿李玉敏，六女儿李玉苹，最小的叫李玉梅。六女儿我得想想。

问：您老伴的名字？

答：李郑氏。

问：她是哪个村人？

答：并圈村（音）。井字没有草字头，两个点，二横二竖。（疑为“穽”，字整理者）

问：您的孩子结婚了吗？

答：儿子已结婚了。他爱人的名字叫王长洪。

问：有孩子吗？

答：有两个，大孩子叫李丹，二的叫李莉。

问：李丹、李莉结婚了吗？

答：他们才七八岁。

问：这是他们的小名吗？

答：大名小名都叫这。

【李姓同族】

问：你家是从哪里来的？

答：传说是从山西省洪洞县大槐树村。

问：什么时候来的？

答：我闹不清，这是传说。

问：是从其他村来的吗？

答：不是，直接从洪洞县来的。

问：到你们这一辈有多少代了？

答：多了。向上三代我就说不清了，往下李文奎是一辈。李振福是我老爷爷。

问：李振堂？

答：李振堂是我爷爷。李振堂的爷爷是我爷爷的爸爸，我的老爷爷。再往上三辈就说不清了。往下是李文奎。李成林、李成文这又是一辈了。李成林、李成文是兄弟俩。李文奎下边有李真，这上也没有。他是李真的爸爸。

问：跟您父亲同辈的？

答：不是。是我父亲他爷爷那辈。

问：都是兄弟吗？

答：不是。他是李真的爸爸。李真下边的儿子就是他们哥儿五个。

问：您只能追叙到您爷爷这辈？

答：对。

问：您知道多少代？

答：一代、二代、三代、四代，再往上就说不清了。

问：您有《家谱》似的东西吗？

答：从前，从李文奎以上我写来着。解放后到现在的我这两个淘气的孙女都撕了！

问：最近有《家谱》吗？

答：都有，让我孙女撕啦！

问：你们李姓其他家有吗？

答：这种形式的有，如您这一支，我这一支的人。都没有了。到李真这儿有，再往上弄不清了。这几年都是弄到李真这儿，再往上弄不清。

问：你们李姓在这个村有多少人？

答：现在不好算，人不少。

问：有多少家？

答：我算算。18 户。

问：是加起来的吗？

答：对，加起来，都单过不是。

问：别的李姓还有吗？

答：有。同姓不同族。

问：多少户？

答：李家纯一户。他儿子分家了，不知道有几户。

问：除了你们这李姓还有别的李姓吗？

答：这村有，同姓不同族。

问：有几户？

答：有李祥林、李强勇、李树勇、李秀芳，这 4 家。

问：他们是一个祖宗的？

答：对。

问：同姓不同族的还有一家吧？

答：没有啦，就那 4 家。

问：他们 4 家是一个祖宗？

答：对。他们原来是十里铺的。我们这里原来有个村。后来搬到这里来的。

问：他们有 4 户？

答：对。

问：除他们 4 户外还有别的李姓吗？

答：没有了。

问：您知道这村有姓杨的吗？

答：有。

问：几户？

答：杨佩深、杨印森、杨洪武、杨保森、杨国歧、杨国祥、杨小余、杨广生、杨为良等，共 9 户。

问：不同姓同族的有吗？

答：没有。

【沙井村的族姓】

问：姓张的几户？

答：姓张的不少。姓杨的 7 户，不对，还得加上 3 户，共 10 户。姓张的全村人不好算，分家了得算一户。后街 2 户，这边有张麟云，张麟富、张麟有、张守俊、张守清、张树同、张树新。那边有张荣国、张仁炳、张仁叔共 15 家。

问：同姓不同族的有吗？

答：没有。

问：姓刘的有吗？几户？

答：有。有也是概数，详细的算不清了。刘士元、刘士环、刘士德 3 户。

问：姓杜的有几户？

答：8 户。

【解放前家庭状况】

问：您 1926 年生的？民国多少年？

答：民国十五年。

问：您出生的时候您父亲干什么？

答：给有钱的买卖人家做饭，雇工。

问：在什么地方？

答：我父亲 15 岁就给有钱的户当小工做饭。以后就在铺家了，也就是买卖家。

问：是收钱还是当店员？

答：做饭。

问：他经常不在家，在外？

答：对。

问：一年回家几次？

答：回到顺义有时回家看看庄稼，住在家里一夜，赶回去做饭。

问：在顺义城是吗？

答：由北京到高丽营，后又到顺义县。

问：在顺义时每年回家几趟？

答：我还小，记不得！

问：您父亲在什么地方学的做饭？

答：那时候没有师徒之说，自己学着做。

问：您上过学吗？

答：上过 3 年小学。

问：从哪年上学？

答：从 9 岁上学，每年都上不齐，农忙时就不上了。

问：那时您家有土地吗？

答：有 17 亩土地。

问：您父亲在外，谁种？

答：家里找个临时短工，耕、播、拉由石门的亲戚帮忙。

问：您亲戚是最忙的时候才来吗？

答：除了耕、耠、拉之外，还要施肥，其他的活雇临时工。

问：您雇多少临时工？

答：一两个，看家里的活多少而定。

问：长工？

答：不是。

问：您雇的人与您同时吃饭吗？

答：人家先吃饭，我们雇的都是短工。

问：他们与你们有关系吗？

答：没有关系。

问：怎么找短工。

答：村里有。村里不够时到市场上找。用几人找几人。

问：顺义县城有？

答：对。现在又新修了一个。

问：您一直做农活？

答：对。

【土地改革、互助组】

问：您记得解放初期的事情吗？“土改”的事你记得吗？您家划为什么成分？

答：贫农。

问：您分到土地了吗？

答：没有，给我我没有要，我父亲有点地，算账我差 1.5 亩地。

问：给您，您没要？

答：对，1.5 亩地没法种。

问：那时一个人几亩？

答：全村平均 2.5 亩地。

问：那时您家都有谁？您父母和您共 3 口人？

答：这时还有我妻子和一个妹妹。我姐姐已出嫁了。

问：共 4 口人？

答：我还有孩子，共 7 口人。

问：7 口人才分给你 1.5 亩呀？

答：一人平均二亩半，还欠我们 1.5 亩。

问：新中国成立时的事您记得吗？村里有庆祝活动吗？

答：扭秧歌，演小剧什么的。

问：互助组、合作社您知道吗？

答：知道。我也参加了互助组。我们这个互助组有杜钦贤、杜士贤、赵文生。

问：解放前您家有牲口吗？

答：有。一匹马，一头牛。互助组时他们都没有，使用我的牲口。

问：土改时您家的牲口上交了吗？

答：还是自己的。

问：您父亲在外做厨师和给你们家做农活的，谁挣的钱多，是您父亲挣的多吗？

答：我父亲在外时我岁数还小，他 55 岁时就回家了。

问：解放前您父亲不是在外边吗？

答：对呀，那时我还小。我们家有房，我父亲回来就给我盖房。

问：解放前你们有房吗？

答：没有房，日本人来那年盖的房。

问：40 年代盖的房？

答：不清楚什么年代，反正是日本时期。

【满铁调查】

问：您小时日本人来这里调查的事，您知道吗？

答：山本、小昭、旗田巍来时我知道，其他我就不知道了。为什么到我们村来呢？霸县里的档案，石门等村有打架的，就我们村没有，我们村的人与其他人不闹纠纷，他们来时是那一年，那年他们来了一趟。

【土地改革、合作社】

问：“土改”时村里的中心人物您知道吗？

答：知道。“土改”时农会主任叫张守俊，其他人都没有了。

问：他们都有哪些活动？

答：一个村有多少地，多少人，您达到二亩半地为中农，达不到二亩半的为贫农，多的为富农。

问：你们互助组成立时最初做的事情是什么？

答：种完地，谁该干什么干什么去。

问：张守俊是村长？

答：不是。是农民协会的主任，贫协农会主任。

问：他家有多少地？

答：没有多少，跟没有地一样。

问：除农协主任之外，其他成员您知道吗？

答：李祥林、李广志、李广太、张守俊、杨哲，这些人都不在了。还有我。人不少，杨生也在里边。

问：姓李的都是一族的吗？

答：不是，这两个是一族的，他是十里铺的。

问：这些都在农协中吗？

答：是。还有杜欣贤。

问：初级社时谁是头？

答：初级社时讲自由，入社自由，出社自由。有两个社：东社、西社。东社是杜作新，西社是李祥林。

问：他干什么？

答：成立小社时办事人是村里的，相当于现在的村长。

问：有书记吗？

答：他就相当于书记。

问：东社呢？

答：就是杜作新呀。

问：他是书记吗？

答：他不是书记，是小社社长。

问：初级社时全村人都参加了吗？

答：有几个个别户没入，一年之后都入了。

问：您参加了吗？

答：您当干部不参加还行？

问：他们为什么不参加？

答：思想不通。

问：高级社时的中心人物是谁？

答：还是杜作新他们。还有张麟炳、李祥林，都在。

问：全村人都参加高级社了吗？

答：都参加了。

问：您参加高级社时是怎么想的？

答：我们由小社转向高级社了，小社时没剩几家，高级社时这几家也入了。

问：人民公社都是由哪些村组成的？

答：高级社时一个乡为一个大社。我们这个乡有沙井、望泉寺、军营、石门、沙坨、梅沟营共6个村。

【清明节、坟地】

问：解放前有上坟的吗？

答：上坟，清明上坟。

问：春节？

答：春节不上坟。

问：清明节几家一起去上坟？

答：清明时我们这几家凑齐了一起去。

问：解放前李姓的坟在什么地方？

答：从这里往火葬场的路上。

问：你们一年上几次坟？

答：就一次。

问：解放前也就一次？

答：每年就清明节一次。

问：同一宗祖的人都凑到一起上坟吗？

答：都在一起，一家去一个人。如果死的这个人后继无人了也得添点土。

问：就清明节那一天去？

答：对。

问：就男的去吗？

答：女的不去。

问：解放前李姓家的坟地有几亩？

答：六七亩。

问：看坟的人有吗？

答：没有。

问：有人耕种吗？

答：埋不严的有地方，有人种。

问：坟地的边沿有人种吗？

答：没人种，整个坟地的边上有人种。

问：全族的人清明节一起去上坟，有族花吗？

答：没有。

问：有拜的顺序吗？

答：没有。上坟的头一天就商量好了在某个地方集合，人差不多齐了就去上坟啦！

问：比如说上坟的有您叔叔、大爷一辈的，是不是他们先拜？

答：都是我们同辈的人，我们晚辈的去也行。

问：有没有您父亲先拜，您后拜的情况？

答：有。你们家来个人，他们家来个人，我们家出个人，凑到一块去。

问：一起去？

答：对。

问：除了上坟以外，还有全族统一的活动吗？

答：这不一样，我们这一家清明节这一天添完坟就回家了，清明这天写包袱。

问：什么包袱？

答：就是这么个形式。弄一张纸翻过来写上死人某某的名字，证明对他尊敬，给他上坟上一辈子。

问：春节上坟吗？

答：春节不上坟，但也写上死人的牌位，摆在一个正位上，上供。春节、清明、七月十五写包袱。

问：牌位、写包袱有吗？

答：现在没有了，解放后就没有了。

问：除春节、清明、七月十五，其他时间就不上坟了？

答：其他时间也有，但就不写人名了，也有包袱，用纸剪衣服，剪兰田，放在里头烧了。

问：解放前您家的坟地有六七亩，“土改”时这地被收去了吗？

答：都归集体了。

问：分给别人家了？

答：没分，归高级社集体种啦。

问：人死之后还往坟地里埋吗？

答：坟地都分开了。

问：那死人埋在哪里？遗骨还迁吗？

答：解放后没有二三年坟都平了，遗骨不迁。

问：那人死后在哪里埋呀？

答：自己找坟地，重新立坟，老坟地都没了。过去是，如祖坟在这里，一辈一辈地往下排，排到这地方没有地了，就另找坟地了。

问：这么说坟地都分散啦？

答：如你这家他这户能都搁在一个坟地吗！

问：这是“土改”以后的事吗？

答：“土改”前也是这样。

问：解放前李姓家有共同的坟地？

答：有，祖坟埋到这里就没地方了，晚辈就另找个地方。

问：现在的坟地是各家的，不是一起的？

答：不是一起的。

问：原有的坟地呢？

答：坟地没有，平了。

问：1947年坟地就平了吗？

答：1949年这边才解放。

问：平地是1950年的时候吗？

答：对。

问：土地国有后，有没有一块块的分给个人种？

答：村西边有园田。

问：一家二亩地？

答：半亩。是按产量打多少粮食算的。

问：个人所有的自留地？

答：自留地早没有了。

问：有自己的坟地吗？

答：没有。

问：在自留地里种什么？

答：玉米、麦子。自己都有小块自留地，生产队就不好掌握了，后来就把地收回去了，村里一个人给多少粮食。

【葬式、火葬】

问：死人在什么地方火化？

答：白河以东，有火葬场。

问：都可以在那里火化？

答：对。他们来车。

问：哪些村死了人可以去那儿火化？

答：顺义县只有这一个。

问：人死之后火化有什么手续？在家放几天还是怎么办？

答：烧完之后取骨灰盒去，骨灰放在骨灰盒里。

问：人死之后马上就可以火化吗？

答：亲戚、朋友来的人要多就得等一两天，人少时第二天就行了。

问：人们都穿白衣服送葬吗？

答：有钱的人家送葬的那天穿一身白衣服，头上戴着白帽子；没钱的人家只穿白上衣、白鞋，腰里扎麻绳就行了。

问：现在人死了呢？

答：现在分男女，男的死了戴在这边，女的戴在这边一个胳膊箍，即黑纱。女右男左，只有这点区别。

问：人死之后放的方向有讲究吗？

答：没什么讲究，头向哪里放，得根据房子的方向，头都朝外。

问：现在死了后用大棺材吗？

答：没有棺材。

问：那怎么办？

答：火葬场来车运到火葬场。

问：没有准备棺材的习惯？

答：没有。

问：火化完了什么手续？

答：人死之后给火化场打电话，把人放在铁棺材里运到火葬场，这是刚开始的时候。现在不同了，现在的车后下方有个大抽屉似的东西，用担架抬着放进去。车里坐着好多人送到火葬场。

问：什么时候建的火葬场？

答：六几年就建起来了。

问：火化的时候李姓家族的人都去吗？

答：不光李姓的人，都得去。过去人死了，李姓的人都去，现在兄弟多的，都分成几户。如李新之和李会之都是亲兄弟，同我是亲叔伯兄弟，他俩都得来。

问：骨灰盒有多大？

答：有这么宽，这么厚。

问：有50公分长吗？

答：有，差不多，40多公分。高这么高，40公分见方。长度稍长点。

问：用木头做的？

答：不一样，有几种，玻璃的多。

问：如果是玻璃做的，骨灰不就可以见到了吗？

答：骨灰用块布盖着。骨灰盒上有块青布，这块布不能拿，只能盖在盒上。也有用木头做的骨灰盒。

问：都一个坑、一个坑地埋上吗？

答：对。

问：统一规定的地吗？

答：没有。挖个坑就埋了。如小树林西边这一带，有这么宽，这么高写上姓氏名谁，他儿子是谁。

问：家里有没有死人的牌位供着？

答：现在没有。

问：什么时候有？

答：有钱的人在火葬场放牌位，保存。保存一年多少钱。

问：保存一年多少钱？

答：不知道。有的有公墓。

问：如果有一天你老了，要火化，您对这事怎么想？

答：每个人都得走到那儿去，大家都这样。我不想什么，想用旁的法子也没有。通县南60里地的地方还同过去一样。

问：为什么那里不同？

答：通县南60里以外不属北京管，属河北省管了。

【祖先供养】

问：春节拜年在同一家族进行？

答：现在不拜年了，儿子除外，儿子得拜。

问：那不很冷清吗？

答：那没法子。

问：日本过元旦像咱们过新年似的，亲戚都来了，非常热闹。

答：日本同咱们这里没有多大区别，他们那里有什么礼节，咱们这里也有什么礼节。亲戚来不是集体来，今天他来，明天他来，您到他家，他到您家来。

问：这不是拜年吗？

答：是。但不集体来。

问：大年除夕拜祖先吗？

答：刚才不是说了吗，家家都写包袱。追上三代。如我，我父亲、母亲，我爷爷、奶奶，到我老爷子李真那就行了。包袱与咱们活人邮信一样。

问：什么时间搞呢？

答：大年夜里。

问：有供品给祖先吗？

答：三十中午吃馒头，供馒头，还有馅饼似的食品，像煎饼，两块煎饼中间有馅，炸成一块一块的，供上。夜里吃饺子，夜里12点以前算三十儿，过了12点算初一。初一吃饺子，给祖先供饺子。这些现在都没了。

问：哪年没有的？

答：就这几年。脑子旧点的还有，不旧的全没了。

【家谱】

问：听说这村有一家有家谱，你知道是谁家？

答：以前都有家谱。现在有一家有，他不一定在家，他当教师，杨庆忠家有。他记，别人没记的，他因为念过大学，当教师，他有时间。

问：不一定要《家谱》，像写的有祖先的名字的东西，如家里有画轴、家堂也可以。

答：他真不简单，在村里东家、西家的都去打听。

问：打听祖先的名字？

答：对。

问：除杨老师以外，还有别人写祖先的名字的吗？

答：现在不像以前了，亲族还是离那么远，没有那个了。

问：什么时候没有了？

答：解放后，您这去，我那儿去，到处做工，哪有时间搞这个，国家建设顾不上这个了。有的家让孩子们用小本记上点前辈的名字，什么时候生人。像我这户都让孩子撕了。

问：50 年代有破除迷信的事吗？

答：对。从破除迷信以后，像我刚才说的烧包袱的事，就不烧了。

问：破除迷信时，家谱是自己弄坏的，还是别人弄的？

答：人们都不拿它当回事。

问：是破除迷信时自己把家谱弄坏了吗？

答：都没有时间注意这事。

问：谁把家谱破坏啦？

答：一家的老祖宗都在一家里，一家人没了，家谱就没啦。

问：《家谱》到底是什么时间没有的？

答：人都不在家，谁追究这个！像我一起的没了，当时我不在家，还能从哪儿找去。

问：人们很忙是因为炼钢铁吗？

答：这挖河、那挖河，深翻地，人们没有时间，有的整天不在家。别人家我不知道，我们家的在我一个大爷家放着，因为他是老大，归他管，我大爷死后，只有一个嫂子在家，我哥哥不在家，他们有个儿子。后来男方又没了，女方改嫁了，在外村，现在连我那侄儿也死了，全家没人了。

问：比如说您家有家谱，您有几个孩子，这家谱要传给您的哪个孩子？

答：有家谱，应该在老大家，我们家的应该在我大爷家。

问：家谱是人民公社时没的吗？

答：人民公社以前。

问：高级社时的事吗？

答：“破四旧、立四新”的时候。

问：除家谱之外，还破除什么？“四旧”都有什么？

答：国家政策就那么说，“破四旧、立四新”。如拜年这也是“四旧”。“四旧”多着呢。

【生产队】

问：全村的人都吃食堂吗？

答：吃饭时有信号，到点儿食堂就不卖饭了。大家都到食堂去吃。到时候打点，不到点儿也不卖。

问：全村有几个食堂？

答：原来就一个，这村有两个队，后来就变成一个队一个了。

问：东社和西社是初级社的时候吧？

答：对。

问：成立人民公社时一个村一个吗？

答：一个村变成 6 个组。我村有 13 顷地。6 个组之后变成两个生产队了。

问：这个村有 3 个大队？

答：2 个生产队，1 个大队。

问：大队长是谁？

答：杜作新。

问：6 个组的组长？

答：我是一组，二组是李广义，三组是赵兴，李注源，张书代。那个人我记不起来了。

问：一组中有几户人家？

答：不平均。大概有十几户。

问：你们一组十几户中李姓有几户？

答：李姓多，有两个姓杜的，一个姓赵的，一个姓张的。各户搭配着找。

问：怎么搭配？是李姓人凑到一起吗？

答：大队分配，也不是李姓在一起，姓什么都有。

问：怎么分开的？

答：按村民居住的片划分的。

问：你给画一下。

答：我这组记得，别的组不知道。我组在村的东南角。

问：李广义那个组姓什么的多？

答：都差不多，户都差不多，你家 5 口人，他家 8 口人，就得找。他们组姓什么的多，我不清楚，因为我不是全在村里住着。

问：分成组之后干什么活？

答：种地、干农活。

问：大队长对地里种什么有指示吗？

答：没指示，自由种植。

问：您哪年当组长。

答：1957 年。

问：干到哪年？

答：就一年，后来就改了。

问：1957 年分成 6 个组，之后变为两个生产队了？

答：对。

问：两个生产队是哪年分的？

答：1958 年。这个村不大，分开也在一起干。

问：两个生产队长的名字？

答：刘祥、杨明。

问：两个队根据什么分的？

答：根据地。这个村一个东一个西，从中一划。

问：从哪个地方划分的？

答：这是街道，这么分成两个，哪个队人少就补上几个。

问：您具体地画一下。这是旧图在这上边画吧。

答：原来这是从南到北的胡同。庙到哪里去了。这么样，这是个胡同，这也是个胡同，这是空地。这么划的，这边人少，这边人多，拿这边的人往这么补。

问：您这一组从这画上看都是谁家？

答：他出去了，到工厂去了，他到别的组去了。这是李儒源吗？这是孙中欣。就这一块，去掉李广义家，就这一圈。这有祖守田、李有元、李会元。李会元是我爸爸。杜欣元在这儿。杜广欣杜德欣也有。这里又划着了。

问：姓杜的那个人怎么没有划上去？他家在哪儿？

答：杜广欣有。他家在中间。杜广欣家的位置在这儿。

问：这些人都是另一组的吗？

答：杜广智在最里头，他们家在这儿。

问：杜广欣在这儿吗？

答：我看看，这上边没有杜广欣。大概的位置，他在这角住着呢。

问：那为什么划到您这组来了呢？

答：为了凑人数。

【村庙的破坏】

问：您记得弄坏庙的时间吗？

答：人民公社的时候。成立“联盟”社的时候。1958 年、1959 年。庙没有拆。这个地方是后殿，前排那房子是中殿，这村分成南（三）殿。后殿是佛爷，前排房子是观音菩萨，再前边农民户盖的房子的地方是关公。

问：弄坏的时候谁带头？

答：张麟炳，他是副社长——人民公社的副社长。

问：他是咱村的人吗？

答：是。

问：当时有没有把家里的锅、盆、铁什么的拿出去？

答：家里不管。当时开会，“破四旧”，这些佛爷泥胎都挖掉，不要它。拆完庙后，回家拿铁锹平坟。

问：平庙？

答：平坟地。

问：拆庙的那年拜不拜年？

答：不拜年，没有了。

问：拜年的习惯（应是指礼仪）一直延续到哪一年？

答：解放初，忘记哪年了。以后就你到我家待会儿，我到他家待会儿，就算拜年了。

【家庭关系】

问：您怎么看年轻人？

答：年轻人同老人不一样。

问：年轻人与你们没有共同语言，那你们说话吗？

答：说话。我一个儿子家里有这两个孩子，家里生活不算孤独，什么事我也不干了。

问：我有一个爷爷，十年前已死了，平时我也没有很多的话要同他说，但过年的时候大家在一起非常高兴。

答：中国老人与他们一样。

问：您儿子干什么工作？

答：在家。

问：是在村农场还是在家干？

答：没在农场，农场只有 8 个人。

问：种自己的地？

答：做小商人。做买卖。

问：种地的同时做小买卖？

答：没有地，归农场了。

问：买卖什么东西？

答：以前是农业买卖，我原来会做豆腐，他跟着我做，我给他找煤建公司工作。现在卖菜，前些日子宰猪、卖肉。

【外来人口】

问：觉得您一个人过挺冷清的。

答：不冷清。老乡的家就在这房前边。他有两处房。

问：他是到这村里来干活了吗？

答：他原来当连长。

问：在哪里？

答：就在这村东边。

问：他转业到这里来居住的吗？

答：他家的亲戚在这村呢。

问：他搬到这村来后，人们是不是把他当村里人看待？

答：从多远的地方来的，村里人也没有把他看做不是这村的人。

问：他有了下一代人以后才与这村里的人熟是吗？

答：这村不是，为什么上次日本的山本他们到我们村来呀，毛主席活着的时候说，要团结五湖四海的人。他不这么说我们村的人也是这样做的。他跟我不错。

问：比如说，我突然到这村来住了，这村的人承认我吗？

答：您落没落户哇！你没落户突然到这村嘛！户口落在村就行。他在村当过书记，生产队长，什么都干。

【义务工】

问：1960 年自然灾害的时候，没有吃的的事，你记得吗？

答：1960 年我没在家，在密云水库。去了二年。

问：为什么去？

答：顺义县向各村要人。1959 年、1960 年修水库，我去出义务工。

问：是义务工？

答：对。修水库，这会儿使这水灌溉，村里受益。

问：水库修好以后咱们村都能灌溉上啦？

答：对。

问：1961 年以后水库就好了？

答：对。

问：1959 年、1960 年修水库，修好后就可灌溉了？

答：怀柔水库修好后这地方就可灌溉了。

问：修水库村里出了多少义务工？

答：十来个人。不是一个地方出义务工，长云山，西边沙河等地都出人。

问：咱们村去了十个人？

答：还有其他方面的义务工，如挖渠的也有。

问：密云水库去几人？

答：七八个人。

问：出义务工都是两个队的队长安排的吧？

答：对。

【“红卫兵”、“文化大革命”】

问：这村有“红卫兵”吗？

答：有。

问：哪年有？

答：1966年。

问：都有谁是红卫兵？

答：除黑五类外，不管老幼都参加了，有个名的也算参加了。你是造反军头，他也是造反军头，组织先找的我，我就参加你那个了。什么正确不正确呀！我是不是“红卫兵”都得干活。

问：那时候有两派吗？

答：有啊。都说自己正确，没有说自己不正确的。

问：两派的头儿是谁？

答：这村不大，实际上只有一派，没有两派打架之类的事。

问：是谁呀？

答：孙继五。

问：“红卫兵”运动持续了多久？

答：到“文化大革命”结束，“红卫兵”就没了。咱们现在的书记就是个头。这村四类分子少。

问：那时经常开会吗？

答：总开会。“红卫兵”开的不多。

问：那时被批的有谁？

答：地、富、反、坏、右。

问：这村是谁？

答：张继武、杨源、邢永利、赵张氏，还有伪保长赵廷福。还有周永清，他是教师。张继武是富农，杨元是保长富农，邢永利和赵张氏都是地主。

问：周永清是教师？

答：对。听说他是自己找的，他们小学有几位老师听收音机，他被划为“右派”，听说是因为听敌台。还有一个刘桂林，他过去当过国民党的中队长。是地方的。

问：开过他们的批判会吗？

答：我在碧云寺，不在家，不知道。

李广明（第二次访谈）

【婚姻、嫁娶】

问：您有一个姐姐、一个妹妹，他们嫁到哪里去了？

答：河南村。

问：他们是怎样嫁到河南村去的？

答：都是中间人介绍的。姐姐是我姑夫介绍的。妹妹是我姐夫介绍的。

问：您结婚时也是别人介绍的吗？

答：是，我表姑介绍的。也就是我奶奶的侄女。

问：那时经亲戚介绍的非常多，是吧？

答：都是这样。

问：您的孩子结婚是谁介绍的？

答：望泉寺的人，他妻子王长红的老爷介绍的。

问：你们认识吗？

答：他老奶奶是这村的，也就是王长红的老爷的奶奶是这村的。

问：您的女儿都结婚了吧？

答：都结婚了。都是经人介绍的。

问：谁介绍？

答：我大闺女是他们的老乡李继清介绍的，他们都是亲戚。我跟李继清不错，对方与李是亲戚。

问：他是本地人吗？

答：他原来是山东人，落户在西马各庄这里了。

问：您二女儿叫玉芝的是谁介绍的？

答：我们村一位老乡孙张氏，她与对方也是亲戚。

问：玉兰呢？

答：我家叔伯嫂子介绍的。我嫂子的姑娘也在那村。

问：玉华呢？

答：通过一个朋友，他在煤建公司。

问：自由恋爱？

答：不是，也是经人介绍的，他叫黄伯全，黄与女婿在一个公司工作，我与黄也认识。

问：玉敏呢？

答：我一个叔伯姐姐介绍的，我姐姐也是那个村的。

问：最后一个女儿玉梅出嫁时谁介绍的？

答：她姐姐玉兰介绍的，那边还有一个介绍人，不知叫什么。

问：玉兰嫁到什么地方去了？

答：文化营。还有一个玉苹，她们姐妹7个。

问：玉苹是谁介绍的呢？

答：也是她姐姐玉兰介绍的。她嫁到南圈村。

问：玉英嫁到河南村？

答：不对，她嫁到西马各。

问：离这里远吗？

答：15里。

问：玉芝嫁到哪个村？

答：刘家河村。离这里6里。

问：玉兰嫁到文化营离这儿多远？

答：玉兰不是嫁到文化营，她嫁到小河庄。

问：那谁嫁到文化营呀？

答：玉梅是文化营，也是离这里6里地。玉华是楼各庄，离这里30里。

问：南圈村离这里多远？

答：五六里。

问：玉敏离这儿多远？嫁到什么地方？

答：小东庄。离这儿……（录音不清）。

问：最后的女儿嫁到文化营离这儿多远？

答：10里。

问：她们都有孩子吗？

答：有。

【卖菜、纳税】

问：您的儿子李新春住在什么地方？

答：住在家里。

问：干什么工作？

答：做小商，卖菜、杀猪。

问：他的货是从什么地方上的，到什么地方去卖？

答：到村里去买，到市场去卖。

问：哪儿有市场？

答：十六局有自由市场，十六局是部队的。

问：自由市场离村多远？

答：二里多地。

问：他们家为什么不自己种菜？

答：没有地种，都没有地。

问：从村里谁家买菜？

答：从自由市场。这村有批发市场。这个市场是县里建的，跟木材市场一样。

问：村里有一个？

答：全县就这个市场。

问：批发市场建在哪里？

答：就在这村西北不远的地方。

问：附近的农民都来卖吧？

答：对，也有从外地拉来的，是个集中点。比如你们老家的菜也到这里来卖，我到那里去买，都是批发，一二斤不卖，一买就几百斤。我们是一二两都卖。我是零售。

问：你有亲戚在这里卖？

答：谁卖都行，认识不认识都行，谁到这里来卖都要纳税。

问：纳税拿现金吗？纳多少税？

答：是现金。没有纳税比例数，他说多少多少。

问：用汽车还是拖拉机？

答：什么都有，有汽车还有三轮车。

问：市场有摊位吗？

答：卖菜的地方有。批发市场没有摊位。

问：你去卖东西一个摊位多少钱？

答：一个月 180 元。

问：比较贵吗？

答：要多少给多少。

问：谁规定的 180 元？

答：工商所收 180 元。

问：你儿子一个月赚多少钱？

答：没有准，有赔有赚，卖不好就赔了，卖好了赚点。

问：能赚 400 ~ 500 元吧？

答：花的很多，这儿交 180 元，检疫一个猪 4 元，一天杀一头屠宰费就是 120 元，卫生费也交。

问：卫生费一个月交多少？

答：卫生费卫生局管，拿多少钱也没准，听他说。还有税务，税务所管，多少税说不好。

问：收入的百分之几？

答：没有规定，说多少就多少。

问：税金多少？

答：一个月 400 多元。赚不赚钱得先交清这些。

问：他能赚多少呢？

答：好的时候一头猪赚 30 元。

问：卖菜一天挣多少？

答：不一定。

问：最少能有多少？

答：我不参加，我不清楚他的事。

【儿子的工作经历】

问：你儿子家共 4 口人？

答：对。连我 5 口人。

问：他们到您那儿玩吗？

答：两个孙子经常去。

问：您的两个孙子经常去，有没有钱的问题？

答：没有，我不跟他们要，我个人挣的够我用。

问：您在扒鸡厂的情况请谈一下？

答：我去的地方多了，去年十月来的。原来在税务所，不想在那儿干，我在这里做饭。

问：您怎么找的做饭的工作？

答：厂里看门的人找到我了。当时我正在家里待着。

问：谁介绍的？

答：张麟云。

问：他与您的关系？

答：我们一个村的。我们是老邻居，是哥儿们。

问：你儿子什么时候开始做小买卖？

答：去年。原来在县西北的一个冷库工作。

问：是乡办企业。

答：县办企业。

问：谁介绍的？

答：一位副主任，也是副厂长。

问：怎么认识的？

答：他姐姐在冷库，他姐姐找的副主任。新春的姐姐在冷库工作。

问：您儿子什么时候在冷库工作？

答：1991 年。

问：为什么不干了？

答：因为钱少。

问：在冷库工作时给多少钱？

答：一个月给 150 元。分任务，让他去卖，个人跑个人的工资钱。

问：1991 年以前您儿子干什么？

答：在煤炭公司当保管员。

问：哪个地方？

答：东边这地方。也是县单位。

问：这个工作怎么找的？

答：当时我在那里，我有认识的人。

问：那时在哪里工作？

答：在那儿五六年。从六几年开始，我们村给煤炭公司起煤垛。

问：为什么又离开了？

答：当时我们家买了一辆大车，大车挣钱不多，我干不了就把车卖了，在这里工作比赶大车挣钱多，所以我不在那里干了。

问：您儿子在煤炭公司干之前又干什么呢？

答：保管员之前就在家。那时是生产队，生产队散了之后我买的车，我先给他找的保管员。

问：生产队解体以后到工厂去的多吗？

答：多。都出去了，得吃饭呀。

问：那时候您找了那么多工作都是经过熟人介绍吗？

答：对。干什么都得经过熟人介绍。

【老人与儿女关系】

问：春节时您也同您儿子在一起吗？

答：是。

问：给他们压岁钱吗？

答：不给。他得给我，我都不向他们要，我也不给。

问：您儿子给吗？

答：他不给，我也不要。

问：您的女儿们都出嫁了吗？过年来看您吗？

答：看。

问：帮您干活吗？

答：我没有什么活。

问：玉英住在西马各庄，她在这里干活，她住在这吗？

答：住在这里。她也得挣钱。

问：她丈夫在村里干活吗？

答：我的大姑爷原来在生产队当会计，生产队解体后承包地。后来地没了，开个小工厂。她丈夫是种地的，承包地。

问：她干什么？

答：在县的塑料厂统计资料，她在附近的工厂干活。一个姑爷是水暖工，就在附近。一个姑爷也搞统计。一个会木工搞建筑。一个在他们村大队的针织毛纺厂给厂长开车，他是司机。

问：种地的只有玉英的丈夫一个人，别人都有工作？

答：对。

问：闺女过年来看您，她们给您零花钱吗？

答：给钱我也不要，她们买点吃的就行了。

【家族成员】

问：您大爷不是叫会元吗？请您介绍一下他家的情况？

答：行。我大爷家只剩下我的一个侄子了，没有别人了。

问：跟您是一辈的吗？

答：不，是我的晚辈。

问：会元有两个儿子？

答：就是广阳，这是广泰，他们都死了，就他（指广泰）有一个儿子。

问：他什么时间死的？

答：已三四年了。他一个孩子都没有。

问：广泰的儿子叫什么？

答：李宝生。还有一个闺女，叫李淑英。她（指李淑英）有一个闺女，小名叫牙子，她还不大。

问：您看写的对不对？

答：这是我三大爷，他的儿子叫广思、广博、广玉，对。

问：常元他有3个儿子，叫广兴、广瑞、广智，是吧？

答：会元大，还有老二、老三。

问：汉元有几个儿子？叫广田、广茂？

答：对。红元的儿子叫广亮、广晨、广禄。

问：其他的对吗？

答：广全、广庆，广善，他们是老三家的。

问：他们两个都死了？

答：广田、广善都没了。

问：他的女儿嫁到哪里去了？

答：还没有出嫁。

问：她多大岁数？

答：三十七八岁。

问：宝生干什么？

答：在家。以前做买卖，现在不知道他干什么，我同他们不接头。

问：宝生做买卖从什么时候开始的？

答：去年、前年都在做买卖。不太清楚，因为我不在家。

问：以前呢？

答：以前在生产队。

问：他二儿子干什么？

答：在一个厂里干，在公社一个企业。

问：哪个公社？

答：任河镇。

问：他干了多久了？

答：从小就干，他中学毕业，他自己找的工作。

问：自己怎么找？

答：通过熟人。

问：那个人是谁？

答：人托人。

问：最初托的谁？

答：那哪知道。

问：您最初找工作是跟村干部打招呼，还是跟亲戚打招呼？

答：跟村干部打招呼也没用。

问：工厂直接找人吗？

答：如果工厂需要人，我也不知道，可有人知道，我就托知道的人去工厂找工作。

问：老三，长春的儿子老三做什么？

答：在钢丝厂，在城关钢丝厂。现在在什么地方不知道，哪里挣钱多，到哪里去。

问：他怎么到钢丝厂的？

答：熟人介绍。城关从各村招人。

问：要人在村办公室要吧？

答：对。这个单位属于公社。

问：他结婚了吗？

答：结婚了，他妻子是经人介绍的，石门人。谁介绍我不知道。

问：是本村介绍的吗？

答：不知道。

问：老四在哪里干活？老三在钢丝厂之前干什么？

答：在家里，都在生产队。老四现在在华轮驾校当司机。

问：他的工作怎么找的？

答：不知道。

问：他结婚了吗？

答：已婚，他妻子是沙坨人。也是介绍的。

问：第五个男孩在哪儿工作？

答：不知道。

问：结婚了吗？

答：已婚。他妻子是哪村的，真不知道。

问：老大住在北京市？

答：对。

问：他妻子和孩子都在北京市吗？

答：都在北京市。

问：老二住在任河镇吗？

答：就在这村。每天去上班。

问：老三住在哪里？

答：在这村，每天去上班。

问：老四？

答：都住在这，每天去上班。

问：老五？

答：出了这片土坡就是他家。

问：老大有孩子吗？

答：有。有十来岁，上小学。

问：您孩子结婚了吗？

答：我孩子才七八岁。

问：广田几个孩子？

答：广田有一个孩子，叫李德春。

问：李德春结婚了吗？

答：李德春已死了。已婚，他妻子是范各庄牛栏山镇人。离这里比较远。

问：他们也是经别人介绍的？

答：原来这个孩子会刻骨头花，就是用牛骨头，一个板，这么宽、这么长，这上边有花。有个竹板，有细铁丝似的一根线，这上也打出印来，这在里也来回转。

问：他有这技术怎么同他妻子认识的？

答：这个女的男人死了，后嫁的。他们怎么认识的就不知道了。

问：李德春有几个孩子？

答：可能有两个。因为离这儿远，实际我不知道，可能是一个男孩，一个女孩。

问：那两个孩子干什么？

答：不知道。

问：广茂呢？

答：这就说不清了，他在北京市东便门里住，刻骨头花，这是德春的叔叔。

问：他们在一起干吗？

答：是

【刻骨头花手艺】

问：手工业？

答：对。

问：从哪里找牛骨头？

答：他出样子，他出的样子比咱们先一步可以多卖钱。

问：是不是很多人到他那里去？

答：他跟他干，他自已能独立了，就自己单干了。这孩子比他大就跟他干去了。

问：其他刻骨花的还有吗？

答：他们哥儿仨。这个广善、广庆他们亲哥儿仨都在他哥哥那里干。

问：姓李以外的人有吗？

答：这村没有。他们都在北京市。他在中三条。

问：他们雇不雇李姓以外的人？

答：其他人不会，他们两个是他弟弟，他教他们，不会的人不要。

【李姓家族】

问：广茂有几个孩子？

答：说不清。

问：广亮您知道吗？

答：广亮没结婚，他傻。有个笑话，有人给他介绍对象，他人长得漂亮，女方想看他来，他正在玩西瓜皮，结果女方不同意。

问：广晨呢？

答：就一个儿子，叫什么不知道，他会瓦工，在建筑队。

问：在哪里学的瓦工？

答：我有个姑爷会，跟他学的。

问：他现在是瓦工吗？

答：是。他近 30 岁。

问：他妻子是哪里的人？

答：刘家河本村的人。

问：这个？

答：这个说不清？

问：广禄几个孩子？

答：只知道他有个女儿，一共有几个说不清，因为他在刘家河住。

问：广善？

答：一男一女。男孩叫李景春。李景春在农机厂。他在这村当过书记，村前任书记就是他。

问：为什么走了？他是共产党员吗？

答：刘振海上边就是他的书记，是共产党员。

问：从什么时间在农机厂？

答：好几年了，刘振海接他的书记时，公社就把李景春调走了。

问：他怎么到农机厂啦？

答：县里安排的。

问：为什么换了书记？

答：哪个村都换书记。今年不怎么样，公社就换了，比方说今年是您，明年就是他。

问：他工作做的不好吗？

答：为什么调他我说不清楚。

问：农机厂是县办企业？

答：对。

问：一个月挣多少钱？

答：说不清。

问：广庆几个孩子？

答：两个女儿。

问：他们都结婚了吧？

答：他们都在北京市。广庆原来的妻子死了，他就在北京市找了一个。生了两个女儿，这孩子是前边的，现在这个妻子有没有孩子，不知道。

问：现在在北京市吗？

答：在，已死了。

问：这两个女儿在北京市干什么？

答：不知道，他们走的早。

问：他们结婚时姓李的有没有人去？

答：没有。

问：广全几个孩子？

答：在北京市有几个我不知道，他在家里有个男孩，他自小就到北京市去了。

问：他妻子在家住吗？

答：他回来住过。年头太多了，记不清了。

问：广庆后来到北京市，北京市他有什么关系吗？

答：到北京市刻骨头花。

问：广瑞有几个孩子？

答：两个女孩，两个男孩。第二个男孩已死了。

问：什么时候死的？

答：很多年了，结婚后死的。

问：老大几个孩子？

答：老大叫李伯阳，有两个女孩，三个男孩。

问：他儿子干什么？

答：大的在铁厂当会计，铁厂在城关镇。

问：他怎么找的工作？

答：在铁厂工作后提升为会计的，他是厂里从村里招走的。那时不用找熟人，钢厂需要人。

问：厂里要人是贴广告还是怎么办？

答：我当干部，我抽您，就这么走的。

问：是不是与村干部好的人才能去？

答：这事很难说。

问：老大毕业后是不是就工作？

答：没有，先在家里的生产队干的。

问：老二呢？

答：现在长青林场，在小青河边上。

问：这工作怎么找的？

答：自己找的。

问：老三？

答：在北京市开车。

问：在哪里学的？

答：说不清。

问：在哪里开？

答：说不清。李景春当时当书记要了好几个人开车。

问：李景春有车？

答：村里买了两辆车。从这村找了几个人学开汽车。

问：李景春怎么认识师傅？

答：花钱雇。

问：托人花钱雇的谁？

答：说不清。他找了3个师傅，让这几个人学开车。跟他是两码事。村里找了几个人开车，全学会了，就都走了。

问：老三也走了？在哪里？

答：走了，在这东边住，在哪里开车不知道。

问：是不是外边工资高？

答：他也会了，他也走了。

问：培养的几个司机的名字，您都能说出来吗？

答：滕云、李宗义，共4人。

大家挣这么点东西供他们学开车，学会了都走了。

问：沙井现在有司机吗？

答：有是有。

问：广瑞还有个儿子叫什么？

答：老二，已死了，他叫李风春。

问：他结婚了吗？

答：结婚后生一个孩子。他死后他妻子改嫁了，这个人在市政。市政这个人又死了，他儿子就接这个人的工作了。

问：这个男孩子结婚了吗？

答：已婚，有一个女孩，今年8岁。

问：下边就是两个女的了，都结婚了吧？嫁到哪里？

答：广瑞的孩子，二的在丰台，一个是沙坨，已死了。

问：丰台比较远，谁介绍的？

答：对。谁介绍的我不知道。

问：广兴？

答：广兴一个男孩，两个女孩，男孩叫李逢春。

问：他有几个孩子？

答：一个儿子，一个女儿，这个男孩不知干什么。

问：结婚了吗？有几个孩子？

答：已婚，一个孩子（男孩）。

问：逢春干什么？

答：在外边干，开吊车，已退休。

问：生产队解体后，村里人大部分到外地干活去了吗？

答：对。

问：广兴的两个女儿嫁到哪里去了？

答：大的嫁到大营村，二的在二十里铺。

问：有介绍人吗？

答：都得有介绍人，自由结合的稀少。

问：1985年以后自由恋爱的多不多？1990年以后多不多？

答：1990年与1985年比，1990年就多了，人们脑子过去守旧，现在开放了。

问：我家在名古屋，我爸爸、妈妈就反对自由恋爱。

逢春的儿子做什么工作？

答：不知道。就住在本村，他大儿子也在本村，都在一起住。

问：广志几个孩子？

答：这得两说着，他们中间失散了。以后两儿子，没有女儿，以后这个一个儿子，两个女儿。

问：他大孩子在哪里？

答：他大儿子是残疾人。老二是医生。他们家会外科，原来他在村当过赤脚医生。

问：他有什么学历？

答：中学毕业。他们家是老传统，我二爷是医生，在这村是赤脚医生，那时学的。

问：老三呢？

答：开车。在第二驾校，不是在本村学的。

问：他怎么找的工作？

答：自己找的。

问：老大结婚了吗？

答：已婚，有两个男孩，都很大了。

问：男孩结婚了吗？几个孩子？

答：都结婚了，大的一个男孩，二的也一个，可能是男孩，二的媳妇在校当民办教师。

问：他长子干什么？

答：在家做生意，老二也开车。

问：学开车时，他们有关系吗？

答：没有。现在开车的多了，以前没有。

问：是自己开吗？

答：老大的二儿子在北京市开车。不是自己的车。

【满铁调查员】

问：您见过山本，您对山本有什么印象？

答：那年我14岁，就在这房子这地方。

问：他们几个人？

答：有山本、齐先威、小舟，一姓郭的干她这行。内山雅生对我说姓郭的在中国，他不知道在哪里。

问：那时来了好几个日本人，您印象深的是哪位？

答：我正在念书，有游戏，当时中国还没有这游戏，把三个人的腿绑在一起，蒙上眼向前走，都就栽跟斗了，他不栽。有的排好队，把腿绑上捡……

问：大爷，对不起，我们该走了，以后再讲吧。

李广明（第三次访谈）

【清明节集体上坟】

问：解放前，你们的家族为了上坟有什么仪式吗？

答：有的有，有的没有。

问：有其他的同族吗？除李姓以外，还有其他什么姓的同族？

答：姓张的，姓杨的，他们坟地比较集中，他们有一个会。因为他们有坟地，看这块地谁家种着，种这坟地的，就管一顿饭，即填完坟以后到他们家吃一顿饭就完了，种地人就不缴钱了。

问：除张姓外还有吗？

答：姓杨的有。

【庙会】

问：解放前庙里有什么活动吗？如六月二十四日。

答：按阴历说，三月或七月有庙会，七月是佛爷生日。

问：六月二十四日是什么？

答：六月二十四日，是关帝庙会，关公的生日。每家一个人到庙里来赶庙会。这个地方原来是老爷庙的大殿。譬如说有几亩地，归一家种着，他从一年收成里拿出庆祝会钱，使这笔钱，给一人一碗菜一个馒头，坐下来吃，吃完了，就完了。一开始，先向佛爷跪下来，有这么一个人捧着桶，由一个人跪着托着，还有一个人站着，使两只筷子捧着这个，听到呼的一声，证明佛爷来了，大伙就叩头，要叩三回头。

问：刚才你说是向佛爷跪着，还拿着是什么东西去吗？

答：叫“封子”，七月也是这样，阴历六月二十四买点西瓜、水果，用饭碗供到殿上。

问：到大殿怎么做？

答：到那儿烧香、叩头。到老爷殿也是这样。完了吃饭，不要钱。

问：村里人都去？

答：每家一个人。

问：由谁来决定办这件事？

答：每逢关公生日都这样，不用召唤，保长招呼招呼。

问：有没有“香头”这样的人呀？

答：有，是男人。

问：得拿什么东西才能当“香头”呢？

答：不用拿什么东西，谁都可以当“香头”。

问：他愿意吗？

答：一伙人来齐了，大家说“您来当香头”，这样大家就跟着他做了。

问：除香头外其他人就叫散户吗？

答：都是散户。一次来的都叫散户，每户一个人。

【看青、村公所】

问：你们有没有看青的活动？

答：到地里去看庄稼，有。

问：他拿一个长棍子吗？

答：是的。

问：看青他有什么“会”吗？

答：没有。

问：给全村看庄稼的，有这样人吧？

答：有，没有得找呀。

问：大家要拿钱给这看庄稼的人吧？

答：由大家拿，如果在会里，就由会里拿。

问：什么样的会？

答：里面有的保长、镇长。

问：主办这个会是保长吧？

答：对。

问：这个机构叫什么名字？

答：叫公所。

问：保长干什么活？

答：上边叫干什么就干什么。

问：是不是要收税钱和负责治安呀？

答：那时没有税。

问：日本人调查时怎么样？

答：日本人来时税不大。税大是到国民党时。

问：税由谁来收呢？

答：还是国家收。

问：具体的呢？

答：县里的税务所、税务局。

问：村里由谁为税务局收税呢？

答：村里没有。

问：当时村里还有什么其他的机构？

答：没有。

【农村借贷】

问：你们这里有人缺钱花，要找人借钱，是不是有人将钱积到一起，借钱给别人？

答：没有。

问：有没有这样，到春节时买一头猪，杀了给大伙吃？

答：有打猪会。咱三家四家共同拿一笔钱买一头猪，由他先养，然后轮流养，肉是四家分。

问：借钱是怎么借怎么还呢？

答：向谁借钱要自己找人。

问：向亲戚借还是向朋友借？

答：一样，都有，也有向外村人借。

问：外村指的什么？

答：就是向十里八里的村子里去借。

问：是不是有出门闺女，向她家借钱的？

答：什么形式都有。

问：自己去找，还是别人介绍？

答：都自己找，没有介绍人。

问：您说借钱什么形式都有，请介绍一下。

答：有要利息的，也有不要利息的；有临时借的，就不要利息，借一年就有利息。

问：一般借一年以上就要有利息？

答：两人关系不错，就不要利息。

问：是不是因两人关系不错将钱借给他？

答：不是说两人不错，利息就全不要了，看日子长短。放债的就要利息了。

问：借钱都是在什么时候？

答：借钱分什么时候。

问：是收获之前吗？

答：没有时间。比如买东西要借钱，有时没有粮食也借钱。

问：是不是红白喜事时有借钱的情况？

答：婚、丧、嫁、娶都有。

问：是不是您先求着我，我再去替你去求别人？

答：这情况也有，人托人，形式不一定。

【分家】

问：解放前，分家怎么个分法？

答：将家里的土地、房屋、外面欠债不欠债，哥儿俩向老人一年交多少粮食和钱（即养老地），放在一起分。

问：有没有契约书之类的东西？

答：哥儿俩安排好了，搭配起来，写一个像合同似的东西。有一方不同意再改，再研究。

问：分家时总有不同意，怎么办？

答：有分家人主持。

问：分家人是什么人能担当？

答：如老人，这辈有老哥儿俩，大爷就来当分家人。

问：他参加由谁来决定？

答：他事先商量好请谁，和分家人也商量好。

问：分家人主持分家，村里还需出证明吗？

答：村里有办事人。

问：是不是证人？

答：就如现在的书记、治保、村长。日本人来时叫保长，在日本以前叫村长。

问：像宗族中年龄大的来做证人可以吗？

答：有，即分家人，也是公证人。

问：那您刚才说的宗族公证人，其中也要认辈分大小吗？

答：这里没有宗族公证人。

【卖地】

问：一家要卖地，是不是要与同姓同族的人先打招呼？

答：是的，是指近族人。

问：那为什么要与同族人打招呼？

答：他们是一家嘛。譬如说，他要卖地，先问同族兄弟要不要，他觉得贵，不要，才向外姓出卖。

问：是不是为了尽量使同族的人的土地不要减少呢？

答：同是一样的价钱，本族不要，再卖给别人，不是为了怕土地减少，主要是考虑本族人。要置地，就有富余钱。

总的说是一个穷一个富。

问：有这样的情况吗，他需要钱，将土地卖给别人了，然后过了半年他又有了钱，又将土地赎回来？

答：您说的这是典地。我有几亩地，典给你，典3年，不到3年，您有了钱可赎回去，如果到了3年还没有钱，就加钱将地买过来了。

问：典地或卖地，在同族当中多吗？

答：什么情况都有，多不多还得具体说。

【保长】

问：说到保长，保长是怎么选出来的？

答：当保长的一是家里有钱，别人耽误不起时间；二是有文化，没有文化，没有能力干不了。

问：那样的人就选他当保长？

答：谁选过他？就因为他有钱就当了保长。

问：保长在公所里干什么？

答：保长没事就不上公所来。上面有事会通知他，和他说。他若今天叫你去开会去，开会能有什么事呢？又是要什么东西来的。

问：有什么事？

答：在国民党、日本时候，都是要鹿柴、粮食这类事。国民党时柴火叫鹿柴。在日本人时候修炮楼，国民党时炮楼还要多。他们要坯、柴草，都向村里要。向咱们村要多少坯，按人口还是按户分配，由保长和甲长分配下来。

【国民党与共产党】

问：国民党时要鹿柴，一年要多少？

答：没有数，他们按车。

问：1930年时，一年要多少车？

答：不好说，车是指马车，要三车给他三车就完了，他不够再要。

问：一般是三四车？

答：那时也稀里糊涂，给多少就那么回事了。

问：国民党时只要鹿柴、粮食？

答：什么东西都有。

问：一个月来几次？

答：没有准。拿张纸给写个条，拿上东西走呗！范围也就是10里，10里（小东河）外就是共产党了。

问：大家知道小东河有共产党吗？

答：有地道，这个村同那个村通着。

问：这个村共产党来过吗？

答：有时候来，我没有见过，因为他们不是家家都去。共产党不敢公开。

问：谁干这个联络？

答：李志高（音）。他到共产党那边去（当时叫小区），去联系，要什么东西同他讲，如煤油、布……他回到村里说。

问：李志高已死了吗？

答：已死了。

问：除李外，还有谁同共产党有接触呢？

答：一开始时，是张连荣（音），找这个人都到没有人的地方接头，黑夜里去。后来李死了，换上他。他穷，他们家10多亩地，李有几亩地。

问：您有没有见过共产党的传单什么的？

答：没有传单，只是口头说说。

问：您怎么知道李志高和共产党有接触的呢？

答：他们亲戚离这里20多里地，那边就是共产党，八路军，李在那边住过，后来别人找他，和他商量。当时也不敢公开，让人知道了，命难保。那时村里不好受，双方都来要。

问：您说不好受是怎么不好受？

答：他要不给不行，您给八路军东西，那边知道了也不饶您。要东西不怕，就怕要人命。

问：除鹿柴外，国民党还要什么东西？

答：现款，用麻袋装。

【日军统治】

问：日本军队来要什么东西？

答：也要，要木材、坯，上午不说了吗，修炮楼用的东西，还有粮食。

问：日本军队来，在这个村和共产党军队接触过吗？

答：在日本时期，这边没有共产党，他们在大白河以东。

问：这个村没有跑到大白河以东和共产党接触的吗？

答：这个村没有。

【共产党】

问：在国民党时，你有没有听到关于共产党的事情呀？

答：谁敢言语？他们听说了就来讨伐。

问：日本军被打败，共产党就来了？

答：国民党来了。那时东边有共产党，这儿没有。

问：解放以前共产党来过吗？

答：解放以前，共产党黑夜来，共产党在小区。

问：1949年以前多少年的事？

答：就是国民党时期。

【婚丧礼俗】

问：解放以后结婚的形式变化很大，具体的怎么变化？

答：变化是大，以前结婚就是套大车，后来变了骑自行车，现在又改了汽车了。

问：解放以前用轿子还是马车？

答：解放以前，解放以后还用一段轿子呢。

问：什么时候轿子不用了呢？

答：解放后不太长，“破四旧”时，不允许大办红白喜事。

问：还有别的吗？

答：没有别的，那时确实费钱。死一个人好几十人忙活，二三十口子人搭一个棚子，上面有一个牌楼。

问：当时由谁来支持这件事情？

答：不要支持。解放以后找干部，总的说起来是政府。

问：骑自行车接新娘是哪一年开始的？

答：有大车以后，五几年还有大车。

问：是不是咱们大队分成两个生产队的时候？

答：那时期还是用大车。

问：分成两个生产队是哪年？

答：是1958年。那时还是马车，用自行车也就是七几年的事。

问：坐马车接新娘还要拜天地吗？

答：都没有了。

问：坐轿的还拜天地吗？

答：拜天地。通县与过去一样没有变。

问：通县离这儿远不远？

答：45里地（华里），离通县城是100多里，从这里算起。

【互助组、交公粮】

问：互助组成立是解放后哪年的事？

答：解放以后马上成立互助组。

问：有了互助组以后，就用水灌溉耕地？

答：是的。

问：互助组时，收获后先缴税，剩下来的就归自己吧？

答：那时缴公粮，还要卖余粮，哪有余粮呀！那时查地定产。

问：一亩地多少？

答：定的产量，打不了那么多。

问：成立高级社的事。“反右”时成立高级社？

答：是的。

问：你刚才说缴公粮、卖余粮是不是高级社时的事？

答：不是。

问：不是村里的任务，归乡里管？

答：是的。

【红白喜事】

问：以前互助组时，“破四旧”，大办红白喜事，后来办喜事一般办几桌？

答：要看你家亲戚有多少。

问：同一族的都来吗？

答：来。

问：办几桌？

答：根据本族人多少，亲戚多少，朋友多少，定桌。

问：一般来说？

答：人少五六桌十来桌，多的二十多桌。

问：合作社时什么形式？

答：什么也弄不了。

问：大家一起干活就开始不办红白喜事？

答：也办，但小规模。

问：小规模是几桌？

答：还有什么桌，也就拿点儿点心完了。

【粮食分配】

问：1962年以后是不是将粮食分到各户去了？

答：1961年将粮食分到家。

问：以前挣工分粮食怎么分法？

答：有一段三七开，有一段二八开。上面有指示：二八开，即劳力不动，规定他吃的口粮；二八开，老小照领，否则不够吃。

问：二八指什么？

答：劳力占八成，老小（人）占二成。

问：是一年分一次两次？

答：一年分两次，小麦分一次，大秋分一次，共两次。按上级指示，小麦一人平均100斤，老小按用二八开算。

问：1962年以前，下地干活是日出下地，日落才回家，是很累的吧？

答：那时没黑没白地干，没有闲时。

问：你去别处干过活？

答：1958年是这样，社里成立集体组织，六个村成了一家人了。

问：我想了解1962年粮食分到户的情况？

答：每家每户不一样，劳力少孩子多，分粮食就少。

问：挣工分分粮食到什么时候就结束了？

答：将地分了就结束了，是九几年的事。

问：粮食分得最少、生活最苦的是什么时候？

答：个人种地时。

【红白喜事、火葬】

问：有自留地，生活比前好一些，办红白事怎么样？

答：那一阵不如现在，差远了。就是走走形式，吃点饭就完了，比吃食堂时强些。

问：有生产队时，办红白事是小规模的吧？

答：不是小规模，死了就埋了。

问：火葬什么时候开始？

答：六几年开始实行火葬。

问：火葬不是从最近几年才开始的吗？

答：不是，早有了。大约在六几年。

问：刚火葬怎么样？

答：思想不通。

问：有没有偷着埋被罚钱的？

答：有，那时不是钱，而是200斤棒子。

问：老人不喜欢火葬呀？

答：一般人都不喜欢。

问：毛泽东死时你记得吗？

答：他是1976年。

问：那时有没有火葬？

答：有火葬也有不火葬，黑夜死的人，也有去埋的。

问：提倡火葬从哪里来？

答：是国家要求的。

【现在生活观念】

问：做小买卖是从批发市场弄来再去卖？

答：是的。

问：村里姓张的不少？

答：姓杨的最多。

问：哪姓最有钱的？

答：哪姓的都有。

问：在姓李的人家中谁最有钱？

答：过去有产业外人知道，现在有钱人谁肯向外说。

问：变化了，年轻人对此有什么看法？

答：改革开放后，就是个人想个人的生活。市场上摆着的西瓜能被人拿走了，总的说来社会治安不稳。

问：以前爷爷、孙儿都住在一起，现在分家另过很忙，您对此怎么看？

答：现在不管怎么看，老人就是不同意也不行。

张守俊（80岁）

时　　间：1994年8月23日上午

访 问 者：小田则子

翻　　译：孙雪梅

访问场所：张守俊家

【张姓坟地】

问：您父亲叫什么名字？供祖先吗？

答：我20多岁，我父亲就死了。他叫张叔贤。供祖先牌位的就有钱财，老农民没有那个。

问：有家谱、宗堂、字画这样的东西？

答：没有。我没见过。

问：您张姓家同族人有没有共同的坟地？

答：过去在同一个坟地，共8亩，叫张家坟。

问：是解放前的吗？

答：解放前有，解放后平分土地，该分给谁分给谁了。比如本家人有困难的，就归他了。

【土地改革】

问：刚才说你参加过“土改”，同您一起参加的人的名字，您还记得吗？

答：都记得，但人都没有了。“土改”的时候，我们这里是和平“土改”的，与老解放区不同。原先的保甲长支援前线时还在，他回来后北京一解放就不要他了，成立人民政府了。人民政权。

问：哪年“土改”？

答：1949年冬天，1950年春天结束。土改不能耽误生产，要春耕。1949年冬天3个月，这工作要做好，还要求1950年不能有荒地。分给谁，谁就种。干了一冬。

问：1949年中华人民共和国成立，村的机构是怎样的？

答：新中国在北京成立了，“土改”就三榜定案，扫尾了。你是中农，他是富农，都定到户了。有地主、富农、中农、贫农。机构有财粮、村主任、农会，我在农会。农会下有武装部，儿童团，治保主任。这是村里的机构。

问：管财粮的都干什么事？

答：管公粮、财务开支。

问：“土改”时以哪个机构为主？

答：全都负责任。先成立的人民政府，里边有村长、农会、财粮，财粮也听农会的，农会也听村长的，村长也听农会的，商量着干，有事情这几个部门都得知道。

问：“土改”时一人分二亩半地吧？

答：不一样，比如说一人平均二亩半地，贫农、中农合多少地，贫农与地主的地一样，都合二亩半，中农同富农一样，中农三亩，富农也给三亩。这叫“中农不动两头平”。

问：地主和贫农分地有什么标准？

答：有标准，三榜定案时，各户的阶级成分公布出来了，先划阶级，后土改，根据成分分地。

问：是根据各家有多少地、多少家产吗？

答：是。这地方和平“土改”差好些呢，和平“土改”多二亩地只把二亩地拿出来，其他浮财不动。老解放区不同，老解放区都得分。

【插花地】

问：沙井村的相邻村石门、望泉寺村，比如咱们村的地在石门村那边，这怎么处理？

答：划完阶级，“土改”时相互通信，如果这地是地主、富农的，地在外村，这就要不回来了，就归人家了，其他村在咱们村也是一样。地主、富农的地就不给了，中农的还给。这叫插花地。都按阶级说。

问：那时村与村地的界线划的很明显吗？村与村之间的地有界限吗？那时的界线一直延续到现在吗？

答：也有界限。早就没了。这界线土改后两年还有，之后就又划成片了。村庄都是豆腐块式的地，插花地没有了。该给谁就给谁了。

【坟地】

问：坟地怎么搞呢？比如同姓的土地是不是集体交上去了？交给集体了？

答：交给集体。具体的地还能往下分呢。

问：您家的坟地分给谁了？

答：分给一户老两口没有儿子也没有闺女的人家种了。

问：叫什么？

答：记不清了。说坟地 8 亩，可是能种的只有一二亩啦，余下的都是坟头。

问：现在还有坟头吗？

答：没了，因为建设挪了一次坟，老坟没法挪啦，墓已成灰了，搞建设时坟地已平了。

问：什么时候平的？

答：七几年。坟地正在交通局底下，他们在上面盖了楼房。

问：为什么那时候平了？

答：土地国有化，他要占地，哪能不平，没有几个扒出来的，老坟地了。

问：现在这坟地成了耕地吗？

答：楼房啊！

【家族】

问：张姓同族的有几户人家？

答：十几户。13 户。

问：您有孩子吗？

答：二男一女。

问：叫什么名字？

答：大的叫张树春，二的叫张树松，女儿叫张树香。

问：您的孩子已结婚了吗？

答：有孙子，有重孙子啦。

问：您儿媳的名字？

答：大的叫窦淑兰，二的叫林广凤。

问：您的大儿媳的娘家是哪村？

答：北京的，她同我儿子在同一学校念书，自由恋爱，同学。

问：不是别人介绍？

答：不是。他在 80 中学念中学，保送上的师范。

问：您怎么想他们自由恋爱？

答：我就放心了。他在外边念书，自由恋爱，我就省心了。家里给找，人家瞧不起呀，对吧？

问：不反对？

答：不反对。

问：亲戚中有反对的吗？

答：没有。我的孙子和孙女是双胞胎。

问：他们叫什么名字？

答：张玉，张红。

问：他俩谁大？

答：张玉大，他是男孩。

问：就这两个？

答：张玉已有孩子了，一个女儿，是我重孙女。叫张文。张红出嫁了，有个男孩。

问：张玉媳妇的名字叫什么？

答：叫张云娥。

问：张红嫁到哪儿去了？

答：双井南边崔杨柳。北京市内。

问：你二儿子的一家，请你介绍一下。

答：二儿媳叫林广凤。大孙女叫张华。

问：张树松有几个孩子？

答：两个女儿。大女儿叫张华，二的叫张娟。

问：结婚了吗？

答：没有。都在家。

问：张树香结婚了吗？

答：结婚了，嫁到陶家坟。

问：离这里远吗？

答：十多里地。

问：您爷爷叫张叔贤？

答：我父亲叫张叔贤，我大爷叫张叔田。

问：张叔田有几个孩子？

答：两个儿子，都死了。

问：他们叫什么名字？

答：大的叫张树彬，二的叫张树桐。

问：是“守”还是“树”？

答：这应该是张守仁。张守仁是我大爷的儿子，张树彬和张树桐是张守仁的儿子。这就对了。

问：您叔叔家除张守仁外还有谁？

答：我哥哥叫张守仁，他是老大。老二叫张守义。

问：张守仁有孩子吗？

答：有两个：张树彬和张树桐。

问：张守义有几个孩子？

答：两个。一个叫张树林，一个叫张树榕。都是男孩。

问：张树彬？

答：两个孩子：一个叫张玉仓，二的叫张玉明。

问：张树桐的孩子？

答：张玉洁。只有一个孩子。

问：张树林家？

答：两个孩子：张玉江、张玉海。

问：张树榕的呢？

答：都是闺女，别写了。7个女儿呢。

问：从大的向小的说一下他们的名字吧。

答：张玉双、张玉芹、张玉明、张什么？记不清了。

问：他们都是计划生育以前生的，都有多大岁数啦？

答：大的将近40岁，计划生育以前的。

问：都出嫁到什么地方？

答：都在本县。有农村的，有县城里的。

问：最远的多远？

答：15里。老七叫张玉仙。

问：这么多闺女结婚得花不少钱呀？

答：没儿子给谁攒钱。

问：是自己挣的钱吗？

答：都有工作自己挣钱。

问：一个闺女结婚家里要陪送多少钱？

答：这没准。闺女结婚借钱不行，没饭吃了更不行，量力办吧！

问：大概是多少？

答：物价老涨也没法说。原来几千元。他们花不了那么多。

问：他们都是什么时候结婚的？

答：1960 年代。那时花不了那么多钱，有一二千敞开花。

问：你有叔伯兄弟吧？

答：亲兄弟都有。

问：张玉仙之后还有结婚的吗？

答：都没有。她们的孩子都没结婚。

问：张玉双她们的孩子的名字？

答：她们都是一个孩子。张玉双的孩子叫张淼，男孩。

问：她们是最近结婚的吗？

答：十多年了，她们的孩子已上初中一年级了。

问：张玉明的呢？

答：张溪，这是女孩。

问：张玉洁的孩子叫什么？

答：张洋。男孩。

问：张玉江的呢？

答：张波。男孩。

问：张玉海呢？

答：张涌。男孩。

问：有招女婿的吗？

答：有，张玉芹就是。

问：她女婿叫什么？从哪里来的？

答：樊华春，苗族的吧，是少数民族，是广西的还是哪里的弄不清。

问：为什么能招他做女婿？

答：他在这边当兵。

问：他们是怎么认识的？

答：自己恋爱，没人介绍。

问：自由恋爱的多吗？

答：多。

问：您大爷那辈，张叔贤、张叔田他们就哥儿俩？

答：就哥儿俩。

问：您的叔伯兄弟？

答：张守仁、张守义就是叔伯兄弟。

问：您有亲兄弟吗？

答：有一个弟弟。他叫张守清。

问：他家孩子的名字？

答：张树槐，这是老大，老二叫张树柏，老三叫张树榆，他们哥儿三个。还有一个女儿，叫张树芬。

问：张树槐家几个孩子？

答：一个女孩，叫张欢，是大名。

问：张树柏家？

答：一个女孩，叫张雪。

问：张树榆家？

答：刚出生，还没有名字。是个女孩。

问：张树芬结婚了吗？

答：已婚，嫁到密云，她在密云县工作。

【清明会】

问：解放前老张家的人共同上坟的事有吗？

答：有，清明节共同去。

问：只在清明节去吗？

答：对。清明节这天一家出一个人，上坟添土，是坟头上都添土，然后回家来，这里有办清明会的。坟地不是有 8 亩地吗，其中有二亩能种庄稼。种地的这家到清明节这天办一次斋。别人不拿钱，种地的这家用收获的粮食请吃斋。这叫清明会。

问：这二亩地是同族中最困难的户吗？

答：对，谁困难谁种，别人不争。

问：8 亩坟地在村的什么地方？

答：村东，成立人民公社后就没有了。以后土地归国有，大队种了。

问：土改时清明会还搞吗？

答：土改时就没了，再说破除迷信，这事就全完啦！

问：破除迷信时，村里有没有人说不让做这个？

答：细致的咱听不着，由党员来做。刚

才咱们路过的三堂大殿都是佛爷，全没了。

问：有没有请外边人来的？

答：没有。这三堂大殿把佛像推倒，殿也拆了，东西都盖学校了。

问：都是村里人搞的？

答：盖学校了，也没有人拦，也没有人反对。

问：开会了吗？

答：开别的会讲一讲破除迷信。

问：是不是这时说的，同族人一起上坟不允许？

答：没说这种话。但是您还组织这个，还是迷信呀！不能不听党的话，所以就不去了。

问：除清明会以外，同一家族的还有组织在一起的吗？

答：也有，红白喜事时，家族的人、亲戚都来。

问：拜年时亲戚也来？

答：没有拜年啦！有老人也不磕头了，三十晚上串串门。过去拜年都得“磕头”。

问：解放前拜年吗？

答：拜。哪年都拜，如平时有矛盾，通过拜年就解决了，什么都没有了。拜年取吉利。

【族内矛盾调停】

问：解放前同族的人有族长吗？

答：没有。有辈，按辈数的大小。如爷爷、奶奶、叔叔，这就是辈儿。

问：比如说同族人之间发生口角、打架这些事，是不是同族中岁数最大，辈分最高的出来解决？

答：也没有打架的，有打架的家里人解决，解决不了的，由大队帮助解决。

问：由大队的人解决是解放后的事吧？解放前呢？

答：解放前有保、甲长。

问：有没有谁家打架后由同家族解决的？

答：没有，没有什么了不起的事。大事家族的人也解决不了，就得经官，经官就是找保、甲长。

问：同家族的人如果卖地，是不是先问本家族的人谁买，之后再向外族人卖？

答：有这么个过程。家族的人要，就卖给家族的人，不要再卖给别人，谁也挑不出理来。

问：如果把地卖给别人了，家族的人不知道，那么家族的人有意见吗？

答：没有，也没有争的。卖给别人的由保、甲长出面的。

【日本调查人员】

问：1941 ~ 1943 年有日本调查员来过吧？

答：日本的山本还是山田的儿子我们还见过一面呢。

问：1942 年的时候是吗？

答：四几年，我们村是和平模范庄，山本经常到我们这来办公，一个多月。

问：早川、吉田你认识吗？

答：不知道，不认识。

问：您对山本有什么印象吗？

答：到村来印象不深，那时归保长管。张继武是保长。

【婚丧礼俗】

问：初级社、高级社时同家族的人共同上坟的事有吗？

答：没有了，烧香什么的都没有了。

问：清明的时候一家一家的去吗？

答：没有。

问：现在呢？

答：现在更没有了。现在连坟地都没有了。

问：只有红白喜事的时候同族的人聚在一起？

答：对。

问：土改时红白喜事同族的人聚在一起？

答：那时没有，有的时候也得偷着办。毛主席号召节约，反对浪费，这些事就没有了。有这个是铺张浪费。

问：初级社时结婚和葬礼什么的还搞吧？

答：结婚时司仪说说完事了，一般有个三桌两桌的就行了，有亲戚来祝贺。大的铺张浪费没有了，办几十桌的没有了。

问：初级社、高级社时还拜年吗？

答：不拜，不磕头。

问：有没有家族一起礼拜的仪式呢？

答：没有。直开导你不要铺张浪费，三十晚上没什么了。

问：这样过去的习俗都变了，您是否觉得挺没劲的？

答：没事。

问：人民公社时红白喜事是什么形式？是不是更简单了？

答：是呀，更简单了。我大儿子结婚，我家里什么都没有，他俩花了25元，坐小汽车回家来，就结婚了。

问：到家里来同族的人在一起吃饭了吗？

答：我兄弟两个来吃了饭，就三两桌，女方还来人呢，不吃饭哪行啊！

问：都是同族兄弟吗？像张守仁、张守义他们？

答：近的来，不是同族的人前后院邻居也来。

问：有朋友们吗？

答：不给他们信，他们都不知道，连姑奶奶都没接来。他俩结婚后拿点东西看了看她。

问：您的姐姐还是您妹妹？

答：我妹妹。小孩的姑姑。结完婚再认认门就是了。

【火葬】

问：“文化大革命”时人死后搞土葬吧？不是，人民公社时。

答：1958年有土葬。

问：是不是用个大棺材埋掉？

答：是。以后提倡火葬，挖坑就严了。如果不火葬偷偷地埋了，上边不知道就算了，知道了就罚钱。以后人们的思想都通了，全部火葬。

问：反对土葬从什么时候开始的？是破除封建迷信时吧？

答：人民公社以后才实行火葬。

问：为什么禁止土葬？是迷信吗？

答：就是迷信。那时候人死后打棺材，供几天，才埋呢。要求人死后火化，一时人们思想不通，通了也没什么。

问：火葬正式开始在什么时候？

答：六几年吧。

问：火葬场在什么地方？

答：潮白河东。

问：开始火葬人们思想不通，有反对的话吗？

答：没有听说过。

问：您怎么看待火化？

答：党让怎么办就怎么办，一个人不通也不行啊，咱们就是听党的领导，这就行啦！

问：土葬时都埋到哪里去了？

答：没土改时各姓都有自己的坟地。土改后就没有了。人死后埋到小中河两岸，这地方还有，不是棺材，是骨灰盒了。

问：怎么是骨灰盒？火化了？

答：对，火化。我们村没有公墓。

问：初级社埋在什么地方？

答：谁也找不到谁家的坟地，土地归集体啦，该平的平了，没有埋坟的地方了，随便找个地方。

问：那时土葬还有吗？

答：有，但是偷着埋的。

问：上面没有标志？

答：没有标志，不起坟头了，后来都找不到了。

问：开始实行火葬是从60年代吗？

答：对。

【节日习俗】

问：初一、十五、五月五端午节等同家族的人搞不搞活动？

答：都没有。

问：解放前？

答：解放前有。比方说，正月十五、五月五端午、八月十五都有，还有春节。

问：腊八？

答：腊八不在节日之内，就一天。这天吃腊八粥，不算什么节。

问：解放前春节拜年？第二天亲戚朋友们拜年有吗？

答：春节就是三十夜里拜年，初一拜年。正月初二没事，初一没拜完年，初二再去拜也不晚。不过正月十五不晚。

问：正月十五有什么活动吗？

答：到县城去逛逛灯。

问：你们姓张的人一起去吗？

答：不，谁愿去谁去。

问：正月二十五有活动吗？

答：没有。按月满了说那叫大添仓，小添仓大添仓，正月十五过春节的东西都吃完了，添添它，取个吉利，证明仓库老有吃的，比方做饭吃，那屋不住人。粮仓归那屋了，添添仓，也不叫节。

问：五月五端午节有什么活动？

答：没有活动，是粽子节。

问：那天只吃粽子吗？

答：吃粽子。

问：有没有用花给小孩插在头上？

答：有。有用腊花纸叠成的，有用鲜花什么的。

问：解放前六月二十四有什么会吗？

答：六月二十四，供老爷。有信奉的去庙上烧香上供。

问：八月十五吃月饼，是不是把月饼拿出去供上？

答：对。

问：九月九重阳节有活动吗？

答：没有。

问：十二月初八腊八那天就喝腊八粥？

答：是。腊月二十三有活动。给灶王爷烧香上供，供饺子、糖瓜。叫糖瓜祭灶。

问：年三十晚上村里同族的人都聚到一起请财神？

答：家家户户都自己请，不分族。

问：家里也供祖先吗？

答：对啦，有供祖先的。一般没有。秀才之家，有祖牌，一直往下排。咱们农民之家就没啦。三十黑夜写上包袱，搁在桌子上供着，过一阵再送走（即烧掉）。

问：初一那天是不是辈分低的人给辈分高的人先拜年再吃饺子？

答：先磕头再吃饺子，一家人一个单位，我们这两家就不在一块吃了。

问：您的邻居是您弟弟家？

答：我弟弟，一家归一个单位。

问：正月初一您弟弟给您拜年吗？

答：像我们这个就不等初一了，三十日黑夜就拜了，三十日黑夜12点他们来。

问：这些习惯流行到现在的还有哪些？

答：没有了，这些都没有了。

问：五十年代还有吗？

答：那时候就没有了，年轻人磕头都不知道怎么磕，全免了。

【治安工作】

问：治安状况怎样？

答：我们这有小偷小摸，前几天逮住一个。不像过去，有钱也不会发生什么。现在有钱的人，就有丢东西，农村都发展得挺好，就这点不好。

问：所以家里就养狗了？

答：对啦，它是个耳朵呀。去年我丢了600元现金。就放在这里了。他从窗户里看到了。不注意不行，有小偷，外地人很多，人很杂。

问：从什么时间小偷多起来了？

答：好几年了。

问：1990年以后？

答：对。

问：20世纪80年代还没有？

答：没有。

【尊老观念】

问：从前对岁数大的辈分高的人，大家都很尊敬他，现在怎么样？

答：尊老这个太有好处了，老人有人照顾呀！家里的老人不能总是自己说了算，不要管事啦，孩子们管吃孩子们管喝就可以了，家也交给他们管了。我说的是现在的老人活着有劲头，因为爱老尊老社会照顾老人，现在的生活真好。

【贫农协会和阶级划分】

问："土改"时农会都有哪些成员？

答：有农会主席，李广泰是正主席，副的是我。武装部、儿童团、妇联都归农会管。

问：昨天我们访问李广明老人，他说到了农会，另外他还说到了李祥林、李广义、李广泰这些人，您与他是什么关系？

答：没有关系，李祥林当时是村长，李广智是财粮，李广泰是正主席，我是副主席。

问：杨哲呢？

答：杨哲是会计。

问：杜钦贤？

答：他是民政。这人都没了。这些人都是村委会的人。

问：这些人是怎么选出来的？

答：北京还没解放，要解放的前两天有消息来，我们全去抬担架，从北京经赵家屯，抬了两天两夜没吃饭。

问：您没在那怎么选出来的？

答：以前是保、甲长管事。

问：他选出来的？

答：不是，还有区里的人。

问：到底是怎么选出来的？

答：群众选出来的。

问：你已回来了？

答：对，我回来了。村里旧的管事的都换成了新的。

问：党内派人来指导？

答：预选时，上边就派人来掌握政策，比如区里、县里的工作组，掌握政策，选出这些人来。

问：工作组来了多少人？

答：选出我们这些人，两天后，省里、北京都来人了。共3个人，记得有一姓孟的，专区来的有毕一民。讨论土改，天天开群众会，之后开始定阶级，贴出榜去，土地多少，谁谁土地多少。定完土地榜后，开群众会公布。三榜定案：中农、贫农、地主、富农都定了，才开始做土地分配工作。

问：地主、富农按什么标准划？

答：不光划，他还得自认。按《土地法条例》划地主、富农，20条归中农，三十几条归地主、30条以内的归富农。按条件贫农占70%，中农占30%，地主、富农超不过5%。

问：当时雇着长工和短工，给他们划成

富农吗？

答： 富农。按头三年算，赶上这三年了，就是。三年以外不算数，雇个长工、雇个短工就成地主、富农，不是那么回事。按剥削量说，剥削量达到 20% ~30% 。

刘士环（52 岁）

时　　间：1994 年 8 月 23 日上午

访 问 者：小田则子

翻　　译：孙雪梅

访问场所：刘士环家

【家庭成员】

问： 您与您妻子是怎么认识的？

答： 我们是一个村的，我们是自由恋爱。

问： 什么时间结婚的？

答： 1964 年结婚，自由恋爱，没有介绍人。

问： 您几个孩子？

答： 4 个闺女，1 个儿子，共 5 个孩子。

问： 请您告诉我们他们的名字？

答： 儿子叫刘建军，大闺女叫刘俊华，二女叫刘俊荣，三的叫刘俊红，四的叫刘俊玲。

问： 儿子最大吗？

答： 儿子最小。

问： 您儿子结婚了吗？

答： 没有，闺女刘俊华结婚了。已结婚走了。

问： 嫁到别的地方？

答： 西边，很近，供销社附近。这孩子就是他们的。

问： 女婿的名字？

答： 潘宝国。

问： 他们孩子叫什么？

答： 潘新月。

问： 外孙？

答： 对。

问： 你们兄弟几个？

答： 我有两个姐姐，男孩只有我一个。

问： 您姐姐的名字？

答： 刘淑珍，这是大姐，二姐叫刘淑兰。

问： 你姐姐嫁到哪里去了？

答： 十里铺。

问： 你的女儿在供销社也是十里铺吗？

答： 不是。在南法信供销社，她是城镇户口。

问： 他们住在什么地方？

答： 他们单位有宿舍，有家属院。

问： 住的楼房吗？

答： 平房。

【牌位、家谱、包袱】

问： 您父亲叫什么名字？

答： 叫刘福。

问： 您母亲呢？

答： 刘关氏。

问： 您爷爷叫什么？

答： 刘凤山。

问： 您曾祖父叫什么？

答： 刘金榜。

问： 再向上您还知道吗？

答： 不知道。

问： 您曾祖父他们兄弟几个？

答： 我不知道，我爷爷的面我都没有见过，都不知道。

问： 您家有家谱吗？

答： 没有。因为我们比较穷，我们都是贫农，一般有那个的都是有钱财的人家。

问： 你家有供的祖先的牌位吗？

答： 没有。这儿也没有这风俗。

问： 你怎么知道您曾祖父的名字？

答：我父亲那辈他们当时都写包袱，到时候烧。写在纸上的就是那个名字。

问：请您谈一下写包袱是怎么回事？

答：这都是封建迷信。是对去世老人的怀念。天冷了，阴历十月烧纸、烧点衣服什么的，这都是迷信。现在都不兴这些了。

问：写包袱的纸多大？

答：长40公分，宽30公分，一个纸袋，上面写上名字。

问：纸袋像信封一样的吗？

答：对。上面剪点圆形的钱。

问：是这样叠起来吗？

答：这不是一张纸吗，这么一粘，成为一个袋。上面写上名字，写上年、月、日，放在桌子上供供，再买点东西上供。现在都没有了，这都属于迷信。

问：您写到哪一辈？

答：写到爷爷、奶奶辈，往上就不写了。

问：女的也写吗？奶奶、妈妈写吗？

答：要都死了，两个人的名字都写，两个人的名字写在一起。如果只有一个死了，就写一个人的名。

问：请您写一下，是什么样的？

答：行。就这样的。这边写上名字。

问：给爷爷的呢？

答：这里写上孙，就行了。

问：请您写一下爷爷、奶奶的？

答：一样的，把这里的孝儿改为孝孙就行了。父字前边加上祖父、祖母。实际写法一样，只是名字不同。

问：您上坟时写几张？有祖父母、父母，有曾祖父母吗？

答：按现在的情况写两辈就行啦。祖父母一份，父母一份，太远的就没有多少感情啦，就不写。现在都不烧这个，过时了。

【过继子】

问：你爷爷兄弟几个，您知道吗？

答：不知道。

问：您父亲兄弟几个？

答：我有几个叔叔，都不在了，他们兄弟4个。

问：您父亲是老大吗？

答：我父亲是老二，他原来姓李，姓刘的老太太没有儿子，我父亲过继给她了，我父亲是老太太抱来的。

问：你父亲原来是本村人吗？

答：本村人。

问：您父亲姓李，村里人都知道吗？

答：知道。

问：您父亲过继时，有契约书之类的东西吗？

答：过去没有。两家愿意就行了！

【刘姓同族】

问：您父亲兄弟的名字？

答：他有一个哥哥，叫李树林，没有姐妹。

问：您爷爷刘凤山没有孩子？

答：没有。把我父亲抱到他这里来了。

问：你父亲到刘家来时，有没有堂兄弟？

答：我有两个叔叔：一个叫刘禄，一个叫刘祥。他们都不在了。其他人没有。

问：他们都是亲兄弟吗？

答：对。

问：刘禄有几个孩子？

答：1个。叫刘士德。

问：刘士德有孩子吗？

答：有。他有2个儿子，1个女儿。

问：叫什么名字？

答：一个叫刘建国，一个叫刘建民，女儿叫刘建英。

问：他们都结婚了吗？

答：没有。

问：刘士德妻子的名字？

答：叫张静华。

问：她是哪村人？

答：这村的南边，军营的。

问：刘祥的孩子？

答：1 个儿子。儿子叫刘士元，刘士元有两个女儿，叫什么我不知道。

问：结婚了吗？

答：都念书，没有结婚。

问：刘姓在村里有几户？

答：共 5 户。其中有 2 户不是同族，我们同族只有 3 户。刘士元搬走了，不在村里住，所以村里现在只有 4 户。这 4 户中，2 户是同姓不同族。实际上我们族有 2 户，他们族也是 2 户。

问：那两户不同族的人是谁？

答：刘振海、刘振山，他们两个同姓同族。刘振海是书记。

问：同姓同族是怎么分的？

答：他俩是一个爷爷。

问：你们刘姓是从什么时候来到这村的？

答：很早了，可能是老太爷那辈来的。

问：您爷爷的父亲那辈？

答：对。

问：您祖先是从什么地方来的？

答：都传说是从山西省洪洞县来的。

问：这件事您是听说的？

答：都这么传，没有根据，我听我爷爷、奶奶说的。

问：您爷爷、奶奶也是听说的？

答：实际上他们也不知道。

问：您是小时候听他们说的吗？

答：对。

问：您听说后有什么想法？

答：在这里定居了，从哪里来的无所谓。

【坟地】

问：您听说过同一个家族共同上坟的事吗？

答：有，清明节上坟。现在还有这一风俗。也扫墓。

问：解放前刘姓的坟地在什么地方？

答：这两边有条渠，渠的西边就有刘姓的坟地。

问：清明节上坟只有男的去？

答：对，扫墓添坟土。

问：有几亩坟地？

答：没有了，只有一个土墩。

问：是辈分最高的人去吗？

答：不是，谁去都行，不论辈分。

问：不一定一起去？

答：是。

问：“土改”时坟地怎么办了？

答：“土改”时还有坟地，实行火化后就没有了。

问：“土改”时收坟地了吗？

答：没有。

问：还有吗？

答：“土改”时不管，上坟是风俗习惯，没人管。

问：平了吗？

答：没平。

问：“土改”时有破除迷信，那还能上坟吗？

答：“文化大革命”时“破四旧”，以前还没有。

问：“土改”时，族里死了人，有葬礼吗？

答：也没有，当时很简单，就是墓葬。同族的人相互帮忙。

问：初级社时人死后还能埋吗？

答：能埋。

问：高级社时行吗？

答：也行。

问：还埋到刘姓家的坟地吗？

答：对，还埋在那儿。

问：1958 年人民公社时还能埋吗？

答：能埋，就最近几年实行火化后，骨灰埋在地边上，不埋在地里了。

问：火葬从什么时候开始的？

答：十来年了，八几年开始实行的。

问：火葬场在什么地方？

答：离县城六七里地，在潮白河边上。

问：哪年开始？

答：1980 年以后开始火化。

【清明节、丧葬】

问：人民公社时有全族人上坟的规矩吗？

答：那时有，也很简单，人死后埋了就行啦！清明节那几天不一起去。

问：您今年去了吗？

答：我没去。我父母的骨灰盒找不到了，时间长，坏了！那地方又修鱼塘，找不到了。

问：土改时刘姓的坟地没上交，其他家族的坟地上交了吗？

答：别人的也不交。

问：是坟头没有了，还是地没收去？

答：时间长了就不再在那里埋了，因为怕影响机耕。地统一种了，坟头还有。

问：坟头没平？

答：没平，还有坟。

问：土改后坟地已分给外姓人了，刘姓再到这里上坟没问题吧？

答：没问题，一个坟头占不了多少地。

问：其他人家都这样吗？

答：都这样，都不计较这个。

问：1951 年破除迷信，有没有不让上坟的事？

答：年轻人认为是迷信，老人们还上坟。

问：互助组、初级社时还上坟吗？

答：都上。

问：以清明节为中心？

答：一年一次，其他时间没有。

问：1965 年“四清”时还上坟拜年吗？

答：也有。

问：1966 年“文化大革命”时有吗？

答：也上坟。上坟不算封建迷信。现在也有扫烈士墓的事，与这事一样。

问：破除迷信时允许上坟吗？

答：允许。弄包袱就不行啦，那属于迷信。

问：被禁止的除包袱外还有别的吗？

答：没有了。

问：烧香、烧纸、磕头禁止吗？

答：现在早不磕头了。

问：什么时间不兴磕头了？

答：我都不会。见了长辈鞠躬的时候有。

问：烧香、烧纸，初级社时行吗？

答：也有烧的。

问：“文化大革命”时批判的都有什么？

答：孝服改为黑纱了，就是袖箍。

问：互助组到高级社时谁家死了人是不是在家先放几天，等亲戚们都来了再埋？

答：初级时已不那么办了，死后就埋了。如闺女离得远，等一等，没有规定一定等几天。

问：初级社、高级社时搞葬礼花多少钱？

答：花不了多少，弄几块木头板钉个匣子，就花这点钱。

问：“大跃进”时人们都很忙，还搞这些活动吗？

答：很简单。

问：有悼念要简单的指示吗？

答：没有。

问：1970 年代上坟的事还有吗？

答：有。

问：与 1950 年代一样吗？

答：差不多，都是墓葬。

1970年代末，1980年代初就开始火化了。1975年、1976年开始提倡火化。

问：火葬在这个村什么时候开始的？

答：1975年、1976年时开始的。

问：是在潮白河那边烧吗？

答：对。

问：火葬场什么时候建的？

答：1974年、1975年。

问：那时是火葬还是土葬？

答：自愿。那时提倡移风易俗，一点点来，现在100%的火化了。

问：当时火化村里给钱吗？

答：给钱，全部免费。

问：现在自己拿钱吗？

答：现在也免费，骨灰盒自己买，其他都免费。

问：村里有必须火化的指示吗？

答：都是自愿，现在也不强迫。火化的人给点补助。

问：当时火葬和土葬的比例是多少？

答：当时都不愿意去，老人、小孩都不愿去，土葬的多。

问：大部分火化是从什么时候开始的？

答：提倡火化五六年之后，大部分人都火化了。

【拜年】

问：同族中有没有在春节时聚到一起的习俗？

答：也有，春节时没事串个门，没有聚到一起的习惯。

问：解放前有没有辈分低的给辈分高的人拜年的习惯？

答：有。

问：这种习惯互助组、初级社时有吗？

答：有，现在还有。有什么隔阂在一起待会儿就解开了。

问：今年春节串门了吗？

答：春节放几天假，都串串门。

问：人民公社时一起上坟吗？

答：不一起去，谁有工夫谁去，没有仪式，只是添坟。

问：只有男的去吗？

答：男的去的多。

问：是为了给老人尽点孝心吗？

答：为了纪念。坟不添土时间久了就没了！

问：1960年自然灾害您赶上了吗？

答：赶上了。

问：那时候上坟吗？

答：上。

问：也拜年？

答：拜年。拜年也不磕头，只是在一块待着。

【家庭矛盾调停】

问：家里有矛盾时请同族的人调解吗？

答：不用，自己家里调解。

问：找不找村委会帮助解决？

答：家里实在解决不了的，找村里的治保会解决。

问：刘姓家族中最近有找治保会解决的吗？

答：这样的事很少。如离婚的事，村里解决不了，就找上边。

问：分家的事呢？

答：分家找村治保会就行了，分家好分。

【短工、合作化】

问：短工是怎么回事？

答：村里农忙用人多，谁用人就到“市”上去叫，打短工的在市场上等着，谁用几个人、用几天都从那里去叫，不用了就不叫了。短工再找主儿。

问：短工一天挣多少钱？

答：挣不了多少。到底多少我也不清楚。扛长活的挣得多，一干就一年。打短工的活累挣的还少，一天两天挣不了多少。

问：做短工之外还干什么？

答：冬天没活了，没人雇，自己做点小买卖。

问：卖什么？

答：花生、瓜子的，吃的东西。

问：“土改”后生活变好了？

答：对。

问：合作社时您家与谁家在一起？

答：统一的生产队，地都归一起了。

问：高级社时把家里的牲口都归集体了？

答：对，牲口、大车都归集体，记上账，付给钱。

问：付给钱？

答：不给钱，先记上账，参加分红，逐渐还完了。

问：当时有不交地的吗？

答：没有。一般都愿入社，省心。

【土地改革】

问：您家是贫农，就3亩地？

答：对。

问：3亩地不够吃就给人家打短工，做小买卖什么的？

答：对。

问：您几岁入小学？

答：七八岁。

问：您小学念到？

答：小学念到1954年。高小念到1956年。高小五、六年级在静海县城念的。

问：念到十几岁？

答：1956年、1957年念到初中。

问：之后还干什么了？

答：念了2年技校，当了2年工人。

问：您那时学的东西与现在有什么关系？

答：没关系。

问：您在哪里当工人？

答：沈阳市。

问：为什么去沈阳市？

答：学校分配的。

问：土改时您家分了几亩地？

答：3亩地。

问：共6亩地？

答：差不多3亩。共6亩。

马淑敏（42岁）

时　　间：1994年8月26日下午

访 问 者：小田则子

翻　　译：孙雪梅

访问场所：沙井村村委会办公室

【个人经历、家族】

问：你是别村移过来的吗？

答：从顺义县路遂公社柳各庄村。

问：离这里远吗？

答：不远，20多里地。

问：您今年多大岁数？

答：42周岁。

问：您家庭情况？

答：我家里有公婆、爱人和两个男孩。

问：他们多大？

答：大的10岁，小的8岁。

问：现在您住在什么地方？

答：村的最后边。

问：什么单位工作？

答：我是沙井村的出纳人员兼妇联主任。

问：您丈夫是本村人？

答：我们都不是本村人，我们都是外

来户。

问：您丈夫是什么地方人？

答：顺义县北务乡仓上村。

问：什么时候迁沙井村的？

答：1981年底。

问：您哪年出生的？

答：1952年。属龙的。

问：您原来的老家里还有什么人？

答：现在只有我父母。

问：您有兄弟吗？

答：有。我原籍是南彩，因为我父亲是医生，我跟着他在柳各庄长大。有两个弟弟，大弟弟回南彩住了。

问：在那里干什么？

答：在顺义县城开车。二弟弟接我爸爸的班，他不是医生，在石油公司上班。

问：您这两个弟弟是学校毕业后开始工作的吗？

答：对。我大弟弟征兵入伍，去了6年，在部队给首长开车，复员后还继续开车。

问：您弟弟回来后是怎么找到这份工作的？

答：他回来时我还在柳乡公社，他也在公社干，回来通过熟人。他开车的同时也修车，修车的技术很好，很多人找他修车。食品站的领导调到怡园的商场，我弟弟就在怡园那里开车、修车。后到日本去了7个月，回来后又到那里开车。

问：在公社开车是谁介绍的？

答：我们家都在公社。公社有个企业办公室主任，也是柳各庄的，通过他们去的公社企业。

问：您与您弟弟差几岁？

答：4岁。我二弟比大弟小3岁。

问：您什么时候结婚的？

答：1978年。

问：怎么认识的？

答：经人介绍的。我原来在电器元件厂，这个厂的同事介绍的。他与我不是一个公社，他姥姥家与我同事是一个村，通过他介绍的。

问：元件厂有各村的人上班？

答：对，各村的人都有。

问：都是哪些村的人？

答：都是这个公社的，因为是公社的企业。这个厂生产电子管、二级管，一般都是全公社的年轻姑娘。

问：有多少人？

答：70多人。

问：这个企业是在路遂公社吗？

答：对。

【养子】

问：您26岁结婚？

答：对。

问：您大儿子是在36岁生的？

答：大儿子是抱养的，结婚后5年不生育，就抱养了个孩子。

问：从哪里要的？

答：从北京医院抱的。要不然我为什么有两个孩子。

问：您怎么想起要抱养孩子？

答：那时我岁数大了，不生养，家里没有继承人，就抱养了一个。

问：有抱养手续吗？

答：没有。朋友的亲戚给抱的。我丈夫的叔伯姨的亲戚抱的。他们家的什么亲戚我就不知道了。

问：那时从医院抱走孩子是允许的吗？

答：不知道他们是什么关系，什么手续。

问：是不是私生子那样的人？

答：不知道。

问：你第二个孩子是什么时间出生的？

答：1987年1月出生的。这地方也有这么个说法：抱了一个孩子会再招一个来。农村里没有小孩，人家看不起您，您家再有钱也白搭，所以抱了一个。婚后时间久了不生孩子别人看不起，歧视你，不像城市不需要后代。城乡有差别，没人种地不行，岁数大了，没后代谁帮助劳动！

问：您怎么看待没有后代被人看不起的现象？

答：我无所谓，结婚二年就想抱一个，男孩、女孩对我来说也无所谓，有的女孩比男孩工作还好，男孩淘气。

【户口迁移】

问：您什么时候来沙井村的？

答：1983 年来的。因为我搬来时我的户口没与家人在一起，我还在路遂公社企业。我们户口是 1983 年来的。

问：您丈夫是 1981 年来的？

答：他接老人的班，是工人，他的户口没在沙井村，他是城市居民户口。1981 年我来时只有两个人的户口。

问：你丈夫的户口在哪里？

答：顺义县东街小区居委会。

问：这是原来住的地方？

答：不是，他原来在北京市，他从北京市调回来就落在这个居委会了。

问：您丈夫不是北务乡仓口村的吗？

答：他接的他父亲的班，他父亲原来在北京市第三建筑公司，他退休时他儿子接的班。

问：您的户口迁到沙井村难吗？

答：不难，原来是城市居民户口，到这里来就变成农业户口了。沙井村是农业户口。

问：居民户口是临时的吗？

答：不是临时的，是长期的。城市居民户口的人发粮票、油票，什么都发，农业户口什么都是自己的。

问：您的户口在沙井村？

答：对。

问：迁户口有什么手续吗？

答：在这里开封接收信给我们那里，我们那里也开封同意信给这边，我的户口在那边销掉，带着那边派出所的卡片到这边来，到这边派出所上户口，就这样。

问：与县和村之间没关系吧？

答：没关系，只要这个村同意接收，与他们没关系。

问：您在沙井村有认识人呀？

答：1981 年我婆婆他们迁来的，认识这个村一个人，通过他介绍的。他也不是老户。听说他本人也是居民户口，在“四清”时工作队下农村，与我婆婆他们认识。

问：从开接收信到迁户口，大约需要多长时间？

答：时间不长，当天就办，不繁琐。

【外来户】

问：您丈夫迁来时住在什么地方？

答：我们搬来时自己没有房，住的别人家的房。

问：住的谁的房？

答：吴士平的房。

问：他是本村人吗？

答：是。

问：您现在住在什么地方？

答：马路北边。沙井村最后一家是我们家。

问：从外边迁户口来的人很多吧？

答：对。因为离县城近，经济发达。

问：迁来的外来户都住在北边？

答：不一定，看房基地给在哪里了。

问：从村里分的那块房基地要钱吗？

答：那时没要钱。

问：你来时住房和地都受到照顾了吗？

答：我们找了他们几次，说明自己需要住房的理由。

问：自己盖的房吗？

答：对。

问：您丈夫在什么地方工作？

答：现在自己学开汽车。他从北京调回来时是测绘厂。

问：他学车后自己开车吗？

答：学会了自己找个地方开车去，学点技术。

问：自己开车还是给别人开车？

答：到时候再定吧。

问：你喜欢他开自己的车还是给别人开？

答：现在还没决定，自己开车就得自己买车，现在经济条件不允许，如果允许就自己买车。

问：一般说自己买车需要多少钱？

答：这就不一样了，新旧车型不一样，价钱都不一样。

问：出租车是黄色的？

答：对，面的。这种车一般是出租汽车公司出租，到一定年限卖给您，到底用多少钱，因为驾驶证没拿下来，还没在这方面动脑子，没更多地考虑这方面的事。岁数一年比一年大，需要有技术，他原来是水暖工，岁数大了不宜搞这项工作，水暖工比较辛苦。

问：在哪个公司？

答：北京市第三建筑公司。

问：一个月多少钱？

答：他挣多少我没过问过，给我多少是多少，这个月多点，那个月少点，都不一定。我没看过他的工资条，我没有要求他每月把工资都交给我。

问：那时你两个都工作？

答：对，我在路遂上班，我同婆婆住在一起，有些费用都是婆婆花，我不管家。他有钱给我也行，不给我也行。我们家从来没有因为经济问题发生过矛盾。

问：你丈夫也给你婆婆钱？

答：不，我公公有钱。他现在退休了，他有退休费，他钱挺多的。家里需要买什么我们都争着买。我爱人只哥儿一个，没人争。

问：您的故乡是顺义县路遂公社柳各庄村，您父亲的老家是南彩？

答：对，我在柳各庄村上学，我父亲的老家是南彩。

问：您到沙井来就是因为您丈夫的关系？

答：对。

问：您上了几年学？

答：7 年，初中毕业。

问：初中毕业后干什么工作？

答：在电器原件厂工作。

问：您村从外边来的人有多少？

答：没给计算过，现在也控制了。

问：春节时到您老家去吗？

答：不去了。我公公也在这里，家里没人啦。

问：清明的时候去吗？

答：也不去，他们的老人火化埋在什么地方不知道了，他们家在北务乡上，他们家坟地在阳镇，我没去过。

问：火化骨灰埋在什么地方知道吧？

答：不知道，因为我结婚后没有老人去世。我结婚前两年他家里有老人去世，可是没有烧过纸，我婆婆认为没用。活着的时候给点吃的、喝的比什么都强。

我自己感觉特别自在，什么事都没有。

【对待养子与计划生育政策】

问：你结婚后没孩子别的村的人说什么？

答：（磁带有故障）我没孩子多省心。

问：婚后多年不生育，抱了一个孩子，之后又生了，现在只许生一个孩子，第二个孩子能生吗？

答：现在也允许，5 年之后不孕抱了一个，可以再生一个。允许，有明文规定。

问：您大儿子他知道自己是抱来的吗？

答：不知道。

问：今后您打算告诉他吗？

答：他如果知道了，我就向他说明白，他不问我，我就不说，与我小儿子一样对待。他小时候我喂他牛奶、奶粉，我觉得对不起他，相比之下他就吃亏了。

问：您村里的人知道他是抱来的吗？

答：知道。

问：小孩子之间打架告诉他怎么办？

答：迟早他会知道。我想，我真心实意地待你，你大了怎样对我，就看他自己了。

问：您的儿子会理解的？

答：我对他好，比对我亲儿子好。他懂事是会知道的。

问：今天的采访是我们没想到的。

答：现在都是独生子女，不要两个。

问：外地人到幼儿园也可以吗？

答：可以。到这边来做生意的人很多，不能影响小孩念书。

【节日礼俗、红白喜事】

问：春节时人们串门拜年吗？

答：春节时村里组织一些文娱活动。也有到各户串门拜年的，亲属之间。

问：外地来的，你在村有亲戚吗？怎么串门？

答：这里没有亲戚，住的时间长了，互相了解了，几家不错的相互串门。有什么困难帮助帮助。

问：红白喜事你们也有交往吗？

答：有。因我工作的关系，与人交往的多，人家有事，我也去，如丧事、喜事，我都去帮忙，买点东西。

问：最近有什么红白喜事吗？

答：主管会计姓杨，她家有事，她母亲今年去世了。我们也是邻居，她母亲有病时，我帮助她找汽车。

问：叫什么？

答：杨艳玲。

问：有多少人去？

答：姓杨的亲属都去。

问：有多少人？

答：不知道。同族人都去，外姓人不错的也去。老人生前我们有交往。

问：现在有结婚的吗？

答：没有。现在天气正热，一般不现在办，办事来好多朋友，都大吃一顿，天热东西不好放。

问：我们两个人都没结婚，都想看一看。办红白喜事时，同姓人都来吗？

答：同姓同族的人都去。亲属。

问：沙井村有红白喜事时，同姓、同族的人都来是最近几年的事吗？

答：自古就有这个习惯，是传下来的。

问：1980 年以后才开始吗？

答：农村一直是这样。我所在过的村都是这样。

问：沙井村清明节扫墓吗？

答：都去。

问：都有哪些姓的人去？

答：各家扫各家的。哪个姓的人都有。

问：他们的坟地在哪里？

答：现在火化了，埋在耕地耕不到的地方，村边上多。

问：今年清明节都去了吗？

答：去了，家家都去，扫墓，在埋的地方添把土。

问：全族一起去？

答：一家一家地去。

问：您的前人如果故去了，您家坟地在哪里？

答：唉呀?! 没有考虑这问题。到我们的时候就无所谓了，买好骨灰盒、穿好衣服都没有用，骨灰撒到哪里都行。人死后什么都不知道了，什么都没有用。人死如灯灭。

问：想埋到您丈夫的老家吗?

答：没有，因为我都没去过，没有这种想法。

问：日本人很重视，一家有一座坟。

答：这里没有，有的家骨灰找不到了，也没事。

【妇女主任、出纳员、服装厂】

问：您工作的地方在这村吗?

答：在。1989 年 3 月我当妇女主任。

问：什么时候当出纳员?

答：也是 1989 年。

问：以前的妇女主任是谁?

答：刘书香。再早就不知道是谁了。

问：您是外来户，怎么到村里工作的?

答：我来时在生产队劳动，生产队解散后在村里服装厂，与领导接触的比较多，他们对我有所了解。有小孩时我没干，刘书香她爱人是煤矿的，要走，领导就找我接替她的工作。

问：您哪年在服装厂?

答：1984 年在服装厂。1983 年底到 1985 年上半年在厂工作。

问：您在服装厂一个月挣多少钱?

答：忘了，我对钱不太注意。

问：生产队时有工分吗?

答：有工分。

问：一天多少分?

答：女 8 分，男 10 分。

问：一天干多长时间?

答：十来个小时。冬天少干点，春天多干，天热少干。

问：都干什么?

答：园田种菜。

问：那村外地的人多吗?

答：没有，这几年多了。

问：服装厂多少人?

答：百八十人，村里的工厂。

问：做什么?

答：上衣、裤子，给外单位加工。

问：用什么缝?

答：都是电机。

问：当会计的还要缝?

答：裁剪。

问：女工比较多吗?

答：多。有本村，也有外村人。

问：外村人怎么来的?

答：开始一间屋，后来人不够用，从外村招人，都是熟人互相介绍来的。

问：外村有多少人? 从哪年有外村人?

答：从 1991 年就有外村人了。1993 年开始猛增。

问：将近一半是外村人是从什么时候开始的?

答：服装厂与县服装厂联营了。现在得有几百人。

问：工厂属于村的时候，外村女工住在什么地方?

答：那时没有外村人，只有本县、本镇人。

问：本村人的比例占多少?

答：70% 是本村人。

问：是 1985 年，对吗?

答：对。

问：出纳员的工作干什么?

答：管现金，出、进我都管，记账。

问：是村里的吗?

答：对，大队的。大队盖房、办工厂、买东西开支多少，收入多少，我记现金账。

问：您做妇女主任都主管什么方面的工作?

答：全村妇女的学习，我们组织，“三·八”妇女节组织活动，学习妇女权益保障法，妇女有什么问题帮助解决。

【计划生育】

问：基本上有两个：计划生育和计划生育的宣传。

答：对。宣传计划生育，做计划生育方面的工作，发放药品，做结扎。

问：沙井村有多少女性？

答：全村700人，其中女性50%。

问：都是本村人吗？

答：都是本村人。

问：外来住房户多少人？

答：女的30多人。我们也找她们，管她们的计划生育。

问：育龄妇女多少？

答：已婚育龄妇女170人。

问：有计划生育的指标？

答：对，有，一胎指标，放环指标都有。

问：有放环指标？

答：对。生完一个孩子以后，条件许可一般都放环了。个别的身体不行不放环，用药。吃药，用避孕套。

问：每天吃药？

答：对。

问：一胎指标怎么办？

答：领结婚证的夫妇，到乡计生办领一胎计划指标，没有一胎生育计划的婴儿不给上户口，不允许要。

问：一年多少？

答：已婚符合年龄的都给。避免计划外生育。

问：放环指标呢？

答：先计算出今年生几个孩子，今年生育完的妇女都要放环。这就是指标数。产后3~6个月后就放环，这是长效措施。

问：一年给多少一胎指标和放环指标？是定的吗？

答：不定，每年都不一样。

问：去年给几个指标？

答：根据村里有几个结婚的，几个怀孕能在本年出生的上报指标。结婚的、怀孕的、出生的都要上报，上边再给村里下指标。出生的根据怀孕的多少报。

问：是县里给吗？

答：镇里给的，计划生育办公室下达指标，县里给镇里下达指标。

问：全村有170位育龄妇女，您一个人怎么管？是不是分成片？

答：对，我们有宣传员。我主管这工作，村里还有管计划生育的干部。一般我们两个管，有时出黑板报宣传。再有事情多时，干部们全体出动宣传，做工作。

问：有几个宣传员？

答：7个。村里划了7片。现在的工作好做，虽然170多人，但放环的采取长效措施的多，不能放环的就不放了，一般都放环了。这项工作并不难做了，问题不大。放环的已达98%了。

问：外地人也一样吧？

答：外地的也管，已放环的有手续证明，没有放的，就得按我们这里的规定做。

问：在哪个医院做？

答：哪个医院都可以，按规定在县医院、城关镇医院。放环的费用给报销，有的镇里报销，镇里不报销的，村里给报销，还补助20元。

问：不放的罚吗？

答：还没有不放环的，因为计划外生育不给上户口，都有规定。

问：几片是怎么分的？

答：东边这一块分成两片，南边两片，中间两片，后边一片。没有具体的是哪几户。

问：7个传宣员的名字？

答：没有必要，这些人也不固定，经常换，有时我们临时指定。我们有广播宣传，一般都是广播。

问：分药也是这几个人吗？

答：现在要药的人很少。有要的我们俩下户送药。

问：另外一个人是谁？

答：冯瑞芬。

问：放环失败了怎么办？

答：那是计划外怀孕，发现以后找她做人工流产。这种情况也有不同对待，凡因放环失败怀孕的，做人工流产的给报销，没有采取任何避孕措施怀孕的费用自理。

问：冯瑞芬也是宣传员吗？

答：计划生育专干。

【外来户的管理】

问：外来户的管理难吗？

答：难。我们经常找他们。他们是流动人口，今天在这里，明天在那里。我们村有规定，在这村住的必须有三证：结婚证、暂住证、计划生育证。在老家有几个孩子的证明才允许住。如果这三证没有，可以拿钱我们给他们办。

问：是小本本那样的东西吗？她想看看。

答：我手里没有，都给他们本人了。上边有姓名、地址、婚育情况。

问：空的有吗？

答：我没有。治保主任那里有暂住证。问他有没有。治保委员会管理流动人员，我不管。

问：外地人来村住，有没有发应该注意些什么的传宣品？

答：有宣传，定时放录音。村里有对暂住人口的规定。

问：有写下来的吗？

答：我玻璃板底下压着一张，不知谁拿走了，我这里没有了。可以问问治保主任，他们有没有，流动人员都归他们管。

问：去年来了流动人口多少？

答：不好说，没有准数，今天来，明天走，不好统计。

【妇女主任】

问：你当妇女主任，自身条件方面的规定有吗？

答：没有，只有妇女权益保障法宣传宣传，妇女受欺的解决解决，为妇女做主，有妇女受气挨打的，帮助她们解决问题。

问：具体的妇女挨打的是什么情况？

答：现在一般没有。有年轻夫妇因说话发生矛盾，也就是这些。现在男女平等了，没有欺负妇女的。

问：两年前有，是什么情况？

答：有一妇女她丈夫打她了，我到他们家去评理，批评打人不对，妇女有缺点错误也不能打，应该说服教育。有的妇女在家不做家务，让婆婆做，男人急了打她两下。

问：被打的多大岁数？

答：23岁。她岁数小，到年龄就结婚了。

问：你经手过离婚的吗？

答：这两年有，他们离婚要我们开信，我们不开，他们就直接找法院了，就不经过我们了。刚才说的那个打架的，我们劝他不听，也离婚了。

问：这样的事多吗？

答：不多。

问：1990年以后多吗？

答：就有两个。都是年轻的。

问：问了你很多问题，时间有限。

答：我也不会说什么。沙井村的事比较少，领导之间团结、稳定。

问：其他村不是这样吗？

答：村与村不一样。

张柏枝（顺义县妇女联合会副主任 39岁）

时　　间：1994年8月27日上午

访 问 者：小田则子

翻　　译：孙雪梅

访问场所：顺义宾馆

【小学教育】

问：您是哪年生的？

答：1955年。

问：出生在哪里？

答：土生土长的顺义县人。我出生在赵全营乡。

问：在顺义县的哪个位置？

答：大体上在这个位置。现在是赵全营乡，原来是牛栏山公社。

问：在牛栏山公社周围吗？

答：对。

问：有山吗？

答：有座山，叫金牛山。

问：北边是燕山？

答：对。

问：是山区吗？

答：我家离山还比较远，山区是另一个县，即怀柔县。

问：您知道高级社吗？

答：我很小很小啊，记不住了。我1955年出生，之后上了小学、中学。农村7周岁上小学。

问：哪儿的小学？

答：本村小学。

问：你们小学有多少人？

答：一个班45个人，共6个班。

问：女学生多少？

答：大体上占一半。上中学也在本村。

问：有女老师吗？占多大比例？

答：有。女老师多一点。

问：一般都是女老师多吗？

答：对。建国后读师范的那些老师。

问：您的女老师中谁给您的印象最深？

答：我的班主任。她叫王桂兰，小学一至六年级都是我的班主任。我的成长与她对我的教育有关系，她是启蒙教育的老师。

问：她对您进行什么教育？

答：首先在学习上。我是农村的毛孩子，什么都不会。逐步掌握了文化知识，而且在道德品质的教育上，对我们进行文明礼貌的教育，教育我们如何做一个正直善良的人。

问：您小时候在社会上有没有被打击或歧视？

答：没有。建国以后妇女的地位随着社会发展也有所提高，解放前的那些事都没有了。我对小学老师的印象最深，我上初中二年级的时候正赶上"文化大革命"，这段不重视学习。现在想起来挺后悔的。当时就是那种形势，老师想教也没有办法。参加工作以后，知道科学文化知识的重要，加倍地弥补。

问："文化大革命"时有没有活动？

答：没有，我还很小。

问：那时候老师们是不是不上课？

答：老师责任心还是非常强的，认真地备课、讲课，就是学生不太理解，不重视学习。

问：学校有贴大字报的吗？

答：我们都很小，不会写。

问：她听说县里有的学校把老师们都揪到一起，您经过吗？

答：听说过，已记不清了，十几岁的孩子似懂非懂，听大人说有这样的现象。老师们被打成“臭老九”，最没有地位啦！

问：您在中学时已很乱了，给您留下的什么印象最深？

答：老师讲课学生不爱听，这点印象最深。老师的痛苦表情我印象最深。我是学习好的学生，喜欢学习，因为混乱无法学习，老师又想把知识教给我们，他们非常痛苦。我的老师是北京市的优秀教师，是我的班主任。后来我初中毕业后到大队当广播员，写作的时候感到知识匮乏。

问：在哪里读初中？

答：在本村，就近入学。当了两年广播员后又到学校代了两年课。后又上了两年师范。当小学老师，让我去是因为我特别爱好写作，比较喜欢文学，做少先队的工作，当时叫“红小兵”。另外我喜欢音乐，爱唱歌，教学生唱歌。

问：您教他们语文吗？

答：教。师范毕业后又从事教育工作。

问：在顺义县上的吗？

答：在石景山念的，中专，毕业后在小学教书。

问：在你们村小学吗？

答：对。

问：教几年级？

答：一、二年级。教五、六年级的都是有经验的老师。我进校才十八九岁，教低年级。让我教语文、唱歌，做团队工作。当时叫“掺沙子”的教师，就是农业户口的在公校中去教书，与公办教师在一起。

问：民办教师多少？

答：少。民办的有两个吧。工薪教师有八九个。

问：您一个月多少钱？

答：我们挣工分，我是二等劳动力，因为岁数小，女劳力与男劳力同工同酬。下地劳动的10分，在学校、在后勤的8分。所以我是8分，上等劳动力。

问：男女老师都有吗？

答：有。

问：公办的老师多少工资？

答：一个月30多元。

问：女老师多吧？

答：女老师占多一半，男老师只有三四人。

问：当老师很不容易，我也是当老师，开始很紧张。

答：对，我也有这样的情况。讲课不知道从哪里开始讲，后来习惯了就行了，不愿离开孩子们。我当时不愿走，现在也经常回忆当教师的事情。教师的事业是最神圣的事业。

问：为什么神圣？

答：孩子们生下来是一张白纸，后天所有的知识、文字都是通过老师的教育，对一人的一生都有很大作用。一个好的老师能培养出一批人才，我的小学老师对我的成长帮助特别大，到现在我还忘不了我的小学老师。

问：我小学三、四年级时有个老师非常好，印象特别深。

答：我师范毕业后还做教育工作，后来调到教育局做行政工作。

问：一、二年级授课的内容？

答：有教材，学校比较规范，每天早晨老师都有一小时的备课，抓得比较紧，老教师帮助我们青年教师，也听课，在业务上有提高。

问：教材是哪里的？

答：县里的统一教材。

问：全国的还是县里的？

答：全国统一制订的，县里统一买的。叫全国统编教材，县里买后就给学校。

问：日本文部省制订几种教材，各县可以选用，中国有吗？

答：我当老师的时候没有，只有一种教材。

问：除正课本之外，还有辅助教材，这些辅助教材是统一的吗？

答：有上边发的，也有老师自己编的。

问：日本的文部省相当于咱们的教育部，文部省有关于教学方面的指导要领，咱们这里有指示要领吗？大纲什么的。

答：有。有教学参考。我是个普通教师，如果当时的领导回答这些问题可能答的比我好。

问：你教音乐都教什么歌？

答：有《学习雷锋好榜样》《我们是共产主义的接班人》，别的记不清了，时间长了，1973 年。

问：有风琴吗？

答：有，还有手风琴。我们学校的教学条件还是比较好的，是县里的先进单位。

问：顺义县的学校都有手风琴吧？

答：都有。脚踏琴都有，手风琴少，城镇都有专门的音乐教室。

问：小手鼓什么的有吗？

答：我们学校有。有小号队。

问：您在石景山师范学校都学了什么课？有什么讲义？

答：我学的是幼师，怎样做好幼儿教师。

问：具体内容？

答：唱歌、跳舞，各种乐器知识，技能、技巧，也学习有关的文化。

问：有个叫迪威的，是著名的美国教育家，您所学的是他的教育法还是日本的什么的？

答：我印象深的是学的苏联的。

问：我也是老师。当老师之前先学的国家教育法。她想知道前苏联的专家是谁？

答：1974 ~ 1978 年底。我们学的还不全是前苏联的，是学的他们的教育方法，我们自己也有教法，如毛主席说的十大教授法，我说的学前苏联的，也是借鉴过来，像马塔林科。

问：除了马塔林科之外您还记得前苏联的哪位教育家？

答：我记不太清了。我毕业后就没有从事教育工作，做行政工作。按我们的话说不对口了。

问：中国的教育方法，您能不能告诉我？

答：一个国家一个情况，我们这里的具体情况是孩子们都比较善良，用讲历史讲小故事的办法，让孩子能更快地接受知识。

问：您都给他们讲过什么故事呢？

答：孔融让梨的故事，培养文明礼貌方面的，谦虚待人。还有历史上小英雄的故事。孔融让梨是中国妇孺皆知的故事。

我毕业后到顺义县教育局幼儿科，因我是幼师毕业的，让我抓全县托幼园所的建立、教学水平的提高。

问：哪一年？

答：1979 年。

问：您大概讲一下孔融让梨的故事？

答：孔融小的时候就很懂事，他爸爸从外边买来一筐梨，他把梨端在他父母面前，把最大的给他父母吃，中等的给哥哥、姐姐吃，最小的留给自己。别人问他为什么自己吃最小的，他说他岁数最小。这就是故事的梗概。

问：除了这个例子外，还有哪些故事？

答：记不太清了，时间太长了。

问：1978 年开始改革开放吗？

答：对。1979 年开的三中全会。

【幼儿教育】

问：您在教育局干什么？

答：从事幼教工作。

问：是关于建立幼儿园这样的工作吗？

答： 对。不直接建，推动发展托、幼园所的建立。

问： 那时顺义县有多少托儿所、幼儿园？

答： 最高的时候达到400多所。

问： 您开始接手后建立多少？

答： 200多所。不是我一个人做这项工作，我们有幼教科、托幼办公室。我1979年开始干了一年，后到了顺义县政府托幼办公室。

问： 那时教育局有多少人？有哪些部门？

答： 部门不少。有人事部门、小教科、中教科，我们是托幼科，还有社教科、组织人事科、办公室、工会、体卫科。其他我就记不清了。

问： 幼教科有多少人？

答： 3个人。科长，两个科员。我是科员。

问： 幼教科的主要任务是什么？

答： 发展托、幼园所，提高教师的水平，给老师讲课，培训教师。

问： 现在幼儿园与托儿所是不是分开的？

答： 是分开的，但农村有的还是混合的，绝大部分是分开的。

问： 在人民公社时听说也有托儿所？

答： 那时的托儿所是大批的，比较普及了。

问： 质量不高吧？

答： 对。那时属于一哄而起，一哄而散的情况。

问： 是不是因为妇女要去干活才办了那么多托儿所？

答： 对，首先要解放妇女劳动力，那时以这个为主，我们那时就把教育提到日程上来了。

问： 为了解放劳动力兴办托儿所，还有其他什么措施？

答： 建立了托儿所和哺乳室，工厂也有哺乳室。女工要上班，把孩子带到工厂去，放在哺乳室里。

问： 什么时候建的哺乳室？是人民公社的时候吗？

答： 比人民公社还早。随着工厂的增多，女工就业的扩大，这个问题就突出了，就这样建立起来了。

问： 现在顺义县乡办企业这么多，那哺乳室是个什么状况？

答： 现在的哺乳室我们是工会管。托幼工作我们也不管了，由教育部门管。

【妇联工作】

问： 农村妇女参加劳动必要吗？

答： 参加劳动是妇女解放自身的一个首要条件。

问： 刚上大学时我看到中国一句话：妇女能顶半边天。这句话说得太好了。

答： 何时何地都离不开妇女。

问： 挣工分的时候，男的一天挣10分，女的8分，是不是这样？

答： 不是。同工同酬。

问： 我读中国的历史，讲解放前有童养媳和缠小脚，解放后这些事都没有了。妇女解放首先重视的是哪些问题？

答： 首先解放脚和手。脚的解放就是放足；手的解放是走出家门，脱离围着炕台、锅台、磨台三台转的问题。

问： 你们家有缠足的吗？

答： 我父辈就没有了。我奶奶缠足，人为地把脚趾扭曲缠上，我小的时候看到过奶奶缠脚。我母亲是解放脚，把脚放开了，这样就能参加劳动了。

问： 顺义县为破除这些束缚妇女的陋习，搞过什么运动？

答： 我自己没有接触过，我查过有关资料，解放前有过放足的规定。这里是老解放区。

问：解放前妇女地位比较低，她们有过什么反抗运动？

答：在知识妇女中有争取妇女解放的运动，农村妇女受“三从四德”的束缚不敢反抗。随着社会的解放，她们才有了解放的意识。过去她们认为这是应该的，没有反抗。

问：为了改变农村妇女这种旧观念，搞过什么宣传吗？

答：搞过，我没有具体接触过。我1984年进入妇联后做妇女工作，开展了很多活动，目的就是为了争取男女平等，促进妇女的自身解放。我是县妇联的。

问：县妇联有些什么组织？

答：县妇联下层有乡镇妇联、村妇代会、乡镇企业妇代会。还有社会各种联谊组织，如家庭教育研究会、妇女问题理事研究会、儿童工作协调委员会等。并向社会各界开展妇女儿童工作，还有妇女权益保护研究会。这个月正好是妇女法宣传月。

问：这个月宣传什么内容呢？

答：主要宣传1992年颁布的《妇女权益保障法》。今年宣传重点是市政府颁布的《实施细则》。

问：怎么宣传？

答：通过各种形式，多种渠道进行宣传。如开会、广播、橱窗、电视。我们县妇女权益保护法委员会主任在电视台作了一次讲话，共15分钟。她也是县副县长。我们还印各种材料、挂图或咨询。在农村大的集镇和大的场合请有关专家介绍。

问：《实施细则》的内容是什么？

答：《实施细则》就是怎样落实1992年国家颁布的《妇女权益保障法》的有关规定。目的是深入贯彻权益法。

问：从事妇女工作的有多少人？

答：妇女干部，包括村妇代会有600多人。

问：村妇代会主任和乡镇企业的妇代会主任都算妇女干部，还不算妇女联合会委员。乡镇企业和村妇代会主任是怎么选出来的？

答：通过选举选出来的，妇女提名，召开妇女代表大会选举产生。

问：您是怎么选上来的？

答：通过妇女代表大会选举上来的。超过代表的半数就可入选了。代表选执委，执委选常委，常委再产生主任、副主任。比较严格。

问：妇女代表大会几年开一次？

答：5年一次。

【妇女权益】

问：您一个孩子，您带着孩子上班？

答：对。

问：怀孕的时候工作到什么时候？

答：生产前一直工作。

问：怀孕到几个月还干？

答：8个多月。

问：产后休息多久？

答：休息了一个月。孩子让他奶奶带，我每天往回跑，给孩子喂奶，一年后就把孩子送托儿所了。

问：怀孕多久就不上班了，有规定吗？

答：有《女工劳动保护法》。对妇女的五期保护都有具体的规定。就是孕期、产期、哺乳期、青春期、更年期都有规定。

问：是妇联执行还是企业的妇代会执行？

答：职工委员会，在工会下属的妇女职工保护委员会掌握。

问：与你们有联系吗？

答：有联系，它是我们的团体会员。

问：对流动女工怎么管理？

答：女工委员会具体管理。我们主要对农村、城镇。工厂归工会管。

【经济发展和农村妇女】

问：农村妇女工作有什么问题？

答：与原来相比搞活动比较难。原来人民公社时一广播就都来了，现在变成一家一户，开大会很难。

问：宣传难吗？

答：宣传不难，有广播电视。集体活动难。家里种地的、养殖的不好叫她们来开会。

问：现在对农村妇女抓的重点是什么？

答：如何使农村妇女有一技之长，种植、养殖等实用技术。如大棚种菜、养鸡、养猪、深加工，我们开展了双学、双比活动：学文化、学技术，比成绩、比贡献。城镇开展巾帼建功活动。动员全县妇女围绕经济建设中心，积极参加经济建设，为本县的经济发展做出贡献。

问：这些活动是通过妇代会搞吗？

答：我们联合科协举办培训班。

问：现在农村妇女的学历？

答：初中毕业。

问：高中毕业的有多少？

答：高中的也不少。

问：一般农村妇女找什么样的工作？

答：女青年一般都进入乡镇企业，家庭妇女从事种植业、养殖业。

问：在乡镇企业中工作的女青年所挣的钱是否都给家里？

答：具体到我，不完全给家里。最近要办培训班，正积极筹备。

问：妇女都出去工作，与家里有什么矛盾？

答：改革开放政策使农村家庭的收入都比较高，女青年挣的钱差不多都准备自己的嫁妆。

问：顺义县发展很快，妇女都外出挣钱，您怎么看？

答：随着生产的发展，妇女参加劳动是正常的，要想男女平等，首先要争取参加劳动的权利，通过劳动获取一定的报酬，有了经济地位，才有政治地位。

问：收入方面男女平等了？

答：有的妇女比男的挣钱还多。

问：在其他方面，如离婚分家、分财产这方面平等吗？

答：也平等，在法律上有明确规定，共同财产共同分割。

【家庭问题】

问：您知不知道近一年来全县有多少离婚的？

答：具体的我不清楚，在法院掌握着。有一点我清楚，到我们妇联上访的人比较多了，说明她们有了法律观念，能运用法律维护自己的权益。原来她们不知道使用法律，在家受气也不去申诉。

问：上访的内容？

答：有夫妇矛盾，有婆媳矛盾，还有第三者插足，有部分是老人同子女的矛盾。

问：他们上访什么内容？

答：顺义县是全国百强县排第 18 位。改革开放后经济搞活了，男人出外承包工程，他有了钱，饱暖后思淫欲，看周围的女孩比自己的妻子年轻漂亮，看不起自己的妻子，而妻子们到我们这里哭诉丈夫的喜新厌旧。婆媳矛盾的比较少，一般都是小家庭，但又不能截然分开，有的事情处理不好，也发生矛盾，婆婆告儿媳的，儿媳告婆婆的都有。受丈夫气的人比较少了。有的妇女自觉到我们这里来买这样的书，增强法律意识。

问：婆媳的矛盾怎么解决？

答：首先听她讲，再分析是什么性质的问题，需要调解的我们通过基层妇代会调解，如牵涉到法律问题，我们有专职律师帮助妇联到法院、检察院打官司。

问：县妇联就一个律师?

答：这个律师是县妇联的常委，住在妇联。妇联有个权益部，妇联有三部一室：权益部、儿童部、宣传部、办公室。

问：妇联的预算一年多少?

答：举办大的活动还要随时申请经费。

问：今年宣传《实施细则》得多少费用?

答：包括乡镇企业用费，县妇联和乡镇都要投入经费，我们没有统计。经费都有保证。妇女问题理论研究会、儿童少年工作协调委员会、妇保会都有活动。

问：您具体知道这些工作的经费吗?

答：我不是抓全面工作的，我是抓儿童部和办公室的。

问：儿童部的预算是多少?

答：儿童部是妇联里的一个部。大的还有一个儿童少年工作协调委员会，拨给我们经费两万元

问：一年两万元?

答：对。不算其他活动，其他活动还可以申请经费。如我县的儿童少年工作协调被评为全国先进县，我们拍了一个十几分钟的片子，花了几千元。又如我们进行婚前检查，需要配备器械、车辆，这也要单独申请经费。这都不在计划之内。儿童的工作主要是家庭教育。

问：家庭教育是什么内容?

答：家庭教育是三结合教育的一个方面。三结合就是社会教育、家庭教育、学校教育，这是教育的整个环节，其中家庭教育是一个环节。

问：具体是什么?

答：家长就是老师，通过家长的言行举止来教育孩子，重点是德育教育，教育孩子怎样成人；学校教育主要是文化知识，都有侧重；社会教育主要是为孩子创造一个良好的环境，如电视、书刊。社会教育有关心下一代协会，老干部局组织离退休的老人护送孩子上学，过马路，当校外辅导员，给孩子进行传统教育。

问：您说家庭教育侧重于道德教育，是通过广播、板报吗?

答：对。这是一种形式，我们还有一张报纸：《婴幼儿家庭教育报》。

问：我想看看。

答：我没带。我们订了2万多份。

问：顺义县的吗?

答：北京市妇联和家教会联合办的报，我们订的。

问：顺义县有多少读者?

答：我们订了2万份，读者就多了。这份报纸几乎普及了家长的90%以上。我们广播宣传这些家教知识。我们自己办了《家庭教育专刊》，家教会办的，主要是他们写的调查报告和文章，为的是提高家长素质。

问：农村妇女文化不高，她们能读吗?

答：能读。我们县农村的妇女都脱盲了，都是初中以上文化。有的姥姥、奶奶个别不识字的，由小学生读，有读报小组。

【教育孩子】

问：您爱人?

答：他在统计局工作。

问：什么时间结婚?

答：1980年。

问：哪年生孩子?

答：1981年。有一男孩。今年上初一，共3口人。

问：你怀孕时工作又忙，有没有感到身体不舒服?

答：是。比如给孩子喂奶。怀孕的时候我特别要求进步，有困难都克服了，一样跟着坐车下乡。不像现在女孩子，现在的女孩

子一怀孕，全家都以她为中心被保护起来了。我们那时还是以工作为主，怀孕七八个月还下乡呢，自己也不觉得。孩子放在家里以后，一天往家跑两次，还要坚持工作。当时照顾孩子不及时，半天喂一次奶。把孩子抱过来，孩子像见了救命恩人似的。当时工作人员少，孩子有病也尽可能不请假，坚持工作。时代不同了，现在有了孩子特别娇贵，什么都不干。我们这一代人还是毛泽东时代的人，生孩子的过程也没有人照顾，父母来不了，全由自己解决。

问：你生孩子后全家高兴吧？都来祝贺吧？

答：对！给孩子办满月，办了好几桌。

问：办满月从您那时候就有了？

答：早就有，这是中国的传统。办一个三天，办一个满月，还要办一个百岁。百岁就是一百天。三天时把娘家人都请来。

问：在医院生吗？

答：是。

问：您丈夫也去吗？

答：去，就我们两个人。

问：奶奶没来？

答：奶奶家里事情多，还有两个小叔在家。我妈妈身体不太好。在我们这一代自己能干的尽管自己干，不愿打扰别人。

问：光您两个把孩子抚养起来的？

答：对。我对孩子感情特别深，孩子对我感情也特别深，亲手养大的。

问：一般都是奶奶或姥姥来照顾？

答：对。这样的多，经济条件好的还可请保姆。大一点送托儿所或幼儿园，我的孩子一周零两个月就送托儿所了。

问：请保姆的多吗？

答：不少，姥姥、奶奶来不了的请保姆。保姆由顺义县妇联管理，我们向她们介绍一些妇女幼儿的知识，定期培训。

问：外地的人多吗？

答：对，外地保姆。

问：她们都是外地人，如何管理？

答：收管理费。交管理费的时候，都集中到这里来，我们有一间房子，里边有书刊挂图，请老师讲课，看录像。给孩子体检。保姆不太多，不像大城市。姥姥、奶奶看孩子的多。

问：您认为在家教育孩子好，还是边工作、边教育孩子好？

答：我认为后者好。

问：为什么？

答：在家里教育孩子，你们国家的钱比较多。我认为各有利弊，边工作、边照顾孩子，本人也需要为社会做出贡献，家庭教育孩子当然也是为国家培养人。边工作，也照顾孩子，工作既不耽误，家里有姥姥、奶奶照顾孩子，自己回家还可照顾孩子，双方都不耽误。

杨庆余

时　　间：1994年8月2日上午

访 问 者：张　思

访问场所：杨庆余家

【家庭、经历】

问：上过学吗？

答：那阵就在村里念几年。有念私塾（的书），有念国家规定的书。上小学本村的少，我那阵上中学就一个姓周的，上小学就一个姓张的。那时念书的少，一村几十户中有十多个。

问：您家里那时的生活水平，在这村里……

答：那时算上中农。

问：是“土改”时定的上中农？

答：是的。

问：您父亲叫什么？

答：叫杨正。那阵儿有这个户头，那时的兄弟有杨泽、杨润，这些人都没了，还有杨源。我爸与杨泽、杨源是亲哥们，跟杨润是叔伯哥儿们，杨润是我二爷。

问：我知道您父亲的一些事，当年日本人采访他，他作了许多回答。

答：他就是一个普通农民，别的不行，以种地为主。

问：他挺受人尊重的。

答：就是，那人就是死板，在社会上头……（笑）

问：您父亲什么时候过去的？

答：七几年？地震那年，1976 年。

问：那么是高龄过的？

答：对，77 岁。

问：解放的时候，您父亲被划成上中农了？

答：对，就是中农。

问：解放前的日子是不错的了。

答：以农业为主，收的粮食够吃够花，忙时找几个短工。生活上吃粗茶淡饭没问题。吃好的不行，我家在生活方面比其他家不低。

问：您父亲下头，您兄弟几人？

答：哥儿俩，弟杨庆良在大连科学院。今年 53 岁，我今年 70 岁，属牛，他属马，我俩差 17 岁，周岁是 69 岁。

问：那么日本人来时的事您还记得吧？

答：那时我十好几了。日本人在卢沟桥事变以前就来到顺义了，记不清是公元几年了，反正是民国二十三年来占领了顺义县。

问：那时分家以后，您家劳动力、土地是多少？

答：分家以后是 40 多亩地。

问：您父亲是一个劳动力，您兄弟两人……您弟弟还很小……

答：只有我父亲一个人。我都不算，还小呢。在北京学徒，忙时找个短工什么的，找短工，种完就得。

问：听说您 18 岁的时候就回来了？

答：17 岁时回来过，后来又走了，去北京。于解放后 1949 年阳历 4 月份回来的。

问：以后就没再去北京做工？

答：对。没有。

问：是您父亲让您去的？派您出去做买卖。

答：是让我做买卖，后来我们全家都去北京了。我就还是做买卖，到一解放都回来了。

问：是在北京跟同族的一块去？

答：不，我们是在北京个人做买卖。起初在北京跟一个粮店待着，学徒，回来那年虚岁 25。

问：解放后才回来，那么村里的事还记得吗？经常回家吗？

答：有时一年回来一趟，有时一年多，那时回家有限制。我 18 岁时回来待了两年，那时又乱，又去北京又找地方学买卖。

问：回到村里以后，做买卖的本事用上了没有？

答：没有，我们这儿以种地为主，就想种地，这种地又不发怵。又有地，比做买卖比什么不强？老想种地，解放前总想回来，不行。种地出身种地门。到时候打了粮食我能吃饭，生活，挺好的（兴奋状）。下面是瞎说，解放后，我的三姐夫让我去，给我 300 斤米，那阵不是讲米吗？我不干，那时一个 300 斤米，一个月就 40 块钱。我要是弄个破车，在车站一轱辘轱辘就是 100 多块钱每月。

问：一年 300 斤米？

答：一月 300 斤米。

问：那收入是不少啊？

答：解放之后那 300 斤就不少了。那时都 100 多斤米。

问：那时你是怎么想的呢？

答：弄一个骡子、一车在车站拉脚，一天闹几块。一天四五块，五六块时候都有，一个月不就是 100 多块吗？干这个比在北京强，家里地我也种了。

问：那时的工钱能买多少米，一块钱能买多少米？

答：那时国家是 0.135 元一斤，公价。

问：刚解放时，一边拉脚，一边种地？

答：对，哪能天天去？有工夫就种点地。在麦秋忙了，下来鼓敲几天也可以，显得挺方便。

问：在互助组之前始终是自己种？

答：对，互助组之前始终与别人家插着套。

【插套、搭套】

问：跟谁家插套？

答：跟我叔叔、大爷插套，三家插。就是叔杨泽、大爷杨源。

问：杨源被划成富农还是地主？

答：是富农，他富农也有地。

问：叫插套，有搭套的说法吗？

答：都是插套，怎么说的也有，搭套也对。

问：您不跟他们的孩子搭套，是与上一辈搭套？

答：我的兄弟还小，就说杨泽（家）的那个兄弟也很小。主要劳动是我叔叔。我那兄弟比我兄弟大几岁，今年 56 岁。

问：那您父亲那时，即互助组之前劳动吗？

答：也劳动，那时 40 多岁哪有不劳动的。

问：那么是三家一块劳动，你们家一骡一车，杨源呢？

答：杨源一个驴，杨泽一头驴，他们两家来一个驴。先是我叔也拉脚，后来不拉了，因我家里没人。雇人显得什么，不拉脚就种地了。

问：你大爷呢？

答：杨源的地不多，富农匀的地。

问：那么牲口给留下了吗？

答：他没有什么牲口就一个驴，解放前养个骡子也死了，买个驴过些日子也卖了。

问：我从书中了解到，解放前您父亲三兄弟一块插套。

答：对。

问：解放后呢？

答：也是。

问：你们与杨润家不搭套吗？

答：我那个叔叔解放前就跟女儿走了，去北京了，地就没了，他住在鼓楼东北犄角，他家后来地也没了，人也穷了，跟闺女上北京了。

问：杨润很有意思，盖房子总是修了再改，不合适就改。

答：他主要是儿子的迷信，他有闺女，没儿子，着急。阴阳先生说这么盖好，有儿子，那么盖有儿子。要不然，为什么三家的地，他一个全弄没了呢？为了儿子，不然很好的房子扒了干什么？那时是封建统治，儿子重要，女儿向外转，为了儿子穷了也得要儿子，不然老了谁管。他一个人分了我们三家的地，到最后他最穷。最后跟三闺女上北京了。

问：那么到老年挺享福吧？

答：三个闺女全在北京，老三与老二不在一个院住着。大姑娘就是我大姐也聘（到）北京去了。

问：解放后互助组时，户主是谁，您算个劳动力吗？

答：户主是我父亲。我二十好几了，是主要劳动力。后来一组织起来，1953 年的时候，互助组就多了。记得有周宴、杜作新。周宴是周永兴的父亲，还有孙炳国。组织了一大互助组。干了一年入小社，后来又入高级社。加在一块，在一块没干两年，马上入小社了。

问：入社了，牲口自己养还是交社里？

答：一入社，就交在社里养。

问：农具、地呢？

答：农具、地也归进小社了，地入小社后，讲的是劳力分多少，地分多少。

问：入小社时，全村有一个小社？

答：1955 年时，全村有两个，一个东社，一个西社，那时有会计了。

问：解放前你们兄弟三家插套，相互之间多干点少干点的事……

答：不计较这事，解放前、解放后也没斤斤计较，你这回供不过来，你该叫短就叫短。

问：什么叫“叫短”？

答：我大爷那阵还雇活呢，雇一别的长活，我叔叔那阵地忙了也叫短。

问：那么说你们在一块插套，劳力还是不够用？

答：不够。

问：您家叫短吗？

答：我们家也叫短。

问：三家为什么还……

答：因为我大爷不干活，他在县里开一个首饰楼。日本在（的）那时就有。他农活不成。做首饰，什么耳环、簪子啦。我大爷是那个职业。种地是我爸爸和我叔叔。

问：那么你大爷下面的孩子呢？

答：我大爷都是闺女，没儿子，又不能干活，又开个首饰楼。所以得雇工，为什么他划成四类，地富了呢？其实，我大爷也能一个人种……其实一个人也可以保二三十亩地。忙了再找几个人也成。可是他不是种地的，是干买卖学手艺的，所以不去种地，就得雇人，一雇人身份就“高”了，就成了坏蛋了（笑）。

问：那么农忙的时候，是你们家两个与你叔叔一块干……

答：我那阵拉脚。我们家解放后没找过人。

问：是不愿找，还是……

答：那就行了，我也能干了，也不像解放前似的不在家。解放前在家农活也不行，也小。

问：解放后三家都不找人了，那杨源干得了农活吗？

答：解放后，首饰楼让政府使了，可不回家干点农活嘛。不能干重的，干轻的。靠着姑爷帮着干点。

问：解放后不允许雇工了吧？刚解放的时候呢？

答：也允许，刚解放的时候允许，雇活、叫短都允许。活干不过来了，就得雇。

问：农忙时家里人与叫短的一块干，叫短是农忙时？不忙时叫吗？

答：只是农忙时叫短，一块干，不忙时不叫。不忙时家里人还闲待着呢，冬天时候。农忙是有季节的，叫短都是农忙季节，大麦两秋啦，春天薅苗、网地啦。

问：大麦两秋是指……

答：大秋、麦秋。

问：大秋、麦秋是一回事吗？

答：大秋是一回事，麦秋是一回事，麦秋在 6 月 15 日 ~ 7 月间。大秋是由 9 月 15 日 ~10 月 1 日，正忙。

问：您说的是阴历？

答：现在说的是阳历。麦秋正是收割麦子、种棒子。大秋是这个，是收割棒子，种麦子。

问：春天种地活忙吗？种些什么？

答：春天种棒子，秋天收。

问：种棒子是在麦子收之前种的话，那就得在别的地种了？

答：对，一般在五一前后种棒子、高粱、谷子。收时在 9 月中旬，超过 10 月 1 日了。

问：麦秋收完以后，也种玉米吗？

答：不种玉米，种麦子（本人口误），麦秋是嘛？麦秋有的赶上了平作的，就还种棒子，就是挨帮挨户的麦子，收完之后还种棒子。在解放前这村都是大部分套种，这一溜麦子，当中耠两垄棒子。到时候把麦子收了去养这两垄棒子。管棒子也很忙，收完麦子之后得忙一阵。

问：你们家两个牲口，够用了吗？

答：差开用。解放后我们家地少了，我们家 20 多亩。大爷家几亩地，四叔家 20 多亩。解放前我们在河西那边的地都租出去了。都归人家北法信那边了。你租出去，人种，就归人家了，我叔叔一直在，我们跑北京去了，剩下了 20 多亩。

问：一骡、一驴干这些地，再雇些工。

答：行了。解放后就不雇工了，地只剩下 60 多亩了，三家才 60 多亩。我和我叔叔各 20 多亩，我大爷那不到 10 亩地。

问：像你们家这种兄弟间插套的，村里还有吗？

答：有，像李强林，日本（时的）李濡源那主，他三个儿子，即李广瑞、李广兴、李广志。这三人全没了，他们三人解放前一块插套，解放后还在一块堆。

问：在记录上好像没有写他们插套。

答：他们是一家。我们那阵啊，备不住分家了。李濡源是这哥儿仨的爹，连一家子过了，还写什么插套啊？解放后分家之后这哥儿仨还插套呢。当然日本那阵肯定没写插套了，都归李濡源管理呢。

问：他们是解放前还是解放后分的家？

答：解放前，日本投降之后分的。

问：想问一下，分家以后三家干叫插套，分家之前不叫吧。

答：分家前一块，哪有插套？日本那时，户主只有李濡源，在一块过呢。不能叫插套。没有李广志、广兴、广瑞三人。但我叔叔、我大爷他们是单独户口，各立门户。在日本没来时我们就分家了。

问：听你说之后，好多事情明白了。过去不光是分家兄弟之间，其他人之间的搭套也有吧？

答：过去插套长，比较亲，哥弟兄长，虽然说分开了，有点意见，吃点亏，占点便宜，没什么。再说兄弟之间说出去怕寒碜。跟你哥哥计较什么？故插得时间长，如果是一般的人，心里藏着，到时候散了。亲兄弟没法说，也备不住有意见，但不言语，从前讲“人无千日好，花无百日红”嘛。哪能没意见呢？

问：您家一直持续多长时间？

答：一直持续到互助组，加入了好几家，有孙炳叔、李祥林、任振纲。可是没干一年又组织了合作社，又上合作社去了。入了一年合作社，1956 年不入也得入了，那是高级社。

问：当时朋友、邻居的搭套，闹不和的有没有？

答：解放前不在这村，没听说谁家闹翻了。在当时，在途中散套的没有。怎么也得凑合一年，谁对谁有意见也得一年。那时的话讲“恼在心中，笑在面上”。我对村里不算很了解，但也没听说谁插套突然不干了。

问：不想再插套时，怎么说好呢？

答：那还用说？谁也不找谁去不就妥了吗？要是找去（的话），“过年还一块堆凑合？”有一个说“咱们还在一块凑合”。要是不愿意的，说“我已经和谁谁谁订妥了”，这不就得了。说跟别人订妥了，是一般不愿意闹公开了，都是侧面的，当然谁也不会没意见。

问：您刚才说是过年时商谈插套的事？

答：啊。搭套过年开春开始，有活了，开始咱找他，他找他了。那一有活了，谁也不找谁，他找别人去了。他也就不言语了。得，我也再找别人吧。

问：他要不找你来，你还找他去吗？

答：也有找的，他就说“推不开”，也就得了。

问：我看了过去的调查，觉得当时的人拒绝搭套时，所说的话很有意思，碍着情面，表达自己的想法时一定很难的。

答：解放前时，一般不爱伤和气，因为谁都还在这块土地上住，生活，谁都要见面，谁也撵不出谁出村去，那就尽量不伤和气。

问：当时还有其他什么好办法没有？如果不想和你干了？

答：也没别的办法，一般都是侧面的。

问：那要是找不到伴儿的，怎么办？别人都很忙。

答：找不到就没办法。两个人备不住也许还在一堆凑合，证明两个人人味都不怎么样。人味别提了。

【互助组】

问：问问互助组的事，与搭套比，有哪些好和不好的地方？

答：互助组与搭套没什么区别，劳动评等级、计工、记分。记得是干完活，粮食分多少，地分多少，甚至于互助组时家里没劳力的，你出多少工，他出多少工，来回倒钱的（找钱）。你没劳力，别人给你种子，出了工，你给补钱。别人干的多还可以挣钱。互助组时搞等价交换，不白劳动。搭套就不是，多一点，少一些谁也不计较。我记得一年搞互助组。互助组时谁家地的粮食还给谁家送去。计算好一亩地多少工，一共多少工，你干多少天活（工），找给你多少钱。他那点地用的工少，他就……粮食收到各人家去，到时候用钱找。一般的，像周宴，大儿子在外面工作，就他一个儿媳妇，当然工就少了，没有男女劳力的干活多。像周永兴教书，就他一个老婆子，他在外面挣点钱，可以补助俩钱，问题也不大。那阵是那样，各人家地还闹各人家去，各人的肥料还送到各人的地面。这是互助组。

问：互助组不是大家的肥料？

答：不是，自己的肥料，自己的地，粮食收回各自家去，就是工，车工、人工到秋时候一算，你应当补多少，他应当……记得互助组时，老周家两家得拿钱，孙炳国做买卖，儿子小，亏点钱，他想：做买卖，亏点就亏点，亏多少就给多少。

问：那么好处是劳力不足别人给帮忙来，计上工。

答：你干多少，他干多少，计上。当然工不一样，有多的，挣少的到时算。你的一亩地需要多少工，你干了多少工，亏了多少工，再使钱一倒。

问：把自己的牲口带去劳动，算工吗？

答：牲口也算工。互助组牲畜大车都算工。牲畜单算，可就是个人养，个人喂。一到入合作社了，就不行了。土地也集中了，粮食也集中了，大车也集中了。晚秋时干多少活分多少粮食。合作社跟互助组不一样，与插套三个性质。

问：互助组时候，与插套比起来，生活上有变化吗？

答：没有什么变化，因为不入互助组，男劳力在外边工作，也得叫短工，还算管饭。这时什么都不用管，该拿多少拿多少钱，人还都愿意呢。一般人愿意，省心，在外边也挣钱，该拿多少拿多少。那时是自愿的，不想入可以不入。

问：这村里不入的多吗？

答：不多，不入的有两家，三家就插套。有点的，三、两家一块……

问：一个互助组平均有几家人？

答：不一定，合计好了，几家在一块，反正比插套家多。

问：家户一多，会不会麻烦？因为地多地少，干多干少的？

答：插套是在一块吃点亏不计较的。这互助组，平常干活谁都知道，谁干得好，干得赖，谁是头等都知道，一村人都知道。到时候，“给你二等吧”，“不行，我二等挣不了，给三等吧”。有这样的人，有的人不用拉着，他也是头等。我在互助组合作社时没挣过二等，就是头等。甭说平时活是重活都是我们几个人去，就是干累活，如耪地，棒子熟了招茬子，耠地，撒粪，都是我们几个年轻人。记得互助组那时，杜忠、杜存新、孙炳叔，我们 4 个人。我们招了一个月茬子，天天干。

问：招茬子是什么意思？

答：收棒子时，招完了再捆上，那是茬子。我们都 20 多岁了，孙 10 多岁。这活全是我们的。

问：这活很累吗？

答：累。那时，招茬子有数，一天得招一百。你得招出数，干活不用说，自己就知道。

问：招茬子是把玉米秆捆起来？

答：不，是茬子，是把那根招出来再捆起来。玉米地是掰完棒子之后，再搅在一块，上面捆上。是棒子秸。剩下一轱辘叫茬子，茬（chá）子叫白了不就叫成茬（zhà）子了吗？草字头一在字。

问：这些活是你们 4 个人，那么你大爷他们呢？

答：他们就干轻省活了，上岁数了。

问：没有加入互助组？

答：加入了，加入了干别的活呀，轻省也有。（耠地）还有拉牲的，糊粪的，还有撒种的。撒种是轻活，可一般人干不了，有技术，那半垄叫它出几个就出几个。回了一把抓都出去还行？没有也不行。那技术全凭仨手指头捻着。不像现在机械化，那时都是人工。

问：那么这互助组不只是你们 4 家，别人好多家也进去了。

答：对。记得有杜作新、杜忠我们 3 家，孙炳叔、任振刚、周宴、周永兴、周福兴爷俩。周家周宴是父亲，周永兴在外教书，周福兴在交通局当会计。

问：他们是分了家的？

答：是分了家的。

问：像这样的互助组村里有多少？

答：也得有俩仨的，别人我就记不住了。也有插套干的，也有互助组的，那时政府号召组织起来，村里又有干部领导。对，还有李祥林呢（组里），他是劳模，村的干部，头，是他组织起来的。

【干部的动员和组织】

问：如果没有干部组织、政府提倡，大家自己想得出来这个办法吗？

答：想不出来，农民哪有什么办法？老是多少年祖传下来的老办法，没有研究。老百姓还能革新？你们的革新都是从外国学来的，老百姓哪也不去，就是守旧。政府开会号召，提出意见：“这样做是否合适？”一点点开会，说“合一块堆”，这就得了。

问：最后你所看到的情况，以及其他人对互助组是怎样评价？是好还是不好？杜忠、杜存新、任、周家。

答：我们这几家还真没有什么意见，互助组短，过一二年就入合作社了，一年后又高级社，不愿意也得入。

问：没什么意见？觉得不满意的地方？

答：还真没有，因为这几家拿钱的全高高兴兴，少拿钱的和不拿钱的也得了。因为缺劳力，这样也行了。

问：这日子，吃的等生活方面有什么变化？变好点了吗？

答：没有什么变化，尤其我们这样的户没什么变化，解放前我们也不吃窝头。不至于全吃不上饭。解放后也不错。我们能劳动。

问：互助组是从何时开始的？

答：不是1953年，就是1952年，政府号召开始的，1955年是合作社。

问：合作社之前，互助组干了两年？三年？

答：多说是两年，很短。

问：互助组以前呢？

答：以前就是插套了。

【初级社】

问：初级社只有一年，大家是怎么想的？

答：初级社时，愿意入就入，不愿意入不入，那阵一般的地主富农还不要呢。地富反坏不要。像我爸爸当过伪保长，村里的干部死乞白赖地说，他不给按上级政策办了。因为我爸爸农业方面有经验，但当过伪保长，要不是干部说，不要。后来村干部说没什么，后来我父亲大麦、两秋老跟场里，老是管场。

问：重活还干吗？

答：重活不用，春天耠地，下种。我父亲从小就种地，有经验。我爷爷那时100多亩地。一分家大爷外出做买卖，叔叔小，全由我父亲种。所以，对管理、农业方面有经验。如春天齐苗下种，这个地方应该下多少种？那阵不使机械，这块地那块地（不一样），一垄就得下两样三样的。这一轱辘是沙土、油沙土，就得轻点，因为出得好。这一轱辘是一蹦子脊粉土，净是黑土圪垯，就得下重点。这一块是轻碱地，还得再下重点。我父亲由十几岁就研究，所有的地都研究好了，下种方面有经验。虽说你就会下种，可是你在这个村未必能下得好，你出的苗肯定不一样。

问：有油性土、脊粉土和碱土，是否油性土最好？

答：油性土虽好但没那么大力量，撒太多了长不起来，没那么大劲。就得少撒点，就都出来。我父亲这辈子没研究别的，就研究种地了，净是土法子。

问：合作社时，生产工具方面有什么变化？

答：没什么变化，那时开始用双铧犁，使起来不如曲铧犁。没超过曲铧犁去，双铧犁底下是平的，曲铧犁是尖的，能活动，前者在大茬子地打滑，不行，曲铧犁碰到茬子用尖一挑就下来。双铧犁平的，躲茬，一铲是斜的。稳当是稳当，爱躲茬。那时上级号召使，一般使惯曲铧犁的不爱使它。

问：是叫曲儿犁？

答：对，曲儿犁，木匠做的。

【高级社】

问：到高级社时有什么新的生产工具下来？

答：没有。高级社时提倡小老密植，水浇地，可是地不平，总浇不上。

问：是用井水吗？

答：不，西边小中河的水。北边使一锅头机往里面浇。锅头机，烧煤的，像火车式的，抽到渠里，再浇到地里。可是地不平，也有浇上的，到高级社以前没有什么变化。

问：用锅头机抽水，大家一块修的渠？

答：修渠了，6 个村合修的渠，当时 6 个村是一个高级社。一年后又分了，分回各村去了，以各村为核算单位。

问：规模太大了？老百姓是怎么看的？

答：老百姓一开始就知道太大了，不过你能说不行吗？

问：大家有意见都不说吗？

答：说了管什么用，是政府号召的。组织起来好还是不好啊？组织起来也不错。

问：您觉得哪儿不错。

答：是不错，我这个人，一个人干活干不下去，非得有两人，我就干了，让我一个人干活没劲（笑）。

问：这是您一个人的个人性格问题吗？

答：对，个人性格，一个人干活没劲，非得两三个人，你在前头跑，我在后头追，才有劲。

问：高级社农业上有什么变化？

答：没有，就是各村组织起大车，到车站拉脚。就是在车站拉煤，拉各种东西。这几个村都有在车站上干的。

问：收入归到高级社？收入怎么分配呢？

答：收入归到高级社，然后按工分分。初级社就记工分了。有会计核算。

问：高级社组织起来拉脚，还有别的什么新鲜变化吗？

答：没有，还是各村干各村的。

问：干起来不是一家一户，也不是两家干了。

答：对呀，分成几个队干。

问：比如一块地，原来是一家干，或者两家搭套干，高级社时怎么干？是大家全下去？

答：到高级社时把地划成片，这片归你，那片归他。地分到各村去，村里再分到队里，村是大队，再分到小队去。小队是生产队，下面是组，有组长，组长安排活。

问：如果原先不认识，没插过套，相互不喜欢，打过架……

答：那也得凑合着干。那时实在不行可以跳组，也可以跳队。你分我在这，我不愿意在这个队。

问：跳队也可以？原因是……

答：在分队时，还能跳。原因是不愿意跟那个人干，到别的地方去。

【人民公社】

问：人民公社是哪年成立的？

答：1958 年。

问：人民公社时有什么大的变化？

答：人民公社是一个公社统一领导，村里核算。大概是 1959 年搞了一回管理区核算，城关为一个管理区。那个更大了，城关十来个村，搞了一年也分了。干脆不行。

问：从 1958 年人民公社开始，到承包，一共 20 年，有什么变化？日子、农业生产、农活有什么大变化？

答：大变化是耕地有拖拉机，耠地有播种机，收割机还是后来。那阵儿也有收割机，但是 1958 年抓粮食，人民公社时净是套种，没法用。不像现在收完麦子再种棒子。都是人工收，人民公社之后都是人工收，耕地、播种时使拖拉机……到耠春玉米时使用角耠子了。

问：您这里叫耠地？耠地是……

答：就是下种，种地。主要是播种用机器。种棒子是套种，用机器不行，因为里面有麦子，就得使人工套牲口播种，也就是耕地。但是地头地脑的，也得使牲口耕。机器剩下好些呢。

问：人民公社 20 年，您觉得日子与解放后有什么变化没有？

答：还跟往时候差不离，没觉长，也没觉得落。大多数觉得比解放前强。我们这主在解放前吃得饱，所以就……不至于吃不上饭。人民公社时哪天也吃得上饭。现在我觉得比解放前强了。我家里好几顷地的时候，不也就是吃窝头吗？

问：现在窝头还吃吗？

答：现在不吃了，不是馒头就是饭了。这是最近的变化。解放前是上中等，到人民公社时是一般，都是一般。生产工具、设备都这样，没觉苦，没觉甜。

问：现在您的收入从哪里来呀？

答：我儿子供我，一个月 30 斤面给我们两人，敞开吃。有给米，有给面的时候，两个儿子一个人给 30 斤，60 斤吃不了。再给钱零花。

问：大队还给什么补助吗？

答：大队一天才 0.5 元，一月才 15 元，还是从今年开始。

张麟炳

时　　间：1994 年 8 月 22 日下午

访 问 者：张　思

访问场所：张麟炳家

【承包后的土地收回】

问：您是属什么的？

答：属牛的。

问：你现在做什么工作？（问张的儿子）

答：我在家做豆腐。

问：门铺是在家里吗？

答：没有门铺，上街上去卖。

问：农活就不干了吧？

答：农活没有了。（以上是张的儿子回答）

问：那么承包以后分你们家地了没有？

答：就是 1985 年一年，分了一年就撤回来。每户留了一部分口粮田。总共是一年半。对了，1986 年麦子收割完了就收回去了。

问：连口粮田也收回去了？

答：对，全收回去了。（长男：全变成集体种了。）

问：所谓农场种和集体种是一回事吗？

答：是一回事。

问：地被收回来，由农场种完之后，分给你们吗？

答：卖给大伙。地归自己时，打的粮食归自己。其实当年人民公社的时候也是这样，好像不太明显。应该给你的口粮，但得在分红的时候也扣出去你的钱。也是拿钱买。收入有粮食收入，有现金收入。现金收入是挣工分多时要分给你，叫分红。但是把口粮这部分钱也扣了。

问：可是我感到承包时分给你们地，使用权是属于您的，交给了村里，收回去以后，村里是否应该无偿地给你们一部分呢？没有这个规定？

答：嗯（暧昧回答）。咱们中国是土地国有化，连这住的房子的地皮也是国有的，不是个人的。

问：那么你们从大队里能拿到什么东西呢？什么也拿不到？

答：我不工作了，什么也拿不到，大队从去年开始在生活上多少补助一点，超过 55（女），60（男），一个月补给 20 元。

【家庭、劳动力】

问：打听一下您上一辈，父亲的姓名？

答：张环。

问：在过去日本人调查记录里，我印象没有他的名字，您父亲是什么时候去世的？

答：我 7 岁的时候去世的。

问：那么就是 1931 年了。你是 1924 出生的吧。那么您兄弟几个呢？

答：我们哥仨，我有个哥哥，一个兄弟，我行二。我哥哥 26 岁就死了，在旧社会死的。

问：你哥哥的名字是？

答：张麟荣。

问：那时日本人到这村来调查的事知道吗？

答：那时候就知道他们来，干什么工作不知道，太小。

问：他们调查生产、土地和家族的情况……

答：听老人说调查的很详细。

问：对您父亲记载不多，您哥哥的名字好像是有。

答：我父亲早不在了。

问：你哥哥比你大多少？

答：大 3 岁，属狗，今年 73（虚岁）。岁数大了，不工作了。

问：您兄弟的名字是……

答：张麟书。

问：除兄弟之外，有姐妹吗？

答：有两个姐姐，比我们哥儿仨都大，我大姐 1957 年去世，活着话今年 84 岁，二姐今年 82 岁或 83 岁，还在。

问：问您许多过去的事，回想起来让人感到难过、痛苦，请您原谅。

答：没事，该问就问吧。

问：那个时候，您父亲过世以后有多少地？怎样维持生活？

答：那时，有爷爷在家，奶奶不在，我根本没看见过。爷爷那时年岁大，哥儿仨小，俩姐出嫁。我母亲家里、地里都干，我姐姐都干，家里的老舅接来帮着。最多时 32 亩地，之后就少了，渐渐的。

问：把您舅舅接来？

答：对，是我老舅。也没媳妇，也没家，一个人，得了，我家也没人，就叫过来，他硬朗。这样凑合着，跟人家搭伙。就是张麟友他们家。

问：是跟张麟友的上辈，就是张瑞家吧？

答：对，对。

问：他们家算是挺有钱的？

答：也说不上挺有钱，这村里他家土地多点。但是地不怎么好，就是不打粮食。

问：你家与张瑞家是什么关系呢？

答：我们是亲家子。我爷爷那辈是亲哥儿们。噢，不是，也是叔伯哥儿们。但再往上说，是一个杈分下来的。到我这算五辈了，分下去。我父亲与张瑞是叔伯兄弟。张瑞的父亲是张文通。我爷爷大排行，行二。但若不是大排行就是行大，为什么呢？我的大爷是抱来的。我的太太上边没男孩子，抱来一个。后来又生了，我管张文通叫三爷，还有四爷、五爷……七爷（张的儿子：这是说得上来的爷就是这么多，一共七个爷）。我爷爷排行第二，叫张文恒。

问：在日本人在的时候，你爷爷是主要劳动力？

答：我爷爷那时候干不了重活，岁数大了。这家里过日子，总得有一个掌握着，主要是这个了，干些轻的。

问：那时除 32 亩地之外，没有干别的？

答：那时除了种地，没有别的，也不会搞。

问：这样，跟张瑞家搭伙，就是搭套干？

答：（搭伙干）就是搭套干，干活也算在一块干，干活也就是在一块堆干。像从春天开始说，春天下种，出来了（苗）管理，从下种到收，都是一块干。那时种的庄稼：小麦、高粱、玉米、黄豆、黑豆、小豆、绿豆、谷子，就是这些杂粮，除了小麦。

问：忙的时候跟张瑞……那时张瑞干活吗？

答：我那叔叔，就是忙时候哄哄车，别的干不了，太胖，哄车都是够呛。

问：张瑞前两年过去的？

答：不，说着也快八年了。

问：哄车是怎么个活？

答：拿鞭子哄牲口，套车拉庄稼、拉粪、拉土。也叫赶车。

【粘蜜供、正明斋】

问：在印象里，张瑞不干活。他不是在北京做买卖吗？

答：不，冬天……是我爷爷那辈传下来的，都叫粘蜜供头，那阵。粘蜜供是春节上供用的。九月、十月就开始了，就能做了，现在不行，天气潮。

问：除了上供用，还能做什么呢？

答：就是上供用。上完供后也不吃，因为落了一下子土。

问：上完供落土了，如果不上供，可以吃？

答：可以吃，那种点心不错，按照过去说。香油白面，糖有好几种。

问：跟现在哪个点心像……

答：现在没有了，像是沙琪玛似的……（张的儿子）

答：不是，不一样。你到通县，也许还买得着。顺义有没有不知道。前几年有，那叫碎供，就是订供时，这个果子……这个麻花不能使了，扔一边了，这个拿去单卖。订起来这个是整供，那个是碎供。

问：你爷爷干这个吗？

答：对，我二爷、三爷，我也干。我老爷，我这个胖叔叔张瑞，现在我的老叔还活着，84了。他们都当过头，因为我爷不在了，就靠他们了。这个北京正明斋挺有名的，是前门外的。

问：那您也在那儿干了？

答：对，也在那儿干。干一冬天，冬三月。

问：一冬天能挣多少钱？

答：按玉米吧，能拿五六个，六七个，七八个，不一样。就是挣的钱开始时能买五六个150斤的玉米，有六七个的时候，有七、八个的时候。

问：噢。您跟正明斋是亲戚……

答：不是，他们姓孙（张的儿子）。我们是佣工，那时也叫佣工，现在叫打工。

问：佣工是哪个字？

答：我们叫打工，打活、打工。现在没有这个说法，雇工扛工都不使了，都叫打工。

问：正明斋的人姓孙，跟你们张家是熟人？是什么关系？

答：原来与现在一样，在工场里，你技术强，能领导，就一点点上去了，什么都不懂当不了领导，当领导不会支配不行。后台炉房的叫掌案的。卖点心的头叫掌案的，前面叫掌柜的。

问：张瑞他们当什么头？

答：一样，都是一样。从我爷爷、叔叔、爸爸那辈开始，到我们这一代吹了。就干到解放前二年就没了。

问：吹了之后，少了一份收入。5～8个150斤玉米，够吃一年了。

答：比下去扛八个月的活没少多少。扛八个月的活顶九十个月的粮食。也不一样啊。

问：蜜供没有了，原因是什么？正明斋倒了？

答：是正明斋不弄了，乡下也没法去了。太乱，那阵八路军、中央军，路不好走了。到哪都截，家里去了没法办。但是具体到正明斋为什么不做了呢？他们知道（到）解放的时间不长了，得，钱再多也没有用。都有消息，再过两天就解放了，不知道八路军一进城是什么样。旧社会宣传共产、共妻。共产是对了，共妻、共子这个没有，旧社会很多人不知道政策。我是估计。

【八路军、日军、国民党军、跑青年】

问：您当年知道有八路军的事吗？

答：嗐，那区小队夜间净来，大拨部队……刚才说的是地方的，正规部队来过一次。黑里来了，嘁哩喀喳给克了，就住了村里，住了两天就走了。

问：溇了是什么意思？失败了？

答：溇了就是把县城给打下来了。那时（县城里）日本人不多，多是杂牌军。

问：您说的日本人在的时候的这小队，他们夜里来？

答：对。

问：那么大部分打顺义县城也是日本人在的时候？

答：对，也是抗日战争。

问：那时的老百姓都不知道这小队来？

答：这个三年自卫战就没有了（听不清）。

问：日本投降时，您是21岁，八路军共产党的事知道吗？

答：那阵净讲跑青年的事，你知道吗？东边是敌占区县城，净抓人，或抓人当兵，或抓人干活，干五天活放回来。大家就往西跑，不能往东，西边一过河就是解放区。

问：这叫“跑青年”？往西边跑，“跑青年”是什么意思呢？

答：那阵都是抓人。抓年轻人干活，抓你当兵，蒋介石的兵都是抓的，哪有自愿的，南方可能有，这边都是抓，瞅着你挺棒的，抓着穿上军衣走人了。什么时候回家来就不知道了。村里的张树德就被抓了，他那算解放兵。

问：他是被国家党抓的？日本人在时抓不抓呢？“跑青年”是国民党时的事？

答：对，是被国民党抓的。嗯，他算不算被日本人抓的，不太清楚。

问：“跑”就是逃避，躲藏起来，不被抓的意思了？

答：对。一旦抓住白给他们干活。谁家农活都忙。若被抓了当兵去，他们还得钱了。那时，交当兵的都得钱，等于让县里（伪县长）给卖了。

问：“跑青年”大概是什么时候出现的？

答：由日本人来了，到三年自卫战完了，11年呢。

【搭套】

问：讲一下搭套的事情好吗？

答：我们两家那时插套，什么是搭套呢？我有牲口，你也有牲口。我有车，你没车，或者你有车，我没有车。农具、牲口、车辆互相使用，这叫搭套。搭套在下种时，两家耠完你的再耠我的。

问：耠地就是下种了？

答：对。耕地，因为你一个牲口，我一个牲口，两个搁一块行。一个牲口，那犁太重拉不动。

问：那时的犁拉不动？牛也拉不动？

答：拉不动。也有俩小驴的，也有俩马的，也有俩牛的，也有俩骡子的，也有一样一个的，一骡子一驴，一马一驴，一牛一驴。搭套搭套，有什么就配吧。

问：两个小驴能拉动吗？最小的驴？

答：拉得动。一个是耕的浅，一个是那犁小。像俩骡子俩马耕得犁大，它耕的面积也宽点，耕的也深。根据牲畜劲头大小来置农具。你要小的置个大的拉不动，大牲畜置个小的没法使。你放深了没有。跟现在使农机是不一样。

问：农活上的事挺复杂。可是耕得浅，不如深耕好啊？

答：那可不是，“深耕一寸，顶使一茬粪”，有那么一句流传下来的话。

问：如果这样的话，穷人家买不起大牲口，就得耕得浅些，最后的收成也不好了？

答：你这个搭套啊，也得找平衡一点。你那驴比我这驴个大点，或者你的驴比我驴个小点。这样的能搭。像我们两家那阵，他们80多亩地，我们是……20多亩地。

【土地减少、大水灾】

问：刚才说是30多亩，后来又减少了？还没有问是什么原因呢。等一会……现在给讲讲吗？

答：那原因也是几方面，第一个是劳力上，我们哥儿仨顶劳力了，也是生活上逼迫。又没穿、又没吃，年年就得往里搭。没吃没穿好办，遇见事就更麻烦了，老人老了，净是钱发送。没钱怎么办？卖地吧！过去的那个日子难过。一说是老人吧，死了，3回节令，还有60天，一周年、三周年，一共加起是4个节令，你都得花钱办事吧。长大了，结婚要娶媳妇也得要钱。这时种地没有别的收入。由于这样的原因，土地减少点。（是）多种原因。比如今年涝了，雨水多，不打粮食。打（收）的少，一年12个月够吃一个季度的，那3个季度怎么办？又得借钱买粮食。借了就还不上，就得卖。

问：这种因为受灾的印象深吗？有哪几年？

答：嗨……最厉害、最深的是民国二十八年了。唉呀，那阵不知阳历呢，那阵刚会干活，打什么粮食？那水比玉米、高粱还深，都瞅不见，水就这么多。是发洪水，像这地方全是这么深水。

【与张瑞家搭套】

问：还想问一下，您跟张瑞他家，是叔伯兄弟关系？

答：是一个杈（岔）分下来的，到我这里是第五辈，由我们祖坟到我这五辈了。

问：到了下一辈，有出五服的说法吗？

答：对，对。到他们这一辈（指自己的儿子）就出五服。

问：出五服之后，关系还那么近？

答：对。出五服这个，一点点就疏远了。其实农村也没有什么太远太近的事。

问：那您说的大爷、二爷……七爷是五服里的所有大排行？

答：对。

问：您爷爷的兄弟叫什么？

答：我爷爷大排行行二，我只能记住三个爷爷的名字。其他记不得了。我不问这个，老人也不说。大爷叫什么不清楚（是抱来的）。四爷、五爷、六爷、七爷。张文通是三爷。

问：您爷爷的亲兄弟是谁呀？

答：嗯，我的大爷，不管是抱来的，也是亲的。张文通是亲的。

问：那么您家里与张文通家搭套是不是差得太大了？他们是80多亩地，你们……

答：他们家里二套车，一骡子一马。再早时候，就这么说吧，我们家就一头驴，个不太大，但挺硬，这样搭起来就方便了。

问：相加起来是您家方便了吧？

答：嗯，他们家也方便了。我们两家相加起来100多亩地，得二套半车。一骡子一马这叫二套，一个骡子，或者一马叫一套。俩马，或俩骡也叫二套。三套车就说是三个，四套就说是四个，都是说大牲口，不能说驴，也不能说牛。

问：那么一骡子一驴叫什么？

答：那叫套半。那驴算半拉，过去有四套车、五套车。套五个的也有，最大的主摆样子，套六个的也有。

问：拉什么用，拉脚？

答：拉庄稼，就得用这么多。没这么多……那地还得租出去呢。地越多，自己越种不了，管不了。

问：那么您看种这么多地必须是二套半才行？

答：不是。你看，播种时，两个牲口在前面拖着耠子，一个驴在后面顿上，就是弥沟。两个牲口拉耠子，耠沟，人往里撒种、撒粪。撒完粪，过去这一个叫顿子。这俩顿子不是圆的吗？一个坑。也有俩并着，也有两个隔开，也叫顿子。完了，这两个大牲畜拉盖，一盖两垄。这驴后边拉一磙子就压，这就算配套。

【“倒菜缸”】

问：这种生活的方法是所有人都这样干吗？

答：不一样，还一个干法叫“倒菜缸”。“倒菜缸”是什么呢？这边的土语。就是没有大牲畜，甚至是有大牲畜，分情况。比如先说没有大牲畜吧，咱们搭套，你一驴我一驴，就靠了我说了的这个种法，就不能一次成功了。就得先耠沟，一驴耠沟拉不动。不像耕地深点，浅点。你种地得根据土壤干湿的程度。干必须深点，湿就得浅点。总而言之，一个小驴拉一个耠子够费劲。俩先拉，把沟先耠出来。（反正）有人嘛，搭套嘛。后面有人撒种的，撒粪的什么的，这人都齐了。后边可是就缺一个牲口啊，不能弥这沟，拉顿子的没有。这套（活）完了，再拉俩牲口换班再弥沟。

问：是先耠沟，然后这俩牲口再弥沟？

答：对。

问：一个牲口弥沟也够了吗？

答：要是驴大，拉耠子也拉得动。完了，它再弥沟去。这是一个牲口，俩牲口。俩牲口特小，拉耠子拉不动。一个大驴能拉得动，这都叫“倒菜缸”。倒就是来回倒着干。

问：“倒菜缸”，是做菜的菜，水缸的缸？

答：不能使那个字。还得说主席说的那句话……是“纲举目张”的那纲，应该使那个字。这牲畜不是有一个，这边有一个拉牲畜绳叫纲绳。是乱脚丝。

问：那么菜（cài）呢？

答：不是姓蔡的蔡，也不是吃菜的菜，别的想不起来，就使这个字吧。白话白字吧，查字典也许能查出来。这白话就是嗄乎字。

【搭套作业的方法】

问：那时您家就 20 多亩，很快就能给你的干完了。

答：不是，那时的地，都是几亩地、十亩地，三亩地、二亩地，一块一块。村东一块，西一块，不像现在连片。耠完这片，耠那块，顺着。比如今年往东边耠地去了，这两家地都有，两家种子就都拿着，耠完他的耠我的。或者耠我的，挨着他还是他。就这样转着弯耠。

问：谁先谁后，这里头有什么规矩没有。

答：没有，那没有。

问：顺道有没有？

答：这主要有什么规矩呢？种地的规矩。过去种麦子不都是大垄吗？现在说白了就是套种。那阵不说套种，说耠“小挨垄”啦，“大挨垄”啦，“干支面”啦，“双间垄”啦，这么说。“小挨垄”是这一个麦子，这一个麦子，当中挑一个；“大挨垄”是这个（要）大一点儿，赶时候挑玉米。“小挨垄”挑谷子。为什么要“小挨垄”、“大挨垄”呢？是下一茬，也就是秋庄稼，你打算种什么。那么样来，不是随便的。“干支面”是这两个麦子当中，耠两个秋粮作物，还是两个玉米的啊，还是两个高粱啊。“双间垄”是一个小，一个大，一个小，一个大。耠两麦子好像是并着，完了再耠一个大的，这个大的里头套两个秋粮，这小的里头套一个。这小的里套什么，根据你自己，我今年想多种点豆，就在小的里种豆，那两个大的种玉米。

问：套起来有什么好处呢？产量上有没有好处？还是对土地好？

答：跟现在一样。过去那“小三黄”没有了。这阵的玉米就是比“小三黄”打得多，质量上可比不上那时。

问：质量不好？您说是味（道）不行？

答：味也不行，分量也不行，它就是打的少，用碾子压，用磨磨。比现在出皮子多，净出皮子。100 斤那出 5 斤，这就出 15 斤。吃的味道也不行。在水里经煮，那玉米碴。那玉米面比大玉米还好。“小三黄”在解放前、解放后都种，一能自己制种了，培育种子了，就渐渐没了。真是没有现在打得多，咱不是以多为胜吗？庄稼人还是要打得多。出皮多，那个打 100 斤，这个打 200 斤，还要 200 斤的。

问：刚才说了，不是因为张文通家有俩牲口，你们只有一个，就得先种他的，先给他们干？

答：对。

问：那么如果按地块说。咱两家都在这住，这地一个在前一个在后，先干前头，还是先干后头？

答：刚才我给你说的那个那阵叫“挑桶子”。到了清明节，“挑桶子”，这边叫法。什么是桶？你不是种麦子嘛，当间留一个、俩吗？这叫做“挑麦桶”。还有不种麦子的叫白地。那个得在立夏种玉米才能播呢。你地翻在那面，你没种麦子，那也不能种。先把麦子桶子挑完了，说着也就到了清明，清明节“挑桶子”。“挑桶子”是一季节，耠这白地又是一季节。但是这高粱不行，挑完桶子跟着就得播。有种平垄高粱的，这一块地都是种高粱。

问：秋天再种麦子？这叫平垄，这就是没套种别的？

答：对，没有麦子，我们两家牲畜即搭套，人也一块干活。

问：搭套是什么意思呢？没有牲畜搭套，人在一块干是什么？

答：那个净牲畜搭套，人不搭套，到管理时，你管你的，我管我的，各自回家了。到了需要牲畜的时候，才一块堆呢。有的耕地就不在一块。耕地你自己能耕，我自己能耕。你说你耕地，把我的驴拉去你耕去。我说我耕地，把你的驴拉了耕去。就是种得在一块。你一个人“倒菜缸”那就……你两家都跑一块去还不够用呢，还得“倒菜缸”。

问：那么搭套中有你们这样牲畜在一块，平常人也在一块管理的吗？

答：我们两家算特殊的，搭套算特殊。没有这样搭套的。一到管理庄稼时都各自回家，都各自管理，就是牲畜搭套。这个套由哪说呢，牲畜拉犁也好，拉耠子也好，拉菜也好，拉顿子也好，它都有套，两根绳，搁在膀子那拉着，那不叫套吗？就以那个说。

问：别人家跟你们不一样，光牲畜搭套，干大农活去？

答：嗯……干大农活时，也有的一块，有的不一块。比如，咱两家搭套，咱们歇着时，就讲：“咱们就是耠耠、种种。”一块堆耠、一块堆种，其他的活自己干。也有时掰棒子，说：“你那熟了吗？给你掰去？”“没有，你那若熟了，一块给你掰了，掰完你的掰我的。”当年说。

问：当年说是指的什么时候说呢？

答：就是正月，就是一月份。（一时中断）说定了，套怎么搭。今年搭套，明年你不找，我不找，这就算吹了。

问：他若不找你，有的也要去问问吗？

答：有的问，有的不问，就得了。不是老搭，年年搭，永久的。

问： 一般搭套维持多少时间，关系好的？

答： 关系好的，像我们家，这个特殊的，日子多。别人家没这么长。

【上学、劳动力、富人】

问： 你们两家从什么时候开始搭套的？

答： 我那阵还念书呢，不过那时念书晚，十一二岁才念书上学。那时大部分上到小学四年级就吹了，上到五六年级的很少很少。

问： 念了多少时间？

答： 那哪里是念书？活受罪。就那么大，农活差不离都跟着干。春天播种，拉庄稼，耠沟时，这俩大牲口你给拉着。骡推着，驴拽着。再不在后头打顿子，弥沟。

问： 弥沟是用什么样的家伙？石头（顿）子？

答： 对，这么大个，当中一个眼，一个木轴，这边一个，这边一个，拴在头里，有四方木头。四方木头一刮土，就跄沟里去了。后面再盖，再使辊子压。盖是用山木条子编的，人（上面）登着，俩牲口拉着。

问： 11 岁开始念书，念了多长时间？

答： 说是四年级，也够不上，也没有毕业这一说。之后，家缺劳力，老出来，老下来干活。刚才说到北京粘蜜供去，还有时到外头，拉厕所肥，去北京拉大粪去。有人开着粪场子，有冻粪的，有大粪干的。一拉粪，车来了，卸完了，往一块堆使土埋，不埋狗就扒了吃了。埋挺厚的土。这大冬天里念书，这点活下来，就跟着埋去。正没有劳力。一埋好几车土，起早去的，那粪车快黑了才回来，你就得在黑里埋。说埋一尺厚，都得这样，这就是念书，我们那时，像张树德根本就没念过书。不是家家孩子都能念书。

问： 您家那时生活比较困难了，念书很不容易了？

答： 比较困难。相对我们家还有更困难的。那阵好像是比穷的强点，跟富的没法比。

问： 村里最富的是谁家？

答： 村里没有什么最富的。刚才说我这胖叔叔家，他家原来是 102 亩地。这边公路，正好占了。他们在那地多，特别是在东边那边，正好顺着东西，全完。是当时日本修公路，修铁路。这公路是日本在时，这铁路也是日本在时（修的），先（前）没有。

问： 修路时，给钱了吗？把土地占了。

答： 没有，那……现在修路也不给钱呢。

问： 这个事，当时日本人调查时没了解到，不知道这事……

答： 他们怎么不知道？这么大的事。他们修的路，没落笔。那阵我小，听他们念叨，谁管这事啊？

问： 与张文通家搭套时间是日本人在时？或还要早？

答： 是我记事的时候，10 岁左右。

问： 一直到解放前？

答： 不，日本八年，投降时也就吹了。

问；为什么不搭套了。

答： 以前我们两家是东西院，以后我们两家就不是东西院了。我们搬到南边胡同去住了。那阵我们这哥儿们也都大了。三年自卫战我就扛活拉短。在本村我扛过二年活，长了没干过。好像扛活上算呢就等着，要是打短工上算呢，就打短工，家里种地。以后，对，日本没投降时我们就干一年了，三年自卫战时干了一年。之后家里地不是少了吗？老想自己再租别人点地种，这样比给别人扛活打短工强。这样再租地种。抱了一个大驴，又买了一辆车。原来没车，驴又换个大的。

【与李广庆搭套】

问： 那时是自己干？又和别人搭套了吗？

答： 又跟一个姓李的，叫李广庆。他有一个小驴，就是耠。下种时，搭个手。我们家驴个大，有劲，拉一个耠子没问题，比那松骡子还有劲。他那驴就在后头拉顿子弥沟。这是日本人走后，三年自卫战时。

问：他们家劳力有几个？

答：劳力就他一个人，男的就一个，跟姑娘俩两口子。地也少，几亩地，不到十亩地。那时几亩地才养一小驴。吃东西不变，吃草不多。这时使着方便，推碾子啦，或者没有车驮点什么啦，那时常驮东西。

问：几亩地养俩小驴，养得起吗？

答：一个驴还净待着没事呢。有它来时不多。有时没它活，人也没活了，干什么呢，放脚。那阵生活也是，干什么都有。别管怎样，得变成收入。人得活着。

问：李广庆家地有几亩？

答：就几亩，差不多十亩地。

问：您家同他们是什么关系？很不错？

答：街坊。农村里关系都很好，关系太不好的没有。搭套搭套，人得合得来，这阵叫团结。

问：搭套这事是他与您哥哥商量？

答：对，同我哥商量，我不当家。我哥死后我当家。我爷爷不管，也死得早。在我12岁时死的，12岁时人不懂事。

问：您与李广庆是什么关系？

答：哥们关系，我家辈份大。

※以下录音失败，全部根据当时笔记整理。

问：你的家20多亩，张瑞家80多亩，怎么相互干法？

答：我们家劳力少，有个舅舅。张瑞家地多，雇两个半活。一个长工管理30亩地，耠、种、管理工作（都）干，不管收。张瑞因此不需“倒菜缸”。我们家求他们家来人帮忙的时候多，所以我们两家搭套特殊。那时是张瑞这个叔当家。老叔也干活，妇女负责收拾庄稼。

附：农作物套种示意图（据张麟炳描述整理）

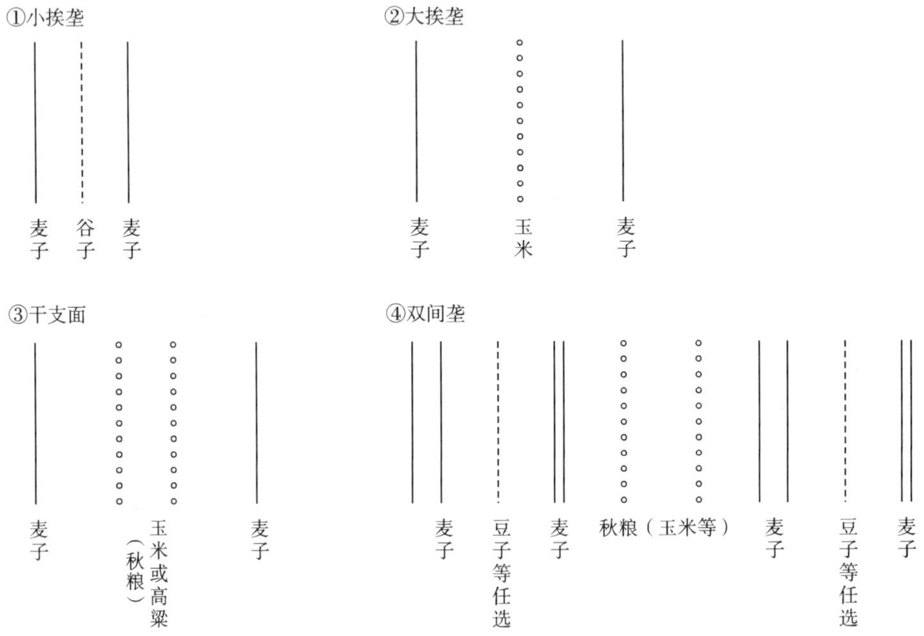

【解放后经历与政见】

张：解放后我当过书记。我是1950年2月入党，与李祥林同时。是建党的党员。入党仪式不在村里，在小中河西边。那儿过去是老区。村里最早的党员是李秀清，他的哥哥是李秀芳。他在外边入的党，1949年回家养病。张玉善是我们的入党介绍人，他是刘家河人。

我是贫农成分。解放后负责民兵工作。时间不长，于1952年底参军，3年后回来了。参加志愿军，去过朝鲜。在进行手工业者、工商业者社会主义改造时回来了。

我于1957年当书记，以前是李祥林。是在高级社分开归各村之后当的。1983～1985年当村长，"四清"时被批判，挂起来一段（3年）。那时的说法叫"下楼"，意思是下不来了。那时（群众）意见很多，不满意。（做事）自由，（工作组）挑拨。"下楼"是没法向群众解释，又没有问题，待一二年，留党察看。也没被开除，这样（挂）了两三年。

1963年、1964年，本地两次"四清"运动，是刘少奇发动的。

那时大队的工作比小队好干。我以后当书记和队长。那时李祥林这一辈人已没了，剩下我带刘振海。

1983年，刘振海从公社企业回村，接书记工作，我当村长。我是六十一二岁。1983～1985年任村长。后来小队散了，我也不干了，在家种几亩地。那时我情绪很大。家里也没有人种地。

我20岁结的婚，正好是"先天道"盛行之时。当初八路军也赞同，日本人也很信服道门。后来八路军派代表与他们商谈联合，被他们扣了，被打了。本村有武者之风。

张麟炳（第二次访谈）

【村民个人史】

张：李广明是李清源的后代，他家是贫农。张麟玉现在在农场看场院，与张麟如是兄弟。张长森农活、地里的活可以，懂得，是本人侄儿。

吴殿臣，他家的地在村西小河西边一带，有苇坑。那一带当年有一句口头语形容："小河南、小河北，小河西头带后地。"他的地在苇坑旁边，地势低，不好。他家养一头小驴，有两个女儿，没有儿子。吴殿扬有儿子，住在村后边。兄弟二人解放前后分家单过。他们以前是兄弟（二人）当家，对农活不太懂。吴殿臣的二女儿仍住在本村，丈夫是山东人，当过解放军连长。他原住在西胡同，以后与吴殿扬的二儿子合过。他家也没有再置地、卖地。种地能满足吃粮的需要。定成分时是贫农，但贫农的生活水平不一样。

张成，是我的大爷，有两个儿子，张麟如（二男二女）、张麟玉（在农场工作，无儿子）。张成仅有一头小驴，还是个小瘦驴。正月里把驴买来，用它种地的时间只有8个月。他也去粘蜜供。在去粘蜜供之前，也即十月一日（阴历?）活完，再把驴卖了，这叫做不白喂。买卖驴要去几个集才成。这里是逢双日子有集，二、四、六、八是小集。一个月里有四五个大集，在石门村。粘蜜供在年三十那天收工，叫"收撮"。大家都在正月初二回家。张成死的早，日本人还在的时候死的。那时张麟如已成家。他们也搭套，同别人"驴工换驴工"干一两天。

李广恩，他不养驴，他的地过了小中河。有几亩地，那时不超过10亩地不能养牲口。李没有后代，有两个女儿，都不在本村，大女儿现在80岁，嫁去河南村。二女儿在刘家河。

养驴、牲口，冬天也需要草料。喂豆秸、枯草。把它们用铡刀铡碎，加花生皮，推碾轧磨时喂精饲料。喂牲口有句俗话，叫做“早喂腿，晚喂嘴”。早上饲料要精，多喂，才好干活。

“放脚”就是佣运。去县城，花钱骑驴去。由放脚本人牵着驴。不是小车拉。去孙河是30里地，东直门60里。放脚的价不固定，是现讲价。那时放脚的人不多，需要腿脚快，跟得上。孙福当年放脚，他有4~5亩地。放脚中也有使轿车的，用的是花轱辘车。价钱贵，一般人坐不起。有的是一骡一马，车上装成轿子样。

李广恩不打短工，地不多，专心整治，地里没有一棵杂草。一早起来就去拾狗粪、马粪去，狗粪肥力大，因为狗吃粮食等物。他就这样捡粪造肥。他再养一只小猪。他老婆好养鸡，一养就是20~50只。卖鸡蛋，那阵养鸡下蛋卖，不讲究吃。吃了就没钱了，干不了别的。狗吃粮食，别的不吃，所以狗粪有劲。给肉能吃着呢。跟牲畜不一样，柴草不吃。像骡、马、驴、牛的吃草。

李濡源的父亲辈就是外科大夫，专门瞧那个圪圪瘩瘩的。李濡源也会瞧这个，他儿子也瞧这个。他有一个孙子吧。李濡源三个儿子。他家过去，李出去老有人接送。去瞧这圪圪瘩瘩的，不收费，净靠给谁瞧好后送点礼。送米面啦，点心啦。水果没这么一说，那阵水果少，不像现在似的水果一大堆。当时不收费，好了以后你愿意送礼送多少都行。路远了你那里预备饭，吃一顿饭。若是30里、20里、十里八里你去接去，不一样。挺有名的。过去净是长圪瘩的，在外边。其他的病，内科不会，到他大儿子那儿挂上内科了。他大儿子书本也比较深点，到底他念过什么我也闹不清。大儿子叫李广瑞，二儿子叫李广兴，三儿子叫李广志。这三儿外科都能看，就是二儿子没出去过。就是他也能干，不以那个为主，他以种地为主。三的也没出去，就是大的，在濡源没死时，跟他父亲一块出去。之后濡源死后，大的出去，二的、三的在家种地。若赶上大的出去了，就是三的在家里瞧瞧，赶上了看看。

李广瑞不种地，就跟我张瑞叔一样，在大麦、两秋时，拿鞭子哄哄车，什么也干不了，锄镰不入手，就是他不能干。我那胖叔也是那样，锄镰不入手。他们家地也不少呢，有40~50多亩地。他们没养过二套，因为他们不够那程度。不到七八十亩的程度养不了二套，他有一个“蜡纤车”，这又是一个名。或是一骡或是一马，昨天不是说过了吗，这俩一个不是一套吗？驴、牛都是半套。昨天说过了，牛多有劲不能算整套，头面再买一个驴。不管多大一个驴，反正也是驴。这个大驴反正我也是经过，我那胖叔有一马一大驴。这驴比这马还有劲呢！个还大呢！就是气性不好，它净咬人（笑）。也能吃，也有劲，也是半套。可是那时我叔叔家70~80亩地，有这俩牲口就行了，再加上我们这个小驴。但那驴有劲呐！那算套半。两家100多亩，加块堆算二套。

【搭套关系】

问：李濡源他们，有人找他们搭套？

答：他们不搭伙。

问：过去的记录里讲，人家也不说他搭套，有人总用他的驴，借东西什么的……

答：刚才说了，除非他们……像李广恩他们，也不一定（借）……没这印象。因为人家地多，人为什么要有车，要有牲口？这是拉运老有活。一般像这主，像我叔这样，只有我们两家在一堆干。别人借呀？没人借！他知道也没工夫。

问：噢，一般他知道你没工夫就不再找你来了？

答：唉。

问：再问问周树堂家您熟悉吗？

答：周树堂他儿子是周宴，宴席的宴。

问：他们家不算是穷户吧？

答：解放后定成为中农。他一个儿子，叫周宴。他有两个孙子，大孙子没了，剩下二孙子了。二的就在村里，叫周永兴，也是教师，退休了，64、65 岁左右。他们家由周树棠处说，文化水平都不算低。周永兴在外村当教师，解放初期在村里，后来调到别处去了。

问：曾经被打成过“右派”？

答：有一段曾打成“右派”，这不邓小平给翻过来了。

问：对他们过去家伙、牲口有什么印象？

答：有一驴、车。周宴体格软点，也什么都能干。我小时候周树棠干不了，也不全干。那阵都反映他“跟官”。“跟官”写个文章什么的。那阵讲究手笔心应。嘴也行，干也行。就是说也行，写也行。那时候就是他了。村也小，这号人相比之下算是一流的了。

问：“跟官”是在日本和国民党时吗？

答：那阵他就不干了，岁数大了。是民国时，民国的前期。他做（些）什么，想起来好像还没有我呢。那人活着得一百好几十。

问：那么他家的活只能是周宴干了？

答：只能吃点、喝点，谁家写个分家单（分家时），红白喜事写账什么的（去干）。你还得是那个主，不是那个主找不了他。好像是合得来的。

问：他当不当中间人、保人之类的？

答：他虽然不干了，有时在村里东家、西家说合说合，出出主意呀，同意后让他写写。或是家里自愿地商量好了，让他写也行。有时在自己家写，有时在他家写。他对村里情况了解，那阵村里才 60 多户。“小沙井，小沙井”嘛，不到 70 户。

问：昨天访问杨庆余，了解杨源、杨正、杨泽以及杨润的情况，有机会还想问问您一下。杨润爱重建房子，是为了生儿子，等等情况。

答：他家的事，简单说了，他们分家，杨源、正、泽与杨润分家。他（润）一个人一股，这哥儿仨一股。这不算他分家，他分家时不行，得说他上辈，但是上辈岁数太大没过去，得，这哥们也是由他父亲分的。这样他一个人分了 100 多亩地，这哥儿仨分了 100 多亩地。

问：这哥儿仨与杨润是什么关系？

答：是叔伯兄弟（关系）。他们上面不是哥儿俩吗？分开的。杨正哥儿仨是一个爹，他一个人是一个爹。他哥儿一个 100 多亩，那哥儿仨一共 100 多亩。人家那哥儿仨就过起来了，他就……（没有过起来）。其实他也不要、不嫖，就喜欢吃、喝、待着。有什么高贵的亲戚呀，高贵的老街坊呀，他就开玩笑：“走，到一块喝去！”这就一块喝去了。他一喝就没有赖菜、赖酒的，有钱呐！喝完了没了，卖点（地），吃完了卖点。地卖完了怎么办呢？就是这房子没盖完呢。这房子我是知道的，对我胖叔说：“这房子没盖完，为什么给人扒了？”我那时候不知道。他说：“你不知道，咱们给他钱了，他卖给咱了，他不住了，所以咱们扒。”我问：“那他住哪里？”回答说：“住那边。”因为他住的盖的是西厢房，大的，北边是厢房，间小。那阵儿他一人，闺女也都……有出阁的，也有没出阁的。最后一个小闺女落在一个国民党军队连长手里。解放以后不知道是怎么个原因没走，住在北京了。他也就到那儿去了。他老婆死了，就他一个人了。

问：那么他最后也没有儿子？

答：对，就这么结束了一家子。简单是这样。

问： 杨正的儿子是杨庆余，杨源、杨泽呢？

答： 杨泽就一个儿子，杨源没有。

问： 杨泽的儿子在村里吗？

答： 现在十里铺中学。也不当主任了，不干了，管管学校的事，岁数大了，50 多岁，快退休了。

问： 最后跟您问问杜家吧。杜祥、杜春、杜德新，他们是……

答： 哥儿们。

问： 是哥儿们……名字里取名“祥”，“春”，为什么还有“德新”？

答： 杜春、杜祥是一辈。因为他们出五服了。

问： 搞不明白，杨正与杨源、泽、润是兄弟，一个辈，为什么名字里没有三点水？

答： 不清楚，正这个字没有水（笑）。

问： 杜春、杜祥搭套时，是在一个族里头（干）？

答： 杜春那阵不养驴，没地，只有四亩园子，没有种粮食地。种粮食地也是租的，祖产就是园子四亩。杜春四个儿子。

问： 园子种菜，收入是否高点？地好点？

答： 那阵也比种地现金收入高。

问： 四个儿子都还在这村里吗？

答： 一个都没有了。大的福新，三的叫临新，四的叫广新。这二的……我这记性，噢，叫杜德新，因为这二的去世早，所以对他这名字……

问： 杜春的 4 个儿子分家早吗？

答： 他这哥儿 4 个，就是广新的老婆还在呢，其他的都没了。

问： 然后孙子辈呢？

答： 那可多了，大儿子两个孙子，早就没了一个，二的还在。二儿子是一个孙子，三儿子是俩，四儿子是俩。合着是这么 7 个呢。

问： 在这村里他的孙子们谁比较活跃？能打听他们家事？

答： 那是说与文化程度有关。这三儿子的大的叫杜怀，他也不在家。杜怀的夫人是副书记，叫史庆芬，马庄人。再找一个村长，杜江，是杜春老儿子即四儿子的大的。

问： 杜祥呢？

答： 杜祥也是俩儿子，大的没了，老的得半身不遂，三年多了，在炕上躺着。杜祥的大儿子叫杜作新，二的是杜存新，作新 1968 年死的。

问： 您记得很清楚啊！他在村里干过什么事情？

答： 干过，什么大队长啦，可能……当过一年书记。忘掉了。反正他就是管生产时多，当大队长，这个时间长。

问： （在当年的户籍中）有一个叫杜德新的。

答： 就是杜春的老二。

问： 他们什么时候分家的？

答： 唉，很早，杜春还没老时就分家了，是解放前分的。为什么说他 4 亩园子印象深呢？哥儿 4 个 4 亩，1 人 1 亩，就这样印象深。也没有别的什么地。

问： 1 人 1 亩，这日子怎么过啊？那么杜春跟谁过呢？

答： 老两口自己过，一共有 8 间土房，没有地了。上房 5 间，厢房 3 间，大的杜福新住 3 间厢房，5 间给了广新（老四）。二的、三的在村西头，他们有块地是场院，一分两半，哥俩一人一半，没有房。两头，老大、小的分房。中间分地（二人），然后在分的地上盖房。

问： 那他们在解放以后算什么？是贫农吗？

答： 贫农。因为多少有点房，有点地。

什么也没有就成了雇农了。

问：他们不养牲口？儿子们养没养？听说杜祥与杜春搭套。

答：杜春没有养过牲口，到他儿子这辈也没养过。他们没这些地，养牲口有什么用啊？

问：像没有牲口的人家，种地时怎么办呢？

答：以后这二的养一头驴。德新他租地租得多，好租地。这样不养一驴不成。又是园子，又是地，净指着跟别人借使那不太合适。

问：你说的不合适，是不方便，还是……

答：那可是不方便。别人也得使，你需要收秋，别人也需要收秋。借使就得岔开工夫。人家哪天有工夫，你哪天再使，人不能把家里活撂了给你去干。是一家一户种地。你别说，养一小驴对贫农是半拉家底，这驴一死了，就完了，就够呛。再拿钱去买驴，哪拿去？不那么容易！这是贫农。那阵儿借驴、借车、借物，那也是相对。你忒穷了，借人家有的，不好意思。一是人家没工夫，再一是你也不敢去借去。像我叔那个，和那李濡源，谁去借？太穷了和有（牲口）的不一样，没人借。他那儿天天干还没空呢。就是没空闲。当然，人与人之间，一个有，一个没有的，这是一个。再说，你借个大骡、大马的，你得喂呀。大骡子、大马吃粮食多呀。你借人这样的车辆，人家还得跟个人，不像小毛驴似的，得跟人。你借来，弄不了，它也不服你弄。可是人家也不干，你借一天把牲口哄坏了怎么办。大牲口都有毛病。

问：大牲口都有毛病？什么毛病？

答：就是说，要使总是一个人使。不能今儿张三，明儿个李四。这牲口摸不着人的脾气，人也摸不着牲口脾气。

问：刚才讲穷人不敢去富人家去借，是不好意思去借？

答：对，是不好意思去借。

问：他们是怎么想的呢？

答：假如说你拉庄稼吧，你就几亩地，二三亩地，就装它一车，拉回来干嘛去？半天都不够他去干的。就一趟，干嘛去？不值当。所以人家真正有空，说："得了，给你带回来吧。"这事也有，那也得分人分户，不是是人是户就可以做的。我提的这两户过去没人向他们张嘴。因为他们那牲口和车天天套出去拉犋，拉这个，拉那个的，里外拉。人那老有活，你怎么向人家那张嘴。张嘴了，刚才说了，你穷了叭叽的，一趟活，你管饭不管？牲口给喂不给喂？所以有的就自己往家里扛、背。或者借一小驴。小驴不是谁都可以使吗？坏也坏不了哪去。

问：这村里还一个叫傅菊的，您知道吗？

答：解放前他就回到铁匠营了，原籍是铁匠营的。日本人在时住本村，住在西头吴地那边。

问：他也放脚吗？

答：他不，他是农活，就是赶车，哄牲口，就是把式。下种了，扶耠子，耕地、套车，耕、耠、拉、打、拽吧。

问：他算是长工吧？

答：给人家当长工，以后不干了。以什么生活呢？这人手不行，但是嘴可有两下子。能说，手笔相应，他是手不行，嘴能说。以后，在我接触中，农活他好像也干点，好像以这个嘴，以嘴谋生意。

问：他有什么法没有？

答：是什么法呢？他家人口不多不少，他这个人不错。之后，生活紧张了，儿子也大了，就行。儿子一大了，就都能挣一点生活了嘛。维持生活，连个人带家庭的。老姑娘俩。有个闺女还死了，俩儿子。早就离开这村了。

问：刚才说的，穷人无牲口，找穷人借使拉庄稼。但是耕、种地怎么办？没有俩牲口不行。

答：那只能搭套。你、我有牲口，咱们搭套干。他没有，就向咱们俩求援来吧。“烦你（们）今儿个把我的地给耕耕，给种上麦子，种棒子。”他就帮咱两家。这叫“人换工”。人和人换工，人和驴、牲畜换工。帮咱这两家干点活，给他耕、耠这点地。那也是互助帮助，说现在的话是互助帮忙吧，贫对贫嘛。

问：您刚才说的是“人换工”，是人和牲口换，还是人跟人换？有没有人和人换工呢？

答：人跟人换也有。你们是牲畜，我给你干几天活，你呢，就给我拿这个活把这几亩地耕了，种上。

问：噢，是这种办法。

答：那怎么办呢？

问：这种情况村里多吗？

答：有，不养驴的户也不少。不是户户都能养。刚才说了，你三四亩地你养不起，小驴也养不起。我们家20多亩地，到我时，我爷爷在时30多亩地，不也才养一个大点的驴吗？说养一骡、马，养不起，家里这点豆棵、枯草不够它吃，牲口一大总吃的多。驴个小，怎么瞅着大肚吃得也少。是这样。

问：这样的事叫“换工”可以吗？

答：对，“伙换工”。

问：比如我没有驴，你家只有一头驴，光找你一家也不行。

答：得分什么时候。耕地是不行，下种时，还得说是种秋粮，耠麦子时，沟深，一个不成，拉不动。要是种高粱、玉米、谷啦，这沟耠得浅，一个小驴拉个小翻耠子就行。这还叫“倒菜缸”（笑）。

问：在这种情况下就得找搭套的两家去借去？

答：不找搭套的。要是耕地，必须得找俩（牲口），一个怎么耕？

问：就是，但是对方这家只有一头驴，还得找两家。而找搭套的两家是否方便？

答：这个驴呀，谁都能使，你既然借牲口使，你也能使。借两家的驴，这两家在一块搭套，能合得来，驴习惯了，不闹。要是瞅不冷（子），东家一个，西家一个，拉一块堆它们闹啊！打着闹。你光使牲口行了，不用人。

问：那么当时没有驴，要耕种地，还是找一块搭套的借起来……

答：不是。这是“换工”。像我说的张成大爷，就一驴。他不和人搭套。到耕地时，得，找你去。你有驴，我找你：“咱们耕地时搭搭。”你拿驴借我，我耕我那几亩地。耕完就完，到时你若耕地时，你也上我这来，就这样。这是“驴工换驴工”。

问：驴工换驴工不算搭套？

答：这不算搭套。就那么一天、两天的，马上就完了，各奔他乡了。

问：像割麦子，相互帮助的“人工换人工”的有吗？

答：有。

问：有没有这种情况，求你的驴和人来为我干，最后我为你多干两天。

答：就是换驴工，换人工。

问：我啥都没有，使人家的牲口，和人一块，带着家伙、工具……

答：这种情况，人家这家或者是套半牲口，反正不是一个，还是俩牛啦，还是俩马、俩骡子啦，还是俩驴啦。人家相比之下是全，“得了，您把我这二亩地给我耕了去吧”。人家就哄着这一套牲口给你耕完了，盖了。你怎么办呢？没有牲口，“赶明儿你哪天耠地，耠麦子，我跟着耠去啊。耠完之后（就势）把我这耠几垄”。人家地多，一天耠不完。一般的都要一两天，三两天都耠完了。像刚才说的李濡源呐，我这叔呀，这不行，这（些）家有多少地耕多少地，有多少块，块块都耠。那哪就完了？

问：这种换，在当时来讲是比较相对的平等吗？

答：也不是那么绝对的，多干点，少干点的。也许你没牲口，多干两天。也许他有牲口啊……多干一天。那种关系就不怎么太讲究这工，忒找平了。那怎么找？不讲究。也讲，都是自愿的嘛。在那时，种地是这样，谁家要是盖房，不用请不用叫就去。早晨你起来了，找把铁锹就到你家去了。给你干上三天、五天。这全村人就去了。我盖房你来了，你盖房我还去呢。这是互相帮助。

问：如果我借你的牲口使，不还工。只还些草料，或者连还都不还，这种情况有没有。就是光借了，也不给你干活了。

答：也有。嗐，五颜六色吧。你说的也有。比如，我有三五亩地，你这主呢有俩牲口，"得，带着给我耕耕、种种"。等还秋了，什么豆秸、枯草、豆子、谷子什么，拿车装上，您拿走喂牲口。主要是少数情况是那样，这也是少数的。

问：连还都不还的，借你牲口用……

答：那要说起来是关系不错的。

问：这村里相互帮忙有各种情况。这搭套是相互帮忙，其他"驴换工""人换工"啦也应该算帮忙。只要不够了，就求你，借去。

答：刚才说的傅菊，住房都白住。那不花什么，不像现在似的，双方自愿。

问：您看当时搭套的双方生活是否差不多呀？

答：对，必须是差不多个大小，土地差不多。

问：这个土地多的与地少的搭套的……

答：那……有一天我这就耕完了，你的地得十天。这两户说什么也搭不上。那我净使你的牲口，你怎么算呢？你耕一天地，我耕十天地。就算是牲口给我使，我给你喂，但是，刚才说的像孙福这样，人家放脚去，还得雇去，还得找另外的收入去。那样你停工受不了。

问：像您家与张瑞家，差那么多，属于什么情况？

答：我家 32 亩，他家 80～90 亩，差得远。我家劳力少，他家雇工。牲畜、劳力都相互适合，都一起干。刚才说了，我这叔和我这爷爷都一块堆，说实在的合得来。我爷说什么，我这叔就听什么。就是这样，不带驳回的。

问：那么，您爷爷与张瑞是特殊的关系才如此？

答：对，是亲家子，讲义气，一杈分下来的。我这叔性格也好，性格太好了，没有这（样）的人。百分之百的听我爷的话，有半句说出来的话让我爷不满意都没有。

问：所以，若是换成别人家，20～30 多亩与 80～90 亩一块干不行了？

答：要是老一块堆使，这养一驴的（家）就……要讲究吃亏上算了，平衡不平衡了，那就不平衡了。种 80～90 亩地老有活，老得套车。你那有个二套，再加一驴，二套半套一车。我们就是这样。耕、耠、拽，都不用外面再找牲口，全了。这一块地，上午耠、顿，下午盖、压，完了。一天去，就把这十亩八亩地就干完了，明天再耠那块去。这就说是地干，水分少。要水分多，不这样，得多耠几块，完了一块堆盖，一块堆压。

问：一般情况下，看来是得平等了。驴、地差不多？

答：对。

问：搭套若是劳力、牲口足了，比"倒菜缸"是否要快？效率高？

答：那是。

问：要是能找到人的话，就不用“倒菜缸”的办法？

答：这事也挺复杂，“倒菜缸”土地湿润了，行；土地要是干了，就不如头里耠沟，后面赶紧就弥上。你要是晒一个钟头两个钟头，干了。你弄回去还是干土，你再返上来，又一个时间。说这么一下，说不清楚，也清楚，也不清楚。

问：富户与富户之间搭套吗？

答：富户就不搭了，人家也有。没有才搭套。你不是缺牲畜呀，就是缺农具。我这有个耠子，你那有个犁杖，咱俩一块堆干去吧。耠子、犁杖都有了，就这样（笑）说，缺个撒种的，“得，咱们一块干”，你会撒种，我会扶耠子，齐了。就一块堆能干了。这就干得快点了，快慢的问题。说你一个人全能干，扶着耠子，牵着牲口，是吧？家里总得有其他劳力，头边拉着点。然后完了再撒种、撒粪。完了再使这驴再弥沟去。全能干，时间长，你半天能弄多少？弄不了多少，还筋疲力尽。

问：这样，两家搭套，快一些，节气能赶上？

答：哪节不节的，就几亩地那事好办。

问：昨天问您订立搭套都是年初定，决定怎么搭法。

答：对。那是一种情况。也有的到麦秋了，收收麦子，跑一块去了。也有的收麦子没有，到大秋了，跑一块去了。

问：那么一年当中临时跑一块去……

答：唉，有临时订的。说咱们一年，你有活你拉走，我有活时候我拉走，这是一年。比如到麦秋了，我有一个小毛驴，我也还有一个小花轱辘车，你这没有。得了，咱两家，两驴一车，拉车麦子。拉完也就完了，吹了，又吹了。到大秋了，在不在一块再另说。你愿意，我愿意，把几亩地棒子拉家来吹了。耕上地，种上麦子。

问：这种情况是短了，跟临时的差不多了？

答：搭套的事可不就是短工夫时间。

【搭套维持时间】

问：一般的搭套得维持点时间吗？

答：一般的说是应该维持一年，短的是一年。

问：才一年？两年、三年的有吗？

答：那年年商量。都这么点地，他想明年我不养牲口，干什么呢？我给人家雇工扛活去了。我家里那几亩地你给我代耕了吧，那也行了。工费的时候啊，或者少一点，或者人那主不在乎，“得了，可以，工钱价还给那么多”。有的苛扣的那主，假如说“一个月100块，现在一个月给你95，你干不干？”这也是双方同意，少。代耕的少，总的说有这种事吧。那种事也是少数，不是多数。

问：临时说，临时定，干完到大秋时就另说，这种情况也有？

答：像我们这两家是特殊的。维持好几十年一块这样干，没有这样的。

问：然后，年年商量，结果继续维持的，一年两年，是占大多数吗？

答：没有，没有。都维持当年的。

问：为什么呢？

答：他家庭情况一变，就变了。

问：那时家庭情况常变，是常事了？

答：对，可不是。今年这样，明年那样，也是老变。经济上有经济上变的，也有劳力，人力上变的，不一样。

问：还有，我借您牲口，我有自己劳力够了，然后我牲口也借给您使，这种情况，我就不还你工了。您要想借我牲口，我给您，我也不给你干去了，我也不要你来给我来干。

答：家里都有劳力，凑合都能干。这种情况就是牲畜搭套，人不搭套。你用把我的拉走，我用把你的拽走。我用我喂，你用你喂。

问：这个也叫搭套？

答：牲畜搭套。

问：这个有什么特别的、别的什么说法没有？

答：别的没有。你像过去这个不养驴的，也得吃饭呐。粮食要磨、压。“你这驴明天有空没有？待不待着？”“干吗？”“我推一天半天碾子，磨点粮食。”粮食总得出皮子不是吗？拿点皮子给人，这是白用。还有这样的事，也不多：你养两个牲口，甭管是什么样的牲口，两个，卖犋。那时耕地呀，一盘犋，两盘犋，耠地呀，一盘犋，两盘犋。就指着那个犁杖，几个犁杖。大地主牲口多了，一个犁杖哪行？一套出去，好几盘子犁杖呢，地多。但是这主，地不多，养活两个牲口，就能耕耠地，这叫卖犋。我这俩牲搭一人，给你耕多少亩地，给多少钱。那叫卖具，农具的具。

问：卖具，人跟着干吗？

答：跟着干。

问：人跟着干，给大地主干？

答：不是，给雇主。谁愿雇给谁干。给雇主，反正俩牲口一人，干多少天。有说多少天的，也有按地说的，一亩地多少钱。其实按地要钱最合理。按天要，多干点，少干点。

问：咱这村里有这种情况吗？

答：没有。

问：俩牲一个人，价钱是多少？

答：按干多少亩算，一亩要多少钱。那时工钱按粮食，比如是耕一亩地要多少棒子。大部分都指着玉米来说。

问：还能记得是多少吗？

答：那记不得了，只是知道有这种情况，有这个事。

问：白用的情况下，好赖也要给点皮子，象征性的东西？刚才说的是碾磨时的白用，干农活、借农具、牲口，白用有吗？

答：你像推、捣，就是磨面吧，给点皮子行。你像耕地耠地了，光给点皮子可不行。什么高粱啦，喂玉米那时很少，麦麸啦。

问：看来村里的习惯，不给点东西不好？

答：你使人牲口呐。过去也有这么一句话“人关肚子不关”。假如说，你这个人，谁家都可以请，叫干活去，不给工资，但是得管饭，就是这个。比如春天房子坏了，修修补补，叫去干活去，这叫白请、白叫。有个三叔二大爷呢，房子坏了，规置规置。一个人不行，就找一二个人，不花工资。都是一样，你给我帮忙，我给你帮忙，你干巧活，我干累活。巧活我不会，垒垒弄弄我不会，我就会挑水和泥、出泥。就这样，一搭也就过去了。这样吃顿饭，这叫“人关肚子不关”。就说牲畜也是这样，既然牲畜使了一天半天，哪有（让它）饿着肚子就给人送回去了？

问：今天收获不少。一块买牲口，一块养。你一条腿，我一条腿这么养的，我听说这村里有。一块买牲口，一个人买不起……

答：那叫搭伙。这叫“公打官司伙养驴”。这套是实行不开的。公打官司打不赢，为什么？打着打着就吹了。你还坚持打，你有钱，我钱没有了，我推掉了。不行，我不干了。这官司爱赢不赢，我不管了。同样，伙养驴的两家心也不齐。平常啊，一体会，发现这谁谁谁老像是不喂似的。也不是一点儿不喂，就是舍不得。不能在一块堆干，不能合打官司，也不能伙养驴。

问：过去有那么一两家喂得挺好的……

答：那个啊，有一个方法：这驴老是你喂。这月你拿料，下月我拿料，定出来一个月拿出多少料。草到不怕，都拉你那去。这样行。只要你喂一个月，我喂一个月，准这个牲口越喂越瘦、越蔫。到时候埋怨了。不埋怨互相怀疑，你是否不喂？我也不喂。这是不成功的方法。

问：那么一块雇工的办法有没有？两家一块雇。

答：那要月工。这事……有扛月工的，半月半月上，不是整月的。这上半月在你这，下半月在家里。今天我在你这，明天我在家里，是这样的。也有呢……这个我想不起来了，张三这上半月，李四这上半月。这事还真有，在西边种园子也有。一提这个，这村里活到90多岁一个人，叫杨明旺，他好像干过这种工，即“月工”。就是你雇一个，我雇一个，互相都雇不起，就是半拉。正好，有一个人干，正好你半拉，我半拉。你那儿上半个月，我这儿上半个月。好像是给谁家干呢？想不起来。这杨明旺扛了一辈子活。

问：杨明旺是请别人，雇月工？

答：他是做工，不是雇工。可能是这两家都在西胡同，不敢肯定，一是赵子如，其父是赵绍廷。他们雇过月工。还有张树斌，他父亲是张守仁，雇过月工。可能是杨明旺给他们两家，上半月，下半月。不敢肯定。反正有这种事情。有自己有几亩地，给人家扛半个月的。这半个月留着管家里的几亩地，那半个月给人家干。一家半拉也有，好像是这人给这两家。但是时间连着不多，是不是这两家记不清了。这个人扛一辈子长工，解放以后才不扛。他没有地，他儿子叫杨宝森，跟我岁数一样，唉，老少三辈，杨明旺的父亲扛活，他扛活，他儿子扛活。

问：从前两家雇一人，平等出钱吗？

答：那差不离。说好了，在你这谈多少钱时，说“在他那多少多少钱”。就说，“就那么着吧！跟他一样”。开通一点的呢，到时候再加一点。加一点有加一点的好处。这雇工跟买东西一样，俩心眼。你对我四两，我对你半斤。互相都是这样。

问：加上钱之后，干起来积极性就有了？

答：对。那阵雇工、扛工饭茬子不好，这家舍不得给吃，那家舍得给吃，这关系可大了。你雇不雇，舍不得给他吃，那你算倒霉了。多了不干，反正对得起你，我就没白给你吃饭，反正干活了。什么好不好，多干少干的，不管。雇工的和扛工的算一家人。姓张姓李的雇来，雇来了就像你家里人一样，你都得差不多。别跟大地主比，你雇一两个就得这样。大地主一雇好几十，十几个、几个、二十几个、三十几个，那就不一样。那跟人家地主比着吃，人家不干。当家的吃小锅饭，你天天吃小锅饭？你就得粗粮、粗米。人家呢，细粮、细米，要不怎么分呢？

问：跟您聊得很多了。

答：你知道这本书吗？黄宗智写的，跟他聊的可长了。他那本书，在副书记那，他给我寄来一本。那本书前面是英文，后边是中文。这书我看不了，中文看得了，英文看不了。他给我邮来一本（张的儿子：叫《小农经济的变迁》）。

问：今天又耽误您好多工夫，我收获特别多。不多待了。

张麟玉（62岁）

时　　间：1994年8月23日下午

访 问 者：张　思

访问场所：张麟玉家

【家庭】

问：高级社时候的事都还记得吧？

答：高级社时正赶上干活，不在家。1961 年我回来的，那时我病了。过去的事杨庆余知道，他有文化。

问：前天和今天上午与张麟炳谈，谈到你的父亲张成的事。

答：我爸爸那阵扛活。到完秋去北京粘蜜供，就是做点心去。

问：你父亲有三个儿子？

答：两个。还一个是张麟如，看大队的那个老头。（张麟玉夫人，以后称“女”：那是他亲哥们儿。）我们哥俩儿姐俩儿。

问：那我记错了。你父亲什么时候过去了？

答：得有 50 年左右，四十七八年了，还没解放呢，我那侄儿才 4 岁，刚 4 岁时没起名。那时我不在家，我哥当兵去了。我上廊坊，我一姑在廊坊，现在廊坊也没人了，全搬刘家河去了。

问：您哪年生人？

答：今年 62 岁。

问：算起来应该 1932 年生人。您是属什么的？

答：属鸡的。

问：那么应该周岁是 61 岁，虚岁 62 岁。

答：对，这不论周岁。

问：您生在本村，然后去你姑那儿？

答：生在本村，10 多岁去姑那儿。那时生活困难，大表哥开理发馆在廊坊。去那干下手活，跟着干活。也没了。大表哥、表嫂都死了，姑也没了，剩下孩子们搬到刘家河去了。

问：那您什么时候回来的呢？

答：19、20 岁左右回来的。

问：那么，您哥比你大多大岁数？

答：大 8 岁，今年 70 岁了。

问：那么家里的活那时您都没干过了？

答：农活也就是这一段，20 岁回来以后。五几年在北京当小工，1951 年出去的，1953 年回来的，盖楼房。

问：盖楼房是在大建筑公司里干？

答：对。

问：没有成为正式工人？

答：没有，1958 年走过一回，修怀柔水库。1958 年 7 月份走的。1959 年或 1960 年、1961 年回来的。（女：那时是工人，吃食堂。吃白面吃不起，又回家了，要是当工人，怎么也有点退休钱啊。）

问：那您年轻时跑了不少地方？

答：1958 年又去北京修马路，在市政一公司。

问：是正式工人吗？

答：啊……（女：主要是饿，就回来了。）

问：您那时挣钱能给家里吗？

答：那时就 40 块钱，20 块钱给家里，吃饭得买饭票。家里这七八口人得买饭，哪买得起呀！买不起呀。你要是外边没当工人，在家里就不用买饭票。

问：那时您家里人也去了？

答：没有，那时和我哥、嫂一块过，没分家。一块七八口人都买饭票。我回来就不买饭票了，因为下地干活，劳动了。

问：您什么时候与张麟如分的家？

答：1958 年吧？（女：就是回来那年。）是那一年。

问：您什么时候结的婚？

女：我 18 岁结婚，今年 57 了。

问：那就是已经过去 39 年了，算起来是 1955 年你们结的婚。您贵姓？

女：姓杜，我叫杜淑琴。我是衙门村的娘家，属虎的。

问：结婚以后还没有分家？

答：没有，还跟我哥一块过。（女：我们老一块过，这是因为穷。）

问：那时正是初级社的时候了。

答：对，互助组已过去了，记得有生产队。

问：生活那时怎么样？

答：不好，穷。

问：跟别人比起来，大家都是那么穷吗？

女：反正穷的多，富的少。

问：您老伴看来身体挺好的，不像57岁的。

女：总有毛病。

问：家里的生活由您操持？

女：对，做饭，杂事。

问：农活的事不管了吧？

女：农活不管了，也没有农活了。那时有点园子，种点菜吃。这阵也没有园子了，就做点饭吃。

【初级社、高级社】

问：那时的生活是什么样子，您给说说。

答：那时麦子、面有数，主要是棒子、高粱，都是糙粮。那阵麦子打的少，不像现在。那时打300斤算好地了，现在翻两番。

问：互助组以后，初级社、高级社时，产量不行？

答：不行。那阵是胡闹。到大秋时让栽红薯，那还收什么?! 上级也是胡闹。大秋时该掰棒子，却让种红薯。这麦子还耠得了吗？耠不了。这白薯秧子还没缓出来呢，就该刨了。净浪费人工。栽白薯是春天了，棒子都熟了，怎能栽白薯去？这白薯什么时候结呀？结得了白薯吗？结不了！

问：为什么要下这样的命令？

答：唉，浮夸风。

问：这还不是1958年的事情？

答：还没到。（女：上级说什么就干什么。）

问：按说掰完棒子以后该种麦子了。

答：唉，对了。种白薯不长，白薯只能春天种，早秧白薯只能春天，晚秧白薯在麦子熟了种，六七月份。

问：上级的指示不听行吗？

答：不成，一级管一级。像我农场这，这场长想种这个不成，让你种什么就种什么，种别的不成。

问：那时粮食够吃吗？

答：多搭点菜吧！那时十家有九家不够吃的。（女：那苦日子就甭说了。把那阵熬过来了，什么都能熬过来。）和现在比差得远了。现在白面当粗粮吃。那阵白面一年300斤。剩下就是粗粮、白薯。就是粗粮搭着吃。那阵生活与现在可不一样。

问：1951～1953年在外头，1953年回村来，干什么呢？

答：种地、干活，还能干吗？到1958年去水库。

问：当过什么领导的工作吗？

答：没有，人让干什么就干什么。（女：这辈子光干苦力。）

问：初级社、高级社下面有没有小队？

答：有小队，我是一队。

问：高级社时候？

答：全村里算一队。好几个村归一处领导。以后又分回来。那时只有两个队，一队、二队。

问：都怎么干活法？

答：下地去，耪地、薅苗、串地去，有时赶车。刚才你照相时那三个耠子，拿那个串地去。那阵罪受大了。（女：现在机械化了，现在一个人种好几百亩地，那阵全村种这些地也种不好。那阵那地，下雨就涝，越下越涝。那阵村里地全都是“蛤蟆窝”啦、“大水缸”啦，没有好地，都是洼地了。还有大秸地。）“蛤蟆窝”一下雨，就涝，不打粮食。“大秸地”还凑合。（女：还有那“大水缸”，砍高粱时我记得淌着水砍高粱。）

【灌溉、机械化、肥料】

问：这个地名过去就有吗？

答：从老人那时就有，学的，不是我们编的。现在这地没了。现在这地，涝也不怕，旱也不怕，浇，有肥，有灌，下雨可以排。

问：下雨排水靠渠还是什么？

答：边上有小中河，往那里头排。旱能浇，涝能排。（女：早先两年庄稼够呛，下这么大的雨。）

问：要是灌的话，水从哪儿来？

答：有机井。两块地有俩机井。

问：俩机井够吗？把这 400 多亩地全能灌了？

答：够了。

问：还用河里的水吗？

答：不用。

问：小中河有多远呢？

答：不远，过了地就是。

问：待一会看看去。往小中河里排，那么渠是什么时候挖的？

答：那就是耠完棒子用机器挑的沟，挖沟机。

问：不是每年都挖吗？

答：年年挖，然后耠麦子时候就平上了。

问：那时万一下雨涝了怎么办？

答：那时已没事了，没有大雨了。掰完棒子以后就平了。

问：那么什么时候开沟呢？

答：那是耠完棒子的时候。棒子耠出来时雨水下来了，挖沟机就挑了。挑完了省了人挑啊，有水就流下了。

问：不是有固定的渠？

答：生产队时有固定的渠，那渠得糟践多少地呀。一个渠 50 米，都包在地里。（女：都是小渠。）渠多呀，这得多少地呀！

问：浪费多少地呀？

答：唉！50 米一道，50 米一道。大渠毛渠，跟浇园子时一样，有小毛渠。

问：这是生产队、人民公社时的事？

答：对。

问：最早的渠是什么时候修的？

答：是生产队时修的。

问：当年您在去怀柔之前，初、高级社时挖渠吗？

答：挖呀，那时也挖。那阵挖一回顶多少年了，不年年挖。那渠也大，又浇，连排水、浇地也使它。那时没有喷灌。

问：高级社时的渠浇水、排水，那时水从哪来？

女：有大渠。西边的渠叫“七分干”，使那个水渠。

问：这个渠是谁修的？

答：唉，全修。哪村受益哪村修。全村都修。哪个公社分哪段。

问：想跟您了解的就是这些杂七杂八的事，比如解放前你们家和谁家合伙干之类的事。可能您哥哥还记得。

答：那就是伙种地。你有牲口我有车，搭伙种，我种完给你种，你种完给我种。我们跟赵廷福种过，那人都没了，那是互助组。

问：互助组之前，解放前呢？

答：那就不知道了，有六七个。

问：那您哥哥知道吗？

答：他也不知道，他当兵去了。去多少年了。

问：您哥哥什么时候当兵去的？

答：当了七八年，还没解放呢，让人抓去了。没几年就“解放”过去，当解放军了。可能是一年左右就“解放”过来了，加入共产党的军队了。在共产党军队里好几年，还入朝呢。张树德他们全是。

问：跟张树德一块吗？

答：比张树德早。他也是被抓去的。

问：其他被抓的人多吗？

答：听说就这俩人。

问：其他人害怕吗？

答：听见枪声响就往地里跑。那时离车站近，听见打枪的就跑，往西，往苇地里跑，搁下家伙就跑。

问：您哥哥“抗美援朝”以后就回来了？

答：什么时候回来的记不清了，从廊坊回来的。我不在家。1958 年左右回来的，我还在北京呢。

问：你们把互助组的事叫做搭套吗？

答：那就没了。那阵可能还有李祥林呢。是村里的头，与现在的杜江似的，村长。（女：那老头记性好，开会不拿笔记，就使耳朵记。）全能给把开会的内容说出来。都说他记性好。你爱怎么说，他不记，还能说出来。

问：修“七分干”，你们受益了吗？

答：受益了。这渠到通县那边了，都受着益了。从顺义那边河套，往那边到通县。

问：这“七分干”离这儿多远？

答：不远。就在大队的西边。现在没有人使，净长草了。也有水。说是下雨了，说流不开，可以把水往里放。

问：那么当年是个大工程了？

答：是，不窄。宽度从这到那门那儿了。

问：有了这个东西，队里生产、浇地、排水有什么变化没有？

答：没有什么变化。

问：修完“七分干”后，还有“大水缸”“蛤蟆地”吗？

答：现在没了，那时有（可能没有理解问者之意）。

问：修完“七分干”后，“大水缸”的水能往里排吗？

答：现在“大水缸”的地都变成场子了，盖上房了。

问：1958 年走之前，村里有什么大的变化？

答：那时…小毛渠年年修，不修浇不了地。

问：高级社时产量上有什么变化？

答：变化没有多少，就这么多地，与现在比差远了。那阵尽管多施底肥也多打不了，现在是化肥。

问：底肥都有作用吗？

答：刨去猪圈粪还有什么呢？现在，一看玉米黄了，捏点化肥，三天就得。

问：人民公社什么时候成立的？

答：……1959 年。那阵去怀柔修水库，没修完上北京了，在市政公司修马路。1961 年回来，回来后在家干活。

问：人民公社时候，有什么大的工程没有？

答：没有。刨去怀柔水库，没有大工程。“七分干”都是小工程，各村摊钱。修小渠哪都有。只要是城关公社的，哪都去，说哪需要，就一村多少人，往里摊。

问：那些工程与村里有直接关系吗？

答：没关系，也受益，也得去。你不受益你不去。可是要是公社指示不去不成。

问：这类的事多吗？从你回来到“文化大革命”期间。

答：也不多了。一到现在更没事了。

问：然后，搞生产时，机械是什么时候引进来的？

答：掰棒子机，也就引进才五六年、七八年，是农场以后了。播种机是前年进来的（刚才照相的那个）。拖拉机前年进一台，那个可能是两年，大前年吧。村里拖拉机、链子轮两台，胶轮一台，手扶两台。链轮是前几年买的，胶轮是前几年买的。

问：以前村里有大型机械吗？

答：没有。一年还是人割麦子。这实行

才几年啊。

问： 1990 年以前队里没有什么机械，都是人工割？

答： 没有机械化，都是人工搞。这大型收割才几年，没有几年。

问： “文化大革命”期间一直到前几年，一直用刚才我们看见的那个……

答： 对，一直用耠子。

问： 耕地呢？

答： 雇机器，雇胶轮拖拉机耕地。那阵机器没有。

问： 人民公社时雇耕地机械吗？

答： 那时也雇，机器没有。谁也买不起，好几万。小块的地，就使人、牲口耕了。一块块地使牲口耕，大块地用机器。

问： 1961 年还回到一小队？

答： 还是一小队，队长多，年年换。现在活着的有张麟元、张麟书两人。

问： 那时用化肥了吗？

答： 没有，那时用氨水。呛人鼻子。（女：一人背一罐儿，那罪可受了。）可别洒了，一洒这一片秧就完了。用小凉壶洒。用牲口串完地，撒后土压上，跟气肥一样，那气一完就吹了。现在是碳氨，碳氨也没有人使了，全都是尿素。尿素坚持时间长，碳氨就是暴劲。“文化大革命”前用氨水，哪村都有，那时氨水效力大。

问： 产量怎么样？有变化吗？

答： 没什么变化。那时种地按老一套，一尺二（一棵）玉米苗。现在不是，这么一尺好几棵，差很大。那时多打不了。这时按老一套就不成。像蚂蚁都爬不过去。现在刨去化肥长不了粮食，全都用化肥追。现在这么多苗，过去也长不了。“文化大革命”前都是一尺二。

问： 现在玉米间距是多少？

答： 这么远一棵（注：根据笔记，为 3 ~ 4 寸）。（女：现在打棒子是科学种田呗。全出在中间，倍儿齐。管得好着呢。）

问： 现在的间距有什么固定的说法？

答： 不一样，有时这么长，有时那么长。不过 15 厘米，几寸。也就三四寸，四五寸，四寸的都没有。

问： 出苗时这样，以后呢？这么近怎么能长呢？

答： 以后也这样，因为是用化肥。没有那么多，结不了那么多东西。棵多是科学种田。

问： 可是，过去没有肥，一尺二是否合适？

答： 过去没有肥，说是拦肥去，都是草秸肥。那肥不成，打不出那些粮食。那时一亩麦子打 300 斤不错了。现在，七八百斤。那些老一套不成。

问： “文化大革命”时用化肥了吗？

答： 那阵很少很少，没有呢。

问： 您现在印象最早使化肥、尿素是什么时候？

答： 那可有年间了。尿素是最近一两年，以前使碳氨。尿素贵，碳氨便宜点。这几年都使碳氨。碳氨以前是磷肥，磷肥用了有几年。那个一年限制用多少，当底肥使。

问： “文化大革命”后农药的使用您还记得吗？

答： 农药那时很少，科学的东西少。

问： “文化大革命”前用过农药吗？

答： 用过。像玉米虫，用什么面，现在不用了，兑上水一喷。那时用“六六粉”，现在不使了。“文化大革命”前有“六六粉”了。

问： “文化大革命”中间有什么农药，新的？除了“六六粉”？

答： 没有。这不种棉花，虫子主要生在棒子上。麦子一般没有，麦子主要是打药，把灭草剂打了。开春时使，虫子一出头就打，打完了就回去了。这头几年就有了，有了好几年了。“文化大革命”时没有用。

【农场经营】

问：问问农场的事。承包土地是 1983 年吧？

答：1983 年吧，还分了自留地。1984 年或 1985 年归长清了，到现在。

问：那时大队的土地分了吗？

答：那阵没分。就是个人的自留地，别的地没有分。

问：那大队的地怎么办呢？

答：大队的地归农场了。有自留地的时候，自留地就两年。以后就归农场了。

问：那么农场是从什么时候开始的？

答：八几年。够八年了。

问：以前是怎么干法？

答：在生产队里干。有自己的自留地，还在生产队里干。这村搞承包晚，往东边早就分了。

问：1986 年办农场之前农具分了吗？

答：分了。谁爱要谁要。牲口、车，卖呀。地没分，就是家具、牲口、车，刚才照相的那个耠子，农业社的东西，乱七八糟的，谁爱要谁拿钱。

问：1986 年以前办农场之前怎么干法？

答：还是在生产队里。

问：可是农具都分了……

答：那阵还没分呢。等散了，生产队没了时候分的。是办农场之前分的。牲口一算，没有生产队了，就分了。抓阄，分一、二、三号，谁爱要谁要。一、二号分得好。

问：办农场时，牲口就……

答：牲口没了。你要使就买，花钱雇去。那几年都雇，村里没有了。

问：1986 年办农场那一年分的农具吗？

答：不，头一年，1985 年。

问：办农场之前的两三年，三五年怎么干法？

答：用牲口，生产队有牲口。也没有分。

问：那时有自留地吗？

答：那时有。

问：又有生产队的地，又有自留地？

答：生产队时没有自留地。到要分的时候，一要入农场了，这就分了。一人一块块的分了地，三四分地。

问：这地是从什么时候交上去的呢？

答：农场的时候。1986 年？1987 年？没有两年又收上去了。可能是 1987 年收回来的。

问：收回来之后，老百姓觉得怎样？

答：还有人愿意呢。得了，自己挣点钱就行了，够用了。没人种去了，没人种。

问：当时您是怎么想的？

答：我想还是种点地好，省得年年买粮食吃。你要是有点地呢，自个不用买粮食。自个劳动，早晚去弄，有个三亩、二亩的。这个我家里有人行。没有人的呢，有的花钱。没有钱怎么办呢？这种人村里有，穷。这也得管他们，大队照顾他们。有点地呢，他不用花钱买去。有点园子地，不用外边买。现在外边菜多贵呀。用多少钱呐。你没钱怎么办呢？你不是也得管吗，你不能瞅着他饿着去。

问：问问您进农场是什么时候？被张长清聘了。

答：1986 年。干了两年。

问：干了两年？两年以后呢？

答：以后上了扒鸡厂了，看门去了。然后从扒鸡厂回来，跟家。也就跑农场去了。在扒鸡厂干了将近两年。从扒鸡厂回来没再出去过。

问：您现在除了看门还干别的活吗？主要农活之外？

答：大秋、麦秋都干。现在看着了。

问：您能否给我讲用机器耕种以前及以

后干活的方法？从春天讲到秋天？

答： 用牲口时春天串地、耕地。串地就是开春了，耠完地，苗出来了，就可以串了。先耕完再耠，耠完再串。耠地是下种，耕完地就下种。长出苗以后薅苗。薅完苗长成这么样，该拦肥。拦完了，跟着用耠子去串。薅苗是这一堆三棵、四棵，拔下去点，留一棵，这也叫定苗。间苗定苗一样。拦肥是施肥，让庄稼长。庄稼黄了，必须施肥。用槽肥，即猪圈粪（槽积肥）。为什么叫拦肥呢？一拦时候用耠子一培呢，这苗可以发发长，就跟人吃好东西似的长得壮。拦肥是一苗一苗地点，不是一垄一垄。比如这一棵棒子，一棵苗一棵苗地拦。这没有棒子，拦也没用啊，白给它吃了，不管用。那是麻烦，那时不怕麻烦。今儿干不完明儿，明儿不完后个，时间来得及，人多。那时农业社时100多人呢。农场时十几个人，现在干得过来。那阵没有，不讲究施肥。这阵就是喷灌时施肥，不是一苗一苗地施肥了。土面的了，出面喷。农场时没有拦肥这工作了。也有定苗完了，拦肥。喷灌是开春，返青了，小麦长这么高了，该施肥了。施肥呢用喷灌机子，输到机井里。机井里叫出水来，直接把化肥放到水里了，喷出来了，就不用人扬了。那就是水乱喷，不用人拦了。春天用耠子串地，用耠子也能下种。用一个家伙，也可串地，也可以下种。串地时，苗起码得长这样高，苗得有一尺多，这是棒子、豆子。这是春天种。现在豆子没有了，就是棒子。现在都三茬了，就大棒子没有。串地完了施肥。按过去时，还使锄头来耪呢。用大锄，上三遍。用锄耪地是为了除草，又除草，又培苗。用土将苗围上。耪地越多越好。“越旱越耪地，越涝越浇园”。“旱耪园，涝浇园”呗。一般的是头一遍拉花，二遍、三遍。三遍时就吹了，就等掰棒子时见了，三遍时就到了掰棒子了。现在谁耪啊？现在上哪去耪啊？也没法耪。现在爱串就串一串，就是使刚才说的那三耠子。一般村家都不串，把肥施了就吹了。这肥不用埋，这尿素一拦上就化了，就渗地里了，不用埋。这公社指示让串，可是苗糟践不少，糟践苗。你叫一拐弯，不像牲口似的，拿耠子，能拿起来，那串地怎能拿起来？没法拿，他得转多少弯，压多少苗啊。开得慢，开得快更不行了。可是公社指示不串不成。压苗也得串，反正串点好，通风。可是别赶上雨，赶上雨就完，出不来水。这边的地没事，是沙包地，下过雨，没事。前一阵特别大的雨，不到半天就都没了，全进小中河了，奔大渠了。锄草，10来个人就锄一遍草，到大秋就完了。草长疯了就得吹了。不弄它了，弄不过来。赶明收割时雇机子去，那时村里还没有，向别村雇，连掰棒子全一块打了，打碎了。连草带棒子秸秆一块打碎了，然后再一耕地，就埋土里了，就当肥使了。除草以后下面的活就是收割，收割完是耕地。

问： 以前刚建农场时用什么收割？

答： 那阵有农场时就用机器收割，那是雇来的，机器村里还没有。钱是归农场花。

问： 雇得起吗？

答： 完秋了，卖粮食，给人家钱呢。一亩地现在20块，收小麦。收割棒子完紧接着种麦子，先耕地，向拖拉机站，县里的去雇。那阵全是雇，村里全没有，耕地也雇去。耕一亩，便宜点好几块，得有两三块呢。那阵钱贵。连耕地，带播种，加一块一亩地六块钱。全是完秋卖粮后给钱。

问： 那就是……播种也两三块钱？

答： 嗯。

问： 那么农场的人怎么干呢？

答： 跟着一块干，干下手活。什么播种啦，跟机子上头啦，底下拉种子啦，接地头啦，是这些事。地头拖拉机干不了。一亩大小都是一样。按现在说，说是有550亩地，给你叫来了，给你捅点儿，450亩、400亩也是它。现在就是这么回事。给你个人捅点儿，国家倒点霉。300多亩麦子，成200多亩。麦子没有定苗。下边的活是苗出来时打冻水，一般打冻水是立冬以后，就是浇地。浇完因是冬天，冻上了。不冻上，它麦子扒缝，就冻死了。浇完了，它那缝就弥上了嘛，就冻不死了。苗已经出来了，就这么高，冻不死。不打冻水免不了冻死。它透风啊，一刮西北风就冻死了。以前也这么干，解放前也这么干。有条件就打，没有条件也打不了，也浇不了地。没有水，怎么打呀？就得了。死就死，活就活了。下场雨合适。出苗时三天，生产队时十一前差不多就耠完了。现在不行，棒子，最早也得105天还不熟呢。打完冻水就上场院。该脱棒子粒了。脱粒完卖，卖完就吹了。脱粒有机子，卖完就完了。压成粉的事不管。转年开春干活，转年春天之间没事，就待着了。12月底卖完棒子……转年3月15日左右浇地。给麦子打缓青水。然后浇完停几天。先不施肥，头两天不施肥。施肥也白搭。苗才这么高，以后没有劲呢。等吐穗时就没有劲了。要是苗这么高，半吐穗没吐穗，加上肥，出穗大，有力量。施早了，光长叶，不长粒，施早了不长。缓青水后搁半个月是四月份。那时麦子一天一样，就该施肥了。施完肥还浇白水，三茬水、四茬水。要是一般的村，就两茬水。沙性地得四茬水，以后没什么事了，除了浇地。然后扬花、吐穗，之后又一茬水。吐出来扬花，又一茬水。就行了，吹了。吐穗一般是五月份，浇水。吐穗以后不施肥，就一茬水。头吐穗浇一茬水。头吐穗第二遍水施肥。扬花不施肥了。扬花以后再浇一次水就得了。下边干点零活，归置归置。麦田里没锄草的活，你也伸不进去。有时候有拉卜秧。就是人一伸进去，拉（lá）你胳膊。拔那个去。燕麦太高，就不能进去了。就这么宽，能进去人吗？把麦子就毁了。现在都是一出来就打药。

问：今天就聊到这里，我们看看小中河、“七分干”和机井，好吗？还有什么有名的地方，也看看。

答：没有什么特殊的。

李广明（69岁）

时　　间：1994年8月26日下午

访 问 者：张　思

访问场所：村委会会议室

【解放前的家庭生计】

问：请介绍一下您的情况？

答：今年69岁，属虎。日本在时还念书，十几岁，那时印象还有，不全面。解放前家有地17亩，另外还租别人的地，是望泉寺的地。这块地租的时间长，8亩地，有十几年。这村里不知道我们是租的，还以为是我们家里的。这是17亩之外的。解放后都承认是我们家的，因为种的年头太多了。

问：其他的地还有吗？

答：其他的是以后了，小型的。在日本以后，国民党时也租。因为租的地涝，望泉寺的地也是涝，村西的那地叫“下八亩”，有多少水都存在一个叫“大十亩”的地里。望泉寺的水全往“大十亩”里去。“大十亩”的水一满了，就全奔这块地——我们租的这块地“下八亩”去了。那“大十亩”也是那个主的，即租给我们地那家的。这家名字记得，没有什么人了，家散了，男的跟女的离婚，剩一个女的，待二姑娘家住，名叫刘汝洲。这两块地涝，他们村的水全上这里去。这两地一满了，再往别处去。

问：其他小块地呢？

答：国民党时候，今年租了，明年也许不租，没准时候。今年租了，有牲口，没处秴谷子去，就是谷子，没地秴那个去，得喂牲口呀，就捡上那亩地给它租点，给它枯草。要是买，得多少钱哪？

问：那么租地是为了养猪？为了干什么用？

答：为了养牲口，喂驴。不租地的话，得买草，占多少钱啊？有这地，牲口有草吃，人也有粮食吃。我们那地，没有一年不涝的。

问：那么您家自己的17亩，加上8亩，这地里的草还喂不了牲口吗？

答：它涝，没有什么粮食。水这么深，地里没有什么。

问：那么那17亩地都怎么样？

答：就是4亩是“二溜地”。“二溜地”就是旱涝全收。旱也打粮食，涝也能收。说好未必多好，说坏也谈不上。这17亩中的亩数，那时都是以八当十，就是八分、九分地当做一亩了。所以“道打中心河打底”，就是有一条道，从道中线算（地中有一条道），量时打道中心算。解放后要实的，必能打粮食的才算这块地，走的道就不算了。这完全是4亩变3.9亩了。17亩是虚数，实际上过去的地是八当十，地没那么些个。解放后，将道刨出去（算）。

问：那么解放前您家生活、日子是怎么样的？

答：生活困难。

问：你家劳动力有多少呢？

答：没有。

问：你父亲在……

答：我父亲在外佣工，不在本村，住在铺家。在北京、高丽营、顺义县这三个地方干过。三个全是铺家，是私人开的。过去没有什么这店那店的，就是铺家，有字号。跟现在字号一样。

问：具体干什么事呢？

答：就是做饭。

问：刚才您说您也做饭，一定做得很好了？

答：瞎闹，敢下手。

问：那么农田的活还管吗？

答：他没工夫干。

问：那么您爷爷工作吗？

答：我爷爷早死了，我都没瞅见过。我九岁时祖母死了。我是民国十五年（1926年）生人，日本人在时十来岁，走时十八九岁。我早就干农活了，才这么大时。

问：你兄弟有几个人？

答：没有，就我这一个人，一姐一妹。姐姐那时早出嫁，妹妹帮我干活。

问：问问您家牲口的事，有多少？

答：牲口各时不一样。这段时期没牲口，日本人在的时候有牲口，有俩驴。这俩驴是怎么回事，给你讲讲：这俩驴养不起，你得喂它，不吃不成。顺义县的铺家吃面，给他们磨面，这下子就不吃咱家的粮食了。他们买的麦子，交给我们，我们给他们磨面，100斤麦子交多少面，按数交，剩下的下脚料（叫麸子）就喂牲口了。这样，靠麸子和草，就能养两个牲口了。日本人刚来时还没牲口，到靠后头，后来时有牲口了。

【“跑青年”】

问：那时，日本人初来和走的时候，家里有什么变化没有？

答：没变化，也有点变化。那时总抓兵，就我哥一个，总怕抓走。后来托人到门头沟，就跟现在包工队一样，跟他们干活去了。家里的地没人干活了，雇人，出4亩地。使什么给人家呀？出给他了，给他了。归人家了，就拿不回来了。是17亩之内的地，剩下13亩。给他4亩地，他把地里的活都干了，其他家里小活不用干。是半拉活，三天上，三天下，一半。回来使地找他。我去门头沟一年，4 亩地就没有了。这是日本人走的那年，最后了。之后就是抓兵，18～45 岁抓兵，日本人在的时候也抓。

问：听说过“跑青年”的话吗？

答：对呀，国民党时“跑青年”更厉害，国民党之前也有。我就是日本时期跑的，出了 4 亩地。日本时期要的年限多，18～45 岁，要人要的多。

问：没听说有抓劳工的？

答：抓劳工倒没有什么，得分抓去干什么。在日本最后几年石门有一个被抓走了，为什么呢？为他的事被抓走的。那时出了“先天道”，是在要投降的前两年。这俩一女一男，现在女的死了，男的还活着，耳朵被人咬下去了。（因）性质恶劣，被日本人抓走当劳工，日本一完，就放回来了。

问：日本人也抓“先天道”的人？

答：抓，不是日本人抓，是咱当地的人，就是地方队伍。地方队伍保卫县里。国民党也有地方部队，就是伪军，与共产党对立，日本人不管。这两个偷棒子，让人逮着，放时留个记号，把耳朵拉下来。拉人的俩人已死了，被拉的两个有一个还活着。

问：被拉的是“先天道”吗？

答：不是，是偷棒子。饿，没吃的，偷去了。被拉耳朵的没挨抓，拉人耳朵的给抓了，他是“先天道”的头，即标长。

问：那您到门头沟是去煤矿吗？

答：就是给煤矿干活，也跟现在的建筑队一样。把煤矿的活包了，把活干了，过去叫“沟坊”。他有一拨人，外边包活去。干了不到半年，没什么活就回来了。

问：当时这么紧张，都“跑青年”，你回到村里害怕（被抓）吗？

答：我爸担心我只一人，所以去门头沟。回村不害怕，国民党一来抓就跑，躲在村西的地里，哪哪都是躲着的。黑了在地里躺着，白天回家来，西头地是庄稼，不好找。“跑青年”这句话，当时是这么使。我正是岁数，当然也躲。抓上有钱的，拿钱可以放回来，反正抓的有富裕，就是想要钱。这叫中国人和中国人干，左右是为钱。

问：有往别处跑的吗？跑得很远？为什么都往村西？村东、村南呢？

答：顺义县在东边，往东跑是迎头。长期躲不了，一不抓就回来了。在家该干什么还干什么。一有事说不好了……那阵的人，也不知道是不是抓青年，只要一见到穿七纽绊的就跑。当兵的都是七个纽绊，不管真的假的。

【搭套、换工、亲戚帮忙】

问：回过头来，问问农活的事。我对村里过去搭套的事很有兴趣。

答：我讲一个。比如我家什么都没有，没有牲口，没有农具，你有牲口，又有车，农具不全差不多有的使。这个“以工换”。我有几亩地，你也有点地，我补您那儿的活，帮你去干去，我的地呢，使你那车，拉家里去了，该串了，不用满处找去，他有农具。这就是“换工”。

问：“换工”是一家农具等都没有，一家都有。没有的为有的干活，可以使农具？

答：再讲一个。这家农具不全，差不多，有牲口、有车；他家有点地，这主就给他去拉去，给他该串的串，该耠的耠。或者他那有点活，他帮着干干，两头谁也不找谁了。不这样，地没法种啊。

问：您家跟人家搭套干吗？

答：那是解放后入互助组了。在解放前有这个形式。我家解放前使我们亲戚的牲畜什么的，牲畜、车辆，耕、耠、拉、打的（东西），叫耕、耠、拉、打、拽。亲戚是在石门，离这很近。是老表亲，叫李桐。

问：从什么时候开始同他们干的？

答：我们家的地年年都是他们给拉拽，从我记事时就开始了。他妈是我奶奶的亲侄女，是老表亲。这李桐呢，是我表姑的儿子，这就算远亲。因为表姑活着，能找到他们家，还历年都来往。从我们种地，几乎就是他们家拉拽。从我们家有牲口了，有车了，就不了，就自己拉拽。在日本时期养驴了，在那时就自己拉拽，不用别人了。日本时有牲口，还买了辆木轴车，拉庄稼都使那个。我们家有人拉，不用人家拉了。

问：您再讲讲，您家同他们拉拽是怎么个形式？是他给你干，你们也给他干？还是一块干？

答：那个没有。比如说明天我们家要掰棒子了，找他商量商量，他给你来干。（你也给他们干？——问者）是亲戚，什么也不给，白干白拉。

问：耕地怎么办？

答：耕地时，他到时给你耕了。耠时给你耠了，就完了，都是白干。

问：那您管饭吗？

答：饭得管，不管还成。

问：那么反过来你给他们干些什么？他们若是忙了的话？

答：什么也不干。

问：这个就不能叫做换工了吧？

答：没有换工，这是属于亲戚关系。这个当时没什么说法，是亲戚关系。那阵表姑还活着呢，是他妈。那时都是听老人的话，不是吗？有老人在，不能扭着，他得管我爸爸叫舅舅不是？就是听老人的话，让他给舅舅拉活去，他不能不来。

问：那时李桐岁数多大？

答：抗日的时候，岁数不小了。我父亲管他妈叫表姐，他管我父亲叫舅舅。表字就不说了，叫姐姐，那边叫舅舅，添一表字不太好听。没表字，近一点。

问：他们家都有些什么东西呢？

答：也靠完秋雇的。卖犋雇的。雇，谁家雇耕地，卖犋雇，多少钱一亩。这叫卖犋。他在家里有时间，不卖犋也有时间。卖犋挣俩钱，那阵过日子来回折个。

问：李桐家那时有多少犋？

答：他有一牛、一驴，有木轮车。

问：那时你们家有些什么农具？

答：他给我们拉拽的时候，我们什么也没有。

问：他为你们把农活（耕、耠、拉、打、拽）全干了，是白干。你们管饭，你们出劳力干吗？

答：我家那时没劳力。我小，我父亲在铺家。

问：然后到了年根底下有没有其他的办法给他点谢礼什么的吗？

答：没有，这谢什么呢？这边是姐姐，舅舅的外甥，不用谢，这叫亲戚疼亲戚。

问：抗战以后你们家置一驴，后来变成俩驴，车何时有的？

答：对，有俩驴时买了一个旧车。日本人到本村来时我家什么还没有呢，我还在念书的时候买一驴，之后变国民党了，又买一驴一车。日本人在时有一大驴。为什么买这驴呢？李桐有一小草驴丢了，让人拉走了。我爸就买了一个大驴驹子。他们没看见过这么大高驴。他说："舅舅，你拉走吧！这小驴都丢了，这大驴更招风了。"就没有要。原来长年给我们拉，丢了驴，疼亲戚，给买了驴。因为他不要，就拉到我家来养。没这事也就不买了。我爸爸买的是驴驹子，长大了个头大，草驴就这么大。小驴也能干活，跟牛在一块，能驾辕，关键是牛硬朗。

问：家里的农具全吗？

答：说起农具，谁家也十全不了。大抵是耠子、犁杖什么的都有，全齐不了。没有了，各户找找，借用，使完再给人家。他若缺什么找你来，你再给他。借用不用谢，当然不管饭。

问：借用都是什么样的关系？

答：这不用什么关系，老乡亲，老街坊。

【伙种、长工】

问：那段时间，除了李桐来帮助干，还找其他人帮忙吗？

答：刨去这亲戚拉拽，其他的雇短工，置驴、车以后，亲戚不来帮了。那时我小，父亲在外，雇短工，不然地谁来种。买驴前后都雇短工，我父亲在外都用短工。到国民党时，我父亲家来，我也大了，就不雇短工了。后来那时讲"伙种"，伙种地。比如像我们村，有逃亡户，地种不了，我们跟他们"伙种"。种完庄稼后，比如这块地，这边、那边各分一半，你要这边，我要那边，让他挑。他挑了说我要这半拉，（我们）把棒子收了给他送去，那半拉就是自己的了。那时候雇一长工。"伙种"是种完后，庄稼快要收割了，已成了的时候，让这主挑。按垄，顺垄分，横着分不了。

问：伙种地，跟帮忙没有关系吧？

答：没有什么关系。哪有帮忙？

问：伙种的地有多少？

答：那阵种了不少。像我们沙井的地，伙种了不少。我们村的地也种了不少。那阵种的地多了，连家里的，连租的，连伙种的，加起来有50多亩地呢。

问：解放以后，那"下八亩"归你们家了吗？

答：解放后人家要回去了，那时还是个人所有。

问：那么雇工时拿出的4亩地，以后拿回来了吗？

答：出去了怎能拿回来？被雇工顶了。就干了一年，地就没了。完了再说了，如果再干……

问：不是给他地，永远给你们干？

答：不是，就是这一年。他的工价是有数的，地价也是有数的，这么顶的。他的人工，你的地变成价了。

问：那么一个长工干一年相当于4亩的价钱？

答：所以说那时地也不值钱。

问：那时有没有租给别人或卖给别人的办法？

答：那时都东跑西颠，谁置地呀？要不说地不值钱呢，没人要。不是"躲青年"，就是"躲青年"，"躲青年"就是那几年，谁来种？所以地不值钱。这村的逃亡户也有好几家子，谁种地呀？

问：这村逃亡户有多少家？

答：一、二、三、四、五……也有五六家呢。

问：他们为什么逃亡呢？

答：原因不同。一是地多，一是那时有共产党了。那时跟这边不公开，在小中河以西有八路军，东边是国民党。八路军黑天来，白天不来。那时以小中河划界，八路军在西，国民党在东边。白天国民党这边随便平趟。一是地多，打的粮食让人抢。上别处催粮食催不上来了，都要粮啊。地也不值钱，往外又租，又伙种地的。逃亡户搬顺义县城里去了。那阵净闹绑票的，谁不保险谁就跑。

问：跟你们伙种的逃亡户是谁？

答：邢永利他们家。

问：最后变成地主了？

答：对。

问：其他逃亡户都是有钱的吗？

答：一是有钱的，一是当过伪保长，晚

上也不敢在家了。

问：雇工顶出去4亩地后，你们没有再买地？

答：之后地价少了，花了二担多棒子，买了3亩地。地是这样的，有点水，刷一下子就下去了。这边有水往这边走，那边有水往那边走。这是在国民党时候，那阵钱毛，折合成粮食。

问：这3亩地算好地？

答：不好。不涝，但是旱，下多少雨也存不了，是赖地。加一块10亩地，维持到解放。

问：日本时期，一直雇人，雇多少人？

答：不是一直雇人，雇了四五年，雇的是长工。那时伙种地、自己地、租地一共60来亩，我一人弄不了。你瞅这么多地，这么多地都不打粮食。租的地，不打粮食，到年终还得赔人家，还得给。雇长工也得给粮食。年终看着粮食打了不少，劈啪一分就没了。那阵就是来回倒腾事，就是来回折腾。

问：那时打的粮食够吃吗？

答：也就是维持。那时租一亩地一担棒子，得给人家。雇活也得给，雇半拉活，也给六七个粮食。半拉活就是上三天，下三天，一半。一年交给你这四个月。这个价钱不是按月、年头给，是一笔清。先说好了，价说好了，说是两担棒子，定好，到时他给你干活。你说“今儿个你上工”，他就来了。一笔清不是到年终，说好了就给，先给。

问：国民党时，半拉活的工钱是多少？

答：这不一样。你的活要看全不全。你要是活拿不起来，就不趁钱。若是活拿得起来，价钱又不一样。干活实诚不实诚，价都不一样。像一般的，什么都能拿起来的，如我这个叔伯哥哥，6个（担）棒子。他是李广玉。6担棒子，加上有4亩地，还得给哄粮到家。李广玉干活实诚，干活全，人家愿意多拿粮雇他。

问：6担棒子算是多的？其他人的怎么样？

答：他是两个半个活，两家。两家一家3担棒子，干活不到一年，开春有活，最晚到立冬、霜降就没事了。农地没活了，就下工了。要是给一家干长工，也是这个数，六担棒子。给两家干也是一样，也是一年。这边半拉，那边半拉。

问：还有些不明白，是根据干活多少？

答：不，还是根据你干的活是不是全，还有你干活是不是细致。干活实诚，别的事没有，这样的就趁钱。多花点钱也愿意要。

问：那么李广玉自己的4亩地，对方要耕、耠、拉、打、拽，都管了？怎么管了？

答：对，都管了。该耕的耕，该耠的耠了，该串了叫他自己锄地，还让他到干活的那主家吃饭。

问：耕地时对方的人来帮着耕？

答：他得耕去。他带着牲口不就给耕了吗？他的地在哪儿都知道，都不是一年二年了。比如，这主雇他，人家的地他都知道在哪儿，到时候该耠麦子了，今晌午给他们个人耕地，连着也给他耕了。到耠的时候呢，他把粪预备好了，这主把车套出来，给他拉地里去。到耠时给耠上了。种子不要他的，这主拿种子。就是图他干活细致，干活好。他给你这么干呢，必然是“人心换人心”。他给你干，必然实诚。别的关系没有。

问：给李广玉的4亩干时，这家派人来干吗？

答：耠地时，这家不来耠哪行？他家耠地，不就势把他家的地给耠上了么。李广玉如果撒粪，一个人撒不了，他不是还雇别的人么，一起全去弄去。

问：李广玉家有牲口吗？

答：什么也没有，都是他们家的。这就是人心换人心，我对你这样，你对我家的活也必然细致点了。

问：雇李广玉这家是谁？

答：望泉寺的王沛。“沛”就想不起来，可能是三点水，一个市字。

问：不如李广玉的一年拿多少？

答：不如他的也得5个（担）棒子。

问：李广玉给两家干，那一家是谁？

答：也是望泉寺的，叫王银，金银的银。两家各拿3个棒子。实际上干4个月的活，说是这样，你也得干上几个月，两家加一块，各干一半。

问：反过来是王沛还是王银给李广玉家里种地？

答：王沛。

问：王银不管？

答：王沛管了，王银就不管了。他在王沛那里干的年头多，他和王沛的地呀，挨着。这一幅是王沛的，接着一幅是他的。耠完他的耠他的，挨着耠嘛。

问：那么王银一点什么表示没有，也用不着？

答：对，对。

问：李广玉的父亲是谁？

答：李泮源，是我三大爷。这一辈排行12个人，我父亲排行在十，都是大排行。排头里最大的是……想不起来，二大爷想不起来，五大爷叫李濡源，六大爷是我亲大爷，是李汇源。李注源是我叔，没出五服。他们都是一爷之孙。跟我父亲是叔伯，一个爷爷，一个父亲在这叫亲的。

问：李汇源行医当大夫？

答：他那儿没什么人了，李广泰的事我熟。

问：咱村里一进来，有一家挂中医外科牌子的是谁？

答：那是李广志他们家。李广志和他儿子，他大儿子叫李同春。李汇源的大儿子叫李广祥，汇源的二儿子叫李广泰，没有三儿子。

问：这两儿子都行医吗？

答：他们不会。是李濡源那支行医，当大夫，是我五大爷。李汇源不会。李濡源的儿子是李广志、李广瑞、李广兴哥仨。我的二爷给人看病，叫李振杰。李濡源是我大爷，五大爷，是外科，大儿子是广瑞，看内外两科；二儿子广兴，不看病，种地；三儿子广志。以后，广瑞死了，他给人看外科。广瑞在时，谁也不看，就会外科。刚才说的是李广志的二儿子，改革开放后，行了中医外科。内科是原来村里的赤脚医生。他当赤脚医生，跟西医大夫学的。开始看中医内外科。这村仨中医，是在城关跟大夫学的。那时村里边有赤脚医生。现在李广志不在了，看病的是李广志的二儿子，叫李占春，李广志的大儿子残废，叫李同春。

问：现在问问您的亲大爷李汇源。

答：他早就死了，要活着有100多岁了。是我父亲的哥哥，种地。他的儿子广祥、广泰早就过去了。广祥后边无人，广泰有一儿子在本村，叫李保生。

问：您这大爷那时有几亩地？

答：没有几亩地。我们家那时一共有8亩2溜地。我大爷4亩，我们4亩。我大爷给出了，就是卖了，等于没地。

问：没有地，日子怎么过？

答：租点地，做豆腐，凑合干吧。村里做豆腐的还有一家，就是张麟炳家。

问：他们以前就会做豆腐？

答：没有，他们乍开始时问过我，我就会做豆腐。比如做豆腐一次出多少，跟我打听过。告诉他怎么弄没事。后来他就干了，开张了。过去做豆腐这营生也养活猪。养猪造出粪来在地里使，多打粮食。豆腐本身不值钱，没多大利润。就让地多打粮食、卖猪，不就有钱了么。做豆腐有那渣子、泔水可养猪。现在不是了，反过来了，做豆腐倒挣钱了。那时做一斤豆腐二斤豆腐，到天凉时没人吃了，没什么利润。现在价钱高了，能卖 0.7 元一斤。这里面有利润，可那时候，6 月份不能做豆腐，没人吃，苍蝇多。现在 6 月份卖，还一样有人吃，不论季节了，所以有赚的了。

问：那时您会做豆腐吗？

答：等到了三十几岁，才学会做豆腐，是解放以后了。张麟炳跟我学是刚几年，这两年的事。

问：您家雇工以后，到解放后定为什么成分？

答：贫农。因为地不是我们的，我们租地、伙种全是受人剥削。我父亲一辈子受人剥削。

问：李汇源家出了“二溜地”，还租地吗？

答：不租地就没地了。我这大哥在家种地，二哥广泰也在铺家，是杂货铺，打点心使面，必然又要买面。他使骡子，由白河运面过来，套车到那去拉去。到白河去拉粮食、杂货。李广祥哪也没去，眼睛不好。刚才说耕着 4 亩地，就是李广泰，他家来了，送他了。（等于是给您的叔伯哥了？——问者）对，他是我父亲的亲侄。

问：你们为什么不找别人，找李广泰有什么特别原因没有？

答：他是家里人呐，是他侄啊！比别人干活，哥哥也放心啊。该弄什么，不用我父亲问去，他就管了，有这么个好处。李广泰比我大好些呢。

问：您家所有的活，没有找过别人帮忙吗？

答：干不过来再雇短工，李广泰只干了一年不再干了。短工不固定，有活就找。一些活一天两天，雇完就完了。

问：当时您家能拿出来支付短工的钱？

答：必须得给，当时给。

问：短工是村里找还是村外找？

答：有时在村里，有时去县里找。县里短工市，有个石房（石幢——问者注），现在新建的小石房，不大，寒碜。在县委正南，地方是那地方，比以前拆的那个差远了。不魁伟，差远了，哪也不行。现在就是一圈一拦边，那时不是，是大石头这么厚，装那么一盘，盘上去是石幢。刻人、龙，有几个柱子立着。现在是两节，以前是三节，整个是大石头一点点堆上去的。那地方过去很热闹，是短工市。买卖、私人商店都在那儿。外头往西、南、北都是，东边没有。一去县城必去那里，集中。解放后 1958 年没有了，“破四旧”时给拆了。修新的时候，我还在税务所，去看了以后觉得寒碜，别瞧。除四根柱，没别的。

问：雇短工时，价钱都一样吗？

答：不，雇时你知道对方干活怎样，就多少钱得了。比如，他说 0.5 元，你说 0.5 元不要，0.4 元雇不雇？或 0.45 元你去不去，那谁干什么不是有谎吗？

问：雇时有没有大致的价钱？某种活大致是这个价？

答：没有，没有行市，到时候定。

问：你有 0.5 元准备，他若要 1 元，就雇不了了？

答：一般没有忽高忽低的。他要干什么活，知道应拿多少钱，心里有谱。你雇人，心里也有谱，是多少钱大致的有数。跟秤似的，离不了大谱。

问：您去过吗？雇工去吗？

答：我那阵不行，小。那阵是我爸爸去雇。铺家里请假（去）。到 55 岁就不干了，回家来了。因为我家没房子，寻房，回家给我们盖了间房。将来不能让我儿子也寻房（借来的房子什么都不花）。这房子不花钱，是逃亡户的，寻的邢永利的房子。

问：全家都住邢家的房子里？

答：那阵我家没多少人，有我、姐。姐姐上一小，那时还没有我妹妹，出嫁以后才见着我妹妹，没人。一直在邢家住，年头不少。我们是在日本的最后那年盖的房。

问：是给您盖的，还是……

答：给我们家盖，和给我盖等于一样。我爸爸死了就是我的。

问：您结婚是在那时吗？

答：盖那房子时已结婚了。推年代不好算，是17岁的时候。那时用人，故早婚。就是那年盖的房，盖了房日本人就没了。

问：以后您也没有去过短工市场找短工？

答：没有，以后我也能成了。国民党时在外东跑西颠，抽空回来跟姐姐把地弄了。我爸爸在国民党时在家里了。大家哄车，拉东西什么的，别的不干了。家里的活，老有老活，小有小活。

【搭套和互助组】

问：下面问问是人家搭套的事。

答：搭套是……这主有车，有一个牲口，工具也有，那主有一驴，没什么工具，所以跟那主就搭套了。那主只有一驴，就找这主，这主全一点，这主也不全，比没有的全点。这样搭套，这搭套就是农业忙时，掰棒子，耠麦子去，农业收割时，在一块干去。也不是经常地老长期在一块干，不是。其他的还是个人干个人的。比如耠地，他耠，他也耠，一块堆干去了。耕地、耠地都得在一块干。锄草是个人干个人的，过去没有浇地。除去耕种、收割以外，都是个人干。

问：这村里搭套的有多少人？

答：一般的不搭套的少。这是指解放以前。

问：解放以后当然没有搭套了。互助组与搭套有什么不一样？

答：性质大体一样。总的来说是一个组评工找价。他那个组他那主出工出多少，以这个算账，谁找谁。他就一个组，一个村就他一个组。别的组，如锄草、锄地，还是自己锄去。

问：当时有几个互助组？

答：有好几个呢。都是自己找，不给安排。一般都入互助组，不入互助组，怎能到初级社去呢？评工找价的那一个互助组，组长当村长，是李祥林（已死），有杨庆余、孙炳国（不是孙炳叔，兄弟关系）、任振刚。除去他们评工找价的没有。为什么他们这样呢？孙炳国有一辆车，拉脚去，任振刚家没有劳力，都是这样的人家，几户。把地也种了，整个拿钱给人家，因此评工找价。任无劳力，孙整天在外运输，挣钱去了。他搞运输，用你给他干活，他还剥削呢，干活的被剥削，因为运输挣钱多啊！别人给他干活，他给那人按一工多少钱给，他还合适呢。你要找一个雇工，还得多好几个银子不是吗？这叫剥削。比如我使牲口出车一天挣10元，用你花2元。我刨去牲口吃去，这8元能多少钱呢？这不是剥削吗？

问：过去拉脚的孙福家与孙炳国没什么关系？

答：没关系，都姓孙，是他们一家子，个人顾个人的。他在60岁时还在外放脚呢。他解放后跟我搭套，有一小驴。

问：解放后你家怎么又搭起套来了？解放前不搭套，始终雇工。

答：解放后，不是实行互助组吗？

问：互助组的事，也叫搭套吗？

答：唉，性质没大区别，说法不一样。

问：除孙福外，还有谁？

答：那年就我们两家。地个人该怎么规置就规置，（两个人干也叫互助组——问者）就是他割棒子了，我父亲哄车给他拉去。耕地时我父亲给他耕去，耠地到时候给他耠上，完了就齐了。正式搞互助组时，我们跟赵广生、杜钦贤、杜世贤，我们这四家。我们这四家搭套，也是互助组。互助组也是地个人拾掇个人的去，就是耠、大秋、麦秋、收割合到一块去。

问：互助组的时候，孙福没有跟你们一块干？

答：那没有。就是解放后，互助组之前跟孙福家干，干了一年。没事他拉着驴还放他的脚去，我哄车干我的去。就是收割、耕地的时候，这么长，别的个人干个人的。

问：您给他耕时，您家去人吗？带牲口吗？

答：对，就我父亲去，牲口、车、工具都带去。他没有。

问：他本人也一块干吗？

答：他就不用干了，没别的活干什么呢？那么大岁数干什么呢？给他耕了地就得了，把粪给拉地里去。

问：那么您家的活，他来跟你们搭套？

答：那干不了。

问：他有驴，给你们用吗？

答：驴能用。

问：人不来？

答：他干不了。驴也是一个驴，凑合干了也就干了，他还放脚去。到大秋了，他不能放脚了，把他的驴也挂上，一个驴没法耕地呀，平常还是个人干个人的。

问：他家不来人给你们干活，你们派人、派车去……

答：那阵不分这个。那阵老街坊谁求你拉点什么，那算什么呀？

问：这就不平了，他家有多少地？

答：地也不多，几亩地。我们十来亩地。

问：那么您家的搭套得到什么好处，只是一个驴？

答：好处？不是为了什么好处。就是不搭套，老街坊，他求拉什么也得给他去拉去。那时不讲究什么好处，老街坊谁不求谁啊？庄稼人过去有这么个俗话：“家里着火了，烧的是老街坊。”都这么想。

问：你们这种关系叫做搭套吗？在这村里头？

答：这个……说不搭套，也是大麦、两秋都一块干，也就算搭套呗。他一个驴干不了，我一个驴干不了。

问：他们家肯定干不了，连劳力都没有……

答：对，连地都种不了。等到收割小麦时没人，你给他拔了去。

问：你们家仗着一头驴也不行吧？

答：一头驴也不行，没法耕地。耠地也不行。收割若多挂上一驴能多拉点儿，没这驴就少拉点。一般的一个驴能拉几车就拉几车。他指着放脚吃饭。

问：您家给他干，他给您家谢礼什么的吗？

答：没有，这都是凭街坊义气来，没街坊义气就没有这事儿。过去都是讲老街坊义气。

问：再回到互助组。除了一个评工找价的，剩下的互助组怎么干？

答：剩下的，农忙在一块，平常还个人干个人的。地自己锄去，刨去收割、耕地两段，没什么事。无评工找价。

问：那样，这家给你多干点，我给你少干点儿这事有吧？

答：多干少干点就完了。多干就多干，少干就少干点。这事哪有……秤东西不是有等子吗？哪有等子似的那么平的？没有！就是说谁吃亏，谁占点便宜就完了。

问：这种互助组与评工找价的互助组最大的不同点是哪里？

答：都不一样。这主，是活都由人家干去，他还干他的去，他去放脚去，他的地全让人家给干了，怎能不找价？所以得评工找价。他到外边挣钱去了，他挣钱，评工找价还剥削呢。其他互助组，我给你多干点，你给我多干点，就不分多少了。

问：种完地，该是谁的还是谁的？

答：对，该干什么还干什么。

问：这个与搭套有什么不一样的地方？

答：跟搭套一样，没什么区别。这就等于解放后成立互助组，由互助组能发展到初级社，这样一点点上去的。没有互助组，到不了初级社。

问：当时据您记忆，大家对互助组的方法怎么看？是好？是不好？

答：优点是有。比如他家无家伙，工具没有，你不用找工具，地也种上了。这不是优点吗？即使你有工具，你家劳力少点，牲口没有或不够，也能在互助组里解决。这是双方得利。

问：有没有不愿意加入互助组的？

答：没有。入互助组对每个人的利益都没有影响。

问：大家加入互助组，跟政府的提倡、号召是否关系大？

答：是的，政府号召作用大。

问：互助组中贫农、中农的比例是多少？

答：贫下中农占多数，地主、富农当时政策不要。

问：您觉得在当时，有互助组后有什么不同和变化？

答：同过去一样。没变化，与搭套一样。

问：那么对初、高级社是怎么看的？

答：初级、高级社开始时，思想不够，叫做跟不上也行。

问：生产上有何变化？粮食生产有无增加？

答：当时打下的粮食，按牲口数、人口数分完后，都交了公粮。还有余粮（的话），被石门、望泉寺的高级社调拨走了。所以口粮不够吃，人们想不通。初级社的性质，好处就是一块干。当时还有三五家成立一个初社级的，社内劳动实行“以工换需”。社员有的什么工具、牲畜都没有，只有人、劳力，得到好处。初级社只有一两年时间，中间有些变化。谁家有牲畜，有大车，对方都知道，不找没有大车、牲畜的合伙。村内的相互支援，与搭套不是一回事，不在搭套里面。村民间不搭套，也可以相互帮忙。

杨宝森（70 岁）

时　　间：1994 年 8 月 27 日下午

访 问 者：张　思

访问场所：村委会会议室

【家族介绍（问话省略）】

今年 70 整，属牛。父亲叫杨明旺，去年 3 月去世，时年 96 岁。父亲身体硬朗，一直给人扛长活。爷爷叫杨福增，爷爷下一辈只父亲一人。爷爷的兄弟弄不清，因为爷爷是从外边请来的，可能是从太平村请来的（即抱来的）。父亲辈是单传，我这辈哥儿仨，我有俩兄弟，全死了，现在只剩我一个人。大兄弟杨宝顺，7 岁死去，比本人小 4 岁，到今年可能是 65 岁。下面一个弟叫杨宝贵，今年若活着有四十一二，死时记不清，过世时间记不清，是“四清”那段，死时 20 岁，正是生产队的时候。本人 21 岁结婚，是国民党统治时，日本人走后。夫人已去世，叫王淑云，是枯柳树的人（村西南 20～30 里，大兴县），1989 年过世，到今年完秋 10 月整 5 年，到今年 65 岁，走时 60 岁。大闺女叫杨秀荣，大儿子杨国祥，二儿子杨国旗，二闺女叫杨国荣。

现在感觉凑合，在市政工程队传达室，工作不累，听听电话，找找人。一个月 200 多元钱，一天八元，一个月 240 元。每天黑白天都上班，都值班。夜里没什么事，赶上来料、水泥等，开开门。按说一天工作共 24 小时，中午 11 点多，晚上 6～7 点到家吃饭来，吃完饭赶紧回去。骑一小三轮上班，用十来分钟，不远。觉得工作凑合，今年 7 月 26 日刚去。以前没去，只在家待着。自从生产大队散了，做什么工作呢？不怕你笑话，捡破烂，一直以此为生，别的没干。在生产队时是喂牲口，生产队时是在二队，喂骡、马、驴、牛。论经验一般，也干不了别的什么。以前在园子里当过园田组长，有二三年。喂牲口近二年。园田是种菜，队里其他的组长有管地的组长。队长下头有组长，那阵有副业，赶大车，有大车组长。初、高级社时，人民公社都是干农活，别的没干过。互助组以前是种地干活。

【解放前的生计、长工】

问：互助组时候，跟谁家在一块干？

答：……想不起来了，是有那么几家人。

问：您父亲干活一直到什么时候？

答：也就是生产队散了的时候，在生产队里喂猪，干些生产队的活，别的什么也没干过，没做过队里干部。

问：您给我讲讲您父亲是什么样的性格。

答：村里的老人都知道他，一句话，“老实巴交”，一辈子没跟人吵嘴、打架。19 岁开始给人打短工、扛长活，直到解放后还给人打短工呢。解放前扛长活，每年干。

问：随便问一句，生产队散后，没有活干，捡破烂，心里是怎么想的？

答：也没别的干的，得了，就以此为生吧。没有别的什么想法。

问：您那时没想过在哪个地方干点活，不捡破烂？

答：唉呀，我打 1953 年之后，挖水库、修水渠，如官厅、怀柔、密云水库都去过。沙峪口水库也去。1953 年以后是跟公社里摇煤，就是生产煤球。摇煤散了，在公社里推过两年磨。摇煤使筛子，推磨是面粉加工厂，是公社成立的，去了两年。公社在城关，城关公社的工厂。水库挖完后，在宝坻挖河去，累活都干过，那河的名字不记得了。从密云下来就是沙峪口，两年间。

问：您父亲身高有多少？

答：俺俩人个儿差不多。（您身子像是 1.75 米左右——问者）我身高 1.6～1.7 米，父亲身材、结实跟我差不多。

问：生产队散后，村里其他人都能找到活吗？

答：其他人有的看门去，有的做买卖，全都找。有的当小工，在某个包工队。卖苦力的活、盖房的包工队多。解放前有的在外面店里当售货员、店员。

问：您家解放前有多少地？

答：有十来亩地，都是涝洼坑地，不到 10 亩地。

问：租别人地吗？

答：有时也租点，租的不多，跟人家搭伙。比如这一块地，打下的粮食若是 500 斤，你 250，我 250 斤，这样，这叫“伙种地”，这就是搭伙种。

问：这是跟谁家？

答：不知道了，有县城里头的，姓什么不知道。因为那阵是我父亲跟人家老街坊搭伙种过，我没有搭伙种地。

问：这事由您父亲决定？

答：对。

问：那时跟您父亲分着过了吗？

答：没有。我由17岁给人当小工，到20岁开始给人家当长工了。小工就是小帮伙。

问：小帮伙与长工哪些不一样？怎么干活？

答：不一样。长工必须立冬下工。长工是立冬下工，从1月开始，一直到12月，过年时回来。如果说接着干的话，过了腊月节后，哪一天接着还干第二年。接茬干，那是长期性。

问：那有没有大帮伙？

答：就是小帮伙两年，大帮伙一年。过了这一年，就开始接着给人当长工了。

问：这是说的您？

答：对。（也许问者与杨宝森没有互相明白对方的意思。当时是否有小帮伙两年后升至大帮伙，一年后升至长工的习惯，待查。——编者注）

问：大帮伙与小帮伙有什么不一样的地方？

答：小帮伙种的少。比如小帮伙一年一担棒子，大帮伙两担，是这样的区别。长工是以后，当时传统，长工立冬下工，二月二上工。

问：那时的工钱能想得起来吗？

答：那时就是棒子。小帮伙一年一担棒子，第二年是一担一。大帮伙是一年两担，就是说十小斗是一担。长工是四担棒子。四担棒子干了一年，以后挣得就多了，以后合算是五担。就是说从20岁以后往这么来（即20岁以后），刨去小、大帮伙，干了5年长工。最多时八担棒子，最少时四担，五六担棒子老是在那段晃，那就是25岁，那时已解放了。

问：那么以后干什么了？

答：解放以后，往这么来就是互助组、生产队，扛活是没有了。

问：刚才说解放后也给人家打过短工？是什么活？

答：对，打过短工。就是耠地，农业活、庄稼活。

问：短工的活，若不一样，如收麦子、种地等，工钱怎么给？

答：咱不管那个，做短工的，只是论雇你一天给多少斤玉米或多少钱。是4斤棒子，还是5块也好，干一天。人家到时给一天工钱。

问：解放后打短工干了多少时间？

答：也就一年多。解放后有一时期，一小段，以后入互助组了。

问：打短工那时的工钱是多少？

答：也就是一两块钱吧。粮食折合成半小斗粮食都不到，10斤棒子。有7斤，有8斤，有5斤棒子的时候。那时折合棒子，一小斗是15斤。如果干一天5斤棒子，就是三天一小斗棒子。一天一天算。

问：像您壮实的，一天能否多得呢？

答：人家也就是这么些钱。如果今天顺利，多挣一毛。不顺利少挣一毛。今天去了，急需用人，便多花一毛钱雇人，是这样。

问：庄稼活收麦子与耕、耠地不一样，工价一样吗？

答：价钱都一样。那阵有包工的、不包的，包工的不管饭，多挣俩钱，不包工的管饭，少挣点儿钱。

问：解放前您家有牲口吗？

答：没有，就算没有一样。我父亲过去给人扛长活，冬天有一小驴放脚去。我父亲那时有一小驴，没有几年。夏天打短工，冬天放脚。冬天没事，拉小驴挣钱去。养了二三年。

问：放脚去哪些地方？北京去吗？

答：去北京、孙河。其他的叫你驮着十里八里的。

问：放脚一天下来挣多少钱？

答：挣不了多少钱，保住嚼的，也就是保证出去这一天的嚼口。有三四口人也好，我今天出来了，顺利的话把今天三四口人的吃的挣下来了。

问：忘记问了，您母亲的事……

答：过去 30 年了，"四清"以后死的。过去时有 60 来岁，我们俩一个属相，她也属牛。母亲姓毛，叫杨毛氏，也是枯柳树来的。

问：您家的小驴没养几年？

答：也就二三年，什么时候记不得。那阵我十二三岁，以后也没添过。农具什么也没有，咱们有什么农具呀？也就是锄、镐、铁锨、镰刀。

问：您父亲给村里谁家扛长活？

答：村里给张家扛半拉活，张守仁家。半拉工就是一年中干半年。比如一年吧，给张家上三天，下三天。这三天我打短工去，那三天给他干活去。一年老是那样，这叫半拉活。

问：听说张守仁家和赵绍廷家两家合雇过您父亲？

答：对，也是解放前。一家雇不起一个，两家雇。上半天这家，下半天那家，干一年。同时期这家三天，那家三天。转年再说。

问：那时你父亲还给别人干活吗？

答：没有了。半拉活吧，干两个家半活，就不去别人家干了。以后再过年，再去别家。不是人家老长期雇他。今年这儿干，明年兴许到那儿干去。

问：两人合雇，有没有上半天在赵家，下半天在张家干的事？

答：那不行，一去就是三天，连续三天，然后再到另一家干活。（隔一天干一家的提问未回答）

问：这两家雇工是主动来找的吗？还是你们主动找？

答：不能说是主动找你来。他们要雇活，得有一个中间人。谁是中间人就不清楚了，那时太小。

问：自己找上门来问的有没有？

答：自己找上门的也有。比如老小子、老哥、侄子了，"怎么着，过年上哪？过年上我这来得了"。齐了。"价好说，给你多少多少"，雇人的这家就上家里主动找去了。也不少给，这种情况。

问：为什么不少给呢？

答：反正是明明白白可能是两担棒子，"得了，两担五，我多给五斗。"就是因为人老实，人干活实诚，那家就多花三斗两斗。

问：像通过你们家去打听你们的侄子等人想不想干的事呢？

答：这事没有，直接就去了。

问：这是别人来找。像想找活的，主动到他那儿去问的有没有？

答：对，对。打短时，"明天有工夫吗？有工夫到我那儿干一天"。"没活干，明天上我那儿"。"明儿上我那儿，给我干什么什么去"或"给我干几天去"。净是这事。

问：短工找时得提前多少天？比如明天有人雇了，要没空儿呢？如何办？

答：这时说"我明天应了谁谁了"，就说"那么给您改天"，"有空儿，我告诉你话去"。是这样，就上他那儿了。

问：一般雇短工是临时的来找？

答：可不就是临时的，头天（找），第二天。

问：再提前一点，一个礼拜的有吗？

答：也有。过个六七天的到我这儿（来）。一个人挺熟的，知道他老实巴交，提前找他，他就别应别人的。老实人一般都愿找。

问：像雇长工是什么时候定？

答：长工是一立冬，一下了工以后。有时是过了春节，有时是头春节里找，不一样。把下一年的活定了，就去找上门。过了春节，该到春忙季节了，必须得找人，上那家去：“干长惯了，得了，过来还到我那去。”这就是干长工。

问：比如像您家，主动到别人家去问“明年要不要活”？

答：那没有。别人家……兴许也有。不能说……有各种想法的人都有，有时这种情况也有。比如说：

A：“得了呗，撂在你那儿吧。过年等我上你那儿去吧。咱们俩凑合去。”

B：“得了，上我那儿就上我那儿吧”。

有的时候是这样。

问：这种情况和别人来找来，哪个多？

答：差不多，反正我们这样的，主动上门找是少数，都人家主动找咱们来。主动上门找的也有，没有是不可能的。

问：像您父亲，在当年，每年都能找到活吗？

答：每年都能找到。没有长工还有短工呢。

问：您当年做小帮伙、大帮伙时是在谁家干？

答：在杨源家，村里头，这是小帮伙。当大帮伙去东马庄，是人介绍的，是我舅舅介绍的。杨源是他找我，我找他去。我们两家出五服了。

问：五年长工在哪儿？

答：在枯柳树，也是我舅舅介绍的。干了一年回来上咱们顺义县干了，是西门外王家，有三四年。是顺义县跟我父亲不错的人介绍的。

问：您觉得你们家靠这样过的话，日子过得怎么样？

答：生活就是困难。有的家过得细些，有些家太糙。有的不大好过，不够。过得细的，爷儿俩挣 10 个棒子，有 1000 斤，应该说差不多够，那阵我们 5 口人，一年就不够吃，一年 1000 斤不够。家里加上人情饭碗，接待布置的，哪不花钱呢。那阵人口多，我父母，我俩妹妹，我弟弟。俩妹妹现在都在。

问：您家的地谁来种？

答：今天打短工了，没事了回来归置归置，由我父亲干。家庭妇女上地里干薅苗之类的活。该干的干。

问：您家的地很涝，在哪块？

答：这头有三亩，河西有几亩，南边是三亩半。村南的三亩半叫“三亩地”，全是我家的。河西是以后置了四亩半，这儿叫“褡裢地”。别多下雨，多下雨就涝。在沟里就停，在沟里能逮鱼，是涝地，一年打不了多少粮食。

问：一年能打多少粮食？

答：有那么四五年，打不了什么粮食。两头高，水都存中间了，水流不出来。还是种庄稼，有时还能打点。种高粱有时能打点，豆子是一点没有，棒子凑合着打些。

【搭套】

问：您家的地全是自己干？有人帮着干吗？

答：可不是自己干。有的两家你帮我，我帮你干。我家有时跟别人搭伙干，我们跟杜家杜忠他们。杜忠的父亲那时我们两家搭伙种地，你帮我，我帮你。杜忠的父亲是杜福新。我们是搭伙干活，也叫搭套。

问：什么叫搭伙干活？

答：比如说这几亩地，紧着该耠、该薅吧，那就抢着先干你的去，然后再干我的去，全干完了，该干什么干什么。有的扛短活去，有的扛半拉活，那一半就在家里，那一半跟别人。

问：种地时一块帮忙吗？

答：种地也一块。今给你耠去，这头十亩地，那头三亩地，明天再上那边来。先给你耠去，各人拿各人的种子。

问：杜福新家有牲口吗？

答：他们那时有一个大驴。

问：其他没什么东西？有大车吗？

答：那阵还说不上有车呢。说是车，有车也就是花轱辘车，铁网的，拉粪送粪。往家里拉庄稼，必须有车，就得有一个车。杜家有一个车，有一大驴，加上我家一小驴，得了，两家凑合着。反正拉多少是多少吧，往家拉庄稼，往外拉粪。

问：您与杜家搭套干了多少年？

答：干了好几年呢。在日本以后好几年，经常的，一块堆。有时那家也有一牲口，在一块成了三个牲口，有时三家，有时两家，不一定。太忙了，“得了，帮我拿你的车挂上，咱们一块收得了”。怎么着？都是老街坊，都互相帮着，不能不收啊，是不是？

问：在日本时期您跟谁搭套干？

答：我早就干了，17 岁就开始干活了。15 岁以前还在念书呢。那时的事记不住，太小。17 岁懂事了，知道家里穷，得当小帮伙，挣钱，解决一个人的饭去。与杜家干，日本人在这儿的时候就一块干了。

问：您上学是在哪儿上的？

答：在本村上的，连念带不念就两年。上学时是十二三岁开始上，15 就不上了。那时就贪玩。

问：您父亲拿出钱让您上学，很不容易呀！

答：对呀！在村里，也不怎么要钱吧。到日本人来了以后，到 15 岁那阵，得了，没辙了。日本人时候，练了一个月“棍兵”，可什么了。那时不正经念，要念何至于现在是文盲？现在说写字，写不下来。凑合能把自己名字写下来，提笔忘字。

问：您说的“棍兵”是怎么回事？

答：是一个日本教练，到本村来教。那年我 15 岁，正赶上冬天，练了一两个月，练完回来，我也不想干了，什么也不想干了。就是整天地在家玩，捡粪。总是靠墙根去，就是玩去。孩子十几岁就是玩。“棍兵”是拿一根梢杆扛着，跟现在训练兵一样。练了一个多月，去县城练。村里去三个人，那两个现在都死了。棍是什么木头都行，木头杆子。练稍息、立正，就这个。（怎么去的呢——访问者）是这村里要的，那时杨源都知道。

问：除了本村人之外，其他有多少人？

答：其他哪个村都有，这村三个，那村两个，一共百十来人。

问：教练都是哪儿的人？

答：有日本人教，也有中国人。

问：那时您也见过日本人？

答：见过。他们也来说几句话，有时也听不懂。没什么事，练完就回来了。

问：再问问搭套的事，您家若是没有牲口时，还跟别人搭套吗？

答：没有，就不与别人搭套了。

问：为什么呢？

答：那时家里还有一个小破驴，我父亲自己拉着瞎串去。串串地，待会儿。我那阵十几岁，自己串。收粮食时，牲口有一个驮架子，往家驮粮食，往外驮粪。反正跟人家搭套时居多。（以下讲解驮架子的形状）驮架子省事，虽不如大车装的多，但有一个人也行，能装。上面有一个绳，有一个锔子，一背扣拉紧了，哗啦哗啦就驮回家了。这样就都自己干了。

问：自己干时，大型农活像耕种时怎么干？

答：自己干时，家里自己有一个小耠子，自个种，自个撒种，撒完种再扬粪，扬完粪自个再顿，再盖。反正全是这么弄，盖完就完了。到第二天，使一个小轱辘一压就齐了，就不搭理它了。自个不跟人搭套了。顿是用一个顿轱辘子儿，这么一个大垄，这边一个轱辘，铁的顿轱辘子儿，那边一个顿轱辘子儿。就把土种就压上了。这是耠的沟儿，这籽不是点在里头了吗？回来再使那石头的顿轱辘子儿，当间也有一个穹窿，圆的，再翻过来再压上它。盖是把耠的垄盖平了。盖就是把沟里用土埋平了。耠地有好几道手续呢。

问：小驴能耕得动？

答：小驴也能耕得动，耕得浅点儿。

问：这样的活，有一个小驴，可以自己耕？

答：可不，有三五亩的就自己弄了。

问：这样干是否耽误工夫？

答：家里的人全干。家里四五口人或三四口人，有头里耠的，有后边点籽儿的、撒种的，有在后头撒粪的。撒完粪，得了，待会儿，喘喘气，把牲口喘喘气，再盖，再顿。这样，可以不跟别人搭套。

问：这村里跟别人搭套的有多少？

答：有几家。

问：像您与杜家搭套，相互多干少干点，还谢谢吗？

答：不用谢。

问：杜家有多少地？

答：也就十来亩地。不算多，全都不多。

问：两家都是怎么找在一处的？是您父亲与他们认识？

答：那是……都是老街坊，都不错嘛。

问：搭套有没有地多与地少的在一块干的？

答：地多就多点，多一二亩的就得了。人家的牲口还大呢，你的牲口还小呢。谁家……得这么说是不是，人家工具多，你工具没那么些。你多给他干一天就多干一天，少干一天就少干一天，也就算了。反正有时搭套耠地，今儿上你那吃去，明儿到我那吃去。吃的有些什么可吃的？刨去棒子有什么？小米，没别的。

问：这种情况：我家地多，驴壮，全在我这儿，你家有驴或没驴，地也少，两家一块干的有没有？

答：也有。就是多给他干几天。

问：有没有算计的？我有驴，你没驴，或者我给你多干了几天，吃亏了些？

答：也吃不了多大亏，不算大。全都占先，全不吃亏，那是不可能的，哪有啊？

问：再问问您父亲，给张守仁家干的是"月工"吗？

答：对，是"月工"。

问："月工"还有别的称呼吗？也叫长工吗？

答：……没别的称呼。"月工"是"月工"，长工是长工，"月工"是……有的干三四个月的就吹了，急需帮忙的，就得雇两月的月工。

问："月工"跟短工一样吗？

答：不一样。"月工"干上八个月活，六个月、四个月也算"月工"。短工是散的，"月工"是天天干去，长工呢，是干一年的，得干出来。

问：那么你父亲给张守仁干的是"月工"？

答：是半拉工（活）。

问：半拉工，不是长工？

答：半拉工是一年中给他干半年，在家干半年。

问：那么给张守仁、赵绍廷家同时干时，也叫半拉工？

答：唉，叫半拉工。

问：村里别人家搭套的事知道吗？

答：不知道。

问：杜福新家那时有几口人？

答：两家差不多，他们 5 口人，我们 4 口人，9 口人搭套。4 口人是指全家人，那阵小孩也算一个人，也干活去。全是小孩，你拉车我打顿子，这就是凑在一处算搭套。干活的正式劳动力没多少。搭套时大人小孩全干，你干这，我干那。

问：解放后“土改”，您家、杜家定为什么成分？

答：我们是贫农，杜家也是贫农。

问：“土改”以后你家分地了没有？

答：……没分着。

问：解放以后你家有多少地？

答：还是十来亩地。

问：刚才说的河西的 4 亩地是什么时候买的？

答：日本投降以后买的。

问：褡裢地里不只是您一家的地？

答：不止一家，好大一片。别人家也多，多少家全都那样。

问：您父亲除了张家，还给谁干过？

答：西门外王家，我也在那儿干过。干了也有两年。工资不能说拿得了头等钱，也拿二等钱吧。二等是四五担棒子一年，头等有的到十多个棒子，得全都能应得下来。提担下种，全都能应下来，可不就拿头钱吗？

问：这村的李广玉听说很能干，能挣到 6 个棒子？

答：对，对。他就在望泉寺这边，这人没了。我父亲老是半拉活时候多，因为家里有点地，下三天干自家活。不是西门外，就是村里头，没上别处去过。

问：您父亲干短工多吗？

答：对，下半月工，那三天没事就打短去。

问：打短的活，您和您父亲各能挣多少？

答：我没我父亲挣的多。一天差也是差几毛钱。一天工钱那阵有 1.5 元的，有 2 元的。2 元钱还买不了半小斗棒子呢。5 元一小斗棒子，即 15 斤棒子，这是日本时期。我父亲打短也就是这样，差不了一两毛钱。

【解放后的生活】

问：解放后，加入互助组，生活上有什么变化吗？

答：没什么变化。

问：初级社、高级社时期怎么样？

答：刨去吃食堂那阵，一天比一天不错了。现在更甭说了，现在就可以了。吃食堂前后凑合着吃饱了。

问：“文化大革命”期间，直到七几年、八几年，您家日子怎么样？

答：吃食堂以后，散了，一天比一天凑合。生产队干活，一年多少分点钱，吃是够吃了，钱上有的多有的少，不一样。劳力多的多分，劳力少的少分。

问：刚搞承包时您家分地了吗？

答：承包？分地？这事想不起来了。自留地？对对，有自留地，一人 2 分地。如果有 5 口人就分一亩。收回后又归队里了，有一、二队，队上种，收，管理。还有一部分粮食给个人，一人给多少粮食。

问：不干活的还分粮食？

答：那分谁了，孤寡无劳力的还得给，有劳力的就得干去。

问：收回去以后，那时您还在队里干活吗？

答：还在队里干活，跟着……

问：实行农场，地也没有了，您和别人是怎么想的？

答：嗐！不给就不给吧，农场呢，每年卖给你指标粮食，农场应着你卖粮食。议价、平价的。有富裕的，卖高价粮食往粮库送，全交国家了。

问：那么您现在吃粮食从哪来？

答：原来是生产队给粮食，打农场时，压根就没有买，大概就买过一年。得了，买不买关什么？买点吃的得了，就买公家的。因为嘀咕他长虫子，人工又不多，老长虫子，老得筛。不筛不成。

附：杨宝森家族示意图

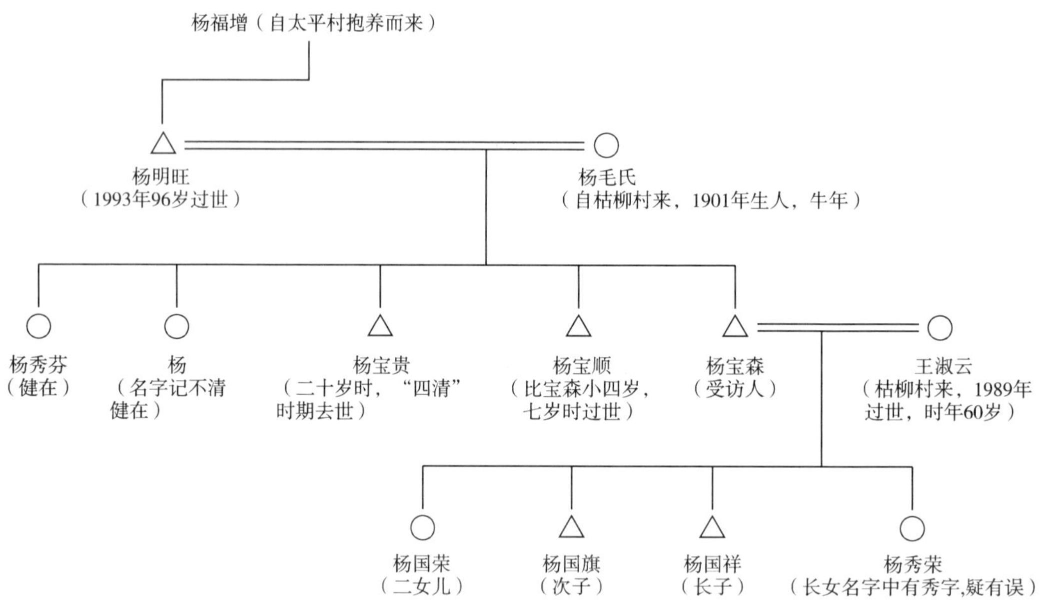

张　荣　杨　福

时　　间：1994 年 8 月 28 日上午

访 问 者：张　思

访问场所：村会议所二楼

【张荣的家庭史自述】

父亲张永仁。解放前 40 多亩地。父亲于 1945 年过去。我排行二，哥叫张义，大两岁。有一弟叫张忠，比我小四岁。我今年 85 岁。弟健在，现在卖菜。哥于解放第三年过世。日本在时家里土地 40 多亩，日本人走后，哥儿们分家，是解放一两年时。分家时我不要房，不要地，住不了。我得去京西煤矿，我拿地给家里，不要。若回家来过要种地。解放后分家，一人 13 亩地。还不是都是我们的。分房子的 9 亩地，不分房子的 13 亩地。哥哥分了 9 亩地及一房，张忠无房，分地 15 亩。我分了 13 亩地，没要房子，也没要地，给人了。我在京西煤矿干了一年，分家是解放的时候。

【家族内互助】

问：听周永兴讲，您父亲当年帮助嫂子家还是侄媳妇家种地。

张：事是有，听我慢慢说。我家有牲畜、车、东西，她有点地，给她归置了，弄弄，是这样。为她往地里拉土，拉粪，耠地时耠了，耕时耕，该拉家里时拉来。当时是这样，管管。全住在一块，一院子。她过她的，有房，是东西厢房。我家住上房，我父亲的嫂子她们家住两边房。

问：您父亲的侄子那时过去了？跟您是什么关系？

张：那是我叔伯哥们，死了。死时那阵也在北京正明斋，叫张书成。是头解放六年死的，是抽羊角风，扎河里淹死的。他死后留下媳妇，一女儿，有一个瘸子，死了。他母亲还在。

问：那您父亲给他们家帮忙干了多少年？

张：十来年吧。

问：您父亲是在日本人走的时候过世的，他过世后您哥儿仨也帮她家干吗？

张：只要她们倒不过来就帮，能自己干的，慢慢她们自己干。

问：您父亲很早以前就帮助她们？·您父亲在时就帮忙了？

张：跟您这样说吧。我父亲……抱了他们的。张书成的爸爸没动身，我奶奶拿我父亲搁在他们那屋了，是过继。

【搭套】

问：您家过去跟别人搭套吗？

张：有好几家呢。

问：您父亲在时都跟谁搭套？

张：没跟人搭套……我父亲一不干活时，以后就不与别人搭套了，是我家自己弄。以前，我哥儿仨小时，不全干活时跟别人搭套。

问：那时您父亲跟谁搭套？

张：李广玉，还跟吴殿扬。不是同时搭套，他这个完了，不行了，这个事就有了。李广玉有十亩多地，有一驴，没有车。我家有一牛、一驴、一木车，犁杖等全都有。还跟一家，孙继贤家干，不是一同干。头一份是李广玉，是第一家。第二家是吴仲河，第三家是孙继贤。吴仲河是殿扬的儿子。与李广玉干时，我正是5~8岁。与吴殿扬干是打方振武那年……不是，打国民军，民国十三年，东潮白那边打国民军，是冯玉祥跟张作霖。与李广玉家干了七八年，其他吴殿扬家也是七八年。吴家有20亩地，有一驴。李广玉家有小哥儿仨，他爸爸喘，李广玉还小呢，哥儿仨中，李广玉行三。与孙继贤干是民国十六年往上。他家也十来亩地，一个驴，利落，一拉就走了。跟他们干了六七年吧。孙无儿子，有女儿，日本人在时，人够用，自己干。一干干到头解放二年，就分家了，那以后就没搭过套。

问：下面问一问杨大爷，前日内山雅生访问过您，谈到与张书代家搭套的事，三谷也访问过您……

杨：还和杜维新家，解放前也搭过套。与张书代搭套是解放前，日本人在的时候。跟他家干了二三年。

问：张书代的父亲查不出来是谁？

张：他父亲就是我大爷，叫张永怀。（杨：我没见过）我14岁左右时过世的，书代与书成是亲哥们，那阵还没分家呢。

问：（对杨）那您家与张书代搭伙，与张书成是怎么回事？

张：他们全一块堆过呢。

杨：那阵没有一块堆儿，跟他们没一块堆儿。我跟他搭套时没一块堆。（张：搭套时过去了）我跟张书代是在以后。张书成他在先。我和张书代搭套在以后，我没见过张书成这人，头解放，更早过世。张书代的儿子叫张洪风，（张：地有5亩搭4亩，9亩地）有一头驴，没有车，我家也有驴，牛是快解放时，再以后才有，后来那牛入社了。有18亩地。父亲死了25年。有哥哥叫杨升，已去世，比我大三岁（今年 76 岁）。

问：那时你家壮劳力有几个？3 个？

杨：我就一哥，我俩单过。父亲随我过。我家就两口，我和我父亲。分家很早，我也想不起来了，不知道。基本上又没有分家。我父亲与我母亲分居了，我哥与我母亲一块。父母分居单过。

张：他们弟兄……他哥以后能干营生了，在广安市场，在北京顺至门前一发香店做买卖了。

杨：分了 13 亩地。跟我家的 18 亩不是一回事，分开过，各人干各人的。我家就我们两口人，有我父亲。

张：他父亲（指杨的父）也有毛病，干不了活，就指着他和他妻子。

问：您父亲在日本人在时能干吗？（指杨父）

张：少干还行。

杨：轻省活行，别干累活，腿、手有毛病。

问：那杨大爷什么时候结婚的？

杨：我十三四岁。（张：那阵家中没人，不像现在。）我家里十七，比我大三岁。老伴现在不行了，什么都不知道，叫刘桂英。在日本时期得了儿子，现在 50 了。

问：再问问杨大爷，您家与张书代干了两三年，与杜维新家搭套是何时？

杨：有时我们三家一块堆，就跟互助组差不多，就是耠地、秋收在一块。一般零活各人各干各人的，如除苗、耪地啦，各干各的。

问：那您与张书代一块干的同时，也与杜家一块干，那是日本时期？

杨：是日本人在的时候。

问：那么你们三家维持多少时间？

杨：四五年吧。解放后也在一块，到互助组时。解放前不叫互助组，那叫搭套。

问：杜维新除了跟你们，还同别人搭套吗？

杨：没有。那家一家子都没了。原来一儿子，俩闺女。杜家解放前有一小草驴，草驴能下驹子，就是母驴，叫驴是公驴。草驴与叫驴干活差不多。

张：草驴老实点，叫驴闹，一般弄不了，拉不住。俩叫驴在一块打架。但一干活没什么了。活一累了，顾不得打架了。

问：再问问张大爷，您与孙继贤家干，怎么干法？

张：我们两家都有人，谁也别嫌弃谁。搭套时我家来俩人，他家来俩人就俩人，来仨人就仨人。人多就多来，没人就少来，不来回（头）找价。

问：他们带牲口来吗？

张：一来全得来。连人带牲口，用什么拿什么，使什么工具都拿着。

问：搭套时都是干什么活？

张：耠地时，锄、耠子、镐、铁锨、簸箕，都得拿着，分（看）干什么活了。这地里的活不能挑拣。你干那个，我干这个，拿鞭子哄着走啊。是这样干活，谁也别嫌弃谁，一嫌弃就到时候了，就该散了。

问：搭套时，锄草的活一块干吗？

张：那得瞧活。谁家忙，干不完就帮谁，（弄不过来）一块堆弄他三天两天的。过去没那么些地，一天半天的事。墙坏房倒，一块帮着弄，拾掇。

问：帮着盖房等能算搭套吗？

张：搭套啊，他家有什么活不用说别的，就说我这明天要干，该弄什么弄什么，“哎，明儿全去啊”，“唉唉”，就是这个，谁也别嫌了什么，谁也别抻了谁。

问：刚才说“明天全去”，明天要是有事，怎么打招呼？

张：不用打招呼，到时候……我呀跟他一块堆，我就到他那儿了。他们家有活，到时就去。该弄什么活，自己不用人支使就去干了。地里的活什么都能拿起来，干得了。不是吹牛，这儿有街坊，使牲口、犁杖活、拖坯、搭套、抹房、垒墙、耠、耕、串地，随便，扬场、使牲口压，什么都行。我当园头 20 多年，说要任务，50 万这一个队，分两队是 100 万种菜数量，你得给种出来，长成了。

问：刚才问的是您与孙家等搭套都是干什么活？

张：全都一块干。拖坯垒墙、抹房。说我明天拖点坯，“哎，我明天拖点坯去啊”，这就一块堆去了。“今儿我那一块吃饭去，吃完饭就耠地去”。什么都在一块干。耕地一个人就成了，全成了。牲口有三个拉三个去，有两个拉两个去。他们不是没去人么，那边有别的活，这边一个人盯着就行了。在谁的地都行，这就不分你我了。在弄地的时候，该怎么弄就怎么（弄）。分开你我就不好了，那还怎么弄啊。

问：有没有这样的，耕地时，李家或吴、孙家全都到您家地里去，与您家一块耕地？

张：耕地时他们拉牲口，两家在一块拉着。

杨：就一个够了，没那么些牲口。

问：杨大爷家与杜、张家搭套是这样？

杨、张：一样。一个人耕地，一个拿鞭子赶牲口，扶犁。驴不用牵，驴能顺沟走。

问：耕地一个人可以，耠地一个人干可以吗？

张、杨：都能一个人干活，各干各的。各管一疙瘩事。耠地就管他的耠，撒种的在耠的后面。撒种后面是撒粪的，撒粪的后面是压平地沟的，用顿子。这是人少活少，人要多呢，后面跟着一个盖。这些活就这样干。撒种一人，撒粪两人，一人也成。粪多时，追不上。牲口有快慢，压顿子一个人，叫顿地，用顿子压。

问：然后盖是怎么回事？

张：顿完了，在顿子后面跟着走，头里着地，后头也着地，就弄得特别平。

问：盖用什么东西？

张：别的什么不用，就用一个棍。

杨：编成一个耙子一样的。不像扫帚那样，编成一个棍，穿成棍，还有齿儿。上面站一个人，哄着牛，使它拉着一盖，盖平了。

问：盖完地，播种的事就完了？

杨：还得压。用小磙子压沟，是圆磙子，带框，用小驴拉着压沟。盖完了这沟，一沟沟压。

问：这几个工序分着干行不行？

杨：这是一连套，不能分呐。

张：这个不能分。这得单占一部分，那个也得单占一部分。

杨：比方先耠地，然后撒种，撒完种撒粪。撒完粪使顿子压，压完了使这盖，盖完之后使这磙子压，就齐了，这是一连套。

问：我问的是先耠完撒种，弄完之后待一会再压、盖行不行？

张、杨：行。耠完后，盖、压隔一两天都行，赶不上时候，两天也成了。要是湿的，还更好。

问：那么普通是怎么办？是一气干完了？一个接一个工序干完？

张：都弄完了，这算收坑。早一天，晚一天也行。地要是湿，很暄……

杨：晒晒合适。

问：真要是忙起来，大伙一块干，得需要几个人？得 6 个人？

张：对，得六七个人。

杨：扶耠子的、撒种的、撒粪的、盖地的、顿地的、压地的，7 个人。

问：扶耠子的前边还牵着牲口吗？

杨：要忙了就不牵，若闹就牵。那样就8个了。

问：像你们两家能这样干吗？

杨：没有这么些人。牲口有两三头，盖地的有俩人。

张：盖地就不等一块堆了，就搁着了。就是俩牲口。主要是耠完沟，一顿完了，就行了，其他早晚都行。

问：耠地得要几个牲口？

杨、张：两个。若是一个的话，得要冲的牲口，普遍得俩，小的拉不动，压地要牲口，耠要两个。若只有两个牲口，只好耠完再压了。

问：有没有这种情况，一家一牲口，一家俩牲口，一共仨牲口一块干？

张：那就快点。俩牲口耠地是快，瞧天时怎样，天时要好，俩牲口劈里啪啦地拉耠。天时若不好，那耠子出来了，那管什么呀？说今天下透雨了，紧抢，多抢一天就是抢耠。

问：要是抢不上？

张：等着吧，晚两天。

问：赶上天时了，能长得好些？

张：对。

问：一般都能赶上天时吗？如果牲口不够的话？

张：唉，那也是常碰上的事。说那地都在一块堆，哪能够都能赶上。

问：您两位觉得是牲口多，快点好呢，还是拖拖拉拉的也行？

张：快呀。咱这有句闲话：越牲口多点，越抢不上地。怎么回事？这不是人多，就该地多了。人家搁一块堆些个，两天抢完了。您要搁一块堆，三天也抢不完。他也有地，全要耠。牲口多，地不多，抢上了。

问：根据您的记忆，当时的村里人都能抢上吗？

张、杨：剩不下。反正是三四天都能抢上，种上地。再等上，是五六天。种就是抢种。

问：最后有种不上的吗？牲口也没有，找不到搭套的？

张、杨：那看情况了。求人种，人都种完了。求人种的一村里有那么一两户就了不得了，怎么也得种上。你如果求我来了，先给你弄，我这活搁下。求人时，我能不行？最好是给他先弄上，你再弄家去，这才好呢！

问：那就把您的活耽误了？

张：嗐！那不能那么说。

杨：老街坊找您头上来了，就不容易了吧！

问：假如是老街坊，脾气不对，能给帮忙吗？

张：反正一找来了，都去。

杨：能驳您面子吗？

问：我要是不找您，不好意思，但活干不完，跟您关系不好，您主动还帮忙吗？

杨：那他不找来就算了。谁能张罗该种了？真不错的主行了。比如咱们真不错，你活干不过来，你该种了，可以照顾照顾。

问：搭套一块干是耠地、下种、撒粪吧？

杨：对，一块干。情况不一样，也有一块，也不一块的。一般小活，如薅苗、除草不在一块干。耠地、秋收都在一块干。牲口集中，收割使车往家里拉。耠地时你一个人，不能哄耠呀，那就得搭套。

问：长成庄稼之间还再撒粪吗？

杨：就不再撒了。

问：当秋收完麦子，还种棒子？

杨：要是平垄子的再种棒子，要不是平垄，是间作，也叫套种，拔完麦子就完事了。间种时，麦子里也有种玉米、谷子、高粱的，分地形。平垄的话，麦子收完不耕地，就那么种，那阵就能种。

问：招茬子的活，两家一块干吗？

张： 那还得两家一块耠地，搭套干。头里耠，后边撒粪一齐弄。茬子先耠走了，耠完了再串地呀。

杨： 过去都拔麦子，没有根。不像现在。

问： 棒子收完后，若是平垄，还种麦子？

张、杨： 对。

问： 玉米收割时，一块干吗？

张： 那得看活了。地长形，有先熟后熟的。早起身、晚起身，早起身是耠完这个没迟误的苗，那个迟误两天，它就得晚两天。

杨： 就是早出苗。

问： 收完棒子种麦子，得耕地，用一个人？

张： 得耕地，哪有工夫。（杨：一个人够了）为什么呢？秋分怎么种，白露怎么种，得瞧这个什么得。到春分再得，或到秋分再得，就晚一点了。过白露可提前几天再得，是这样。白露至秋分两星期，早几天，晚几天的。那有工夫。

杨： 一家耕地行。

张： 耕耠都得一块了。熟了的，他那没熟，有人，就一块去归置。他正没活，"得，明儿一块掰棒子去！""哎，掰去"。这就这么去了。掰棒子到耠地，哪忙哪去。棒子杆、茬都弄下来，一茬净，拉家去。（杨：茬子烧火）地里不留东西。累是累，农业的人不怕累。茬子的事不忙，棒子秸赶紧往回弄，码在一边去，好把地腾出来。剩下茬子弄出来放在一边，有工夫拉回来，没工夫扔在那儿，哪天干了再往回弄。

问： 种棒子的耠子与种麦子的耠子一样吗？

张： 不一样，宽窄不一，种麦子宽大的镜子，玉米镜子小，镜子是一个。

问： 在山东看见耠子上配上装种子的东西，有一小管将种子撒下来。

张： 那是耧，种豆子时用它。这没用过，解放前也没用过。（杨：因为我们这土地湿。）

问： 耧的事您是怎么知道的？

张： 耳朵灵，听的。用耧后边撒种就没有了，为何不使？为什么呢？地不好使，不好耠，陷。它那地不粘就不晒；埋上粘了就晒，那东西省几个人呢。这一圈几个村没使耧的。往东河（大河东边）那边，没有车道，车道不通的地方，地气就上来了，就叽里咕噜地陷。他们耠麦子早呢，他们"大麦不出九"，你出九进不去地了。他就开化了，开化了怎么种豌豆地？就陷了。咱们这不陷，陷就是地湿，水托着泥。"豌豆大麦不出九"就是到了九必须得进去地。咱们顺义县的地，你地在这呢，你得来回绕去，且到不了你的地呢。因为道不好走，若是好走呢，"豌豆大麦不出九"不出头九，你爱直走也能奔这地串。

杨： 有一九…… 九九。必须不出九，即在一个季节里耠出来，再晚了耠，一是进不去地，一是不打粮食。必须抢种，先种上。豌豆跟着大豆，九是指的末九。过九九咱们这，那还是放着呢。现在好多庄稼，大麦等不种了，产量小。现在就是秋麦，其他是淘汰了。种地、收割全是机子了。这工具改革糟践多少东西，今天换这个了，明天又换那个了，花了好多钱。

张： 有的还没使上，就改样了。大垄、小垄，现在稳当了。

杨： 现在的机械化算是成功了。

问： 种麦子与种棒子一样，也都要顿地、盖、压？

张： 种麦子与棒子一样，也得盖，就是撒种不一样，两家搭套一块干，小型活自己归置去。

问： 杨大爷与张书代家、杜维新家搭套，杨家有地 18 亩，可他们才各有几亩，他们给你家干的多。这两家还找不找？

张、杨： 不找，不找，谁也不找谁。

杨： 因为我们家工具多，我们有车，他们没有。

问： 这一车粪够你弄半天的。

张、杨： 他要是驮去，哪时能弄到地里去？车这一趟拉好些个。有两个车凑合了。那要是他驮两天。他那地少，他那没那么大的全的。他家车、牲口、人齐整，一哄就走。那个装完了背驮着走，还是不一样。

问： 那就合不来？

杨： 也不是合不来，他就不跟你搭套了。

问： 假如两家都有牲口，地多少不同，你为他只干半天，他为你干两三天，这种情况有没有？

张： 有是有，刚才说了，这大车要没有它够你干两天的。拉一车，他这去一天给他弄了，全齐了。他要驮，得三天。

问： 要是没有车呢？全都一样，只一条驴……

张： 人，有硬朗的，有不硬朗的；有全拿得来的，有零的、伤的。这就一样，谁也不能嫌呗。说“得了，我吃亏”，什么叫吃亏占先？那阵谁也不想这个。

杨： 那阵不找价。

张： 这以后，有评工找价，互助组时。这一评工找价，这人就显得不那么够热乎的了。热乎劲就没有了。反正我没剥削你。

杨： 没有感情了。（问：把账算的特别明白了？张、杨：对。）

张： 说完全明白了，不傻了。为什么呢？他要占先了，还说吃亏了。因为什么呢，他没那么人全。把牲口、顿地、撒种、粪，都能应下。

杨： 就跟挣工资，几级，有八级工资。人那活全，干什么活都行，你放哪儿都不行。

问： 解放前玉米地里有间种吗？

张、杨： 栽黄豆，两棵棒子，一颗豆子。不是两行、两垄，是两个。豆子在当中，豆子种时不是一个一个籽，是三四个、四五个种，六七个，不一样，多为三四个。先把棒子点上籽，然后点种豆子。是一块种，头里点棒子，后边种豆子。那得两人弄这籽子，一个人弄棒子，一个人在后边弄豆子，后边再撒粪。

问： 撒棒子种间距是多少？

张、杨： 那阵种时，最频了是一尺二，最近一尺半。一处撒三四个粒，还有不出的呢。不是拿起来就撒了。（张、杨两氏实际演示，有照片。）后边跟一人点豆子，过去种棒子稀。豆子是割，一尺二棒子中间是豆子。先收棒子，后割豆子。豆子根留地里不要，“豌豆种时不出九”，收时跟小麦一块。

问： 那时套种是什么样子？

杨： 比如这两行是麦子，当间种棒子两行，叫套种。间种、套种一样，一个词。

问： 种麦子时也可以再种棒子？

张、杨： 不，它这是完秋种。收完棒子，再种麦子。种棒子是春天，过清明再种。

问： 它与平垄有什么区别？

杨： 我们这地如涝，就得间种这个。因为它涝了就不打粮食了，平了。种平垄的麦子，一定是好地，还得是“二溜子”地，不涝，不捂，才敢种平垄。“二溜子”，旱涝都收。

问：（拿出村图）“二溜地”多吗？

杨、张： 三亩地种平垄行。东边的沙坡地是旱地，栽白薯。褡裢地涝得厉害，不出水。大水缸在南法信附近，小中河西边。在长幅的北边叫搭链地。蛤蟆窝在杜家坟那边，在小中河西边，长幅的东边，蛤蟆一闹就涝了。大水缸在长幅的尽西边，就说是西北。杜家坟、小河地以北一个是孟家坟。蛤蟆窝在北，孟家坟在南，都在小河东。小河地的北边叫小河北。

问： 这麦子还跟别的套吗？

张、杨： 也有套谷子、高粱、豆子的，不是光套棒子。分地了，看地形了。刚才为什么划那么些样地呀（指地图）。就是那一样地，像蛤蟆窝、大水缸就不成，在那不成。那大水缸净种稗子。你知道什么是稗子吗？能吃，跟稻子似的，不怕涝，有雨泡着没事。吃时跟小米似的，它得多，一星半点不好弄。稗子与现在稻田里长的莠不一样。在大米里头，到时候得拔出去，碾米时也有，一颗有好些杈子，糟践东西。大米里头净有那苗子似的东西，就是那个。莠与稗子不一样，稗子这么短，长得高。莠就一直是这样。

【“倒菜缸”】

问： 刚才问的搭套，杨大爷与张大爷家如果不搭套，自己干得下来吗？

张、杨： 唉，那就自己找人吧。

问： 也不找人，勉强自己干行不行？

张： 行，行。多耽误一天。

杨： 不是多耽误一天。再一个你先耠完沟，然后停了，接着再点种，点完种之后你个人再撒粪。这样全是一个人了。这得两个人啊！若是搭套一块堆呢，它就是“一连套”了。有撒粪的，有撒种的，有耠地的，有盖地的，是这么样。反正人多地多自己干，那叫“倒菜缸”。你一家耠地，你没那么些人，叫“倒菜缸”。为什么叫“倒菜缸”呢？三个人的活，一个人干，他干完这个再干那个去，家里都是人少。

问： 为什么取“倒菜缸”这么个名字呢？

张： 这是一比，是“倒菜缸”。比如这烟，他拿去也抽，他拿去也抽，等我拿去，光剩下盒子，这还倒什么呀？到时候全不抽了，这跟那个一个样。“倒菜缸”就是人少，地也没那么些个。

杨： 干完这个，还得干那个。

张： 你都得一个人能弄起来。你光会扶耠子，不会撒种，你不找一个人？这是不“倒菜缸”的，“倒菜缸”的甭找人。

问： 当时村里“倒菜缸”的人家有多少？

张： 三两人。一个村两三人，三四个人。为什么说三四个人呢？一个人在头里拉牲口，一个人扶耠子，这就两个人。拉着牲口别蹿。

问： 当时村里“倒菜缸”的，这样的人家多吗？

张： 不多，不多。

问： 都谁这么干呢？

张、杨： 都那样干过。地里没那么多东西，他可不就少来了。一个人种，有半天多点就完活了，他还找人干吗？我一个人慢慢弄了，反正扔下这个就是那个，没拾闲。人多时，还待会，抽支烟，大伙还提袋子抽烟，聊些乱七八糟的事也有。说谁谁的地怎样怎样，谁谁的地到几个几了。大伙团结，应当谁用谁不用，大伙都个个（说）谁早晚，别赶上一块堆呀。要赶一块堆，说我昨天弄不得，他去替别人弄了，这句话就该脸皮耷拉了。要早合计呢，今儿明儿你来弄，你那归置完了，我弄。回来，他也是，那我就去了。我拖晚一点也行，晚起身，这苗晚起来，就是晚两天，就是别赶在一块堆呀。

问： 村里“倒菜缸”的都是因为地少？

张： 一是地少，也没那么些活。你说，给谁干活，来几个人，头一桩给谁干活得到那儿吃饭，家里得预备饭。吃完饭该干什么干什么，一个人弄怎么都成。

问： 有没有一个人地很多，可找不到搭套的，自己“倒菜缸”，有没有啊？

张、杨： 少，那好比，就看个人了，好多能主……那就雇人了，有钱，有粮食，比多，打粮食多，收入大，雇人了也不“倒菜缸”了。如果没钱了，就这么几亩地，自己弄条小驴，自己耠吧。一天耠不行两天，两天不行三天，早晚，咱们家里有点什么吃什么。一来别人喝喝，来点菜什么炒炒，预备预备。找人一弄不好，就得了。

问：一般搭套人家，大致地有多少？

张：也不是地多地少，是人心。和气的人就能一块干。人不和气，想找还找不到这主呢。没有这主户，一觉得不好，“得，咱们你赶明儿弄我的”，“咱们先不弄了，归了，别要了”，“你有这忙的慢慢先弄着”，这就要吹了。“得了，你干你的，我干我的，咳”，没有这个，挺什么的。做不过来的活，他抢着做，他不用支使，知道哪个先弄，哪个不先弄。

问：相互搭套得两家投脾气？

张：对，就得那样。

问：要是搭套，你家什么都没有，也没有驴，还搭套吗？

张、杨：也有。

杨：我那户就有一户没有，张韩氏，张书代的嫂子。她什么都没有，就5亩地，就跟我一块种地搭套。她是张书成的媳妇。她除去养一两只鸡什么也没有。

问：那么您家（指张荣大爷）呢？

张：他们家是以后，一拉后了。我家是先给他家（帮助）干，杨家在我家后头。

问：那么您（指杨福）跟张书代家是什么关系？为什么帮她们干？

杨：这话说起来早了。给你说个法子吧，我们是这村的姥姥家，他们姓张，我们是老张家的姥姥家。我妈是老张家人呐，是这么个关系。我母亲与张书代家是一大家子。我们帮她们有三四年，在张荣家之后。她们一直就这几亩地，寡妇家也没有人，就一个亲戚。一直是这种方法干。

问：您给她干时，她们请你吃饭吗？

杨：不吃，请我也不吃。

问：那么您家（指张荣）干活呢？

张：唉，我们这个……亲的。（杨：比我们亲。她挺苦的，能吃她的吗？）也没法吃。

问：像这种帮助孤儿寡母干的，这村里还有吗？

张、杨：有，少吧。对，杨黄氏，跟她一样，一个人，老太太，她丈夫杨永利早死，28岁守寡。（杨：是我一个婶子。）没有几个孩子，有一个小子，要活着，62岁了。

问：谁帮她干呢？

杨：也是找人，有时我给她干干，耠地什么的。她家有20多亩地，7间瓦房，3间土房，还算不错。她就是没人。也有她娘家的兄弟来帮忙，没什么别人。

问：有搭套，有“倒菜缸”，那么搭套好还是不搭套好？

张：这看心气。这个人会营业、有手艺，会干些什么，这个搭不搭套不吃紧。为什么呢？他会手艺，紧忙着弄完了，还干营业去了。跟人一块堆，整年着跟着你搭伙，今儿有活是他，明儿有活是他，几个老来回转。有营生的人呢，找人给我干两天，雇人，我再干别的活去，这是人的心情。

问：干农活时，“倒菜缸”与搭套，哪个更好？

张：“倒菜缸”与否，看地、天时，地妥了，早点、晚点干没什么。

【搭套细节】

问：咱村里搭套一般维持多长时间？

张、杨：也有时间长，也有时间短。三二年，四五年，不定。

问：3家搭套的多吗？

杨：我们这算……没有几家像我们这样干的，很少。两家多。

问：3家怎么干呢？比如3家地分成好几块，干时先给谁干，商量吗？

杨、张：人、牲口在一块，商量好了，先种谁的，也根据地远近。比方我的紧挨着你的。耠地时跟着一块堆，我的耠完了，跟着就是他了。若离着远，就不先耠他的去了。刚才说的，长幅和大水缸挨着，差不多。牛角地和后地，这就乱了。他不能老搬家呀。比如大水缸和牛角地，大水缸在那呢（村最西头），牛角地在那呢（村最东头），来回走就半天，这不就耽误活了吗？两家若挨着就一块耠了。耠完这块耠那块，也不论谁先耠，谁后耠，不在乎那个。

问：如果换着，先干谁的？

张、杨：那个一样。一转身，前天后天都耠完了，差不多。预先都告诉好了："你拿磙子啊，我也拿磙子。"耠时候都一样，耠我的耠他的都行。不说谁先谁后。若分这么清楚，就不一块干了，干不到一堆了。他一弄那个去就着急，那还成？

问：若挨着地，先干哪个商量吗？

杨：那就根据地的情况，先种哪个合适，合适的先种。

问：比如说给杜维新干，您和张书代一块去，人和牲口很多吧？

杨：三家一块干，牲口还那么些个。我家一驴，没牛。杜家也有一驴，那阵张书代还没有驴呢，就俩牲口。人差不多，我家两口，杜家也两口，张书代加他媳妇也两口。干活时连妇女全去了，零活行，重活不干，撒种没问题。

问：那样干挺热闹的吧？

张：那可不是，大伙伙着干就是嘛。

问：那时候聊大天吗？

杨：那怎么不聊啊。中间歇的时候，说"累不累？坐下待会儿，抽袋烟"，这就聊上了。上午吃晌午饭时歇歇，中间在地头上歇，就是聊，抽烟。三家坐一块，拴下驴。

问：那时都聊些什么呢？有什么可聊的？

杨：您家怎么样？吃喝怎么样？钱怎么样花的？也就是这些，柴火够不够烧？

问：张家长，李家短的事有吗？比如这些姑爷不像话。

杨：也有这个。

问：那吃饭呢？春节时一块吃吗？

杨：各人上各人家吃去，春节不吃，只是搭套。

问：转年的活，还想一块搭套，怎么办？

张、杨：还跟那个一样，还再商量。商量好，今年还一块堆，咱们过年该干什么，耠什么，什么时候送粪。这是在地里……今年议论过年的。

问：那是什么时候议论呢？

张、杨：耠小麦的时候说好。耠麦子时说过年咱们说怎么闹，怎么耠。

问：噢，是耠麦子时定好转年的事？

杨：对对，耠小麦是头一关呐。必须得头年耠，不是吗？

问：刚才张大爷说的，是把送粪之类的大小事全都定下来？

杨：全利落了。那时耠完麦子全利索，就没事了。闲谈，赶明归置粪，是头正月，还是过年，还是头年，商量好，把粪弄好往地里拉，省得进不去地呀。这一进不去地呀，等到快干了，又压苗，又费劲，牲口拉车不好走。不像头年早，道也好走，又多拉东西，还不受累，这谁不愿意早合计。

问：这拉粪什么时候拉？

张：拉粪最好正月合适，怕有拉不出来的。那粪不聚在一块堆呢。这有点，那有点，没归置呢。到春天化点，或往里弄点土，弄到一块，往地里送。那阵粪不像马上（即"现在"——注），那阵简直当宝贝。

问：那把活定这么细？有没有这样的：明年就是耠地，春天的事先定下来，秋天的事先不定下来？或先说搭套，具体的不定，不说这么细有没有？

张：反正一块堆，就得合计这些事。就得商量。不稍提前呐，这粪紧着点，为何？道远，回来不好走。这半天去了拉不了那么些个，还费事。为什么不提前点呢？说别的有好多事，提前没空，那就别的少弄点，把它先弄弄，这得商量。

【搭套分合】

问：这是定下来了，如果不想跟你干怎么办？

张：那不想干就得了，再找别人也不碍事。也许不找，也许再找别人，那是个人的心气。刚才说的孙继贤老哥儿仨，一个在家的都没有，以后跟我们在一块搭。老哥儿仨全给人扛活呢，家里种地的就是孩子大爷一齐上，孩子、女人拿着耙子、粪箕也好，慢慢撒去，那就这么糊弄去了。这样也干了好几年，这事就别嫌谁，谁要一嫌谁就甭干了。他家整个大人全给人干着活，下不来。孙继贤正小时候，我那时跟着一块装粪。

问：那阵有没有人找来了，说不好意思我牲口够了。

张：那各个就得商量各个，到时一块去能不能一块堆就得个人商量。“跟谁谁在一块堆能吗？”“嗐，好不，跟谁打听打听。”他那人怎么样，活怎么样？人要成就一块堆弄，不成那就再说。那阵就这么样，那人有欢迎，有够花的就得了。

问：什么叫够花的？

张：就是你来不来不吃劲这事，干不干跟这儿不吃劲，什么叫好赖呀，就是这个。“咱们一块堆来吧。”说不好，“得了，赶明个，我怎么怎么事。你们若忙了呢，你们再牵别人。我得赶明归哪哪哪”，就告诉话。你各自想目标，他也想目标，都不一样。我们这三家犯一个什么呢？李家的二爷，那阵（刚）光会拉牲口，我家那牲口咬人，咬得他。这跟他一块堆干了几年，然后散了。跟他们以后再跟吴仲河他们，跟吴仲河干了几年。吴仲河接的谁呢？接吴仲湖。那阵闹国民军，打国民军。不知是瞧病，还是干什么，是那年，正赶上耠地，他说不行了。地也不耠了，说什么也不行，瞧病重要。这吴仲河到第二年，他们干完了这一年，这才散了，一下子好几年。孙继贤他们，给我姐姐说媒那阵，在南法信说媒以后，闹了一个不好的。得，这么着，你们再找主干活。以后我们奔哪儿？以后跟李秀芳（孙继贤后头）干了几年，是秀芳结婚那年。他那年 11 岁，他们那儿简直是开门大放。车有车，人有人，事有事，地有地，就这么样。我那阵哄车会了，我们是老街坊。秀芳 11 岁结婚，因为家里没人，媳妇大，有俩老太太。秀芳已经没了，媳妇还活着呢。那时日本人还没来呢。日本人在时我们自己干了。（跟李广玉家为什么散呢？——访问者）李广玉家也是没人。人不少，没有干的人。李广玉他二哥才刚会拉牲口，这以后就得了，没一块堆。（关于驴咬人）这耠地他们的人跟别的人不一样，为什么？广恩那时人还在呢，给景春扛活，耠地时，到地里先喂牲口。弄什么呢？喂完牲口咬嚼子才有劲呢。我说这人不怎么样。喂牲口就是喂牲口，这种的事跟喂牲口不一样。我说的这个就不好。为什么呢？我的东西全咬坏了，当粪使。当粪，粪多少钱呢？这种子多少钱呢？我说得了，回来这么办呢？唉，这小伙子，不怎么样，以后这是……

问：跟吴殿扬家是怎么分开的？

张：那阵吴仲河的哥哥还不大呢，他是闹什么毛病。那时他一不合适，孩子、大人两人全去给操持。那时说是干活，还能干什么活去。连孩子都什么了。先前闹摆子，咱们谁成？得了，今年咱们好赖凑合一年，到完秋了，您干您的吧。是这么干的。

问：像咱们村里，你想找我，想明年再搭套，我不想跟你干了，怎么说？

张：“唉，得了，我没工夫”，“我忙呢，你再找别的户”，就得了。不来回不来往了，不就得了嘛？就淡化了。有时有你的活，我明儿干什么什么去，那么就算得了，就算了。那不用说什么，也没有说什么的。

问： 那两家的关系呢？两家干了三年，突然不想搭套了。

张： 那个没事，有什么事啊？

问： 原先说好了搭套，当中干了一半的情况有吗？

张： 那有可能有，很少数了。好赖凑合干一年。下来谁也不说什么，谁瞅谁不搭生，都没有那么大的事。

问： 有半道打架的吗？

张： 少，没有。那不准打架。一等打架就吹了，当初就干不了一块了。

杨： 那没法干。

问： 当时村里闹过蝗虫吗？

张： 闹过。（杨：我以前听说过。）我和我哥去轰过蚂蚱。那时轰赵廷奎长幅那边。轰时拿两把叶子，呼啦全粘在网上，这就飞。一飞往别处跑，爱飞哪去就飞哪去。大蚱蜢有叶吃叶，那阵没有别的办法治虫。那阵它这一说来，飞得顶树还高，哗哗，那得多少？

问： 那时村里一块轰蝗虫的事有没有？个人轰个人的？

张： 没有。没人轰。

杨： 也没有药，那阵使什么灶灰。不管事也得扬去。（张：它不管事。）在解放前就用过，多少管点用。

问： 当时一亩麦地能打多少粮食？

杨： 180斤到头，正常年景，平垄麦子。平垄棒子300斤。

张： 这算好的，还得是好地呢。

杨： 我说的是平垄，即单独种麦子180斤，单独种棒子300斤。平垄棒子300斤，就不耠麦子了。

问： 平垄的意思是种了麦子以后就不再种棒子了？

杨： 平垄的麦子完后种棒子，还能打150斤，再加180斤，就这些。这是平垄麦子，我说的平垄棒子300斤，就不耠麦子了。

问： 要是耠了麦子后，还是平垄吗？

杨： 那叫晚棒子，那就是150斤。

三

沙井村相关资料

（一）沙井村住宅略图（见插页图）

（二）沙井村家庭调查分析（中生胜美）

1. 调查始末

由于时间关系，不可能对各家都进行现场调查。因此，决定按户口簿发出“家庭成员调查表”，调查表的项目列有：与户主的关系、姓名、性别、出生年月日、出生地、结婚年月、文化程度（学历）、职业、工作的地点、单位、开始的年份。但是，几乎都没有人回答最后的工作开始的年份，工作单位的记录也有限。而且，也有的漏填出生年月日、结婚年月等。不过，不影响了解整体情况。

这个调查的目的是对家庭情况的调查，但是，因为是以户口薄的行政归属记录为基础的，故并不是完全直接表示家庭实际情况，不过，可以说在一定程度上反映了实际家庭和婚姻状况等。具体的调查结果如下。

2. 家庭形态

表 17　不同类型家庭数及所占比率

	家庭数	比率（%）
单身家庭	25	11.5
仅夫妇 2 人	28	12.9
小家庭		
父母和未婚子女	82	37.8
母亲和未婚子女	52	24.0
直系家庭		
双亲和已婚·未婚的子女	9	4.2
双亲和已婚的子女及子孙	17	7.9
旁系家庭		
仅兄弟姐妹	3	1.3
户主和外甥	1	0.4
总　数	217	100.0

正如前面所指出的那样，这里的家庭是按照户口簿上登记的家庭形态，受户籍制度的制约，此表中数字与实际家庭形态有所不同。例如，小家庭中分类为“母亲和未婚子女”的家庭数高达 52 家，是因为农村女性和城市的男性结婚的场合，该女性不能与丈夫登录在同一户口簿上，而子女与母亲登记在一起的缘故，已经不是与丈夫死别才分开的年代。

这种家庭形态中的丈夫既有本村出生的，也有不是本村出生的。女性为户主，其丈夫也在户口簿上的家庭也有 35 户，其中 10 户的男主人的职业是退休工人。由此可知，城市户口的男性到退休年龄后，可以脱离城市户口而在其妻子所在的农村登记。

这次的调查统计中，小家庭包括“母亲和未婚子女”在内，其比率占全村半数以上。其中还有这种情况，沙井村有服装工厂等副业，所以，也有一些不仅县内，甚至县外以及省外搬迁来的人，这种情况下不能全家迁移户籍，只有孩子或者部分家庭逐步取得沙井村户口；单身户口的家庭中也有老人的情况，但实际生活中是与子女同住，应该属于直系家庭，不过户口独立，故按单身家庭统计。另外，仅有夫妇两人的家庭，既有刚结婚不久尚未生育子女的年轻夫妇，也有子女结婚独立门户后而仅剩老夫妇的情况。老夫妇的家庭中也有的虽然户口分开，但实际和其一个子女共同度日，这种情况本该属于直系家庭，因户口独立，故这里仍按只有夫妇的家庭统计。

因此，根据本家庭成员调查，可以认为在中国是传统的家庭形态，小家庭占大多数，其次是直系家庭。多个已婚子女共同生活在一起的“大家庭”几乎没有。

3. 结婚

(1) 结婚年龄（参考结婚年龄表）。

调查结果中，结婚的年龄没有区别是初婚还是再婚，22～24 岁结婚的约占半数，在男性中占 49.4%，在女性中占 46.6%；20 岁以下结婚的大多是岁数大的人，新中国成立后的几乎没有。

表 18　结婚年龄调查表

年龄（岁）	男		女	
	人　数	比率（%）	人　数	比率（%）
11	1	0.6	0	0
13	1	0.6	0	0
14	0	0	1	0.4
15	0	0	1	0.4
16	1	0.6	8	3.4
17	2	1.2	6	2.6
18	6	3.4	10	4.4
19	3	1.7	15	6.5
20	11	6.3	17	7.3
21	16	9.0	18	7.8
22	32	18.2	40	17.2
23	28	15.9	34	14.7
24	27	15.3	34	14.7
25	15	8.5	21	9.0
26	9	5.1	11	4.8
27	5	2.8	5	2.2

续表

年龄（岁）	男		女	
	人　数	比率（%）	人　数	比率（%）
28	5	2.8	5	2.2
29	4	2.2	2	0.8
30	0	0	1	0.4
31	4	2.2	1	0.4
32	0	0	1	0.4
33	2	1.2	0	0
34	2	1.2	1	0.4
35	1	0.6	0	0
42	1	0.6	0	0
总　数	176	100.0	232	100.0

（2）夫妇年龄差。

根据夫妇双方的出生年份的数据进行分析，丈夫比妻子年长的夫妇占多数。不过，妻子比丈夫大一两岁的在最近结婚的夫妇中也有，可是，妻子大四五岁的夫妇都是新中国成立前结婚的年纪大的。妻子比丈夫小 20 岁的可以说基本是再婚。

表 19　夫妇年龄差调查表

年龄差	-20	-14	-13	-12	-11	-9	-8	-6	-5	-4	-3	-2	-1	0	+1	+2	+3	+4	+5
人　数	1	1	2	1	1	2	4	4	9	5	8	11	29	20	19	19	3	2	3

说明：年龄差是以丈夫岁数为基数，妻子小的标记为 -，大的标记为 +。

（3）通婚范围圈。

如前所述，因沙井村有服装工厂等副业，除了从其他村庄搬来的外，还有“男到女家”（入赘）的情况，共有 13 对，这里所说的入赘，不是指女性是户主，男人登记为“户主之夫”的情况，而是指沙井村以外出生的男人到沙井村出生的女人家里落户的情况。

大多数婚姻是女性嫁到男性的家里，从 151 人已婚女性分析，沙井村出生的只有 13 人，也就是说，九成以上已婚女性是从邻近的村、县内以及河北省其他县出嫁过来的。嫁到沙井村来的范围构成了通婚圈，以下按照人数的多少顺序一一列出结婚女性的出生地。

13 人　沙井村
12 人　南法信
10 人　马坡
8 人　临河
6 人　枯柳树
4 人　吴家营、李遂
3 人　望泉寺、阎家营、大营、河南

2 人　天竹、军营、夏县营、赵古营、白辛、太平、张喜庄、沙坨、李桥、王家场、梅沟营

1 人　石各庄、午向各庄、沙地、沿河、陶家坟、大孙各庄、龙各庄、杜各庄、铁厂营、小东庄、牛山下坡屯、河北北南宫、西马庄、马辛庄、河北村、小胡营村、滦平县西家、赵全营自店、河北北区家各、东海洪、陈各庄、初沙洛东庄、魏辛庄、河北赵佃庄、塔河村、哨马营、良庄、侯庄、龙湾屯、俸伯、后渠河、河北阜城县、上关乡水南、羊坊、薛大人庄、西辛、牛栏山小高力营、木林、胜利、牛山下孙各庄、西域区、复兴、米各庄、黄家场、马头庄、上板城东营、大东庄、大东流东宥庄、李各庄、张喜庄、东马各庄、杨家营、牛山金牛、焦庄户、北务小珠宝、石门、尹家府、康马西司、沙岭、小庄各庄、胡各庄、后沙岭庄、洋庄、柳各庄、桥头。

（4）职业。

家庭成员调查表中有职业和工作单位等提问项目。不过数据不完整，有的只填了“工人”，有的仅仅填到工作单位，表 20 是在此基础上汇总统计的沙井村职业情况。不过，女性只做家务的未列入统计。

表 20　各种职业统计

农　业		**商业·服务业**	
农　场	10	个体经营业	20
种蔬菜	3	国营商店	8
工　业		司　机	26
“工人”	50	建筑业	5
服装厂	50	理　发	2
涂料厂	5	做豆腐	2
汽车修理厂	3	幼儿园教师	3
电力设备厂	4	会　计	10
汽车配件厂	4	警　卫	5
毛毯厂	3	其　他	6
水磨厂	2	**公务员**	
饮料厂	2	村干部	8
其　他	7	县公务员	4
		铁路局	2

（5）学历（参照学历调查表）。

汇总、分析了家庭成员调查表中的“文化程度”，可以了解在沙井村有户口人员的学历情况。但是，因为妇女基本是从外村嫁入沙井村的，故只从女性反映不了沙井村本村的教育情况。而且，解放后出生的女性中，有户口转入的人员，也有结婚后还把户口留在沙井村的，各年龄层情况有所不同。另外，70 年代后期出生的青年人，调查中大多数没有区分在初中毕业后是参

加工作还是升入高中。基本上没有区分的可以看作还在上学。

另外，从本调查表看出有女性学历偏高的倾向，这与沙井村有服装厂、幼儿园教师等聘用高学历女职工人员的单位有关。而且，高学历的女职工人员在沙井村结婚后迁移来的户口，有些沙井村的女性结婚后还把户口留在沙井村，故相对来说女的就变得学历高了。但是，新中国成立前很明显女性文盲率高，这一点显示出新中国成立后在教育制度方面实现了男女平等。

表 21　教育情况数学统计

出生年	男性						女性					
	未	文盲	小学	初中	高中	总数	未	文盲	小学	初中	高中	总数
1900～1904								1				1
1905～1909								1				1
1910～1914		1				1		1				1
1915～1919			2			2		5				5
1920～1924		2	7	1		10		2	1			3
1925～1929		4	7	2		13		11				1
1930～1934		3	6	4		13		7	4			11
1935～1939		1	7	8		16		6	8	2		16
1940～1944			6	9		15	1	3	7	8	1	20
1945～1949			5	6		11			10	15		25
1950～1954			1	16		17		2	10	14		26
1955～1959		1	8	9	6	24			4	23	10	37
1960～1964			2	24	4	30			3	33	12	48
1965～1969			4	26	2	32	1		6	31	6	44
1970～1974			2	21	2	25	2		3	27	2	34
1975～1979	9		1	8	2	20	13		1	13		27
1980～1984	23					23	35					35
1985～1989	35					35	43					43
1990～1992	11					11	16					16

（三）顺义县沙井村外来人口调查表

表 22　沙井村外来人口情况统计

	房东	性别	出生年	岁	家庭所在地	工作	备注
1	张桂红	男	73	21	福建省永定县	木材厂	
2	张桂红	女	70		福建省永定县	家务	1 的妻子
3	张桂红	男	68		福建省永定县	木材	
4	张桂红	女	63		福建省永定县	家务	3 的妻子
5	张桂红	男	不明	63	广西	不明	
6	张桂红	女	不明			铁路 16 局医院	5 的妻子
7	张长华	男		48	北京国营东方机械厂	电力公司	退休工人
8	张长华	女		52	北京国营东方机械厂		7 的妻子
9	杨洪仁	男	65		福建省莆田县	木材	

续表

	房 东	性别	出生年	岁	家庭所在地	工 作	备 注
10	杨洪仁	女	65		福建省莆田县		9 的妻子
11	吴士平	男	70		顺义县胡各庄	化肥厂	
12	吴士平	女	71		顺义县胡各庄	贴花厂	11 的妻子
13	张庆荣	男	71		河北省丰乡县	木材	房东广东人，入赘
14	张庆荣	〃	54		河北省丰乡县	木材	
15	张庆荣	〃	73		河北省丰乡县	木材	
16	张庆荣	〃	76		河北省丰乡县	木材	
17	张长军	男	62		河北省怀来县	买卖	
18	张长军	女	64		河北省怀来县	买卖	17 的妻子
19	张长军	男	65		河南省罗山县	小饮食店	服装厂前
20	张长军	女	66		河南省罗山县	小饮食店	19 的妻子
21	柏晏河	男	不明		河北省平乡县	木材	
22	柏晏河	男	64		河北省平乡县	木材	
23	柏晏河	男	54		河北省平乡县	木材	
24	柏晏河	男	不明		河北省平乡县	木材	
25	柏晏河	男	不明		河北省平乡县	木材	
26	柏晏河	男	不明		河北省平乡县	木材	
27	柏晏河	男	71		河北省邢台县	木材	
28	杨建民	男	67		福建省莆田县	木材	
29	杨建民	女	65		福建省莆田县	木材	28 的妻子，带 2～3 岁孩子
30	杨建民	男	71		福建省莆田县	木材	
31	杨建民	〃	73		福建省莆田县	木材	
32	杨建民	不明	不明		福建省莆田县	木材	
33	杨建民	男	71		福建省莆田县	木材	
34	杨建民	女	72		福建省莆田县	木材	33 的妻子，带 6 岁的孩子
35	杨建民	男	63		安徽省临泉县	卖蔬菜	
36	杨建民	女	63		安徽省临泉县	卖蔬菜	35 的妻子
37	任怀荣	女	54		顺义县北山营	粮食	38 的妻子
38	任怀荣	男	不明		顺义县南石槽	粮食	
39	张玉芹	男	58		县城	铁路	
40	张玉芹	女	56		顺义县木林乡上园子		39 的妻子，带孩子
41	张长海	男		27～8	顺义县西新村	市政府	
42	张长海	女		27～8	顺义县西新村	不明	41 的妻子，带孩子
43	张永峰	男	56		河北省平乡县	木材	另有 5 男人，无手续
44	张永峰	男	63		江苏省小向县	烙大饼	
45	张永峰	女	64		江苏省小向县	烙大饼	44 的妻子
46	李 珍	男	不明		福建	木材	

续表

	房　东	性别	出生年	岁	家庭所在地	工　作	备　　注
47	李　珍	女	68				46 的妻子
48	杨洪海	女	74		顺义县北山营	家务	
49	杨洪海	男	68		内蒙化德县白亭乡	养狗厂	48 的丈夫，入赘，6~7 个月的孩子
50	孙继武	男	61		城关镇义宾街	百货店	
51	孙继武	女	不明		城关镇义宾街	不明	50 的妻子，带孩子
52	孙继武	男	67		四川省宜宾县孔滩乡	建筑队	包工头，鱼庄人，40 岁男
53	孙继武	男	69		四川省宜宾县孔滩乡	建筑队	包工头，鱼庄人，40 岁男
54	孙继武	男	74		四川省宜宾县孔滩乡	建筑队	包工头，鱼庄人，40 岁男
55	孙继武	男	65		四川省宜宾县孔滩乡		包工头，鱼庄人，40 岁男
56	孙继武	男	71		四川省宜宾县孔滩乡		包工头，鱼庄人，40 岁男
57	孙继武	男	58		顺义县李遂乡陈庄村	买卖	
58	孙继武	男	53		顺义县李遂乡陈庄村	买卖	
59	孙继武	男	67		福建省莆田县	木材	
60	孙继武	男	71		吉林省伊通县	不明	
61	孙继武	女	70		吉林省伊通县	家务	60 的妻子
62	孙继武	男	不明		河南省郸城县	建筑队	
63	孙继武	男	70		河南省郸城县	建筑队	
64	孙叔璋	男	72		四川省铜梁县	宏利钢管厂	房东以前是汽车厂的临时工，落户
65	杨秀芹	女	不明		顺义县北务乡闰家斐	不明	已婚，男子尚未办户口
66	杨秀芹	男	不明		顺义县北务乡闰家斐	不明	65 的妻子
67	李宗堂	男	不明		顺义县西新	自来水公司	男 5 人
68	刘士桓	男	70		河北省滦县	磨面	
69	刘士桓	女	70		河北省滦县	家务	68 的妻子
70	张远祐	男	不明		福建省甫田县	木材	已经回乡
71	张远祐	男	70		浙江省天台县	做沙发	
72	张远祐	男	68		浙江省天台县	做沙发	
73	张远祐	男	63		四川省平昌县	蔬菜市场	
74	张远祐	女	73		四川省平昌县	蔬菜市场	
75	张远祐	男	72		四川省平昌县	蔬菜市场	74 的丈夫
76	张远祐	男		33	顺义县李遂乡陈庄	卖菜	
77	张远祐	女		33	顺义县李遂乡陈庄	卖菜	76 的妻子
78	邹树宜	女		40	河北省丰宁县		79 的妻子，两个孩子
79	邹树宜	男		43	河北省丰宁县	运输队	
80	李宗江	女		43	安徽省青寿县	体力劳动，小车	
81	李宗江	男	72		四川省宜宾县	体力劳动，小车	
82	李宗江	女	74		河北省承德县	体力劳动，小车	
83	李宗江	女	74		四川省宜宾县	体力劳动，小车	

续表

	房　东	性别	出生年	岁	家庭所在地	工　作	备　　注
84	李宗江	女	71		陕西省平利县	体力劳动，小车	
85	李宗江	男		40 代	天竺公社		
86	李宗江	女	不明		天竺公社		
87	李宗江	男			天竺公社		
88	李宗江	女	71		顺义县石门村		结婚后在家
89	李宗江	男	61		安徽省临泉县	卖姜	
90	杨日歧	女	64		河北省承德市	磨面	
91	杨日歧	男	54		河北省滦平县	磨面	
92	杨日歧	女	不明		河北省滦平县	磨面	
93	刘振生	男		28	河北省青龙县满族自治区	卖煤	
94	刘振生	女		25	河北省青龙县满族自治区	卖煤	93 的妻子，一个孩子
95	李香芹	男	65		河北省青龙县满族自治区	卖玩具	
96	李香芹	女	67		河北省青龙县满族自治区		95 的妻子，一个孩子
97	张林书	男	不明		顺义县西新村		为垫付款临时停滞，老人
98	张林书	女	不明		顺义县西新村		97 的妻子
99	张长海	女		35	顺义县东马云	服装厂	
100	张长海	男		36	顺义县东马云	煤厂	97 的丈夫
101	张长海	男		36～7	顺义县孙各庄	教育局	101 的妻子，一个孩子
102	张长海	女		36～7	顺义县孙各庄	家务	丈夫在铁路局工作
103	张长海	女	63		广东省乳源县	家务	孩子
104	吴占年	女	63		浙江省慈溪县	家务	
105	刘振海	女		35	顺义县塔吓	卖服装	
106	刘振海	男	66		河北省平乡县	木材	
107	刘振海	男	74		河北省平乡县	木材	
108	刘振海	男	74		河北省平乡县	木材	
109	刘振海	男	73		河北省平乡县	木材	
110	刘振海	男		16	河北省平乡县	木材	
111	李凤春	男		28?	四川省慈东县	组装厂	
112	李凤春	男		28?		组装厂	
113	张林春	男	65		山东省宁阳县	卖菜	
114	张林春	女	62		山东省宁阳县	卖菜	113 的妻子，孩子
115	吴仲高	男	66		河北省香河县	卖菜	
116	吴仲高	女	70		河北省香河县	卖菜	115 的妻子，孩子
117	吴仲高	男	68		河北省香河县	卖菜	
118	吴仲高	女	66		河北省香河县	卖菜	117 的妻子，孩子
119	吴仲高	男		30	河北省平各县大旺务村	不明	
120	吴仲高	女		32	顺义县张镇	铁路	119 的妻子

续表

	房 东	性别	出生年	岁	家庭所在地	工 作	备 注
121	张仲峰	男		37～8	不明	铁路16局	
122	张仲峰	女		不明		家务	121的妻子，孩子
123	赵 增	男	69		河南省罗山县	卖菜	
124	赵 增	女	不明			河南省罗山县	123的妻子
125	赵 增	男	66		河北省滦平县	123的妻子	
126	赵 增	男	61		河北省滦平县	123的妻子	
127	赵 增	女	69		北京市密云县	家务	
128	赵 增	女	66		顺义县北务村	家务	129的妻子
129	赵 增	男	67		顺义县北务村	汽车队	
130	赵 增	男	61		河北省青龙县	煤炭运输	
131	赵 增	男	72		河北省青龙县	煤炭运输	
132	赵 增	男	60		吉林省道化市	商店	
133	秦淑英	男	不明		河北省三河县	厨师	
134	秦淑英	女	75		顺义县南彩镇	高尔夫场	133的妻子
135	秦淑英	女	75		顺义县伊宗府乡	县城西单市场	
136	秦淑英	男	73		顺义县北石槽	县城西单市场	
137	秦淑英	男	75		顺义县后沙峪	县城西单市场	
138	秦淑英	男	71		顺义县南彩道光村	县城西单市场	
139	秦淑英	男	71		顺义县南彩道光村	县城西单市场	
140	秦淑英	男	66		河南省鄢陵县	组装厂	
141	秦淑英	男	72		河南省鄢陵县	组装厂	
142	秦淑英	男	70		河南省鄢陵县	组装厂	
143	秦淑英	男	55		河南省鄢陵县	组装厂	
144	秦淑英	男	不明		河南省鄢陵县	组装厂	
145	秦淑英	男	不明		河南省鄢陵县	组装厂	
146	杨洪余	男	69		河南省鄢陵县	组装厂	
147	杨洪余	男		37?	河北省丰宁县	卖菜	
148	杨洪余	女		33	河北省丰宁县	卖菜	147的妻子
149	杨洪余	男	53		河南省罗山县	卖菜	
150	杨洪余	女		28		河南省罗山县	149的妻子
151	杨洪余	女	65		乳陵县	河南省罗山县	152的妻子
152	杨洪余	男	63			木材	
153	李云霞	男			河北省丰宁县	卖菜	
154	李云霞	女			河北省丰宁县	卖菜	153的妻子
155	李云霞	女	69		顺义县板桥乡继山	家务	156的妻子
156	李云霞	男	67		顺义县板桥乡继山	卖菜	
157	田学芝	女		40	顺义县杨镇	家务	

续表

	房　东	性别	出生年	岁	家庭所在地	工　作	备　注
158	田学芝	男	58			铁道 16 局	
159	田学芝	女		35		家务	158 的妻子
160	田学芝	女		37	顺义县关镇	服装厂的食堂	161 的妻子，一个孩子
161	田学芝	男	不明		顺义县关镇	防火窗厂	
162	杨洪礼	女	73		河北省丰宁县	体力劳动	
163	杨洪礼	男	63		河北省东光县	体力劳动	
164	杨洪礼	女	60		河北省东光县	体力劳动	163 的妻子
165	张云鹏	女	72		河南省太康县	体力劳动	166 的妻子
166	张云鹏	男	72		河南省太康县	体力劳动	
167	张云鹏	女		12	河南省太康县	家务	孩子
168	王春香	女		34	顺义县西市	家务	孩子
169	邢桂田	男		40 代	顺义县西新	退休	和女儿一起
170	邢桂田	女		40 代		退休	
171	邢桂田	男		30	顺义县西新	肉厂	
172	邢桂田	女		30		刺绣厂	171 的妻子，孩子
173	杜　江	男		28	河南	部件厂	
174	杜　江	女		28		河南	173 的妻子
175	冯秀英	女		31	河北省平乐县	旅馆	176 的妻子
176	冯秀英	男		30	河北省平乐县	汽车修理	
177	史庆芬	女		不明	四川	家务	丈夫在铁道 16 局
178	李守田	男	51		河北省丰宁县	旅馆	
179	李守田	女	62		河北省丰宁县	家务	178 的妻子，孩子
180	赵文义	男		28	顺义县北王槽	服装厂	
181	赵文义	女		不明	顺义县北王槽		180 的妻子

（四）女性的生活和意识问卷调查

调查时间：1990 年 8 月。

调查对象：北京市顺义县顺义镇沙井村的已婚妇女中，从 20 多岁、30 多岁至 70 多岁每个年龄段人员中各抽取 6 人，共 36 人。

调查方法：发调查表按项目填写。在调查人讲清楚要求的情况下，通过妇女主任等村干部选定调查对象，进行调查表的分发和收集。

表 23 已婚妇女的生活情况和意识统计表

单位：人

调查项目		年龄段（岁）	70	60	50	40	30	20	合计
关于结婚	婚约	有	6	5	6	6	5	5	33
		无		1			1	1	3
		没回答							0
	相识途径	别人介绍	6	6	5	5	4	4	30
		在学校							0
		在工作单位							0
		其他					2	2	4
		没回答			1	1			2
	由谁决定结婚	父母	6	6	2				14
		自己本人			2	1	4	5	12
		父母决定自己同意			2	4	2	1	9
		自己决定父母同意							1
	结婚后的住所	丈夫的父母家	6	5	5	5	5	4	30
		娘家						1	1
		独立			1	1	1	1	4
		没回答		1					1
与娘家的关系（可以选两项以上）		不往来		1		1			2
		常往来	6	5	6	5	6	5	33
		经济援助			1	1		1	3
		接受经济援助		1				1	2
		支援劳力			1	1	1	3	6
		接受劳力支援		2	2	2	2	3	11
		没回答							0
生育	子女数（平均）		4.2	3.7	4.5	2.2	1.8	1.2	
	生产场所（可选两项）	婆家	6	2	3				11
		娘家							0
		医院			2	4	5	6	17
		婆家和医院		3	1	2	1		7
	出生后父亲	马上来见		④	6	6	6	5	㉗
		半月到1个月后来见	6	③				1	⑩
		以前不能马上来，现在可以							0
	出生后庆祝	男女一样	4	5	5	6	6	6	32
		男女有别	2		1				3
		以前有别，现在一样		1					1

续表

调查项目 \ 年龄段（岁）			70	60	50	40	30	20	合　计
重病时（可选两项）		去医院	6	6	6	6	5	6	35
		喝中药	3	3	3	1	1		11
		喝西药	3	3	3	5	5	4	23
		求神拜佛							0
祭祀	神龛的神	男人拜祭							0
		女人拜祭							0
		男女都拜祭							0
		谁也不拜祭	6	6	6	6	6	6	36
	祖先的牌位	男人拜祭							0
		女人拜祭							0
		男女都拜祭							0
		谁也不拜祭	6	6	6	6	6	6	36
	上坟	男人		1			2	1	4
		女人							0
		男女都							0
		谁也不	6	5	6	6	4	5	32
养老保障（可选两项）		依靠儿子	5	6	5	4	1	3	24
		依靠女儿				2			2
		儿子和女儿	1		1		4	1	7
		依靠国家					3	3	6
与妇联的关系		参加活动	1	2	4	5	4	4	20
		不关心	2						2
		有难办的事找妇联	3	4	2	1	2	2	14
		没回答							0

注：其中用○围起来的数字是没进行说明，而选择了两项的结果。

表 24　不同年龄层每天平均劳动时间统计表

单位：小时

调查项目 \ 年龄段（岁）		70	60	50	40	30	20
农忙期	农耕	0	0	2	4.7	7.3	0
	饲养家畜	0	0	0	0	0	0
	其他业务	0	0.7	1.3	4.5	1.7	7.7
	家务活	2.2	5.2	4.5	2.2	3	1.7
	育儿	0	1.5	2.3	0.8	1.5	1.3
农闲期	农耕	0	0	0	1.5	0.3	0
	饲养家畜	0	0	0	0	0	0
	其他业务	0	0.7	1.3	6	4	7.7
	家务活	2.2	5.2	5.3	2.5	3.3	1.7
	育儿	0	1.5	2	0.7	2	1.3

表 25 不同性别承担家务的情况

单位：人

担当者的性别＼务家的担分	做　饭	收　拾	扫　除	洗　衣	针线活	房屋修理	财务管理
女　方	32	31	31	31	34	1	14
男　方						35	6
双　方	4	5	4	5	1		16
没回答			1		1		

（五）性别问题调查

调查时间：1994 年 8 月。

调查对象：10～60 多岁的沙井村村民（女 31 人，男 28 人）。

调查方法：发调查表按项目填写。在调查人讲清楚要求的情况下，通过妇女主任等村干部选定调查对象，负责调查表的分发和收集。

表 26 文化程度统计数字

	无	初　小	高　小	初　中	高　中	中　专	大　专	大学以上
女	29	12.9	0	41.9	6.5	3.2	6.5	0
男	14.3	32.1	0	50	0	0	3.6	0

表 27 婚姻情况统计

	未　婚	有配偶	配偶亡故	离　婚	未填写
女	22.6	51.6	6.5	0	19.3
男	21.4	50	3.6	0	25

表 28 所从事职业情况统计

	农　业	上班族	个体经营	家　务	学　生	其　他	未填写
女	0	35.5	6.5	38.7	16.1	0	3.2
男	3.6	60.7	10.7	3.6	14.3	3.6	3.6

表 29　工作目的统计分析

单位：%

调查项目 \ 回答者	70	60
为了维持家庭和自己的生活	6.5	8.9
想经济上自立	14.5	25
想多挣钱	11.3	21.4
想为社会做贡献	3.2	3.6
想发挥自己的才能	24.2	10.7
想生活在团体里	9.7	7.1
使自己的生活更充实	1.6	1.8
因为大家都在工作	21	7.1
其他	0	0
未填写	8.1	14.3

表 30　关于节育措施的统计

单位：%

问题	回答 \ 回答者	女	男
你的家庭中夫妇双方谁采取措施？	妻　子	35	71
	妻子为主	39	0
	不采取	16	18
	未填写	10	11

表 31　关于生育子女数目的统计

单位：%

问题	回答 \ 回答者	女	男	问题	回答 \ 回答者	女	男
如果可能你希望要几个孩子？	1 人	13	0	其中男孩几人？	1 人	61	68
	2 人	81	96		2 人	23	21
	3 人	0	0		3 人	0	0
	4 人	3	0		4 人	0	0
	未填写	3	4		未填写	16	11

表 32 关于夫妇在家庭中地位的统计

单位：%

回答者 / 回答	女	男
非常高	11	11
较高	55	46
一般	35	43
较低	0	0
非常低	0	0

表 33 希望孩子从事工作的统计数字

单位：%

回答者	希望的职业 / 子女性别	农业	工人	军人	商业	干部	专业技术	其他	未填写
女	女孩	0	19	0	10	10	45	0	16
	男孩	0	13	22.5	3	29	22.5	0	10
男	女孩	0	29	0	11	7	46	3.5	3.5
	男孩	0	11	18	7	25	21	4	14

表 34 关于妇女财产继承权的统计

单位：%

分配方法 / 回答者	男女平分	比男的少	比男的多	最好不要求	不该要求	其他
女	32	3	0	48	0	16（只有女儿）
男	14	0	0	57	14	14（同上）

表 35 家庭中的决定权·参与权

单位：%

回答者	项目 / 担当者		种植什么的决定权	住房的选择·建筑	日常购物	劳动的分工	贵重物品的购买	投资·借款	决定孩子的学校·职业	指导孩子学习	出席村民会议	参加附近的婚丧嫁娶
女子	丈夫为主		16.1	9.7	0	3.2	3.2	6.5	6.5	25.8	35.5	11
	夫妇双方		51.6	58	3.2	61.3	58	54.8	45.1	3.2	3.2	3.2
	妻子为主		6.5	6.5	67.8	3.2	9.7	6.5	19.3	22.6	35.5	35.5
	其他家庭成员	男	9.7	9.7	0	9.7	9.7	12.9	3.2	22.6	0	0
		女	6.5	3.2	22.6	3.2	0	0	6.5	3.2	0	0
		男女	3.2	6.5	0	9.7	9.7	9.7	6.5	0	19.3	19.3
	不搞那些		3.2	3.2	3.2	6.5	3.2	3.2	6.5	12.9	3.2	3.2
	未填写		3.2	3.2	3.2	3.2	6.5	6.5	6.5	9.7	3.2	3.2

续表

回答者	担当者＼项目		种植什么的决定权	住房的选择·建筑	日常购物	劳动的分工	贵重物品的购买	投资·借款	决定孩子的学校·职业	指导孩子学习	出席村民会议	参加附近的婚丧嫁娶
男子	丈夫为主		17.8	7.1	0	7.1	3.6	14.3	10.7	14.3	53.5	53.5
	夫妇双方		53.5	64.3	3.6	60.7	60.7	57.1	60.7	10.7	0	0
	妻子为主		3.6	7.1	75	7.1	10.7	3.6	3.6	32.1	21.4	25
	其他家庭成员	男	14.3	7.1	0	7.1	7.1	3.6	0	10.7	3.6	3.6
		女	0	0	14.3	0	0	0	3.6	0	14.3	14.3
		男女共同	3.6	7.1	0	7.1	10.7	7.1	3.6	0	0	0
	不搞那些		3.6	7.1	0	7.1	3.6	3.6	14.3	17.9	3.6	3.6
	未填写		3.6	3.6	3.6	3.6	3.6	10.7	3.6	14.3	3.6	3.6

表 36　有关男女不平等的现象数字统计

单位：%

项目＼回答者	女	男
未回答	24.2	17.9
录取分数线男女不平等	1.6	1.8
就业机会男女不平等	27.4	23.2
男女同工不同酬	9.7	7.1
女工容易被解雇	0	0
妇女离婚后再婚难	6.5	8.9
女子容易受到侮辱诽谤	1.6	0
生女儿的母亲受到差别对待	1.6	5.4
姑娘难于继承财产	25.8	28.6
根本没有不平等现象	1.6	7.1

表 37　对男女有别的看法

单位：%

男女有别的看法＼回答＼回答者	女				男			
	同　意	可　以	不一定	不同意	同　意	可　以	不一定	不同意
男主外，女主内	84	6	10	0	89.3	3.6	7	0
男的能力比女人强	0	3	71	26	3.6	7.1	60.7	28.6
应避免妻子比丈夫社会地位高	3	35	10	52	0	21.4	17.9	60.7
丈夫的成功就是妻子的成功，妻子全力支持丈夫	97	3	0	0	100	0	0	0
我国政治经济生活上妇女没发展到支撑半边天的程度	0	25.5	23	51.5	25	10.7	60.7	3.6
寡妇再婚时，应把财产留给前夫的孩子、家人	81	3	16	0	64.3	28.6	7.1	0

（六）顺义县暂住人口管理规定

顺义镇沙井村村民委员会关于加强暂住人口管理的规定

为了使我们村有一个安定的局面，社会治安有一个良好的环境，搞好综合治理，增强民主与法制建设，根据顺义镇派出所关于外来人口暂住管理的规定，我村村委会、治保会经研究决定，对外来暂住人口加强管理，并制定具体措施如下：

1. 凡我村村民出租房屋，有外来人员（包括本地、外地人口）居住的，由本户负责5日内必须到治保会登记造册，并交纳押金50元。

2. 凡到期迁走的暂住户，必须到治保会声明销户，治保会负责退还押金款50元。

3. 村民出租房屋，必须对暂住人口负责。要检查其身份证，经商的要办理营业执照，夫妻居住的必须检查其结婚证明及生育证明，没有各种证件、证明的，限期离村。

4. 凡我村居住的外地人口（非本市）由房主负责，5日内必须到村治保会办理暂住证。暂住证期满仍需留住的，应在期满5日前办理延期手续。在办证、换证的同时，交齐上级主管部门规定的管理费。

5. 凡来我村居住的暂住人口，必须按月交纳水费，按暂住人口计算，每人一个月3元，出租房屋户无权收取水费。由暂住户或房东每月初1～5号到村委会会计室交纳。凡逾期不交的，由治安人员入户收取，并处以3～5倍的罚款。

6. 村民出租房屋，禁止租住用电、用水大户。对有噪音、环境污染严重的，限期离村，不予居住。

7. 凡来我村居住的暂住户，必须单装电表，电费及线路维修费每度电计收6角。暂住户或房东将电费直接交村委会。

8. 凡来我村居住的暂住人口，必须遵守社会公德，遵守国家各种法律、法规，执行本地区各项规章制度。凡有违法行为的，一经发现，综合治理部门严加处理。

9. 本村出租房屋的各户，不得包庇暂住人员违法活动，发现可疑情况及时报告村治保会。

10. 凡本村居住的外来人员，必须遵守国家的计划生育政策及法规，严禁超生、逃生、计划外生育及非婚生育等，对出租房屋户，知情不报的罚款500元。

11. 本村出租房屋的各户，保障居住安全、危险房屋不得出租，如出现房屋倒塌事故，由各户自己全部负责。

以上11条，望广大村民及暂住人口共同遵守，并认真执行。

沙井村村民委员会

治保会

1994年7月4日

（七）沙井村经济统计资料

表 38　1986～1994 年沙井村农村基层组织状况表

	1986	1987	1988	1989	1990	1991	1992	1993	1994
一、基层单位村委会	1	1	1	1	1	1	1	1	.
二、户数	178	186	194	212	221	241	250	253	.
（杨会计口述数字）	212	213	214	225	228	230	233	252	.
三、人口	516	518	514	644	644	708	713	719	.
（杨会计口述数字）	674	676	681	687	690	693	700	725	780
男	218	219	208	282	282	314	311	314	.
女	298	299	306	362	362	394	402	405	.
四、劳动力资源总数	.	.	.	.	.	509	417	.	.
1. 按年龄分	.	.	.	.	.	.	408	.	.
（1）劳动力年龄内参加劳动人口	.	.	.	.	.	447	424	377	.
（2）劳动力年龄内上学	.	.	.	.	.	18	.	23	.
（3）劳动力年龄内丧失劳动能力	.	.	.	.	.	11	.	32	.
不足劳动力年龄内参加劳动	.	.	.	.	.	14	5	38	.
超过劳动力年龄参加劳动	.	.	.	.	.	59	34	.	.
2. 按整半劳动力分	199	211	217	296	290	.	.	360	.
整劳动力　男（18～50 岁）	95	97	98	136	139	122	126	127	.
女（18～45 岁）	81	86	88	160	151	143	147	148	.
半劳动力　男（16～17 岁、51～60 岁）	12	13	13	.	.	32	49	50	.
女（16～17 岁、46～55 岁）	11	15	12	.	.	50	25	35	.
3. 按乡村使用分	.	211	.	296	290	347	.	.	.
（1）乡镇级使用劳动力	.	76	.	191	191	221	285	387	.
（2）村以下级使用劳动力	.	113	.	77	77	92	92	60	.
（3）其他、外出	.	22	.	28	22	34	10	16	.
中：临时工、合同工	.	22	.	.	.	8	10	10	.
4. 按部门分	.	.	.	296	290	347	.	.	.
（1）农林牧副渔	.	57	.	67	67	78	68	70	.
（2）工业	.	69	.	152	152	191	190	190	.
中：乡镇级企业	.	64	.	148	148	177	182	183	.
村级企业	.	5	.	2	2	12	6	5	.
村以下（个体）	.	.	.	2	2	2	2	2	.
（3）建筑	.	10	.	18	18	21	21	25	.
（4）交通运输	.	16	.	12	12	11	12	23	.
（5）商业服务饮食业	.	34	.	8	8	12	28	24	.
（6）卫生、文化	.	2	.	2	2	1	1	.	.
（7）教育	.	2	.	2	2	2	2	.	.
（8）保险金融	.	.	.	1	1	.	2	3	.
（9）公共事业管理	.	2	.	.	1	4	.	.	.
（10）其他	.	.	.	34	27	27	33	25	.
付：雇外省市劳动力在乡村级以下使用	.	.	.	.	11	6	.	16	.
工业	.	.	.	.	11	6	.	12	.
建筑	.	.	.	.	.	.	.	4	.

注：1991 年以后，村统计中有“农村基层组织状况”和“农村劳动力资源及实有劳动力构成情况”二表。此表为二表综合整理而成。（张利民）

表 39 沙井村历年农作物实际产量统计

单位：亩、斤

	1976	1977	1978	1979	1980	1981	1982	1983	1984	1985	1986	1987	1988	1989	1990	1991	1992	1993
耕地面积	925.8	881.9	881.9	862.7	845.4	.	.	.	.	.	.	.	.	.	664	.	.	.
总播种面积	1248.8	1542.9	1602.9	1607.0	1566.2	.	.	1022	.	.	.	.	.	.	.	.	.	.
粮食作物面积	.	1247	1334	1320	1320	.	.	.	.	.	.	.	.	.	.	.	.	.
粮食占用耕地面积	628	637	684	660	.	.	.	200	.	.	.	.	.	.	.	.	.	.
粮食按耕地面积亩产	.	659	813	917	.	.	2168.5	2546	.	.	.	.	.	.	1250	1444	1450	1447
粮食按播种面积亩产	.	331	417	458	607	.	.	400	.	.	.	.	.	.	.	.	.	.
粮食作物产量合计	541594	411802	556568	605615	802667	.	443699	509303	.	.	.	.	.	.	536600	616000	619000	473000
夏粮面积	700.5	610	650	660	660	.	.	200	.	.	.	.	.	.	.	.	.	.
按播种面积亩产	372	323	405	350	365	.	.	1164	.	.	.	.	.	.	.	.	.	.
总产量	260056	196988	263429	231308	241091	.	.	232950	.	.	.	.	.	.	.	.	.	.
冬小麦面积	.	.	550	620	620	.	.	196	.	.	.	400	400	410	.	.	.	.
冬小麦亩产	.	.	387	317	340	.	.	1777	.	.	.	585	610	600.36	.	.	.	.
总产量	.	.	212902	196306	212365	.	.	230937	.	.	.	234000	2439675	245753.6	306600	284000	317000	258000
秋粮面积	755.5	637	684	660	660	.	.	200	.	.	.	.	.	.	.	.	.	.
按播种面积亩产	374	337	432	573	850	.	.	1381	.	.	.	.	.	.	.	.	.	.
总产粮	281541	214814	293129	374297	561576	.	.	276352	.	.	.	.	.		.	.	.	.
玉米面积	490	364	387	.	584	.	.	157.5	.	.	.	400	400	427	427	.	.	.
玉米亩产	459	498	540	.	878	.	.	1592	.	.	.	693.5	500	662	716	332000	302000	.
玉米总产量	.	170701	249180	.	513262	.	.	250212	.	.	.	.	.	.	.	.	.	215000
棉花面积	40	34	.	8.3	9	.	.	.	.	.	.	277400	200000	286170.2	466000	.	.	.
蔬菜面积	.	202	.	.	.	.	200	.	.	.	.	.	.	.	.	.	.	.
蔬菜总产量	.	.	.	.	.	.	1618250	.	.	.	.	.	.	.	.	.	.	.
商品蔬菜产量	.	.	.	.	.	.	1600000	.	.	.	.	.	.	.	.	.	.	.
自留地面积	87.8	87.8	87.8	.	.	.	.	.	.	.	.	.	.	.	41.9	.	.	.
种粮面积	87.8	87.8	87.8	.	.	.	.	.	.	.	.	.	.	.	.	.	.	.
按耕地面积亩产	800	665	883	.	.	.	.	.	.	.	.	.	.	.	.	.	.	.
总产量	35120		36600	.	.	.	.	.	.	.	.	.	.	.	.	.	.	.

表 40　历年粮食产购留销分配统计

单位：亩、斤

	1976	1977	1978	1979	1980	1981	1982	1983	1984	1985	1986	1987	1988	1989	1990	1991	1992	1993
人口	499	500	499	497	516	.	.	.	.	515	503	.	.	.	.	.	.	.
骡、马	17	16	20	29	20	.	.	.	.	34	10	.	.	.	.	.	.	.
粮食面积（亩）	513.7	.	684	660	680	.	.	.	.	663.6	328	.	.	.	.	.	.	.
粮食亩产（斤）	848	.	814	916	1185	.	.	.	.	.	.	.	.	.	1250	1444	1450	1447
粮食总产量	529354	411800	556569	605615	805478.4	.	.	.	.	457900	466018	.	.	.	536600	616000	619000	473000
粮食分配合计	529354	411800	556569	605615	805478.4	.	.	.	.	.	.	.	.	.	.	.	.	.
征购粮食	120202	75071	76613	182075	142724	.	.	.	.	203600	.	.	.	.	40000	50000	50000	50000
中：超购	.	.	.	.	392	.	.	.	.	.	.	.	.	.	.	.	.	.
奖励粮	.	.	.	.	37176.3	.	.	.	.	661500	.	.	.	.	.	.	.	.
口粮	209650	204540	220873	234720	253051.4	.	.	.	.	257500	251500	.	.	.	120000	90000	70000	40000
人均口粮	422	409	442	472	490	.	.	.	.	.	.	.	.	.	.	.	.	.
留种	35000	29000	30000	30000	35500	.	.	.	.	.	16400	.	.	.	.	.	.	.
留饲料	125409	69620	124908	154698.6	215000	.	.	.	.	.	12000	.	.	.	.	.	.	.

表 41　农业现代化

单位：亩、度、斤

	1977	1978	1979	1983	1989	1990	1992	
大畜	30	37	.	.	.	.	.	
山绵羊	8	20	.	.	.	.	.	
机耕面积	881.9	832	800	423	.	.	.	
机播面积	580	600	600	423	.	.	.	
用电量	10000	30000	41360	.	.	.	.	
化肥	924000	129400	274730	285142	93800	56654.9	82400	
农药	.	.	.	406	1940	.	352	

表 42 沙井村收益分配

	1975	1976	1977	1978	1979	1980	1981	1982	1983	1984	1985	1986	1987	1988	1989	1990	1991	1992	1993
收入总计	176623	136224	125916	156275	164551	225234	.	226830.2	299346.69	965000	848722	786391	1535064	324342	3316081.6	3626560.3	8259000	13116000	20473000
中：账内收入	.	.	.	.	.	.	.	.	.	.	312050	501391	1305500	2902779.8	3316081.6	3311990.3	.	.	.
出售农产品总收入	.	.	.	.	.	.	.	.	.	.	.	285000	1233554	100816	3272931	3618316	.	.	.
一、农业收入	96897	83162	61459	81532	87909	127175	.	171905.47	174958.24	.	274037	285000	301500	10816	449545.53	498612	530000	263000	175000
中：粮食收入	81469	61229	50536	69271	39271	110712	.	.	99282.15	.	74037	75000	90500	10816	169545.53	184062	190000	209000	175000
蔬菜收入	.	.	.	.	.	.	.	.	.	.	200000	210000	211000	.	280000	314550	340000	.	.
二、林业收入	.	.	.	.	.	.	.	.	.	.	.	4072	.	.	.	.	.	.	.
三、畜牧业收入	2592	6251	12354	3178	4462	2487	.	4717.64	3428.12	.	.	.	.	.	.	.	.	.	.
四、副业收入	74005	42572	75812	64174	61619	85662	.	43737.52	114040.86	46636	.	.	.	.	.	.	.	.	.
运输	24480	13449	11458	21198	21198	28790	.	.	.	.	.	.	.	.	.	.	.	.	.
劳务	.	.	.	.	42360	45093	.	.	.	.	.	.	.	.	.	.	.	.	.
加工业	.	.	.	.	.	5500	.	.	.	.	.	.	.	.	.	.	.	.	.
五、渔业收入	.	.	.	.	.	.	.	.	.	4490	.	.	.	.	.	.	.	.	.
六、工业收入	.	.	.	.	.	.	.	.	.	.	257580	492207	1226334	2808135	3142770.5	3119704.1	7687000	12724000	19979000
七、交通运输收入	.	.	.	.	.	.	.	.	.	.	.	.	.	.	1325	.	.	.	10000
八、饮食服务业收入	.	.	.	.	.	.	.	.	.	.	52274	112	7230	.	.	.	.	4000	.
九、修理业收入	.	.	.	.	.	.	.	.	.	.	2000	.	.	.	.	.	.	.	.
十、其他收入	.	.	.	.	.	.	.	.	.	.	2055	.	.	.	2440.59	8224.17	42000	125000	309000
费用总计	78758	58922	56757	59080	.	.	.	73091.61	89744.92	526000	331076	387822	1633735	2692799	2597036.9	2662502.3	4371000	11399000	18755000
中：账内费用	.	.	.	.	.	.	.	.	.	289638	156670	335488	889085	277853.66	.	2567952.3	.	.	.
一、农业费用	53875	39117	29057	36426	.	.	.	48784.5	67629.98	65000	63665	52434	54850	62600	61077.17	181846	246000	.	67000
中：粮食费用	.	.	.	.	.	.	.	.	44656.56	.	16125	15234	18550	.	161077.17	87296	106000	.	67000
蔬菜费用	.	.	.	.	.	.	.	.	22973.42	.	47540	37200	36300	.	79800	94550	140000	.	.
农业税	.	.	.	.	49791	49441	.	.	.	.	.	.	.	.	.	.	.	.	.
化肥	17331	17603	13373	15136	20786	20544	.	.	.	.	.	.	.	.	.	.	.	.	.
农药	796	560	.	.	188	439	.	.	.	.	.	.	.	.	.	.	.	.	.
二、畜牧业费用	.	.	.	.	7887	7786	.	8410.31	7902.87	.	.	.	.	.	.	.	.	.	.
三、副业费用	.	.	.	.	3739	10809	.	8201.18	5550	26148	.	.	.	.	.	.	.	.	.

续表

	1975	1976	1977	1978	1979	1980	1981	1982	1983	1984	1985	1986	1987	1988	1989	1990	1991	1992	1993
四、工业费用	.	.	.	.	.	.	.	.	.	134709	103410	326508	965534	2528458	2404801.1	2375260.2	6861000	11037000	18437000
中：折旧	.	.	.	.	.	.	.	.	.	.	5000	5500	.	31105	43284.21	88410.35	152000	41000	156000
五、饮食服务业费用	.	.	.	.	.	.	.	.	.	106089	29874	.	.	.	.	.	.	.	.
六、交通运输费用	.	.	.	.	.	.	.	.	.	.	.	.	.	.	.	.	.	.	14000
七、管理费用	321	345	459	.	369	281	.	205.55	300	108	264	208	.	.	3729	1306.66	2000	4000	.
八、其他费用	7237	6107	9275	8194	5297	4371	.	4452.07	5562.07	14372	2130	3200	3970	.	7826	15679.14	61000	111000	70000
纯收入	97865	77303	69159	97195	94968	149827	.	151939.59	209601.77	439000	386603	398569	491129	522543	798544.7	964057.95	938000	1717000	1718000
中：账内纯收入	.	.	.	.	.	.	.	.	.	83255	155443	165903	244479	94406	.	744037.95	.	.	.
一、税金	2956	2798	2817	2784	3215	3422	.	3081.16	5640.54	11000	8927	8655	87463	13358.64	158688.95	149494.74	81000	501000	331000
中：农业税	.	.	.	.	.	.	.	.	.	2000	2300	2300	2500	2668	3222.75	4947	.	.	.
二、各项积累	.	.	7109	16102	15970	31025	.	28155.5	28000	43000	44000	60000	65000	55000	127300	135500	145000	167000	197000
生产积金	3000	.	909	3125	2400	9350	.	4255	4000	.	.	.	.	.	.	.	.	.	.
公积金	24281	14060	6200	10977	13570	11175	.	2400	2400	1000	11000	15000	15000	15000	.	.	.	.	.
发展户积金	.	.	.	.	.	.	.	.	.	.	.	.	.	.	2500	87500	95000	60000	.
公益金	1361	700	850	3756	2300	3300	.	2300	4000	1620	2600	2500	3000	3500	1000	4000	19000	12000	30000
社村企业实留积累	.	.	.	.	.	.	.	.	.	.	33000	45000	50000	.	.	.	.	.	.
社村企业实现利润	.	.	.	.	.	.	.	.	.	19538	61564	77600	82769	104089	336089.44	.	.	.	.
农民劳动所得	64397	59746	58383	69402	83483	113030	.	141051.79	194550	.	340076	336014	355936	362637	425072	681063.21	693000	1037000	11650000
中：账内所得	.	.	.	.	.	.	.	.	.	.	.	103748	109286	.	.	461043.21	.	.	.
干部所得	.	.	.	.	.	.	.	.	.	.	.	.	.	.	.	62625	.	.	.
工分值	0.89	0.85	0.73	0.84	1.25	1.51	.	.	.	.	.	.	.	.	.	.	.	.	.
总户数	112	112	119	120	120	133	.	144	155	169	169	172	172	.	.	221	.	.	.
总人口	508	507	520	507	506	516	.	486	474	518	501	505	500	506	263	586	697	713	725
劳动力	216	201	201	207	212	210	.	.	.	215	194	199	207	209	262	236	275	375	360
中：干部	.	.	.	.	.	.	.	.	.	6	3	.	8	7	6	19	10	24	35
人均收入	126	118	112.2	137	165	221	.	290.85	410	748	674	660	711	716.7	1458	1174	994.26	1454	1600
劳均收入	.	.	.	.	.	.	.	.	.	753	1750	1690	1719	1735	1422	2886	2520	2765	3222
干部人均收入	.	.	.	.	.	.	.	.	.	.	1832	2300	2500	18500	3000	3296	2600	3708	4000

续表

	1975	1976	1977	1978	1979	1980	1981	1982	1983	1984	1985	1986	1987	1988	1989	1990	1991	1992	1993
中：干部老师收入	.	.	.	.	.	.	.	.	.	.	.	.	2643	15000	18000	.	.	29000	112000
家庭跨年度生产投资总额	.	.	.	.	.	.	.	..	.	.	.	340000	690000	.	.	.	.	.	.
中：农家当年生产经营积累	.	.	.	.	.	.	.	.	.	.	.	.	350000	.	.	.	.	.	.
承包方应上交金额	.	.	.	.	.	.	.	.	.	.	.	.	22000	58000	86485.15	106000	.	.	.
单位	.	.	.	.	.	.	.	.	.	.	.	.	.	6	6	6	5	5	6
工业生产原则	.	.	.	.	.	.	.	.	.	.	.	.	.	469783	645672.74	337861.8	.	.	.
全部流动资金平均占用总额	.	.	.	.	.	.	.	.	.	.	.	.	.	.	236101.86	.	.	.	.
本年度企业税后利润	.	.	.	.	.	.	.	.	.	.	.	.	.	155025.44	327984.9	336089.44	246000	234000	367000
黑字企业单位	.	.	.	.	.	.	.	.	.	.	.	.	.	.	6	6	5	5	5
净利润	.	.	.	.	.	.	.	.	.	.	.	.	.	.	.	.	246000	234000	367000
出售产品总收入	.	.	.	.	.	.	.	.	.	.	.	.	.	.	.	.	7890000	13116000	20473000
中：投入市场收入	.	.	.	.	.	.	.	.	.	.	.	.	.	.	.	.	7890000	13116000	172500
农业产品收入	.	.	.	.	.	.	.	.	.	.	.	.	.	.	.	.	490000	263000	145000
工业产品收入	.	.	.	.	.	.	.	.	.	.	.	.	.	.	.	.	7400000	12724000	19979000
其他	.	.	.	.	.	.	.	.	.	.	.	.	.	.	.	.	.	129000	309000
生产粮食数量万公斤	.	.	.	.	.	.	.	.	.	.	.	.	.	.	.	.	23	30	22.9

表 43　1986 年农村社队办企业经济收入分配

收　入	*工业收入	费　用	*外户人报酬总合	纯收入	*税金分配	*工资奖金	*干部工资
492509	492507	326508	64000	165699	6355	81744	6000
利润净额	时期积累	在企业人员	*干部（人）	人均所得	*外户人口（企业固定资产）	黑字企业（黑字金额）	
77600	45000	50	3	1633	70　450000	3　77600	

（八）故去村民记录

1948 年前夕过世人员

1. 杜广新前妻：乳名白和尚。
2. 杜广新母。
3. 杜钦贤母。
4. 赵自如母。
5. 杨洪任母。
6. 杨昇母。
7. 张成：张林如父。
8. 张林祥。
9. 张林荣：本村第一名党员。
10. 张瑞父。
11. 李广瑞父、即李儒源。
12. 章老先生：医生、名庆善。
13. 章老先生妻：李秀江外祖母。
14. 刘真：被伪军误打死。
15. 张树德妹。
16. 杨源女：老金子。
17. 李自高子：狼吃。
18. 杨宝顺：水溺。
19. 赵翼姐：肺病。
20. 孙继如。
21. 张仪。
22. 张珍：张树德父。

1948 年后顺义县沙井村过世居民名单

1951 年前

1. 李广善：当过伪军，后当解放军，下落不明，被县民政局追认为烈士。
2. 邢润齐：邢永利父。

3. 耿士成：原平各庄人，独身。
4. 周树堂：周永兴爷。
5. 杜春：杜江爷。
6. 张红峰弟。
7. 孙旺：孙连友二伯，独身。
8. 李伯阳前妻：石门村人刘氏。
9. 李广祥妻：一女，勤劳。
10. 李广泰妻：无子女。
11. 李广志前妻：李桐春母。
12. 张树荣前妻：无子女。
13. 张守俊妻：张树松母。
14. 刘世恒二姐：患肺病。
15. 万杨氏：任怀荣外祖母，杨庆忠大姑奶。
16. 刘长春：刘振梅爷，医生。
17. 刘长春妻。
18. 杜华：杜忠哥，烈士，未婚。
19. 张林辉：张林云哥，解放战争中牺牲，烈士，未婚。

1955 年前

20. 孙继武二妈：孤苦。
21. 刘祥妻：一子一女，刘淑珍母，早亡。
22. 杨永财妻：杨洪如奶奶。
23. 王悦母：王孝先奶奶。
24. 刘长贵：刘振梅二爷，老年失明。
25. 刘长贵妻：二女无子。
26. 杨春旺婶：杨维良叔辈太太。
27. 张瑞母：张林友奶奶。
28. 杜凤鸣：杜维新儿子，未婚。
29. 赵立民奶奶。
30. 王悦：王孝先父，会做糖、点心。
31. 王悦妻：王孝先母。
32. 张永仁：张玉峰爷，三子。
33. 杨永财：杨洪如爷。
34. 杨珍长子：邹福英亲子。
35. 杨玉华长女。
36. 杜广新长子：杜江兄，幼亡。
37. 李景春奶奶：三子。

38. 景德福女儿：景荣妹，有蛇皮症，10多岁亡。

39. 杨润森：杨维良父，顺义广丰永商店会计。

40. 吴殿臣母：吴仲河奶奶，二子。

1960年前

41. 柏成志：山东人，沙井姑爷，岳父刘长春，铁匠，三子三女，长子柏晏江。

42. 柏成志妻：刘桂林姐，三子三女。

43. 李伯阳长子：李宗尧，年幼而亡。

44. 李广德妻：李宗田二奶奶，李广庆大姨子。

45. 赵文友：赵恩富父，迷信。

1965年前

46. 杨李氏：杨庆忠二奶奶，娘家军营，1961年旧历正月初一老亡，享年80岁，其子在北京，女儿嫁刘家河苏家，外孙苏志明。

47. 杨明：杨洪如父，杨永财子，1962年患急病而亡，为生产队坑白薯秧，与杜德新同属坑白薯秧而亡者，原因不明。

48. 杜德新：杜贵父，患急病而亡。

49. 李自高三女儿：幼年而亡。

50. 李秀芳母：李德利奶奶，老亡，二子。

51. 李六爷：李广泰父，老年眼失明，1962年老亡。

52. 赵庭奎继母：老亡。

53. 杨少增：杨会父，1961年老亡，四女一子。

54. 刘德芹：李广志续妻，李绍春母，梅沟宫村人，1962年中年病亡。

55. 李广瑞：李伯阳父，二子二女，外科医生，患心血管病急亡。

56. 赵文启：赵翼父，二子二女，卖老豆腐，老亡，患心血管病。

57. 关杨氏：刘世桓外祖母，无子，来沙井与女儿刘关氏生活，老亡。

58. 李广恩：二女无子，卖过神纸，李长春伯父。

59. 李广恩妻：老亡，爱吸烟，老年与外孙一起生活。

60. 杜祥：杜存新父，杜刚爷，二子三女，会书法，老亡。

61. 杜祥妻：张家之女，张麟炳姑，老病，吃了人参而不断气。

62. 张永仁妻：张玉峰奶奶，老亡，做饭时突来病而亡，在张忠家，留有三子。

63. 赵立民：赵国栋父，一儿一女，曾任为河南村乡文书，短期小学校教师（开放后），书法，珠算尚好，1964年社教运动中自杀。

64. 张守仁：张树桐父，曾当过牛栏山德生站掌贵，年老而亡，二子一女。

65. 张守仁妻：二子，年老而亡。

66. 崇文启：崇刚父，一生主要以小食品买卖为生，一子二女。

67. 崇文启妻：1962年老亡，老年生活较苦。

68. 赵文生：一子一女，年轻时好音乐。子赵顺曾任伪特，1958 年被捕，儿媳改嫁。

69. 赵文生妻：一子一女。

70. 张树林母：二子一女，好玩纸牌，非常能干，老年患子宫癌而亡。

71. 张书代母：张洪峰奶奶，年老而亡，二子，长子早亡。

1970 年前

72. 吴殿莹：吴仲海继父，曾任杜聿明部通信兵，解放回乡务农，老年再婚，四子，患肺癌而亡于 1967 年。

73. 吴殿莹母：年老而亡，二子一女，次子被杀。

74. 李树林：号李有风，新中国成立前卖过故衣，二子四女，年老而亡。

75. 任正刚：原石门村人，会书法、象棋，年老而亡，一子二女。

76. 孙福妻：孙德安奶奶，一生贫困，一子抱一女。

77. 孙福：年老又长新牙，食道癌而亡，一子一女（抱养）。

78. 张荣妻：有眼疾，但很注意整洁，干净，三子，去世较早。

79. 杜作新：三女无子，曾任大队长，较正气，患皮肤癌而亡。

80. 周晏妻：周永兴母，患肝癌而亡，二子二女。

81. 杨永元：杨珍父，三子三女，做过长工，年老而亡，好赌。

82. 杨沛森：一子一女，医生，好酒，早逝。

83. 杨沛森妻：海洪村人，老年发胖，高血压，早逝。

84. 孙风：一子，孙继武父，曾任过伪甲长，年老而亡。

85. 赵庭奎：四子四女，好吸烟饮酒，晚年患肺癌而亡。

86. 张树彬三子：幼时病死医院。

87. 张守俊母：二子一女，会接生，年老而亡。

88. 赵文启妻：赵翼母，二子一女，年老而亡。

89. 杨永林：二子一女，患腿疾，与次子一起生活，年老而亡。

90. 杜连元：杜连生大哥，随妻去胜利村生活，去过天津，做过工人后回乡务农，车祸而亡。

91. 杜守田妻：杜连生奶奶，年老而亡，一子二女。

92. 杜守田：杜连生爷爷，一子二女，老年随孙杜连元一起生活，年老而亡于胜利村。

93. 杨明旺妻：杨宝森母，二子二女，枯柳树村人，一生贫寒，患心血管病而亡。

94. 杨永瑞妻：一子，杨成，年老而亡。

95. 赵自如妻：三子二女，老年得病，后亡，是本村杜姓的外生女。

96. 赵少庭：赵自如父，一子，小商人，老亡。

97. 张瑞妻：三子二女，老亡。

98. 张麟富母：二子二女，心善，卖过烧饼，老年患气管炎而亡。

99. 张昆妻：一子二女，患心脏脑血病而亡。

100. 张麟富儿：弃儿，被捡后已因受冻而身损，活到 18 岁，不能自理。

101. 杜维新：一子二女，智差，念过八年书，不会写名字，老亡。

102. 李广泰续妻：来不久而亡，留沙井，一子一女。

103. 邢永利母：年老而亡，一子。

104. 景德福：原石门人，三子一女，勤劳刻苦，年老呆痴而亡，会治狂犬病。

105. 景德福续妻：二子一女，老亡。

106. 李广明妻：六女一子，劳苦一生，触电而亡，40 多岁。

107. 杨明妻：一子二女，年青时有咳症，老亡。

108. 李清源：一子二女，厨师，老亡，善治家。

109. 李清源妻：劳苦一生，老亡。

110. 吴殿臣：一女无子，曾任小学校教师，后务农，食道癌而亡，书法好。

111. 吴殿臣妻：一女无子，劳苦一生，老亡。

112. 赵文生妻：一子一女，老亡。

113. 杜复新：二子二女，勤劳，患肝癌老亡。

1975 年前

114. 杨永瑞：一子无女，杨成父，会杀猪，老亡。

115. 杨少增妻：一子四女，杨会母，劳苦一生，老亡，患腿疾。

116. 周晏：二子二女，体弱，患心血管病亡。

117. 杨春旺：二子三女，早年丧母，中年丧妻，老年丧子，体壮，老亡，80 多岁。

118. 刘福：一子三女，子世恒，李树林亲哥，刘家抱养，勤劳一生，克俭一生，年老而亡。

119. 刘禄：一子，世德，辛苦一生，老而残亡。

120. 李祥林：一子一女，勤劳，曾任支部书记，河北省劳模，老亡。

121. 李祥林妻：一子一女，劳苦一生，患心血管病亡。

122. 吴殿杨妻：二子三女，相美，高血压，老亡。

123. 吴殿杨：二子三女，子仲河，仲武，务农一生，患高血压而亡。

124. 张韩氏：一女，夫早亡，劳苦一生，老年自杀而亡。

125. 张洪峰长子：溺水而亡。

126. 杨桂森：保桂头为乳名，得羊角风病而亡，未婚。

127. 杨源：五女无子，姪庆忠余良，曾任沙井多年村长，小学校校长，会做首饰，识金银成色，开放后在银行工作过，老年较苦，老亡，于 1974 年旧历二月初亡。

128. 杨源妻：富任庄人，老年与侄孙杨文贵一起生活，1975 年冬老亡。

129. 杨正：二子一女，勤劳一生，1975 年冬老亡。

130. 杨正妻：苏庄人，1973 年老亡。

131. 李德春母：一子，德春，夫早年外走，劳苦一生，老亡。

132. 李广庆妻：三女无子，为李广德妻妹，病亡。

133. 王春香长女：婴儿死亡。

1980 **年前**

134. 刘祥：一子一女，子任镇长，当过生产队长，早年丧妻，孤身寿终，老年患气管炎而亡于女儿刘淑珍家。

135. 杨泽：一子二女，劳碌一生，善良厚道，信仰共产主义，1976 年旧历正月初三，老亡，年 70 岁。

136. 李广瑞妻：焦各庄人，梁氏，二子二女，老年患气管炎亡。

137. 李逢春：一子无女，妻邹树仪，做体育教师，长期患肺病而亡。

138. 李自高：二女无子，劳苦一生，眼疾，患气喘而亡于 1976 年。

139. 张书代：一子，1958 年受凉，半身不遂，老亡。

140. 李德春：工人，患食道癌亡。

141. 任正刚妻：一子二女，辛苦一生而亡。

142. 李树林妻：娘家姓章，二子四女，老年很苦而亡。

143. 孙风妻：一子，继武，奶儿继贤，能干，年老而亡，70 多岁。

144. 杜维新妻：一子二女，子早亡，老年与长女生活，后老亡。

145. 杜德新妻：一子三女，贫苦一生，老年不能行动，爱哭，后亡。

146. 杜世贤：三子三女，厨子，老亡。

147. 周复兴：一子一女，交通局会计，患心血管病，50 多岁而亡。

148. 李广祥：妻带来一女儿，无子，劳苦一生，老年病卧不起，敬老院过世。

149. 李广庆：骨刻艺人，三女无子，前妻亡后又续一妻，患心血管病过世。

150. 赵兴：赵翼哥，铜器艺人，未婚，年老过世。

151. 孙兰贵岳母：随女来沙井，老亡。

152. 孙兰贵：四子五女，裁缝，1972 年回乡，好酒，年老过世。

153. 柏晏江妻：柏建国母，石门村人，后离婚改嫁，后过世。

154. 杜钦贤妻：三子二女，性烈，患白血病而亡，50 多岁。

155. 杜钦贤：三子二女，任队长，丧妻后愁苦家事而亡。

156. 杜林新：二子一女，木匠，老年痴呆，过世。

1985 **年前**

157. 杜维复：无儿女，结婚过一天，智差，年老过世。

158. 吴仲芳子：幼小吃块糖堵死。

159. 赵自如：三子二女，熟习小商，体弱，对事物有自己的看法，有不少广论很有道理，但去世较早，特长未能得到发挥。

160. 刘桂林：无亲子女，抱养刘振生，关系较好，年轻时家境很苦，曾当过日本在中国时的中队长，对事物有看法，有见解，开放后有反革命身份，1961 年前赶过大车，后参加生产队劳动，老病而亡。

161. 杨升续妻：二子二女，十里堡村人，患肝炎病而亡。

162. 孙秉国母：二子，中年丧夫，后到外村与二子生活，老亡。

163. 刘福妻：刘关氏，一子三女，二女早亡，勤劳一生，患食道癌而亡。

164. 张林如母：二子一女，劳苦一生，晚年较好，年老过世，80 多岁。

165. 张书袋妻：张孔氏，二子，次子幼亡，勤劳，轻视丈夫，患肝癌而亡。

166. 李广德，一女无子，中年丧妻，能干，游泳能力很强，做过长工，赶过大车，老年与侄长春一起生活，年老去世。

167. 李广玉：一子一女，做过长工，劳动一生，年老过生。

168. 邢玉田：未婚，30 岁患食道癌而亡，能干，言谈少，为乡亲出了不少力。

169. 杜作新妻：三女无子，患食道癌而亡，老年与三女在北京生活。

170. 李注源：无子无女，其父曾做过村长，幼年家境较好，一生能干，但家庭一直不太好，老年亡于敬老院。

1985 年

171. 杨升：三子二女，当过伪兵，有心路，晚年患食道癌而亡，60 多岁。

172. 刘录妻：一子无女，老年很苦，年老病亡。

173. 赵明：在内燃机总厂工作，中年病亡。

1986 年

174. 杜忠母：烈属，二子二女，大东庄人，年老去世。

175. 杜桂英长子：张雷，随母再婚到衙门村，玩时因小车翻而压死。

176. 张麟炳妻：三子二女，因心脏病而亡。

177. 李秀芳：一女，抱养一子，11 虚岁结婚，思想较先进，劳苦一生，老年特艰难，因病去世。

178. 张瑞：三子二女，年幼时家境较苦，因任蜜供领班发家，人缘好，赶过大车，体胖，与日本人有一点关系，年老去世，享年 88 岁，火化。

179. 李秀清：有子有女，好酒，当过伪治安兵，解放军，任内蒙古日报社书记，年老病亡，是沙井村任公职地位较高者。

1987 年

180. 杜林新妻：二子一女，生孩子很多，劳苦一生，体胖，1987 年 1 月去世，火化，72 岁。

181. 赵庭福：二子二女，为保长，曾为国民党和共产党都工作过，性格特别，社教运动中被打伤致残，年老病逝。

182. 孙百伶：1987 年 8 月 1 日晨亡，会黑白铁工艺，为共产党做过地下工作，但关系失掉，性格特别，好烟酒，老病（皮癌）去世。

183. 李广泰：亡于 1987 年 12 月 31 日 20 ~ 21 点，后火化，幼年家境贫寒，青年在同顺永商店磨面，开放后任贫协主任，后赶大车养猪，前妻无子早亡，继妻很短时间。

1988 年

184. 李节子：李凤春二女，自杀。

185. 邹淑云：出嫁至沙井村，此人能干，会说，当过妇女队长，老年而亡。

1989 年

186. 孙志勇，1989 年 3 月 31 日中午，车伤压死，27 岁，火化，妻改嫁。

187. 彭孝德：无儿女，抱养一子，河北人，患食道癌而亡于 1989 年 6 月 4 日（动乱日），享年 71 岁。

188. 杜广新：前后四子，亡二子，做过长工，勤劳一生，患食道癌亡于 1989 年 7 月 16 日下午，享年 75 岁，火化。

189. 李玉琴：享年 50 岁，癌病，亡于北京。

190. 李广茂：亡于北京（李德春叔）。

191. 李广茂妻，亡于北京。

192. 孙秉国儿媳：1989 年 10 月 28 日亡，火化。

193. 王淑云：二子二女，因食道癌去北京治疗开刀而亡，于 1989 年 11 月 16 日 5 时过世，火化。

194. 刘振海母：一子二女，老病气喘而亡，1989 年 2 月 19 日，火化。

1990 年

195. 周微：1990 年 2 月 8 日 13 点去李遂路上被汽车撞死，事主未找到，13 岁。

196. 孙继贤妻：1990 年 3 月 16 日 10 点老亡，留四女。

197. 董青云：一子二女，东丰落人，享年 88 岁，1903 ~ 1990 年，老于 1990 年 4 月 25 日（旧历四月初一）18 时 10 分，一生好干净，生活好调理。

198. 孙秉国：性凶烈，一子，抱一女，赶过大车养过鸡，能说好饮酒，对妻不好，舌癌，脑溢血而亡于 1990 年 8 月 25 日 16 时，火化。

199. 杨秋兰：一子，做过赤脚医生，因高血压而亡于 1990 年 9 月 18 日 6 时，火化。

1991 年

200. 李凤春母：一子二女，中年丧夫，1991 年 3 月 10 日晨心脏病发作而亡，火化。

201. 赵庭福妻：二子二女，老年眼盲，1991 年 4 月 23 日老亡，火化。

202. 杨润：三女无子，青年壮年家境较好，先后把土地卖掉，后去北京做小买卖生活，1988 年去世，火化，葬于八宝山。

203. 杨润妻：三女无子，1988 年去世，葬于八宝山。

204. 李广志：三子三女，外科医生，患脑血管病，卧床 3 年 7 个月又 13 天而亡于 1991 年 8 月 13 日 7 时，火化。

205. 景贵：景德福前妻留子，党员，当过兵，汽车修理工，患心血管病于 1991 年 10 月 11 日 6 时去世，享年 65 岁，火化。

1992 年

206. 李广才：一女，晚婚，做过伪排长，给李凤春母帮过工，善外交，患心血管病于 1992 年 1 月 7 日去世，火化。

207. 孙志刚：患结核性脑膜炎而亡，火化，年 25 岁，1992 年 1 月 7 日早 7 时。

208. 张忠妻：一儿一女，劳动一生，1992 年 3 月 24 日 14 时老喘病而亡，火化，享年 80 岁。

209. 李继清：山东人，解放军连长，任过村支书，患高血压于 1992 年 11 月 7 日老亡，火化，享年 68 岁。

210. 赵国栋：二女，劳苦过度，患胃病，因医治晚，于 1992 年 11 月 29 日晨亡，享年 50 岁，火化。

1993 年

211. 张树林：二子二女，做过商店店员厨工，小老板，心血管病于 1993 年 2 月 18 日 7 点去世，火化。

212. 杨明旺：二子二女，1899 年生，此人现已是沙井出生最早的人，享年 95 岁，亡于 1993 年 3 月 24 日 20 点整。

213. 张树彬：三子一女，第三子早亡，做过店员，当过兵，下放干部，回乡务农，半生多不顺，不得志，因食道癌于 1993 年 5 月 9 日过世，火化，葬于小中河边。

214. 柏晏江：一子无女，晚婚，铁匠，离婚，劳动一生，患高血压，因心血管病于 1993 年 8 月 31 日 17 时过世，享年 72 岁，火化。

1994 年

215. 李长春母：一子一女，劳动一生，1994 年 1 月 2 日晨脑血栓病过世，享年 86 岁。

216. 赵自如四子：乳名蛤蟆，被车轧死。

217. 杨玉华：1994 年 4 月 11 日夜亡，患脑溢血，玩牌时来病，4 月 7 日下午 2 点 45 分来病，终年 65 岁，留三女一子。

218. 李广来：1994 年 5 月 6 日上午，亡于食道癌，此人幼年困苦，为人长工，开放后回村居住，勤劳，晚年儿女境况好，物质生活较好，但病后受病苦不少，享年 60 多岁。

219. 孙兰贵妻：（孙德利母），患老年性心血管病，1994 年 6 月 10 日 13 时在医院过世，终年 73 周岁，留六女四子。

220. 张树桐：1994 年 6 月 12 日下午过世，患肝癌，发病 40 天而亡，享年 60 岁，还未办理退休手续，留一子二女。

221. 张树荣：1994 年 8 月 26 日 23 时多去世，患癌病一年而亡 60 多岁，开放前当过学徒，开放后在北京四中当过司机，1962 年下放回乡，任过生产队保管员，后到海洪村开过拖拉机，后到顺义城关机站任过站长，后又任光华水磨石厂厂长至去世，留七个女儿无男孩。

222. 刘玉英：此人年青时能干，留有两男两女，1994 年 11 月 24 日去世。

1995 年

223. 杨黄氏：1906 年生，28 岁丧夫，有小孩后死亡，1995 年 3 月 24 日去世。

224. 杜存新：患心血管病卧床 4 年于 1995 年 4 月 9 日去世，留一男一女。

225. 张麟炳：1951 年去朝鲜参加过抗美援朝，复后回村任多年村党支部书记，1995 年 6 月 13 日因肠癌去世，留三男二女，享年 72 岁。

226. 张忠：80 岁，1995 年 9 月 26 日因前列腺炎病造成体弱去世，此人会做点心，留一男一女。

227. 张昆：87 岁，张瑞弟，1995 年 12 月 31 日去世，留一男二女。

1996 年

228. 张麟泉：71 岁，张瑞二子，1996 年 1 月 28 日因心血管病卧床 3 年多去世，留一男四女。

229. 杨江：瓦工，1928 年生，亡于 1996 年 2 月 2 日，留一男三女，患肠癌。

230. 吴仲海母：81 岁，留四子一女，于 1996 年 5 月 26 日去世。

231. 孙继贤：当过伪军，解放军，生产队长，因心脏病于 1996 年 6 月 11 日死于顺义县光荣院，留四女。

232. 吴仲贤：当过电子管厂工人，1961 年下放回乡劳动，因心血管病于 1996 年 9 月 13 日去世，55 岁，留三子。

233. 张荣：85 岁，能干善谈，年老于 1996 年 9 月 19 日去世，留三子。

234. 赵仲田：1939 年 7 月 14 日生，亡于 1996 年 11 月 4 日，很聪明，一生运气不佳，留一女。

235. 李秀芳妻：84 岁，抱养一子，生一女，患心血管病于 1996 年 11 月 17 日去世。

1997 年

236. 杨毛氏：1949 年结婚，留四女三子，因脑血栓于 1997 年 2 月 8 日去世，享年 70 岁。

237. 赵庭奎妻：97 岁，留四男四女，1997 年 2 月 19 日去世。

238. 李桐春：1938 年生，当过工人，生产队会计，电工，于 1997 年 7 月 5 日病故。

239. 刘世桓三女儿：中专毕业，1997 年 10 月 20 日突病死亡。

240. 程齐：当过兵，转业当工人，1962 年下放到沙井务农，于 1997 年 10 月 28 日病故，留三子，六四岁。

241. 孙张氏：孙百伶妻，劳苦一生，于 1997 年 11 月 9 日去世，86 岁，留一子三女。

1998 年

242. 李秀哑：幼年父母早亡，很苦，当过伪军，解放军，后复员回村务农，因心血管病卧床病故，亡于 1998 年 1 月 21 日，终生未婚。

243. 杨珍：当过店员，1962 年下放回乡务农，因胃癌于 1998 年 4 月 8 日去世，享年 73 岁，留二男二女。

244. 张玉峰母：17 岁结婚，38 岁丧夫，87 岁去世，留一男三女，于 1998 年 12 月 10 日去世。

245. 张林春：当过解放军，在总政当通讯员，后转业当工人，1998 年 12 月 12 日因心脏病过世。

沙井村近 30 年患癌症人员情况

食道　孙福，吴殿臣，杜广新，彭孝德，王淑云，刘吴氏，杨生，张树彬，杜作新妻，邢玉田，李德春，李广来，张麟炳，杨珍，杨淮。

肝　张孔氏，周晏妻，杜复新，李玉琴，张树桐。

肺　赵庭奎，吴殿莹。

皮　杜作新，孙百伶。

喉　孙秉国。

子宫　（张）树林母。

血　（杜）钦贤妻。

（九）河北省顺义县沙井村概况

从北京通往古北口的铁路中间站是顺义站，该站以东不到一千米的地方便是顺义县城。这条铁路是战争期间日本出于军事需要而敷设的，在这之前，从北京去古北口的道路都从顺义县城经过，顺义与怀柔、密云一样，都是道路要冲。顺义县城又称“仁和镇”，自古以来，是顺义县政治、经济中心地。在清朝，县城东门外有旗人部队驻扎，县以下一带各种旗地很多。

从县城开始，沿铁道斜着往西约二千米（从顺义站开始约一千米）的地方是沙井村。历史上，沙井村是个无名的村落。传说该村是明代初期从山西省洪洞县来的移民开创的，而且村民所有地当中包括各种旗地，但这在河北省平原地带并不稀奇，特别是不存在征税这样的事情。

沙井村的现状很普通。大约有 70 户，400 人口，村的大小在华北村落中属一般规模。村民大约分为十来个姓，最大的姓占到 13 户的程度，不具有同姓村落的色彩，这一点也反映出华北村落的一般特性。农作物有高粱、玉米、大豆、花生、薯类、小麦、栗子等，这方面也没有什么特别之处。农具、农法等方面也没有别的特征。作为华北平原的一部分，沙井村土地平坦，因为接近白河支流，河水时有泛滥，沙地比其他地方多。

整体上看，农民生活贫苦。村民所有地总计约 10 顷（1 顷等于 100 亩，1 亩约等于日本的 6 畝），平均每户 14 亩多，每人约 2.5 亩。要过上不存在过于不足的普通生活，每人平均需要 5 亩，从这一点来看，沙井村村民平均每人只有生活所需的一半土地而已。即使将黑地（隐藏的天地）的存在也考虑在内，整体上土地缺乏仍是不争的事实。再加上，在土地缺乏的情况下，土地分配还不公平，因此大多数农民的生存状态极为恶劣。没有土地和有 10 亩以下极零碎土地的有 40 户（占 60%）以上，生活充裕、拥有 31 亩以上土地的仅 9 户（占 12%）。这 9 户占了全村民所有地的一半左右。所有地分配详细情况如表 44 所示。

表 44　所有地的分配

亩　数	户数	%	亩数合计	%
0	15.	21	0	0
1～5	18	26	59	6
6～10	9	13	75	8
11～15	3	4	37	4
16～20	10	14	171	18
21～25	5	7	120	12
26～30	1	1	30	3
31～40	4	6	141	15
41～50	3	4	137	4
51～80	0	0	0	0
81～100	1	1	83	9
100 以上	1	1	110	10
合　计	70		963	

表 45　耕作地的分配

亩　数	户数	%	亩数合计	%
0	7	10	0	0
1～5	15	21	58.5	5
6～10	14	20	105.1	9
11～15	5	6	64	5
16～20	9	13	164	14
21～25	5	7	121	11
26～30	5	7	140.5	12
31～40	4	5	140	12
41～50	2	3	87.1	7
51～80	3	4	188.4	16
81～100	0	0	0	0
100 以上	1	1	110	9
合　计	70		963	

耕作地分配详细情况如表 45 所示。耕作地分配与所有地分配相比较，土地不均的情况多少有所缓和，但程度有限，仍存在明显的不均。表 45 显示，没有土地及只有极零碎土地的农户很难租种别人的土地，而大土地所有者很少把土地佃租给别人，一般自家经营，也就是说佃租关系不发达。

村民中，将自己的土地佃租出去的只有两名，佃租出去的土地合计 11 亩，而且两名中还有一名因缺钱被迫将土地佃租出去，以提前收取租金，这是出于资金需要而采取的不得已的办法。另外一人是因为土地太远，耕种不方便才将土地佃租出去的。因此，村民当中没有靠地租生活的地主。即使是拥有大量土地的人也是自家经营，不出租土地。其他村民要想获得佃租地非常困难。村民租种的土地有 208 亩，其中大部分（166 亩）为外村人所有地，这大大超过了沙井村的公有地（31 亩）。村民出于租种土地的需要而依赖外村人（主要是县城的人），基本不去竞争公有地。

土地不均造成村民生活上的巨大差距。然而，这不是地主与佃农间的阶级分化，而是在自家经营这一乍看一样的经营模式中产生的巨大差异。拥有大量土地的人，持有充分的农具、牲畜和资金，家族劳动之外使用长工、短工经营，也就是富农式的经营。与此相对，（没有土地或土地少的人）生产手段和资金均缺乏，除耕种自己的土地之外，还会去当长工、短工，到外地打短工，当小商人，辛苦地维持生计。这部分人属于贫农、雇农。村民间的阶级分化向富农与贫农、雇农两极发展。在这两者中间的是自己土地自家劳动耕种，不雇用他人，也不受雇于人的村民，即中农。沙井村富农极少，中农也很少，大部分村民属于贫农、雇农阶层。

这样的阶层划分不是固定的。每家都有上升或下降的可能，每家的地位变动不止。土地频繁转移，相应地，家的地位也会发生变动。依据均分继承的本家、分家关系的缺除，以及与此相伴随的家族关系的淡薄，都阻碍了这一传统村落中基于门第、血统、礼法的身份上的优越性及隶属关系的形成。那时，各家的地位由各家的实力（主要是拥有的土地）决定。这种实力主义与日本旧农村形成鲜明对照。当然，承认各家地位是流动的，并不否认阶层的存在。尽管这其中包括了各家家庭成员的变化，但阶层本身仍然存在，并对村落具有重要的意义。各村有名望的人，村里财政、公有地的管理以及祭礼的主持都由阶层高的人担任，阶层低的大多数人都没有发言的余地。

沙井村的文化水平从中国农村整体看算是高的。以前有私塾，现在有公立小学。村中男子，能读字，会写自己名字的很多。但村里没有报纸和杂志，就学率也很低，例如就是上了学，只要认字了，就有退学的倾向，女子几乎全部不识字。贫穷的人根本没有学习的余裕，也没有体验从学习中获得好处的机会。

尽管沙井村与邻近的石门村、望泉寺、南法信签订了相互合作看护农作物（又称“看青”）的协定，但在行政上，日本军占领以前，沙井村与望泉寺合在一起为一个编乡，望泉寺为主村，沙井村为副村。但实质上，两个村完全是分别存在的实体，没有任何组织关联。在这之后，两个村也只是形式上的编乡，到昭和 18 年（1943 年），采用“大乡制度”，以县城（任和镇）为中心将数十个村编成一个大乡。但大乡的存在仍是名义上的，大乡中的各村仍各自保有共有财产，各自征集村费，有实际的村长和负责人，保持着各村以往的自立性。

当然，沙井村也不是脱离周围孤立存在的。沙井村的土地与邻村的土地明显混杂在一起，沙井村村民的住宅与石门村村民的住宅仅隔数十米，两村几乎连接在一起，聚落关系亲近，与望泉寺也只隔数百米。因此，相邻的几个村村民间的往来很多。另外，买卖关系方面，与县城的市集、商店关系非常密切。从沙井村开始，邻近诸村的村民都在县城购买生活必需品，反过来，剩余的物品则在县城卖掉。以县城的市集、商店为中心，周围的农民结成了经济关系。因而，渐渐地随着农民所有的生活必需品都要通过购买获得，货币经济强有力地渗透到农民的生活当中，农民对县城市集、商店的依存度变高。这样，以县城为媒介，各村人们间结成密切的经济关联，但还没有发展到各村形成一个组织团体那样的高度。无论是编乡，还是大乡，其自身几乎不担负任何机能，各村仍分别独自活动。

在我们所列作为调查对象的各村当中，我们对沙井村的调查次数最多，与沙井村村民的关系极为亲密。（我们）在村里小学的院子里开运动会的时候，不用说孩子们，就连老人、年轻人也都出来，大家一起度过了快乐的一天。到车站（为我们）送行的孩子们，因为舍不得分别而哭泣，约定下次再会才使他们平静下来。村民们还曾委托（我们为他们）调解纷争，（我们）还曾帮助解决县城的和尚强取村有地事件（有关这一事件的记录包括在“村落篇”）。我们同沙井村村民之间，不是简简单单的调查关系，而是更加亲近、互相信赖的情感关系。沙井村的村民也多次来北京。战后困难时期，在北京居住的沙井村出身者背着面粉前来探望的事情（我）难以忘记。面对日本的军事支配这一无法动摇、无法超越的障碍，我们的学术调查得以实行的最大理由，正是前文所说的（我们）与村民间存在的亲密关系。（旗田巍）

附表 沙井村按户调查集计

（根据卷末的按户调查集计表作成，1940 年至 1944 年 3 月）

所有地亩数（亩）	户数（户）	总地亩数（亩）
0	13	
1 未满	0.5 宛所有 2	1.0
1～10	23	126.6
11～20	15	243
21～30	6	150
31～40	4	141
41～50	3	136.7
51～60	—	
61～80	1	76
101～110	1	110
合 计	68	984.3

经营地亩数（亩）	户数（户）	总地亩数（亩）
0	5	
1～10	28	156.1
11～20	15	240
21～30	10	261.5
31～40	4	140
41～50	2	87
51～60	2	111.7
61～80	1	76
101～110	1	110
合 计	68	1182.3

小作地亩数		亩	户
小作地亩数		203.5	23
地主所在地	外 村	77.5	9
	县 城	87	6
	本 村	9	3
	本村庙地	30	5
出典地		4	1
承典地		24.5	4
贷付地		16	2

（外出打工的李广田及刘张氏、柳荣除外。无法耕种的荒地也计算在内）

第三部

·吴店村编·

一

序　论

（一）调查计划及调查原委

本书内容是关于北京近郊吴店村最近50年的变迁及当地民众的生活史，是根据中日两国研究人员的联合调查而完成的。吴店村是位于华北平原的一个极其普通的小村子，但抗日战争时期日本研究人员以它为对象，进行《中国农村惯行调查》，留下了关于村落社会各个方面的详细调查资料，因而在对华北农村社会感兴趣的中国研究学者中间这个村子是很有名的。

《中国农村惯行调查》的目的是"阐明中国社会民众的生活和法律意识"。虽然该调查受到战时条件的限制，但忠实地记录了农民对采访问题的回答，也详细记录了各个农家的家庭成员和经济状况，因此在研究革命以前的中国农村社会的实情时，可以说是无与伦比的珍贵文献。但是，这一内容丰富的文献资料在战后的日本也成为批判的对象，认为问题在于"主观意图和客观现实相乖离"的政治环境以及调查人员的研究态度。因此，除了直接参加调查计划的研究人员的几部著作外，该资料没有得到充分利用。相反，美国的研究人员对该《调查》资料的评价很高，并利用它进行研究。利用此资料取得研究成果的有：马若孟、杜赞奇等。其中，加利福尼亚大学的黄宗智评价该资料是"无论数量还是质量，都是世界上关于20世纪前半叶小农社会的最出色的资料"。他对调查对象中的沙井村进行了再调查，发表了论述华北农村社会特征的著作。此外，中国南开大学和山东大学等的研究人员也参考《调查》，对其中的村庄进行了再调查。

参加本研究计划的日本方面的7名研究人员从1977年秋天以来，在10多年间一直参加《中国农村惯行调查》的读书会。这样，在熟读该书、研究其内容的基础上，就华北农村社会的特征进行讨论。但是，其间，读书会的参加者萦绕于心的共同的问题是：已经像自己亲戚一样"亲近"的村民和他们的家人如今是怎样生活的、作为主要调查对象的6个村庄经过革命之后发生了怎样的变化？

从《调查》到现在的50年间是中国农村的大变动时期。作为社会基层的农村，如何认识中日战争、国共内战以及土地改革、农村集体化、人民公社、"文化大革命"、生产承包制等一连串的变革？对于其间的变动，从一个不是模范村的极其普通的村庄、极其普通的农民生活的角度是如何来看的？通过综合比较研究分析在当地调查的结果和解放前的《调查》资料，以村民生活变化为中心描述村庄的变迁史，同时考察华北农村社会和农村变革的特质，这样的课题就提上了具体的日程。

1984年夏天以后，抱有同样兴趣访中的关西"中国农村经济学者学术友好访华团"（团长石田浩）和亚洲经济研究所的小林弘二，就栾城县寺北柴村和历城县冷水沟庄的现状提供了一般性的情报。此外，同年冬天，读书会成员之一、在山东大学留学的中生胜美，多次访问冷水沟庄，着手准备重写该村历史的工作。此后，1986年8月，读书会主要成员访问了沙井村和寺北柴村，并有机会见到了一些记得1940年代《调查》当时情况的老人。此外，三谷在1988年4月之后的两个月间，一方面和以魏宏运教授为代表的南开大学历史系师生就共同研究的协议获得进展，同时得到该大学外事处的帮助，先后访问了寺北柴村、后夏寨村、冷水沟庄、泥井镇（和侯家营相邻的镇子），进行了一些先期调查。

后来，随着文部省科学研究费补助金的申请在平成2年获得批准，让人挂念多年的对《中国农村惯行调查》中的村庄进行再调查的计划进入了实行的阶段。在第一年的1990年，通过先期交涉，于顺义县沙井村（现在属于北京市顺义县城关镇）和良乡县吴店村（现在属于北京市房山区良乡镇）进行调查。中国方面的联合研究机构南开大学历史系现代史研究室派遣左志远、张洪祥两位先生，事先访问了这两个村庄，并和县政府以及村委会交涉，得到了进行调查的准许。日本方面的研究人员分配了各自承担的任务，具体是：三谷（宗教、秘密结社）、顾琳（农村市场、副业）、浜口（村行政、干部）、内山（土地制度、共同体）、末次（农村家庭、妇女问题）、笠原（农村教育、日本的占领政策）、中生（家庭、亲族、民间信仰）。日方参考《调查》的记载，做成了调查项目表，积极进行实地调查的准备。

第一年度的调查按照下面的日程进行。

1990年8月15日，从日本出发，抵达南开大学。
8月16日，和南开大学共同研究人员就调查计划进行协调
8月17日，预备调查报告会
8月18日，前往顺义
8月19日~23日，在顺义县以及沙井村调查访问
8月24日，前往房山区
8月25日~30日，在房山区以及吴店村调查访问
8月31日，返回天津南开大学
9月1日，整理本年度的调查，协调下一年度的计划
9月2日，整理访谈录音
9月3日，经北京回国

在调查期间，我们把重点放在高龄村民的人生经历上，他们还记得解放前的事情。这些资料成为我们重写村庄历史的基础。我们以两村50多名村民为对象，进行采访并记录，并录了音。在采访对象中，就有1942年《调查》时候同样作为调查对象的好几个人。从他们的口中我们知道了他们是如何看待日本调查人员的，以及由于他们不愿意对调查人员敞开心扉、故而有许多重要问题没有纳入调查的项目。这次调查的特征之一是对1942年没有调查的妇女进行调查，还进行了以全村为对象的问卷调查和关于妇女问题的问卷调查。同时在顺义县档案局，收集了土地改革和关于解放前顺义县社会经济情况的文献资料；在房山区，和当地的研究人员举行了座谈会（房山区政治协商会议委员方存恒、房山区地方史志办公室主任张东升、房山区文化历史办公室编辑史长义等），参观了房山区地方史研究的成果。沙井村和吴店村村民委员会以及村民在采访调查、问卷调查方面予以帮助之外，在其他方面也给予了方便。

当初的计划是在第二年度，按照参加者的分担部分，以不同的题目来实施采访，补充第一年度的调查，充实内容。但由于中国国内的情况发生了变化，对这两个村子的再调查无法实现，该计划不得不作出调整。虽然我们对第一年度的调查成果不是很满意，但是，我们认为，对于一个保留了战前的详细调查资料的村庄，进行从没有尝试过的追踪调查，具有相应的重要意义。因此我们决定公开发表调查结果，并期待着各方面的批评指正。由于黄宗智和杜赞奇的著作已经介绍

了沙井村的一些情况，这里先发表战后外国人从来没有调查和访问过的吴店村的调查资料。

这次中日联合调查的参加人员有7名日本人，4名中国人。

日本方面

三谷孝（一桥大学）

浜口允子（放送大学）

顾琳（上智大学）

内山雅生（金泽大学）

末次玲子（中央大学）

笠原十九司（宇都宫大学）

中生胜美（宫城学院女子大学）

中国方面

魏宏运（南开大学）

张洪祥（南开大学）

左志远（南开大学）

江沛（南开大学）

在这期间，平成2年度我们聘请了魏宏运教授（停留日本期间：1990年10月20日~11月18日）、3年度聘请了左志远教授和张洪祥副教授（停留日本期间：1991年10月28日~11月15日），和他们在东京、京都、大阪等地进一步进行交流，同时就调查计划进行协商。

在沙井村和吴店村进行采访调查的时候，南开大学的王振锁（日本问题研究中心秘书长）、宋志勇（历史研究所讲师）、研究生寇曙春、吴艳、密萍承担了翻译工作。此外，当时在北京人民大学留学的三桥秀彦对调查提供了帮助。本书收录的贫农家史和土地改革资料的翻译工作，是久保田善丈、高田幸南、田原史起、辩纳才一、前田比吕子等人完成的。

还有，战前参与《调查》的安藤镇正、旗田巍两先生就实地调查给我们提出了许多建议。

正如前述，本书是一个调查报告书，它根据的材料是文部省科学研究费补助金资助的平成2年度《中国农村变革的历史研究》的成果。关于第一年度调查的沙井村和第二年度（平成3年度）的1991年8月调查的天津市静海县冯家村的资料，留待以后发表。此外，在本调查报告成书的过程中，研究会的运作、调查资料的复制以及中文文献资料的翻译等，得到了财团法人三菱财团的人文科学研究补助金的支持。还有，聘请中国方面共同研究者左志远教授，得到了学术振兴野村基金的国际交流促进基金的支持。本书的出版发行也由于一桥大学后援会的教官研究图书出版促进基金而得以付梓。在本调查计划的实施过程中，对于提供了大量援助的上述各机构、团体，谨表示深深的谢意。

最后，对于为实现实地调查提供各种帮助的南开大学历史系及外事处的各位先生，对于在调查中提供便利的顺义县及房山区人民政府、各村村民委员会及各位村民表示由衷的谢意。

1992年4月20日

项目负责人　三谷孝

（二）房山区吴店村的历史概况

1. 历史地理的位置

我们调查的北京市房山区吴店村位于北京西南约20公里。从北京沿京广线向西南方向，经过在卢沟桥事件中声名远扬的丰台车站、卢沟桥车站，再经过京汉铁路大罢工（2·7事件）中有名的长辛店车站，就到了良乡车站。

1990年吴店村有200户、700口人，土地525亩，是大城市近郊的小型村庄。

吴店村现在属于北京市房山区良乡镇。在该地设县可以远溯到古代汉朝，当时设置了广阳县、良乡县。其后，县名和行政区划经过了多次变迁，在辽代，把原来的广阳县定名为良乡县，在元代把原来的良乡县定名为房山县。此后，作为行政区划，房山县和良乡县长期相互毗邻，民国时期属于河北省（直隶省）的行政区划。1958 年，房山、良乡两县合并，1960 年正式命名为房山县。1987 年，相邻的房山县和燕山县合并，成为北京的房山区。吴店村也属于该行政区划。

从房山县城向西十几分钟的车程，就是北京猿人遗址所在地周口店；向南十几分钟的车程，是正在发掘中的西周时代墓地即琉璃河殷周遗址。由此可见，房山区早在原始时代和古代就有了人类文明。

房山区还作为以北京为首都的清王朝的京兆地域而具有重要的意义。因此，当时该地方的土地几乎都为清朝王公贵族的旗地，吴店村的土地也据说全为旗地。在吴店村西北的邻村皇（黄）辛庄有清朝的行宫，在良乡县城里，住着旗人的官员和军队。此外，为了管理地方上的旗地，有旗人的庄头和村子里的汉人负责人村头。这些旗地在 1926、1927 年的旗产清理中，卖给了作为佃户的村民。

1898 年，比利时、法国、俄国从清政府获得了京汉铁路的铺设权，并开始建设，该铁道在 1903 年开通。这条铁道从房山区纵断南北通过，建有良乡站、琉璃河站。后来，由于这条铁路的关系，房山地区和国内外政治、经济的动向密切相关。

1900 年爆发了义和团运动。民众通过这一地区逼近北京，他们一边破坏从琉璃河到长辛店、进而到丰台的京汉铁道，一边北上。在房山县城和良乡县城以及其周边的农村也组织了义和团，他们还袭击了良乡县三合村的教会。因此，八国联军进行了镇压，良乡县城被焚烧，临近地区受到了外国兵的蹂躏。

房山区住着 1.1 万余名（1990 年）的回族（也叫回民，伊斯兰教徒）。良乡的常庄村是回民村，现存在清朝乾隆年间建立的清真寺（伊斯兰寺院）。

2. 良乡县城与吴店村

安藤镇正是这样写的（《中国农村惯行调查》第 5 卷、岩波书店、第 6 页）："良乡县城是被小山丘和城墙包围着的古老的地方城市，距良乡车站约 2 华里（1 公里）左右。太行山脉由南向北，越过省界，在北京西称为西山。由此向西北可以看到西山山脉。"

可以表明良乡县城古老历史的，是至今依然保存在城里的建于辽代的昊天塔（也叫良乡塔）。该塔高 36 米，1986 年重修，据说原来在塔顶上可以看到天安门。吴店村和附近的周边农村在历史上属于以良乡县城为中心的市场圈、政治经济圈和文化教育圈。因此，在叙述吴店村的社会、历史的时候，不能不考察它和良乡县城的关系。

旧良乡县城周围是 4 公里的正方形城墙，东西南北有 4 个门，各门有城楼。城内有东西南北四条大路，在东街、南街、西街、北街每隔 10 天有农村和小城市的定期集市，包括吴店村的附近农村村民在这里进行商品买卖。在城里城隍庙庙会（每年旧历三月和九月）的时候，这里有叫"后海"的大集市，庙内外的广场和空地上商贾云集，商品买卖和交易要进行 1 周左右。在庙会的时候，还有戏剧、舞蹈、曲艺等各种各样的杂耍和演出，这里也成为民众翘首以待的娱乐场所。

旧良乡县城除了城隍庙，还有关帝庙、孔子庙、天王寺、文昌寺、节孝寺、五道庙、六道庙等寺庙。但是 1949 年以后，经过破除迷信运动，这些建筑几乎都遭到了破坏。城墙在 1958 年后也被毁坏，现在不存在了。随着京汉铁路的开通，英国、法国的传教士也在这一地区进行传教活动，1920、30 年代的规模不是很大，新教在南街、天主教在西街各自建立了教会。

根据 1923 年的统计，良乡县城内有 15 家谷物批发商、10 多家杂货商以及数家造酒商和中药店。有资料显示，1945 年以前，有包括 25 种职业的 48 家商工业店铺、工厂。这些商工业者组织了良乡商会，但被资本雄厚的山西、山东、天津商人掌控。此外，县城作为国民党政府时期良乡县的中枢之地，设置有国民党县党部、县政府机关、保安队、警察局等。

良乡县城也是地主们的居住地。1942 年日本的满铁调查人员来到吴店村进行调查的时候，吴店村大约 1100 亩土地中，有约 600 亩为外村人所有，几乎所有的地主都住在良乡县城里。其中，约 200 亩属于吴、见、秦三家大地主。大地主吴家在清末北京的丝织品批发商当过掌柜，后来当过地方的县长，在这期间积蓄了财富，号称良乡首富。吴家也是地主、官僚、商人（高利贷）三位一体的典型。解放前的地主吴凤金总计有土地约 3000 亩，有 100 名佃户向他租借土地。大地主见家原来长期当教员，在解放前的见理泉时代，拥有大约 3000 亩土地。此外，大地主秦家据说当过县长的勤务，在解放前同样把约 1000 亩土地租借给佃农耕种。在良乡县城还有拥有约 4000 亩土地的大地主李望之。贫苦的吴店村农民只有到良乡县城，为这些大地主或者其他的地主当短工或者长工。

3. 卢沟桥事件和良乡县、房山县

房山地区紧靠北京，又是铁道的咽喉，在军阀混战和抗日战争、国共内战之时，成为军队必经的地区。

1936 年 4 月，其时正在推进华北分离工作的日本在卢沟桥东的丰台新驻扎了“支那驻屯军”的一支队，为第二年的卢沟桥事件进行部署。丰台镇在良乡县城以东仅 10 数公里。

1937 年 7 月 7 日，驻扎在丰台的日本军队攻击宛平县城的中国军队，卢沟桥事件爆发。当时部署在北平附近的是以宋哲元为军长的第 29 军。宋哲元军在卢沟桥附近的作战失利，一边抵抗一边南下，从 8 月 15 日到 17 日在良乡县城和日军展开激战。后来占领县城的日军为了报复，杀害了 10 多个非战斗人员的市民。

在房山县城及其西南地区是国民党军队的孙殿英部队。该部得到孙连仲的国民党第 26 军的增援，对日军展开抵抗。但 9 月 15 日房山县城遭到日本飞机的轰炸，16 日被日军占领。9 月 17 日周口店也被占领。这样，良乡、房山两县的平原部分全部落入日本军队之手。

日本军队立即开始对占领地的统治，在良乡成立了以何卓人、张春实为首的良乡县维持会，在房山成立了以项镇安为会长的房山县商民维持会。同年 12 月，在北支那方面军的指导下，在北京组织了傀儡政府中华民国临时政府（行政委员长王克敏），于是以连升民为良乡县长、项镇安为房山县长的傀儡县政府也先后成立，此后便开始了长期的日军占领统治。

4. 抗日战争时期的房山区、吴店村

京汉（北京 - 汉口）铁路通过的房山和良乡是日军的重点占领地区。更重要的是，良乡的西部、和太行山脉相连的西山山区的起始部分，就是埋藏有丰富煤炭资源的现今的燕山工业区，这一地区也是日本占领地的据点。

另一方面，1937 年 11 月 7 日，八路军第 115 师（师长林彪）的副师长兼政治委员聂荣臻在山西省五台县成立了晋察冀军区司令部，并于第二年 1938 年 1 月，在跨山西省、察哈尔省和河北省省境的山区建设位于日本占领区的最早的抗日根据地晋察冀边区。晋察冀边区政府把房山、良乡一带划归第 6 行政观察专员公署负责的军区，并在同年 5 月，在长操建立抗日民主政权房良（房山和良乡）联合县政府。房良政府属于晋察冀边区的北岳区（由于处于当时叫做北平的北京之西，也叫平西抗日根据地），1939 年初有 1000 余人的抗日游击部队。当时，平西抗日根据地的各县游击部队总共有 1.2 万人，其抗日游击活动十分积极。和北京近在咫尺的抗日根据地的存

在，对于日军的占领政策和傀儡政权的威信是巨大的挑战。

因此，日军展开了数次解放区扫荡作战和占领区治安强化运动。其时，良乡县城是“北支治安战”的据点，吴店村是日军统治下的模范村。良乡县城设有宪兵司令部，驻扎有日军的一支部队和傀儡军部队。在宪兵司令部的前面，还有很大的日军军犬训练场。另外，在县城里设有新民会的县本部，根据对吴店村村民的采访，片冈是负责人之一，据说他经常来吴店村活动。新民会的正式名称是中华民国新民会，1937 年 12 月以中华民国临时政府（傀儡）的行政委员长王克敏为会长成立，但日本的北支那方面军特务部负责实际的领导工作。新民会采取了民众团体的形式，其目的是“致力于治安的确立和彻底强化和扩充地方组织，以确立中华民国临时政府的基础”（防卫厅防卫研修所战史室《北支的治安战 1》，226 页）。

1940 年，北支那方面军把华北一带的日本占领地区设定为模范地区，企图“通过强化保甲制度、警备队、青少年训练、合作社等，完善自卫、保安、经济等方面的民众组织”（同前，395 页）。良乡和房山属于北京地区，吴店村也是模范村。成为模范村的吴店村实施了统治乡村的保甲制度，一个原警察官吏被任命为相当于村长的参议。良乡县城的新民会对吴店村的青年进行教育和训练，据记载，其中还出现了一个新民会会员。

1945 年，作为北支那方面军“治安强化运动”的一环，设立了河北省立良乡中学。由于日本战败，开学的时候就被国民政府接管了。

抗日战争时期的吴店村，位于中国的中心北京的近郊，靠近解放区，又是日军占领下的模范村，因此其政治形势复杂。在京汉线以西 15 公里的地方是抗日游击区，八路军和共产党十分活跃。当初在山地活动的共产党也把活动范围扩大到了平原地区，因而吴店村夜里也出现了共产党员。因此，吴店村虽是模范村，日本兵在白天也不敢一人而是以小部队为单位前来，夜间就回到了良乡县城。到了晚上，共产党的活动就开始了。

5. 根据地“扫荡”作战与房山区、吴店村

1942 年，满铁调查部惯行班的调查人员两次来到吴店村调查，其调查成果就是《中国农村惯行调查》第 5 卷（岩波书店）。根据该书记载，吴店村当时是一个 70 多户的小村落，村子的面积只有 1100 亩，而外村人、也就是村外的人所有的土地就有约 600 亩。伴随着村民生活的贫困化，村民放弃土地，而这些土地就集中到良乡县县城的吴、见、秦等大地主的手里。村里一户平均的土地不过 10 亩，如果以当时 5 口之家生活至少需要 25 亩的话，这是一个连普通生活都不能维持的穷村。在 57 户本村村民中，自耕农 3、4 户，纯佃农 2、3 户，其余大部分是自耕农兼佃农。几乎所有的农民都是一方面耕作自己的小部分土地，一方面或者当佃农、或者到其他地方打工。农民打工的地方多为北京。在日本占领华北之前，他们甚至到了蒙古。

根据尚记得满铁调查部调查的农民的回忆，这些调查员早上由伪政府的警备兵陪同，来到吴店村进行采访，傍晚又回到县城。其时的采访主要在关帝庙进行，此外在大街上采访的时候也很多，但对个人的采访调查不能充分展开。

这种状况是和当时吴店村的调查环境紧密相关的。

日军对于解放区的扩大极为震惊，1940 年 3 月动员了 6000 名日军、2000 名伪军，强制征调了 2000 多人的民众为军夫，划定封锁线，对平西抗日根据地实施严密的经济封锁，禁止粮食、火柴、衣料、药、石油等所有的生活必需品进入根据地。从 1941 年 3 月到 4 月，日军在占领区实行第一次治安强化运动，强制农民实行配给制，不让生活物资流入八路军之手。

日本华北方面军从 1941 年开始实施“肃正建设三年计划”，作为其重要组成部分，在京汉线两侧各10公里构筑长达500公里的隔离壕。无需多言，隔离壕的目的是封锁解放区的游击部队、以及八路军，同时封锁粮食和物资。在他们采访吴店村农民的时候，到处传言房山区的农民也被征去挖掘“惠民壕”。“惠民壕”是从周口店向西南延伸约35公里、封锁北岳区解放区的壕沟。壕深6米、宽5米，每1.5公里到2.5公里建有监视的望楼和碉堡之类。为了挖掘这个“惠民壕”（中国民众把它叫做同样发音的“毁民壕”，也就是破坏民众的壕），从1939年到1943年春天，五年间征调了数量庞大的民众。

1941年8月，在北支那方面军司令冈村宁次的指挥下，10万日军在飞机的掩护下，采用了“铁壁包围”战术，开始了对晋察冀边区的北岳区、平西根据地的扫荡作战。这时对解放区的村落实施了杀光、烧光、抢光的残酷的“三光”作战。日军通过“三光”作战，从河北北部到察哈尔省长城南北沿线的广大地区设立“无人区”，不让中国人居住。

从1941年春到1942年，日军进行了数次治安强化运动，对解放区进行经济封锁，掠夺解放区的粮食。日军通过大规模的彻底的扫荡作战和经济封锁，解放区暂时缩小，日军的统治获得了一时的“安定”。满铁调查部对吴店村的调查，正是这个时期。

但是，共产党方面也有自己的自卫办法，他们通过各种各样的手段向根据地调运物资。到了晚上，八路军就来到吴店村，集合一些村民开会，商议对抗日军经济封锁的措施。对于日军的扫荡作战，共产党提出反扫荡政策，或者在封锁的道路下挖掘地道，或者使用共产党自己的特殊贸易渠道输送物资。

尽管北支那方面军进行了数次扫荡作战和治安强化运动，抗日民主政权此后还是发展壮大起来，1944年9月成立了房山县政府（王再田是中共县委员会书记，谭惠民是县长），1945年9月成立了良乡县政府（王漫是中共县委会书记，赫绍尧是县长）。

6. 房山区的解放

1945年8月，中国抗日战争胜利，日军撤出了良乡县城，国民党军队和行政机关进驻。由于良乡县城有铁道站，吴店村也被置于国民党军的支配之下。此后中国迎来了国共内战，吴店村白天是国民党统治，晚上则是八路军来活动。在村民中间，既有参加八路军的，也有参加国民党军的。

1947年3月共产党军改称为中国人民解放军，开始对国民党军队展开反攻。从1948年12月开始，对解放战争有决定性意义的平津（北平、天津）战役打响了。房山区的战斗构成了平津战役初期的北平（北京）外围战的一部分。1948年5月以后，国民党的正规军已经撤到北京，房山、良乡的保安团防卫从琉璃河到良乡的京汉铁路沿线和从良乡到房山的公路（国道）沿线。

1948年12月14日，东北野战军和华北野战军的联合部队，在房山、良乡两解放区政权的独立团和民兵的协助下，解放了房山县城和良乡县城。

7. 吴店村的农村变革——从土地改革至今

从1947年到1950年，共产党进行了全国规模的土地改革。1949年春，从通县派来了两名工作队员到吴店村，创立共产党组织，组织农民协会和妇女联合会。土地改革是通过农民协会来实行的。在吴店村进行了两次土地和财产审查，对县城里的3名地主和吴店村里的富农、上中农合计8人召开大会进行斗争，没收其土地、房屋、农具、家具、家畜、马车等，分给穷人。在土地改革的时候，在村子的集会场所关帝庙对富农、上中农进行批判和追究大会，但由于地主不在村里，没有出现暴力的声讨行为。

土地改革后不久，共产党着手指导农业集体化，近邻农民互相提供农具、家畜和劳动力，组成相互帮助的互助组，先是发展为初级合作社，进一步发展为高级合作社。在初级合作社，土地和农具为个人所有，但高级合作社就为集体所有，集体一起耕作，根据劳动进行分配。吴店村的互助组运动进行了一年，初级合作社（村里组成了2个队）持续了2年，此后，从1955年到56年，随着全国的高级合作社化运动迅速发展，就和近邻5个村子一起组成了高级合作社。

1958年，共产党提出社会主义建设的总路线，发起了大跃进运动，人民公社眨眼之间就在全国组织起来。吴店村所属的人民公社以县城的名字命名，叫良乡人民公社。在吴店村的关帝庙建了公共食堂，村民在那里拿粮票吃饭。但是，随着大跃进政策的失败和自然灾害，吴店村和全国一样，遭受了非常严重的粮食困难。尽管没有出现饿死者，但每天只能依靠玉米来维持生活。

从1961、1962年开始，农业生产终于慢慢开始恢复。这时，由于认为大跃进政策的失败在于干部的贪污，又展开了肃清干部腐败、整顿纪律的“四清”运动。这一运动分为1960年的“小四清”运动和1964年的“大四清”运动两次，后者具有和“文化大革命”相联系的性质。上级也向吴店村派遣了工作队，他们审查、批判了所有的村干部，还有人受到处罚。

1966年“文化大革命”开始，小小的吴店村也制造了造反派和实权派两个政治集团，对立和斗争不断，所谓的“10年动乱”也搅得这个小村不得安宁。

1976年毛泽东死去，江青等四人帮下台，“文化大革命”也终于结束。进入1980年代，共产党也执行了开放政策。人民公社解散，在全国实行农民经营责任制（承包制）。吴店村比全国早两年，把生产大队分为3个互助组，激发了农民的生产积极性。

吴店村实行开放政策的10年间，以经济为主的各方面取得了显著的发展，通过农业机械化提高了粮食产量，农民储存了充足的粮食，并把大量的余粮卖给国家。农民的生活一年一年富裕起来，农村的房子几乎都是鲜艳的砖瓦建造的新居，这和满铁调查时的贫穷农村相比，真是不可同日而语。

参考文献

房山县县志编撰委员会《房山人民革命斗争史》1985年

中国人民政治协商会议北京市房山区委员会文史工作委员会《房山文史选辑》第一辑（1988年）、第二辑（1989年）、第三辑（1990年）

防卫厅防卫研修所战史室《战史丛书·北支的治安战1》朝云新闻社1968年

中国农村惯行调查刊行会编《中国农村惯行调查》第5卷、岩波书店1957年

魏宏运、笠原十九司《从吴店村看中国农村变革的历史——从抗日战争到现在》（《专修大学社会科学研究所月报》334号1991.4.4）

笠原十九司

（三）房山区吴店村概况

1. 房山区概况

8月25日下午

北京市房山区人民政府、赵振隆副区长

房山区人民政府会议室

房山区1987年成立，当时合并了房山县和其北邻的燕山区（36平方公里）。该区位于距北京42公里的近郊，人口72万，其中农民48万。全区面积2019平方公里，由404个村子组成，山区占全区总面积的2/3，有耕地60万亩，其中50万亩生产粮食。1989年的粮食总产量为5.3亿市斤（2.65亿公斤），每亩平均收获1050市斤（525公斤）。1989年农村经济总收入为24亿元，工农业生产总值为18.1亿元，其中农业为2.5亿元。

主要农作物是玉米和小麦。除了粮食作物，还养猪37万头，养羊16万头，养鸡120万只，每年生产100万斤鸡蛋。有奶牛2800头，生产牛奶1000万公斤，有4200亩人工养鱼池，每年生产120万公斤鱼。

房山区从1983年开始实行生产承包制。生产承包制在提高农民生产积极性上发挥了一定的作用，但随着生产的发展，也妨碍了生产技术、科学技术的提高。尤其是北京近郊的农民有乡镇企业等副业和出外打工等多方面的收入来源，有的人不愿意从事农业。因此，1985年开始实行农场、专业队、大户承包方式的规模经营。最近由于农业生产大户对农业的投资积极性不高，对农业科学技术也不怎么关心，农业产量很低，因此区政府把重点放在推进以农场为主的规模经营。这种方式一方面打下了农业现代化、专业化的基础，同时为提高土地生产力、生产水平，把农村劳力转移到第二、第三产业创造了条件。通过这种方式，大约有7~8万农村劳动力转移到乡镇企业。全区有2000多家乡镇企业雇佣农村劳动力来进行经营。乡镇企业生产总值为12亿多元，占到房山区工农业生产总值的60%。这样，在农村就形成了农业、林业、牧业、工业、商业、乡镇企业等全面发展的局面，改变了过去“以粮为纲，以农为主”也就是粮食第一、农业第一的僵化的格局。

随着农村经济的发展，农民富裕了，农民对国家的贡献也大了。该区每年必须向国家缴纳3700万市斤的粮食，但现在除了订购的量之外，还多向国家缴纳2000万公斤（4000万市斤）的粮食。

水果等副食品的生产也持续发展，作为首都的副食品基地其供给能力逐年提高。农民的生活水平也随之提高，1978年人均年收入为150元，1989年就增加到1206元。

按照房山区今年的生育指标，出生人数要控制在1.06万人的程度，人口的自然增长率不能超过2%。国家机关、企业工作人员的一胎率（只生一个孩子）是100%。为了保证实现上述指标，市、区、乡、村各自制定了自己的生育指标。只有第一个孩子是残疾，才可以生第二个孩子。但一般来说，如果生了计划外的第二个孩子，就要受到经济上和政治上的处罚。经济上是500~1000元的罚款，政治上在受到批判的同时，党员要受到党纪的处分，公民要受到政治上的处分。如果是乡镇企业员工就要被解雇。关于计划外的第三个孩子，如果不听劝告执意生出来的话，党员要除名，工人要离职。如果是农民的话，因为该区大部分农民在社、队、企业工作，当然就要被解雇。计划生育是我国的国策，各级政府都建立了专门的机构，对这项工作进行检查和监督。我区的乡村也都有管辖计划生育的机构，每年对适龄青年进行这方面的教育，而不单单是罚款和处分。这是一种行政、经济、思想三位一体的工作，区里对完成了计划的乡和村予以表彰。如果没有完成指标，市里也要对我们进行处罚。

房山区农场的数目总在变，无法说出一个准确的数字。70%的土地是农场、专业队和承包大户经营。一般农场的规模有400~500亩（30~40公顷）。农场的工人一般每人承包20~30亩。耕作、下种、收获基本上都是机械化。但是，玉米的收获还没有完全实现机械化。为了实现机械化，乡和村政府每亩投资了500元以上。作为粮食基地，国家也提供一些补助金，但每亩只有20~50元，在投资总额中所占比例极小。承包30亩以上土地被叫做大户，他们进行个体经营，向国家和村子缴纳粮食。其承包的土地有两种类型。一种是口粮田。如果一户农民有4口人，这里每亩平均产量为1500斤，一个人只要4分的土地就能保证温饱，因此，4口之家有1亩6分的口粮田。另外一种是责任田，可以根据能力大小来承包。大户如果向国家和村子缴纳了规定额度的粮食，其剩余部分就归个人所有。专业队是根据规定的土地面积和劳动力算出生产产量，超过部分作为奖金发给他们。专业队和农场在集体经营上是一样的，但农场是一个核算单位，而专业队则不是。农场比专业队的生产效率要高，因为在科学技术和投资上更为积极。人民公社时期的合作社生产队是行政单位，对农民的全部日常生活进行管理，但农场是只管理经济的经济单位。

房山区实行9年义务教育制。

乡镇企业的种类之一是建筑材料业。房山区是山区，石材资源丰富，故宫、毛主席纪念堂以及北京的十大建筑所使用的大理石，许多都是这个县提供的。此外还有燃料、煤炭业、砖瓦业。有一个4万人的建筑队，承包该县宾馆和北京高级建筑的建设。每个建筑队约5000人，都是农村户口的本地人。还有服装、纺织、食品工厂。乡镇企业的约50%是个人经营，但由于竞争力弱，逐渐向集团经营发展。商业、饮食业、服务业（小旅馆、小饭店）、运输业和服装业也多为个人经营。

2. 吴店村概况

8月26日上午
吴店村党支部书记于世英（1949年生）
吴店村村民委员会
全村人口700人，户数200户，劳动力350人
土地525亩，人均年收入约1250元
村里大姓为郭姓、禹姓、杨姓

1982年以前生产大队部在庙里，后来搬到现在的地方。以前大部分农民靠农业维持生活，1982年以后建立了许多企业。村子的固定资产当时是1～2万元，现在增加到58万元。现在村子的企业有饭店（旅店）、建筑队、制材工厂、结构厂（建筑基本材料的工厂）、技术加工厂等。

以前大队所在地是关帝庙，有三座大院和两间祠房，总共13个房间。现在正殿还保存着。大庙里供着菩萨和关公。

饭店有25人、结构厂有12人、建筑队有66人在在岗。在村子的乡镇企业工作的总共有100人左右。建筑队里也有外地人。在350人的劳动力中间，160人到170人从事企业劳动。20人到30人从事商业，或者在外地做买卖，或者在市场上做买卖。另外还有少数的干部。有10人左右从事运输业，120人从事农业。

农业实行生产承包制，全部村民人口的8成、劳动力的2成从事农业。机械化和灌溉等是集体进行的，参加这些劳动的个人获得服务费。耕作、施肥、下种等由集体负责。个人负责收割、田间管理、中耕（松土和除草）、锄地等。由于土地少，平均每人只有0.7亩，最大的地块也不过3亩。没有专业户，就是运输业也没有专业户。由于土地狭小，也没有生产粮食的专业户。邻村黄辛庄有农场。由于按户的生产承包不利于农业机械化的发展，现在不具备机械化的条件，不过等配备了机械，本村在明年或者后年也准备集中土地、建立农场。计划投资15万元，购进耕作机和收获机。

农业人口的60%～70%是妇女，她们占到乡镇企业工人的1/3，同时也负责家里的一日三餐。村里没有幼儿园和小学。4岁到8岁的儿童（学前班）在黄辛庄的学校上学。小学生有20人左右。

本村户口去北京工作的只有几个人。建筑队也为附近（良乡）的工厂、公司干活。还有加工饼干的食品工厂、自负盈亏的粮油店和百货店。百货店有4人、粮油店也有4人上班。这些都是村营的。没有个人经营的企业。

在村营企业中，投资最大的是饭店（包括旅店），投资额11万元。1985年开始营业，营业额30～35万元，纯利润2.2万元。工作人员的平均工资按国家规定是90元，实际上大约110元。各个企业的工资水平差不多，最高的是134元。建筑工人的平均工资较高，临时工的工资时高时低。

95%以上的年轻人初中毕业，1/3高中毕业。在三中全会之后有2人考上大学、大专。初中毕业后，部分学生考上高中或中专。没有升学的年轻人都有工作，没有待业的。没有工作的从事农业。乡镇企业的平均工资，不包括奖金有110元。年终奖分别为200元、300元、400元三个等级。在本村企业工作的，有30个人是从河南、四川来。他们都是青年男性，通过亲戚和朋友的介绍来这里的。

本村基本上没有剩余劳动力。110人左右留在家里，他们大部分是家庭妇女。她们为孩子做饭，耕种自留地，或者养鸡。在孩子上学后，她们也在外面工作。18岁到50岁是规定的劳动力的年龄，男子则要工作到55岁。学生没有因为农忙而不上学的情况。学费2～3元，村子负担，其他费用由集体负担。

个人负担医疗费。村子有一个卫生员，类似以前的赤脚医生。集体支付工资。她约30岁，初中毕业后，从16岁就开始工作。她嫁到本村，住在村子里，也可以说是本村人。

老人在家里照看孩子。镇（良乡）上有养老院。现在本村没有去养老院的老人，但如果去养老院的话，费用由集体负担。无人抚养的孤寡老人，集体出钱送他去养老院。有孩子的话，老人还是希望和家里人一起生活，这是传统的观念。

主要农作物是小麦和玉米。小麦每亩产量是700斤，玉米是600斤。

不向国家缴公粮。粮食除了自家消费外，可以自由支配。1982年以前每年要向国家上缴3万斤粮食。由于为国家提供了10亩土地，1982年以后就不用缴公粮了。这些东西没有相关的文件。这块土地国家用来建设了电力技术学校、电力研究所和车库。出卖土地的时候，国家支付了每亩3000的安置费。现在粮食充足，按照协议价格卖给国家粮食。去年农民私人的粮食都卖给了国家，没有人在市场上出售。这是因为国家的收购价格比市场价格要高（去年国家的收购价格是每斤小麦0.58元，市场价格是0.55元）。今年国家的收购价格是小麦0.50元（最高0.51元），市场价格是0.45元（最高0.46元）。

1956年敷设了电网，1983年铺设了水道。60%到70%的人家有黑白电视。全村1986年有彩电31台，现在有50～60台。

今年全村有8个生孩子指标，但由于已经有2个人超生，所以再不能生了。根据生育指标，第二个孩子是超生，第三个孩子就绝对不允许。如果有了第三个孩子，我们就不能安安生生坐在这里。今年生第二胎的有两个人，向她们罚了款。今年结婚的女性都登记在册。分配的生育指标已经没有了，所以不能生育。如果生了，就是超生。如果今年没有生，明年就给生育指标，如果明年还没生，后年接着给生育指标。由于生育指标是一年有效，所以需要每年通知。该指标他人不能用。超生一人，罚款3000元，不分地，不支付服务费。罚金在“六一”儿童节时候奖励给独生子。本村很穷，3000 元就很多了。村里的男女比例大致平衡。一般来说，第一个孩子是男孩，就不能再生了。房山区规定，如果第一个孩子是女孩，可以生第二个孩子。

三谷 孝 整理

（四）吴店村调查概况

1. 经济（1）

本稿以农业为中心论述经济。本调查是在很短的时间里，邀请许多农民叙述其个人历史，以图掌握解放后吴店村历史变化的概况。因此，本调查不是关于农业和农村结构的全面的资料收集。但是如果认真阅读了农民们的叙述后，还是可以看到一些吴店村农业经济的变化情况的。特别是农民叙述的 1940 年代吴店村的状况，也能够检验原满铁调查人员实施的《中国农村惯行调查》中介绍的吴店村的情况以及满铁调查人员采访记录的可靠性，这是需要特别强调的。

首先，关于解放前吴店村的农业，我们比较本调查中农民的叙述和《中国农村惯行调查》中的记录来进行介绍。

解放前的吴店村农业生产力低下，许多人利用当地在北京近郊的便利打工或者从事商工业。1942 年的时候，农家总数不过 70 余户。自耕农只有 3～4 户，佃农 2～3 户，其他几乎都是自耕农兼佃农。吴店村经济贫穷，这和《中国农村惯行调查》第 5 卷收录的安藤镇正的《河北省良乡县吴店村的概况》所记述的情况是一致的。

但是，在解放前的吴店村，许多人到村外的地主田地去干活。关于农民的这种情况，可以参考本调查关于“短工”的采访。短工是按天支付报酬的农业劳动者，不同于通过熟人的介绍寻找工作的长期农业劳动者即“长工”。在“短工市”这种劳动市场比较容易找到工作。“短工”的情况可以通过刘金城、王德林、郭仲江的叙述来了解。

关于在收获前防止偷盗、看护农作物的“看青”制度，旗田巍的《中国村落与共同体理论》（岩波书店，1973 年）叙述得很详细，该书主要参考了《中国农村惯行调查》中的重点文章《华北农村惯行调查》。

旗田的著作认为，吴店村的看青在考察“看青”的发展过程中有着重要的作用。下面介绍书中关于吴店村的看青的部分。

“此地看青的特点是村民会议决定如何来实施看青。也就是说，在小麦出穗、需要看青的时候，在种麦子的人中间就有人提议召开村民会议，找看青的。种麦人相互沟通之后，就选定日期，在关帝庙召开村民会议。提出这一动议的人是不确定的。这是第一次看青村民会议。第二次村民会议是在关帝庙的节日 6 月 24 日召开。

在村民会议上，只有种庄稼的本村人参加，不种庄稼的人和外村人不能参加。村民在会上相互商议，决定由谁来看青。大体定了之后，就把看青的人叫到村民会议，请他来看青。实际上，在开会之前，叫谁来看青大体上已经决定了，但最终决定需要村民的公议。这种方法，除了吴店村，同县的北刘村也同样。

村民大会不仅决定看青的人选，还决定对偷盗者的处罚和对看青人的报酬。

会议结束，就把罚则写在纸上。于是，就召集没有参加商议的人们也就是没有庄稼的人，当众把罚则朗读一遍。由于没有庄稼的穷人最容易去偷盗，因此有必要读给这些人听。接着，把写着罚则的纸贴在人们容易看到的墙壁上。这是为了吓唬可能偷盗的人，也是为了预防盗窃事件的发生。”（旗田前揭书 202～203 页）

旗田在书中认为，吴店村这种通过村里的“公议”来运作的看青是一种“高度”的“合作关系”，因为吴店村“村民败落严重，土地被外人掠夺，为了减少家里负担出外挣钱的风气很盛，杂姓聚集”（270 页）。旗田对这种公议评价很高，“其合作是消极的防御，但通过村民公议来维持村落秩序，这一点是很进步的”（208 页）。

关于旗田对吴店村看青的评价以及对公议的研究暂且不论，关于“看青”的实态，本调查也在田世奎、郭仲江的采访中介绍了。

特别值得一提的是，虽然在采访中只讲了部分内容，但解放后“看青”制度依然存在这一事实，在考察村落构造和中国革命的关系时是需要关注的。关于这一点，内山想在其他文章中进行归纳。

根据“旗田看青说”，看护作物、防止作物被盗的现象说明，随着农民从自给自足的经济走向把部分收获物作为商品出售，他们通过村落的自治组织村公会而组织起来。实际上对于“看青夫”或者“看青的”这样的庄稼守护人，选择可能偷盗他人收获物的贫民的情况，在吴店村以外也很多。由此可以推断，“看青”在救济贫民这一方面有着重大的意义。

在村这样的生活空间中，类似日本的更夫或者巡夜的“打更”也体现了救济贫民的功能。关于这一点，郭永志和郭仲江采访可资参考。特别是郭仲江说自己有过“打更”的经历，由此可以知道解放前农村社会的实情。

农作物也发生了变化。前文提到的安藤的论文中称，解放以前主要生产玉米和小米，但解放后主要农作物是小麦和玉米。正如安藤指出的，解放前农作物的产量很低。这一事实在这次采访中得到了确认。

吴店村解放后的最重要的课题是土地改革。和其他地方一样，这里土地改革采用农会指导贫农的形式来推行。解放后不久，土地改革指导工作队就进驻吴店村。但是，正如前面“房山区吴店村的历史概况”中总结的那样，解放前吴店村的土地多为村外的地主所有。但是，在划分地主和富农的时候，村民机械地套用农业经营面积和雇佣劳动力人数这些指标。比较采访记录就会发现，农民对于谁应该划为富农，其意见有着微妙的分歧。在当时的政治气氛下，也有随意地把富农重新划分为地主的情况，这拉大了与事实的距离。

例如，解放前有些佃农从惶惶不安的在外地主手中很便宜地购买了土地，他们就仅仅以土地所有面积的大小被认定为富农。也就是说，当时的政治状况明显地影响了阶级划分。

在土地改革中，在外地主和富农的土地和财产被贫农分配。在工作队的指导下，在关帝庙召开了批判富农的大会。从农民的采访中可以看到，同族之间的不睦也被牵扯进来，这些批判大会不久也影响到了“四清”运动和“文化大革命”。

在采访中，也有人对被划为地主和富农的人表示了同情。对于农民的这种情绪，必须联系三中全会以后，人民公社解散、实行生产承包制的事实。无论是批判还是同情地主、富农，一方面可以看作是以贫农为中心的农民的朴实的真情流露，但另一方面也说明在激烈的政治形势中，身不由己的他们必须考虑自保，从而就见风使舵。

关于农业集体化，关于互助组、初级合作社、高级合作社和每个阶段集体化的内容，下面结合农民基于不同立场的评价加以介绍。关于何以在很短的时间内实现了集体化的问题，没有直接的回答。但正如郭仲安所言，在贫农积极加入集体的形式下，无法拒绝加入的气氛支配了村子，许多农民“不能反对社会主义”而“顺应潮流”，这大概是事实。

另外，应该说农业生产条件在集体化的过程中发生了变化，但是农业生产用具却一如既往。例如，郭仲奎说，靠人力和畜力来拉的推磨由于村民在食堂吃饭而消失。集体化过程中变化了的生活条件，在集体解散后，也不能单单恢复以前个别的生活习惯。这就是一个证明。

三中全会之后农业变为生产承包制。但是农地狭小，人均只有0.7亩，一家最多只能分到3亩地。因此，机械化和灌溉等由集体来进行，提供劳动的农民获得服务费。单个农家负责收获、施肥、中耕、锄地等。但是，农民花在农业上的劳动时间，并不是他们所有劳动时间中最多的。这种情况和吴店村自古以来就不依靠以农业为主的农家经营的历史是有关系的。

吴店村是一个较少依靠农业的村子，这种情况从下述事实可以证明：1982年该村向国家提供10亩土地，计划建设电力技术学校、电力研究所和车库，此后，他们就不用缴公粮了。

不过，虽然人民公社解散了，但不能说集体经营对农民就失去了意义。生产责任制在农业生产力较高的地方提高了农民的生产积极性，取得了大量的成果。但是，以前就有人指出，有的人把承包地的耕种权转让，这种情况也包括一些生产力较高的地区；也有的人在摸索一种新的集体化方式。

前者被称为“转包”，其具体情况和问题在若代直哉的《中国的农地问题》（《中国研究月报》474号，1987年）一文中有详细的介绍。若代论文对“转包”的结论是：“在整个社会中农业收入相对低下，因而‘社会主义’和小农的共存，也带来了和资本主义制度下的小农问题完全一样的问题。”这样的结论，在分析现在中国提倡的“有中国特色的社会主义”的实情时，是一种应该引起注意的提法。

后者在引进机械的“农场化”中可以看到。“农场”化基于农民这样的判断：个人的生产承包制不利于农业机械化。当然，为了购买农业机械，必须依靠村营工厂和乡镇企业的收益。在这一点上，吴店村尚不具备“农场”化的基础。虽然吴店村党支部书记说1991到1992年要投资15万元购买耕作机和收获机，开设农场，但不知道这个设想后来有没有实现。

关于农场，在和吴店村同时被调查的北京市顺义县沙井村已经得以实现。由于农场的出现，村子出现了惊人的变化。在北京市，顺义县在农场化方面下了很大工夫。关于这一点，可以参考今村奈良臣、菅沼圭辅、杜穀的“中国小规模农家存在、发展的构造”（《关于中国和日本的小规模农家的存在、发展的研究》NIRA研究丛书综合研究开发机构1989年）一文。该文以顺义县赵古营村集体农场的粮食规模经营为例进行了分析。

在房山区，所谓的模范村宝店村在大规模的农场生产面向日本的蔬菜。但是，在依靠农业以外收入的吴店村，引进现代化的农业机械、核心农家和兼业农家一起扩大农业生产，还存在着许多问题。

内山雅生

2. 经济（2）

按照日本和欧美研究人员的看法，吴店村是几乎没有社会连带关系和共同性的村落，是由拼凑的家庭构成的村落。只要读了1942年的惯行调查报告，谁都可以注意到这样的一个现象：该村从事农业以外的工作、在外打工的劳动力特别多。许多年轻人十五六岁就去北京工作。运气不好的就在近处的良乡的短工市场打短工，或者在良乡和长辛店那样的铁路沿线城市拉人力车。

由于吴店村离首都很近，自然去打工的就多。但是，大半的家庭仅靠农业无法维持生活，耕地又少，这使得更多的人去打工。由于外出打工的人多，所以吴店村有着显著的特征：外表上看共同体的团结性脆弱；掌握家庭经济的妇女的作用明显；在参加仪式的时候缺乏严格的性别区分。

从《惯行调查》看不出何时吴店村村民开始外出打工。也许在满铁调查之前，有的人家就依靠在外经商、干手艺活、出苦力的男性家人的汇款来维持生活。老人们在说到自己的人生时，打工是经常提及的重要话题。解放前，几乎所有到外地的人，都通过家族和村里朋友的介绍找到了工作。虽然靠打工发财的很少，但靠这份工作，能够维持自己的生活，还剩下一些寄给留在村里的家人。

在研究中国农村的人中，有人认为解放以后，新的行政体制弱化了城市和农村的结合，从而使打工现象在村落共同体内部得以消化。确实，由于1958年以后的户口制度的实行，农村人口进入城市受到严格限制，如果不能变更户口的话，在城市工作是极其困难的。但吴店村却与这种预料相反，在外工作的人很多。

以1929年出生的杨桐为例。他1940年代后期当了长工，1952年成了铁路搬运工，并一直工作到退休。当时，他在晚上不上班的时候回家，帮助妻子干活，有6个孩子。我们采访的大多数农民都会提到以前住在村里、但现在住在城市、在工厂工作的兄弟、叔伯、堂兄弟。也有人因为从解放军退伍而住在城里。还有人通过关系、或者在户口制度建立以前幸运地留在了城市。

我们在向老人们打听他们孩子的情况时，其后代很少是专业农民。谈到他们儿子的职业，36人中间，只有7人（19.4%）是专业农民，其余29人在工厂、商业、行政机关工作。铁道工人杨桐有四男二女，但只有嫁到外村的长女从事农业。长男和次男从解放军退伍后，在外地找到了工作。长男在良乡从事管理农业机械的工作，次男在河南从事和石油有关的工作。三男在村里的建筑队，四男继承了父亲的职业，在铁路局。关于村里的姑娘，由于大部分出嫁后离开了村子，不能准确地统计到她们的职业，但40%左右从事农业以外的工作。

现在吴店村总共有劳动力350人，至少170人在乡镇企业工作，30多人是个体经营商贩。各家承包的农地很少，人均不过0.7亩。虽然只有很少的土地，但可以提供粮食，剩余部分可以存着。不过这些土地的耕作不需要太多的时间，因此主要是家庭主妇和退休老人来从事。

吴店村工作的模式和日本农村极为相似。也就是妇女和老人干农活，健康男子和年轻妇女从事农业以外的工作，他们晚上回来后帮着干农活。

在许多北京近郊的农村，村子就有企业，吴店村也不例外。吴店村充分利用面对着从北京到石家庄的主要干线道路的有利条件，经营着食堂、汽车旅馆和汽车修理厂。此外，村子还有建筑队和食品加工厂。原来还有砖瓦厂，不过我们调查的时候已经关闭了。

由于有乡镇企业和外出打工的现金收入，村民的生活水平大大提高。在围墙里面的院子里，新房子排列整齐，新婚夫妇的屋子里也摆满了现代的家电用品。我们采访的许多人在1940年代过着贫穷的生活，在青年和中年时期从事艰苦的劳动，几乎没有上学的机会。他们引以为豪的是自己的孩子至少从中学毕业，而且在结婚的时候，个个都有新房。由于教育的普及、在外工作、晚年安定等日常生活的变化，现在的吴店村和1940年初满铁调查时候的村子相比，真有天壤之别。

顾　琳

3. 社会

本文以吴店村的家庭、同族关系、村民的关系为中心，首先说明1942年满铁调查时的情况，接着说明现在的情况。

1942年满铁调查的时候，吴店村有70多户人，聚居着以禹、郭为主的16个姓氏的人们。村里进进出出的情况很多，有去北京打工的，有从村外来移居的，村子有一种开放的特性。负责调查的安藤镇正在其《调查日记》中认为：“（该村）也是流动人口集中的场所，或者说作为村落正在瓦解。”（《中国农村惯行调查》第5卷，第572页）。

当时吴店村极端贫困，村子十分荒凉。在调查日记中记载，村参议（村长）的小孩“端着饭碗，舔着里面的食物，像狗或猫一样”没人理睬，“虽然到了 11 月，只穿着一件衬衫，光着屁股坐在那里。”（同上书，第 574 页）。

从 50 年后村民的回忆中，本书的读者了解了在这种荒凉的情景背后，是战争给村子的经济、生活等各个方面带来了重大的打击。当时吴店村有一次险些被日军烧毁，害怕日军强奸的妇女在脸上涂上泥藏在地里。这种最难熬的生活在调查的第二年，也就是 1943 年到了极点，加上旱灾和传染病，有 40 ~ 50 名村民死去，他们的家人饱尝了生离死别的痛苦。

［1942 年的家庭］对当时 45 户家庭进行分类如下：

单身…………	0
夫妇家庭……	5 户（11%）
核心家庭（一对夫妇——包括一方死去的情况。下同——和其未婚的子女）	13 户（29%）
直系家庭（包括两对以上的夫妇，同辈的夫妇一对以下）	16 户（36%）
复合家庭（包括两对以上的夫妇，同辈的夫妇两对以上）	9 户（20%）
其他…………	2 户（4%）

从这个数字来看，在满铁同时调查的华北的村庄中间，该村是核心家庭比例最少的。一般认为这是出外打工不景气所致，但村民认为是因为贫穷“孩子不能独立”（同上书、第 448 页）。

考察家庭成员男女数目明确的 32 户，其中男性 105 人，女性 101 人，如果女性为 100 的话，男性则是 104，这也大体证明了农民的说法，就是该村没有弃女婴的习俗。根据 1929 ~ 1931 年巴克的调查，华北平均的男女比例为女性 100：男性 108。（巴克编，盐谷安夫、仙波泰雄、安藤次郎译，《支那的农业》改造社 1938 年第 453 页）

在这个村子，女性经常性地从事农耕，此外还管理金钱和地契，也有女性占有土地的例子。家里的祭祀通常是女性来主持，女性的作用比较大。（末次玲子《从〈中国农村惯行调查〉中看女性史》，《中国近代史研究会通讯》15、16 合刊号 1982 年 9 月）。一般来说，这与男性长期、或者冬季去打工后，女子掌管家庭有关。

［同族关系］没有发现 50 年前同族的一些规定和行为规范的资料。村民不能无视族长的权威和同族之间的土地购买优先权等，但仅止于此。郭、禹等大姓有公共墓地，但各户也有自己的墓地，自家没有墓地的人被埋在公共墓地，在清明节的时候同族也不聚餐。

［村民的共同性］村民之间有传统的共同性。村民有互相以亲族称呼来打招呼的习惯。全部村民都处于被称为“街坊邻居”的辈分等级中。（中生胜美《亲族称呼的扩大和地缘关系——华北的世代等级》，《民族学研究》50 卷 3 号增刊 1991 年 12 月）

此外，每年的 7 月 7 日，关帝庙的钟声敲响，不管是谁的田地，地里的高粱叶子要任人去拿，而在此之前即便是拿自己地里的高粱叶也要受到处罚。这就是被称为“穷人的节日”的“开叶子”的习俗。此外，大家一起雇佣庄稼的守护人（看青）（内山雅生《华北农村的共同行动》，《中国——社会与文化》6 号、1991 年 6 月）、关帝庙和祈雨的仪式等，都表现了传统农村的共同性。

吴店村 1948 年 2 月开始接受共产党的领导。50 年代初期之前的土地改革、婚姻法运动、镇压反革命等都在吴店村积极地展开。土地改革时期的追究富农大会，即使同为一个家族也不得幸免。在破除迷信运动中，禁止在家里供灶神和牌位。在镇压反革命运动中，禹姓的一人因为是反动宗教集团的头头被处刑。当时，像李凤琴这样的妇女走上了村子的领导岗位，村民们学习讨论新的婚姻法。这些都是惊天动地的事情。

此后便是集体化、人民公社化、“文化大革命”以及毛泽东去世后的各户承包制和解散人民公社、一个孩子政策。本书通过在其中生活的男女村民的体会，从各种各样的观点，来叙述激荡村落的 50 年历史。

现在把吴店村的社会状况和 50 年前做一个比较。1990 年夏天我们进村的第一印象就是，虽然这里属于北京近郊比较贫穷的村子，但孩子们穿着整洁，高兴地跑来跑去。50 年前让调查班心痛的村子形象成了过去。

[家庭] 根据这次调查，1990 年 8 月全村的户数为 212 户，人口是男性 347 人，女性 342 人，共 689 人，男女比例为女性 100：男性 101。原来的 16 个姓氏中间，减少了 2 姓，新增了于、田等 14 姓，现在总共有 28 个姓氏（其中 3 个姓是单身寡妇）。

就家庭类型而言，单身 23 户（11%），夫妇家庭 19 户（9%），核心家庭 144 户（68%），直系家庭 24 户（11%），复合家庭 0 户，其他 2 户（1%），小型家庭占有压倒的多数，复合家庭消失了。

男系家庭的特点没有发生任何变化，女性主要从事家务。但是和日本相比，男子在有空的时候也干家务，全家分担家务的倾向很强。其中，管理金钱一般是女性的工作，这一点继承了 50 年前的传统，很有意思。

在经济和政治方面女性的作用也增大了，有 80 多位女性在农业以外的工业、商业、服务业、公务机关工作，村长也是本村出生的女性。在革命之前，女性几乎都是文盲，现在所有男童女童都上学，一直上到初中。高中在校学生和毕业生男性 24 人，女性 33 人，专业学校男性 1 人，师范学校女性 1 人，这样看来，女性的学历更高，这和全国的情况正好相反。这些女性相关条件的变化是改变家庭关系的一个原因。

有一个问题是，1980～1988 年出生的 133 人中，男 86 人，女 47 人，女对男的比例为 100 比 183，严重失衡。计划生育政策规定一对夫妇只生一个孩子，生二胎要罚 3000 元，第三胎是绝对不允许的。该政策再加上由于经济改革而出现的父权复活，就出现了 50 年前也没有的严重问题。

[同族关系] 同族之间一致行动本来在这个村子就受到尊崇，这次调查也证明了不能无视同族之间团结的重要性。（魏宏运、笠原十九司《从吴店村看中国农村改革的历史》，《专修大学社会科学研究所月报》第 334 号 1991 年 4 月第 17～18 页）。例如，“文革”时期入党的多为郭姓，他们的同族和亲戚也没有受到打击。相反，初期的村领导赵凤鸣没有答应同族“走后门”的要求，在赵姓中间引起反感，到现在关系不融洽。禹姓在革命后没有染指领导岗位，但经济改革后，他们经营旅馆等，十分活跃。血缘在村子的经济和政治中的作用，离不开 50 年间复杂的历史变化，而今后的重要性可能还要大。

[村民的共同性] 村子传统的共同行动，也就是向龙王祈雨和关帝庙的祭祀在破除迷信运动中消失了。“开叶子”的习俗由于高粱种植面积的减少也不存在了。“看青”经过革命后的变迁，现在成了各户自己来看护。（内山前揭论文）但是，出于礼貌，现在还是不能无视“街坊邻居”的关系。

在革命后政权的强力领导下，新的村民的共同性在人民公社解散后大幅降低。但是，村子对村民而言，现在依然是人力、财力两方面的命运共同体。村民共同性的变化过程值得关注。

革命后建立了共产党党支部以及农会、妇女会等组织，在“文革”中还出现了造反派的团体，但现在许多组织都消失了。

在吴店村，现在还没有基于个人的自发性而组织、运营的团体。即使以克服性别歧视为目的的妇女联合会也是大众组织，是党、政府和妇女联系的管道，女性全部参加，在村里的主要任务是传达执行上级的政策，现在最大的任务则是推行计划生育政策。但是，随着经济文化的稳步发展，基于共同的兴趣和利害关系，也会出现村民自发结合的现象吧。

现在，许多人，包括女性，到村外的学校上学，到村外去上班，仅仅在村子的范围来看人际关系已经不合适了。这种倾向今后还会越来越厉害。但是，这样一来，女性由于家务和照料小孩就在村内和近处工作，或者待在家里，而男性却不受束缚。这种普遍的倾向也出现在这个村子里。随着人际关系超越村落，上述男女的差别有可能扩大。

末次玲子

4. 政治

根据 1942 年进行的《中国农村惯行调查》的记述，吴店村的“村的政治”乃是在清末之后的该村历史中突出地缺乏自律性。之所以如此，第一，该村西边临近解放区晋察冀边区的封锁线，也是良乡县城的日军先后 5 次实施治安强化运动的对象，在大乡制之下受到各种各样的限制。但是，还有一个重要的原因即第二，由于清末以来的耕地减少和土地所有权的流失，“原来 20 顷”的土地只剩下 11 顷，其中 6 顷（600 亩）为县城的地主所有，村子的经济基础十分脆弱。这样造成的结果就是，村子作为主体来征税的只有从耕作者征收的地亩款。至于其他田赋和亩捐，则是乡会所司计员直接从村民和地主征收，缴给县公署。这样。从大乡制实行的 1942 年开始，随着新民会、保甲自卫团、联络员制度的建立，村本身的管理权限受到了特别的限制。由《惯行调查》可知，当时吴店村的村政决定机构是 1 名参议和 7 名甲长组成的公会（公议会、村公会），但实际上这里做出的决议，只是关于村子的财产桌子、椅子、井、碾子等如何管理的事情，其他的事情就是听从县里的指示而忙得焦头烂额。因此，这种既没权也没利，只是干忙的“吃亏差事的甲长”，村里没有人干，不得已参议任命了 7 名年轻人为新甲长。《惯行调查》记载的 7 名甲长都是十多岁二十岁的青年，其原因就在于此。由此可知村子的政治已经失去了实质内容。但是，上述状况只是村子政治一方面的现象，通过这次调查，我们知道了事实上还有一种政治情况，它没有公开、但事实上存在着。在抗日战争爆发后，吴店村主要在晚上和共产党的游击队、八路军的工作队交涉，因而这里还有一个领导核心。这种情况何时开始、规模如何现在还不确定，但是在采访中村民说的“日本军税多、共产党会多”，说的就是在村里召开的类似会议。到了国共内战时期，也有生动的证词称共产党经常在自家的旧房子里集会，这可以认为是良乡即将解放的时候，其活动趋于活跃。也就是说，当时村里有两种政治势力，这显示了表面上看不到的村子政治的多样性。但是有必要注意的是，这两种政治势力在村里却不一定对立、不一定互相撕破脸皮。当然，这是由于在一个没有地主的穷村可以针对外部环境临机应变。这些还需要更多的证词和史料。

但是，不管怎么说，随着 1948 年 12 月良乡一带的解放以及接着的土地改革，这种状况就打上了休止符。通过满足农民最大的渴望分配土地，确立了推进土改的王德林、赵凤鸣、刘金安、郭莲、李凤琴等农会（农民协会、贫农协会、贫农小组）干部的领导地位，他们的影响遍及村子的每一个角落。农会还审查、决定全村各户的成分，即划分“富农、上中农、中农、贫农”，由于这一举措决定着各户家庭成员的政治社会地位，这些农会干部在村里的地位便变得十分稳固。此后，从50年代到60年代，村子的政治基本上由这些干部来负责。王德林是支部书记，赵凤鸣是农会主席、乡长，刘金安是村长，郭连是民兵连长，李凤琴是妇女主任。同时，这些干部都是这一时期入党，这表明，成为党员乃是此后在村里有无威信的关键。这也表明，此后中央政府的政策通过党组织的系列，在村这样的基层社会得以彻底的贯彻。因此，在观察这一时期吴店村的集体化和人民公社化的过程时，有必要联系中央的政策和指示，同时要和县里的动向联系起来。这样才能知道，这次调查中农民们的言谈，乃是中国现代史的具体的一个场景。

进入60年代，该村政治是人民公社的“政社合一”，因此，生产、军事、社会生活相关的所有组织都被纳入其中。以吴店村为例，该村属于良乡公社，被称为吴店大队。其110户居民被分为南北两个生产队，生产队是基本的生产单位。此外，军事组织有基干民兵组织和普通民兵组织，前者主要是青年男女，后者主要是30岁以上的人。作为社会组织，16岁以上的贫农成分的人组成贫农协会，其中每20名左右组成小组。此外，18岁以上的女性，不管结婚与否，不管富农贫农，一起组成妇女会。这样每个村民可能属于多个组织，但看看这些组织的特征，就知道组织中必须有党员或团员，而且他们处于各组织中的核心领导地位。例如，以大队为例，其干部有大队长1人，副大队长2人，会计1人，委员11人，其大多数是党员。除了监察委员会（5人）、治保委员会（7人）外，还有政治指导员（3人）、调解委员（2人），这些人大多数也是党员或者团员。这种倾向，无论是生产队，还是其他组织，都是一样的。综上所述，村子实质上的政治中心是村的党支部、团支部，可以说支部书记握有村子的实权。此后，随着中央政策的变化，该体制也发生了几次变化，掌握实权的机构也有变化，但这种统治方式本身基本上没有变化，一直持续到现在。那么，人事的更迭和政策的变更在后来是如何发生的呢？

第一次契机是“四清”运动。这一运动，从广义上而言，是在社会主义教育运动中，以阻止修正主义，纯洁农村的政治、经济、组织、思想为目的而展开的。但是，村子的理解却认为是为了纠正干部的贪污、贿赂、浪费和投机倒把。在北京来的“四清”工作队的指导下，吴店村召开大会，调查干部的工作，还查了村里的账目。所有的干部在一个月的时间里，在军营挨个接受审查。不管怎么说，这种情况对于村干部而言乃是解放后第一次沉重打击。在这次采访中，有的村民对积极参加村子政治持怀疑态度，这可能是一个原因吧。“四清”运动的发起是上级的号召，但其后的运动采取了以贫农协会为中心的批斗干部的形式。在这一点上，可以说是后来的“文化大革命”的先驱。当时的干部是如何看待这一时期的，我们在阅读调查报告的时候应该注意。

1966年，村子也开始了“文化大革命”。从村政治这样的角度来看，“文革”有两个侧面。第一，由于村的党组织就是村政的核心，“文化大革命”有新势力通过批判原来的干部来夺权的侧面。第二，村民相互揭发过去30年的历史，对各户解放前的所作所为重新审查并判罪，“文革”也有这样的侧面。在第一点中，受到批判的一方是现任村干部，其中被特别强烈批判的是支部书记，这是因为他握有实权。批判的一方是激进的造反协会和比较稳健的真理战斗军（都在1969年解散，后来是革命委员会）。这里有一个重要的问题，就是批判一方的背景是什么。从采访知道，他们的中心人物获得了良乡地区的解放军的支持，这一点意味深长。关于第二点，在村子这样的小社会中，通过清查历史，搞清楚了各户在解放前的情况；但另一方面，也产生了不必要的混乱和悲剧。在采访中可以看到同族间的相互倾轧和公报私仇。这些在进行社会考察时是重要的。

“文化大革命”结束、三中全会以后，吴店村按照中央的政策，从人民公社制转向个体承包制。关于此后的政治状况，现任书记于世英已经说过了，这里就不再重复。但是，从现在党支部的构成人员来看，解放以后的主要干部依然健在，他们占到全部党员的约半数。这种情况说明，虽然几经变动，但村子政治还是有一贯性的。但是，需要注意的是，村民接受了这种政治现实，但同时在他们中间也出现了下述新的变化。“我入党的时候，无论是在家里还是田间，只要开会，我都要去。现在不一样了。大家都说有事，借口不来开会。”这是解放后一直担任妇女会领导的李凤琴在采访中说的。由此可以窥知，现在村里的政治产生了不同以往的新问题。

浜口允子

5. 从研究史的角度看吴店村

在黄宗智的著作《华北的小农经济与社会变迁》一书中，他把华北村落划分为7种主要的社会经济类型。吴店村是黄宗智所说的“不断罹遭战祸的村落”，是“受到打击”的村庄的代表。根据《惯行调查》中安藤镇正对村落概况的叙述，黄宗智把吴店村描述为“支离破碎的村落”。这是由于吴店村位于通向北京的主要干线道路的沿线，抗日战争以前受到军阀掠夺。由于村子里的有钱人都逃走了，村子里“自然的”（本来的）领导人都不在村里。随着对村子摊派的加大，富裕的村民不愿意当村子的负责人，于是年轻人和不怎么负责任的农民就趁机占据了作为村子和国家中介的地位。(207页)

由于国家的压力，原来的领导人又撒手不管，居民的团结进一步削弱。黄宗智注意到这个村子已经不能维持对同族的土地购买优先权的习俗。他的看法是：“共同体逐步解体，因此村落不能维持单一的居民组织”。

在海外利用《惯行调查》的最新研究成果是杜赞奇的《文化、权力和国家——1900－1942年的华北农村》。杜赞奇根据黄宗智的分类，把吴店村定位为“受到打击”的村落，并以此作为自己分析村落社会关系的前提。关于吴店村，杜赞奇这样写道：“这个在本世纪初期不幸而贫穷的小村，只有一个共同生活的中心庙会。但是，就像战祸的恐怖还不够似的，吴店村庙宇的宗教权威进一步加强了恐怖的程度。在该庙宇的匾额上写着‘你也来了’这样令人毛骨悚然的话，而且每年都要重写一遍。村民相信，这句话暗示了在自己要死的时候，逃不过神的审判。”（第12页）

杜赞奇认为吴店村家族联系较弱，因而不能发挥政治作用。杜赞奇研究了其他被调查的村落，认为其宗族的主要特色是可以称为“亲族空间”的东西。他的亲族空间的概念是在认真分析了《惯行调查》附加的村落地图后得出来的。虽然吴店村的报告中没有地图，但杜赞奇根据满铁调查人员的判断，断定吴店村几乎没有可以视之为亲族团结的凝聚力。

本书的读者可以自己判断如何评价这些先期研究的成果。我们调查团认为该村宗族不是脆弱，反而是惊人地顽强。如果按照下述原理，也就是说在公共墓地、一年中按惯例举行的仪式等方面，宗族是村落生活的主要组织，那么通过这种古典的村落研究方法是不能看到宗族的顽强性的。在解放后的新情况下，也就是乡镇企业的经营母体和行政机构、党组织的结合，可以看到宗族发挥了一定的作用。

读了黄宗智和杜赞奇的书，或者说他们通过阅读《惯行调查》而描述的吴店村的形象，同我们现在看到的同村的状况完全不同。虽说如此，我们却不能马上断言他们的解释是错误的。这里既要考虑到满铁调查人员忽略了部分问题，还要考虑到村子在40年间发生的巨大变化。也可以认为，解放前宗族在村落生活中几乎没有什么作用，但解放以后其作用增加了。许多分析中国宗族的人类学研究认为，宗族不是“自然”形成的，而是作为一种战略，为了维持财富和权力有意识地形成的，因而宗族的团结性很强。读者可以通过依然健在的村民的眼睛来观察吴店村，因此对于黄宗智和杜阿拉为之头疼的问题，可以提出自己的见解。

顾　琳

6. 吴店村访问调查说明

在吴店村的采访调查原来是准备根据“关于个人史的调查项目”的指南来进行的。但是在实际的采访过程中，由于作为“应答者”的村民的意识和记忆状态、“提问者”的问题点、中文能力、谈话的顺利与否、现场气氛、时间的限制等现实情况，不可能完全按照指南来进行，因此采访就成为各自具有“个性”的东西。

下面的记录是根据录音带、南开大学相关人员根据录音记录的中文草稿以及采访者的笔记整理的。其时，首先记载了被采访者的简单履历，这对了解本文内容会有所帮助。此外，关于同一事实提问和回答的不同、关于没有答案的问题，原则是对内容不作删除和修改。但是，重复的部分只整理一处。对于年纪太大记忆模糊的老人的采访，我们认为这体现了村子“现实”的一面，予以收录。但是，对于长期不在村里、对村子实情不太了解的村民的采访，省略了一人（郭仲连）的部分，对此提前声明。采访记录由采访者本人整理，但是，顾琳负责部分的日语翻译，前田比吕子提供了帮助。

我们的原则是只要农民回答了问题，就原样收录在册。因此，度量衡就按照农民的说法表示。中国各地的度量衡有一定的偏差，难以全部换算成日本使用的单位，作为大致的标准可以参照如下：

1 尺 =33.3cm	1 斤 =0.5 公斤
1 里（华里） =500m	100 斤 =1 担 =50 公斤
1 亩 =10 分 =6.667 公亩	1 升 =1L
1 顷 =100 亩	10 升 =1 斗 =10L

此外，在记录中经常出现的皇辛庄是吴店村邻村黄辛庄的旧称。据说是由于有清朝的行宫，所以有这个名称。因此关于解放前的事情，应该用皇辛庄，关于解放后的事情，应该用黄辛庄。但本稿中不想强行统一，所以还是两种称号并存。

在翻译提问和回答的时候，为了尽量简略，不使用敬语。但实际上，在农民的家里，采访是在友好的气氛中，在这里事先声明一下，实际提问的时候不是用这种语调进行的。

二

吴店村访谈记录

（一）1990 年 8 月

杨　桐

时　　间：1990 年 8 月 26 日下午

访 问 者：左志远　顾　琳

场　　所：杨桐家

【家庭状况】

问：你父亲叫什么名字？

答：杨文德。

问：这些日本朋友们想了解你这一辈的情况，他们是搞研究的。过去日本人了解过你父亲。你叫什么名字？

答：魏素琴。

问：你现在多大了？

答：62 岁。1928 年生人。

问：你呢？

答：58 岁。

问：你小时候家里有几口人？多少土地？

答：我是过继给杨文德的。14 岁时过来的。我的亲生父亲叫杨文贵。家里共五口人。父亲是拉洋车的，在良乡。

问：你们兄弟姐妹几个？

答：一个哥哥、一个姐姐和我。

问：杨文德与你的父亲是什么关系？

答：是叔伯哥俩。

问：你家里有土地吗？

答：没有。租了人家五亩地，原是我们当给他的。

问：哪家呀？

答：皇辛庄姓果的，名字不清了。

问：每年给他们多少租金？

答：五亩地给 20 多元，打完粮食还得给他们。

问：给多少粮食？

答：每亩地五斗。

问：那时每亩地打多少粮？

答：很少。也就是十斗。缴给人家五斗，自己留下五斗。

问：那时谁种地？

答：我父亲。我还小不能种。

问：你过继时杨文德有爱人吗？

答：有。他们没有孩子。

问：过继有形式吗？

答：没有形式，过来就行了。

问：你是老几？

答：老二，长子一般不过继给别人。

问：你来时杨文德家里有几亩地？

答：三亩。没有典当给别人，条件比我亲父亲家好点。

问：杨文德也是种地吗？

答：种地。

问：杨文贵拉洋车挣多少钱？

答：能维持四口人的生活，生活很苦哇！维持最低的生活，比现在差远了，家里等着拉车挣的钱买玉米面，挣不到钱一家人就没有饭吃。

问：你小时候这儿打过仗吗？

答：日本人来的那年我九岁。国民党统治时不知道了。

问：你上过学吗？

答：没有钱上学，连吃的都没有还上什么学。9～11 岁在皇辛庄上过，也不算什么上学。我得拾柴火家里烧。

【婚姻、家庭】

问：你多大岁数结婚？

答：20 岁。1948 年，我结婚不久这里就解放了。

问：你是哪个村的？

答：我是崇各庄村人。

问：离这里多远？

答：15 里。

问：谁给你们介绍的？

答：大姑子。就是杨铜的亲姐姐介绍的。

问：你们结婚以前见过面吗？

答：没见过。那时还没有解放。

问：采用什么形式结婚？

答：用花轿抬来的。再穷的人出嫁也得坐花轿，这是中国过去的风俗。

问：你娘家陪送你什么财礼？

答：就是几件衣服。我们是夏天结婚的，我家里穷，父母亲岁数大。1948 年 5 月结婚，有六双鞋，绣花鞋。

问：没有带钱来吗？

答：没有。

问：男方给女方家里钱吗？

答：订婚时给女方一对银戒指。其他都没有。

问：你们生了几个孩子？

答：四个男孩，两个女孩。

问：都是哪年生的？还记得吗？

答：记得。我 19 岁生了大儿子。三年生一个，连生了四个男孩，才生女孩。大儿子已 40 岁。

问：他们都在农村吗？

答：大的在良乡公社管农机，叫杨少才；第二个叫杨少良，在河南南阳油田，工厂——汽车工人；第三个叫杨少友，在公社建筑队，工人；第四个叫杨少华，在丰台铁路上当货场工人。大女儿已结婚，叫杨广霞，婆家是纸房村；二女儿叫杨广珠，还没结婚，是大队食品厂的会计。

【劳工】

问：日本人在这里的时候是什么情况？

答：我父亲给日本人拉洋车，我到石景山给日本人干活，我哥哥也拉洋车，挣钱吃饭。

问：你给日本人干什么？

答：高丽棒子（即朝鲜人）在这儿包工，我们给他们干，真正的日本人这里很少，日本人主要住在车站。

问：他们给你多少钱？

答：很少。

【八路军】

问：良乡有八路军地下党吗？

答：八路军在山里住，夜间到村里来。

问：你见到八路军吗？

答：经常见。游击队经常来。

问：你跟他们有来往吗？

答：那时我才 20 多岁，整天干活，没有来往。

问：跟其他人来往吗？

答：不知道。

问：你记得日本人来调查的事吗？

答：不记得。

问：抗战胜利你记得吗？

答：日本人回国后，就是国民党啦。

【长工】

问：你知道国民党从抗战胜利到解放这段时间发生的事吗？你种地还是工作？

答：那时我给地主当长工？

问：给谁当长工？

答：赵启。

问：是你们本村的人吗？

答：是。

问：他有多少土地？

答：八十多亩。

问：你给他干了多少年？

答：三年。

问：是在他家吗？

答：是。

问：他给你多少钱？

答：一个月两石粮食（一石 150 斤），冬天给一石，农忙时给两石。

问：他雇了几个长工？

答：三个长工。

问：他给你吃的好吗？

答：农忙时吃点白面，其他时间吃玉米面。与他家里人一起吃饭。

问：结婚以后还当长工吗？

答：我不当长工了。租别人的地种。

问：租了多少亩地？

答：20 多亩。

问：租谁家的地？

答：在良乡当校长的赵堂的地。

问：租种地得给了粮食吗？给多少？

答：给粮食。一亩地三老斗，收多少粮他不管，涝旱都得给他交粮，交不够，还得欠着。

问：租几年？

答：一年租一次。租了好几年。1952 年就不种地了，我到良乡火车站当搬运工。干了两年后到保定。1954 年到丰台直到 1980 年 11 月退休。

问：住在哪儿？

答：除在保定外，都回家住。

【土地改革】

问：土改时分地了吗？

答：分了二亩地。

问：那时几口人？

答：五口人。

问：你是贫农吗？

答：是。

问：这个村是怎么土改的？开斗争会吗？

答：开斗争会。斗争富农老裴家。

问：怎么斗？

答：把富农的粮食、衣服、桌子、板凳搬到村里去分。

问：你分得什么了？

答：一个小柜。

问：赵启怎么样了？

答：也被斗啦，分了他一部分地。

问：有地主吗？

答：没有。只有富农。

问：赵启、赵祥都是富农吗？

答：是。

问：开了几次斗争会？

答：有几次。

问：搞了多久？什么时候？

答：几个月。农闲的时候搞的。皇辛庄村里有地主。

问：分土地后有土地证吗？

答：有土地证。

问：你到外地去干活户口怎么办？

答：户口迁到外地啦。

问：你是退休吧？每月多少钱？

答：是。每月 120 元钱，我退的早，现在每月 130 元。

问：你是公社社员吗？

答：不是社员。我是工人。

【合作化、公共食堂】

问：互助组时你们参加了吗？

答：参加了。

问：有几户？

答：30 多户。

问：你参加工作吗？（指魏素琴）

答：没有。在家养猪。一年养一头。

问：粮食怎么办？

答：按工分记粮。

问：这是高级社的时候吧？互助组时劳力分红吗？

答：劳力分红。

问：土地入社后，你在外边工作，你夫人又不能下地劳力，你们靠什么分粮食？

答：没有劳动力的人家，拿钱买粮食，把钱交给大队。

问：一年要多少钱买粮食？

答：一百多元钱。那时的钱值高。

问：人民公社时还是这样吗？

答：对。那时吃食堂，发票，凭票去吃饭，我也得交钱。

问：吃大锅饭多久？

答：一年多，食堂就垮啦。

问：大食堂在哪儿？

答：在大庙那儿。

问：全家人都到那儿吃吗？

答：先是到食堂去吃，后来用盆往家里打饭吃了一年多。

问：这个办法好吗？吃得好吗？

答：不是个好办法，大家都不愿吃啦，就散啦。

问：你在公社里干活吗？

答：也干了几天，不干活不让在食堂吃饭，把小孩送到托儿所去啦。

问：托儿所什么时候办的？

答：1958年，吃食堂的那年。

问：农村生活困难的时候怎么样？

答：吃不饱，没有多少粮食，瓜菜代，一百斤白萝卜45元钱，东西很贵。

问：这个村有饿死的吗？

答：没有。我们村离北京近，工作的人多。生活比别村还好点。

【大炼钢铁】

问：这个村大炼钢铁了吗？

答：村里没炼。有炼的，在外村。

问：炼出的铁交给国家吗？

答：是。

问：你家交出了什么？

答：破锅烂铁。每家都交。

问：大跃进完了以后，你还干活吗？

答：不干了。回家做饭、养猪。

【子女教育、“文化大革命”】

问：你的孩子上学吗？

答：都是初中毕业。

问：他们初中毕业后，种地吗？

答：不。老二和老大都参军啦。

问：参加军队得几年呀？

答：四年。

问：老三、老四没参军吗？

答：没有。已有两个参军了，其他人就不让去了。

问：“文化大革命”时你们村里有什么活动？

答：揪地主、富农，斗了两次，就没有事啦。

【近年来生活变化】

问：三中全会以后你们的生活变化大吗？

答：大呀！这些砖房都是最近盖的。我这房是1983年盖的，原来都是土房。我们有20间房。原来只有三间土坯房。

问：你们的孩子是结婚以后分家的吗？

答：他们结婚以后有了孩子才分家。

问：他们结婚你给钱吗？

答：每个儿子结婚时都给两间房，一套家具有八仙桌、两个箱子、三屉桌、橱子。

问：一个儿子结婚花多少钱？

答：老大花五、六百元。每个儿媳妇给了300元钱做衣服，这些被褥除外。两间房得1000元。（1977年）

问：姑娘出嫁时不给东西吧？

答：给。做几件衣服。

问：现在盖这两间房要多少钱？

答：现在花钱就多啦。

问：这些地基是自己的吗？

答：是自己的。

问：还有自留地吗？

答：有。每人一分。1976年以后生的孩子就没有了。

问：你父亲的自留地收回去了吗？

答：没有。现在的改革是死队，生了孩子都不变化。

问：自留地种什么？

答：种菜。

问：谁种啊？

答：儿子们种。

问：你们老俩口和女儿的地谁种？

答：我种。我退休以后在家种地。还养着20多只羊。

问：是为卖羊毛吗？

答：是。

问：一年卖多少钱？

答：一千多元。

问：在哪儿放羊？

答：在北洼地里，马路边上，有草的地方。

问：每天都去吗？

答：是。下雨就圈在栏杆里了，不放了。

问：还养什么？

答：鹅、两只鸭子。

问：是为吃它们的蛋吗？

答：是。

问：你帮你母亲干家务吗？你是会计吧？

答：是会计。回家后就帮助我妈妈干活。

问：你帮助做家务吗？

答：有时也帮着干。有客人我就做饭，也帮助买肉、买酱油。

问：到哪儿去买？

答：大队部就有。到良乡去买的时间多。

问：晚上是不是看电视？

答：看。

赵凤岷　张文英

时　　间：1990年8月27日上午

访 问 者：左志远　顾　琳

场　　所：赵凤岷家

【家庭成员】

问：过去日本人在这儿调查过，你知道吗？

答：知道。还有照片呢。

问：你今年多大岁数？

答：66岁。

问：你哪年出生？

答：忘了。

问：你父母亲叫什么？多大岁数？

答：我父亲叫赵显章，照相时54岁；母亲叫赵刘氏。

问：日本人在这儿调查时的人你知道吗？

答：当时当翻译的姓金。那时我还小，记不清日本人的名字。

问：你们兄弟姐妹几个？

答：五个。

问：你小时是不是种地？

答：是。

问：有多少土地？

答：十几亩。

问：你们人口不少，生活怎样？

答：我父亲当保长，不拿花甲（税），生活好点。

问：保长都不拿花甲吧？

答：是。不然，谁当保长。后来受到批判了。原先我们不知道这是为外国人干事。我们自己有祖国，为什么替外国人干事呢，我小时候听说过共产党，可是没有见过呀。

问：你父亲和你哥哥什么时候去世的？

答：我父亲是解放以后去世的，已死22年，活了85岁。

问：你们一直住在一起，没有分家吗？

答：一直在一起。我们孩子多，共八个。我大哥成亲后就另过了。我二哥当兵去抗美援朝，1953年回国后到了兰州，就分开了。

问：你二哥在兰州干什么？

答：在部队时当连长，转业后到兰州一个化工厂当头头，现在已退休。在兰州市住。

【私塾、教育】

问：你小时上过学吗？

答：上过二年私塾。

问：几个人在一起上学？

答：这个村有20多人。男女都有，女的很少，徐祥的妹妹当时也上学。

问：你几岁开始上学？

答：10～11岁。

问：上了几年？

答：二年。日本人来后就不让念四书五经了。到黄辛庄上学，让念语文。

问：你会日语吗？学校有没有日语课？

答：不会。学校有日语课，一周上两次。马先生和黄先生教，是东北人。

问：有几个人到黄辛庄去？

答：全班的人都去了。

问：三字经你读过吗？

答：读过，在村就读了。

问：你可能还记得吧？

答：记得。

问：学算盘吗？

答：在村里不学，在黄辛庄学过。

问：还学什么课程？有国语吗？

答：有国语。还学会画画、算数、体育。

问：在黄辛庄学了几年？

答：几个月，家里的大人不愿让念洋书。

【学徒】

问：不上学后干什么啦？

答：放猪。后来到北京学买卖。学买卖又不行了就回家来种地。

问：在北京做什么买卖？

答：在板桥烧瓷，有碗，盆儿等。

问：你是学徒吗？

答：是。给人家挑水，抱孩子，什么活都干。

问：你学徒的地方有名字吗？

答：没有名字。

问：谁介绍你到那儿去的？

答：我二哥。

问：你二哥在北京干什么？

答：当警务段（铁路警察）。

问：你学徒给钱吗？

答：不给钱，只管饭吃。

问：干了多久？

答：不到一年。太苦了，起早贪黑的干活。

问：回来干什么？

答：我二哥在铁路上给我找工作。在这之前，到卢沟桥偷日本人的钢筋，卖给别人买吃的。

问：被抓起来吗？

答：有被抓的。后来，我怕，不干了。半年之后，我到警务段，不到一年，日本就投降了。

【日军暴行】

问：你还记得第一次在什么地方见到日本人吗？

答：是在马路上见到的，日本兵用马拉着车往南走，他们让我们小孩推车，也给钱。

问：什么钱？

答：带孔的，红铜钱。

问：他们常来吴店吗？

答：来。一来就抓工，问花姑娘的有没有？妇女们都害怕。

问：这里有没有男人送上山做工？

答：要人去修公路。

【1943 年旱灾】

问：1943 年有大旱吗？是不是很多人死了？

答：是。那年闹传染病，死了 30 多口人。

问：是夏天还是秋天？

答：夏秋之交。闹病没钱治，就死了。

问：你家有没有？

答：有，孩子的婶。

【新民会】

问：你记不记得新民会？

答：良乡新民会的头头叫片新康（日本人）。

问：他来过吴店吗？

答：没来过。国民党军队被日本人打散后，到吴店来什么都要。新民会不让拿，说吴店村没好人，要把这个村烧了，我们都跑了，没有烧。

【土匪】

问：你们村有没有土匪？

答：有土匪。外边来的土匪坏。日本宪兵大队长叫大岛，说这个村有土匪，要来烧。良乡学校的校长是吴店村人，去说情。日本人已装上汽油，由于那天正好下雨，没有烧成。

问：你们这村当土匪的是什么人？

答：当土匪为了发财，他们将有钱的人绑起来，不打不骂，就是要钱、要枪。这一带有一千多人，想打胡芦法村，但被人家打了。

问：这个村有没有被绑的？

答：有。赵祥，他是富农。

问：放出来要多少钱？

答：没给他们钱，是我父亲赎回来的。日本人认为我父亲与土匪勾结了，就打了，很危险，随地有可能用刺刀刺死。

问：你父亲受伤了吗？

答：被打肿了。

问：那时的土匪有没有组织？

答：没有组织，有土匪头，外号叫胡疙疤，还有富德才、王昆、段晁都是土匪头子。后来让日军全收拾了，打散了。

【保长】

问：日本在的时候你父亲是保长，是不是常来要东西？

答：他是保长，日本人不常来。

问：保长的任务有什么？

答：那时土匪也找保长，国民党兵来了也找保长，要粮食、草。他也给日本人要粮食。

问：抗战胜利后，对你父亲有没有影响？

答：没有。

问：土改时批斗保长了吗？

答：批斗了。

问：国民党在时村里搞过减租减息吗？

答：没有实行过。

【婚姻、家庭】

问：你们什么时候结婚？

答：我们结婚第二年就解放了。

问：你（指赵凤岷妻）的名字？

答：叫张文英。

问：多大？

答：63 岁。

问：原来在哪个村？

答：哑巴河村。

问：离这儿多远？

答：三里多路。

问：谁给你们介绍的？

答：徐三姑奶奶，即徐郭氏。

问：那时结婚前见过面吗？

答：没有。

问：那时他给过你戒指和钱吗？

答：没有。只是做两身衣服、两双鞋，就结婚了。

问：你上过学吗？

答：和没有上过学一样。先是念三字经、百家姓。

问：念几年？

答：老人不让念书。认识自己的名字，就不念了。过去妇女不让念书，不像现在。

问：结婚时是用花轿抬过来的吗？

答：是，花轿接来的。他坐一辆，我坐一辆，穷人就这样。

问：上午还是下午？请客人吃饭吗？

答：吃过早饭，拜天地。请了十几桌。

问：那时你父母还在吗？

答：还在。

问：就在这个屋吗？

答：原来是土房，这是后来盖的，已有 16 年了。

问：你们生了几个孩子？名字叫什么？

答：八个。大女儿——赵立新，已出嫁，1973 年；二孩子——赵家新（男），我 25 岁生，在闫村化肥厂工作；三孩子——赵日新（男），27 岁（被煤气熏死了）；四孩子——赵万新（女），出嫁在良乡四街，务农，我 29 岁生她；五孩——赵永新（男）我 31 岁生，也被煤气熏死了；六孩——赵光新（女），我 34 岁生，在王佐乡瓦窑大队当农民；七孩——赵自新（女），我37岁生，出嫁在梅花庄当农民；八孩——赵长新，我40岁生，在良乡开汽车。

问：这是谁？

答：他是我大孩子的儿子，我共有两个孙子，两个外孙女。

问：他们结婚时你们给什么东西？

答：大闺女结婚时就是两个裤衩，别的什么也没有陪嫁。因盖了新房，没有钱陪嫁。

问：你女婿家给你们东西吗？

答：我们不要。

问：你的孩子是自己找的对象还是介绍的？

答：都有人介绍。

问：万新有陪嫁吗？

答：没有。

问：光新时？

答：陪了一辆自行车，一个座钟。

问：对方呢？

答：给了300元钱，让他们自己买衣服。

问：自新呢？

答：也是一辆自行车、一个皮箱、一个座钟、一台梳妆台、一个电扇。

问：男方家里也给钱吗？

答：我们不要，什么都不要，他们也没给。

问：儿子结婚呢？

答：也什么都没要，人家不要我们的，我们也不要人家的。

问：他们是自由恋爱，还是给人介绍的？

答：经人介绍的。

问：有陪嫁吗？

答：儿媳的娘家送了一台电视机、一辆自行车，一座钟，皮箱都是她娘家陪送的。

问：这个小儿子结婚了吗？

答：还没有结婚，已订婚，自己找的对象。

问：打算什么时候结婚？

答：明年。明年才够结婚的年龄呢。

【土地改革】

问：土改时怎么样？你父亲当过保长，受冲击了吗？

答：没有受冲击，因为我二哥参军啦，我们是军属。

问：那时你家有多少土地？

答：十一二亩地。

问：土改时你家几口人，每人平均多少地？

答：十口人。平均一亩地。

问：你是什么成分？分过土地吗？

答：贫农。分了六亩地。

问：土改的时候根据什么方式分配土地的？

答：根据村里的土地，有多少贫雇农缺地，再把富农多余的土地分给贫农。

问：开会吗？是全村人开会？还是少数人开会？

答：开会呀。可靠的贫农才能开会。

问：包括你们吗？

答：不让我们去，但也不按富农对待，沾了军属的光，让我个人去。

问：那时是外地来人帮助村里土改吗？

答：是呀。山区来的八路军帮助搞土改。工作组领导，村里成立农会。

问：农会的负责人是谁？

答：一个姓罗的。本村的刘金安（已死）。

问：共产党员多吗？你知道吗？

答：不知道。

问：日本统治的时候当过保甲长的也不能参加农会吧？

答：不能。参加农会的是可靠的。

【保长】

问：土改前，你父亲是怎样当上保长的？

答：是大伙选的，也是民主选的。

问：是不是每年都投票？

答：国民党的时候，如果保长有贪污，也要蹲大狱，大伙跟你算账。

问：干好了，是否还可以接着干？

答：干好了，大伙还让接着干。干不了，没有本事也不行，就得给他人干了。

问：你父亲当保长干的时候比较长是不是？

答：是啊。他有能力，不贪污。他当了那么长时间的保长，还是只有四间土房。

问：一直到土改时还当保长吗？

答：他们也换，比如说换了新保长，干了二年就贪污，就又换了。还有蹲大狱的，像裴振玉就蹲过大狱，虽然他能写会算，但由于他贪污，就被抓起来。他蹲了大狱后，我父亲又当了保长。

问：有几个保长像裴振玉的？

答：没有，就是他。

【土地改革】

问：土改时，你是贫农，分给过你地吗？

答：分过六亩，还分过花瓶等，大家都分。

问：分给你什么东西？

答：分给我骡子，但我没有要。

问：为什么不要？

答：因为国民党刚完，局势还没有稳，不敢要。

问：不要怎么办？

答：没事。过了几年南边也解放了，就不怕了，才要了。

问：你村土改比较早结束吗？

答：1950 年，搞了一年。

问：最后得了土地证吗？

答：有。

问：能不能找到？

答：有用吗？（随后从家里找出土地证，看后，还给赵风昆）

问：你们这里斗过地主吗？

答：没有，没有地主，斗过富农。

问：你们家有富农吗？

答：没有。中农也没有，都是贫农。

【族氏分支】

问：你们姓赵的原来是不是一家？你们是不是一个曾祖父？

答：是一个曾祖父，原来是一家，后来分开了。

问：什么时候你们村分南赵和北赵？

答：南吴店、北吴店分过，赵不分南北是在国民党的时候分南北吴店的。

问：为什么分呢？

答：因为有一部分拥护我的父亲，就成了北吴店；另一部分人拥护另外的人，就成了南吴店。现在没有了。

【破除迷信】

问：什么时候把关帝庙砸了？

答：在“文化大革命”的时候。

问：每奉节日向关帝庙去烧香拜佛的形式，什么时候没有的？

答：在土地改革时就没有了。

问：破除迷信，你们这个地方搞过吗？

答：破除迷信，在土地改革时。当时，将关公的像拉到村外用镐打碎了，同时还有关平、赵官老爷的泥塑像。

问：你们家里有什么小菩萨也被砸了吗？

答：家里没有。

【婚姻】

问：你们结婚是自己找的对象还是他人介绍的？

答：那时候娶媳妇，没有介绍人不行，要给介绍人钱。我们没有钱，只好向地主家借，借后没有钱还，只好将自己家的土地卖给人家。

【土地证】

问：有土地证吗？

答：有。（随后拿出土地证，上面写道：河北省房产土地改，1950 年 3 月 15 日发。土地证居民赵刘氏、赵显章、赵凤歧全家土地共计耕地非耕地 23 亩 8 分，房产两段 1 亩 6 分，均作为本户全家私有产，居住典卖转让租赁完全自由，特给此证。）

问：土改时的那个保长，由于贪污受了什么影响？

答：他蹲了监狱（坐牢）。

【合作化运动】

问：互助组时你们参加了没有？

答：参加了。

问：你记不记得和谁在一个小组？有几户？

答：有郭仲连、郭仲奎。是自愿组织起来的，就三家。

问：那时候你们一共有多少土地？

答：一共有 14 亩土地。

问：互助组采取什么帮忙的方式？土地是否放在一起？

答：土地不是放在一起。帮忙的主要形式是锄地，是一种劳力互助。互助组完了就到初级社和高级社。

问：初级社是不是土地入股了？

答：没有。到高级社土地才入了股。

问：那时土地分不分红？

答：干活的多就多拿钱，可我们干了活还亏他的钱。

问：这是什么原因？

答：我们俩干了活，还亏了三百多元钱，我们问他们为什么我们还亏了钱？后来我们才知道，我们这个地方（指黄辛庄）国家修飞机场，征用了生产队的土地。这部分被征的土地，国家给了钱，他们将钱分给了社员，为的是让大家高兴。

问：这部分钱，生产队又往回收了吗？

答：要收，向我们要的钱就是这个钱。大家都不给，因为没有钱。

问：你记不记得哪一年？

答：1958 年。

【历史对生活的影响】

问：你解放后，在村里当过干部，如队长、会计吗？

答：没有。过去有点问题的人是不能干的。

问：对你们的孩子有没有影响？如入青年团什么的？

答：有影响。孩子上学时，老师让从初中升高中，可是村干部说我们欠村里的钱，不让上。孩子入团也不让入，因为他爷爷当过保长，他爸爸当过铁路警察。把我们当富农看待。

问：“文化大革命”以后好了吗？

答：现在还好。钱也还清了，这样孩子才上了学，再加上节省吃，才盖了这房子。

问：现在孩子开车就行了吧？

答：现在每月开 200 元钱。

问：还有奖金吗？年终奖金开多少钱？

答：有年终奖，开多少由收益而定，完成利润可拿 600 元钱。

问：在哪开车？

答：在良乡，原来的五街。

问：现在好多了吧？你退休了吧？

答：好多了。退休了。

【“文化大革命”、红卫兵】

问：最困难是什么时候？

答：“文化大革命”开始，困难了几年。

问：是因为被批评？

答：因为他爸爸常被叫去教育教育。

问：是每天都如此吗？

答：不是每天。叫去让讲过去都干过什么。

问：挨打了吗？同时叫去还有谁？

答：没有，就是问。同时叫去的还有我二兄。问他干过什么？由于我二哥是军属，也就不盘问了。

问：“文化大革命”时，红卫兵来过吴店村吗？

答：是从飞机场那里的中学来的。

问：你们村有没有插队的？

答：没有。因为村地少，没有插队的。

问：红卫兵到你们这里干什么？

答：问过去谁都干过什么，老实不老实。

问：他们都年轻吗？

答：年轻，都是学生。我们村没有打死的，黄辛庄有被打死的，有跳井的。

问：为什么黄辛庄闹得厉害？

答：因为外地红卫兵与本村红卫兵勾结起来。打死的这个人过去当过土匪。

问：你们本村有红卫兵吗？

答：有。

问：他们厉害吗？

答：他们找我，我又蜷进去了。那时谁敢说不听毛主席的话！他们叫我去，我就去了。他们研究怎么治人，整人，我听着不对头，就不再去了。

裴　如　张淑敏

时　　间：1990 年 8 月 27 日下午

访 问 者：左志远　顾　琳

场　　所：裴如家

【家庭成员】

问：您今年多大了？

答：60 岁了。

问：那您是 1925 年生的？您叫什么名字？

答：裴如，1925 年生的。老伴叫张淑敏，店子村人，离这儿二十来里。

问：我们想调查您的一生，1942 年日本人在这儿曾有个调查，您家族的情况？

答：我父亲叫裴振明，母亲叫裴立氏。那时我 17 岁，父亲 37 岁。

问：看了这个调查，您兄弟五个？

答：我兄弟五人，我是老二，裴俊老大，老三叫裴伦，老五叫裴旺，老四叫裴新。还有一个妹，嫁到外地。裴少氏是我哥嫂。

问：大哥现在怎么样？

答：不在世了，1988 年死的，有两个男孩，四个女孩。

问：裴伦呢？

答：在北京制药厂，工人，村里没有他的人了，有一个闺女、姑爷，有一个小孙子。

问：裴旺呢？

答：在本村北头住，在五处加工厂工作，钳工，他有两个闺女，一个儿子。

问：现在回过头来问您。您小时候，您一直在本村长大？

答：是的。

【教育】

问：上过学吗？

答：上过几年学。上的私塾。《三字经》《百家姓》《千字文》《大学》《中庸》全学了。

问：那时候教员是谁？

答：教员是一个姓穆的，一个姓郭的，都不在了，还有一个姓李的。

问：上了几年？学费多少？

答：三年。学费记不得了，但要给老师交粮。

问：那您兄弟几个都上学吗？

答：都上了，但时间不多。因为当时家里困难，要干活，要用人。

【分家】

问：您老父亲在的时候家里有多少地？

答：有几十亩地。慢慢地久置了，二十多亩地，和我叔叔裴振昆合在一起。

问：日本人来的时候你叔叔和您父亲分家了吗？

答：没呢。

问：您几十岁时结婚的？

答：16 岁。

问：土改以前分家了吗？

答：土改以前分的，1947～1948 年分的。

问：怎么分的？你们得到多少土地？

答：10 亩地，叔叔得了 11 亩地。分家后又买了几亩地，有一辆车，房子东屋有三间，北屋五间。

问：分家后有几个人？

答：有十几口人，还有奶奶。

问：分家时写个分家单？

答：没写，这个我们都不知道，我们都是小孩。

【学徒】

问：您上学时几岁？

答：七八岁吧，在良乡上一年，在北村上了两年。

问：上完学后学手艺了还是学什么了？

答：上完学后到北京学手艺，在西四牌楼，在永通电料行。

问：几岁去的？谁给您介绍的？

答：十四岁。我叔叔介绍的。他在西四熏心铺做工，不是掌柜。

问：您上学徒几年？

答：三年。

问：他们给您钱？

答：不，就管饭，年底要是挣钱的话，可以分点儿。

问：当学徒春节能回家吗？

答：不能。三年一直不回家。三年以后可以探亲回家。

【日军进村】

问：日本人来时，您还在家吗？

答：在家。

问：您第一次见日本人是什么感觉？

答：他们开着坦克车来的，堵着马路。村里车站也不能用了。我那时12岁。

问：日本人在村里住过吗？要东西什么的？

答：没在村里住过，也有来村要东西，不常来，离车站远。

【个体商贩】

问：学徒以后干什么？

答：回家务农，赶车、种地。日本人还没走。

问：您为什么没有留在北京市呢？

答：有病，差点儿死了，回家，不干了，所以没有留在北京。

问：以后一直在家干活，除了种地还做小买卖？

答：干，倒粮食，到北京卖粮，在北京乐栈栈房，他收手续费。一年去好几次，也有到长辛店卖。

问：你卖出去的粮食是自己种的吗？

答：不是，是在良乡、窦店买，去北京卖。

问：您能想起当时价格是多少？

答：买时论斗不论斤，卖出论斤。一斗15斤，赔不了钱。但也有赔的时候，也有赚的时候。

问：那时除了您以外，本村有没有人做这样的买卖？

答：有，有二家。

问：他们是谁？

答：是郭仲奎、赵启。

问：除靠倒粮食以外还靠什么？

答：还有一些人做些手艺的。我父亲就是干这个的，我跟着赶车卖力气，那时我还不行。

问：普通一般卖粮食需多少天？

答：卖一趟粮食，需两三天。

问：一次能挣多少钱，弄的好的话？

答：那时粮价也不一样，基本是小买卖。挣点粮钱，挣点脚钱。

问：在村里大部分时间干这个吗？

答：大部分时间种地，主要是种地？

问：您的父亲主要做这个，叔叔在北京，您哥哥干什么？

答：主要是我父亲，我做陪伴。我哥哥一直务农，他文化跟我差不多，那阵子就没有功夫上学，干活吃饭。

问：裴伦是什么时候离开这里的？

答：解放以后，1951、1952年。

问：他以前干什么？

答：也是种地。

问：1951 年上哪儿去？

答：上北京招工，先是修理工，后在制药厂。

问：裴旺呢？他什么时候开始工作？

答：他十几岁开始工作，当了二年小工，后来招考考在这儿。

【满铁调查、劳工】

问：日本人当时来这里作过调查，您记不记得？

答：我不知道，没有印象，那时还小，调查也找老人，不找小孩儿。

问：抗战胜利您还记得？

答：记着点儿。没有见他们走，但知道他们走了。开始不知道他们投降，后来才知道。

问：日本人抓不抓丁？

答：没有抓我当壮丁。有时抓人去做工，干活，也给钱。

问：您记不记得本村有谁被抓去干活的吗？

答：为日本人当工人，有一个，死了，叫“当夫”。

问：您自己呢？

答：我没干。日本人修马路，我提水，去过两趟，那头儿都死了。

【八路军、国民党】

问：那时您记不记得日本人投降以前的八路军是不是来到你们村？

答：没有。八路军来这里很晚了，国民党头几年来，几年以后就解放了。

问：国民党在的时候，村里谁当保长？

答：赵启、于执当保长，都死了。

问：你们裴家有没有当过保长的？

答：没有没有。有当过甲长，我父亲当过甲长，是日本人走的以后，早了。

问：甲长干什么事呢？保长呢？

答：跑腿呗。找人呗。整个村的就是保长。

【婚姻、家庭】

问：你们解放前结婚的？

答：是的。

问：那时是介绍的吗？谁介绍的？

答：是的，那时不许找，亲戚介绍的，叫李汇，以前是老街坊。

问：那时坐轿吗？

答：结婚坐轿，两个。

问：那时轿子是个什么样的？

答：是四方的，上面一个顶，女的是红轿，男的是绿轿，打鼓吹喇叭。

问：本村里没有这些？

答：雇的，良乡有，专门有人干这个。

问：您订婚您送她什么？

答：订婚没有，谁也见不着谁。结婚时有盖头。

问：那时结婚有陪嫁的东西吗？

答：陪两个箱子。箱子里有衣服、鞋子。自己做被子，一人做一个，现在比过去讲究多了。

问：要拜天地吗？

答：拜天地，现在鞠躬，以前要磕头。

问：您记不记得那时办了几桌？

答：不记得了，不管这事，老人管。

问：结婚时来什么人？

答：来的亲戚：妻家的、舅舅家的，老街坊帮忙的，堂亲没有。

问：那时闹洞房？

答：没有。

问：以后你们生了几个孩子？

答：老大裴玉祥，男孩，这之前还有一个姑娘，死了，死时她 38 岁，叫裴玉笑，刚死几年。玉祥属猪，在家里，务农。玉祥下面是男孩，叫玉刚，1953 年生的，不在一块儿生活，还在村里当农民。玉刚下面是男孩，叫玉华，也是属猪的，也在本村务农。玉华下面叫玉玲，女孩，29 岁，嫁到外村，于果营，离这儿七八里地。玉玲下面是玉民，男孩，今年 22 岁，没结婚，跟我们在一起，在建筑队当油漆工。

问：你们孩子结婚方式是怎么样？

答：是新式的，也都是介绍的。

问：结婚时陪什么呢？

答：也陪不了什么，做几件衣服，没有坐轿子，也没有汽车，咱们达不到，骑自行车。

问：玉玲结婚时男方给多少钱？

答：给了 500 元钱，陪嫁皮箱，洗衣机（单缸），她常回来，不定什么时候，过去春节初二回娘家，结婚第二天就可以回娘家，现在没必要。

【土地改革】

问：下面问一下土改的事，还记得吗？

答：记得着点，细节记不得了，二十多了。

问：成分是什么呢？

答：定的富农成分。我父亲有 70 亩地，那时有钱的卖地，没钱的置地。

问：你们买土地是靠么？在外面做买卖吗？

答：做买卖，卖力气，省吃省喝，人家吃肉咱不吃，就这么买地，我们哥儿们多，主要靠地。

问：买地主要在日本在时还是投降以后？

答：投降以后买的多，之前也买过。

问：那时买一亩地需多少钱？

答：开始七八担棒子买一亩地，后来二三担麦子买一亩地，便宜。

问：买土地从谁手里买的？

答：从本村大地主那儿买地。

问：你父亲本家有二十多亩地，又买了五十亩左右的地，结果就碰上划成份？

答：是的，那时我们村有地的不多。最大的也 100 亩地。

问：土改时你们家分出去了还是留了一部分？

答：留了一部分，每人三亩地呀。有好的也有坏的，搭开的。

问：土改时有大车吗？

答：有，也分走了，留有一驴一骡，没车了。

问：土改以前你们雇工吗？

答：有，是外工，是本村人，叫于国春。

问：雇工和你们住在一起吗？

答：不住在一起，他有家，管饭给钱。

问：土改开始时是怎么组织的？开会请你们去吗？

答：我们不去。

问：那你们怎么知道你们被定了富农了呢？

答：大会宣布我们为富农。

问：除了你们家是富农，还有富农吗？

答：有，还有赵启，郭俊华都是富农。

问：斗富农吗？

答：不斗富农，斗地主，把富农地一分就算了。我们院子的三间房子分出去了，他们拆走了，分给姓贾的，是贫农。

问：土改后就在家种地？

答：对。

【互助组】

问：互助组时你们参加了吗？

答：没干几年，都是贫农参加。合作化时才让我们参加。

问：土改后你们家劳力行吗？

答：我们劳力少，就我和我哥哥，弟弟还上学呢，那时 13 口人，主要劳力是我，我哥哥身体都不行，干活都不行。

问：那时留下来的土地有 30 亩地吗？

答：对，一多半分出去了。留下来的土地够吃，生活可以了。不攒钱买地。我父亲儿子多，旧社会不卖地行吗？吃苦耐劳也得置地。

【合作社、公共食堂】

问：合作社时你们进去了吗？那时他们分工分吗？

答：土地、牲口全进去了，不分红，全挣工分，我、老伴儿劳动，跟哥哥分家了。

问：您跟哥哥分家时土地呢？

答：那时已没有土地了。

问：两个劳力能养全家吗？

答：我们俩人就可以养活全家。没有问题。

问：到公社时怎么样？

答：可以。

问：你们记不记得村里办食堂的事呢？

答：知道。就一个食堂，在村北头，没吃几天，后来也打回来吃，家里吃，一年左右。

问：好吃吗？

答：白吃白干，白馒头，大米饭，没吃几天以后就不行了。吃窝头、稀饭，还定量。

问：家里的锅还有吗？自己还能做点吗？

答：是的，有，回来弄点菜，稀的，小孩就在托儿所吃。

【大炼钢铁】

问：那时你们也大炼钢吗？有印象吗？

答：大跃进时，我们没有炼钢铁，就是跟地干，你上我村，我上你村，来回干。深翻地，对农业是好办法，但干不起呀，用工、人工，没机器，牲口弄得浅。

问：那时农忙时一天干多长时间？

答：人民公社时，每天干 8 ~10 个钟头。

问：那时有没有上面来人检查的？

答：有，从公社来。

【工分办法】

问：那时工分办法是什么样的？

答：男的 10 分，女的 6 分还是 7 分。按劳动好坏分，我挣 10 分，到年终分钱，一工分合一块零点钱。

问：您有这个印象吗？工分也评完了，粮食也分完了，您自己还得往外拿吗？

答：劳动力不够就得拿钱。年终要给队里拿钱，我家头两年给，后来就不给了。

问：那时您怎么得到钱呢？

答：养猪啊。

【家庭、婚姻】

问：孩子都上学吗？

答：上过学，但没有上过几年。小学，但中学只有一个小的上过，初中，在良乡。

问：困难时，1960 年你们怎么过来的？

答：稀里糊涂过来的，也没有怎么着。那时买卖也做不成，村里也没有人做。不像现在有人卖菜什么的。

问：公社以后您也没有出去过？

答：一直在村里种地，连临时工都没有做过，好些人都没做。

问：大队、生产队领导您没有做过？

答：没有没有，富农不能当。孩子也没有。

问：“文化大革命”对您有什么影响？

答：没有什么事。孩子也没有影响。

问：您孩子有当共青团的吗？

答：大丫头，玉笑是。孩子老实。

问：有参军的吗？

答：没有。

问：“文化大革命”时富农挨批吗？

答：我没有，别的富农有挨批的。

问：老父亲什么时候去世的？老母亲呢？

答：死了二十多年，1963 年死。母亲晚父亲一年死的。

问：老父亲合作化时能劳动吗？

答：能劳动。

问：现在您还是种地吗？退休给钱吗？

答：还种地，我没有退休，退休谁给钱？

问：你们种了多少地？

答：种了三亩地。另外，在食堂晚上看摊儿，每晚上两块多钱，每月 30 多元钱。

问：现在有一两个孩子和您在一起？

答：就最小的。

问：他自己的工资自己管呢？

答：交给我们，娶媳妇怎么娶啊？他每天六七元钱，不定。他出不了满勤，有时给人帮工。

问：他现在订婚了吗？什么时候结婚呢？

答：已经订了。结婚日子还没订。看对方了。他明年才到结婚年龄。

问：你们估计他结婚费用多少？

答：也得几千。两千打不下来。

问：他的对象是自己谈的还是介绍的？

答：介绍的，是他朋友给介绍的。

问：他对象是本村人吗？

答：是张家口的，在良乡做工。她姨在这儿。

问：订婚时要送礼物吗？

答：要吃顿饭，叫“订亲饭”。

问：他结婚时，分家吗？

答：结婚后，分不分看情况。不好了，就分家。

问：那几个孩子都有房子吗？

答：都有，都不在这个院子。

问：您老父亲原来也住在这个院子吗？

答：在那边，现在搬到这里，有管道。

问：搬过来有几年了？

答：有十来年了。

问：我们就问到这儿。谢谢您了。

禹国深

时　　间：1990 年 8 月 29 日上午
访 问 者：左志远　顾　琳
场　　所：禹国深家

【家庭成员与个人经历】

问：你是否还记得小时候家里父母的情况？

答：我生于民国元年（1911 年），父亲叫禹真。有两个弟弟，一个妹妹，二弟禹国海已死，三弟叫禹国顺，禹国海是 50 年代死的。

问：1942 年日本人在这里调查过你的父亲禹成，母亲叫禹李氏，是这样吗？

答：我大伯叫禹成，我是过继给我大伯母的。所以禹李氏又算是我母亲又算是我大妈。我大伯早死了。禹国海和禹国顺都是我的亲兄弟。禹国海过继给我二妈，家里只留下三弟国顺。我爱人叫禹高氏，父亲什么时候死的不知道。

问：你记得父亲禹真在北京什么地方工作吗？

答：好几个地方，像鲜鱼口的起士林，大栅栏的二庙堂及观音寺的会兰斋，这都是中外两样的点心铺。

问：你父亲禹真在那里当经理吗？

答：不，在那里当伙计，服务员。

问：你的祖父是不是当过经理？

答：是，他是在四单牌楼，誉美斋点心铺。

问：你小时在农村吗？

答：小时念过八、九年的书，后来跑买卖，在天津鞋铺学做鞋。

问：在天津呆了多少年？

答：两三年，在那里当学徒。是我的一个亲戚介绍去的。

问：什么亲戚？

答：父亲的一个师兄弟。他的名字叫禹尚中，是黄辛庄的，他不在了。

问：学徒出师后干什么呢？

答：以后那里的买卖收了，回到北京在牛奶房送牛奶。

问：那时多大岁数？

答：二十二三岁。

问：送了几年奶？

答：1937 年就不干了。

问：你在北京时就结了婚了吗？多大岁数？

答：结了。15 岁结的婚。爱人是紫草坞公社小葡萄沟大队的，结婚时我爱人 18 岁。我们那里都是女的比男的大。她在农村，没有去北京。

问：在北京每年回家几次？

答：常回来，送奶时抽空就回来，每月能回来两三次，忙时就不常回来，那时的交通不方便，没有马路。

问：在北京一起工作的有没有良乡的同乡呢？

答：没有。就我一个人。

问：送奶时住在什么地方？

答：在西长安街有个森记牛奶房，我住在西京儿道，是个养奶牛的地方。

问：那时的收入是多少？

答：每月四五块。中央交通银行的票子。

问：那时他们管你吃饭吗？

答：管，另外给五块钱。

问：余下的钱给家里吗？

答：除花的零钱外，余下的交给家里。花一块钱就能买一袋面，美国的精白面一块到二块钱一袋。

问：那时你家里有几口人？

答：五六口人。

问：那时你有几个孩子？

答：我一共有两个儿子，三个闺女。

问：他们都是什么时候出生的？

答：大闺女生于民国19年，二闺女小三岁，1933年生的，大儿子禹荣，1935年生的。

问：禹荣还在本村吗？

答：在。二女子叫禹华。三闺女禹素敏是1947年生的。

问：你没回家时你们家的地谁种？

答：他妈种，忙不过来时找亲戚帮忙。那时我们家有30亩地。

问：上次（1942年）日本人调查时说你们有38亩地，对吗？

答：是那样。

【参加新民会】

问：日本鬼子来了以后你就回家了吗？

答：是，家里人口多了，在外边挣点钱也不够用的，就回家种个地，养个驴，买个小车维持生活。

问：买小车做什么？

答：拉个脚，做买卖。

问：日本人在的时候你们村里的情况怎么样？

答：那阵子情况可不好，我给他们做过事，家里人口多，不得已，做了几年就够了，给的粮食七扣八扣，也没实数的。

问：给日本人做过什么工作？

答：在新民会青年训练所里受过几个月的训练，分配在各个村团里当指导员，我文化能力不够，以后就不干了。

问：当指导员的任务是什么？

答：调查村里的一切日常生活，也发表，填表。

问：还有什么任务？

答：调查他们的生活用具。

问：1941年日本人在这里调查过，你还记得吗？

答：我不知道。他们带来一个翻译，叫金子，男的。新民会的主任是片冈，书记是二宫，政治文化是森岛、三桥。

问：他们调查时，你们禹家有个叫禹志的是谁？

答：他是我三叔。

问：新民会时，在这个村当指导员的除了你以外还有别的人吗？

答：不是这个村的。日本人在时我当过情报员。

问：当时日本人主要想知道什么情况？

答：每天汇报有没有人拆路拆铁道，有什么事就去汇报，每天汇报，有就写有，没就写没。

问：给你们什么报酬？

答：村里一个月给200斤棒子。

问：你们村有没有发生过破坏地线，拆铁路的事？

答：这里离县城近，没有。别的村说有，路到那儿也没发现，就烧杀强奸的。

【加入国民党】

问：日本人在时你给新民会帮忙，日本投降后国民党来了，你有没有挨过整？

答：国民党在的三年里，我入了一次国民党，说是受人家蒙混了，可以消灾免祸的。

问：当时你们村里有多少国民党党员？

答：实际上我连村里的国民党党部都没去过，不知道，我就知道赵光启。

问：当国民党党员要不要交党费？

答：没有。我是入了以后没多久就解放了的。

【土地改革】

问：土改时你是被定为富农吧？

答：是中农。

问：那时你们家有多少地？

答：不够 30 亩。

问：原来你们家有 38 亩地，到土改时不够 30 亩了，是不是卖了一些？

答：是，卖出去了 8、9 亩。

问：什么时候卖的？

答：日本人投降时。

问：为什么卖的？

答：家里生活困难，加上我母亲死，孩子都正在念书，不能挣钱。

问：地卖给谁了？

答：卖给我们一个当家的，叫禹国荣，是我的叔伯兄弟。

问：卖了多少钱？

答：每亩地 28 ~ 30 块钱。土改时就不到 30 亩了，20 亩零 8 分。

问：土地证还有吗？

答：没有了。

问：土改时，你们也没余土地，也没分到吗？

答：对。

【历史问题影响】

问：你又是新民会会员，又当过国民党党员，有没有找你麻烦？

答：土改时没有，“文化大革命”时受风波，是四类，受批判，入牛棚，前后四五个月。

问：在本村吗？

答：是。

问：有没有另外的人和你在一起？

答：有，十多个人。

问：你的事对孩子有没有影响？

答：有，村里做什么也不让做，开会也不让开。

问：上学可以吗？

答：可以。

问：“文化大革命”前你受过风波吗？

答：有次我犯过错误，家里不够吃的，我改过购粮证，200 斤不够我改成了 300 斤，给查出来，实际上也没得到，被判了三年的劳改。

问：什么时候？

答：1954 ~ 1957 年。是互助组，高级社时。

问：那三年你不在家，你们家里怎么办？

答：我在家里有驴车，大儿去拉脚，维持生活。

问：你大儿子当时多大？

答：二十几岁。

【人民公社】

问：1958 年人民公社时让你们加入了吗？

答：让入了。是普通社员。也下地劳动。

问：下地干什么？

答：种地挣分，出去帮忙。

问：密云修水库你去了几年？

答：两年，实际上干了一年，净有病，得了一年的肺病。

问：挣地时你的工分是多少？

答：最多的挣 10 分，我挣了 7 ~ 8 分，主要是身体不好。除我之外我老伴也挣，大儿媳妇也挣。

问：可以养活你们自己吗？

答：年终分红分不了几个钱，除去粮食钱就没有什么钱了。

【结婚】

问：你结婚时很热闹吗？

答：那时是挺热闹的，用花轿抬过来的，当时有四人抬的，有八人抬的，我是八人抬的。

问：你老伴的陪嫁是什么？

答：那是讲究什么 24 台，32 台，她陪了

24 台，在我们村里算是很多的。

问：你给的聘礼是什么？

答：没给。给彩礼要分家庭，那边有，不要，她家是富民。

【日常交往】

问：在这个村，你和谁最要好？

答：石沈坤。是同村同学，自幼磕头的兄弟。他早死了。1960 年左右死的。

问：你和他有什么来往？

答：吃喝不分。

问：石沈坤家里也是中农吗？

答：也是。

问：你们家和石家好不好？

答：石沈坤没有儿子，他的过继儿子和他的老伴在北京。

问：现在你们禹家你是年龄最大的吧？

答：禹彤比我大，叫叔叔。

问：你们这个大家庭在一起吃饭吗？比如说清明节什么的？

答：平常没有，只有婚嫁时有。

【扫墓】

问：清明扫墓吗？

答：解放前有，以后就没有了。

问：扫墓时是一家都去吗？

答：不一家都去，一到上坟时，敛一笔钱，到那里去烧纸，各门各户谁爱去谁去，带上贡品，上完坟就吃了，喝了。

问：你们家祖宗的坟墓是不是都在一起？

答：在良乡西边的炒米店。埋得年代很久，很多，我也记不清了。

问：这个村里的人死了有埋在本村的吗？

答：别的家我说不上来，我们家以前去炒米店，后来就埋在附近了。

问：现在坟地还有吗？

答：没了，都平了。

问：什么时候平的。

答：解放以后。

【民间信仰、迷信】

问：你们村有个关帝庙，你们什么时候去烧香？

答：正月底，6 月 24 日，迷信说关公的生日是 6 月 24 日。

问：男女都去吗？

答：不都去，谁爱去谁去。

问：有什么仪式吗？

答：6 月 24 日烧香上供，摆一个聚会，吃顿饭，喝点酒，敲锣打鼓纪念一番。

问：都去吗？

答：不，谁去谁拿钱。

问：你吃过吗？

答：吃过。

问：个人有什么困难时去祷告吗？

答：去，不断生病什么的，求神仙保佑。日本人说有一天要烧村，那天没烧，第二天都去祷告，说是关帝爷保佑。关老爷累了一宿，身上都出汗了。当时是我们村有个在学校当校长的，叫赵全，他来说是关帝保佑的。

问：还有没有其他的？

答：没了。我想不起来了。

问：日本人在时，1943 年有一次大旱，关帝庙怎样？

答：求雨，用树条枝编一个大花轿子把一个龙王爷放在里面，敲锣打鼓，设坛三天，下雨了，就不抬出去了。三天不下雨就没法子了，抬回原地方，下雨就烧香，磕头。有时也到地头，河边。

问：你去过吗？

答：去过。

问：日本人在时，大旱那年，你们村得过传染病，很多人都死了，是吗？

答：那时死人不少。

问：那时有没有求过菩萨保佑？

答：也有，我不太清楚。

问：那时你们家有没有死人？

答：没有，吃的东西是混合面什么的，不好得了病。说是霍利拉（霍乱）什么的。

郭仲安

时　　间：1990 年 8 月 29 日下午
访 问 者：张洪祥　顾　琳
场　　所：郭仲安家

【家庭成员】

问：你父亲叫什么名字？

答：我父亲叫郭让。

问：他原来是这个村吗？

答：他年轻时在这个村，等到 18 岁到长辛店。

问：在长辛店铁路工厂吗？

答：对。1944 年死了。

问：你们这支跟哪一家最近呢？

答：跟郭仲宽。

问：那你哥儿们是郭仲宽？

答：不是。

问：郭仲华？

答：不是。

问：郭仲杰？

答：不是。

问：你父亲哥儿几个？

答：我父亲哥儿俩，有一个大爷，他也不在家，他的三个儿子也不在。

问：你大爷叫什么？

答：叫郭贤。

问：祖父叫什么？

答：叫郭永恒，早死了。日本战败前一年，1944 年我们回来时。

问：你现在几岁？

答：我现在 52 岁，1938 年生，日本来中国第二年。

问：那时你家不在这里？

答：不在。日本战败头一年回来的。我父亲死了，我回来的。

问：祖父叫什么？

答：叫郭永恒。

问：你父亲死了你回来的？

答：我父亲有病快死了，我们回来的，回来不到半年，他死了。

问：那时回来几口人？

答：那时回来有奶奶、弟弟、姐姐、母亲和我，共 6 口人。

问：你回来时家里有地吗？

答：回来时有七亩地。

问：你不在时，谁给你种地？

答：不在时，靠亲戚种，靠我的外祖父种。

问：也是这个村吗？

答：是。村主任是我亲叔伯姐，就是杨秀明，我母亲跟他是一个爷爷。

问：你记得你外祖父的名字吗？

答：我外祖父叫杨文海。

问：你回来时，1938 年，6 岁回来的？

答：对。1944 年回来的。

问：你上学吗？

答：我上了三年学。

问：回来以后上的学吗？

答：对。解放以后上的学。

问：本村的学校吗？

答：对。小学。

【日本投降】

问：日本投降的事你还记得吧？

答：日本投降时，我虚岁七岁，上小学一年级。

问：日本投降，你怎么不知道？你在村里？

答：对，在村里。

问：你怎么知道的？

答：日本投降，上小学，学校公布了，日本投降了，就供上孙中山的像了，蒋介石的像也供上了。日本在时不让供他们的像。

【国民党统治】

问：以后就国民党来了，对不对？

答：对。实际，这村，国民党占有三年，到1948年底就解放了，11月份，国民党把这村糟蹋的也够呛。

问：有什么印象吗？

答：10岁，家里有七亩地，我就得修护城河修炮楼，到那儿，瞅你个儿小，不干活儿，监工的就打，要不然跪，我还跪，十几个小孩都跪过。护城河在良乡，朝着太阳跪着，别人干活，你跪着。

问：这是在国民党时候吗？

答：对。国民党那时候，我那阵没有父亲，我母亲一个人劳动，还有一个姐姐，比我大两岁，还有一个弟弟，弟弟那时死了，有病瞧不起。

问：你哥儿几个？

答：现在就我一个，弟弟死了。那阵国民党的罪受了。

问：是日本，还是国民党？

答：国民党，日本时，我才6岁。你家去人，雇不起人，就去孩子，一个村去十几个，让你罚着，你就得跪着去。

问：解放后，你什么时候结婚？

答：我1961年结婚。

【土地改革】

问：土改你记得吗？

答：记得。我家土改分了三间房，四亩半地。

问：定的什么成份。

答：贫农。有七亩地，我们家四口人，一人三亩多地，又分了四亩半地。

问：原来有多少房子？

答：原来没有，一间都没有。

问：原来没有房子呀？

答：原来住人家一间驴棚。

问：那时你们分的房子原来是谁的？

答：原来是一个富农的，叫于国恩。

问：那个房子，拆掉，又盖好？

答：搬进去17年，等我大了，我结婚，有了孩子，我又拆了，又盖房子。

问：就是在这个地方？

答：原来在公路边儿上，由公路边迁到这儿。

问：这个地基是后来的？

答：对。

问：土改时你们家有几个劳力？

答：没有劳力。那时我母亲，我姐姐，十二三岁，我十一岁，有一双眼瞎的奶奶。

问：那时父亲已经没有了？

答：没有了。日本投降时已经没有了。

问：分的土地就你们种吗？

答：那时就我母亲，带着两个孩子种地。

问：那时公社分了几亩地？

答：又分了四亩半地。

问：那一共是十一亩半地。

答：对。

【农具、耕畜】

问：那时候农具有吗？

答：什么也没有。

问：农具没有分？

答：分点家具，分了一大柜，分了几个缸，别的没有。

问：种地时……？

答：种地时是由人力耕种，耕地时雇有牲口的耕耕地。

问：那就是没有牲口？

答：没有。那时有牲口的人很少，这村里很少。有牲口的是富户，有一头毛驴也算是好一点的。那时候相当苦。

问：那时你们种地时没有农具怎么办？

答：没有农具，雇人家，耕一亩地多少钱，就给粮食，给棒子，一斗棒子，一斗半棒子。打完粮食给人家。那时苦得没法提。

问：你记不记得你当时雇过谁？

答：长期的是郭仲华，他家是富农，解放后，不全部斗争，留一部分财产。

【互助组】

问：互助组什么时候建立的？

答：1954 年开始，1955 年初级社，1956 年是高级社。

问：你们这是从 1954 年开始算账吗？

答：对，有互助组了。

问：你们哪几家组成互助组？

答：有十几户。

问：十几户呢？

答：对。互助组一年后转为初级社，这段我记得特别清楚，那时，我已经十六、七了。

问：你记不记得你跟谁一块儿工作？

答：张起华，张起华是组长。

问：他也是贫农？

答：也是贫农，那都是贫农。

问：还有哪几户？

答：张起华，李秀珍，这户现在绝了，没人了，也是贫农。杨冒，下中农，他们一大家，都参加了。

问：你们这几家谁有牲口呢？

答：都没有牲口。

问：都没有？

答：对，都没有。到第二年就变成初级社了，叫农业生产合作社，这户就多了，就富了。

【合作社】

问：初级社有多少户？

答：有 30 户，社长是于国栋。

问：他也是贫农？

答：下中农。买牲口了，大家凑钱，买了三头牲口。劳动时有的干活了，甭发愁了，那社如果坚持四五年，那就不错了。那时刚一年半，就入高级社了，高级社刚不到二年，又人民公社。

问：初级社时你们投了 11 亩地，也分红了？

答：分红了。

问：怎么分法？

答：比如你有地，“劳八地二”，劳动者分 80 斤，有地的分 20 斤，“八”是按劳动工分算的。

问：这干了一年？

答：1955 年干了一年，1956 年就合作化了，就高级社了。

问：高级社就变了？

答：变了，社大了，生产工具优先了，马车多了，因为它有钱置，好多钱在一起了。农具也洋式了。

问：“劳八地二”变了没有？

答：变了，全都没有了，地算大伙的了，集体所有。

问：你们买的三头牲口全归进去了？

答：初级社的东西全归高级社了。

问：你们自己家庭拿的粮食，初级社和高级社相比，哪个时期拿的多？

答：那时粮食始终紧的，低级社时你粮食多了，国家规定你吃多少就吃多少，规定 300 斤，剩余粮食卖了，高级社时还这样。

问：这样变化不大？

答：吃粮数字变化不大。

问：另外的变化怎么样？比如收入。

答：高级社时，收入不算高了，因为一个社好几千口人，5 个村子。

问：五个村属一个社？

答：对，属高级社。

问：你记得哪几个村跟你们在一起？

答：吴店、后店、黄辛庄、梅花庄、鱼沟。

问：总社设在黄辛庄？

答：设在黄辛庄。

问：你这儿是生产小队？

答：这儿是生产队。

问：算账在一起？

答：统一算账，归高级社。

问：吴店是什么了？

答：生产队。

问：他们的领导是谁？

答：于汇，是村主任，一村之长。

问：吴村分两个队吗？

答：那阵还没分两个队，还是一个队，到人民公社以后才分成两个队。

问：那时你们全村人一起劳动？

答：一起劳动。

问：那时你17岁？

答：19岁。

问：那时你没当干部？

答：没有。是积极分子，没黑没白天地干。

问：那时每天下地劳动？

答：对。

问：每天早晨、晚上干多长时间？

答：每天劳动10~12小时，冬季少点。

问：那时每天晚上开会吗？

答：开。

问：多吗？

答：多。

问：那时你们开什么样的会？

答：讨论生产，一方面搞阶级斗争，反右派。

问：你们农村也做这种事情？

答：1953年一次肃反，进行社会主义教育，入合作社后，反右倾，你是农民，没什么觉悟，随报纸呗。

问：你们农村也有右派吗？

答：没有。有反社会主义的，大鸣，大放，大字报，大辩论，你反社会主义也不行呀，反社会主义，反人民公社，有什么言论。

问：农村有反社会主义的人吗？

答：那时你不走共产党的道，就是反社会主义，比如消极怠工就是反社会主义，反人民公社。

问：你不愿意参加不会反对吗？高级社一般都参加了吗？

答：高级社都参加了。

问：初级社不参加也可以吗？

答：初级社不参加也可以，就是那合作化全都加入了。

问：吴店村不参加合作社的多吗？

答：多，低级社（即初级社），就只20~30户，不到一半，有1/3。

问：另外的一家一户？

答：单干。

问：那时没关系？

答：对，对。

问：到高级社时……

答：全进去。

问：那时有没有不愿参加？

答：有，但他得随形势，全入了，穷人愿意入，全入了，地主、富农他敢说不入吗？不积极？

问：不愿意参加的你们是不是说服让他们参加？

答：没做较难的工作，一宣布就都办了，没有家有反对的，十几个村子没有这样的典型。

【工作组】

问：那时候是不是外地派了工作组？

答：有。没有外地工作组，全是当地政府，良乡的。

问：有工作组吗？

答：有。

问：高级社有工作组吗？

答：有。初级时也有工作组指导，有政策号召，组织互助组，组织农业合作生产社，上面派工作组来号召，但是这些户组织起来，瞅着这些组有起色，第二年就改成社了。

问：那时工作组来这里，就住在这儿吗？

答：对，也住在这儿。

问：住在这大队部吗？

答：不，那时大队什么没有。那时这儿有庙，住在庙里。

问：工作组有多少人？

答：那时人不多，我们这儿算城关镇，书记镇长，有时在这儿住一两个月。

问：他们住多长时间？

答：像他们住，有住三几个月。这跟四清时不一样，四清时有大规模的工作组。

问：他们来了跟本村人开会吗？

答：组织开会，按政策指导指导。

问：你们全村人开会在哪里开会？

答：在庙里。

问：在外面？

答：有时在外面，有时在屋里，庙是学校，有三间屋子，通着。那阵的干部还像个干部样子。

问：吃饭怎样？

答：派饭，到户里吃。

问：每天到一个户？

答：对，今天在你家吃，明天在他家吃，一顿饭交一毛儿，给伙食费。

问：跟你们这儿的人吃在一起？

答：对，在一起。

问：一般是管一顿饭，还是……？

答：管一天的，三顿饭，有时挨着吃两天，有时吃一天。

问：那时候他们挂红旗有没有？

答：有。合作化时，我们这块地，挺大一块地，几个村子都上这儿来，搭戏台，演节目，开大会，工厂送礼，送生产工具，送车胎，农具，庆祝高级社成立。

问：你记得在哪儿搭的？

答：就我们住的这儿就是，原来是一块大空地。

问：然后演戏？

答：演戏，开庆祝大会。

问：表演戏，演革命戏什么的？

答：当地的剧团，几个村组织一个。1958 年就变了，城里的演戏的也下来了。

问：这样有两年？

答：两年，1956 年合化作，高级社，1958 年人民公社。

问：演戏有河北梆子？

答：没有，有评剧。

问：不是特别有革命样板戏吗？

答：没有，革命样板戏正式出笼是 1968 年，“文化大革命”中期，正式有的。

问：都是传统的戏？

答：对，传统戏。歌唱社会主义，歌唱共产党。那时就这个，那时人心还行。

【入党、参加劳动】

问：那时你参加青年团没有？

答：我是党员。

问：那你参加团员了没有？

答：没有。

问：那你直接参加了党？

答：对。

问：你哪年入党？

答：“文化大革命”时候，“文化大革命”中期。

问：高级社，人民公社时，你都没有参加团？

答：没有，那时没参加团，我们积极分子，占主要位置，因为我脾气不好，年青，卖力气我是卖大的。领人干活，修水库，修公路。卖力气卖大了。

问：你修过水库？

答：修多了。唐山陡河。

问：一去多长时间？

答：七个月。陡河、密云。

问：那是在大跃进年代吗？

答：陡河是 1956 年，刚成立社那年，没人去，我去，我们俩儿去。

问：家在农村，修水库，工分怎么算呢？

答：那儿给返回社里钱，社里给记工分。

问：你是社里主要劳动力了？

答：我不单是主要劳动力，还管许多人的劳动。1958 年，我就出去了，开拖拉机了，在国营农场。

问：你在哪儿学的拖拉机手艺？

答：我算房山第一批拖拉机手。

问：哪一年？

答：1958 年，那时刚来拖拉机。

问：你以后就到国营工厂？

答：对。

问：工厂在哪里？

答：就在这儿，长阳，电台那儿。

问：长阳是个农场？

答：对，国营农场，北京市最大的农场，相当大的农场。

问：现在还有吗？

答：有哇，现在相当大。

问：你在那里工作多长时间？

答：四年半。

问：1958～1962年？

答：对。

问：你是那里的工人？

答：对，1962年后半年不干了。

问：你困难时期还在那儿？

答：对。

问：家还在这儿？

答：对。我是那儿的工人了。

问：就你是工人了？

答：对。

问：农场工资怎么算？

答：工资相当低，我们那阵卖的力气，一个顶现在的五个，我技术高，身体好，夜班全是我的，一个夜班耕一百三四十亩地，现在五个人都赶不上我。争红旗车，争模范。

问：挣的钱养家？

答：养不了哇，我就不干了，又回来了。

问：回来就没拖拉机开了？

答：没有了，我就种地了，还有干点儿别的杂工，有雇我开拖拉机，我就去，那钱就多了。

问：你干工人时结婚的？

答：对。那时户口随便，我母亲不让我爱人去那儿，就在家里。

【婚姻礼仪】

问：你结婚时，爱人是姓什么？

答：姓贾。

问：是本村人？

答：不是。叫贾桂花。

问：她是什么地方人？

答：保定容城人。

问：那家不也是容城人吗？

答：对，我们村好几个呢。

问：通过什么关系来这儿？

答：通过别人介绍。

问：谁给你们介绍的？

答：叫孙素英介绍的。

问：她是你的朋友？

答：是街坊，邻居。

问：那时候结婚方式是什么样的？坐花轿吗？

答：不坐花轿，从解放两三年后，就没有。骑马，男一个，女一个。

问：你赶上了吗？

答：赶上了。

问：那时你骑马到容城去接？

答：不。她坐火车来，到良乡。

问：那你骑马到良乡接？还是哪里？

答：骑马到后街我一亲戚家，她住那儿，那时我们要旅行结婚，村干部不干，说你们不是给共产党丢人，骑马。

问：不远吗？

答：不远。

问：你给她们家聘礼了吗？

答：我结婚一年才到她家。她们家人，我就见过她姐姐，结婚时送来着，其他人没见过没去过。那时不像现在。现在事儿太多，花钱也大。那时，全算上，也就花300，连买衣服全都有。

问：做家具了吗？

答：就把我母亲的箱子油了油，就完了。

问：你爱人带东西了没有？

答：她就带给被子，带点儿衣服。

问：这是她家人给做的吧？

答：对，她家做的。现在呀，不算房子，5000都不够。

问：那你结婚时，还放儿桌吗？招待村干部？

答：村干部，偷偷放的，那村干部偷偷给了200斤麦子，那时粮食还紧呢，晚上办，那时正是困难时期，200斤麦子是了不起的事儿，让公社知道，了不起。

问：有酒吗？

答：有酒，走后门。我一朋友，他爱人是酒厂书记，找她，还不知道，明天结婚，今天晚上还给我送粮食，让我办事，第二天，我特意找她去，告诉她我结婚，给我 20 斤酒。肉没有，买点儿鸡蛋，买点儿青菜，托人买，那时我还大方的，我还算可以，村里我这还是头一份。

【家庭成员】

问：你们生了几个孩子？

答：四个。一男孩。

问：头一个是什么？

答：男孩。

问：叫什么？

答：叫郭志明。

问：哪年生？

答：1962 年，属虎的？

问：现在干什么？

答：在水利局。

问：干部？工人？

答：干部。原来是以工代干，最近转的。

问：然后是大女儿了？

答：大女儿郭红娟。

问：出嫁了吗？

答：出嫁了。

问：她哪年出生？

答：1964 年。

问：嫁给哪个村子？

答：东关，良乡的东关。

问：第三个孩子？

答：二女儿，跟大女儿一对，双胞胎，叫郭红燕。

问：也结婚了？

答：嫁到黄辛庄。

问：第四个？

答：1968 年生。

问：叫什么？

答：郭红英。

问：出嫁了吗？

答：没有。

问：做什么工作？

答：在公社建筑公司，理发。

问：现在和你住的是，老两口，小女儿，跟郭志明分家了吗？

答：在一起，吃粮食是我的，点电是我的，煤煤是我的，哄孙子，工资是他们的。

问：他们有几个孩子？

答：一个。都是一个。

问：没有分家吗？

答：不分，因为不给地方。他在水利局上班。

问：他爱人在哪里？

答：爱人在公社建筑队工作。

问：吃饭分开吗？

答：儿子也随便到这里吃，孙子长期在我们这儿吃。

问：那收入怎么算？

答：收入分开。吃粮是我的，电灯是我的，烧煤是我的，孩子归我哄，就是收入归他们。现在的年轻人哪，真没法说，全是这样。过节过年，给你买两瓶酒。

问：没结婚的那个女孩子，她的收入给你吗？

答：不归我，不结婚收入也不归我。我结婚得用一笔钱，我跟她说，你花钱太大，你自己攒钱，你岁数也不小了，结婚时，我赔送你一大件，彩电，其余的，你自己买，冰箱冰柜，其余的，你要不够，跟你姐姐，哥哥要，我就不管了，那起码 2000 ~ 3000 元钱也不够。

问：她一个月能挣多少钱？

答：140，到年底奖金能拿四五百，一年能拿 2000 元多。

问：她攒起来为了结婚？

答：我让她攒着，留着结婚用。我给她花一大部分，自己花一部分再不够，有哥哥，有姐姐。

问：她订婚了吗？

答：她比较挑剔，她长得比较好，个子又高。

问：上过学吗？

答：初中毕业，就她文化低，大儿子、闺女全都高中毕业，就她文化低，干什么都行，就念书不行，不好好念书。因为我们俩都重视学习，那时挺困难的，我老伴儿那身体从今年开始胖了，开始变了，供孩子上学，可不简单。我儿子和闺女学习都挺好的，搁你们国家，研究生毕业都没问题，孩子相当努力。

问：结婚的两个闺女都还在工作吗？

答：有一个在工作，大闺女在工作，在公社修配厂，原来是车工，干了五年，现在调到办公室了，计量员。

问：你那时工作时，地由你爱人种？

答：我没工作。

问：你现在有多少地？

答：我现在有1亩地，主要给孩子们做后盾，当后勤。

问：你还在外面揽点工作吗？

答：有时候，去年，今年没干。有时，外面干，我会烧砖。

问：烧了几年地？

答：二十年。

问：大队窑地？

答：县里，国营，大队的，公社的砖厂都干过，作过厂长。

问：那是什么时候开始的？

答：1982～1986年。

【造反兵团、支左】

问：1962年回村后，你干过生产队队长吗？

答：我比队长还大。在公社，名义上十三年副主任，实际上就二年，干二年我就不干了。

问：你作副主任，是在黄辛庄吗？

答：不是，是在良乡公社。

问：是哪年正式调上良乡公社的？

答：“文化大革命”上去的。1968年开始，正式干了二年，我不干了，不去了，名字还是我，一直到1981年宣布解除。村里，我大拿，实际上村里革委会也得我说话。在村里必然是大拿了，村主任也得听我的。

问：你正式下来是什么时候？

答：1968年、1969年正式干了两年，1970年就不干了。

问：为什么不干了？

答：一是太乱，一是自己没文化，我在村里也得罪了不少人，在社会威望还可以。没文化，又没后台，所以我就不干了。如果县里有后台，又有文化，就能爬上去。所以，后来，应开的会，我就不去了，应去三回，我去一回，慢慢的我就不去了。一直到1981年宣布解除。

问：那时你去良乡公社，是村里推荐，还是公社看上你了？

答：主要是军队，军队在良乡地区，我们联合得好，生产搞得好，两派没武斗，生产比别的村搞得好，这样他们就把我拿上去了。

问：那时解放军支左？

答：对，支左。

问：你可以解释一下吗？

答：我在这儿一派，我是头儿，叫造反民团，到公社联合，是大派，我还是头儿。

问：另外一派？

答：另外一派人就少了，叫真理战斗队。

问：这个组织比较小？

答：他们俩组织也没我这一个组织大，因为他们对政策不懂，被我们摧垮。垮了以后，我们联合得比较好。

问：根据什么分成两派？

答：反对村里书记，王德林，以此为界，由于私仇引成公仇，以我为首的反对他，真理战斗队保护书记。

问：为什么反对？

答：“文化大革命”开始时，有个衡量干部的标准，高举毛泽东思想伟大红旗，跟地主、富农不勾搭的，接触面清楚的，够这几条的都算是好干部。他这几条都没有，所以我们就反对他。

问：他当书记多少年？

答：他1962年开始当书记，当了4年。

问：从1962年到1966年？

答：对。

问：他以前一直在农村？

答：不。他在县建筑公司工作，也是工人。他 1961 年回来的，我 1962 年回来的。那时有些私心杂念，有些私仇，连上公仇，就干起来了，越干越欢。支左的看见我们大方向对，他跟我比较好。

问：那时这里支左的部队是 38 军吗？

答：不。支左部队是海军司令部的直属部队，村里没发生过武斗。

问：你们批过王德林吗？

答：批过，但没让他爬着，跪着，让他站那儿，武斗没搞，开大会，指出有些什么缺点，有什么错误。那派就保，反对我们。

问：后来怎么联合的？

答：两派联合，我与另一方的头儿私人关系不错，我找他们了，愿意跟我干的就干，不愿意的就靠边站。他们不跟我干，单组织。结果，四五个月后，他们被我们摧垮了。那时，中央的指示一个跟一个，紧跟毛主席的战略部署呗。

问：你 1970 年回来就下来了？

答：从 1971 年我就上外面干活儿了。

问：你们造反兵团就解散了吗？

答：解散了。1969 年整党，党支部成立后，一切组织就都全解散了。革委会成立后，都解散了。

问：你在良乡入党的吗？

答：在村子里。

问：那时入党的人多吗？

答：对。

问：有跟你同时入党的吗？

答：有。与我同时入党的全上去了，有刘明、田江、郭贵方、郭仲杰，他们都跟我一派。升官的升官，走的走。

【红卫兵、批斗会】

问：外地红卫兵来过吗？

答：来过，来这儿掺和，我这里封闭，像工厂，学校的来，问我们村哪个地主、富农不老实，我说我们这里的贫下中农占绝对优势，他们不敢不老实，我们不需要你们的支援。他们最后自己乱了，像黄辛庄、后店就打起来了，他们来了乒乓凑，把地主、富农打死了。

问：“文化大革命”中，你们村地主怎样了？

答：我们村的地主、富农被管起来了，把他们圈起来，弄几间房，在那儿住，在那儿劳动。

问：关起来的有多少人？

答：关起来的有七八个。

问：都属于地主分子吗？

答：有戴帽子的，够分子的，外地混回来的，如国民党的区分部书记等。

问：我今天早晨访问的禹国生是管起来的？

答：禹国生在“文化大革命”中受冲击了，他当时挺顽固的。他的衔儿够：国民党员、新民会员、情报员。他是重点，又不老实，所以以他为主来呗。他弟弟在村里横行霸道，解放时被毙了，叫禹国海。

问：他是不是参加什么？

答：他参加反动组织，一贯道，一贯道的副元帅，又是村里的保长，那时他挺狂的。

问：后来你和王德林的关系怎么样？

答：以后也不行，至于现在嘛，他还是挺大报复情绪，但他情绪有，行动上也不敢出来。

问：你有没有做过自我检查？

答：没有。

问：“文化大革命”后也没怎么样？

答：没怎么样。到现在为止，我不记仇于他，他的问题是他自己的问题，我没给他造谣。你爱怎么就怎么。我们互相间评价都不低。他不错，还可以。在原则问题上，他也比较佩服我，但个人成见还是有。我乒乓捧他了吗？让我坐牛棚了吗？我让他坐喷气式了吗？没有。1965 年以前，我们村亏粮食 8 万斤，我接手一年后卖余粮，1967 年我接手，1968 年卖余粮，从亏损粮食到卖余粮，这是一个飞跃呀！他能不服气吗？

问：那时技术方面有没有革新？还是组织好，还是投资？

答：没有，把人组织起来，产量提高，那时领导实力不行，村里骨干有的是，我让他们干，他们真干，一年就回来。原来吃 320 斤粮，我那时吃 380 斤粮，长了 60 斤粮食，外面欠的粮食也不该了，还卖余粮，大队还有相当存粮。两年后，吃粮问题就过关了。农民没有粮吃，怎么革命？

【村办企业】

问：“文化大革命”结束后，你就在村里种地了？

答：没有。我就出去了。

问：你到哪里去了？

答：我在公社企业，一砖厂，干了四年，从 1971 年到 1975 年。1975 年到县砖厂，到 1981 年。1982 年在村里办了个砖厂。

问：效益怎样？

答：给我带来很大灾难，给大队带来很大效益。办厂订的合同是，大队给我 25000 元，结果给我 22000 元，没钱了。22000 元中，我花 16000 元买机器，还剩 6000 元，还需要修窑、买煤、其他费用。到 22000 元，我就开始卖砖了。卖砖后，就活了。

问：这砖厂有多少人？

答：全是本村人，有五六十人。

问：你是厂长？

答：全是我。厂长是我，修理机器，烧窑师傅，卖砖业务也是我，全是我，我老伴给我送饭。

问：1962 年那年？

答：1982 年那年，最大干到 1986 年。

问：1986 年不干了？

答：不能干了。

问：砖厂还有吗？

答：现在就有一个窑，别的没有了。

问：那时候你们上交村政府的钱多不多？

答：第一年，干了不到半年，砖不好卖，把投资全拿回来了。

第二年，交大队纯利润 41000 元。

第三年，交大队纯利润 38000 元。

第四年，交大队纯利润 30000 元。

第五年，就有矛盾了，等于大队没落下什么。

问：那时你拿工资吗？

答：我始终拿工资，我不敢包。

问：你工资多少？

答：明着每月 200 元，暗着一年加起来 3000 元。

问：工人工资有多少？

答：工人工资每月 100 多元。有时工人工资多，末了一定格，出一万砖就 10 元，出一万五千块砖就十几元，我始终就这个钱，多了没拿。给大队落了十几万元钱。

问：当时承包时，订合同没写清楚上交多少利润，给你提成多少？

答：我不包。头年写合同了，可是干半年，大队终止了，砖厂让关了、停了。第二年，我给找外边的人，人家给我工资，人家用我，这几年，全是找外边的任务。大队甭给我钱了，外面烧火、修理机器全是我。

问：用这儿的窑？

答：用我们这个窑，用我们的地。

问：管理是人家？

答：管理也是我，全是我。人家雇我了。

问：一个月给你多少钱？

答：还是 200，年底有时给 1000 元左右的奖金，一年差不多三四千元钱。那时村里对我意见可大了，说我什么的都有，说我贪污，告我到检察院、政法委员会，弄得我好些日子没干活，赚不到钱，冤不冤？急得我老伴儿病得都变了样，我不干了。

问：1986 年就种地了？

答：1986 年后在外面干活，给人家砖窑干活，一月给我 500，人家雇我，用我的技术。窑烧不了，我去能行。机器坏了，我修。

问：给什么砖厂？

答：给长砖，付砖等地。

问：现在你还干吗？

答：现在也有找我的。我看挣钱没法活，有的砖厂到现在还没给我钱，我就不干了。

问：有几年不干了？

答：去年，今年不干了。

问：在家种地？

答：在家种地，儿子、闺女有事，我给他们看孩子，我要真干，还能干十五年。

问：大队没找你，让你再出来，把大队好好搞一搞？

答：我们现在的于书记是新上任的，1986年入党。以前的书记1988年调公社了，他找过我两次，让我干，我不干。新书记是我一手提起来的，因为这里有咱的窝，通着气。咱们看他们搞的东西，站不住，说实话，像咱们这个岁数的人，这儿明摆着5000元钱，你不敢贪污，1000元也不敢。现在的人多少钱不敢要呀。所以，我不了解他们，我不干。

问：现在村里像样的工厂有哪几个？

答：没有。

问：都太小吗？

答：修理厂就一人。两厂加工厂长，也就四五人。现在一个企业也没有，但企业挂有执照就那么回事。现在市场又疲软，更没办法。

问：1988年调走的书记叫什么？

答：叫田江，到良乡公社当科长。

问：现在的书记是本村人吗？

答：是，本村生人，43岁。现在当干部的不知怎么回事，没准儿。

【经济】

问：以前的事不管怎么说没有经验。

答：因为中国共产党是伟大的，按中国说，拿我们这个岁数的人来说，50岁以上的人都感谢共产党，都崇拜毛泽东，谁说毛泽东一个不好，明明是缺点，都不好接受，在感情上不好接受。

问：现在的，1978年的改变怎么样？特别搞了改革、开放，如包产到户。

答：改革，还挺得民心的。拿我们村来说，一人不到一亩地，如果都搁家里搞农业，搞什么，干什么。我家全出去上班了，挣了钱，为社会做贡献多了，家庭生活也好转了。有时农活多了，下班后，帮家里干点活。附带地，拿我们家来说，打2000斤小麦，就足够吃了。打点棒子面，就额外富裕了，如果不分地，全在家干活，不出去，那就耗太阳了，耗太阳就是上班不干活，磨洋工。现在这样就挺得民心的。有时党的政策相当好。一开始，群众不觉悟，吸收不了。拿分地时候说，这村里分地，我是主将，我说过去叫紧跟，现在叫保持一致，说分，咱们就分。当时阻力很大，都不愿意分，分开后，都得实惠了。现在搞规模经营，要求变，都不愿意变。

问：黄辛庄不是都搞规模经营了吗？

答：实际上规模经营能巩固集体经济，但对个人经济受损失了。比如，我们家五个人在农村吃农业户口粮，每人300斤粮，1500斤粮，得拿400多元，得拿钱买。我这样的话，不用拿钱，干点儿就够了，这样的话，对个人有好处。对集体经济来说，规模经营有好处，好管理了，上级统治性也强了，说实话这是。老百姓都说，政策变化大、快。如果不变了，就这样了，不错不错的嘛！

禹国英

时　　间：1991年8月28日上午

访 问 者：张洪祥　三谷孝

翻　　译：三桥秀彦

场　　所：禹国英家

【家庭成员】

问：1942年的调查材料上说的你是25岁，你哥哥叫禹国珍，对吗？

答：对。

问：你今年多大？

答：74岁。生于1916年，民国五年。父亲叫禹荃。母亲刘氏，那时没有名字。

问：解放前你家有多少地？

答：6 亩。

问：你父亲主要干什么？

答：木匠。那时他岁数大了，不大干活了。

问：你有几个兄弟？

答：两个哥哥、一个弟弟。哥哥叫禹国喜，给日本人抓走了，二哥叫禹国珍。

【劳工】

问：禹国喜是什么时候被抓走的？

答：日本人抓劳工时，抓到日本去了。他的儿子叫禹贵，现在还在本村，50 多岁了。他家里有一大家子人。1944 年被抓走的。咱们中国人那时被弄走的人可真不少，后来就没消息了。二哥禹国珍，家人也不少。他已经死了。刚死去几年。我弟弟叫禹国敬，也在本村种地。

【家庭成员】

问：你有没有姐妹？

答：我有 6 个姐姐、一个妹妹，都是一母所生。

问：还能记得她们的名字吗？

答：没有名字。岁数大了，我的妹妹现在都 70 岁了。

问：姐妹都嫁到外村去了吗？

答：对，现在三姐在北京，六姐在赵辛店，妹妹在民辛店。

问：还有来往吗？

答：现在没有了。

【教育】

问：你上过学吗？

答：上过 4 年的私塾，8 ~ 12 岁上的。

问：在本村吗？

答：对。

问：教师是谁？

答：王克敬。

问：14 岁时学什么？

答：学手艺。在良乡学理发。

问：学几年？

答：学五年。

问：学理发时的师傅是本村的吗？

答：不是，是黄辛庄的，干的是小买卖。就有师傅、学徒。

问：你 19 岁时学完以后干什么？

答：一直干这行。到 1962 年，一直在良乡。

【家庭、婚姻】

问：你家里的地谁种？

答：解放后成立互助组，大伙儿一起种。

问：解放前呢？

答：我们家里还有别人，我弟弟。

问：有没有租人家的地种？

答：分家以后租过。

问：什么时候分的家？

答：25 岁时分的家。

问：分家是和谁分？

答：我父亲跟着我弟弟，我分出来了。

问：什么时候结的婚？

答：1938 年。

问：老伴是哪个村的？

答：罗家长峪，叫霍宗敏。

问：是介绍的？

答：是朋友介绍的。那阵儿还没有自由恋爱。

问：结婚时你多大？

答：18 岁。

问：那时结婚坐轿子吗？

答：她没有。

问：有没有陪嫁？

答：她没有，她爹妈没有儿子。

问：她爹妈干什么？

答：种地。

问：你现在几个孩子？

答：三个儿子、一个闺女。

问：儿子叫什么？

答：大儿子叫禹昆、二儿子叫禹林、三儿禹明、闺女叫禹淑娴。

问：禹昆干什么的？

答：良乡建筑队的瓦匠。二儿在良乡干暖气工，三儿在建筑队干木工。女儿嫁到王佐乡贺照云村。

问：女婿是种地的吗？

答：种地的。禹林两个闺女、禹明两个儿子、禹昆四个闺女一个儿子。

问：小时在良乡理发有什么好朋友吗？

答：我在浴池呆过。有。

问：在本村吗？

答：没有。

【日军暴行】

问：抗战之前，日本人没过来时，这个村的情况怎样？

答：那时我开理发馆。日本人一来就关了，我主要在良乡城里。

问：你什么时候见到日本人的？

答："七·七"事变日本人一过来就见到了，日本人刚过来时，八月份在车站上给日本人当过两个月的劳工。一直跟到石家庄。那阵正打仗，我跟着一个日本当官的，来北京后就要求回家了。

问：那阵儿给钱吗？

答：给，一天给6毛钱。

问：6毛钱能买多少粮食？

答：只能吃一顿饭。也有给票的，也有小铜板。

问：回来以后在哪儿？

答：回来又开了理发馆？在良乡，没有雇人。

问：那时你干理发，一个月收入多少？

答：一天一块多钱，和农民相比要好一点。

问：当时你见过日本军队在良乡村里干过坏事吗？

答：日军一过来时就在车站，先打仗，在车里也打仗，陆续往南走，看到战争死人很多。

问：那时谁在良乡当家？

答：闹不清。日本人一过来一年多我就关门了，就到别的店帮人理发，还在良乡。

问：为什么关的门？

答：日本人一来就胡糟蹋胡乱的，害怕，理发工具都给拿走了。

问：你有没有听说过日本军在这附近干什么坏事？

答：在吴店村没有，良乡有。

问：那你大哥呢？

答：日本人刚过来时抓劳工就给抓走了，抓走后就没信了。

问：这个村抓走了几个？

答：两个。禹连、禹国恩的儿子，他们走了也就没信了。说都是下煤窑，去日本国了。

问：听说过别的村有吗？

答：日本人在后店打死过人，是后店严红眼的哥哥。日本人看到他时他往地里钻，就给折断了腿。

问：当时知道有八路吗？

答：不知道。后来日本人来了好几年之后，八路军来拆铁道，听说了但没见到人。

问：哪年？

答：四几年。

【灾害】

问：1943年这个村闹过灾吗？

答：闹过，传染病，得病就死，这个村死了46人。

问：什么传染病？

答：热病。

问：死的人怎么处理？良乡不管吗？

答：不管。死了自己管，这个村特别穷。

问：46人中有你的亲戚吗？

答：没有。

【新民会】

问：这个村成立新民会你有印象吗？

答：那时我不在家。

问：良乡有你知道吗？

答：知道。我闹不清。就知道有新民会。

那时村里有保长、甲长。保长是赵显章，赵启也当过保长。

【土地改革】

问：抗战快结束时，八路军来过吗？

答：我们村我不知道，我 1948 年当过兵。我当兵是 1948 年。

问：给哪里当的兵？

答：为了挣粮食当兵的。头次当兵是成立自卫大队。向村里要兵，没人去我去的。自当兵，挣的是村里的粮食。成立自卫大队；我去了两个月就回来了。回来后又去了一次，也是 1948 年。去的是守护第八团。护铁路的。

问：在那里待了几个月？

答：两个月，两个月后就让八路军给解放了。

问：被解放后你是回吴店村了吗？

答：对。那时正赶上我们这边土改，我就在家种地。

问：土改定为什么成份？

答：贫农。

问：家里有几亩地？

答：没有，一亩也没有。

问：土改时分到多少地？

答：我当兵时置了几亩地。地主卖我就买了。买完地之后就解放了。我应分 15 亩地，我自己有 8 亩地，又分了 7 亩。

问：当时家里有多少人？

答：一共有六口人，那时就两个儿子、一个闺女，加上我们老俩口。

问：那时你们家有多少房子？

答：三间房，都在本村。那 8 亩地买来不到半年就解放了。

问：那地是谁卖给你的？

答：是大地主秦三的，是良乡的地主。

问：那时地便宜吗？

答：八亩地共花了十担小麦。要是不买的话分 15 亩，买了后就分了 7 亩。

问：分的那七亩是谁家的？

答：是地主禹国荣的。他在良乡当保长。

问：禹国荣原来是这个村的吗？

答：是的。他是禹国恩的哥哥。他发财之后就开了首饰店，那时日本人还没来。

我们家是从解放后生活才一天天好起来的。现在家里有三个工人。六几年时还不行，孩子还小。

问：那时你还在良乡吗？

答：在。理了三十多年的发，就干这行。

【政治运动】

问：你当过干部吗？

答：没有。在良乡也没干过。当兵时当过一个中士班长，那时我当过的最大的官。当兵就是为了生活，为了给家里挣点粮食。

问："文化大革命"时有没有为这事吃过苦头？

答：那时问过，没什么事。我什么运动都经过，"三反"、"五反"、"肃清反革命"，都没事。因为我家里没有地，我一直是工人。我二儿子还当过解放军。

【会道门】

问：你们家里有没有信仰什么，比如说佛教什么的？

答：我没有，反对这个。

问：这个村和良乡都有过什么宗教组织？

答：有。如慈善会、一贯道。这村里也有信的，在慈善会。那时有个禹国海，当保长，也在慈善会当头，解放时被枪毙了。现在他的儿女还有。

问：你家里其他人有没有信仰的？

答：我老伴、父亲都不信。

问：当时的帮会有什么活动？

答：劝道。也劝过我，是别的地方来人劝道的。从良乡来的人。良乡慈善会的头头是张云波，和禹国海两人一起被镇压的。张云波也是地主。这村里人参加一贯道但没什么活动。参加一贯道的还是穷人多。有钱的人信佛的多，他们可以利用它。

问：该村参加慈善会的有多少？

答：不清楚。郭连可能知道。他当过干部，刚解放时当的。

【合作化、大跃进运动】

问：“土改”之后你就在家种地吗？

答：对。但时间不长。

问：对合作社还有印象吗？

答：“土改”之后成立互助组。

问：怎么组织起来的？

答：有地的人组织在一起，一个村里街坊跟街坊，自愿互助。入互助组，地还是自己种。

那时三家一组。和禹国静，还有禹贵他妈我们三家。

问：你家有牲口吗？

答：没有。就禹贵家有只小毛驴，互助组在一起干了一二年。

问：互助组时比单干好吗？

答：互助组力量大一些。到合作化时就干活挣工分。挣工分好分粮食。合作化时家里就我爱人一个劳动力。

问：那时一个工分合多少钱？

答：六七毛钱。我们家挣的仅够吃的，分不上钱。

问：那时养猪吗？

答：养。鸡猪都养。那时一个大猪才卖 12 元钱。孩子念书还要花钱。

问：孩子们都念书吗？

答：对。小儿子中学毕业。但哪个都没念好。

问：吃食堂时还记得吗？

答：记得。我们娘儿四个打四碗粥，四人吃，自己煮点菜，蒸个窝头。

问：吃了几年食堂？

答：两年吧。

问：在一起吃过食堂吗？

答：一起吃时吃了一个月，一个小队一个食堂。现在的生活好了，现在孩子吃的我那儿子小时可没吃过，净吃冬瓜、菜、窝头的。

那时我在外面干工，家里没的吃了，净到地里挖野菜吃，那点粮食不够吃的，我在外面没有粮食指标，拿钱买不到粮食，粮食是定购定销的。

问：参加过大跃进吗？

答：大跃进时都是吹牛。我们村里没有砸锅炼钢，就大跃进那年苦。

【反右派、“文化大革命”】

问：这村里有右派吗？

答：没有。村里真正搞运动就是“文化大革命”。造反派的头头是我们队的。他到那个队去搞，我们不依他，他把那个队搞垮后，又回来搞我们队。那时我们村里的王德仁，他是当权派。当时被斗的是我们小兄弟禹国静，还有王文中，他是地主，还有禹国深，也不是地主，还有个叫赵祥的富农，我弟弟被斗没什么原因，就是报私仇。禹国深是因为给日本人送情报。这四个人中没有一个人是干部，还有一个是赵凤麟，他是生产队长。

问：像赵显章他“文化大革命”时没挨斗吧？

答：没有，他那时年纪很大，什么都干不了。

问：“文化大革命”时候苦吗？

答：那时什么都没有，我所有的运动都参加了。“三反”、“五反”、镇压反革命，都没有问题。因为我家既没有土地，还有两个儿子参加了解放军。

问：那个造反派，文革结束时对他怎样了呢？

答：他入党了，是党员，检查不检查是党内的事。

问：他叫什么？

答：郭仲安。

问：那时他就是党员，还是后来入的？

答：后来他一个人入的，谁也不知道，文革快结束时入的，493 军队在时。老郭老杨家没有犯法的。

问：什么叫“文化大革命”？

答：就是报私仇。那阵你和我有点过节，

这阵我有权了，就给你来一下。他没有按“文革”时毛主席提的“十六条”整党内资本主义，的当权派，不是党员的也受整，我们村老宋家的宋瑞给整得跳了井。因为宋瑞是瓦匠，当过工头，那时他是小工，后来不用他了，他就报仇。宋瑞给整死了，其实宋瑞也是贫农，他是头一个被画漫画的。他家是小户（郭家）量小。文革闹得可凶啦。

【“文革”后状况】

问：“文革”结束后怎么一下子就转过来搞生产了？

答：又把王德林扶植起来，他一当干部，这个村就起来了，王德林在种地上有一套。那阵村里挺富，也存了钱。一开放，一换别人当书记，猪场又拆了，牲口也卖了，分田到户，什么都卖了。王德林就歇了，别人一干，就把村子弄穷了。

问：“文革”结束时那阵儿还行吗？

答：对，王德林是1970年上来的，分田到户那阵三辆拖拉机都卖了，马车也卖了，猪，全卖光了。

问：分田到户，种地的积极性有了，生活怎么样？

答：生活好了，直到现在，粮食我们家吃不了。分田到户老农民还是有力量，就是刚分时集体财产一卖，社员们全都不服。

问：最近怎样？

答：还是个人种，现在就是不想没有粮食吃，问题是每亩地每年要交85元钱给大队。

问：根据去年的情况，每亩地最多能收入多钱？

答：我没卖过，吃不了自己愿意卖就卖，就卖给国家，我们大都自己吃。

问：现在还有自留地吗？

答：有，一人一分地，我们六口人，孩子还没有，就三口人有。

问：你从良乡下来，有没有吃劳保？

答：我是退职，不是退休，我1962年退下来，一次付清。

问：那时给你多少钱？

答：四百多块钱。

问：盖房行吗？

答：不行，平常慢慢零花。

问：现在队里对你们有什么照顾？

答：什么都没有，现在还没有享受大队的福利。

问：这个房子是1982年盖的吗？

答：是。

问：那阵需要多少钱？

答：二三千块钱，我儿子盖的，他是建筑工人，是别人帮忙，不要工钱。

【五保户】

问：这个村有没有五保户？

答：有，郭山，“文革”时给送走的，他是老郭家的。

问：敬老院在哪儿？

答：良乡。

问：就这一户？

答：对。

问：送敬老院，良乡就给包下来了吗？

答：村里要拿钱。

问：五保户是怎么定的？

答：他没有子女，就他一个人。

问：他和村里哪家比较近？

答：郭仲安家，他们老郭家的，他和郭仲安家最近。

【初级社、村干部】

问：互助组是亲戚组织的，初级社是通过什么关系组织的？

答：乡里来人开会，入股组织的，良乡一来就划小队。

问：一个小队有多少人？

答：我们村人少，就两个小队，我们是一小队，我们村就70多户，一个小队也就30多户。

问：那时大队部在哪儿？

答：就在村北边，庙里。

问：队长是谁？

答：禹国珍，康达。

问：康达生产经验怎么样？

答：行。

问：小队除了队长外有会计吗？

答：有，是张启凤，已死了，他有文化。

问：别的干部有吗？

答：没有了。

问：这个村，姓禹的是哪几家当干部？

答：就我哥当过生产队长，别的没有在村里当过干部的，一直是姓郭的当，土改时，郭连、王德林、刘金安、赵凤鸣当过干部。

问：合作化时谁当过干部？

答：赵凤鸣社长，郭连管武装，王德林管治安，刘金安也是，还有李凤琴，她和赵凤鸣是两口。

问："文革"时这些干部怎么样？

答：刘金安、郭连都没有怎么样，赵凤鸣、李凤琴、王德林都倒台了。因为刘金安、郭连子女都在造反派里。

问："文革"后当干部的是谁？

答：王德林、李凤琴又上来了，刘金安死了，新上任的是杨秀明，于士英。

问：于士英也是小户？

答：他是外来户，开放以后当上的，他有文化。

问：王德林还在管事吗？

答：他管生产，搞农业，他以前在建筑队，退休回来后，大队又找他。

问：村里工厂里的干部怎么当上的？

答：修配厂的厂长是郭仲恒，是当兵回来的，他父亲叫郭金，开油房。郭仲恒有技术，饭店经理禹纪是他哥哥在北京有关系，他是禹国恩的儿子。

宋维华

时　　间：1991年8月29日下午

访 问 者：三谷孝

翻　　译：三桥秀彦

场　　所：宋维华家

【家庭成员】

问：我们知道40年代日本军队来这村干过坏事，干过什么坏事，我们想知道并想向日本人民介绍一下，请尽您所知，客观介绍一下。

答：40年代那时我还小，记不清了。我叫宋伟华，今年56岁，1934年生。

问：您父亲叫什么？

答：宋瑞。

问：您父亲解放前干什么工作的？

答：种地兼瓦工。

问：你有几个兄弟？

答：两个弟弟，三个妹妹。二弟叫宋伟英，三弟宋伟志。他们都住在本村。

问：你妹妹叫什么呢？

答：大妹叫宋淑青，二妹叫宋淑兰，三妹叫宋玉萍。

问：您大妹嫁到了哪个村？

答：窦店、琉璃河北边的那个村。

问：二妹呢？

答：在哑巴河北边那个村。三妹就嫁在本村，三妹的丈夫叫禹国山。

问：禹国山的父亲叫什么？

答：叫禹彤。

问：解放前你家里有几亩地？

答：六亩地，土改后是十一亩。

问：小时上过学吗？

答：上过，9岁时上的，是1943年，学校在黄辛庄。

问：上过几年？

答：四年，然后开始工作，我是1947年毕的业，以后在家里种地。

问：解放后哪年开始工作的？

答：1951年在北京学徒，干印刷。

【日军暴行】

问：我们想知道日本军队的情况，当时你

见过日本军队吗？

答：那时我还小，他们从马路上过时我见过，听说有些人被杀，但具体的也不太清楚。

【土地改革】

问：这个村是哪年解放的？

答：1948年上半年解放的，下半年村里就住满了军队。

问：“土改”时（1950年）你家里有几口人？

答：那时有五口人，父母、祖父、我和大妹。

问：“土改”时您的身份是什么呢？

答：贫农。

问：“土改”时分到的五亩地是谁家的？哪个地主的？

答：不是该村的，是外村地主的，良乡镇地主的，良乡解放前有三家大地主。

【家庭状况】

问：你父亲宋瑞解放后也种地吗？

答：也种地。

问：什么时候去世的？

答：1967年。

问：母亲呢？

答：还健在。

问：你十几岁结的婚？

答：十八岁。去北京之前结的婚，我爱人姓梁，梁淑芹，她是北面篱笆房村的。

问：你1951年去北京，哪年回来的？

答：1973年，1973年调到了燕山石化总公司。今年刚退休。

问：解放前在北京工作时经常回家吗？

答：一般一个月回家一次。

问：你家里有几个孩子。

答：二男一女。

问：现在他们在哪里工作？

答：都在家里，老大宋奇，老二叫宋辉，都在本村。女儿出嫁到良乡城里去了。

【互助组、初级社】

问：你还记得当时互助组的情况吗？

答：当时我在北京，不太清楚，我父亲在家一般是三户一组，因为我们地少，我们就和郭连家两家一组。

问：为什么和郭连家组成互助组呢？

答：我们是邻居。

问：你还记得初级社吗？

答：那时我仍在北京，我父亲和我爱人在家种地。

【民间信仰】

问：解放前后你们村的庙什么的被破坏了吗？

答：那时还没有，但“文化大革命”前庙内的塑像就被毁了，以后改作仓库。

问：当时村里的领导人是谁呢？

答：郭金安。

问：解放前你家里有佛像什么的吗？

答：解放前我们家都供着一个灶王爷，灶王爷就是在厨房里的神，解放后就没有了。我们家离城较近，受影响也较快。

问：解放前这里有什么帮会吗？

答：没听说过。

【高级社、大跃进】

问：你是什么时候参加高级合作社的？

答：我们是1956年，那年敲锣打鼓都成立了，我们村里有南北两个队，我们归南队，南队的队长是宋康。

问：参加高级社时生活上有什么变化吗？

答：没什么变化，挺好过的，那时有饭吃就不错的。

问：你还记得大跃进时这里的食堂吗？

答：食堂肯定不行，高消费，南北队就一个食堂。

问：一般是在一起吃饭吗？

答：都自己去吃，后来就拿回家里来吃。

问：一起吃了多长时间？

答：有一个月吧，没几天，秋忙时一起吃，闲时回家吃。

问：大跃进时你参加过炼钢吗？

答：没参加过，那时是 1958 年。

【自然灾害】

问：1960 年前后的自然灾害这个村里有没有死的人？

答：没有吧。

问：有没有病死的？

答：那时我在城里，不大清楚。

【除“四害”】

问：那时（1957 年）这里有没有除“四害”运动？以什么方式除“四害”，请介绍一下。

答：那时就是放耗子药，堵耗子窝，敲锣轰麻雀，让它们飞，不停地飞直到累死，有的拿枪打麻雀。

问：以后真的没有麻雀了吗？

答：现在呀，多着呢！

问：这里有没有“四清”运动？

答：我还忘了这事了呢。

【“文化大革命”】

问：有没有上访的青年，红卫兵？

答：没有，没来。

问：“文化大革命”时两派打没打？

答：没打，因为村子小，人少。

问：那时有没有受到批判的人？比如说地主大汉奸？

答：那时受批判的是郭仲华吧，就富农受批判，别人没有，郭仲华受到批判是因为土改时分了红分，他是富农。

【土地承包】

问：十一届三中全会以后你们家承包土地了吗？

答：承包了三亩多地。

问：什么时候承包的？

答：1984 年。

问：现在与人民公社时相比，最大的变化是什么？

答：最大的变化是开放，搞活，那时搞什么都是集体的，现在是谁有能力谁干。

问：这个村里有不少人买冰箱吗？

答：我这个冰箱买了三年了，电视机是 1982 年厂里赊销的。

问：冰箱是多少钱买的？

答：二千四、二千三。

问：承包以后农业收入如何？

答：每年收入一千多斤小麦与玉米。

问：要交公粮吗？

答：不，我们这里不交公粮。

问：那么这一两千斤粮食是自己吃呢，还是议价卖给国家？

答：自己吃。

问：刚才那个小孩是你的孙子吗？

答：对。一个孙子，一个孙女，男孩是外孙，女孩是孙女。

问：解放后你觉得对你来说最好的时候是什么时候？

答：从生活方面来说当然是现在最好。

问：那别的方面呢？前几天我们访问了顺义县，他们办起了农场，你们对农场有什么看法？

答：我们这里地少，所以没有农场。

问：那你在石化公司干什么呢？

答：从 1958 年当电工、修理电工。

徐　祥

时　　间：1990 年 8 月 26 日下午

访 问 者：笠原十九司

翻　　译：王振锁

场　　所：徐祥家

【家庭成员】

问：你叫什么名字？

答：徐祥。

问：哪年出生？
答：1924年。
问：你在本村出生吗？
答：是。
问：你父亲叫什么名字？
答：徐国良。
问：你母亲呢？叫什么名字？
答：徐马氏。
问：你弟兄几个？
答：两个。
问：姐妹几个。
答：一个妹妹。
问：你是老几？
答：老大。
问：你父亲是农民吗？
答：是。
问：你父亲在时有多少土地？
答：没有土地。佃农。

【解放前的私塾】

问：你几岁上学。
答：我十岁上学。在长阳小学。
问：离这儿远吗？
答：不远，离这儿只有三里路。
问：当时这个村没有小学吗？
答：没有。
问：怎么没有在皇辛庄上学？
答：我姑母家在长阳村，有个便利条件。
问：你念了几年书？
答：四年。
问：都学过什么课程？
答：私塾。
问：你老师的名字？
答：张星桥。
问：老师多大岁数？
答：我上学时他五十多岁。
问：私塾需要念几年？
答：当时良乡有一座完全小学和一座好小学，农村里全部都是私塾。小学的学制共六年。
问：你们共有多少人念书？
答：六十多人。
问：几个老师？
答：一个。
问：那时你最喜欢的课程是什么？
答：语文、写字、珠算。
问：你对这位老师印象如何？
答：这位老师的基础也不太深，是自学成才的人。他青年时期经过商，后来教书多年。他家三代人都教书。
问：长阳村的校舍在哪儿？
答：在长阳村的南头一个娘娘庙内。
问：都学什么课？
答：百家姓、三字经、千字文和四书。
问：用什么方法教书？
答：集中在一起，有一个三间房的教室。分大学生、小学生。按读书的年头分等级，不按现在的方法分等级。
问：你念书时最好的朋友是谁？
答：王贯一是我最好的朋友。
问：去世的人中有吗？
答：去世的有张明，同我也很好。
问：你多大岁数结婚？
答：十九岁。

【学徒】

问：小学毕业后你做什么？
答：到北京去学徒。
问：学什么？
答：学酒烟罐头商业。
问：干了几年？
答：三年。
问：谁介绍你到北京去的？
答：长阳一个做饭的朋友是北京人，他介绍我去的。姓王，他的名字已记不清了。

【私塾教师】

问：你从北京回来做什么？
答：因为学徒不挣钱，回家后开始教学，教私塾。

问：多大岁数教书？

答：虚岁十九。

问：你在哪儿教书？

答：张家场。

问：离这儿多远？

答：八里路。

问：当老师需要考核吗？

答：没有。

问：校舍怎么办？

答：是张家场村的房子。学生是五个村的。

问：有多少学生？

答：四十个。

问：一个人交多少学费？

答：一个月这些学生凑三斗玉米，合现在 45 斤。

问：书从哪儿来？

答：从社会上买。

【婚姻、家庭】

问：什么时候结婚？

答：在教书期间。

问：教书时你每天都回家吗？

答：不。在那儿住。

问：你老伴是本村的吗？

答：北京人，不是本村的。

问：你们结婚是经人介绍吗？

答：经亲戚介绍。

问：你老伴结婚时多大岁数？

答：21 岁。

问：你老伴的名字？

答：彭淑田。

问：结婚以前与你老伴见过面吗？

答：没有。

问：你有几个孩子？

答：四个。三个男孩，一个女孩。

问：他们都多大岁数？

答：最大的 36 岁，老二 34 岁，老三 31 岁，女孩 43 岁。

问：你现在与谁在一起住？

答：和第三个儿子同住。

问：他叫什么名字？

答：徐东风。

问：老三小子做什么？

答：他是司机。

问：老大做什么？

答：农民。

问：老二呢？

答：公社玻璃瓶厂工人。

问：女儿结婚了吧？

答：已结婚。

问：她在哪儿？

答：电器修造厂的家属。

问：是国营的吗？

答：是。

问：在什么地方？

答：在本地。

【卢沟桥事变和日军侵华罪行】

问：卢沟桥事变的事你知道吗？

答：知道。卢沟桥离这村很近，只有 25 华里，我当时正在长阳上学，七月七日卢沟桥那儿突然响起炮声，飞机轰炸。我们这个地区等于是前线的后方。日本侵华的事老百姓都知道。这儿的驻军是宋哲元的二十九军进行抵抗。

问：你亲眼看见过吗？

答：看见过。仗打了十几天以后，中国的军队退却下来。我当时在长阳村，日本兵见中国人就杀，长阳有个姓朱的，叫朱黑子，只有二十九岁，被日本兵看到了，日本兵一枪就把他打死了。

问：什么原因被杀？

答：日本人见中国人就杀！

问：你见过宋哲元的部队吗？

答：见过。

问：日本兵到过这个村吗？

答：到过。

问：他们都干了些什么？

答：这个村的邻村后店，有个姓李的到这

个村里来，刚到这个村就被杀了。见了妇女就胡作非为。

问：具体的事件有吗？

答：有。不好说呀，得顾全人家的名誉。有一个女的被关在一间屋里，一个班的日本兵奸污她，那时她才14、15岁，后来，她一生都没有生育；还有一家姐妹四个都被日本兵轮奸啦。

问：这位老师在日本教中国史，专门研究日本人在南京的大屠杀。现在日本的青年人对这些事都不了解啦，这位老师在日本专门讲这些事。这次他来中国就是想了解日本人在中国干的事，一方面可以写成书，另一方面也可以讲给日本人听。

答：日本军国主义时期，中国被他们侵略，中国就是亡国奴。杀一个人，就像踩死个蚂蚁。中国农民听说日本兵来了，都跑到庄稼地里藏着，如果不藏，被日本兵见了，男的就被杀死，女的就被奸辱。米粮屯一个村的人全被日本人杀了，房屋被烧。离这个村四里路。杀死近百十口人。

问：这是哪年？

答：三九年。（1939年）

问：你们村被日本兵强制劳动的有吗？

答：有。不少。日本侵占以后，就实行了保甲制。在周口店挖毁民壕，为了防御八路军，一直挖到河北省易县。日本人称“惠民壕”。把全村老少都集中到那儿去挖。都是中国民工挖的。

【新民会】

问：新民会，你知道吗？

答：良乡有个新民会，由日本人片冈掌握。

问：他是日本军吗？

答：是。他的主要任务是征集中国的青年进行训练。

问：你在的长阳村有这个组织吗？

答：良乡当时是个县，管周围的村，其他村没有。

问：这个村有参加新民会的吗？

答：没有。

问：新民会干什么？

答：训练中国的青年。

问：1942年满铁在这儿搞过调查，你知道吗？

答：不知道。

问：那时你在长阳是吗？

答：十六岁离开长阳。

【解放前的小学教师】

问：你在张家场教书到哪年？

答：1945年。

问：张家场有八路军吗？

答：没有。三十里之外的山里有。

问：日本投降以后你在哪儿啦？

答：在本村教书。

问：那时还是私塾吗？

答：是小学校。不是私塾。

问：这个村的小学是哪年成立的？

答：1942年。

问：小学的名字叫什么？

答：吴店小学。共四个年级。

问：校舍在哪儿？

答：在关帝庙里。解放前庙里有东西屋。东屋三间房是学校，西屋是保公所，北屋五间房是正庙。

问：保公所是什么？

答：等于现在的村政府。

问：几个老师？

答：就我一个。教复式班。

问：你教到哪一年？

答：从1945年底一直到解放——1948年底。

【日军投降】

问：日本投降的事你知道吗？

答：日本投降老百姓都高兴，谁都知道，这儿离北京近，消息传得快。塔洼也驻有日本兵，日本兵出来欺负人，投降后就放下枪啦，塔洼的日本兵经常来村里抓小鸡子，找花姑娘。日本投降后他们就不敢再来啦。

问：塔洼在哪儿？

答：东南方向，离良乡火车站二里地。

【国民党军】

问：日本投降后国民党军就来了吗？

答：对。驻北京的是国民党十一战区的孙连仲部队。

【战后的教师和小学教育】

问：当小学教师有什么手续吗？

答：没有手续，由村董聘请老师，也就是现在的教育委员。后来由良乡教育科查师资，我找了一个假高中毕业证，就通过啦。

问：你教书有工资吗？

答：当时庙里有五十亩地，租给别人种，每亩地交二斗半玉米的租，一年十石粮食作为教师的工资。直到解放都是这样。

问：你借证书是哪年？

答：1947 年。

问：县教育科对小学具体指导吗？

答：不具体指导，科长来查教学质量，国民党崩溃的那年集训过一次教师。

问：你对国民党军队有什么认识？

答：他们跟土匪一样，等于军匪合一。

问：他们也干了很多坏事吗？

答：他们随便抢，随便征，农民没法生活。

问：上私塾的孩子占学龄儿童的多少？

答：占学龄儿童的 30%。

问：为什么那么少？

答：农民贫困，在学龄的时候就干活了。

问：小学时上学的人是否增加？

答：吴店和后店报名的四十个人，实际到校的也就是二三十人。也就是占 20% ~30%。

问：有女学生吗？

答：很少。有两个人。

【人民革命大学】

问：1948 年以后你干什么啦？

答：我考入华北革命大学。在北京，全名叫人民革命大学。

问：是解放以前吗？

答：不是。解放以后，这儿 1948 年解放，我 1949 年 3 月考的。

问：上了几年？

答：两年。

问：学什么？

答：学哲学。艾思奇是我的老师。

问：你为什么考哇？

答：学了进一步提高文化知识。

问：为什么学哲学？

答：学哲学可以懂得道理，学校培养人的目的是为了训练一批干部，为南下做准备。

问：你去了吗？

答：我南下啦。

【土地改革】

问：解放时的情况你知道吗？

答：知道。解放后山里的八路军过来，搞土改，没有土地的农民都分得了土地，粮食和衣服。

问：有庆祝活动吗？

答：有哇！人们高兴，都扭秧歌。我家分得十二亩地。经济有基础啦，所以我能去上学。

问：哪年分的地？

答：1949 年春。土改就是从这年开始的。

问：这个村有地主吗？

答：没有。有三户富农。

问：给富农土地吗？

答：给。

问：谁是富农？

答：有赵启、裴振明、禹国恩。郭仲华是漏划的。

问：土改时的情况你知道吗？

答：有土改工作队，到农村发动农民协会。

问：农会负责人是谁？

答：叫杨珍，已死了。

问：她是党员吗？

答：还没有入党。根据土地法大纲计算富农的剥削量。

问：你参加了吗？

答：我带着小学生庆祝。也跟着他们算账。

问：斗争他们的情况有吗？

答：这村的斗争会是在后店开的。由受苦被害的农民诉苦，由大家进行批判。

【农村变化】

问：土改后村里有什么变化？现在怎么样？

答：这里原来的经济基础是很薄弱的。农民的住房原来都是板打坯接。所谓板打坯接就是用黄土一板一板的打上来，打一人多高，上边再用坯接上，没有砖。解放以后到十年以前，有少数的砖房。从这十年以来，全部是砖房啦，有的还盖了楼房。人民公社时期农民手里没有钱。拿我家来说，是一个中等户家庭，四五个劳力，每年才分三十几元钱。原来的粮食也不太多，一口人每年只分三四百斤。农民也有些怨言，他们说够不够三百六。改革开放以来，家家有余粮，家用电器很普遍。

问：你家的房什么时候盖的？

答：1988 年盖的。

问：就到这儿吧，耽误了你很多时间，你对过去的事记得很清楚，我很满意。

贾　瑞

时　　间：1990 年 8 月 27 日上午

访 问 者：笠原十九司

翻　　译：王振锁

陪　　同：戴家斌

场　　所：贾瑞家

【家庭成员】

问：四几年的时候在咱们村调查过，你知道吗？

答：知道。

问：突然来拜访，很抱歉。关于中国农村的情况日本知道的很少。来中国调查的目的是想收集一些资料。他们都是日本大学的教授，是搞历史的。

问：你的名字叫贾瑞吧？多大岁数？

答：66 岁。虚岁，属牛的，1925 年生。

问：你是在哪儿出生的？

答：本村。

问：你父亲的名字呢？

答：贾振兴。

问：你父亲也是农民吗？

答：是。

问：那时你们多少地？

答：自己有十亩地。后来也卖了。

问：什么时候卖的？

答：1939 年。

问：你弟兄几个？

答：三个。

问：你是老几？

答：我是老大。

问：你弟弟现在哪儿？

答：一个在涿县，一个在北京。

问：老二在涿县，叫什么？

答：是。叫贾英。

问：你三弟在北京，叫什么名字？

答：叫贾志。

问：干什么？

答：铁路工人。

问：老二呢？

答：在本村。

问：有姐妹吗？

答：有。出嫁了，是个妹妹，没有姐姐。

问：叫什么名字？

答：贾玉兰。

【解放前的小学教育】

问：你上过小学吗？

答：上过半年学，跟不识字一样。

问：几岁上的学？

答：八九岁。

问：在哪个学校？

答：本村。

问：这个学校叫什么名字？

答：叫吴店小学。没有初中、高中。

问：读过私塾吗？

答：没有。

问：你上学时的老师名字还记得吗？

答：不记得。

问：你上学的地址在哪儿？

答：在村大队对面。房子都拆了。在庙里两边的厢房里。

问：有多少学生？

答：十来个人。

问：有女学生吗？

答：有一两个。女孩上学的很少。

问：你在小学时学的什么内容？

答：早忘了，有百家姓、三字经。

问：现在你还认字吗？

答：认识的不多。

问：后来为什么不上学了？

答：家里没钱，得干活。

问：那时上学需要钱吗？

答：需要。每年要用一二元钱，雇老师。

问：你上学时占村里适龄儿童多少？

答：一半以上的人上学。有念二年不念的，长大一点就在家干活了。

问：当时小学生中年龄最大的多少？

答：有十四、五个，那时候还没有中学。

问：你在学校时，印象最深的是什么事？

答：那时老师打学生是常有的事。不打手，就打屁股。

问：用什么打？

答：木板，或藤子棍。

问：上课时学生打架吗？

答：老师在学生们不打架，老师不在就打了。

问：你小学时代的朋友还有谁？

答：记不得了。

【打短工】

问：小学休学以后，你干什么啦？

答：干农活。

问：在自己的地里干吗？

答：租地，也有自己的地。

问：你租了谁的地？

答：没有准，不固定，不经我手，说不清。

问：租的本村的地吗？

答：不是，外村的。

问：一直干农业活吗？

答：是。

问：干过别的活吗？

答：除干自己地里的活外，还打短工。

问：在哪儿？

答：外村。

问：在城里干过吗？

答：没有。

问：你到什么村去干过活？

答：在良乡。

【婚姻和家庭】

问：你什么时候结婚？多大岁数？

答：解放以后，25 岁结婚。

问：你老伴是哪村人？

答：北边的。丰台区洛平。

问：你结婚比较晚了吧？什么原因呀？

答：那时没钱。

问：你们结婚是经人介绍吗？介绍人是朋友，还是亲戚？

答：是介绍的，亲戚介绍的。

问：你们结婚时，你老伴比你大还是小？

答：小。她当时 23 岁。

问：她叫什么名字？

答：闫淑兰。

问：你几个孩子？

答：三个。

问：都是儿子吗？

答：是。

问：他们都在家吗？

答：一个在外，两个在家。

问：哪个在外？

答：老二。

问：老大在家吗？

答：对。

问：这个孩子是谁的？

答：小儿子的。

问：老二在哪儿？

答：在燕山化工厂。

问：是工人吗？

答：是。

问：老三呢？

答：在家里。

问：老大也在家是吧？

答：是。

问：老三几个孩子？

答：两个。

【日军罪行】

问：卢沟桥事变的事你记得吗？

答：记不太清。

问：把你记得的说一说，没有关系。

答：这年头的人比我们小时候聪明。我们知道那儿打仗，放炮，但不知道谁打谁。

问：你见过日本兵吗？

答：打仗的时候没有见过。在这儿过的时候见过。

问：你看到日本兵的时候，有什么感觉？

答：害怕。见到外国人都跑了。

问：日本兵住在哪儿？

答：住良乡火车站。

问：你见过日本兵干过什么坏事吗？

答：听说打死人了，我们就跑。

问：你听说过日本兵干过什么坏事吗？

答：那时候我还小，不太懂事。知道日本兵让给他们干事，好替他们卸车等。我们这地方打死的人不多，南边多。

问：让你们干什么活？

答：卸火车等。

问：当时这个村有被日本兵抓走的吗？

答：没有。

问：日本人在这里成立新民会，你知道吗？

答：知道。良乡有。

问：你知道新民会是个什么组织吗？

答：不知道。

问：1942 年满铁到咱们村调查，你记得吗？

答：我天天给别人干活，什么事都不敢说。不干活没有饭吃。

问：解放前八路军来过吗？

答：没有。

问：日本人白天来吗？

答：来呀。

问：他们来干什么？

答：逮鸡。要鸡蛋。

问：要粮食吗？

答：不要。

问：祸害妇女吗？

答：日本人来了，妇女都跑了。

问：关于八路军的情况你们听说过吗？

答：没有。

【1943 年自然灾害】

问：大概 1943 年这里发生过旱灾，你记得吗？

答：当时良乡大旱，人得热病，死的不少，叫瘟疫。

问：当时死多少人？你记得谁家死人了吗？

答：记不得了。

问：天大旱求雨吗？

答：有求雨的。求雨也不下呀。

问：求雨有固定地方吗？

答：没有。到有龙王庙的村去求雨。本村没有龙王庙。

问：什么地方有龙王庙？

答：黑龙关有庙。

问：求雨有用吗？

答：那是迷信。有雨就下，没有雨也白求。

问：大旱多久？

答：从冬天到五月，半年多不下雨。

问：得了瘟疫后，当时用什么办法活？

答：没钱，没办法活。

问：有求神拜佛吗？

答：钱都没有，还拜什么佛。

问：你得过什么大病吗？

答：没有。

【日本投降】

问：日本人 1945 年投降，你知道吗？

答：知道日本人投降。

问：日本投降后，你是什么心情？

答：那会儿才 20 来岁，不打听。

【国民党军】

问：你记得国民党兵什么时候来的吗？

答：不知道。

问：你对国民党军有什么印象？

答：没什么印象。

问：八路军晚上来吗？

答：一般八路军晚上过不来，因为两边山上都由国民党军占领。我们这儿离山上远。

问：1946 年国民党在这里搞过减租，你知道吗？

答：有过。我不在村办事，具体情况不清。二五减租我不清楚。

问：你家里受过益吗？你租过地吗？怎么交租？

答：每亩地交五斗粮，没有给我们减过。我家租过十几亩地。

【土地改革】

问：你们村什么时候解放的？

答：不是 1948 年就是 1949 年。

问：你记得吗？

答：就知道干活，别的事不管。

问：解放的时候吴店村游行了吗？

答：没有游行。给军队送过水，让军队喝。

问：中华人民共和国成立时，你村有什么庆祝活动？

答：到北京去游行。

问：这村什么时候开始土改的？

答：解放的第二年，1949 年。

问：你在土改时分了多少地？

答：那时我们人口少，分了二三亩地。

问：那时你们哥儿几个在一起吗？

答：在一起，没有分家。

问：给土地证吗？

答：给了。当时没有，后来发的。

问：你母亲什么时候去世的？

答：我十二三岁时。

问：你老爷子什么时候过世的？是得病吗？

答：解放后，得热病而死。

问：得这种病的人多吗？

答：多。

问：你父亲什么时候去世？得的什么病？

答：解放后，1952 年或 1953 年。一夜之间就死了，认为是感冒。

问：土改时你参加过什么工作吗？

答：没有。

问：这村有地主、富农吗？

答：有几家富农，没有地主。

问：富农的名字你记得吗？

答：有赵启、禹国恩、郭宽。

问：斗富农的情况你知道吗？怎么斗？

答：斗过他们。把他们找出来，站着，弯着腰。

问：给他们挂牌吗？

答：土改的时候没有。

问：在什么地方斗的？

答：在大庙里。有什么重要事，都在大庙里。国民党党部和共产党的支部都在大庙里。

问：斗他们的负责人是谁？

答：农会负责人是赵凤鸣和王德林。

问：赵凤鸣是什么职务？

答：不知道。

问：你对富农有什么认识？

答：我不在家，在外村给人家干活，斗谁我不知道。

问：斗富农的场面你见过吗？

答：没看见过。我不在家。

问：分给你地了吗？

答：分到了。

问：是分的谁家的地？

答：我父亲管，我不知道。

问：好坏地怎么搭配？

答：分得什么算什么。吵嘴的人有，不解决问题。

问：家庭成份如何划分？

答：不清楚。

问：你是不是因为解放后生活好了才结婚？

答：是。岁数也相当大了。

【会道门组织】

问：解放初破除迷信，你知道吗？

答：打倒了那些在迷信会道门的人。

问：都有谁？

答：不知道。

问：你参加过打倒会道门的人吗？

答：没有。

问：你们村有九宫道，枪毙了几个人，你知道吗？

答：张云波是良乡的人，不是我们村的，禹国海是北京人。张云波是大元帅。

问：有穷人参加吗？

答：没有。参加他们的组织得交钱。穷人没有钱。

问：九宫道，这个村有多少人参加？

答：不知道。

问：除九宫道以外，还有其他迷信组织吗？

答：没有。

【庙宇】

问：庙里的佛像什么时候拆的？

答：刚解放的时候。

问：解放以前，谁管佛像？

答：看庙人管。

问：负责人管吗？

答：村长管。具体管的是出家人一位小老道。

问：这个村除关帝庙以外，还有一个五道庙，是吗？

答：有五道庙，已拆了，现在没有了。

问：什么时候没的？

答：没人管，下雨塌了。

问：僵尸庙是什么？

答：人死了之后，就到五道庙里的五道神报告，五道神就向阎王爷转告，人间又来了一个。僵尸庙也就是五道庙。烧纸，烧人都到那儿去。没儿女的就没有人去烧了。只有亲生的儿女才能去。

【丧葬上坟风俗】

问：你父亲去世时是土葬还是火葬？

答：土葬。现在是火葬，但是村里也给一小块地埋骨灰盒。

问：日本人的习惯是人死了之后，每年都去上坟，中国有这习惯吗？

答：也有，每年都去。清明节或以前去烧纸，还有忌日。

问：你父亲的坟还有吗？

答：没有啦。

问：老人过世了埋在哪儿？

答：村里有条沟，沟边上可以埋人。

问：是公墓吗？

答：不是。但也不分姓，挨着埋，不分先后。

问：你父亲去世的时候有坟地吗？

答：有。

问：坟地离村远吗？

答：不远。

问：现在还有吗？

答：没有啦。

问：是一个姓的一块坟地吗？

答：是啊。李家一块，赵家一块，一个姓一块。户大的占的地方大。大户人家的坟有看坟的，小户人家就没有了。

【姓氏与村名】

问：这个村的大姓是姓什么？

答：禹家和郭家。

问：吴店为什么没有姓吴的？

答：从日本学者那里知道，过去有一姓吴的在这个村开了一个店，这就是吴店的来历。这个姓吴的怎么没有后代呢？还有一个说法就是多少代以前，这个地方开店的比较多，跟姓吴的没关系。

问：那怎么叫吴店呢？

答：村名按姓儿叫的少。这个村的老辈都是从外地来的，有山西的、山东的等等。

【识字运动】

问：五十年代有个识字运动，你知道吗？

答：知道。干完活，夜间学习，干活累了，就不去了。识字很好，有的人不习惯。

问：你参加过吗？

答：参加过，没坚持下来。

问：谁教？

答：老师。

问：老师从哪儿来的？

答：学校派来的。

问：哪村的老师？

答：本村的。

问：老师的名你记得吗？

答：不记得。

问：老师是男的还是女的？

答：都是男的。

问：参加识字学习的多少人？

答：不固定，年轻小伙子多。

【互助组】

问：解放初的互助组你知道吗？

答：知道。

问：请你说说具体情况。

答：几户在一起互相帮助干活。

问：每组几人？

答：不固定，有三户，五户，不等。

问：你们互助组的情况怎么样？

答：我们搞了一年。

问：和谁在一起？

答：记不清了。

【初级社】

问：你参加初级社了吗？

答：我后一批入的社。入社的有先有后。

问：你为什么最后参加的？

答：先入，不要。认为干不了，干不了就得后来都参加时才入社。

问：参加初级社你感到好还是坏？

答：好哇。干活分粮食，给记上分，不用再到外村找活干了。

问：你生活提高了吗？

答：提高啦。

【除“四害”运动】

问：过去除“四害”的事你记得吗？

答：干过好几次这事。有一次是全村总动员，把麻雀都赶跑了。老鼠，打得最彻底，连棒子秸秆底下都翻啦。

问：打老鼠用什么办法？

答：那时候没有药，把它们追出来打死。人多，遍地都是人，麻雀没处落，都给打死了。

问：打麻雀不太容易吧？

答：人多，追得它没处落。总飞，就累死了。

【人民公社和集体食堂】

问：这村有五保户吗？

答：有一两户。

问：高级社的负责人是谁？

答：就是王德林和赵凤鸣。

问：这里反右派搞过没有？

答：也搞过。

问：人民公社是什么时候搞的？

答：合作化以后，哪一年记不清了。

问：人民公社化后，你认为是好还是坏？

答：好呀！因为农民生活有了保证，吃的有喝的有，穿的也有嘛。

问：你看合作化、人民公社哪个好？

答：哪个好，两个差不了多少。那时人去修水渠，没有劳力，山芋都放在地里，没有人挖，谁要就去挖呗。

问：这里搞过大炼钢铁吗？

答：这里没有搞过。

问：集体食堂有吗？

答：有，吃大锅饭嘛。

问：食堂在哪儿？

答：都拆了。上午干活回来到食堂去打饭吃，做什么吃什么。

问：“四清”运动记得嘛？

答：具体做法咱不知道。

问：你感觉你一生中生活最好的是什么时候？

答：生活好就是现在这几年，五六年了。

田 山

时　　间：1990年8月27日下午

访 问 者：笠原十九司

翻　　译：王振锁

场　　所：田山家

【解放前的小学教育】

问：您多大？

答：周岁52岁。

我出生在本村，7岁上学，在本村庙里上。那会儿上学，念不了一年，老师就走了，再换老师，念百家姓、三字经。

我1938年出生，1955年小学毕业，毕业时16了。

我父亲叫田世奎。

我哥俩。

以前的老师教不到一年就走了，老教三字经、百家姓。我上学时大约三十来个学生，我没有朋友。

我26岁结婚，老伴是米良屯村的，她比我小四岁，结婚时22岁，别人给介绍。

上小学时先念百家姓、再念三字经，换老师了又这样，来回折腾，后来国民党时又念国语、修身，没有算术，有珠算，我没学，那时没有政治教育。

上小学交学费，不知交多少。

问：1942年日本的“满铁”来这儿搞过一次调查，您知道吗？

答：不知道。

我见过日本兵，他们待了八年，在车站看见过，小孩儿不知道怕。

【国民党军】

我上小学时就解放了，解放时我记得，八路军还没来时，这里是王凤岗的队伍，现在他跑台湾了，他们每天去出打靶，有一天他们出去，就回来几个人，其他的没回来，第二天就解放了。

【解放时的解放军】

解放时我十一岁，村里没有庆祝活动，听见枪响、炮声，不多。早晨起来，解放军推着车、挑着挑子、拉着驴，我们还上学，就听说解放了。他们来的第二天我们还上课，他们来了向家家要粮食，人家给钱，不白要。

我上学的那个庙是关帝庙。

【青年军】

问：国民党怎么样？

答：良乡火车站驻的是青年军，他们到村里找饭吃，找保、甲长要，想吃面条吃面条，想吃烙饼吃烙饼，有时还乱打枪，不给就抢，对待不好就打人，比如说郭儒，郭仲奎父亲，他是保长就挨打，人们都害怕，他们夜里打“明火子”（绑票），就是土匪，土匪是其他地方的。

【土匪】

土匪叫你开门，不开门就砸，进来打人，用火钩烫你，不给钱，实际上那时也没钱，不行绑人，不给钱就“撕票”。

我小时候的“介子”（小孩的尿布）都给拿走了，什么都要。

问：解放后的情况记得吗？谁是土匪？

答：杨贤，固村的，就是土匪，枪毙了。王庄的“高大肚子”也是，也枪毙了。杨先让公审时我知道，大会在修造厂，北京电子修造厂，这里是个北厂，那个厂在那边。解放后没土匪了，土地改革，打倒土豪劣绅，“三反”、“五反”，镇压反革命，这个也被枪毙了。

【土地改革】

问：土改时的情况怎么样？

答：土改时我还上小学，我没参加土改，但是知道，我们家没分土地，也没人分东西，别人也没分我们的东西，后来定成了下中农。

那时我们家人多，有三十多亩地。

问：你母亲叫什么？

答：没有名字，旧中国嘛，有钱的人上学，才有名字，她姓龚，太平庄的，离这儿三十来里地。

我弟叫田路，是临时工，我姐结婚后在北京。

土改时我参加了公民大会，这村没有地主，全是富农，与当地比，实际上也不够富农。

挨斗的是赵岐三、四户，有的后来定的，开斗争会，提意见，没戴高帽，“文革”时才戴，“文革”时他们是牛鬼蛇神，扫大街。

52 年抗美援朝之后是“三反”、“五反”，“反浪费、反贪污、反行贿”之后，接着“五反”。

【各种运动】

“三反”、“五反”时我上学，上镇小，在良乡，上三年级，在村里尽换老师升不了级。

那时老师领着我们搞宣传、演节目、话剧、唱歌。

以后搞过破除迷信运动，印象不深，庙里关羽、周仓的像给拉倒了。

小学以后村子不让走，想考出去不行，那时有文化就稀罕，初中文化更稀罕。

问：您当过干部吗？

答：当过，当会计，那是 62 年，人民公社。

我还在外边当过三年工人，58 年进厂在北京起重机器厂，广前门外的马卷儿。我是车工，后来下放支援农业第一线，那时各工厂都招人，人们偷偷摸摸考去。原则上村里不让走，回来以后当会计，回来后食堂就没了，但是我吃过。

三年灾害时这村没有饿死的。那时一个是灾害，一个是还债，中国人顶过去了。

北京工作时，挣不了多少钱，34 元，工资低，不能往家寄，那时工程师才 200 来块钱。

问：这里叫什么公社？

答：良乡人民公社，我们村属于它的一个大队，生产队长叫王书元。

做会计没什么难办的事，按政策办事，上边让怎办就怎办。

【“四清”运动】

问：这里搞过“四清”运动吗？

答：搞过。

社员整干部、队长、支部书记、会计、保管员基本上都整了。我也挨整，是由上边派来的，“尽是学生，搞经济，他们来开会发动群众，社员意见大了，提意见，要求账账相符，账事相符，进一步处理地主、富农坏分子，发动群众，他们吃派饭。

62 年是“小四清”、64 年是“大四清”，那时我不干会计了，村里搞“四清”是图报复，泄私愤。工作队走了之后，还骂工作队，就像没给他报了仇，泄了私愤似的。

别人让自己说，群众当中通不过去，就是不深刻。“小四清”通过了，跟着就封账，比如说现金账，把码儿一抄，一看总数完事，截止到那儿，你改不了，变不了，清完之后，我什么也没有，一分钱没沾，工分也没沾一分。

后来“大四清”就更不怕了，有“小四清”的经验了，开会、讨论、检讨，一看没什么，就动员我入党，入党得有两个介绍人，我不入，入党就得当干部，当干部就挨整，所以没入党，“大四清”时我当会计，进一步清，规模大了，1966年“文革”时我不当了。

【农业学大寨】

问：学大寨怎么学？

答：天天读毛主席著作，农业方面没什么变化，后来学大兴县大白楼的王国福。

学的方法是每天下午到队上去，有人念文件，看大寨是怎么做的，向人家学习。

【“文化大革命”】

问：不当会计，您干什么？

答：下地劳动。

“文革”开始了，你不是左，就是右，趁这个机会就不当了，否则你没理由，是贫下中农就得当，可犯了错误又不行。

我当了红卫兵，一看不像样儿，就不当了。

红卫兵开始晚，到大联合时就结束了。

“文革”开始有的泄私愤，有的图报复，比如说你支部书记是“资本主义当权派”，完了就整材料斗，接着斗地主富农。

问：你不当会计以后，别人接替了，是吧？他挨整了吗？

答：没有。“文化大革命”期间，这村搞得比较稳定，搞得不是轰轰烈烈，总的来说，农村搞得差，不劳动不打粮食吃什么，跟城市不一样，城市怎么折腾有人给饭吃。富农挨整，戴高帽，坐飞机。

问：这村“文化大革命”到什么时候告一段落？

答：大联合时就基本完了，没搞多长时间，不到二三年。富农给扫街，他们没权学大寨。

【农民生活感受】

问：您这些年感到满意的是什么时候？

答：看说哪方面。

要说生活方面，农村就说吃粮食，现在吃粮比以前多，以前干一年粮食也不够吃，一年分不到钱。

十一届三中全会后开放了，包产到户，实际上干活的时间短了。以前一年都得干活，粮食还不够吃。现在够了，还富裕，地也少了，还是现在好。不过也有不好的一面：现在税特别多，也特别大，罚款五花八门，比如教育基金税为县里捐，不是国家统一税，还有有车的人，得贴印花税，路上拦住就罚，养路费，过桥费，养路费是应该的，国家统一税。

拖拉机本来是农业机械，要是搞运输，它干不了几个月活儿，它得负责秋收，农业需很长时间，同样也得交养路费，按年产你要想摘牌子，一摘就三月，要不就甭摘。

禹文贵

时　　间：1990年8月29日上午

访 问 者：笠原十九司

翻　　译：王振锁

场　　所：禹文贵家

【保长、甲长】

问：您叫……

答：禹文贵，57岁，1934年出生，生在本村。

我父亲叫禹铎，爷爷叫禹国泰，母亲叫禹韩氏。

我们弟兄三个，老大禹文泽，我是老二，老三禹文会。

现在我哥在铁路，住良乡火车站。

父亲住东边，那会儿家有三十多亩地，只干农活儿。

解放前我父亲是甲长，像组长一样，一甲管一片，我们村有四、五个甲，那会儿赵显章当保长，保长是整个村的大队长，队下来就是甲。

大伙儿选，选了保长以后，就选甲长。

我父亲“文革”时去世，气管炎，病死的。

问：您对父亲有什么感觉？

答：我的父亲作为家长，众人之父，我的印象是他把我们养大成人，是最大的功劳。

母亲老家在葫芦伐，东边 28 里。

【解放前的小学】

我 7 岁上学，也没怎么上，家里挺忙。

在黄辛庄小学上的学，小学的老校舍现在没有了，原来是老阎家的房，他们是地主，有个叫阎小庆的在山西当处长，后来坐飞机失事了，他的房子留下了，这是国民党时期。

我冬天上学，夏天放猪，跟没上一样，上了四、五年。

有个老师叫杨凯，是固村的，这老师比较厉害，学生逃学他逮着要打板子，在黄辛庄上了两年，后来我们村有小学了，就回来上了，有个老师叫赵光起，现在 64 岁，当时不到 20 岁，现在他住良乡陶瓷厂，他媳妇在那儿上班，离这儿两华里，这个厂属良乡，是国营企业。

杨先生 70 多，不知道是否还活着。

黄辛庄小学当时有 200 来人，从一年级到六年级都有。

本村小学就 40 来人，上小学时交学费，就是按地亩数到各家要粮食，学生不交钱。

赵老师教四书，也念国语（洋书）。

赵先生是本村的，不怎么厉害。

问：上学时，喜欢什么课？

答：没什么喜欢的，教什么念什么。

念完小学，在村里耕地，从事农业，种自己的地。

我们那一辈学生，当时有出去的，到良乡继续上学，现在有一个当银行行长。

这里只上到三年级，四年级就得上别的地方上，上镇小。

那时，上学的人占全村孩子的 1/3。

【日军】

问：40 年代，“满铁”来这里搞过调查，知道吗？

答：不知道。

问：日本在时，这儿有新民会吗？

答：有，小时候听说过，具体的不知道，不知道谁参加过。

问：还记得日本兵吗？

答：日本兵来时，我四、五岁，投降时 10 来岁。日本兵不打孩子，给小孩糖吃，给过我。

高丽人比日本人坏，进村找花妞妞，高丽人能听出来，跟日本不一样。

八路军来时，我记得，家里还没有解放。打这儿路过，他们搞地下工作，八路军团结人。

那会儿日本人投降了，还没回国，铁路那边还有装甲车。

日本投降时，小喇叭广播，那时我也不懂什么叫投降。

我 23 岁结婚。

【国民党统治】

国民党在这儿待了三年，三年后就解放了，那阵儿国共合作，共同抗日。

后来国民党来了胡作非为，到哪儿都抢，这村有国民党员，郭权、雷正坤，这两人解放后挨整了，“文革”前死了。

问：国民党搞过“二五”减息吗？

答：搞过，我们家没有得到好处。

1949 年解放，我虚岁 16，一解放，我觉得不受压力了。

解放前国民党王凤岗叫“王三角”，住我家。

雷正坤是中农，郭全是小学老师，教了一辈子书，有点儿地不多，靠教书养家。

【土地改革】

土改时我记得，1949 年解放初，穷人开会，发动起来，斗争地主，把地主看起来不让动，开完会，上他们家，把东西分给大伙。

土改时赵凤鸣负责，还有王德林、李凤辛（赵凤鸣老婆）。

斗地主开会时，主持会的是赵凤鸣，解放后他一直是干部，现在不干了，看门。

土改持续了三个月，之后是农会，那时我是中农，没有分到地，别人也没分我的地，共产党让人过太平日子。

村里有四家富农：裴茹、郭仲、禹山、赵喜。

我们这儿斗的晚了，后来政策改了，其他地方厉害，有的把地主用石头砸死了。

【扫盲运动、破除迷信】

问：解放后这里搞过扫盲运动吗？

答：搞过，没上过学的让上夜校，识字，学校的老师教，王文叶教，我也参加了。

我上小学跟没上一样，冬天上学，还得打草。

扫盲运动对我们有好处，能识字，会写名字，持续了三个月，在庙里上课。

那时还搞过破除迷信运动，家里有灶王爷佛像什么的，都给砸了。

我们这儿，女孩不让出门。

我三个孩子，都种地，姑娘出嫁了。有一个儿子，两个孙子。

问：那时候村里有青年组织吗？

答：共青团。

【互助组】

解放以后，有互助组，几家一组，给一些地，统一成立一个队。

我们那组 7 户，大伙儿一块儿干活，先到一定干，一家干完，上另一家，互助组的地合一块儿，好管理，地是本人的。

问：产量怎么样？

答：各户种各户的，有懒惰的，地就荒了。互助组大伙儿都得去，避免荒地，地也好管理，于是就能多打粮食。

【合作社】

以后是合作社，种地面积大了，公社拖拉机可以耕地，节省人力。

合作社 1957 年才成立，比较晚，这村小，初级社就一个，都入社，56 年是初级社，地归公，自己有马车。

问：日本战后也搞过土改，把地分给农民，后来想收回来，但是没搞成，因为农民不愿意，中国有没有农民不愿交地？

答：入社时有不愿交的，不愿意也得交。

那时有政策“入社自由，出社自愿”，政治不管，经济不罚，但是有民主有集中。

入社时开动员大会。

我不是党员，家里忙，不经常开会，不积极。

我结婚时正好是初级社那会儿，老伴当时 20 岁，她是小西庄的。

【家庭成员】

我有两个女儿、一个儿子，儿子最小。

大女儿叫禹凤霞，33，在本村结婚，女婿姓贾，农民。

二女儿叫禹凤如，属牛，28。

儿子叫禹文，27，儿媳妇是丰台区正长庄，也是农民。

大女婿父亲叫贾瑞。

儿子在东关出租站开出租车。

【反右运动】

问：这儿搞过反右派吗？

答：搞过，1957 年，具体不知道，主要在城市。农村不厉害，这村里没有人挨批。

【合作社、人民公社】

问：请谈谈合作社、人民公社。

答：初级社完了以后，就是高级社，规模大了，生产队伍大，初级社没钱，大伙儿自己出工具，形式一样，只是规模不同。

人民公社是 1958 年以后，至于人民公社怎么样，就说不好了。

1958 年吃食堂，在庙那边的东胡同，郭仪、赵秀清、李秀清给做饭，一天三顿都在那儿吃。每顿都是窝头，只有饭不做菜，拿回来在家吃。

那时粮食归大队管，到时磨成面、做成窝头，各家去打饭有时吃馒头。

那时能吃饱，在家做菜，没食堂更方便，人民公社时我在村里赶马车。

问：人民公社怎样？

答：比以前好，条件好，以前平整土地得自己干，人民公社后就用拖拉机拖着大木头轱辘压，那时还有 10 辆马车，拖拉机两台。

【大跃进运动】

大跃进时，我们搞大协作，山里的农民也来跟我们种麦子，住这村，霞屿岭的。

那时有一个运动，山区不能种麦子，没事，他们村来了好几十人，还有几头骡子，给耕地，就搞了一年（1958 年）没有报酬。

大跃进的结果不太清楚。

【除“四害”运动】

除“四害”时我记着，轰麻雀，房顶站着人，地下站着人，麻雀掉下来就被打死了，人多挺管用。

【“四清”、文革】

“四清”运动也搞过，那时赵凤鸣挨批了，我们村主要是他，他当干部，吃饭花钱，账不清就交代、交代不清接着来。

领导“四清”的都是国家派来的，有县里，有市里来的大学生，本村参加“四清”的有平杰老杨家的；那会儿干部以外的还有刘淑玲。女的，现在嫁到外村了。

“文化大革命”造反派的头头是郭仲安，现在还在村。红卫兵是造反派。

“文化大革命”时挨整的有王德林，夺他的权，郭仲安也是党员，造反后入的。

【生活感受】

问：您感到最困难的是什么时候？

答：1960 年，那时吃食堂，人们吃不饱，没粮食那会还苏联的债。

问：最好的时候？

答：现在，农民自个种地，凉时候去干活，热时休息。

在社里，活儿多活儿少也得去，不去没工分。没事儿就坐着。

生活方面也好了。

刘金城

时　　间：1990 年 8 月 29 日下午

访 问 者：笠原十九司

翻　　译：王振锁

场　　所：刘金城家

【家庭成员】

问：您就是刘金城？

答：对！

问：您今年多大岁数了？

答：今年六十八。

问：您哪一年出生？

答：属猪的，六十九岁。

问：您父亲叫什么？

答：刘财。

问：您母亲呢？

答：叫牛门氏（刘王氏）。

问：您母亲是哪村？本村吗？

答：就本村的。

问：您哥几个？

答：哥三个，哥与弟都死了，还有一个姐姐。

问：哥哥叫什么？

答：叫刘金安。

问：什么时候死的？

答：已有五、六年了。

问：您弟弟呢？叫什么？

答：刘金海，在北京，死了有十年以上了。

问：您姐姐呢？

答：还在，八十多岁了。

问：叫什么？

答：刘金金。

问：住那儿？

答：离这里不远，十几里地远，邢家坞（一作“务”）。

问：那边的刘金甫是您什么？

答：是我叔叔的儿子。

问：您父亲有多少地？

答：我们是贫农，没地，租了地主十亩地。养活七八口人。

问：地主叫什么？

答：秦三爷。

【解放前的小学教育】

问：您上过学吗？

答：四年，八岁开始上学。

问：在哪儿？

答：本村，在庙里。

问：老师呢？

答：四年有好几个老师，有一个叫郭金。

问：上小学以前的军阀混战，您还记得吗？

答：那时就几岁，不记得了，只记得当兵的还抱过我呢。

问：上小学您是每天去吗？

答：是。

问：您喜欢上学吗？

答：那时上学不容易，常常用鸡蛋换书本。

问：上学时成绩怎样？

答：一般。

问：那时您上什么课印象最深？

答：中庸，大学，四书五经。

问：老师当时怎么教？

答：该念那课念那课，在一个屋，不分班，有大的，有小的，大的跟现在五、六年级差不多。

问：上小学的孩子占村子里孩子的多少比例？

答：上学的有四十来个。

问：有女学生吗？

答：有两个。

问：记得名字吗？

答：村子里当校长的，姓赵、是东街镇小学校长。

问：他这家有钱、是吧？

答：是。

问：这两女孩子都他们家的吗？

答：对。

问：上小学时您有好朋友吗？

答：没有。

【学徒生活】

问：上完小学后，您干什么了？

答：先干农活，十五岁去了北京，当学徒。

问：干农活时，也是像您父亲一样租地吗？

答：对。

问：学徒干什么？

答：上鞋。上一般布鞋。

问：那工作辛苦吗？

答：白天一起来干一天，晚上还要干一宵，熬夜。

问：能挣钱吗？

答：当学徒不挣钱、人家只管吃饭。

问：谁介绍您去的？

答：我哥哥，他那会儿就在鞋厂。

问：当时像您那个岁数的青年人在外边工作的多吗？

答：不多，这村儿也没几个。

问：是不是上过学的才能当学徒？

答：一般是这样。

问：按岁数来说，你在卢沟桥事变后去的？

答：不，事变前去的，事变后厂子关了。民国二十六年（1937年）去的，在那里干了不到一年。

问：您在鞋厂学徒时间不多，不到一年？

答：对！

问：为什么卢沟桥事变一发生，厂子关了？

答：打仗打得挺紧张，汽车拉的都是死人，人们都看见了，因此买卖关张了，门脸全封了。

问：厂子有多大？

答：在门框胡同附近有个门脸，后边是作坊，我们在那里做鞋，作坊里有二十来个人。我就在作坊后边做工。

问：从那儿回来您干什么了？

答：干农活，种地，后来又经过一个哥们儿介绍，在长辛店饭店当学徒。

问：在什么时候？

答：日本时期。

问：在那里干了几年？

答：四、五年，在那儿一开始是给买东西。后来当跑堂，升上去了。

问：这个工作比上鞋怎么样？

答：好多了。

【日军暴行】

问：当时长辛店有日本兵吗？

答：有。

问：这个饭店离长辛店火车站多远？

答：有一里多地。

问：那时候客人多吗？

答：凑合。

问：那会儿您看到过日本兵干过什么事儿吗？具体的？

答：那会儿干的不容易，跟什么人都打交道，那会儿好，日本兵也去，跟我一块儿有一个姓胡的，叫胡世成，现在死了，是个师傅，他一喝醉，想怎么办怎么办，后来，我看不行，上宪兵队告他，他才老实了。

问：长辛店有多少日本人？

答：不知道。

问：除了那个以外，您听到的，日本兵还有干过什么？

答：太多了，说那个也没用。

问：这个人出生的比较晚，1944年出生，战前的事情不知道，现在他在大学教这方面的历史，他有三个学生学这方面的情况，因此他想利用这个时机收集一下这方面的材料，因为现在日本的年轻人不了解这段历史，如果您知道一些事讲出来，没关系。

答：那时人们都怕日本人，日本人那会儿来尽找花姑娘，就是欺男霸女，事变那会儿我在家，我曾看见他们强奸妇女。

问：找花姑娘，他们有带走的吗？

答：具体的不知道，咱也没看见过。

问：在长辛店时，您看到日本兵有什么想法？

答：害怕。

问：您自己遭到过日本兵打吗？

答：没有。反正人家来了，就招待人家嘛。

问：在长辛店干了几年？

答：五、六年，那会儿是临时工，不要你就不要了，不过要是挣不了钱养不了家也不行，那时候，买卖好才能挣钱，后来买卖不行了，就不干了。

【短工市场】

问：以后又干什么？

答：回来了，在家待了一阶段，没事儿给地主富农做活，那时良乡有个劳动市场，地主雇人就上那里找。

问：那个市场有人组织吗？

答：没有，自己形成的，也没有中间人。

问：在什么地方？

答：在良乡东门外，解放后取消了。

问：您是每天去那儿吗？

答：不，早上去，晚上回来，有时也空着手回来，干一天活给一天的钱，就完了，有的好地方，就留下来，明天接着干。

问：辛苦么？

答：是呀。

问：一般有什么活？

答：耕地，有时候割麦子，都是给私人干活。

问：1943 年这儿有干旱，记得吗？

答：不记得，可能我那时在饭店，给地主做短工时。

问：1942 年，“满铁”到这儿搞过调查。您记得吗？

答：不知道。

问：这儿一带有新民会吗？

答：有。

问：是什么组织？

答：不知道。

问：这个村子有会员吗？

答：不知道，那时候有新民会、参议党，但是不知道，打听也不敢打听。

问：这村儿有九宫道，知道吗？

答：不知道，知道有个一贯道，我没入。

问：在良乡做短工，做到什么时候？

答：没几年，农忙时在自己家，没事时去那儿挣个零花钱。

问：除了干自己的农活，农闲时去干，是吗？

答：是。

【日本投降】

问：日本投降的情况，记得吗？

答：那会儿又上饭店了，临时的，投降时，日本人挺悲观的，男的，女的，小的，听人说，没看见过。

问：您听说日本投降后有什么感觉？是高兴呢，还是不高兴呢？

答：当然是高兴，日本人投降，咱们胜利了。谁不高兴。

【八路军】

问：日本投降以前，八路军来了吗？

答：听说他们从那边过来，翻铁道、打岗楼什么的。

问：到过本村么？

答：有时从村子过。

【国民党军】

问：日本投降后，国民党的情况您有什么印象？

答：他们的队伍有的不好。

问：有好有坏，好的地方有什么？

答：没什么，想不起来。

问：国民党搞过减租减息么？

答：听说过。

问：那时您得到什么好处？

答：没有，就听说有过这事。

【家庭、婚姻】

问：您多大结婚？

答：19 岁，在长辛店时，我有的大闺女。

问：您老伴多大？

答：大我一岁。

问：那村的？

答：刘沟。

问：叫什么？

答：刘秀清（琴?）。

问：谁给介绍的？

答：我爷爷。

问：您爷爷怎么给你介绍的？

答：我爷爷认识那里的老人，她是童养媳，八岁就到我们家，那时我七岁，我大哥拉洋车，他给接来的，19岁时正式结婚。

问：几个孩子？

答：六个，都出去了，大姑娘，属鸡，四十多，在北京政法大学当老师；二姑娘属牛，在屯里。老大在村子里教书，后为调到公社一步一步地当干部；他爱人也在那个学校。老二叫刘淑林，家庭妇女，从前在村里当赤脚医生，现在在家做饭，姑爷是北京科学院的工人，后来调到良乡技校，当工人。

老三，大小子，上班了，叫刘亮。

老四，也是工人，在东店，东方红练兵厂。

问：您原来在那儿吗？

答：没有，他是原来调去的，原来在北京矿务局做饭，后来退休了，老四（二儿子）接班了，后来调到东店了。

问：什么时候您去的那儿？

答：解放以后去那儿，属于矿务局管，在火药厂。

问：叫什么？

答：刘宏。

问：老五呢？

答：清除垃圾的，在良乡拖拉机站，临时工。是农民，叫刘岗。

问：老六呢？

答：叫刘淑梅，在鱼儿沟。

问：您在矿务矿工作多长时间？

答：1952年4月去的，一直到1980年9月份。

问：哪个矿务局？

答：北京矿务局，在门头沟。

问：您在那儿住吗？

答：是。离这儿有三十多公里，一个月回两次。

【土地改革】

问：土改的情况您记得吗？

答：那时我在家。在贫农协会，到有钱人家去看他有多少钱，多少粮食，他们有的说实话，有的不说，有的还藏起来。

问：当时具体的负责人是谁？

答：农会会长不能叫刘余根。

问：农协和贫协不是一回事儿吧？

答：不是。

问：您那会儿怎么参加的土改？您参加了吗？

答：那时候，就是斗争有钱的。

问：当时贫农协会有多少人？

答：就十多人。

问：土改时分了多少地？

答：一人三亩，按人分，共十八亩地，没种几年。

问：怎么去的矿务局？

答：朋友介绍的，郑师傅在那儿上班，给我带信。

问：那么土改时您分了地谁种呢？

答：有时候我在家种地，有时农闲时出去干活，那时我爸爸他们种地。

【生活感受】

问：您六七十岁了，最苦得是什么时候？

答：小时候，我们种地主的十几亩地。

问：什么时候最好？

答：不能忘了共产党，我们家全靠共产党，我不是共产党员，就是响应共产党，现在退休了还拿150多元，不能忘了共产党，在家坐着给钱，过去做梦也想不到，过去我住的是老租房。

问：这房什么时候盖的？

答：七八年，一参加工作，孩子也大了，生活可以了，省吃俭用盖了六间房，不容易。

问：现在跟哪个孩子住一块？

答：哪个也没在。

（打扰您这么长时间，谢谢！）

问：您还会说几句日本话？

答：会点，全忘记了。谢谢（用日语）。

王德林

时　　间：1990年8月26日下午
访 问 者：内山雅生
翻　　译：寇曙春
陪　　同：戴家斌
场　　所：吴店村村庙

【家庭成员】

问：我是日本金泽大学内山，为了研究中国农村情况，带着这个目的来的。来到这里是搞调查，有些情况想问问您。

问：你是哪年出生的？

答：1930年7月7日。

问：你的出生地就在这个地方？

答：对，出生在这个地方。

问：你父亲叫什么名字？

答：我父亲叫王宝（保）瑞。

问：你母亲？

答：我母亲叫王张氏。

问：你父亲是什么职业？

答：我父亲是农民出身呀。

问：你母亲是哪里人？

答：是大兴县人。

问：你这儿有什么人？

答：这儿有个姐姐和一个哥哥。

问：你的姐姐名字叫什么？

答：死了好几年了。

问：哪一年死去的？

答：她是39岁死的，如果活着今年是69岁。

问：比你大？

答：是的，大三岁。

问：解放前，你父亲有多少土地？

答：我们没有土地，当租的土地。是租地主闫世武的土地。

问：他是一个大地主？

答：在咱们这儿是个大地主。不算太大，有300多亩。

问：是在这个村的土地？

答：不是，是在后店，马路那边。原来吴店和后店是一个村。

【上学、做长工】

问：你上过小学？

答：上了一年。日本来了以后，8岁时，在黄辛庄上的学。

问：你上完学了以后干什么？

答：放牲口和做小活。

问：你干了几年？

答：干了四、五年，到1943年（13岁）就给人家当长工了。

问：给谁家做长工？

答：在后店的谢其久和高振两家当长工。

问：做长工到哪年？

答：1946年。

问：当长工，给多少报酬？

答：一年一年的增加，开始的时候一石二斗棒子（玉米），合180斤。干一年活才给这么多。以后多一点，三百—四百五十斤，不等。

问：不给现钱吗？

答：是。给粮食。

【满铁调查、新民会】

问：日本时期成立了满铁调查团，你知道吗？

答：我不在这住。不知道。

问：日本人成立了新民会，你知道吗？

答：知道。

问：当时什么人参加了这个组织？

答：新民会是个合作社性质的组织。参加的人有赵启、赵光启和他母亲。

问：还有谁呀？他们是什么人？

答：赵启当村里的保长，赵光启当小学教师。

【日军罪行】

问：日本人进这个村后是个什么情况？

答：日本人刚进来要鸡、要粮食、要

柴草。

问：住在哪儿？

答：良乡火车站和良乡城。

【八路军】

问：日本人进这个村时，有八路军吗？

答：有八路军，八路军夜间来。

问：八路军哪年进来的？

答：1944 年以后。八路军住的远，在河北那边住，白天不来，夜间来。

问：是不是八路军来了，日本人就跑了？

答：他们之间见不到面，谁也见不到谁。日本人白天来，晚上回城里啦。八路军夜间来，白天就到山区去了。

问：那时八路军来村，是不是联系共产党吗？

答：当时村里还没有共产党，只是联系贫下中农。他们找赵凤鸣他们这些穷人。不能找保长，找保长就暴露了。

问：赵凤鸣与八路军有联系吗？

答：没有联系。1948 年以前这村没有共产党员。赵家是穷户。

【日本投降】

问：1945 年日本投降的消息，你是怎么知道的？

答：日本投降后，日本兵都回国啦，良乡日本的旗子都落了。大家都知道，这是大事啊！

问：日本投降后，你是什么心情？

答：当然高兴啦！日本人在的时候，我们村里的人生活没法混，没有吃的，死了很多人，有的户死了一半人。没有吃的还得给日本人去做工。

【国民党统治、二五减租】

问：日本人走后国民党军来了吗？

答：归国民党管。是来了。

问：八路军与国民党军在这儿打过仗吗？

答：打过仗，不在这个村，在黄辛庄等地。那是 1947 年的事，或 1946 年。快解放啦。

问：国民党在时，搞过减租减息吧？

答：搞过二五减租。

问：是国民党还是共产党的？

答：国民党。

问：减租的情况你记得吗？

答：记得。

问：在村子里实行啦？

答：实行啦。

问：你父亲没有土地，租的别人家的地，给减租了吧？

答：减了。把粮食退回来了。禹国栋是减租减息的组长。

问：怎么宣传的？

答：先宣传，之后就做。召集大会宣传。先选出组长来，算账，按二五减租。就是原来交一石粮食，再退回二斗五，这就是二五减租。

问：在哪儿开会宣传？

答：在庙前。

问：是保长召集开会吗？

答：是。当时的保长叫赵显章。

问：村里有重大活动都在庙里进行吧？

答：对。像现在大队的办公室一样。

问：村里有村公所吧？

答：有。

【解放】

问：哪年解放？

答：1948 年 11 月 5 日。

问：你今年多大？

答：65 岁。

问：解放的时候你记得吗？

答：知道。

问：村里是什么情况？

答：头一天国民党王凤岗的军队正在这里，他是国民党的地方军。王凤岗是保安队大队长。他们逃到卢沟桥时，被打死了很多人。

问：新中国是 1949 年成立的吧？

答：对。

问：你还记得吗？

答：记得呀！

问：当时村里举行过什么活动？

答：好哇！在良乡村里开大会。一个区的人都去啦！大游行，放炮，庆祝中华人民共和国诞生。

【土地改革】

问：当时地主、富农怎么样？

答：被斗啦。我们村1948年解放，1949年4月8日我入党。1949年就土改啦，富农被斗，分配土地。

问：你们这儿土改早？

答：早。

【结婚、入党、斗地主】

问：刚解放的时候你十八、九岁，哪年结婚？

答：1951年结婚。

问：你哪年入党？

答：1949年4月8日。

问：谁介绍你入党？

答：八路军的工作队，一个叫王淑芳，还有一个叫罗玉台，他两人介绍。

问：你入党后当什么干部？

答：党支部书记。

问：斗地主的时候你没有参加领导吗？

答：参加领导啦。

问：斗地主的情景怎样？

答：先开贫雇农大会，让地主在前边站着，而后封他们的门，征收他们的房屋、粮食、牲畜、财物等，分给贫雇农。

问：谁都被批斗了？

答：有郭宽、裴志明、赵启、裴振明。

问：这村有地主吗？

答：没有。这四户都是富农。1950年复查时禹国恩，禹振这两个又被划为富农。

问：斗富农时给他们挂牌子。戴纸帽子吗？

答：对。

问：是不是让他们站着，大家批呀？

答：对。

问：对富农采取什么政策？

答：征收一部分，给他们留一部分农具。没收地主的财物。

问：1950年土改复查你知道吗？

答：知道。又划了两户富农。

问：是工作队领导的吗？

答：对。

【各种运动】

问：破除迷信，识字运动你知道吗？

答：知道。破除迷信、扫盲、建立民校、三反、五反。1955年镇压反革命，取消会道门，都是那时搞的。

问：建立民校干什么？

答：建民校后成立识字班，大家读书。然后发展生产。

问：村里搞“三反”、“五反”吗？

答：搞啦。村里是“三反”：反贪污、反浪费、反官僚主义。“五反”是对商人，在城里。

问：反右派村里搞吗？

答：没有反右派，有取消反动会道门。破除迷信。

问：村里有什么会道门？

答：九宫道。他们自己叫“政治慈善会”。张云波，禹国海是大元帅。

问：你当支部书记到哪年。

答：1953年。

问：这以后呢？

答：当瓦匠去了，选赵凤鸣当支部书记。

问：是你推举的还是选的？

答：是选的。

【互助组】

问：现在想问问你，搞承包的情况。

答：现在是联产承包。

问：50 年代互助组在你们这儿的情况，你和谁在一个组里？

答：有互助组，我和禹国栋在一个小组里。

问：还有谁？

答：不少的户，有禹围珍、禹国树、禹国静。

问：你们这个小组一共有几个人？

答：5 个人。

问：谁决定你们 5 个人一个小组？

答：自己决定的。自愿结合的。

问：是本村人吗？

答：是。

问：经村委员会批准吧？有没有批不准的？

答：是呀。没有不批的。

【看青】

问：看青，你知道吗？

答：是不是看地的？知道。

问：看青的办法是什么时候结束的？

答：到联产承包就没有了。人民公社时断了一段时间。到生产小队时就又有了。现在早已没有了。

【做工】

问：1953 年以后你烧砖，是吗？

答：不是烧砖。我是瓦匠。

问：干到哪一年？

答：1962 年回村了。

问：在什么地方盖房？

答：房山建筑队。

问：是自己想学盖房，还是村里派你去的？

答：自己想学。

问：你在当瓦匠的十年间，发生的大跃进你知道吗？

答：知道得不详细。

【60 年代自然灾害】

问：1960 年发生的自然灾害知道吗？这村怎么样？

答：知道。这村能吃上饭。粮食紧张些。

问：有没有饿死的？

答：没有。

【“四清”运动】

问：1962 年以后你在村里干什么？

答：当大队长和大队党支部书记。

问：你是“四清”运动的领导吧？

答：是。

问：这村是怎么搞的？

答：上级派来了工作队，清工分、清账目、清财务。我们村有一位会计有贪污，其他人没事。

问：会计叫什么名字？

答：张启凤，已死了。

问：对他进行了什么处罚？

答：退赔。

问：他是党员吗？

答：不是。

问：其他人有事吗？

答：没有。

【知青下乡】

问：“文化大革命”中你村有下乡知识青年吗？

答：没有。咱们这儿知识青年插队集中，黄辛庄有，不是所有的村都有。

问：当时没有给你们这儿派知识青年来，就是因为你们这里地少吗？

答：的是。

【做工】

问：这里离城里近，有被有搞买卖的？

答：没有开放时，没有人搞买卖。

问：你们这里土地这么少，还是这么多人种？

答：有在厂里做临时工的，瓦工、木工、

铜筋工。

问：你当了十几年瓦工，又回到村里教给别人？

答：就是这样。

【农业学大寨】

问：当时全国在学大寨，你们这个村怎么样？你对这件事怎么认识的？

答：学大寨主要为了多打粮食，学大寨的干活，加强劳动。

问：你 1962 年回来，当队长还是书记，一直干到哪一年？

答：一直干到 1982 年。

问：当过民兵队长吗？

答：没有，当过指导员。

【“文革”遭批斗、红卫兵】

问：“文化大革命”这个村怎么样？

答：“文化大革命”我被批斗了。

问：当时，因为什么问题把你批斗了？

答：当权派呀。都被打倒！

问：你一直为这个村效力，谁在批判你呀？

答：红卫兵组织，造反派。

问：红卫兵是城里来的，还是村里的？

答：都是村里的。

问：都是年轻人吧？

答：也有上岁数的。

问：你为什么事情被批判的？

答：就是私人成见。都揪出来了，从中央到地方。

【“三中全会”后生活变化】

问：“三中全会”以后，村里的情况就好了吧？

答：“三中全会”以后，村里好多了。1982 年改为联产承包，没有生产队了，统一耕种，自己管理，自己可以搞个小商贩，做点买卖呀，归自己了。好房都是“三中全会”以后盖起来的。

问：你们虽然实行了联产承包，但你们这里土地少呀。

答：有做买卖的，卖菜的，当木工、电工，没有闲人。

问：村里现在有企业吧？

答：有企业。主要是饭店、旅店、商店。

问：还有没有建筑队？

答：有木器加工。

问：从村里看，有许多人盖了房，说明他们富裕了，从什么时候开始？

答：“三中全会”以后。

【解放前的长工与短工】

问：你干过长工，短工。长工是一直给地主干，短工是不是将地里活干完后去做短工？

答：短工是做完了活，就到另外一家去。

问：雇佣你的那个地主，不说你吗？

答：长工不干了，才能去干短工。长工就是一年。

问：我一年前在山东调查，和这里情况差不多，干长工还干短工。

答：我们这里没有，长工就一直干。

问：这里有短工市场吗？

答：有一个市场，早上去。

问：雇短工是地主亲自来，还是派人来雇？

答：他派人来叫，到良乡城东街的鱼市口。

问：你当短工是带自己的农具吗？

答：是。

问：地主家不是有农具吗？

答：长工使地主家的农具，短工使用自己的。

问：短工不是与长工一起劳动啊？

答：是。他领着劳动。

【土改时成份划分】

问：今天跟你谈得很有意思。谢谢。你们这里土改时划分成份按什么标准？

答：按土地法大纲。

问：具体是什么？

答：按地富剥削的程度，算账。

问：划分地方富农时看他们雇了多少长工，多少短工，有多少土地，这些都是标准吧？

答：是。

问：每人分得几亩地？

答：每人三亩。

【生产合作社】

问：五十年代产生合作社后与合作化前有什么变化？

答：有了科技领导，合作就有了农具提供给农民使用。科学技术提高了，科学种田，使用化肥都好了。

【自留地】

问：你们都有自留地吧？怎么个情况？

答：每人一分田的自留地，家里种菜用，村附近的地是自留地，大面积的是集体的地，联产承包。

【村办企业】

问：你们村发生最大变化的时期，是乡镇企业有了以后吧？

答：对。

问：你们几个人承包了村里的电器、机械吧？

答：对。村里的地我们用机器耕，播种、使用化肥、收割以及收割后的耕地都是我们管。村里修理机械、电器，增加新机器我们都负责管。

问：你们一共有几个管农业？

答：4 个人。

问：年龄最大的是你？

答：最大是我，你是最小的了。（指另外一人）

问：你们 4 个人，一年收入多少钱？

答：一年 2000 多元，不一样。每人每月开 70 元工资，三个月开一次浮动工资 100 多元。最少是那位女的，每月 105 元，她没有浮动工资。

问：你们四个人都是用机器经营？

答：大部分是机器，部分是手工劳动。

问：你们的机器是你们用钱买的吗？

答：机器是集体买的。

问：全部是村里出钱买的？

答：是是，全部是村里出钱买的。

问：听说你们明年有一个计划，要实行大集体经营？

答：光四个人不行，还要有其他人。

问：明年你们大集体，你们四个人和他们分开，还是和他们在一起？

答：就是在一起。

问：你们实行大集体承包；你们村里搞农业的人和乡镇企业的人的大体比例多少？

答：农业低一点，企业高一点，差距不太大。

问：由于使用机器，从事农业的人就要少了？

答：对对，大承包后，主要是用机器，手工很少了，解放了劳动力。增加机器，他们四个人就不够了。

问：大的承包，主要在北京附近的农村，中国其他地区仍然实行个人承包，这个问题很感兴趣。

答：是的，以后慢慢推广。

【社会治安】

问：最后一个问题，村里的治安情况？

答：民兵队长（现在叫连长），治安有治保主任。

问：经营规模大了，社会的治安情况？

答：社会治安较为稳定。

问：偷东西的人少了，看青的有没有？

答：看青的没有了。

问：你们这个村是交通要道，别的村的人到城里去都要经过这儿，有偷东西的吗？

答：没有。

问：你们村发生偷窃的事很少吧？

答：很少。公安警察也比较多，也是偷东西的人少的一个原因。

田世奎

（一部分是儿子田山回答）

时 间：1990年8月27日上午

访 问 者：内山雅生

翻 译：寇曙春

场 所：田世奎家

【家庭成员】

问：你叫什么名字？

答：田世奎。

问：你是那年出生的？

答：我是1919年。

问：今年多大岁数了？

答：86岁。

问：你父亲叫什么名字？

答：田蕴芝。

问：你母亲叫什么？

答：龚瑞清。

问：你父亲过去从事什么职业。

答：农民。

问：你有多少土地？

答：33亩地。

问：你有几个兄弟姐妹？

答：弟兄5个，有3个姐姐。

【个人经历】

问：你上过小学没有？

答：9岁就上学。

问：上几年？

答：4年。

问：你小学毕业后做什么？

答：中国都上私塾，后来不念了，去做鞋。

问：是在你们村读的书吗？

答：是的。

问：你做鞋在哪里？

答：在北京市。

问：你进的工厂是自己的吗？

答：不是，是资本家的。

问：你工作了几年？

答：到解放。

问：你今年86岁，应是1905年生的吧？

答：我记不清了。

问：军阀战争的事你还记得清吗？

答：记不清了。

【日军暴行】

问：日本人打进来的事你记得清吗？

答：记得清，那时我在北京市。

问：日本人打进来很凶吧？你看到过他们的暴行吗？

答：当时，中国人吃没有吃的，吃的是混合面，就是桐子面，又辣，吃不进去。日本打进北京后，我回家了。日本又进米良屯后，打杀了86口人，烧了这个村子，说此地有八路军。

问：米良屯离这远吗？

答：30多里。

问：日本人打进北京后，你是不是感到怕？

答：是。

问：为什么没有烧这个村？

答：听说要烧，但那天赶上下雨，没来。

问：40年代日本人来了好多人，到村搞调查，你记得吗？

答：不记得了。

问：在这村日本人做过什么坏事？

答：在这村没有做什么坏事。

问：你是什么时候知道日本人战败了？

答：日本在中国8年多，时间不知道。

【国共内战】

问：日本人走后，国民党进这个村了吧？

答：进了。

问：国民党在这个村找给他们办事的人吗？

答：我脑子不好，记不清。

问：这个村子解放时的情景你记得吗？

答：知道。八路军来了，就在我们门前打的国民党，我们都在地下趴着。夜里，八路军一个人也不到民宅中来，第二天清早看见，他们都在地里坐着。八路军最讲理了，给老百姓什么活都干，公买公卖，借用的东西坏了要赔，与国民党不一样。

问：当时国民党的兵与村里的人的关系不好是吗？

答：是的。

问：当时八路军把国民党打败了，村里的人都高兴吧？

答：都高兴。八路军住民房，帮老百姓干活，很好。

【土地改革、批斗大会】

问：八路军把国民党赶走了，后来搞土地改革了吧？

答：对。

问：土改时你分了多少土地？

答：我没有分地，我有 33 亩多地，15 口人。

问：你是中农还是贫农？

答：贫农。

问：你没有增加土地？

答：没有增加。

问：当时周围的人怎样，富农有谁？

答：富农剥削人。郭宽、赵祥、赵启都是富农。共有三家富农，我们村小。

问：当时富农挨斗吧？

答：把他的土地和浮财分了。

问：你从富农那分得了什么？

答：我没有分。

问：这些富农是否被带到批判大会上去了？

答：是。

问：当时批他们的情景你记得吗？

答：批他们的人是受他们剥削，给他行做长工的人。他们吃不饱，穿不暖。

问：开批斗富农的大会，地方在哪里？

答：在庙里。

问：是谁带领批斗他的？

答：村里有办事人。

问：当时共产党派来的书记是谁？

答：忘了。

问：土地改革是以农民协会为中心开展的吗？

答：我不了解。

问：你是不是共产党员？

答：我不是。

问：上头不吸收你入党，还是你自己不入？

答：我自己没提出来。

问：当时开批斗大会时，你参加批了吗？

答：我看。我文化水平低。

问：当时什么气氛？

答：人们挺高兴的。

问：村子里的人们有的人是不是出于无奈？

答：都是自愿参加的，自愿去的。

问：当时他们三户富农，各占多少土地？

答：我们村小土地少，赵家 100 多亩地就是富农了。

问：赵启、赵祥、郭宽三个人家都雇长、短工吗？

答：雇过。

问：他们三户的长、短工你记得有谁？

答：不记得了。

问：批斗大会把地、富的土地没收了就结束了？

答：是的。

问：你村有地主吗？

答：他们三户后来变成地主了。

问：什么时候划完地主的？

答：哪一年我不记得，他们后来被打成右派。

问：什么时候被打成右派？

答：就是反右派的时候。“文化大革命”也挨批。

【破除迷信】

问：土改后破除迷信，把庙都拆了吗？

答：在破除迷信时，烧香的都没有了，佛像没有了，庙没有拆。

问：谁打的？

答：村里人。

问：在哪砸的？

答：在哪都有。

问：打佛像时，信佛的人夜间祈祷吗？

答：先宣传，人们改了，不信迷信。

问：当时开会时都是村里的人吗？

答：是。有村里人，也有解放军。

【一贯道、九宫道】

问：听说北京附近有一贯道、九宫道？

答：一贯道、九宫道都是骗人的，罪大的枪毙了，把他的东西展览出来，让人们看。

问：怎么枪决的？都是谁？

答：良乡一次就毙了七个人，我亲眼看到的。

问：大约是哪一年？

答：我不记得。

问：一贯道的信徒，你认识的有吗？

答：我认识我们村的，禹国海被枪毙了。

问：一贯道的信徒和头子，他们带着刀子，很威风吗？

答：我没有看到。

问：一贯道的事是你听说的多，直接看到不多是吗？

答：他们就是骗人，别的没有。禹国海原是拉车的，后来把车卖了，说什么成了佛等等。枪毙就是这个人。

【互助组】

问：土改后你的生活怎样？

答：与解放前不一样，生活好了。

问：土改后生活还比较苦吧？

答：吃大锅饭。不苦，村里人到一个地方去吃饭，开头都不吃粗粮。

问：土改后互助组，你当时与谁在一个互助组？

答：互助组就几家。到锄地的时候，先给别人家锄地。

问：与谁一组？

答：与赵家。两家一个组。三家、五家一个组。

问：当时组成互助组，是根据亲戚关系还是朋友关系？

答：就是街坊（指邻居）的关系。

问：姓张的在一起？

答：没有。

【公共食堂】

问：吃大锅饭，你们食堂在什么地方？

答：在村子里，就是现在的三角饭店那个地方。

问：当时集体食堂怎么吃呀？

答：随便吃，不准往家里拿，吃多少不管。老人不能出来，走不动，可以往家里打。

问：你当时是否自己带自己的碗筷？

答：碗筷食堂里有。

问：食堂有人做饭，是否有人帮忙？

答：他们是专门做饭的。

问：你在集体食堂吃饭和在家里吃饭，那个香呀？

答：反正大锅饭不如小锅饭。

问：你们不是吃了一段大锅饭，后来就回到家里吃，你们的心情如何？

答：反正人家怎么安排就怎么办。那里不做饭就自己吃了。

【五保户】

问：人民公社时有五保户吗？你们村里谁是五保户呀？

答：村里有郭山、郭永恒、还有郭海。

问：五保的范围包括什么？

答：家里没儿没女的人，很贫苦的人，还有岁数大了，劳动不了的人。

问：具体保什么？

答：吃穿住都管。五保户就是失去劳动能力，无依无靠，没有子女。不能入五保户，进敬老院。

【人民公社】

问：人民公社的事情你还记得吗？有没有贴标语搞宣传？

答：我都忘了，记不清。

问：在人民公社时，你们这里发生过自然灾害吗？

答：没有什么自然灾害。反正毛主席去世前下过雹子，地震我知道。

问：越南反击战，村里人都知道吗？

答：越南反击战，在电视里常说，知道。

问：知识青年上山下乡，你们村里有没有？

答：没有。

【“四清”运动】

（从此处开始由儿子田山回答）

问：村里搞过“四清”运动吗？

答：发生过，先有小“四清”，后有大“四清”。

问：“四清”时村里谁被追究过？

答：凡是当干部的都被追究了。

问：村里的干部都是谁？

答：有刘金安、张启凤、赵凤鸣、王德林等。

问：他们为什么被追究？

答：当时，怀疑一切，打击一切。清了半天什么都没有。吃个西红柿、茄子都认为是多吃多占。

问：大“四清”时，是不是除干部外村里人还有被追究的？

答：没有。党有政策，对干部是背靠背，揭发他们的问题，如多吃多占。

问：工作队是哪里来的？

答：是上面派来的。

问：工作队的人有没有倒霉的？

答：他们没有。

【红卫兵、破“四旧”】

问：“文化大革命”这几年怎么样？

答：村里有两派，不是左就是右。就这么说呀！

问：废除“四旧”是怎么回事？

答：斗牛鬼蛇神，庙砸了，说是“四旧”。

问：当时你有没有被整呀！

答：没有。我是红卫兵，后来我看看不是那么回事，就不干了。武斗时早躲远了。

问：红卫兵是你们自发的，还是其他人组织起来的？

答：自发的，全国都如此。

问：当时村里也有红卫兵组织吧，内部斗争怎样？

答：两派，意见不一致，过后没有事了。

问：“文化大革命”中村里被整死或致残的有没有？

答：没有。

【“三中全会”后生活变化】

问：“三中全会”以来村里的变化怎样？

答：改革开放后，村里的地包产到户了。

问：你家承包了多少土地？

答：一个人五分多土地。

问：“三中全会”后，生活富裕了吧？

答：三亩多地，一年的产量可吃三年多，生活富裕了。

问：你家有电器吧，什么时候买的？

答：1987 年。

问：电风扇何时买的，还有什么电器？

答：前年买的，还有洗衣机。

【家庭】

（以下由田世奎回答）

问：你是哪年结婚的？

答：19 岁，哪年记不清了。

问：你爱人叫什么名字。

答：叫龚瑞清。

问：那不是你母亲吗？

答：不是。我母亲姓王（旧中国妇女没有名字）。

问：解放后有名字吗？

答：解放后就死了。

（以下由田山回答）

问：你叫什么名字？

答：田山。

问：你爱人叫什么名字？

答：叫马雅婷。

问：你兄弟几个？

答：一个。

问：刚进来的那个女子是谁的媳妇？

答：是大儿媳妇。

问：你大儿子在哪儿？

答：开车。

问：你二儿子呢？

答：在火车站上班。

问：是在良乡吗？

答：长辛店，二七大罢工的地方。

问：三儿子呢？

答：上高中呢。

问：在哪儿上高中？

答：在良乡上高中。

问：这是小儿子吗？

答：是，上初中，在良乡二中。

问：你儿孙满堂，很幸福的。

答：还有曾孙呢。

问：几个？

答：两个曾孙子，一个曾孙女。

问：计划生育为什么还生两个？罚了多少钱？

答：罚了三千，还没给呢。

问：大的是女孩还是男孩？

答：两个男孩。

问：第二个是不是想要个女孩？

答：是。

【看青】

（以下由田世奎回答）

问：看青（指看地里的庄稼）的情况你知道吗？

答：村里有看青的。

问：解放前谁看青？

答：本村人，很多人，有郭永清等。

问：他们怎么看？

答：围地巡逻，白天夜间都一样。

问：几个人看？

答：最少两个人。

问：看青是经常换，还是固定的？

答：经常换。

问：当时看青的人，村里给钱还是粮食？

答：粮食。

问：选看青的人要体格比较壮，年轻人是不是？你看过没有？

答：是。看过。

问：距离现在几年了。

答：六、七年前，改革开放前，是扩大集体的时间。

问：你那时看青在地里转，还是在地里搭棚子？

答：一般是转着看。

问：看青的人，旧社会给钱。在人民公社的时候给钱，还是记工分？

答：记工分。

问：看青的人是怎样产生的？

答：由生产队指派。

问：打更你知道吗？

答：国民党时期有打更的。以后就没有了。

问：开叶子你知道吗？

答：种高粱的都开叶子。现在不种了，就不用了。

问：是不是快收割的时候才开叶子？有没有固定季节？

答：没有固定季节，成长的时候就开叶子。

问：“地方”你知道吗？就是村长。

答：有“地方”啊，村里有办事人。

【日军暴行】

（以下由马雅婷回答）

问：日本人过去在这里搞过调查，你知道吗？

答：我不知道，当时我不在村里，没听说过。日本人进来杀死我们村（米良屯）86 口人。我奶奶就是被日本人杀死的。

问：你可以说说你们村的具体情况吗？

答：这些事可以说吗？

问：可以说。把这些事情说清楚了，我们可以写成材料向日本人做宣传，让他们知道日本在中国做了什么不好的事情。不然日本还会做这种事。现在中日友好，不管什么事情都可以讲。我们是搞经济的。

答：日本人进村后，杀了我奶奶。当时村里有绑票的（土匪），要有钱人的东西，日本人知道了进了村，进村以后他们不管好人坏人，是土匪还是老百姓都杀。实行三光政策：烧光、杀光、抢光。听老人们说日本人是冲着土匪来的。结果土匪都跑了，杀的都是老百姓。

问：那是哪年呀？

答：1937 年。

问：是不是把村烧了？

答：是。太残忍了。不分男女，连烧带杀，我奶奶就是这次被杀的。

问：你是哪村的？

答：我是米良屯的。

问：你记得清楚吗？

答：记得清楚。我婶婶也被杀了。她们家五口人被杀。

问：日本人是突然进来的吗？当时村里有没有八路军？

答：是。没有八路军。

问：为什么进这个村？

答：就是上边讲的，有土匪。

问：是真土匪，还是八路军？

答：就是当地的坏人，不是八路军。

问：日本人还做过什么坏事？

答：见到妇女就强奸。

问：日本是很卑劣的。

答：中国有汉奸。为了祭奠死去的人，我们村烧了一条 15 丈长的船。

问：国民党在这个村的时候干过坏事吗？

答：国民党偷东西，没有日本人干的坏事多。

问：日本的指挥官你知道吗？

答：不知道。一次杀了五口人的有好几家。有一家只剩下一个老太太。

郭永志

时　　间：1990 年 8 月 27 日下午

访 问 者：内山雅生

翻　　译：寇曙春

场　　所：郭永志家

【家庭状况】

问：你今年多大了？

答：73 岁了。

问：你是哪年出生的？

答：1917 年。

问：“十月革命”那年出生的？

答：是。

问：就在这村出生的？

答：是。

问：你父亲叫什么名字？

答：郭振。

问：你母亲名字叫什么？

答：女的那时没名字，都叫什么什么氏，叫郭崔氏。

问：解放以后取的名字吧？

答：那都是解放以前的事了。那时妇女都是这样。崔是女方的姓。

问：你父亲那时干什么呀？

答：务农。

问：有几亩地啊？

答：有七亩半地。当佃农。

问：当佃农时，地主是谁呀？

答：东街坊老赵家。

问：赵什么？

答：我也忘了老头子叫什么。属爷爷那辈了。

问：是不是赵宽的爷爷？

答：不知道谁是赵宽，这村三十多岁的人我都不知道。老赵家没有叫赵宽的。

【教育】

问：你是哪年上学的？

答：九岁。

问：上的私塾还是小学？

答：我们这有学校，大北街小学，不是私塾。

问：就在本村是吗？

答：是。

问：小学读了几年？

答：六年。

问：小学以后干什么了？

答：小学以后在家务农。

问：和父亲一起吗？

答：对。

问：当时你父亲有七亩半地是吗？和你父亲一起种的地是吗？

答：对。

【日占时期】

问：你一直劳动吗？

答：我曾在日本受训，青年受训。从日本回国之后，就没什么正经事了，国民党、共产党打的，就没什么正经事了。

问：你受训过跟日本人打仗？

答：不是，日本人在时，中国青年全得受训。

问：谁组织的？

答：日本人。

问：受训多长时间？

答：六个月。

问：你记得点日语吗？

答：那时记点，现在全忘了。

问：训练严格吗？

答：很严格。

问：中国青年有没有反抗这种严格训练的？

答：谁敢反抗啊，是青年就得受训，凡是够岁数的。

问：日本人来时干了不少坏事，你记得吗？

答：日本人一进来，地方就起来，就是说打土匪。

问：土匪队和日本人打，是吗？

答：对。

问：当时被认为是土匪的人都是这村的吗？

答：不是，各村都有。

问：这村有吗？

答：这村没有，往西的村子就有了，这村离车站太近。日本人老不断要鸡啦、要蛋啦，一天不断。

问：当时八路军进村了没有？

答：没有。日本夜里站岗，就在东边场子坟地，就跟在这村子放哨一样，他的岗哨都放到这儿了。

问：四十年代，日本有个满铁调查团来这村搞过调查，你还记得吗？

答：不记得了。

【新民会】

问：新民会知道吗？

答：知道。

问：当时这个村有加入新民会的吗？

答：我受训的青年训练所，是属于新民会和皇军，我也弄不清这个组织，那个组织的，是什么组织，单有一个皇军训练所，我们这叫青年训练所，属于新民会和皇军，教官都是皇军，组织归新民会，那阵也说不好，不像现在打听打听，那阵不能打听，你打听我，我打听你，这玩意儿……

问：你们受训练的人都是新民会的人是吗？

答：对。单有一个皇军训练所，他们训练也是半个月一个月。

问：那里的人员都是新民会的成员吗？

答：都是各村要的，是满年龄的都得受训，不在这儿，就在那儿，村里还有一个村民训练所。那时候，青年训练所、皇军训练所、村民训练所，好几个训练所呢。

问：都是日本人的？

答：对。

问：村中谁是新民会的成员、记得吗？

答：这村没有，要就是我记不得了。反正新民会青年训练所倒有几个。

【八路军】

问：八路军来村里是什么时候？

答：八路军来时就是解放。

问：快解放时？

答：快解放时也没有来，这儿离车站太近，一般也不敢来。再往西，就是黑天白天两个样。

问：日本人来这里时，晚上八路军来吗？

答：没有。

【日本投降】

问：日本投降，你怎么知道的？

答：日本战败时，我们正在屋里睡觉呢。车站有个姓胡的，胡连生来了，开煤场子的，来了说你们不要害怕，咱们良乡解放了，八路军来了，公卖公买，也不打人、也不骂人，日本人现在已经投降了。

问：八路军来前，国民党来了没有？

答：没有，八路军来时穿着杂牌衣服。

问：国民党没来过？

答：来过，也记不清，也见过中央军，据说中央军来接收北京了，这里没有接收。

问：八路军来了，解放了，村中有什么情况。

答：老百姓还是老百姓，村子还是这样。

问：你的心情。

答：没什么事，我们这一代人，看见穿官衣的就害怕，是穿官衣的都欺压老百姓。

问：后来进行土改了吗？你什么时候入党的？

答：什么党？

问：共产党呀？

答：我是 1955 年入党的。哪个朝代都有，我们经过多少朝代，多少事，那时的事就不说了。

【土地改革】

问：土改时你是贫农，还是中农？

答：贫农。

问：这村有富农吗？

答：有，郭宽、赵起、郭志明。

问：土改时，他们被怎么处理的？

答：也有被分了房，分了地的，罪大恶极的又斗又批的，开个大会就完了，这些富农全都是长期的富农，剩下象赵起、郭志明这个呀都是只顾增加土地的富农，他家人连裤子穿都没有，净置地，吃糠咽菜，穿破烂，也增加土地，解放后就倒霉了，土改谁地多，谁是富农。

问：地主一般都有几亩地？

答：有个地主，有个四亩半的地主，寡妇一个人，有 4、5 亩地，没人种，全剥削，让别人种，靠吃地租，这么个地主。

问：土改时划成地主？

答：对，她整个剥削呀。

问：你分了多少地？

答：我分了九亩半地。以前佃农种别人的地，一解放归自己了。

问：土改时地主跑了？

答：对。

问：地主的土地和财产都给分了？

答：这些地都是良乡城的地主的地，不是这村的地，地在这村，不属于这村，所种的地是属于良乡城的地主，姓秦，他是地主。

问：地主叫什么。

答：叫秦瑞田。

问：解放后他怎么了？

答：不知道，搬到北京城里住去了。

问：刚才说的寡妇划成地主了，对她怎么办了？

答：和老百姓一个样，当时政策就是那么个政策，不那么划不行，究竟她也是穷苦老百姓就指着吃这四亩半地租，连吃带穿能有什么富裕？硬说她这四亩半地租，不劳动，整个是剥削。

问：村中有无罪大恶极的地主？

答：没有。

【入党、参加工作】

问：你入党时谁推荐的？

答：我在铁路上工作时入党的，参加工作以后。

问：那一年进入铁路？

答：1952 年。

问：你干农业是 1952 年以前？

答：对。

问：在铁路上干什么？

答：刚去时是装卸工，以后是站务员，货务员，改了好多次名字。

问：入党是在车站工作时？

答：对。

问：住在车站，还是住这村？

答：就住在这儿，也有不回来时候，有一礼拜回来一次，所以好多人不认识，总不回来。

问：你什么时候结婚？

答：16 岁。家里没人。

问：当时你一礼拜回来一次，你夫人干什么？

答：在家务农。

问：夫人是党员吗？

答：不是。

问：担任过什么职务？

答：没有担任过。

问："三反""五反"时当过领导吗？

答：没有。

问：大跃进时情况记得吗？

答：1958 年，我还在良乡呢，记不清了。吴主任下台，我代理，不是正式的。

问：车站主任是吗？

答：对。

问：村子里人民公社以后的事，记得吗？

答：我在铁路，对村子里情况不了解，农业大跃进，工业也大跃进，比如装车原来装 200 吨，现在就得装 300 或 250 吨。

问：你一星期回去一次，时间很少是吗？

答：我在良乡那阵，甭提了，就不知什么叫礼拜，好容易今个是礼拜，多睡会吧，八点钟一过，就有人来找来了。车站离这也近。大跃进时，什么叫礼拜啊。

【大跃进时的车站】

问：你能详细地介绍一下车站的大跃进吗？

答：车站就是组织人员装车卸车，组织货运上班站，组织货运下班站，你的货来了，咱就组织人员往下拉，外运的货，比如两天拉完了，不用督促，拉三天、四天、多拉就等于提高了一步。

问：你是共产党员，起了带头作用了？

答：装货，卸货都我一人在前面，晚上 12 点以前没有下过班，没白天没黑夜地干。

问：你让别人这么干，别人有意见吗？

答：没有。那时那人刚从旧社会解放出来。干劲特别足，简直可以说由地上升天似的，不挨打，不挨骂，不受气，跟现在的人不一样。

问：你做铁路工人到那一年？

答：1978 年，一直到退休。

【铁路工人】

问：关于铁路问题再问你一下，大跃进结束后，铁路上工人怎么样？

答：那时工人不用上级领导，下级领导就行，今天货场一堵，知道货场吗？找班组长疏通疏通，谁把这先弄走，谁后弄走，一找货运员，一找装卸工，把小头目找来了，说说就行了，说完了，工人就干开了。那时那人好管，不挨打，不挨骂，不受气，吃饱了，喝足了，家里外面不受气，当家做主人。跟现在人不一样，现在这人油头滑脑的。那时那人刚从旧社会解放出来，旧社会又受压迫，又打又骂，日本时见面还得鞠躬，鞠躬晚了，那大枪托子就过来了，那一套现在没有了。村里的保长、甲长，瞧你不对头，就捏你脑袋，给你小鞋穿。人瞪着你，一句大话都敢说，饭馆墙上贴着“莫谈国事”，别咬耳朵，你就吃饭，吃完就走你的。

问：刘少奇时代工人干劲怎么样？

答：工人不管这事，刘少奇时代啦，工人打一解放，干劲就大。我们这一代人干劲也不低，你一号召，呼啦一下就都起来了。他前半辈子在苦坑里待着，所以后辈子就觉得不错了。不像现在，现在的人一累了，就叫天叫地的，叫苦。那时人累点儿就累点儿，苦点儿就苦点儿，那时人有的上午不下班，下午才下班，上午都不回去，自愿不回去的，都得限工时。铁路上没新鲜的，就是多拉快跑，快装快卸。

问：村里还有像这样在铁路上工作的吗？

答：有，有几个。

【“文革”时期的铁路】

问：把“文革”时铁路上的情况讲一讲？

答：“文革”时，铁路上没大折腾，反正也没少折腾。没大折腾是为什么原因呢？那时我不在良乡站，在丰台西站，丰台西站当时讲是全国最大的站，一切设备都是现代化的。去过吗？不是人工操纵，搬道什么，都是自动化，没有那么多人。铁路上没敢停着不上班，没事也瞎折腾，当班的不敢折腾。后来停职闹革命这一派和另一派打起来了，车站人停职不干了，人都下来了。高耀文那是北京市的负责人，也不知是市长、书记，中午 12 点左右来了，车停了三个小时没转悠，高耀文马上坐汽车来丰台西站，在丰台西站一住就是一礼拜。

【“文革”遭批斗】

问：“文革”时你挨过整吗？

答：没挨过大整，挨过小整。

问：当时你家属在“文革”中受牵连了吗？

答：家属倒没有什么。

问：“文革”时这村有红卫兵吗？

答：这村，说不好，我在村里待着，“文革”时，我有一个月不回来的时候，特别后来一集中，有三、两个月不回来，不让你回来，你敢回来？

问：“文革”时你在“牛棚”，是强迫的吗？

答：“文革”呀，甭说他了。你什么事也没有，但我跟你思想上有隔阂，到这阵就对你进行报复。领导的政策是正确的，下面的执行人就不正确了。

问：你后来“文革”后回家了，有没有轻松的感觉？

答：当然比在圈里面强。那是谁管你，就是工人管着你。

【退休】

问：你后来退休回家，党籍是不是也迁到这儿了。

答：对，在这儿。关系都在这儿。

问：回来当过什么职务？

答：没有，什么也没当过。退休了，岁数也大了，脑筋也不好使了，我退休时虚岁都 62 岁了。

问：你退休后，别人对你都很尊敬吗？

答：挺不错的。都不错。

【家庭】

问：现在家里孩子谁劳动啊？

答：刚走的那个，是我二儿媳妇，二儿子，这个三口，那个三口，我自己一户，谁也不跟。

问：你大儿子干什么？

答：北京市建材局。

问：你大儿媳干什么？

答：在一个单位。全家都在北京。

问：二儿子在村里？

答：对。

问：干什么？

答：种地。

问：三儿子也在村里，干什么？

答：对。也是种地。

问：他们是不是都承包了责任田？

答：我们这村叫口粮田，老三没要，他们家主要经商。

问：三儿子开小店吗？

答：在自由市场摆摊。

问：二儿子干什么？

答：装卸工，在外面做工。

问：现在跟你在村里住是三儿子？

答：对。不是一户，两户。

【看青】

问：你做铁路工人干了这么多年，年轻时种过地，你知道“看青”吗？解放以前的？

答：解放前，没有专门雇“看青”的。就是跑脚的给看地。那时村里就一个保长，4个甲长，一个地方。长期在村公所待着的就是保长和地方，不像现在这机构庞大的多。

问：“看青”到什么时候没有了？

答：解放以后还有呢？高级社，人民公社还有呢，到分田到户时才取消了。

问：你见过“看青”的吗？

答：人民公社时有，要工钱，挣工分。

问：你家有看过青的人吗？

答：没有。

问：村子里种地的人才去看青的？

答：对，有富余的，年轻力壮的人家出。

问：这村地少，加上建筑队什么的，从事农业的人少了，是不是不需要看青了？

答：一直到分田到户、十一届三中全会，以前集体的东西都有人看着。

【打更】

问：你再回忆一下，旧社会打更的事？

答：打更，知道，那时我在村里种地呢。

问：当时打更怎么干呢？

答：一般当时说，好人不干那个，为什么？那活得罪人，我瞧你从人家门里钻进去，不逮你，是我责任，抓住你，得罪你，打你，罚你，不得罪你吗？你不恨我吗？好人不敢干，赖人又干不了，不信任呀。为什么要打更呢？你不打更，睡觉一晚上十个钟头也就过去了，就是怕偷东西的，偷人家东西，钻人家门，砸你锁的。他过来了，他就得管，是干这个的。

就像现在值夜的，护夜，厂子里有，这村没有。

问：当时打更手里拿着梆子是吗？

答：对，一般手中都拿着梆子，木头的，掏空心的。

问：当时打更的是不是见小偷就打梆啊？

答：不是。敲这不管事呀。看见小偷，能逮就逮，不能逮就嚷，无论用什么办法，得逮住他，不能让他跑了。你光敲梆子，他不跑了？

问：看见小偷就喊是吗？

答：旧社会跟这阵不一样，那阵小偷什么都干，钻鸡笼什么的，什么衣服都拿，过去旧社会哪有这么大的窗户，人都低着头进，你甭说拿东西了，过去都是小门窗户。那时小偷比较多。

问：小偷是哪儿的？

答：哪都有。

问：这村小偷干什么？

答：我们这村没这人，打我自幼我还没听说小偷，偷人家东西，还没有那个。这村怎么着，这村比较富，解放初期，我们村一个人合三亩七、八分地，别的村合一亩多地，旧社会我们村有50亩地是公地，是归庙产，有这50亩地，他就富多了。

【看庙】

问：当时有看庙的吗？

答：有，看庙单有七亩地，谁看谁种。

问：看庙的经常换吗？

答：不是固定一个人，看庙不是这村的人，带家眷不能看庙，都是光棍一条才能看。

【一贯道】

问：村子有一贯道吗？

答：有，我们村有一个头呢，“三反”时毙了。

问：他哪一年被毙的？

答：“三反”“五反”镇压反革命时。

问：以后再揪出的一贯道怎么处置？

答：一般的一贯道没怎么处理。

问：看庙者有七亩地，土改时怎么办？

答：都分了。

问：分给谁了？

答：分给贫农了。

问：以前看庙的人，在“三反”、“五反”破除迷信时对他处理了吗？

答：看庙者不迷信什么，他又不在道，不干这不干那的。

郭仲江

时　　间：1990年8月29日上午

访 问 者：内山雅生

翻　　译：寇曙春

场　　所：郭仲江家

【家庭成员】

问：您就是郭仲江？

答：对。我今年61岁，卢沟桥那年9岁，出生在这村。我父亲叫郭生、母亲郭周氏，父亲在村里种地，过去没有地，当雇农，给地主干活，这村有富农，也不一定给谁家干，干临时活，短工。

我弟兄三个，大弟郭仲海，二弟郭仲漕，三弟郭仲河，没姐姐，两个妹妹，一个叫郭亚琴，一个叫郭亚茹。

【日军暴行】

问：您上过学吗？

答：没有，私塾也没念过，那时穷，从小就劳动，小时候种地，给别人干活，打短工。

卢沟桥离这儿不远，日本人进村里、刚来是不错，一年后就开始干坏事，刚来没杀人。

有一年八路军上良乡偷袭没成，日本人见人就打，见人就杀，日本人在良乡，白天出来，到处杀人。

八路早跑了，共产党力量小了，日本人要烧这村，村里有姓赵的，赵仲恒在良乡小学当校长，他给说了说，就没烧。北边的米良屯，詹庄都给把人杀光，房子也烧了，那时挺怕日本人。

【满铁调查、新民会】

问：后来的“满铁”调查回来这里再搞过调查，记得吗？

答：不记得。新民会我知道，是一个组织，像特务一样，具体我不清楚了。新民会是日本人成立的，跟国民党没关系，这村有加入新民会的，郭同就是，死了，还有禹国深，解放后枪决了，还有。他们加入新民会，给日本人提供村里的情况，是特务。八路军在快解放时来的，我没有参加八路军。

【日本投降】

问：您怎么知道日本人投降了。

答：有人上良乡，见没人给鞠躬了，过去日本人站岗，你路过得鞠躬，现在用不着了，随便就进去了，才知道。那阵儿没有电视就听人们嘴传。

【国民党统治】

日本人战败，国民党进来了，进这村后还跟日本人一样，能抢就抢，具体的有抓了要公粮。

国民党实行过减租减息，不过那就是一个口号，实际上没减。

国民党一来，共产党也来了，白天是国民党，晚上是共产党。

这村 1949 年解放，先解放北京，后解放这里，这里是交通要道。

【土地改革】

问：土改时还记得吗？

答：不记得。我是贫农，分了十二亩地，当时七口人。

问：这村有富农吗？

答：有，郭宽、裴如，北村的赵启、赵祥，他们是亲哥俩，他们剥削，就分他们的地和财产。

这里没有批斗富农大会，北京一解放，这里就和平解放，开会不是斗争，就是动员，只是说让他们把地、财产拿出来。

土改后，庙里的泥台推了，大队的村民委员会住进去了。

【识字运动】

答：解放后的识字运动还记得吗？

问：记得，我还上过识字班，口号是“一天不学习，赶不上刘少奇。”学了一年多，一天两小时，前面学，后边忘，学完也不记得了。

【合作社、大跃进】

解放后我在村里学泥瓦匠，没入党。

互助组时，我们跟郭连，郭容合一块儿种地，三家一组，就一年。

58 年大跃进，村里有集体食堂，这村没炼铁，那时我参加了房山建筑队，在南韩继那边炼铁，是个村子，大跃进是高级社，家里的地归大队种，高级社就是合作社。

在房山建筑队是 1955～1960 年，队散了，回来了。那阵儿十天半月回一次家。

【结婚】

我 1960 年结婚，当时母亲干家务，别人给介绍的，老伴是天津大厂回族自治县的，离这儿一百多里，当时老伴不同意，她叫刘淑琴，比我小六、七岁。

结婚时什么也没有，家里就有 70 斤大米，10 斤桃，家具也没有。

1960 年，三年困难，以后饿肚子，我回来后在人民公社干活。

良乡县成立建筑队，我上良乡了，1970 年代去的，干了十二年，前年才退休，在那里主要是盖房，盖楼房。

【会道门】

禹国海是“四清”运动清出来的，他在日本人在时是新民会的，国民党来了……

他的道是反动组织，做龙袍，要造反，清出来就处决了。除他之外，道徒没事，当时村干部没被清。

【“文革”中的造反派】

问：“文革”时这里怎么样？

答：那时，这儿有两派，当权派王德林，另一派是郭仲安，我们一家的，他们也种地，当时村里一部分人加入前一派，另一部分加入后一派，我是反对派，没成立几天就散了，是保皇派，以后给王德林整下去了，王德林实际没派，他当权，后来郭仲安这派覆灭了，投降了。

问：王德林一直当大队支部书记，多少跟群众有矛盾。

答：郭仲安没当干部，就是“文革”的头头，折腾了二年，因为头头管村里的事，他还活着，那时尽整人，现在他在家待着没事，整天骑着小三轮带着老婆子到处转，不务正业。

【家庭】

人民公社时，我老伴也下地干活，承包后还种地，就是不用那么长时间。

大儿子郭宝仲，27 岁，做买卖、卖菜，

挨着郭连住，那是我们的老房子。

二儿子郭宝明，也卖菜，和老大一块儿做生意。

三儿子郭宝亮。

最小的叫郭宝月。

【打短工】

问：您说一下打短工的事？

答：良乡东大街有一个短工市场，天天上市，谁去都行，报酬没准，一天说一天的价。

我也当过长工，在长辛店东边的一个大宁村的油坊，那时日本人还在。

做短工主要是种地，这村打短工的人挺多，比其他村多，因为这里的富农地不多，所以他们上那儿。

打长短工跟给村里当雇农的收入差不多。

打短工自己带工具，地主不给，与当长工不同。

【看青、打更】

解放后村里有看青的，“文革”时也有，日本时有杨二爷，徐大舌头（徐襄他爸）都死了，冬天打更，夏天看青。

国民党时，郭仲奎是狗腿子，村长让他送东西，他就送去，他没看过青。

还有赵凤林，当过村长，是日本人来时。

他们两个（杨、徐）冬天打更，拿梆子打，夏天看青，他俩是头，让谁去谁就得去。我也打过更，名义上是防止坏人，报更，一更、二更，一晚上睡不了觉。拿一根木头，里边挖空，一打就响，一更打一下、二更打两下，四更天就亮了。打更时围着村子转，今天轮你，明天轮我，有顺序。

那时村里有保甲长，该这一甲打更的，各家就轮，一甲大概三十多户，派人打更的是穷人，打更没报酬，富农家不打更，也用不着雇人。

看青有报酬，像徐、杨。

打更到解放后就没有了，看青者还有，看青挣工分。

杨　茂

时　　间：1990 年 8 月 29 日下午

访 问 者：内山雅生

翻　　译：寇曙春

场　　所：杨茂家

【家庭状况】

一开放，农民阔多了，都发财了，生活提高了，以前没有这么富，现在都是每天白米白面，差不多每天都有肉。

问：您今年多大？

答：六十六，1925 年出生，生在这个村。

父亲叫杨文海，母亲叫杨白氏。

父亲过去是种地的，旧社会有二亩半地。

我八岁上学，上私塾，念了六年，以后在北京学徒，茶叶铺。在北京一直干到解放，1954 年才回来，解放时正好在家里。

【日军暴行】

日本人来这村，我十多岁，知道一些事。

问：过去四十年代有日本的满铁调查团来过这村，你知道吗？

答：不知道。

我知道有新民会，那时这村有个叫赵凤林的就是会员，禹国深也是，赵凤林给日本人当监工。

最重的活儿是挖沟。

八路军进来时，来的很少，这里的保长（甲长）报告晚了，（日本人）说是要烧房子，汽油桶都准备好了，当时人们都惊了，都跑。这里有一个姓赵的，叫赵春，在良乡小学当校长，他跟一个在新民会的姓张的，两人到日本人那儿说情，进门就哭，说父母都在家，最后没烧。

当时八路军来了，从北边过去了，铁道往东去，大概是凌晨三四点，早晨八九点钟去报告，日本人就嫌晚了，生气了。

问：您怎么知道日本战败的？

答：传说，没有什么消息，只是群众传说。

后来国民党来了这村，那时我在北京了，多少知道点，他们来这里挖沟呀，抓丁呀，围着良乡挖了一条大沟，生怕人摸进去。

【解放与土地改革】

这村解放时，我在家，那时北京正被围困。

解放时，这村有庆祝活动，扭秧歌，敲锣打鼓。

一解放就土改，把地主圈在一个屋子里看着，他的东西给剩一点儿，看着他怕他捣鬼把东西藏起来，穿的、用的、使的都控制起来。然后分给大家，开大会分。

土改时我们分了六亩地，当时我积极参加了土改。

批斗地主时没发过言，因为还小，不到二十，只是给人家跑腿。

【合作化、大跃进运动】

问：您入过党吗？

答：没有。

那时在北京，1954 年回到良乡，因为在外边做工，没有准地方，所以没有加入。

后来参加了合化社（互助组），我和禹国栋一组，他很大了，现在要活着有八十多岁。还有杨荣、我弟弟，杨桐、杨望、郭仲奎、张起龙他们。

问：当时成立起小组后，是怎么组织的，是别人让你们这样组织的？还是自己？

答：自己。

大跃进时记不清楚。

大生产人们都想多打粮食，多加肥，多加种子，把麦子种得很密，一亩种一百斤，麦子很密不会收得好。加竹竿架上也没用，长不好，最后亩产刚收回种子。

大跃进时，人们的生活不是吃不饱，而是分的粮食定量，能吃饱。

生活安排也有，有的安排不好，因为人多挣的工分少，就不好安排了，有这种户。

问：进入人民公社最早的大队长是谁？

答：刘永祥，他现在八十多了，跟孙子在一块儿。儿子死了，儿媳妇嫁人了。有孙子媳妇，他也种点地，还能劳动。

当时他五十来岁，是共产党员，当生产队长。

【灾害】

自然灾害时，我们动员起来，支援别的地方，大车、牲口全都奔一个村，拔了白菜，从我们这儿给送白菜秧子，自然灾害这儿下雹子。

当时这村子没受灾害，生产队给那些到他村帮忙的人记分。

村里人支援别村，家里还有人，老的、少的，不影响本村。

问：自然灾害过去后，你们村逐渐发展了？

答：对。这里雨季的雹子砸一条线，砸的厉害的就连杆都砸了。

后来生活也不怎么样，不过挺平稳。

【“四清”运动】

问：当时村子里的“四清”运动是怎么回事？

答：……（听不清）。

有借条，有大队长批示，有批示才借给你那时张启凤是会计，现在死了，把他清出来了。他在外蒙当过会计，外蒙有媳妇，家里也有媳妇。回来后，家里的媳妇不让走，这么着就在生产队当会计，后来他岁数大了，把钱都喝酒了。

除他之外，清出来的没别人，当时我在“四清”班，属领导阶层。

当时把清出来的聚到一块儿，开大会，追究干部责任，当时的党支部都管公务，不管钱财，没被清出来。

【“文化大革命”运动】

问：“文革”的事，记得吗？

答：“文革”时到处有结帮派的，这儿有两派，我们属郭仲安派，这边人多，跟黄辛庄、后店附近的都是一大派。

这村没出什么意外的事儿，黄辛庄村就出事了。他们勾结飞机厂那边的一个中学（100 中）那儿的人来了胡打，打死人了。

当时这边也是亲戚关系，郭仲安是我外甥。我姐姐家的，其他姓杨的都加入这派。

王德林那派没有多大势力，他们只有四五户。

我姐姐叫郭杨氏。

当时姓郭的和红卫兵属于造反有理，王德林这派属于造反不对。就是夺权，把这边的权夺过来，王德林一解放不久当生产队长。以后出去上建筑队，去了八年，我们都是 1962 年回来，支农，回来后他当了书记。

问：是不是王德林当权后做了一些对你们姓杨和姓刘的不利的事？

答：也不是。他反正是有偏见。跟姓李的一样说我们一家子来往太密切。

我跟他关系挺好，比较密切，这么一来就不那么密切了，他跟姓李的密切了，有什么事你一去就不好说了。

后来“文革”时王德林挨整，有人说他作风不好，不正派。

1974 年他又出去了，挣了一段时间钱，把这条街修得挺好，这小楼就是现在盖的，是他盖的。

他一出去，大伙儿有钱了，这儿也有砖厂，后来他去了三、四年，听说建筑公司要人就去了。在那儿调去当建筑公司书记，有钱了，回来又当了生产队长。

就是房山建筑公司。

联产责任制时，王德林在外边，出去还是干建筑。

【生产责任制】

生产责任制挺好，自由性比生产队高，天凉时还可以多干，热时可以少干，早晨起来干。明年生产要实行集体制，每年都是抓耕地，种的时候搭配着种，播玉米时自个儿种，点种密种，这样节省劳力，劳力在外面干，家里没有，总那样不好。

我们村有五百户，七百多口人。

在家里老的、小的也得干，在外边你没那大力气不要你。

问：田里有机器，有几个人，不就行了吗？

答：机器有，可锄草还得用锄头。

问：明年要是实行集体耕作，还得请教您这个农业专家。

【家庭成员】

问：您夫人叫什么？

答：高志兰。

大儿子叫杨启建，木工，今年 33 岁。

二儿子叫杨启军，瓦工，27 岁。

大女儿叫杨启贤，38 岁。

二女儿叫杨启春，24 岁。

三女儿叫杨启玲，21 岁。

大儿子、大女儿结婚后不跟我住一块儿，剩下的都住一块儿。

刚才那个小孩是孙子。

赵凤鸣　李凤琴

时　　间：1990 年 8 月 26 日下午
访 问 者：末次玲子
翻　　译：密　萍
场　　所：赵凤鸣家

【日军暴行】

问：你是赵凤鸣吧？

答：对。

问：你今年多大岁数啦？

答：66 岁。

问：四十年前，日本人在这儿调查，你知道吗？

答：我不知道。那时候我还小呢。

问：吴店村在日本很出名。

答：是呀。我们村离良乡很近。我向你们说个故事。日本人要烧我们村，伪军报告晚啦，日本人怪罪人来，我们村有位赵全，在良乡当校长兼教育科长，与新民会会长片冈有交情，片冈跟日本的大岛一说就不烧了。那年我13岁。我大爷当保长，日本人常到这儿来。

问：你是在黄辛庄上学吗？

答：不是。就在我们村。上初级小学。

问：你母亲的名字你记得吗？

答：叫赵郭氏。

问：你上了几年学？

答：上了一年，就上不起了。

问：那时家里多少亩地？

答：三亩半。

问：是你父亲种这些地吗？

答：我父亲拉黄包车，也种地。

问：你年轻的时候帮助你父亲干活吗？

答：干活。也种地，也打柴禾。

问：姐妹几个？

答：三个。我是老大，还饿死一个。

问：关于抗日战争的事你还记得吗？

答：日本军来了，有几个人还骑着马，我们就跑，后来他们叫我们停住了。问我们良乡有中央军没有，他会说中国话。我们回答不知道。半小时以后大队人马开进良乡了。

问：那个时候日本人到村里要车、马、粮食等东西吗？

答：日本大队到村里来要鸡、猪。要人去干活。他们住在良乡火车站。

问：这村里有没有被日本人逮走的人？

答：有跑的，没有回来，没有逮走人。

问：日本人给中国造成很大伤害，日本国民都感到很对不起中国人。

答：那是过去的事啦。

问：现在日本人第一重要的事是需要和平，再不要发生什么战争了。抗日战争结束的时候你多大岁数了？

答：二十多岁。那是1945年。

【国民党统治】

问：抗日结束到国民党时的情况你记得吗？

答：那时我父亲拉洋车，仗打起来后就不干了，没有饭吃，只好卖地，还剩下一亩多地，不够吃，租别人的地种，那是民国1935年。全家六口人。

问：那时你母亲还活着吗？

答：两年死了父、母亲，还剩下我们兄妹3人。

问：你妹妹多大岁数了？你母亲到底哪年死的？

答：我父母在民国32年死的。抗战还没结束。有一个弟弟也是这年死的。那年闹传染病。即疟疾病。我父亲连饿带病而死。

问：你们那年结婚？

答：1947年结婚。

问：那时这个村自然灾害多吗？

答：民国32年那年旱灾。

问：这以后怎么样？

答：父母、弟弟都死了，我到石景山炼钢厂挣点钱，养活妹妹。

问：抗战时，八路军常来这儿吗？

答：那时国民党军常来。

【解放】

问：这个村是哪年解放的？

答：1948年11月。

问：你什么时候看到的五星红旗？

答：1948年12月我参加工作。新中国成立的时候才见到五星红旗。在这之前见过解放军帽子上的五星。当时是第四野战军。

问：你没参加解放军吧？

答：没有参加过解放军。国民党抓壮丁时，我在北京市当过七十天兵。

【童年经历】

（以下是李凤琴的回答）

问： 从你小时候问起（指李凤琴）。

答： 我小时候我的原籍是孤山口人，那时我父亲死了，母亲改嫁了，家里有两个哥哥，也小，就把我送给人了（一周多岁），送给姓李的家了。

问： 你原先也姓李吗？

答： 姓许。我这个父亲在良乡火车站工作，是铁路工人。

问： 你是不是童养媳？

答： 不是。他的母亲没有孩子，就过继给他们家了。

问： 这不是你亲戚吧？

答： 不是，不认识。后来和孤山口就一直没有来往了。等到我六岁时，在北京。我父亲的表哥有两个媳妇。

问： 你和你的父亲母亲住在一起吗？他们疼爱你吗？

答： 在我四岁的时候，他们生了一个女孩。所挣的钱，根本不够五口人吃。我在北京城里就捡煤去，给人家做做工，跟我父亲做买卖。

问： 你八岁就做买卖，做什么买卖？

答： 卖糖葫芦、卖报纸。

问： 你现在叫李凤琴，以前也叫这个名字？

答： 一直叫这个名字。

问： 你生下来以后就叫这个名字呀？有小名吗？

答： 小名叫招儿。

问： 你父亲就喊你这个名字吗？

答： 是的。

问： 你什么时候叫凤琴这个名字？

答： 上学，六岁时。

问： 你在良乡上的吗？

答： 在北京。我上的学堂是天主教，省钱，不花学费。

问： 你怎么就上了一个月的学呢？

答： 家里不让上了，要买书买本，要钱。

问： 你那时你们的国家不是在打仗吗？你在北京还记得那情况吗？

答： 一般情况不知道，就是看到街上有死了人的，要席子盖起来，有的还没有死呢。

问： 日本投降时你在北京吗？

答： 在北京。那时 13 岁。我们住的地方离火车站隔一个胡同，我就到那里去捡煤渣。日本投降，进了好多美国人，给我们粮吃，现在回忆起来就是巧克力。

【结婚】

问： 你结婚的时候多大？

答： 16 岁。

问： 你俩个人是怎么认识的？

答： 那时，就是人家说的。说的人是这个村叫陀子的，他和我们家认识。

问： 你结婚的时候有没聘金？

答： 介绍人要了三百斤小麦，我们家里并不知道。我们结婚时什么都没有，只有一床被子。屋里的摆设都是借的。

问： 结婚后你就在这个村了吧？

答： 是。

问： 结婚后你家干什么？

答： 种地。

问： 你缠过脚吗？

答： 没有。我们家是旗人。旗人不裹脚。

【生育风俗】

问： 你不裹脚很幸运。你的孩子什么时候出生的？

答： 1949 年生第一个。5 个女孩，一个男孩。

问： 最大的是男还是女？

答： 女孩。一块堆就三个女孩（一连生了三个女孩），后一个男孩，最后是女孩。

问： 你的孩子们都健康吗？

答： 都健康。几乎都没有去过医院。

问： 你生孩子时是接生婆到村里来的，还是在哪儿生的？

答： 第一个第二个都在村里生的，以后就不用别人了，自己就办了。

问：你生完孩子后，你丈夫能马上进屋看你吗？那时候还迷信。

答：我们不在乎这个。他当时不在家，只要在家可以进我的屋。他可以侍候啊。要有老人就不用男人管了。有的地方女人生孩子，男人得躲开。

【婚姻法，妇女党员】

问：解放以后，很快就颁发了婚姻法，你还记得吗？

答：记得。1948 年我们村解放了，一解放我就参加工作了。组织村里人开会。中华人民共和国成立后，我就入党啦。

问：你是这个村最早加入共产党的吗？

答：是。我是 1949 年 4 月 10 日，建国以前入党的。

问：是怎么加入的？

答：解放了，土改了，心情愉快，干什么都很积极，这样就培养我入党了。不挣工资，到县里开会，自己还得背着小米。人民公社成立后挣工分了。在地里干活挣八分，开一天会也挣八分。

问：那时候村里有多少党员？

答：七八个。他（指她丈夫）也是 1949 年 4 月 10 日入党的。那时候他是农会主席。

问：1953 年颁布婚姻法后村里有什么活动？

答：婚姻法规定女的必须 18 岁，男 20 岁才能结婚。过去没有规定。

问：婚姻法是否规定可以自由结婚或是离婚？

答：是。村里开会，读婚姻法，还讨论。大部分人说好，有少数人说不好，觉得女孩子岁数大了，以前十五、六岁就结婚了，婚姻法规定 18 岁才能结婚，太晚啦。

问：婚姻法规定可以离婚，这村里有没有离婚的？再婚的？

答：那时候还没有，好像是件不好的事。

问：现在可以了吧？

答：（似乎听错了提问的意思——末次注）现在与以前差远了。过去大喇叭一叫开会，每家都来参加。现在叫也不出来。

问：为什么？

答：人们好像都懂了，都看电视，听广播，知道的多了，觉得不用再听村里的人宣传了。我们入党的时候，一说党员开会，家里地里的苗该锄了，也得去开会。现在不行了，人们请假不愿开会，说家里有事。

【妇女干部】

问：你现在还召开妇女会吗？

答：三八节那天，有重大事情时也传达。

问：你是什么时候当妇女主任的？

答：从 1949 年。“文化大革命”中间没有当。从 1970 年开始又当了，直到现在。

问：这个村一直你一个人当妇女主任吗？

答：也有别人，如副主任、委员。

问：“文化大革命”时谁当的？

答：有徐秀荣、李淑兰、郭兰荣三人。

问：“文化大革命”时为什么不让你当了？

答：我们是当权派，我丈夫也是当权派。当时劳动好的就有罪。我劳动好。没有找到我的缺点。

问：初级社、高级社时妇女有什么活动？

答：开始时是互助组，1954 年。十家、八家一个组，在一块干活。小合作社比互助组大点。妇女们大部干家务活。妇女会组织扭秧歌，谁家有结婚的，组织一班人以扭歌庆贺，不吃人家的饭。

【婚姻仪式变化】

问：颁布婚姻法以后结婚的仪式是不是不一样了？

答：不一样了。实行三鞠躬，原来是磕头。来宾和亲戚朋友们也是向毛主席像鞠躬。以前结婚都是磕头，来一个人磕一个头，来一个人磕一个头，是长辈就得磕。

问：是不是从那以后，将村里的亲戚朋友招来吃饭？

答：是的，亲戚朋友来了，来了以后，将火盆外让亲戚朋友吃，办酒席。

问：就是办喜事的时候？

答：喜事也是这样。

问：颁布婚姻法以后还这样吗？

答：还是这样，亲戚们送礼。送什么的都有，好枕巾、茶儿，也有送钱的。

问：那时候男方给女方多少钱？

答：这根据家庭情况，如订婚的时候，买点烟、酒、茶叶，得花二三十。

问：现在花的多了吧？

答：现在得花一百多元。订婚的时候，女方到男方去，就给一百元钱。男方到女方去得拿点烟、酒什么的。女方家里给她买几件衣服。一般得花一千元。没有要财礼的。有的地方女方向男方要三千元才能结婚，我们这里没有。

【土改和村干部】

（赵凤鸣回答）

问：土改的时候你当干部多少年？

答：（男）从1949年到1976年。当过支部书记和黄辛庄的乡长。管5个村。1953年到人民公社都是当乡长。以后就当村长了。

问：1949年你当什么干部？

答：1949年当农会主任。1953～1964年当乡长，1964～1976年当村支部书记。

问：这个村是怎么开展土地改革的？

答：解放后，部队派来工作队，我们几个人成立了一个小组，计算地主、富农有多少土地，全村每人平均多少地。地主、富农根据他们的剥削程度定成分。

问：哪年土改？

答：1949年开始土改。由贫农小组调查土地，定成分。

问：你们与工作队一块研究工作吗？

答：一块。对。我们夫妻俩一块入党，一块搞土改。

问：土改后你们开展什么工作？

答：土改后领导生产。大生产运动后，开始抗美援朝，捐献飞机大炮。

问：全村有多少土地？

答：1300亩，370口人，每人平均三亩多地。

问：分的土地是不是都是地主富农的？

答：对，那时划的有地主、富农、上中农、中农、贫农。贫农户每人平均不够三亩地，我们家就是。中农就是每人平均三亩地，不分给他们地。上中农就是富裕中农平均每人超过三亩地。超过的部分送给农民协会，分给无地少地的贫农。

【抗美援朝】

（赵凤鸣回答）

问：土改后抗美援朝的时候这个村有什么活动？

答：抗美援朝主要搞宣传。宣传抗美援朝的意义。中朝是唇齿相依的关系。美国侵略朝鲜，朝鲜是一道围墙，一过了朝鲜就到中国了。发动群众抗议，发动青年参军，动员大家拿钱买飞机大炮。有钱多拿，没钱少拿，拿不起的不拿，根据实际情况。

问：这个村有参军的吗？

答：有。大贵他们报名了，没去，人已够了。老兵——二哥就是志愿军，去了。

【合作化】

（赵凤鸣回答）

问：土改后成立初级社有反对的吗？

答：分配土地后，先组织互助组，三五人一个组，比单干强，人多力量大呀。后来三个五个组并在一起组成初级社。自愿，不愿入的可以不入。不入的人看着初级社好，有力量，政府也支持，他们也就入社了。1958年大跃进时就都入人民公社啦。

问：1953年成立互助组时是不是开展“三反”，“五反”？

答：开展“三反”，“五反”是在机关。农村就是反浪费。村里办公费不多。干部不领钱，领小米。用办公费买纸买墨。

问：那时主要是“三反”吧？

答：对。

问：你当乡长时最难办的是什么事？

答：最难办的是吃大锅饭，吃食堂，都不愿吃，饿着也不行啊，不能干活。

问：今天跟你们谈到这儿，因为时间很紧，就要回去了。非常感谢！如果有时间再问你们 1964 年以后的事。

答：欢迎。

赵凤鸣　李凤琴　秦国明

时　　间：1990 年 8 月 27 日上午

访 问 者：江　沛　末次玲子

翻　　译：密　萍

场　　所：赵凤鸣家

【土地改革】

（赵凤鸣回答）

问：向你们学了很多东西，以后还要请教你。今天想再问问你土改的事。咱村划上中农的有多少户？

答：五户。

问：富农呢？

答：也五户。赵启、郭宽、禹国恩、裴振明、禹振都是富农。

问：地主有没有？

答：没有。

问：中农多少户？

答：370 户中农，其余都是贫农。中国两头尖，中农最多，地富、贫农少。团结中农力量才大，否则富农就拉过他们去了。

问：中农和下中农是怎么区分的？

答：下中农就是每人平均不到三亩地。他不要，害怕。

问：除分土地外，还分别的东西吗？

答：上中农的房子不拿，富农的房子和东西多余的拿出一部分来，征收家具一半。土地也留给他们三亩。农具、牲畜、车辆都拿出一半。粮食也得拿出一部分，分给贫下中农。贫农欠富农的钱就不给了，欠贫农和中农的钱还得给。

【土改后的妇女活动】

（以下是李凤琴回答）

问：妇女参加什么活动？

答：妇女也参加，到富农家拿他们多余的东西，送给贫农，没被的送被，没衣服的送衣服。

问：当时是不是很热闹，有没有文艺活动？

答：妇女扭秧歌、敲锣打鼓，进行宣传。在房顶上用纸糊的喇叭筒分三台传着宣传，因为当时没有电，也不写在黑板上，贫农没文化。

【土改中的富农】

问：富农怎么生活？

答：也给他们留着地。按平均数给。

问：开斗争会吗？

答：开过。

问：富农参加抗美援朝吗？

答：不参加。

问：他们什么时间开始参加活动的？

答：“文化大革命”以后。富农家里还分富农分子、劳动者（自己参加劳动，没有享受富农生活）。

问：高级社时富农都参加了吧？

答：都参加了。初级社的时候没有参加。

问：初级社和高级社时妇女参加什么活动？

答：主要是劳动，政治上搞宣传。宣传组织起来的好处，单干的坏处。

问：是那个时候你成为劳动模范的吗？

答：不是。土改的时候我是优秀党员，劳动模范是 1958 年当的。

【孩子看管，大跃进中的妇女】

问：你什么时有孩子？

答：1949 年生第一个。

问：第二个孩子呢？

答：差 3 岁。都是差 3 岁。

问：几个孩子？

答：六个。每个都差 3 岁。

问：第四个是男孩吗？

答：对。

问：高级社时你当领导，这么多孩子一定困难吧？

答：没什么困难，大孩哄小孩，大人就不管他们了。

问：你丈夫帮助你干活吗？

答：他也是干部，帮不了多少。那时候不像现在，过去开会都到良乡，夜里也去，放下孩子就走。有时候还带着小孩去开会，大孩子放在家里。

问：大跃进的时候妇女有什么活动？

答：有很多活动。妇女参加大炼钢铁。粮食要求超千斤，也没超了。让人们到山里去炼铁，也没有炼出来。那年头说大话，村里干部到乡里报产量，每亩产一千斤，可是上边说保守，得报 2 千斤！每亩地应使 30～40 斤麦种，上边让使一百斤。深挖地。只有想象，没有实际，劳民伤财。

问：大跃时你还是干部吗？

答：是呀。

问：大锅饭怎么吃法？

答：开始时随便吃，后来定量。

【乡长的工作】

（赵凤鸣回答）

问：大跃进时你是乡长吗？

答：是。谁不干也不行，要遭辩论，大家给提意见。再不干，就被撤职，有意见也不敢提。

彭书田

时　　间：1990 年 8 月 27 日

访 问 者：末次玲子

翻　　译：密　萍

陪　　同：徐　祥

场　　所：徐祥家

（1922 年出生。1943 年与徐祥（女，1924 年在吴店出生的）结婚，育有 1 个女儿，3 个儿子。）

【家庭概况】

问：你叫什么名字？

答：彭书田。

问：多大年龄？

答：68 岁。

问：看上去你很健康？

答：对。

问：这是你爱人吗？

答：对。

问：叫什么名字？

答：徐祥。

问：1950 年前日本人来调查过，还记得吗？

答：不记得。

问：你父亲叫什么名字？

答：（徐）徐桂林。

问：你在哪儿出生？

答：北京。

问：娘家在北京？

答：北京。

问：你还记得你小时候北京的一些情况吗？

答：不记得了。

问：国民党在北京时的情况，你还记得吗？

答：后期不是？

问：6 岁时的情况记得吗？

答：6 岁哪记得？是 1948 年吧，反正不是八路军，在日本以前，那时才二十来岁。

问： 你父亲叫什么？

答： 彭鸿藻。

问： 你父亲做什么工作？

答： 做小买卖的，那时都困难。

问： 你还记得你母亲名字吗？

答： 那时她没有名字，叫彭房氏。那时岁数大的人没名字。

问： 你有小名吗？

答： 没有，小时候就叫书田，长大了就叫书田了。

问： 你也叫她书田吗？

答：（徐）对。

问： 你上过学吧？

答： 没有。

问： 小时候你干什么？

答： 在家呀，做针线活，做饭什么的。

问： 你父母都健康吧？

答： 对。

问： 都健在吗？

答： 父亲去世了，1943 年去世了。

问： 你母亲呢？

答： 1986 年去世。

问： 你姐妹几个？

答： 姐妹四个，兄弟三个，我行大，三个弟弟。

问： 那你很忙呀，是不是要看孩子？

答： 是啊，小时候可不就看孩子，大了可不就看弟弟。

【日军暴行】

问： 日本人进中国的事，你记得吗？

答： 不记得了，年头多了，那时才十几岁。

问： 你不记得了吗？

答：（徐）不是 1938 年的时候吗？刚来来几个，在车站，后来还多。

问： 那时你出嫁了吗？

答：（徐）不，日本来时我还小呢，那时她家在良乡城里暂住，以后日本人来了，我们去北京了。

问：（徐）日本人来了，小买卖不敢干了是吗？

答：（徐）日本人来了，乱了，小买卖就不敢做了，就在家待着。日本来了，抢东西，抢鸡、猪、姑娘，那时人家的姑娘死的可不少。

问： 这事在北京还是良乡？

答：（徐）在良乡。

问： 这村有这事吗？

答：（徐）有。

问： 抗战中，你父亲一直没做小买卖吗？

答： 对，直到 1943 年死。

问： 在良乡有亲戚是吧？怎么一直住良乡？

答： 对，有。

问： 你什么时候结婚？

答： 23 岁，这是虚岁，实岁不到 22 岁。

问： 是日本投降那年？

答： 不，1943 年。

问： 日本人在良乡干坏事，你还记得吗？

答： 就是抢鸡、逮猪吃，要姑娘，杀人吧。就骑着马在地下拖去，拖完了，就给弄死了。

【婚姻礼俗】

问： 你们怎么认识结婚的？

答： 亲戚介绍的。

问： 结婚有什么手续吗？

答： 那时结婚简单，因为家里贫穷，这一切事情都不存在，双方家庭处在贫困阶段，一切应节都从简了。

问： 新郎去迎接新娘吗？

答： 对。

问： 你是坐轿车的吗？

答： 不，有钱人才坐轿呢，没钱人就没轿坐。

问： 怎么来的？

答： 自己走来的，有人跟着送来。

问： 那时，你头上蒙着头巾吗？

答： 对，是红头巾蒙着。

问：那你路上走路不困难吗？

答：路上不戴，到他们家院子里才戴呢。

问：那时还是拜天地是吗？

答：拜天地，分大小，跟张三叫什么，跟李四叫什么。

问：你结婚时你父母健在吗？

答：对。

问：你们一起住吗？

答：对。

问：你结婚后回娘家吗？

答：对，住一阵再回来。

问：这种仪式解放后有变化了吗？

答：解放以后就好了，有的分了房子，分了地，有的分了牲口的。

解放以后，结婚就有骑马的、骑车的、披红花，不坐轿子了。

问：你结婚时闹洞房了吗？

答：没有闹，不像现在，那是旧社会，穷苦人家，结婚仪式马马虎虎，很草率，不像现在生活好，摆酒席，请客啦，热热闹闹的。

【日本投降】

（以下是徐祥的回答）

问：日本投降时你还记得吗？

答：当时我正在张家场教书。

问：你是教师？

答：对。

问：日本投降时，村中人心情怎么样？

答：有一阵子村民心里挺高兴的。原来在塔洼住着一部分日本兵，他们进来骚扰，日本人一来人都吓跑了，妇女有的也剃了头像个男的，男的也都跑了。等说日本人走了，又都回来。

说日本人投降了，从北京来的消息。那时也没有电视，也没有喇叭，也没有报纸，也没有消息。从北京来说日本投降了，这儿距山里也挺远，也没有八路军来告诉，知道日本投降了，人们说生活该好了，挺高兴的，不受气了，结果以后又麻烦了，国民党来了，又把这地方给占了。

【解放前灾害】

（以下是徐祥的回答）

问：日本投降后，经济还挺困难吗？

答：是。

问：1945 年到 1949 年最困难的是哪年？

答：比较困难的是 1943 年，这个村子饿死了七八十个人。

问：是干旱还是热病造成的？

答：1942 年是旱、1943 年，唉，这个村贫雇农多。只有四户是富农，只有四户富农家没死人，剩下的贫雇农家家都死人了。因为收了粮食，地主，富农收租都收走了，旱了歉收，再加上日本也要的多，老百姓在 1942 年底就没吃的了。1943 年春天没吃的，再加病，就死了很多人。

问：当时是不是有种叫“霍乱”的病？

答：“霍乱”，有的带着气就给埋了。

问：1945 年通货膨胀的事你记得吗？

答：1945 年，国民党票子不值钱，物价一天比一天涨得高。

【生育风俗】

（以下是彭书田的回答）

问：你几个孩子？

答：四个。

问：孩子都什么时候出生的？

答：大女儿 44 周岁，1946 年，抗战结束了。

问：老二多大了？分别都多大了？

答：34 岁。老三 31 岁，老四 26 岁。

问：你女儿在这村生的吗？

答：在张家场生的。

问：张家场是村子吗？

答：对。

问：那有医院吗？

答：没有。

问：你怎么生孩子？

答：每村都有接生婆，接生老太太接的。

问：你就生了四个孩子吗？

答：对。

问：孩子都在张家场生的？

答：不是，大的姑娘在那生的。

问：其余在这村生的？

答：不是，在山东生的。

问：山东那儿？

答：聊城。

【工作经历】

（以下主要徐祥的回答）

问：你是在这儿工作吧？

答：这是我的家，我在山东工作。

问：也是教书？

答：在部队里。

问：在部队干什么？

答：聊城军区司令部机关办教员。

问：你们家几代都有文化吗？

答：没有。

问：就是从你是吗？

答：我也不是正式学校毕业的，后来就是自学。

问：你干过农活吗？

答：从山东回来，我干过农活。

问：什么时候你从山东回来？

答：1962 年。

问：你在土改时当过干部？

答：（彭）我土改时没当过，后就走了，土改时跟李凤琴一起干过。

问：你也干过妇女主任？

答：（彭）对。

问：多长时间？

答：（彭）一年多我就走了。

问：这村 1948 年 11 日解放，马上就开始土改是吗？

答：（彭）对，正月就土改了。

问：从这时当妇女主任是吗？

答：（彭）当了一年多，然后去山东了。

问：结婚以后你不是去山东了吗？你一直住在这个村吗？

答：（彭）一年多我就去山东了。

问：什么时候去山东的？

答：（彭）1953 年去山东的。

问：1943～1949 年，你在这村干农活吗？

答：我一直在张家场，教了三年书。

问：是不是有日本人来访问过你？

答：昨天，两个男的，笠原，搞教育的。

【土地改革与妇女工作】

（以下全部是彭书田的回答）

问：想问一下土改的情况，土改时最初开始是怎样的？

答：土改时，有土改工作队，依据《土地法大纲》算地主、富农的账，来确定成份，那时有农会，解放军来了，成立农会。

问：那时农会干部，除你还有谁？

答：李凤琴，就刚才带你们来的那个，刘金安、王德林、赵凤鸣、杨珍，男的。这人也没了。

问：这名字像女的？

答：农村没文化，名字也瞎起。

问：只有你和李凤琴是女的？

答：还有一个，我记不起她名字了，她也没了。

问：别人也叫你书田？解放前也是吗？

答：我从小就叫这名字。

问：这个村女人有名字是从什么时候起的？

答：“土改”，开会叫名字，就起名字了。

问：那时起名字的人多吗？

答：多。

问：“土改”时参加过什么活动？

答：开会，成立农会，就是开会，斗争地主富农。

问：你的亲戚中有没有地主、富农？

答：没有。

问：这个村如果一家子亲戚中有地主，也有贫农，也相互斗争吗？

答：也斗，贫农斗富农，即使是亲戚，也斗。发动群众后，群众觉悟提高了，懂得什么叫剥削，什么叫被剥削。再说地主，富农都有势力，对贫雇农有恶感，所以也激起贫雇农的气愤。所以才这样开会。

首先在农会，划分等级成份，把有钱的排队，他再有钱但没有剥削，也不算地主，富农他有剥削量，他生活来源百分之百是剥削，他就是地主。他自己劳动一部分，剥削一部分，他在家劳动一多，土地多，剥削一部分，充其量是富农。我们这村没有地主。

【婚姻法】

问：你去山东干什么？

答：不干什么，做家庭妇女，看孩子。

问：聊城是个很大的城市是吗？

答：是的。

问：那时聊城妇女没有组织起来？

答：没有，聊城可是比我们这先解放，可她们没有那么……

问：1953 年不是颁布了《婚姻法》吗？

答：对，《婚姻法》颁布以后，就按《婚姻法》办事。

问：当时聊城有什么活动？

答：没有什么活动，家属就是组织学习。

问：当时你挺忙的是吗？

答：对，我三个孩子呵。

问：孩子在那上的学吗？

答：上学就回来了，大的在那初中毕了业回来的，别的都在这上的。

问：三个男孩都在良乡上的学吗？

答：不是，在黄辛庄，在良乡上中学。

【人民公社、大跃进】

问：人民公社成立时，聊城是城市，有什么关系吗？

答：大家也挺高兴的，放鞭炮欢呼，开大会庆祝。

问：聊城不是城市吗？

答：聊城不是城。我们所在的粮库是人民公社所在地。

问：大跃进时的事情，你们记得吗？

答：1958 年大跃进，吃食堂。早上洗洗脸，去那吃去。

问：当时你们在聊城？

答：对，那时食堂在后田村。

问：吃了几年食堂？

答：吃了一年多食堂。

问：吃食堂是带孩子去是吗？

答：对。

问：我们问李凤琴，她说这村是从食堂领回来在家里吃？

答：在仓库打饭，我们是去那吃，和这村不一样，后田村和我们不一样。1958 年大跃进时，卖锅卖铁，最后什么也没有了，吃食堂去。

问：那时卖锅卖铁，是为了大炼钢铁吗？

答：对。

问：失败了？

答：对。

问：没炼出好钢铁是吗？

答：对。

问：吃食堂以后你们又得买锅？

答：到 1959 年才生产出小锅来。

问：那时山东自然灾害严重吗？

答：1961 年，山东挺严重的。

问：那时也没有什么粮食，是吗？

答：没什么粮食，把小米磨成面，蒸窝头吃，一个人一月 20 斤粮食。

问：农村没有粮食，可以瓜菜代，城市如果没粮食怎么办？

答：也一样呀，也是瓜菜代呀，吃包子，里头馅都是槐树叶，老瓜皮，挺厚的。

【工分制度】

问：回来之后马上就有地了吗？

答：不，回来在生产队挣工分。

问：回来后参加农业生产？

答：对，挣工分。

问：你缠足了吗？

答：我那时就放足了，不让缠足了。

问：你那时干农活，男女都一样吗？

答：不一样，我是六分四，男的是八分。

问：如果干同样的活，工分也不一样吗？

答：男女干活不一样，是男的就八分，要学生在地里干活，是学活，不会不是，叫学活儿就给五分四。

问：每天干多长时间？

答：8 个小时，早上七点半走，八点上班，十二点有一个休息，有一个半钟头，有猪喂喂猪，没猪做做饭，再走。

问：下午几个钟头？也是四个钟头吗？

答：对，四个钟头。天热，早上七点多走，十一点多回来，下午三点多去，晚上晚回来会儿。反正八个钟头。

问：孩子大了点，不用照顾了吗？

答：对，大点了。

问：有幼儿园吗？

答：没有。

问：如果有孩子小的妇女怎么办呢？

答：就不去了，专在家看孩子，就不参加农活了，靠一个男的挣工分，困难呢。

问：这样家庭生活就很困难了是吗？

答：够困难的。比如有爷爷、奶奶的，你没有人哄孩子哪行呀，反正按工分分粮食，你不去哪分粮食去？挣的分多多分粮食，挣的少就少分粮食。

问：一般一分挣多少粮食？

答：也有多的分，也有少的分，分配制度是口粮加工分，细粮按工分分。口粮定到 330 斤，工分分配呀，1000 分能分 100 多斤粮食。工分多的户，一口人平均 400 多斤，工分一般的户，一口人 360 斤，没工分的，一口人也有 300 多斤。

问：口粮不管工分多少都一样，另外再加工分？

答：对。

问：那时和现在承包相比，哪个好？

答：现在当然好呀。（工分制）有分的多吃，分少就不够吃。现在地归自己了，人多多吃点，人少少吃，产多少粮自己得，家家都有余粮。

问：那时不是为了挣工分吗？没有适合自己干的活，是不是也得去干？

答：对。

问：现在可以根据情况想干就干，是吗？

答：对。

【土地承包、计划生育】

问：现在你们家里搞承包吗？

答：对。

问：承包多少地？

答：我跟我小儿子在一起过，承包四亩地。

问：四亩地是不是要向国家交钱？

答：向队里交机耕费。

问：交多少？

答：一年包括玉米种子费交 80 元，其中有 20 元是机耕费。

问：你们粮食自己吃，卖随便吗？

答：对。

问：你几个儿子干什么？

答：大、三儿子都是司机，二儿子在玻璃厂当工人。

问：大儿子、二儿子在本村住吗？

答：在。

问：你承包土地，三个儿媳妇参加吗？

答：就我一个人不种，我岁数大了，在家待着。

问：耕种时是不是委托别人机械化？

答：对，百分之九十是机械化。

问：你是不是觉得现在生活是最好了？

答：将来还得发展，以前吃窝头，连棒子都不够吃，现在都吃白面，谁还吃窝头？

问：男孩多了家里经济条件好，如果只生一个女孩怎么想呢？

答：老大一个女孩，二儿子是一个男孩，就老三两个，一个男孩，一个女孩。

问：三儿子罚钱吗？

答：罚 500 块，是做了绝育，如果不做，就罚 1050 元；做了，就罚 500 元。

问：大儿子，二儿子只有一个孩子，是不

是觉得少了，太寂寞了？

答：原来想再要一个男孩，大儿媳妇不要了。

问：国家在发展了，人民生活有保障了，一个孩子也没事吧？

答：对。

杨秀明

时　　间：1990 年 8 月 29 日下午

采 访 者：末次玲子

翻　　译：密　萍

场　　所：吴店村委会

（采访中间，房山档案局副局长戴家斌一起接受采访。

杨秀明，1946 年生于吴店村，“文化大革命”中是红卫兵队长。1976 年和历金德结婚。孩子 2 人。现任村长。）

【成长历程】

问：你的娘家在这个村子吗？

答：对。娘家在这个村子，结婚后也住在村里。丈夫是变电所的职工，是城市户口。

问：丈夫的名字？

答：历金德。

问：父亲的名字？

答：杨文生。在书（《中国农村惯行调查》）中也有他的名字。

问：杨文贵是你父亲的兄弟吗？

答：是。他是我的大爷（伯父）。父亲有四个哥哥。

问：谁是长男？

答：记不太清了，可能是杨文德、杨文贵、杨文顺、我父亲这样的顺序吧（错。是杨文海、杨文成、文顺、她父亲的次序。末次）。

问：你父亲是农民吗？

答：是。

问：你小时候，家里有多少亩地？

答：记不得了。

问：你什么时候出生的？

答：1946 年。

问：兄弟姐妹几个？

答：四个。一个哥哥，一个姐姐，一个妹妹。

问：他们都住在附近吗？

答：哥哥在变电所、姐姐住在长辛店，妹妹住在丰台。哥哥是变电所的职工。

问：什么时候上学的？

答：7 岁半。

问：上的是本村的学校吗？

答：是。原来本村有小学。

问：哪一年毕业的？

答：1962 年在良乡初中毕业。

问：小学里男女学生数一样吗？

答：女生多一些。

问：为什么？

答：开始分成男生班和女生班，后来就合在一起了。女生比男生多，这很自然。小学里男生女生差不多，到了良乡中学，发现女生多。

问：小学总共几年？

答：6 年。

问：本村小学很早就实行了 6 年制？

答：是。在我们之前好像不是这样的。

问：你初中毕业后立即回村工作吗？

答：是。回来干活。

问：你回来的时候已经是人民公社了吗？

答：是。回来干了一年活就当了村里的妇女队长。指导学习兼记工分。

问：学习什么？

答：报纸或毛主席著作，主要是毛主席著作。

问：当时有许多难干的事情吧？

答：“文化大革命”以前的人老实，而现在的人太猾。当时的人，不管让干什么都表示服从，活也干得好，干部也是如此。也有不听话的，但很少。

问：当时大龄妇女文盲很多吧？

答：文盲非常多。由于都不识字，我们几个负责政治指导的就念给他们听。晚上准备准备，第二天在劳动工地学习 1 个小时。白天很热，所以午饭后学习，凉快了之后再去劳动。

问：当时也去建大坝吧？

答：建大坝、平整土地、挖坑田，什么都干。不单自己一个村，而是和其他几个村一起干。我没有去，因为当时我当了 2 年的老师。

问：在哪儿当老师？

答：良乡二小。

【公共食堂】

问：在 1958 年旱灾的时候，你们家怎么样？

答：我们家没有大问题。因为哥哥是变电所的职工，是城市户口，可以补贴家里一些粮食，家里也尽量节约。和别的人家相比，我们的情况算好的。旱灾不是在 1958 年。1958 年是大跃进，当时拿着饭碗去食堂吃饭。

问：1958、1959 年在食堂可以吃饱吗？

答：当时没有问题。饭可以随便吃，实行的是供给制。我当时还是孩子，只吃爱吃的。当然不是什么大餐，只是窝头卷大葱之类。

问：食堂何时解散的？

答：1960 年后期。

问：在食堂吃饭的话，家务就很少了吧？女孩子干什么？

答：我当时还是小学四五年级的学生，不知道大家都在干什么。

问：吃食堂的时候高兴吗？

答：高兴。什么也不用做。到了时间，就拿着饭碗去吃饭。吃完了，什么也不用管。

问：本村的食堂在哪儿？

答：那个大庙。以前的倒塌了，食堂解散后倒塌了。现在的庙是后建的。

问：食堂的时候大家都吃得上，但后来有好多人吃不上饭吧？

答：是。一段时间还特别严重，只能吃瓜果、野菜、玉米面等。现在不吃玉米了。要吃点心的话，因为点心主要是用小麦和大米做的，就把玉米面换成粮票，再用粮票换大米和小麦。这很可笑。前两天，我用玉米面熬粥，放点白糖，让孩子吃，孩子觉得好吃，一下吃了三大碗，但吃了之后就喊肚子疼。原来要是能吃上白面的话，那是很高兴的事。

问：这个地方的自然灾害是什么？

答：旱灾。

问：食堂为什么停了？

答：因为不好管理。

问：你什么时候结的婚？

答：1976 年。因为是干部，结婚晚。

问：一直是妇女队长吗？

答：妇女队长兼团支部书记。1964 年入党后，一直是队长、政治指导员。1966 年开始一直是副书记。1974 年中断了一段时间，在东方红炼油厂当了两年临时工。我和太平庄的一个人带着良乡公社的 146 名社员，在那里干了 2 年多时间。

问：东方红制油工厂在什么地方？

答：房山宾馆的北面。

【“文革”时期】

问：“文革”时候有没有成为斗争对象？

答：我是政治工作员，当然是斗争对象。书记负责政治，我在他下面工作，被看成保皇派。当时我正在房山开会，回来的晚上就贴出了针对我的大字报，还有画的漫画，对此我无能为力。

问：那是本村的红卫兵干的吗，还是其他村的人干的？

答：本村的红卫兵。后来调查我没有问题，就让我加入了红卫兵，还当了队长。这个时期特别搞笑。有一个号称“全无敌战斗队”的，要破“四旧”，立“四新”。郭仲安是正队长，我是副队长。

问：现在你们两个人关系还好吗？

答：一般。

问：破“四旧”的“四旧”是什么？

答：旧思想、旧意识、旧风俗、旧习惯。

问：怎么破？

答：从大队开始，扫除菩萨之类的迷信。

问：庙里的佛像何时拆掉的？

答：“文化大革命”的时候。

问：破“四旧”、立“四新”对女性有什么好的影响吗？

答：有。从“四清”开始，女性地位开始上升。当时，女性和男性一样站起来了，不再受男子的欺压。原来的大男子主义没有了。

问：“文化大革命”前本村有婆婆虐待媳妇的吗？

答：“文化大革命”前有，“文革”后就没有了。

【家庭生活】

问：你的丈夫在哪儿出生？

答：辽宁。

问：他为什么来到这里？

答：他哥哥在北京工作，一家人到了这里。

问：你们怎么认识的？

答：熟人介绍。

问：当时父母都在吧，谁决定结婚的？

答：我自己。

问：当时这种情况很普遍吗？

答：当时很普遍。

问：父母不反对吗？

答：多少有些反对。

问：理由是什么？

答：工资低。

问：丈夫一家都在北京吗？

答：不，都在我们村。

问：和你在一起吗？

答：对。

问：公公、婆婆都健在吗？

答：公公在，婆婆去世了。

问：结婚后就和公公、婆婆住在一起吗？

答：对。

问：结婚后，是你去公婆家，还是公婆来到你们村？

答：我去那儿，也就是变电所去住。那儿有房子。后来，我们准备了建筑材料，在村里弄了块地，盖了房子。

问：和公婆关系好吗，吵架吗？

答：不吵架。婆媳关系很好。我做妇女工作，因此和婆婆吵架是不行的。

问：结婚后干什么？

答：结婚后还在东方红炼油厂。有了孩子，就不去了，一直待在家里。1979 年书记又把我召回来，一直当副书记，1982 年当了村长。

问：有几个孩子？

答：两个。

问：1977 年的时候有孩子了吗？

答：有了，男孩。

问：现在是小学生吗？

答：9 月升中学。

问：你一直工作，孩子小时候怎么过来的？

答：放在托儿所。

问：第二个孩子什么时候出生？

答：1979 年。也是个男孩。

问：都送到变电所的托儿所吗？

答：不是。老二在托儿所停了 2 个月，但奶奶不放心，就让奶奶看着。

问：老二在本村上小学吗？

答：在黄辛庄上小学 5 年级，9 月就是 6 年级了。

【支部副书记、村长】

问：1979 年当了支部副书记后，主要工作是什么？

答：政治学习。

问：学习内容是什么？

答：政府文件和报纸。

问：也指导妇女工作吗？

答：是。

问：就妇女学习呢，还是全村人都学习？

答：就妇女。由于妇女主任不识字，学习的时候我来指导。

问：也宣传计划生育吗？

答：是。

问：1988 年，怎么选举妇联代表大会的代表？

答：从基层选出人选送到镇上，再从这些人中选出区里的代表。

问：选举方式是什么？

答：召集全村妇女进行选举。

问：当时，基层向上级提建议和要求吗？

答：不。上级政策没有错误，我们能提什么要求呢？

问：村里的妇女对这些事情关心吗？

答：因为是自己的事情，当然关心啦。

问：改革开放后，当工人的妇女多吗？

答：多。有临时工和正式工，但临时工多。

问：在乡镇企业上班的一般是临时工吗？

答：这不叫临时工。临时工一般在政府的工矿企业上班。

问：本村有多少妇女临时工？

答：10 多人。

问：你 1979 年当了副书记后，本村有多少妇女成为正式工人？

答：20 人左右。

问：乡镇的工人有多少？

答：30 人左右。

问：1982 年当了村长后，主要工作是什么？

答：行政。主要是调解、维持治安、交通等。

问：有副村长吗？

答：没有。

问：现在更忙吗？

答：哪个部门都忙，但开亚运会，交通和卫生更忙一些。

问：今后村里会越来越好吧？

答：当然。

问：有和孩子在一起的时间吗？

答：晚上。

问：周日呢？

答：不休息。

问：丈夫什么时候回家？

答：中午和晚上。

问：你和丈夫都很忙，那么谁做家务？

答：不分男女，谁先回家谁做。

问：本村原来有“赤脚医生”，现在生了病去哪儿？

答：良乡、村里，哪儿都可以看病。

问：你的孩子是在哪儿出生的？

答：老大在北京，老二在良乡，现在大家一般都在医院生孩子。

张淑琴

时　　间：1990 年 8 月 29 日下午

采 访 者：末次玲子

翻　　译：密　萍

场　　所：禹付家

（同时接受采访者：禹田）

1953 年生于良乡一街，1976 年和禹付成婚。有禹立新、禹更新两个女儿。禹田 1937 年生在吴店村，是禹付的哥哥，几近失明。

【成长历程】

问：在哪儿出生的

答：良乡一街。

问：多大岁数？

答：38 岁。

问：父母现在还在良乡吗？

答：是。

问：经常回娘家吗？

答：经常回去。

问：丈夫的名字？

答：禹付。

问：公公的名字？

答：禹国海。

问：你上小学的时候正是大跃进时期，还记得当时的事情吗？

答：当时我没交学费，经常挨打。我特别喜欢学习，但有 3 年上不了学。

问：不上学之后干什么？

答：在家里干活。做饭或者缝补衣服。

问：到了人民公社时期，在生产队劳动，有工分吗？

答：有。

问：一天多少？

答：6 分。

问：男女一样吗？

答：不一样。男人大概 8、9 分，女人 7、8 分。

问：什么时候结的婚？

答：1976 年。

问：结婚前参加妇女活动了吗？

答：没有。

问：为什么？

答：我不喜欢这类活动。

问：有什么事情的时候，去妇联寻求解决？

答：不去。普通人没有特别的事情不愿意找妇联。

问：你们夫妇是怎么认识的？

答：妈妈家里的一个舅舅介绍的。

问：结婚前见过好多次吗？

答：见过几次，并不经常见。因为两个人都有工作。

问：丈夫是在这个村子长大的吗？

答：是。

问：丈夫在哪儿上的学？

答：在黄辛庄上小学，在良乡上中学。

问：在这个村，像你丈夫那样年龄的人基本上都是初中毕业吧？

答：是。

问：丈夫的职业？

答：木匠。

问：公公也是木匠吗？

答：公公是农民。

问：你结婚的时候，公公还健在吗？

答：已经去世了。

问：婆婆呢？

答：1982 年过世了。

【土地改革、集体化】

（以下是禹田的回答）

问：禹田你多大岁数了？

答：54 岁。

问：还记得抗日战争的事情吗？

答：不记得了。当时还小。

问：上过学吗？

答：没有。小的时候眼睛不好。

问：1948 年村里解放的时候还记得吗？

答：记得。

问：有什么印象？

答：记得土地改革。

问：土地改革你家分到土地了吗？

答：我家是中农，没有被没收土地，也没有分到土地。

问：土地改革的时候，你参加宣传和学习了吗？

答：当时还是孩子，因为不上学，没有参加。政府在大街上敲锣打鼓地宣传，大人们都去。

问：你的弟弟呢？

答：他只有一两岁。

问：你的父亲呢？

答：父亲死了。

问：集体化、人民公社是怎样进行的？

答：开始是互助组、初级社，1958 年成了人民公社。

问：你家和谁组成互助组？

答：和外祖父一家一起组成互助组。

问：一般多少户组成一个互助组？

答：没有特别的规定。多少户都行。

问：你们的互助组只有 2 户吗？

答：是。当时我们家没有劳动力，和其他人在一起会给别人添麻烦。因为父亲死了，弟弟还小。

问：那么，谁干农活？

答：妈妈。

问：知不知道良乡县志里面有你们的祖先？

答：不知道。

问：禹国泰是你的亲戚吗？

答：都是禹姓。

问：县志说禹姓从明代就来到了这个地方，你知道吗？

答：听说是从山西来的。但不知道什么时候来的。

问：可能是从山西省洪洞县来的吧？

答：对。

【婚后生活】

（以下是张淑琴的回答）

问：结婚后，丈夫干木匠，农活谁干？

答：当时已经是生产队了，大家都在生产队劳动。

问：集体干活的时候，1 天工作多长时间？

答：不一定。按劳动量计算的时候时间要长些。一般是 8 小时。

问：每天都有活吗？

答：有。

问：男女干同样的活吗？

答：对。

问：工分？

答：女劳力 9 分，男劳力 10 分。

问：吴店村和你娘家一样不一样？

答：这里稍微高一些。

问：什么时候上小学？

答：八九岁的时候。我是 1953 年生的。

问：你当时每天工分 6 分，你们村子其他女劳力也是这样吗？

答：不是，因为我还是个孩子。大人要多一些。

问：大人拿多少分？

答：最多的是 8 分，那时工分低。

问：结婚的时候有什么仪式？

答：只有结婚仪式和吃饭。

问：结婚仪式是什么样子？

答：向主席三鞠躬，向双亲三鞠躬，让大家看结婚证。

问：结婚后，娘家在经济上帮助你吗？

答：大家都很穷，没有帮助。

问：丈夫在农忙的时候不帮你的娘家吗？

答：我娘家人手多，有 1 个哥哥、3 个妹妹、1 个弟弟，不需要帮忙。

问：还记得“文化大革命”结束的时候吗？

答：我对这些事不关心，记不清了。只是非常热闹。

问：为什么不关心呢？

答：“文革”的时候总是在打人。我白天劳动，晚上就不出去。

问：大女儿哪一年出生的？

答：1977 年。老二是 1979 年。

问：当时实行计划生育政策吧？

答：实行，但不严格。

问：生孩子的时候回娘家了吧？

答：都是在本村生的。

问：本村有医院吗？

答：没有。当时有产婆，两个孩子都是在家里生的。

问：孩子们一直很健康吗？

答：健康。

问：只有两个女孩，想要个男孩吗？

答：不想要男孩。女孩子也不错。结婚前可以赚钱补贴家里。

问：结婚后怎么办呢？

答：结婚后就靠自己。

问：听说有的村子的人不想要女孩，还虐待女孩，本村有没有这样的事情？

答：没有。

问：丈夫婚后一直做木匠？

答：是。

问：在什么地方工作？

答：土建服务公司。只要有活，哪儿都去，像修电厂什么的。

问：每天回家吗？

答：每天晚上回家。

问：现在建筑很热，哪儿都在建房子，你

丈夫很忙吧？

答：特别忙。

问：这个公司是按月发工资，还是按工作量发工资？

答：不一定。主要是按照工作量。

问：退休后还有退休金吗？

答：没有。因为是临时工。

问：你在家干农活吗？

答：我不在家。我在三角旅馆上班。

问：在三角旅馆上了几年班了？

答：以前我在电力研究所当炊事员。从今年4月回村后开始在这里上班的。

问：电力研究所的上班时间？

答：早7点半到下午1点、下午3点半到5点半。

问：工资？

答：每月60多元。三角旅馆130多元。

问：三角旅馆的工作时间更长吧？

答：是。今早5点上班，下午2点回来，每天工作11个小时。

问：三角旅馆的客人多吗？

答：多。

问：那么忙，家务是女儿做吗？

答：女儿不做。我丈夫哥哥喂猪、做饭。

问：大女儿是中学生吗？

答：小学6年级。次女11岁，5年级。

问：现在孩子7岁都上小学吗？

答：上。没有不上学的。

问：上中学吗？

答：也都上中学。必须上高中。

问：女儿都好好学习吗？

答：好好学。

问：在日本有所谓的PTA，也就是老师和家长合作进行教育的组织。这里也那样做吗？

答：当然这样做。像考试什么的，考试完了之后召开家长会。

问：两人成绩都好吧？

答：还说得过去。

问：长大了想让她们干什么？

答：最好能上大学。

问：这个村有多少个大学生？

答：不太清楚。

【新旧女性】

问：禹田先生，和原来的女性相比，现在的女性变化大吧？

答：当然。原来的女性不挣钱，所以一定要生男孩。现在女性也能挣钱了。

问：张淑琴女士，你觉得如何？

答：现在比我小时候好多了。现在的孩子吃得也好了，穿的也好了。

问：你小时候上中学很难，对吧？

答：是那样。

问：小时候在家里接受教育吗？

答：没有。

问：禹田先生有姐妹吗？

答：没有。

问：原来女孩没有特别的教育吗？

答：有。女孩不能外出，让在家干家务。那是封建统治。

问：男孩没有特别的教育吗？

答：没有。

问：张淑琴女士，你在家教育孩子们什么？

答：做饭、洗衣服等家务。

问：洗衣服用洗衣机吗？

答：大件衣服用，一般不用。

问：参加三·八妇女节等活动吗？

答：以前有唱歌、学习之类的活动，现在基本上没有了。

问：最近，主要是计划生育的宣传活动吧？

答：对。在广播中读文件，进行宣传。

问：知不知道几年前选举妇女代表的事情？

答：不知道。当时我在电力研究所上班，午饭后回来，接着又出去，没听说。

问：结婚后，家务是你一个人干吗？丈夫也帮帮忙吗？

答：帮忙。回家后干家务。农活也都是晚

上干。

问：承包了多少亩地？

答：2 亩 8 分 5。

问：交国家多少钱？

答：不交。现在还要重新分配。分到 1 亩地，要交电费、水费、种子费、服务费等，总共 60 元。肥料钱还不算。

问：什么地方用机械？

答：播种、耕地、灌溉。自己收割。

问：丈夫哥哥干地里活吗？

答：不干。

问：今年的收成？

答：很好。小麦收了 1500 斤。

问：收的庄稼主要是自己吃吗？

答：对。

问：卖粮食吗？

答：不卖。

问：肥料都是化学肥料吗？

答：是。很贵，一袋十几块钱。

问：你现在也上班，也干农活。和结婚的时候比怎么样？

答：变化非常大。现在最好，感觉不到疲劳，干起活来很高兴。

郭仲奎

时　　间：1990 年 8 月 26 日上午

访 问 者：魏宏运　滨口允子

翻　　译：吴　艳

场　　所：郭仲奎家

【满铁调查】

问：上次日本人在这儿调查过，距今多少年啦？

答：有五十多年了。

问：那时你多大岁数？

答：我是 1919 年出生。

问：今年 71 岁对吧，当时你 22 ~ 23 岁，你还记得当时的情景吗？

答：记得。

【家庭成员】

问：他想了解你个人的历史。也就是了解你祖父、你父亲和你的情况。

答：我祖父的情况我不知道。我父亲已死 20 多年啦。

问：你父亲叫郭儒吧？

答：对。

问：你父亲是干什么的？

答：农民。

问：你父亲当过村长吧？

答：不是，当过甲长。

问：保长是谁？

答：禹国海。

问：你母亲叫什么名字？

答：郭杨氏。

问：你母亲是哪儿的人？

答：此地人。就本村人。她娘家是徐庄的。

问：你出生在这个村吗？

答：对。

【上私塾】

问：你小时上学吗？在哪儿？上几年？

答：上过三年。就在本村上私塾。

问：都学什么？

答：三字经、百家姓。

问：你上学时过得很愉快吧？

答：那时只能是凑合着活着，生活很困难。

问：你父亲有多少土地？

答：有八亩地。

问：你上私塾从多大到多大岁数？

答：从 11 ~ 14 岁。

【家庭、婚姻】

问：从 1930 ~ 1933 年。你上学时村里是什么情况？

答：家里有八口人。父、母、妹、姐、

弟、夫人。

问：你弟弟是郭振声吗？

答：不是。我弟弟叫郭仲元，63 岁已死。

问：你何时结婚？

答：20 岁。结婚后有了小孩，共八口人。

问：你种什么？

答：玉米和小麦。现在的地每亩产一千斤，过去的地每亩只产百八十斤。过去没有现在打粮食多。

问：家里都是谁干活？

答：谁都干活。姐妹都干。

问：有牲口吗？

答：有头毛驴，我们八口人才有三间房，还是土的。

问：就在这儿盖吗？

答：是。这新房才盖了十几年。

问：你和你夫人结婚时你才 20 岁，夫人多大啦？

答：她今年 68 岁，比我小 3 岁。

问：你叫什么名字？（指夫人）

答：史淑琴。

问：你是什么地方的人呀？

答：丰台区，张庄村。

问：你们结婚时是经人介绍的？

答：是，都是介绍的。结婚前，谁也不见谁，结婚后才见到面。

问：谁给你们介绍的？

答：我一个姑奶奶，在夫人她们村住。

【七七事变】

问：你们是金婚啦。“七·七”事变的事你记得吗？

答：记得。

问：请你说说当时的情况？

答：就知道炮声，不知道是谁打谁，农民见兵就跑，国民党军往后跑。

问：你们逃难了吗？

答：没有逃难。大家都藏到庄稼地里，夜间就到家来。

问：见过日本兵吗？

答：见过。马路上有坦克车，上边插着日本旗。

问：经常有坦克车吗？

答：是。有坦克，还有飞机，整天都从这里过。

【日军暴行】

问：你看见过日本兵干坏事吗？

答：我们村差一点没有被日本人烧喽。这个村夜间来了八路军，向日本人报告的人去晚了，日本人认为我们村与八路军勾着。新民会的片冈有点好处，片冈到北京没有回来，我们村有个人在良乡当校长，校长跟片冈的关系好，校长找到他，片冈又找到神赖部队的头子，这个村才没有被烧。

问：周围的村子有被烧的吗？

答：有。米粮屯就被烧了，死了七八十人。离这儿十几里。

问：这是哪年的事？

答：三十几年的事。

问：听到日本人干的坏事，我心里很遗憾。

答：那是过去的事了。

问：卢沟桥事变时你听到炮声了吗？

答：听到喽。炸的那些地方现在还能看见呢。

问：卢沟桥事变后，你生活怎样？

答：日本人在这儿搞了几次强化治安，可厉害啦！

问：不许买粮食吧？

答：对。出入城得给日本人鞠躬。

问：进那个城？

答：良乡城。日本人如果不走就都成日本人啦，青年训练时讲日本话。

【日军训练村民】

问：那时你多大岁数？

答：二十多岁。

问：在哪儿？

答：在黄辛庄。

问：你为什么要去训练？

答：青年人都要训练！

问：在训练班里都学什么？

答：立正，稍息，向右转，向左转。

问：教你们的是日本人吗？

答：不是，是中国人。汉奸组织的人。

问：你们村有多少年轻人参加了训练？

答：不少，附近很多村都集中到这里来。

问：训练了多少时间？

答：有半年的时间。

问：每天都训练吗？

答：每天都训练。

【日军暴行】

问：日本兵进村里来干了什么事情？

答：日本兵里有很坏的，一进村就找花妞妞，找妇女。

问：那时候你已结婚了吧？

答：是。

问：你太太也很害怕吧？

答：日本人一来，他们就都跑了。谁不跑哇，遇到他们还不被打死啊！

问：跑到哪里去呀？

答：跑到高的庄稼地里躲起来。

问：唉呀！当时你有小孩吗？

答：没有。

问：这样的时间持续了多久？

答：时间不太长。最乱的时候是换防那段时间。日本人一来妇女们就跑啦，遇到日本人妇女们就倒霉啦。

【八路军】

问：那时八路军来了吗？

答：还没有来。八路军晚上偷着来。

问：八路军晚上来了到老百姓家吗？

答：不到各户。他们在铁路上扒铁道，掀铁轨，破坏敌人的交通，老百姓看不到他们。

【满铁调查】

问：那时日本的满铁调查团来了吗？

答：没有。日本的调查团来了很多人，好几部分呢。

问：调查团来的时候有日本军吗？

答：日本正式军没有了，就是当地小部的驻地军。

问：谁掌权？

答：还是日本人手里，当地成立了保安队，就是那些地痞流氓，与日本人勾结着，就是“皇协军”。

问：本村有人参加吗？

答：有。已枪毙了。

问：几个人被枪毙啦？

答：就一个人。

问：叫什么名字？

答：禹国海。是土匪。

问：你还知道满铁调查团的人名吗？

答：不记得。他们的名字不好记。

问：来了多少人？

答：十几个。

问：有一个叫安藤的知道吗？

答：不知道。有一个叫金子。

问：对。你的记忆力真好。

问：他们调查什么？

答：也是这些，家庭情况。

问：调查你父亲了吗？

答：调查了。

问：什么问题？

答：家里的情况。

问：到家里来过吗？

答：没有。

问：有日本兵吗？

答：没有。都是考察的人。

问：你当时是怎么看待调查这件事的？

答：当时很害怕，有的事也不敢说，怕说错。

问：赵光启、赵祥云、赵凯、赵春这些人参加了吧？

答：赵光启现在还在，墨笔字写得最好。

【日军经济统制政策】

问：你还记得日本投降的事吗？

答：日本人控制八路军盐，一担盐可换三百斤麦子。

问：每家发一个本，买煤买盐都要本，你们这儿是吗？

答：买煤要本。

问：这是日本人规定的吗？

答：不是。日伪的时候。

问：八路军来了找谁？

答：也找保长。两方面都找保长，日本人来了应付日本人；八路军来了应付八路军。

问：有几个保长？

答：一个。

问：每年都缴粮食吗，每亩地缴多少？

答：每亩地缴十几斤。

问：还缴什么吗？

答：要人力、柴草等。

问：你去当过苦力吗？

答：去过。挖大沟，防止八路军用的。

问：是给日本人干活吗？

答：对。

问：在日本统治前后什么时候负担重？

答：就在日本人在的时候。在八年当中，越来越重。

问：是粮食缴的多吗？

答：那时限制的厉害。连火柴都没有，老百姓用火链取火。

问：还限制别的吗？

答：没有了。八路军需用的东西，日本人限制得厉害，药、火柴、盐都限制。

问：你们的鞋、衣服都是自己做的吗？有纺车吗？会织布吗？

答：都是自己做的。有纺车，没有织布机。买土布自己做。没穿洋布的。

问：你家几口人呀？

答：我姐姐结了婚，没有添人。人口没变化。

问：你有孩子了吗？

答：有一个死一个，有一个死一个，我现在儿子是我弟弟的孩子过继给我的。孩子们有病没有钱治，我曾有三个孩子都病死了。

【“皇协军”】

问：那时候村里征兵吗？“皇协军”是怎么来的？

答：不征兵。参加“皇协军”的都是村里的二流子。不干活的人，没有好人，给他钱什么都干。

问：这些人是哪里人？

答：中国人。

【租种土地】

问：你家里的农具都有吗？

答：有推车。铁锨都有。

问：你租过别人的地吗？

答：没有。耕种我亲姑姑家的地，共三亩。一年给她三百斤粮食，她给我一百元钱。就是典当地。解放前很苦哇，借一百斤粮食还一百五十斤。

问：这村有地主吗？

答：没有。

问：谁最富？

答：郭仲生最富，有七十多亩土地。他家没有劳动力。被划为富农，还有赵祥、裴振明两户富农。

问：这个村里有没有外村人的土地？

答：有。有良乡地主的土地。吴家、贝家、秦家都是大地主。

问：谁给种？

答：还是这个村的人种，缴给人家粮食。

问：你种过吗？

答：种过。种本村禹家的地。

问：多少亩？

答：十二亩。

问：种了多少年？

答：几十年。

问：缴多少租？

答：每亩地五斗。等于现在的一百斤。

问：一亩地收多少粮？

答：二百斤。收成不好，也得缴那么多斤，不管种地人吃不吃，没粮食得去买。

【外出做工】

问：冬天到北京去做工吗？

答：是。有手艺的干手艺活，不会手艺的拉洋车，挣几个钱吃饭。

问：你去过吗？

答：我没有去过，我不会。我父亲会做点心，他去过。

问：能挣多少钱呀？

答：多少的都有，有日子规定。挣钱吃饭。

问：村里有到外地经商的吗？

答：没有。有货郎担。

【土地改革】

问：土改的事你记得吗？

答：记得。解放后就斗争地主、富农、分土地，我家分了十九亩地、每人平均三亩多地。

问：几口人？

答：九口人。

问：不够三亩地的都分得了土地吗？

答：对。

问：那些土地是谁的？

答：有地主的、富农的和上中农的。赵启、禹国恩、裴振明等三户富农。上中农有裴振玉、李永玉、惠振三户。漏划富农禹镇，土改是时划的。

问：你是怎么知道他们的成分的？

答：开大会知道的呀。

问：你分了东西吗？

答：没有。牲口、农具都分给最穷的人。禹国恩也是富农。

问：给富农留土地吗？

答：也留地，每人三亩多地。

【土地证】

问：分配土地后有土地证吗？

答：有。有解放前的，1930 年的，也有土改以后的，都保留着。

问：能借用一下吗？明天给你拿来。

答：可以，地都没有了，不出事就可以借给你们。

问：没有事，我们搞历史研究用。

答：我现在困难很大，儿媳妇死了，儿子有两个孩子。

问：没有另找一个吗？

答：还没有找到对象。

【农会、批斗会】

问：土改时的农会主席是谁？

答：袁凤莲是农会主席。她非常穷，要饭出身。

问：她是本村的人吗？

答：是。

问：农会几个人？

答：好几个人。有王德林，其他人记不清了。

问：土改时分配东西是由他们负责吗？

答：对。经他们研究后，再决定分给谁。

问：是怎样批斗地主、富农的？

答：先召集贫下中农开会，再让地主、富农站到台上，对他们进行批斗。进行控诉。

问：开过多少次？

答：开过很多次。

问：批斗会以后歧视他们吗？

答：限制他们。

问：现在呢？

答：现在不啦。那时候毛主席不是说过吗，阶级斗争一抓就灵，一斗他们就老实了。

问：你家里还有地吗？（指现在）

答：承包到户啦，有劳力的包八分二，没劳力的五分八。有口粮田。

问：粮食是自己吃吗？

答：是。

问：够吃吗？

答：够吃。吃不完。用粮食换粮票，买细粮吃，就是大米和白面粉。

【合作化运动】

问：合作化运动你还记得吗？

答：土改以后先成立互助组。

问：你跟谁一个组？

答：四家。有我弟弟、赵显章、禹国顺和我。我们互相帮工，实行齐工找价。互助组之后是初级社。

问：互助组与初级社有什么区别？

答：初级社人多了，由几个组合成一个社。

问：后来又组织高级社了吗？与初级社相同吗？

答：是。不同，村里的人都入社了，没有不入的，初级社时有的人不让入社。高级社时牲口、车都投资，给作成价。

问：为什么土改一后又把土地交出去了呢？

答：这地都是国家的。这是国家的政策。初级社的时候村里给四十斤粮种，播在地里，交 85 元钱，每亩再交四十斤小麦。

问：交给村里吧？

答：对。每户种好地后，苗出来自己锄，队里给浇水、给化肥，自己往地里使。

郭仲奎

时　　间：1990 年 8 月 27 日上午
访 问 者：魏宏运　滨口允子
翻　　译：吴　艳
场　　所：郭仲奎家

【分家】

问：分家，是你结婚时分，还是你弟弟结婚以后分？

答：一结婚后，人多了，兄弟俩不和了。你挣的钱多，我挣得钱少，你人多，我人少，就得分家。

给儿子娶媳妇了，这媳妇年轻，儿子也年轻，你老了，挣不了钱了，净吃我呀，分开。一般都是这种情况。

问：分家后，谁管老人呀？

答：一人管一个。

问：你管谁？

答：我管父亲，弟弟管母亲。

问：财产怎么分？

答：分财产、老人主持正义，房子给你多少也给你多少，平均分。

问：你和弟弟分多少地？

答：每人三亩地。

问：解放后分的？

答：对。

问：什么时候分的？

答：我给你看看，有年头了。

（念分家契约）

问：分家里没有发生纠纷吗？

答：没有。因为父母主持分家。

问：弟弟家几口人？

答：弟弟有两个儿子，过继来一个。

问：你儿子干什么？

答：开拖拉机。

问：孩子都大了？

答：出去的大的十三岁，二的过继给我。

问：你父亲兄弟几个？

答：父亲就独一个。

问：有没有姑姑？

答：有，都故去了，我有四个姑姑。

问：亲戚家还去吗？

答：去。我们哥儿俩，姐妹还有俩儿。

问：有一姐姐，有一妹妹？

答：对。

问：姐妹都嫁到外面去了？

答：大姐在纸坊、妹妹嫁到了长春了。

【结婚陪嫁】

问：结婚时陪嫁什么？

答：几大件呀，八抬嫁妆，箱子什么的。

问：大件指什么？

答：指的箱子。

问：送被子吧？

答：早时没有，那时我们都是两人一个被子。

问：男的准备什么？

答：铺的、盖的、单的、棉的、夹的三身

衣服。

问：生活里最花钱就是结婚，对吗？

答：对。女方如果比你还穷，就找你要钱。

问：要多少？

答：几十块银元。

问：这是什么时候？

答：解放前。

问：现在要多少？

答：现在不要钱了。

问：农村不要彩礼了？

答：不要了。现在女方来了还带给男方不少东西，女的现在也干活、也挣钱，现在女方陪送给男方的东西有七八千块钱呢。

问：真够多的。

答：女方家有钱，就陪送吧！

【婚姻法与妇女地位变化】

问：你觉得妇女地位的提高是在解放后吧？

答：对，以前女的不在外面干活，现在有开火车、开汽车，现在妇女搞对象，那阵你看看都不行。

问：你知道颁布的《婚姻法》吗？

答：知道，国家大法第一法嘛。

问：是不是因为《婚姻法》妇女地位才提高了？

答：就是。先不一样，以前都是父母包办，给你做什么主，你就去认命。

问：有没有《婚姻法》下来后，包办的离婚了？

答：有。

问：有多少家呀？

答：少数。

【农村干部】

问：土改时农会主席袁凤莲，她是不是一直做官？

答：不，她土改结束后就不当了。运动时选的官，地一分，运动一完，也就歇了。

问：她以后谁是村中的官呢？

答：她以后就是党支部了。

问：书记是谁呢？

答：王德林。

问：他干到什么时候？

答：他们支部也是老换，隔几年换一回。

问：互助组，初级社、高级社时的几任书记你都记得吗？

答：第一是刘金安。他完了是赵凤鸣。

问：当时合作社时，把土地交上来，大家一块管。那时谁管，是赵凤鸣吗？

答：是刘金安管。

【人民公社】

问：你记得人民公社成立时的事情吗？

答：我们村那阵和黄辛庄是一个大队，几个村是联合社似的，归黄管，本村不独立，就剩一个作业组，这儿算生产小队。黄辛庄是乡。

问：第一个队长是谁？

答：禹国珍、刘永祥。那时我们村分两个小队。

问：那时大伙一起干活？

答：不，各干各的，单独干活，单独核算。

问：当时分派活是谁派？

答：队长派，去哪干活他领着去。

问：和单干比，这种集体干是轻松了吗？还是怎么？

答：单干时自由，这就不自由了，到点就得走，打钟就得走。

问：从收入来说，那阵好？

答：那阵儿自个挣自个要，归了队后，生产队也挣钱，又扣公益金，剩下的再给你分。

问：钱不如个人挣的多了？

答：对了。工厂要多少人，一天挣 1.8 元钱，不准你去，就给你十分，钱归队里。

问：全家都去干，能分得多吗？

答：不少，我们俩干，一年可以拿三四百块，分的粮也不少。

问：人民公社时？

答：对。那时粮也紧，挣的分多，粮也就多了。

问：十分制吗？

答：对。

问：十分能合多少钱？

答：看年成。今年收成好，能合 1.1 元左右。

问：分值不高吗？

答：不高。

问：没有特殊收入？

答：没有。

问：在这之前，村里没办合作社，代销店？

答：没有。就这几年办的。

问：就靠土地？

答：就靠土地。

【除“四害”】

问：你还记得 1958、1959 年除“四害”吗？

答：有。

问：你做什么了？

答：布置地里除“四害”，打麻雀，你这儿敲锣他那儿打锅，不让“老家贼”落下。

问：干什么呀？

答：轰麻雀呀。轰一会儿，就掉下来了。

问：蚊子、苍蝇怎么办？

答：生产队来打药。

问：这干了多久？

答：就一年，以后不多了。

【水利建设】

问：人民公社时，水利方面有什么变化？自来水啦、井啦？

答：修的水库，春天可以放。

问：在哪修的？

答：西边青龙那头。

【解放前后灾害】

问：咱这村发生过水灾和旱灾，你还记得什么时候吗？

答：民国二十八年，华北大水灾。

问：这村淹了吗？

答：没有，良乡城里水都满了。

问：咱这村有没有水、旱灾不打粮食的年头？

答：现在都打井，旱了就浇。

问：1943 年有一次大的旱灾，是吗？

答：有，7 月份。

问：听说由于旱灾死了不少人是吗？

答：没死多少人。就是有一年日本人在这时死了特别多，没吃的，全吃混合面，得病叫霍乱，人挺好的，一拉肚子就完了。

问：什么是混合面？

答：混合面就是日本带来的，花生皮、白薯干、玉米皮、黑豆等弄一块磨成面。

问：1963 年人民公社成立时，三年自然灾害时这村怎么样？

答：这村没什么，我们村井多，旱时也能吃上水。

问：这村有多少井？

答：七口井。

【公共食堂】

问：人民公社时吃食堂吗？

答：吃了。

问：在那儿？

答：就在大队部。

问：每天家里都不做饭是吗？

答：都不做了，都到那儿吃，定量，发粮票去领饭，你要买俩窝头，就给你两窝头。

问：在那儿吃还是回来吃？

答：就在那儿吃，不让拿回来，特殊情况可以跟他们说一声，家里来人了，就可以走了。

问：那庙地方够吗？

答：够，全村都去也够。

问：谁做饭？

答：专门有几个人做饭。

问：女的？

答：对。

问：你觉得吃食堂那办法好吗？

答：吃食堂是国家定的，有什么办法？哪有自由？吃玉米面还得加菜，罗卜弄了就放棒子面蒸窝头吃。

问：还是穷，没有东西吃？

答：那时苏联向咱们要债，还债呢。

问：还苏联债，要节约，村里人怎么知道的？

答：听广播知道的。

【五保户】

问：村中有“五保户”吗？

答：有，就他一个人。

问：是什么家？

答：就他一个人，男的，丧失劳动力了。

问：有了五保户，国家负责，大伙是不觉得很安心？

答：对。

问：以前没有这种制度？

答：对。

【集市贸易】

问：你记得村中经济变化吗？比如自己开始不做衣服、鞋？

答：人民公社以后。

问：在哪儿买？

答：良乡供销社。

问：1958 年以后，集市贸易没有了，是吗？

答：什么时候取消，记不清了。

问：村中磨子、碾子什么时候没有了？

答：吃食堂以后就没有了。

问：食堂没有了，怎么办？

答：去换去，村中有钢磨，电磨了。

【四世同堂】

问：现在没有了，以前有几世同堂的吗？

答：现在没有了。

问：什么时候还有？

答：黄辛庄有，有四世、五世同堂，50 年代初。

问：是不是从生产队以后，家都分小了，都得去劳动？

答：对了，都单立户，有一个户口本，能多买一份东西。

【火葬、坟地】

问：咱们这一带，什么时候才开始火葬的？

答：头四五年吧，你埋就罚钱。

问：咱们村坟地在哪？

答：没有了。就一个废地沟，愿埋那埋那儿，这儿没有公坟地。

问：该土地就是一块空地？

答：不能种地，过去是大车道，荒了。

问：像你们郭氏家族，是不是埋在一起？

答：不了，过去分姓埋在一起，现在不分了，不分哪家，你挨我，我挨着你，乱埋一气。

问：火葬以前怎么办？

答：“文革”开始后才开始限制在地里埋。一定要埋，就拿钱，罚。

问：四、五年前都是土葬了？

答：对，现在交钱也不行了，必须火化。

问：你们家有没有被罚的？

答：没有，我父亲死了 20 多年了，那时不罚，现在都是火化，死了人向大队报告，死一人大队给你一百元钱，要不你不烧去。

【“大跃进”、浮夸风】

问：1958 年大跃进，给你的生活带来什么影响？

答：大协作，大炼钢铁，麻烦事多了，瞎干，弄些铁丝磨轴承，瞎干一年，你家有十个劳力，十个人干活，今天不干活，就不给你饭吃。

问：你参加了炼钢铁了吗？

答：没有。

问：你家拿什么出来了？

答：破铜烂铁的就交给上面了。

问：那年收粮食了吗？

答：收了。瞎干，地，挖一米多深，上上粪掺合了，种庄稼，种实验田，一亩地施好几百多斤籽。瞎干。

问：秋收时候怎么样呢？

答：不怎么样，打不了粮食，苗太多了，不行了，还得割。

问：等于没打多少粮食？

答：对，当时叫“深耕密植”。地全毁了。

问：地都坏了？

答：往地里拉豆饼，埋上，再翻土，那个生产队能吹牛就是好样了。

问：埋豆饼种菜是不行的？为什么？

答：豆饼一发酵、菜就坏了。

问：当时这都是吹的？

答：吹牛。一亩地产十万斤白菜，另一个说我这十五万，再一个就说八十万斤。敢吹，大红旗就扛回来了。

吹牛吹得太邪乎了。你说，一亩地产红薯能产多少？万斤就是你摆也摆不了那么多，他就给你说那么多。吹牛。

问：当时的风气怎样？

答：你从这儿过，不管是谁，进食堂就吃。记得那时种麦子，地头使劲摆麦子，要是忘了就放那儿，也没人偷，那会儿吃食堂，要了没用，那会儿没人偷粮食，没碾子又没磨，偷了也没用。

问：那个时代你觉得好吗？

答：好什么呀，一点自由也没有了，你回来晚了，人家开完饭了，你就甭吃了，饿你半天，晚上再吃。

问：1958 年修水库，去山里采大理石，咱们村没去吧？

答：没有去，在房山西边。

问：修水库用大理石？

答：北京用，人民大会堂用。修水库不用石头，用土压，压一道水泥。

【近年生活变化】

问：村中像你这么大年纪的人还多吗？

答：不少了，有个本家郭永志，73 岁，在新民会干过。

问：70 多岁的人不多了？

答：有 20 多人，大都糊涂了。

问：70 多岁人还劳动吗？

答：看你体力了，能干就干。

问：自己用拖拉机可以干点活。

答：对，今年车也没活，生产压缩，盖房也不让干，钱都奔亚运会了。

问：日常用钱主要靠拖拉机了吗？

答：对。

问：承包以后，村里还分粮、钱吗？

答：自己管自己，自己挣钱自己要。

问：有余粮吗？

答：每家多少都得有点。

问：过去亩产 100 多斤，现在亩产 1000 多斤，肥料怎么办？

答：买化肥，化肥管事。

问：种子也得买吗？

答：队里给 40 斤麦子做种子。

问：除了肥料外，还要买什么？

答：农药。

问：在哪儿买？

答：生产队拉回来，在生产队买。

问：以后建农场，你参加吗？

答：参加呀，大集体应该去，有好处，今年试一年，明年要统一。

问：那你是不是认为，集体劳动比承包好？

答：国家政策，就得跟着政策走。

问：你认为这个农场和初级社、高级社比，怎么样？

答：比那时省力多了。现在机械化了，玉米一下来，不用人手掰，机器一过就割了，省力省多了，机器播种。

问：如果集体经营，搞机械化，是不是比

个体经营好？

答：对，省力省多了。

【电灯、自来水】

问：这村什么时候有电灯的？

答：1950年代，赵凤鸣搞的。

问：以前点什么？

答：煤油灯。

问：灯是墨水瓶做的吗？

答：对，用墨水瓶做的。

问：煤油灯以前用什么？

答：我记事就有这个，用了几十年了，现在没电的村子也是这种灯。

问：什么时候有自来水的？

答：有四年了。那时厂房占地，我们书记叫他们给我们安自来水，安上才让占地呢。

问：没自来水时，上哪打水？

答：打井，我这一口井，干了，这几年总旱井干了。

问：解放前，井多吗？

答：差不多家家都有井。生活、用水都是这个，挺干净的。

问：你的井是什么时候挖的？

答：解放前挖的。分家以后挖的。

问：那就是解放后挖的。井深吗？

答：一丈六，有五米多。

问：井是自己挖的？

答：找人挖，自己干不了，找点好朋友干。

问：这儿不停电吧？

答：这有厂房，基本上不停电。

【家庭副业、集市贸易】

问：允许养猪时，养三头、买二头，吃一头是吗？

答：对，是这样。

问：家禽如鸡、鸭、猪等随便养吧？

答：随便养。

问：不受限制吧？

答：不限制。号召多养。

问：鸡蛋卖给供销社吗？

答：鸡蛋自己吃，吃不了卖私人，谁卖供销社?!

问：让卖吗？

答：让卖。公家收你鸡蛋2元钱，卖得下价，所以卖给私人，一般都换粮票，买点果子。

问：今年养几只鸡，几只鸭？

答：现在有四只老鸡，四只新鸡，四只鸭子。

问：羊，你们养过吗？

答：没有。羊也脏，也味儿大。有养羊专业户。羊少了不合适。

问：麦子，换面吗？

答：对，换的面。挺白的。

问：麸子呢？

答：回来喂鸡、喂鸭。给加工费。

问：现在常赶集吗？到附近良乡等地。还有庙会等。

答：咱们此地没有庙会，就是到良乡赶集。

问：集天天有吗？

答：天天有。

问：常常赶集吗？

答：对。常去。

问：河北省以前逢一、三、五，逢五、逢十赶集，过去你们属河北省的时候，逢五、逢十，逢二、四、六、八赶集是吗？

答：对。

问：咱们这儿以前属河北省管吗？

答：对。

问：那从什么时候归市里。

答：打解放以后归北京市。

【电视机、电影、戏剧】

问：家里有电视机吗？

答：有。

问：黑白的，还是彩电？

答：彩电。

问：电视机，录音机都有吗？

答：有，都有。

问：你出去旅游过吗？

答：没有，年纪大了，有病，也不去北京市。

问：没电视机之前，那些大戏，河北梆子等也来村里演吗？

答：没有。生产队里有一台电视。

问：一礼拜演一次。

答：对。生产队买一台大电视，大伙儿到那儿瞧去。

问：那在这之前呢？

答：有时放电影。大队找来的，一月来一次，逢年过节来一次。

问：那时演什么电影？

答：那时片子，就样板戏，来回倒。

问：评戏呢？

答：《刘巧儿》就是评戏。一般老戏没有。就是样板戏。

【看青】

问：解放前，在其他地方，比如我到你家背个棒子，你有钱，我没钱，拉住后，罚款，罚唱戏，这里有这吗？

答：有。到人家家里偷东西，逮着，罚你，或让你游街。

问：那时有没有看地的？

答：有。

问：那时叫什么呢？

答：看青，叫看青。

问：谁来看呢？

答：找人看，雇人看。

问：本村的。

答：是本村的。一亩地多少钱。

问：那时这个村看青的有多少人？

答：一个村就一个。

问：一个村就一个？

答：对。一个村就一个。

问：看大片地？

答：全村都归他看，白天、黑夜转悠。

【打更】

问：有没有村里雇人打更的？

答：有。一夜打五回。

问：打更是为了安全。

答：你醒了之后，知道有事。恐怕有小偷。

问：你还记得看青的、打更的人的名字吗？

答：我父亲以前看青。

问：打更的？

答：打更的雇人，轮流打更，今天你，明天他。

问：由保甲长指定，对吗？

答：对。

【信仰】

问：村里有没有出家当和尚、尼姑的？

答：没有。

问：咱们这儿老年人一般信什么教呢？道教、佛教、基督教、一贯道，都有吗？

答：有。

问：基督教也有人信仰吗？

答：有。

问：谁来信仰？

答：现在这些年谁也不知道谁。

问：你信教吗？

答：我就信佛教，一般供奉关公。

问：你们信关羽的很多？

答：对。

问：村里大庙里也是关羽吗？

答：对。别的还有药王庙。

问：村里以前有土地庙？

答：对，解放后都拉了。还有龙王庙，给龙王磕头，下雨。

问：这些年，还信教吗？

答：不信了。还有人信，南边的有神婆。

问：神婆是干什么呢？

答：你有了病，她能给你瞧。

赵凤竹

时　　间：1990年8月29日上午
采 访 者：魏宏运　浜口允子
翻　　译：吴　艳
场　　所：赵凤竹家

1925年生，65岁。妻子是琉璃河公社立教村的人，4个孩子。长男、次男都结婚分了家。三男当兵刚刚复员。还有一个女儿。

父亲赵瑞，拉洋车的。兄赵凤鸣，解放后的农会主任，嫂子是妇联主任。妹妹赵淑珍，住在石家庄。家里房子很多，刚为长男、次男新盖了房子。院子里有原来的土房。

【抗日战争和日本军队】

问：希望听听抗日战争时期的事情？

答：说起来悲惨。日本的治安强化运动总共进行了5次。第二次的时候，本村共有老少四五十人死去。原因是经济问题，钱不值钱了。工作一天得到的铜板和洋钱，今天能买3斤的玉米面，第二天就只能买1斤了。村里饿死的人很多。邻村米粮屯被揭发有土匪和士兵，许多人被日军杀死。20多岁死了丈夫的有10多户。日军原来想烧掉我们村，赵海的兄弟是中学校长，他央求了日本人，所以日本人烧了米粮屯。

问：日本人来过这个村子吗？

答：来过。我八九岁的时候，孩子们光着屁股跑到大街上看，他们就在那里。因为刚好8月枣红了，他们用刺刀割下枣枝，先让我们吃，然后他们一边看着我们，一边自己吃。

问：那是“七·七”事变前的事情吧？

答：是。日本人刚来不久。当时传言，如果能守住卢沟桥，就能守住中国。所以在事变的时候死了好多人。后来，在村子附近，日本建了发电厂和炼铁厂，我们村的人都在那儿干活。给饭吃，但没有工钱。我当时十二、三岁，哥哥带着我去的。当时从卢沟桥往北走，堤坝上有好多头盖骨，也没有埋，就那么放着。

问：日本人来村子的时候，大约有多少人？

答：当时良乡有街道，那里有日本的大队。大队有四、五十只狼狗，抓住了土匪或者中国士兵，就扔到狼狗群里。日军不远走，就是去二三里远的地方，也是一个小队，骑着马。到了地方，就让人看着马。他们拿着三八枪，端着刺刀进村。

问：日军到村子有什么要求？

答：不打枪。找女人。

问：有人被带走吗？

答：没有。日本兵一来，姑娘们都藏到地里去了。为了不让发现，脸上都抹了泥。就像现在讨饭的，很可怜。

问：当时家里几个人？

答：父母和弟弟在5次治安强化的时候饿死了。弟弟瘦得不成样子，捡了路边的黄瓜，遭到殴打，3天后就死了。没有棺材，就用破席子卷起来埋了。

问：当时有地吗？

答：有1亩。没有这点地的话，埋人的地方都没有。如果没有墓地，村里有“乱葬坡”，就埋到那儿。原来哪个村子都有类似的地方。

问：父母死后，谁管家里啊？

答：没有人。我12、3岁，妹妹10岁。哥哥和我打长工，从早到晚干活。婶子帮我们看着妹妹。

问：在谁家打长工？

答：禹文贵家。他已经死了，当时在村里。管吃饭，一年下来给300斤玉米。

问：当时吃什么？

答：当时物价上涨得厉害，许多人就要饿死了。例如，父亲拉车一天挣3元，在第一天可以买3斤玉米面，第二天就只能买1斤了。因此有时挖草根吃。但是就像家畜吃草一样，消化不了，便秘。到了2、3月，野草和树叶长出来了，穷人才有救了。

问：上过学吗？

答： 9 岁的时候，在黄辛庄上过朝鲜人的课。在那里上了三四个月。去得晚，回来后还得干活。慢慢地生活好点了，租佃的土地多了，回来后就更得干活。

问： 租佃谁家的土地？

答： 黄辛庄的阎姓地主，5 亩。

问： 租子多少？

答： 一亩一担的“斗量”。1 担 150 斤。当时灌溉条件差，要人工碎土保墒，肥料也是用扁担送。年成好的时候，5 亩也只能收 4500 斤。遇到干旱和水灾，收成就更少，更不够了。

问： 日本战败后，生活好起来了吗？

答： 没有。国民党来了，更糟了。

【国共内战】

问： 国共内战的时候，这里是战场吗？

答： 在傅作义防守北京、共产党进攻的时候，从南边来了 2800 多士兵，他们不吃军粮，像土匪一样随便抢粮食吃，把我们村的鸡都杀了吃了。

问： 征人吗？

答： 经常征人。原来良乡有护城河，这就是征人挖的。在一年的时间里，每天都是挖这个。从日本人到国民党，就是这样，或者建炮台，或者建吊桥。

问： 八路军来过吗？

答： 来过。刚解放不久，东北军在这里停了几天。共产党军队帮我们干活，给我们打扫、提水、清扫猪圈。大家很欢迎他们。

问： 在解放前八路军来过吗？

答： 游击队来过。

问： 解放战争的时候，村里人希望哪一方胜利？

答： 老人都希望共产党胜利。他们的政策好，也不胡说八道。

问： 有没有想到共产党胜利后要分给农民土地？

答： 共产党没来，游击队还在山里的时候，晚上游击队到村里开会，宣传减租减息，或者说解放后，中国统一了，要分配土地、房子、粮食等。农民听了很受鼓舞。

问： 游击队也在你们村开会吗？

答： 开了好几次。到了晚上，保长、甲长召集农民开会，宣传共产党的政策。他们不发火，也不骂人，把人当人。

问： 在哪儿开会？

答： 也在我家开过会。解放后我哥当了书记、农会主任。嫂子是妇女主任。

问： 你当时结婚了吗？

答： 还没有。哥哥解放前结了婚。我们是在 1957 年 1 月，我 29 岁时结的婚。因为我在农会当车手挣了钱，所以才能结婚。要是不解放，连婚也结不了。

问： 妻子在哪儿出生，多大岁数？

答： 出生地是琉璃河公社立教村，当时 22 岁。

问： 怎么认识的？

答： 赶车的同行介绍的。

问： 当时有多少土地？

答： 每人 3 亩。

【土地改革】

问： 土改的时候，谁是干部？

答： 哥哥赵凤鸣是农会主任，刘金安是村长，禹国栋是粮贸主任，王德林是民兵连长。

问： 他们都是贫下中农吗？

答： 都是。因为都穷，所以走到一块了。如果有地有家，干嘛要损害自己的利益呢？

问： 本村没有地主吗？

答： 没有。有几户富农。

问： 土改后怎么样？

答： 成立了互助组。几家互相帮助，一起干活。互助组就是互相帮忙的意思。

问： 个人劳动赶不上互助组吗？

答： 当然。个人耕作一块地需要 3 天，互助组只要半天就完了。

问： 你和谁组成互助组？

答： 我没参加互助组，哥哥参加了。因为我是农会的车把式。

问：马车是哪儿的？

答：农会的。从地主、富农那儿没收的。

问：从地主、富农没收的东西，没有全部分给农民，部分给了农会，是吧？

答：当时还没有正式分，只是在考虑中。因此谁家用的时候，打声招呼，就可以用了。

问：虽然分了地，但马车等还没有分吗？

答：对。两头骡子、两架马车被 2 户军属和 1 户烈属用着。两架马车被两家拿走，当过地下部队的堂兄弟用着 1 头骡子，剩下的一头骡子我用，顶替原来打工的工钱。

问：当时你有其他收入吗？

答：后来一户军属把他的车卖给我，我就赶马车了。

问：是运输业吗？

答：是。

问：抗美援朝对这里有什么影响吗？

答：堂兄弟是铁道的公安警察，参加了共产党，去了朝鲜。后来回了甘肃兰州。

【婚姻法和结婚】

问：知道解放后公布婚姻法吗？

答：知道。我们正好是适龄期。（婚姻法规定的结婚年龄）是男 20 岁、女 18 岁，和现在正好相反。

问：相反是什么意思？

答：当时劝寡妇再嫁，姑娘到了 18 岁，就催着结婚，提倡早婚。和现在正好相反。

问：你是婚姻法公布后结婚的？

答：是。

问：需要什么手续？

答：去区里登记，抄写结婚证。

问：结婚要花多少钱？

答：几乎不花钱。现在这样不行了。

问：结婚时准备了什么东西？

答：什么也没准备。因为女方没有嫁妆，我们这边准备。有桌子一张，椅子两把。都是破产地主的旧东西。

【现在的生活】

（参观为其儿子盖的新房时候的谈话）

问：房子不错啊？

答：在解放前这样好的房子是连想都不敢想。那边是解放前住的土房。总共 3 间。

问：这块宅地是什么时候拿到的？

答：和旧房子一起拿到的。现在 3 个儿子每人有 4 间房子。

问：二儿子干什么工作？

答：在良乡的机械修理装配工厂上班。大儿子也一样。现在他有一辆解放牌汽车。

问：你现在做什么？

答：不拉马车后，在建筑队安装暖气。此外，在飞机场还干了 7 年修理工。没在生产队干活，一直在外边工作。因此，回来后，要向大队交钱，获得“工分”，分到粮食。现在什么也不干。

问：现在有几亩地？

答：一人 8 分多，全部有七八亩。粮食产量也增加了，小麦、秋粮全部加起来每亩有 500 斤左右。小麦足够吃了。玉米是猪饲料。

【集体化】

（回到屋里）

问：你觉得互助组、初级合作社、高级合作社、人民公社都有什么不同？

答：从互助组到人民公社，都关系到具体问题，困难很大。因为人民公社是把村里的土地集中在一起，大家一起劳动，所以社员不同意。土地的问题是具体的问题、思想的问题。最终土地归生产队所有，大家都在生产队劳动。

问：如何耕作？

答：用骡、马、牛慢慢耕作。没有拖拉机。

问：这里高级合作社和人民公社一样吗？

答：特点相似。土地集中起来，大家在生产队长指挥下干活，耕作土地、收获作物、运送肥料等，很不容易。牲畜很少，必须购买农具。经过 10 多年，骡子也多了，马车也多了，工资也有了，收入也提高了。

问：在土改的时候分到土地、到了人民公社的时候又要交上去，大家是什么心情？

答：当时有情绪。就是到了邓小平的时代，由于工业发展，分到土地的社员还是不满。不管是磨洋工、记工分、分粮食，高高兴兴。或者每家都分了土地，结果大家都是不满意。

问：人民公社的时候大家都有情绪，当时谁做工作的，谁是负责人？

答：召集大家开会，要求为了贯彻国家政策服从大政方针。王德林、赵凤鸣是负责人。

问：你哥是负责人，你带头了吗？

答：带头了。现在附近的村子为了建设集体农场又要收地。就我听到的，由于这样家里就没有余粮了，所以大家不满意。在个人经营的时候，余量很多。

问：你现在赞不赞成集体劳动？

答：不，必须赞成。对国家来说这是一种好方式。现在余粮自己留着都喂猪了。如果建立了农场，村民可以拿到充足的口粮，农场可以把余量上交国家。如果是个人经营，哪家都存着 200～300 斤的粮食，没有办法。

问：那么，哪种方式好一些？

答：都好。个人经营不把余粮交给国家，国家的收入就少了。集体经营对个人而言比较轻松。

张启华

时　　间：1990 年 8 月 27 日下午
访 问 者：浜口允子
翻　　译：吴　艳
场　　所：张启华家

（张启华，1922 年生人，今年 68 岁。解放前做短工。父亲，张文魁，拉洋车，没有土地。有 1 个儿子，3 个女儿。与儿子同住。儿子张宏英，师范学校毕业。现在良乡梨村小学当教员，其夫人是郭宽的女儿，玻璃技师，新建的住房有半地下仓库，有很多玻璃窗户。在“四清运动”时期写过家史。）

【计划生育】

问：像您这么大岁数差不多都是两个孩子？

答：差不多。

问：生二胎罚款吗？

答：罚了 1090 元。

问：还真罚，不过比较少？

答：今年就多了，今年罚 3000 到 10000。那也有要生育小孩的。

【家庭成员】

问：请您讲讲个人的事，从小的时候开始，我们这儿有族谱，您的父亲是哪一位？

答：张文奎，我大爷叫张文会。

问：张文仲是谁？

答：我叔叔。

问：张小雨和张片儿呢？

答：一个是我妹妹一个是我兄弟，兄弟死了，妹妹去年出去了。

问：张片儿是你妹妹吗？

答：是，小名叫片儿。

问：你弟弟什么时候去世的？

答：解放后第 2 年。

问：1942 年日本考察团来过吴店，你那时 19 岁，你是哪年的生日？

答：我今年 68 岁，二十年代生的吧。

问：那就是 1922 年，你父亲干什么？

答：拉洋车。

问：在哪儿？北京吗？

答：在良乡。

问：那时你家几口人？

答：6 口，父亲、母亲、兄弟三个，一个姐姐，一个妹妹。

问：那就是七口人？

答：七口。

问：你家有地吗？

答：没有，就指着父亲拉洋车。

【满铁调查】

问：你还记得日本调查团的事吗？

答：听说来过。

问：那时你做什么？

答：做短工，没事就呆着。

问：你还记得在谁那儿做过活？

答：我在郭宽家呆过几年，打短工。

【土地改革、农会、批斗会】

问：那时你家一点地都没有，从什么时候开始有地呢？

答：解放后。

问：那时你家几口人？

答：一个儿子，三个闺女，一共四个孩子。

问：你分了多少地？六口人应是18亩吧？

答：那时他没赶上，初级社时才生的他，土改时，只有我妈，我妹妹我们四口人。

问：你那时还没结婚吧？

答：我32岁才结婚。

问：那你家只分了12亩地吧？

答：是的。

问：你从什么时候知道分土地的消息？

答：1949年解放后就分土地。

问：你是听谁说的？村干部说的？还是农会？

答：由农会分，把地主、富农的东西分给贫下中农，我分了一个箱子，一床被子，分完后工作组来做土地改革。

问：等于先分东西再分地？

答：把东西先分了，把他们都斗倒，老实了再分田地。

问：什么人分东西？

答：由选出的贫下中农代表。

问：怎么选呢？

答：选穷的、懂事、能说的做主持人。

问：咱村农会有几个人？有谁？

答：杨珍、李凤琴、赵凤鸣等，其他记不清。

问：这村有地主、富农吗？

答：没地主，有富农。

问：几个富农？

答：四家。

问：富农是批判对象了，怎么批他们？

答：开批判大会，分他们东西，分他们地。咱这儿好多了，别的地方还打他们。上中农人少地多，多的也分了。

问：你在批判大会上发过言吗？

答：“四清”时，我诉过苦，那时我就两间房，吃过忆苦思甜饭。

问：还吃忆苦思甜饭？

答：因为在1942年，日本人来时，吃麻饼，用花生皮、薯秧、草根磨面做成的，这都买不到，人死多了，这村死了四十多口。

【“四清”运动】

问：“四清”是1964年的事，那时你干什么？

答：当生产队长。

问：“四清”干什么？

答：清贪污、盗窃，清干部。

问：那你赶上了？

答：是的，我从开始就干，干二十多年，这几年才不当干部了。

问：那你是清查对象了？

答：对。

问：“四清”有哪几条？

答：经过“三反”、“五反”，不“四清”不行了，有贪污的问题，比如你当官，财务不清，群众要反映。

问：贪污的事常有吗？

答：乡村财务少，厂矿才多，所以农村是自己交待，别人再给提，你都分什么了？你贪污了多少钱？查你这个。

问：“四清”反贪污外还有什么？

答：反盗窃、反浪费、投机倒把、清财务。

问：贪污、浪费的情况农村有吗？

答：哪个村都有，北京来十几个干部，搞了一年。

问：这个村有几个人在“四清”时成为审查对象？

答：干部全是。只要当干部都要清。

问：那时这村里都有什么干部？

答：书记、副书记、大队长、两个队的正副队长四人，还有管财务的、管粮食的，还有一个总会计，每个队也有一个会计。

问：你是生产队长？

答：“四清”时我是大队长，工作组让我一个人管生产，就留我一个人留在村里，其他干部到兵营去。

问：到兵营学习吗？

答：不，一个一个审查。

问：多长时间？

答：一个多月。

问：你没被审查吧？

答：人都知道我没事，我只管带人干活。

问：村里的干部也是贫下中农吗？

答：不是贫下中农也当不了。

问：也就是说贫下中农也贪污？

答：人的思想不一样。

问：“四清”后还有贪污的吗？

答：这村没有了。

问：“四清”时干部由谁领导？

答：人民公社。

问：公社的干部由谁管？

答：北京下来的干部。

问：北京来的都是些什么人？

答：毛主席派来的。

问：“四清”后干部换了吗？

答：贪污的该退的退，该赔的赔，然后还有平反，没有大问题，如吃了什么，花了几毛钱，没什么事。有大问题的换人。

问：你还记得干部都有谁吗？

答：“四清”时王德林是书记，后来他不干了。文化大革命时造反派斗他，他原在建筑队，1962年起回来当书记，就他当书记时间长。

问：谁接替了他？

答：田江，现在在公社，禹书记接替了他。

问：现在公社叫乡吧？

答：现在是镇。

问：田江干的时间挺长？

答：干了几年。

问：禹书记是新上来的吗？

答：也干了几年了。

问：分地时是他吗？

答：还是田江，禹是大队长。

问：副书记是谁？

答：杨秀明。

问：她有事吗？

答：都没什么事，我们这个村子穷，我们村分三个大组，一个人负责一个组，100多亩地，这村500多亩地，我们三组分，分地前两年我这组第一，分钱最多。

【“文革”后土地分配】

问：分地从哪年开始？

答：1984年。

问：包产前是人民公社吧？三个大组是公社的吗？

答：不，是大队的，我们这个村是亏粮户，每年国家调给我们3000斤粮食，我们村老搞不上去，人多地少。

问：是大队分成三个组？

答：是。

问：分组之前是两个生产队？

答：都归大队。

问：从什么时候取消生产队？

答：分组之前，人民公社之后就归在一起。归一块还搞不上去，就分成三个大组。

问：成一个大队时，“文革”结束了吗？

答：“文革”期间一直是两个队，“文革”结束后就归在一起了。

问：整劳力分多少地？

答：六分五。

问：半劳力呢？

答：四分。

问：二次分地在什么时候？

答：就今年，上次分到现在已五年了。

问：这次分多少？

答：这次多了，现在搞喷灌，过去的水渠成耕地了。

问：水渠这部分地给谁呢？

答：重分了。

问：分了吗？

答：已经抓完阄了。

问：你家有多少地？

答：我们三个人一亩六分地，是口粮田。

问：你是国家职工没地，你爱人有吗？

答：有。

问：可这么多人才这么点儿地呀？

答：这是我们三口的，他们有二亩。

问：啊，你们分开了？

答：是，我们分家了。

问：现在地怎么分？

答：整劳力是八分，半劳力六分。

问：你们现在多少地？

答：我们老俩口一亩二分地。

问：人民公社好还是单干好？

答：单干好。

问：为什么？

答：这些新房都是分地后盖起来的，过去有劲的不多得，没劲的不少拿，有劲的也不使了。现在单干，都使劲，粮食全够吃了。现在上级又让归整，刚分地二年，大村又归整了。

问：要建农场吗？

答：咱这个归大队，由大队统一管理。可让谁干活都不去，一天给 5 块钱都不去，在外边一天挣 10 块，现在黄辛庄买了机器，我们村地少，尽是电线杆子，机械化不适合，大村子土地多，一块几万亩，镇里让大村归整了，小村还没有。

【“文革”、造反派、批斗会】

问：想了解一下“文革”的情况？

答：现在广播里说话的那时是书记，我是队长。他姓王，现在管生产。从建筑队退休后，今年干上的。

问：“文革”时期村里什么时候搞的最厉害？

答：“文革”开始时，分成两派，造反派头头指挥。

问：造反派是村里的吗？

答：是。

问：是年轻人？

答：对。

问：你挨批了吗？

答：没有。

问：你怎么经过两次运动当了那么多年干部？

答：我从小没地，规矩，没别的心，就知干活。

问：挨斗的除了王德林还有谁？

答：还有富农，把他们关起来，由人看着。

问：“土改”时富农已经把地交了出来，在人民公社同大家一起劳动，为什么还要斗他们？

答：他们不老实，要反了。

问：富农在 50 年代到 60 年代文革前这段时间他们又干了什么坏事？

答：这村没有，别的村有。

问：有没有强迫他们劳动？

答：让他们掏茅房，扫大街。

问：让他们干了多长时间？

答：由解放开始，一直受管束，文革后才给他们平反。

问：富农子弟有没有受歧视？

答：受歧视。

问：富农什么时候摘帽？

答：摘帽根据条件，摘了好几回，让大伙讨论，看该不该摘，文革结束时有的摘了，有的没摘，持续了好几年才全摘了帽。

问：（对同席的儿子张宏英说）你三十五六岁，作为年轻的一代，你怎样看待中国的历史？

答：从“文革”开始，那时搞的挺热闹，现在看来是件错误的事。

问：“文革”时你参加斗争别人了吗？

答：那时我刚上小学五年级。

问：你当过红小兵、红卫兵吗？

答：当过，小时不懂事，跟着一块跑。

【村干部】

问：如果你记得，说说村里都谁当过干部？

答：我当一年大队长，总当生产队长。

问：互助合作时，在您之前的大队长都有谁？

答：互助组时没有大队长，小队长都没有。分了地，没有劳动力的，有组织劳动力的。

问：村里有管事的吧？

答：没有。

问：分地、互助谁管呢？

答：自愿。

问：自己找？

答：自己找。

问：也没有书记什么的？

答：没有。有村长。分了地，自己弄吧。

问：那村长是谁呢？

答：那阵没有村长，日本那时有村长。

问：解放后到那时，没有人管事？

答：有农会。

问：农会主席是谁？是不是那个女同志？

答：郭凤林，好几个呢。

问：听说土改后就不干了？

答：对，就取消了，没有农会了。

问：那什么时候开始有大队长的？

答：高级社。归大队，有了大队长，单分着生产队，那阵有两个队。

郭　连

时　　间：1990年8月26日上午

访 问 者：三谷孝　中生胜美　江　沛

场　　所：郭连家

【家庭成员】

问：你父亲的名字叫什么？

答：叫郭永太。已死多年了。

问：你叫什么？

答：郭连。

问：你有几个亲兄弟？

答：有一个哥哥。

问：郭家是个大户吧？

答：对。

问：你哥哥叫什么名字？

答：郭日远。原名叫郭怀（槐）。

问：你今年多大岁数啦？

答：65岁。

问：1925年出生啊？

答：是。民国十四年。

问：几月生日？

答：12月（阴历）。

问：我们想了解中国农民的情况，也就是你一生的情况，向你们学习。

你上过学吗？

答：没有。

问：有姐妹吗？

答：有一个妹妹，已出嫁了。

问：在哪个村？

答：在东杨庄。

问：妹妹叫什么？

答：郭兰云。她是日本人进攻芦沟桥那年生的。

问：你小时家里有多少地？

答：九亩地。

问：你母亲的名字？

答：郭张氏。

问：她娘家在哪儿？

答：佛满屯。

问：离这儿多远？

答：很远。我没有去过。

问：你母亲还在吗？

答：在。

【日军暴行】

问：你多大岁数开始工作？

答：13岁。

问：13岁以前你干什么？

答：我上学呀。日本人来了，打起仗来啦，我就不能上学了。

问：日本人来的那年你多大岁数？

答：12岁。

问：日本人来以前你上学吗？

答：没有上学，在家里干活。

问：七七芦沟桥事变的时候，你们就住在这里吧？

答：就住在这儿。

问：芦沟桥事变时的情况你还记得吗？

答：大体上记得。

问：你跑到哪里去了？逃难了没有？

答：没有逃难。

问：日本军到这个村来过吗？

答：来过。

问：什么时候来的？

答：西瓜熟的时候，国民党的二十九军和炮八旅换防时，日本的飞机轰炸，国民党军就跑了。我到村北边瓜地卖瓜去，日本兵就来了，到西瓜地搞瓜吃。这是我第一次见到日本兵。

问：这个村有炮楼吗？

答：没有。良乡有。

问：你当时怕日本人吗？

答：见人就打，谁不怕呀。日本人一来，村里就没人啦。有钱的人跑到亲戚家去啦。穷人没处逃，又没钱，只好跑到庄稼地里藏着，等日本人走了再回家。

问：这个村有没有被日本兵打死的人？

答：没有。杨有明的爸爸差一点没被打死，在大队的庙那儿，大伙儿求情，才没被挑了。

问：村里人逃到哪里去呀？

答：跑到庄稼地里，趴下，晚上才回来。

问：这村里有没有被日本人抓走当劳工的吗？

答：有。

问：都是谁？

答：郭海，我们本家。

问：抓到哪里去了？

答：抓到日本去，两年多才逃回来。

问：他死了吗？

答：死啦。

问：他是日本投降以后回来的吗？

答：日本还没有投降。抓走两年多就回来了。

问：他跑到哪儿去了？

答：这里当时还是日本人占着，他跑出去当了八路军。

问：1937～1945年日本人在中国的情况怎么样？

答：1943年，日本人正在中国，人们没有吃的，死了七十多口人。这年是旱灾，没有多少粮食，日本人还要粮。村里的人就没有吃的了。

问：这村有没有直接被日本人杀害的？

答：没有。南边最多。良乡就有被杀的。

问：村里有八路军吗？还有没有别人参加八路军？

答：有参加八路军的，没去多久就跑回来啦。

问：当时的村长是谁？

答：赵显章和赵启都当过。

问：你知道日本人来村调查的事吗？就是四几年。

答：张喜伦、赵会他们知道。

问：日本人统治良乡的时候，村里有没有保长？参加自卫团了吗？

答：有。我参加过自卫团。

问：参加自卫团的人多大岁数？

答：最小的十六七岁，最大的二十一二岁。多大岁数的都行。

问：有多少人参加了自卫团？

答：四十多人。

问：有什么武器？

答：拿棍棒，没有正式武器。

问：训练吗？有没有教员？

答：训练。有教员。

问：教练是哪来的？

答：良乡来的。

问：农忙的时候还有吗？

答：有。什么时候都有训练。

问：除教练以外，还有别人吗？

答：没有。

问：当时自卫团里最有劲的是谁呀？谁当队长？

答：当队长的人是县里来的，村里没有。

【会道门】

问：这个村里有参加会的人，即先天道吗？

答：有。

问：自卫团里有人参加吗？有多少青年人？

答：记不清了。

问：信佛教的有吗？

答：有。

问：还有什么道？

答：一贯道、信济公。磕头，一叩首，二叩首。

问：一贯道徒们念经吗？训练吗？

答：念经。

问：这是在日本的时候吗？

答：是。这村里有个二头子，就是禹国海。良乡的张云波是大头子。

问：解放以后镇压他们了吗？

答：镇压了。

问：一贯道里有没有妇女？

答：没有，外村有，良乡多。你们是日本人，知道山村吧。当时在良乡是日本人的队长。阿田是小队长。

【日军】

问：他们在良乡干什么？收过你们的粮食吗？

答：他们是日本兵，住在良乡啊！收过我们的粮食。

问：收的很多吗？

答：他们要，保甲长给款，他们知道谁家有粮食啊。日本人来抢，村里人把粮食都藏起来了，他们抢不到。

问：你什么时候知道日本投降？

答：就是这个月份，日本人投降了。

问：你看到日本兵退却吗？

答：日本投降的时候，日本兵就很少了。

问：日本投降后，国民党军来了吧？

答：没有。

【八路军】

问：你第一次见到八路军是什么时候？

答：在日本投降以前见到的。不是八路军，是工作队。

问：他们什么时候来？

答：夜里来，要公粮。徐祥给拉走一车粮食。

问：工作队来了几个人？

答：夜里搞不清楚，很多人。

问：他们找谁？

答：找保甲长。

【学艺、做工】

问：你一直种地吗？

答：不是。我 13 岁时学手艺，到 15 岁。

问：学什么？

答：油漆工，在良乡。

问：良乡有日本人吗？

答：我就是给日本人干活。当时给商会糊顶棚。

问：你什么时候结婚？

答：27 岁，1952 年。

问：日本投降以后到解放打过仗吗？

答：打过。在西北坡打了大仗。我们村没打。

问：日本投降后你干什么？

答：到15岁我就不干手艺活了。到炼铁厂去，在石景山。

问：几岁到几岁？

答：从15到18岁。

问：在炼铁厂你当什么工人？

答：土工。挖坑、挖土，苦力工。

问：那时你家里有几口人？

答：解放前七口人。嫂、妹、父、母，两个侄女和我，共七口。

问：你哥哥呢？

答：他走啦。

问：你家有多少地？

答：九亩。

问：谁种地？

答：老父亲。

问：日本投降以后你们的生活怎么样？

答：很困难，粮食都被日本人抢了。不挨打了。

问：那时你还在外边做工吗？

答：在石景山做工。

问：从石景山到哪儿去了？

答：跑回来啦。那时吃化学面，即橡子面，受不了，死了很多人。

问：到石景山做工是你自己找的吗？

答：不是。是骗去的，明文上说招工。说日本人一天给三块钱，吃三顿白面。到那儿以后就不给钱了，也不给白面吃。

问：有多少人做工啊？

答：有几万人。

问：日本军管这个厂吧？

答：朝鲜人管，是日本的代理人。

问：日本人走后你干什么？

答：种地。

问：日本投降以后，物价很贵吧？

答：对。1946年物价高。干一天活，连二斤玉米面都买不到。

问：国民党来了之后兑换法币了吗？

答：兑换过。日本人8月份投降，11月国民党军才来。日本人在长辛店有个武器库，日本人投降后被八路军接收啦。国民党军来的时候，这个军火库已没有了。

【土地改革】

问：土改时分得土地了吗？什么成分？

答：没有分得土地，贫农。

问：这村哪年解放？

答：1948年11月解放。

问：八路军来了吗？

答：从保定、石家庄那儿来的解放军。把北京已围上啦。老百姓给八路军做饭、送粮、草。

问：你知道八路军队长的名字吗？到这村的。

答：不记得。林彪的部队吧。

问：哪年土改？春天还是夏天？

答：1949年。冬天。

问：工作队是从外边来的吗？

答：是从通县来的。

问：工作队有多少人？

答：两个人。

问：他们姓什么？

答：一个姓王的，一个姓罗的。

问：多大年龄？

答：二十多岁。他们是门头沟人。

问：是八路军吗？

答：八路军派来的。

问：他们都干什么？

答：土改。

问：先找谁呀？

答：先找郭深。他是贫农，还有王德林。

问：郭深多大年龄？

答：五十多岁。

问：工作队是怎么开展工作的？

答：先召集最穷的贫农开会，讨论土改。

问：土改有文件吗？

答：有。

问：你看到那文件了吗？

答：我不识字。

问：建立了农会吧？

答：建立了。他们来之后，召集会谁也不

敢说，因为日本人统治了八年，国民党又统治了三年，人们害怕，找郭深为代表。

问：一次开会的有多少人？

答：几个人。

问：不到十个呀？

答：他们先找几家开会，再由这几家找另外几家慢慢发展。搞了好几个月，半年多。后又发展党员。

问：这个村第一个党员是谁？

答：我、郭宽、李凤琴、赵凤鸣。第二批是王德林。

问：那时村长是谁？

答：村长是刘金安、郭桐。刘金安是贫农，郭桐是中农。

问：那时你们开会主要目的是什么？

答：为了土改。

问：农会主任是谁？

答：是赵凤鸣。

问：副主任是谁？

答：就是一个主任。

问：民兵队长？妇女主任？

答：是郭凤兰。

问：赵凤鸣多大岁数？

答：60 多岁。

问：土改工作组是良乡派的还是县里派的？

答：土改是通县专区派人来的，后来是良乡的第一区。

问：农会主任，妇女主任是什么时候决定的？

答：1949 年，土改时就安排好了。

问：决定以后，你们土地怎么分呀？

答：收东西。

问：地主、富农是谁？

答：只有三家富农。一叫赵启、裴振明，还有郭宽。

问：他有多少土地？

答：裴振明有 100 多亩土地。

问：郭宽有多少土地？

答：他有七八十亩。

问：中农有多少户？

答：30%。

问：贫农有多少？土地改革时候后村有多少土地？

答：有 13 顷（一顷 100 亩）。

问：现在这个村土地很少吧？

答：现在有 500 多亩土地。

问：修公路了吗？

答：修公路、学校，占了部分地。

问：赵启家雇有多少人？

答：两个长工。

问：裴振明有长工吗？

答：两三个。

问：郭宽几个？

答：也是两三个。

问：良乡的大地主是谁？

答：吴凤军。

问：在这个村他有多少地？

答：有几百亩。约三四百亩。

问：日本人在时他就是大地主了吧？

答：对。

问：当时吴凤军干什么？

答：他在北京做买卖。

问：解放后他怎么样了？被枪决了吗？

答：没有。“文化大革命”的时候被赶回去啦。

问：谁种吴凤军的地？

答：谁都行。缴租子，每亩地五斗粮。

问：吴凤军的地都没收了吧？

答：没收了。

问：没收多少？

答：地主的地全部没收。富农的地按人口分配，多余的地征收。每人平均三亩地。

问：中农和贫农的地不动吧？

答：对。

问：地主、富农的地分给他们吧？

答：分给缺地少地的贫农。富农、地主也留土地。

问：好坏地怎么措施？

答：村里的干部们给搭配好再分。

郭　连（第二次）

时　　间：1990 年 8 月 27 日上午
访 问 者：中生胜美
场　　所：郭连家

【日军罪行】

问：你们两个人去石景山炼铁厂的？

答：对，与赵凤鸣一起去的。

问：这村里有好几个去炼铁厂的吧？

答：对，有好些死在那里的。

问：为什么死了呢？

答：吃的不成，不是粮食，吃了就闹肚子，就病了，就死了，一病就把你扔大坑了，万人坑。

问：石景山那里有万人坑啊？

答：对。

问：石景山在房山西边吗？

答：在北京西边。

问：万人坑是什么时候弄的？

答：日本人来时弄的。那死人死得多了。

问：村里有多少人去那里？

答：有十一二个。现在还有一个去过的人，快死了，叫郭奎。

问：那边死的人有多少？

答：你去郭仲杰那了吗？跟他家对面那院，他家姓贾，他家死那里有两三个。

问：你们跑呀？

答：对，跑不回来就死在那里。

问：在那工作的人都是日本人？

答：主要是日本人，也有高丽人。

问：那时你们什么时候工作，中午什么时候休息？

答：那阵不按点，天一亮就干，一直干到晌午，大约吃饭一小时，然后就干到天黑，看不见才算。

问：中间不吃饭了？

答：不吃了。有时有看着你的是不是？……

问：一天吃两顿饭？天黑收工再吃饭？

答：三顿。

问：那一顿什么时候吃呀？

答：夜晚吃呀，比如说吃完饭呀，天还黑，还未亮呢。现在说，吃完饭也就是五、六点钟，一直干到晌午，到晚上看不见了回去，回窝铺就去地上睡了。就是用竹杆子、席盖起来的一层席，下雨屋里就漏，刮风也挡不住。这还不死人？喝水没有，就喝那种冰堆堆，年轻行，上岁数不行。

问：你回来时，日本人来了？

答：日本来了。

问：你在哪里看到日本升旗的？

答：我在解放前看到的。日本人在中国打人先是“啪”的一个嘴巴，然后又是一巴掌，如果你后退，没完。当时中国人不被打的，很少很少。起码你上良乡，你一进城，日本人一看你穿黄褂子，准死无活，准凑你，不管男女。城里头出来进去的，必须给鞠躬。结婚你下来，鞠躬，让日本人瞧瞧，不让他瞧不行呀，看完才让走，很厉害呀。

问：你听没听说日本人要烧吴店村的事？

答：知道，那是在家里，1943 年以后了。日本人一进中国，这村里人都跑了，这村都没人了。有钱的都跑山顶去了。日本人占的都是铁路线，其他地方不敢去，住房山以西是山了。山区日本人不敢去了。那阵有红军，后来改成八路军。当时，山里的老百姓都组织起来了。枪少那阵怎么组织的呢？卢沟桥“七七”事变后，国民党往山里跑，让八路军给收了，咱们解放时，二十九军大刀片还有呢。没有南下，给打散后就归了红军了。他们占了整个铁路线，一直向南，良乡往南，见日本就打。日本人来的第二年，我在良乡干活，糊窗户。那时，日本人就进村，圈后面这棒子地，青庄稼地懂吗？把人都给圈出来了，装汽车上，给拉到现在的良乡中学，当时是日本一个队部，在城角，良乡城东南角一个大坑，用枪全枪毙了。

问：以后埋了？

答：埋？不埋。叫新兵，他们国家征的新兵最小的有十五六岁的小兵，他胆小，去扎去，往里扔，有的女人怀小孩，都给扎出来了。后来在良乡附近纸坊杀人比较多。

问：纸坊？

答：就是靠着良乡南门这边，那里杀人比较多了。

问：死了多少人呀？

答：没法算了。见人就打，为什么见人就打呢？有一个原因，日本人进中国时，是用坦克一步步碾过来了。到咱们这不是没人了吗？到良乡，他们不是刚来吗？昨天说卢沟桥那里有二十九军吗？换防，一换防让日本给打散了，在山上又组织开了，打良乡，从城四个犄角爬城，四个角一起往中间挤，打算消灭日本。可是东南角带路的把道给带错了，这三个角爬上去，日本人知道了，打开了，这么着伤人伤多了。找老百姓领道，天黑领错了，好嘛，叫国民党给砍了。

后来，这打开了，这一角没上去，那伙人打败了跑了，这伙人紧接着往南，这就是见人就打，只要抓到一个老百姓，那就活不了，要不中国人怎么伤那么多呢？

刚才他说日本人要烧这个村？这村有个姓赵的。

问：姓什么？

答：姓赵，叫赵永恒这么一个人，他在良乡东街完小当校长，这人解放之后从良乡给哄回来了，在合作化时给饿死了。

问：我今天上午问赵凤鸣，他怎么说这村没有饿死的人？

答：饿死的，他原来当校长，他跟良乡有一个日本人片冈较熟。

问：死时多少岁？

答：60 多岁。合作化时，他被管理。

问：富农分子？

答：对，他是一个国民党员，强迫他劳动，他不会劳动，从小不会劳动，这人这么宽这么高，个高（过门要低头）强迫劳动，咱们这阵吃食堂了，1958 年，不劳动不给饭吃，他自己绝食死的。

问：自己绝食死，不劳动不给饭吃？

答：对，强迫他劳动，他不会劳动，这么着绝食饿死的。

问：这是自杀的啊？

答：对，就是自杀。是这么个意思。

我从头说你能听明白，米粮屯，叫日本人给烧了，日本人先把村围了，然后往里打炮，不伤人吗？那阵砖房少，都是土房、草房，抱着柴火给烧着了。詹庄、安庄挨着烧，米粮屯死人多，詹庄死人也不少。

当时八路军从这过，那时各村都有情报员，给日本人搞情报，维持会吧。给他们催粮，维持会他们来了不维持行吗？这么说懂了吗？维持会叫日本人管着呢。

八路军从吴店村过，给日本人报告了，日本人说报告晚了，不干了，就要烧这村子。

刚才我说了，赵永恒校长跟片冈熟，找片冈了。从良乡东门出来，正巧那天下雨，这村人都知道了，要烧村子，赶紧跑。赵永恒赶快追日本人，给片冈一说，片冈就叫回去了，没烧。

第二天，日本人就来了，片冈也来了，校长也来了，把人找来。日本人就说，咱这村应该早一点报告。当时吴店村是模范村，是好良民。要是不这样，就得烧村子。以后大家就给日本人鞠躬，开了两钟头会，日本人就回去了。别人给你们提这事了吗？

【困难时期】

问：你什么时候结婚的？

答：27 岁结婚的。

问：1952 年结婚的？

答：是，1952 年。

问：刚解放时你当的民兵连长吧？1949 年当的？

答：对。

问：一直干到哪一年？

答：干到 1956 年。

问：后来你当过干部没有？

答：当过。

问：1956 年以后你干什么了？

答：我出去了一阵。

问：去哪里了？

答：建筑部门。

问：北京？

答：良乡。

问：干了几年？

答：1962 年 2 月份回来的，1962 年自然灾害，下放就回来了。支援农业。回来之后当治保主任。

问：郭仲杰和你一样的吗？

答：郭仲杰和我不一样，他比我回来的晚，他也是那年回来的。五几年划乡，他是乡秘书，乡没有了，他去木材公司，以后他去道林车站，以后回来了。

问：1962 年外面工作的人都回来了吗？

答：有一部分回来了。

问：外面工作的多少人回来了？

答：回来不少，很多人。

问：1962 年这个村人口多少？

答：那时 700 多口人。

问：大概回来多少人？

答：有十多个人，十四五个人。

问：回来归农业？

答：对。

问：1962 年自然灾害结束了吗？

答：结束了，支援农业回来的。

【公共食堂】

问："大跃进"时咱们这里办食堂了吗？

答：过去了。我回来时没食堂了，1961 年食堂就少了。

问：没了？

答：没有了。

问：什么时候开始办食堂？

答：1958 年。

问：几月份？

答：那时我在外面。

问：那时你有爱人和孩子吗？

答：对，他们都在这里。

问：去良乡，住在哪儿？

答：对，住在那儿。

问：休息时候回来？

答：对。

问：这一段村里情况不太清楚了？

答：对，我也常回来。

【"四清"运动】

问："四清"时你在吗？

答：在，是治保主任。

问："四清"时斗地主是不是挺狠的？

答："四清"好点，"四清"是查经济，查作风什么，反正大伙那时都"下层楼"，下一级参加劳动。

问：这边有没有下放的大学生？

答：有，又回去了。就是在"文化大革命"时，斗地主、斗富农斗得厉害。

问：咱们村当时来了知识青年了吗？

答：没有，这村就是人多地少。

【农业学大寨】

问：当时学大寨，咱们搞没搞大寨田呢？

答：搞呀，搞大寨田这村没有，刚才说纸坊，上那村干，在那里搞，他那个村有点盲目干，说人民公社有不少缺点。

那一阵子，这村也挺糟，这村乱搞，吃食堂。应该学大寨，大寨田的搞法，先挖，挖好几尺深，挖一层，倒一层豆饼，再挖再倒，铺老厚。放麦子时就没准了，麦子往里倒，想多打，结果麦子一点没打，瞎干一年就散了，没有合理密植。这村种麦子，麦子随便倒，结果没打粮食，都糟踏了。

【大炼钢铁】

问：大概什么时候的事啊？

答：1958 年，大炼钢铁时。

问：你去了吗？

答：我没去，抽了一部分人去炼，弄土窑

烧，用铁镏子往里扔。

问：就是铁矿石吧？

答：对，大炼钢铁吧，吃食堂，谁都可以吃，吃了不给钱，扭头就走，末了亏了不少钱。

问：食堂吃什么？

答：大米、白面。

问：一直都吃大米、白面？

答：后来，到 1959 年就瞎了，没吃了，吃窝头都没有了。吃淀粉了。

问：1959 年，玉米面了？

答：对。

问：还有什么？

答：红薯、干瓜菜，低指标了。

问：低指标？讲讲？

答：原来解放战争完了，打朝鲜，包括十几个国家打朝鲜和中国两个国家。咱们中国借苏联的钱，苏联专家一撤，跟中国要钱。为了还债，中国人勒裤腰带，低指标。粮没有，钱没有，就在这时候。这么说明白了吧？

【生活困难的原因】

问：你自己认为，大跃进时生活困难，主要的原因是什么？政治上、经济上的？

答：主要是经济。正在还苏联的债，国家没钱了。还债得给人家送粮食，他都给你要走了。咱们中国是一穷二白的国家，按我们那时学习来说，我们出的一块钱人民币，有物资顶着。

问：物资顶着？

答：这么说吧，出钱不是随便出的。那时我们为什么困难？由于物资给人家拿走了，我们有钱，买不到东西。

问：50 年代比解放前生活好吗？

答：当然了。

问：60 年代灾荒时候呢？

答：那时比较穷，但比解放前好。

问：灾荒时代都饿死人了，还好？

答：没有。

问：大家不都是吃糠吗？

答：少啊，还供应一部分粮食呢，不见得饿死人啊。

问：解放前不也吃这些吗？

答：那时吃化学面，那不是粮食啊，吃了你生病了，得死了。我说一句简单话你就明白了。日本人进中国是“三光政策”。那时日本人在中国，烟没有，盐没有，限制你。那时日本人进中国，就是想把中国人治服了，但中国人不怕。这没有（指火柴），没关系，这没有（指烟）更没关系，你知道有个良乡塔吗？那里有的是石头。

问：打火石？

答：对，打火石。使棉花做引子，石头一碰火纸一点着了。盐呢？那阵也真怪，道上就有盐碱，扫回去一熬就是盐，你治不了。日本人一看，这完了，中国人治不了。

另一方面说，去山区吧，日本人不敢去，去山里要走山口，沟底下走人、山上有石头，一进山口，从山上往下扔石头，你不敢进去，日本人没辙了。

再者吃粮食，一个是天旱，不收，一个是他要的紧，要抢，你看猪、鸡、鸭、花妞妞什么都要。反正让他们抓住，没好。

你刚才说的，吃粮食，50 年代，一个是还外国债，一个是刚解放，还得援助朝鲜，这时中国人就得紧裤腰带了。那阵不能饿死人，那时有个口号叫“保证不饿死一个人”，可就是吃点代食品，吃差点吧。

问：大家都理解是吧？

答：对了。中国那阵谁听说饿死人了？外地也许有，北京没有。

问：你的老伴是良乡人吗？

答：就是纸坊人。

【侵华日军罪行】

问：纸坊日本时期死了多少人？

答：我知道的是死了几十人。

问：几十人？

答：你看，她和家里人都跑山里了，家没人了，凡家有人的都死完了。

问：邻居都死了，邻居一家有几户人？

答：咱也没调查。日本人夜里去，看到屋里有灯，就开枪，那阵老百姓就是散漫，个人管个人，跟现在不一样。

特别是日本人入侵中国，就我们那阵来说还是傻，端着刺刀一直走，一下子就可以把他放那儿了，追人到玉米地，唏哩马虎地一看，找不着，他就不知道搜。

【游击战】

问：这村当时有共产党活动吗？有支部吗？

答：当时没有，后来有了。

日本在中国呆了八年，后来，八路军和游击队就打日本了，砸炮楼烧炮楼，就干这个了。日本人不敢追呀，顶多追到村里，就不敢进去了，占不住了，日本人不投降呆上几年也得完。八路军扩大了，蒋介石不抗日，就这几个土八路，也应付不了。人多，跑了，人少，他给你凑死了，圈了。那时使的是扎枪、刀。你看共产党的国旗了吗？一个斧头镰刀，那不是革命吗？良乡拿枪的人不多，都是刀，一般都是民兵，到这拆铁路，唏哩咔嚓连夹板都背走，什么都要，铁路过不来，他就不好闹了。烧一炮楼，给你围了，打游击，等你人都调来了，他人没了。这就不好打了。

到投降时，良乡没几个日本人了。丰台人多，老百姓把日本人给围了。你没枪就不怕你了，有一部分人让八路军操纵了。

日本人骑的马都是新疆马、伊犁马。

【改革开放后农村变化】

答：按现在，这几年中国发展速度特别快，特别是改革开放后，村里家家盖新房子，土房几乎没有了。

问：新房子都是改革开放以后盖的？

答：对，改革开放以前也有一部分，没这么漂亮。

你看马路上的汽车，走不动，汽车净出事，这不还要修高速公路。那时哪有汽车啊，日本人那时几辆破汽车也不怎么样，现在日本出的汽车漂亮啊。当时良乡日本人也没几辆汽车。

【民兵工作】

问：你当民兵连长时，最高兴的事是什么？

答：没什么高兴事。

问：你们领土地证时不高兴吗？

答：是啊，那时由工作队开会，安排下，一个字，就是“为人民服务”，也不挣钱也不叫苦。黑夜里看管道路，怕国民党特务的残渣余孽搞破坏，这里是交通要道。

问：抓过国民党特务？

答：抓过。这是交通要道。

问：你们工作紧张吗？

答：白天晚上都得我顶着，民兵我都得顶着。

问：你们有什么武器？

答：枪、手榴弹，上面发下来的。

问：你是连长，是吗？

答：不是，我是中队长，一个村归一个中队。

问：你用手枪？

答：不是，也是长枪，三八式，都是长枪。

问：最辛苦的事情是什么？

答：护路，护线。管这村治安，刚土改时，管地主、富农，不许他们乱说乱动，叫你干啥干啥，折腾不行。

【镇压反革命运动】

问：他们有乱说乱动的吗？

答：有，枪毙多少啊。

问：哪儿？

答：良乡。

问：这村有吗？

答：有。

问：谁呀？

答：你去大庙了吧，大庙这边，叫禹国海。

问：他为什么被枪毙呀？

答：他是一贯道啊。

问：什么时候枪毙的？

答："镇反"时，1953 年，正巧，那时正抗美援朝呢。这村里坏人就要操纵了。

问：一贯道除了禹国海还有谁呀？

答：多了。良乡多了。哪儿都有。

问：吴店村有吗？

答：吴店村就他一个。

问：还有被枪毙的吗？

答：没有，以下都是小人物了，头目只有他一个。你们去赵凤鸣那去了吗？他父母都是一贯道道徒，道徒这村不少。

问：赵凤鸣他父母都是道徒，他还能当主任。

答：道徒没事，受骗了。赵凤鸣入党最晚，李凤琴入党，他没有入党。他在那哭。

那时候国民党有个谣言，叫"共产共妻"，李凤琴在国民党时期结的婚。一解放，他就跟土改当代表，跟着一直开会。赵凤鸣那时在北京官城，北京不是和平解放的吗？他是 1949 年跑回来了，他是国民党兵，他脱了衣服跑回来了，跟八路军一说，八路军好说话呀。

问：赵凤鸣跟你说他的历史了吗？

答：没有。

问：道徒不算呀？

答：不算，起码得是个坛主，坛主以上是元帅。

问："镇反"时，禹国海有什么活动吗？

答：禹国海造谣说，要闹"拍花子"。

问："拍花子"？

答：就是把一个人抓住，心挖了、眼挖了，做枪炮子弹去，这叫"拍花子"。

问：知道了。

答：另一个是说，"下黑雨，刮黑风，要有七七四十九天"。一贯道成仙，没有事，别人都得死，这天下就是我们的，不入一贯道就得死。吓唬大伙入道。共产党知道了，这还了得，台湾还没解放，美国正打仗，美国走日本老路，拿朝鲜当跳板，进中国，我们援助朝鲜，人民军吧，毛主席号召"镇压反革命"。各村民兵听到谣言，追谣，追来追去，就追到他这儿了。

问：是他一个，还有别人吗？

答：毙多了。

问：这村就毙了他一个？

答：对，良乡多，这一批就毙了 27 个，一批一批毙，好几批呢？

问：除了一贯道，还有别的帮会吗？

答：别的村有，这村没有。

问：有先贤道、九宫道吗？

答：这村没有，别的村有。一贯道日本投降后改名为"敬天会"。

问：解放后还叫"敬天会"？

答：解放后就没有了。日本入侵中国时，每个人身上带上个小佛爷，叫"吉祥物"。他来了，这道、那道都起来，他信这个，解放后咱们都不承认了，只承认回民的教和民主党派。这道那道不承认，骗人的。共产党不信鬼了神的，日本信，桌子上面放着神的什么的。

问：日本来了不敢砸吗？

答：不敢砸，信这个。

问：关帝庙什么时候被弄坏的？

答：1950 年推倒的。

问：为什么呢？

答：八路军不信这个，1950 年破除迷信时推倒的。

禹　桐

时　　间：1990 年 8 月 27 日

访 问 者：中生胜美　戴家斌

场　　所：禹桐家

【解放前的家庭状况】

问：你们哥儿三个，你大哥叫什么名字？

答：我大哥叫禹明。

问：禹明是什么时候离开这个村的？

答：1943年。

问：日本进攻中国时，你记得吗？

答：记得。那年我31岁。

问：你哪年出生？

答：1910年4月23日，今年80岁。

问："土改"时你家里有多少地？什么成分？

答：十亩地。贫农。

问：日本人在良乡那年，你干什么？

答：种地。

问：没做买卖吧？拉过洋车吗？

答：没做买卖。也没有拉过洋车。

问：日本人来时没有被拉去当华工吗？

答：没有。

问：你大哥是什么时候死的？怎么死的？

答：1943年死的。那年闹传染病，死的人不少。

问：你大哥有孩子吗？几个？

答：有。四个孩子。已死了一个。

问：他们都叫什么名字？

答：大阳子、二阳子、大丫子、二丫子。

问：你有几个孩子？

答：四个儿子。长子叫禹国玉；次子叫禹国芳；三子叫禹国山；四子叫禹国成。

问：他们的情况怎么样？

答：国玉在解放后死了。他的孩子一个叫禹顺，一个叫禹泽，老三叫小红，女儿叫禹淑清。

国芳有一男一女。大女儿叫禹淑华，儿子叫禹燕。国成一个女儿，叫禹淑娟。国山就一个男孩，叫禹兴。

问：你父亲什么时候死的？

答：也是1943年，跟二阳子是一年死的。

问：你母亲呢？

答：是以后死的。

问：你家里十亩地，你弟弟种地吗？

答：种。弟弟给地主干活，就是给郭宽种地。

问：每年都去吗？

答：每年都去。

问：给郭宽干活的还有别人吗？

答：有。

问：郭宽家有70亩地吧？

答：有吧。说不太清楚了。

问：刚解放的时候，你家里有几口人？

答：五口人。

问：日本人来的时候你弟弟多大岁数？

答：30岁左右。

问：日本人夜间组织巡逻、站岗吗？

答：有站岗的。

问：你当过甲长吗？

答：没有。

问：土地改革你参加了吧？

答：没有。怎么分配土地是干部们干的。

【解放前后生活变化】

问：解放前后，你们的生活有变化吗？

答：有变化呀！现在的生活好了。

问：解放前你们吃过肉吗？你弟弟解放以后还在吗？

答：他在我们家，我们俩没有分过家。他没有结过婚。他有病，解放以后就死了。

问：大娘，你家是哪个村？

答：是张庄的。离这儿四里地。

问：大娘叫什么名字？

答：禹高氏。

问：你结婚时有嫁妆吗？

答：就是屋里放的这个箱子。

问：你母亲什么时候死的。

答：土改以后，大概是1955年。

问：那时生活好吗？

答：那时生活不太好，经常闹水灾。

问：什么时候生活好了？

答：也就是近七八年。土地分给大家种以后就好了。

问：人民公社的时候生活怎么样？三年自然灾害的时候粮食够吃吗？

答：不够吃。

问：有饿死的吗？

答：没有。

问：国山什么时候结婚的？

答：土改以后。

问：结婚时花了多少钱？有人送礼吗？

答：没有花钱。也不送礼。

问：你结婚时有财礼吗？

答：没有。

问：国芳什么时候结的婚？

答：才十几年。

问：国山呢？

答：他结婚 12 年了。

问：国成什么时候结的婚？

答：1982 年。

问：他们结婚以后都分家了吗？

答：就和老四在一起生活，其他人都另过日子。

问：你父亲在时是不是住在这个房子？

答：没住过。

问：土改时没搬家吗？

答：没有。

（因记忆不确定而中途结束访问）

郭仲杰

时　　间：1990 年 8 月 27 日

访 问 者：中生胜美

场　　所：郭仲杰家

【外蒙谋生】

问：你今年多大岁数？

答：我今年 60 岁了。

问：生日还记得吗？

答：阴历记得。

问：1943 年闹瘟疫时，你还记得吗？

答：很清楚，那可惨了。

问：你们家死人了吗？

答：我们家没有。家中有饭吃，当时我父亲教书。

问：在哪个村教书？

答：这村教过，在外村也教过，在黄辛庄、赵辛店都教过。我父亲吃“外管”，吃“外管”懂吗？就是去外蒙，就是现在的蒙古人民共和国。我父亲、叔叔、大爷三人都吃外管，跟着北京的老板去做买卖。现在说就是乌兰巴托了。

问：你解放前跟着你父亲做买卖吗？

答：没有，我还小呢。我父亲 16 岁就出去了。我大爷他们都在外蒙。我大爷在西外蒙，包括新疆那儿，我叔叔到过外蒙的乌里扬台什么地方。

问：叔叔是谁？

答：郭桐，这是大爷。

问：你们家中有家谱吗？

答：过去有过，我没见过。

问：你父亲什么时候去外蒙的？

答：年轻时候，16 岁，还没结婚呢，在北京给人学徒、做买卖。

【解放前的农村私塾】

问：你小时候上小学？

答：“七七”事变时上学，七岁念私塾。

问：念过《千字文》、《百家姓》吗？

答：念过。

问：在本村吗？

答：对，就跟我父亲念。孔老二的书。

问：上了几年呀？

答：不到一年。那时拜孔圣人。

问：你上学时，学校在那儿？

答：村里不是有个关帝庙吗？就在那儿。当时黄辛庄、后店也有来这儿上学的。

问：以后学校没有了吧？

答：“七·七”事变后，学校移到黄辛庄了，黄辛庄那时是实验村。

问：就是洋学堂了？

答：对，就是洋学堂，可以这么说。那时学校就有童子军了，鼓乐队。

问：当时你一直住在吴店村？

答：对。

【日军罪行】

问：日本军时期，你大爷、叔叔、父亲都在外面是吗？

答：日本军时，都在这院住着呢。

问：你上学时记不记得你家有多少地？

答：七亩地。地不多，打的粮食还不够吃。

问：谁种呢？

答：我母亲，当时我小，帮不上忙，大了才能帮助种一点。

问：日本人来时你种地了吗？

答：日本人来时还不行呢。以后不上学了才行了。十几岁以后可以了。

问：日本人来时有没有影响，记得吗？

答：记得啊，日本人来时，我们家没有这么多房子，只有三间土房子，这边有个姓康，是个跨院，外面就是一块地，种的豆子，没有房子。日本人来时都是中午，我们害怕，就跑到高粱地里躲着。

问：日本人是不是从良乡来？

答：对了，有时骑着大马来。日本人一来，这人就跑了，有时就在庄稼地里呆着。

问：这个村没有长期驻扎着日本军队吧？

答：对，因为良乡近，良乡有日本人叫片冈的，比较管事。

问：是小队长吗？

答：我不知道，反正比较拿事。那时我们村有个在良乡学堂做校长的叫赵全，跟片冈说得来的。

问：赵全是不是赵显章家的人啊？

答：不是。赵显章当时是保长，赵全一直在良乡学堂，当时比较不错，在良乡东街。

问：是吴店村人？

答：对。（指着中生手中拿着的材料）这有没有一个赵全，是赵凯的兄弟。

问：怎么了？

答：有一次，从村北过了一支便衣队，因为报告晚了，说这个村勾通土匪什么的，日本人要烧这村，大汽车拉着汽油都出了良乡东门了，当时正赶上片冈不在良乡，赵校长找他没有找到。怎么办呢？当时由村里的办事人和赵校长在良乡东门截住日本汽车，在那里央告日本人别烧，正巧这会儿，片冈从北京城回来了，给片冈一说，片冈就把日本人给弄回去了，没烧，一烧可就惨了。

问：那就是说赵全在这个问题上对村子还是有功的？

答：对。

问：赵全这个人后来怎么了？

答：解放后，后来在“文化大革命”时被解职了。

问：他解放后还是教师？

答：不是教师，解放以后就回家养老了，岁数大回家养老了。在“文化大革命”时被斗，到这村大伙没怎么斗他，都知道他。

问：赵全一直住在良乡，和这村关系不大？

答：对，他是这村人呀。

问：你还记得什么事？

答：在八年抗战中，我父亲也被抓走过，做劳工什么的。

问：去哪儿？

答：去石家庄。

问：是日本人抓的？

答：对，还有后店一个，叫强荣的，我父亲当时胆小，后店的强荣胆大。说咱们还不回去，走到哪算一站呀，咱们往回开吧，行嘛？行！跟着我跑吧！从石家庄跑回来了。跑回来到家哭，连鞋也跑丢了，光着脚丫子。

问：日本人是招工去的还是抓去的？

答：招工去的。

问：去石家庄干什么呀？

答：不知道。

问：您父亲是解放以后去世的？

答：1956 年去世的。

问：说日本人烧村子是什么时间？

答：记不太清楚了。上岁数的人都知道这事情。

【解放后的乡村干部】

问：你什么时候结婚？

答：解放以后，1956 年 26 岁结婚。

问：她们是你的妹妹？

答：亲妹妹都出嫁了。

问：都去哪个村子了？

答：一个在葫芦堡，归房山管，是房山下面一个公社。这个妹妹在南苑，她的单位属于航天部。

问："土改"时你参加了吗？

答：分了三亩地。

问：你被划成什么成分？

答：贫农。

问："土改"时当过干部吗？

答：当过，当过文教干部、武装干部，后来当过联防。

问：什么时候当干部？

答：一解放就当，1949～1951 年，1952 年去乡里。

问：去乡里干什么？

答：当乡秘书。

问：乡就是黄辛庄？

答：对。

问：1956 年就回来了？

答：对，1956 年从乡里到外面去了。

问：你还在外面工作过？

答：对，商业部门。

问：在什么地方？

答：良乡东门外有个木材公司。

问：多长时间？

答：1956～1962 年，1962 年就回来了。

问：1962 年以后你干什么？

答：种地。

问：在木材公司工作，户口在哪儿？

答：户口在外面。

问：现在呢？

答：在家呢。

问：农村户口？

答：对。

问：回来当干部了吗？

答：一直都是干部。

问：什么干部？

答：当过生产队会计，当过队长，大队担任过……

【解放后的婚姻风俗】

问：你有两个儿子一个女儿？

答：艳军、艳英是男孩，艳玲是女孩。

问：老大什么时候出生的？

答：1958 年。

问：老二呢？

答：1960 年。

问：老三？

答：1963 年"五一节"，正赶上那天放焰火。

问：老伴是哪个村的？

答：河北省容城县。

问：叫什么名字？

答：黄淑敏。

问：是介绍结婚的？

答：有介绍人。

问：她离这里多远呀？

答：200 里地。

问：她到这里来工作吗？过去在良乡呆过？

答：没有，一直在村里工作。

问：和媒人有什么关系？

答：我们有一个弟妹，她是容城人，她嫁到这里，通过她给介绍的。

问：还有容城过来的妇女吗？

答：有，田路的媳妇。河北省人不少。

问：对象家这么远，是一般还是特殊？

答：就坐火车，来到这就结婚。

问：方便吗？

答：方便，坐火车方便。

问：解放前娶亲坐花轿，是不是？

答：没坐过。我倒坐过，小时候别人结婚，我给人家提茶壶。去时我坐，回来就给新娘坐了。

问：你结婚时还有吗？

答：我结婚时就没有了，解放以后就没有了。

问：最后坐花轿的是谁？什么时候？土改以后有吗？

答：没有。

问：土改以前有吗？

答：土改以前有，以后就没有了。我的嫂子（郭仲豪妻）就是坐花轿来的。

问：现在还在村子里？

答：他媳妇叫孙秀英。

问：从哪个村来的？

答：南宫村，不远，离这村十来里地。

问：你结婚时新娘坐什么过来的？

答：就是坐火车。

问：还有什么讲头吗？

答：到我们弟妹那，先不过这里来，从那过来就拜堂，典礼，当干部那时也不让讲究。老一套就取消了。

问：你们那时有没有骑自行车接新娘的？

答：有啊。我们就在这村，就不用骑车了。举行个典礼仪式就行了，很简单。现在你要离这远点，三五里路，就骑自行车，再远的就坐汽车了。那时汽车少，一般都是骑自行车多，远点，现在也有骑自行车的。

问：雇汽车的现在很多吗？

答：一般现在都坐汽车。

问：那时有没有坐马车接新娘的？

答：马车很少。或者骑车或者坐汽车。

问：坐汽车接新娘是什么时候开始？

答：70 年代已经有了。

问：60 年代有多少夫妇坐汽车的？

答：没有。

问：第一次用汽车结婚的是谁？什么时候？

答：记不清是谁？

问：是 70 年代中还是 70 年代末呀？

答：70 年代初不太多，70 年代末差不多。

【丧葬风俗】

问：你们的白事，有老坟吗？

答：以前有，现在都平了。

问：什么时候平了？

答：“四清”左右。

问：土改时还有吗？

答：有。我们家的坟地就是电研所所在地，被占了，移别的地方也不让埋坟头了。

问：现在都是火葬吗？

答：都是火葬。

问：以前都是土葬？

答：对，买棺材。

问：现在白事风气怎么样？

答：有，现在就是摆摆供，烧纸。也有摆酒席的。

问：什么时候开始火葬的？

答：有几年了，从房山建立火葬厂时就开始了，时间不太长。

问：你父亲死时还是土葬吧？

答：土葬。

问：60 年代时还是土葬吧？

答：我母亲死时还是土葬呢，这地方火葬时间不太长。

（中间一段摆家谱，已经有记录。从略）

问：你听说过“一门两不绝”吗？

答：哥俩，只有一个儿子，有时两门都给娶媳妇，两个媳妇各继承各的香火，这叫“一门两不绝”。

问：你认识这样的人吗？

答：这村没有，听说别的村有。

【土地改革】

问：你记得土改时地比较多的是哪几户吗？

答：地多的就几户富农，这村没有地主，富农也是勉强的富农。地不多，都是几十亩地。

问：分地时地从哪来呀？

答：良乡有大地主呀，吴家、简家、秦家这些大地主。

问：良乡地主的名字是什么？

答：吴凤今，姓简的不知道叫什么，姓秦的叫“秦三”，良乡公社那个院就是吴凤今的。

问：地方不是本村的？

答：不是，是良乡的。姓秦的这村就有很多地，土改时把他的地都分了。

问：那时你们家七亩地不够种怎么办？

答：不够种，那时地打粮食少，种的七亩地不够吃。

问：是不是给别人打长工呀？

答：我父亲那时在外面教书，能有一部分收入。那时给粮食，在农村教书给粮食，我小时候也给别人干过短工。

【大炼钢铁运动】

问：“大跃进”时，大炼钢铁时你有印象吗？

答：那时我在外面，在木材公司工作，那时木材公司与煤建公司合并了。那时，简直夸张得厉害。“亩产万斤粮”什么的。在煤建时，弄那小土窑，炼焦炭，好炼钢铁呀。

问：是什么开始的？

答：1958 年开始的。

问：夏天？

答：夏天，重点在夏天。

问：搞了多长时间？

答：没多少时间，就那一阵子就过去了。

问：对种地有没有影响？

答：那时，种地搞深翻土地，翻老深，弄豆饼放进去，都糟踏了，也打不了多少粮食。那时，地实际上一耕就行了。这时不是了，把地深耕，把好土都挖出来了，把坏土都弄上来了，所以它影响生产。

贺庆清

时　　间：1990 年 8 月 28 日

访 问 者：中生胜美

场　　所：贺庆清家

【家庭、婚姻】

问：他们是日本人，这次到吴店村来采访一点你们村农民历史，了解一下你们解放前做什么工作、解放后的土改及你们生活的变化，了解水土人情、生活习惯，您叫什么？

答：贺庆清。我父亲叫贺启明，母亲死了，她家在辛农庄，叫贺崔氏。

我哥俩，没姐妹。

1935 年左右事变前这里发大水，他不知道让冲哪儿去啦。

问：您上过学吗？

答：没有，是文盲，不识字，我十六七岁时开始干活。

问：十六七岁以前干什么？

答：以前不能干活，玩呗。

问：您家有多少地？

答：没地，给人家打短工。

在良乡有短工市场，去那儿上市，别人让你干活你就去。

在良乡东门那儿，大桥那边。

那时挣不了多少钱，一般给四五十个铜子，农忙时能挣一百来个铜子。

问：农忙有多长时间？

答：两个季节，一个是叫棒子（玉米）季节，一个是麦收季节。

我家刚开始时就两口人，父亲和我。

问：什么时候结婚？

答：二十多岁，事变前结婚，那时二十六七岁，当时我是短工。

老伴叫刘淑华，是道田村的，结婚时她十九岁。

我们结婚是亲戚介绍的。

问：那时兴嫁妆么？

答：没有，什么也没给，这柜子和箱子是现在买的。

问：您结婚花了多少钱？

答：那不是我管的事。

结婚坐轿，四个人抬。有迎亲的，街坊去

迎亲。

道田离这里二十多里地。

问：您有几个孩子？

答：六个，三男三女。女的都出嫁了。

老大叫贺秀，在食品厂，44 岁。

老二叫贺荣，在东店燕山化工局工作，39 岁。

老三叫贺华，属马的，是木匠。

大女儿叫贺玉兰，今年 46。

二女儿叫贺玉英，今年 43。

三女儿叫贺玉霞，29 岁。

我今年 70 岁

【经历】

问：您记得卢沟桥事变以后良乡一带的事情和日本人打进来的事情吗？

答：那时我在家，说不上来了。

日本人投降的事我记不清了。

解放时的情况不知道。

解放前这里由禹国海管，他是一个治保委员，既不是共产党员也不是国民党员，他在解放那一年管这村。

我没当过村长，只是干活，给别人打短工种地。

我没有去过远地方，就在良乡一带，唐山、卢沟桥、北京都没去过。

问：您给谁打短工？最远到哪儿？

答：不定，最远到良乡。

我看地主的条件差不多，他们管饭，吃小米饭、窝头，吃过馒头。

问：土改时您有多少地？

答：三十多亩，解放时家有 12 人，那些地现在盖工厂了。

土改时没给分地，也没拿出去，以后就收一块儿了。

我没参加互助组。

我家里有一头驴，一个人用。

问：有人帮您种地吗？

答：不记得了。

【婚姻】

问：大闺女什么时候出嫁的？

答：忘了，嫁到工厂里了。

大儿子结婚是人介绍的，老街坊给介绍的。他在家时结的婚，媳妇是本村的，姓裴，叫裴玉凤，她家是富农。我家是中农。

娶富农的女儿没人说，他们愿意给咱。

现在大儿子在饼干厂，儿媳妇在三角饭店。

老二在东店。

（停顿）

【逃荒】

问：河东在哪儿？

答：刘家场，现归丰台，发大水时，我来的这儿。

这村有亲戚，老一辈的，是我们的姑奶奶，嫁到这里。

问：要是没有亲戚不能过来吧？

答：有朋友也行。

过来时我们就两口人，我和父亲，发大水时我弟弟给冲走了，死了。

来这儿时，姑奶奶早死了，一百多年了。

我们来这儿时，住别人家，后来才弄了两间房，解放后才盖的。

【近年生活变化】

问：您最高兴的事是什么？

答：老是痛快，这个时候生活最好，最近三两年，孩子挣钱了，开始好了。

解放后盖的房，有二十多年了，新盖的也有好几年了。

问：您从刘家昌过来，是这村贺家的老祖宗了，跟裴家怎么论辈分？

答：街坊，我老姑奶奶在禹家。

我不认识赵凤鸣。

问：您有朋友吗？

答：都不赖。

问：最难受的是什么时候？

答：刚来这里的时候，没房没地。

郭仲连

时　　间：1990 年 8 月 28 日上午
访 问 者：浜口允子
翻　　译：吴　艳
场　　所：郭仲连家

【做工】

郭仲连翻译：你想采访我吗？

答：她说您都挺忙的，这么打扰您挺不好意思，今天想让您谈谈到现在为止个人的历史，也就是您这大半生的情况，谈谈您个人，您是不是一直在这个村子里？

答：就说说吧！我今年六十七，我叫郭仲连，我原来在外边，（噢）在天津，我爸爸在天津，原来是伺候英美人，就是做饭的，（噢）。

问：英美？您是说领事馆之类的？

答：不是！住宅（住宅啊）有的是当官的，那边过去英美人，当官的自己有别墅，都自己有别墅。

问：那等于说那会儿您一直跟您父亲在天津？

答：对啦。

问：那是什么时候的事儿呀？

答：还在我小时候，十多岁。

【上学】

问：那您在那儿上的学呀？

答：上学？天津也上，家里也上。

问：您上了几年学？

答：上得年头不少，那时候是私塾，在私塾也没有人管。我爸和妈妈有时在天津，我跟奶奶在家，在这儿我们有房子，原来是老的。在日本人来的时候，这一片没有房子，就是我们一家，有六间房。这里都是自己的地。

【土地情况】

问：是您自己家里的地？

答：对，是自个儿家里的地，不是分给的，这个那个，地主呀什么的。

问：等于说是有点财产？

答：对！

问：您是这儿出生的、还是天津出生的？

答：在这儿。我们哥五个，姐儿一个。

问：您行儿？

答：我、我上边就一个姐姐，我行大。

问：那时候，您父亲在村里有多少地？

答：那会儿也就有十几亩地，就十几亩，也不是真正的大户，有一顷、两顷的，不是。按地来说，一个人有这么十几亩地也就可以啦，因为你不是大财主，有几十顷。

问：那您就是小康之家？

答：对，自己有这么十几亩地，不用租种人家的，也就算完啦，就这事儿。

问：象这样的，村里的多么？自己有点地，不用租别人的。

答：不太多！一般都是给人扛长活，干活呀！干活挣钱。

【家庭】

问：那就是说，那会儿您跟爷爷奶奶在村里，您父母在天津？

答：对！

问：那时候，您家里几口人？

答：那会儿，我们没有多少，我就跟我奶奶在家。

问：那您的弟弟都在天津？

答：弟弟，我那会儿在家不算大，在家念书不是！那会儿上算大，他们那几个都是天津出生或者是……我姐姐出生在家，就姐姐和我都是家里出生，以后呢……

问：您就跟您奶奶？

答：嗯。

问：爷爷呢？

答：爷爷不在啦！我还不记事时，就……

问：姐姐呢？

答：姐姐还有、姐姐现在在天津。

问：那您这十几亩地，家里没人谁种呢？

答：十几亩地，对对，十几亩地。那种不过来，也得靠别人。

问：雇人种？

答：过去你种地，家里没人也不行，人手不够到时候你忙不过来。

问：那您父母经常回来吗？

问：是指现在？

答：不是，指当时。

答：当时，当时以后啦，以后我奶奶死啦。我奶奶死了，我妈妈回来啦，我爸爸还没回来。

问：就是说，您父亲一直在天津生活？

答：对。我妈回来后，我回去了，又上天津了，他们都回来了。

问：您弟弟都回来了？

答：回来了！

问：那您自己又去天津了？

答：对，去天津，我又跟我爸爸在一块儿，干了几年。

问：那时您多大？十几岁？

答：当时也就十七八。

问：那是卢沟桥事变以后吗？

答：卢沟桥事变？不，卢沟桥事变我在家里。

问：那时您还没去天津呢？

答：对，还没走呢。

问：“七·七”事变以后才走的？

答：对，“七·七”事变他们进来，日本进来，日本从卢沟桥开始打，不是？我姐姐都在家里，在天津有我们亲家，有我姨儿她们，我爸爸他们都在那边，接着我跟我五叔叔上天津。

问：您什么时候从天津回来，回到这儿的？

答：回这儿？嗯，他们来的时候，我有这么一件事，我由天津回来，回这儿，就说日本吧，对不对！日本呢，“七·七”事变开始，开始以后呢，我姐姐去了天津，我也想去，后来一想去那儿也没什么事，就没去。没去呀，我有一个人在北京。在北京，他们有一一个……嗯，就是住一个胡同的，在北京西长安街，西长安街开饭馆，长安西街这边，就把我介绍到那儿。

我在那儿待了八年，他们来中国八年。

问：您在那儿待了八年？

答：我在那儿待了八年。

问：就是说，卢沟桥事变您去了天津，没待多长时间就回来啦！

答：没待多长时间就回来啦，那儿也没事。

问：您在饭馆做什么？

答：在饭馆？原来我是跑堂的……

在那儿，也不经常在柜上待着，那会儿不是他们在那儿过去有青年团，有那个“干部”（日语）。

【新民会青年团】

问：对，您还会说日语？

答：学……咳，那是我当青年团当队长，当“干部”（日语）。

问：是北京市组织的青年团，是吗？

答：不是。那是北京市里的一个组织——新民会，那新民会青少年团。我们在西昌街，那会儿归二区，我就在那儿，待了八年。

问：干部是什么？

答：干部？干部就像队长一样，中队长啊，小队长啊，大队长啊。

问：您做什么呀？

答：我是出去有时候维持秩序，就是电影院啦……过去有空袭警报，乱七八糟什么的，就是维持秩序。也不干别的，也有时候上别的地方干点活，有事儿干点活什么的，那人呀，都是各铺里的，尽是买卖里学徒的，尽挑年轻的。

问：那时，您家谁在村里呀？您的妈妈、奶奶、姐姐、弟弟？

答：嗯。

问：您父亲还在天津呀？

答：那时这个……我姐姐他们来了北京。

问：您父亲在北京！

答：我父亲在天津。

问：在天津？

答：在天津。

【打工】

问：就是说在北京您待了八年？

答：不，八年多，到他们走啦，就是胜利，是什么呀？国民党，是不是？

问：那您，日本人打败以后，您还在北京？

答：对，日本人打败以后，我还在北京，在北京门槛胡同，那地方啦。门槛胡同，在大栅栏里头有个小胡同，在同乐电影院那边儿，往里走有个顾家楼，往下走，大门楼对过有个西胡庄，就是同意馆，我在那儿。

问：还在饭馆？

答：还是饭馆，就是回子馆，在那儿待了二年，完了去天津，在中原公司六楼，有个唱戏的叫侯喜瑞，他开了一个饭馆，因为他是个回族人，我们在回族饭馆，这么一来，就上天津了。

问：您是回民吗？

答：不是，这村儿没有回民。

过去天津中原公司是日本的。

问：那会儿您二十三四岁吧？

答：二十五六，折腾了多少地方，去多少地方，在中原公司，原来国民党胜利，共产党打天津，北京解放。打天津、天津解放以后，没事了，别人又给介绍了一个还是老工作，伺侯外国人，那时没有什么有钱的，就瞎伺候，有一个德国人，跟一个苏联人，德国人贸易，这小子，媳妇是苏联人，有三个孩子。

问：在他们家做什么？

答：做饭。

问：那是解放后，解放后外国人还没走吗？

答：解放后他们待了二年，才让他们走的。

问：那时候，你在天津家里还是那些人吗？

答：对！

【土地改革、划成份】

问：出来时您分地了吗？划成份了吗？

答：土改时候？按说我这点儿地，算贫农，给划了一个中农，以后尽打架，十几亩地不算中农，由中农，地主，好几层呢。

问：这村是不是因为地少，也没有地主？

答：没有，地主也是我们老郭家，郭松华那儿他的地最多，最多才一顷地。

问：是您的亲戚？本家？

答：对，也姓郭。

问：那您没分地，拿出去了吗？

答：也没拿出去。

问：是不是因为您那会儿耕地时雇过人，给划的成分高了呢？

（打断）

答：对，就象刚才你说的，村里地少，没有人有十顷，八顷的，因为村穷。

问：您一直就这十几亩地？

答：这村儿太穷，就说最高那个富农，就一顷地，就他一个富农，地主没有，中农有，下中农有，富农多，有三十几亩地，超过二十亩地就往上划，划富农，情况不一样，各村不一样，要村里地多，有二十亩、三十亩，划个贫农，你地少，（可以给你往上来来。）

问：土改时您不在这里？

答：对。

问：那您也不太了解这事儿吧？

答：反正大致就是这样，政策就是这样。

问：您什么时候回来？

答：回来二十多年了，在天津跟外国人待了二年，又转了几年，跟着回来了。

问：您在天津待了二年，后来去那儿？

答：后来回来啦！

问：那二十年多了吧？

答：二十年多，北京十年，日本来我在北京门槛胡同待了二年，上了天津，天津解放后在天津待了两年，就回来。

从天津回来还分了一个大车。

问：为什么还给您分大车呢？

答：是呀，十几亩地不算什么，分了一个车。

问：您的大车从富农那儿分的吗？

答：对。

问：就是说从五几年您一直在这儿？

答：对

【婚姻家庭】

问：那时您结婚了吗？

答：结婚了，我儿子今年四十了。

问：您今年六十七，您在北京那会儿结婚对吗？

答：对，我结婚以后一直没有孩子，老不回家，到天津那儿还没有孩子。

解放后，我就一直当干部，什么调解委员啦、民政啦我都干。

问：结婚时，您多大岁数？

答：二十一二。

问：您在长安大聚院饭馆时就结婚啦？

答：对，结婚后我到天津，我姐家就在那儿，我姐让我把家按到天津，待了一年多，有孩子啦，后来，解放后把外国人轰走了，我们也回来啦。

问：就是五几年您带着爱人，孩子从天津回来啦？

答：对。

问：您回来以后就住这块儿地方？

答：这儿老地方呀！这房子没盖几年，孩子都大了，我们家的死得早，我三小子一闺女。大儿子才十岁，底下全是小的，我们家的就死了，得的是癌症。

问：您大儿子才十来岁，挺不容易的。

答：是呀，四个呢！这也是靠共产党，要是靠别人，这孩子一个也活不了。

问：谁帮您看着孩子？

答：因为那时候我们就在这儿，这边有三间西屋，那边有三间北屋，北屋原来是我们老太太的，跟我们四爷住，我们二爷打太原阵亡了。

问：阵亡的那个叫什么？

答：叫郭仲达。

问：您父亲叫什么？

答：叫郭毅。

问：您一直在这儿从事农业？也就是种十几亩地。

答：对。种地养车。

【合作化】

问：以后就是互助组，合作社？

答：对。

问：成立互助组、合作社的事您还记得清楚吗？

答：记不太清楚了。

问：成立人民公社以后您还记得清楚吗？人们把地交了。

答：交了，吃大锅饭，吃食堂。怎么说呢，真有的地方吃得不错。这地方吃得不是圆白菜，不是糠、吃的是棒子皮，蒸了吃，吃完了拉不出屎。

【自然灾害】

问：自然灾害时，这里更厉害吧？

答：对，更厉害，那时东西也贵，一个大萝卜要十块钱。

那会儿我们这儿，五处的工人都不当工人了，都回家种地去啦。产出东西值钱呀，那时人饿得，砍完白菜的底下那个须子都吃，没有呀、不吃那个你买东西？买得起吗！这也就是困难时期，对共产党来说就是困难，也有困难，也有不困难，一步步来嘛。

问：50年代这儿有派系斗争吗？

答：斗争？土改时有。

问：1957、1958年那时反右派有吗？

答：这儿没有，这里文化大革命我倒清楚一点。

【除“四害”】

问：除“四害”那时您还记得吗？捉麻雀呀、逮苍蝇什么的？

答：有一阵儿，除“四害”时，就是耗子多。

问：您能说说文革时的事吗？

答：文革不记得。

【村干部】

问：那您印象最深的是什么事儿？不单指文革期间，就是说您这大半生中，记忆最深的包括哪些运动，给您印象最深？是土改，人民公社，还是文革？

答：（沉默）那时我当干部，民政主任。

问：您从什么时候当的？

答：解放后就有这么一个组织。

问：您从天津回来就当这个吗？

答：对。

问：一直干到什么时候？

答：有几年了，对，我回来时，我爸爸在家，当民政，干得岁数大啦。我当了，干了十几年，到后来改调解委员了。

问：那您父亲什么时候从天津回来？他没一直待在天津？

答：我去天津后，他就回来啦。

问：那土改时，您父亲在家。

答：赶了个尾巴，没赶上真正的土改。

关于土改，这村还有人，你们找王德林和赵凤鸣，他俩在这儿，他们现在是亲家，他俩土改时都是党员。

他们俩说岔了，打了一架，后来成了亲家，还有一个叫郭怀，八十多岁，土改时也是干部。

【生活感受】

问：到目前为止，您觉得最值得高兴的事是什么？

答：我觉得在外边跑了半辈子，吃过喝过，玩过乐过，回家后，孩子大啦，个个娶妻生子，老大、老二、老三、还有一个闺女，给他们娶过媳妇，我就完成了任务，现在我能动，他们给不给我钱无所谓。头年我还给人做过饭，去饭馆几个月，挣好几百元，自个儿花了。

问：有手艺就不愁了。

答：对，俺们村儿，大小事儿，孩子满月，都离不了我掌勺，这几年虽有点苦，也没什么，现在跟老大过，后边是老二，街里头有老三，一直跟老大过，老大在首钢，是工人，儿媳妇在瓶厂，做墨水瓶，上班啦。

问：您大儿子十几岁时，您老伴去世的吧？

答：对。

问：那时您有几个儿子？三个啊。

答：三个儿子，一个闺女，他们之间差不了几岁。

问：那您这一辈子也没吃过什么苦？不象其它人那样吃苦，您有手艺，而且家底不是很薄。

【“文化大革命”】

问：您对村里发生的几次大的运动还有印象吗？

答：大的运动没什么。就是土改、“文革”等。

问：“文革”时您还记得村子里的事情吗？

答：不大清楚，那时，有四个孩子挺累，做饭什么的，做饭又要赶车，没精力管国家大事，孩子都小，都在家。

问：就是说，您没有参加运动，那您的孩子呢？是红卫兵吗？

答：孩子还小，上中学。

（停顿）“文革”我也参加了，跟一个姓郭的叫郭松恩，我俩是队长，我们村没出人命，一般是斗斗，游个街，跪下，画个脸，这不算什么。

问：听说那时有牛棚？给那些地、富、反、坏弄的牛棚？

答：没有，这儿没有，这里就有地主、富农，要审就审，审完以后就放，到时候去找你，来了就斗，斗完就走。

问：谢谢您告诉我们这么多事儿。

答：还有好多事，我脑筋不好使。

问：时间久了，记不清楚了？

答：嗯，因为事儿太复杂，一个人记不清。

【家庭】

问：您孩子都是什么毕业？

答：初中，他们都是工人。

问：您的闺女也出嫁了？

答：对，三儿子在这儿，是瓦匠，什么时候也有一样，有不一样，有过得好的，有过得不好的，我算中等。

问：您有手艺，不太象农民，我以为您是退休的职工。也许是因为在外边时间太长了。

答：在外边时间长，接触干净人比较多。

问：我觉得您家里就不太一样，我们访问很多家，觉得您家里气氛跟其它的不太一样，有点城市气氛。

答：是呀，看这地、没土，天天擦，箱子、什么也摸不着，干净惯了，看着脏就是别扭，因为伺候人伺候惯啦，到自个儿也受传染了，要干净。

问：您觉得与厨子比，干农活很重呀？

答：不觉得，我不怕干活，脏衣服都没。（这是我孙子）

赵凤鸣

时　　间：1990 年 8 月 29 日

访 问 者：中生胜美

场　　所：赵凤鸣家

【家庭成员】

问：是您父亲？

答：不是，是我大爷，父亲的哥哥。

问：您父亲哥几个。

答：仨个，赵家庄是我二大爷，叫赵显章，我父亲叫赵瑞，大爷叫赵钱。

我这一辈哥俩，弟叫赵凤竹，妹妹赵淑贞，我有个儿子叫赵长海。

赵凤竹三个儿子，大儿子叫赵志平，二的叫赵志岗，三的叫赵志桥，有个闺女叫赵容梅。

赵长海有一个女儿叫赵莹，儿子叫赵悦，儿媳妇叫秦国明。

赵显章的后代在这村，三个儿子死一个，还有两个，死的叫赵凤林，老大，死两年了。老二叫赵凤岐，老三叫赵凤崐。

赵凤林有俩闺女，大的叫赵春荣，二的叫赵志荣，没儿子。

二女儿招了个女婿，叫邹仲安，土语叫上门女婿。

【街坊辈分】

解放前后，老街坊的辈分儿变了，称呼就弄乱了，现在实行婚姻自由，有的爷爷辈与叔叔辈的结婚，就不好了。

年轻人也知道辈份儿，有一个姐妹，姐找的是叔，妹妹找的是侄子，本来叫叔叔，却也叫姐夫，姐姐叫赵秀兰，嫁给禹岗，妹妹叫赵秀平，嫁给禹宝岗，家里人都不满意，姐姐已有四十多岁了。

赵秀兰的爹是富农，叫赵祥，胆小，不敢说，“文化大革命”时管怕了。

问：老街坊的关系，我们感到奇怪，你们按辈分结婚，我们按岁数结婚。

（停顿）

答：亲叔伯，上一代是叔伯，往下是当家的也叫本家，五服之内叫当家的，以外叫远当家的，都是同一祖宗。

远当家的可以通婚，血统就分开了。

问：赵家有没有没出五服，本家结婚的？

答：没有，这村里有 80% 一姓的，我们老赵家人不多。

附近有出了五服结婚的。黄辛庄就有，老阎家，阎长录的儿子，跟两个女的结了婚，女的爸在北京，我认识她妈，他们也姓阎，本村的。两家出了五服，他们有家谱。

人家祖上有文化，像老孔家、老孟家，多少辈都能排下来。

我们的堂兄弟都是凤，排行，上一辈都俩字，赵钱，赵瑞，还有赵显章，这是号，他叫赵树。

到下一代就乱了，有的排，有的不排，我们家庭不和，就不排了。

以前我在村里当干部，得罪人，他想这么就这么，不成又不愿意，就这么回事儿。

我这辈子尽当干部了，得罪人也没人敢把我怎么样，我也不怕。

我当干部时，一开始家里人高兴，1949 年刚土改时我当干部，当时当家的弟兄关系还好，老人也在。后来老人管不了事儿啦。

问：因为什么事？具体的。

答：比如说计划生育，要是罚他就不高兴。

再比如说点电灯，全村一个电表，一户一个电表买不起，你得多大的灯泡花多少钱，他就想点大灯泡，一查，回来都找我。

这是打比方，没有具体事，慢慢就疏远了。

刚土改时，哥几个还可以，从人民公社吃食堂时，关系不好了。那时叫共产主义食堂，到哪儿吃哪儿，光吃不干活。

现在关系有点儿缓和，见面有话了，有话也不多，有什么事，儿媳妇、孩子来。

这里兴拜年，初一拜，不磕头。解放前得磕头。人民公社时互相不拜年，解放初拜年还兴磕头，后来 1951、1952 年取消迷信，不兴磕头了。取消迷信，取消会道门。

那时挣工分，评级，不给他们评级就不愿意。现在把地分开了，自己种自己的。

我 1949 年入党，头一个春节没地方买神纸，有私人卖香，就买了一些，第二年不买了。也没人卖了，迷信自个儿就消失了。

【会道门】

问：这村有哪些会道门？

答：这村有九宫道和正字慈善会，本村一个负责的叫禹国海，良乡也有一个，负责的叫张文波。

禹国海还有两个儿子，大儿子是个瞎子，五十多岁，二儿子四十多岁，是个木工。

我的父母被禹国海骗入了九宫道，他是这村的头，被枪毙了，良乡的是大头。

入道时我 14 岁，上北京学徒去了，今年 66 岁。

入道有文件、书，给一本书，钱多的留个人名，我们家我妈一份，我爹一份，爹死后把文件在坟里烧了。

还有一个牌，写着“正”字，像奖章似的，写着“正字慈善会”，还有一个本子，纸的，有规章，照片，像会员证，这边是姓名，性别，这边是照片，然后是规章。

牌子是四方的，中间是大“正”字，底下是号码，别在胸前。

禹国海骗人有一套办法，说入了教有神灵保佑，地都卖了给交钱，我们的二亩地就卖了，交会费，入了会可以长生不老。可入会后，父母还有时生病。

问：您父母是否经常有病？

答：有，因为怕死，入了会。那时我父亲 50 岁，母亲 40 岁左右，比我大 25 岁。我父亲比母亲大 7 岁。他们身体不太好，母亲气管炎，咳嗽。那会儿迷信，烧香磕头，有时没钱买香，就烧“心香”，心里想敬香，心诚则灵。

问：这里讲究风水吗？

答：讲，与道门不是一回事。

道门的上面是在涿县，解放后禹国海活动时我跟着他，良乡公安局给我开了一个证明，上车不要票，我跟着他进了涿县城就告诉公安局他来了，又拿着条子回来。

禹国海 1953 年被枪毙了。

我不清楚他们搞什么活动，他们除烧香之外，还搞破坏活动，想翻天，有“变天”思想，推翻共产党，破坏共产党建设想坐天下。

问：他们破坏有具体事儿吗？

答：上边掌握着，抄的时候全国一齐抄，1953年全县枪毙了两个，一个禹国海，还有一个张文波，他俩一个是小元帅，一个大元帅。枪毙张文波时，有一个陪绑的，也上法场，姓杨，是良乡南关的，押了几年，放了。

那时连小偷也抓起来，后来放了。

他们的本部在张文波家，公安局抓的。抓禹国海的，先到王清林家，那时他管土改。把他抓起来后，她媳妇就上王清林家里去哭，王就找公安局，以后她不敢去了。

他在铁路那儿搞破坏，往铁轨上放石头，早就想抓了，就是没机会。抓的时候，他就住这儿，经常上良乡开会。

问：还有其他入会的吗？

答：受骗入会的还有我大妈，大爷。我们村有五户。枪毙禹国海时，他们去诉苦，我也去了。说把地卖了，钱也花了，生活没人管。

土改时，禹国海也有土地，他是中农，当过保长。共产党政权成立以前，他管这村，成立后就下台了。他是国民党的伪保长，地不多，本该是团结成分，因为他是国民党党员又是会道门头子，伪保长，成分也不错，是团结对象。

比方说，这边是贫农，那边是富农，中间是中农，中农多，得团结中农，剩下地主。团结多数，打击少数。

问：除了枪毙的外，九宫道的其他人政府有没有处理？

答：没有，开过会，登过参没参加组织。参加贫协得说这个，入档时档案写着，是道头呢还是道徒。是政府的档案，每人都有。

【共产党员】

问：这村还有谁是党员？

答：姓郭的党员多。

郭、禹、杨是大户，当干部的姓郭的不多，姓禹的不愿意干，连小组长也不干。解放前他们也不富裕，就有一户富农。

这村姓杨的六七十人，姓郭的200多人，姓禹的170多，我们老赵家才20多人。

我们老赵家因为我当干部，有矛盾；姓禹的很团结，现在也不团结了。姓郭的仲字辈很团结，他们以前就团结。

“文革大革命”时这里增加5个党员，郭家占4个，80%，那时他们掌权。那时我们村先建党后整党，先发展新党员。新党员当支部书记有一个姓刘的，当书记是他们选的，像我们这些老土改都靠边站了。郭连那时没受冲击，他60岁入党，56年死了，喂牲口。老郭家是造反派，发展党员最多。

【街坊辈分】

宋麒是我爷爷，按血统和街坊都是。他的老祖宗是我三太爷，他死了，三太奶奶带儿子嫁到宋家，改姓了，排下来叫他爷。他现在跟我出五服了，成街坊关系，算乡亲。

郭仲豪还在，跟我同辈，我比他大，他叫我大哥。他父亲叫郭树，给我当会计，土改时当，给写字，计谁家有多少房子过去他给地主就当这个，像黄世仁，管账，我叫他郭大叔，比我大二十多岁。郭桐是他弟弟，那会也帮着干，后来当了副村长。刘金安是村长。郭桐是我最小的老叔，比我大十多岁，今年70多了。

郭仲杰跟我一辈，我当乡长时给我当秘书，比我小7岁，叫我大哥。土改时我是农会主任。

仲强、仲叔、仲勇是郭连他们家的，郭连比我小一岁，65岁，我叫他叔，人小辈大。

郭家祖宗叫郭洞，下边哥五个，永泰、永财、永志、永智、永昆。我管他们叫爷爷。永智长我7岁。

我叫杨秀明姑姑，比我大一辈，岁数没我大。她是党员，干部，平常叫名字，有重要事时打电话求她，就叫大姑。现在初一串门上她家还叫大姑，实际上是拜年。

【干亲风俗】

问：干亲是怎么回事？

答：老杨家和老赵家是干亲。杨秀明她叔伯哥是我干爹，他给我写信就写“义儿”，认干亲得注意辈分。

我干爹死了，干妈还活着，平时和初一都去，买点东西去看看。

小时候不好养活，怕死了，认个干爹就好了。我父亲和干爹关系好，到孩子辈的，有个三病两痛的，生病了，就把孩子过继给他当干儿。讲迷信说是好养活，不生病。

我剪下点头发，放在干爹布鞋鞋底，让他踩着，就不死了。还得给干爹买一双筷子，一个碗。找了干爹，就有干妈。

女孩也可以认干爹。

如果生了孩子死了，就害怕了，赶紧找干爹。现在还有认干爹的。

没有儿子的人可以认干儿子。

找干爹不论生辰，属相。

贾　瑞

时　　间：1990 年 8 月 27 日
访 问 者：笠原十九司
翻　　译：王振锁
陪 同 者：载家斌
场　　所：贾瑞家

【家庭成员】

问：今天冒昧地访问您。现在日本关于中国农村的资料比较少，他们是搞历史的，这次采访的目的主要是搜集资料。您叫什么？

答：贾瑞，67 岁。属牛，出生在本村。

父亲叫贾正兴，也是农民，他有 10 亩地，原来卖了，民国 1928、1929 年卖的。

我弟兄三个，我老大；老二叫贾英，在祚县、农村；老三叫贾志，在北京当工人。

问：有姐妹吗？

答：有，都出嫁了。一个妹妹叫贾玉兰，嫁到丰台了。

【教育】

我上过一年级，二年级念了半年。

八、九岁上学，在本村，那时没中学，没初中。就小学一、二年级，老师也没准，一年换一个，是村里雇的，不是上边派的。

校舍在大队那里，就在庙里，两边有厢房，就在厢里房。

上学时有四、五十个学生，也有一、两个女学生，小学读百家姓、三字经，现在也认不了几个字。那会家里没钱上了，又得干活，后来就不去了。

问：上学交钱吗？

答：交，一年拿一块钱，有两块的，雇老师。

那时上学的孩子占全村的 60%，一半多一点，跟我一般大的孩子有一半以上上学，象我这样上一半退学的人很多，一长大就干活去了。

那时女孩不让上学，男孩基本全上学，也有不上的，那会儿上学呢。十来岁、十二三岁才上学。

不上学的就玩、打草。

有的上三年、五年，总的来说，男孩子有 60% 进过学校。

当时小学生年龄最大的有十四、五岁，那时让念什么就念，还有算术，不象初中、高中。上学时老师打人，要不学不会，用小木板打，或者用棍子。

上课时有时打架，老师一看着就不打了。

上学时没有朋友。

小学完了就干活了，租别人的地，我们地少。

【家庭状况】

问：租谁的地？

答：没准。有的人租完打不让再租了，给你次地租外村的地。

我一直干农活，给别人打短工，有外村，不一定哪个村，就良乡附近。

我 25 岁结婚，老伴是北边的，北京市崂平县（丰台区）、结婚时她 23 岁，小我 2 岁，叫阎淑兰。是亲戚给介绍的，农村一般结婚早，我算长较晚的，家里没钱。

我有三个孩子，都是儿子，一个在外边，两个在家。

老大在家。

老二在燕山化工厂、工人。

老三在家，两个孩子。

【日军、满铁调查】

问：记得卢沟桥事变吗？

答：记不住了。

日本人在时，也记不清了，就知道打仗放炮。

见过日本兵，过来时见过、打仗时见过，日本兵往那边退，往南，路过这里，东边那就么一条马路。

问：看见日本人有什么感觉？

答：那会儿外国话不会说，人都跑了，后来才能见着人。

日本人住良乡火车站，是通向北京的铁路线。

那时候我还小，就知道跑，听过日本人打死过人。

我们这边的日本兵少，往南去多。

他们抓人去卸火车，来东西就给卸，卸完就回去。这村没有被抓住的。

这里有“新民会”在良乡城里，不知道这里是什么组织。

问：1942 年“满铁”上这村调查，您知道吗？

答：不知道，那时我给别人干活，不在村里，回来也没听人说过，那会谁也不敢说。

问：解放以前“黄兴道”（?）来过吗？

答：没有。

日本人白天也来，他们逮小鸡，要鸡蛋，不要粮食。

那时妇女都跑了，谁也不敢在家。

【灾害、迷信】

问：知道解放前八路军的情况吗？

答：不知道，不打仗什么也不知道。

1943 年这里发生过旱灾，当时良乡工罢得挺厉害。

人们得了热病，就是瘟疫，死了许多人。

这里有求雨的，到处都有，这地方求雨没有固定地方，离这儿不远有个龙王庙，上那儿去求。

过去这儿也有龙王庙，附近黑龙关有龙王庙。

讲迷信求雨，有时碰巧 3 天就开始下雨。有时也没用。

干旱持续了半年多，冬天到 5 日。

得了病也没有钱治，等死，连吃的钱都没有，更不用说求神拜佛。

【斗富农】

问：斗富农的事记得吗？

答：没有。

这村有三家富农，没有地主，赵喜、禹国耐还有郭宽。

斗地主拉出来站在那里，不戴高帽，不挂牌子，在庙里斗。

大庙是吴店的中心，干什么都在那儿，办公也在那里，国民党的村公所边在那里，共产党支部也在那儿。

这小楼是头几年才盖的。

斗富农的负责人就是农会负责人叫赵凤鸣，还有王德林。

问：他们是支部负责人吗？

答：不知道。

问：昨天我们访问王德林，他是支部书记和民兵负责人，您知道赵凤鸣是干什么吗？

答：不知道。

斗富农时我不在家。

恨富农，分他的地他不乐意，那会儿我们家没地，就得上外边给人家干活去。

我不知道什么时候开始斗富农，那时我不在家，也没有看见过斗，所以斗富农没有什么感觉。

农会主任管斗富农、我们村小，没有地主分地时不管谁的，随便分。

问：您分的是谁的？

答：说不准。

地总有好坏，分得时候赶上那儿算那儿。坏地也比以前好，以前种人家的地，得交租。现在除国家外，其余的全自己留着吃。

那时因为分地有吵嘴的，吵完了还得分。

解放后生活也好了，多数大了，有人给说媳妇了。

【会道门、迷信】

问：村里有多少会道门？就是加入“正字慈善会”？

答：说不上，就也没有。

解放后有一个破除迷信活动，具体不记得会道门之类全打倒了，斗他们，我没有参加过打倒会道门的会。

解放时我在外边干活，知道有个张文波，成立过“正字慈善会”，就是九宫道，他不是这种的，是大元帅。这村有个俞国海，是二元帅，都枪毙了。

参加九宫道的人都是有钱人，穷人不要，还得交会费，要钱。我不知道这村有多少人参加。

庙里的佛像是刚解放时拆的，解放前一个看庙的专门管那个庙。过去村长具体管这事，他就找了一个外村的出家的小老道，过年烧香时他给开门什么的。

这村除关帝庙外，还有一个五道庙，在那边。现在没了，解放后塌了，没人管。过去迷信上那儿报庙，烧纸，在那里哭。

人死了上五道庙哭丧，让五道爷转告阎王爷人间又来了一个烧纸、烧纸车、纸马。

“头死三回”就是死的头三天，每天报，一天报三回，就是烧三次纸。

问：您具体体验过这种事吗？

答：我母亲死时没人报，小孩小，那事非得自个儿女去报，拿点纸到那儿烧，亲生儿女烧纸。解放初你父亲还活着，母亲去世后是土葬，现在是先烧成骨灰，村里给一小块地，把骨灰盒土葬。

有的地方象良乡没有这习惯。

根据本地习惯，每年清明节以前去上坟也没有祭日。

我父亲的坟没有了，都平了。

现在没坟地了，人死了就埋在那边沟那里是公墓，有的上面有碑，有的没有。我父亲去世时还有坟地，离村不远。现在没了，那会儿各家有各家的坟地，坟地是一大姓的公地大姓的坟地有看坟的，是祖先传下的地。小户没人传。

这村最大的户是禹家、赵家。

问：吴店这名字是怎么来的？听说有个姓吴的在这里开店，是不是？怎么这村没有姓吴的，他没留下后来吗？

答：不是，以姓叫村名的很少。

【识字运动】

问：50 年代有识字运动，扫盲，记得吗？

答：记得，一天干完活就上识字班念书。

三

吴店村相关资料

（一）吴店村住宅配置图

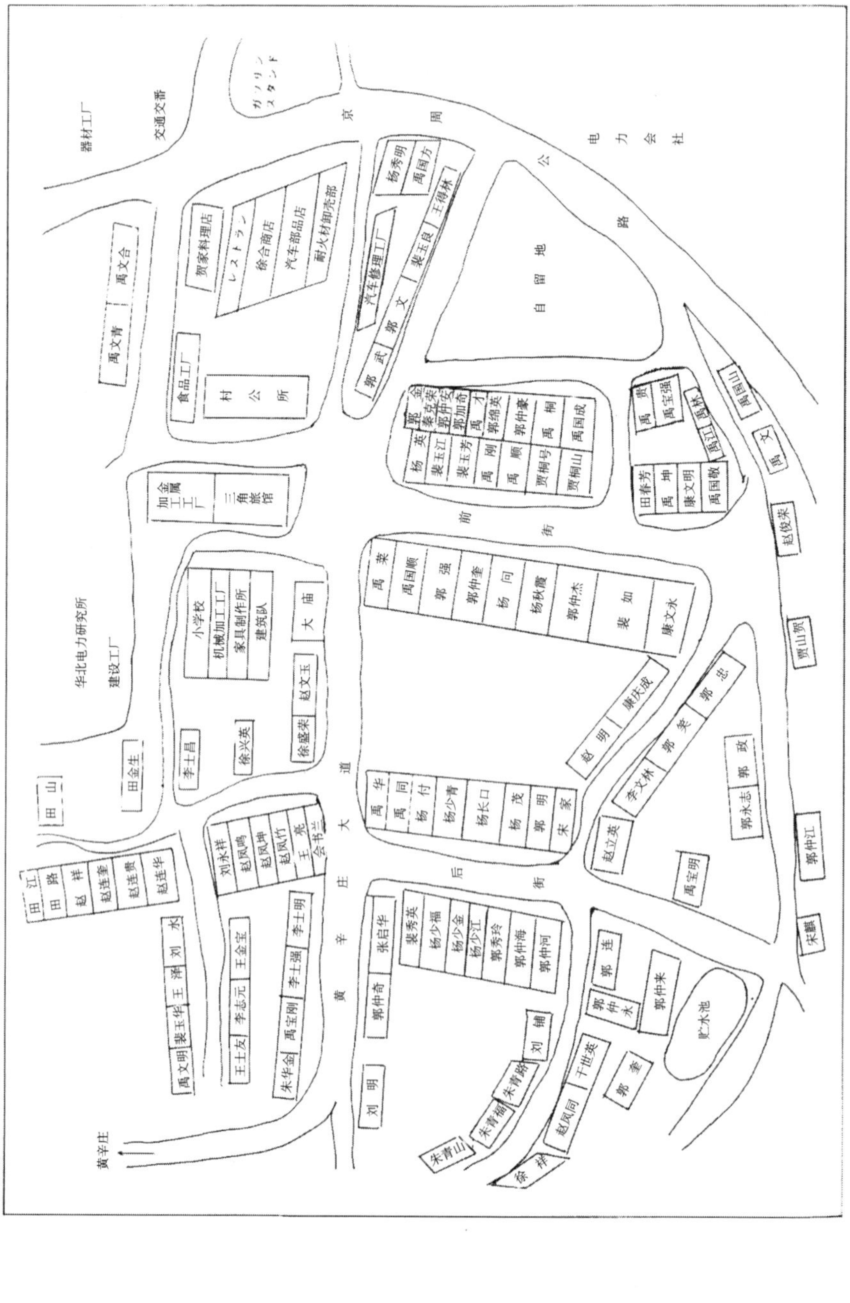

吴店村住宅分布图

（二）问卷调查结果

1. 对各个家庭年龄结构调查的分析

表 1　年龄构成

	男	女		男	女		男	女
0	2	1	28	9	4	56	2	3
1	1	2	29	2	5	57	1	4
2	7	9	30	9	4	58	1	2
3	14	3	31	3	6	59	2	1
4	9	1	32	8	5	60	2	1
5	11	6	33	2	16	61	1	4
6	8	4	34	10	9	62	4	2
7	14	5	35	6	7	63	0	4
8	8	9	36	9	9	64	0	2
9	6	6	37	7	11	65	5	2
10	10	4	38	5	6	66	1	1
11	7	6	39	5	4	67	3	1
12	4	8	40	3	4	68	0	4
13	7	2	41	8	6	69	0	3
14	8	5	42	6	8	70	0	2
15	2	5	43	3	3	71	0	2
16	4	2	44	2	1	72	1	2
17	3	2	45	4	8	73	3	0
18	3	6	46	1	7	74	1	2
19	7	5	47	1	4	75	0	0
20	5	6	48	0	3	76	2	1
21	5	9	49	3	2	77	1	2
22	3	4	50	4	1	78	1	0
23	5	4	51	2	1	79	1	0
24	7	4	52	4	2	80	1	0
25	5	9	53	3	2	81	0	1
26	9	8	54	1	1	89	0	1
27	4	8	55	2	2	100	0	1

表 2　家庭关系

户主	配偶	儿子	女儿	儿媳	女婿	孙子	孙女	父亲	母亲	祖父	外孙女	姐妹
183	127	45	156	109	22	21	10	2	1	1	1	3

表 3 已婚人数

年　龄	男	女	年　龄	男	女
21	0	1	44	0	2
22	0	0	45	4	8
23	4	0	46	1	6
24	3	3	47	1	3
25	4	7	48	0	3
26	7	8	49	2	2
27	4	8	50	4	1
28	9	3	51	2	1
29	2	5	52	2	3
30	9	5	53	2	2
31	3	6	54	1	1
32	8	5	55	2	2
33	2	15	56	2	3
34	10	9	57	1	4
35	6	8	58	1	2
36	9	9	59	2	1
37	7	10	60	2	1
38	5	6	61	1	4
39	4	4	62	4	2
40	3	5	63	0	3
41	7	6	64	0	2
42	6	7	65 以上	19	24
43	3	4	合　计	168	214

表 4 结婚年龄

年　龄	男	女	年　龄	男	女
13	0	1	25	18	17
14	0	1	26	16	15
15	0	2	27	7	10
16	1	7	28	6	5
17	1	2	29	7	6
18	1	11	30	3	3
19	8	10	31	2	1
20	16	15	32	0	1
21	19	30	35	0	1
22	25	22	36	0	1
23	30	39	43	0	1
24	14	17	46	1	0

表 5　夫妻年龄差

年龄差	夫妻数	年龄差	夫妻数
-5	1	3	13
-4	4	4	10
-3	11	5	6
-2	19	6	6
-1	20	7	1
0	23	8	3
1	21	9	1
2	22	11	1

表 6　同姓结婚率

异姓婚	同姓婚
168	11

表 7　学历

	男	女		男	女
文盲	11	38	初中	85	77
小学	62	72	高中	23	27

表 8　非农业的主要职业类别和就业时间

		年龄构成						就业年代						
		20未满	20~29	30~39	40~49	50~59	60以上	50年代以前	50年代	60年代	1970~1974年	1975~1979年	1980~1984年	1985~1990年
建筑业	男	2	17	9	11	4	1	0	4	9	3	8	7	13
	女	0	3	2	0	0	0	0	0	1	0	1	0	3
金属业	男	0	0	0	1	0	0	0	0	1	0	0	0	0
	女	0	0	2	0	0	0	0	0	0	0	0	0	1
食品厂	男	0	0	0	0	0	0	0	0	0	0	0	0	0
	女	0	1	0	2	0	1	0	0	2	0	0	0	2
制瓶工厂	男	0	1	1	0	0	0	0	0	0	0	0	1	2
	女	2	0	1	1	0	0	0	0	1	1	0	0	2
农业机械	男	0	4	5	1	0	0	0	0	0	1	4	2	2
	女	0	0	0	0	0	0	0	0	0	0	0	0	0
钢铁业	男	0	1	3	0	1	0	0	1	0	3	0	1	0
	女	0	0	0	0	0	0	0	0	0	0	0	0	0
石油化学	男	0	0	3	1	0	1	1	1	1	0	1	0	1
	女	0	0	0	0	0	0	0	0	0	0	0	0	0

续表

		年龄构成						就业年代						
		20未满	20~29	30~39	40~49	50~59	60以上	50年代以前	50年代	60年代	1970~1974年	1975~1979年	1980~1984年	1985~1990年
缝织业	男	0	0	0	0	0	0	0	0	0	0	0	0	0
	女	2	4	0	0	0	0	0	0	0	0	0	1	5
供电所	男	0	2	2	1	4	1	1	3	0	1	2	1	1
	女	0	1	0	0	0	0	0	0	0	0	0	1	0
三角旅馆	男	0	0	0	0	0	0	0	0	0	0	0	0	0
	女	0	3	3	3	0	0	0	0	1	2	2	2	2
运输	男	0	4	4	1	1	0	0	1	1	3	1	4	0
	女	0	0	0	0	0	0	0	0	0	0	0	0	0
研究所	男	3	1	2	3	1	0	0	1	0	2	2	1	4
	女	0	0	1	0	0	0	0	0	0	1	0	0	0
商业	男	0	5	8	0	0	0	0	0	0	2	4	5	2
	女	0	6	9	2	0	0	0	0	0	1	5	7	4
修理业	男	0	0	0	2	0	1	0	1	2	0	0	0	0
	女	0	0	1	1	0	0	0	0	1	0	1	0	0
技术学校	男	0	0	0	0	0	0	0	0	0	0	0	0	0
	女	0	1	1	0	0	0	0	0	1	1	0	1	1

表9 北京市房山区吴店村的外来务工者

上：出身地 下：职业	年龄构成（人数：上－男性/下：女性）							到来时间（年）					合计
	0~19	20~24	25~29	30~34	35~40	41岁及以上	不明	1986	1987	1988	1989	不明	
福建省莆田县	4	5	3	3	—	—	—	9	2	2	3	3	17
竹编工	1	3	—	—	1	2	2	3	1	2	1	2	9
河北省故城县	1	—	1	4	3	1	—	—	4	6	—	—	10
石棉板制造	8	5	—	—	—	—	—	—	3	8	3	—	14
河南省扶沟县	8	10	5	6	2	—	—	—	23	8	—	—	31
建筑工人	—	—	—	—	—	—	—	—	—	—	—	—	0
四川省垫江县	18	15	—	1	—	—	—	—	13	14	7	—	34
建筑工人	—	2	—	—	—	—	—	—	—	—	2	—	2
湖南省黄梅县	3	—	—	—	—	—	—	1	2	—	—	—	3
房屋雕刻	—	—	—	—	—	—	—	—	—	—	—	—	0
河北省延庆县	—	—	3	—	—	—	—	—	3	—	—	—	3
建筑工人	—	—	2	—	—	—	—	—	2	—	—	—	2
安徽省肥东县	—	3	—	1	—	—	—	—	—	—	4	—	4
木匠	—	—	—	—	—	—	—	—	—	—	—	—	0
其他	8	6	2	—	—	3	2	—	4	11	4	2	26
	—	—	1	—	—	—	—	—	1	—	—	—	1

关于表9的内容说明如下：

作为地方产业，房山区有燕山石化和建筑材料工业。1986～1989年，吴店村有156个外来务工者登记了暂住户口。表9统计了这些务工人员的出生地、职业、登记时候的年龄以及登记的时间。大部分务工人员合同期为1年，合同结束后就回老家了。

外来务工者的职业都是和建筑材料有关的职业。从同一地方来的务工人员从事同样的工作。福建莆田县的务工者从事竹编，河北省故城县的务工者从事建筑用石板棉的制造，河北省延庆县的务工者从事房屋雕刻，河南省扶沟县和四川省垫江县的务工者从事建筑。其他少数务工人员从事买卖、烧饼子、自行车修理等需要特殊技术的行业。此外，河南省扶沟县的大多数务工人员以走亲戚为由取得了暂住户口，在当地就业。

2. 关于女性生活和意识的问卷调查

调查时间：1990年8月。

调查对象：在北京市顺义县顺义镇沙井村的已婚女性中，从20～70岁的每个年龄段中抽取6人共36人。

在同市房山区良乡镇吴店村的已婚女性中，抽取20～29岁3人，30～39岁5人，40～49岁4人，50～59岁4人，60～69岁3人，70～79岁4人，共23人。

方法：在调查人员说明注意事项后，委托妇女主任等村干部填写调查表、选择调查对象，分发、收集调查表也由这些人来完成。

3. 已婚女性生活和意识的问卷调查

说明：在（　　）内写上答案，或者在□内画上√号

（一）姓名

你的姓名（　　）　　别名（　　）

小名（　　）　　通常的称呼（　　）

（二）关于结婚

（1）何时、多大岁数结的婚？（　　）年（　　）岁

（2）订婚了吗？□订了　□没订

多大的时候订的？（　　）岁

（3）怎么认识的？

□熟人介绍　□同学　□在工作中认识　□其他

（4）结婚的事情最后由谁来决定？

□父母　□本人　□父母基本上定了之后，本人同意　□本人基本上定了之后，父母同意　□其他

（5）结婚后住在何处？

□丈夫的父母的家　□娘家　□夫妇两人独立的家

（三）关于娘家

（1）结婚时娘家的住址（　　）

家庭成员（　　）

（2）现在娘家的住址（　　）

家庭成员（ ）

（3）和娘家的关系（√号可以画两个以上）

□不来往 □偶尔来往 □在经济上援助 □在经济上受到援助 □在忙的时候帮忙 □在忙的时候得到帮助

（四）关于劳动

（1）你一天的劳动时间

· 农忙时期 农耕（ ）小时
养畜（ ）小时
其他事情（ ）小时
家务（ ）小时
育儿（ ）小时

· 农闲时期 农耕（ ）小时
养畜（ ）小时
其他事情（ ）小时
家务（ ）小时
育儿（ ）小时

（2）下述家务谁来分担？

做饭（ ） 饭后的洗涮等（ ） 扫除（ ） 洗衣服（ ）
裁缝（ ） 房子的修理（ ） 金钱的管理（ ）

（五）关于生育

（1）孩子的人数（ ）人

（2）在哪儿分娩？（可以画两个以上的√号）

□夫家 □娘家 □医院

（3）孩子出生后，父亲马上来看孩子吗？

□马上来看 □十多天之后才来看 □以前不马上来看但现在马上来看 □其他

（4）出生庆祝

□男女一样 □男孩和女孩不同 □以前男孩和女孩不同，现在一样

（六）重病的时候怎么办？（可以画两个以上的√号）

□去医院 □吃中药 □吃西药 □靠符咒

（七）祭祀

（1）祭拜灶神等家里的神佛吗？

□男人拜 □女人拜 □男女都拜 □谁都不拜

（2）祭拜祖先的牌位吗？

□男人拜 □女人拜 □男女都拜 □谁都不拜

（3）清明节扫墓吗？

□男人去扫 □女人去扫 □男女都去扫 □男女都不去扫

（八）关于老人问题你年纪大了之后由谁来照顾？

□主要是儿子照顾 □主要是女儿照顾 □儿子和女儿一样照顾 □国家保障 □没人照顾

（九）和妇联的关系

□参加妇联活动 □有事的时候找妇联商量 □没有什么关系

已婚女性的生活和意识统计表

单位：人

提问项目		村名/年龄层	沙井村 70	沙井村 60	沙井村 50	沙井村 40	沙井村 30	沙井村 20	沙井村 计	吴店村 70	吴店村 60	吴店村 50	吴店村 40	吴店村 30	吴店村 20	吴店村 计
关于结婚	婚约	有	6	5	6	6	5	5	33			2				2
		无		1			1	1	3		2	2	4	5	3	16
		无回答							0	4	1					5
	如何结识	别人介绍	6	6	5	5	4	4	30	4	3	4	4	2	2	19
		在学校							0							0
		在工作中							0					3	1	4
		其他					2	2	4							0
		无回答			1	1			2							0
	谁定下的婚事	父母	6	6	2				14	4	3					7
		本人			2	1	4	5	12			1	4	2	2	9
		父母决定本人同意			2	4	2	1	9			2		2		4
		本人决定父母同意				1			1			1		1	1	3
	婚后的居住	丈夫父母家	6	5	5	5	5	4	30	4	3	4	4	1	3	19
		娘家						1	1							0
		独立			1	1	1	1	4					4		4
		没有回答		1					1							0
和娘家的关系（可回答两个以上）		没有往来		1		1			2							0
		经常往来	6	5	6	5	6	5	33	3	3	4	4	5	3	22
		在经济上援助			1	1		1	3							0
		在经济上受到援助		1				1	2						1	1
		在劳力上援助			1	1	1	3	6					1	1	2
		在劳力上受到援助		2	2	2	2	3	11						1	1
		没有回答							0	1						1
生育	孩子数（平均）		4.2	3.7	4.5	2.2	1.8	1.2		5.5	5.7	5	2.2	1.4	1	
	生孩子的地方	夫家	6	2	3				11	4	3	1	1			9
		娘家							0							0
		医院			2	4	5	6	17			1	3	5	2	11
		夫家和医院		3	1	2	1		7			2				2
	出生后父亲	马上见孩子		④	6	6	6	5	27	4	3	4	4	5	2	22
		半月到一个月后见	6	③				1	⑩							0
		以前不能马上见，现在可以							0							0
	出生庆祝	男女同样	4	5	5	6	6	6	32	2	1	2	4	5	2	16
		男女有别	2		1				3	2	2					4
		以前有别，现在一样		1					1			1				1

续表

提问项目	村名 / 年龄层	沙井村							吴店村						
		70	60	50	40	30	20	计	70	60	50	40	30	20	计
重病的时候（可选两个以上）	去医院	6	6	6	6	5	6	35	4	3	4	4	5	3	23
	吃中药	3	3	3	1	1		11	1				5	2	14
	吃西药	3	3	3	5	5	4	23	4	2			5	3	14
	依靠符咒							0							0
祭祀·灶神	男拜							0							0
	女拜							0							0
	男女都拜							0							0
	谁都不拜	6	6	6	6	6	6	36			4	4	5	3	16
祭祀·祖先牌位	男拜							0							0
	女拜							0							0
	男女都拜							0							0
	谁都不拜	6	6	6	6	6	6	36			4	4	5	3	16
祭祀·扫墓	男去		1			2	1	4							0
	女去							0	1	1				1	3
	男女都去							0		2	2	3	4	1	12
	谁都不去	6	5	6	6	4	5	32		1	1	1	1	1	4
老年保障（可选两个以上）	依靠儿子	5	6	5	4	1	3	24	4	3	3	3	3		16
	依靠女儿				2			2					2	1	3
	依靠儿子和女儿	1		1		4	1	7			1	1		2	4
	依靠国家					3	3	6		1	3	4	4	3	15
和妇联的关系	参加活动	1	2	4	5	4	4	20			1		②	①	④
	不关心	2						2							0
	遇事商量	3	4	2	1	2	2	14					④	③	⑦
	没有回答							0	4	3	3	4	1		15

注：用“○”围着的数字表示存在着未根据提示而做出两个以上选择的情况。

按照年龄层统计的日平均劳动时间

单位：小时

提问项目	村名 / 年龄层	沙井村						吴店村					
		70	60	50	40	30	20	70	60	50	40	30	20
农忙期	农耕	0	0	2	4.7	7.3	0	0	2.7	3.3	4	2.8	2
	养畜	0	0	0	0	0	0	0	0.2	1.3	0.5	0.2	0
	其他	0	0.7	1.3	4.5	1.7	7.7	0.3	0.8	0	0	0.2	3
	家务	2.2	5.2	4.5	2.2	3	1.7	1.5	1.7	0.3	2	2	1
	育儿	0	1.5	2.3	0.8	1.5	1.3	0	2	0	1.5	0.6	0.7
农闲期	农耕	0	0	0	1.5	0.3	0	0	0	0	0.5	0	0
	养畜	0	0	0	0	0	0	0	0.2	2	1.5	0.2	0
	其他	0	0.7	1.3	6	4	7.7	0	1	0	0	0.2	2.7
	家务	2.2	5.2	5.3	2.5	3.3	1.7	1.5	1.2	1.5	1.5	3	1.8
	育儿	0	1.5	2	0.7	2	1.3	0	1.3	0	1.5	1	1.7

男女对家务的分担

单位：人

村名 / 分担家务 / 分担家务的性别	沙井村							吴店村						
	做饭	洗涮等	扫除	洗衣	裁缝	房屋修理	金钱管理	做饭	洗涮等	扫除	洗衣	裁缝	房屋修理	金钱管理
女	32	31	31	31	34	1	14	20	17	13	16	16		20
男						35	6		4	7	3		23	
双方	4	5	4	5	1		16	3	2	3	4			2
没有回答			1		1							7		1

(三) 主要姓氏系谱图

凡例

- 系谱调查，是在《惯行调查》所录的家谱基础上，进一步将其子孙后代的延续关系编入其中而形成。由于吴店村没有族谱，其系谱图是根据该村老人的记忆复原的。因此，在受访农民的回答中，关于直系祖先的记忆比较清晰，得以详细记载，而旁系中的姓名及系谱关系则不甚明了。
- 兄弟姊妹的长幼关系，根据已了解到的情况按年龄大小排序。
- 其中的过继子，如果知道其从生父过继给养父的过继关系，则将两方关系都注明。
- 名字后的（　）内为系谱追加内容，多指此人的现居住地。
- 关于性别标记，△代表男性、○代表女性。

郭氏世系

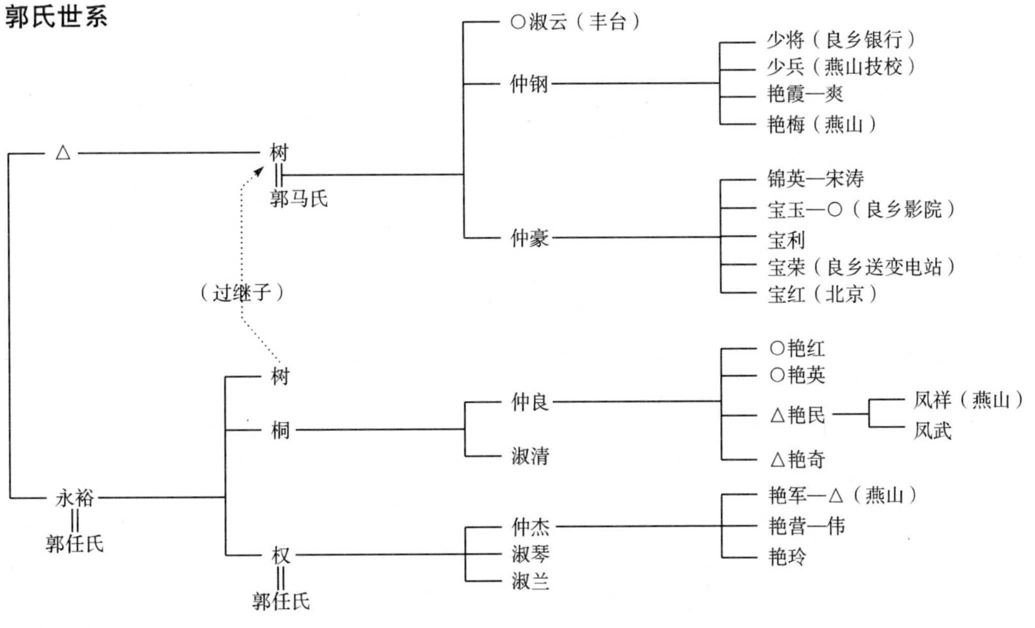

郭氏世系

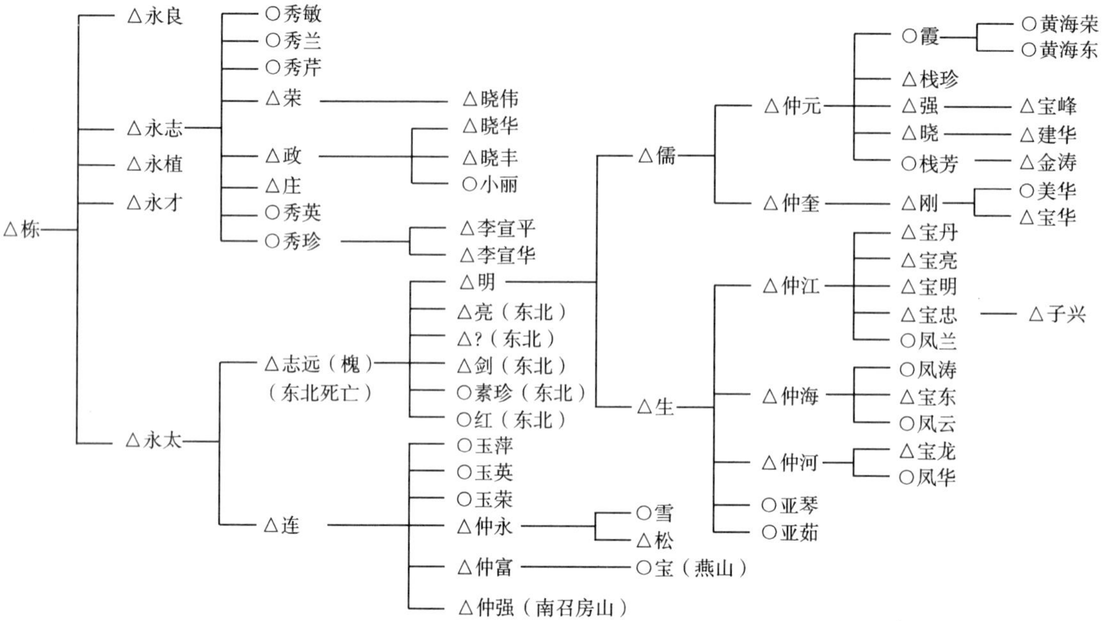

贾氏世系

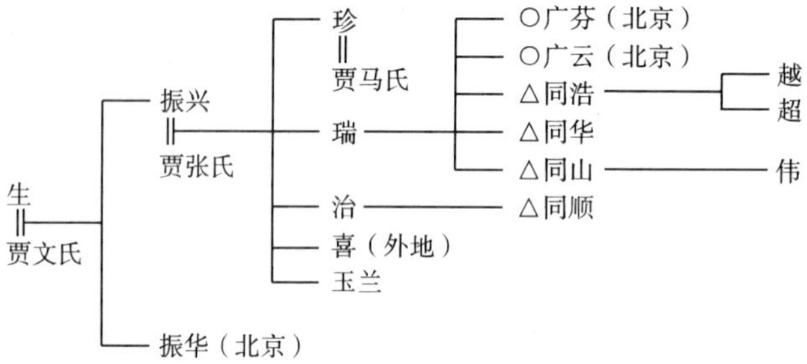

张氏世系

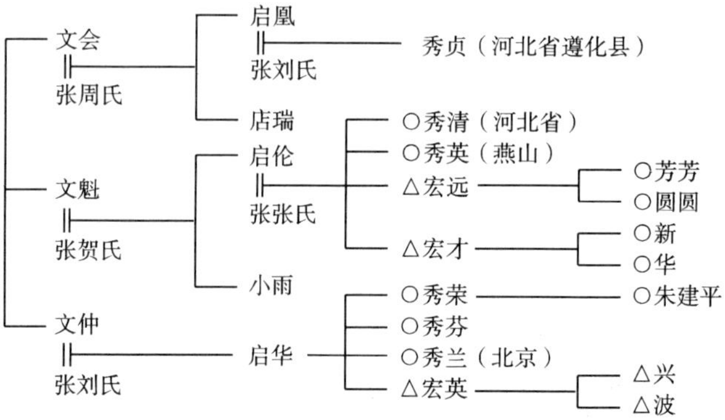

裴氏世系

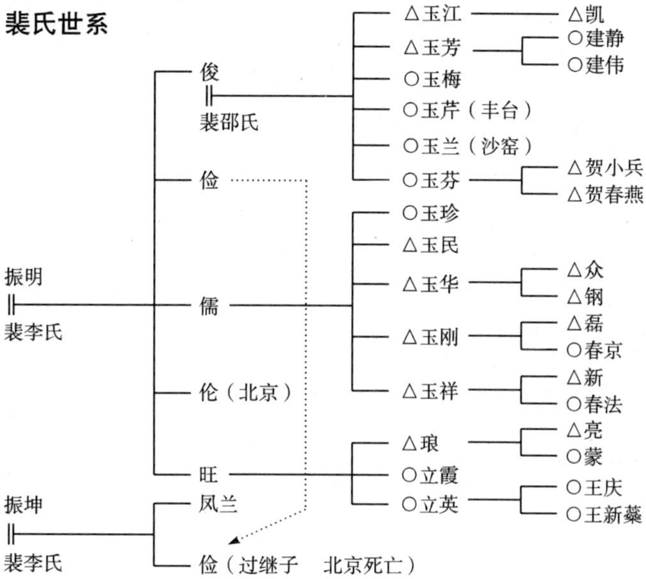

刘氏世系

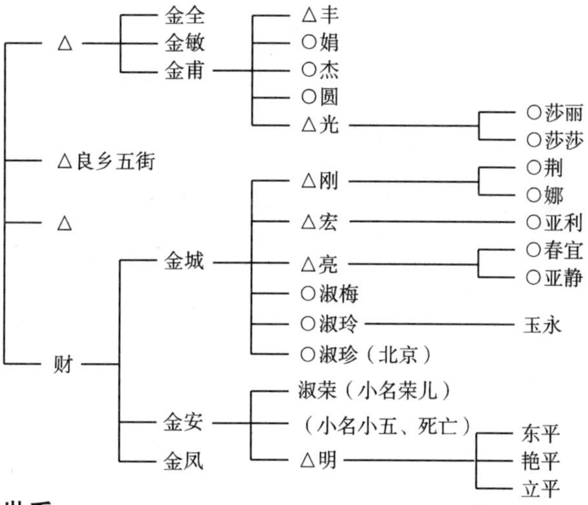

赵氏世系

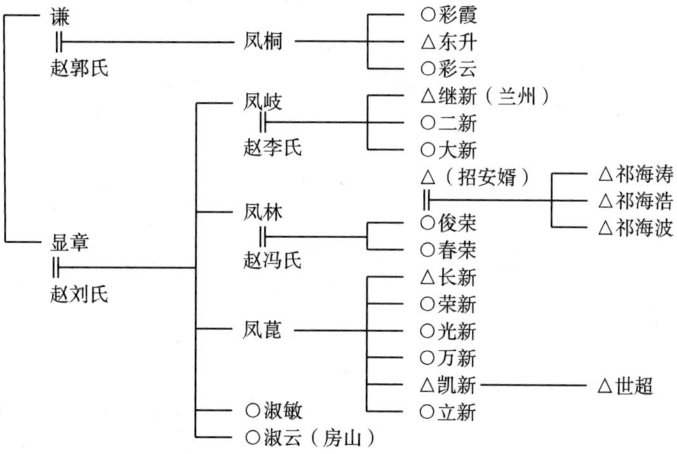

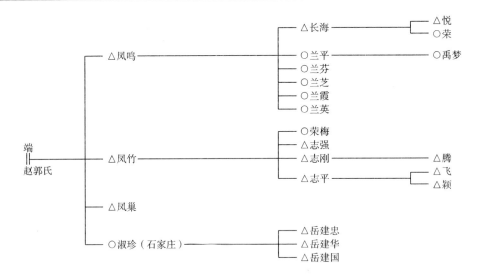

- 端 ‖ 赵郭氏
  - △凤鸣
    - △长海
      - △悦
      - ○荣
    - ○兰平
      - ○禹梦
    - ○兰芬
    - ○兰芝
    - ○兰霞
    - ○兰英
  - △凤竹
    - ○荣梅
    - △志强
    - △志刚
      - △腾
    - △志平
      - △飞
      - △颖
  - △凤巢
  - ○淑珍（石家庄）
    - △岳建忠
    - △岳建华
    - △岳建国

禹氏世系

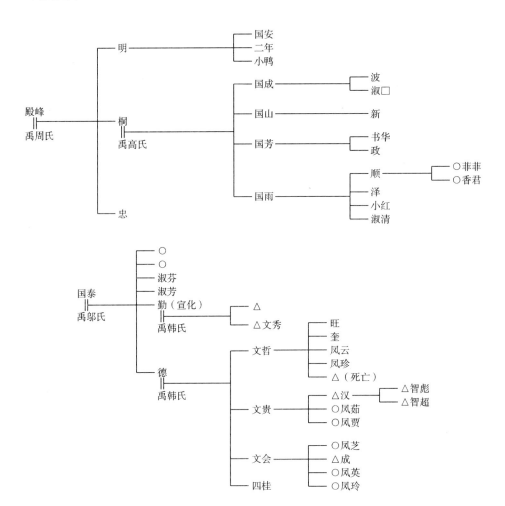

- 殿峰 ‖ 禹周氏
  - 明
    - 国安
    - 二年
    - 小鸭
  - 桐 ‖ 禹高氏
    - 国成
      - 波
      - 淑□
    - 国山
      - 新
    - 国芳
      - 书华
      - 政
    - 国雨
      - 顺
        - ○菲菲
        - ○香君
      - 泽
      - 小红
      - 淑清
  - 忠

- 国泰 ‖ 禹邬氏
  - ○
  - ○
  - 淑芬
  - 淑芳
  - 勤（宣化）‖ 禹韩氏
    - △
    - △文秀
  - 德 ‖ 禹韩氏
    - 文哲
      - 旺
      - 奎
      - 凤云
      - 凤珍
      - △（死亡）
    - 文贵
      - △汉
        - △智彪
        - △智超
      - ○凤茹
      - ○凤贾
    - 文会
      - ○凤芝
      - △成
      - ○凤英
      - ○凤玲
    - 四桂

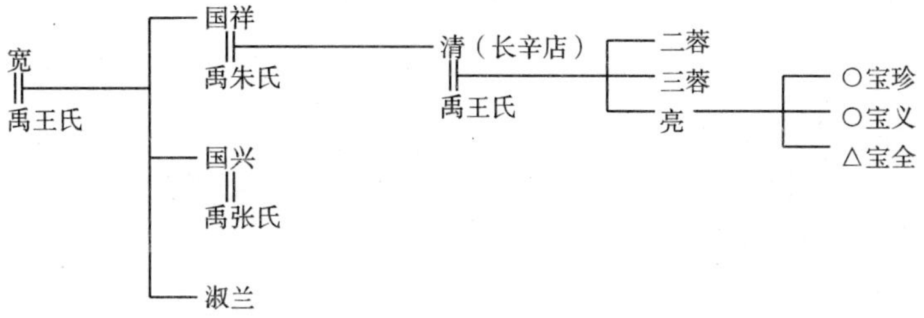
宽
禹王氏
国祥
禹朱氏
清（长辛店）
禹王氏
二蓉
三蓉
亮
○宝珍
○宝义
△宝全
国兴
禹张氏
淑兰

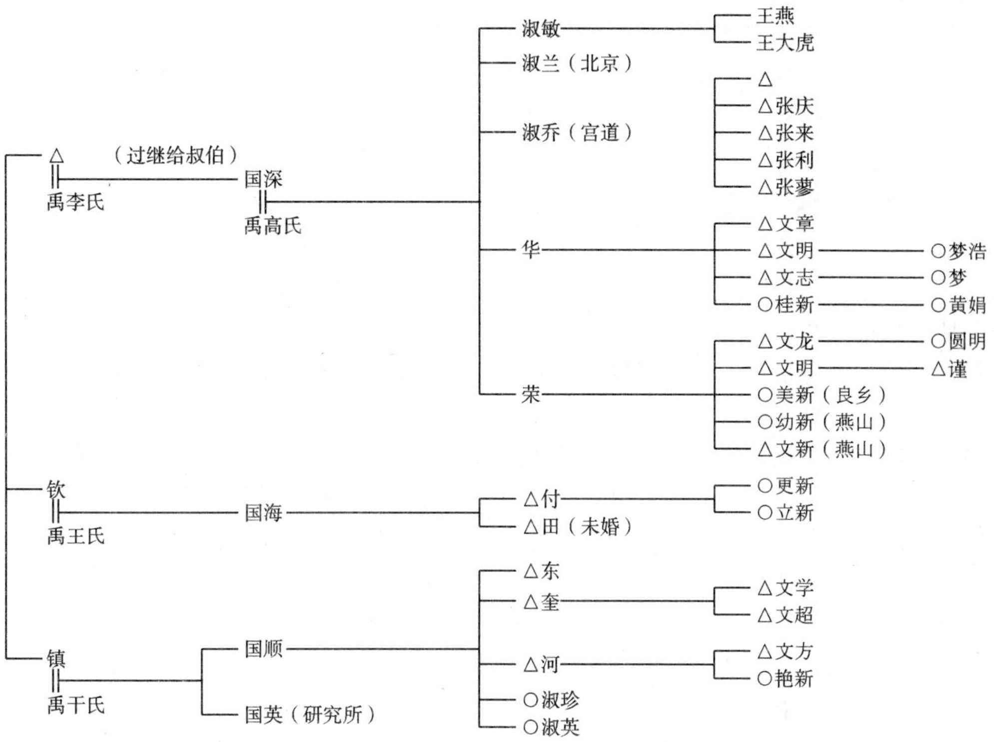
△
（过继给叔伯）
禹李氏
国深
禹高氏
淑敏
王燕
王大虎
淑兰（北京）
淑乔（宫道）
△
△张庆
△张来
△张利
△张蓼
华
△文章
△文明
○梦浩
△文志
○梦
○桂新
○黄娟
荣
△文龙
○圆明
△文明
△谨
○美新（良乡）
○幼新（燕山）
△文新（燕山）
钦
禹王氏
国海
△付
○更新
○立新
△田（未婚）
镇
禹干氏
国顺
△东
△奎
△文学
△文超
△河
△文方
○艳新
○淑珍
○淑英
国英（研究所）

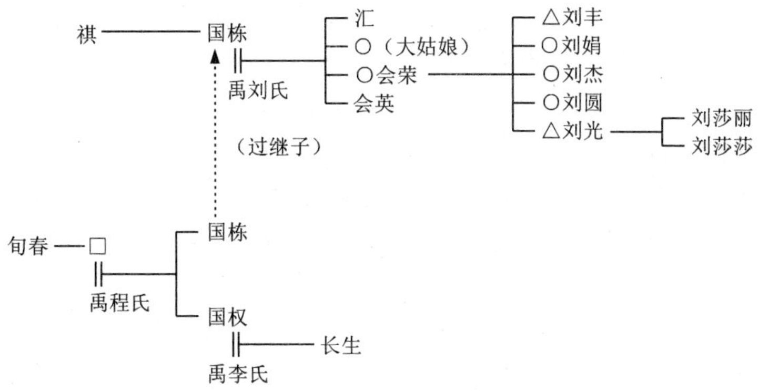
祺
国栋
禹刘氏
汇
○（大姑娘）
○会荣
会英
△刘丰
○刘娟
○刘杰
○刘圆
△刘光
刘莎丽
刘莎莎
（过继子）
旬春
□
禹程氏
国栋
国权
禹李氏
长生

（四）贫农家史

1. 辛酸的过去

——记贫农赵凤鸣的家史

我叫赵凤鸣，是房山县良乡公社的社员，今年三十九岁。我的岁数虽然不算很大，但是，却在旧社会里混了二十五个年头。我在旧社会里所受的那份苦，可真比黄连还苦上几分。提起旧社会的事，真是三天三夜也诉说不完。

（1）贫穷的家里生活

从我记事起，我父亲就是个“放脚”的。那时我家里有六口人——父、母，两个弟弟，一个妹妹和我。家中有三亩多破地和一头小毛驴。

平时，我父亲除了种自己家的三亩多破地外，还租种了十多亩“伙种地”。那年头，收成不好，苛捐杂税又多。这样，往往在交租后，连饥饱也捞不上。因此，为了维持一家半饥半饱的生活，除了农忙的时间以外，我父亲便到外边去“放脚”。

大概你不知“放脚”是怎么回事吧？所谓“放脚”，就是带一头牲口，像我父亲，就是带着一头小毛驴，到大路口或热闹的市集，逢人便“骑驴吧”“骑驴吧”的问个不停。一双眼睛得左顾右盼找主顾。要是买卖好一点，那么一天也许能盼到三两个主顾，走它几趟。有了主顾以后，让顾主骑驴，自己跟在驴后，用鞭轰驴。有人管“放脚”的叫做“代步”。那份苦可真够受。从良乡到房山县，二十多里地走一趟顶多只能挣十二个铜子儿。挣到了钱后，就得赶忙到市集上买点陈粮捎回家来熬点稀的喝。如果买卖不好，说不定从早到晚盯红了眼，叫破了嗓子也没人骑你的驴，回头只好家去找点野菜熬点儿汤，做些野菜团子填肚子。有时一连几天买卖做不上，那就会一连几天粒粮不进，这已穷到连熬野菜的盐也没钱买。没人骑驴了，就给人驮点煤，有时给开小铺的人拉点杂货，挣几个铜子儿，凑合着过日子。到后来，“放脚”实在不能维持半饥半饱的生活了，我父亲又听说拉洋车的比“放脚”的能多挣点钱，这样，他就干脆把驴卖了，还卖了二亩地，凑合着买了一辆旧洋车，到北京城里拉洋车了。

在旧社会，咱们穷人干什么也不容易维持生活。由于咱们家离北京城远，对京城里的情况，比方说街道地点都不熟悉，往往也就因此而吃亏。这样，只好在从良乡到房山，从良乡到长辛店，从良乡奔周口店、奔京城这几条道上拉。

拉洋车不但没能比“放脚”多挣些钱，反而因为比“放脚”苦，需要吃的也多些，这样，实际上归家买粮的铜子儿就少了。因此家中便更加经常用那又苦又涩的野菜团子来填肚子。

1937年卢沟桥事变后，7月15日，日本鬼子便来良乡了。日本鬼子来了以后，我们的日子就更难熬了。矮鬼子可凶横极了。听我父亲说，中国人见到了日本人得给他们行礼鞠躬。不这样做的人，就非受罪不可。他们可以任意用刺刀捅你，剐你的脚踝，割你的耳鼻。最低限度也得叫你跪着顶十块大砖，直跪到你倒下去了才放你。如果你是两人同行，其中有一个人不给他们行礼鞠躬，那么两人都得遭罚，他要你俩互打耳光，直打得嘴歪面肿，眼冒金星，口鼻流血才放你走。我听了这话以后，就一直不敢进城玩。

（2）不如牛马的学徒生活

日本鬼子到我们这儿后的第二年的有一天，我父亲到良乡拉洋车，无缘无故地给日本鬼子用砖打伤了腿，以后有好几个月不能去拉洋车。这样，原先家里勒紧裤腰带，供我念了不到两年的书也不能再念了。回家后就伺侯我父亲。后来因家里实在没有吃了，父亲就带病去拉洋车。无病无痛的人拉洋车还挣不到饭吃，你想像他那样腿坏了的人能挣上几个钱？因此在停学的第二年，即1939年，我家便求人把我送去北京的一家洋车行当学徒。那年我只有十四岁，十四岁的小孩，要是在今天，正是带着红领巾，蹦蹦跳跳上学的时候。可是我那时候，那么点年纪就得去当学徒，小孩当大人使唤，为的是要挣碗饭吃。

洋车行的掌柜是个山东大汉，平时对我非常凶狠，动不动就用皮鞭揍我。洋车行里有十六七个师傅师兄，大部分都是山东人，有一两个“师傅”“师兄”还是掌柜的亲戚。他们和掌柜是一鼻孔出气的，动不动就用拳头揍我。我恨透了他们。

我去洋车行本是说当学徒的，但是自到那里，“师傅”压根儿没有教过我手艺。我在掌柜的眼里不过是一个奴隶，他肯让你去学手艺？

我在洋车行里，每天很早就得起来做饭，打杂，什么都得干。吃饭常常自己还没吃完一碗，饭就会给吃光了。饭做少了自己得挨饿，饭做坏了掌柜不但揍你，还把做坏了的饭全留给你吃。一顿吃不完吃两顿，一天吃不完吃两天、三天……你说十四岁的小孩能保证不会把饭做坏吗？冬天吃做坏了的饭还不很打紧，夏天吃“坏饭”可就糟了。天气热，做坏了的窝窝头、稀汤，不过一天就全馊了。但是，馊了也得吃，掌柜监视着你，不准把它倒掉。我记得有一回，我把馊了的面条偷偷地倒进臭水沟里，谁知却给掌柜瞧见了。他操起皮鞭就没头没脑地抽打我。我的身上给打得青一块紫一块的。给打完后，还要我下去把面条全捞上来吃！你想，那是人的生活吗？

我在洋车行里，除了白天给大伙做饭、打杂一天忙到晚没个闲工夫外，每天晚上，在睡觉前得给掌柜和一些“师傅”、“师兄”们打好铺盖，给他们倒洗脸水洗脚水，提夜壶，样样得干。有时动作稍为慢点或者稍有点不顺他们的心意，就左一耳光，右一耳光，前一脚后一脚地揍你。给揍了还不准你哭，他们不再揍了，那还得向他们磕头道谢！自己本来就有点耳聋，在那里，这点小毛病带给我受的罪可大了。经常就是因为没听清掌柜的吩咐而挨揍。你说那是什么世道啊！

一天起得早还得睡得晚。因为掌柜的几乎每个晚上都得带两三个亲信到外边去赌博、逛窑子，常常深夜才回来。因此，你就得守在门口等着给他们开门。我怕睡着了听不见，就披上破棉花絮做的衣服顶着门睡，即便睡了，外边一敲门也能很快醒过来。夏天，蚊子咬得你无法打盹。冬天遇上大风雪给冷得直打哆嗦也不敢离开。他们一回来就直盯着给开门。我稍给开晚了一点，他们就在门外气乎乎地破口大骂：“他娘的，你是死人吗？喊劈了嗓子还听不见！”“废物！还不快开门，等会我揍死你这小王八蛋。”门闩刚抽出他们便边骂边走过来，这个一耳光，那个给一拳，有的抬腿就是一脚。有时他们赌输回来后，更是拿我出气。你说我那时的生活与奴隶生活又有什么两样？

十多岁的小孩就得受这样的苦。可是，你又有什么办法呢？当学徒是订了“合同”的。我记得那时的“合同”的大概内容是说：在学徒期间，病伤死亡，投河跳井，柜上概不负责；学徒期间，只许掌柜辞退你，不许自己不干。如果不干，就得照赔饭钱。这样的一张“合同”，实际上就是一张卖身契。掌柜的有了这玩儿，就可以任意把你当作牛马使唤了。旧社会的穷人连牛马的生活还不如！

当学徒的第二年，即1939年，有个邻居给我捎口信说，家里为了入“慈善会”，父亲把洋车给卖了。家里失去了挣钱的饭碗，日子没法过，闹得家里的父母不和。那时，听了这消息，我的心就像给剐了一刀似的疼。

当我知道家中入了慈善会后的不久，我的干爸杨珍就托人给掌柜的求情送礼，好容易才把我放了回家。

(3)“慈善会”的“慈善”

“慈善会”的名字起得好听，可尽是干不慈善的勾当。“慈善会”的道首们没有一个是“仁慈”的，尽是些恶毒的骗子手，是咱穷人的吸血虫。

我听人说，入“慈善会”的人得交入会钱，交的钱多，神明赐给你的“福”也就越大，灾难也就全免。交上一定数目的人还有一枚铜牌证章。除此以外，入会的人还有许多忌讳，什么不许吃鱼吃肉啦！连鸡蛋，酸辣也不许吃，皮袄不准穿。不准穿不准吃的东西都给他们送去，他们就会给你多向“神明”请“福”。入会以后，还得年年交香火钱，针线钱。不交针线钱的就算是“断了线”，不能再算是会员了。另外，道首们还经常到会员家中去进行恐吓骗钱。有时他们说什么某年某月某日某时刻，某位“神明”老爷会下凡，入会的人都要出钱买香火、祭礼去“迎接它的降临”。出钱越多越好。今天出了钱，明天能捞回更多的钱来。出了一定钱的人，能在幡上写下自己的名字，将来死后升天也能享福。有的道首们就用“灾”用“祸”来吓唬人骗钱。我们家正是这样给骗了的。

当我从洋车行里走出来后，本来像是出了地狱似的高兴的，可是，到家里一瞧，那股高兴劲就全没有了。父亲抱着脑袋瓜，愁眉苦脸地坐在三脚的板凳上，弟弟和妹妹就一个抱着我妈的大腿，一个搂着我妈的脖子直喊饿。我妈坐在炕沿上不停地用脏手拭着眼泪。瞧见这种景象，谁不伤心？回家后听我干爸和其他邻居的讲述后，我才真正了解到我家被骗的经过，事情是这样：

我父亲因为感到原先的洋车太破旧了，顾主不愿坐破车，这样就挣不了钱，而且拉起来也很沉。后来他就找我干爸杨珍商量，把自己的打算告诉了我干爸，经过考虑，我干爸同意我父亲的做法，还答应帮助我父亲借足够买一辆较新的洋车的钱。临分手时，我干爸还再三叮嘱过我父亲，告诉他别把卖洋车之事告诉家里人。后来我父亲就把洋车卖了，当时卖得五十七块大洋。我父亲是个老实人，他把洋车卖后，就把我干爸对他的叮嘱给忘了，回头就把卖车的事告诉了我妈，还把钱交给我妈保存。当时我妈拿出了七块钱来还债和买粮，然后把剩下的五十元全都用布包好，放在箱底锁了起来，还答应一定不动用这笔钱。谁知，没有过几天，当我干爸把买车所缺的钱借来，我父亲向我妈要钱时，才知道所有的钱全给我妈拿去入会了。听了这话后，我父亲当时就昏倒在地上不省人事了。经过救护，好一会儿才醒过来。他流着泪，后悔地对我干爸说：“怪我没有听您的话。”

原来，“慈善会”中的一个“二路先锋”禹国海（是咱村里人），当他知道我父亲卖洋车卖得有钱后，第二天就找我妈来了。他首先吓唬我妈说，到今年夏天，从某月某日某时刻起，天就要刮七七四十九天黑风，下七七四十九天黑雨。黑风黑雨一来，谁也活不成。说什么会里为了使会员们能免灾，打算在北京城里盖一座三层的“宫殿”。当黑风黑雨快来时，出了钱的会员就可以到那里去避难免灾。因此要会员们给捐钱、捐木料。此外他还对我妈说了许多恐吓和诱骗的话。我妈听了他一大堆鬼话后，心里就想：“入会吧，那就得捐钱、捐木料。钱和木料哪儿来？可是箱里的钱是孩子他爸要用来买洋车的。不入吧，那黑风黑雨来了又怎么办？”禹国海见我妈不言语，又进一步威迫说：“不入会，黑风黑雨来了，你一家大小全活不了。”后来他又补充说：“入吧。现在出了十块钱，以后能挣回一百块钱、一千块……”给他反复的吓唬、诱骗后，我妈心里就活动了，她想：“入会后能挣回多少钱关系不大，先求得全家平安，无灾无难再说。”然后就开箱把钱拿了出来，当时她还打算别全部都给入了会，得留一点买粮食。可是禹国海这个烂心肠的家伙，一瞅见闪闪发光的现洋后，便抢上去对我妈说“全都给入了会吧！”我妈正在犹豫的时候，钱已给他夺过去了。他夺得了钱，便头也不回地走了。我家挣钱的饭碗就这样给夺走了。

在那时给骗了入会的人，在我们村还有十多家，大多数被骗都是穷人。在他们当中，有的砍树，有的拆房，有的就卖地、捐首饰。我大爷是个老光棍，给人扛了一辈子活，还没有过过一天好日子。为了能免灾，他特地把这间房给拆了，把木料全给“捐”了出去。那时，入会捐钱的人，谁又知道用来盖避难的“宫殿”的钱、木料、首饰全给道首们肥了腰包呢?

我父亲知道了钱是给禹国海骗去时，便与我干爸一同到禹国海家要钱。禹国海见我父亲来了，就问：“穷小子，你来干吗?”我父亲跨进他的院子就冲他说：“把钱还给我!”禹国海冷笑了一声就向屋里喊道：“来人！把他给我轰出去。”接着屋子里冲来几个满脸横肉的家伙。当时，我父亲要冲上去与他们拼，我干爸拉了我父亲一把，然后就对禹国海说：“他的钱是用来买洋车的，没有了钱，洋车买不成，没有洋车叫他家的生活怎么过呀?”禹国海“呸!”的一声就说：“我不管，钱是他媳妇自愿入会的!”说完后几个家伙便进了屋“碰”的一声把门关紧了。那口气，真是没处可出。

以后，家中没有了挣钱的饭碗，日子就越来越难过了。我父亲常常因此而发脾气，把一家的碗瓶锅多件用具全给摔得粉碎，闹得全家不安宁。我妈更是后悔得伤心得直哭。这样我干爸才想出主意托人给掌柜求情送礼才把我给要了回来的。我知道了事情的真象后，也想去与那王八蛋拼了。可是，他有钱有势，你拼得过他吗？那股气呀，只好打掉牙齿往肚里咽。

(4) 父亲的死

我从洋车行回家以后，由于没吃的，就到外边找活干，可是，那时我还小，本村的富户都不肯要我。这样只好与我父亲一起上市打短。从此东奔西走，到处奔活干，也到处受气，经常饿肚子。我们父子俩，先后给日本人拉去做过几次苦工，修铁路、垒碉堡，还先后几次上过石景山做苦工。

1941 年腊月二十，我父亲带着我与本村的部奎一起，我们仨带了两块“贴饼”就上门头沟找活干。一路上正刮大风下大雪，雪花团从像棉花絮似的棉衣破洞口往里灌。路上我们仨就分吃那两块“贴饼”。到了门头沟以后，因为没有活干，只得又冒着风雪，空着肚子回家。过年以后，即 1942 年，我与我父亲一起再次上石景山做苦工。那时给日本人干活，不但苦、没有钱还受气挨打，连饱他都不管。一顿饭最多给两个糠菜拌合的窝窝头。那时日本人发给中国人每人一张“良民证”。无论到哪里都得把它带上。在石景山做工时还得用“良民证”领粮。日本鬼子怕我们不给他做工，就把“良民证”全给扣留了。直到夏天，把人折磨得不像人样了、没有什么油水可榨取时，他们才把“良民证”还给我们，让我们走。

在回家的路上，我父亲总是愁眉苦脸，一路都不言语。当他想起近几年来，自己的艰难困苦的生活时，他觉得活着也没什么意思。那时自己虽还不算大，可也知道点事。瞧见父亲那个样子，也真替他老人家担心。到了卢沟桥时，看见滚滚的永定河水，我父亲越想越觉得活着没有意思，因此纵身就想往下跳。幸亏当时给同行的老乡发现，死死拖住他，才没给跳下去。那时我也抱着他的腿直哭，当他看到我伤心的样，又想起家中的妻儿子女时，便与我抱头痛哭。经过老乡们的劝导后，他才打消了死的念头。

回到家后，我父亲便病倒在床上了。我就到本村的郭宽家打短，白天给他干活，夜晚给他护铁路。一天挣一升多老棒子给家吃。

从石景山回来的第二年，即 1943 年，我们这儿遇上大旱灾。我们家租的“伙种地”粒粮没收，全家没吃的。那时，全村除了几家地主富农以外，绝大部分人都是没吃的。干活也没有人要。我们家里，整天尽是吃那又苦又涩的野菜、树皮、树叶、草根拌菜的东西。不但没有一颗粮食，连糠面也是很少的，甚至连熬野菜的盐也没有。许多穷人家也和我们家一样，到处找野菜、剥树皮、挖草根吃。吃得拉屎拉出血。身上瘦得只有一个骨架子。那时连狗都给饿红了眼。

随着天灾而来的是病，你想尽吃那些没有一点营养的杂物，怎么会不害病呢。那时咱们村流行着一种“热病”，大部分人都给传染上了，闹得家家有病人。有病的人，要是在今天，准得去医院里瞧一瞧，买点药吃，很快就能好。可是那时候，穷得连熬菜的盐也没钱买，哪儿谈得上有钱看病呢！没吃没喝的，很快就死人。就在那样的情况下，“自卫队”的杂种还来村子里要粮要钱，还在我们家翻箱倒柜呢！“慈善会”的道首也乘机到会员家说谎骗钱骗粮。在天灾人祸的情况下，连病带气，父亲终于在那年五月十日丢下了我们。

那时咱们村里几乎每天有死人，家家都有哭声。我父亲死时，家中就像水洗一样干净。那时我们家六人全有病。父亲死了向人借也没借到东西，后来好容易才向邻居借到了一张破席子。作儿子的人，在这种情况下，怎么会不伤心呢！我妈就更甭说了。可是伤心又有啥用呢？劳累了一辈子的父亲，死时连苦菜团子也没填满肚子，衣服破得连肚脐也没遮住。不但棺材无一口，连一张破席都是借来的。当时，在本村的王书田和李润的帮助下，劳累一辈子的父亲便用那张借来的破席子裹着，挖了个土坑草草地给埋了。

就在我父亲死后的第十天，病魔又夺去了我小弟的生命。第二年腊月初八在思想上的打击、病的折磨和忧愁的情况下，我妈也追我父亲去了。我们家六口人死了仨，这是什么样的世道啊！这年天灾，咱们村死了四十七口！

（5）没尽头的苦日子

我妈死时，不知费了多少口舌，才求她娘家的一个舅舅赊给一口薄板棺材。可是把我妈埋了以后不久，那个舅舅就来逼棺材钱了。还说什么如果还不起就要把我妹妹带去当童养媳。一家六口只剩下我们仨还要送一个去当童养媳？我不干。后来强迫得实在没有办法了，便把家中一切能卖钱的东西都给卖了来还棺材钱。

父母全死了以后，丢下我们仨，往后的日子怎么过呢？当时我想：“苦日子有尽头吗?”、“为啥我们总是那样苦?”那时，全家的担子就担在我的身上了。幸亏那时自己已经是二十多的小伙子了。弟妹也十七八岁能带着干活了。因此就向地主租种了 35 亩“伙种地”，农闲时兄弟就上市打短。可是这年庄稼又给涝了，秋后连种子也交了还不够给租粮。这样兄弟俩就更是拼死奔活干。

1945 年，有一天给日本鬼子抓去，说要给他们干活，同去的还有好些人。到了房山县后，给我们每人发了一张布条，布条上写着“鸟居队”三字。当时我不懂这是什么意思。日本人要我们把它别在左袖上，然后就赶我们上了火车，拉到保定去了。到了保定后住在一个村里，共有一百多人。每天不给饱吃，那时天又冷，衣服又全没有带。在那里受冻挨饿有好几天还不知道日本鬼子究竟要我们干什么。我实在受不了那份罪，在一天下雨的晚上，来换岗的机会，我与鱼儿沟的一个姓李的一起逃了出来。逃出来后，把“鸟居队”的布条给撕了，冒着雨沿着铁路往家走。在路上没吃的就沿路要饭。在逃出来的第二天，我们俩要到了一块已经和好了的棒子面团，当时因为饿极了，我们俩就把它分了生吃。以后我们要了近一个星期饭才回到了家。

直到解放以后，我才从留在“鸟居队”的人口中知道，“鸟居队”是日本人用来抢劫中国老百姓的粮食财物的组织，在打仗行军时，还逼他们“开路”。

1946 年，我虽然先后几次上门头沟背煤，到那背煤可苦极了。那里的煤井是在山洞内，煤是人工从煤井里背上来，倒在山洞口。煤井分为竖井和斜井两种。斜井的坡度有 45°以上。煤装在筐子里从一里多深的井底沿着木轨用人力往上拉。竖井是直上直下的，靠井壁的地方有上下的挂梯。煤是靠人背上来的，这种井也有二、三十丈深，梯子滑，背煤的人非穿新的胶底鞋不可。背煤时只穿一条裤叉，即使是腊月天也背出一身臭汗。背煤时背一百斤有 50 斤给算煤钱，你能背多少就背多少。背上煤后就手脚并用地向上攀登。背煤时喘气声二十丈外都能听到。

在那里背煤要受许多中间剥削，背一百斤煤，自己得50斤，在这50斤中还得扣去七、八斤烧炉子的煤。他那里的秤大，像我那样的小伙子，在那时体重有60多公斤，加上筐差不多有七十公斤，可是，给他的秤一秤，还不到50公斤。我那时很有劲，可是一次能给自己背上25公斤的时候还是不多的。背一次煤给你算一次钱。算到了钱以后得把钱存在煤窑掌柜开的钱庄里。要是今天到信用社去存钱，每月还能拿到一笔利息。可是在那钱庄里存钱，不但没“利息”给，反而要给他“保管费”！你说这是多不公平。三盘四剥，七扣八扣的，到头来每背一百斤煤最多能领到20斤的煤钱！我们到那里背煤还是“自由人”，要干就干，不干就拉倒。另外，在那里拉煤背煤的还有一种叫“关门屋子”人。这种人绝大部分是外乡逃荒逃难到这里来的，为了混碗饭吃把人身卖给了煤窑的，这些人是给骗来的。骗来了以后就一直在煤窑里干活，一年再也不能出来。因此有人管把这种人叫做“关门屋子”人。他们没有人身的自由，就像古时的奴隶一样整天干活，干不好工头就操起泡在水中的皮鞭揍他们，那煤窑的洞口边有一个水缸，本来是盛着给人喝的凉水，后来被泡着那用来揍“关门屋子”人的皮鞭而给泡红了。这样也就无人喝了。

在那样的煤井里背煤可危险极了，有时，要是鞋底磨光了，或者是腿没劲了，脚下一滑就摔了下去，自己给摔下几十丈的井底给摔得粉身碎骨还不算，还会在摔下去的同时，把梯子下边的人给撞下去。有时一连好几个人给撞了下去。我虽然没有碰到过这样的事情，可是给人家一说哪，我的脚也就发抖了。因此在那里干了不久就回家不再干了。以后就在家里种“伙种地”。

背煤回家后的第二年，即1947年，我娶了一个门当户对的穷媳妇。但是老天爷偏偏不让咱穷骨头过好日子。1948年，天下了不少雨，庄稼全给涝了，连吃都没有，更说不上交租。收秋后，地主三番四次来我家催租，给逼得没办法，自己只好去卖兵。那时说卖一兵能得二十五担老棒子。自己当时就想：反正不去卖也会给拉走，卖了还能捞粮食交租和留点给家里吃的，而且，自己要是不去，我兄弟还会给抓走。就这样卖定了。那可真是到了“人穷志短，马瘦毛长”的地步，明知火坑也往里跳。

幸亏那时正好是东北解放军包围了北京城的时候，这样只在伪兵团里受了七十多天的苦就给解放了。

* * * * * * * * *

解放以后，我回到咱们村斗争地主富农，分粮分地做了主人。以后又入了党当了干部。打从解放起，我们家就彻底翻了身，弟弟成了家分出去了，妹妹也出聘了。现在我家七口（五个小孩），我的媳妇也是共产党员，新盖了三、四间新房，还有自行车、收音机，生活过得越来越美满。这一切都是共产党和毛主席给咱带来的。今后，我要听党和毛主席的话，永远不忘记过去，永远跟着共产党走。

其是：思量旧日苦，方知今日甜。

一九六四年四月十四日赵凤鸣口述

陈海泉整理

2. 永志不忘

——贫农朱凤莲家史

每谈起今天的幸福生活，我总想起辛酸的往事。在解放前，几辈人在苦水里滚。一家老小，拼死拼活的奔活干，到头来，还是受苦受穷。解放后，共产党和毛主席给咱了好处，我这后半辈子，也和儿女们过着甜蜜蜜的生活。忆苦思甜，我至死也不忘共产党和毛主席，要永远跟着共产党和毛主席走。提起旧社会的事，真是一盏倒不尽的苦水。

糠菜伴童年

我今年四十五岁了，年龄不大，可我是生在苦水里，长在苦水里，在苦日子里混了整整三十年。

我娘家在朱岗子。过去，村里十家就有九家穷。穷人家扛长活，打短、放脚、挑炭、种伙种地，到年末，还捞不着一顿过年饺子。我爸爸给炭窑扛了一辈子活，好容易才守住祖传的屋前屋后的五亩破沙地。那世道，穷人家连立脚的地方都难保住，一迈腿便是别人的地。

在我六岁的那个时候，我爸爸挑炭累死了。扔下我妈、两个哥哥和我娘儿四个。我爸爸死后，家里穷得揭不开锅盖。我大哥刚满十三岁，给桥北郭庄子一个姓张的地主当小做活的。总算给自个找一碗饭吃。哪知道，横祸刚过，天灾又来。第二年，又遇上天旱，借人的籽，种在破沙地上的庄稼，颗粒没收。村里的人，走的走，死的死，留下的人全部用树叶、野菜掺糠填肚子。我妈领着我和二哥挖野菜，弄点糠糠面面拌着度日。我和二哥年岁小，不懂事，每到吃饭的时候，一尝到野菜又苦又涩的味，就只管望着我妈哭。身子瘦得皮包骨，我妈瞅我们那个样儿，心疼得偷偷流眼泪。我妈净吃野菜，把一点棒子皮、谷面全给我们吃。不几天，我妈吃野菜团子中毒了。身体浮肿，脸上起了燎泡，一双手肿得破了皮，眼都快瞎了，我和二哥吓得直哭。家里没有一个子儿，也请不起大夫。大哥给地主管在家里，也不能回家瞧瞧妈。我妈身子肿得愈来愈厉害，街坊的叔叔婶婶们都来瞧。可是，都是穷哥儿，谁都没有办法。

我们家的东边，有一个衙门。平时，我和我妈到衙门的水沟里，捺过烂菜叶。在衙内，有大夫，专为有钱人瞧病。我妈病后的第五天，我的大姐来住家，对我说："凤丫头！领妈到衙门里去求求，给妈瞧瞧病吧！"真的，我扶着妈挨到衙门里。这个大夫，是个油头滑脑的公子哥儿。我和妈向他央求了老半天，他却不言声。最后，他眨了眨眼，冷笑一声，对我妈说："唔！讨饭婆子，给你上点药！"他给妈涂了点药。哪知回家没过一天，我妈的脸皮全掉下来了。脸烂得白生生的，不像人样儿。原来，那个烂心肠的家伙给妈上的是蚀药！我妈气的直哭得死去活来，我和二哥也哭成了泪人。我大哥回来，瞧见我妈变成了这样儿，气得要去跟那王八羔子拼了。街坊的叔叔嫂嫂们也抱不平，大伙儿都气愤地说："到衙门里去找那狼崽子算账！"说完，大伙儿扶着我妈涌到衙门口，恶毒的看门狗子，连大门也不让我们进去。在那年头，"衙门口朝南开，有理无钱莫进来"，哪儿还有你穷人说话的地方?！这口气算是无处去出了，只好打掉了牙往肚里咽。我妈的脸就这样坏了，左手也烂掉了指头。要是在今天，不管谁，有个病哪痛的，到医院里去瞧瞧就行了，保管你好好的。在前几年那么大的旱灾，政府想尽办法运粮给我们，有谁顿顿吃野菜呢！今天的年轻人，有一点不顺心，就怨这怨那，真是不知过去的苦，怎知今日的甜呵！

大哥在张家干活，每天只能吃个半饱。活儿重，吃得少，身子瘦得只有一个骨架儿。有时，饿得没有办法，就偷偷跑回家来。一天中午，大哥一进门，就问："妈！有吃的吗?"我妈瞅着哥哥那面黄饥瘦的模样儿，心里一阵疼痛，指着锅对大哥说："儿呀！你自个盛点吃吧！"哥哥揭开锅盖一看，锅里煮着小碗糠菜粥，哥哥伤心地哭了。他说："妈！还是您和弟弟妹妹吃吧！"说着，他拖着饥饿的身子离开了家。我哥一直在地主家扛了八九年活，累坏了半拉身子骨儿，到现在年老了，还常常闹病。唉！从旧社会熬过来的穷哥们，有哪一个身上没有留下旧社会的伤痕！

就这样，娘儿仨糠糠菜菜的过了八九年。也就在这吃糠咽菜的日子里，送走了我的童年。

十五岁换亲

在我十四岁的那年，我大哥也是二十五六岁的大小伙子啦。俗话说，“男大当娶，女大当嫁”。可是，在那世道，没有钱，再大的小伙子也娶不了媳妇。为了活命，穷苦人家再小的女孩也得往外聘。就在那年冬天，聘在吴店村的姑姑回朱岗子住家。她对我妈说，在吴店村有个姓王的，一家老小五口人，老爷子和两个小子都在拉洋车，还有一个傻姑娘。因为家里穷，老大王俊快满三十啦，还没有娶媳妇，姑姑对我妈说：“我看，你们两家门当户对，都娶不起儿媳妇，就用女儿换亲吧！”我妈听了这话，一阵呻吟，她想，大儿子年岁大了，还没娶媳妇，早晚也是一桩心事。可是，家里穷得水洗过的一样，儿子的婚事，又不敢去想它。女儿呢！还是个小孩子，从小就没有过过一天好日子。现在为了哥哥的婚事，又要把她早早的送出去。这怎么不使我妈难过呢？过了会儿，我妈叹口气，说：“换吧！”那时，我年岁小，不懂得什么，全凭我妈一句话。在第二年腊月二十三日，两家就换了亲。离开家时，妈流着眼泪对我说：“凤儿呀！你爹早死，妈没能耐，你从妈肚子里生下来，压根就没好过的。现在妈又把你送出去，今后的日子全凭你自个儿奔了哇！千万别怨妈狠心，你要记住，这是因为家里穷呵！”妈说完，我抱着妈痛哭一场。就这样，衣服没有缝一件，陪嫁没有一桩，一台破竹轿子就把我送到了王家。

进门一瞧，全是生人。老的头发白白的，胡子老长。我那男人二十七岁啦，整整比我大十二岁。爷儿穿的连身体都遮不住。家里只有三间破土房，田无一丘，地无一垅。全凭一双手，两条腿，扛活拉洋车糊口。家里连一件破家具都没有，只有当间的一个破土台子。看到这一切，我伤心得哭了。婆家更比娘家穷！我一个十多岁的女孩子，人生地不熟，上无婆婆，下无姐妹，这么一大家子人，往后的日子怎么过哇！老爷子怜惜地对我说：“孩子！别哭，不会亏待你的，慢慢地过吧，总会有出头的一天！”从此，我就操持着这个穷家，过着漫长的苦难的生活。天天盼着出头的一天。

今天的年轻人真幸福！不受穷，不受压，自己的婚姻，自己作主。哪像我们那个时候呢！十五岁就过门，今天十五岁的女孩子还在学校念书呢！

一条苦根上的藤

婆家虽穷，却跟咱娘家是一条苦根上的藤。老爷子很早就死了老伴，扔下两个儿子两个女儿，因为没有吃的，二女儿在妈妈死后就送了人。叔叔没有娶起媳妇，还是光棍汉。在那世道，几条汉子整年卖苦力还混不到一碗饭吃。我那男人，可是苦命人啦！从十二岁起，就给邻村的地方当小做活的。当小做活的，吃不饱，家里还有几口人吃不上饭。没有法儿，老爷子就带着哥儿俩上北京拉洋车。那年，正赶上水灾，庄稼受涝，没有收成。很多乡下人都奔城里找活干。拉洋车的人很多，在大街小巷争着兜生意，招主儿，都为的是挣几个糊口的铜子儿。我那当家的，哥儿俩年龄不大，道儿不熟，就只有跟着老爷子跑，一架洋车，前面一个老的，后面跟着两个小的。那情景，看了真使人心酸。那时，拉一个人从北京到长辛店才 50 个铜子儿，这还是好买卖。一天吃一顿饭，有时还一顿都吃不上就饿着肚子回家。50 个子儿能买什么呢？买一斗小米，当时都要 420 多个子儿呀！

拉洋车不成，在当家的十八岁那年，老爷子送他到北京兴顺成豆腐店当学徒。当时，当学徒，可苦着哪！学不到什么手艺甭说，还受尽掌柜的气，一天一宿睡三个钟头，白天照样干活，稍有点儿不利落就要挨骂。长年摸冻水，一双手裂口子了，一攥拳头就流血。大冬天，水凉得轧骨，还得干。在豆腐店呆了整整五年，呆不下去了，在他二十三岁那年，又跟着老爷子拉洋车。

那世道，拉洋车，也得防备着，一不小心被汽车撞着，连人带车撞个粉碎。当时，北京外国人很多，外国人的汽车横冲直闯，好像只有他们是北京的主人一样。拉洋车的人被汽车撞死的事是时常出现的。挨打、受骂、被人污辱的事就甭说了。除此外，还得提防强盗、骗子抢车。那是什么世道啊！走路也得防备着，时时刻刻都是提心吊胆的，心总是不踏实。

在乡下呆不下去，本想在城里找一碗饭吃，谁知道城里跟乡下一个样。拉洋车，本来挣的是血汗钱，可是，在那年月，横祸总是落在咱穷人身上。有一天晚上，老爷子拉一个打扮得怪里怪气的娘们，经过一个澡塘子的时候，车上那个娘们嚷着："拉车的，停一停，进去给我找找人。"我老爷子是老实人，真的停了车给那娘们找人。一会儿，等老爷子从澡塘子里出来，连人带车都不见了。老爷子这才明白："受骗了！"这可气坏了我老爷子。车是租的老门儿的，租金还没给，车又丢了，怎么得了！老爷子想：车给丢了，自然要赔，没准还要受罚，可是，家里还有一大家子人等着要吃哪！我老爷子忍住这口气，在穷哥儿那里借了钱，办了一桌酒席，请人说情，总算没有受罚，赔钱150块。150块钱加上请客送礼的钱总共200块！这可苦了他爷儿仨，这二百块钱给全家人带上了刮骨的皮套。爷儿仨又租别人的车，豁出命来干，整整干了三年，好不容易才还清了这笔账。

在旧社会，穷人处处遭殃，哪儿有你舒坦的时候！

种伙种地的苦

爷儿仨在北京拉洋车，连自个儿的一张嘴都保不住，拉下叔叔和我在家里，那时，大小子也有了，一家三口人，吃不上饭。叔叔说："托点情到秦山家租几亩伙种地种吧！"托人说情，种了秦山家十亩伙种地。在京城里拉洋车的爷儿仨，在农忙的时候，也回家帮着点儿。

种秦山的地，受够秦山的气。秦山住在良乡城里，家有几百亩土地，地伙就有几十户。他当良乡看守所的所长，有钱有势，对地伙刻薄得很。那时，种他一亩地，弄得好在好年成能收个十斗、八斗，可是，给他交租就要五斗。另外，地伙还要交纳各种苛捐杂税一二斗，在日本统治时期最多纳到五斗。交了租，纳了费，闹个秋饱之后，又挨饿。秦山可狠心哪！他养有一帮狗腿子，每到秋收时节，就瞧庄稼来了，禾还没有上场，狗腿子就住在地伙家守着。粮食晒干扬净，送上门去，还得扬一遍。交租粮不要杂粮，大斗进，小斗出，每次交租时，一石就要多交半斗，收租把你折腾个够。像我们家，要很大的工夫，借人牲口，把粮食送到良乡；可是，只要他家管事的哼一声，不是嫌湿，就说是扬得不干净，你就得重新拾缀。

那时候，我们家，完了秋，交了租，粮也就没有了。一家人，扔下我娘儿，就各奔一方，上北京拉洋车，上市揽活干，混碗饭吃。在家里的人挨冻受饿，受的那熬煎，现在想起来都使人寒心。富人家烧煤炉，我家一年四季压根就是我到地里拾柴禾烧。我拖儿带女的，整天忙个腰酸腿疼。大冬天，炕上没有一条被，娘儿们蜷成一团。吃呢？那就甭说了，饱一顿，饿一顿。记得有一年年下了，村里大户人家都在准备年货，而我家里几天没有粮了。那时，市上吃的倒不贵，可钱就够呛。实在没法，孩子整天哭，瘦的不像人样。只好上北京找老爷子和孩子他爸爸要钱。历尽万苦好容易找着他们，可是一瞅老的少的苦的那个样儿，心就疼了。爷儿仨连一个铜子儿也没有。老爷子对我们说："没钱，就回家去吧！过年了，一家子也该团圆哪！"回到家里，没有吃的。老爷子向孩子他大爷央求了几个晚上，直到三十那天，才答应借给半斗谷。拿回家，压成谷面，连糠做成饼子。人家吃饺子，我一家人过了一个糠饼年。在旧社会是多么的不公平！一家人苦了一年，还捞不着一顿好吃的。今天，无论多大的灾害，过年过节又是大米，又是白面，年糕、饺子，任你做，谁还愁吃呢!!

老爷子的死

在1943年，发生了大旱灾，地里的庄稼全给旱死了。村里的穷苦人家吃糠、树叶、荞麦花、小蒲根……那时又流行一种“热病”，穷人家得了病，无钱医治，几个月的时间，村里就死了四十多人。老爷子在北京拉洋车，风里雨里奔跑，身子骨折磨得愈来愈弱，拉洋车跑不动，常常一天拉不上几个主儿，连交车租的钱都挣不出来。“拐腿驴怕滑，穷人家怕灾”。在穷得没有办法的时候，偏偏又染上了病。加上城里闹粮荒，吃“共和麦”拉肚子，身子实在支持不住了。孩子他爸爸就把老爷子用车拉到长辛店，正好有坐车主儿上北京，为挣几个糊口的钱，病人都顾不了，他又拉洋车回北京去了。老爷子一步一步地往家里挨。十多里地，走了一天半，才回到家里。

那时，我已经添了二小子。我带着两个孩子在家，叔叔一个人干活。家里又是几天没粮了。孩子要吃奶，不吃点粮食不行。没法儿，只好把一点宅基地给别人换了几升棒子。等老爷子回到家里，又吃完了。怎么办呢？向地主借吧，借一石，一月后还一石五。粮一借，刮青的皮套就给带上了。我们家再挨饿也只好忍着，死也不向地主家借，向亲戚借吧！都是穷哥们，跟我家一个样。

老爷子病得那个样儿，连一碗面汤也喝不上，更说不上有钱给他瞧病。又病又饿，回家的第三天晚上，苦命的老人就空着肚子死在了炕上。死的时候，连一句话也没有留下，身上还穿着年青时缝的那一套青布棉裤棉袄。老爷子死了，家里没有钱买棺材。向别人借吧，谁有钱？亲戚都是穷哥儿。向地主借吧，你就别想有出头的一天。为争这口气，叔叔后来从姑爷刘永祥家借来一张破炕席，就用这张席把老爷子卷着埋了……

孩子他爸爸过了三天才接到信儿，从北京赶回来，两手还是空空的。进门一瞧，就痛哭起来。全家人，心情都很沉重。老爷子从小就给人扛活，好容易把儿女拉扯大。六十岁啦，还拉洋车养活一家人。到头来，儿女都没有瞧见一眼，就死去了，落得一张破炕席。我那时真把那个社会恨透了。为啥富人就富，穷人就一辈子受穷？可是，我讲不出道理来，末了，只好埋怨自己命苦。现在才知道，这是地主老财压迫剥削的结果呵！

什么时候才是尽头

老爷子死后，孩子他爸，有时上北京拉洋车，有时给人扛活，这样奔东奔西地过了两三年，先前种秦山的地，半道儿，因为租交不够，不让种了。还欠下四五石粮食，年年加利怎么交粮，直到解放，还欠秦山一石粮食。

秦山的地种不成，又租后店闫成武的地。“天下的老鸹一般黑”，地主的心是一样的狠毒。种闫成武的地，一样是交了租就不够吃。孩子他爸不拉洋车，去长阳的一个姓李的农家扛冬活。给人扛冬活，活儿可杂性呀：累得你够受的。单就家务事说吧！听孩子他爸说，大冬天，天不亮，就得拣一筐煤回家。回家后，烧火做饭。吃完饭，归置好家伙，就煮猪食，喂猪。喂完猪，就推碾子、挑水、拾掇粪，累得你直不起腰来。晚上，还得给人家烧炕，别人家都睡了，还得看猪食。这样，累死累活的忙一个冬天，一月才挣一斗五升粮食（约二十三斤）。开春才回家拾掇自己种的伙种地。忙过之后，又上北京拉洋车。

在解放的前两年，日子更不好过了，收成不好甭说，兵荒马乱，国民党的“刮民军”可害得人活不下去。那时，村里驻兵，吃村里、喝村里、用村里。这些都得摊在咱穷人身上。除此而外，还要抓兵拉伕。村里的保甲长借此发财，闹得可欢着呢！硬逼孩子他叔当了兵。保甲长说给四十石棒子（那时卖一个兵是四十石棒子，是村里各户摊派的），可是，人抓走了，棒子也不给了，全都装进了他们的私囊。在那个时候，他们要钱有钱，要势有势，谁敢向他们要呢？一完声，没准落个什么样的灾祸。

唉！在旧社会，穷人就是受穷受气。受的那苦，真是三天三夜也说不完。我十五岁进王家门，在旧社会熬过了整整十五年。住的是要塌不塌的破土房，炕上没有一条被，身上没有穿过一件像样的衣服，大人孩子穿的全是破破烂烂。出外干活的，也只是用破麻布袋子遮住身子。冬天，北风呼噜呼噜的吹，冰天雪地，孩子冻得直打哆嗦。用的呢？除开两个做饭用的铁锅外，就只有我到王家时就有的一个土台子当桌。吃的呢？在那年头，一家人奔活干，哪儿有活，就奔哪儿去；明知是受骗也得去撞。受尽了苦，到头来还不得一饱。那世道，是年年挣，年年净，年年亏。孩子他叔苦了半辈子还没有娶上个媳妇。

男人家在外面拼死拼活，还直不起腰来。咱妇女孩子们在家里就甭说啦。冬去春来，受够折磨，受够惊吓，这样一年一年地熬着。我从妈肚里生下来，就没有一天欢乐的日子。今天的年轻人都有自己的青春时代，可我呢？就没有挨上边呵！

苦尽甜来　永不忘本

出头的这一天总算盼来了，咱穷人的苦日子熬到了尽头。在1948年秋天，从南边来了解放军，咱村解放了。共产党和毛主席派来的同志领导我们闹翻身，我加入了农会，孩子他爸爸和叔叔都回来了，土改时分了18亩地，还有粮食和家具。打那时候起，我才真正明白了从前自己为什么受苦受穷。我把一切仇恨都集中在地主富农身上。斗倒了地主富农，农会掌握了政权，再不受压迫和剥削，我打心眼儿里高兴。那时，我觉得自己真正过着姑娘生活。我当时正怀着这个小女儿。一个多月，白天黑夜开会，也不觉得累。就在这斗地主、闹翻身的时候，我生了小女儿。一家人欢喜得很，觉得翻了身，添了女，真是双喜临门。孩子他爸爸说："给孩子起个好名吧！"我心里正高兴得不得了，随口就说："就叫小红吧！"我心里想，要永远记住翻身的这一天！

土改后没有几年，办了合作社，现在又走公社道儿。我的心可实啦，我想，这是共产党和毛主席给咱穷人指出的幸福道，我要一直走到底，永不变心！

打土改到现在我家生活是步步升高。现在住的是新房，从前，五六口人没有一条被，现在家里七口人，每人一条新被。穿的就甭说了，人人有新衣服穿，孩子们过去光脚丫子，裸着光腚；现在都穿得干干净净。现在家家都安上了电灯，还有一个喇叭。国家大事，国外新闻都能听到。过去呀，点煤油灯都没有份儿，穷人家点的是豆油灯。那时，穷得愁眉苦脸，国家大事哪还有你过问的呢！

我那大小子，土改时十二岁啦，进了村里小学念书。他可阔，成了我家几辈人中第一个进学校门的人。过去，吃没吃，穿没穿，奔命还顾不着，哪还有钱送孩子上学呢？我那小子后来考上了电工技校，毕业后参加了工作，现在在河南参加社会主义建设哪！

1962年征兵，那时蒋匪帮在台湾也喊着"反攻"大陆，地主富农的心可乐着呢！二小子金禄已满二十啦！我把他送到征兵的同志那儿去，我对金禄说："金禄，快报名吧！别当软骨头！咱们不去当兵，谁来保卫咱们的好日子？"村里个别老太太，儿子参军还不放心，牵三挂四的，我心里可乐开了花。心想，解放前，他叔被人卖兵，咱心里不服，谁为地主富家卖命，去反人民呢？金禄参军光荣，是为保咱穷人的江山呵！现在我每每写信，还叫小子好好学习哩！

现在咱们家，大儿子金福当电工，二儿子金禄当兵，大女儿秀兰和小红，在小学毕业后都和他爸爸、叔叔在队里劳动。孩子他爸爸五十七岁啦，可精神着呢，他跟秀兰都是五好社员。解放后，生的两个小子金山和金明正在学校念书。大儿媳也在工厂当工人，这一家人算是旺着哪！

我那些女儿、小子们，别看他们年龄小，可精着哪！经常要我念叨过去的苦事，我也常常讲给他们听。连刚满十一岁的小儿子金明也能说上几段呢！他们都说："我们永远不忘本！"听了这些话，我心里也就实在了。儿女们的成长，我常常挂在心上。大女儿秀兰和小红小学毕业后没继续上学，我就叫他俩上民校学文化、学政治，读毛主席的书。家里的事，我总是一个人揽着，好让他们晚上上民校学习。别让他们身在福中不知福，忘记我们这辈人所受的苦，不求上进！

孩子们可欢，我在这几年可给落下了。家里在队里劳动的人多了，扔下一大摊家务事没人做。这就把我扔在家里，整天忙些零碎事。前二年又时常患病，队里劳动去不成，村里开会也很少参加，我心里可急着哩！今年开展社会主义教育运动，选我当贫下中农代表，开始我还琢磨，我离村子这么远，家里人是这么一大摊子，时常开会行吗？再说，我对村里的情况不明白，又不识字，能干什么事？后来，开会，听报告，党的文件上说，咱们贫下中农是党的依靠力量，我们不能忘本，要听党的话，掌握“印把子”，努力生产。这些话，可是道出了咱们的心里话呀！我又想了想自个儿的一生，想了想我一家人在两个社会的生活。觉得，咱贫农也得像个贫农的样儿，一定要按照共产党和毛主席的指示去办事。因此，尽管家务事忙，家里离村子一里多地，可是我不管白天黑夜、天晴下雨，开会总是按时到，什么工作，我心里总是琢磨着。不会的，就向别人学，自己有能力办的事，一定把它办好。我想，不是共产党和毛主席，我这苦水里长大的妇女，哪会有今天呀，我可不能自个儿好了，不管别人。现在穷哥们又选我为贫下中农协会委员，我一定听党的话，为大伙儿办事，我这后半辈子就算有奔头啦！我还要教育我的孩子世世代代永不忘本，跟着共产党和毛主席走到底！

1964 年 4 月朱凤莲口述

夏宗勇记录

（1964 年 4 月 11 日写于吴店）

3. 出了苦海见青天

——贫农张启华家史

咱今年四十二岁了，四十二年，打从解放后这十五年光景，咱才真正过上了好日子，不愁吃，不愁穿，日子真是越过越美。干活歇歇的时候，咱就总爱跟那些小伙子们姑娘们念叨咱过去受的那份苦，一念叨过去的苦，看看这阵儿的甜，咱打心眼儿里热爱共产党和毛主席，咱至死也不能忘记共产党和毛主席的恩情，是党给了咱幸福，是毛主席把咱从苦水中救出，熬过了十八年的苦日子。过去的苦，咱是一辈子也不会忘的，俗话说：“饱尝黄连知蜜甜”，只有记住过去的苦，才知道今天的甜呀！

（1）父亲拉洋车　卖命来为生

一九二三年，我妈妈生下了我。打我记事的时候（四五岁），正是军阀混战，你打我，我打你，枪声、炮声，经常在耳边响着，吓得这人呐提心吊胆的过日子。那会儿，我们家有五口人，爸爸、妈妈、哥哥、姐姐和我。家里连一分地也没有，真是田无一丘，地无一垅，就是靠着我爸爸在北京城里拉洋车卖命过日子。为了一家人的生活，我爸爸整年整月在风里雨里奔跑，一天也拉不上几个主儿，交了租车费就剩不下几个钱。积攒起来，十天半个月求人带回来一次，买点“杂合面”来维持家里半饥半饱的生活。

一九三七年，国民党反动派的罪还没受完，“七·七”卢沟桥事变，日本鬼子又来了。凶恶的小日本来了更遭殃，一进村就翻的稀里哗啦，抓鸡逮猪，找“花妞妞”，弄得人心慌慌，逃的逃，躲的躲，心里就像“十五个吊桶打水，七上八下”。那年头，生活就更苦了，我爸爸在城里拉洋车就更难了。日本鬼子的汽车横冲直撞，一不小心就会被汽车撞死。拉洋车有时一天也拉不上坐车的主儿，还得照样交租车费，我爸爸看在城里实在呆不下去就回家来了。

回来以后，我爸爸看见家里连下锅的米都没有了，就想买辆破洋车在良乡车站拉主儿。正好咱村刘二放“印子”，我爸爸便和他借了一票——五元，可拿了这五元钱当时就扣下一元利钱，到六个月时还得还五元。即使这样也得借呀，不然拿啥买洋车，我爸爸拿了这四元钱又东挤西凑，花了八元钱，总算买来一辆破洋车，要说这破车，五辆也顶不上人家一辆好洋车。我爸爸买了这辆破洋车又在良乡车站拉起来了。在那里拉车更受罪，刚到那里，也没个熟人，加上车破，根本就没有人坐你那个车，所以等火车一来，就得上出口那地方抢个买卖，可是矮鬼子、铁路警察站在出口那儿，哪能让你上前去，“臭拉车的，滚开！滚开！”骂个不停，你要不躲开，警察过来就把你车上的坐垫给扔到老远去。有一次，我爸爸刚上前去打算抢个买卖，可警察过来就骂开了：“死老头子，叫你滚开，你又上前来了。”说着就把车上的坐垫给扔了，等我爸爸把坐垫拣回来，买卖也丢了，结果这趟车就白等了。气得我爸爸直跺脚，那世道，哪有穷人说话的地方呀，有苦也只好打掉了门牙往肚里咽。拉不上主儿着急，可拉上主儿又要受气。日本鬼子，有钱的人家坐在车上还嫌不舒服，连踹带骂地让你快跑，可我爸爸那会儿已经是五十来岁的人了，身子骨被折磨得越来越弱，加上肚子里没有东西，一天只吃点麻片或者五分钱的花生豆，连点劲都没有，哪能跑得快呀！跑不快照你身上就踹几脚。过去的穷人哪还被人当人看，就跟牛马差不多。我爸爸受人家的打骂真是数也数不过来了。就这样，有时一天才挣个几角钱。哪怕多晚也得到铺里买二斤棒子面，赶紧回来掺菜熬点粥吃。有时一天拉不上主儿，就一个钱也挣不来，只好空着两手回来。

有一天，天都黑了，可我爸爸还没回来，家里一粒米也没有了，我饿得直叫唤，我妈妈难过地哄着我说：“华子，别叫了，我和姐姐到村头看看爸爸回来没有，爸爸带回来米就给你们做饭。”我和姐姐在村头等呀等，可等来了，爸爸晃晃悠悠地拉着车子回来了，我一看见爸爸高兴地跑过去问：“爸爸，米呐?”我爸爸没精打彩地望着我，摇摇头，伤心地对我说：“孩子回去吧，等明儿爸爸给你挣钱买米来。”这一晚上，全家饿着肚子睡觉了。

一九三九年，日子真是越过越难过。这一年，又赶上我妈妈生下了我妹妹，生妹妹那会儿，妈妈连鸡蛋的影儿都没见着，吃点棒子面就完了。生下了妹妹，妈妈一点笑容都没有，我只听见妈妈叹气地说：“五个人的日子都过不下去，这六个人的日子可咋过呀。”打这以后，我爸爸就更起早贪黑拼死拼活地拉洋车。冬天，老北风呼噜呼噜地刮，冻得人直哆嗦，可我爸爸连条挡寒的破棉裤都没有，穿着两条破单裤在雪地上拉着洋车奔跑，大年初一有钱的人家吃的又是鱼又是肉，可我爸爸哪能在家呆一天，今儿不拉车明儿就挨饿。过年能吃上顿不掺菜的窝窝头就算好的了，哪能吃上顿白面饺子。

（2）灾难又来临　父亲送了命

“拐腿牛怕滑，穷人家怕灾。”民国三十二年（一九四三年）来了个大旱灾。好年景穷人都吃不上，这灾年更甭提了。一旱就是半年不下雨，一亩地才打二三斗粮食，要是伙种地，打那点粮交租子都不够，哪能见到一颗米呀，家家户户挖野菜。我妈妈领着我挖野菜扒树皮，到后来连野菜都挖不着了，那年，白薯秧都成了宝贝，穷人编成歌谣说：“民国三十二年，人民真可怜，白薯秧压成面，一斤十六元。”挖来的野菜，咱也不知有毒没毒，有的人家，吃了这野菜中毒，脸都肿了，起了燎泡。我一吃到这又苦又涩的野菜就吃不下去了，饿得直哭，我妈妈看到这情景，难过得偷偷抹眼泪。

“祸不单行”，来了天灾，又来了病祸。那年流行一种传染病，叫“热病”，谁要是得上这种病，就甭想活，要吃的没吃的，要瞧病没钱瞧，咋能不死人呐。那年，咱村一下子就死了四十来口子人，三天两头往外抬人，有的连棺材都没有，用个草席子就卷出去了。看了这悲惨的情景，真叫人心酸落泪。

那会儿，我爸爸的身子骨被折腾得越来越瘦，全家都担心爸爸的身子骨，可不幸的事真来了，爸爸也得上了这“热病”，一病就起不来了，吃的白薯秧、麻片，吃的直拉血，这可急坏了我妈妈，吓得我们围着爸爸直哭。那会儿，哪有钱给我爸瞧病呀，病了半个月，眼看着病越来越重，人拉血已经拉得不成样子啦，到后来，连说句话的力气都没有啦，只见我爸爸脑袋往枕边一歪就再也不动弹了。这真是“人在家中坐，祸从天上落。”我爸爸活了一辈子也没享一天福。到头来还这样惨死了。妈妈和我们都趴在我爸爸的尸体上哭得死去活来，呼天喊地，真是“喊天天不答，呼地地不应。”那个世道，穷人活着没有路，死也死不起啊！我妈妈不忍心把爸爸用席子卷出去，托人舍脸，好歹借了点钱，买了口小薄板棺材，把爸爸埋葬了。

前两年，咱们这儿还闹了灾害，可看见谁家死人了，谁家吃野菜了，不够吃国家就送来了大米，这要和民国三十二年比起来，真是天上一个，地下一个。要是这阵儿，我爸爸哪能死呢，早就叫大夫治好了。这会儿，谁有个头疼脑热的，请来大夫打针吃药，保准好得快，我这阵儿想起我可怜的爸爸就那样死去了，心里还像腌着一把盐那样难受。要是他老人家这阵儿还活着，那该多好啊！

(3) 被骗石景山　苦水倒不尽

我爸爸去世以后，哥哥又过继给叔叔了，全家的重担就落在我身上了。我爸爸没死的时候，日本鬼子总要人替他们卖命，我就被派去好几次，修铁路，挖“毁民壕”，一去就是几个月，多少也能给家挣点钱，可这阵儿，全家只等我挣钱过活了，于是，我就总想找机会干活。有一天，那是一九四三年的冬季，后店的谢老麻子来了，他说石景山日本人开的工厂，正在收工人，那儿活计不重，吃得饱，还能挣大钱。我愁反正呆在家里也吃不上饭，上那儿还能挣几个钱来养活家里，就信了他的话。当天，挟了条破被就跟他去石景山了，咱村的好多人也跟去了。到了石景山，谢老麻子领着我们，走进了一座两边有兵守着的大门，到了工地，谢老麻子就走了，把我们的“良民证”也拿走了。后来，咱才知道这谢老麻子是专门到各村骗人，骗来多少人就给他多少钱，原来，我们是被骗让他给卖了。

在这里干活的人多着呢，我们干的活是抬石头子儿，从坑里挖出的石头子儿抬到大堆去。每天黑咕隆咚的时候，就得起来干活，一直到天黑了才收工。干活的时间长甭说，还要受工头的打骂，抬石头子儿的时候，工头眼盯着你，手拿着几尺长的大棍子，要是抬石头子儿抬慢了，抬少了，那棍子就朝你身上打来。我来这儿第二天，就抬石头子儿，筐又大装得又满，吃得也不好，哪有劲抬得那么快，一个工头瞧我抬得慢了点就骂开了：“穷小子，刚来就他妈偷懒。”说着过来就是几棍子，嘴里还嘟囔着：“不打你们，不干活。”我心里真气极了，眼瞪着真想给他几耳光，几个伙伴也围过来，这贼工头一看势不好就溜走了。来这儿干活的人没有不挨打的。

在这里干活的人还不如牛马，牛马干完了活，还得让它吃得饱饱的，歇得好好的，好让它干活。可是我们吃的是啥？吃的是又苦又辣的“共和面”和煮得半生不熟的蚕豆，吃完了直拉稀，拉得人连点劲都没有了，哪里还能干活。住的是大工棚，用草席子搭成的大工棚，一点也不严实，冷风呼呼地往里灌，铺盖卷就放在冰凉的土地上，晚上冻得睡不着觉。

我在那儿干了六七天活，眼看着许多伙伴病死就被扔到“万人坑”里，看了这“万人坑”心里直颤，一个又大又深的坑，里面躺满了已故死去的伙伴，有的还没有死，在那里直动弹，可那么深的坑，哪能爬上来，只有等着死在那里。这伙日本鬼子和工头比狼心还狠，看见你病倒了，不能给他们卖命，就把你扔到“万人坑”里，等着死掉。

看了这情景，我真为咱们穷哥们儿白白送了命而难过，我心里琢磨着，要是再呆下去，还不像伙伴一样死在这里呀，我才不为他们卖命呢！心里起了逃跑的念头。可是，咋出去呢？三面用几层铁丝网围着，外面都有岗哨站岗，要是被他们看见，还不一枪就打死。有一面靠着河，河两边筑起了高高的大堤，顺着河堤是跑不掉的，只有过了河才能逃走，可是不会水的人也过不去，要是逃走被抓回来，也保不住活命，不管咋的，心里还是一个念头："逃跑。"

一天黑夜，约摸有二、三点钟，我悄悄地摸出了工棚，直奔河那边跑，到了河边一下子就跳下去，那会儿正是十一月，河水凉得要命，我也顾不得冷，一心想跑过去，突然沉下去了，脚够不着底，我拼命地向前游，总算没被淹死，过了一道河，又是一道河，我再也没劲游了，只好绕小道走，一路上看着好多尸体躺在山坡上。到了家，我妈妈一见我眼泪就流出来了，上前就搂住了我，好像怕被人抓去似的。"华子，你可回来了，可把妈想坏了。"一边搂着一边说。我说："这还不是逃出的，要不然不知哪天才能见到您呢！"我妈妈又告诉我，姨夫去石景山干活逃出来还没到家就饿死在道上了，听了这话，我心里真难过极了，那个世道，坑去了我们多少穷人啊！

（4）逼迫去当兵　负伤归家门

回来以后，我还是不能在家呆着，就拣起了我爸爸去世留下的唯一家产——一辆破洋车，又到良乡车站去拉洋车，明知拉洋车是个受罪的事，也得去拉。有一天上午，一个胖鬼子让我拉他进城（良乡），我拉着他，沉得要命，稍微慢一点，他就用大皮靴子踹我，让我快跑，等我跑得上气不接下气，汗顺着脸往下滴，给他拉到城里时，进了屋就不出来了，真气人，白白拉了一趟，一个子儿也没得着。我一寻思，走这条道儿真是活不成，加上欠下的棺材钱又要，拉了两年洋车我就把它卖了，还了棺材钱，连我爸爸留下的唯一家产这会儿也没了。

一九四五年，日本鬼子投降了，咱寻思：这下可过太平日子啦。谁知道，走了一只虎，又来了一只狼，国民党反动派也一样是害人精，到处要民夫，挖战壕，抓壮丁，吓得这人心里更乱。

第二年十月，国民党向咱村要人来了，头天晚上，伪保、甲长召集咱村小伙子开会，我有点事，那天晚上就没去。第二天，这些伪保、甲们又让我到庙里去抓阄。那年头，谁愿意去当兵啊，不去，就得出钱、出粮。可那会儿，我们家吃都吃不上，哪还有钱、粮食可出呢，我被逼得硬着头皮去抓阄。记得那天早上，我妈眼含着眼泪对我说："华子，走吧，妈领着你去，也许抓不上。"在妈妈的眼里还有一线希望，但愿儿子别抓上。咱寻思，真的，哪那么巧让咱抓上。就说了声："走吧。"妈妈走在前头，我跟在后头，怀里像揣着兔子似的蹦蹦直跳。进了庙，在门外就听见里边保、甲长叽叽喳喳地说："这小子，昨晚不来，就让他去，他家穷得叮当直响，不去也不成。"我一听，这不成心和咱作对吗？进屋一瞧，一个抓阄的也没有。这哪里是抓阄，真是王八吃称铊，铁了心，非让咱去不可，我气得对我妈妈说："走，咱才不当那个卖命的兵。"可那王八羔子甲长郭儒恶狠狠地说："熊骨头，家里没吃的，还不到外面跑跑。"保长赵显章也吓唬咱说："不去？名单早报上去了，去也得去，不去也得去！"就这样，被他们押到城里去了。临走时，咱难过极了。长这么大咱也没出过这门，上趟石景山都跑回来了，这回要去给国民党当炮灰，不知死活，啥时候还能见到可怜的妈妈呀！我妈妈也难过得哭成了泪人，领着弟弟（后来又生了弟弟）妹妹送了一段又一段，弟弟、妹妹也一个劲儿地叫"哥哥，哥哥，别走。"看着这情景，我的心像刀绞一样地难受，眼泪止不住地往下淌。到了村头，咱一句话也说不出来，扭头就走了。走了好远，咱回头一看，我妈妈还站在那里直勾勾地望着咱。

他们把我送到良乡城里后，坐火车一下子到南口下花园。下来又走了三天才到了察哈尔省一个地方。一路上，我总想找个机会跑掉，可是前前后后都有兵看着跑也跑不掉。第一天晚上住在涿洛县，有两个人打算开小差，刚到街上转转就被逮回来了，让大伙集合，眼看着那兵用刺刀在他们两人手上砍了七八下，鲜血直流。一个当官的模样，还大声地喊："谁要开小差，就是这个下场！"看到同伴被砍，大伙都敢怒不敢言。这是什么军队！什么世道！

在那整整熬了六个月，第二年四月又开回来了，一天天东奔西跑，上边一句话，下边可遭殃。我是在重机枪连，挑子弹压得我喘不过气来。后来，我们被解放军包围，我的脚也被炸坏了，解放军一撤走，国民党来了把这些病号都送到天津一个医院里，那里病号多着呐，哪有医生给你看病，脚烂的都发臭了，也没人管，待了三个月也没好。十月，天气已经凉起来了，有一天，我趁人不注意，挟着拐杖，穿着布衫裤衩，趿拉一只鞋就跑出来了，坐上火车回到了家。在外待了一年，折磨得不像个人样儿了，我妈妈乍一见我都认不出来了，我喊了声“妈!”我妈妈才认出是我，娘儿俩见面，真是悲喜交加。妈妈一见着我，就把憋在肚子里的苦水倒出来了，妈说：“你走后，这日子真没法过了，保、甲长这些兔崽子们你走时说给十二石粮食。可你走后，就压根儿不管了，我三番五次地找他们，他们也不言声，后来急得我到县党部去告他们，结果也没用，到头来，托人求情地才要出了三石棒子，就这样熬呀熬。白天晚上想你，想的我牙疼，脸肿，脸蛋疼……”说着说着眼泪就流出来了。我一听，气得我抬起身就要和他们算账去，我妈妈急忙拉着我说：“别去了，穷人在理也说不出啊!”

（5）穷人扛长活　冤多苦又多

在家待了三个月，我的脚才慢慢地好起来。好了就出去打短工，给人干活。后来我就到咱村富农郭宽家里扛了一年长活，在他们家扛长活，真是苦多冤多。

这郭家在咱村可算得上头号的阔主儿，有地七十多亩，他家一个人也不干活，就靠剥削咱穷哥们的血汗养肥了他们，有房子十四五间，周围围着高墙，小门楼的大门紧关着，门边有四五条恶狗守着，谁打他那儿过，狗腾地跑出来，跑不快就要挨咬。门楼前有一个大场院，他们的房子和场院就占了五亩多地。你瞧，穷人有的连一亩地都没有，可他家房子和场院就占了这么多地。

他们那会儿的生活咱村可谁也比不了。每年打100多石粮食，吃也吃不了。全家十二口人，吃的都是白米净面，郭宽两口子每天都吃火锅，郭宽老婆是有名的“酒鬼”，每天闲着没事儿总喝酒，在院内转游一圈喝一杯，待一会儿又喝一杯，几天一罐子，喝醉了就骂人，拿我们出气。他儿子郭仲华也狗仗人势，一天天牵着几条恶狗满街乱串，大家都叫他“狗板”。看见别人家的狗，“狗板”就放出他的恶狗，把人家的狗咬得半死不活。别人见着他，躲得老远，真怕叫狗咬着。

他们家雇长工就有五个。我来到他家以后，累得都直不起腰来，每天太阳露头就得下地，到天黑了才许回来，一天耪地要二亩多到三亩。回来就得挑十多担的水，这才能吃饭。每天吃的是陈的发霉味的棒子面，到了麦秋，也吃不上顿净面，净给黑面吃，我们气得就说：“头烂二烂去喂狗，三烂、四烂去供佛。”要是吃葱连葱白都不给你吃，让你吃葱叶，我们看他这样对待我们，气得我们也想办法来对付他。有一回，两个长工合计好了，教训教训他，给咱长工出口气。当天晚上回来，一个长工先进屋吃饭去了，另一个长工进来就嚷：“你怎么把葱白全给挑吃了，光给我们剩葱叶?”说着两个人就吵起来，一边吵一边摔盆，摔碗，把盘子和碗摔个粉碎，我们看了这场“架”，个个都暗暗高兴。可把那两口子气坏了，明知摔东西也不敢言语儿。

在地里干完了活，回来也闲不着，起棚垫圈，铡牲口草，扫院子，房子坏了还得给他们抹房子，有啥活干啥活，干活的时候，让你使出最大的力气去干，累出病了，他们可不管，让你滚回家去，到给工钱的时候，他就希望越少越好，谁不知道这郭家是有名的刻薄鬼。打个比方说吧：今天市上给工钱八角，他这儿就给六角。所以，我在那干了一年才给了六石棒子，可这六石棒子哪够养活家的，要有个急事了，使钱用，跟他借钱可就别扭死了。有一次，我需要钱用，跟他要工钱，可他说啥，“没钱呐，等上集卖了粮再说吧。”等他卖了粮，再跟他要他又说：“钱花完了，没有。”第三次跟他要他还说：“买东西了，没钱，下次再说吧。”我一听，真火了，这不成心想不给咱钱么，我气得说："你还给不给，要给就快点拿出来。"这才从兜里掏出几角钱，这个老滑头比狐狸还狡猾。

这些地主、富农就是想法儿剥削咱穷人，可那年头儿谁敢惹他们。这郭家就和城里警察所姚所长勾搭得挺热乎，常请姚所长来他家吃喝玩乐。他的姑夫，秦山是城里有名的大地主，专喝穷人的血汗，有了这两座靠山就更神气起来了。咱心想，甭看你这会儿这么威风，看你还能横行到啥时候！兔子尾巴长不了，总有一天，你们要完蛋的！

（6）盼来共产党　领导斗富农

盼星星，盼月亮，可下盼来了共产党。一九四八年底咱村解放了，看见了东北大军，就甭提咱心里多高兴了。这下子咱可出了苦海见了青天，再不受地主、富农的窝囊气了。一九四九年春天，毛主席派来的工作组到咱村来了，领着咱闹翻身，这下村里可欢腾起来了，人人脸上露出了笑容，咱的心一下子也亮堂多了，咱的苦总算熬到头了，向他们算账的时候到了！

在后店的群众大会上，斗争了郭宽、赵启、裴振明几家富农和那些欺压咱们的保、甲长。那场面，真动人啊！好多人都跳上了台、倒出了多年的苦水，听了他们的苦，咱也想起了咱家受的那份苦，像电影似的一幕一幕地出现在眼前，咱激动地止不住喊了声："打倒地主、富农！"这时，会场再也安静不下来了，只听见："打倒地主、富农！""共产党万岁！""毛主席万岁！"这喊声真正倒出来咱内心的感情。

那会儿，我和郭连、杨旺等不少人组织了民兵，开完了斗争大会，我们这伙子人一下子涌进了富农的大门楼里，这个喊："把粮食都拿出来！"那个说："把他们剥削咱穷人的东西都拿出来！"到裴振明家他把十多石粮食都藏在两墙中间了。到赵启家他们把粮食装了好几麻袋放到牲口槽下边用砖砌起来，把麦子放在房顶上用草盖起来。但是，不管这些狐狸咋样狡猾，也猾不过咱们民兵的眼，最后还是让咱给翻出来了。到了郭宽家，这老狐狸更猾，听到风声就把东西送走了，可是跑了和尚跑不了寺，反正他房子抬不走，他们用剥削咱穷人的血汗换来的财产和让他们霸占的土地这回全给没收了，村里的穷哥们儿都由农会那里分到了地，分到了东西，我们家也分了 12 亩地和一只箱子，穷人真正翻了身，当家作主，再不受地主、富农的剥削了，这都是托共产党的福，得毛主席的恩呀！俗话说："吃水不忘打井人。"咱一辈子也忘不了共产党和毛主席的恩情，咱一定跟毛主席走到底。

（7）不忘过去苦　永记今日甜

土改以后，翻了身的穷哥们儿个个喜气洋洋，干活儿的劲头真大，在党的组织下，在互助合作的号召下，穷哥们儿又组织了互助组，咱也参加了互助组。咱心想，党的话儿没错，咱一定照党的话办事。以后咱又加入初级社、高级社，大伙又让我当队长，过去被人瞧不起的熊骨头这会儿也当上了队长，1956 年修青龙头水库的时候，咱领着村里的人大干一场，白天晚上干咱也不嫌累，到头来咱被评上劳动模范，还得了十大奖状。人民公社化后，也一直让咱当队长，咱也一心一意为大伙儿办事。咱的心就像长在队里一样，一天不到队里去，一天放心不下。谁要是损坏了咱队里的东西，咱打心眼儿里难受。如今，经过这社会主义教育运动，咱的心眼儿就亮堂了，干劲就更大了。开完会以后，几个队长还要安排明儿干的活茬，一研究就到深夜，可咱一点也不觉得困。一想起过去的苦，看着这会儿的甜，咱就浑身是劲，真想干它一宿。干活的时候，咱总要把活茬安排好，然后自个儿挑重的活去干，咱这才觉得心里舒坦，因为自个儿是干部，必须走在群众头里，而且这会儿干活是给咱自个儿干，不再给地主、富农干活了，咱怎能不使出劲来干呢？

如今，咱家的日子过得越来越好，咱已经成了家，有了四个孩子，看见他们一天蹦蹦跳跳不愁吃、不愁穿，到时候就上学，该多幸福啊！哪像过去咱们那会儿吃都吃不上哪里还能上学念书！去年，我和爱人一共挣了四千多分，全家七口人吃得饱穿得暖，我妈妈再也不为过日子而操心掉眼泪了，她老人家过着幸福的晚年生活，虽然咱们过上了这么好的日子，可千万也不能忘了过去，咱要把咱家的家史念叨给孩子们听，让孩子们知道过去苦，才能知道今天的甜。但是，被咱们推翻了的地主富农，他们不甘心，总想破坏咱集体的事儿，咱们一定要提高警惕，握紧印把子，把革命干到底

一九六四年四月张启华口述

李芳馨记录

（五）房山区土地改革相关文献资料

1. 房山县的土地改革概述

（1）基本状况

房山县位于北京西南45公里，南距涿县25公里，东距良乡13公里，西南50公里多是涞水县，北接宛平县。全县东西约100公里多，南北约40公里，总面积达157921平方里。

房山县有著名的周口店砾区，长300公里的石灰山。光绪22年（1896年），修成了周口店到良乡的铁路24里，到前门96里，当时只用于运送煤。

房山县的简单历史经纬可分为5个阶段。

第1阶段从1938年开始。成立了房山联合县，县政府从大众选举代表来管理。当时贯彻合理负担政策。1940年日本军大扫荡，良乡被分割，房山与涞、涿合并，成立了房涞涿办事处，坚持抗日斗争。

第2阶段是1940年末到1944年。敌军的扫荡结束了，内地工作恢复。1942年开始彻底实行了减租减息。当时，主要以北山为根据地，在城关附近和平原展开，同时，房、涞、涿分离，房山重新变为房山县。

第3阶段是1945年，日军投降，房山县除了县城以外，全部接受八路军领导。解放后数月，进行了全县规模的党建，动员大众改造政权，清算保甲制度，号召复仇运动。同时，动员青壮年参军，进行自卫战争的准备工作。

第4阶段是1946～1948年的解放战争时期。战斗之初，虽然国民党军的压迫波及内地，人民解放军在前线，坚持了斗争，在内地贯彻了五四指示、平分土地的精神。

第5阶段是1948年12月，房山全部被解放，平津、保定也被收复。这一时期，新解放区进行了土地改革和土地调整，建立和改造了政权，贯彻了大生产运动。

（2）新解放区的土地改革

房山县全县有4个半新解放区，合计129村。其中75村经过了1949年春的土地改革。房山县的新解放区的土地改革展开情况如下。

①参加土地改革的干部学习和掌握了土地改革政策。1949年11月中旬，全县召集了干部会议，有221人出席。会议的中心议题是讨论关于地区委员的解放区土地改革执行的指示，理解和掌握阶级划分的标准及方法。

②广泛宣传土地改革政策。在土地改革以前，地主、富农转移了财产，破坏了家具。因此，县、区、村召集各自代表和积极分子，对广大群众就土地改革政策进行了说明。并利用黑板报、广播及民校等形式让他们理解土地改革政策，或在街上召开座谈会。各阶级的反响各不相同，其接受情况如下。

——贫农、雇农阶层认为从土地改革获得的利益不充分，因此急切要求进行，以免阻碍生产。

——中农认为，农会必须按照政策行动，起到支援土地改革的作用。

——地主、富农中的开明者，表示服从土地改革，向农会报告了自己的阶级成分。狡猾的地主、富农表示，政策本身很好，但很担心在村里实施如何。

③组织了队伍。组织队伍就是在以前的农会基础上扩大其组织，由农会干部、积极分子组成。一般农会会员占全体农民的约80%。农会中代表会议的代表由农民选出，中农至少要占1/3，而且要让妇女参加。

④进行了阶级划分。阶级划分以前，工作组干部先进行学习，召开小区代表会，对阶级划分的标准和方法进行说明。之后，召集村的小组长和积极分子，以典型家庭为对象进行实验性的阶级划分，接下来，组织农会小组造声势，等待时机成熟，正式开始阶级划分。一般，小组提出待定为地主、富农的名字，经代表大会审查，通过小组讨论、代表会议的再次讨论，最后在本人（确定为地主、富农的人）也参加的村大会上决定公布。

⑤登记地主、富农的财产。登记之前，各村首先对罪大恶极的对象进行大众动员，说理斗争，18个村召集群众，开展说理斗争会。说理斗争会在三榜公布（三次判定后决定公布）后，充分准备，有组织地进行。同时，在划分阶级成份的同时，说理斗争和小规模的诉苦相结合。说理斗争中，对属于贫、中农的保甲长没有进行斗争。登记财产时，对富农采用自我申告、代表会审查，对地主采取自我申告后、去家里检查的方法。财产没收时，不准破坏，对不正当财产之外需要没收、征收的财产一律进行请示批准后处理。

⑥土地的抽补调整。需要抽补的土地，一律经农民代表会的提议、小组讨论、代表会的再次讨论后公布。抽补方法一律以生产量为基准，对中农借用的地主、富农土地，只要不超过平均数，或者稍微超过的不加处理。在土地抽补时，优先没有土地的人。对地主，和农民一样分给土地，对革命烈士、军人、劳动者家人、寡妇、老人，考虑到方便，就近分配土地。

⑦发行土地证。土地抽补工作的基础确定后，进入发行土地证的阶段，和土地抽补同时进行。

⑧党建和组织整理。实行新解放区土地改革的计39村的调查中，本来有党员400人，到1949年末，新增党员302人，支部计37个。整理组织时，采取了依照情况调整的方法，一般维持了现状，不过，对阶级成分不纯的人，工作态度不好的人，与群众无法协作的人进行了调整。有在土地改革中随时调整的，也有在改革后统一调整的。

⑨生产的发展。各地的土地改革考虑到不妨碍生产活动，通常会议在夜间进行，白天进行生产活动。同时组织各种副业，增加农民收入。

（3）土地改革前后的土地所有状况

经过土地改革，房山县的土地所有状况发生了变化。以城关区的田各庄、西安庄、双柳树村为例，其变化如下。

①田各庄

地主有5户，人口49人。土地改革前的自耕地为411.4亩，出租土地为672.7亩，人均占有土地为22.1亩。土地改革后合计137.5亩，人均占有土地2.81亩。

富农10户，人口65人。土地改革前的自耕地为695.2亩，出租土地为114.7亩，人均占有土地12.5亩。土地改革后合计217亩，人均占有土地3.34亩。

中农102户，人口553人。土地改革前的自耕地为2214.8亩，出租土地为152亩，人均占有土地为4.56亩。土地改革后合计2753.9亩，人均占有土地4.98亩。

贫农160户，人口725人。土地改革前的自耕地是9581亩，租借土地463.9亩，人均占有土地0.90亩。土地改革后土地为2416.3亩，人均占有土地3.32亩。

②西安庄

地主2户，人口21人。土地改革前的自耕地为156.7亩，人均占有土地7.46亩。土地改革后合计57.3亩，人均占有土地2.7亩。

富农3户，人口24人。土地改革前的自耕地为130.5亩，借租土地为32亩，人均占有土地7.3亩。土地改革后合计71.8亩，人均占有土地3.0亩。

中农4户，人口18人。土地改革前的自耕地为34亩，租借土地为7.5亩，人均占有土地为2.25亩。土地改革后合计49.3亩，人均占有土地2.74亩。

贫农含雇农35户，人口165人。土地改革前的自耕地是105.7亩，租借土地35.5亩，人均占有土地0.85亩。土地改革后土地为389.24亩，人均占有土地2.35亩。

③双柳树村

地主2户，人口17人。土地改革前的自耕地为205.3亩，出租土地44亩，人均占有土地14.6亩。土地改革后有土地49.5亩，人均占有土地2.7亩。

富农3户，人口20人。土地改革前的自耕地为172.95亩，出租土地为8亩，人均占有土地9.43亩。土地改革后有土地94.95亩，人均占有土地4.5亩。

贫农含雇农38户，人口183人。土地改革前的自耕地是254.1亩，租借土地96亩，人均占有土地1.9亩。土地改革后土地为601.7亩，人均占有土地3.28亩。

2. 河北省房山县的土地改革是如何进行的

（1）土地改革的情况

全县4个半解放区，129村中75村在1949年春经历了土地改革。未解放区54个村中37个村在1949年进行了土地调整，剩下的17个村是贫困山村，土地很少，人们靠出卖劳动力生活。因此土地改革、土地调整还未进行。在这次对54个村的决定中宣布，在39个村进行土地改革，剩下的15个村没有地主、富农，不进行土地改革，全力发展生产力。12月上半月工作组进村，在保证生产的前提下完成秋收。结合把握情况，宣传土地改革政策。到12月下半月，着手土地改革，到旧历年末完成新解放区的土地改革。其中8个村全部发行土地证，完成草契，5个村率先试验性地向中农发行了土地证。

（2）进行过程

①干部率先熟知政策。县委员会在1949年11月下半月，召集扩大干部会议。参加者有区干部130人，县各机关干部91人，计221人。贯彻县委会关于解放区土地改革工作的指示，理解阶级划分的标准和方法，与各区的土地情况结合进行研究讨论。会上纠正干部过于悲观和乐观的意见和情绪。悲观意见反映如下："土地改革没意思，严厉的政策无法发动群众。"乐观意见反映为："按决定的处理。说什么就做什么，不让做的就不做。"这两种立场，是怕负责任，不负责任的左翼错误。

②宣传政策。在宣传以前，地主、旧富农转移、破坏了财产。如吉羊、田各庄，全部地主、旧富农破坏了家具。

中农怀疑、害怕自己被视为罪人，阶级成份被定为地主、富农。

贫雇农对敌傀儡政府时期当过保长、未进行阶级成份划分的人泄愤清算。

经县、区、村代表会、积极分子会，除县（代表会），前后召集了3次区农民代表会。村干部按例参加，进行土地改革的39个村每次约有450余人参加，包括各种组织、会，进行了广泛的政策说明。在党内外贯彻土地改革时，利用了黑板报、广播、民校教学，在地主、富农会上讲解政策，或是在街上召开座谈会。

宣传政策后，贫雇农取得了如下认识："土地改革获利少，所得少。要加紧进行，将其对生产的妨碍降至最低。"

中农认为"对土地改革，农会必须按政策行动，发挥支援作用。"

聪明的地主、富农表示服从土地改革，主动向农会报告自己的阶级成分。只要报告正确，"干部不会干什么"。狡猾的地主表示了"政策很好，但担心在村里如何实行"的态度。例如，曹庄的孙旺服从布告，但说"村里不这样做。某些地方还要告官。"还有人用合法的方法，例如多报收入降低阶级成分。甚至还有细算加上卖果实、鸡蛋的收入，夸大报告的事。

有罪的地主在群众面前装诚实，背后却这样说："迟早过了这一关。是地主（黑）不是地主（白），过了这一关就没关系了。"

在革命运动中有亲戚的地主，想利用这种关系。例如，在芦村、隙峪村被定为地主的某人，去北京拜托在革命大学上学的外甥。经过审查，他符合地主的条件，回到村里，大家说"地主去了北京也是地主"，最终还是服从了阶级划分。

党员关心的是以下这些事。例如，田各庄支部书记陈权说"区委配置党员负有责任，我们不能犯错误。会损害党的影响力。"卞村的党员王力反复批评了群众和干部不传达真实情况，说"正确的报告要传达正确的情况"。

③队伍组织

队伍组织是在原有的农会基础上扩大而成的。农会干部、会员很少，就由组代表、积极分子加入扩大组织。

一般农村组织的会员占全村农民的80%。未加入组织的大部分除了体力劳动者，陶瓷业从业人员，还有老人，代表会代表全部由农民选出，其中有1/3中农参加，保证动员妇女儿童。城关区所有村都让妇女儿童代表参加了代表会。4区的几个大村子里让妇女儿童参加的很少。原因是以下思想的影响："妇女儿童即使来参加代表会能说什么呢?"。而且，妇女儿童也这样想："家里一个人去就足够了。"

组织队伍时，不可忽视地会发生偏颇。例如，对曾入教门（宗教结社）的人，为敌方傀儡政府工作过的人，过去犯过错的贫中农，在入农会时，要通知农会，经审查后才准许参加。再加上以户为单位，户主参加，其他家庭成员的参加不参加就不被重视，这也影响了队伍的扩大。经过检查克服后，对照各自状况，不分男女、中农、雇农组成小组，有问题时不开大会，开小组会解决问题。也就是说，利用小组划分阶级，与诉苦相结合。

④阶级划分

一面组织队伍，一面制造阶级划分的气氛。阶级划分以前，工作组干部首先进行学习，召集小区代表会再次说明阶级划分的标准和方法。然后回到村里，以小组长、积极分子为代表，对典型户尝试进行阶级划分。然后，组、农会、小组成熟后正式开始阶级划分。一律由小组提出待定地主、富农，经代表会审查，经小组讨论、代表会再次讨论，由本人参加的村民大会决定公布。

在划分阶级时，地主、富农多报收入，假报榨取量。本来从事少量劳动的地主称自己主要在进行劳动，从来没有劳动的地主称自己一直在劳动。另外，农会在阶级划分时计算总收入时，单纯计算农业收入，少算了其他收入。

雇用短工的中农，对本人经营以外的土地，将劳动换算成土地进行计算，以提升自己的阶级成分。在春天进行的土地调整中，侵害了中农的利益，总体上中农希望提升阶级为富农，对他们实行了不更改阶级成分，补偿了土地。

对以前曾任保长的中农考虑了提升阶级的方法："现在不惩戒，更待何时。"

为了防止发生以上的偏颇，强调二榜公布后召集地主、富农会议，首先通过本人，然后经大会公布阶级。而且，在大会公布前，各村农会确定了阶级成分名簿。土地改革干部会相互审查，地主、富农超过8%，经县委员会检查三榜决定公布后，本人不同意可以上告政府。

⑤地主、富农的财产登记

登记以前，对罪大恶极、群众痛恨的地主，各村动员群众进行了说理斗争。全县18个村召开了这样的斗争会。

方法如下：①三榜公布后，召开准备好的有组织的说理斗争会。②在4区的3个村里，三榜决定公布阶级后，不服从土地改革，进行反抗活动的，进行说理斗争。③阶级划分配合小规模的诉苦运动展开。

斗争的对象多是地主、旧富农，或是曾当过保长的人。群众的仇恨深重，斗争情绪高涨。而且，不少妇女展开了诉苦。但是，对贫中农保长的斗争还未进行。

对必须清算的人向政府做了报告。如果依法判决，群众就能对斗争对象表示斗争的必要，发泄情绪。否则，干部就会说服群众不要动手，不要骂，要忍耐。对有罪的人经过教育，由政府判决、处理，马上让他服罪。

在财产登记时，对富农采取了自动报告登记、代表会审查征收财产的方法。对地主采取了让地主自己报告的同时，当局登门检查的方法。

登记以前，召集地主、旧富农会，对需要没收、征收的进行说明，同时表明要服从没收、征收，不许破坏财产。

登记、没收、征收中发生的问题，如对地主仅留的土地，即远在的土地、不肥沃的土地，或者地主、旧富农仅有的木材，进行没收、征收的呼声很高，但都经过教育解决了。

除以上的不正当财产之外，需要没收、征收的，全部请求指示，据此进行处分。例如，地主、富农雇人种植的大量烟草、红薯是否属于应没收、征收的农作物；地主并非工商业者，制粉工厂的石磨是否该处分，这些情况都要经过请示得到回答，根据情况选择解决方法。本来，关于农业生产的基础财物，解决的手段是没收、征收。不过，有些情况是自己不希望分配。例如，铁轮车之类农民不希望分配到，地主希望留下少量土地并进行经营。

⑥土地的抽补调整

进行土地调整后，土地基本上分散了。不过，地主、富农依然拥有多数优良土地。根据地主、富农的土地和没有或者有少量土地的农民的土地分布情况，经农民代表会制作了抽补草案，经小组讨论、代表会再次讨论，在大会上公布，以这种方法进行了抽补。

城关区的夏村小区采用了代表会制作的草案，在小组讨论、决定公布后，再次由小组提出意见，经大会通过。

抽补的方法全都以生产量为基准。被称作"多抽补，填大洞。"

对中农向地主、富农租借的土地，没有超过平均数，或是只超过一点，就不进行处理。

对土地的抽补优先没有土地的人，优质土地、劣质土地保留分配。

地主和农民保留同等程度的土地，革命烈士、军人、劳动者家属、孤儿、寡妇、残疾人都优先照顾，分配给近的优质土地。

关于房屋的分配，根据分配给无家之人的做法，首先，分配给革命烈士、军人家属、孤儿、寡妇、老人，不足的话，再将土地分配给农民。

大车在分配时，根据开会情况，用车的贫苦农家公平分配，根据共同经营的愿望进行分配。家畜的固定分配，由会议决定。用家畜的贫苦农家，会向有过多牲口的农家索求金钱或粮食。这时，没有金钱粮食就以秋麦代替。需要的粮食也分配给农家，不留下残余（尾巴）。

城关区芦村的家畜被固定分配给能够经营的革命烈士、军人、劳动者家属。

补粮、使用耕地时，采取以劳代补的方法。

小型农具首先分配给没有农具的贫苦农家。

土地抽补中发生的主要问题，是分配给外来人家劣质少量的土地，以及从地主、富农租借的土地不多的中农就不能动的思想很难改变。不少人认为这“对中农有利”。

农民处理地主在村外经营的土地时，会分配给地主村外较远的土地。春季的土地调整分给地主、富农的土地多是1、2亩。分给贫农的土地也多是1、2亩。农会的计划需要修正。以上的倾向通过教育解决了。

土地抽补中，党员干部在不少村里以身作则，首先分配给了群众。

田各庄在榜公布后，人人都准备看干部的好戏，结果是“非常公平”。

⑦发行土地证

首先，各区确定重点，接着，发行土地证，其方法是，第一，土地抽补工作大致完成，在此基础上，转向土地证发行，在7区、城关区的9个村子进行。第二，在土地补偿中，开始中农的土地、房屋登记，完成草契，在4、5区的12个村这样进行。

具体的进行方法是，宣传土地证发行的重要性之后，代表会召集识字的人，开始土地、房屋的登记，有问题就进行处理。教育大家，伪造报告隐瞒土地，政府依法不给与保障，最终事后还会受侵害。

根据事实完成草契，经代表会审查，小组讨论，本人更正错误，没有意见，誊清土地证，代替原来的契约发行给该户。

在土地证发行时发生的问题，有中农没有正确申报过去租出的土地、抵押的土地，多报非耕地，少报耕地面积，以减少负担等。经过仔细教育全部解决了。

⑧党建及组织的整理

新解放区进行土地改革的39个村中，本来有党员400名，支部24个，没有党员的村子有1个。现在，新党员扩大到了302名，支部变为37个，没有一个村子没有党员。

发展党员的方法，是县委员会指定有发展党员能力的专任，让其负责，在积极分子中宣传党的主张后，在工作中积极地寻找贫农、雇农，经过培养教育，进行所谓审查。有支部的地方进行支部讨论，没有支部，或是党组织薄弱的地方，经过地区委员的讨论发展党员。

扩大党组织的过程，在一部分村里，完成得很简单，缺乏严格的审查。还有暗箱操作的情况。

本来就有的支部委员，不再公开兼任主要职务。在调整公开组织时，各村全部经党内研究，适当进行调整。一般维持了现状，但对阶级成分不纯、工作表现不佳、群众不满的人进行了调整，在土地改革中随时或是在土地改革后一起进行调整。

干部调整中，贫农表现出了不愿担任主要干部、希望担任次要职务的倾向。这是怕“（干部的工作）占时间，无法进行生产劳动”。后来众人进行了研究，警惕恶劣分子担任指导工作，解决了这种不愿当干部的想法。

支部委员的有些人希望兼任公开职务，公开担任指导工作，经过讨论，要进行公开工作必然会忽略支部工作，党员公开工作的问题，也得到了解决。

⑨生产

土地改革考虑到生产的时间，在夜里开会，白天进行生产活动，这样，在7区一面进行土地改革，一面组织了群众、体力劳动者、运输业者。

敏夕村在白天进行谷物精制和酒糟加工，夜间进行工作，精制和酒糟加工挣出了50万石玉米。

5区的双孝村白天加工锅盖，晚上讨论土地改革。

4区吉羊、二站两村组织了50户（包括逃避饥馑的避难户）让他们制造席子。吉羊60股合作烧砖，经过县贷粮2000斤粟的扶助，烧出了11万块砖，还有1万块没有烧好。七贤村一面进行土地改革，一面编笼子。最初只有23户，组织以后发展成为40户。收获玉米30石，造出了不少笼子，而且大部分都能在市场上贩卖。

荣义村烧土锅，组织12人的劳动力，并吸收没有劳动力的妇女帮忙，组织有劳动力的人去卖，回来以后分配收入。

（3）土地改革工作的检讨

在地区委员会正确适宜的指示和指导下，工作得到了切实完成，这样在进行了土地调整的地区，不用全部按照地区土地改革的新方法进行，在原有的基础上进行土地改革，不需要机械性的阶级划分。关于政策的具体问题的掌握，非常仔细。在思想指导上，始终纠正左翼错误。而且不时将经验介绍给各地，对下一级的土地改革工作有着指导作用。县委会在指导时，给各区合理分配工作，随时检查，发生问题就地解决。例如，队伍的组织开始时，发生了在指导上不容忽视的问题，那就是在学习划分阶级时发生的想要提升阶级的倾向，一律进行了适当的纠正。通过整合干部的思想解决问题，提高了干部的政策水准。

各村的土地改革干部都很慎重，工作组认真指导，一旦发生偏颇，除了更正错误，还要防止同样的错误发生，发布10条通知。对于政策不被理解这一问题，全都依靠指示来解决，因此没有发生问题，并彻底理解了政策。

罪大恶极、群众痛恨的地主、富农、破坏分子，都根据农会的告发，司法处下达了处分。县里公布接受调查的前后有7人，其中被视为恶霸、富农的有3人。作为敌方傀儡分子受到群众告发，需要处分的有4人。区、村里没有采取随便镇压人的政策。

偏颇中最主要的是生产和土地改革工作的结合不充分，只有有组织的大规模生产与土地改革相结合，具体的生产工作没有组织，在指导上始终欠缺的是对土地改革地区生产工作的具体组织。

3. 良乡县半解放区的土地改革情况（含新解放区土地改革情况）

（1）半解放区情况

良乡县的半解放区是3、5区，即河套沟地区的40余村庄。总人口30401人，土地面积48327亩，人均土地面积1亩半左右。这一地区在抗日战争胜利后被开发，1946年大部分村贯彻“五四指示”，进行了清算、复仇、土地改革。1947年5月，对进行土地改革的41村进行了复查工作，随后板城土地会议后，又对其中的37个村进行了平分土地工作，河套沟是工商业地区，有最大的煤矿坑东矿、西矿和其他80多个采掘厂。单是依靠农业无法解决河套沟人民的生活问题。以土地比较多的黑龙关村为例，农业占总收入的比例是53%，果树栽培所占的比例是38.1%，商业煤炭输送（即运输）占11.6%，大概计算一下，这一地区的农业收入只占人们生活 50% 左右，下面这句话可以说明："与其炭坑被水浸，不如禾苗遭干涸。"

河套沟地区经过土地改革复查，土地已被分配，贫雇农获得了土地，但一部分优质土地仍在富农或是富裕中农手中，这就是土地改革的成果。

佛子庄、陈台、长操、大西沟、石板房、贾峪口 6 村的土地平分前的统计如下：

阶　层	户　数	人　口	土地（亩）	生产量（石）	每人平均土地
地　主	79	441	492.5	38.87	—
富　农	87	281	546.5	45.26	—
富中农	89	452	873.4	72.97	—
中　农	396	1707	2879.4	217.62	—
新中农	356	1449	2410.3	177.93	—
贫　农	462	1924	2434.5	164.02	—
运输户	12	72	50	3.29	—
总　计	1461	6326	9679.5	720.26	—

（参照《良乡县平分土地总结》1948 年 5 月）

（2）河套沟土地平分的结果

经过 1946、1947 年的土地改革复查（再审查），河套沟的土地状况有了很大变化，佛子庄在复查前有地主 19 户，富农 33 户，复查后地主 5 户，富农只有 11 户，地主所有的土地不多，富农中留有很多土地的也"抛弃旧有问题"，获得富裕中农、旧中农的同意，献出了部分土地。

佛子庄没收、征收及农民土地调整表

阶　层	户　数	土地调整户数	调整面积（亩）
地　主	35	10	81
富　农	11	7	29.5
富　中	36	23	74.5
旧中农	123	16	57.5
退果实之新中农	—	5	16.5
未分完之果实	—	—	126.5
总　计	—	—	285.5

黑龙关没收、征收及农民土地调整表

阶　层	户　数	土地调整户数	调整面积（亩）
地　主	11	4	66
富　农	14	14	82
富　中	6	—	—
旧中农	21	—	—
干部退果实	2	—	4
总　计	—	18	152

佛子庄平分后的各阶层所有土地、生产量

阶　层	户　数	人　口	土地（亩）	生产量（石）	每人平均土地	（平分前）
地　主	35	177	203.7	129.7	1.15	1.17
富　农	11	44	61.5	46.4	1.38	1.67
富中农	36	148	256.5	203.57	1.73	2.21
旧中农	123	499	917.2	631.51	1.85	1.93
新中农	108	412	625	478.69	1.61	1.53
贫　农	116	533	871.2	603.15	1.63	1.2
军　田	—	—	9	—	—	—
总　计	430	1813	2994.1	—	—	—

（3）调整土地的村和没有调整土地的村

半解放区有40个村，人口31000人。新解放区有159个村，107695人，全县有199个村，25347户，138695人。

对37个村29000余人进行土地平分，并进行整党，解决了土地改革残留的问题和生活不富裕的中农及对一部分地主富农的错误纠斗的问题。今年春天，生产一共获得50多石的粮食，土地改革残留的问题基本得到解决。

5区的黑龙关发行了土地证，已经做好了草表（已准备好马上发行）。不过这一地区地少人多，对从外边逃回来的，没有劳动力的家庭来说，问题仍未解决。过了秋天，有计划的移民来到平原，问题才可能解决。

今年春天实行土地改革的村子有72个、共49184人，没有土地以及土地很少的农民大都获得了面积相当的土地。只有少数富裕中农被迫交出超过平均分配数的土地，除此之外这种情况很少发生。但是，其中有少数村干部以权谋私，分到的土地多为比较好的农耕地。比如，坨里的农会主席（姓王）分到的是旱地3亩、丰腴的麦田4亩（实际是5亩），今年春天几乎没动锄头就收了6、7石粮食，农民对此很不满。这些村子基本都是通过分配剩余财产使农民获得生存手段，当然其中还是不乏别有用心者从中多得，甚至有个别人企图暗中侵吞这些财产。

进行了土地调整的村子有76个、共49986人。经过初步的大众动员，农民都得到了均等的土地和种子。其中在少数村子，地主和富农仍然拥有很多土地，封建势力依旧存在、并掌控着若干村的支配权。此外，还存在尚未进行大众动员的村子，尤其是6区的很多村子大多如此。保甲制在这些地方还未被彻底破坏，因此党的建设在这里的大部分地区都难以推进。类似这样的地域也是问题最多的。

没有实行土地调整的有14个村、共10525人。这些地方大都不存在地主阶级，土地比较分散，几乎都掌握在中农手中，完全没有土地的农户很少，因此问题也较少。

（参照《良乡县土地调整村调查报告》1949年11月）

4. 良乡1区西王佐的土地调整

该村有172户人家、共899人，总面积2936.7亩（地主、富农在外边的村子还有183.3亩土地），人均面积应为3.24亩。进行调整的土地为419.3亩，贫农、雇农获得土地后人均面积有

2.5 亩。因此富农和富裕中农仍然保留了大多数的土地。

地主、富农被要求交售了 800 斤种子，这些种子分给了 58 户没有土地或土地很少的农户，解决了他们种子不足的问题。而且，从地主、富农那还获得了一部分农具，分给那些新分到土地的农民。

解放时，要求该村必须交售一定的谷物作为农业税。伪保长打算按每亩 10 斤米进行分摊，对于超出交售额的部分并未见到关于征借方法的规定，这对于地主、富农来说是有利的。伪保甲人员本打算私吞掉多征收的 944.5 斤米，但是经过解放这些米都只得悉数交出，并分给了贫苦的农民和军属共计 19 户人家，解决了他们的生活问题。

该村的民众一直被苏、赵、鲍三大家族控制着，三大家族在经济上占有大多数土地，在政治上轮番掌控该村政权。尤其是在敌人的傀儡政权统治时期，他们更加紧密的联合起来，榨取、压迫民众，特别是其中的贫苦农民遭受了极大苦痛。土地改革时期，民众被动员起来、农民的自觉性提高，大家团结起来一齐向三大家族封建势力进行斗争，敌傀儡政权实行的封建保甲制被瓦解，人民建立了自己的政权。

虽然经过初步的大众动员建立起了党组织，但是从人数和力量上看还非常弱小。不过，村里的骨干通过发动积极分子还是能够使党的政策得以贯彻。

西王佐地区土地调整前后各阶层所拥有的土地数的变化，如下：

阶　层	户　数	%	人　口	%
地　主	3	1.7	31	3.5
富　农	10	5.8	86	9.6
富　中	6	3.5	51	5.7
中　农	43	25	252	28
贫　农	88	51	422	47
赤　农	22	12.9	57	6.3
合　计	172	—	899	—

阶　层	土地（前） （ ）内%	土地（后） （ ）内%	各人平均	
			前	后
地　主	267.5（8.7）	70（2.4）	8.63	2.25
富　农	686（22.3）	353（12）	7.97	4.1
富　中	263.5（8.6）	263.5（8.6）	5.27	5.27
中　农	989（32）	997（33.8）	3.92	3.95
贫　农	730.7（23.8）	1150（39）	1.73	2.72
赤　农	—	133.5（4.5）	—	2.35
合　计	2936.7	2967	—	3.24

备考：调整前后土地数不一致，是由于地主、富农对数字进行了篡改。

（参照《良乡县土地调整村调查报告》1949 年 11 月）

5. 新解放区土地改革情况

全县有6个区、187个行政村、26967户、133809人，土地面积为478188.64亩。大部分地区在北京、天津解放时就已得到解放，其中有31个村为半解放区，在经历国民党失败及政权蜕变后，这些村子于去年冬得到了完全解放。

1949年春，在1区、2区、城关区路西共59个村以及铁路两侧的80个村，进行了第一批土地调整，其中还有48个村尚未完成土地改革和调整。

（1）实行土地调整和没有实行土地调整村的相关情况

①实行土地调整的村，土地基本上都被分散了。但是因为历时短、分配上存在不公平的现象，普通村民几乎分不到肥沃的土地，有些村干部却得到比较多的好地，一部分贫农分不到土地，而积极分子分到的只是些比较贫瘠的土地。有些村子还出现地主、富农同当地的地痞勾结起来主导土地调整的情况。那些好的土地除了被地痞霸占外，更多的是被地主、富农占据着。

②由于害怕被斗争，地主、富农愿意主动捐出土地或将土地分割出去。比如将土地贱卖或赠与自己的族人以及没有土地、土地很少的人家。（这种情况在实行了土地调整的村和没有实行土地调整的村都存在）

③剩余财产和原有财产都没进行处置（一部分村子对种子和农具进行了调整）。地主、富农不断将财产私卖或隐匿，浪费的现象也是常有的。

④由于大众动员不充分，有不少村子的组织不纯。虽说保甲组织已经被打破，但有不少村仍掌握在地主、富农以及不逞之徒手中。基层的大众并未被动员起来，也没有掌握土地分配工作的主动权。

（2）干部状况

县区选出了107人来推行土地改革工作，被他们控制的有1个区的5人、1小区的14人、1个村的41人；他们无法掌控的有单独工作的45人、地区委员工作队的58人，共计163人。

6. 解放区土地改革问题

本县有128个村，无论是实行了土地调整还是没有实行过土地调整的村，都有必要进行土地改革。不过因为干部力量不足，历时会很短。8区受灾比较严重，因此决定今年冬天暂不对其进行土地改革，但是七条政策的宣传是必须进行的，以稳定中农、贫农的生产积极性，同时也告诫地主、富农要好好劳动、积极生产，决不允许破坏生产。工作的重点要放在生产和救济上，并了解各村的土地状况、发动各方力量，以再次推进土地改革工作。1、2、6、7城区的100个村，是在华北局关于解放区土地改革的指示下展开工作的，在今年春天大部分都实行了土地调整，土地使用权已基本被分散。鉴于此，在确定地权时尽量顾及原来的状况（土地、作物、家），以使今年的秋麦得到较好的经营、增大生产量。土地改革时，必须以贫农、雇农为骨干，他们所受的压迫和榨取更为深重，因此对土地的要求也更为切实。土地改革的任务主要是妥善解决贫农、雇农对土地的要求，并且一定要彻底而坚实地解决；同时也丝毫不能动摇团结中农这一政策，必须结成稳固的农村统一战线。如此一来就能将农村90%以上的民众前所未有的团结起来，形成能够彻底消灭封建剥削制的力量。要避免和制止一味打击中农、侵犯工商业利益，对土地置之不理、却对其背后的地主进行胡乱攻击的现象。因此在政策执行上要既严格又慎重，还必须将群众彻底动员起来。

要以贫农、雇农为骨干，团结全体中农及一切劳动人民，组成农民代表会，来指导农村的土地改革。大众动员的主要方法是广泛开展深远的诉苦运动，提高民众的阶级觉悟，唤起他们进行土地改革的勇气。在斗争方式上，除了少数恶霸地主应交人民法院审判并处罚以外（必须向县里报告批准），一律采用晓之以理、设法说服的方式，坚决反对使用强制手段；与此同时，对于那些抱有不正确意见的民众要反复耐心劝导和教育，以提高他们的认识水平和自觉性，反对盲目遵循指导原则以致放弃这批人。

（参照《良乡县关于解放区土改工作的结束》1949 年 11 月）

（六）1949 年底房山县关于土地改革的规定

1. 土地改革工作情况

全县 258 个村按地区性质和土地改革的推行程度可分为两类：一类为新解放区，即需要进行土地改革的村；一类为老解放区、半解放区、以及新解放区的大部分，即需要完成土地改革的村。

新解放区需要进行土地改革的村共有 54 个，都是在去年县城解放时一起被解放的。从土地改革工作的执行情况来看，可分为初步进行了土地调整的村和土地改革、土地调整尚未进行的村两种。

①尚未实行土地改革但对土地进行了初步调整的村，有城关区、4 区、5 区的各一部分共 37 个村。在这些村，地主、富农的土地显然基本被分散了，但土地所有权尚未明确。地主仍然拥有比较多的好地，封建富农的土地也未被处理。对于地主、富农的剩余财产也基本没有做出安排，贫农、雇农获得的土地并没有达到应有的平均数。这些村的地主、富农的剩余财产大多被分散转移，留下的只是表面上看得到的家具、农具、牲畜棚等。虽说政权已经经过改造，但依然存在个别阶级成分不纯的现象，这些不纯分子直接或间接地操控着改革工作的进行。

②土地改革和土地调整都尚未进行的村为 4、5、7 区的各一部分，共 17 个村，其中除若干村需要实行土地改革外，还有一部分为山区贫困村，这样的村子土地极少，民众都是靠出卖体力劳动、烧灰、搬运、行商等来维持生活。像这样的村一定要慎重审查其阶级成分，尤其是不能使中农的利益受到侵害。不过，民众中也还有罪恶的反革命分子尚未受到政治上的清算，民众基本上没有被全面动员起来，也没有完全掌握政权。

2. 在老解放区、半解放区、新解放区，需要完成土地改革的村有 204 个，参照土地改革政策的贯彻程度分为两类：一类是在老解放区、半解放区已经完成了土地改革和尚未完全完成土地改革的村子；一类是在经历了土地改革的新解放区中，那些仍残留许多旧有问题的村子。

①土地改革完成工作。完成了土地改革工作的有 1 区全部、2、3 区的一部分共 32 个村，这些村实行了均分土地、订正阶级成分、补偿中农等措施，并为地主、富农提供工作，还发行了土地证。土地改革尚未完成的有 2、3、8、9 区和 6 区的一部分共 97 个村，在这些村被错斗的民户还未得到补偿，也没有为失去生存手段的地主提供工作。而且，这里的所有地方都没有发行土地证。此外，在土地较少的村，并没有为那些现在返乡的逃亡户、以及缺乏劳动力的贫苦军属提供充分的工作机会。贫农中还有一些要求分割新解放区中富庶村的土地的想法。

②在新解放区，今年春天已经实行了比较彻底的土地改革的村为 4、5、6、7、8、城关系

（西）区的各一部分，共 75 个村。在这些地方封建、半封建的掠夺关系已经消除，没有土地以及土地很少的农民几乎都获得了相当于平均分配数的土地量。不过，一些旧有问题还未能解决，比如军田和农会民兵是进行集体耕作、还是作为分散户暂时保留其耕作的土地？较差的土地也没有进行分配，还有个别干部分得了肥沃而广阔的土地招致了民众的不满。此外，家畜没有进行分配、已经成为农会专属经营的财产了；分散着的家具也没有进行分配，而且完全没有发行土地证。

总而言之，任务就是以冬季生产为重点，完成秋耕、秋收和土地改革工作。在各区开展工作时，对于老解放区、半解放区、新解放区那些已经进行了土地改革的村，要通过结合冬季生产完成土地改革工作；对于新解放区中那些还没有进行土地改革的村，在保证生产的前提下，集中全力完成土地改革，并且冬季生产和土地改革工作要完全根据时期来完成。

《对不同地区土地改革工作的具体要求》

3. 新解放区土地改革工作

在已经进行土地调整的村，那些已确定得到土地使用权的、原来没有土地或者土地很少的家庭，只要其土地数没有超过应得平均数，即可授予其所有权。

土地质量的优劣是最大的问题，当必须调整时尽可能通过协商对个别进行调整。

对于那些仍拥有较多优质土地的地主，除了支给其一部分土地外，其余均没收、分配给农民；而对那些尚未得到处置的富农，则按照政策规定对其进行预先征收。关于地主、富农转移财产一事如经证实，将由政府处置，政府应酌情解决。

（中间省略）

4. 土地改革指导问题

①在为土地改革进行民众动员时，要注重从思想上进行动员，切不可急功近利、使用胁迫命令的手段。此外，还要注意警戒那些潜伏下来的敌人趁虚而入、破坏土地改革工作。从土地改革中来看，要使贫农、雇农具备自觉的阶级意识，通过民众自觉参加土地改革来完成土地改革工作。青年和妇女也是需要广泛动员的对象，应使他们加入到全面的土地改革运动中来。

②召集代表会议、训练干部、详细解说政策。要通过县、区、村党代表会、各界代表会、农民代表会的代表来贯彻土地改革政策、完成土地改革工作。而且，还要召开各阶级的代表会，通过讨论来了解党的政策，并通过代表们对政策进行宣传，将土地改革的任务确切落实起来。

③关于着力点。首先要将重点集中在已经进行了土地改革的村。由干部组成临时工作组、确定作为重点工作对象的小区和村子，通过这些重点村来掌握它们附近的村子。此外，要随时交流信息，一旦出现问题就马上予以解决。

④在县里设各界代表会议，在区、村设农民代表会，保证工作任务的贯彻执行。县扩大干部会议要在 11 月 25 日前开完，1、2、9 区应征得区委员、区长、青年妇女主任、公安、大队长参加，3、4、5、6、7、8、城关区除留下特定干部处理工作外，其他应全部参加。

县各界代表会议要在 12 月 1 日前开完，在此之前要先召集各界代表会议准备委员会。

县委员要在每个地区分担工作，以完成土地改革的村为重点，分别参与到城关区、4、5、7 各区的土地改革工作中。

将各区的中心小区芦村、吉羊、石樱、黄山店进行如下划分，作为卞村、苏村、曹庄、赵各庄、白庄、中院等各小区。

各村每天要向其所在的小区作书面或口头汇报，临时工作组每三天召开一次小组会议，会后向县委员会提交书面报告。

5. 土地改革完成后的收尾工作

①已经完成土地改革的村要着手展开冬季生产，并发行土地证、宣布不再允许土地变动。同时检查农民间残留的土地方面的相关问题，应根据民众自身的调查情况来处理。

②在土地改革中还残存一些旧有问题的地区、以及新解放区中土地改革比较彻底的地区，在展开冬季生产工作时，要以发行土地证为中心、着力解决土地改革中残留下来的问题。根据2、3区中已发行土地证的重点村的方法、对其附近的村进行指导，指定干部、借鉴方法以逐步将工作推进下去。

对于8、9区和新解放区中已经进行土地改革的村，首先在小区的重点村发行土地证，再将其经验推广到附近的村以借鉴、吸收。然后参照小区的情况逐步推进工作以达到全面发行的程度。

新解放区中已经进行土地改革的村，在发行土地证时要注意解决土地改革中残留下来的问题。也就是说，要把那些还没分配的土地、家具、家畜进行分配。

土地证的发行和解决土地改革中残留的问题，这两项工作不可机械地分开进行。

③在完成土地改革时，对于逃亡、返乡的人要进行登记，在条件允许的情况下尽力安排他们参加生产，以将他们组织起来。

④在发行土地证时，要向民众宣传不谎报土地面积才发给土地证，在废除旧契约后要绝对保证民众住房、土地及财产的权利，政府要通过立法来保护民众的各项权利和自由。土地证的发行工作一律由农会指导，其下设登记、审查、处置各职能部门。

在已完成土地改革的地区，干部应在较大地域范围内选择少数村、并首先集中在这些村的一部分地区发行土地证，以了解通过分散工作来达到全村发行的情况。

在完成土地改革的村，土地证发行应采取这样的方法：首先将土地证发给最积极和完全不积极的两个极端群体，然后再对中间分子进行发行。

发行土地证时，应先填一个草表，经过登记、评议、审查后再正式写入土地证，然后再经政府批准、盖章后发到本人手中。

区农民代表会要在12月5日之前开完，此前应先召集准备会议，充分进行宣传，以吸收村干部和参加者。

村农民代表会应在（12月）10日之前结束，村干部要尽量多吸收参加者。而且，此前要先召集党员会议，贯彻生产征收、土地改革及其收尾工作。

在土地改革已经结束的村，征收工作应在12月20日之前结束，并且在征收中要积极宣传土地改革政策、了解土地改革的情况。秋征完成后，在保证冬季生产工作的前提下，完成土地改革工作。

（七）附表

①《房山县城关区南街村土地改革前后各阶层土地所有情况（1950年）》

商人及店员23户，占全村户数的6.6%，人口51人，占全村人口数的6.36%；改革前拥有土地面积为52亩，人均1.02亩，占全村土地面积的1.08%，生产量37.2石，人均0.73石，占全村生产量的1.01%；现在拥有土地面积为61亩，人均1.2亩，占全村的4.05%，现在的生产量为46.7石，人均0.91石，占全村的3.32%。自由职业者6户，占全村的3.59%，人口30人，占全村的3.7%；改革前拥有土地面积为13亩，人均0.43亩，占全村的0.4%，生产量6.1石，人均0.2石，占全村的0.16%；现在拥有土地面积为13亩，人均0.43亩，占全村的0.86%，现在的生产量6.1石，人均0.2石，占全村的0.43%。游民阶层5户，占全村的3%，人口30人，占全村的3.7%；改革前拥有土地面积为5亩，人均0.17亩，占全村的0.1%，生产量10石，人均0.33石，占全村的0.27%；现在拥有土地面积为12亩，人均0.4亩，占全村的0.82%，现在的生产量为15.4石，人均0.5石，占全村的1.1%。贫农阶层3户，占全村的1.8%，人口11人，占全村的1.37%；改革前拥有土地面积为4亩，人均0.36亩，占全村的0.1%，生产量为3.2石，人均0.29石，占全村的0.09%；现在拥有土地面积为7亩，人均0.64亩，占全村的0.46%，现在的生产量6.5石，人均0.6石，占全村的0.46%。

现在有8亩为军田，占全村的0.54%；其生产量为56石，占全村的0.4%。

②《房山县城关区东街村土地改革前后各阶层土地所有情况（1950年）》

自由职业者6户，占全村的3.278%，人口31人，占全村的3.833%；现在拥有土地面积为8亩，人均0.258亩，占全村的0.28%；现在的生产量为60斗，人均1.93斗，占全村的0.428%。

苦力14户，占全村的7.651%，人口29人，占全村的3.586%；改革前土地占有面积为1亩，人均0.0034亩，占全村的0.038%，生产量为7.5斗，人均0.25斗，占全村的0.038%；现在拥有土地面积为45.4亩，人均1.563亩，占全村的2.431%，现在的生产量为340.5斗，人均11.73斗，占全村的2.432%。

③《房山县城关区西街村土地改革前后各阶层土地所有情况（1950年）》

自由职业者5户，占全村的2.6%，人口20人，占全村的2%；现在拥有土地面积为10.6亩，人均0.53亩，占全村的0.43%；现在的生产量为8.48（石），人均0.424（石），占全村的5.2%。

苦力2户，占全村的1%，人口10人，占全村的1.9%；现在拥有土地面积为15.6（亩），人均1.56（亩），占全村的6.3%，现在的生产量为9.56（石），人均0.956（石），占全村的5.9%。

医生2户，占全村的1.1%，人口5人，占全村的0.55%。

在机关工作的有2户，占全村的1.1%，人口8人，占全村的0.88%。没有完成土地改革的有3户，占全村的1.5%，人口3人，占全村的0.32%。搬迁户1户，占全村的0.5%。

④《房山县城关区北街村土地改革前后各阶层土地所有情况（1950年）》

表①

成 分	地 主	富 农	富 中	中 农	贫 农	赤 贫	工 人	商 号	小 贩	合 计
户数	12	3	12	20	21	7	13	23	31	167
占全村比例（%）	7.18	1.8	7.18	11.98	12.57	21.19	7.78	13.77	18.56	
人口	81	32	64	129	80	12	48	105	130	803
占全村比例（%）	1.09	4	8	16.1	9.9	1.5	6	13.1	16.18	100
原有土地	2026.3	215.5	390.43	392.2	46.8	—	23	31	97	3296.27 亩
人均量	20.02	6.73	6.1	3.04	0.58	—	0.48	0.29	0.75	4.105 亩
占全村比例（%）	61.5	6.54	11.85	11.9	1.42	—	0.7	0.95	2.96	100
原有产量	2612.7	170	404.65	311.35	27.81	—	16.5	19.1	82.15	3700.2 石
人均量	32.26	5.31	6.32	2.41	0.34	—	0.34	0.18	0.63	4.608 石
占全村比例（%）	70.61	4.6	10.93	8.41	0.73	—	0.45	0.52	2.22	100
现有土地	178	73.8	270.43	393.7	123	46.5	51.5	38	129.5	1530.47 亩
人均量	2.2	2.31	5.79	3.05	1.54	3.88	1.07	0.36	1	1.874 亩
占全村比例（%）	11.83	4.9	24.61	26.09	8.17	3.09	3.42	2.54	8.62	100
现有产量	225.5	51.64	390.52	314.35	108	48.9	41.7	24.5	120.85	1460.4 石
人均量	2.78	1.61	6.1	2.44	1.35	4.07	0.87	0.23	0.93	1.751 石
占全村比例（%）	16.04	3.67	27.78	22.35	7.68	3.48	2.97	1.73	8.59	100

表②

成 分	地 主	富 农	富 中	中 农	贫 农	赤 贫	工 人	商 号	小 贩	合 计
户数	9	7	8	53	38	12	5	—	31	183
占全村比例（%）	4.918	3.825	4.342	28.92	20.78	6.557	2.732	—	16.941	
人口	76	41	42	243	187	38	15	—	107	807
占全村比例（%）	9.394	5.068	5.191	30.037	23.115	4.698	1.854	—	13.227	
原有土地	908.5	315.05	236	856	272	—	—	—	19.5	2608.05 亩
人均量	11.95	7.684	5.619	3.521	1.451	—	—	—	1 分 7 厘亩	
占全村比例（%）	34.834	12.029	9.049	32.821	10.482	—	—	—	0.747	
原有产量	6813.75	2362.87	1770	6420	2040	—	—	—	146.25 斗	
人均量	89.62	57.63	212.14	16.4	10.88	—	—	—	1.27 斗	
占全村比例（%）	34.812	12.08	9.049	32.821	10.462	—	—	—	0.747	
现有土地	128	90	236	856	321.5	27.4	32	—	123 亩	
人均量	1.684	2.195	5.619	3.54	1.719	0.71	2.133	—	1.149	
占全村比例（%）	6.854	4.819	12.638	45.843	17.218	1.467	1.714	—	6.583	
现有产量	960	675	1770	6420	2411.2	205.5	240	—	922.5 斗	
人均量	12.63	16.46	42.14	26.55	12.89	5.32	15.99	—	8.61	
占全村比例（%）	6.854	4.82	12.639	45.842	17.213	1.467	1.714	—	6.587	

表③

成　分	地　主	富　农	富　中	中　农	贫　农	赤　贫	工　人	商　号	小　贩	合计
户数	16	6	11	29	46	38	12	5	18	
占全村比例（%）	8.1	3	5.6	14.8	23.4	19.3	6.19	2.6	9.2	
人口	67	16	67	175	245	145	58	29	64	
占全村比例（%）	7.35	1.75	7.35	19.1	26.9	15.9	6.3	3.2	6.5	
原有土地	1446.3	254	418.5	480	263.3	12.5	7	—	—	
人均量	21.63	15.87	6.24	2.74	1.7	0.086	0.58	—	—	
占全村比例（%）	50.2	8.8	14.5	16.6	9.2	0.45	0.25	—	—	
原有产量				185.4	96.2	4.8	2.1	—	—	
人均量				1.06	0.392	0.033	0.036	—	—	
占全村比例（%）				64.3	33.3	1.7	0.7	—	—	
现有土地					72.84	101.82	1.9	9.6	35.74	
人均量					0.297	0.702	0.033	0.56		
占全村比例（%）					29.33	41	0.77	3.9	14.4	
现有产量					38.388	74.186	43	0.72	22.444	
人均量					0.157	0.51	0.074	0.23	0.288	
占全村比例（%）					23.3	45.1	2.7	4.1	13.7	

表④

成　分	地　主	富　农	富　中	中　农	贫　农	赤　贫	工　人	商　号	小　贩	合计
户数	12	13	5	40	27	—	14	22	27	
占全村比例（%）	7.5	8.125	3.125	25	16.875	—	8.75	15.75	16.875	
人口	56	65	38	218	101	—	57	110	206	
占全村比例（%）	7.453	8.651	5.057	29.01	13.44	—	7.586	14.64	14.1	
原有土地	1418.3	524.9	95	297	26	—	8.5	33.5	49.5	
人均量	25.32	8.075	2.5	1.362	0.257	—	0.149	0.304	0.469	
占全村比例（%）	57.26	21.19	3.835	11.99	1.049	—	0.343	1.347	1.998	
原有产量	851石	314.9石	57石	1782石	15.6石	—	5.1石	20.1石	29.7石	
人均量	152石	4石8斗	1.5石	8.11斗	1.54斗	—	8.24斗	1.82斗	2.8斗	
占全村比例（%）	57.82	21.39	3.873	12.108	1.06	—	0.346	1.365	2.018	
现有土地	162.8	164.1	75.3	297	132.6	—	8.5	33.5	49.5	
人均量	2.907	2.524	1.981	1.362	1.541	—	0.149	0.304	0.469	
占全村比例（%）	17.631	17.772	8.155	32.165	14.36	—	0.92	3.628	5.36	
现有产量	97.68石	98.46石	45.18石	178.2石	79.56石	—	5.1石	20.1石	209.7石	
人均量	1.744石	1.514石	1.189石	8.17石	9.25石	—	8.24斗	1.82斗	2.8斗	
占全村比例（%）	17.632	17.769	8.155	32.166	14.361	—	0.92	3.628	5.361	

（八）民国时期契约文书

【土地改革时发行的土地房产所有证】

河北省土地房产所有证 字第○号

○○县市第○区○○村居民○○○

依据中国土地法大纲之规定确定 本家全家本人 土地共计

耕地 段 亩 分 厘 非耕地 段 亩 分 厘 毫房产共计房屋○间地基○段

○亩○分○厘○毫均作为 本家全家本人 私有产业有耕种居

住典卖转让赠予等完全自由任何人不得侵犯特给此证

计开 ○○ 市长县长○○○

	土地								房产		
座落											
种类											
亩数											
四至											
长宽尺度											
附着物											
备考											

一九九零年○月○日 发

【借用证书】

立借国币洋字人赵显章因正用亲托中人借到
张寿臣名下洋壹百五拾元言明每月利息贰分五
由民国三十年十月十五日借到至卅一年十月将本利
归清如不清有中人担负官口无凭立据为
证随代二亩契纸壹张又借五拾元

中保人 刘永祥十

民国卅年十月十五日 立据人 赵显章亲笔

立借国币洋字人赵显章因正用亲托中人借到长辛店
名下洋陆拾元整并无利息每年老斗交粮壹
石陆斗由民国廿八年贲月初一日借到至廿九年将本粮
利归清将字赎回如本不归屡年交粮并无言词
如不交粮有中人担负完全
此系双方情愿各无后悔空口无凭立据为证

中保人 王书田十

民国廿八年贰月旧历初一日 赵显章亲笔

立指地借钱人赵显章今因正用托中借到
禹国荣名下现大洋伍拾圆同中言明每年共食粮
利老斗两石由廿五年十月十五日借到议定壹年
为限至时本利不到自有中保人一面永管事
后倘有意外情形使钱人在村东有地贰亩半自
许放钱人自便或中保人自便此系双方情愿
恐口无凭立此借约为证

代还中保人 裴振明十
赵 起十
代笔人 郭伯衡凭

民国廿五年阴历十月十五日使钱人赵显章书立

立指地借洋字人赵显章因正用借到城内王成名下国币洋
壹百伍拾元整无利息用粮狄利屡年交粮三石如粮不到
将地指出同中人言明由民国廿八年旧历十一月初八日至卅一年满
将本洋粮如怒归清如不归清屡年交粮如不交粮有中人担负
完全两家情愿恐口无凭立据为证 随代拾亩契币一张

中见人 禹国泰十

民国廿八年十一月初八日 立字人赵显章亲笔

【分家单】

立分家单人　〇〇〇〇〇〇　今因弟兄感情不目（睦）不能过集体生活同父言明亲托中人说合情愿各爨同中人说明将所有家业及外债按照数字公分外欠归他弟兄负责按照两股归还〇〇〇受分宅院前段地基南北长拾壹分柒分五厘东西宽拾壹方（＝亩）伍分七厘叁内院有土房叁间侍后父母去世后归〇〇〇所有随便折卖挨著〇宅有伙道壹方归〇〇〇所有与别人无关〇〇〇分到内院地基南西大善叁亩共计陆亩〇〇〇分到西大善拾贰亩以下有大坑地伍亩西北关道叁亩陆西大善壹亩伍分骡子壹头大车壹辆完全归他父母所有与他弟兄无关挨后发生争论恐口无凭立据为证

立字人　〇〇〇

中证人　〇〇〇

代笔人　〇〇〇

一九五×年拾月贰拾叁

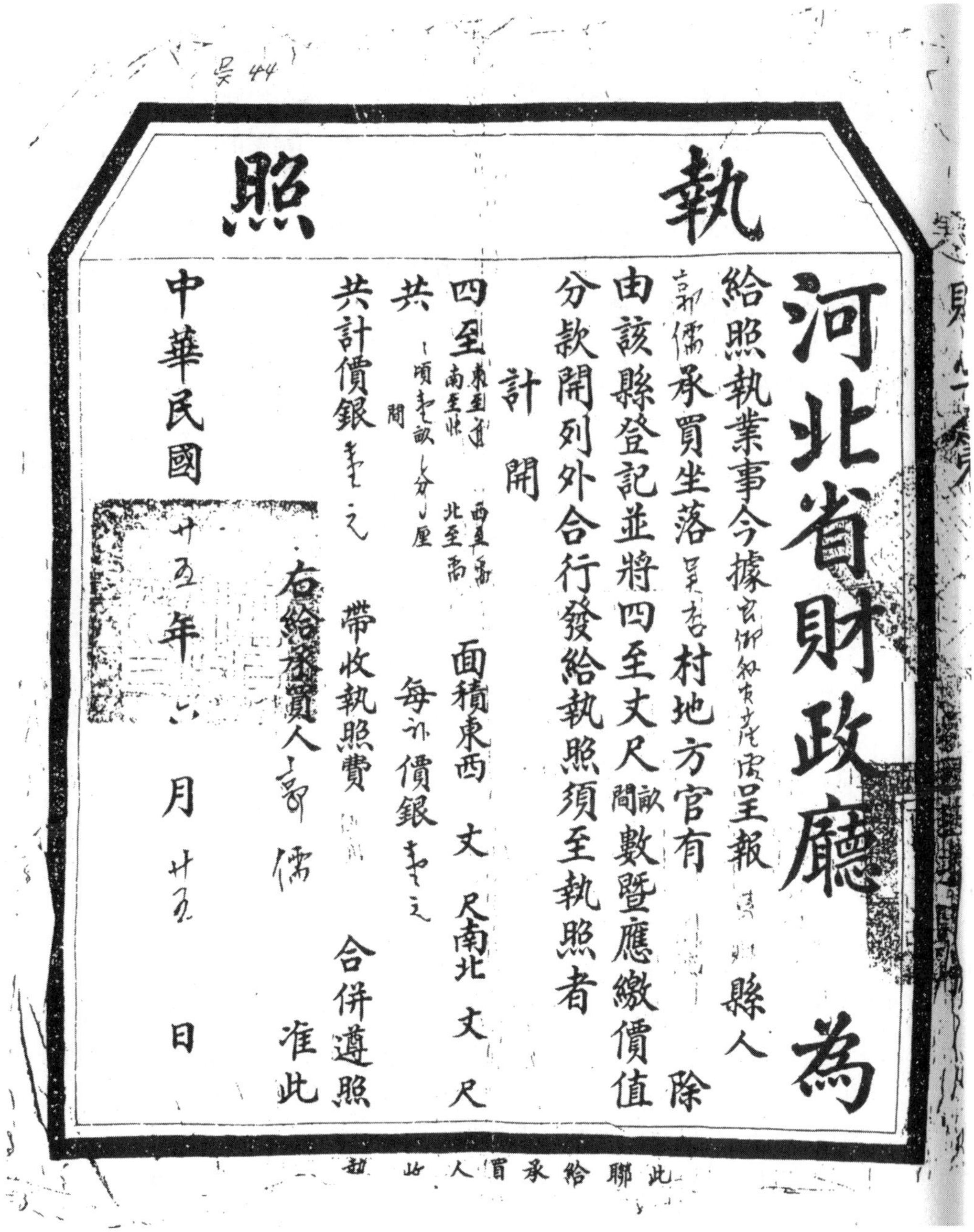

執照

河北省財政廳 為

給照執業事今據 呈報 縣人

郭儒承買坐落吴店村地方官有 除

由該縣登記並將四至丈尺畝數暨應繳價值

分款開列外合行發給執照須至執照者

計開

四至 東至 南至 西至 北至

面積東西 丈 尺南北 丈 尺

共 頃 畝 分 厘

每畝價銀

共計價銀

帶收執照費

合併遵照

右給承買人郭儒 准此

中華民國二十五年六月二十五日

此聯給承買人收執

（九）河北省良乡县吴店村概况

从北京乘京汉铁路，经过丰台、宛平县，再通过卢沟桥北面的张辛店，只用两个小时左右就到了良乡。良乡县城是一个古老的地方都市，距良乡站 2 华里左右，被小山丘和城墙环绕。太行山脉沿着省境从南向北延伸，到了北京境内称为西山。这里向西北可以望见西山山脉。

县里没有一个全村同姓的村落，同姓户数所占比例较大的有张家庄（张姓约占二分之一）、詹家庄（刘姓约占二分之一）、王家庄（高姓约占三分之一）。这种情况和省南的栾城县相比，同族聚居的色彩较淡。

吴店村位于县城东北约 3 华里，邻村有黄辛庄（约半华里）和后店村（1 华里）。黄辛庄曾经是清朝的行宫。

关于村子的沿革，根据村民的说法是这样的，在清朝初期有一户人家从南方迁来，后来其他的姓氏从远近的村镇纷至沓来。这种情况和其他被调查的村子不同。同时，也有人从村里移居到其他地方。村子有四十余户，但如果把分家的分别来计算的话，调查的时候有七十余户。在保甲登记本上记载的五十多户人家，有郭姓15，禹姓7，杨姓6，王姓6，赵姓4，李姓4，此外还有好几个更少的姓氏。总之，该村不过是一个杂姓聚居的村落。其中，超过10人的家庭有13户，而且还有5户实际上已经分了家。这样看来，没有所谓的大家族。

村里的土地原来据说有20顷，现在只有约11顷。其中，为外村人所有的土地约600亩，村里土地很少，一户平均拥有土地不到10亩。根据村里的地亩总账，减去他村村民23户占有的土地，按照耕作亩数的规模来看本村村民57户的土地情况，大致如下。

吴店村按耕作土地亩数统计的户数、面积及比例

土地占有阶层	户　数	比例（%）	土地占有阶层	面　积	比例（%）
不到10亩	23	40.4	不到10亩	149.5	15.5
11～20	21	36.8	11～20	312.7	32.4
21～30	7	12.3	21～30	170.0	17.6
31～40	3	5.3	31～40	99.0	10.2
61～70	1	1.7	61～70	70.0	7.3
71～80	1	1.7	71～80	71.0	7.4
80亩以上	1	1.8	81亩以上	93.0	9.6
合　计	57	100	合　计	965.2	100

该表可能比实际的要少一些，但反映了大体的倾向。针对5口之家维持普通生活需要多少亩土地的问题，调查中的回答是25亩。但也有其他的情况，一个8口之家有地15亩、耕作23亩，声称这样就足够维持生活了。不过，这样说的农民还打短工，弟弟在北京打工，由此看来，前面的说法，也就是单靠耕种土地，需要25亩大体上是正确的。这与顺义县沙井村的情况相类似。因此可以得出结论，该村村民所有的土地太少了。从土地占有的阶层来看，把土地租贷给别人经营的两家人也不过有30亩到40亩的程度，纯自耕农有3、4户，纯佃户有2、3户。大部分人家是租赁村外、主要是城里地主土地的自耕农兼佃户，他们通过打短工等来补贴家用。从占有土地的情况来看，最多的有一户71亩，其下就少得很多，30亩到40亩的有3户，20亩到30亩的有5、6户，10亩到20亩的有25户，其他就不到10亩。此外，没有土地的有6、7户。

村里的土地大部分是良田，北边低洼的地方经常被水淹，属于次田，有大约200亩。作物主要是玉米、小米，此外，也种白薯。民国之后，平均5年一次大旱灾或水灾，许多村民到了年末粮食就不够了，极其贫困。结果就走上了借钱、卖地的道路，土地主要集中到了城里的大地主手上，这和栾城县的情况非常相似。这种经常性的生活不安定的表现之一是许多人到北京或其他地方打工，移出、入居的情况比沙井村要多。有人说出外打工的人过去更多，由于日军的占领，往来不自由，打工的少了。调查时的打工情况是这样的：除了数人去北京外，一人去蒙古未归，在外村的有警备队2人、铁路局警务段1人、新民会1人。此外，在农闲时期，有数人从事向北京供应蜂蜜的工作，这点和沙井村相似。住在村里的小商人1人，洋车夫数人。作为副业，有3个瓦匠，1 个木匠。

据说清朝的时候在城里住着旗人军队和当官的，这个地方几乎都是旗人的土地，吴店村也都是旗人的土地。在民国 15、16 年官旗产清理的时候，作为佃户的村民买了这些土地。许多村民的地契中有许多是当时“京兆区官产旗产清理处”或者“清室私产清理处”等发给的执照。在典契中记有“……本身老揽旂地一段……”等。原来负责管理这些旗地的，是地方上设置的旗人庄头，以及村子里设置的汉人催头。

是否在清朝的时候村里有 20 顷土地，这一点不是太清楚。随着村民生活的贫困化，村民大部分土地主要集中到了城内大地中的手中。吴、见、秦三家大地主是最大的，他们拥有的土地，吴 30 余顷，见 20 余顷，秦 10 余顷。也有人说比这个数字要多得多，但具体的数目难以估计。但他们确实是和住在村子里的地主大不相同的大地主。吴是清末北京绸缎店的掌柜，后来又当了地方的县长，其间积累了财富，被称为良乡首富。据说见当了长时间的教员，秦是县长的跟班。还据说吴出租给一百个佃户土地。这三个人出租给村民的土地不过 200 亩左右，此外约 400 亩的租佃地是以城内的中小地主为主的村外人的土地。村里拥有土地最多的、也是唯一雇佣长工的郭家，也代管前述的大地主秦的土地。

在事变之后，村长、甲长等村里的负责人也换了几茬。在调查的时候，都是一些没有势力的年轻人出头露面。当了模范乡以后，村长改称参议。按照村民的说法，选举参议的时候，先是村民推荐了一个人，县长也准备任命他。但由于住在城里的一个有势力的人极力推荐一个二十多岁的原警官，结果这个年轻人被任命为参议。虽然这个位置没人愿意干，但这个年轻人还是这样当了参议。后来这个参议贪污公款，被村民举报，他受到了停发薪水的处分，用来补偿他贪污的公款，但据说执行了一段时间就不了了之了。这个有势力的人，从一些资料来看，很可能是出身于本村、父亲原来经营粮食店、自己在天津师范毕业后当教员、现在是县城中心小学校长、拥有二顷土地的赵姓人。至少就该村而言，他确实是个有势力的人。

该村靠近北京，由于地理位置的关系，在民国初年后的多次军阀混战中，军队一通过这个地方，一定有各种各样的摊派。据说没什么人愿意当村长，可能和这种情况有关系。村民在回答问题的时候，经常提起这种现象。

前面说过，村民耕种的农作物是以玉米、小米为主的旱地作物。收获之后，村民要卖掉相当一部分，充作土地租佃费和其他费用，因此大部分村民到年末粮食就不够吃了。除此之外，村民没有可以出售的东西。农民一般是贱卖贵买。这些交易主要在县城的集市进行。村民的日用品大体上也多在集市购买。

村民多和外村人结婚，村里人之间没有特别的关系。实行编乡制后，该村和后店村形成主村副村的关系，不过那也是形式上的东西。一直以来，该村的小学是和后店村共同开办的，有 30 多个学生。据说 3 年前小学被合并到黄辛庄的学校。

据说原来在村里的庙前有吴姓的车店，本村村名由此而来，这就像沙井村的村名和井的关系一样，或者说比沙井村还要来得随意。正如村名一样，和其他被调查的村落相比，该村的形成以及其结合的程度更加具有偶然性、更加松散。

（安藤镇正）

（中国农村惯行调查会编《中国农村惯行调查第 5 卷》

岩波书店、1957 年 2 月、6 ~ 7 页）

本卷后记

寺北柴村和沙井村这两个村的战前调查记录收录在《中国农村惯行调查》第一卷~第三卷中，占庞大的调查资料的一半。因此，正如本书的“从研究史上见到的寺北柴村·沙井村”中所看到的那样，对中国农村寄予关心的国内外研究人员都十分熟悉这两个村的名字。

因为在从1977年秋开始的各《惯行调查》研究会上，我们就一直不断地回忆着村里各个人物形象和人际间的关系等以及村里的风景，阅读该书，有时就觉得好像两个村庄都是已经访问过的一样。而且，与寄予同样关心阅读着该书的日本关西“中国农村惯行调查研究会”（代表为石田浩氏）一起也举办了几次集体形式的共同研究会，广泛议论有关村子的历史、社会关系等话题时，也是像谈论共同的熟人一样提到村里人员的名字，谈及各种想法。每逢这样议论时，一定会提到沙井村的有能力的领导张瑞先生和以其广学博识把调查班的人们卷进烟雾中的寺北柴村的张乐卿先生。我们一直深切期待着，如果这两位老人健在的话，非常想听一听那以后村里的情况。最终于1986年夏天在访问中国的时候，我们才有机会见到了张瑞先生和张乐卿的长子张仲寅先生，亲身感受到其风貌，这的确是一次难忘的宝贵经历。但在那年岁末，我们听到张瑞老先生去世的消息，深深痛感到岁月的无情，这真是令人痛惜的事。同样，参加惯行调查班的人员中，近十多年间在我们研究会和亚洲经济研究所的研究会上得以见面交谈的旗田巍、安藤镇正、小昭正、幼方直吉、福岛正夫诸位先生以及负责现场调查的杉之原舜一氏等相继去世，最后参加战前华北农村惯行调查的诸位先生均已作古。从沙井村得到的信息说，1994年夏天接受我们采访的村民中的张荣、张昆、张麟炳、杜村新等人也都去世了。想起这些，又考虑到改革开放政策的实施使农村面貌迅速变化，旧的农村容貌正在消失的现状，我真切地意识到对“惯行调查”的村庄进行再调查，20世纪90年代是最后的机会，这期间能够访问这些村庄真是幸运。

这次访问调查计划能够取得相应的成果，多亏了帮助联系、安排的南开大学历史系以及国际学术交流处诸位先生的大力协作和援助。如果没有直接参加这个共同计划的魏宏运、左志远、张洪祥三位教授以及该大学诸位老师的协助，我们不可能访问到目的村的。

在寺北柴村的访问计划的实施中，受到了栾城县及孟董庄乡人民政府的郝元增村书记、徐玉身村长等村干部们的诸多关照；特别是栾城县外事办公室的骆梦兰主任和韩颖女士送给我们在1995年夏天调查后竣工的小学校的新校舍和课堂风貌的照片，而且，栾城县志办公室杨梅山主任给我们介绍了很多有关该县的历史。在沙井村访问期间，蒙受了顺义县人民政府的顺义镇刘士元书记、刘振海村书记、杜江村长、史庆芬副书记等村干部的大力协作。沙井村的杨庆忠老师仔细认真地为我们讲解该村的历史。在此，对以上诸位以及接待我们采访的寺北柴村、北五里铺村、沙井村的村民们表示衷心感谢。

本书出版发行过程中，坂本健彦社长以及汲古书院的诸位工作人员给予了无法言尽的关照，接受我们这种内容繁杂、作者又分散各地、联络困难的书稿，在此深表谢意。

1999 年 1 月 25 日

编者代表　三谷 孝

图书在版编目（CIP）数据

二十世纪华北农村调查记录：全4卷/魏宏运，（日）三谷孝，张思主编.—北京：社会科学文献出版社，2012.2
ISBN 978-7-5097-3103-1

Ⅰ.①二…　Ⅱ.①魏…②三…③张…　Ⅲ.①农村经济-经济体制改革-调查研究-华北地区-20世纪　Ⅳ.①F327.2

中国版本图书馆CIP数据核字（2011）第282393号

二十世纪华北农村调查记录（第二卷）

主　　编／魏宏运
　　　　　〔日〕三谷孝

出 版 人／谢寿光
出 版 者／社会科学文献出版社
地　　址／北京市西城区北三环中路甲29号院3号楼华龙大厦
邮政编码／100029

责任部门／人文分社（010）59367215
电子信箱／renwen@ssap.cn
项目统筹／宋月华
责任编辑／薛铭洁　段景民　侯培岭
责任校对／刘兴静　单远举　高建春　王静连　南秋燕
责任印制／岳　阳
总 经 销／社会科学文献出版社发行部（010）59367081　59367089
读者服务／读者服务中心（010）59367028

印　　装／北京盛通印刷股份有限公司
开　　本／787mm×1092mm　1/16
本卷印张／55
本卷字数／1364千字
版　　次／2012年2月第1版
印　　次／2012年2月第1次印刷
书　　号／ISBN 978-7-5097-3103-1
定　　价／1980.00元（共四卷）